# Le Siècle des intellectuels

*Michel Winock*

# Le Siècle des intellectuels

NOUVELLE ÉDITION REVUE ET AUGMENTÉE

*Éditions du Seuil*

ISBN 978-2-02-088180-7
(ISBN 2-02-030063-x, 1re publication)

# *Avertissement et Remerciements*

Cet ouvrage tente de retracer l'histoire des intellectuels – au sens que ce mot a pris lors de l'affaire Dreyfus, en 1898. On n'y trouvera donc pas une histoire des idées – si ce n'est de façon indirecte ; moins encore une étude de la production culturelle depuis un siècle. On y cherchera la description des affrontements politiques qui ont opposé des écrivains, des philosophes, des artistes, des scientifiques… Parmi eux, ce sont les hommes de plume qui ont capitalisé le plus grand nombre d'interventions. Trois noms m'ont paru symboliser trois moments : Maurice Barrès, de l'affaire Dreyfus à la Grande Guerre ; André Gide, entre les deux guerres ; Jean-Paul Sartre, après la Libération. Tous les trois ont été admirés, détestés, imités ; tous les trois ont marqué leur époque de leur influence, sur plusieurs générations.

Tout récit historique impose un choix. Faute de pouvoir détailler toutes les scènes de la guerre intellectuelle, j'ai retenu celles qui m'ont paru les plus chargées de sens – au détriment de multiples épisodes et de nombreux acteurs dont cette histoire est profuse. La place accordée à tel ou tel n'est pas fonction de l'importance de ses œuvres, mais du rôle joué par lui sur la scène publique ou de sa valeur représentative.

La rédaction de cet ouvrage a bénéficié des échanges qui ont eu lieu dans le cadre d'un séminaire de Sciences po (DEA d'histoire du XXe siècle), dirigé de concert avec Jean-Pierre Azéma, puis avec Alain-Gérard Slama. De nombreux mémoires de recherche en sont résultés : tous ceux qui ont été utilisés sont cités en notes comme il se doit. Mes remerciements s'adressent à mes deux collègues et amis, ainsi qu'à tous nos étudiants.

Ils vont aussi à ceux – anciens étudiants parfois – qui ont accepté de relire soit un chapitre, soit une partie, soit la totalité de mon manuscrit : Annie François, Valérie Hannin, Séverine Nikel, Anne Simonin, Stéphane Khémis, Christophe Prochasson. Je leur exprime ma reconnaissance pour leurs précieuses remarques et suggestions, et mon amitié. Selon la formule consacrée, je n'en reste pas moins l'unique responsable du contenu de ce livre.

Mes remerciements s'adressent encore à Catherine Rambaud, Monique Lulin, Éric Delbecque et Thomas Winock pour l'aide qu'il m'ont apportée dans la mise au point finale de l'ouvrage.

PREMIÈRE PARTIE

# Les années Barrès

Si M. Barrès n'eût pas vécu, s'il n'eût pas écrit, son temps serait autre et nous serions autres. Je ne vois pas en France d'homme vivant qui ait exercé, par la littérature, une action égale ou comparable. Je sais bien que cette action ne s'exprimerait pas aisément en une doctrine, ni même en une formule. Mais ce n'est pas toujours par des doctrines qu'on agit le plus efficacement sur son temps. Y a-t-il une philosophie chez Voltaire ? Y a-t-il une philosophie dans Chateaubriand ? Comme eux, M. Barrès a créé et lancé dans le monde, qui l'a recueilli, non pas l'armature provisoire d'un système, mais quelque chose qui tenait plus profondément à notre vie, une nouvelle attitude, un mode d'esprit inconnu, une forme de sensibilité nouvelle.

LÉON BLUM, *La Revue blanche*,
15 novembre 1897.

1

# *La visite à Barrès*

Au début de décembre 1897, Maurice Barrès, installé depuis l'année précédente dans son petit hôtel du boulevard Maillot, à Neuilly, reçoit la visite de Léon Blum. A trente-cinq ans, Barrès est un écrivain consacré ; de dix ans son cadet, Blum, passé par l'École normale supérieure, auditeur au Conseil d'État depuis peu, « longue figure blême illuminée par l'intelligence [1]* », n'a encore publié que des critiques littéraires et des chroniques théâtrales, surtout dans *La Revue blanche*, publication d'avant-garde où l'on a du respect pour l'auteur du *Culte du moi*.

Avec ses amis, Léon Blum est alors en quête de signatures pour une pétition réclamant la révision du procès de décembre 1894 à l'issue duquel le capitaine Alfred Dreyfus a été condamné, dégradé et expédié à l'île du Diable, en Guyane, où il purge une peine de déportation à perpétuité pour fait d'espionnage. Or la famille Dreyfus, et notamment Mathieu, le frère du capitaine, s'est employée à prouver l'innocence de celui-ci, en mettant à contribution un écrivain, Bernard-Lazare, chargé d'en rassembler les preuves, tant et si bien qu'à l'automne 1897 l'erreur judiciaire apparaît avérée. Quelques personnes ont été mises au courant, le sénateur Auguste Scheurer-Kestner, Georges Clemenceau, des universitaires comme Lucien Lévy-Bruhl, Lucien Herr, bibliothécaire de l'École normale de la rue d'Ulm, qui a convaincu Jean Jaurès, alors député socialiste ; enfin, les jeunes écrivains de *La Revue blanche* au rang desquels se trouve Léon Blum.

1. É. Natanson, cité par I. Greilsammer, *Blum*, Flammarion, 1996, p. 102.
* Lorsque le lieu d'édition n'est pas indiqué, il s'agit de Paris.

Léon Blum s'est porté volontaire pour se rendre chez Barrès. D'abord, il l'admire. Quand, à vingt ans, il a donné son premier article à *La Revue blanche*, publié en juillet 1892, il lui avait dédié sa prose [2]. De plus, il le connaît. Peu d'années auparavant, Blum est allé passer des vacances chez un vieil oncle, à Charmes, un village des Vosges où vivaient les parents de Barrès.

« C'est dans la maison de son père qu'il m'avait reçu pour la première fois, lui encore un jeune homme, moi adolescent. Mais, depuis lors, combien de fois j'étais venu frapper le matin à sa maison à lui, rue Caroline, tout près de la place Clichy. Je le trouvais tout en haut de son petit hôtel de peintre, dans l'atelier qu'il avait transformé en bibliothèque. Je tombais au milieu de la leçon d'armes qu'il s'imposait chaque matin, et qu'il était ravi d'interrompre. Il disait au prévôt : “Alors, à demain…” et à moi : “Allons, asseyez-vous, qu'avez-vous fait cette semaine ?” [3]. »

A distance, elle nous paraît étrange, cette familiarité entre celui qui est en passe de devenir le grand écrivain du nationalisme français et celui qui, à la tête du Parti socialiste, sera le Premier ministre (on disait alors : président du Conseil) du Front populaire. Les idéologies ne décident pas de tout. Barrès, une fois entré dans son rôle où la postérité l'a figé – les yeux sur la ligne bleue des Vosges et le menton en avant –, reste sensible à tout ce qui chez un adversaire fleure la valeur esthétique. Il fera l'éloge de Léon Blum, comme celui de Jaurès : l'un et l'autre « élèvent le ton de l'apacherie et détournent continuellement la revendication brutale vers la culture. Ce sont des civilisateurs en même temps que des propagateurs de destruction [4] ».

De son côté, Léon Blum, en « débutant timide », est sous le charme de cet homme élégant, aux cheveux plats, à la « noblesse naturelle », qui le reçoit comme un frère aîné. Surtout, Barrès est pour Blum, comme pour tant d'autres écrivains de sa génération, un guide : « Nous formions autour de lui une école, presque une cour. » C'est que « toute une génération,

2. Voir A.B. Jackson, *« La Revue blanche » 1889-1903*, Lettres modernes, 1960. L'influence littéraire de Barrès se révèle dans une série de nouvelles que *La Revue blanche* publia au cours des années 1893 et 1894.

3. L. Blum, *Souvenirs sur l'Affaire*, Gallimard, 1981, p. 83.

4. M. Barrès, *Mes Cahiers 1896-1923*, Plon, 1994, p. 851.

séduite ou conquise, respira cet entêtant mélange d'activité conquérante, de philosophie et de sensualité [5] ». Sacré « prince de la jeunesse », Barrès ne cesse d'éblouir. Au point que, malgré ses derniers écrits, et spécialement *Les Déracinés*, qui viennent de paraître, d'abord en feuilleton dans la *Revue de Paris*, puis en volume chez Fasquelle, un Léon Blum n'a pas la moindre intuition de l'incongruité de sa démarche. Cela en dit long sur le prestige de la littérature en cette fin de XIXe siècle. Le malentendu est total.

De fait, Barrès, depuis les années 1880, avait séduit un jeune public émerveillé par ses ouvrages anticonformistes, aux titres provocateurs : *Le Culte du moi*, *L'Ennemi des lois*... *Un homme libre*, paru en 1887, prônant l'exaltation continue, la surveillance et l'analyse des sensations, passait pour une manière de traité d'égotisme qui scandalisait la critique des rassis et faisait la joie des jeunes esprits soulevés contre l'instinct grégaire et les normes imposées. Le futur contempteur du déracinement, le futur poète de la Terre et des Morts, n'y clamait-il pas : « Je vais jusqu'à penser que ce serait un bon système de vie de n'avoir pas de domicile, d'habiter n'importe où dans le monde. Un chez moi est comme un prolongement du passé ; les émotions d'hier le tapissent. Mais, coupant sans cesse derrière moi, je veux que chaque matin la vie m'apparaisse neuve, et que toutes choses me soient un début. »

Plus tard, Barrès atténuera les effets de ses premiers livres. « Je me cherchais », dira-t-il. Il avait franchi entre-temps plusieurs étapes. De l'investigation du « moi individuel », il s'était acheminé peu à peu vers la découverte du « moi social » et avait cru comprendre que la meilleure défense de l'individu était la société elle-même, ce qui le conduisit au nationalisme. Au fond, ne voulant pas se renier, Barrès considérera que les œuvres de sa jeunesse avaient été le fruit d'une propédeutique à la pensée vraie, celle qui consiste à relativiser l'autonomie individuelle :

« Il n'y a pas d'idées personnelles ; les idées même les plus rares, les jugements même les plus abstraits, les sophismes de la métaphysique la plus infatuée sont des façons de sentir générales et apparaissent nécessairement chez tous les êtres de même organisme assiégés par les mêmes images. Notre raison,

5. L. Blum, *Gil Blas*, 28 mars 1903, cité par I. Greilsammer, *op. cit.*, p. 58.

cette reine enchaînée, nous oblige à placer nos pas sur les pas de nos prédécesseurs [6]. »

De cette petite révolution copernicienne, Léon Blum n'avait pas encore idée. Et pourtant ! S'il avait bien lu le dernier roman de Barrès, *Les Déracinés*... La thèse était manifeste. Sept lycéens de Nancy suivent leur professeur de philosophie, Bouteiller, à Paris, où celui-ci est appelé à des fonctions politiques et culturelles par Gambetta. Bouteiller leur a appris la philosophie de Kant, c'est-à-dire l'abstraction, au détriment de la vie concrète. Résultat : loin de leur terre natale et nourris d'idées folles, ces jeunes gens sont exposés à toutes les tentations. Les plus faibles en sont victimes, tel Racadot qui finit sous la guillotine pour assassinat, au moment même où le mauvais maître, Bouteiller, est élu député.

Oui, le poids idéologique du roman, premier volet d'un triptyque annoncé, *Le Roman de l'énergie nationale*, aurait bien dû éveiller l'attention critique de Léon Blum. L'« homme libre », qui naguère imaginait n'avoir pas de domicile fixe comme un bonheur, serine désormais à ses lecteurs : « Vous êtes faits pour sentir en Lorrains, en Auvergnats, en Provençaux, en Bretons... N'écoutez pas les avocats de l'universel. » Celui qui hier encore professait le culte du moi étouffe désormais l'individu, la conscience individuelle dans le tout social.

En créateur de génie, Barrès a imaginé dans ce roman une scène fameuse qui allait passer à la postérité et qui résume toute sa morale sociale : la visite au platane de Monsieur Taine. Un des héros du livre, Rœmerspacher, veut rencontrer l'illustre auteur des *Origines de la France contemporaine* (« le grand livre de la réaction française », selon Albert Thibaudet), qu'il admire. Lui, c'est le bon élève de Barrès, le déraciné qui va se réenraciner. Finalement, ayant raté le grand homme, c'est le grand homme qui vient le voir, à l'hôtel Cujas, dans sa chambre en désordre. On discute, puis Taine entraîne son jeune admirateur au square des Invalides, jusqu'au platane de l'allégorie. Et voilà notre Hippolyte Taine racontant l'Arbre à Rœmerspacher, leçon que le jeune homme doit s'enfoncer dans le crâne : « Chacun s'efforce de jouer son petit rôle et s'agite comme frissonne chaque feuille du platane ; mais il serait agréable et noble, d'une

6. M. Barrès, *Un homme libre*, Appendice de l'édition de 1904, Plon, p. 249.

noblesse et d'un agrément divins, que les feuilles comprissent leur dépendance du platane et comment sa destinée favorise et limite, produit et englobe leurs destinées particulières. »

Le Tout l'emporte sur la partie. Rien n'est plus vain ni plus dangereux que de défendre la feuille contre l'arbre ; de défendre Dreyfus contre la société.

A la requête de Léon Blum, Maurice Barrès ne répond rien. Ou plutôt, il répond à côté. Il lui apprend qu'il a beaucoup vu Zola ces derniers temps. De fait, ses *Cahiers* l'attestent : Barrès déjeune alors avec Émile Zola, Paul Bourget, Anatole France, les deux Daudet et Victor Cherbuliez. Zola vient d'écrire son premier article en faveur de Dreyfus, que Barrès juge « absurde ». Ce qui n'empêche pas un nouveau déjeuner avec Zola, France et Bourget, le 1er décembre 1897. « J'y étais allé, écrit-il, à condition que l'on ne parlerait pas de l'affaire Dreyfus. » On remet ça six jours plus tard. On parle de Taine, de Sainte-Beuve, et même de Dreyfus *in fine*. Barrès et Zola s'affrontent déjà : « On craint à chaque phrase que lui et moi ne haussions trop le ton sur cette irritante affaire qui nous divise, mais tout va bien. C'est un brave homme. »

A Blum, Barrès avoue son admiration pour Zola, tout juste remercié par *Le Figaro*, à cause de son plaidoyer en faveur de Dreyfus qui risque de faire perdre des abonnés au journal. « C'est un homme », dit Barrès. Alors ? Va-t-il signer ? se demande Blum. « Non, non… je suis troublé et je veux réfléchir encore. Je vous écrirai… » Barrès tient parole. Il écrit à Blum quelques jours plus tard. Il lui répète son estime pour Zola, mais il considère que rien n'est prouvé dans cette affaire Dreyfus. Alors, dans le doute, il suivra « l'instinct national ».

Il a choisi, c'est fini : entre Léon Blum, ses amis, tous les admirateurs d'*Un homme libre*, et Barrès, c'est la rupture, définitive, implacable, indépassable. De ce jour, Maurice Barrès a définitivement basculé dans le camp antidreyfusard, qui n'est pas pour lui un parti mais la France même. De fait, en cette fin d'année 1897, ceux qui osent prétendre que Dreyfus a été victime d'une erreur judiciaire ne sont qu'une poignée. Presque tous écrivent dans *La Revue blanche*.

Cette revue, création des frères Alexandre, Alfred et Thadée Natanson, a une origine belge, le premier numéro ayant été publié à Bruxelles en 1889 ; deux ans plus tard, elle s'établit à Paris et édite bientôt Stéphane Mallarmé, Paul Verlaine, Henri de Régnier, Jean Lorrain, Tristan Bernard. Et Léon Blum, qui fait la critique des romans, des ouvrages à caractère social, tout en s'appliquant à donner de la grâce à la rubrique des sports et des courses. Au fur et à mesure, la revue s'enrichit de la collaboration de nombreux écrivains et d'artistes d'avant-garde, tandis que Félix Fénéon en devient le secrétaire de rédaction, et, selon Jean Paulhan, le véritable « directeur ». André Gide y tient la critique littéraire pendant une année, à la suite de Léon Blum ; un fragment de *Paludes* y paraît en 1895. Le nom de Barrès figure une fois au sommaire, en mai 1897 – il a répondu à une de ces enquêtes dont l'époque est friande. Illustrée à partir de 1895, la revue reproduit des toiles et des dessins de Manet, Sisley, Monet, Bonnard, Renoir, Vuillard, Vallotton, Lautrec, Seurat, et de bien d'autres. Le « milieu *Revue blanche* », vite taxé de snobisme, regroupe ce que la France compte d'avant-garde en art et en littérature ; Alfred Jarry (*Ubu roi* a fait scandale le 10 décembre 1896), Saint-Pol Roux, Jules Renard, Julien Benda, Marcel Proust, Fernand Gregh, Charles Péguy, font mieux qu'y passer eux aussi.

On y est vite convaincu de l'innocence de Dreyfus : Bernard-Lazare, qui a rassemblé le dossier, y compte des amis ; Thadée Natanson est proche de Joseph Reinach, un dreyfusiste de la première heure ; Léon Blum a été « affranchi » par Lucien Herr... Bref, de plusieurs sources, on se fait vite une « certitude passionnée ». Les locaux de la revue deviennent un des centres de ralliement du militantisme dreyfusard. Quand il se révèle que Léon Blum a échoué auprès de Maurice Barrès ; quand, par sa réplique dans *Le Journal* au « J'accuse... » de Zola, Barrès s'engage définitivement dans l'antidreyfusisme, pourfendant la présomption des « intellectuels » – le mot commence à se répandre –, l'équipe de la revue confie à Lucien Herr le soin de river son clou à celui pour lequel on a gardé de la tendresse, à l'instar de Blum.

Lucien Herr, bibliothécaire inamovible de l'École normale, qui sera un foyer ardent du dreyfusisme, a joué un rôle très actif, quoique peu visible, aussi bien dans la formation du camp dreyfusard que dans la genèse du socialisme intellectuel français. Né en 1864 à Altkirch d'un père instituteur alsacien, qui avait choisi la France après le traité de Francfort de 1871, Herr entre à l'École normale supérieure en 1883 et passe l'agrégation de philosophie en 1886. Posant avec succès sa candidature au poste de bibliothécaire en 1887, il prend ses fonctions à la rentrée de 1888 et ne les quitte qu'à sa mort en 1926. Ce long ministère lui permet de rencontrer, sans doute mieux qu'un professeur d'université, plusieurs générations de normaliens et d'exercer sur eux une influence aussi discrète que profonde grâce à sa retenue naturelle et à son désintéressement légendaire. Homme d'étude, érudit, germaniste et slavisant, il collabore à de nombreuses revues, mais n'achève jamais ses deux ouvrages en chantier, l'un sur les interprétations de Platon, l'autre superbement intitulé *Le Progrès intellectuel et l'Affranchissement de l'Humanité*. Il s'engage aussi : il adhère au Parti ouvrier socialiste révolutionnaire, animé par Jean Allemane, écrit dans son journal, sous le pseudonyme de Pierre Breton. Fréquenté, écouté, admiré, Herr est le maître à penser de l'ombre pour Jean Jaurès et quelques autres dans l'affaire Dreyfus. Assez tôt assuré de l'innocence du capitaine par son ami Lévy-Bruhl, apparenté aux Dreyfus, il s'employa à convaincre ses amis socialistes et normaliens du combat à mener en faveur de la révision du procès de 1894.

Herr ne cherche pas à endoctriner les jeunes normaliens. Ce n'est pas nécessaire : ceux-ci l'admirent, connaissent ses idées, lisent ses articles. Parmi eux, un jeune Orléanais, Charles Péguy, lui plaît particulièrement, qui, grâce à sa force de conviction et à son ascendant naturel sur ses camarades, se fait le sergent recruteur du dreyfusisme normalien. Entre Herr et Péguy se noue alors une complicité, qui sera plus tard cassée, mais qui, durant l'Affaire, fait de l'École normale, selon le mot de Charles Andler – ancien élève et biographe de Herr –, « le foyer brûlant de la conscience nationale ». Un foyer que Herr tisonne constamment.

« Herr, écrit Charles Andler, réunit ainsi la première liste de signataires, où, usant de notre droit constitutionnel de pétition, et nous autorisant, non de notre fonction, mais de notre simple titre d'agrégés, nous demandions aux Chambres de mettre le gouvernement en demeure. Il nous fallait toute la lumière, et, par la lumière, la révision du procès [7]. »

C'est donc Lucien Herr qui est chargé par ses amis de *La Revue blanche* de répondre à Barrès. Bien qu'il ait été lui aussi sensible à la « musique secrète », « la curieuse magie de

7. Ch. Andler, *Vie de Lucien Herr*, Rieder, 1932, p. 117.

ses premiers livres », dans son article, intitulé « A M. Maurice Barrès » et publié dans la livraison du 15 février 1898, il déclare d'emblée : « Ne comptez plus sur l'adhésion de cœurs qui vous ont été indulgents dans vos moins tolérables fantaisies. »

Herr reproche à Barrès de se soucier comme d'une guigne du sort de Dreyfus. Coupable ou innocent, la question n'a en effet pas d'intérêt aux yeux de Barrès qui proclame « que l'âme française, l'intégrité française est aujourd'hui insultée et compromise, au profit d'étrangers, par l'infâme machination d'autres étrangers, grâce à la complicité de demi-intellectuels, dénationalisés par une demi-culture ». L'Alsacien vitupère le Lorrain d'être obnubilé par « l'idée de la race », par une « métaphysique ethnique » : « L'homme qui, en vous, hait les juifs, et hait les hommes d'outre-Vosges, soyez sûr que c'est la brute du XII^e^ siècle, et le barbare du XVII^e^. »

Dans cette diatribe, Lucien Herr touche au cœur l'enjeu éthique de l'Affaire : « Vous avez contre vous, écrit-il, à la fois le vrai peuple et les hommes de volonté réfléchie, les déracinés, ou, si vous le voulez bien, les désintéressés, la plupart des hommes qui savent faire passer le droit et un idéal de justice avant leur personne, avant leurs instincts de nature et leurs égoïsmes de groupes. »

A la race française, qu'il faut protéger selon Barrès, fût-ce au prix d'une injustice, Herr oppose l'âme française, qui ne « fut vraiment grande et forte qu'aux heures où elle fut à la fois accueillante et donneuse. Vous voulez l'ensevelir dans la raideur tétanique où l'ont mise les rancunes et les haines ».

Herr et Barrès se connaissent. Déjà, lors de la publication des *Déracinés*, le premier avait objecté au second son nationalisme. Barrès y fait écho dans ses *Cahiers*, désignant Herr comme adversaire de la « collectivité », au profit de « l'idée », de « la justice ». Il l'accuse d'« abstraction ». Nous voilà revenus à une vieille bataille philosophique, du temps où l'Anglais Edmund Burke flétrissait la Révolution française pour ses « abstractions métaphysiques » et rameutait contre elle les traditions, les préjugés, les héritages. Maurice Barrès s'est mis en tête que l'idéologie républicaine, telle qu'elle est enseignée par l'école publique, tourne le dos au réel, au concret. Dans *Les Déracinés*, quand il fait le procès de Bouteiller, c'est en songeant à son propre professeur, Burdeau, propagateur du kantisme, de l'universalisme abstrait, dénégation des singularités de chair et de sang.

La justice est manifestement pour Barrès une de ces idées abstraites. Ce qui compte à ses yeux, ce n'est pas d'exercer et de respecter la justice, mais de durer, de survivre, de maintenir la collectivité à laquelle il appartient contre vents et marées. Il donne un nom à cette attitude : la « préservation sociale [8] ».

François Mauriac, qui a été lancé en 1910 par Barrès et qui ne lui a ménagé ni sa reconnaissance ni son estime, a bien percé le mépris que son bienfaiteur ressent pour l'espèce humaine. Faisant allusion à une phrase de ses *Cahiers* où Barrès parle de « l'insondable ignominie » des hommes, Mauriac écrit : « En 1897, ce mépris va aller, chez certains, jusqu'à considérer que l'innocence présumée d'un condamné pour trahison doit peser moins lourd que les intérêts supérieurs qui exigent que sa condamnation soit maintenue [9]. »

Il est probable que Barrès, à ce moment-là, ne doute pas de la culpabilité de Dreyfus, comme la plupart des Français. Mais là n'est pas la question pour lui. Vérité ? Justice ? Abstractions…

Vérité ? Justice ? Là est justement la question pour Émile Zola.

8. « Parler de la Justice quand un homme condamne un autre homme ! Contentons-nous de parler de préservation sociale », M. Barrès, *Mes Cahiers*, I, *1896-1898*, Plon, 1929, p. 263

9. F. Mauriac, *Mémoires intérieurs*, in *Œuvres autobiographiques*, Gallimard, « La Pléiade », 1990, p. 466.

2

# « *J'accuse…* »

Depuis l'automne 1897, le verdict par lequel le Conseil de guerre avait condamné Dreyfus, le 22 décembre 1894, était publiquement remis en cause. Le vice-président du Sénat Scheurer-Kestner publiait dans *Le Temps* du 14 novembre une lettre ouverte au sénateur Ranc qui demandait la révision du procès. Dès lors, il n'est plus bruit dans les salles de rédaction et dans les salons que de Dreyfus et des « révisionnistes ». Le 16, Mathieu Dreyfus fait un pas de plus : alors que Scheurer-Kestner s'était contenté de dire que le vrai coupable était connu, Mathieu, lui, le désigne nommément dans une lettre adressée au ministre de la Guerre, le général Billot, reprise par *Le Figaro* : c'est le commandant Esterhazy, chef de bataillon d'infanterie, dont les relations avec l'attaché militaire de l'ambassade d'Allemagne Schwarzkoppen ont été mises en évidence par le colonel Picquart ; c'est Esterhazy qui a rédigé le bordereau, « seule base de l'accusation dirigée en 1894 contre le capitaine Dreyfus ». Cette fois, l'Affaire est bien lancée. Émile Zola va intervenir pour la première fois.

Zola a un statut particulier dans la vie littéraire de l'époque. Il est d'abord un romancier à succès. Et quel succès ! Il a conçu l'idée, à la fin du second Empire, de se lancer dans une vaste fresque familiale, l'histoire des Rougon-Macquart. Balzac avait été le sociologue de la société de son époque ; lui serait le physiologue d'une famille. L'air du temps scientiste lui a inspiré d'utiliser les travaux en cours sur l'hérédité (en particulier le livre fort contestable du Dr Prosper Lucas, le *Traité de l'hérédité naturelle*), pour en montrer les traces indélébiles sur des personnages d'une même lignée. Après des débuts modestes, qui l'obligent à changer d'éditeur, passant d'Albert Lacroix à

Georges Charpentier, il a rencontré l'audience populaire avec *Le Ventre de Paris*, dont la première édition est épuisée en un mois, puis avec *L'Assommoir*, en 1877 – ouvrage dont le triomphe relance tous les précédents. Dès lors, il va de victoire en victoire, *Nana* représentant une nouvelle étape dans sa marche vers les cimes en 1880. Treize ans plus tard, il achève la saga des *Rougon-Macquart* par un dernier volume en quelque sorte récapitulatif, *Le Docteur Pascal*.

Cette formidable fécondité, comme écrivain et comme journaliste, a fait de Zola le chef de l'école naturaliste. La Société des gens de lettres le porte à sa présidence en 1895. Après une jeunesse rendue besogneuse par la mort prématurée de son père, François Zola, il a atteint les honneurs et la richesse, suscitant beaucoup de jalousie chez ses confrères – à commencer par le très envieux Edmond de Goncourt, la célèbre pipelette des lettres françaises, dont le *Journal* fourmille de perfidies à son endroit. Cependant, Émile Zola souffre d'une blessure secrète. Haï par les bien-pensants, considéré par la critique bourgeoise comme un auteur obscène (un « égout collecteur », un « cloaque »), conspué par la presse catholique comme un anticlérical militant, il a échoué dans ses candidatures à l'Académie française, qu'il renouvelle depuis 1889. Sa trilogie des *Trois Villes*, *Lourdes* (1894), *Rome* (1896), *Paris* (1898), a encore aggravé son cas dans l'opinion conservatrice. La prospérité de Zola n'a pas annulé sa marginalité. Il reste un auteur maudit. Et un personnage maudit. Sa vie privée est en effet aussi anticonformiste. Tout en continuant à vivre avec sa femme légitime, Alexandrine, Zola est tombé amoureux de leur jeune lingère, Jeanne Rozerot, dont il a eu deux enfants, et avec laquelle il entretient des rapports quasi conjugaux, au vu et au su des habitants de Médan où les Zola habitent depuis 1878.

L'audace dont le grand romancier va faire preuve dans l'affaire Dreyfus s'explique en partie par cette situation double : être riche et célèbre tout en restant aux portes de l'*establishment*.

Il y a plus, sans doute. Depuis son enfance il est habité par la passion de justice née des torts que la bonne société avait infligés à la mémoire de son père et par contrecoup à sa mère. François Zola, qui était ingénieur, était à l'origine des travaux destinés à l'adduction en eau potable d'Aix-en-Provence, sa ville d'adoption. Une société avait été fondée. Or, à la mort de l'ingénieur, son principal actionnaire avait refusé de reconnaître les droits de sa veuve, Émilie Zola. Des procès s'étaient succédé. L'enfance et l'adolescence de Zola avaient été suspendues à l'espoir que justice fût rendue. En vain. Il lui fallait une revanche sur cette iniquité. Il l'avait en partie obtenue par la gloire, mais il avait encore des comptes à demander à une société ingrate et aveugle, dont le capitaine Dreyfus lui apparut certainement comme la nouvelle victime emblématique. D'aucuns ont soupçonné que l'affaire Dreyfus pouvait être une merveilleuse occasion de publicité pour un créateur en passe d'épuisement après avoir achevé son grand œuvre. De fait, sa disponibilité est évidente. Et rien n'est simple dans les déterminations des actes les plus héroïques. Quoi qu'il en soit, Zola s'enflamme, en 1897, pour le cas Dreyfus [1].

Auguste Scheurer-Kestner l'a prié à déjeuner, le 13 novembre, car il lui semble utile de recruter des écrivains influents. En même temps que Zola, il convie Marcel Prévost, l'auteur des *Demi-Vierges*. Me Leblois, avocat de Picquart, fait le point sur le dossier. Zola est passionné par son récit et définitivement convaincu de l'innocence de Dreyfus.

« – Ce qu'il faut faire, dit Zola quand nous avons eu terminé d'exposer les faits, c'est que M. Scheurer-Kestner s'adresse enfin au public, au grand public. Il faut qu'il remue la masse en lui disant simplement mais carrément ce qu'il a fait et ce qu'il compte faire. Il n'en est que temps [2]. »

Le 14 novembre 1897, *Le Temps* publie donc la lettre de Scheurer-Kestner à Ranc. L'événement fait scandale. Zola fourbit ses armes. Le 25 novembre, *Le Figaro* imprime un article de lui intitulé simplement « M. Scheurer-Kestner ». Le romancier dramatise à sa façon le cas douloureux sur lequel il veut alerter l'opinion :

« Quel drame poignant, et quels personnages superbes ! Devant ces documents, d'une beauté si tragique, que la vie nous apporte, mon cœur de romancier bondit d'une admiration passionnée. Je ne connais rien d'une psychologie plus haute. »

Il disait ne pas vouloir parler de « l'affaire », mais seulement de quelques personnages, à commencer par Scheurer-Kestner qu'il venait de voir. Un homme au-dessus de tout soupçon, aux

1. F. Brown, *Zola, une vie*, Belfond, 1996, notamment p. 762. Voir aussi H. Mitterand, *Zola journaliste*, Armand Colin, 1962.

2. A. Scheurer-Kestner, *Mémoires d'un sénateur dreyfusard*, Strasbourg, Bueb et Reumaux, 1988, p. 180.

prises avec un terrible doute, devenu une certitude, qui, à peine affirmée, provoque contre lui les outrages : « Je ne sais rien de plus souverainement beau que le silence de M. Scheurer-Kestner, depuis les trois semaines où tout un peuple affolé le suspecte et l'injurie. Dressez donc cette figure-là, romanciers ! vous aurez un héros ! »

Par ce biais, Zola en arrive lui-même au fond de la question : « Une erreur judiciaire, la chose est d'une éventualité déplorable, mais toujours possible. Des magistrats se trompent, des militaires peuvent se tromper. En quoi l'honneur de l'armée est-il engagé là-dedans ? L'unique beau rôle, s'il y a eu une erreur commise, est de la réparer ; et la faute ne commencerait que le jour où l'on s'entêterait à ne pas vouloir s'être trompé, même devant des preuves décisives. »

L'article s'achève sur une phrase appelée à la postérité : « La vérité est en marche, et rien ne l'arrêtera. »

Le comte Walsin Esterhazy commence à devenir intéressant pour la presse. En fait, le ministre de la Guerre, dès le 17 novembre, a engagé le gouverneur de Paris, le général Saussier, à faire ouvrir une enquête sur Esterhazy, dont le général de Pellieux est chargé. En trois jours, Pellieux, soit incompétence, soit parti pris délibéré, conclut à la mise hors de cause d'Esterhazy. Celui-ci, cependant, ne peut parer à un coup inattendu, donné par une de ses anciennes maîtresses, Mme de Boulancy, qui, ayant conservé d'anciennes lettres du fringant officier, les a confiées à son avocat, Me Jullemier. Le 28 novembre, *Le Figaro* publie des extraits de cette correspondance, où Esterhazy se déchaîne contre « la belle armée française », « nos grands chefs poltrons et ignorants », sans hésiter à affirmer : « Si ce soir on venait me dire que je serais tué demain comme capitaine de uhlans en sabrant des Français, je serais certainement parfaitement heureux », ou bien : « Je ne ferais pas de mal à un chien, mais je ferais tuer cent mille Français avec plaisir. »

Le lendemain et le surlendemain, *Le Figaro* produit des photos de lettres d'Esterhazy ainsi que celle du bordereau. La comparaison est accablante pour le commandant. Mais celui-ci ne manque pas de partisans dans la presse nationaliste et antisémite qui défend et va défendre, contre toutes les preuves accumulées, la culpabilité de Dreyfus, et, partant, l'innocence d'Esterhazy. C'est dans cette presse qu'un terme a été forgé pour désigner les révisionnistes, ces mauvais Français stipendiés par les juifs : le Syndicat. Le 1er décembre, Émile Zola réplique par un nouvel article dans *Le Figaro* intitulé « Le Syndicat ». Ce n'est plus le ton léger de l'amateur de « personnages ». Cette fois, Zola entre en lice, dénonçant la bêtise des antisémites :

« Voilà l'âme noire [Dreyfus], l'abominable figure, la honte de l'armée, le bandit qui vend ses frères, ainsi que Judas a vendu son Dieu. Et, comme il est juif, c'est bien simple, les juifs qui sont riches et puissants, sans patrie d'ailleurs, vont travailler souterrainement, par leurs millions, à le tirer d'affaire, en achetant des consciences, en enveloppant la France d'un exécrable complot, pour obtenir la réhabilitation du coupable, quitte à lui substituer un innocent. La famille du condamné, juive elle aussi naturellement, entre dans l'affaire. Et c'est bien une affaire, il s'agit à prix d'or de déshonorer la justice, d'imposer le mensonge, de salir un peuple par la plus impudente des campagnes. Tout cela pour sauver un juif de l'infamie et l'y remplacer par un chrétien.

« Donc un syndicat se crée [3]. »

Après avoir raillé le fantasme des antisémites, Zola achève son article sous la forme d'un manifeste :

« Un syndicat pour agir sur l'opinion, pour la guérir de la démence où la presse immonde l'a jetée, pour la ramener à sa fierté, à sa générosité séculaires. Un syndicat pour répéter chaque matin que nos relations diplomatiques ne sont pas en jeu, que l'honneur de l'armée n'est point en cause, que des individualités seules peuvent être compromises. Un syndicat pour démontrer que toute erreur judiciaire est réparable et que s'entêter dans une erreur de ce genre, sous le prétexte qu'un Conseil de guerre ne peut se tromper, est la plus monstrueuse des obstinations, la plus effroyable des infaillibilités. Un syndicat pour mener campagne jusqu'à ce que la vérité soit faite, jusqu'à ce que la justice soit rendue, au travers de tous les obstacles, même si des années de lutte sont encore nécessaires.

« De ce syndicat, ah ! oui, j'en suis, et j'espère bien que tous les braves gens de France vont en être ! »

3. On pourra lire l'intégralité des articles de Zola in Zola, *L'Affaire Dreyfus. La Vérité en marche*, Garnier-Flammarion, 1969, où l'on trouvera aussi le premier engagement du même auteur en faveur des juifs, « Pour les Juifs », *Le Figaro* du 16 mai 1896, où il n'est pas encore question de l'affaire Dreyfus.

Cet article exaspère une bonne partie des lecteurs du *Figaro* qui refusent, à l'instar de l'opinion, de remettre en cause le jugement du Conseil de guerre de 1894. Le directeur du journal, Fernand de Rodays, qui a ouvert ses colonnes à Zola, se sentant d'accord avec lui, est alors bombardé de lettres de protestations et de menaces de désabonnement. Il en fait part à Zola, mais lui accorde cependant un ultime article, « Procès-verbal », que *Le Figaro* fait paraître le 5 décembre.

Les événements se sont précipités. Le 4 décembre, le général Saussier a ordonné une information contre le commandant Esterhazy. Celui-ci réclame d'être déféré devant la justice militaire. La nouvelle provoque une vive émotion à la Chambre des députés. Le président du Conseil, le républicain modéré Jules Méline, déclare solennellement : « Il n'y a pas d'affaire Dreyfus. » Peu de temps après lui, le député de droite Albert de Mun émeut ses collègues avec un discours patriotique bien timbré : « Ah ! vous demandiez, monsieur le président du Conseil, qu'il n'y eût pas ici de questions politiques. Non, il n'y en a pas ; il n'y a ici ni amis, ni adversaires du cabinet : il n'y a que des Français, soucieux de conserver intact ce qu'ils ont de plus précieux, ce qui reste au milieu de nos luttes et de nos discordes, le domaine commun de nos invincibles espérances : l'honneur de l'armée ! » La Chambre applaudit à tout rompre. Le ministre de la Guerre réaffirme : « Pour moi, en mon âme et conscience, comme soldat, comme chef de l'armée, je crois que Dreyfus est coupable. »

C'est donc au lendemain de cette séance mémorable, qui a vu la grande majorité des députés réaffirmer leur confiance en la « chose jugée », que Zola, bravant l'opinion, publie son dernier article du *Figaro*. Il s'y fait le procureur de la grande presse qui défend Esterhazy : « La presse immonde a dévoré la nation, et un accès de perversion, de la corruption où elle l'a jetée, vient d'étaler l'ulcère, au plein jour. » Une nouvelle fois, il pourfend l'antisémitisme :

« Le poison est dans le peuple, si le peuple entier n'est pas empoisonné. Nous devons à l'antisémitisme la dangereuse virulence que les scandales de Panama ont prise chez nous. Et toute cette lamentable affaire Dreyfus est son œuvre : c'est lui seul qui a rendu possible l'erreur judiciaire, c'est lui seul qui affole aujourd'hui la foule, qui empêche que cette erreur ne soit tranquillement, noblement reconnue... »

Du moins Esterhazy va-t-il à son tour passer en Conseil de guerre : « J'ai dit que la vérité était en marche et que rien ne l'arrêterait. Un premier pas est fait, puis un autre, puis le pas décisif. Cela est mathématique. »

L'optimisme de Zola va tôt refroidir. Mais, engagé dans la bataille, il n'en sortira plus. Avant que ne s'ouvre le procès d'Esterhazy, et puisque les colonnes du *Figaro* lui sont désormais interdites, il fait éditer une brochure, mise en vente le 14 décembre 1897, sous le titre : *Lettre à la Jeunesse*, vibrant appel « à l'humanité, à la vérité, à la justice ». Il récidive, cette fois par une *Lettre à la France*, le 6 janvier 1898 : « Je t'en conjure, France, sois encore la grande France, reviens à toi, retrouve-toi. »

Zola attire sur sa tête les foudres de la presse antisémite et nationaliste, tandis que les salons expliquent ses fureurs par « l'extraordinaire infatuation du personnage [4] ». Cependant, Esterhazy comparaît devant le Conseil de guerre les 10 et 11 janvier 1898, la plupart des séances se tenant à huis clos. La délibération est rapide : au bout de cinq minutes, le verdict d'acquittement est déclaré à l'unanimité. Esterhazy sort de l'audience en triomphateur : « Chapeau bas devant le martyr des juifs », s'écrie la foule. « Vive l'armée ! », « Mort aux juifs ! », « A mort le Syndicat ! »

Le colonel Picquart, lui, convaincu de la culpabilité d'Esterhazy depuis 1896, mais qui n'avait pu en persuader ses supérieurs, est accusé de faux, arrêté et conduit au Mont-Valérien. Le 13 janvier, il sera puni de soixante jours de forteresse, en attendant d'être l'objet d'une commission d'enquête. Quant à Scheurer-Kestner, il sera le même jour évincé de la vice-présidence du Sénat. Les dreyfusards, comme on les appelait désormais par dérision, allaient-ils être définitivement bâillonnés ? C'est à ce moment précis, au lendemain du verdict scandaleux qui a absous Esterhazy, que Zola va accomplir le geste incroyable, la dénonciation héroïque de tous ceux qui à ses yeux se sont faits les complices de l'injustice. En la circonstance, il peut compter sur un des rares hommes politiques qui fasse partie du petit cercle dreyfusard : Georges Clemenceau.

Lui aussi a une revanche à prendre. Compromis dans l'affaire

4. Mot d'Eugène Melchior de Vogüé, rapporté par M. Paléologue, *Journal de l'affaire Dreyfus*, Plon, 1955, p. 84.

de Panama, il a été battu aux élections de 1893. Depuis, il poursuit sa bataille politique dans le journalisme, d'abord à *La Justice*, puis, à partir du 19 octobre 1897, à *L'Aurore*, créée par un ancien collaborateur de Rochefort, Ernest Vaughan. Clemenceau a été amené à la cause dreyfusarde au cours de l'automne 1897, après avoir fait la connaissance de Bernard-Lazare et renoué avec son ami Scheurer-Kestner.

Il n'était pas évident *a priori* que Clemenceau fût d'emblée au premier rang des dreyfusards. Comme le rappelle Léon Blum : « Ce jacobin était, au premier chef, l'incarnation de la raison d'État, du fait du prince, de l'ordre collectif prévalant sur la justice. [...] C'était un personnage étrange, qui poussait la misanthropie jusqu'à un cynisme cruel, qui ne croyait à la pureté ou à l'efficacité d'aucune action humaine et pour qui l'action était cependant une nécessité impérieuse, un besoin vital [5]. » Alors ? Blum pense que si Clemenceau s'engage dans l'Affaire à contre-emploi, c'est parce qu'il ressent, intimement, la blessure de l'injustice : n'avait-il pas été victime, lui aussi, d'une erreur judiciaire dans le scandale de Panama, sur la foi d'un bordereau accusateur ? Mais le portrait de Léon Blum est injuste. Il y a chez Clemenceau une sensibilité, un esprit de justice qui préexistent à cette blessure. Sinon, pourquoi ce cynique eût-il fait campagne contre la peine de mort ou le colonialisme ? Cœur tendre auprès des femmes, il est aussi un ami des artistes et des intellectuels, s'essayant lui-même à la littérature [6], publiant son roman *Les Plus Forts* en cette année agitée que fut 1898. Léon Daudet, qui l'a bien connu et fut son admirateur, bien que membre de l'Action française, rappelle, dans un de ses livres, cette formule de Clemenceau : « La plus grande maladie de l'âme, c'est le froid [7]. » L'homme est contradictoire, mais c'est le propre de tous les grands hommes. Quoi qu'il en soit, Clemenceau se révèle un des champions du dreyfusisme, par la constance de son combat, l'extraordinaire ténacité dont il fait preuve, écrivant jour après jour des articles en faveur de la révision [8].

5. L. Blum, *op. cit.*, p. 81.
6. Voir J. Julliard, « Clemenceau et les intellectuels », Actes du Colloque *Clemenceau et la justice*, Publications de la Sorbonne, 1983.
7. L. Daudet, *Flammes*, Grasset, 1930, p. 190.
8. G. Clemenceau a réuni ses articles quasi quotidiens de l'Affaire en sept volumes, à partir de 1899. Le premier s'intitule *L'Iniquité*, paru chez Stock, éditeur militant de l'Affaire.

Lorsque Zola arrive dans les bureaux de *L'Aurore* avec sa Lettre ouverte au président Félix Faure, Clemenceau comprend tout de suite qu'il tient dans les mains de la dynamite. Il accueille la dénonciation de Zola avec enthousiasme. C'est lui qui trouve le titre : « J'accuse… » qui va marquer dans tout le pays et au-delà des frontières comme le vrai début de l'Affaire. Rien ne peut remplacer la parole du témoin, celle de Léon Blum :

« *L'Aurore* avait publié le *J'accuse*… de Zola. J'habitais alors un rez-de-chaussée, en haut de la rue du Luxembourg, dans l'axe de l'allée des platanes qui débouche vers la rue d'Assas. Au coin de la grille du jardin s'élevait la cabane en planches d'un marchand de journaux, le père Granet. J'ignorais jusqu'alors que mon marchand de journaux fût dreyfusard, comme mon dentiste, mais je me rappelle parfaitement le matin d'hiver où le père Granet, frappant du dehors à mon volet, me réveilla en s'écriant : "Vite, monsieur, lisez ça… C'est un article de Zola dans *L'Aurore*." J'ouvris en hâte ma fenêtre, et je pris des mains du père Granet le journal qu'il me tendait. A mesure que je lisais, il me semblait absorber un cordial puissant ; je sentais remonter en moi la confiance et le courage. Allons ! ce n'était pas fini ; la défaite subie n'était pas sans remède ; on pouvait encore se battre, on pouvait encore vaincre [9]. »

Tous ceux qui ont fait partie de cette poignée de dreyfusards de la première levée et qui, le 11 janvier, ont été accablés par le verdict inique graciant Esterhazy, se sentent brusquement réveillés, le 13, par le « J'accuse… » de Zola. Charles Péguy écrira moins de deux ans plus tard :

« Le Conseil de guerre, qui s'était réuni le 10, acquitta Esterhazy le 11 janvier. Ce fut un rude coup porté à la justice. Plusieurs se demandèrent si la justification de l'innocent serait jamais réalisée. Zola ne bougea pas : "Mais puisque nous avons raison !" répétait-il assis dans les bureaux de *L'Aurore*. Il écrivit le lendemain sa *Lettre au président de la République*. Elle parut le surlendemain jeudi matin. Ce fut la révélation du protagoniste. Il y eut un sursaut. La bataille pouvait recommencer. Toute la journée dans Paris les camelots à la voix éraillée crièrent *L'Aurore*, coururent avec *L'Aurore* en gros paquets sous le bras, distribuèrent *L'Aurore* aux acheteurs empressés.

9. *Ibid.*, p. 117-118.

Ce beau nom de journal, rebelle aux enrouements, planait comme une clameur sur la fiévreuse activité des rues. Le choc donné fut si extraordinaire que Paris faillit se retourner [10]. »

La lettre ouverte de Zola, qui mettait en cause tout l'État-Major, le ministre de la Guerre, le Conseil de guerre, les experts en écriture, bref tous ceux qui avaient concouru à la condamnation de Dreyfus et à l'acquittement d'Esterhazy, provoque un immense scandale. L'affaire Dreyfus devient l'affaire Zola. Dans l'après-midi du même jour où Zola flétrit les complices, la Chambre des députés connaît une nouvelle séance houleuse. Albert de Mun, Jules Méline, le général Billot, s'indignent tour à tour contre l'écrivain. Le 18, le ministre de la Guerre adresse une plainte au garde des Sceaux. Une assignation est délivrée par le procureur général à Émile Zola et à Perrenx, gérant de *L'Aurore*. L'affaire devrait venir devant la cour d'assises en février.

Auguste Scheurer-Kestner n'est personnellement pas convaincu de l'opportunité de l'article accusateur de Zola. A ses yeux, il importait plutôt de gagner l'opinion, conditionnée par la presse nationaliste et antisémite : « Je redoutais immédiatement, dit-il, que sa lettre n'exerçât une mauvaise influence sur le succès de notre campagne [11]. » Zola n'a-t-il pas été imprudent ?

De fait, l'audace du romancier suscite de multiples manifestations dans le pays. La plupart des grandes villes, en cette seconde quinzaine de janvier 1898, connaissent des défilés bruyants où l'on conspue Zola et les juifs. A Alger, on assiste à de véritables pogroms. Dans les salons parisiens, il n'est question que de Zola et de Dreyfus. Maurice Paléologue raconte sa soirée du 15 janvier chez M$^{me}$ Aubernon, où des écrivains et des universitaires se déchirent à pleines dents. Il est question des *intellectuels*. Ferdinand Brunetière, directeur de *La Revue des deux mondes*, est particulièrement éloquent :

« Et cette pétition que l'on fait circuler parmi les *Intellectuels*, le seul fait que l'on ait récemment créé ce mot d'*Intellectuels* pour désigner, comme une sorte de caste nobiliaire, les gens qui vivent dans les laboratoires et les bibliothèques, ce fait seul

10. Ch. Péguy, *Œuvres en prose complètes*, Gallimard, « La Pléiade », 1987, I, p. 244.
11. A. Scheurer-Kestner, *op. cit.*, p. 254.

dénonce un des travers les plus ridicules de notre époque, je veux dire la prétention de hausser les écrivains, les savants, les professeurs, les philologues, au rang des surhommes. Les aptitudes intellectuelles, que certes je ne méprise pas, n'ont qu'une valeur relative. Pour moi, dans l'ordre social, j'estime beaucoup plus haut la trempe de la volonté, la force du caractère, la sûreté du jugement, l'expérience pratique. Ainsi, je n'hésite pas à placer tel agriculteur ou tel négociant, que je connais, fort au-dessus de tel érudit ou de tel biologiste ou de tel mathématicien qu'il ne me plaît pas de nommer[12]… »

Le même jour, *Le Temps* publie une première liste de protestation, émanant d'universitaires, d'hommes de lettres, d'internes des hôpitaux, d'avocats et d'étudiants, qui réclame la révision du procès Dreyfus. On trouve, parmi ces premiers signataires, les noms d'Émile Zola, Anatole France, Émile Duclaux, directeur de l'Institut Pasteur, Fernand Gregh, Daniel Halévy, Félix Fénéon, Marcel Proust, Victor Bérard, Lucien Herr, Charles Andler, Céleste Bouglé, Élie Halévy, François Simiand, Georges Sorel… Dans les jours suivants, la liste s'allonge : Claude Monet, Jules Renard, le pasteur Théodore Monod, Émile Durkheim… Une autre pétition, demandant à la Chambre des députés de « maintenir les garanties légales des citoyens contre tout arbitraire » est lancée à son tour. Au moment où la rue résonne des cris antisémites, des hurlements contre Zola et des applaudissements en faveur de l'armée, la presse révèle qu'une nouvelle force est en train de naître, celle des « intellectuels ».

Ces professeurs de l'enseignement supérieur, ces chercheurs, hommes de plume ou de laboratoire, derrière Zola, et contre l'obstination d'une classe dirigeante inapte à revenir sur la « chose jugée », et contre la fureur d'une opinion nationaliste et antisémite incapable d'imaginer qu'on pût mettre en balance la parole des représentants de l'Armée, de l'État-Major, du ministre de la Guerre, du Conseil de guerre, avec les protestations d'innocence d'un petit officier juif, exigeaient que justice soit faite. Georges Clemenceau les salua dans *L'Aurore* du 23 janvier : « N'est-ce pas un signe, tous ces *intellectuels*, venus de tous les coins de l'horizon, qui se groupent sur une idée et s'y tiennent inébranlables ? […] Pour moi, j'y voudrais voir

12. M. Paléologue, *op. cit.*, p. 90-91.

l'origine d'un mouvement d'opinion au-dessus de tous les intérêts divers, et c'est dans cette pacifique révolte de l'esprit français, que je mettrais à l'heure où tout nous manque mes espérances d'avenir. »

Ces intellectuels venus de tous les horizons, qui sont-ils ? On a compté dans leur pétition 261 professeurs du secondaire et du supérieur, contre 230 hommes de lettres et journalistes [13], ce qui entraîne l'antisémite en chef Édouard Drumont à dénoncer « la reconstitution d'une oligarchie immorale et vaniteuse, prétentieuse et grotesque de gradés, de diplômés, d'agrégés, de docteurs, qui répondent aux Inclytes, aux Illustrissimes, aux candidats, aux dignitaires [14] ».

Maurice Barrès ne pouvait rester insensible, lui non plus, à l'irruption de ces prétendus intellectuels, qui incarnaient si bien collectivement ce qu'il avait dénoncé dans la figure de son personnage Bouteiller. Le 1er février 1898, il donne un article au *Journal*, « La protestation des intellectuels », pour fustiger leur outrecuidance :

« Une demi-culture détruit l'instinct sans lui substituer une conscience. Tous ces aristocrates de la pensée tiennent à afficher qu'ils ne pensent pas comme la vile foule. On le voit trop bien. Ils ne se sentent plus spontanément d'accord avec leur groupe naturel et ils ne s'élèvent pas jusqu'à la clairvoyance qui leur restituerait l'accord réfléchi avec la masse [15]. »

De ce jour, l'anti-intellectualisme devient un des thèmes favoris des intellectuels de droite, qui n'acceptent pas encore cette dénomination que l'actualité a répandue, par le truchement de Clemenceau. Non seulement on dénie aux intellectuels toute vocation particulière à intervenir dans le débat public, mais, qui plus est, on les désigne comme les mauvais Français qui pensent contre l'instinct vital de la nation. L'accusation était promise à une belle carrière.

13. Chr. Charle, *Naissance des « intellectuels » 1880-1900*, Éd. de Minuit, 1990, p. 70.
14. Cité par Chr. Charle, *ibid.*, p. 170.
15. Repris dans M. Barrès, *Scènes et Doctrines du nationalisme*, Plon, 1925, I, p. 49.

3

# *Le procès Zola*

La protestation des intellectuels, qui accompagne le cri de Zola, porte la marque d'une volonté d'agir en dehors de toute considération politique. Entendons par là que l'engagement de ces écrivains, de ces universitaires, de ces artistes, était indépendant de tout parti. En janvier 1898, la gauche politique n'est pas dreyfusarde, à l'exception de quelques personnalités, dont Clemenceau et Jaurès sont les plus en vue avec Scheurer-Kestner. Les socialistes eux-mêmes ne sont nullement résolus à entrer dans la mêlée. Le 13 janvier, le jour de « J'accuse... », leur groupe parlementaire s'est réuni ; la majorité entend, à quelques mois des prochaines élections législatives, ne pas se mettre à dos l'opinion en suivant Émile Zola, qui n'est qu'un écrivain bourgeois. Bien que Jules Guesde ait qualifié la lettre de Zola d'« acte le plus révolutionnaire de l'époque », le 19, les députés socialistes signent une résolution où ils prennent leurs distances en face des « deux fractions rivales de la classe bourgeoise » : d'un côté, les « cléricaux » ; de l'autre, les « capitalistes juifs ». La conclusion est nette :

« Dans la lutte convulsive des deux fractions bourgeoises rivales, tout est hypocrisie, tout est mensonge. Prolétaires, ne vous enrôlez dans aucun des clans de cette guerre civile bourgeoise ! Ne vous livrez pas à ces possédants, rivaux d'un jour, commensaux du même privilège, convives échauffés et gloutons qui se prennent de querelle dans le banquet et qui, demain, se réconcilieront contre vous si vous forcez la porte de la salle ! Entre Reinach et de Mun, gardez votre liberté entière ! »

Cette résolution, inspirée par une conception intransigeante de la lutte de classe et par l'antimilitarisme, on pourrait s'étonner que Jaurès la signe. Outre qu'à ce moment-là l'antisémitisme est loin d'épargner l'extrême gauche, qu'il est accepté par nombre de petites gens, d'ouvriers, séduits par le démagogue Henri Rochefort, ancien proscrit de la Commune, mais devenu l'allié de Drumont et donc un pourfendeur de juifs, le scandale de Panama auquel certains noms juifs ont été mêlés a renforcé les préjugés. Les tribuns populaires ont dénoncé la collusion entre la finance juive et la République des modérés. L'affaire Dreyfus leur est une aubaine : elle confirme les méfaits de la « juiverie » en France. Les socialistes ne sont pas encore immunisés contre l'antisémitisme ; ils répugnent à faire le jeu des « opportunistes », dont tant de noms se trouvent à leurs yeux associés aux « panamistes ». Et notamment celui de Reinach : Joseph Reinach, l'ardent dreyfusard, n'est-il pas le neveu et gendre du baron Jacques, un des principaux inculpés de l'affaire de Panama ? Défendre Dreyfus, n'est-ce pas favoriser les républicains affairistes, dont *Le Siècle* se fait l'écho[1] ? En décembre, Jaurès avait, dans une réponse à Zola, écrit : « Opportunistes d'un côté, si Dreyfus est réhabilité, réaction cléricale de l'autre. Tel est le sens social de la lutte engagée[2]. »

Le 22 janvier, un article de Jaurès paru dans *La Petite République* donne encore le ton des réticences socialistes : « J'admire la hardiesse de Zola. Il se peut qu'il se trompe sur le fond. Tant que le huis clos sera maintenu, nous ne le saurons pas, nous ne pourrons pas le savoir. Mais il a fait, en affirmant sa pensée, acte d'homme ; et en s'attaquant à la haute armée tout entière, à tout le système des grands chefs militaires, à leur puissance de ruse, de mensonge et d'oppression, il a fait acte révolutionnaire. Ceux-là seuls ne l'en loueront pas qui ont le cœur simple.

« Mais qu'il me permette de le lui dire. Il ne peut isoler son acte du milieu social où il se produit. Or, derrière lui, derrière son initiative hardie et noble, toute la bande suspecte des écumeurs juifs marche sournoise et avide, attendant de lui je ne sais quelle réhabilitation indirecte, propice à de nouveaux méfaits. Derrière le semeur au geste large s'abattent les oiseaux voraces qui font leur profit de la semence de justice avant qu'elle ait pu germer. Et par une répercussion singulière, Zola,

1. Voir la mise au point de Madeleine Rebérioux, « Zola, Jaurès et France : trois intellectuels devant l'Affaire », *Cahiers naturalistes*, n° 54, 1980.

2. *La Petite République*, 11 décembre 1897.

en abattant une partie des forces d'oppression, risque de restaurer une partie des forces d'exploitation [3]. »

Le lendemain, dimanche 23 janvier, *L'Aurore* présente la « Lettre à Émile Zola » rédigée par Charles Péguy au nom de ses amis de l'École normale et de lui-même :

« Puisque plusieurs parlementaires, soi-disant socialistes, se refusent à marcher droit, nous voulons, nous, les jeunes socialistes, sauver l'idéal socialiste.

« Les socialistes, sous peine de déchéance, doivent marcher pour toutes les justices qui sont à réaliser. Ils n'ont pas à considérer à qui servent les justices réalisées, car ils sont désintéressés ou ils ne sont pas. »

Cette lettre est datée du vendredi 21 janvier. Or, le samedi 22, Jaurès répond au vœu du jeune Péguy et de ses amis. Le député de Carmaux est en passe de devenir un des combattants les plus en vue du dreyfusisme. Au début de l'année 1898, il a reçu la visite du même Péguy et de son ami Jérôme Tharaud qui l'ont pressé de se mettre à la tête des dreyfusards. Jaurès leur confie à quel point il est excédé par les divisions internes du groupe socialiste, par les obstacles que ses adversaires à l'intérieur du groupe dressent contre son intervention. Le samedi 22 janvier, donc, le tribun socialiste saisit l'occasion d'intervenir à la tribune de la Chambre, bravant ceux du groupe socialiste qui prêchent la neutralité. Le président du Conseil Méline, sommé par le député Cavaignac de produire enfin les preuves de la culpabilité de Dreyfus pour mettre un terme à l'agitation publique, venait de s'en tirer par une algarade très applaudie contre les dreyfusards, ce qui avait amené Cavaignac à retirer son interpellation. Jaurès, mis en cause, piqué au vif, accuse alors Méline de faire le jeu des ennemis de la République et poursuit son discours dans le vacarme. Il entend la voix du député de droite Bernis :

« – Vous êtes du Syndicat !

– Qu'avez-vous dit, Monsieur de Bernis ?

– Je dis que vous devez être du Syndicat, que vous êtes probablement l'avocat du Syndicat !

– Monsieur de Bernis, s'écrie Jaurès au comble de l'exaspération, vous êtes un misérable et un lâche ! »

Ces mots explosent comme le signal d'une bagarre généralisée, sous le regard effaré du président de la Chambre, Brisson

3. J. Jaurès, « La Révolution », *La Petite République*, 22 janvier 1898.

qui, impuissant, secoue sa sonnette. Le lendemain, après que Jaurès a repris la parole, la confiance est votée à Méline par 360 voix contre 126. Les députés ne sont pas encore prêts à accepter la révision du procès Dreyfus ; du moins, Jaurès a accéléré le changement d'attitude des socialistes. Le 29 janvier, *Le Parti ouvrier*, organe de la tendance allemaniste du mouvement socialiste, acquis déjà à la cause de Dreyfus, et qui avait dénoncé le manifeste des députés socialistes du 19, publie, sous la signature de Maurice Charnay, une lettre ouverte « Au citoyen Jaurès » : « C'était la parole socialiste que nous attendions. » Tous les socialistes n'en sont pas encore convaincus, mais désormais Jaurès a brûlé ses vaisseaux. Au procès de Zola, il sera l'un des grands témoins.

Zola est la cible des attaques les plus ignominieuses, mais les messages de félicitations et de soutien affluent aussi à son domicile. Le 2 février, *L'Aurore* publie une « Adresse à Émile Zola », signée, entre autres, d'Octave Mirbeau, de Laurent Tailhade, de Pierre Quillard, de Georges Courteline :

« Les soussignés, appartenant au monde des arts, des sciences et des lettres, félicitent Émile Zola de la noble attitude militante qu'il a prise dans cette ténébreuse affaire Dreyfus, qui dissimule, sinon une iniquité, tout au moins des illégalités, et que le récent jugement du Conseil de guerre vient d'enténébrer plus encore.

« Ils se solidarisent pleinement avec lui, au nom de la Justice et de la Vérité. »

Les deux maîtres mots du combat intellectuel au cœur de l'Affaire sont lâchés : justice et vérité. Les antidreyfusards leur opposent, à l'instar de Barrès, préservation sociale, défense de la nation, raison supérieure de l'État. Valeurs universalistes contre valeurs particularistes. Il est notable, cependant, qu'en matière de vérité la pétition lancée par Mirbeau soit aussi circonspecte. Mais, de fait, à la veille du procès de Zola, bon nombre de ceux qui soutiennent le romancier ne sont pas encore sûrs de l'innocence de Dreyfus.

La première audience du procès intenté à Zola s'ouvre, le lundi 7 février 1898, devant la cour d'assises de la Seine, présidée par le conseiller Delegorgue, tandis que le ministère public est occupé par l'avocat général Van Cassel. Zola est défendu par M^e^ Labori, tandis qu'Albert Clemenceau et son frère Georges assistent le gérant de *L'Aurore* Perrenx. La salle du palais de justice de Paris est archicomble ; à l'extérieur les bandes de Drumont acclament les généraux qui entrent ou sortent, et conspuent les dreyfusards. Le pays s'enflamme, car l'opinion, conditionnée par la grande presse et la presse nationaliste – *La Libre Parole*, *La Croix*, *Le Pèlerin*, *L'Intransigeant*… –, est persuadée que l'enjeu du procès Zola n'est rien de moins que la défense de la patrie, à travers celle de l'armée outragée par l'écrivain. Les dreyfusards, eux, entendent utiliser ce procès pour faire avancer leur cause, tandis que la magistrature s'emploie à bien séparer le cas Zola du cas Dreyfus, celui-ci étant jugé à ses yeux une fois pour toutes : les témoins ne pourront parler que « sur les faits de la citation ».

Le procès va compter quinze audiences, pour se terminer le mercredi 23 février. Chaque jour, et alors que la police est au début quasi invisible, des bagarres se produisent à l'entrée du Palais, où le polémiste Henri Rochefort, que son fracas annonce de loin, prépare sur le tas les gros pétards de son *Intransigeant*. Dans la salle d'audience, le président, en robe rouge, pâle, a beau prévenir qu'il fera évacuer la salle à la moindre manifestation du public, il n'arrive jamais à interrompre les applaudissements des nombreux militaires en civil qui occupent la place. Zola, le procès durant, doit entrer et sortir du Palais par une porte latérale du quai des Orfèvres. Pour aller de chez lui au Palais ou du Palais chez lui, il doit improviser chaque jour un nouvel itinéraire, escorté de quelques amis, dont Octave Mirbeau en guise de garde du corps. Chez lui, rue de Bruxelles, tandis qu'il reçoit des menaces de mort par la poste, des furieux hurlent à ses fenêtres.

Dans une petite salle d'attente, les témoins se succèdent. Scheurer-Kestner, qui vient de faire la connaissance de Mme Lucie Dreyfus, échange des propos en « patois alsacien » avec Picquart, pour ne pas être compris de l'entourage. Picquart, extrait du Mont-Valérien, témoigne à sa demande, mais le président sait le faire taire.

Les autres militaires appelés à la barre – Mercier, Boisdeffre, du Paty de Clam, Gonse, Henry, Lauth, Pellieux – continuent de jeter le discrédit sur Picquart et, secondés par l'expert graphologue Bertillon (« un halluciné, un fou », dit Paléologue outré de sa « psychose interprétative »), invoquent la culpabilité de Dreyfus comme une évidence sans que le président Delegorgue proteste. Le clou attendu est la onzième audience, au cours de laquelle doit comparaître Esterhazy. Celui-ci se lance d'entrée dans une déclaration solennelle où, jouant les victimes du complot, il prévient qu'il ne répondra pas aux questions de ses accusateurs. Ceux-ci, de fait, ne peuvent lui arracher la moindre déclaration ; du moins l'inondent-ils d'une cascade de questions, sans oublier de citer des extraits de lettres par lui envoyées à Mme de Boulancy. Le vaillant « uhlan » reste de marbre, avec la complicité du président, lui-même empressé à écarter certaines questions des défenseurs de Zola.

« – Comment se fait-il, demande Me Clemenceau, qu'on ne puisse pas parler, dans une audience de justice, d'un acte accompli par un officier français ?

– Parce qu'il y a quelque chose au-dessus de cela, c'est l'honneur et la sécurité du pays ! »

Cette réplique, qui en dit long sur les sentiments du tribunal, déclenche les applaudissements enthousiastes du public. Le président, qui a pourtant promis de ne plus accepter la moindre interruption de ce genre, laisse faire. Esterhazy peut quitter la salle sans avoir sujet de se plaindre : il a pu rester bouche cousue. Sa sortie est ovationnée par les bandes antisémites, qui plus tard assomment à coups de canne les contre-manifestants, en hurlant : « Vive l'Armée ! »

Les jurés sont en butte à des pressions constantes : dans la salle où le public est acquis d'avance ; dans la presse, qui n'hésite pas à donner leurs noms et leurs adresses ; à leur domicile même, où certains reçoivent des lettres de menace. Scheurer-Kestner raconte dans ses Mémoires que l'un d'eux préféra se démettre en invoquant un problème de santé, après avoir eu maille à partir avec Esterhazy dans un lieu public.

Un des hauts moments des débats est atteint avec la seconde déposition du général de Pellieux, le 17 février. Celui-ci affirme que l'État-Major disposait de la preuve formelle de la culpabilité de Dreyfus depuis 1896 ; il s'agit d'une lettre adressée par un attaché militaire étranger à son homologue d'un autre pays, qui dit : « J'apprends qu'on va interpeller, à la Chambre, sur l'affaire Dreyfus. N'avouez jamais les relations que nous avons eues avec ce Juif… » L'avocat de Dreyfus, Me Labori, une fois passé le vacarme consécutif à cette déclaration, exige que Pellieux produise le document. Les jurés ne savent pas que Pellieux vient de citer un faux fabriqué par Henry. Gonse, lui, le sait ; il invoque la raison d'État. Pellieux demande alors qu'on entende le témoignage du général de Boisdeffre, chef d'état-major général de l'armée. « Il pouvait dire ce qu'il voulait, la France obéirait aussitôt », écrit Proust à son propos [4]. Le lendemain, Boisdeffre, en chapeau haut de forme, très calme, très digne, très respecté (« Sur son passage on se découvrait et il saluait avec beaucoup de politesse, comme un homme d'un rang tout à fait prépondérant [5] »...), et suivi de son officier d'ordonnance, vient confirmer le propos de Pellieux : « Vous êtes le jury, vous êtes la nation. Si la nation n'a pas confiance dans les chefs de son armée, dans ceux qui ont la responsabilité de la défense nationale, ils sont prêts à laisser à d'autres cette lourde tâche. Vous n'avez qu'à parler. Je ne dirai pas un mot de plus. » L'effet est considérable. En redescendant l'escalier du Palais, Boisdeffre, dieu vivant pour la foule militariste, reçoit « une immense acclamation ».

Proust, qui raconte la scène, et qui, dreyfusard, ne devrait pas se laisser abuser par l'odeur d'encens qui dans la France de l'époque couvrait les militaires, témoigne mieux que personne de cette ferveur pour les chefs, faute de laquelle on ne saurait expliquer complètement l'affaire Dreyfus.

Léon Blum, qui s'est mis, en juriste, à la disposition de Labori, avec lequel il collabore discrètement pendant tout le procès, se souvient de ce « spectacle dramatique, grandiose », de cet état de tension permanent où sont acteurs et spectateurs prêts à se jeter les uns sur les autres.

Zola, le 21, a la parole. Il n'a jamais été un orateur. Sa voix tremble en lisant son texte préparé, tandis que les insultes fusent de la salle. Il répète sa foi en l'innocence de Dreyfus : « Que mes œuvres périssent, si Dreyfus n'est pas innocent ! Il est innocent. » Il finit par ces mots :

« Tout semble être contre moi, les deux Chambres, le pouvoir civil, le pouvoir militaire, les journaux à grand tirage, l'opinion publique qu'ils ont empoisonnée. Et je n'ai pour moi que l'idée, un idéal de vérité et de justice. Et je suis bien tranquille, je vaincrai.

« Je n'ai pas voulu que mon pays restât dans le mensonge et dans l'injustice. On peut me frapper ici. Un jour, la France me remerciera d'avoir aidé à sauver son honneur. »

4. M. Proust, *Jean Santeuil*, Gallimard, « La Pléiade », 1971, p. 623.
5. *Ibid.*, p. 625.

Dans les couloirs Déroulède fait une conférence, et, aux portes du palais de justice, une foule menaçante est prête pour le lynchage en cas d'acquittement. Après Labori, qui ne se démonte pas malgré les huées de l'auditoire, Clemenceau prend la parole. Maurice Barrès, qui assiste à cette dernière séance, pour le compte du *Figaro*, y décrit le vaincu de Panama et l'avocat de *L'Aurore* sans indulgence. Mais, face à l'hostilité de la salle – « une meute irritée », selon lui – qui vomit les insultes, voire les grossièretés, en direction de la défense, et se déchaîne en « vociférations d'enthousiasme » aux moindres déclarations de l'avocat général, il se demande, naïf ou cynique, comment les jurés pourraient éprouver « des sentiments différents de ceux qui emplissent et enfièvrent cette foule du prétoire, elle-même en communion avec la foule des couloirs et avec les foules extérieures [6] ».

Le 23 février 1898, Émile Zola est condamné par la majorité du jury au maximum : un an de prison ferme et 1 000 francs d'amende. On voit alors des officiers s'embrasser à la lecture du verdict, des dames exubérantes monter sur les banquettes. La rue, aussitôt avertie, délire de joie. Selon les témoins, l'acquittement eût déclenché l'émeute : « La surexcitation de l'auditoire, écrit l'antidreyfusard Arthur Meyer, directeur du *Gaulois*, l'exaspération de la foule massée devant le palais de justice étaient si violentes qu'on pouvait redouter les excès les plus graves si le jury avait acquitté M. Zola [7]. » Le gérant de *L'Aurore*, Perrenx, écope, lui, de quatre mois et de la même amende. Le colonel Picquart est bientôt mis en position de réforme. Méline, devant la Chambre, peut exprimer le lendemain sa satisfaction : « Il n'y a plus à l'heure actuelle ni procès Zola, ni procès Dreyfus ; il n'y a plus de procès du tout… »

Jules Renard, familier de *La Revue blanche*, ardent défenseur de Zola, se déclare dans son *Journal*, « écœuré » par sa condamnation : « A partir de ce soir, je tiens à la République, qui m'inspire un respect, une tendresse que je ne me connaissais pas. Je déclare que le mot Justice est le plus beau de la langue des hommes, et qu'il faut pleurer si les hommes ne le comprennent plus [8]. »

6. M. Barrès, « Impressions d'audience », *Le Figaro*, 24 février 1898.
7. A. Meyer, *Ce que mes yeux ont vu*, Plon, 1912, p. 149.
8. J. Renard, *Journal 1887-1910*, Gallimard, 1965, p. 472.

Le procès Zola n'est pas une nouvelle défaite pour les dreyfusards, tant s'en faut. Malgré la volonté du président Delegorgue, le dossier Dreyfus avait été bel et bien rouvert, et par les militaires eux-mêmes, Pellieux en tête. L'illégalité de 1894 – le jugement de Dreyfus sur dossier secret non communiqué à la défense – est désormais attestée. La vérité continue d'être « en marche ». Avant le procès, il n'est guère d'insulte dont on ait fait grâce à Zola ; aujourd'hui, il est inondé de lettres et de télégrammes de congratulation. Parmi ses correspondants, Stéphane Mallarmé se dit « pénétré par la sublimité de [son] Acte [9] ».

S'étant pourvu auprès de la Cour de cassation, Zola aura gain de cause. La Cour casse, le 2 avril 1898, l'arrêt de la cour d'assises, invoquant que « c'était le Conseil de guerre et non le ministre de la Guerre qui devait l'assigner ». Le Conseil de guerre reprend donc l'assignation à son compte. Un nouveau procès s'ensuit à partir du 18 juillet, devant les assises de la Seine-et-Oise, à Versailles. Labori, appuyé par les frères Clemenceau, conseille à Zola de ne pas attendre la fin des débats, de choisir l'exil, afin que le jugement par contumace lui permette de demander un nouveau procès, ce qui évitera de fermer définitivement le dossier Dreyfus. Zola se rend à la gare du Nord à Paris accompagné de sa femme Alexandrine ; il n'a qu'un mince bagage afin de ne pas éveiller les soupçons de la police qui patrouille rue de Bruxelles. A Calais, il s'embarque pour l'Angleterre, où il séjournera pendant près d'une année, errant de résidence en résidence, sous des noms d'emprunt, sans savoir un mot d'anglais. Zola est condamné par la cour de Versailles à la même peine de prison ferme qu'en février, un an, mais à 3 000 francs d'amende. Le 26 juillet il est suspendu de son titre d'officier de la Légion d'honneur.

9. F. Brown, *op. cit.*, p. 779.

# 4

# *Après le procès*

L'affaire Zola, plus encore que l'affaire Dreyfus, opère, au cours de l'année 1898, un regroupement des forces intellectuelles en deux camps qui se font face. Si l'auteur des *Rougon-Macquart* apparaît comme le chef de file des dreyfusards, sa condamnation et son exil le rejettent pour un temps à l'écart. D'autres, à sa suite, vont occuper le devant de la scène, à commencer par Jaurès qui, au mois d'août, entreprend une série d'articles dans *La Petite République* qui deviendront *Les Preuves*, un des ouvrages les plus célèbres de l'Affaire. La riposte, cependant, ne pouvait pas être le seul fait d'individus, si prestigieux fussent-ils. De même que les pétitions de janvier ont produit un effet de corps, de même certains s'avisent de bâtir un cadre où les idéaux qu'ils ont exprimés seront défendus, au-delà même de l'affaire Dreyfus. Telle est l'origine de la Ligue pour la défense des droits de l'homme, au lendemain du procès Zola. L'idée résulte de conversations entre l'ancien ministre de la Justice, le sénateur Ludovic Trarieux, le journaliste du *Siècle* Yves Guyot et le juriste catholique Paul Viollet. Les instigateurs de la Ligue sont surtout des intellectuels : Paul Desjardins, le philosophe Gabriel Séailles, Lucien Herr, Paul Reclus, Émile Duclaux, biochimiste et directeur de l'Institut Pasteur… Celui-ci fait état de son jugement dans *Le Temps* du 18 janvier, sentiment largement partagé dans le milieu scientifique : « Dès le premier abord, le procès qui se jugea dans des circonstances aussi peu favorables à l'œuvre de justice m'est suspect. Mais je m'aperçois encore que, depuis lors, on ne nous a donné aucune preuve de la culpabilité, aucun argument certain, et je me dis, sans même savoir si M. Scheurer-Kestner a des dossiers ou n'en a pas, sans vouloir examiner aucune des pièces que M. Zola peut avoir, je me dis qu'en principe un jugement rendu dans une période si peu calme, après une telle campagne de presse, sans que rien soit venu corroborer depuis un tel jugement, est peut-être irrégulier, ou faux, ou coupable. Il ne satisfait pas mon désir de justice et de vérité. »

Au cours de la réunion fondatrice, tenue chez Trarieux, on relit avec émotion la célèbre Déclaration de 1789, tandis que Viollet et Trarieux sont chargés de rédiger les statuts de la nouvelle association, officiellement enregistrée le 4 juin 1898. Sa finalité est de défendre en tous domaines les principes de la Déclaration des droits de l'homme et du citoyen, préambule de la Constitution de 1791, et charte de l'esprit républicain. Son premier Comité central compte 7 hommes politiques, 13 universitaires, 5 hommes de lettres et 3 personnalités de diverses professions. Dans son premier manifeste, le 4 juillet 1898, le Comité central de la Ligue annonce son assistance à « toute personne dont la liberté serait menacée ou dont le droit serait violé ».

Ce ressourcement à l'éthique des Droits de l'homme va obliger la gauche à se défaire de ses préjugés antisémites. Ceux-ci, jusqu'à l'affaire Dreyfus, nous l'avons dit, n'étaient absents ni des écrits ni des slogans socialistes ; ils n'étaient pas rares dans les rangs de la République radicale ou modérée. Au moment même où il devient une des composantes principales du nationalisme, qui se constitue alors en corps de doctrine, l'antisémitisme est banni à gauche. Les tentatives de séduction faites par Drumont, son journal, ses amis, auprès des socialistes, sont définitivement vouées à l'échec. Certes, il restera des militants de gauche antisémites. Ainsi, Robert Louzon, commentant l'arrêt de la Cour de cassation rendu en faveur de Dreyfus en 1906, dans *Le Mouvement socialiste*, titrera son article : « La faillite du dreyfusisme et le triomphe du parti juif. » D'autres exemples attesteront le maintien d'un antisémitisme plus ou moins larvé chez certains syndicalistes révolutionnaires de la CGT. Cependant, les organisations républicaines, dans leur ensemble, s'estiment tenues d'interdire l'antisémitisme, lequel est relégué au chapitre des idées reçues de la Réaction.

Parmi les fondateurs de la Ligue, nous avons mentionné Paul Viollet. Celui-ci est un des rares intellectuels catholiques à nager contre le courant qui porte les catholiques français à l'antidreyfusisme. Léon Chaine, qui est dans le même cas, écrit en 1904 : « Nous fûmes déçus, méconnus, abandonnés, vilipendés souvent par ceux que nous appelions nos frères. Les incrédules nous tendirent la main, les croyants nous la refusèrent[1]. » Soucieux de dissocier l'Église et le catholicisme d'un antidreyfusisme délirant – comme celui qui s'exprime dans la presse des Assomptionnistes (*La Croix*, *Le Pèlerin*) – ou simplement dangereux, Viollet tient à faire entendre une autre voix catholique. Il sera à l'origine d'un Comité catholique pour la Défense du droit, créé en février 1899, lorsque, en désaccord avec les autres ligueurs sur la liberté d'enseignement, il jugera préférable de quitter le Comité de la Ligue pour la défense des droits de l'homme. Il est notable, par ailleurs, qu'aucun grand nom du catholicisme libéral ne figura dans ce Comité. Anatole Leroy-Beaulieu, qui a pourtant écrit contre l'antisémitisme et exprimé au cours de l'Affaire ses convictions révisionnistes, ne se sent pas tenu d'y participer. L'attitude d'un Denys Cochin, autre figure de ce catholicisme libéral français, est plus typique. Sans hostilité à Dreyfus, sans compromissions avec l'antisémitisme, il considère néanmoins le dreyfusisme comme une machine de guerre montée contre l'armée, la patrie, la religion[2]. Cette dernière attitude nous invite à ne pas simplifier la nature des camps qui se forment au moment du procès Zola et à sa suite. En dehors de tout antisémitisme, il est arrivé que des esprits soucieux de justice, que des patriotes ulcérés par les excès de certains propos antimilitaristes s'émeuvent des dangers que la campagne dreyfusarde faisait, selon eux, courir à l'armée.

L'agitation des révisionnistes, des pétitionnaires, des faiseurs d'articles, défenseurs de Zola, provoque en retour la lente constitution d'un camp antidreyfusard, dont Barrès devient peu à peu la personnalité la plus marquante. Les intellectuels de droite n'étaient pas encore à la pointe du combat nationaliste. Celui-ci était animé soit par des journalistes comme Édouard Drumont ou Henri Rochefort, soit par des chefs de ligue comme Jules Guérin, bravache de la Ligue antisémitique, ou Paul Déroulède, chef de la Ligue des patriotes. C'est précisément l'affaire Dreyfus et le procès Zola qui sont l'occasion d'un nationalisme intellectualisé, surtout par Maurice Barrès et Charles Maurras.

1. L. Chaine, *Les Catholiques français et leurs difficultés actuelles devant l'opinion*, A. Storck et C^ie^, 1903.
2. Voir J.-M. Mayeur, « Les catholiques dreyfusards », *Revue historique*, CCLXI/2.

Barrès, au printemps 1898, écrit la suite des *Déracinés*, qui sera *L'Appel au soldat*, reconstitution romanesque de l'histoire du boulangisme, où il fut actif et d'où il tira son mandat de député en 1889. Pendant la législature 89-93, il avait défendu des positions que nous pourrions dire confuses, siégeant à l'extrême gauche, se ralliant aux projets de loi des quelques députés socialistes présents, tout en exprimant des convictions antisémites. Il allait en chercher la caution scientifique auprès de Jules Soury, professant à l'École des hautes études l'histoire des doctrines de la psychologie physiologique, et particulièrement celle des localisations cérébrales. Habité par le pessimisme scientifique, hanté par la décadence et la dégénérescence, Soury attendait de la guerre le redressement de la nation.

On s'accorde à penser que Barrès fut, sinon l'inventeur, du moins l'introducteur du mot *nationaliste*. Forgé du temps de la Révolution, ce synonyme de « patriote » était tombé dans l'oubli, jusqu'à ce que Barrès publie dans *Le Figaro*, le 4 juillet 1892, un article intitulé « La querelle des nationalistes et des cosmopolites ». Il s'agissait en l'occurrence du débat qui opposait les passionnés de littérature étrangère (Ibsen, Dostoïevski, Tolstoï, etc.) aux tenants de la littérature nationale. Or Barrès, à cette époque, n'entend nullement prendre parti pour les *nationalistes* (il souligne lui-même ce terme inusité) : « Les littératures étrangères, écrit-il, nous donnent ces curiosités de bouche si nécessaires à des lettrés français fatigués de la table nationale trop bien servie. Vive la France ! Elle est parfaite. Mais surtout vive l'Europe ! Elle a pour nous ce mérite d'être un peu inédite. Elle nous réveille par des poivres et des épices nouveaux. Nos maîtres français sont des épiciers dont nous avons épuisé la boutique. »

Cette même année 1892, Barrès publiait *L'Ennemi des lois*. Quand, huit ans plus tard, paraîtra *L'Appel au soldat*, le critique René Doumic aura beau jeu de noter que Barrès, « si empressé dans ses premiers livres à jeter le défi au bon sens », s'occupe, dans son dernier, « à relever tous les autels qu'il avait brisés ». Cette appréciation sur son évolution n'a pas l'heur de plaire à Barrès, qui explique les variations de son œuvre par « cette logique supérieure d'un arbre cherchant la lumière et cédant à sa nécessité supérieure [3] ». Il revendique le droit aux étapes

3. M. Barrès, *Scènes et Doctrines…*, *op. cit.*, p. 14.

nécessaires. Du reste, s'il a naguère été un « individualiste », il précise que dès 1894, dans le journal *La Cocarde*, il a déjà tracé tout le programme du « nationalisme ». Depuis cette époque, Barrès a renoncé aux idées personnelles, découvert qu'il faut être humble et admettre que nous ne sommes que « la continuité de nos parents » : « C'est tout un vertige où l'individu s'abîme pour se retrouver dans la famille, dans la race, dans la nation[4]. »

A vrai dire, Barrès sait bien qu'il n'y a pas de « race » française, « hélas ! » : « Nous ne sommes point une race, mais une nation. » Mais nous n'existons que par la solidarité nationale ; nous ne sentons, pensons, agissons, qu'à travers de « très anciennes dispositions physiologiques » d'un organisme collectif par lequel nous sommes déterminés. Barrès exprime de manière plus poétique la continuité qui définit chacun d'entre nous : celle de la Terre et des Morts. « Nous sommes le produit d'une collectivité qui parle en nous. Que l'influence des ancêtres soit permanente, et les fils seront énergiques et droits, la nation une[5]. » L'affaire Dreyfus et l'affaire Zola donnent l'occasion à Barrès de formuler sa théorie du nationalisme, en même temps qu'elles le replongent dans une bataille politique, dont un premier impératif est pour lui sa nouvelle candidature aux élections de mai 1898.

Pour Barrès, Zola n'est pas un Français : « Il pense tout naturellement en Vénitien déraciné[6]. » D'autre part, c'est un « intellectuel », c'est-à-dire quelqu'un qui, comme tous les intellectuels, s'imagine que la société doit se fonder sur la logique, alors qu'elle repose sur des nécessités qui sont souvent étrangères à la raison. L'intellectuel ignore ce qu'est l'instinct, la tradition, le goût du terroir, tout ce qui fait une nation de chair et de sang. Il croit qu'on fait l'union sur des idées. Non ! Ou plutôt il faut que ces idées soient doublées « de leur force sentimentale ». Il en est de même des juifs, autres déracinés selon Barrès : « Les Juifs n'ont pas de patrie au sens où nous l'entendons. Pour nous, la patrie, c'est le sol et les ancêtres, c'est la terre de nos morts. Pour eux, c'est l'endroit où ils trouvent leur plus grand intérêt. » Les juifs, qui plus est, sont membres de cette

4. *Ibid.*, p. 19.
5. *Ibid.*, p. 96.
6. *Ibid.*, p. 44.

race sémitique qui, de tous temps, s'est opposée à la race aryenne. Au procès de Rennes, en 1899, Barrès dira de Dreyfus : « Nous exigeons de cet enfant de Sem les beaux traits de la race indo-européenne. Il n'est point perméable à toutes les excitations dont nous affectent notre terre, nos ancêtres, notre drapeau, le mot "honneur"[7]. » Un dernier groupe passe pour antinational aux yeux de Barrès : les protestants. Non qu'il soit un fervent catholique – mais le catholicisme est la religion de ses aïeux : « Les livres de Barrès, écrivait Tharaud, sont catholiques jusqu'à la foi exclusivement[8]. » Peu importe la théologie, la question de savoir quelle est la bonne religion, il suffit d'être convaincu du caractère éminemment français du catholicisme, et du caractère éminemment étranger du protestantisme pour être hostile à celui-ci. L'antiprotestantisme figure au même titre que l'antisémitisme dans la construction de la doctrine nationaliste barrésienne et maurrassienne. Reste que l'antisémitisme est un meilleur instrument de mobilisation populaire, qu'il est alors la passion dominante, sur laquelle misent tous les démagogues. Clemenceau, au lendemain du procès Zola, écrit sans détour : « Car c'est bien d'antisémitisme qu'il s'agit, chacun le peut voir. S'il n'y a pas de loi pour Dreyfus, c'est qu'il est juif, voilà tout[9]. »

Barrès, cependant, n'incarne pas à lui seul l'antidreyfusisme, et l'antisémitisme n'est pas l'unique ressort de celui-ci. Un autre littérateur, au lendemain du procès Zola, expose publiquement ce qu'on pourrait appeler un nationalisme modéré, détaché du racisme et de l'antisémitisme : il s'agit de Ferdinand Brunetière.

Ce critique littéraire réputé est au faîte de sa gloire au moment où explose l'Affaire. Son *Manuel d'histoire de la littérature française* le consacre, en 1898, l'année même de la grande bataille. Depuis 1893, il est le directeur de *La Revue des deux mondes*, qui exerce une magistrature dans les rangs du conservatisme libéral. Simple bachelier, il y avait acquis une autorité qu'étayait son poste de maître de conférences à l'École normale supérieure, où il tentait, non sans succès, d'introduire les idées de l'évolution chères à Darwin dans l'histoire litté-

7. *Ibid.*, p. 153.
8. J. Tharaud, *Mes années chez Barrès*, Plon, 1928, p. 229.
9. G. Clemenceau, « Vainqueurs et vaincus », *L'Aurore*, 25 février 1898.

raire. Et que légitimait sa réception à l'Académie française en juin 1893. Il n'est pas inutile de préciser qu'il y fut élu contre le malheureux Zola, dont Brunetière pourfendait la littérature. Voilà donc un homme en bonne place. Tout agnostique qu'il était alors, il avait rendu visite au pape en 1894 et défendait, indépendamment de la foi, le principe d'une Église catholique forte comme antidote à la décomposition sociale qu'il dénonçait par ailleurs. Ajoutons enfin que Brunetière avait accompli à l'automne 1897 une tournée de conférences dans les universités américaines, dont le *New York Times* avait rendu compte avec tous les éloges propres à le conforter dans ses idées, et particulièrement dans son hostilité aux romans d'Émile Zola. A son retour de New York, il découvrait que celui-ci devenait le protagoniste intellectuel de l'affaire Dreyfus [10].

Si, avant Barrès, Brunetière s'impose, non seulement comme l'adversaire résolu de Zola, mais encore de toute prétention des « intellectuels » à se mêler de ce qui ne les regarde pas (ou pas plus que les citoyens ordinaires), il n'est pas antisémite pour autant. Peut-être, sans doute même, partage-t-il sur les juifs quelques préjugés de son temps, mais il se refuse aux généralisations hâtives, il n'est pas raciste. Il a été notamment de ceux qui ont condamné *La France juive* de Drumont, lorsque le livre parut en 1886. Cela ne l'empêche pas d'écrire, le 15 mars 1898, dans *La Revue des deux mondes*, un article qui, bientôt repris en brochure, sous le titre « Après le procès », le fait monter aux créneaux de la réaction anti-intellectuelle.

Après avoir récusé l'antisémitisme, imputable selon lui aux « savants » qui entretiennent, au nom de leur science, « des haines véritablement animales, des haines physiologiques, des haines de sang », Brunetière centre son propos sur les intellectuels qui, dans l'affaire Dreyfus et l'affaire Zola, se sont établis en nouvelle caste aristocratique, jugeant de tout à partir de leur incompétence, et surtout soucieux de se distinguer des masses. Il leur reproche leur *individualisme*, leur incapacité à se hisser à la compréhension de l'impératif social, et qui se traduit par l'antimilitarisme. Alors que l'armée, « c'est la France elle-même » ; sans elle, « c'est la démocratie qui serait elle-même en danger de périr ».

Pour Brunetière, l'affaire Dreyfus n'est pas une affaire juive,

10. A. Compagnon, *Connaissez-vous Brunetière ?*, Seuil, 1997.

mais une affaire militaire. Remettre en question le jugement d'un conseil de guerre, alors que personne, sauf les juges, n'a compétence pour le faire, c'est oublier la nécessaire solidarité de la nation avec son armée, celle-ci n'étant que la projection et la protection de celle-là.

La querelle est ainsi transposée à la fois sur le terrain des intellectuels et sur celui de l'individualisme. Celui-ci, prôné par ceux-là, est un dissolvant de l'union nationale. Sur quoi, Brunetière s'attire plusieurs réponses de la part de certains pétitionnaires qu'il dénonce. Ainsi de Darlu, au fort accent bordelais, ex-professeur de philosophie de Marcel Proust, devenu professeur à l'École normale supérieure de Sèvres. C'est dans la *Revue de métaphysique et de morale*, qu'il a fondée en 1893 avec d'anciens élèves, qu'il s'en prend à Brunetière. Darlu défend l'individualisme. Pas n'importe lequel. Car l'individu et la société ne peuvent être séparés. Il définit le « principe individualiste » et le justifie en soulignant qu'« il tend à affranchir l'individu de toute autorité extérieure ». Et de rappeler l'histoire dont la France s'honore : « Cette lente émancipation de la personne humaine, n'est-ce donc pas toute l'histoire ? Et les étapes de la liberté ne sont-elles pas les dates les plus glorieuses du passé ? La cité grecque affranchit le citoyen ; le droit romain affranchit l'enfant et l'étranger ; le christianisme affranchit les âmes ; la Réforme affranchit la conscience religieuse... ; le parlementarisme anglais affranchit le sujet ; la Révolution française achève toutes ces conquêtes et les consacre en déclarant les Droits de l'homme. C'est à tout cela qu'on ferait bien de penser quand on veut établir une sorte de bilan de l'individualisme. »

Autrement dit, Darlu ne s'oppose pas à l'unité nécessaire, dans le cadre national, mais il souscrit à l'idée que cette unité doit être le fruit de la liberté, d'une union des volontés et non le résultat de l'autorité extérieure, l'autorité séculaire venue d'en haut. Pour en arriver là, sans doute la transition sera-t-elle longue. Mais la dignité des hommes et des citoyens commande de travailler à cette union libre contre l'union imposée. Or la conception de Brunetière est celle de la subordination de l'individu à l'institution sociale. L'objet du désaccord était clair. Antisémitisme mis à part, Brunetière rejoint Barrès : le lien social, la survie de la nation, passent par la prééminence des institutions dont la vocation est d'assurer la survie collective, au détriment, s'il le faut, des droits individuels. L'individu n'existe que par la société ; la défense de celle-ci exige au besoin le sacrifice de l'individu.

Émile Durkheim, lui aussi irrité par l'article de Brunetière, va faire entendre sa voix. Le chef de la jeune école sociologique française se sent défié sur son terrain, celui des liens entre l'individu autonome et l'existence d'un ordre social. A sa manière, Durkheim est aussi un anti-individualiste, soucieux des processus d'intégration à la société, nous dirions à la socialisation. Certains de ses écrits laissent entrevoir des inclinations pour les conceptions holistes ou organicistes, dont bien des nationalistes comme Barrès feront leur miel [11]. Durkheim entend donc s'expliquer, d'autant qu'il est favorable à la révision du procès Dreyfus, même s'il n'a signé ni l'une ni l'autre des pétitions des intellectuels. La *Revue bleue* accueille son article, « L'individualisme et les intellectuels », dans son numéro du 2 juillet 1898. A ses yeux, toute vie commune n'est possible que s'il existe des intérêts supérieurs aux intérêts individuels. L'individualisme qui le nierait est condamnable. Mais, rappelle Durkheim, il existe un autre individualisme, celui de Rousseau, celui de Kant, celui que tente de traduire la Déclaration des droits de l'homme : « Il n'y a pas de raison d'État qui puisse excuser un attentat contre la personne quand les droits de la personne sont au-dessus de l'État. » Renoncer à ce principe intangible, composer avec lui, c'est remettre en cause « toute notre organisation morale ». Durkheim a toujours en vue la cohérence de la société. Or celle-ci est ou doit être fondée sur une foi commune, qui s'exprime par « la sympathie pour tout ce qui est homme, une pitié plus large pour toutes les douleurs, pour toutes les misères humaines, un plus ardent besoin de les combattre et de les adoucir, une plus grande soif de justice ». Ainsi, l'individualisme, entendu non dans un sens anarchiste mais dans le sens des Droits de l'homme, « c'est désormais, écrit Durkheim, le seul système de croyances qui puisse assurer l'unité morale du pays [12] ».

Pendant que cette querelle s'envenime, les hommes politiques, qui, dans leur écrasante majorité, refusent encore d'en-

11. M. Winock, « Barrès, Durkheim, et la mort des lycéens », *L'Histoire*, n° 189, juin 1995.

12. Repris dans É. Durkheim, *La Science sociale et l'Action*, PUF, 1987, p. 255-278.

trer dans cette bataille incertaine, respectant pour la plupart la position de Méline et le jugement de 1894, entament la campagne électorale, pour les législatives de mai 1898. Il est notable, à parcourir les journaux de l'époque, que l'affaire Dreyfus n'est pas au cœur des préoccupations des candidats. La lecture de *La Petite République*, quotidien du courant socialiste, est suggestive à cet égard : pendant les semaines qui précèdent le premier tour du 8 mai et le second tour du 22 mai, l'Affaire n'est plus à la « une ». De sorte que la défaite de Jaurès dans son fief de Carmaux n'est pas probante, même si son vainqueur, le marquis de Solages, a dénoncé en Jaurès le champion de l'anticléricalisme, l'ami des juifs et des francs-maçons. Jules Guesde, qui n'avait pas été à la pointe du combat dreyfusard, est lui aussi battu à Roubaix. Quant à Maurice Barrès, il subit son troisième échec électoral depuis 1893. En revanche, il est certain que les passions déchaînées par l'Affaire ont servi les desseins de Drumont, candidat à Alger où, depuis janvier, des émeutes antisémites, dirigées par l'agitateur Max Régis, se sont multipliées. C'est cet aventurier qui a encouragé le directeur de *La Libre Parole* à poser sa candidature à Alger. Drumont y est élu en tant qu'antisémite, ainsi que trois autres des six députés d'Algérie. La majorité relative de la Chambre reste aux modérés, mais pour la première fois est créé un groupe parlementaire antisémite.

Ces élections, décevantes pour les dreyfusards, vont pourtant relancer leur cause d'une manière inattendue. Le nouveau cabinet présidé par Henri Brisson comprend Godefroy Cavaignac, nommé ministre de la Guerre. Descendant d'une dynastie républicaine, fils du chef du Gouvernement provisoire de la IIe République, petit-fils d'un régicide, il s'était fait connaître sous le second Empire pour avoir renoncé à son prix du concours général, plutôt que de le recevoir des mains du fils de Napoléon III. Polytechnicien, très proche de l'État-Major, homme de caractère, il s'était irrité de ce que, dans l'affaire Dreyfus, le ministère Méline fût incapable d'en finir avec le camp révisionniste. A cette fin, selon lui, il faut asséner en public, à la face des amis de Zola, une fois pour toutes, les preuves de la culpabilité du capitaine juif. Justement, lors de la séance de la Chambre du 7 juillet 1898, à la suite d'une interpellation, Cavaignac décide d'exhiber trois documents secrets, autant de preuves écrasantes contre Dreyfus. Le malheureux ignore que sur ces trois preuves deux n'ont aucun lien avec l'affaire Dreyfus et que la troisième est due au zèle et à la main experte du lieutenant-colonel Henry. Le discours de Cavaignac a l'apparence de l'efficacité ; les députés, debout, lui font une ovation enthousiaste ; on vote l'affichage du discours par 572 voix. Eugène Melchior de Vogüé peut dire, le soir au cercle, à son ami Paléologue : « L'odieuse affaire est enterrée, maintenant ! Dreyfus est désormais cloué, jusqu'à la mort, sur son rocher ! »

En fait, Cavaignac vient de reconnaître officiellement que la défense de Dreyfus n'a pas eu connaissance des pièces sur lesquelles les juges militaires ont formé leur opinion. La loi, comme le souligne Clemenceau dans *L'Aurore* du 8 juillet, « a été formellement violée dans le procès Dreyfus. C'est ce que je crie à tous les coins de l'horizon depuis le commencement de cette affaire ». La demande en annulation présentée par Lucie Dreyfus est donc recevable. Le procès de Dreyfus est à recommencer. Il faut pourtant attendre le 27 septembre 1898 pour que le garde des Sceaux demande enfin la révision du jugement de 1894. Entre-temps, les deux camps continuent à s'affronter violemment, jusqu'à ce qu'à la fin du mois d'août on apprenne que le lieutenant-colonel Henry est l'auteur du faux accablant Dreyfus.

Le colonel Picquart, le 8 juillet, avait offert au président du Conseil de prouver en justice que la pièce nommant Dreyfus était fausse. Sa déclaration, parue dans *Le Temps*, lui vaut la prison (il y restera onze mois). Le 13 août, cependant, le capitaine Cuignet, attaché au cabinet de Cavaignac, découvre à son tour le faux Henry : le document est composé de deux papiers réunis et collés ensemble. A la lumière d'une lampe, Cuignet avait observé la différence d'origine. Dans le cabinet de Cavaignac, le lieutenant-colonel Henry reconnaît être l'auteur de la lettre datée d'octobre 1896 où Dreyfus est désigné par son nom. Interné au Mont-Valérien, Henry se suicide, le 31 août, en se taillant la gorge au rasoir.

La nouvelle fait sensation. L'affaire Dreyfus se renverse. Cette fois, la demande que Lucie Dreyfus réitère au garde des Sceaux de saisir la Cour de cassation d'un pourvoi en révision contre le jugement du 22 décembre 1894 ne peut plus être repoussée.

Le 3 septembre, Cavaignac démissionne. Une partie de l'opinion chavire : le suicide d'Henry n'est-il pas la preuve de l'illégalité ? La découverte du faussaire n'accrédite-t-elle pas la thèse de l'innocence de Dreyfus ? Les antirévisionnistes sont sur des positions défensives, mais ne se tiennent pas pour battus. Le 6 septembre, *La Gazette de France* publie l'éloge d'Henry par Charles Maurras, dont c'est l'entrée sur la scène politique. Le jeune publiciste s'impose comme « un des directeurs de l'opinion[13] ». Un faussaire, Henry ? Non, un héros, écrit Maurras : « Pendant que les suiveurs du parti de Dreyfus donnaient partout les signes d'un obscène contentement, beaucoup de patriotes découpaient, dans les journaux de jeudi et de mercredi, le portrait du lieutenant-colonel Henry et plaçaient cette image, d'un dessin hâtif et grossier, d'un sens sacré, dans l'endroit le plus apparent du lieu où ils habitent. En attendant que la Justice lui rende les honneurs publics qu'il a bien mérités, les Français ont voué un culte domestique à ce bon citoyen, à ce brave soldat, à ce serviteur héroïque des grands intérêts de l'État. »

L'innocence de Dreyfus, pour Maurras, pour les éditorialistes comme Ernest Judet, dans *L'Éclair*, n'était nullement démontrée par le geste d'Henry. Celui-ci avait voulu sauver la « vérité absolue » par un faux nécessaire, par un faux stratégique – un faux de légitime défense[14]. Il n'avait eu qu'un tort, celui de se laisser prendre. Pour Maurras, en effet, il y avait quelque chose de plus haut que la justice, de plus haut que la vérité, c'était ce qu'il appelait la « sécurité nationale ». *Préservation sociale*, avait dit Barrès ; *sécurité nationale*, disait Maurras. Deux formules pour une même idée : la raison d'État, visant à la survie de la collectivité française, autorisait mensonges, faux en écriture, stratagèmes nécessaires. Cette raison d'État, il ne fallait pas la désarmer contre ceux qui travaillaient à « décomposer le pays » où Maurras croyait discerner la main des juifs et des protestants : « Nourri du judaïsme, le véritable protestant naît ennemi de l'État et partisan de la révolte individuelle[15]. » Ces gens-là ont une idée *métaphysique* de la Justice ; alors qu'il faut en avoir une conception *physique* : elle est relative et non abso-

13. V. Nguyen, *Aux origines de l'Action française*, Fayard, 1991, p. 905.
14. V. Nguyen fait remarquer au passage que l'expression « faux patriotique » prêtée à Maurras n'est pas de lui. Au demeurant, apocryphe ou non, elle résume parfaitement l'éloge funèbre qu'adresse Maurras à Henry.
15. Cité par V. Nguyen, *op. cit.*, p. 909.

lue ; elle est établie pour empêcher la ruine de la patrie. Maurras saisit alors, au cœur du désordre provoqué par l'Affaire, d'où vient le mal ; d'où viendra la solution. Le mal, c'est la République, synonyme de luttes perpétuelles entre factions. Le bien, la solution, ce sera le rétablissement de la monarchie.

N'importe. Le 29 octobre 1898, la Cour de cassation rendait son jugement : la demande en révision de M$^{me}$ Lucie Dreyfus était déclarée recevable.

5

# *Du côté des salons et des ligues*

Tout le tumulte de l'année 1898 avait irrité, agacé, voire indigné, bien des hommes de lettres, qui ne se reconnaissaient pas dans ces soi-disant « intellectuels ». Ferdinand Brunetière avait tenté de leur river le clou ; il n'avait fait que déclencher des contre-attaques prétentieuses. Il fallait réagir une bonne fois ; montrer à l'opinion que le monde des savants, des écrivains et des artistes, n'était pas composé des seuls pétitionnaires dreyfusards ; que la majorité d'entre eux même restait attachée aux valeurs patriotiques et au respect de l'armée.

Ces gens de lettres se retrouvent avec les hommes politiques dans les salons parisiens qui font encore florès. Nous avons déjà évoqué celui de Mme Aubernon, rue d'Astorg, dont parle Maurice Paléologue. Cette petite dame autoritaire, séparée d'un mari conseiller d'État, nièce du banquier Laffitte, donnait des dîners dont la saveur était moins dans les assiettes que dans les échanges entre convives triés sur le volet. Mme Aubernon n'hésitait pas à indiquer le thème de la conversation future sur ses cartons d'invitation, et, le débat ouvert, elle donnait et retirait, impérieuse, la parole à ses hôtes. Après Alexandre Dumas fils et Ernest Renan, Ferdinand Brunetière était devenu un des phénix de ses soirées, mais les dreyfusards, comme le chirurgien Pozzi (un des modèles du docteur Cottard de Proust) ou comme l'écrivain de théâtre Porto-Riche, n'y manquaient pas.

Une transfuge de son temple, Léontine Arman de Caillavet, avait ouvert un salon concurrent, avenue de la Reine-Hortense, dont Anatole France, devenu son amant au su du mari, était la gloire la plus certaine. Dans ce salon qui fut un des modèles de celui de Mme Verdurin, on fut plus dreyfusard qu'ailleurs, une sélection politique chassant naturellement les uns – Jules

Lemaître, Charles Maurras – et attirant les autres – Georges Clemenceau, Jean Jaurès. Parmi les hauts lieux du révisionnisme, on comptait aussi le salon de Mme Strauss, veuve de Bizet. Son fils Jacques Bizet, les Halévy et Proust, y avaient programmé la première pétition de *L'Aurore*. Jules Lemaître, l'un des habitués, se retire durant l'Affaire, tandis que Joseph Reinach, soupirant malheureux de la maîtresse de maison, est des plus assidus en compagnie du docteur Pozzi, avec lesquels Marcel Proust aime parler de l'Affaire après le déjeuner : « Leur fumée de cigare est terrible pour mon asthme mais cela en vaut la peine[1]. » Il y eut d'autres salons dreyfusistes, ceux de Mme Ménard-Dorian, de Mme de Saint-Victor, surnommée « Notre-Dame de la Révision », et, plus encore, de la marquise Arconati-Visconti, taxée par *L'Action française*, en 1912, de « millionnaire et protectrice de tout ce qui décompose et dissout la société et l'intelligence françaises[2] ».

Dans le camp adverse, le salon le plus célèbre était celui de Mme de Loynes, dite « la Dame aux violettes ». D'humble ascendance, fille naturelle d'une ouvrière en textile, originaire de Reims, elle était partie, armée de ses charmes et d'une intelligence vive, à la conquête de Paris, où, sous le nom de Mme de Tourbay, elle avait connu les étreintes protectrices de quelques fameux, parmi lesquels le prince Napoléon, Dumas fils et Sainte-Beuve, qui fut son Pygmalion. Mariée pour la frime à un comte de Loynes qui a l'esprit de s'effacer après lui avoir laissé ou vendu le titre de comtesse, elle ouvre un des plus brillants salons de la fin du siècle, rue de l'Arcade, puis aux Champs-Élysées. Elle reçoit chaque jour de cinq à sept dans un décor Napoléon III et offre un dîner copieux et succulent (François Coppée, toujours de bonne humeur, y a droit à un bouillon spécial aux carottes) le vendredi, et le dimanche aux plus méritants. Parmi eux, Renan, Flaubert, Daudet (Alphonse), Maupassant… Anatole France y avait présenté en 1887 un Maurice Barrès débutant. Clemenceau y avait paru aussi, du moins jusqu'au boulangisme, Mme de Loynes ayant pris fait et cause pour le Général. Son salon, qui est déjà la plus célèbre antichambre à l'Académie, est désormais une forteresse mon-

1. G.D. Painter, *Marcel Proust 1871-1903 : les années de jeunesse*, Mercure de France, 1966, I, p. 294.
2. Cité par G. Baal, « Le capitaine chez Madame Verdurin », numéro spécial de *L'Histoire* consacré à *L'Affaire Dreyfus*, n° 173, janvier 1994.

daine du nationalisme, où trône son amant officiel Jules Lemaître, qui lui doit largement sa carrière et son engagement dans l'antidreyfusisme [3].

Cet homme de quarante-cinq ans, appelé à devenir une des têtes du nationalisme, est lui aussi d'une origine modeste, fils d'un instituteur du Loiret, un exemple de la méritocratie républicaine. Admis à l'École normale supérieure, il a été professeur de lettres dans les années 1880, jusqu'au moment où la mort de sa femme le décide à quitter à la fois la province et l'enseignement, pour s'installer à Paris en 1884. Connu par ses travaux de critique littéraire dans la *Revue bleue*, il se lie avec la comtesse de Loynes qui devient sa protectrice. Lancé dans le théâtre, il y obtient quelques succès et devient une autorité de la critique dramatique dans le *Journal des débats* et dans *La Revue des deux mondes*. Depuis 1896, l'année de ses quarante-trois ans, il est – grâce à M^me^ de Loynes – de l'Académie française, où il rencontre son rival et ami Brunetière. Mais autant celui-ci prétend à la scientificité de la critique et de l'histoire littéraire, autant Lemaître choisit délibérément une critique subjective, celle du goût, qui n'exclut pas la férocité – quelques auteurs en font les frais. Il ne manque pas de talent. C'est, avec Anatole France, Pierre Loti et Maurice Barrès, un des quatre écrivains vivants que Jules Renard préfère [4]. Et c'est lui, Lemaître, critique considéré et un peu craint, qui est en passe de devenir le président de l'association des hommes de lettres, des universitaires et autres savants, destinée à contrer les « intellectuels ». Ce sera la Ligue de la Patrie française, une « anti-Ligue des droits de l'homme ».

Un événement, qui émeut beaucoup l'opinion patriotique, semble confirmer l'affaiblissement des forces françaises : la reculade de Fachoda. Au mois de juillet 1898, la mission Marchand, en concurrence avec la mission britannique de Kitchener, a dû évacuer Fachoda dans la région du haut Nil, sur une décision du ministre des Affaires étrangères Delcassé, à la suite d'un ultimatum de la Grande-Bretagne. Une humiliation nationale, bien propre à nourrir le discours nationaliste sur la décadence et la trahison : il est urgent de réagir contre le « Syndicat »

3. Voir P. Ory, « Le salon », in J.-F. Sirinelli (dir.), *Histoire des droites en France*, Gallimard, 1992, t. 2, p. 113-127.
4. J. Renard, *op. cit.*, p. 409.

qui complote contre la France. D'autant que les dreyfusards ne cessent de gagner du terrain. Quand Picquart est mis en jugement au mois de novembre 1898, ils font signer une pétition, par le truchement de *L'Aurore*, des *Droits de l'homme*, du *Rappel*, qui rassemblent bientôt plus de 15 000 signatures pour soutenir « l'héroïque partisan de la Révision ». Le procès de Picquart est reporté.

Les nationalistes et les antisémites ne sont pas en reste. Drumont ouvre en décembre 1898 une souscription dans *La Libre Parole* en faveur de la veuve du lieutenant-colonel Henry, qui engage un procès en diffamation contre Joseph Reinach. Dix-huit listes se succèdent, les dons des souscripteurs étant suivis de commentaires pour la plupart grossièrement antijuifs [5]. La signature de Paul Valéry, jeune poète, y figure, derrière celle de « Trois employés du Printemps [6] », et convainc bientôt son ami Pierre Louÿs de suivre son exemple. C'est aussi le cas d'un de ses autres amis, Paul Léautaud, mais celui-ci, « fortement » dreyfusard, a voulu se moquer des antirévisionnistes par ce commentaire : « Pour l'ordre, contre la justice et la vérité. » A part ce cas, la lecture de ces litanies boueuses suffit à mesurer la passion qu'avait déchaînée l'affaire Dreyfus, où se confondent la haine des juifs, la défense de la patrie humiliée, l'adulation de l'armée, le cléricalisme des curés de campagne, et la détestation du régime parlementaire et « maçonnique ».

Au demeurant, on pouvait croire que la France de l'intelligence était opposée à l'opinion populaire. Les nationalistes veulent démontrer que l'Université, le monde de la pensée, les Beaux-Arts et les Belles-Lettres, n'étaient pas acquis au dreyfusisme. Cette volonté avait germé dans les têtes d'un professeur de lettres au Collège Stanislas, Louis Dausset, et de

5. P. Quillard en publie le recueil l'année suivante, pour montrer la violence des passions nationalistes, sous le titre : *Le Monument Henry.* Voir R. Girardet, *Le Nationalisme français 1871-1914*, Seuil, « Points Histoire », 1983.

6. Valéry avait été courroucé que son ami Gide eût signé la pétition des intellectuels. Dans une lettre du 31 janvier 1898, désireux de s'expliquer sur ses positions et de remettre à la raison Gide, il précise qu'il n'est pas antisémite, tout en fustigeant Anatole France « qui vit publiquement aux crochets d'une juive et dans le milieu imaginable des dames littéraires israélites… ». Voir M. Thomas, « Le cas Valéry », in *Les Écrivains et l'Affaire Dreyfus*, textes réunis par G. Leroy, PUF, « Université d'Orléans », 1983.

Gabriel Syveton qui avait un poste d'agrégé d'histoire à Reims mais se trouvait en congé de maladie. Tous les deux avaient des relations dans les journaux, y écrivaient parfois et professaient des idées républicaines à la Déroulède. Renforcés par un ami professeur de philosophie, Henri Vaugeois, ils lancent à la fin d'octobre 1898 une protestation antidreyfusiste, qui fait le tour des lycées parisiens. Contents de leur premier succès, ils s'adressent à des gens de renom. Maurras les encourage et les présente à Barrès. De proche en proche, le noyau des premiers militants fixe autour de lui un certain nombre de personnalités, dont Jules Lemaître, poussé par M^me^ de Loynes, le poète François Coppée, Ferdinand Brunetière, le géographe Marcel Dubois… C'est chez celui-ci que, le 20 décembre 1898, Barrès propose de fonder une Ligue de la Patrie française, qu'il cautionne publiquement dans un article du *Journal* : « On ne pourra plus dire que l'intelligence *et les intellectuels* – pour employer ce mot de mauvais français – sont d'un seul côté. » Il ajoutait : « Le cas de Dreyfus, en lui-même, est insignifiant. Ce qui est grave, c'est qu'on a inventé et qu'on utilise Dreyfus pour servir des doctrines antimilitaires et internationalistes. Voilà contre quoi nous entreprenons d'agir. »

Barrès explique donc l'initiative par la volonté de défendre l'armée. C'est une entreprise de solidarité. Cependant, Barrès marque déjà un dissentiment d'avec les fondateurs, en critiquant un entretien avec Brunetière, paru dans *Le Temps* du 1^er^ janvier 1899, où « l'éminent académicien » écrivait : « Nous repoussons avec énergie la doctrine antisémite et la doctrine nationaliste. Nous ne sommes pas la "Ligue des patriotes" : nous formons une Ligue des patriotes. Ce qui n'empêche pas que les antisémites et les partisans de M. Déroulède seront reçus parmi nous. » Barrès s'inscrit contre la première phrase de cette citation : « Pour ma part, une seule chose m'intéresse, c'est la doctrine nationaliste, et j'appartiendrai à la "Patrie française" dans la mesure où elle se pénétrera de ce nationalisme. »

Deux antidreyfusismes figurent donc sous le même drapeau. L'un, modéré, celui de Brunetière, qui est hostile aux intellectuels révisionnistes mais récuse le nationalisme antisémite ; l'autre, celui de Barrès, ami de Déroulède, qui décide de faire de la Ligue un vrai parti nationaliste. De cette contradiction, la Ligue de la Patrie française va souffrir avant de se décomposer quelques années plus tard.

Toujours est-il que les signatures rassemblées au bas de l'appel sont prestigieuses. On y trouve celles de 22 académiciens (dont François Coppée, Ferdinand Brunetière, José Maria de Heredia, Albert Sorel, Paul Bourget, Jules Lemaître), des membres de l'Institut (dont Émile Faguet), des grands noms de l'Université, du barreau, de la presse, des lettres et des arts [7] (dont Caran d'Ache, Forain, Degas, Renoir, d'Indy, Mistral, Louÿs, Sarcey, Verne, Gyp, Barrès, Doumic, Daudet, Maurras…).

Jules Lemaître, de nature conciliante et bonhomme, n'a rien d'un foudre de guerre. Julien Benda, entré depuis peu à *La Revue blanche* par l'entremise de la journaliste Séverine, le définit cruellement : « Mélancolique gardien du sérail des idées, il aura passé sa vie à les parcourir de baisers délicats, sans jamais en étreindre une seule ni la féconder [8]. » Cela n'empêche pas Lemaître d'être propulsé, sur l'insistance de Mme de Loynes, à la présidence de la Ligue de la Patrie française. Il va s'y dépenser en discours publics, qui apparaissent bien prudents aux nationalistes purs et durs. Mais ceux-ci – comme en témoigne notamment la correspondance entre Maurras et Barrès – ne sont pas fâchés d'avoir enrégimenté des « modérantistes » qui, comme Lemaître, s'appliquent à défendre avec décence des idées générales et patriotiques. Le 19 janvier 1899 se tient la première réunion publique de la Ligue à la salle des Horticulteurs, rue de Grenelle. Le président Lemaître reproche aux dreyfusards leur « naïf orgueil intellectuel » : « La vanité de paraître atteindre et voir ce qui échappe au troupeau les a comme grisés. » Il faut que l'individu se soumette à l'autorité collective. Quant à l'armée, c'est la nation elle-même, et la nation ne peut donc se désolidariser de la nation. Tout cela baigne encore dans un républicanisme bon ton, le respect de la justice et de la morale.

En creusant la question, cependant, Lemaître en arrivera assez vite à une représentation délirante – l'histoire expliquée par le complot –, se persuadant que les révisionnistes sont manipulés par trois minorités soudées : les juifs, les protestants et les francs-maçons :

7. J.-P. Rioux, *Nationalisme et Conservatisme. La Ligue de la Patrie française 1899-1904*, Beauchesne, 1977, p. 11.
8. J. Benda, *La Revue blanche*, 1er avril 1899.

« A voir les choses en gros, il y a, d'un côté, la masse énorme des Français sans épithète – croyants ou libres penseurs, républicains convaincus ou résignés – et, de l'autre, fortement unis, le groupe israélite et le groupe protestant – ces derniers jadis persécutés, et qui, malgré eux, s'en souviennent ; à qui il est assez difficile d'avoir, de la patrie, le sentiment tout naïf et irraisonné que nous en avons (car ils ont trop à lui reprocher dans le passé), et qui enfin, peut-être sans le vouloir, nous font payer en ce moment l'atrocité de quelques-uns de nos aïeux à l'endroit des leurs.

« Bref, la France paraît divisée par quelque chose de plus ancien et de moins accidentel que le procès de l'ex-capitaine. Elle est déchirée dans son présent par son passé. Rien de plus triste.

« Et ce qui complique les choses, c'est que ces trois minorités (juifs, protestants, francs-maçons), merveilleusement actives et unies entre elles, sont, proportionnellement, beaucoup plus puissantes et beaucoup plus mêlées aux affaires publiques que la molle et apathique majorité du pays ; c'est que la coalition de ces trois minorités a, directement ou indirectement, détenu le pouvoir depuis vingt années et "mené la France" [9]... »

Ainsi, au début de l'année 1899, les deux camps intellectuels se font face. On peut alors tenter de les caractériser. L'explication de Lemaître sur la ligne de démarcation qui séparerait le gros de la population catholique des minorités agissantes anticatholiques mérite examen. La correspondance entre Gide et Valéry pourrait lui offrir une justification : Valéry, issu d'une famille catholique, n'a-t-il pas versé son obole pour la veuve d'Henry ? Son ami Gide, d'origine protestante, n'a-t-il pas signé la pétition de *L'Aurore* ? N'y a-t-il pas entre Léon Blum et Maurice Barrès tout ce qui est censé dissocier le judaïsme du catholicisme ? En fait, les clivages ne sont pas si simples. Concernant les protestants, si certains d'entre eux ont été d'illustres dreyfusards – Scheurer-Kestner, Monod, Leblois, Trarieux..., bien d'autres s'en sont défendus avec véhémence. Dès le 15 janvier 1898, Drumont avait cru bon de dénoncer les protestants, dans un article de *La Libre Parole*, « Calvin sous les tentes de Sem ». Or le journal antisémite avait dû faire part

9. J. Lemaître, *La Franc-Maçonnerie*, Bibliothèque populaire antimaçonnique, 1899.

de la réaction scandalisée de nombreux lecteurs protestants. Au demeurant, les porte-parole du protestantisme ont exprimé, en majorité, au cours des années 1898 et 1899, leur horreur de l'antisémitisme. Ce fut le cas d'Eugène Réveillaud, au *Temps*, du pasteur Frank Puaux, au *Signal* et à la *Revue chrétienne*, du pasteur Émile Bertrand, à *L'Évangéliste*, etc. On ne saurait parler d'unanimité, mais la tendance des milieux protestants était sans doute révisionniste. Le suicide d'Henry finit par entraîner les plus circonspects [10].

Les milieux juifs, en revanche, présentent moins d'homogénéité. Les juifs français sont alors environ 80 000 en France. C'est donc un petit groupe, mais assez concentré, surtout à Paris. Émancipés depuis 1791, devenus des citoyens à part entière dans la République, leurs représentants visent l'assimilation définitive, éventuellement au détriment de leur confession religieuse. La montée en puissance de l'antisémitisme dans les années 1880 et 1890 correspond en fait à la visibilité de la présence juive dans les institutions du régime républicain enfin installé. C'est ainsi qu'en 1892 *La Libre Parole* lance une campagne furieuse contre « l'invasion juive » dans l'armée – campagne qui est l'occasion d'un duel entre le marquis de Morès, chef de bande antisémite, et le capitaine Armand Mayer, qui est tué. Cette funeste histoire avait du reste nui aux antisémites, car la presse populaire, indignée par la campagne du journal de Drumont, rendit hommage au capitaine juif, dont les obsèques furent un moment important d'union nationale. Cependant, le grand rabbin Zadoc Kahn ne fit, dans son éloge funèbre, nulle mention de l'antisémitisme. La plupart des juifs entendaient se montrer des Français patriotes, désireux d'une assimilation définitive et soucieux des lois républicaines. Cette confiance dans l'État républicain désarmait sans doute leur volonté d'autodéfense. La meilleure protection leur paraissait l'obéissance à la loi et le respect de l'armée : « Les juifs avaient toujours tendance à se reporter à l'autorité établie [11]. » L'Affaire sème le trouble parmi eux, tiraillés entre cette volonté d'assimilation, cette fidélité aux institutions républicaines, et leur solidarité avec Dreyfus dans le climat d'antisémitisme qui s'installe en

10. A. Encrevé, « Quelques réactions protestantes », in *L'Affaire Dreyfus 1894-1910*, Musée d'histoire contemporaine-BDIC, 1994.
11. M.R. Marrus, *Les Juifs de France à l'époque de l'affaire Dreyfus*, Calmann-Lévy, 1972, p. 235.

France. Bernard-Lazare, cité par Péguy, s'est plaint de leur immobilisme. Selon d'autres observateurs, l'Affaire eut au contraire pour conséquence de resserrer les rangs des juifs français. En fait, à côté d'une minorité agissante – Bernard-Lazare, les frères Halévy, Joseph Reinach... –, il est probable que « la réaction dominante » fut la passivité [12]. Léon Blum écrit à ce propos : « Ils ne parlaient pas de l'affaire entre eux ; ils fuyaient le sujet, bien loin de le soulever. Un grand malheur était tombé sur Israël. On le subissait sans mot dire, en attendant que le temps et le silence en effacent les effets [...]. Les Juifs ne voulaient pas qu'on pût croire qu'ils défendaient Dreyfus parce que Dreyfus était Juif [13]. »

L'appréciation d'un Jules Lemaître ne repose donc que sur l'observation d'un petit nombre de juifs qui, groupés autour de la famille Dreyfus, deviennent très vite révisionnistes, tandis que la plupart des juifs suivent l'évolution de l'opinion française générale : ils ont d'abord cru à la culpabilité du capitaine, jusqu'au moment où le suicide d'Henry l'a rendue douteuse. Certains cependant adhèrent ostensiblement au camp antidreyfusard, comme Arthur Meyer, directeur du *Gaulois*, ou Gaston Pollonnais, directeur du *Soir*, pourfendeur de « l'abominable solidarité confessionnelle », et pour lequel le dreyfusisme des juifs alimente l'antisémitisme en remettant en cause le loyalisme juif. Il est vrai que Meyer et Pollonnais finirent par se convertir au catholicisme avant la fin de l'Affaire. Leur exemple, en tout cas, permet de mesurer ce qu'il y avait de douloureux dans la réaction juive : certains en rajoutaient dans le nationalisme français pour faire admettre leur droit de vivre. L'antisémitisme exerçait ainsi une intimidation sur beaucoup. Ce qui ne fut pas sans effet dans la généalogie du sionisme : à défaut de pouvoir être pleinement des « citoyens français d'origine juive », la solution pour certains fut d'imaginer un État juif dont ils seraient les citoyens reconnus.

Si les clivages religieux ne rendent compte qu'en partie des oppositions de l'Affaire, qu'en est-il des clivages sociaux ? La forte présence à la Ligue de la Patrie française des membres de l'Académie, dont un seul, Anatole France, a milité dans les rangs dreyfusards, nous incline à distinguer l'*establishment* lit-

12. *Ibid.*, p. 237.
13. L. Blum, *op. cit.*, p. 42.

téraire des « intellectuels », ceux-ci se recrutant plutôt parmi les universitaires. Évidemment, cette démarcation n'est qu'approximative, et l'on a dit que de grands salons littéraires et politiques étaient en majorité dreyfusards. Une réflexion du baron de Charlus, personnage de Proust, pourrait même nous inciter à récuser la coïncidence des divisions politiques et des divisions sociales : « Toute cette affaire Dreyfus [...] n'a qu'un inconvénient : c'est qu'elle détruit la société [...] par l'afflux de messieurs et de dames du Chameau, de la Chamellerie, de la Chamellière, enfin de gens inconnus que je trouve même chez mes cousines parce qu'ils font partie de la Ligue de la Patrie française, antijuive, je ne sais quoi, comme si une opinion politique donnait droit à une qualification sociale [14]. »

La détermination pour ou contre Dreyfus résulte, à vrai dire, de nombreux paramètres : la classe sociale, le milieu familial, le milieu socioculturel, les convictions religieuses, les ambitions personnelles, les affinités électives, les influences amicales... Les observations d'ordre général sont ainsi toujours passibles du démenti des exceptions, puisque la résistance aux déterminismes sociaux est encore une motivation. Un grand professeur haut placé, membre d'une illustre famille, jouissant de toutes les protections, peut se déclarer dreyfusard. Un autre, dans la même position, choisira le camp d'en face. Dans les deux cas, on pourra affirmer que le milieu est déterminant sur l'anticonformisme ou le conformisme de l'individu. On n'aura en fait rien expliqué [15]. Certes, on peut avancer que, *grosso modo*, les antidreyfusards se sont avant tout recrutés dans la bourgeoisie catholique, l'Académie, *La Revue des deux mondes*, les gens en place et les conformistes ; que les dreyfusards, plus jeunes, étaient plutôt issus des petites revues, de l'avant-garde, des milieux libres penseurs de l'Université et des postes subalternes de la hiérarchie... Que les uns étaient d'origine cossue et les autres de plus humble extraction. A condition de nuancer avec vigilance, chaque décision relevant souvent d'un cas d'espèce, irréductible à une explication simple.

Il est intéressant de constater que certains acteurs ont voulu

14. M. Proust, *A la Recherche du temps perdu. Le Côté de Guermantes*, Gallimard, « La Pléiade », 1954, II, p. 290.

15. Voir mes objections aux travaux, d'ailleurs remarquables, de Chr. Charle, dans « Une question de principe », in P. Birnbaum (dir.), *La France de l'affaire Dreyfus*, Gallimard, 1994.

faire la théorie sociologique de la polarité dreyfusisme/antidreyfusisme. C'est le cas de Paul Bourget. Adhérent à la Ligue de la Patrie française sans être activiste, Bourget s'inspire de l'Affaire pour écrire *L'Étape*[16]. Il y dépeint deux familles à travers leurs chefs, Victor Ferrand et Joseph Monneron, tous deux professeurs à la Sorbonne, mais l'un est fils de grands propriétaires angevins, l'autre de simples cultivateurs de l'Ardèche. Ce qu'entend démontrer Bourget est que la ligne de clivage n'est pas tracée entre des fonctions – ses deux protagonistes sont des universitaires – mais entre des origines, des milieux, des traditions. Il nous suggère que l'affaire Dreyfus a vu émerger des parvenus de la culture, arrivés, comme Monneron, grâce aux concours, se déclassant « par le haut ». Cette ascension sociale trop rapide, cette méritocratie scolaire, cette démocratisation des places, voilà le danger. Car l'intellectuel, déraciné, n'est plus le défenseur de la race terrienne dont il est issu : il est « en l'air, sans appui, sans vraie atmosphère, sans certitude ». Du même coup, il se rattache aux idées abstraites, à ce jacobinisme radical et libre penseur dont la France ne finit pas de souffrir. Tout le mal vient des « faux dogmes » de 1789 : « la Justice absolue et le Bonheur universel[17] » étant les pires. Et Bourget de conclure aux bienfaits de la tradition, de la continuité, de la religion, de l'enracinement – la mobilité sociale ne devant se faire que lentement, par *étapes*.

Une sociologie contemporaine nous invite à repenser les affrontements du « champ littéraire » avec plus de subtilité, en fonction des intérêts et des stratégies de chacun. Le positionnement idéologique serait pur reflet des rapports entre « dominants » et « dominés », le contenu des discours n'étant au bout du compte pour chacun que la justification de sa position sociale dans le « champ » étudié. Cette approche n'est pas sans mérite, dans la mesure où elle révèle derrière les idéaux proclamés des intérêts d'avancement, de promotion et de conquête. La faiblesse de la méthode est qu'elle exclut la gratuité des actes, les effets de la contingence, la sincérité des conduites. Or l'engagement des intellectuels, nous aurons d'autres occasions de le voir, est le fruit d'une pluralité de causes, où peuvent

16. Chr. Charle, « La lutte des classes en littérature : *L'Étape* de Paul Bourget et *Vérité* d'Émile Zola », in *Les Écrivains et l'Affaire Dreyfus*, *op. cit.*

17. P. Bourget, *L'Étape*, Plon, 1902, p. 125.

coexister, chez la même personne, le sublime et la vanité, le courage et l'avidité, le besoin de croire et la volonté de puissance [18]. Émile Zola en est un bel exemple. En scrutant ses motivations, on peut déceler un désir de gloire et un souci de revanche. Qu'importe ? « J'accuse… » restera un des grands actes dans l'histoire de la conscience humaine.

Signer une pétition est plus modeste. Il peut y entrer aussi des motivations terre à terre : autopublicité, contagion, mimétisme, conformisme de milieu. Mais cette mise en scène publique de soi-même n'est jamais sans risque, puisqu'on se désigne aux adversaires, on s'enrôle pour une bataille éventuelle, on se ferme autant de portes qu'on s'en ouvre, on s'expose à peiner ses meilleurs amis, comme André Gide le confie à Paul Valéry [19]. La prudence est mère de l'abstention ; les intellectuels ne sont pas gens prudents.

Julien Benda a fait la théorie des deux camps, des « deux races morales », précisant que l'affaire Dreyfus, avant d'être une question de morale, « est une question d'intérêt biologique, une manifestation de l'inaptitude ou de l'aptitude à la vie… [20] ». Il reviendra sur cette distinction, en parlant du « combat de deux races morales » – que toutes les crises de l'histoire mettent aux prises [21]. Le goût de la servitude volontaire, selon l'expression de La Boétie, était celui des esprits les plus soucieux d'homogénéité sociale ; le goût de la liberté distinguait leurs adversaires, moins appliqués à la défense de l'espèce qu'à l'autonomie de la personne. Pour les premiers, les Barrès, les Maurras, les Bourget, il fallait dire et répéter le primat de la société sur l'individu ; pour les seconds, pour Benda, il n'y avait de société digne de l'homme qu'en fonction du respect de chacun de ceux qui la composaient. De fait, ce débat qu'illustrait de façon dramatique l'affaire Dreyfus était latent depuis au moins le XVIII^e^ siècle ; il allait devenir une querelle sanglante au XX^e^ siècle.

18. « Comment sont-ils devenus dreyfusards ou antidreyfusards ? », *Mil neuf cent. Revue d'histoire intellectuelle*, 11, 1993.

19. M. Thomas, *loc. cit.*

20. J. Benda, « L'affaire Dreyfus et le principe d'Autorité », *La Revue blanche*, 1^er^ octobre 1899.

21. J. Benda, *La Jeunesse d'un clerc*, suivi de *Un régulier dans le siècle* et de *Exercice d'un enterré vif*, Gallimard, 1968, p. 143.

# 6

# *La victoire inachevée*

1898 a été l'année des intellectuels ; 1899 est celle des politiques. Les dreyfusards obtiennent un succès de taille, la révision du procès Dreyfus pour laquelle ils se sont battus. Mais victoire inachevée, puisque le procès de Rennes se termine, le 9 septembre, par une nouvelle condamnation du capitaine juif. Cependant, l'Affaire est entrée dans une seconde phase. Il ne s'agit plus du combat livré entre révisionnistes et défenseurs de l'armée. Les antidreyfusards ont déplacé l'affrontement sur le terrain proprement politique et mettent le régime républicain en danger. De sorte qu'on pourrait définir cette année 1899 par trois tendances : la montée en puissance du nationalisme, le piétinement du dreyfusisme, la victoire de la défense républicaine. Triptyque devant lequel se joue la suite judiciaire de l'affaire Dreyfus.

Cette année-là est aussi l'année de Maurice Barrès, qui s'impose comme la tête pensante du mouvement nationaliste. En janvier, il explique aux lecteurs du *Journal* ce que vise la Ligue de la Patrie française, la « communion patriotique », la « conciliation » des bonnes volontés accordées sur quelques principes fondamentaux [1]. Il veut l'union des catholiques et des positivistes, des patriotes de Déroulède et des antisémites… Dans les mois qui suivent, il va continuer d'élaborer sa doctrine, mais voici qu'un événement le pousse : la tentative de putsch faite par Paul Déroulède, lors des funérailles du président de la République, Félix Faure, le 23 février.

A sa façon, Déroulède est, lui aussi, un intellectuel. Ancien

1. M. Barrès, « Ce que nous entendons par conciliation », *Le Journal*, 3 février 1899.

combattant de 70-71, poète consacré par l'école primaire, dont les élèves savent par cœur « Le Clairon » et autres « Chants du soldat », il est aussi l'auteur de pièces de théâtre – comme ce *Messire Duguesclin*, drame en cinq actes et en vers, représenté à la Porte Saint-Martin en octobre 1895, et qui inspire ce mot à Alexandre Dumas fils : « C'est une messe patriotique. » Surtout, Déroulède, tribun efflanqué des estrades populaires, a animé la Ligue des patriotes depuis sa fondation en 1882. Son objectif : préparer à la Revanche, d'où apprentissage du tir et des manœuvres militaires, mémoire entretenue des « provinces perdues »... D'abord neutre en politique, et même franchement républicaine, gambettiste, la Ligue passe, derrière la haute taille de Déroulède, au boulangisme : pour permettre la Revanche, il faut restaurer l'État, *ergo* changer de régime. Déroulède reste républicain, en réfère aux grands ancêtres de la Révolution, mais il déteste le parlementarisme, cause de tous les maux. Ses ligueurs constituent une force militante du boulangisme. Quand celui-ci fut vaincu, Déroulède continua son combat au Parlement. Député au moment de l'affaire du Panama, il porte, à la Chambre, une accusation terrible contre Clemenceau, qui aurait fait partie des « chéquards ». Un duel s'ensuit entre les deux hommes, sans résultat. Ou plutôt si : Clemenceau est coulé, et Déroulède peut se vanter de sa défaite aux élections de 1893. Après quelques années consacrées à l'écriture – en 1897, il fait jouer une nouvelle pièce, *La Mort de Hoche* –, Déroulède est de nouveau poussé sur le devant de la scène par l'affaire Dreyfus. La Ligue des patriotes est reconstituée, et *Le Drapeau*, son organe, reparaît. On y lit, dès janvier 1898, des éditoriaux enflammés en faveur de l'Armée – « vilipendée, sacrifiée » – et de ses chefs « accusés d'infamies de toutes sortes ». Face aux dreyfusards, la Ligue a repris son activité militante, reformé ses rangs, organisé des meetings... Lorsque la Ligue de la Patrie française est mise en place, Déroulède lui apporte son aide – 1 000 francs – et ses encouragements. Jules Lemaître, peu enclin au populisme de l'agitateur, renâcle. Barrès, au contraire, aime Déroulède. Il conçoit la complémentarité des deux ligues, comme celle de la théorie et de la praxis. La Patrie française pensera le nationalisme, lui donnera sa doctrine ; la Ligue des patriotes sera sa garde de fer dans les réunions et les rues [2]. Or,

2. M. Barrès, « Les deux ligues », *Le Journal*, 29 juillet 1899.

avant même que la doctrine ne soit au point, Déroulède se lance dans l'action.

La mort de Félix Faure dans les bras d'une demi-mondaine – vaudeville élyséen dramatique plus célèbre que sa vie – date du 16 février 1899. Elle consterne les nationalistes ; elle divertit les normaliens, qui organisent aussitôt une « silencieuse farandole » dans les couloirs de l'École [3]. Deux jours plus tard, le président du Sénat, Émile Loubet, républicain modéré, est élu dès le premier tour président de la République. Cet ancien avocat, fils de paysans de la Drôme, ancien président du Conseil, très discret jusqu'alors sur l'Affaire, passe pour favorable à la révision du procès Dreyfus, tout le contraire de son prédécesseur. La nouvelle éclate aux oreilles des antidreyfusards comme une provocation. D'emblée, à Versailles où s'est réuni le Congrès pour l'élection, des manifestations se produisent, on conspue Loubet, « élu des Juifs ». Le 23 février ont lieu les funérailles de Faure. Déroulède choisit ce jour-là pour tenter son coup de force.

L'idée est simple. Déroulède veut un changement de Constitution, en vue de redonner vigueur à un pouvoir exécutif appuyé sur le suffrage universel. Une « République plébiscitaire ». La révision constitutionnelle, Déroulède sait qu'il ne peut l'attendre des procédures légales, c'est-à-dire du Congrès, dont les membres ne pensent qu'à défendre leur prébende. Donc, il faudra en passer par l'action illégale. La méthode ? Opérer l'alliance du peuple et de l'armée. Un putsch, oui, mais un putsch populaire. L'important est de trouver un soldat décidé. Il aura la foule derrière lui.

C'est précisément en cette année 1899 que Barrès publie *L'Appel au soldat*, histoire romancée, revue et corrigée, de son engagement boulangiste à travers les agissements de ses « déracinés ». Ce que Boulanger n'avait pas osé faire, alors qu'il jouissait de la ferveur de la rue, Déroulède, lui, compte l'entreprendre : marcher sur l'Élysée et établir la nouvelle République. Les circonstances s'y prêtent. L'affaire Dreyfus a chauffé à blanc l'opinion parisienne. Nul doute que les généraux suivront l'initiative du grand agitateur qui voue un culte à l'armée.

De fait, après avoir posté ses hommes en divers points autour de la place de la Bastille, place de l'Hôtel-de-Ville et place de la

3. Ch. Andler, *op. cit.*, p. 142.

Nation, Déroulède tente de rallier le premier général qui passe : « Il pensait, explique Barrès, que sa présence seule, après tous les services qu'il avait rendus à l'armée, aurait une éloquence convaincante, et qu'alors même qu'il ne se serait pas concerté avec des officiers, il serait compris. Il imaginait qu'un général, quel qu'il fût, indigné des outrages faits à l'armée, souffrant du mal fait à la France, comprendrait et se laisserait entraîner par son appel, par l'ardeur de la foule, par la possibilité d'un Quatre Septembre militaire et d'une "délivrance nationale"[4]. »

On connaît la fin de cet épisode : un fiasco. Déroulède se retrouve dans la cour de la caserne de Reuilly, derrière un général Roget peu porté à l'indiscipline ; il brûle la proclamation[5] qu'il avait préparée avant d'être mis en état d'arrestation. Face à cet épisode, quelle fut l'attitude de Barrès ?

L'auteur de *L'Appel au soldat* a soutenu le pustchiste Déroulède autant que Maurras avait soutenu le faussaire Henry : les deux hommes avaient commis, selon Barrès, « un crime d'amour, d'amour pour la nation ». Au fil des nombreuses pages consacrées à Déroulède dans ses *Scènes et Doctrines du nationalisme*, Barrès narre le courage de son héros, venu seul porter la réplique à Sébastien Faure, au cours d'un meeting dreyfusard tenu par les anarchistes. Il conclut son récit par ce diagnostic : « Deux révolutions sont en route contre le pouvoir impuissant : l'une pour tout renverser, l'autre pour tout rétablir. » Il n'y a plus que deux partis face à face : ceux qui crient « A bas la patrie ! » dans les réunions publiques, et ceux qui crient : « Vive l'Armée ! » La montée aux extrêmes est de toutes les crises.

C'est dans ce climat de guerre civile, nous dit Barrès, que s'inscrit la tentative de Déroulède. Et d'avouer qu'il en fut, lui, Barrès, accompagnant le ligueur presque jusqu'au bout. « Ce qui me convainc, lui dit-il, de m'associer à votre tentative, c'est ma certitude que, si elle ne réussit pas, nous la recommencerons[6]. » Barrès, dans son récit, insiste sur le républicanisme de Déroulède, lequel voulait bien être un nouveau Cromwell, mais certes pas un général Monk, restaurateur de la monarchie

4. M. Barrès, *Le Journal*, 9 avril 1899.

5. Le texte de cette proclamation a été publié dans M. Barrès, *Scènes et Doctrines...*, *op. cit.*, p. 259. Il commence par : « La Constitution usurpatrice de 1875 est abrogée », et se termine par : « Vive la République plébiscitaire ! »

6. *Ibid.*, p. 249.

anglaise. Si le duc d'Orléans, le coup réussi, avait passé la frontière, Déroulède en personne lui aurait mis « la main au collet ». Ce refus de Déroulède d'accepter l'éventuel concours des chefs royalistes, c'était bien ce que ne pouvait admettre Charles Maurras, qui le dit à Barrès : lui, Maurras, combattra désormais Déroulède. Il cherche pour l'heure à lancer son propre journal et prie Barrès de l'aider dans cette entreprise. Mais une pomme de discorde existe entre les deux amis, dont les personnalités prennent peu à peu l'ascendant sur le nationalisme en construction.

A la fin du mois de mai, Paul Déroulède et ses lieutenants comparaissent devant la cour d'assises de la Seine… pour délit de presse. Plus grave peut-être que la tentative de putsch, tournée en ridicule par les journaux, fut l'acquittement de Déroulède prononcé par le jury populaire. Pourtant, le ligueur en chef a eu le front de déclarer : « Si vous me condamnez, vous ne ferez que retarder l'heure du réveil ; si vous me rendez à la liberté, je recommencerai. » Déroulède libéré est porté en triomphe à la sortie du Palais. La menace devient claire. Le lendemain, le commandant Marchand, de retour de Fachoda, est l'objet d'un accueil tapageur de la part des nationalistes. Dans *L'Aurore* du 2 juin, Clemenceau tonne contre le procès « ridicule », contre les « lâchetés » du pouvoir, contre les « césariens » qui gesticulent.

Barrès, qui se réjouit de l'acquittement de son ami, a commencé la mise en forme des idées maîtresses de sa doctrine. Il saisit l'occasion d'une conférence qu'il doit donner dans le cadre de la Patrie française, pour les présenter. Pour lui, l'affaire Dreyfus n'est que le « signal tragique » de l'affaiblissement général du pays. Le mal, c'est la division, l'émiettement des consciences et des volontés. Il faut refaire l'unité morale de la France. Par quels moyens ? La restauration monarchique ? La France n'en veut plus. La conscience d'appartenir à une race ? « Hélas ! il n'y a point de race française, mais un peuple français, une nation française, c'est-à-dire une collectivité de formation politique. » Seul, le nationalisme peut nous sauver. Le nationalisme, qui sait « résoudre chaque question par rapport à la France » – « cette France dissociée et décérébrée ». Et comment la sauver de l'anarchie qui menace ? Par la conscience nationale, qu'il faut forger. Pas seulement avec des idées : « Il faut qu'elles soient doublées de leur force sentimentale. A la racine de tout, il y a un état de sensibilité. » Éveillé par « la voix des ancêtres », « la leçon de la terre » : « Notre terre nous donne une discipline et nous sommes le prolongement de nos morts. Voilà sur quelle réalité nous devons nous fonder. » Voilà pourquoi il n'y a pas de naturalisation possible, nous sommes « le produit d'une collectivité qui parle en nous ». Il faut se méfier des Français « trop récents », il faut changer la loi des naturalisations [7].

Insensiblement, Barrès est passé d'une définition de la nation comme « formation politique » à une théorie de la Terre et des Morts qui exclut de la citoyenneté ceux qui ne peuvent bénéficier du droit du sang. Il n'y a pas de race française ? Voire. Quelques mois plus tard, Barrès, dans une volonté de vulgarisation des travaux de son maître du moment, Jules Soury, dont il suit les cours à l'École pratique des hautes études, en vient à formuler ce qu'on pourrait appeler une néo-race, ou race approximative, mais race française quand même :

« Quels que soient les éléments primitifs du sang français, à cette heure même, la formule moyenne de ce sang existe, différente de la formule moyenne du sang germain, du sang espagnol, du sang italien ou du sang saxon, et elle se manifeste par des ressemblances de structure extérieure. Il y a donc dans une nation, par la communauté de race et de sang, une communauté de structure nerveuse ; par suite, une similitude de réactions devant les excitations ; par suite encore, une âme commune [8]. »

Ainsi, au-delà de l'antiparlementarisme, le nationalisme français se définit par une commune appartenance, dont l'enracinement et l'ascendance constituent le double pilier. Les juifs, les étrangers, les naturalisés ne sont que de pseudo-Français, travaillant *nolens volens* à la décomposition de la conscience nationale.

Un événement imprévu va adoucir le tranchant de la théorie de Barrès : sa rencontre avec Anna de Noailles, en mai 1899 chez un ami commun, Paul Mariéton. Née à Paris, issue d'une famille roumaine de haute lignée, épouse du comte Mathieu de Noailles, c'est une beauté somptueuse qui, à vingt-trois ans, a déjà publié des poèmes dans *La Revue de Paris*. Autant dire qu'avec sa sœur Hélène, elle fait la gloire de plusieurs salons.

7. M. Barrès, *Scènes et Doctrines…*, *op. cit.*, p. 84-101.
8. M. Barrès, « L'Éducation nationale », *Le Journal*, 30 octobre 1899.

Barrès est subjugué. Or Anna est dreyfusarde. Il observe ce désaccord avec amusement dans ses *Cahiers*. N'empêche, il est sous le charme. Lui qui prône la supériorité du sentiment, de l'instinct et des pulsions sur la raison, tombe en une certaine manière victime de sa théorie : qu'importe Dreyfus, qu'importe son idée des races ! Une force irrésistible l'attire vers cette quasi-« naturalisée » venue de Valachie. S'il ne cite le nom d'Anna qu'une seule fois dans ses notes de 1899, cet amour naissant n'en humanise pas moins Barrès, dont les constructions théoriques ne pèseront jamais lourd au regard de ses passions.

Tandis que Barrès savoure les débuts de ce qui va devenir un grand amour romantique[9], un autre nationalisme, en cette année 1899, prend forme : celui de Maurras. Le premier numéro de sa revue, *L'Action française*, paraît au début du mois d'août 1899. Force est donc de constater l'élan du mouvement nationaliste : Déroulède traduit devant un jury populaire est acquitté ; on assiste aux premiers succès de la Ligue de la Patrie française, qui multiplie les conférences et reçoit des milliers d'adhésions, enfin on observe l'ébauche d'un néo-monarchisme, radical, dont Maurras se fait le théoricien.

En face des nationalistes, les intellectuels dreyfusards vivent un jour mémorable, le 3 juin 1899. La Cour de cassation, toutes chambres réunies, a rendu sa sentence, déclarant la demande de révision recevable. Un nouveau procès du capitaine Dreyfus aura lieu ; il se tiendra à Rennes, à partir du 8 août. L'arrêt provoque la colère des nationalistes. Le lendemain, 4 juin, le président Loubet est agressé au champ de courses d'Auteuil. La guerre civile menace toujours, mais les dreyfusards ont remporté leur première victoire éclatante : l'illégalité du premier procès a été reconnue. Émile Zola décide alors de rentrer en France. Le 5 juin, il est à Paris. Le jour même paraît dans *L'Aurore* son article intitulé « Justice » :

« Depuis onze mois bientôt, j'ai quitté la France. Pendant onze mois, je me suis imposé l'exil le plus total, la retraite la plus ignorée, le silence le plus absolu. J'étais comme le mort volontaire, couché au secret tombeau, dans l'attente de la vérité et de la justice. Et, aujourd'hui, la vérité ayant vaincu, la justice

9. A. de Noailles, M. Barrès, *Correspondance 1901-1923*, L'Inventaire, 1994.

régnant enfin, je renais, je rentre et reprends ma place sur la terre française. »

Il termine son long article en s'adressant au procureur général : qu'il lui signifie l'arrêt de la cour d'assises de Versailles, et il est prêt à comparaître devant un nouveau jury. La justice différa, remettant le cas de Zola à novembre. La grande affaire est désormais le procès de Rennes, dont tout dépend. Le 1er juillet, l'ex-capitaine Dreyfus débarque en France, dans l'espoir de sa totale réhabilitation.

Le second procès du capitaine Dreyfus s'ouvre le 8 août ; il durera un mois plein. Le ministère en a fixé le lieu loin des tumultes parisiens, à Rennes, à l'intérieur du lycée vacant pendant les congés scolaires. De ce procès, Barrès va se faire l'historiographe, dans *Le Journal* et dans ses livres à venir. Pour Dreyfus, il n'a d'abord que mépris : « une misérable guenille humaine », « une bête traquée », avec « l'arrogance d'un parvenu ». Mais il sait s'apitoyer : « Je sentais que ce nom exécré de Dreyfus représentait tout de même de la chair vivante et broyée. » Il se reprend vite : il ne s'agit pas d'un homme, il s'agit de la France ! Regardant Dreyfus, il le réduit, on l'a vu, à un « enfant de Sem », dépourvu des « beaux traits de la race indo-européenne ». Il lâchera cette phrase accablante pour sa mémoire : « Que Dreyfus est capable de trahir, je le conclus de sa race. » A quoi Barrès ajoute, comme Jules Soury, que Dreyfus ne peut être coupable de « trahison », puisqu'il n'appartient pas « à notre nation ».

A un moment, il s'interroge sur l'innocence éventuelle de Dreyfus. Question secondaire ! anecdotique ! Il suffit d'examiner les amis de Dreyfus : ce sont eux, ces antipatriotes, ces ennemis de la société, ces anarchistes, qui sont la plus belle preuve de la trahison. Ils sont, autour de l'accusé, « le parti de l'étranger ». Le verdict tombe du Conseil de guerre, le 9 septembre 1899. Le reste, on le sait : à nouveau Dreyfus est reconnu coupable, par 5 voix contre 2. Verdict assorti bizarrement des circonstances atténuantes, ce qui vaut à Dreyfus une condamnation à dix ans de détention. Barrès exulte : « Réjouissons-nous en toute liberté d'esprit. La France vient d'être servie. »

Que Dreyfus ait vu sa peine allégée de dix ans n'attriste pas Barrès. L'important est ailleurs. Le verdict confirme celui du premier Conseil de guerre. C'est une victoire nationale ! Les vrais coupables, au-delà de Dreyfus, ce sont les « intellectuels », les « anarchistes de l'estrade », les « métaphysiciens de la sociologie ». Les « volontés obscures des masses » l'ont de nouveau emporté sur les ratiocinations des esprits forts. « La Justice et la France sont satisfaites [10]. »

Le dreyfusisme, revigoré par l'arrêt de la Cour de cassation qui avait permis le nouveau procès, subit un nouveau revers. Les dreyfusards font alors pression sur le président Loubet pour qu'il accorde sa grâce. Waldeck-Rousseau, président du Conseil depuis le 22 juin, s'y emploie en personne. Le 19 septembre – jour même où s'éteint un des premiers héros de l'histoire, Scheurer-Kestner –, le président de la République accorde sa grâce à Alfred Dreyfus, enfin libéré, rendu aux siens. Au cours d'une réunion dramatique qui avait précédé la décision présidentielle, Clemenceau s'était montré hostile : l'acceptation de la grâce était un aveu de culpabilité. Par humanité, Jaurès et les autres avaient soutenu le vœu de Mathieu Dreyfus. La libération de Dreyfus n'est qu'une victoire inachevée, un acte de justice incomplet. L'Affaire n'est pas finie, il faudra encore se battre pour obtenir la pleine réhabilitation du capitaine et sa réinsertion dans l'armée.

Depuis quelques mois, cependant, la lutte, on le sait, avait changé de terrain. Ce n'était plus le sort de Dreyfus qui occupait en priorité les esprits, mais celui de la République. Après la tentative de Déroulède, son acquittement par la cour d'assises, l'attentat perpétré à Auteuil contre Émile Loubet, les violences renouvelées de la part des antisémites, bon nombre de républicains, restés longtemps indifférents à Dreyfus, acceptant la « chose jugée », ont pressenti le danger. Le 11 juin, une première grande manifestation a réuni à Longchamp les défenseurs de la République – des modérés aux socialistes révolutionnaires. C'est dans ce climat de tension extrême que Waldeck-Rousseau reçoit l'investiture de la Chambre, le 22 juin, non sans mal. Or cet avocat d'affaires, un peu froid et guindé, a trouvé une formule appelée à la postérité, qui dépeint avec exactitude son état d'esprit : il se dit « républicain modéré mais non modérément républicain ». Convaincu de la menace que les nationalistes font peser sur les institutions, il entend mener un gouvernement de « défense républicaine » sur la base d'une large union, qui rassemblerait le centre gauche auquel il appar-

10. M. Barrès, *Le Journal*, 10 septembre 1899.

tient, les radicaux et l'extrême gauche socialiste. Pour signifier cette volonté, il a l'audace d'appeler dans son cabinet le socialiste Alexandre Millerand – c'est une première – et le général de Galliffet, honni de tous les socialistes comme l'un des bourreaux de la Commune de 1871. Cette décision déchire le mouvement socialiste, Jules Guesde et Édouard Vaillant s'opposant à cette participation aventureuse et désastreuse sur le plan symbolique, mais Jean Jaurès et Jean Allemane, autres têtes socialistes, donnent finalement leur approbation[11], Lucien Herr jouant encore une fois les bons conseils.

Waldeck-Rousseau montre aux factieux ce que peut être la poigne républicaine quand la République est en péril. Sans scrupule excessif à l'égard de la légalité, ce juriste décide de traduire en Haute Cour Déroulède et ses acolytes, alors qu'ils ont été innocentés par le jury populaire. Résolu à mettre les nervis à la raison, il fait procéder à des arrestations, qui inquiètent fort Jules Guérin, président de la Ligue antisémitique, lequel s'enferme avec les siens dans son hôtel de la rue de Chabrol. La police du préfet Lépine, plutôt que d'essayer de prendre d'assaut le « Fort Chabrol », en fait un blocus efficace, puisque au bout de quelques semaines Guérin et ses gros durs rendent les armes. On commence à respirer. Le Sénat, réuni en Haute Cour, prononce, le 4 janvier 1900, la condamnation de Déroulède à dix ans de bannissement. Celui-ci se retire à Saint-Sébastien, d'où il continue son combat, par Maurice Barrès interposé, devenu rédacteur en chef du *Drapeau*, journal quotidien à partir de mai 1901.

Pour l'heure, en cette fin d'année 1899, la victoire est moins celle des dreyfusistes – suspendus à l'espoir de la réhabilitation – que celle des républicains. Le dimanche 19 novembre 1899, le « grand dimanche » comme écrit Péguy, Paris résonne des slogans et des chants populaires. *La Petite République*, quotidien du mouvement socialiste, a eu l'initiative de cette manifestation pour fêter le *Triomphe de la République*, œuvre du

11. Le 24 juin 1899, Jaurès, dans *La Petite République :* « Pour ma part et sous ma responsabilité, j'approuve Millerand d'avoir accepté un poste dans ce ministère de combat. Que la République bourgeoise, à l'heure où elle se débat contre la conspiration militaire qui l'enveloppe, proclame elle-même qu'elle a besoin de l'énergie socialiste, c'est un grand fait ; quelle que soit l'issue immédiate, ce sera une grande date historique ; et un parti audacieux, conquérant, ne doit pas, à mon sens, négliger ces appels du destin, ces ouvertures de l'histoire. »

sculpteur Dalou, destinée à la place de la Nation. Péguy fait une description haute en couleur des réjouissances dans le premier de ses *Cahiers de la Quinzaine*, du 5 janvier 1900. Il suit le cortège plein de gouaille des Parisiens qui se reconnaissent dans les cris de *Vive Jaurès !* et de *Vive Zola !* et continue :

« Voulant sans doute pousser l'expérience au plus profond, quelques-uns commencèrent à chanter : *Vive Dreyfus !* un cri qui n'a pas retenti souvent même dans les manifestations purement dreyfusardes. Ce fut extraordinaire. Vraiment, la foule reçut un coup, eut un sursaut. Elle ne broncha pas, ayant raisonné que nous avions raison, que c'était bien cela. Même elle acquiesça, mais il avait fallu un raisonnement intermédiaire, une ratification raisonnée. Dans le cortège même il y eut une légère hésitation. Ceux-là même qui avaient lancé ce cri sentirent obscurément qu'ils avaient lancé comme un défi, comme une provocation. Puis nous continuâmes avec acharnement, voulant réagir, manifester, sentant brusquement comme l'acclamation au nom de Dreyfus, l'acclamation publique, violente, provocante était la plus grande nouveauté de la journée, la plus grande révolution de cette crise, peut-être la plus grande rupture, la plus grande effraction de sceaux de ce siècle. Aucun cri, aucun chant, aucune musique n'était chargée de révolte enfin libre comme ce *Vive Dreyfus !* [12]. »

Le dreyfusisme s'était fondu dans la défense de la République, celle-ci bénéficiant désormais de la référence morale de celui-là. La crise, cependant, avait dressé face à face deux camps intellectuels dont la guerre n'était certes pas terminée. L'idéal de l'autonomie individuelle, du caractère sacré de la personne, puisé aux sources de la Déclaration des droits de l'homme, et, avant cela, à la règle énoncée dès le siècle des Lumières, selon laquelle une société ne peut fonder son existence sur le déni de justice, le mensonge public et la raison d'État, contre cette philosophie « individualiste », les nationalistes proclamaient l'impératif de la survie de l'espèce et de la nation, la défense nécessaire des institutions qui, comme l'Armée et l'Église, en étaient les piliers, fût-ce au prix des faux et des « crimes d'amour ».

Ce débat ne manquait pas de dignité, les deux camps étaient forts d'arguments. Il ne se tint pas toujours, loin s'en faut, à

12. Ch. Péguy, *op. cit.*, p. 309-310.

cette querelle philosophique. Du côté dreyfusard, la crise encouragea la passion antimilitariste, voire antipatriote, ce qui faisait le jeu des nationalistes. Chez les nationalistes, l'anti-individualisme tourna en haine contre les juifs, contre les étrangers et contre le régime républicain en place. La controverse courtoise qui pouvait opposer un Brunetière et un Duclaux dans un salon bourgeois devenait échange d'injures et de horions dans la rue et les salles publiques. Mais on ne peut renvoyer dos à dos les jouteurs. Le dreyfusisme, malgré ses faiblesses, professait l'universalité de la loi morale : en tout homme, il fallait respecter l'homme, le genre humain. Le nationalisme récusait cette universalité, au nom du groupe, de la nation, de la tribu ; il portait en lui cette haine des races, cette xénophobie, qui s'exprima avec violence dans l'antisémitisme.

Nombre d'intellectuels ont refusé une dichotomie dangereuse pour le sort de la collectivité. Dreyfusards, ils n'ont nullement jeté aux orties leur amour de la patrie. Antidreyfusards, ils ont récusé les doctrines de haine, le racisme, l'idôlatrie militariste. Force est de constater que les premiers eurent moins de mal que les seconds à concilier leur idéal avec celui de la République ; que les seconds ont été largement dépassés, effacés, marginalisés, par les outrances de leur propre camp. Les batailles de l'affaire Dreyfus ont montré, entre autres, les impasses de la modération quand les principes sur lesquels est fondé le vouloir-vivre-ensemble sont bafoués.

7

# *Les adieux d'Anatole France à Émile Zola*

L'Académie française avait opté en bloc contre Dreyfus. Ceux de ses membres qui avaient des doutes quant au jugement du Conseil de guerre de 1894 les gardaient en leur for intérieur. Sauf un : Anatole France. En janvier 1898, on avait lu sa signature tout juste derrière celle d'Émile Zola au bas de la pétition des intellectuels. Certains s'en étonnèrent. France était un sceptique. Barrès, qui l'appréciait et le fréquentait, rapporte dans ses *Cahiers* un propos de lui, en décembre 1897, qui ne laisse pas présager cet engagement : « Ce qui me frappe de plus en plus, c'est la bêtise de ces hommes de la Révolution… Robespierre ! C'est celui que je déteste le plus. Il a voulu gouverner selon la morale. Tous ceux qui ont eu cette prétention ont fait le plus grand mal. La morale est une règle artificielle. C'est compliquer la politique d'une difficulté étrangère que de la jouer selon une règle qui n'est pas la sienne [1]. »

Sentence propre à conforter le réalisme politique de Maurras, lequel du reste était un admirateur d'Anatole France – admiration réciproque. Tout, apparemment, désigne France comme un adversaire potentiel de Dreyfus. Dans *L'Orme du mail*, premier tome de son *Histoire contemporaine* entreprise en 1895, France avait créé dans l'entourage de son héros ou anti-héros, M. Bergeret, le personnage d'un préfet juif, Worms-Clavelin, qui, à travers « ses gros yeux en forme de globes de lampe » et dans la fumée de son cigare, était rien moins que sympathique. Dans son discours de réception à l'Académie, en 1896, France avait aussi fustigé les panamistes, objet d'une haine inépuisable de la part des folliculaires nationalistes. Léon

1. M. Barrès, *Mes Cahiers*, édition de 1994, *op. cit.*, *p.*96.

Blum avoue qu'il ne s'attendait pas à la signature d'Anatole France en 1898 : « Lorsque j'appris qu'il était dreyfusard, je fus enchanté, mais étonné. » Et d'ajouter : « Est-ce que la perfection même de sa culture et de son métier, l'universalité de son scepticisme, le retrait volontaire de sa personne ne semblaient pas l'isoler d'avance de toute action [2] ? » De fait, il ne faut pas croire qu'Anatole France se serait « converti » brusquement [3]. Ou expliquer son attitude, à l'instar de ses admirateurs nationalistes, par « l'influence du milieu juif où il évoluait, au moment de l'Affaire », ainsi que l'écrit Léon Daudet [4].

D'abord, l'auteur de *Thaïs* est prévenu contre le cléricalisme, depuis ses études au Collège Stanislas. Son amour de jeunesse malheureux pour Élisa Rauline, entrée dans les ordres, n'a fait qu'accroître chez lui son aversion du catholicisme. D'emblée, il voit où, dans l'Affaire, se situent ses ennemis. Dans *Les Opinions de M. Jérôme Coignard*, il fustige l'existence d'une justice militaire : « Ces justices soldatesques, dont on voit tous les jours les effets, sont d'une cruauté atroce, et les hommes, s'ils se policent jamais, ne voudront pas croire qu'il fut jadis, en pleine paix, des conseils de guerre vengeant par la mort d'un homme la majesté des caporaux et des sergents. » Point de vue datant de 1893. Auparavant, lors de la publication de *La France juive* de Drumont, France a réagi, le 2 mai 1886, par un article paru dans *Le Temps*, véritable objurgation contre l'antisémitisme. De son scepticisme affiché sur la nature humaine, il ne tire pas la conclusion qu'un écrivain n'a rien à dire des affaires du monde : en mars 1897, il se prononce publiquement en faveur des Arméniens massacrés par les Turcs dans l'indifférence de la France officielle. Léon Blum, avec le recul, juge, finalement, la mobilisation de France dans l'Affaire comme l'aboutissement logique de son rationalisme : « Je comprends qu'au fond de France, il y eut toujours, comme il l'a d'ailleurs dit lui-même, "la foi rationaliste", que son scepticisme universel était le doute méthodique de Montaigne, de Descartes, voire

2. L. Blum, *op. cit.*, p. 77.

3. Nous suivons ici les travaux éclairants de M.-C. Bancquart, notamment *Anatole France. Un sceptique passionné*, Calmann-Lévy, 1984, et ses introduction et notes à l'édition des *Œuvres* d'A. France dans « La Pléiade », Gallimard, 1991.

4. L. Daudet, *Souvenirs et Polémiques*, Robert Laffont, « Bouquins », 1992, p. 540.

des positivistes, et qu'au bout du compte, il n'y a pas tant de différence entre l'abbé Jérôme Coignard et M. Bergeret. France fut dreyfusard parce que le travail méthodique et scientifique de l'intelligence était à ses yeux la seule réalité certaine [5]. »

Ce personnage de M. Bergeret, maître de conférences en littérature latine à la faculté des lettres d'une université de province, aimable interlocuteur des notables de la ville du Nord où il habite, humaniste érudit, agnostique en politique comme en religion, désabusé sur l'humanité, mais néanmoins indulgent à l'égard des hommes, subit une métamorphose psychologique sous le choc de l'affaire Dreyfus. Son esprit critique et son amour de la liberté le portent très vite du côté des révisionnistes. Grâce à des amis de Paris, M. Bergeret est chargé d'un cours à la Sorbonne. C'est juste au moment où le suicide du colonel Henry infléchit l'Affaire en faveur des dreyfusards. Très pessimiste jusque-là quant au dénouement, rendu amer par les victoires du « troupeau » sur l'intelligence, M. Bergeret met désormais ses espoirs dans l'alliance de l'esprit et de l'opinion publique. Le sceptique voltairien devient un intellectuel de gauche, qui croit désormais aux bienfaits de la science et du socialisme.

Cette évolution a été largement celle de France au long de l'affaire Dreyfus, qui fait de lui, près d'un demi-siècle avant Sartre, le modèle de l'écrivain engagé. Sans courage physique, médiocre orateur, il surmonte ses appréhensions. Ses ennemis, pour qui il n'est qu'« Anatole Prusse », lui inspirent un mot nouveau de la langue française, les *trublions*, ainsi appelés « pour ce qu'ils servoient ung chef nommé trublion lequel était de haut lignage mais de peu de sçavoir et en grande impéritie de jeunesse [6] ». Toujours fidèle au salon de Mme de Caillavet, pour laquelle ses élans avaient changé de saison, il y fréquente régulièrement Jean Jaurès, Georges Clemenceau, Pierre Quillard, le jeune Léon Blum, Anna de Noailles et bien d'autres ardents dreyfusards. Il participe aux réunions qui se tiennent à l'École normale, avec Lucien Herr, Charles Péguy, Gabriel Monod…

Mais tout cela ne lui suffit pas. Il veut agir. Il devient donc un vrai militant, un homme de meeting, osant affronter la foule. Il refuse de porter sa rosette de la Légion d'honneur depuis que

5. L. Blum, *op. cit.*, p. 78.
6. A. France, *L'Anneau d'améthyste*, Gallimard, « La Pléiade », p. 231-235.

Zola en a été suspendu par le Conseil de l'ordre. Et, à partir de février 1900, il ne se rendra plus aux séances de l'Académie. Membre de la Ligue des droits de l'homme, où il est, en tant que citoyen du XVI^e arrondissement, président de la section de la porte Dauphine, il embroche discours sur discours, article sur article, réunion sur réunion, devenant, en l'absence de Zola, le plus exposé des écrivains dreyfusards. Meeting en faveur de Picquart les 28 novembre et 3 décembre 1898 ; discours au banquet de la liberté de la presse, le 6 avril 1899 ; fête inaugurale de l'université populaire du XV^e arrondissement, le 21 novembre 1899 ; fête des Soirées ouvrières à Montreuil, le 7 janvier 1900 ; Fête civique, salle Wagram, le 29 juillet 1900... Son prosélytisme n'a plus de répit. Sa vie est désormais vouée à la politique.

En janvier 1899, *La Libre Parole* vomit sa bile sur son œuvre dans un article signé « Gallus » : « Ses livres sont le bréviaire favori des femmes divorcées, l'antiphonaire des Juives du quartier de l'Étoile et le missel familier que feuillettent les filles des marchands de porcs de Chicago. » Le lendemain de l'installation d'Émile Loubet à l'Élysée, une adaptation de son roman *Le Lys rouge*, présentée la veille au Vaudeville, en pleines manifestations nationalistes, est flétrie par la critique antidreyfusarde. Après *L'Anneau d'améthyste*, déjà paru sous forme d'articles dans *L'Écho de Paris*, il abandonne ce quotidien antidreyfusard pour *Le Figaro* – socialement encore plus conservateur mais plein de sympathies dreyfusistes, à commencer par celles de son rédacteur en chef Fernand de Rodays ; il lui donne les articles qui formeront *M. Bergeret à Paris*, dont la sortie en volume se fera en février 1901. Au moment du procès de Rennes, il voyage à l'étranger ; ne pouvant témoigner pour Dreyfus comme il avait pu le faire au procès Zola, il adresse au *Figaro* ses articles dreyfusistes. Au lendemain de la seconde condamnation du capitaine, le 13 septembre 1899, le quotidien publie sa « Lettre de Hollande à M. Bergeret » qui exprime sa stupeur, sa tristesse, sa douleur, et annonce ses prochains combats : « L'antisémitisme est un préjugé barbare. Je ne crois pas qu'il dure en France, dans une société tolérante et polie, que la raison gouverne. Cette passion furieuse, cette manie barbare n'a déjà que trop agité les esprits. Les ralliés dont M. Méline servit la politique et les moines ligueurs de *La Croix* ont soufflé des haines d'un autre âge et ranimé l'antique fanatisme. Ce malheureux Dreyfus est leur victime. Ils vont triompher d'un arrêt qui n'est qu'un moment de cette affaire et qui ne clôt rien. Et puisque le cours de ma pensée me ramène à cette sentence que n'acceptent ni la justice ni la raison, je noterai avec joie qu'il s'est trouvé à Rennes deux soldats, deux hommes qui, voyant l'innocent amené devant eux, ont eu le courage de dire : "Il est innocent !" Au nom de la conscience humaine, que ces deux justes soient félicités. »

Émile Zola, rentré à Paris depuis le début de juin, a exprimé la veille, dans *L'Aurore* du 12 septembre, une même indignation. Ni l'un ni l'autre n'ont déposé les armes, même après la grâce accordée par Loubet à Dreyfus. Il s'agit pour l'un et l'autre de faire triompher, ou du moins avancer, la vérité et la justice, ce qui les conduit à un socialisme républicain qui traverse leurs nouvelles œuvres.

Zola fut laissé en paix par la justice ; il bénéficie, en décembre 1900, de la loi d'amnistie pour tous les faits relatifs à l'affaire Dreyfus. Entre-temps, il a repris ses habitudes, entre Alexandrine sa femme légitime et Jeanne Rozerot la mère de ses deux enfants, entre sa résidence de Médan et son hôtel de la rue de Bruxelles à Paris. En 1897, avant que l'Affaire ne le mobilise, il avait songé à une nouvelle fresque, *Les Quatre Évangiles*, ensemble de quatre romans. D'abord *Fécondité* (« le pullulement de la famille autour de l'homme, un grand chêne ») ; ensuite *Travail* (annonçant « la cité future ») ; puis *Vérité* (en faveur de la science) ; enfin, *Justice*.

Le premier de ces ouvrages est d'actualité, car les démographes s'inquiètent de la dénatalité française, alors même que la population de l'Allemagne s'accroît de manière inquiétante. Dès 1896, Zola avait écrit dans *Le Figaro* un article, « Dépopulation », où il faisait écho aux cris d'alarme des natalistes. Quand il part en exil pour l'Angleterre, en juillet 1898, une malle le suit, bourrée de la documentation accumulée entretemps. Le 15 mai 1899, *L'Aurore* commence la publication en feuilleton du nouveau roman de Zola ; il sort chez Fasquelle en volume en octobre.

Roman à thèse, lyrique et naïf, manichéen et mélo à souhait, *Fécondité* est assez mal reçu par la critique. Non seulement les nationalistes prennent un malin plaisir à démolir l'ouvrage, assurément inférieur aux *Rougon-Macquart*, mais la critique de gauche est loin d'être unanime dans l'enthousiasme. Charles

Péguy consacre dans les deux numéros de *La Revue blanche* de novembre 1899 un long essai aux « Récentes œuvres de Zola ». Après avoir dit son admiration pour l'auteur de « J'accuse… », le jeune écrivain souligne le fond de sa pensée : « Zola n'était pas devenu socialiste. » De fait, les héros du livre, le couple des Froment, géniteurs de douze enfants, y offrent leur marmaille aux conquêtes de l'Afrique. Du dreyfusisme au colonialisme, drôle de trajet !

Le livre est du reste loin d'atteindre le succès des autres romans de Zola : 99 000 exemplaires – seulement ! – vendus en quatre ans. Mais l'auteur demande qu'on attende la suite, consacrée à l'organisation du travail. L'un des fils de Mathieu Froment, Luc, est effectivement, dans le deuxième des *Évangiles*, le héros positif d'une histoire industrielle où la coopérative plus ou moins fouriériste qu'il fonde ruine l'usine capitaliste concurrente de la ville de Beauclair. Zola, cette fois, n'a-t-il pas opté pour un socialisme d'autogestion ? Jaurès, bien qu'élogieux, lui fait tout de même remarquer qu'on a dépassé ces formes de communisme coopératif, qui ignorent « l'ensemble du mouvement politique et révolutionnaire [7] ».

Émile Zola ne se laisse pas détourner de son but. Devenu un chef spirituel de la nation, il prêche. Il s'attaque au troisième morceau, *Vérité*, en 1901, et l'achève à Médan le 7 août 1902. Quelques jours plus tard, les Charpentier rejoignent les Zola pour leurs vacances. Le 28 septembre, après un été pourri à la campagne, les Zola regagnent Paris. La maison de la rue de Bruxelles est froide ; on fait allumer du feu dans la cheminée de la chambre. Dans la nuit, Alexandrine, prise de nausées, se rend à la salle de bains et veut appeler un domestique. Zola l'en dissuade, ce n'est qu'une petite indigestion. A neuf heures du matin, le valet de chambre, inquiet de ne pas voir ses maîtres, frappe à leur porte, qui est verrouillée de l'intérieur. Il faut l'enfoncer. Le valet découvre Alexandrine en pleine léthargie et Zola à terre, la tête contre le bois du lit. Une heure plus tard, les médecins arrivent et tentent de le ranimer, mais en vain. Quelque temps après, Alexandrine se remet dans une clinique de Neuilly, non sans avoir fait prévenir Jeanne Rozerot. Celle-ci, folle de douleur, crie qu'on a tué Zola.

Vrai ou faux ? L'analyse de sang attesta que Zola était mort

7. Cité par F. Brown, *op. cit.*, p. 827.

d'empoisonnement au monoxyde de carbone. Une enquête suivit, qui n'aboutit à rien. L'officier de police judiciaire préféra-t-il, personnellement ou sur ordre, ne pas pousser trop loin ses investigations de peur de rallumer la guerre civile ? En 1953, un article de *Libération* publia une lettre d'un de ses lecteurs, M. Hacquin, prétendant connaître le fin mot de cette mort. Zola, selon lui, avait été victime d'un assassinat. L'auteur en était un de ses amis, un chauffagiste violemment antidreyfusard, dont il avait reçu la confession de son lit de mort en 1927 : cet homme aurait pu boucher la cheminée de l'appartement grâce au va-et-vient entre un immeuble voisin où l'on faisait la réfection des toitures et la maison de Zola. Dès le lendemain matin, le crime accompli, lui et ses complices avaient, incognito, débouché la cheminée. Ce témoignage restant invérifiable, les causes de la mort de Zola gardent leur mystère.

Pour permettre à Alexandrine, toujours en clinique, de revoir une dernière fois son mari, on embauma le corps de Zola qui fut installé dans un cercueil ouvert, entouré de fleurs, dans son bureau. Ses amis se relaient pour le veiller. Parmi eux, Alfred Dreyfus et Georges Picquart. Le jeudi 2 octobre, Alexandrine revint chez elle, en grand deuil. Secouée par les sanglots, elle embrassa son mari puis tomba à genoux devant le cercueil un long moment.

Le 5 octobre 1902, Émile Zola est enterré au cimetière Montmartre, accompagné par plusieurs dizaines de milliers de personnes, parmi lesquelles Alfred Dreyfus, le colonel Picquart et Bernard-Lazare. La police craint les perturbations ; bien inutilement. Toutefois, le capitaine Ollivier, qui a commandé une compagnie du 28e régiment d'infanterie déléguée par le gouvernement pour rendre les honneurs militaires à l'écrivain, est giflé par un autre officier à son retour à la caserne. D'où s'ensuit un duel nécessaire. Les blessures de l'affaire Dreyfus ne sont pas cicatrisées.

Anatole France, le troisième à prendre la parole, après le ministre de l'Instruction publique Chaumié et Hermant au nom de la Société des gens de lettres, prononça une oraison funèbre qui suscita à plusieurs reprises des applaudissements, avant de rester dans les mémoires. Elle était centrée sur l'impérissable « J'accuse… » :

« Il n'y a qu'un pays au monde dans lequel ces grandes choses pouvaient s'accomplir. Qu'il est admirable le génie de notre patrie ! Qu'elle est belle cette âme de la France qui, dans les siècles passés, enseigna le droit à l'Europe et au monde. La France est le pays de la raison ornée et des pensées bienveillantes, la terre des magistrats équitables et des philosophes humains, la patrie de Turgot, de Voltaire et de Malesherbes. Zola a bien mérité de la patrie en ne désespérant pas de la justice en France.

« Ne le plaignons pas d'avoir enduré et souffert. Envions-le. Dressée sur le plus prodigieux amas d'outrages que la sottise, l'ignorance et la méchanceté aient jamais élevé, sa gloire atteint une hauteur inaccessible. Envions-le : il a honoré sa patrie et le monde par une œuvre immense et par un grand acte. Envions-le, sa destinée et son cœur lui firent le sort le plus grand : il fut un moment de la conscience humaine. »

Le 12 juillet 1906, Zola à titre posthume et les « intellectuels » de l'Affaire remportent une victoire définitive. Ce jour-là, la Cour de cassation casse sans renvoi le verdict de Rennes. Le capitaine Dreyfus est réhabilité, réintégré dans l'armée comme chef d'escadron ; Picquart, comme général de brigade. Tandis que le premier reçoit le 21 juillet les insignes de chevalier de la Légion d'honneur dans la cour même de l'École militaire où il avait dû subir la lugubre cérémonie de la dégradation en janvier 1895, le général Picquart est nommé ministre de la Guerre par Georges Clemenceau, le 29 octobre 1906. Les dreyfusards ont obtenu justice ; ils sont maintenant au pouvoir. Ce que *La Libre Parole* traduit par ce titre barrant sa « une » du 13 juillet 1906 : « Le triomphe des Juifs. »

Le 19 mars 1908, Clemenceau toujours chef de gouvernement, la Chambre des députés vote un crédit de 35 000 francs pour la translation des cendres d'Émile Zola au Panthéon. Le député Maurice Barrès a voté contre. Le 5 juin, la cérémonie a lieu alors que les nationalistes manifestent violemment. L'un d'eux, le journaliste Gregori, tire deux coups de revolver sur Dreyfus, lequel n'est que légèrement blessé. Le 15 septembre, à la veille du procès du criminel, Barrès prend sa défense dans *Paris-Revue* : « Gregori sera acquitté, parce que nulle conscience nationale ne peut condamner un acte inspiré par cette même conscience. » C'est bien vu : Gregori est laissé libre. La France nationaliste, antidreyfusarde, antisémite, n'a pas dit son dernier mot.

# 8

# *Les premiers pas de l'Action française*

L'affaire Dreyfus donna un prince aux nationalistes : Charles Maurras. Son magistère moral et intellectuel va s'exercer pendant près d'un demi-siècle, laissant encore au-delà sa marque indélébile sur tant d'esprits fascinés.

Maurice Barrès, son aîné et son allié, aurait pu jouer ce rôle, mais il n'était pas doté comme Maurras de ce désir immodéré d'asséner sa vérité en toute chose. Pas assez sectaire ou fanatique pour se priver du plaisir, au lendemain même d'une bataille ou d'un article flambant, de tout planter là, de partir rêver aux bords des lacs italiens, de se plonger dans un univers lavé des fureurs qu'il avait su attiser. Et puis, chez Barrès, il y avait trop de sensibilité, trop de respect pour l'adversaire, pas assez de haine. Enfin, chez lui, le patriotisme l'emportait de loin sur l'antidémocratisme, qui était la passion vraie de Maurras.

Celui-ci était « monté » à Paris de sa Provence natale en 1885. Il raconte lui-même qu'il fut alors saisi par trois illuminations soudaines qui devaient être déterminantes dans son engagement ultérieur[1]. Le premier choc avait été de découvrir la multitude des enseignes étrangères qui s'étageaient du rez-de-chaussée au faîte des immeubles parisiens : « Des noms en K, en W, en Z, que nos ouvriers d'imprimerie appellent spirituellement les lettres juives. » Bref, « les Français étaient-ils encore chez eux en France ? ». Cette interrogation aussi angoissante que naïve est la base de toute sa doctrine : la phobie de l'étranger, étant *étranger* tout ce qui n'appartient pas à sa culture romano-provençale. Paris n'est pas Martigues, il s'en

1. Ch. Maurras, *Au signe de Flore*, Georges Célestin, « Les œuvres représentatives », 1931.

rend compte avec effroi ; la France catholique et latine lui paraît menacée par l'Anti-France protestante, juive et métèque.

La deuxième commotion tient à la précarité de la civilisation française, telle qu'il la conçoit. Visitant les monuments et les musées, il s'émerveille de la richesse patrimoniale de la France, mais s'interroge sur sa *durée* : « Mon droit à la durée et au maintien de tant de trésors m'apparut le premier des droits. » Le pays est en grand danger d'invasion, de corruption, d'entropie. L'attitude de Maurras est d'emblée défensive. Le sentiment de mort qui rôde sur le corps national ne le quittera plus. Survivre, survivre, contre toutes les puissances mortifères qui travaillent contre la patrie.

Enfin, loin de sa Provence, Maurras s'aperçoit à Paris combien il est attaché à sa terre d'origine. Avant d'entrer de plain-pied en politique, il se fait militant du Félibrige. Au cours de ses séjours à Martigues, il passe son temps dans les archives municipales, s'imprègne de la vie locale et régionale, découvre les libertés qui y régnaient avant la Révolution. C'est à ce sujet qu'il rompt avec les admirateurs de Mistral et autres félibres de Paris, pour fonder avec quelques amis une « École parisienne du Félibrige », qui tient ses réunions au café Procope, tandis que les autres continuent leurs assemblées au café Voltaire, non loin, place de l'Odéon, traitant Maurras et les siens de « réactionnaires ».

Xénophobie, sentiment de la décadence, volonté de décentralisation, voilà déjà quelques idées fortes dont Maurras va composer sa doctrine, peu à peu. Quand Barrès lui propose de collaborer à sa *Cocarde*, au milieu des années 1890, Maurras y défend avec vigueur l'idée décentralisatrice, tout en stigmatisant les étrangers domiciliés, qu'il appelle Métèques par allusion aux étrangers d'Athènes. A ce moment-là, Maurras n'était pas encore monarchiste, mais il était déjà réactionnaire.

Les influences familiales n'y étaient pas pour rien, même si son père avait été favorable à l'Empire puis à Monsieur Thiers. C'est du côté de sa famille maternelle qu'il faut chercher la filiation. « Extrêmement stricte en matière religieuse, ma mère avait été élevée dans l'horreur de la Révolution. » Marqué par son grand-père maternel, ardent légitimiste, le tout jeune Charles avait tenu pour le retour d'Henri V, dans les années qui suivent la guerre de 1870-1871. Puis, vers treize ans, il avait abandonné ses « ferveurs royalistes » après avoir lu les *Paroles d'un croyant* de Lamennais, qui tonnèrent pour lui comme « un coup de foudre ». Il s'entiche donc pour un temps de la « théocratie révolutionnaire », avant de connaître, entre seize et vingt ans, l'indifférence en matière politique. C'est pourtant pendant cette même période d'adolescence studieuse qu'il engloutit la littérature nourricière de ses répugnances futures : Le Play, Taine, de Maistre, Bossuet, Comte, Renan, chacun de ces auteurs célèbres le convainc à sa manière des bienfaits de l'inégalité. A l'aube de sa vie intellectuelle, il a une fois pour toutes rejeté les principes et les mythes de la Démocratie.

En 1889, alors qu'il habite rue Cujas, au Quartier latin, il vote pour la première fois, en pleine bataille boulangiste. Malgré certains aspects démagogiques du mouvement, Maurras s'est finalement rallié à Boulanger. Or, pour cette élection, nous dit-il, il se résout à « avaler un assez dur crapaud », à savoir donner son premier bulletin de vote « au juif Naquet », malgré son antisémitisme, par esprit de discipline (Naquet étant boulangiste). Maurras est alors républicain de fait sinon de conviction ; il le demeure jusqu'en 1896 – un an avant que n'éclate l'Affaire –, date d'un voyage en Grèce qui l'amène à découvrir, grâce au recul géographique et aux regards étrangers, la profondeur du déclin français – un déclin dont il finit par fixer les origines à 1789. A cela, un seul remède politique : une nouvelle restauration de la royauté. Car, ce qui manque avant tout en France, c'est une incarnation du pouvoir, « un *moi* vivant et conscient, responsable et autorisé ». En novembre 1897, il écrit un article intitulé : « A quoi servirait un monarque ? », à la suite de quoi Maurras a la bonne fortune de lire le message du duc d'Orléans – dont on parlera comme du Manifeste de San Remo –, par lequel le Prétendant rappelait au bon peuple de France ses prétentions.

Quand l'Affaire éclate, Maurras, qui collabore à la royaliste *Gazette de France*, voit tout de suite dans ce qui se passe et le scandalise la main visible des juifs. Oui, visible. Il a lu Drumont, qu'il admire, qu'il respecte, qui a droit à son immense reconnaissance. Comme Drumont l'a écrit : les juifs dominent Paris, comme Paris domine la France :

« Paris se regardait : les salons juifs étaient ses maîtres. Les journaux qu'il ouvrait étaient des journaux juifs. On s'imaginait que la juiverie ne tenait que l'Argent. L'Argent lui avait tout livré : un secteur important de l'Université, un secteur équivalent de l'administration judiciaire, un secteur moindre mais appréciable de l'armée, de la plus haute armée. A l'état-major général, au bureau des renseignements, les Juifs avaient leur homme, le lieutenant-colonel Picquart, vite démasqué, mais si bien posté qu'il devait arriver à tout. »

Ce premier élément du complot selon Maurras s'appuyait alors sur un autre groupe, avide de revanche, celui du « vieux parti républicain » que le scandale de Panama avait chassé des affaires et qui brûlait d'y revenir, alors que les catholiques ralliés à la République étaient en train de conquérir les « rateliers officiels » : « On compta, écrit Maurras, éliminer les nouveaux venus en solidarisant la République avec l'émeute juive [*sic*] et les campagnes contre l'armée [2]… »

La représentation des choses politiques sous la plume de Maurras varie peu : il s'agit toujours d'un complot, d'une machination, d'une conjuration que scelle un pacte ou réel ou implicite entre des Français qui sont des « traîtres » à proprement parler et des étrangers, des juifs, qui travaillent pour leur compte à la destruction de la France.

En février 1898, Maurras exprime à Barrès le dégoût que lui inspire la pétition des intellectuels : « Avez-vous vu la *protestation* de ce ramas de juifs, de huguenots et de néo-kantiens ? Car c'est bien le kantisme et l'université criticiste qui servent de ciment à tous les intellectuels [3]… » Plus loin, dans sa lettre, Maurras, journaliste de la très catholique *Gazette de France*, impute les malheurs du pays à « l'esprit chrétien » :

« Avec quelque loisir, quel *Traité* à écrire de la décadence intellectuelle par 1°) l'esprit chrétien qui a renversé l'Empire romain, 2°) l'esprit chrétien qui a désorganisé au XVI^e^ siècle la civilisation catholique par la lecture de la Bible en langue vulgaire, 3°) l'esprit chrétien, qui a fomenté Rousseau, excité la Révolution, élevé la morale à la dignité d'une hyper-science, d'une hyper-politique, l'une et l'autre métaphysiques, 4°) l'esprit chrétien, qui nous donne aujourd'hui une théologie de l'individu, théologie de l'anarchie pure [4]. »

L'opposition catholicisme/christianisme va être un des piliers

2. Cette citation et les précédentes sont extraites du même ouvrage, *Au signe de Flore*, *op. cit.*, p. 58.

3. M. Barrès-Ch. Maurras, *La République ou le Roi*, *Correspondance inédite, 1888-1923*, Plon, 1970, p. 173.

4. *Ibid.*, p. 174.

de la pensée politique de Maurras en construction – c'est elle qui appellera sa condamnation postérieure par Rome. Le catholicisme est latin, hiérarchique, et dogmatique : c'est l'ordre dans la société comme dans les esprits. Le christianisme, particulièrement sous sa forme protestante, est suisse, individualiste et anarchiste : il autorise chacun à se faire sa propre religion, à être son propre prêtre et à lire directement les Livres saints, sans filtre, sans commentaire, sans encadrement. La compassion pour Dreyfus ressortit à l'esprit chrétien, qui n'a aucune considération pour la survie de la société ; l'antidreyfusisme, lui, peut s'allier avec le catholicisme, qui ne perd jamais de vue l'impératif social.

Au cours du premier semestre 1898, Maurras, Barrès et les nationalistes se cherchent, désireux d'opposer un barrage à la vague montante des intellectuels. Convaincus d'être suivis par la province, ils rêvent d'un nouveau parti, d'un « état d'esprit nationaliste ». Ils piétinent. Paradoxalement, le suicide du commandant Henry, qui plonge en plein été le camp nationaliste dans le désespoir, est l'occasion pour Maurras de s'affirmer comme un porte-parole hardi de l'antidreyfusisme, grâce à la publication, dans *La Gazette de France*, de ses articles intitulés « Le premier sang », dans lesquels il rend hommage à Henry. En l'innocentant d'être un faussaire, puisque sa « forgerie » avait été postérieure au jugement de 1894, il relance le mouvement nationaliste un moment chancelant :

« L'un des éclats tragiques de l'affaire Dreyfus, l'arrestation et le suicide d'un officier français qui luttait contre la révolution juive, opéra un changement total dans ma vie. On avait tenté de déshonorer ce héros, j'avais eu le bonheur de le couvrir, de sauver son nom, de faire rétablir les honneurs dus à sa noble mémoire, et ce premier service rendu au pays me fit penser que je pourrais en rendre d'autres [...]. J'étais entré en politique comme en religion [5]. »

En attendant, Maurras doit gagner sa vie : outre sa collaboration à *La Gazette de France*, il envoie chaque semaine ce qu'il appelle son « insignifiante tartine au *Soleil* » – journal qu'il devait bientôt quitter en raison des positions trop sympathiques à Dreyfus qui s'y expriment – et recense pour la *Revue ency-*

5. Ch. Maurras, *Les Vergers sur la mer*, cité dans M. Barrès-Ch. Maurras, *op. cit.*, p. 196.

*clopédique* bon nombre de livres. Il a tout de même le temps de participer à la formation de la Ligue de la Patrie française, à la suite de ses rencontres avec Gabriel Syveton, Louis Dausset, puis avec Henri Vaugeois et Maurice Pujo.

On l'a vu, Syveton et Dausset, professeurs de lycée, avaient eu l'idée de lancer une contre-pétition antirévisionniste. Quant à Vaugeois et à Pujo, l'un professeur de philosophie, l'autre journaliste, ils avaient d'abord appartenu à l'Union pour l'action morale de Paul Desjardins, dont ils avaient démissionné en 1898 à cause de ses attitudes dreyfusistes. En avril, ils avaient mis en place un Comité d'Action française destiné à soutenir les antirévisionnistes dans la campagne électorale des législatives. En décembre 1898, Pujo avait publié un article, fruit de ses réflexions avec Henri Vaugeois. Intitulé « Action française », il disait notamment : « Ce qui est à faire à l'heure actuelle, c'est RECONSTITUER LA FRANCE COMME SOCIÉTÉ, restaurer l'idée de patrie, renouer la chaîne de nos traditions en la prolongeant et en l'adaptant aux circonstances de notre temps, REFAIRE DE LA FRANCE RÉPUBLICAINE ET LIBRE un État organisé à l'intérieur, AUSSI FORT À L'EXTÉRIEUR QU'IL L'A ÉTÉ SOUS L'ANCIEN RÉGIME [6]. »

Très vite, ces jeunes gens comprennent que la nature bourgeoise et conservatrice de la Ligue de la Patrie française lui interdira d'être le fer de lance de la grande entreprise morale et intellectuelle à laquelle ils aspirent. Au début de 1899, Maurras et ses nouveaux amis se réunissent régulièrement, dans l'idée de fonder un journal du matin « à un sou », un quotidien d'opposition nationale, sur le programme suivant : « *Antisémitisme – antiparlementarisme – traditionalisme français* » [7]. Le projet échoue, faute de moyens financiers. Du moins le Comité d'Action française repartait-il du bon pied, un an après le premier, en avril 1899. Le 20 juin suivant, une réunion publique, rue d'Athènes, annonçait sa naissance, et le 10 juillet paraissait le premier numéro d'une petite revue grise, intitulée modestement *Bulletin de l'Action française* – premier numéro occupé par le discours qu'Henri Vaugeois avait prononcé rue d'Athènes.

L'Action française était présentée comme un corps de francs-tireurs, une poignée d'amis à l'instinct patriotique blessé,

6. M. Pujo, « Action française », *L'Éclair*, 19 décembre 1898.
7. M. Barrès-Ch. Maurras, *op. cit.*, p. 230.

dévoués à la perte d'un régime parlementaire qui leur est « obstinément étranger ». Il est remarquable que, dès ce discours inaugural, Vaugeois fustige les trois des « quatre États confédérés » (Protestants-Francs-maçons-Juifs-Métèques), dont Maurras fera bientôt la théorie ; ces « trois puissances diversement hostiles à nos mœurs » sont l'esprit franc-maçon, l'esprit protestant et l'esprit juif. A l'opposé, Vaugeois exaltait « la suprême sagesse du catholicisme, ce christianisme atténué, filtré par le génie généreux de la France »... Il y manque seulement ce que Maurras va apporter à la jeune équipe : la doctrine néoroyaliste. Pour le moment, Vaugeois réaffirme sa confiance dans la République, inséparable de l'instinct national. Pas n'importe quelle République, anonyme, sans tête : « Il faut une tête, dit Vaugeois, quitte à la couper de temps en temps. » Dans le numéro suivant, Vaugeois n'hésitait pas à intituler son article : « Réaction d'abord ! »

La revue est lancée. Elle paraît le 1er et le 15 de chaque mois. Henri Vaugeois en est le directeur politique. Légalement, l'Action française est une société en participation, c'est-à-dire une association commerciale autorisée par le Code de commerce. Le but est de lancer un parti nouveau, sur la base de l'antidreyfusisme. Charles Maurras, dont la signature est au sommaire de la revue dès le numéro 2, s'affirme en peu de temps comme le vrai théoricien politique du groupe. Or Maurras ne cesse de revendiquer et d'expliciter ses résolutions monarchistes. Le 6 mai 1899, il expose, dans *La Gazette de France*, les grandes lignes de sa construction : « A l'institution héréditaire de la *famille*, ajoutez les entités permanentes de gouvernement de la *commune* et de la *province*, et l'institution qui équilibre par fondation de l'*autorité* : vous avez la formule de la monarchie. » Un peu plus tard, et alors que le gouvernement entame les poursuites contre les nationalistes et les royalistes, Maurras publie un manifeste : « Dictateur et Roi », dans lequel il précise le programme du Prince restauré : « Châtier d'abord ceux qui se sont rendus coupables de crimes contre l'État ; puis commencer à reconstruire et à gouverner le pays [8]. »

Ce texte ébranle Pujo dans ses convictions républicaines. Augmenté d'un certain nombre de témoignages, en particulier

8. Cité par E. Weber, *L'Action française*, Fayard, 1985, rééd. Livre de Poche/« Pluriel », 1988, p. 38.

ceux des royalistes en exil Buffet et Lur-Saluces, il est publié en 1900, sous le titre *Enquête sur la Monarchie*. Ce livre-culte de l'Action française sera complété et réédité en 1909. Charles Maurras sortait de son isolement. En 1901, après Pujo, il rallie à ses idées monarchistes Henri Vaugeois, le plus doué, le plus ardent, de ses camarades.

Maurras, cependant, échoue à convaincre Barrès de la supériorité du royalisme. A ses arguments, l'auteur des *Déracinés* répond :

« Je suis las d'entendre parler, de voir écrire sur la Révolution avec des sentiments de partisan. Elle n'a pas été faite par les révolutionnaires à l'assaut, mais par les possédants de Versailles. Robespierre est moins coupable, responsable, laissons ces mots, il est moins actif que Marie-Antoinette et les Polignac. Je vais plus loin, si un Danton, un Marat sont des apaches, Robespierre n'en est pas un et Versailles est plein d'apaches. La France est morte en 1789. Elle n'est pas morte de 1789 ou de 1793, mais elle est venue expirer à cette date [9]. »

Malgré la défection de Barrès sur ce point, en quelques années l'Action française de Maurras réussit à imposer son hégémonie intellectuelle sur le nationalisme français. Maurras a su articuler la pensée positive et la politique de restauration, qui relevait, avant lui, du domaine sentimental. Il affirme que l'aboutissement du nationalisme – le « nationalisme intégral » – est la volonté de restauration du Prince. L'idée fait son chemin. Un certain nombre de membres de la Ligue de la Patrie française, et non des moindres, un Paul Bourget, un Jules Lemaître, s'y rallient. Dès le 19 août 1900, Bourget écrit à Maurras que « la solution monarchiste est la seule qui soit conforme aux enseignements les plus récents de la Science [10] ». Sur quoi, Maurras surenchérit : « On démontre la nécessité de la Monarchie comme un théorème. La volonté de conserver notre patrie française une fois posée comme postulat, tout s'enchaîne, tout se déduit d'un mouvement inéluctable. La fantaisie, le choix lui-même n'y ont aucune part : si vous avez résolu d'être patriote, vous serez obligatoirement royaliste [11]. »

La cause de l'Action française est encore servie par l'échec

9. M. Barrès-Ch. Maurras, *op. cit.*, p. XXVII.
10. Ch. Maurras, *Enquête sur la Monarchie*, Nouvelle Librairie nationale, 1909, p. 113.
11. *Ibid.*, p. 116.

de la Ligue de la Patrie française, jamais très pugnace ; après les premières réunions enthousiastes, elle se délitait. L'affaire Syveton lui porte le coup de grâce.

Gabriel Syveton, l'ancien professeur devenu héraut de la cause nationaliste qui, effaçant Jules Lemaître, passait pour le véritable patron de la Ligue de la Patrie française, avait fait un gros scandale, le 4 novembre 1904, en souffletant à la Chambre des députés le ministre de la Guerre, le général André. Celui-ci était accusé par l'opposition d'avoir chargé la franc-maçonnerie de remplir des fiches sur les officiers. Or, à la veille du procès qui lui est intenté, prévu pour le 9 décembre, Syveton se suicide. Ses amis nationalistes, et notamment Maurras et Léon Daudet, en concluent immédiatement à l'assassinat « vraisemblablement maçonnique ». Les funérailles de Syveton donnent lieu à l'un de ces grands défilés dont les rues de Paris ont mille fois été le théâtre, depuis l'église Saint-Pierre de Neuilly jusqu'au cimetière Montparnasse. Les « Vive Lemaître ! », les « Vive Coppée ! », « Vive Rochefort ! », « Vive Drumont ! » accompagnent la dépouille mortelle, certains rêvant déjà d'un nouveau coup de force possible, comme Léon de Montesquiou, promptement repéré, arrêté et envoyé au poste. Cependant, dans les jours qui suivent, la vérité sur la mort de Syveton se dévoile peu à peu, à la faveur de certaines indiscrétions, peut-être pas désintéressées. On apprend ainsi que le fervent nationaliste, qui avait épousé une Belge, belle comme une copie de Rubens selon Léon Daudet, et mère d'une charmante Marguerite, aurait « abusé » de sa belle-fille. Dans la crainte que ses turpitudes familiales ne soient révélées en plein procès, il aurait préféré mettre fin à ses jours. Que la Sûreté générale, au courant du dossier, ait pu exercer des pressions sur Syveton, on peut le croire. Les nationalistes n'attendaient-ils pas son procès comme l'occasion d'un formidable déballage contre le ministère Combes, et la reprise flambante de l'antidreyfusisme ? En tout cas, le scandale Syveton achève de ruiner ce qu'il restait de vigueur à la Ligue de la Patrie française, qui fait place nette à l'Action française.

Celle-ci manquait pourtant d'un orateur de talent : Vaugeois était tout en nerfs, Pujo bégayait, Maurras était sourd et sa voix ne portait pas… Le guerrier Stentor apparut sous les traits épais de Léon Daudet, fils d'Alphonse, que sa femme Marthe – surnommée Pampille – avait ramené au catholicisme et converti au royalisme. Pour autant, Léon Daudet n'avait rien d'un pisse-froid. Fort en gueule, il aimait faire rire, crier dans les réunions publiques, comme il aimait la bonne chère, le bon vin, et les femmes. Préparant sa médecine avant de devenir journaliste, il avait acquis un vocabulaire médical qui ne cessa d'enrichir ses diatribes de métaphores cliniques et anatomiques. Assidu chez M^me^ de Loynes, il collaborait à *La Libre Parole* d'un article hebdomadaire, qui sortait dans l'édition du dimanche. C'est dans le journal de Drumont qu'il avait pris fait et cause pour Syveton, qui, du reste, était son ancien condisciple de Louis-le-Grand.

En 1906, Daudet avait trente-neuf ans, étant de quelques mois l'aîné de Maurras. De cette année-là, il devient un fidèle des réunions que tenait celui-ci dans son petit appartement de la rue de Verneuil, où il se lie avec Jacques Bainville, Léon de Montesquiou, Lucien Moreau – un des fidèles de Maurras, depuis l'éclatant article de celui-ci au lendemain du suicide d'Henry –, Marcel Pujo, et quelques autres qui forment le cercle familier du Maître. On y discute notamment de la nécessité d'avoir un journal quotidien. Déjà l'Action française, sous la houlette de Maurras, s'était dotée en février 1906 d'un « Institut », qui était une sorte d'école des cadres du néo-royalisme. La guerre anticléricale menée par le gouvernement Combes, dont l'aboutissement, non voulu à l'origine, avait été la loi de Séparation des Églises et de l'État votée en décembre 1905, suivie de la querelle des Inventaires, qui sema le trouble dans les paroisses, favorisa l'essor du mouvement maurrassien, peu chrétien comme on sait, mais volontairement catholique.

L'important, aux yeux de Maurras, est de conquérir l'esprit public avant d'entreprendre quoi que ce soit. « Un de nos refrains familiers, à notre table de Flore, disait : *nous travaillons pour 1950*, ce qui ne nous détournait en rien de toutes sortes d'entreprises et d'espérances pour l'aurore du lendemain [12]. » Dans cette stratégie à la Gramsci – « gramscisme de droite » avant la lettre –, il fallait de toute nécessité disposer d'un quotidien. La première idée fut de se rendre maître de *La Libre Parole*. Drumont n'y était pas hostile, mais son bras droit, Gaston Méry, conseiller municipal nationaliste républicain, y fut opposé.

12. Ch. Maurras, *Au signe de Flore*, *op. cit.*, p. XV.

Ce projet ayant échoué, Maurras décida d'ouvrir une souscription par le canal de la revue. C'était hardi, mais la souscription, ajoutée à l'aide de Léon et de Marthe Daudet, qui avaient reçu 200 000 F d'un généreux don de la comtesse de Loynes avant sa mort, aboutit à un capital qui permettait de démarrer. Le premier numéro de *L'Action française* quotidienne sortit des presses du 19, rue du Croissant le 21 mars 1908, portant comme devise la parole du duc d'Orléans : « Tout ce qui est national est nôtre. » Douze noms parrainaient l'entreprise : Henri Vaugeois, Léon Daudet, Charles Maurras, Léon de Montesquiou, Lucien Moreau, Jacques Bainville, Louis Dimier, Bernard de Vesins, Robert de Boisfleury, Paul Robain, Frédéric Delbecque et Maurice Pujo. Une interview de Jules Lemaître figurait en bonne place : l'ancien président de la Ligue de la Patrie française expliquait son ralliement au royalisme. Peu de temps après, en novembre, sous l'impulsion d'un militant plein d'initiative, Lucien Moreau, étaient créés les Camelots du Roi, vendeurs du journal à la criée et occasionnel service d'ordre de la Ligue. Recrutés dans la jeunesse, prêts à toutes les interventions musclées, ils imposèrent un style de violence très Action française au Quartier latin et éventuellement au cimetière du Père-Lachaise. En 1910, le tout fut coiffé par les « commissaires », aux cannes plombées, donnant à l'« AF » une allure militaire qui renforçait son pouvoir d'attraction sur les amateurs de pugilat.

L'aventure ne s'achèvera qu'avec la fin du régime de Vichy, en 1944. Entre-temps, l'Action française avait organisé la bataille intellectuelle en champ de manœuvres. Maurras, qui poussait à la violence, n'était pas pour autant un homme d'action. Il travaillait pour un avenir lointain, remettant toujours aux calendes grecques l'échéance du coup de force qu'il préconisait pour installer la dictature royale. Du moins, ses slogans, sa stratégie de rupture, sa haine coulée en formules théoriques, armaient les esprits impatients contre le régime en place. Avec lui, la guerre des idées n'était plus une aimable prosopopée ; c'était la guerre. Maurras jusqu'au bout alimentera la culture de guerre civile, dont notre mode de vie publique se ressent toujours.

9

# *La Boutique des Cahiers*

Au moment où Charles Maurras propulse l'Action française, un autre écrivain, Charles Péguy, de cinq ans son cadet, se trouve révélé lui aussi par l'affaire Dreyfus. Ces deux hommes, que l'on confond parfois dans une même mouvance nationaliste, étaient étrangers l'un à l'autre, quoique, comme nous le verrons, Maurras crût un moment possible de rallier Péguy à ses idées.

Dès son enfance orléanaise, Péguy reçoit la double culture, la laïque et la catholique ; jusqu'au bout de sa vie, en dépit de ses variations, il restera attaché aux images de la France chrétienne et aux leçons de la France révolutionnaire. Né en 1873, n'ayant pas connu son père mort avant sa naissance, il est élevé par deux femmes, sa grand-mère maternelle, paysanne analphabète, et sa mère, rempailleuse de chaises, qui, par son travail acharné et une épargne sévère, sut devenir propriétaire.

Enfant du catéchisme très apprécié du curé de Saint-Aignan qui l'aurait bien envoyé au séminaire, Péguy est surtout un excellent élève de l'école annexe de l'école normale primaire du Loiret, où il a pour maîtres ces fameux « hussards noirs de la République », ces apprentis instituteurs sanglés dans leur uniforme. Son intelligence et son application lui valent une bourse pour le lycée d'Orléans. Après son baccalauréat, il peut, toujours boursier, se faire inscrire en rhétorique supérieure, au lycée Lakanal, à Sceaux, en vue de préparer l'École normale supérieure. Échouant d'un demi-point au concours d'entrée, il décide de devancer son service militaire, avant d'être admis un an plus tard dans la khâgne de Louis-le-Grand et à la pension de Sainte-Barbe, deux établissements de ce Quartier latin que Péguy va emplir de ses cris de guerre au moment des batailles dreyfusardes. Dans la cour de Sainte-Barbe, il noue amitié avec les frères Tharaud, François Porché, Joseph Lotte, Marcel Baudouin, dont Péguy épousera la sœur. Sur eux tous, il exerce une autorité naturelle, il en impose par sa tête carrée, ses épaules solides, son air résolu, ses silences même…

Il est déjà, alors, militant socialiste. Il quête déjà pour les grévistes (« Il y avait toujours une grève quelque part, et il fallait toujours de l'argent à Péguy », écrivent les Tharaud). Il est reçu en 1894 à l'École normale à peu près au moment où le capitaine Dreyfus est arrêté. Rue d'Ulm, il se fait quelques nouveaux amis, comme le futur historien de la Révolution Albert Mathiez, Albert Lévy, Georges Weulersse, avec lesquels il partage la turne « Utopie ». Surtout, il fait la connaissance de Lucien Herr, bibliothécaire à l'École depuis 1888. Comme tous ses condisciples, Péguy admire sa rigueur morale et intellectuelle ; il écoute ses conseils, lit à l'occasion les travaux dont les ex-normaliens lui font hommage. Tous deux sont socialistes. Mais Herr a adhéré à la fraction du mouvement la plus ouvriériste, le Parti ouvrier socialiste révolutionnaire de Jean Allemane, ancien communard, ancien déporté de Nouvelle-Calédonie, qui publie un journal, *Le Parti ouvrier*.

Il est remarquable que, sous l'habituel pseudonyme de Pierre Breton, Herr y ait consacré un article à Jeanne d'Arc. A l'époque où les catholiques et ceux qui allaient devenir les nationalistes entendent faire de « la bonne Lorraine » l'emblème d'une France antilaïque, Lucien Herr défend l'image populaire de la Pucelle, victime des grands et de l'Inquisition. Or Péguy, à la rentrée de 1895, avait demandé un congé d'un an au directeur de l'École, pour écrire sa première grande œuvre, sa première *Jeanne d'Arc*, qu'il méditait depuis Sainte-Barbe.

Cette *Jeanne d'Arc*, qu'il achèvera en juin 1897, concilie la Jeanne de Michelet, sortie du peuple, incarnant le peuple, et la Jeanne chrétienne, la future sainte. Car si, à cette époque, Péguy n'a plus la foi, il ne renie pas pour autant le double legs. La dédicace de sa pièce-poème s'achève par ces mots : « A toutes celles et à tous ceux qui seront morts d'une mort humaine pour l'établissement de la République socialiste universelle. »

Revenu à l'École, il y fonde un Cercle d'études et de propagande socialistes, en mai 1897. Il quête à nouveau pour la cause, mais n'hésite pas à solliciter aussi ses camarades pour récolter de quoi publier sa *Jeanne d'Arc*. On ne peut rien lui refuser : « Lorsque Péguy vous demandait quelque chose, on n'élevait aucune objection », écrit Tharaud. La pièce de Péguy sort en décembre 1897. Il n'était que temps, car depuis octobre l'Affaire avait éclaté, et Péguy y jette toutes ses forces. Simultanément, il prévient M. Perrot, le directeur de l'École, qu'il a décidé d'en démissionner et lui expose ses projets : passer l'agrégation, soit ! mais aussi se marier, et créer une librairie socialiste. Le 28 octobre 1897, Péguy épouse (sans cérémonie religieuse) Charlotte Baudouin, avec laquelle il s'installe rue de l'Estrapade. Au cours de l'été suivant, Péguy rate son agrégation de philosophie.

Cet échec marque sa rupture avec l'Université. Une rupture qu'il avait lui-même largement préparée en quittant la rue d'Ulm pour se lancer dans la fondation de la librairie, au 17 de la rue Cujas, au cœur du Quartier latin, tout près de la Sorbonne et de la Montagne Sainte-Geneviève. A cette fin, il avait utilisé, avec l'accord de sa belle-famille, les quelque quarante mille francs de la dot de sa femme. Plus tard, Péguy regretta de n'avoir pas plutôt lancé les *Cahiers de la Quinzaine*. « Je péchai par humilité, dira-t-il… Je me défiai de moi. »

La librairie, inaugurée en mai 1898, placée sous le nom de Georges Bellais, puisque Péguy est encore boursier pour cette année d'agrégation, est une affaire commerciale misérable. La gestion avait été confiée à Bernard Lavaud, barbu à lorgnon, dépourvu de toute compétence, égaré au milieu des livres comme une coloquinte dans une salade de fruits. Ce qui n'empêchait pas la boutique d'être toujours pleine. On n'y achetait rien, mais on y discutait de tout. La librairie Bellais, qui avait une vocation éditoriale, publia un roman des frères Tharaud, le *Marcel, premier dialogue de la Cité harmonieuse* de Péguy lui-même, puis *Les Loups* de Romain Rolland… Autant de livres, autant de pertes. Mais la librairie était devenue le quartier général du mouvement dreyfusiste, dont Péguy fut un des combattants de première ligne : « La librairie de Péguy était le corps de garde d'une milice, écrit Daniel Halévy. En ces années 1898 et 1899, les bagarres étaient fréquentes dans les couloirs de la Sorbonne, ouverte à cent pas. Péguy se tenait constamment prêt à intervenir, à jeter ses amis dans les combats. Une voix criait : "Durkheim est attaqué, Seignobos est envahi ! – Rassemblement !" répondait Péguy, qui affectionna toujours les expressions militaires. S'il se trouvait à l'École au moment de l'appel, aussitôt il parcourait les couloirs, de turne en turne ouvrant les portes : “Rassemblement !” criait-il au seuil de chacune. Tous sautaient sur leurs cannes, et avec lui filaient vers la Sorbonne. *Ça ira, ça ira*, fredonnait Péguy qui ne sut jamais d'autre chanson, et Tharaud courait à ses côtés sur la pente de la montagne. La canne de Péguy était un fort bâton qu'il tenait par le milieu et balançait à bout de bras. A l'intérieur de la Sorbonne, il commandait la manœuvre : “Tel groupe, par l'escalier ! Tel autre, par le couloir !” Il eut ses victoires, ses défaites. Les agents, un jour, le passèrent à tabac. Quel capitaine n'a subi de revers ? “Le grand capitaine, écrira-t-il quinze ans plus tard, n'est pas celui qui n'est jamais battu, c'est celui qui se bat toujours.” Il était ce capitaine-là [1]. »

Du socialisme, Péguy s'était donné une définition morale. D'inspiration fort peu marxiste, il était puisé dans la très française *Revue socialiste*, fondée par Benoît Malon en 1885 (à laquelle Péguy collaborait) et, pour le moment encore, dans les discours et les articles de Jaurès dont il avait fait la connaissance à la fin de 1897, quand il était venu le presser, au nom des normaliens socialistes, de s'engager pour Dreyfus. Pour lui comme pour Jaurès, et contrairement aux positions « de classe » de Jules Guesde, le dreyfusisme, voué à défendre le vrai et le juste, allait de soi, tout comme le socialisme. Que Dreyfus fût un officier, un bourgeois, n'avait pas d'importance : il était d'abord la victime d'un mensonge, d'une injustice, d'une violence d'État. Contrairement à certains dreyfusards, anarchistes, antimilitaristes, ou rationalistes purs, Péguy associait le dreyfusisme à l'amour de la patrie : l'armée devait être au-dessus de tout soupçon, et donc elle devait reconnaître ses erreurs. La France ne pouvait pas voir son image ternie par l'iniquité : combattre pour Dreyfus, c'était pour Péguy combattre pour la République, pour un pouvoir civil dégagé des ingérences militaires, pour l'État de droit.

Réaffirmer les motivations éthiques du socialisme contre les positions communes du mouvement socialiste : telle est une des raisons qui l'incitent à fonder une revue. Malheureusement, la librairie Bellais bat de l'aile. Péguy a cru pouvoir redresser la situation en publiant *L'Action socialiste*, un recueil d'articles de Jaurès. Il en a fait tirer 10 000 exemplaires. Hélas ! il en reste 8 000, invendus, promis au pilon : un gouffre [2] ! C'est tout de

1. D. Halévy, *Péguy*, rééd. Hachette, « Pluriel », 1979, p. 135.
2. G. Leroy, *Péguy entre l'ordre et la révolution*, PFNSP, 1981, p. 111.

même pour Péguy et Jaurès l'occasion de se retrouver souvent côte à côte, en allant à l'imprimerie de Suresnes ou en en revenant. Péguy a raconté comment Jaurès, féru de poésie, déclamait chemin faisant Racine, Corneille, Hugo, Vigny, et combien d'autres, les latins et les grecs. Il n'empêche : Péguy est lessivé. Tiraillé entre sa préparation à l'agrégation, ses devoirs de père de famille (son fils Marcel est né le 10 septembre 1898), ses articles à *La Revue blanche*, il n'a rien d'un administrateur avisé. Au début de l'été 1899, il fait appel à ses amis qui ont parrainé la librairie, au premier rang desquels Lucien Herr.

Au cours du mois d'août, une autre formule est mise en place, la Société nouvelle de librairie et d'édition, société anonyme dont les cinq administrateurs sont Léon Blum, Hubert Bourgin, Lucien Herr, Mario Roques et François Simiand. Or le montage financier provoque le drame. Péguy, qui a apporté 40 000 francs dans la création de la librairie Bellais, ne se voit reconnaître que la moitié de cette somme dans le capital de la nouvelle librairie. C'est déjà beaucoup de l'avis de Herr et de ses amis, étant donné la quasi-faillite du commerce de Péguy ; et aux yeux de celui-ci un déni de justice, à tout le moins le résultat d'un marchandage comptable indigne du théorique idéal communiste qu'ils sont tous censés partager. Le caractère intransigeant de Péguy n'arrange rien : courant décembre 1899, il démissionne ; il n'est plus ni actionnaire de la société, ni délégué à l'édition. Malgré la loi, Péguy exige le remboursement de ses actions en espèces. La querelle s'envenime, qui va jusqu'au tribunal de commerce deux ans plus tard.

Derrière ce différend financier, il y avait autre chose. Péguy supportait de moins en moins le dogmatisme qui, selon lui, se développait au sein de la mouvance socialiste. Celle-ci était en train de s'unifier, au risque de perdre ses principes. Au Congrès des organisations socialistes de la salle Japy, à Paris, tenu du 3 au 8 décembre 1899, Péguy participa comme délégué d'un groupe d'études sociales des anciens élèves du lycée d'Orléans. Guesde et Jaurès s'opposaient sur la participation d'un socialiste – en l'occurrence Alexandre Millerand – à un gouvernement bourgeois. La victoire de Guesde, l'esprit de parti, la motion autoritaire votée sur la presse socialiste, tout ce congrès le déçoit. Au nom de l'unité – qui ne se réalisera qu'en 1905 avec la SFIO –, le Congrès enjoignait à ceux qui écrivaient dans la presse de s'abstenir de toute attaque personnelle en direction des camarades. Péguy, qui s'était accroché avec Guesde, refusait cette discipline. Herr le lui reprochait, traitant Péguy d'« anarchiste ».

Dans la correspondance qu'échangent alors les deux hommes, Péguy s'attache à préserver leur amitié. « Je ne crois pas vous demander trop en vous demandant que je puisse continuer à venir à la librairie en ami pour vous y voir et y téléphoner et y commander des livres [3]. » A en croire Jules Isaac, qui participa dès le début à l'entreprise des *Cahiers*, la rupture définitive tient à Lucien Herr : « Et de même que Péguy persistait dans son attitude amicale, pacifique, Herr au nom des Cinq persistait dans son attitude d'hostilité bien qu'il y mêlât d'"affectueuses" formules… Donc si Péguy a pris l'initiative du départ, c'est aux Cinq que revient l'initiative de la rupture, la responsabilité majeure du schisme [4]. »

Autre son de cloche dans la biographie de Lucien Herr par Charles Andler : d'après lui, l'arrangement imaginé par le bibliothécaire de la rue d'Ulm et ses amis favorisait Péguy. Herr lui-même y avait été de ses économies personnelles : « On veut aujourd'hui faire de Péguy un saint, écrit Andler, alors qu'il n'a été qu'un héros et un génie. Mais dans son noueux caractère, il y avait beaucoup plus du paysan beauceron, âpre, difficultueux et retors [5]. » Pour lui, Péguy, possédé de la rage de ne devoir rien à personne, avait été d'une incroyable ingratitude envers Lucien Herr, qui l'avait sauvé de la ruine.

Péguy n'en démord pas : il lancera sa revue, ses *Cahiers*, comme il l'appelle. Il bénéficie de l'amitié de ses anciens camarades de Sainte-Barbe, les Tharaud, et du lycée d'Orléans, André Poisson. Ils lui donnent une adresse, celle d'une chambre qu'ils louent 19, rue des Fossés-Saint-Jacques. Une somme de 1 000 francs, offerte par la mère d'un camarade, Charles Lucas de Pesloüan, lui permet de lancer le premier *Cahier de la Quinzaine*, le 5 janvier 1900. Un peu plus tard, la revue est hébergée au 16, rue de la Sorbonne, grâce à l'obligeance de Dick May (Jeanne Weil), qui y a installé son École des hautes études sociales. Enfin, en septembre 1901, Péguy peut emménager ses *Cahiers* au numéro 8 de la même rue de la Sorbonne.

3. *Feuillets mensuels de l'Amitié Charles Péguy*, n° 11, avril 1950.
4. J. Isaac, *Péguy*, Calmann-Lévy, 1959, p. 216-217.
5. Ch. Andler, *op. cit.*, p. 155.

Ce premier numéro exprimait largement le socialisme éthique de Péguy, si éloigné du socialisme de parti, celui qui se donnait libre cours dans les congrès et dans la presse du mouvement. Le guesdisme, caparaçonné dans son marxisme vulgaire, était l'ennemi désigné. L'affaire Dreyfus en avait révélé la médiocrité de pensée, souligné le déficit moral. Trop subjugué par la social-démocratie allemande, dépositaire de la pensée de Marx, parti de classe organisé et puissant, subordonnant toutes les autres organisations ouvrières, à commencer par les syndicats, Guesde avait dédaigné le dreyfusisme, « idéologie bourgeoise », soutenu en cela par Wilhelm Liebknecht, dirigeant de la social-démocratie allemande. Dans le premier numéro des *Cahiers*, Péguy s'attache à publier la traduction d'un texte de Liebknecht, où le socialiste allemand déverse tout le mal qu'il pense des dreyfusards, brocardant Bernard-Lazare et Émile Zola. Par là même, il prend ses distances par rapport au guesdisme et à la social-démocratie allemande.

Dans le deuxième numéro, Péguy cingle ses critiques, choqués de sa polémique contre Guesde. « J'ai trouvé le guesdisme dans le socialisme, dit-il, comme j'ai trouvé le jésuitisme dans le christianisme. » Il réaffirme l'idée, qui est celle de Jaurès, que le prolétariat porte en lui l'humanité, qu'il a charge de tous les intérêts humains. Péguy se sent alors très proche de Jaurès. Dans le troisième de ses *Cahiers*, il le comble d'éloges : « Ceux qui l'avaient une fois entendu, ne pouvaient l'oublier. » Et de citer plusieurs phrases de Jaurès, parangon d'un socialisme refusant tout sectarisme.

Au tout début de cette aventure des *Cahiers*, Péguy, frappé par la grippe, reste longtemps cloué au lit. L'indestructible est terrassé. L'idée de la mort le hante quelques jours. Faisant feu de tout bois, il publie sur plusieurs numéros ses méditations intitulées *De la grippe*, à la manière d'un dialogue avec son médecin traitant. Le morceau ne manque ni d'originalité ni de profondeur, mêlant ses considérations sur l'affaire Dreyfus à ses réflexions sur l'indifférence générale dans laquelle s'accomplit le massacre des Arméniens. Lui, qui déclare ostensiblement : « Je ne suis pas chrétien », y montre sa sensibilité au christianisme [6].

6. F. Laichter, *Péguy et ses* Cahiers de la Quinzaine, Éditions de la Maison des sciences de l'homme, 1985, p. 23.

Cette littérature, inusitée, personnelle, inclassable, peut-elle atteindre une audience à même de faire vivre l'entreprise ? Les abonnés n'arrivaient qu'au compte-gouttes. Les deux premiers *Cahiers* furent tirés à 1 300 exemplaires, le troisième à 800. Au quatrième *Cahier*, il n'y avait que 116 abonnés. Au dixième, on atteignait les 263. C'était plus que modeste : insuffisant. Péguy attend quatre années pour passer le cap du millier d'abonnés. Parmi eux, quelques fidèles soutiens, tel son beau-frère, qui y va de son épargne pour le renflouer, tel Romain Rolland, qui lui écrit :

« Je connais des hommes de la Révolution – un surtout… : il se nomme Charles Péguy. C'est un jeune homme de vingt-six à vingt-sept ans, socialiste ardent et passionné, qui vient de se séparer brusquement du Parti socialiste, parce qu'il le trouve trop despotique et trop fanatique ; ses convictions n'en ont point été ébranlées, d'ailleurs ; loin de là ; elles n'en sont que plus brûlantes et plus pures. Il a fondé une Revue, à lui seul, où il […] ose dire les vérités les plus audacieuses à tous les puissants, de quelque parti que ce soit. Il a entrepris de travailler à épurer le sens public, de fonder la révolution sociale sur une réforme des mœurs et de l'intelligence comme Mazzini et comme les grands révolutionnaires [7]. »

L'homme s'opiniâtre. Le médiocre résultat de ses campagnes d'abonnement ne le décourage pas. Il quête, il démarche, il lance appel sur appel. Son esprit d'entreprise est tout intellectuel, étranger aux impératifs commerciaux, comme l'avait déjà démontré son échec de libraire-éditeur. Mais il s'obstine. Et jouit de solides amitiés. En particulier celle de son ancien condisciple André Bourgeois, nouvel administrateur qui, au prix d'un travail écrasant, gère au plus serré la vente des *Cahiers*.

Toujours attentif à l'évolution du mouvement socialiste, à ses congrès, dont il publie rigoureusement les comptes rendus, Péguy se montre de plus en plus critique envers la politique anticléricale, à laquelle les élus socialistes ont adhéré. Il s'en prend ainsi, en janvier 1901, à Jaurès lui-même, qui a fait l'éloge de l'athéisme d'Édouard Vaillant. Pour Péguy, rien n'est pis que de remplacer la dogmatique catholique par une « providence laïque » tout aussi dogmatique, tendance qui va se ren-

7. Cité par F. Laichter, *ibid.*, p. 28.

forcer avec le ministère Combes, issu des élections de 1902. Péguy en sera l'adversaire déterminé.

La boutique de la rue de la Sorbonne est devenue à son tour un haut lieu de regroupement du socialisme contestataire, ce qui ne déplaît pas à Charles Guieysse, directeur des *Pages libres*. Les deux revues partagent les mêmes locaux et le même esprit, à ceci près que la revue de Péguy était à celle de Guieysse ce que l'enseignement supérieur est à l'enseignement primaire, ce qui donnait aux *Pages libres* un potentiel d'abonnés très supérieur. Péguy recevait le jeudi. Devant lui, et alors qu'il s'affairait à des formalités administratives, les fidèles restaient généralement debout, faute de place. On réservait tout de même une chaise à Georges Sorel – « Monsieur Sorel » –, aîné respecté, « nouveau Socrate » selon Halévy, qui frisait la soixantaine. Sorel, sur lequel nous reviendrons, se réjouissait plutôt de la rupture entre Péguy et les autres socialistes, qu'il méprisait. L'homme passait pour un des meilleurs connaisseurs de la pensée de Marx. Péguy admirait sa science, son anticonformisme ; Sorel appréciait chez Péguy sa force, sa jeune insolence. Amateur de caractères, il avait détecté dans ce jeune directeur de revue un tempérament hors du commun.

Le vendredi, on allait tous en chœur suivre le cours de Bergson au Collège de France, à cinq heures. Le philosophe n'était pas encore assailli par les mondaines, qui devaient faire de son cours un des *must* parisiens. Chez Bergson, les Péguy, les Guieysse, les Sorel, allaient chercher les principes de la critique du scientisme et du positivisme, la revanche de l'intuition, de l'instinct, du dynamique, de l'indéfinissable contre l'idéologie rationaliste dominante. Péguy fait du prosélytisme auprès de Jaurès. « Un jour j'eus le malheur de lui dire que nous suivions très régulièrement les cours de M. Bergson au Collège de France, au moins le cours du vendredi. J'eus l'imprudence de lui laisser entendre qu'il faut le suivre pour savoir un peu ce qui se passe. Immédiatement, en moins de treize minutes, il m'eut fait tout un discours de la philosophie de Bergson, dont il ne savait pas, et dont il n'eût pas compris, le premier mot. Rien n'y manquait. Mais il avait été le camarade de promotion de M. Bergson dans l'ancienne École normale, celle qui était supérieure. Cela lui suffisait. Ce fut une des fois qu'il commença de m'inquiéter[8]. »

8. Ch. Péguy, « Courrier de Russie », *op. cit.*, 1988, II, p. 75-76.

Les élections de mai 1902, qui aboutiront au triomphe du Bloc des gauches et à l'instauration du ministère Émile Combes, lancent les *Cahiers de la Quinzaine* dans une opposition qui les isole encore plus du mouvement socialiste officiel. Jean Jaurès s'affirmant, à la tête de la délégation des Gauches à la Chambre des députés, comme le soutien infaillible du combisme, la rupture entre Péguy et Jaurès devient inévitable.

Le respect, l'admiration, la solidarité, tout ce que Jaurès avait inspiré à Péguy va se trouver laminé par l'épisode du combisme. Pourtant, il n'y avait pas eu plus fidèle soutien. L'année précédente encore, Péguy s'était porté au secours du leader socialiste, dans un épisode assez ridicule qui l'opposait aux camarades les plus farouches, à propos de la communion solennelle de sa fille Madeleine, M^me^ Jaurès entendant donner une éducation religieuse à leur fille. Les adversaires de Jaurès au sein du mouvement profitèrent de l'occasion pour flétrir le député de Carmaux, pris en flagrant délit de trahison du matérialisme. Dans le *Cahier* du 23 juillet 1901, Péguy s'était fait le défenseur de Jaurès, arguant que la vie spirituelle privée devait être respectée, et condamnant « la terreur de la dénonciation ». Cette affection démontrée par Péguy pour Jaurès rendit d'autant plus cruelle leur rupture de 1902. Encore en 1905, la nostalgie de l'amitié admirative perce sous la plume de Péguy : « Qui ne se fût attaché à lui ? Et qui, d'avance attaché, ne se fût maintenu attaché ? Son ancienne et authentique gloire de l'ancienne affaire Dreyfus, renforçant, doublant sa plus ancienne et sa non moins authentique gloire socialiste, l'entourait encore d'un resplendissement de bonté. C'était le temps où il était de notoriété que Jaurès était bon [9]. »

Le soutien de Jaurès au combisme va défaire ces liens. Combes avait entrepris de diriger un ministère de combat contre les prétentions de l'Église catholique, dont les fidèles avaient peuplé les rangs de la réaction nationaliste. A ces fins, il appliqua avec intransigeance la loi sur les Associations votée sous son prédécesseur Waldeck-Rousseau en 1901, ayant en vue d'éradiquer l'enseignement congréganiste sur le territoire français. Indigné par cette intolérance et par l'appui que lui assure le Parti socialiste, Jaurès en tête, Péguy demande à Bernard-Lazare d'intervenir dans les *Cahiers*, ce que celui-ci fait par sa

9. *Ibid.*, p. 74.

« Lettre ouverte » du 6 août 1902. Pour Bernard-Lazare comme pour Péguy, on se déshonore en recourant contre l'Église romaine à des procédés qu'on lui a reproché d'utiliser jadis : « Il faut plus que jamais nous rattacher à la liberté... Nous ne venons pas défendre l'Église, nous venons la combattre, puisque, encore une fois, nous parlons pour la justice et la liberté. Mais c'est pour cela qu'il nous est impossible d'approuver les mesures actuelles. » Mesures approuvées par Jaurès dans *La Petite République* du 3 août 1902.

Péguy répond en faisant imprimer sur la quatrième page de couverture du vingt et unième *Cahier* cette déclaration de fidélité au dreyfusisme et d'hostilité au combisme : « Puisque nous revenons aux premiers temps de l'Affaire, puisqu'il faut, comme alors, s'inscrire pour avoir sa part d'injures, nous devons déclarer dès ce jour que nous entendons n'endosser aucune responsabilité morale, politique ou sociale dans les agissements du présent ministre. »

L'unité dreyfusiste est rompue.

Péguy ne s'est pas pour autant rapproché de l'Église ; il juge toujours les cléricaux antidreyfusistes « odieux », mais il se refuse à tout catéchisme d'État. Le combisme éloigne encore Péguy du socialisme officiel ; il le brouille avec Jaurès. Le fondateur des *Cahiers de la Quinzaine* est de la race des mauvais coucheurs, des non-alignés, des rebelles impénitents. Insupportable par bien des côtés de son caractère, injuste souvent dans ses réprobations, il figure malgré cela un beau modèle de réfractaire dont notre histoire intellectuelle n'est pas si prodigue.

# 10
# *L'attrait du socialisme*

Les écrivains, les scientifiques, les artistes, les universitaires, qui s'étaient engagés en faveur de Dreyfus, reprirent pour la plupart leurs travaux ordinaires, au moment où l'Exposition universelle de 1900 à Paris semble mettre fin au cycle saisonnier de leur militantisme. Une minorité d'entre eux, cependant, plus disponibles ou plus profondément marqués par l'Affaire, voulut donner un prolongement au combat qu'ils avaient mené : le socialisme leur parut comme un aboutissement du dreyfusisme. Il agit aussi comme un déclencheur ou un accélérateur sur des esprits déjà attirés par le mouvement ouvrier ; leur mobilisation en faveur de la Révision avait été une sorte de galop d'essai.

L'année 1898 avait vu ainsi la naissance des universités populaires. L'idée en est venue à Georges Deherme, un ouvrier sculpteur sur bois, autodidacte, de moins de trente ans, séduit par le courant libertaire, avant de fonder l'Union pour l'action morale avec Paul Desjardins, le futur inventeur des Décades de Pontigny – dont nous reparlerons. Au moment de l'affaire Dreyfus, il est convaincu d'un impératif : l'éducation populaire. A côté de l'action syndicale et coopérative, on avait trop négligé l'action éducative, il fallait combler cette lacune.

Deherme ouvre donc, avec quelques camarades, la première université populaire, en avril 1898, dans un petit local parisien de la rue Paul-Bert, dans ce XIe arrondissement encore très ouvrier. Le but est d'assurer la formation des futurs cadres du mouvement syndical et coopératif, « noyau vivant de la future société ». On fait appel au bénévolat des intellectuels sympathisants pour donner les cours. Transférée faubourg Saint-Antoine, cette université devient « la Coopération des idées », qui était déjà le titre d'un journal (devenu revue en 1902) qu'avait lancé Deherme en 1894.

L'initiative prend bientôt une certaine ampleur, Deherme créant une Société des universités populaires, dont la présidence échoit à Gabriel Séailles, professeur de philosophie à la Sorbonne, et le secrétariat général à Charles Guieysse. Celui-ci, un ancien officier qui avait quitté l'armée à cause de ses convictions dreyfusardes, a adhéré au Cercle parisien de la Ligue de l'enseignement avant de se lancer avec enthousiasme dans l'aventure des universités populaires. A cette occasion il rencontre Maurice Kahn, Georges Moreau et Daniel Halévy, avec lequel il va lancer *Pages libres*. Gérant de restaurants de tempérance, militant pour les mutualités scolaires, il passe, en 1900, trois jours en Belgique en compagnie de Gabriel Séailles, visite notamment la Maison du Peuple de Bruxelles. A son retour, il écrit à ses amis : « Je suis socialiste complètement[1]. »

En 1901, Deherme, quittant la première organisation, fonde une Fédération des universités populaires, car le mouvement s'est étendu, grâce à l'aide d'instituteurs, de professeurs, d'intellectuels, qui à Paris, en banlieue et en province, répondent à une demande ouvrière[2]. Anatole France inaugure « Les Soirées ouvrières » à Montreuil, « Le Réveil » dans les Ier et IIe arrondissements. Désormais, « il est permis de bâtir en Utopie », comme disait son héros de *L'Histoire contemporaine*, M. Bergeret.

Ce mouvement des universités populaires, qui vise non seulement l'éducation mais le rapprochement des intellectuels et des ouvriers, est jugé sévèrement par la droite. Dans *L'Étape*, Paul Bourget fait évoluer ses personnages à « L'Union Tolstoï », exemple imaginaire de ces « UP », « incohérentes et éphémères créations », animées par « l'esprit d'anarchie », favorisant le « culte de la monstrueuse idole, du Démos-Moloch, à qui lettrés et illettrés, savants et ignorants, riches et pauvres, saisis du même délire, ont offert en holocauste, dans la fatale année 1789, la France et la civilisation, et leurs arrière-petits-fils sont tout prêts à recommencer[3] ». La description de

1. Cité dans J. Maitron (dir.), *Dictionnaire biographique du Mouvement ouvrier français*, Éditions ouvrières, 1975, t. 13, p. 9.

2. L. Mercier, *Les Universités populaires 1899-1914. Éducation ouvrière et mouvement ouvrier au début du siècle*, Éditions ouvrières, 1986.

3. P. Bourget, *op. cit.*, p. 147.

« L'Union Tolstoï » permet à Bourget de déplorer « la prédominance prise dans la direction du socialisme français au début du XX^e^ siècle par des philosophes professionnels [4] ».

Cette entrée des intellectuels dans le mouvement ouvrier et socialiste, qui sera aussi l'objet d'une critique de gauche, comme nous le verrons, s'est opérée de diverses façons. Les universités populaires, qui relevaient, pour beaucoup de militants, du mouvement coopératif (dont l'un des théoriciens militants était Marcel Mauss, sociologue et neveu de Durkheim, appelé à la célébrité), leur semblaient marginales par rapport au socialisme politique. Au contraire, Lucien Herr et ses amis de la Société nouvelle de librairie et d'édition, très proches de Jaurès, jouaient un rôle plus en accord avec le Parti socialiste en voie d'unification.

Leur librairie de la rue Cujas continua son travail d'édition, grâce aux heures que lui consacrèrent Mario Roques, François Simiand et Léon Blum. Sous la houlette de Lucien Herr, ils publièrent une *Bibliothèque socialiste*, offrant des textes d'Émile Vandervelde, d'Alexandre Millerand, d'Anatole France, de Léon Blum. Le groupe, élargi, devint le Groupe de l'Unité socialiste, qui adhéra au Parti socialiste français de Jaurès. Composé d'anciens normaliens et d'écrivains, le cercle de Lucien Herr se donnait lui aussi pour but principal l'éducation des ouvriers, d'où résulta la création des Écoles socialistes. La première fut inaugurée, en décembre 1899, dans un local de la rue Mouffetard, qui était déjà le siège de l'université populaire du V^e^ arrondissement. Léon Blum y fit un cours sur les doctrines socialistes françaises. Cette première école socialiste, qui attira plus d'étudiants que d'ouvriers, fonctionna deux ans. D'autres prirent le relais en 1908 et en 1909 [5]. Hélas ! la Société nouvelle de librairie et d'édition fut soudain menacée de catastrophe, lorsqu'un nouveau gérant s'enfuit avec la caisse en Amérique. La procédure d'extradition étant d'un coût trop élevé pour la petite équipe de Lucien Herr, on dut y renoncer. Une solution juridique permit d'éviter la faillite : la maison Cornély reprenait à son compte le commerce de librairie, tout en laissant continuer l'entreprise d'édition, laquelle, il est vrai,

4. *Ibid.*, p. 159.
5. Chr. Prochasson, *Les Intellectuels, le Socialisme et la Guerre 1900-1938*, Seuil, 1993, p. 61-66.

s'éteignit assez rapidement. Du moins Herr, qui avait mis ses économies dans l'affaire, put-il échapper aux procès et aux saisies.

Le Groupe de l'Unité socialiste va participer à une autre entreprise, d'une tout autre envergure : la fondation de *L'Humanité*. *La Petite République*, où Jaurès avait fait sa campagne dreyfusiste, est en effet tenue à partir de 1903 par des hommes d'affaires, qui n'entendent pas lui voir garder une ligne socialiste. Lucien Herr et Léon Blum pressent donc Jaurès de lancer un nouveau quotidien. La première idée est de réunir de quoi racheter *La Petite République* elle-même. Le journaliste Albert Gérault-Richard, pilier du journal, sert d'intermédiaire entre Jaurès, Herr et leurs amis, et les actionnaires du quotidien. C'est un échec. Il faut donc créer un journal *ex nihilo*. Les fonds sont réunis, notamment grâce à la générosité du sociologue Lucien Lévy-Bruhl, chargé de cours à la Sorbonne, qui a de la fortune. Lucien Herr, dit-on, trouve le titre : *L'Humanité*. Les intellectuels y entrent en force : Herr et Jaurès se vantent de la collaboration de 17 agrégés, ce qui provoque l'ironie d'Aristide Briand : « Que deviendrai-je moi qui ne suis que licencié ? » Agrégés ou pas, la brochette de collaborateurs dont s'entoure Jaurès a belle allure : Anatole France, Jules Renard, Léon Blum, Lucien Herr, Charles Andler, Abel Hermant, Henry de Jouvenel, Daniel Halévy, Marcel Mauss, sans compter Jean Allemane, Aristide Briand, Francis de Pressensé. Le premier numéro sort des presses le 18 avril 1904. Le nouveau journal n'a guère de succès : il s'en vend seulement 12 000 exemplaires par jour. En 1905, les caisses sont vides, l'équipe divisée. Il faut repenser la formule, en adoucir l'aspect doctrinal, en faire un vrai journal d'information et le placer sous un contrôle plus étroit de la SFIO. C'est à ce prix que *L'Humanité* survivra.

Charles Péguy n'est pas de l'aventure. Depuis 1902, il n'a pas pardonné à Jaurès ce qu'il appelle « sa capitulation devant la démagogie combiste, et bientôt sa complicité dans la démagogie combiste [6] ». Pourtant, Jaurès et Péguy se revoient une dernière fois, juste avant le lancement de *L'Humanité*. En effet, un jour de 1904, Péguy apprend par ses imprimeurs que Jaurès est passé le voir en son absence. Le directeur des *Cahiers de la Quinzaine* est intrigué par la visite de celui qui est devenu pour

6. Ch. Péguy, « Courrier de Russie », *op. cit.*, p. 77.

lui un adversaire à combattre. Par politesse, en souvenir des jours d'amitié vécus ensemble, par respect dû à l'aîné, Péguy se présente chez Jaurès le lendemain :

« Je croyais qu'il avait quelque chose à me dire. Il n'avait rien. Il était un tout autre homme. Vieilli, changé, on ne sait combien. Cette dernière entrevue fut sinistre. [...] Il sortit. Je l'accompagnai pourtant. Nous allâmes à pied. Il mit des lettres à la poste, ou des télégrammes. Nous allâmes, nous allâmes, par ces froides rues du XVI^e^ arrondissement. Arrivés à la statue de La Fayette, ou à peu près, il arrêta une voiture, pour faire une course. Au moment de le quitter, je sentis bien que ce serait pour la dernière fois. Un mouvement profond, presque un remords, fit que je ne pouvais pas le quitter ainsi. Au moment de lui serrer la main pour cette dernière fois, revenant sur ce qui était ma pensée depuis la veille, et depuis le commencement de ma visite, je lui dis : "Je croyais que vous étiez venu me voir hier à l'imprimerie pour me parler de votre journal." – Un peu précipitamment : "Non." – Quelques instants auparavant, il m'avait dit d'un ton épuisé : "Je fais des courses, des démarches." – Il était et paraissait fatigué. – "Les gens ne marchent pas. Les gens sont fatigués. Les gens ne valent pas cher." Il était lassé, voûté, ravagé. Je n'ai jamais vu rien ni personne d'aussi triste, d'aussi désolant, d'aussi désolé, que cet optimiste officiel [7]. »

Quelle est ici la part du ressentiment, de la polémique ? Qu'allait chercher Jaurès auprès de Péguy, qui le maltraitait dans ses *Cahiers* ? Pourquoi, le lendemain, est-il incapable de formuler la raison de sa démarche ? N'y avait-il derrière leur brouille que la politique combiste ? Dans les querelles politiques, il est rare que ne se mêlent pas des questions personnelles, des rancunes, des envies, des frustrations. Quelle que soit la part de la psychologie dans cette affaire, le divorce à cette date est consommé au sein du dreyfusisme, entre des hommes qui se réclament tous pourtant de l'idéal socialiste. Et que tous s'emploient à servir à leur façon.

Péguy en effet attacha son nom à pas moins de trois revues. Outre les *Cahiers*, il avait été d'abord l'éditeur, à la librairie Bellais, du *Mouvement socialiste* ; plus tard, rue de la Sorbonne, les *Cahiers de la Quinzaine* cohabitèrent, nous l'avons dit, avec

7. *Ibid.*, p. 78.

les *Pages libres* de Charles Guieysse. Ces trois revues furent, chacune à sa manière, fortement critiques du combisme où Jaurès avait fourvoyé selon eux le « parti » socialiste.

*Le Mouvement socialiste* avait été fondé par Hubert Lagardelle, ancien membre du parti guesdiste avec lequel il avait rompu au moment de l'Affaire ; Jean Longuet, petit-fils de Karl Marx, en était le secrétaire-gérant. Son premier numéro sortit en janvier 1899, avec un article de Jaurès qui était partie prenante. L'inspirateur occulte de la revue n'était autre que Georges Sorel. Un an plus tard furent lancés les *Cahiers de la Quinzaine*, puis les *Pages libres*. Pendant quelque temps, il y eut une synergie entre les trois revues : on se passait les adresses des abonnés, les auteurs circulaient de l'une à l'autre publication, et tout le monde venait écouter M. Sorel, le jeudi, dans la Boutique de Péguy. Ces bons rapports cessèrent à partir de 1902, Péguy jugeant que *Le Mouvement socialiste* se rapprochait trop du guesdisme. Dans un texte sur « Les élections », il avait attaqué Lagardelle et ses discours électoraux, écrivant : « Lagardelle, qui n'a jamais eu le sens profond, réel, moral, du dreyfusisme, qui n'a jamais vu le dreyfusisme qu'en politique et en utilitaire marxiste, n'a pas qualité pour demander compte à Jaurès [8]. »

André Morizet fut chargé de la réplique : « Je t'assure, Péguy, tu m'inquiètes. Tu te demandes ce que nous serons dans quinze ou seize ans d'ici ? Il est fort probable que nous serons socialistes. Mais toi, Péguy, où seras-tu ? Tu seras comme aujourd'hui, péguyste [9]. »

Séparés, *Le Mouvement socialiste* et les *Cahiers de la Quinzaine* n'en sont pas moins les lieux de la critique du socialo-combisme après les élections de 1902. Péguy se campa en farouche défenseur du « vrai dreyfusisme », cette *mystique* dreyfusiste qui était en train de se décomposer, au Parlement, en *politique* [10]. D'avril à juin 1903, Péguy concentre sa réflexion sur les débats parlementaires des 6 et 7 avril, au cours desquels Jaurès entame un combat en faveur de la réhabilitation de Dreyfus. Très applaudi par la majorité du Bloc des Gauches,

8. Ch. Péguy, *op. cit.*, I, p. 978.
9. Cité par Chr. Prochasson, *op. cit.*, p. 52.
10. C'est plus tard, dans *Notre jeunesse*, que Péguy formulera sa célèbre sentence selon laquelle « tout commence en mystique et s'achève en politique » (voir plus loin, chapitre 12).

hué par la droite nationaliste, Jaurès doit constater, au moment du vote sur les résolutions finales, que les radicaux-socialistes, malgré leurs approbations sonores, ne l'ont pas suivi, ajoutant leurs suffrages à la droite, pour refuser de rouvrir le procès Dreyfus. Henry Bérenger explique l'attitude des radicaux dans leur journal, *La Dépêche de Toulouse* du 11 avril 1903 :

« La clôture de la session a été en même temps la clôture de la "reprise" de l'affaire Dreyfus [...] Politiquement, il était à craindre qu'une pareille reprise ne tentât de séparer de nouveau l'Armée de la République [...] L'heure paraissait donc assez mal choisie... Alors, la Chambre, à une énorme majorité, s'est prononcée contre toute reprise politique de l'Affaire... »

Ainsi, Jaurès s'est allié à Combes, pour mener une politique anticléricale, une politique antireligieuse, une politique qui attente à la liberté de conscience, dit Péguy en substance. Jaurès est donc la dupe d'une alliance qui n'est que la trahison du dreyfusisme :

« Prêts depuis la première heure, nous avons toujours continué d'être prêts. Sur le vu de nos listes, je réponds que le personnel de nos abonnés, pour le nombre et pour la qualité, pour les noms et pour les situations, et pour les professions, pour les personnes et pour l'esprit, pour les consciences, est de toutes les compagnies actuellement constituées celle qui représente le plus fidèlement, le plus exactement l'ancien, le constant et le véritable personnel dreyfusiste. L'état-major dreyfusiste, comme tous les états-majors, nous a traités durement ; mais les petites gens, qui furent l'âme du dreyfusisme, et qui en ont seuls gardé la mémoire, ne s'y sont pas trompés ; ils nous ont continué leur audience, leur travail, souvent leur aide. Ceux qui nous ont quittés ne nous ont pas quittés, nous indignes, pour un dreyfusisme plus juste ou plus approfondi. Ces anciens camarades nous ont quittés pour les honneurs, pour les puissances, pour les biens temporels des partis et de l'État, pour les mensonges politiques parlementaires, pour exercer des autorités de commandement, quand la vieille maison dreyfusiste fut devenue modeste, voûtée, moussue. Ils nous ont quittés pour l'injustice et pour le mensonge. Ils nous ont laissé la justice et la vérité redevenue miséreuse [11]. »

11. Ch. Péguy, « Reprise politique parlementaire », *op. cit.*, I, p. 1188.

Cette critique, amorcée par Péguy, contre les intellectuels séduits par les « rateliers » du socialisme parlementaire, était partagée par Charles Guieysse et ses *Pages libres* ; elle fut largement reprise par *Le Mouvement socialiste*. Au demeurant, la revue de Lagardelle, proche des milieux syndicalistes révolutionnaires, largement inspirée par Sorel, outrepasse l'opposition de Péguy au combisme ; elle s'en prend, après l'arrivée de Clemenceau au ministère de l'Intérieur, puis à la présidence du Conseil en 1906, aux « dreyfusistes au pouvoir », par contagion au dreyfusisme lui-même. D'où s'ensuit un certain dérapage vers l'antisémitisme.

L'article le plus saisissant à cet égard, paru le 15 juillet 1906, sous le titre : « La faillite du dreyfusisme et le triomphe du parti juif », est dû à Robert Louzon. Ingénieur des Mines, de famille aisée, Louzon avait financièrement aidé la CGT à acquérir son siège, à Paris, rue de la Grange-aux-Belles. Théoricien du socialisme, mais très hostile à l'entrée des intellectuels dans le parti, il entendait désolidariser les ouvriers de l'Affaire. Il proteste alors, tout comme l'Action française, contre l'annulation du procès Dreyfus sans renvoi prononcée par la Cour de cassation, qu'il déclare « illégale ». Résumant l'Affaire, il reprend un air connu du guesdisme : la bourgeoisie est divisée en deux camps, celui du curé et celui du juif : « La classe ouvrière, elle, ne doit rien avoir à faire en une semblable galère ; si elle veut rester elle-même, si elle veut garder son indépendance, ses qualités propres qui seules lui permettront de construire un monde nouveau, il lui est imposé de n'être ni juive ni jésuite. »

L'ouvriérisme de Louzon, en harmonie avec celui de la CGT, est alors partagé par Georges Sorel et Hubert Lagardelle. Celui-ci s'efforce de théoriser la fonction des intellectuels dans *Le Mouvement socialiste* de février 1907. Il y réaffirme que le socialisme est une « philosophie de producteurs », que les intellectuels ne peuvent jouer qu'un rôle d'*auxiliaires* dans le mouvement ouvrier. Et encore à condition de corriger l'idée de leur supériorité : « La suffisance et l'intolérance du cuistre lettré sont proverbiales. Il se considère volontiers comme le dépositaire de la sagesse du monde. C'est une constatation d'expérience : la plupart des intellectuels méprisent plus ou moins les ouvriers manuels, et se croient sans peine les plus aptes à tout comprendre, les plus capables de tout gouverner, les plus dignes de tout diriger. "Le travail aux ouvriers, le pouvoir aux *gens cultivés* !" C'est ainsi qu'ils entendent la *hiérarchie sociale*[12]. »

Insensiblement, la gauche proche du syndicalisme révolutionnaire en vient à reconsidérer l'affaire Dreyfus : tandis que Péguy dénonce la trahison du dreyfusisme par les socialistes de pouvoir, Louzon, Lagardelle et *Le Mouvement socialiste* en arrivent à une révision de l'Affaire, qui n'aurait été à leurs yeux qu'une occasion prise par les intellectuels d'accélérer leur mainmise sur le mouvement ouvrier. Le point d'orgue de ce basculement fut donné par Georges Sorel, qui publie en 1909 une brochure intitulée *La Révolution dreyfusienne*, où il reprend en faisceau tous les arguments de l'antidreyfusisme de gauche.

Le texte de Sorel est marqué au sceau du mépris : les protagonistes de l'Affaire ne sont plus à ses yeux que des personnages « mesquins ». Nul n'est épargné, pas même Picquart. Anatole France, convaincu de « vanité », seuls les applaudissements des meetings l'apaisent. Zola, « représentant de la bouffonnerie dreyfusarde », « très petit esprit », n'a rien compris qu'en littérateur. Jeu de massacre. Pressensé, Clemenceau, Jaurès, etc., tous sont suspects d'être horriblement intéressés dans leur engagement, à commencer par les hommes de plume : « Les gens de lettres, écrit Sorel, ne croient pas généralement à la valeur propre des idées ; ils n'apprécient que le succès que peut leur procurer l'exploitation d'un parti pris. C'est pourquoi ils sont capables d'adopter des attitudes si imprévues et de troubler ainsi profondément l'ordre public[13]. » L'année suivante, Sorel franchit un pas de plus. Dans une lettre du 6 janvier adressée à *L'Action française*, il se moque des « professionnels du dreyfusisme », et va jusqu'à remettre en cause l'innocence de Dreyfus : « [Je devrais] écrire maintenant une brochure sur les raisons que l'on a de croire aux trahisons de M. Alfred Dreyfus[14]. »

Au début de l'année 1914, un livre paraît chez Marcel Rivière, dont le titre résume tous les griefs accumulés par la gauche ouvriériste contre le socialisme de parti, *Les Méfaits des intellectuels*[15]. L'auteur, Édouard Berth, est un ami et disciple

12. H. Lagardelle, « Les intellectuels et le socialisme ouvrier », *Le Mouvement socialiste*, n° 183, février 1907.

13. G. Sorel, *La Révolution dreyfusienne*, Marcel Rivière, 1909, p. 24.

14. Cité par Éric Cahm, *Péguy et le nationalisme français*, *Cahiers de l'Amitié Charles Péguy*, 1972, p. 180-181.

15. Il était tiré d'articles publiés notamment dans *Le Mouvement socialiste*.

de Sorel, lequel a rédigé la préface. Se référant au bergsonisme, philosophie de délivrance opposée aux constructions intellectualistes qui ravagent la France depuis Descartes, en appelant à Pascal, qui a réappris aux Français le sentiment du tragique en politique et en histoire, Sorel dit son espoir dans la nouvelle génération. Berth, lui, achève le dernier article de son recueil par ces mots :

« [L'] humanité, toute confite en amour et douceur – ce sont généralement d'ailleurs les époques de grande corruption –, va tomber en quenouille ; il faut alors que la violence et la guerre la rappellent à un sentiment plus sain et plus viril de la réalité. La violence syndicaliste doit, selon Sorel, jouer ce rôle vis-à-vis de notre monde moderne ; mais la violence appelle l'ordre, comme le sublime appelle le beau ; Apollon doit compléter l'œuvre de Dionysos. C'est pourquoi, au grand ahurissement des esprits courts, nous avons pu, non pas *quoique*, mais *parce que* syndicalistes, reconnaître des alliés dans Maurras et *L'Action française*. Les intellectuels de la démocratie peuvent crier au scandale et jouer l'indignation : ils ne comptent plus ; leur règne est fini ; Socrate et Descartes sont vaincus, le XVIII^e^ siècle définitivement dépassé, et complète s'annonce enfin la victoire de Pascal [16]. »

Le cercle était bouclé. Les ennemis d'hier s'imaginent alliés face à un ennemi commun : la démocratie et ses auxiliaires, les intellectuels. En 1910, Sorel et Maurras s'envoient des compliments mutuels. Ce n'était qu'un *intermezzo* dans l'histoire de l'ouvriérisme. Du moins sait-on, désormais, que la montée en puissance des intellectuels, à la faveur de l'affaire Dreyfus, a deux types d'adversaires, une extrême droite et une extrême gauche, qui savent éventuellement marcher ensemble contre les institutions démocratiques. La convergence ne va guère au-delà de quelques livres, quelques brochures, d'un projet de revue – *La Cité française* – auquel fut attaché le nom de Georges Valois. Auteur de *La Monarchie et la Classe ouvrière*, paru en 1910, celui-ci rêvait d'unir le syndicalisme au néo-royalisme. Cependant, ce mouvement nourrit un état d'esprit, qui n'attend qu'une occasion pour s'épanouir.

16. É. Berth, *Les Méfaits des intellectuels*, Marcel Rivière, 1914, p. 329.

## 11

# *Les mauvais maîtres*

L'idée de Paul Bourget selon laquelle les « philosophes professionnels » auraient assuré leur « prédominance » sur le socialisme relève d'un cliché de la droite traditionaliste et nationaliste mettant en cause le rôle néfaste des cours de philosophie dans l'enseignement public en France. De fait, dans les autres pays, la philosophie n'entre pas dans le cursus des études secondaires. En France, depuis la réforme de 1874, tous les candidats au baccalauréat passent une première partie de l'examen à la fin de la classe de première (la rhétorique), puis une seconde partie à l'issue d'une classe terminale obligatoire dans laquelle la philosophie est enseignée, et qui constitue la véritable classe terminale des littéraires. Du même coup, le professeur de philosophie exerce un ascendant peu égalé sur ses élèves, ne serait-ce que par le nombre d'heures en commun. Contrairement aux régimes monarchiste ou impérial qui contrôlaient de près les professeurs, la République leur laisse une grande liberté. Le danger pour les traditionalistes est d'autant plus évident que l'ascension de l'« agrégé de philo » s'est produite au détriment du prêtre.

Rappelons que la création de l'agrégation date du règne de Louis XV, et qu'elle avait pour but le recrutement de professeurs laïcs à la suite de l'expulsion des jésuites, dont une des activités principales était de diriger les établissements secondaires de l'enseignement, comme le célèbre collège Louis-le-Grand à Paris. Un édit de 1766 annonçait la constitution d'un corps de 60 agrégés, un tiers destiné à l'enseignement des belles-lettres, un tiers à la grammaire, un tiers à la philosophie. En interdisant les membres des congrégations au concours, on s'assurait la laïcisation d'un enseignement qui relevait jusque-là des prêtres formés par les facultés de théologie.

Après bien des avatars rythmés par la succession des régimes politiques, on peut dire que l'agrégation moderne de philosophie date vraiment de 1830, année où elle est prise en main par Victor Cousin. L'enjeu idéologique et politique est alors évident, puisque Cousin s'efforce de recruter des agrégés adeptes de la doctrine officielle, le spiritualisme, dont il est le pontife. 1848 souffle un air de liberté, momentané, sur le concours. Ernest Renan lui doit peut-être d'être reçu premier l'année même de la révolution de Février ; en revanche, Hippolyte Taine, qui passe pour le plus intelligent de sa promotion de l'École normale, est collé en 1851, les conservateurs ayant repris le pouvoir. Après le coup d'État, le nouveau ministre de l'Instruction publique, Hippolyte Fortoul, décide d'en revenir à deux agrégations, une de lettres et une de sciences ; il ne s'agit d'ailleurs plus de concours mais de simples examens, fondés sur les programmes des lycées. L'agrégation de philosophie est supprimée, tout comme l'agrégation d'histoire ; l'enseignement de la philosophie lui-même, d'où sont exclus les professeurs protestants et israélites, est limité à la logique.

Les choses changent d'abord sous l'Empire libéral, avec Victor Duruy, puis sous la III^e^ République victorieuse. L'Université française prend alors son essor. La France napoléonienne avait confié aux grandes écoles la formation des élites ; la République, consciente du retard français, organise un véritable enseignement supérieur, des lettres et des sciences, dont la Sorbonne nouvelle doit devenir le symbole. La faculté des lettres prépare donc au concours de philosophie rétabli depuis 1863. Le rôle du professeur de philosophie se dégage nettement durant les années 1880, qui sont celles de la laïcisation de l'enseignement. La III^e^ République est accusée par la droite catholique de chasser Dieu des écoles ; les adolescents seraient livrés aux mains de ce médiateur dangereux des philosophies matérialistes, nouveau clerc, éventuel gourou : le maître de terminale.

La première attaque en règle contre les funestes influences de la philosophie moderne sur les cerveaux des jeunes gens est venue de l'écrivain Paul Bourget, critique de plus en plus âpre de la démocratie, dans un roman vite célèbre, *Le Disciple*, publié en 1889. Histoire d'un fait divers dans la bonne société : un jeune homme, Robert Greslou, abreuvé des œuvres d'Adrien Sixte, philosophe matérialiste, au-dessus du bien et du mal, refusant la morale commune et la religion, est accusé d'assassinat sur la personne d'une jeune châtelaine auvergnate. On saura finalement que la jeune fille, séduite par Greslou, s'est donné la mort. Disculpé, mais moralement responsable, Greslou libéré n'échappera pas à la juste vengeance du frère aîné de la victime, un officier d'active, qui l'enverra *ad patres* d'un coup de revolver. Tout cela pour amener Adrien Sixte à réfléchir : « Avec sa magnifique sincérité, le philosophe le reconnaissait : le caractère de Robert Greslou, déjà dangereux par nature, avait rencontré, dans ses doctrines à lui, comme un terrain où se développer dans le sens de ses pires instincts… » Trente ans d'érudition et ce gâchis final ! Sixte prenait conscience, grâce à Paul Bourget, « des ravages produits par son œuvre ».

Tout le roman est une dénonciation de « l'erreur démocratique », du suffrage universel, d'un monde moderne qui tourne le dos aux traditions, et prône, contre le scientisme régnant, le retour au spiritualisme. Il oppose la « préséance de la race », c'est-à-dire la longue chaîne des caractères hérités, à l'anarchisme contemporain, aux professeurs de négation systématique. La morale triomphant toujours chez Paul Bourget, Sixte, « le grand négateur », finit par s'effondrer au chevet de son disciple en se rappelant la seule oraison qui lui revînt de son enfance : « Notre Père, qui êtes aux cieux… » CQFD.

Le professeur de philosophie, parfois lui-même philosophe, préside à l'intronisation du lycéen au monde de la pensée… Nul mieux que Marcel Proust n'a décrit l'émotion du nouvel élève de philosophie dans l'attente de son professeur, le « M. Beulier » de *Jean Santeuil*, copie romanesque d'Alphonse Darlu, professeur de philosophie de l'auteur, futur fondateur de la *Revue de métaphysique et de morale*, qui sera un des tout premiers dreyfusards : « [Jean] savait que le professeur, M. Beulier, dans la division duquel on ne voulait pas d'abord le placer – “nous craignons, disait M^me^ Santeuil, qu'il n'achève de lui faire perdre ce qui lui reste de cervelle” –, était un grand philosophe, l'esprit le plus profond qu'aient jamais connu les plus intelligents de ses camarades, et il essayait vainement, dans une attente passionnée […], de se figurer ce grand homme qui tardait tant à venir[1]. »

Aussi, quelle déception que de voir ce monsieur roux, plus que mal habillé, très essouflé, à l'accent bordelais extrêmement

1. M. Proust, *Jean Santeuil*, *op. cit.*, p. 260.

prononcé… « Il parla avec un enchaînement auquel Jean était si peu habitué qu'il éprouva de la fatigue au bout de cinq minutes, cessa de suivre. » Mais, le premier dépit passé, Jean Santeuil recueillera « avec une avidité respectueuse les opinions de M. Beulier sur toutes choses [2] ». Plus tard, bien après l'année de terminale, Santeuil/Proust retournera rendre visite à Beulier/Darlu, « un peu vieilli » mais toujours gai, chaleureux, désintéressé, vrai maître d'humanité.

La figure lumineuse de Beulier/Darlu atteste encore, aux yeux de Bourget, la redoutable influence de ces maîtres à penser de l'enseignement public. Du reste, si Proust est dreyfusard, ne le doit-il pas en partie à l'enseignement de ce professeur qui, dès la première attaque de Ferdinand Brunetière contre les intellectuels, en 1898, s'empresse de publier en brochure un libelle intitulé *M. Brunetière et l'individualisme*, véritable hymne à la démocratie, à la justice et à la raison :

« La démocratie, disait-il, a mille défauts, elle nous fait courir mille dangers, elle souffre de mille misères ; elle est envieuse, indisciplinée, égalitaire, disons, s'il le faut, individualiste ; elle est plate et maussade, comme Taine aimait à le répéter : pourtant nous lui avons donné notre cœur, et, quoi qu'il arrive, nous ne lui reprendrons pas, parce qu'elle a proclamé le droit égal de tous les hommes ; elle a interdit comme un crime de sacrifier une vie humaine à la gloire ou au bonheur de quelques-uns ; elle a fait descendre la fraternité chrétienne du ciel sur la terre ; pour emprunter à Renan une bonne parole, elle "a substitué aux fins égoïstes la grande fin divine : perfection et vie pour tous". Et cette raison frappe de nullité la définition de M. Brunetière en découvrant la confusion qui s'y cachait. L'individualisme, qui réclame la liberté pour *tous* les individus, n'enseigne pas l'égoïsme, mais la justice [3]. »

La charge la plus dure contre le professeur de philosophie est alors en cours de publication ; elle va traverser les trois volets du *Roman de l'énergie nationale* de Barrès ; les premiers coups avaient été portés en 1897, juste avant que n'éclate l'Affaire, dans *Les Déracinés*. Rappelons que le modèle de Barrès, Auguste Burdeau, avait été son professeur au lycée de Nancy, avant de devenir député. Le personnage, Paul Bouteiller, suit à

2. *Ibid.*, p. 265.
3. A. Darlu, *M. Brunetière et l'individualisme*, Armand Colin et Cie, 1898, p. 33.

peu près le même parcours. Il est, comme a pu dire Thibaudet, la somme des antipathies de Barrès. L'ennemi.

Bouteiller exerce une force de fascination sur ses élèves, tout comme Beulier sur Jean Santeuil – mais c'est une fascination mauvaise. Fils d'un ouvrier, il est un pur produit de la méritocratie républicaine, dont l'École normale supérieure est l'étape obligée vers la gloire. Coupé de sa famille, de ses racines, le jeune Bouteiller n'a été qu'un « fils de la raison », autant dire un esprit abstrait, ignorant des habitudes locales et familiales, un pur « produit pédagogique », suspendu dans le vide. A la recherche d'un point d'appui, il a trouvé Kant, le philosophe allemand, devenu quasiment le philosophe officiel de la IIIe République. De cet intellectuel « organique », comme on dirait aujourd'hui, Barrès écrit : « Il tient son rôle strictement, comme une consigne reçue de l'État. C'est le sergent instructeur qui communique à des recrues la théorie réglée en haut lieu [4]. » Ce philosophe nomade est de surcroît un mouchard, envoyant directement ses notes de délation sur l'esprit des fonctionnaires au gouvernement de la République, ce qui entraîne un certain nombre de révocations. Sa conscience reste sereine : la conduite du professeur est fondée sur la règle kantienne que Bouteiller formule ainsi : « Je dois toujours agir de telle sorte que je puisse vouloir que mon action serve de règle universelle. »

La trilogie de Barrès est encore plus explicite que le roman de Bourget sur les dégâts du kantisme, cette philosophie officielle. Premier aspect de la démonstration : Bouteiller lui-même. Le brillant professeur de philosophie occupe d'abord une chaire dans un grand lycée de Paris, avant d'être élu député à Nancy en 1885, grâce à l'argent des affairistes de la Compagnie de Panama qui financent sa campagne. Finalement, le philosophe kantien, corrompu par le système parlementaire, deviendra lui-même un des « chéquards » du scandale de Panama.

Second aspect de la démonstration : les disciples du maître. En effet, l'enseignement de Bouteiller fait des ravages parmi ses élèves. Comme lui, ils se déracinent pour courir leur chance à Paris. Leurs destins sont divers, mais tous sont troublés par un mal profond : la désertion du sol natal, l'abandon de la Lorraine. Deux d'entre eux, Racadot et Mouchefrin, besogneux enfants de village que l'air de leur pays aurait pu maintenir en bonne

4. M. Barrès, *Les Déracinés*, 1897, Livre de Poche/Hachette, 1967, p. 29.

santé mentale, sont impliqués dans une affaire judiciaire. Mouchefrin, soutenu par ses camarades, est épargné ; Racadot, convaincu d'assassinat, finit sous le couperet, dans un chapitre d'une concision mathématique : « Déraciné, Décapité. » CQFD.

Dès *Les Déracinés*, les principes de son antidreyfusisme sont posés, les adversaires désignés : ces intellectuels, pétris d'esprit kantien, oublieux du sens du relatif, qui se réfugiaient dans les abstractions de l'universalisme, au nom desquelles ils osent remettre en question le jugement d'un conseil de guerre, symbole de la Défense nationale, de la discipline des armées, instrument de protection collective qui exige une solidarité sans faille des citoyens. Les philosophes et leurs vulgarisateurs, les Burdeau, les Lévy-Bruhl, les Darlu, ne conçoivent que l'homme « en soi », sans souci de l'homme concret, attaché à un terroir, façonné par plusieurs générations et menacé de perdre sa boussole une fois rompus les liens avec son milieu, sa « race », sa famille.

Barrès s'acharnera sur la philosophie des lycées républicains et les mauvais maîtres. Député de nouveau depuis 1906, il n'hésite pas à se saisir d'un fait divers, le suicide d'un lycéen de Clermont-Ferrand, en mai 1909, pour mettre en cause l'Instruction publique, dans un discours à la Chambre le 21 juin. Bien sûr, dit-il en substance, on peut juger que le suicide affecte une personne « prédisposée », mais « un prédisposé n'est pas un condamné » ; il faut un conditionnement particulier pour passer à l'acte, et ce conditionnement, c'est celui de l'Université française coupée des traditions morales, incapable de donner aux enfants les repères indispensables à la formation de leur équilibre psychique. Les nouveaux maîtres, issus de la Sorbonne nouvelle, ne peuvent plus, à la différence des universitaires d'autrefois, « parler aux enfants de leur demeure familiale, de la tombe des aïeux, de l'honneur du nom, de la religion, de toutes les vénérations françaises ». La droite de la Chambre applaudit, Barrès continue.

Les maîtres d'aujourd'hui ne s'adressent qu'à l'intelligence et méprisent les « vérités éternelles ». Le professeur jouit d'un prestige intellectuel avec lequel le père de famille ne peut pas rivaliser. Il exerce sur ses élèves une « action formidable ». Il pourrait leur enseigner la différence entre le bien et le mal, mais il préfère exciter leur esprit. Or l'intelligence pure sans le verrou de la morale séculaire est « comme une automobile dont on augmente la puissance tout en diminuant la force de freinage ».

Pour démontrer l'amoralisme de la nouvelle Université, Barrès – qui fait feu de tout bois – s'indigne ensuite qu'on ait donné à un lycée le nom de Fragonard. Est-il bien venu d'attribuer le patronyme d'un peintre libertin à un établissement scolaire ? Gaston Doumergue, ministre de l'Instruction publique, dénie l'information : non, il n'y a pas, et de lycée Fragonard il n'y aura jamais ! La gauche riposte : Henri IV n'était-il pas un libertin ? et Louis le Grand, donc ? Le débat devient frivole. Barrès tente de le ramener à la question centrale : il y avait jadis une morale enseignée par l'école, il n'y en a plus. On parle, certes, d'une nouvelle morale, mais on l'attend toujours. A preuve : aucun traité en cours au lycée n'aborde la question du suicide. La vérité, répète Barrès, c'est qu'aujourd'hui les maîtres ne savent plus parler de la patrie, de la famille, et encore moins de la religion aux enfants.

Pour Barrès, appuyé par les députés conservateurs, la cohésion sociale ne peut exister, la sauvegarde de la société et de la civilisation ne peut être garantie, sans la religion. Habile, il cite une source que la gauche républicaine ne peut réfuter, Émile Durkheim, professeur de sciences sociales à la Sorbonne, dont la thèse sur le suicide a été un événement intellectuel. Or, que dit Durkheim, le sociologue dreyfusard ? « La religion a incontestablement sur le suicide une action prophylactique. »

Barrès aurait aussi bien pu citer un autre passage du *Suicide* où Durkheim écrit que « si, dans les milieux instruits, le penchant au suicide est aggravé, cette aggravation est bien due, comme nous l'avons dit, à l'affaiblissement des croyances traditionnelles et à l'état d'individualisme moral qui en résulte ». La référence de Barrès à Durkheim est donc mieux qu'un stratagème opportuniste. Il y a en effet un point de jonction. Durkheim est hanté par l'impératif de socialisation, posant, comme le nationaliste Barrès, le primat de la société sur l'individu. Brève rencontre entre le théoricien de la Terre et des Morts et le sociologue de *La Division du travail social*, qui avait été dreyfusard.

Pour Barrès, qui va mener bientôt campagne pour la restauration des églises de France en péril, le fait majeur est l'agression portée à la religion traditionnelle par l'Université, qui « fait fonctionner l'intelligence dans l'abstrait pur, hors du plan des réalités ». L'anti-intellectualisme est à la base de ce courant traditionaliste qu'illustre parallèlement en ses romans la plume fertile de Paul Bourget.

Mais le piquant dans cette affaire de Clermont-Ferrand et dans le discours de Maurice Barrès, c'est la manière dont la mythologie nationaliste a pu revendiquer la caution scientifique de la sociologie. C'est aussi le quiproquo : pour le nationalisme comme pour l'École sociologique, le suicide est assurément un enjeu de taille. Mais, pour les durkheimiens, la singularité apparente du suicide est pliable sous les lois de la causalité ; démontrer que le suicide n'est pas un acte simplement individuel, c'est démontrer que la sociologie existe. Pour Barrès et les défenseurs de l'« enracinement », le suicide révèle la pathologie d'une société industrielle et sécularisée – d'une société ouverte, qui fait fi de ses traditions. Il saisit le fait divers du lycée de Clermont-Ferrand comme une nouvelle pièce qu'il apporte au dossier de l'anti-intellectualisme.

L'histoire ne s'arrête pas là. Rebondissement tragique : en juillet 1909, au moment même où il écrit un article en réponse au sénateur Delpech qui avait discuté dans une distribution des prix son discours à la Chambre sur les suicidés, Barrès reçoit le choc d'une nouvelle terrible : son neveu, le jeune et prometteur écrivain Charles Demange, vient de se tirer une balle dans la tête dans une chambre du Grand Hôtel, à Épinal.

Barrès consacre de longues pages dans ses *Cahiers* à ce drame et au jeune désespéré. Serait-il convaincu du caractère dérisoire de son explication politique de naguère ? On le croit d'abord, tant le cas Demange n'appartient qu'à Demange. Et puis non. A la fin de son chant funèbre, Barrès, prisonnier de ses présupposés idéologiques, assimile le suicide de son neveu à celui du lycéen clermontois : « J'ai vérifié dans la mort de mon cher neveu Charles Demange la force et la justesse des critiques que j'adresse à notre enseignement universitaire. Demange a été un brillant élève du lycée et de la Sorbonne. Ils ont été pour lui un mauvais milieu. Je peux reprendre ce que je disais, toutes ces phrases s'appliquent à son cas [5]. »

Le parti pris domine ici la réflexion : il faut au leader nationaliste prouver coûte que coûte le bien-fondé de ses attaques contre l'enseignement public, y compris dans l'affliction causée par la disparition d'un être cher. Le nationalisme, né de l'affaire Dreyfus, nourri de ses péripéties, confirmé par ses conclusions, a fixé pour longtemps dans son imaginaire la responsabilité de

5. M. Barrès, *Mes Cahiers*, *op. cit.*, Plon, 1963, p. 486.

l'enseignement public, et spécialement la philosophie explicite ou implicite qui y domine. Dans la « décadence » française, le kantisme est visé au premier chef. Barrès a quelque raison.

Lorsque Gambetta, au moment même de la guerre de 1870, avait voulu faire rédiger un Manuel républicain, il s'était adressé à un ancien exilé du coup d'État, le philosophe Jules Barni, traducteur des œuvres de Kant. A la recherche d'une morale et d'un esprit civique détachés du catholicisme, les fondateurs de la IIIe République les avaient demandés à Kant. Déjà en 1848, Charles Renouvier avait rédigé, sur la demande du ministre éphémère de l'Instruction publique, Hippolyte Carnot, un premier Manuel républicain pénétré d'esprit kantien, infléchissant la morale chrétienne dans le sens protestant, un individualisme opposé à tout fatalisme. Au lendemain de la défaite de 1871, d'autres philosophes français témoignaient de l'influence de Kant : Jules Lachelier, Émile Boutroux, Désiré Nolen... Lucien Lévy-Bruhl (qui avait remplacé l'abominé Burdeau en 1885 à sa chaire du lycée Louis-le-Grand) s'était fait connaître l'année précédente par sa thèse sur *L'Idée de responsabilité*, d'inspiration kantienne. Le kantisme apparut à l'opposition nationaliste comme une seconde invasion germanique, dont les républicains se faisaient les complices [6].

Curieusement, la querelle sur le kantisme était menée par des idéologues, dont le pessimisme était largement alimenté par un autre philosophe allemand, Schopenhauer, dont la vogue rivalisa avec celle de Kant des lendemains de la guerre de 1870-1871 à la guerre de 1914. F. Brunetière et J. Lemaître, pères nobles de la Patrie française, en furent imprégnés avant Barrès. Les républicains firent donc le procès du pessimisme schopenhauérien, véritable philosophie de leurs adversaires antirépublicains [7]. Certains démographes – tel René Gonnard dans sa *Dépopulation de la France* – imputèrent même à la lecture de Schopenhauer la baisse de la natalité française. Kant, Schopenhauer... Il y avait une symétrie des mauvais maîtres ; chacun dénonçait celui de l'adversaire. Les deux camps se réconciliaient à tout le moins sur l'origine géographique des vents de l'esprit : ils provenaient des hautes pressions germaniques.

6. C. Digeon, *La Crise allemande de la pensée française*, PUF, 1959, p. 336.
7. Voir la campagne de D. Ordinaire, *La Revue bleue*, 6 juin 1885.

## 12

# *Encore Péguy, mais plus pour longtemps*

En février 1906, le Congrès se réunit à Versailles pour élire le successeur d'Émile Loubet à la présidence de la République. Maurice Barrès, toujours occupé de politique (il retrouvera un siège de député à Paris aux élections du mois de mai suivant), désireux d'assister à cette séance septennale au Château, fait un crochet chez Charles Lucas de Pesloüan, son parent, qui habite Versailles. Quand on l'introduit, Charles Lucas et Péguy sont en train de déjeuner. Barrès et Péguy se voient ainsi pour la première fois, inopinément – une rencontre qui est à l'origine d'une curieuse amitié. Non sans ambiguïté, du reste. Car, vu de loin, Péguy semble alors lâcher les positions sur lesquelles il campait depuis l'École normale et l'affaire Dreyfus – cette espèce de socialisme libertaire très personnel – sous l'effet d'une double « conversion », au nationalisme et au catholicisme. Barrès ne serait-il pas, dès lors, l'ami nécessaire ?

Les choses ne sont pas si simples. Le sûr est que l'évolution de Péguy – il récuse le mot « conversion » – entre 1905 et 1910 est significative d'une redistribution des cartes au crépuscule du combisme, et que Péguy lui-même devient un enjeu symbolique pour les intellectuels nationalistes. Toujours en quête d'hégémonie, ils ne seraient pas fâchés de compter dans leurs rangs cette recrue si originale, venue du camp d'en face.

Quand Barrès fait la connaissance de Péguy, il ne sait pas trop bien ce que son cadet a écrit, sinon vaguement, dans ses *Cahiers* qu'il assimile volontiers à une revue de vieux étudiants. Il connaît, il est vrai, le passé militant de Péguy dans le dreyfusisme. Mais tout cela lui inspire moins d'hostilité que d'indifférence, même s'il se souvient plus ou moins que ce commensal de hasard, ce personnage singulier qu'il n'a rencontré dans aucun salon, l'a traité jadis, dans *La Revue blanche*, de « Tartufe moisi ». Barrès n'en a cure. Il a oublié l'offense – s'il l'a jamais connue. L'opposition des idées ne l'effarouche pas ; il peut même admirer franchement un adversaire. Il a le goût des personnalités, des caractères ; il lui plaît de reconnaître chez ceux dont il déteste les discours ordinaires ce qu'il appelle l'*élan*. Péguy, rude artiste-artisan qui ne s'en laisse pas conter, éditeur inlassable d'une revue en éternel sursis, homme fier, libre, injuste, absolu, autoritaire, sensible, est de ces personnalités en qui Barrès peut prendre intérêt. Dans une interview de 1909 donnée à *L'Écho de Paris*, il dira ainsi :

« Allez au Quartier latin, dans cette modeste boutique des *Cahiers de la Quinzaine*... Voilà des âmes qui débordent. Vous me parlez de l'affaiblissement de la pensée et des caractères. Moi je vous montre des groupes d'hommes qui ont un idéal, et notez-le, un idéal qui commande à leur destinée. C'est cela qui est beau chez Péguy [1]. »

Lors de l'impromptu de Versailles, Barrès ignore sans doute ce qui s'est passé dans la tête de Péguy depuis 1905 ; ce n'est pas là l'origine de l'attention qu'il porte au directeur des *Cahiers de la Quinzaine*. Toutefois, quand il subodorera que Péguy pourrait mettre son énergie, sa ténacité, son talent, au service de la cause nationaliste, alors Barrès jouera le grand jeu pour le séduire.

En mars 1905, Guillaume II, en visite à Tanger, a lancé un défi à l'action coloniale des Français au Maroc en se posant en protecteur de celui-ci. Une grave crise internationale s'ensuivit. L'agressivité du Kaiser est ressentie en France comme le signe d'un danger de guerre imminent. Le président du Conseil Rouvier, cédant au chantage de l'Allemagne, laisse son ministre des Affaires étrangères démissionner. La conférence d'Algésiras qui clôt la crise, au début de l'année 1906, voit la France soutenue par la Grande-Bretagne, la Russie, l'Italie, et les États-Unis eux-mêmes. Sa politique de présence au Maroc est confirmée. Il n'empêche que l'Allemagne a démontré une volonté de puissance redoutable dans le partage du « gâteau colonial ». Et désormais l'obsession allemande ne quittera plus la pensée politique française. Le Reich de Guillaume II, dont l'économie et la démographie ne laissent pas d'inquiéter

1. Cité par É. Cahm, *op. cit.*, p. 51.

l'opinion en France, reprend tous les attributs de l'ennemi héréditaire.

« Être ou ne pas être, écrit Clemenceau dans *L'Aurore*, voilà le problème qui nous est posé pour la première fois depuis la guerre de Cent Ans par une implacable volonté de suprématie. Nous devons à nos mères, à nos pères et à nos enfants de tout épuiser pour sauver le trésor de vie française que nous avons reçu de ceux qui nous précédèrent et dont nous devrons rendre compte à ceux qui suivront [2]. »

C'est en termes semblables que Péguy a réagi. Pas tout de suite. Il a attendu juin 1905, le moment où la menace allemande se fait plus explicite : « Tout le monde, en même temps, connut que la menace d'une invasion allemande est présente, qu'elle était là, que l'imminence était réelle [3]. » A la veille de l'été, il croit la guerre proche et dit que sa vie a basculé. Le 16 juin, il se rend même au Bon Marché, accompagné de sa femme, pour acquérir quelques-uns des *impedimenta* du guerrier appliqué. Dans le *Cahier* qui paraît le 22 octobre 1905, il publie un de ses textes promis à la postérité, *Notre Patrie* – réponse directe au livre de Gustave Hervé, socialiste antimilitariste, *Leur Patrie*. Hervé, membre de la SFIO, proche des milieux syndicalistes révolutionnaires et anarchistes, prêche alors avec succès, à partir de 1905, un antipatriotisme radical dans les meetings ouvriers. L'hervéisme, comme on dit alors, progresse au sein même de la SFIO : c'est un non à la guerre, y compris à la guerre défensive, quel que soit l'agresseur. Or Jaurès, en désaccord de doctrine avec Hervé, est accusé par Péguy de ménager celui-ci, en raison de sa force effective dans le mouvement révolutionnaire. Après le combisme, dans lequel il a trempé, voici l'hervéisme, que Jaurès voudrait épargner : une nouvelle cause d'éloignement entre Péguy et le chef socialiste.

Le nationalisme de Péguy à cette époque peut être encore qualifié de nationalisme de gauche (qui n'est pas sans faire penser à celui de Clemenceau), au nom duquel Jaurès est accusé de complaisance, d'abord à l'égard de Gustave Hervé, et bientôt à l'égard de la social-démocratie allemande dont il ne percevrait pas le fond nationaliste, voire militariste. La diatribe contre Jaurès ne cessera qu'avec la mort du tribun.

2. Cité par R. Girardet, *op. cit.*, p. 224.
3. Ch. Péguy, *Notre Patrie*, *OPC*, *op. cit.*, II, p. 60.

En dehors de tout événement politique, une autre raison paraît rapprocher, et rapprochera effectivement peu à peu, Péguy des nationalistes de droite : son retour au catholicisme, dont *Le Mystère de la charité de Jeanne d'Arc*, paru en 1910, est un aveu éclatant. Il n'échappe pas à Barrès.

L'homme, de nouveau député et élu académicien depuis 1906, brille de la gloire politique et littéraire dans la droite nationaliste ; ses relations multiples, son rayonnement et l'influence d'une œuvre encore féconde débordent largement l'étroite sphère de la droite nationaliste. Or, voici que ce Péguy, qu'il a rencontré quatre ans auparavant, voici que ce dreyfusard devient l'auteur d'une œuvre que Barrès juge profondément chrétienne, catholique, et nationale ! L'événement au-delà du domaine littéraire est un événement politique, quand un dreyfusard de la taille de Péguy se met à écrire un poème à la gloire de Jeanne la Lorraine, tout pétri d'esprit chrétien, c'est nécessairement un virage à droite auquel on assiste. Voilà qui mérite d'être salué. *Le Mystère* est sorti le 16 janvier 1910 ; le 28 février, Barrès lui consacre un grand article dans *L'Écho de Paris*.

« Ce qu'il faut le plus admirer en Péguy, c'est d'avoir vu que, pour reconstituer une Jeanne d'Arc, il faut autre chose qu'un instinct, une obscure poussée de vie. Jeanne n'a pas obéi à son caprice ; elle a discuté comme un héros de Corneille ; elle connaissait les lois de l'Église et s'est demandé si son enthousiasme s'accordait avec leur discipline. On voit dans son cas autre chose que les beaux désordres de la nature, tout autre chose qu'une humeur ; on y voit les forces d'une puissante tradition. »

Dans cet éloge, Barrès s'émerveille du miracle – Péguy qui opère une transmutation de son dreyfusisme stérile, de sa force de destruction, qu'il place dans l'ordre d'une « discipline traditionnelle » : « Ô prodige ! Voilà l'Évangile rattaché à la vie d'un jeune scolard de Sorbonne. » L'intellectuel prodigue est revenu, repenti, dans la maison du Père.

Un cadeau, cet article. Du jour au lendemain, Péguy, inconnu, méconnu, hormis le cercle étroit de ses fidèles, devient un écrivain reconnu. Oui, un cadeau, mais un cadeau empoisonné. Car l'effet Barrès est immédiat : silence à peu près complet à gauche ; série d'articles enthousiastes dans la presse nationaliste. Péguy, qui n'est pas un saint, ne peut rester insensible à cette marque de faveur du grand écrivain. Mais que dire de ses émules ? Le 14 mars, Édouard Drumont en personne, le prophète de l'antisémitisme, consacre à son tour un grand article au *Mystère*, dans son journal *La Libre Parole*, sous le titre : « La Jeanne d'Arc d'un ancien dreyfusard. » Barrès parlait encore du « dreyfusard » Péguy ; il n'est plus pour l'antisémite en chef qu'un « *ancien* dreyfusard ». L'éloge lui permettait de finir sur un cri de revanche : « On éprouve soi-même quelque chagrin à dire à ces désillusionnés, tout meurtris de leurs désillusions : "Eh bien, mes enfants, vous avions-nous assez annoncé d'avance ce qui arriverait ? Avions-nous assez raison ?" » La récupération va bon train.

Huit jours plus tard, le 22 mars, Pierre Lasserre se lance à son tour dans la louange, dans *L'Action française* : « Péguy est ce qu'on appelle "représentatif". Il collabore à sa manière à un mouvement de réaction philosophique, littéraire et politique qui va se propageant de plus en plus, sous des formes d'ailleurs bien diverses et très inégalement valables, dans l'élite des jeunes générations françaises. Réaction bonne, certes, et dirigée contre un affreux peuple d'idées fausses, de faux goûts, de méthodes barbares et négatives. » Lasserre, malgré tout, reproche à Péguy d'avoir accusé ses anciens amis de trahir le dreyfusisme : « L'entreprise dreyfusienne était née basse, trouble et corrompue. » Cette fois, on demandait à Péguy de parachever sa saine évolution, de renier son passé, de condamner le dreyfusisme de sa jeunesse.

*L'Action française* n'allait pas en rester là. Le journal de Maurras reproduit, le 14 avril, un article de Georges Sorel paru dans *La Voce*, revue de Giuseppe Prezzolini à Florence. Habile perfidie qui joue sur l'ambivalence des sentiments. Sorel est toujours l'ami de Péguy, malgré sa *Révolution dreyfusienne*, son rapprochement récent avec la droite nationaliste, et ses tendances explicites à l'antisémitisme. Même si de temps en temps, le jeudi, dans la Boutique des *Cahiers*, les raisonnements de M. Sorel font sortir Péguy dans la rue. Sorel avait partagé avec Péguy son hostilité aux intellectuels postdreyfusistes, sa condamnation de Jaurès, son mépris de la politique parlementaire. Nourri aussi, un moment, de grandes espérances dans le syndicalisme d'action directe, il avait accompagné de ses *Réflexions sur la violence* les grandes grèves de 1906-1909. Passé cette date, Sorel avait été désabusé, comme Péguy : le syndicalisme, à son tour, se bureaucratisait, il n'y avait plus rien à en attendre. Cependant, tandis que Péguy restait profondément attaché à son idéal républicain, Sorel était de plus en plus attiré par les activistes de l'Action française, où il pensait trouver, sans adhésion de sa part à la doctrine néo-royaliste de Maurras, la nouvelle incarnation de sa morale sociale héroïque. En 1910, Sorel participe ainsi à la conjuration informelle des nationalistes qui veulent pousser Péguy à droite, le plus à droite possible.

Le malheureux Péguy eut pendant quelque temps la tête chamboulée. Lui, l'obscur travailleur, l'écrivain du désert, toujours en quête d'abonnés pour joindre les deux bouts, le voilà propulsé sur le devant de la scène. Comment résister ? D'abord, il résiste mal. Il remercie ses laudateurs, sans objecter à leurs arguments. Il va jusqu'à adresser une lettre à Édouard Drumont… Reconnaissance de l'homme seul pour ceux qui le tirent de sa solitude ! Charles Péguy devient enfin un nom d'écrivain après des années et des années de dur labeur ignoré, des milliers de pages écrites, des saisons occupées à tirer le diable par la queue…

Mais comment vont réagir les abonnés des *Cahiers* ? Les abonnés de la première heure, de l'heure dreyfusiste ? Georges Sorel pense que les juifs, qui constituent le gros des fidèles, vont se désabonner ; il souhaite que les catholiques soutiennent Péguy. Il imagine même une démarche auprès d'Albert de Mun, le chef du parti catholique [4]. Au fond, Sorel voudrait que Péguy rompe nettement avec son passé dreyfusard comme lui-même l'a fait, qu'il choisisse son camp, qu'il se déclare publiquement catholique, qu'il se rapproche de Maurras et de l'Action française. Or Jean Variot, qui instruit Péguy des sollicitations de Sorel, s'entend répondre : « Je ne veux rien renier de mon passé [5]. »

Sorel est fâché d'apprendre que Péguy doit publier dans les *Cahiers* un texte de Daniel Halévy, *Apologie pour notre passé*. Avant la publication, il y voit une réponse à sa *Révolution dreyfusienne* : « Péguy a une clientèle de 300 Juifs qu'il ne peut pas froisser [6]. » Total malentendu ! En fait, loin de plaire à Péguy, ce morceau est à l'origine d'une brouille entre lui et

4. Voir É. Cahm, *op. cit.*, p. 63-64.

5. *Propos de Georges Sorel recueillis par Jean Variot*, Gallimard, 1935, p. 259.

6. Lettre de Sorel à Berth, 1er avril 1910, citée par Éric Cahm, *op. cit.*, p. 68.

Halévy. Comme éditeur, Péguy a publié le texte sans sourciller, mais il ne s'est pas reconnu dans le portrait du dreyfusiste tracé par Halévy. Celui-ci a perdu de vue la grandeur spirituelle du dreyfusisme, il tient désormais des propos de conservateur éclairé, de grand bourgeois patriote. Relisant les épreuves, l'éditeur Péguy éprouve une « sourde révolte ». De toute part l'esprit du dreyfusisme est nié, oublié, moqué. Il importe de réagir.

A ses nouveaux admirateurs, à Barrès, à Maurras, à Drumont, à ses amis Sorel et Halévy, Péguy réplique par une de ses plus belles professions de foi dreyfusardes, son chef-d'œuvre au regard des Tharaud, *Notre jeunesse*, publié le 17 juillet 1910, trois mois après l'article de Daniel Halévy. J'ai été, je suis, je resterai un dreyfusard, voilà ce que Péguy répond à tous ceux qui ont cru à un reniement de sa part, ou l'ont souhaité. Certes, douze ans après l'Affaire, l'interprétation que Péguy en donne est à l'image de sa propre évolution : le rétro-dreyfusisme de Péguy est pétri d'un christianisme qui n'était pas le cœur du dreyfusisme historique. Dans une volonté de montrer la permanence de ses attitudes, dictées par une éthique d'inspiration spirituelle, il a tendance à effacer les contrastes entre le Péguy de 1898 et le Péguy de 1910. En même temps, cette reconstruction est la marque de la synthèse péguyste, l'alliance de la République laïque et de la France chrétienne dans le patriotisme.

« Vous nous parlez de la dégradation républicaine, écrit-il à ses adversaires royalistes, c'est-à-dire proprement, de la dégradation de la mystique républicaine en politique républicaine. N'y a-t-il pas eu, n'y a-t-il pas d'autres dégradations. Tout commence en mystique et finit en politique. Tout commence par *la* mystique, par une mystique, par sa (propre) mystique et finit par *de la* politique. La question, importante, n'est pas, il est important, il est intéressant que, mais l'intérêt, la question n'est pas que telle politique l'emporte sur telle ou telle autre et de savoir qui l'emportera de toutes les politiques. L'intérêt, la question, l'essentiel est que *dans chaque ordre*, *dans chaque système* la mystique ne soit point dévorée par la politique à laquelle elle a donné naissance [7]. »

Sur cette « immortelle affaire Dreyfus », qui fut d'abord une

7. Ch. Péguy, *Notre jeunesse*, *OPC*, *op. cit.*, III, p. 20.

mystique avant de mourir en politique, il ajoute : « Il ne fait aucun doute que, pour nous, la mystique dreyfusiste fut non seulement un cas particulier, mais qu'elle en fut un cas, éminent… » Il précise encore : « L'affaire Dreyfus, le dreyfusisme, la mystique, le mysticisme dreyfusiste fut une culmination, un recoupement en culmination de trois mysticismes au moins : juif, chrétien, français. » A propos de la mystique juive, Péguy trace l'ébauche d'un portrait, d'une vie de Bernard-Lazare, considéré par lui comme « l'un des plus grands parmi les prophètes d'Israël ».

Et Péguy de dire à son ami Halévy qu'il ne se reconnaît pas du tout dans le portrait qu'il a tracé du dreyfusiste ; que lui, Péguy, ne se sent nullement « ce poil de chien battu » ; qu'il ne regrette rien ; qu'il se glorifie d'avoir été ce qu'il a été : « Nous n'avons à avoir ni regret ni remords. »

Cette réplique de Péguy, qui revient plusieurs fois à la charge contre les souvenirs d'Halévy, va mettre fin à une vieille amitié entre les deux hommes. Le 23 octobre 1910, Péguy s'en explique dans *Victor-Marie, comte Hugo*. Dans une très belle page, il se remémore l'amitié entre eux deux, « voisins de campagne, voisins à la mode de Bretagne, ce qui fait trois ou quatre lieues », ces longues promenades côte à côte, « l'un conduisant l'autre et le reconduisant » : « Quand je vais le voir, quand il vient me voir, par tous les temps, qui sont tous des beaux temps, il faut que nous franchissions, sous la pluie, sous le soleil, trois et quatre lieues de cet admirable pays… » Cela devient une confession, Péguy évoque les différences de classe qui existent entre lui, qui n'a jamais su s'asseoir dans un fauteuil, et Halévy, issu d'une famille de grande bourgeoisie. Il parle avec tendresse de sa grand-mère qui gardait les vaches, qui ne savait pas lire, et il avoue qu'il est resté un paysan, qu'il rêvait d'avoir une distinction, une finesse, une élégance, qui l'ont fui… Morceau étonnant, où l'auteur, avec son verbe, épuisant les synonymes, tournant cent fois en apparence autour du sujet, traçant et retraçant son sillon, met son cœur à nu et dit à l'autre : Viens jusqu'à moi. Cette brouille, ce commentaire de brouille, sont encore un des échos de l'affaire Dreyfus.

Les récents admirateurs de Péguy, eux, n'ont guère apprécié *Notre jeunesse*. Son éloge de Bernard-Lazare indigne la presse nationaliste ; *L'Action française* se dit couverte de honte. Sorel est stupéfait de cette « homélie dreyfusarde ». Péguy reste indécrottable. Cependant, et au contraire de *L'Action française* dépitée, qui, dans son dépit, va éreinter Péguy, Barrès ne dit mot, tout en gardant son amitié à Péguy. Il le félicite même de son *Victor-Marie, comte Hugo*, où, il est vrai, Péguy le citait longuement.

Barrès fait mieux. Il décide de faire obtenir à son cadet le Grand Prix de littérature de l'Académie française. Pas pour toute l'œuvre, car elle contient trop de polémiques, mais d'abord pour sa *Jeanne d'Arc*, complétée d'un recueil d'écrits. L'affaire est rude : Péguy n'est en odeur de sainteté, ni dans la gauche de l'Académie, représentée par des membres de l'Université, ce « parti intellectuel » que le candidat n'a cessé de fustiger, ni dans la droite, pour qui il n'est qu'un dreyfusard. Mais Barrès y croit, il soutient l'auteur du *Mystère*, sans rancune pour *Notre jeunesse*. Quand il prend connaissance des *Œuvres choisies* qu'il lui a demandées, Barrès se rend compte que sa tâche n'est pas facilitée, l'autre n'ayant pas fait de concessions. Le jour du scrutin, Barrès entend quelques réflexions intéressantes : « Péguy ?, dit Ernest Lavisse, représentant de l'*establishment* universitaire. Il a su mettre de l'eau bénite dans son pétrole de la Commune. » « Un bohème du Quartier latin », commente Émile Ollivier. Finalement, le Grand Prix ne lui est pas attribué, mais Péguy reçoit, en compensation, le prix Estrade-Delcros, doté de 8 000 francs. De quoi permettre aux *Cahiers de la Quinzaine* de survivre encore.

La réaction de l'Académie, cette conjonction de la double opposition de la gauche intellectuelle et de la droite catholique, Péguy va de nouveau en faire les frais dans les mois qui suivent. Les attaques redoublent : il est rejeté par la gauche, banni par la critique catholique qui le juge hétérodoxe, et surtout par la droite maurrassienne. Lui-même est ulcéré. En 1912, il rompt avec Sorel : « Je reconnais votre main dans tout ce qui se fait contre les *Cahiers*. Je vous prie à l'avenir de ne plus revenir le jeudi. » Péguy a largué toutes les amarres qui le rattachaient à la gauche, au mouvement ouvrier, au socialisme de sa jeunesse. Mais il n'a pas rallié pour autant le nationalisme des antisémites et des néo-royalistes soutenu par Sorel.

Le républicanisme conservateur de Poincaré lui convient, ce qui n'empêche pas ses tirades contre la bourgeoisie. Il fait l'éloge de la colonisation française, et spécialement d'un officier qui commande en Mauritanie, Ernest Psichari. Au moment de la discussion de la loi des trois ans (de service militaire), il y est favorable contre la coalition de gauche. Nouvelle occasion pour lui de vitupérer Jaurès, ce « pangermaniste », aveuglé par son pacifisme sur « ce peuple de soumis et d'obéissants » qu'est l'Allemagne, qu'est la social-démocratie allemande, sur laquelle il se hasarde à compter pour empêcher la guerre. Il dénonce les alliés de Jaurès, le « parti intellectuel », Herr, Pressensé, Hervé, Seignobos, Lavisse – intellectuels « officiels » alliés aux partisans de l'entente avec l'Allemagne, et qui préparent la défaite. Néanmoins, le bellicisme croissant de Péguy se référera toujours et jusqu'au bout aux sources républicaines :

« En temps de paix, c'est entendu, ça va bien. Et tout cela finira par des affiches et des meetings et des discours à la Chambre. Mais en temps de guerre, en République, il n'y a plus que la politique de la Convention nationale. Je suis pour la politique de la Convention nationale contre la politique de l'Assemblée de Bordeaux, je suis pour les Parisiens contre les ruraux, je suis pour la Commune de Paris, pour l'une et l'autre Commune, contre la paix, je suis pour la Commune contre la capitulation, je suis pour la politique de Proudhon et la politique de Blanqui contre l'affreux petit Thiers [8]. »

Le nationalisme républicain de Péguy n'est pas une singularité d'écrivain original. Il traduit un nouveau climat intellectuel dans les années qui précèdent la Grande Guerre. Pendant l'Affaire, et au moins jusqu'en 1905, le nationalisme s'était défini par son ennemi intérieur, l'Anti-France, comme disait Maurras, qui avait ses institutions dans la république parlementaire. La crise extérieure ouverte par Guillaume II à Tanger, en 1905, renouvelée par les crises qui se succèdent dans les relations internationales à partir de 1911 – crise d'Agadir, guerre italo-turque, guerres balkaniques… –, crée une tension politique, d'où émerge un autre nationalisme, tourné vers l'extérieur, face au danger allemand, auquel se rallient des radicaux comme Clemenceau et des républicains modérés comme Poincaré, et qui gagne une partie de la jeunesse des écoles. Dans *L'Argent (suite)*, datant de 1913, Péguy n'est plus seulement celui qui attend l'envahisseur de pied ferme ; il est celui qui l'annonce, qui rêve d'en découdre, pour la gloire de la France, dépositaire de l'honneur du monde civilisé.

8. Ch. Péguy, *L'Argent (suite)*, *OPC*, *op. cit.*, III, p. 924-925.

Charles Péguy non seulement incarne ce nationalisme républicain, mais aussi ce renouveau catholique, qui aboutira à tant de conversions au début du siècle. Un climat intellectuel et moral, entièrement différent, caractérise ces années d'avant-guerre, où le réveil de la foi religieuse et les pulsions bellicistes contrebalancent le pacifisme guidé par Jaurès et le mouvement ouvrier.

13

# *La naissance de la* NRF

Tous les admirateurs du *Mystère de la charité de Jeanne d'Arc* de Péguy ne sont pas des nationalistes se prévalant d'un transfuge. Il y a aussi le petit cercle qui, autour d'André Gide, a lancé en 1909 *La Nouvelle Revue française*. « Bouleversé, retourné, capoté par la *Jeanne d'Arc* de Péguy... » : c'est en ces termes que Gide, retiré dans sa campagne de Cuverville en Normandie, fait savoir son enthousiasme à son ami Jean Schlumberger qui, à Paris, s'occupe de la revue. Désireux d'y consacrer sa prochaine chronique, le « Journal sans date », il achète une dizaine d'exemplaires de *Jeanne d'Arc*, pour les offrir à ses amis, Paul Claudel, Francis Jammes, Émile Verhaeren et autres, ce dont il avise Péguy, auquel il n'omet pas de demander « quelque belle chose » pour la *NRF*.

Ce n'était pas la première fois que la jeune revue de Gide rendait hommage à Charles Péguy. Déjà, l'année précédente, Michel Arnauld – pseudonyme de Marcel Drouin – avait écrit un article pétri de sympathie pour « Les *Cahiers* de Charles Péguy » et donné une explication de son style, aux antipodes de celui que recommandait Montesquieu : « Pour bien écrire, il faut sauter les idées intermédiaires[1] », mais qui ne devait pas pour autant interdire l'admiration.

Lorsqu'il fonde en 1909 la *NRF*, André Gide n'est pas encore très connu. *Les Nourritures terrestres*, datant de 1897, appelées à devenir la bible de plusieurs générations après la Grande Guerre, n'ont été vendues encore qu'à quelques centaines

1. A. Anglès, *André Gide et le premier groupe de* La Nouvelle Revue française. *La formation du groupe et les années d'apprentissage 1890-1910*, Gallimard, 1978, p. 212.

d'exemplaires. Gide exerce néanmoins une grande puissance de séduction sur quelques admirateurs fervents, sans lesquels jamais la revue littéraire la plus célèbre de France n'eût vu le jour. Contrairement à Péguy, si tôt lancé dans l'aventure éditoriale, Gide, qui est son aîné de quelques années (il est né en 1869), est bien trop velléitaire pour mettre en œuvre ce dont il rêve pourtant depuis longtemps, sa « revue future » comme il l'appelle, faute de l'énergie, de l'entêtement, sans doute faudrait-il dire de l'obsession qui sont nécessaires à pareille entreprise. La *NRF* a pu être appelée la revue de Gide, elle est avant tout celle d'un petit groupe, au sein duquel, il est vrai, Gide domine.

Jusqu'en cette année 1909, André Gide avait publié tous ses livres à compte d'auteur. Il faisait partie de ces écrivains – nombreux encore jusqu'à la Seconde Guerre mondiale – dotés d'une fortune suffisante pour consacrer tout leur temps à leur œuvre, dont les premiers jets sortent des presses à leurs frais. Il était le fils unique de Paul Gide, professeur de droit, et de Juliette Rondeaux, issue d'une famille cossue de Rouen – l'un et l'autre de milieux protestants. Sous les apparences du dilettantisme (il s'intéresse à tout, et notamment au piano), Gide a su très tôt qu'il portait en lui une œuvre, écrivant dès vingt et un ans *Les Cahiers d'André Walter* et publiant des poèmes dans les petites revues littéraires de l'époque.

Quand il se marie en 1895 avec sa cousine Madeleine, il a connu deux ans auparavant sa première expérience homosexuelle en Tunisie. Un médecin consulté lui a dit que le mariage ferait disparaître ses « mauvais penchants ». L'union, célébrée en Normandie, à la mairie de Cuverville (où son épouse a sa maison de campagne) et au temple d'Étretat, ne sera pas consommée. « Je m'étonne aujourd'hui – écrira-t-il en 1939 après la mort de Madeleine – de cette aberration qui m'amenait à croire que, plus mon amour était éthéré, et plus il était digne d'elle – gardant cette naïveté de ne me demander jamais si la contenterait un amour tout désincarné [2]. » Gide mène dès lors une double vie, à l'insu de celle qu'il a épousée, au moins pendant une vingtaine d'années, passant du conformisme bourgeois doublé d'une profonde affection pour sa

2. A. Gide, *Et Nunc Manet in Te. Journal 1939-1949. Souvenirs*, Gallimard, « La Pléiade », 1954, p. 1128.

femme aux vagabondages nocturnes surveillés par la police des mœurs. Il vit cette existence à demi clandestine, tantôt dans l'exaltation du plaisir, tantôt dans le dégoût. Le déchirement est au cœur de sa vie comme de son œuvre qui s'en nourrit. Il s'en libérera, au moins en partie, par l'aveu public de son secret, quand il publiera *Corydon* en 1924.

Dans les années qui suivent la sortie de ses *Nourritures terrestres* au Mercure de France en 1897, André Gide force l'attention et l'admiration de quelques écrivains qui vont devenir ses amis, et parmi eux ceux qui vont former le clan des fondateurs de la *NRF*.

Marcel Drouin et André Gide avaient entamé une correspondance dès 1890. Normalien, agrégé de philosophie, Drouin devient le beau-frère de Gide en épousant en 1897 la sœur de Madeleine, Jeanne Rondeaux. Professeur au lycée d'Alençon lorsque l'affaire Dreyfus éclate, il s'y engage sans se ménager, derrière Péguy, Charles Andler et Lucien Herr, transgressant l'obligation de réserve imposée aux fonctionnaires, pour écrire, dans *L'Avenir de l'Orne*, des articles vengeurs contre *La Croix de Flers*[3]. Peu avant la visite de l'inspecteur Jules Lachelier, le recteur note pour celui-ci : « Monsieur Drouin a commis une petite imprudence, lors des affaires Dreyfus-Zola, en signant l'une des pétitions de *L'Aurore*. Heureusement, ce journal est peu lu à Alençon, patrie de M. de Boisdeffre, qui a conservé le meilleur souvenir de son ancien lycée[4]. » Nommé ensuite au Prytanée militaire de La Flèche, il prend le pseudonyme de Michel Arnauld, pour écrire dans *L'Ermitage* et *La Revue blanche*, où il est introduit par Gide.

André Ruyters, lui, est employé de banque à Bruxelles et poète à ses heures. Ébloui par *Le Voyage d'Urien* (1893), il avait adressé à Gide une plaquette de ses vers, suivie d'une seconde qui lui était dédiée. Une amitié s'ensuivit. Ruyters fut définitivement attaché à Gide après avoir lu ses *Nourritures terrestres*, qui touchaient si fort la sensualité du jeune Belge. Comme il ne manquait pas d'esprit pratique, on le mit à l'épreuve pour le lancement de la *NRF*. En 1905, il put s'installer à Paris, ayant trouvé une place à la Compagnie du Chemin

3. A. Anglès, *op. cit.*, p. 29.
4. Cité par M. Drouin, *Hommage à Marcel Drouin (1871-1943)*, *Bulletin des Amis d'André Gide*, 1994, p. 9.

de fer de Djibouti, domiciliée à
chine.

Autre père fondateur de la fu
Gide : Henri Ghéon. De son vrai n
Ruyters, il était de six ans le cadet
*Les Nourritures terrestres* l'avaien
manifester son admiration à l'auteur
d'une complicité d'autant plus spo
devenu Ghéon, était homosexuel com
piscines et des bains de vapeur de Roc
Oberkampf, il n'en est pas moins médecin d
pagne à Bray-sur-Seine, dans l'arrondissement de Provins. Il s'y adonne à la peinture, à la musique, à la littérature, sans trop se cacher, contrairement à Gide, de sa déviance sexuelle, ce qui n'est pas fait pour lui assurer la fidélité d'une clientèle qu'il visite en automobile poussive, enveloppé dans une peau de bique, les yeux cachés derrière d'énormes lunettes, et pestant contre les incessantes pannes de moteur. Avant de pratiquer la médecine à Bray en 1901 (il y restera jusqu'en 1909), ce médecin pittoresque avait été lui aussi un dreyfusard de conviction. Il avait, dirions-nous, une sensibilité de gauche, le sens du « social » : il rêvait de conquérir Paris avec une « tragédie populaire ».

Le clan, « le circuit » selon leur terme, acheva de se constituer dans les années 1903-1904. Jean Schlumberger était d'une famille protestante et industrielle d'Alsace qui avait dû choisir entre la France et l'Allemagne après la défaite de 1871. Sa mère, qui comptait parmi les descendants de Guizot, possédait une propriété au Val-Richer, non loin du domaine de La Roque appartenant à la mère d'André Gide. Enfant, Jean Schlumberger, de huit ans le cadet de Gide, avait vu son fringant voisin venir en visite chez ses parents. Plus tard, ces relations de bon voisinage s'étaient agrémentées de discussion à La Roque, Schlumberger se sentant soutenu face à Gide par Marcel Drouin, avec lequel il pouvait parler de philosophie. Encore mineur au début de l'année 1898, il donna son nom à la pétition pour Dreyfus, participa comme beaucoup au mouvement des universités populaires, aux côtés notamment d'André Siegfried, autre rejeton d'une grande famille protestante, et s'abonna dès le début aux *Cahiers de la Quinzaine*. Il s'était ensuite consacré à la rédaction d'un premier roman, juste après son mariage, qui lui inspira *Le Mur de verre*. Se payant d'audace, il était allé por-

… Gide lut de bonne grâce, et dont le recueil, …, fut publié en 1903 au Mercure de France, à …uteur on s'en doute. Lui aussi avait une fortune suf- … pour se lancer dans la carrière des lettres sans souci …tériel.

Le dernier membre de l'équipe et le plus jeune fut Jacques Copeau, déjà passionné de théâtre, auteur d'un drame, un autre enthousiaste des *Nourritures terrestres*. Ce Parisien du faubourg Saint-Denis avait épousé une Danoise, et c'est du Danemark, où il gagnait sa vie en donnant des leçons de français, qu'il avait écrit son admiration à Gide. D'où un échange de correspondance suivi de visites, une fois Copeau rentré à Paris. Cependant, Copeau doit quitter la capitale pour s'occuper dans les Ardennes d'une petite entreprise familiale, la Manufacture générale de boucles et agrafes pour tailleurs et confections. Sur la recommandation de Gide, Copeau se met à écrire sur l'art dramatique dans une revue littéraire, *L'Ermitage*. De retour à Paris, il deviendra un temps vendeur de tableaux et organisateur d'expositions de peinture.

Le groupe ainsi formé en étoile autour de Gide se souda peu à peu. « Familles, obligations sociales, nécessités matérielles, tout tend à nous débiliter, écrivait Copeau, et si nous nous sommes réciproquement choisis pour compagnons, c'est afin d'établir un circuit de ferveur dont chacun de nous est individuellement responsable [5]. » La nouvelle formule de *L'Ermitage*, qui vit le jour au début de 1905, sembla pour un moment leur lieu de ralliement, mais le projet d'une revue à eux chemina dans l'esprit des six compères. Pendant un temps, l'idée fut de reprendre *L'Ermitage*, qui battait de l'aile. A cet effet, Ruyters proposait une fusion de celle-ci avec *Antée*, une revue belge. Finalement, une énième solution apparut plus sûre, c'était de fonder une nouvelle revue avec la collaboration d'Eugène Montfort, un auteur de moindre ambition, mais qui avait du savoir-faire et dirigeait déjà la revue *Les Marges*. On chercha un titre, et l'on s'accorda en définitive sur *La Nouvelle Revue française* « de littérature et de critique », qui se donnait pour l'organe d'une « génération nouvelle », même si, en 1908, Gide avait déjà trente-neuf ans. Son lancement était prévu pour le 15 novembre.

Quand le premier numéro lui tomba entre les mains, Gide,

5. A. Anglès, *op. cit.*, p. 76.

qui n'avait suivi les choses que d'assez loin, devint perplexe : la liste des « Collaborateurs », ensemble hétéroclite suivi d'un *etc.*, soulignait encore le bric-à-brac d'un groupe dépourvu d'unité et de véritable projet commun. Après une sérieuse mise au point, Gide et les siens se séparèrent à l'amiable de Montfort, qui retourna à ses *Marges*. Le « circuit » récupéra *La Nouvelle Revue française* et en repensa la conception. On décida un nouveau numéro 1 pour février 1909.

André Gide, qui venait d'achever *La Porte étroite*, se décida à participer activement à cette œuvre de fondation. Son nom n'apparaîtrait pas officiellement dans la direction de la revue, qui fut attribuée à un Comité de direction, composé de Jean Schlumberger, Jacques Copeau et André Ruyters. La revue prit pour adresse celle de Schlumberger, 78, rue d'Assas ; on trouva un dépôt de vente provisoire chez un amateur d'art fixé 108, rue du Faubourg-Saint-Honoré. C'est à Schlumberger encore que le groupe confia le soin de rédiger, non pas un manifeste – car ces écrivains n'entendaient pas fonder une école – mais de simples « Considérations », qui, discutées et approuvées par les cinq autres, furent publiées en tête du premier numéro. Gide non seulement se mit en quatre pour solliciter des abonnés et des collaborateurs (dont Paul Claudel et Francis Jammes), mais décida de publier sa *Porte étroite* dans la nouvelle revue, tout en aidant de sa bourse les mises de fonds de Schlumberger.

Le groupe s'affaira pour paraître à l'heure. Chacun avait le droit de regard et de veto sur tous les articles. Comme personne n'avait encore le téléphone, cela supposait d'incessants va-et-vient chez les uns et chez les autres, qui n'habitaient pas le même quartier, Gide lui-même ayant élu domicile dans le lointain Auteuil. Le nouveau numéro 1, qui se présentait sous la même couverture, soignée, que le précédent, fut effectivement en vente au début de février 1909.

La *NRF* ne voulait pas être une nouvelle école, disions-nous ; elle était centrée sur le noyau d'une sizaine amicale, mais se déclarait ouverte aux différents courants de la littérature contemporaine, à cette exigence près d'une certaine dignité et d'une certaine tenue qui l'apparentaient au classicisme plus qu'à l'avant-garde. Les « Considérations » de Schlumberger en définissaient l'esprit, appliqué au programme de Du Bellay : *défense et illustration de la langue française*, d'abord, mais sans aucun mépris du présent :

« Par souci de noblesse, certains artistes ont pensé ne pouvoir creuser trop profond le fossé qui sépare leur art de la vie quotidienne : attitude respectable, mais qui risque d'aboutir à des œuvres étiolées, pauvres de sang et qui, au lieu de dominer la vie, la boudent. – Un tel pessimisme est simpliste. Rien dans la vie n'est négligeable. Les artistes ne sont point d'innocents et nomades jongleurs. Tout ce qui constitue la vie publique les requiert, et leur fantaisie, même frivole, n'est jamais trop nourrie. Mais les événements journaliers ne leur offrent point une facile récolte : fruits pierreux, bien plutôt, qu'il faut écraser sous les meules, et moisson de tiges brutes dont on ne peut utiliser les fibres que rouies et broyées. »

Cela veut dire que, tout en récusant le « journalisme », on veut être du siècle. Sans parti pris, sans partialité. On peut donc défendre et illustrer à la *NRF* des œuvres d'écrivains de gauche comme d'écrivains de droite, pourvu qu'ils communient ensemble dans une même religion de l'art. Cela dit, les numéros de la revue d'avant 1914 n'échappent pas aux tendances lourdes de l'époque. Quatre des six fondateurs ont été des pétitionnaires pour Dreyfus ; tous les six désormais traduisent, soit par leur propre plume, soit par leur commune approbation aux textes publiés, la nouvelle sensibilité de l'époque au religieux et au patriotisme. Non qu'ils aient suivi le même parcours que Péguy, revenu au catholicisme et affirmant un nationalisme républicain quasi belliciste dans la dernière année de sa vie, mais néanmoins pénétrés d'une certaine religiosité tout à la fois chrétienne et française.

*La Porte étroite* parue dans les premiers numéros de la *NRF* avait été appréciée par Claudel. Celui-ci n'en aimait pas l'inspiration protestante, mais il lui semblait évident que Gide, travaillé par la grâce, pourrait devenir l'un de ses convertis qu'il se taillait à la hache dans la forêt des lettres et ailleurs, depuis que lui-même avait retrouvé la foi. Dans son *Journal*, Gide écrivait, le 30 mai 1910 :

« Si c'est être protestant que d'être chrétien sans être catholique, je suis protestant. Mais je ne puis reconnaître d'autre orthodoxie que l'orthodoxie romaine, et, si le protestantisme, calviniste ou luthérien, voulait m'imposer la sienne, c'est aussitôt vers la romaine que j'irais, comme à la seule. “Orthodoxie protestante”, ces mots n'ont pour moi aucun sens. Je ne reconnais point d'*autorité* ; et, si j'en reconnaissais une, ce serait celle de l'Église.

Maurice Barrès (1862-1923), en 1911.
« On ne fait pas l'union sur des idées, tant qu'elles demeurent des raisonnements ; il faut qu'elles soient doublées de leur force sentimentale. A la racine de tout, il y a un état de sensibilité. » (*Scènes et Doctrines du nationalisme*)

Anna de Noailles (1876-1933).
« Je pense à vous, Madame, et à votre clair regard plein de flamme et d'élan. » (Barrès à Anna de Noailles, 1918)

Maurice Barrès en 1910, en compagnie de Frédéric Masson et de Paul Bourget (assis).

Barrès aux fêtes de Jeanne d'Arc à Compiègne en 1913.

Charles Péguy
(1873-1914)
dans la boutique des
*Cahiers de la Quinzaine.*

Émile Zola (1840-1902) en compagnie de Jeanne Rozerot et de leurs deux enfants, Denise et Jacques.

Transfert des cendres de Zola au Panthéon en Juin 1908. Alfred Dreyfus, devenu commandant, présent à la cérémonie, est blessé d'une balle de revolver tirée par Louis Gregori, rédacteur au *Gaulois*.

**On écoute aux fenêtres le cours de M. Bergson**

La foule qui s'est rendue hier au cours de M. Bergson était plus dense encore que de coutume. Il s'agissait, pour ses disciples et admirateurs, de lui témoigner leur joie à l'occasion de son élection. On écouta aux fenêtres la leçon du maître ! (Central-Excelsior-Photos.)

Nommé au Collège de France en 1900, Henri Bergson (1859-1941) devient une attraction mondaine. Il faut arriver tôt ou se résigner à écouter la leçon du maître par les fenêtres.

Lucien Herr (1864-1926), bibliothécaire de l'École normale supérieure depuis 1888 – « puissance incontestée derrière son formidable bureau ». (H. Bourgin)

Georges Sorel (1847-1922).

Léon Blum (1872-1950) au temps de *La Revue blanche.*

Paul Déroulède (1846-1914), représenté par *Le Rire* en 1899, l'année de sa tentative de coup de force.

Jules Lemaître (1853-1914), académicien,
président de la Ligue de la Patrie française,
photographié en 1908.

Ferdinand Brunetière
(1849-1906), critique
littéraire, directeur de
*La Revue des deux mondes*,
républicain et antidreyfusard.

Anatole France (1844-1924),
en décembre 1896.

André Gide (1869-1951), en Algérie en 1896.

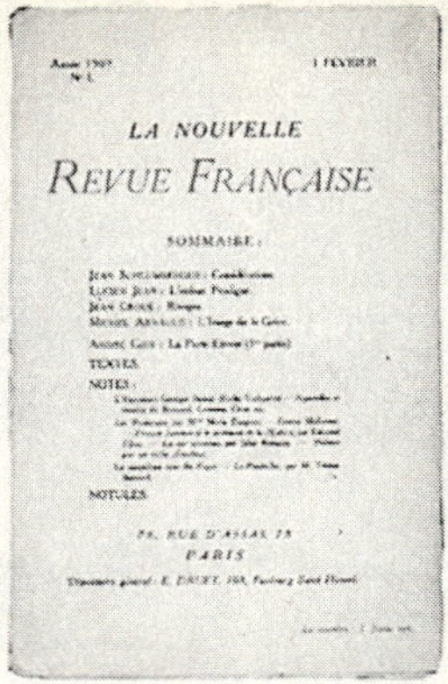


Le « vrai » numéro 1 de *La Nouvelle Revue française* (février 1909), après le faux départ de 1908.

Dans cette caricature de *Psst… !* (16 avril 1898), l'« intellectuel » ressemble à Émile Zola, dont le premier procès vient de se terminer par une condamnation de l'auteur de « J'accuse… ».

« Mais mon christianisme ne relève que du Christ. Entre lui et moi, je tiens Calvin ou saint Paul pour deux écrans également néfastes. »

Cette profession de foi, pour rétive qu'elle est à une conversion pure et simple, n'en est pas moins significative : Gide se dit alors « chrétien ». Un chrétien sans Église, certes, et qui rechigne à toute orthodoxie, mais non sans accord avec l'orthodoxie romaine. Qu'un homme comme lui, auteur une douzaine d'années plus tôt des *Nourritures terrestres*, appel au sensualisme, à la libération des interdits, à l'immoralisme (« Aimer, sans s'inquiéter si c'est le bien ou le mal »), à l'affranchissement de l'individu (« Commandements de Dieu, vous avez endolori mon âme »), hymne panthéiste (« Ne souhaite pas, Nathanaël, trouver Dieu ailleurs que partout »), puisse parler ainsi désormais témoigne d'une imprégnation chrétienne que les frasques intermittentes de Corydon ne laissaient pas supposer, mais que Claudel, possédé de la rage de convertir, avait senti comme une promesse de baptême.

La *NRF* publie dès sa première année des textes ouvertement catholiques – et notamment les poèmes de Francis Jammes et de Paul Claudel, dont un *Hymne au Saint-Sacrement*. Parallèlement, les articles ne manquent pas qui condamnent l'anticléricalisme. Gide le premier s'en prend à Remy de Gourmont qui lui semble incarner une incrédulité aveuglante. Nous avons dit l'admiration de Gide et de ses amis pour la *Jeanne d'Arc* de Péguy. Autant de signes d'une discrète piété. Certains franchissent le pas, suivent Claudel sur le chemin de Damas. Ce n'est pas exactement le cas des pères fondateurs de la *NRF*, mais jamais Gide ne sera en meilleurs termes avec Claudel qu'en ces années de commencement. Combien parmi leurs collaborateurs sont tourmentés par la question religieuse, c'est un trait d'époque – sur lequel nous reviendrons – auquel la nouvelle revue n'échappe pas, et qu'elle illustre à sa façon, soucieuse toujours d'équilibre entre les convictions, les partis et les croyances.

Une autre tendance fut son nationalisme larvé. Certes, dès les premiers numéros, Gide cherche à prendre ses distances avec le « nationalisme » littéraire. Mais la nouvelle revue affirmée *française*, proclamant sa volonté de défendre et d'illustrer la langue *française*, baignait dans un sentiment d'autosatisfaction patriotique, qui pouvait lui assurer la sympathie de l'Action française. Entre les deux paroisses, il y avait cette commune propension au classicisme, doctrinale dans l'école maurrassienne, plus subtile dans le clan gidien. Celui-ci s'intéressa de près à la thèse sur *Le Romantisme français* que le maurrassien Pierre Lasserre avait soutenue en Sorbonne. On s'en irritait, mais on y sentait des connivences. Gide écrit à ce propos : « Certes, j'applaudis au livre de M. Lasserre ; mais c'est parce que, personnellement, j'ai toujours eu le romantisme et l'anarchisme artistique en horreur. Est-ce en raison de leur caractère peu français ? Il me suffit que ce soit en raison de leur caractère inesthétique, qui répugne à mon cerveau de Français [6]. » La nuance est subtile. Un réflexe ne se dément pas chez les fondateurs : se défier de l'esprit de parti. Cela ne les empêche pas de participer au réinvestissement du patriotisme dans les lettres françaises. Ils le font de diverses façons. Jean Schlumberger n'hésite pas à rendre compte avec chaleur de certains ouvrages qui défient le souci de haute tenue littéraire professé par la revue, au prétexte de l'émotion patriotique qu'ils provoquent, telle *La Carte au liséré vert* de G. Delahache. Ghéon, lui, alimente la revue de poèmes dont certains sont dignes de Paul Déroulède. Quant à Gide, il a beau, dans une série d'articles sur « Nationalisme et littérature », dénoncer la doctrine stérile de l'enracinement chère à Barrès et faire des objections à Henri Clouard, secrétaire de rédaction de la *Revue des idées et des livres* qui est dans l'orbite maurrassienne, il ne peut s'empêcher d'évoquer « ce qu'a de ruineusement antisocial le théâtre juif qui envahit depuis dix ans la scène française » – une concession de taille faite aux « racinés » qu'il conteste. En 1911, les militants de l'AF, comme pour lui donner raison, se mobilisent contre le « Juif » et « déserteur » Bernstein afin de faire retirer sa pièce *Après moi* de l'affiche.

Au demeurant, les responsables de la *NRF*, pris dans le grand réveil national et religieux des années de l'avant-Première Guerre mondiale, jouent leur partition *moderato*. Au regard des conservateurs et des réactionnaires qui ont le vent en poupe, ils font figure d'esprits tempérés, incertains dans leurs choix et leurs adhésions. A l'instar de Gide lui-même, tiraillé entre des désirs contradictoires, et habité par le démon tantôt délicieux et tantôt douloureux de l'inquiétude.

A la fin de 1910, le pari des fondateurs est gagné. La revue a

6. Cité par A. Anglès, *ibid.*, p. 201.

attiré à elle une grande partie de ce que la littérature française de l'époque compte de meilleur ou de plus prometteur : Charles-Louis Philippe, juste avant sa mort, Valery Larbaud, Jean Giraudoux, Paul Claudel, Émile Verhaeren, le futur Saint-John Perse, Jules Romains, Francis Jammes, Jacques Rivière, André Suarès, Léon-Paul Fargue, Edmond Jaloux, Francis Carco, Paul Valéry, Alain-Fournier[7]... Les finances ne sont pas équilibrées, mais les abonnés sont de plus en plus nombreux, et les fortunes de Jean Schlumberger et d'André Gide comblent les déficits. En 1911, la gestion de l'entreprise est confiée à l'éditeur Marcel Rivière.

Il faut faire plus : pour élargir le rayonnement de la revue on projette un « comptoir d'édition ». En cherchant bien, on se met d'accord sur le nom d'un gérant, Gaston Gallimard. Fils du propriétaire du théâtre des Variétés – ce n'est pas à ce titre qu'on le prend, car le Boulevard n'est pas le genre de la maison –, épris de littérature, grand admirateur de la *NRF*, Gallimard est présenté par Pierre de Lanux, un moment secrétaire de la rédaction. Jusque-là dilettante, il s'apprête sans le savoir à devenir le plus grand éditeur français[8]. Un contrat signé en mai 1911 le lie à Schlumberger et à Gide, chacun des trois partenaires apportant 20 000 francs ; Gallimard, brouillé avec son père, obtient le montant de sa participation de son oncle Duché. Devenu gérant des éditions de la NRF, filiale de la revue, il se lance aussitôt dans une chasse aux auteurs tous azimuts. Ses trois premiers livres sortent de l'écurie mère : *L'Otage* de Paul Claudel, *La Mère et l'Enfant* de Charles-Louis Philippe, et le récit d'André Gide, *Isabelle*. Sa pêche est féconde : Jean-Richard Bloch, Alain, et bien d'autres, jusqu'à la bévue du célèbre refus du manuscrit de Marcel Proust, *Du côté de chez Swann*, avec, il est vrai, la négligence de Gide, inattentif à ce roman « plein de duchesses ». Le livre est donc publié chez Grasset à compte d'auteur, et Gaston Gallimard n'aura de cesse de récupérer l'œuvre de Proust pour la NRF, ce qu'il réussira. Avec, cette fois encore, l'approbation de Gide qui, lucide sur son erreur, écrira à Proust : « Le refus de ce livre restera la plus grave erreur de la *NRF* et (car j'ai honte d'en être beaucoup res-

7. Voir *L'Esprit NRF 1908-1940*, édition établie et présentée par P. Hebey, Gallimard, 1990.

8. P. Assouline, *Gaston Gallimard*, Balland, 1984.

ponsable) l'un des regrets, des remords les plus cuisants de ma vie[9]. »

Quoi qu'il en soit, l'association *NRF*-Gallimard marque l'une des entreprises les plus fécondes, la plus riche, de l'histoire de l'édition française. L'« esprit NRF » devra aussi énormément à ce jeune éditeur, promis au pontificat de l'édition française, et plus soucieux de gagner à lui les meilleurs talents que d'illustrer par sa production les canons d'une école. Triomphent avec lui la volonté d'ouverture, définie clairement dès les premiers numéros de la revue, le refus des chapelles et la célébration de la déesse littérature. Le creuset dreyfusard, d'où venaient les pères fondateurs, avait donné naissance à une autre filiation, qui n'était ni celle du socialisme intellectuel, ni celle du post-dreyfusisme chrétien à la Péguy, mais une volonté de création située délibérément au-dessus ou en marge des partis. La *NRF* n'en était qu'à ses débuts, qui n'étaient pas dominateurs, mais elle revendiquait déjà haut et fort l'autonomie de la littérature en regard des considérations politiques, morales et religieuses. Malgré quoi, elle n'eût pas été vivante si, comme nous l'avons dit, elle n'avait pas reflété, au moins tangentiellement, les vibrations, les humeurs et les tendances profondes de son temps – ce qu'elle ne cessa de faire jusqu'en 1940.

9. L.-P. Quint, *Proust et la stratégie littéraire*, Corrêa, 1954.

## 14

# *L'entrée en scène de Martin du Gard*

En juin 1913, un lecteur assidu de la *NRF*, Roger Martin du Gard, vient d'achever un roman dialogué, qu'il intitule provisoirement *S'affranchir* – avant de lui donner pour titre définitif *Jean Barois*. Son manuscrit est soumis à Bernard Grasset qui lui répond : « Votre livre est absolument raté [1]. » Martin du Gard envoie alors son texte à Gaston Gallimard. Celui-ci absent de Paris, c'est Jean Schlumberger qui en assure la réception ; il le lit, s'enthousiasme et écrit à l'auteur que cette lecture lui a donné une « très grande joie » : « Quand on a eu, comme moi, une enfance très religieuse, qu'on ne s'est affranchi que très difficilement, qu'on a mûri dans les luttes de l'Affaire et les groupements des universités populaires, ce n'est pas sans émotion qu'on découvre un livre où est exprimé avec tant de justesse l'histoire de notre esprit et de notre cœur. »

A son tour, André Gide prend connaissance du texte de Martin du Gard et écrit à Schlumberger cette lettre, que son destinataire communique à l'auteur inconnu :

« Cher Ami, Je n'attends pas plus longtemps pour vous dire combien m'épate le manuscrit que vous m'avez envoyé. Je l'acceptais comme une tuile, et en ai commencé la lecture en rechignant ; mais dès les premières pages j'ai été si bien pris, que je ne me suis laissé souffler qu'après avoir dévoré les cinq premiers cahiers – et sans en laisser tomber une ligne.

« [...] Mais qui est ce Martin du Gard dont jamais vous ne m'aviez parlé ? Se peut-il que, du premier coup, on donne une œuvre aussi sage, aussi mûre, aussi intelligemment éclairée ? »

1. R. Martin du Gard, *Journal*, I, *Textes autobiographiques 1892-1919*, Gallimard, 1992, p. 410.

Ce Martin du Gard, qui va devenir un des amis les plus fidèles de Gide, a alors trente-deux ans. Le visage peu expressif, timide, pudique, il se méfie du monde. Il appartient pourtant à une famille de magistrats et de financiers, qui lui permet, à lui aussi, de vivre de ses rentes. Sans richesse excessive, mais avec l'assurance du lendemain, il peut consacrer tout son temps à l'écriture et dispose d'assez d'argent pour publier ses premières œuvres à compte d'auteur. Diplômé de l'École des chartes en 1905, il s'est marié l'année suivante à Hélène Foucault, dont il a eu une fille, Christiane. Il commence alors plusieurs romans qu'il n'achève pas, sauf *Devenir* qu'il fait paraître chez Ollendorf et qui passe inaperçu. En 1910, il se lance dans ce qui sera *Jean Barois*, et que la *NRF* publie en novembre 1913.

Si Martin du Gard n'a pas adressé d'emblée son manuscrit à Gallimard, c'est peut-être parce qu'il ne se sent pas en totale harmonie avec le groupe de Gide. Dans une lettre à son ami et futur gendre Marcel de Coppet, il se dit « dépaysé » par celui-ci, ajoutant : « Ils sont incontestablement animés de quelque chose de nouveau. Un besoin de discipline, une réaction très profonde de la sensibilité contre la raison, qui les conduit, souvent, à une attitude mystique ; une sympathie manifeste (et souvent plus) pour le catholicisme, lassés qu'ils sont des interrogations vaines de la science, de l'absence de morale hors d'une autorité dogmatique, et toujours poussés par cette soif d'ordre, de réglementation ; un mécontentement profond de l'état de choses actuel, de l'absence générale de conscience, de l'anarchie intellectuelle, etc. ; une exaltation de la sensibilité, une confiance absolue dans ses intuitions, et dans la puissance sourde qui nous meut, malgré que nous pensions l'asservir [2]. » Martin du Gard observe même dans la *NRF* des analogies avec l'Action française, « dans ce qu'elle a de meilleur ».

Roger Martin du Gard a rompu avec le catholicisme de son enfance, inculqué par une mère « très pieuse », après de longues méditations sur la question religieuse, comme en témoigne sa correspondance [3]. Il est désormais résolument libre penseur. François Mauriac dira plus tard qu'il y avait toujours eu entre lui et Martin du Gard une « guerre de religion ». Son « affran-

2. *Ibid.*, p. 370.
3. R. Martin du Gard, *Correspondance générale*, I, *1896-1918*, Gallimard, 1980.

chissement », cependant, devient douloureux du fait de sa femme, Hélène, dont le catholicisme extériorisé ne laisse pas de le tourmenter. Se confiant à Coppet dans une lettre du 10 mai 1911, il écrit : « Imagines-tu le mensonge qui empoisse ma vie, et imagines-tu ce que je peux souffrir quand j'entends Hélène apprendre à Christiane que Dieu la voit, qu'il est au ciel, qu'il l'aime, qu'il la punira si elle n'est pas sage… » Son jugement est définitif : « croyance absurde », « blagues inouïes ». Et quand le père s'oppose à ce qu'on emmène son enfant de quatre ans à une grand-messe, cela devient un « conflit terrible » : « Tu peux imaginer Hélène, revendiquant comme une tigresse son bien propre, l'âme de son enfant, et prête à renoncer à son bonheur, à la vie conjugale, à tout, pour sauver L'ÂME DE SON ENFANT[4]. »

Ce drame est au centre de *Jean Barois*. On y suit l'émancipation d'un jeune homme rompant avec la religion de son enfance, discutant les sources historiques de la foi chrétienne (en 1903, les travaux d'exégèse d'Alfred Loisy, qui ont fondé le « modernisme », ont été condamnés par Rome ; pis, en 1908, Loisy est excommunié par le pape Pie X), et en arriver à la « négation définitive » ; ensuite il se marie ; il tombe alors des controverses savantes avec les théologiens à des querelles sur les pratiques superstitieuses de son épouse qui l'acculent à une honteuse défensive. Néanmoins, Barois mourra « chrétien », réconcilié avec le Dieu de son enfance. Martin du Gard, en effet, a voulu faire œuvre d'anthropologue, en dépassant le cas particulier de son héros, pour illustrer ce qu'il appelle dans une autre lettre à Coppet : *La Courbe*. C'est-à-dire les trois périodes de la vie d'un homme : 1° l'âge adolescent, le moment de la crise religieuse ; 2° l'âge fort, celui de la maturité, qui est aussi celui de « l'abandon complet de toute préoccupation religieuse » ; 3° l'âge de « l'insensible déchéance », le retour aux illusions qui accompagne le déclin physique et l'approche de la mort[5]. Sachant cela, Barois, dans le testament qu'il rédige « en pleine force et en plein équilibre intellectuel », a prévenu les siens, se prémunissant contre toute conversion ultime : « J'ai mérité de mourir debout, comme j'ai vécu, sans capituler, sans quêter de vaines espérances[6]… »

4. *Journal*, *op. cit.*, I, p. 340-341.
5. *Ibid.*, p. 294-295.
6. R. Martin du Gard, *Jean Barois*, Gallimard, « La Pléiade », 1955, p. 558.

La conversion finale de Jean Barois n'est donc pas un signe des temps – ces temps de conversions multipliées dans le monde littéraire et dans la jeunesse des écoles –, mais un invariant de la condition humaine, contre lequel il convient d'armer toute sa raison. Il n'empêche, la hantise de la question religieuse, les interminables discussions de jeunesse de Martin du Gard sur la vérité de la foi, son conflit conjugal, sont révélateurs d'une époque où les certitudes s'effritent, et notamment le positivisme des milieux intellectuels. Ce retour à la « sensibilité » contre la raison raisonnante, que Martin du Gard note dans le groupe de la *NRF*, il s'en défie, il le redoute, mais cela ne l'empêche pas de se rapprocher de la jeune revue de Gide, où ne préside aucune orthodoxie.

En octobre 1913, Martin du Gard quitte sa retraite campagnarde pour accompagner la sortie de *Jean Barois*. Deux extraits en ont paru, l'un dans *La Nouvelle Revue française* du 1^er^ octobre, après qu'un autre eut été publié dans la livraison d'avril-mai de *L'Effort libre*, la revue de Jean-Richard Bloch. A Paris, Martin du Gard ressent la joie d'être accueilli par Gide et les siens ; il assiste avec plaisir à la générale d'une pièce de Schlumberger, *Les Fils Louverné*, au théâtre du Vieux-Colombier. En novembre, *Jean Barois* est en vente. Dans son *Journal*, il note deux réactions sur la question religieuse : celle de son ami Gustave Valmont, qui lui reproche d'opposer les arguments de son héros à « de pauvres bigotes » ; celle de Romain Rolland, qui, après lui avoir dit : « Je ne connais guère d'œuvre française qui reflète, avec une netteté aussi émouvante, la conscience d'une génération chrétienne, ou qui le fut », ajoute : « Permettez-moi seulement une observation sur un fait essentiel : mon expérience personnelle m'a appris qu'on peut avoir été catholique fervent, avoir perdu la foi, et voir venir la mort brusque sur soi, sans que resurgisse en vous un *Ave Maria*[7]. »

Au-delà de la question religieuse, l'ouvrage est aussi l'écho de l'histoire des idées depuis l'affaire Dreyfus. *Jean Barois*, en effet, est un roman dreyfusard, rétrospectivement dreyfusard. Son héros, qui dirige un journal, *Le Semeur*, se bat en faveur de Dreyfus, subit l'affrontement des émeutiers qui donnent l'assaut à ses bureaux à coups de pierres, font voler leurs vitres en éclats… Le procès Zola occupe même tout un chapitre. Après

7. R. Martin du Gard, *Journal*, I, op. cit. p. 438.

le second procès de Dreyfus à Rennes, on retrouve la désillusion, si bien exprimée par Péguy, de voir cette cause hautement morale devenir un marchepied de l'ambition politique ou l'occasion d'un antipatriotisme intempestif. Un des personnages du roman déclare : « Nous étions une poignée de *dreyfusistes* ; et maintenant, *ils* sont une armée de *dreyfusards*... » C'est ainsi qu'en 1913 l'affaire Dreyfus inspire une œuvre forte qui a séduit l'équipe de la *NRF*. Martin du Gard, trop jeune pour avoir été du camp des révisionnistes – il avait dix-sept ans en 1898 –, lui donne une adhésion rétrospective, au moment où tant d'autres comme Georges Sorel ou Daniel Halévy récusent ou relativisent la leur, plus ou moins. L'auteur de *Jean Barois* se situe délibérément contre Barrès, le barrésisme, le nationalisme renouvelé du moment :

« J'ai eu l'occasion de voir toute l'attitude de Barrès pendant l'Affaire et je ne l'avais jamais bien vue, écrit-il, le 28 juin 1912, à son ami Valmont. J'ai compris enfin ce qu'il y a entre lui et moi, d'incompatibilités essentielles ; nous sommes vraiment de deux races ennemies et tout ce qui l'attire, tout ce qu'il exalte m'est par nature antipathique [8]. »

Martin du Gard a conscience, cependant, que les idées de Barrès et de Maurras imprègnent désormais une partie des nouvelles générations intellectuelles. Une scène de *Jean Barois* témoigne de cette montée en force. Le directeur du *Semeur* reçoit deux jeunes gens, un étudiant en droit et un normalien, qui lui ont envoyé une lettre en réponse à une enquête sur la jeunesse. Ils s'expliquent : la France est aujourd'hui menacée par l'anarchie intellectuelle et morale, celle de la génération de Barois. Eux, représentants de la nouvelle génération, parlent de « discipline », d'« héroïsme », de « renaissance », de « génie national », de « nationalisme », de « classicisme »... Barois se cabre :

« – Est-ce que la génération qui a fait l'affaire Dreyfus mérite d'être qualifiée d'*inactive* ? Aucune génération, depuis la Révolution, n'a eu, plus que la nôtre, à lutter, à payer de sa personne ! Beaucoup d'entre nous ont été des héros ! Si vous l'ignorez, allez apprendre votre histoire contemporaine ! Notre goût de l'analyse était autre chose qu'un stérile dilettantisme, et notre passion pour certains mots qui vous semblent aujourd'hui

8. *Ibid.*, p. 376.

sonores et vides, comme *Vérité* et *Justice*, a pu être, à son heure, inspiratrice d'action ! »

Cette longue conversation était l'écho d'une autre enquête, bien réelle, celle qu'Henri Massis et Alfred de Tarde avaient publiée en cette même année 1913 sous le pseudonyme commun d'Agathon et sous le titre *Les Jeunes Gens d'aujourd'hui*, et dont les parties successives avaient paru auparavant dans le journal *L'Opinion*. Il s'agissait d'une enquête sur l'état d'esprit de la jeunesse des écoles. Enquête rien moins qu'objective, faite auprès d'un public choisi, dont l'échantillon n'était certes pas représentatif de la jeunesse française en général, ni même de la jeunesse étudiante en particulier [9]. Mais si partial qu'il soit, le document vaut comme le signe d'une tendance affirmée, d'idées reçues et répandues au moins dans une certaine partie de l'opinion, et qui corroborent d'autres enquêtes et reportages publiés notamment dans *Le Temps* ou *Le Gaulois*. Selon Agathon, une nouvelle génération s'affirme, dont les membres sont nés vers 1890, et s'identifie contre la génération précédente, celle de l'affaire Dreyfus, contre les maîtres de la Sorbonne, accusés de trahir la culture française au profit de l'allemande, les Gustave Lanson, les Charles Seignobos, les Alphonse Aulard, tout ce « parti intellectuel » (que Péguy fustige sans avoir attendu l'arrivée de ces « jeunes gens »).

Le plan de leur ouvrage donne un bon aperçu de leurs convictions : 1. Le goût de l'action. 2. La foi patriotique. 3. La vie morale. 4. Une renaissance catholique. 5. Le réalisme politique. Les derniers paragraphes clament :

« Ce qui prime tout à nos yeux aujourd'hui, c'est la pensée du relèvement national. Nos lecteurs attentifs l'auront retrouvée, invisiblement présente, à chaque ligne de ce livre. Il n'est rien qui doive l'emporter sur ce sentiment poignant et profond de la patrie humiliée, affaiblie, et dont les forces vives sont menacées. De toutes parts on la sent s'affirmer, cette "renaissance de l'orgueil français" [...]

« Et puisque rien ne peut être plus utile pour la rénovation du pays, qu'une génération sportive, réaliste, peu idéologique, chaste et apte aux luttes économiques, puisque rien ne peut mieux assurer la reviviscence et le salut de la race, il faut que

9. Voir la préface de J.-J. Becker à la dernière édition des *Jeunes Gens d'aujourd'hui*, Imprimerie nationale, 1995.

nous fassions crédit à ses espérances, à ce sentiment si mystérieux qu'elle possède de son audace et de son triomphe, et que nous communiions en elle dans cette foi qui l'anime, toute française, et française avant tout [10]. »

Cet ouvrage, rendu célèbre entre les deux guerres comme l'expression prédictive d'une génération du Feu qui attendait la déflagration armée de pied ferme, ne doit pas être pris pour autre chose que l'expression d'une tendance. Il manifeste, pourtant, une nouvelle « atmosphère morale », dont participe aussi *Jean Barois*. Une enquête parallèle, menée par Jean Texcier, militant des Jeunesses socialistes, et publiée par *La Guerre sociale* de Gustave Hervé, confirme en partie Agathon : les élèves des khâgnes sont jugés « réactionnaires », le catholicisme domine ; à l'École normale supérieure triomphent le cléricalisme et le militarisme [11]... Il serait erroné cependant d'isoler les jeunes gens arrivant à la maturité vers 1912-1913 : c'est l'ensemble de l'élite intellectuelle (littéraire surtout) – nous l'avons déjà vu à propos de la *NRF* – qui est traversée par le renouveau patriotique, voire nationaliste, et religieux, c'est-à-dire catholique. Un autre ouvrage, quasi emblématique, en témoigne, *L'Appel des armes* d'Ernest Psichari, qui, lui, avait trente ans en 1913.

Ce cheminement vers le catholicisme et le nationalisme militaire est d'autant plus frappant que Psichari est un petit-fils d'Ernest Renan, et qu'il avait reçu de son père, le philologue Jean Psichari, une éducation laïque, républicaine et scientiste. En harmonie avec sa famille dreyfusarde, il a participé au mouvement des universités populaires. Son amitié avec Charles Péguy l'a cependant engagé aussi dans la critique du postdreyfusisme politique ; l'enseignement de Bergson constitue une autre étape dans son évolution intellectuelle, qu'une grave crise morale (il fut au bord du suicide) précipite, et qui le conduit à s'engager dans l'armée en 1903. Son attachement à la cause coloniale, au Congo, en Mauritanie, achève son évolution, où se mêlent la foi catholique et l'effusion patriotique. Dans son roman, *L'Appel des armes*, on retrouve un conflit de génération – même si ce n'est pas exactement celui qu'explicite Agathon :

10. *Ibid.*, p. 144-145.

11. J. Texcier, « La Jeunesse des Écoles est-elle réactionnaire ? », *La Guerre sociale*, 21-27 janvier 1913.

un jeune soldat, Maurice Vincent, en butte à la vision du monde de son père, un instituteur pacifiste.

Sa prière du guerrier est expressive :

« Ô mon Dieu, donnez-moi le courage et la vaillance, et donnez-moi la grâce, l'élégance aisée de mon capitaine, lorsqu'il paraît à cheval dans la cour de notre quartier. Donnez-moi la vigueur du corps et la patience de l'âme. Faites que je trouve beau ce qui paraît mesquin aux autres hommes, et faites que j'aie la foi des soldats, Dieu des armées ! Ah ! si vraiment Vous êtes là, dans cette hostie, daignez voir que je ne suis pas mauvais et que, moi aussi, je suis digne de mourir pour une idée. Envoyez-moi dans les pays lointains des Infidèles, sur des champs de bataille ensoleillés, et donnez-moi alors la tranquille bravoure des vieux soldats. Faites que je sois fort, et que je tue beaucoup d'ennemis, et que j'aille ensuite par les déserts, sur des chameaux, dans le perpétuel étincellement de la lumière. Si Vous le voulez, Seigneur Dieu, donnez-moi la grâce de mourir dans une grande victoire et faites alors que je voie au Ciel votre splendeur[12] ! »

La destinée de l'auteur, un des premiers tués de la Grande Guerre, tout comme Péguy, donnera une dimension prophétique à ce livre qui marqua de nombreux esprits. En attendant le sacrifice, Psichari a voulu montrer la force de ses nouvelles certitudes dans le dialogue qui oppose son héros Maurice et le père de celui-ci, Sébastien Vincent.

Quand il arrive en permission chez son père, dans la maison d'école, Maurice se sent totalement étranger à sa propre éducation, à celle que lui a donnée son père. Les deux hommes face à face se sentent empruntés, se redoutant mutuellement. Le père a beau déboucher une bouteille pour fêter le fils, ils en viennent vite à ce qui les divise, Maurice comprenant qu'un mur d'incompréhension le sépare désormais des siens. Tout le discours que lui assène son père lui paraît vieux, sans aucune prise sur le réel. La discussion lui semble vite bien vaine : « A quoi bon ? » :

« – A quoi sert tout ceci, dit-il lentement, et où veux-tu en venir ? Je suis las. Je m'en vais. Je ne veux plus de ton foyer. J'ai des chefs et des maîtres, là-bas, que seuls j'écoute. Et ils me disent cela, et toi, tu es impuissant devant moi, et maintenant, tu ne peux plus rien empêcher. »

12. E. Psichari, *L'Appel des armes*, n^lle^ éd., Louis Conard, 1915, p. 106-107.

L'incommunicabilité entre Maurice et son père est trop douloureuse. Sébastien laisse partir son fils, incapable de le ramener dans son droit chemin :

« – Eh bien, va-t-en, mon fils. Mais écoute bien ceci. Tant que tu persévéreras dans ton erreur, je ne te connaîtrai point et ne t'aiderai point. Va, je suis sûr qu'un jour ou l'autre, tu auras besoin de ton père. »

Le roman, paru en 1913, obtient un grand succès. L'auteur, juste avant l'explosion d'août 1914, entre dans l'ordre des Frères prêcheurs. D'aucuns diront que, sans la Grande Guerre et la mort au front de Psichari, son livre n'aurait pas eu le sens démonstratif qu'on lui a prêté. Gide juge « piètres » les « productions » de Psichari [13]. De fait, *L'Appel des armes* ne compte pas parmi les chefs-d'œuvre de la littérature française, même si Péguy voit dans son ami un « grand écrivain [14] ». Mais le roman vaut comme document. La parenté des attitudes entre Psichari et Péguy, leur évolution parallèle, qui les a conduits tous deux vers l'exaltation de la foi religieuse et la glorification de la guerre, démontrent déjà que nous ne sommes pas devant un cas isolé. Cas limites, sans doute, car peu de néo-nationalistes de 1913 désirent autant l'affrontement armé que ces deux-là, mais traduisant néanmoins la pente d'une certaine élite. Les deux maîtres à penser du nationalisme, Barrès et Maurras, ne s'y trompent pas. Leur influence est profonde, surtout celle de l'Action française, constituée en ligue depuis 1905, et qui dispose depuis 1908 d'un quotidien. Maurras ne peut prétendre à une hégémonie intellectuelle, mais force est de constater la lente et sûre imprégnation de ses écrits, fût-ce indirectement, sur beaucoup. Sans amener nécessairement ses lecteurs à ses conclusions néoroyalistes, il fait circuler nombre des thèmes qui lui sont chers, à commencer par l'antidémocratisme et le culte du classicisme.

Maurice Barrès, qui a encore avivé le sentiment national par sa *Colette Baudoche* (1909), soutient Ernest Psichari pour un Prix du roman à l'Académie française. Maurras, quant à lui, adresse à l'auteur de *L'Appel des armes* son ouvrage *L'Action française et la Religion catholique*. Et Psichari de répondre à celui qui dit se sentir « profondément catholique » mais seulement « en sociologie » :

13. A. Gide, *Journal 1889-1939*, Gallimard, « la Pléiade », 1939, p. 521.
14. Ch. Péguy, *OPC*, *op. cit.*, III, p. 899.

« Certes, de tout cœur nous demandons à Dieu qu'Il vous donne la petite lumière de la foi, d'abord parce que vous méritez plus que quiconque cette paix bienheureuse qu'elle seule peut donner, et puis parce que vous seriez assurément un incomparable défenseur de cette foi. Mais nous disons aussi que l'Église ne peut que profiter du grand courant d'idées saines et robustes dont *L'Action française* est la source [15]. »

Ces convergences entre anciens dreyfusistes et nationalistes pouvaient prendre des formes plus concrètes, comme ce fut le cas de la revue *L'Indépendance*, revue bimensuelle dont le premier numéro paraît le 1er mars 1911 et qui devait rivaliser avec la *NRF*. Jean Variot, ami de Péguy et sympathisant de l'Action française, a convaincu Georges Sorel de fonder avec lui cette revue qui entendait, dans la sphère culturelle, refuser de « confondre le désordre avec la liberté ». Dans son manifeste, Georges Sorel affirme : « Cette revue s'adresse aux hommes de raison qui ont été écœurés par le sot orgueil de la démocratie, par les balivernes humanitaires, par les modes venues de l'étranger – qui veulent travailler à rendre à l'esprit français son indépendance –, qui sont résolus, pour atteindre ce but, à suivre les nobles routes ouvertes par les maîtres de la pensée nationale [16]. » Les frères Tharaud, amis de Péguy, sont du comité de rédaction auquel participe aussi le musicien Vincent d'Indy, catholique antidreyfusard. En février 1912, le comité se transforme, s'ouvrant à Maurice Barrès, Paul Bourget, Francis

15. M. Barrès-Ch. Maurras, *op. cit.*, p. 516.

16. Manifeste cité intégralement dans P. Andreu, *Notre maître M. Sorel*, Grasset, 1953, p. 329. Avant *L'Indépendance*, G. Sorel avait été sollicité par Georges Valois, ancien anarchiste passé à l'Action française, d'unir ses forces aux siennes dans une revue, *La Cité française*, qui ne vit pas le jour. Leur manifeste disait notamment : « Les fondateurs de *La Cité française* représentent des forces diverses des jugements publics, mais ils sont parfaitement d'accord sur ce point : que si l'on veut résoudre dans un sens favorable à la civilisation les questions qui se posent dans le monde moderne, il est absolument nécessaire de détruire les institutions démocratiques » (cité par Chr. Prochasson et A. Rasmussen, *Au nom de la patrie. Les intellectuels et la Première Guerre mondiale 1910-1919*, La Découverte, 1996, p. 20). Une autre trace de cette convergence antidémocratique fut laissée par le Cercle Proudhon, né en décembre 1911, qui publia les *Cahiers du Cercle Proudhon*, où figura Édouard Berth à côté d'intellectuels d'extrême droite, dont Georges Valois. Éphémère tentative, ou « impossible synthèse », selon l'expression de G. Poumarède, *Le Cercle Proudhon : une synthèse impossible ? 1911-1914*, mémoire de maîtrise, Paris-I, 1992.

Jammes… La revue, entre autres pages politiques, prend à tâche de mener campagne contre les instituteurs antimilitaristes. Elle disparaît en août 1913, mais elle aura été un signe de ce nouveau climat intellectuel et politique des années qui précèdent la Grande Guerre, où nombre d'intellectuels croient devoir s'attaquer aux « déclamations démocratiques ».

En un sens, au fond même, le *Jean-Christophe* de Romain Rolland prenait le contre-pied de cette évolution. Le dix-septième et dernier fascicule de ce roman fleuve avait été publié par les *Cahiers de la Quinzaine* en 1912. Si la philosophie du livre est pénétrée de l'esprit européen et pacifiste de son auteur, le pessimisme des faits y contrebalance l'optimisme des idéaux, car la guerre semble fatale. La faute la plus lourde est imputée à l'Allemagne de Guillaume II, indigne de son passé. Mais la France, découverte par notre héros rhénan, est aussi jugée avec férocité pour sa légèreté, son parlementarisme, son anarchie républicaine qui n'est que l'autre face de la dictature franc-maçonne, ses idéologies humanistes, et… l'influence juive dans un Paris au « cosmopolitisme dégénéré [17] ». La fresque se termine par un message d'espoir et de réconciliation entre les peuples, mais la tonalité générale est d'une morosité alarmante. Reste que Rolland refuse de suivre Péguy, son éditeur, dans son évolution nationaliste ; il lui sait gré de son libéralisme : « Je n'admirerai jamais assez la tolérance avec laquelle Péguy avait publié, sans un mot de reproche ou d'objection, mes derniers livres de *Jean-Christophe*, qui faisaient procès de l'évolution récente de la pensée française, à laquelle il participait avec l'équipe d'Agathon – cette poussée fiévreuse de nationalisme guerrier et religieux [18]. » Cela n'empêcha pas davantage Romain Rolland d'obtenir en 1913 le Grand Prix de l'Académie française, où il avait été défendu par Ernest Lavisse, et malgré Barrès.

17. R. Rolland, « La foire sur la place », *Jean-Christophe*, Albin Michel/Livre de Poche, 1990, t. 2, p. 101-266. Certains passages de cette partie du livre sont de l'encre d'un Drumont. Exemple : « Parfois la vraie nature de ces écrivains juifs se réveillait, montait des lointains de leur être, à propos d'on ne savait quels échos mystérieux provoqués par le choc d'un mot. Alors, c'était un amalgame étrange de siècles et de races, un souffle du Désert qui, par-delà les mers, apportait dans ces alcôves parisiennes des relents de bazar turc, l'éblouissement des sables, des hallucinations, une sensualité ivre, une puissance d'invectives, une névrose enragée, à deux doigts des convulsions, une frénésie de détruire… » (p. 161).

18. Cité par F. Laichter, *op. cit.*, p. 253.

La France n'était certes pas livrée exclusivement à un nationalisme revanchard et belliciste. Cette tendance-là n'était qu'une tendance, même si elle se révélait puissante. Le sûr est que le partage si net des esprits lors de l'Affaire a laissé place à plus de confusion. La conjoncture internationale a joué son rôle depuis 1905. La guerre est redevenue possible ; la France est de nouveau menacée : les appels à la discipline, au patriotisme, à la règle nécessaire, se conjuguent, chez beaucoup, avec l'attrait d'une nouvelle spiritualité. Les vieux dogmes positivistes et scientistes sont battus en brèche, subissant notamment l'influence grandissante de la philosophie bergsonienne, élégante antichambre de l'anti-intellectualisme. La déesse Raison est chahutée par les mortels :

« Et voici qu'à l'apogée de cette Raison impériale, écrira Romain Rolland, à l'heure même où son pouvoir, qui si longtemps était resté le privilège d'une élite, semblait s'étendre aux multitudes et où « *le droit et la justice* », comme disait orgueilleusement Parménide, qui croyait s'en être réservé le secret, foulait « *le sentier battu des hommes* » – à cette heure sonnante, son élite perçut les premières secousses qui allaient menacer sa présomptueuse certitude. Les gonds du siècle n'avaient pas fini de tourner sur l'an 1900, que Max Planck ébranlait le premier principe de la physique, le concept de continuité. Cinq ans après, Einstein jetait les bases de la théorie de la Relativité. Le sol tremblait, et son frémissement se communiquait à l'esprit. La philosophie s'éveillait fiévreusement de son lourd dogmatisme. Un monde nouveau de la pensée allait se faire jour. Il était soulevé par un élan mystique ; et il explosa dans une atmosphère d'enthousiasme et de combat [19]. »

Explosion d'irrationnel, apologie de l'action pour l'action, exaltation de l'instinct, goût de l'aventure et du mystère, découverte de l'inconscient, tous ces traits des années 1900 sont alors contemporains d'un extraordinaire bouquet d'inventions techniques : le téléphone, l'auto, le cinéma, l'avion… qui font entrer le monde dans une ère nouvelle. La rationalité industrielle triomphe ; le rationalisme est battu en brèche par la philosophie du jour. Cette antithèse peut constituer un mélange détonant, celui de la technique et de la volonté de puissance, dont la guerre sera l'instrument.

19. R. Rolland, *Péguy*, Albin Michel, 1944, I, p. 17-18.

Plus que le *Jean-Christophe* de Rolland, le *Jean Barois* de Martin du Gard fut un contrepoint au chant funèbre du nationalisme religieux ambiant. Il valut à son auteur bon nombre de critiques, y compris parmi ses vieux amis comme Gustave Valmont, son ancien condisciple de l'École des chartes et l'un de ses correspondants familiers, qu'il avait connu socialiste. En juin 1914, Martin du Gard s'offusque de voir que celui-ci, décidément tombé sous la coupe de Barrès et de Maurras, a pavoisé sa fenêtre de la rue de Solférino de drapeaux bleu et blanc, « retenus en faisceaux par un large écusson peint aux armes de l'Église », le tout en l'honneur de Jeanne d'Arc, qui a été béatifiée par Rome peu de temps auparavant. Du coup, lui manque le « courage » d'aller frapper à la porte de son ami, récent adepte de la « nouvelle sainte de l'Église catholique [20] ». Quand Martin du Gard apprendra la mort de Valmont, tué comme Péguy et Psichari en 1914, il dira : « Sa courbe est celle de toute une génération, celle qui a commencé par lire le *Mercure* et qui ne lisait plus que la revue de *L'Action française* [21]. » Valmont, malgré son amitié, n'avait apprécié que médiocrement *Jean Barois* – ouvrage qui, avec le recul, s'impose comme un pôle de résistance aux inclinations intellectuelles et sentimentales d'une Belle Époque travaillée en profondeur par les chantres de l'antidreyfusisme triomphant.

A son ami André Fernet, qui, faisant son service militaire dans la Marine, lui parle, au début de juillet 1914, de l'« agathonisme » des marins de la *Jeanne d'Arc* dont il a été témoin, Martin du Gard répond que la tradition de la Marine est réactionnaire, ajoutant sur l'état de la France : « Ne nous laissons pas aveugler par l'individuel. Il y a une forte réaction, mais elle est partielle et très localisée. Le socialisme gagne chaque jour, et particulièrement depuis deux ans, un terrain que ses plus fidèles ne pensaient pas acquérir si vite. Ceci aussi est une indiscutable réalité [22]. »

L'actualité semble lui donner raison. Malgré la poussée indéniable du nationalisme dans les rangs intellectuels depuis 1910-1911, les élections législatives du printemps 1914 sont en effet remportées par la gauche.

20. R. Martin du Gard, *Journal*, *op. cit.*, I, p. 493.
21. R. Martin du Gard, *Correspondance générale*, *op. cit.*, II, p. 40.
22. *Ibid.*, p. 28.

15

# *Union sacrée*

Dans la soirée du 31 juillet 1914, Jean Jaurès, rentré de Bruxelles où il a tenu une ultime réunion publique en faveur de la paix, est assassiné au café du Croissant rue Montmartre, à Paris, par un nationaliste du nom de Raoul Villain. Apprenant la nouvelle, Maurice Barrès se rend le lendemain au domicile du tribun socialiste, dont il a été l'adversaire constant, mais qu'il n'a cessé de respecter :

« Je suis allé dès le matin porter une lettre à sa fille. Une cité de villas à Passy, quelques agents à la grille de cette cité. Je vais à la maison, une petite maison, un jardinet de deux mètres devant où se tiennent deux militants. Je monte quatre marches et j'entre dans un couloir au fond duquel il y a l'escalier, sur les deux côtés, deux portes, sans doute le salon et la salle à manger. Dans cet étroit couloir, une table avec les feuilles où je m'inscris. Dans la pièce de gauche toute ouverte, Léon Blum. Je lui serre la main, je lui tends ma lettre. "Vous pouvez la remettre à elle-même." Elle est dans le salon, dénudé, un parloir. Une superbe jeune femme, exactement une statue de la place de la Concorde. Je lui dis que j'aimais son père, que j'avais toujours souffert de devoir être séparé de lui. Elle est calme, naturellement noble et de figure très humaine et sympathique. On m'offre de monter voir Jaurès. J'accepte avec empressement et je vois que je fais plaisir. […]

« Je m'incline devant Jaurès et je redescends l'escalier. En bas, la fille de Jaurès, ma lettre ouverte à la main, des pleurs dans les yeux, me remercie avec une grande noblesse naturelle, une émouvante simplicité et retenue. Dans le jardin, je serre la main des deux militants. Sur le trottoir devant la cité qu'ils gardent, les quatre agents me saluent. Quelle solitude autour de celui dont je sais bien qu'il était, car les défauts n'empêchent rien, un noble homme, ma foi oui, un grand homme : adieu Jaurès, que j'aurais voulu pouvoir librement aimer[1] ! »

Les deux hommes s'étaient combattus à la Chambre, depuis que Jaurès était devenu l'apôtre de la paix. Celui-ci avait-il péché par optimisme, avait-t-il été aveuglé par ses convictions internationalistes – ce que Barrès désignait comme la « pensée allemande » ? En 1912, au Congrès international de Bâle, dans la cathédrale protestante qui l'accueillait, et dont les cloches retentirent aux oreilles des participants comme un hymne à la paix, il avait fait preuve d'une éloquence quasi sacrée, que ses détracteurs moquèrent comme une grandiloquence aveugle. En janvier 1913, Poincaré avait été élu président de la République – « victoire de l'idée nationale », disait *Le Journal*. De fait, le nouveau président déclarait un mois plus tard : « Il est impossible à une nation de vivre en paix, à moins qu'elle ne soit toujours prête pour la guerre. » Le président du Conseil, Louis Barthou, s'employa à faire voter, avec une même détermination, la loi des trois ans, qui permettait de maintenir sous les drapeaux des contingents suffisants pour faire front à une Allemagne forte de 850 000 soldats, quand la France n'en comptait que 480 000. Jaurès entraîna la gauche contre le projet de loi, qu'il qualifia de « crime contre la République ». Militant de la paix, il ne perdait pas de vue la défense nationale, mais il jugeait la loi coûteuse et inopérante ; il défendait, depuis 1910, le principe de la nation armée, appuyée sur les réserves, dans la seule perspective d'une guerre défensive, qu'il explicitait en 1911 dans *L'Armée nouvelle*. Les socialistes, épaulés par bon nombre de radicaux pacifistes, perdirent la bataille ; la loi fut votée. Mais la mobilisation pour la paix s'amplifiait. Le 25 mai, juste avant le vote, Jaurès redoubla d'éloquence devant un immense rassemblement en plein air, au Pré-Saint-Gervais. Les élections de 1914 virent la victoire de la gauche, socialistes derrière Jaurès et radicaux derrière Caillaux, les uns et les autres résolus à abolir la loi des trois ans, ce que la précipitation des événements rendit impossible.

La campagne passionnée de Jaurès, à la fois en France et dans les rencontres de l'Internationale socialiste, attira sur sa tête la haine des nationalistes et l'hostilité de tous ceux qui se défiaient

1. M. Barrès, *Mes Cahiers*, *op. cit.*, 1963, p. 735-736.

de son optimisme congénital. Pour Maurras et *L'Action française*, il était devenu l'ennemi à abattre. Léon Daudet se défend dans ses *Souvenirs* d'avoir voulu la mort de Jaurès ; il n'en écrivait pas moins le 23 juillet 1913 dans *L'Action française* : « Nous ne voudrions déterminer personne à l'assassinat politique mais que M. Jaurès soit pris de tremblement. » Daudet, comme Barrès, faisait de Jaurès une victime de la pensée allemande :

« L'aveuglement de Jaurès [...] était quelque chose de formidable. Cela tenait, je pense, à la culture pro-allemande philosophique qu'il avait reçue, comme tous ceux de notre génération, mais qui chez lui avait fait plus de ravages que chez quiconque. Il est même curieux que ce Latin ait été à ce point imprégné de la plus lourde et confuse métaphysique qui soit au monde [2]. »

Une des charges les plus violentes contre Jaurès, au moment de la discussion de la loi des trois ans, est le fait de Péguy dans *L'Argent (suite)*, qui paraît à la fin d'avril 1913. Non seulement Jaurès y est accusé d'aveuglement (comment peut-il s'imaginer que la social-démocratie allemande pourrait empêcher la guerre ?), mais aussi de trahison, étant devenu un « agent du parti allemand ». Et Péguy d'ajouter : « Je suis un bon républicain. Je suis un vieux révolutionnaire. En temps de guerre, il n'y a plus qu'une politique et c'est la politique de la Convention nationale. Mais il ne faut pas se dissimuler que la politique de la Convention nationale, c'est Jaurès dans une charrette et un roulement de tambour pour couvrir cette grande voix. »

Dans les rangs mêmes du Parti socialiste, l'optimisme de Jaurès avait été contesté. A la fin de l'année 1912, Charles Andler, professeur à la Sorbonne, Alsacien et germaniste, avait publié deux articles sur les socialistes allemands, incapables à ses yeux d'arrêter la marche à la guerre. Ces articles, refusés à *L'Humanité* par Jaurès, imprimés dans la revue radicale *L'Action nationale*, étaient sortis en brochure sous le titre : *Le Socialisme impérialiste dans l'Allemagne contemporaine* [3].

La bataille politique sur la loi des trois ans avait laissé des traces. Jusqu'au bout, Jaurès avait espéré sauver la paix par l'entente des socialistes français et des socialistes allemands, par une grève générale préventive et simultanée dans les deux

2. L. Daudet, *Souvenirs et Polémiques*, *op. cit.*, p. 745.
3. Voir C. Prochasson, « L'affaire Andler/Jaurès. Une analyse de controverse », *Jean Jaurès Cahiers trimestriels*, n° 145, juillet-septembre 1997.

pays. Ce volontarisme, nourri d'amour pour la paix autant que d'illusion, lui avait valu d'être assassiné par un intoxiqué de la presse nationaliste. Trois jours après, l'Allemagne déclarait la guerre à la France.

Le dernier hommage rendu par Barrès à Jaurès sur son lit de mort, le jour même où était affiché l'ordre de mobilisation générale, préfigure l'« Union sacrée », selon l'expression que Raymond Poincaré utilise pour la première fois dans un message au Parlement, le 4 août 1914. Le mouvement ouvrier français – la CGT et la SFIO –, après des années de lutte en faveur de la paix, se déclare pour la défense nationale. Le 2 août, l'ancien communard Édouard Vaillant s'écrie dans un meeting de la salle Wagram : « En présence de l'agression, les socialistes accompliront tout leur devoir pour la Patrie, pour la République et la Révolution. » Le lendemain : « Que les flots de sang qui ont commencé de couler sur les plaines de la Meuse, écrit *La Bataille syndicaliste*, retombent sur la tête de Guillaume II et des pangermanistes ! » Sur la tombe de Jaurès, le 4 août, le secrétaire général de la CGT, Léon Jouhaux, dit sa « haine de l'impérialisme allemand ». Le même jour, le groupe socialiste, imitant la social-démocratie à Berlin, vote les crédits de guerre au Parlement. A la fin du mois, deux socialistes entrent au gouvernement Viviani, Jules Guesde, comme ministre d'État, et Marcel Sembat aux Travaux publics, suivis par Albert Thomas qui deviendra ministre de l'Armement. Il n'y a plus qu'une voix en France contre l'agresseur germanique.

A la mort d'Albert de Mun, une des grandes figures du « parti catholique », au lendemain de la victoire de la Marne, Vaillant, qui avait été son ennemi irréductible, écrit dans *L'Humanité* :

« Mais aujourd'hui, [...] ce n'est plus de l'histoire politique des partis, mais de la défense nationale qu'il s'agit. C'est d'elle qu'aux derniers jours de sa vie Albert de Mun avait, par-dessus tout et avec passion, souci [4]. »

L'Union sacrée qui s'était faite si rapidement dans le personnel politique se réalise aussi très vite chez les intellectuels. D'une certaine manière, la déclaration de guerre était une revanche du nationalisme antidreyfusard : l'armée redevenait sacrée, le culte de la nation signifiait clairement l'organisation

4. Cité par G. Lefranc, *Le Mouvement socialiste sous la Troisième République (1875-1940)*, Payot, 1963, p. 200.

de la haine antiallemande ; la chasse aux espions (vrais ou faux) devenait licite… Les dreyfusards ne voulurent pas être en reste. A défaut de prendre le fusil, les exemptés par l'âge ou par la maladie se jugèrent engagés au moins moralement. Montherlant raconte à ce sujet une anecdote qui concerne Barrès :

« “Je m'engage…” dit Barrès en août 1914. Les bravos couvrirent la suite de la phrase, qu'on n'entendit pas, et qui était : “Je m'engage à écrire, la guerre durant, un article par jour à *L'Écho de Paris*.” D'où un long malentendu. »

Et Montherlant d'expliquer Barrès :

« Son système de l'article quotidien, il s'y est résolu pour deux motifs. 1° Vanité : désir d'imposer sa présence sans relâche, de s'identifier aussi peu à peu avec la chose nationale, et 2° amour sincère de cette chose nationale, préférant servir à la petite semaine, parce que cela lui paraissait plus pressant, au grand service de faire à l'écart des œuvres plus durables [5]. »

A la fin du conflit, tous ces articles formeront les quatorze volumes de sa *Chronique de la Grande Guerre*. De 1914 à 1918, Barrès multiplie les démarches, les initiatives, les visites. Il commémore, il célèbre, il préside, il inaugure, il enterre, il lance des appels en faveur des invalides de guerre, il demande qu'on instaure une décoration spéciale pour les braves (et la Croix de guerre est créée en 1915), il couvre de ses discours le son du canon qui menace Paris… Si, à cinquante-deux ans, il ne s'est pas engagé volontairement dans les armées de la République, il ne désarme pas un instant, durant tout le conflit, dans la guerre morale et idéologique.

Son nationalisme prend un tour nouveau. Ce qu'il exprime désormais, ce n'est plus l'antidreyfusisme exclusif, antisémite, en quête d'une improbable race française, mais un nationalisme de réconciliation, un nationalisme d'Union sacrée, comme l'exaltent ses *Diverses Familles spirituelles de la France*, parues en 1917.

« Le génie de la France, écrit-il, sommeillait sur un oreiller de vipères. Il semblait qu'il allât périr étouffé dans les nœuds dégoûtants de la guerre civile. Mais les cloches sonnent le tocsin, et voici que le dormeur se réveille dans un élan d'amour. Catholiques, protestants, israélites, socialistes, traditionalistes,

5. H. de Montherlant, *Carnets. Années 1930 à 1944*, Gallimard, 1957, p. 264-265.

soudain laissent tomber leurs griefs. Les couteaux de la haine, par enchantement, disparaissent. L'innombrable querelle sous le ciel livide fait silence. Chacun dit : "Je ne me mettrai pas, fût-ce par une pensée secrète, en travers de rien qui travaille au salut de la patrie" [6]. »

Maurras et *L'Action française* profitèrent de la guerre pour imposer leur légitimité politique au-delà des rangs de leurs fidèles. Dès le début du conflit européen, Léon Daudet se fit une spécialité de dénoncer les espions, les ennemis de l'intérieur, les étrangers, les juifs allemands naturalisés. Cependant, *L'Action française*, dans l'esprit de l'Union sacrée, parut à certains de ses lecteurs trop modérée, et quasi « gouvernementale [7] ». André Gide, tombé dans l'admiration, décidait de s'abonner au journal de Maurras ; Proust et Apollinaire l'appréciaient aussi ; *Le Figaro*, *L'Écho de Paris*, *La Croix*, et tant de quotidiens de province, répétaient ses formules les plus jusqu'au-boutistes. La Grande Guerre fut l'occasion pour le mouvement de Maurras de faire un bond en avant. En soutenant Poincaré et Clemenceau, *L'Action française* acquit la reconnaissance de tout un secteur du nationalisme français peu disposé *a priori* à suivre le doctrinaire du nationalisme intégral, qui devait sortir de la guerre plus fort que jamais.

Le ralliement de l'intelligentsia de gauche à l'Union sacrée était moins prévisible ; pourtant, peu de noms manquèrent à l'appel. A la fin de 1914, Paul Léautaud s'attriste de voir Remy de Gourmont, ancien critique du chauvinisme, emboucher la trompette :

« Gourmont a renié *Le Joujou patriotisme* [8]. Je lis cela dans *L'Action française* et *L'Écho de Paris*, qui fêtent le retour de l'enfant prodigue. Je préfère ne pas aller le voir. Je ne pourrais me retenir de lui dire ce que je pense de ce reniement, quand cet article n'a justement jamais été mieux de circonstance [9]. »

Gourmont, parangon de l'anticléricalisme et de l'antimilitarisme, naguère fustigé par la revue de Gide, rentrait, selon l'ex-

6. M. Barrès, *Les Diverses Familles spirituelles de la France*, Émile-Paul Frères, 1917.

7. Voir E. Weber, *op. cit.*, 1985, p. 113.

8. Titre d'un article de R. de Gourmont publié le 25 mars 1891 dans *Le Mercure de France*, article qui valut à Gourmont son licenciement de la Bibliothèque nationale, où il était attaché.

9. P. Léautaud, *Journal littéraire*, I, *1893-1928*, Mercure de France, 1986, p. 957.

pression de son ami Léautaud, « dans le troupeau ». D'où venait ce patriotisme, ce nationalisme souvent mêlé de haine antigermanique, que tant d'intellectuels de gauche du reste se mirent à partager ? S'agissait-il d'un retour du refoulé ? Du vieux fonds tribal qui n'avait été que superficiellement recouvert par un dépôt de civilisation ? En fait, il y avait toujours eu un nationalisme républicain, celui que Péguy n'avait fait qu'exprimer avant les autres intellectuels de gauche, socialistes et autres, en évoquant le souvenir de la Convention. L'idée était largement partagée que la France était le sanctuaire de la Révolution, une terre sainte de la liberté, qu'il convenait de défendre contre la barbarie germanique. Dans cette perspective de reviviscence de l'An II, évoquée par Léon Jouhaux sur la tombe de Jaurès, les historiens apportèrent leur savoir et leur passion.

La guerre durant, Alphonse Aulard, titulaire de la chaire d'histoire de la Révolution française à la Sorbonne, ne cesse d'expliciter le lien entre les patriotes de 93 et les nouveaux « poilus ». Aulard était radical et partisan de Danton. Albert Mathiez, lui, ancien coturne de Péguy, autre spécialiste de la Révolution, était socialiste et admirateur de Robespierre. Encore pacifiste en février 1914, il avait été des signataires d'une pétition adressée au gouvernement français, afin que celui-ci renonçât à toute prétention de récupérer l'Alsace-Lorraine [10]. La guerre déclarée, il met son ardeur et ses connaissances dans la défense de l'Union sacrée, en publiant notamment une série d'articles dans *Le Rappel* qui deviennent *La Victoire en l'an II*, dédiée à ses étudiants « morts au champ d'honneur », et commentée élogieusement dans *L'Humanité*. Un autre historien, Hubert Bourgin, camarade de Mathiez, membre du Parti socialiste, militant des universités populaires, hier adversaire de la loi des trois ans, publie dans *L'Humanité* des articles bellicistes qu'il signe « le Soldat-citoyen ». La guerre menée par les Français était celle du droit et de la liberté, contre la barbarie allemande. Pour la gauche intellectuelle, 1914 devenait une nouvelle phase de la guerre révolutionnaire de 1792-1793 menée contre le despotisme.

Écrivains de gauche, écrivains de droite, les uns et les autres participèrent allègrement au « bourrage de crâne ». Il est remar-

10. Voir S. Luzzatto, *L'Impôt du sang. La gauche française à l'épreuve de la guerre mondiale (1900-1945)*, Presses universitaires de Lyon, 1996, p. 26.

quable de voir Gustave Hervé, l'antipatriote, l'antimilitariste, jadis stigmatisé par Péguy, devenir un des chantres de *La Victoire*, nouveau titre de son ancienne *Guerre sociale*, qui proclamait dans son premier numéro du 1er janvier 1916 : « La Marne, c'est Valmy, un gigantesque Valmy. » Collaborent au journal d'Hervé le chansonnier libertaire Montéhus, Séverine, Victor Basch, président de la Ligue des droits de l'homme...

Anatole France, lui, eut quelques déboires pour avoir écrit qu'une fois vainqueurs les Français devraient admettre dans leur amitié l'ennemi vaincu, ce qui lui valut un courrier hargneux et quelques jets de pierres sur les volets de sa propriété [11]. Mais l'auteur de *L'Ile aux Pingouins* se reprit vite et donna des articles au *Petit Parisien* qui ne trahissaient pas l'Union sacrée, opposant les « Barbares » d'Allemagne aux braves soldats français, « pleins de courage et de sagesse ». Léon Bloy, dont le Journal est émaillé des abominations – vraies et imaginaires – commises par les Allemands sur le territoire français, écrit à son ami Philippe Raoux, le 20 décembre 1914, ce que maint intellectuel ressent alors :

« La vérité, l'évidence crevant l'œil, c'est que l'Allemand, à tous les étages, est une abominable crapule haineuse et envieuse qui ne nous pardonnera jamais notre supériorité millénaire, sachant très bien, malgré sa "Kultur" de cuistres et d'esclaves, et sentant avec rage qu'elle n'a d'autre raison d'exister, d'autre subsistance réelle que nos croûtes et d'autre fonction que de rincer nos pots de chambre [12]. »

Revanche de la civilisation française sur la culture allemande qu'exprimait encore, dans un langage plus châtié, Henri Bergson en ses conférences : « La lutte engagée contre l'Allemagne est la lutte de la civilisation contre la barbarie. Tout le monde le sent, mais notre Académie [des sciences morales et politiques] a peut-être une autorité particulière pour le dire. Vouée en grande partie à l'étude des questions psychologiques, morales, et sociales, elle accomplit un simple devoir scientifique en signalant dans la brutalité et le cynisme de l'Allemagne, dans son mépris de toute justice et de toute vérité, une régression à l'état sauvage [13]. »

Qui put résister à l'appel de l'Union sacrée ? Il y eut les silen-

11. M.-C. Bancquart, *op. cit.*, p. 345-347.
12. L. Bloy, *Au seuil de l'Apocalypse*, Mercure de France, 1963, p. 127.
13. Cité par Chr. Prochasson et A. Rasmussen, *op. cit.*, p. 131.

cieux, ceux qui firent leur devoir militaire s'ils étaient en âge de le faire, mais sans tomber dans l'ivresse belliciste. Roger Martin du Gard en fut un bon exemple. Enrégimenté dans le service des autos, il résiste à la passion collective, comme on le voit par sa correspondance et les notes intermittentes de son Journal, où il se plaît à démythifier le « sentiment patriotique ». A son ami Pierre Margaritis, il écrit le 26 décembre 1914 :

« Tu lis *L'Écho de Paris*, n'est-ce pas ? Le seul journal officiel que la censure respecte… Barrès, Bourget, “Le Noël du soldat”, “Le tricot du combattant”, “Où sont nos chers blessés ?”. Je vomis ce journal tous les soirs où je peux le trouver, et c'est une joie amère que de me sentir si ferme dans ma personnalité, si peu désaxé par les événements, si sûr de la vérité, si clairvoyant de leurs inconscients odieux cabotinages. D'ailleurs, toute la presse me révolte, *je ne peux lire aucun journal*, aucune élucubration. Comment ceux dont la fonction est de parler ou d'écrire, ne sentent-ils pas passer en ce moment une fatalité qui les dépasse et les oblige au silence [14] ? »

Le *Journal littéraire* de Léautaud témoigne d'une même résistance silencieuse : « La guerre, écrit-il le 3 janvier 1916, c'est le retour légal à l'état sauvage. » L'abbé Mugnier, prêtre lettré, ami des écrivains, qui tient aussi son Journal, se désole de voir le patriotisme considéré au-dessus de l'humanité, au-dessus de la religion : « C'est que le patriotisme permet la haine et l'humanité non. On veut pouvoir détester, haïr. On est français contre ceux qui ne le sont pas. L'Évangile subit un nouveau recul. Mais l'Église n'y gagnera rien [15]. »

Plus hardie fut la résistance de Romain Rolland qui, réfugié en Suisse au début de la guerre, publia huit articles dans *Le Journal de Genève* d'août à décembre 1914, et qui, réunis, devaient devenir la brochure célèbre *Au-dessus de la mêlée*. L'auteur de *Jean-Christophe* n'y faisait pas profession d'antipatriotisme, mais il défendait les droits de l'esprit et de la culture face aux démons de l'égoïsme national. Rolland, mal lu ou volontairement mal reçu, devint le bouc émissaire des nationalistes, le champion haïssable du pacifisme. Henri Massis écrit un *Romain Rolland contre la France*, que publie le Mercure, ce qui met en rage Léautaud qui y travaille. Aulard s'en prend

14. R. Martin du Gard, *Journal*, *op. cit.*, I, p. 585.

15. *Journal de l'abbé Mugnier (1879-1939)*, Mercure de France, 1985, p. 293.

dans *L'Information* à celui qui fut son collègue à la Sorbonne, l'accusant de rechercher en historien « des excuses pour l'Assassin », cette Allemagne qui tente d'anéantir la France.

Cependant, l'exemple de Romain Rolland est suivi dès 1915 par quelques revues pacifistes qui tentent d'échapper à la purulence du chauvinisme. Ce sont *Franchise*, *La Caravane*, *L'École de la fédération*, *Les Cahiers idéalistes français*, toutes reconnaissantes à l'égard de Rolland, « l'un des maîtres intellectuels et moraux dont la France aura besoin [16] ». Parmi les animateurs de ces revues, l'un se mit nettement en évidence, Henri Guilbeaux, et sa revue *Demain*, cible entre autres d'Alphonse Aulard : « Romain Rolland, écrivait-il, est l'un des rares guides intellectuels qui aient conservé la lumière de la foi toute radieuse et claire et n'aient pas renoncé à leur robuste idéal. »

Alain représente une autre forme de protestation contre la guerre. De son vrai nom Émile Chartier, professeur de philosophie à Rouen, combiste de conviction et adversaire de la loi des trois ans, il ne s'est pas moins engagé volontairement en 1914, malgré son pacifisme. C'est précisément parce qu'il est pacifiste, et ne veut pas passer pour un lâche, qu'il entend voir les choses de l'intérieur et se donner le droit moral d'en juger : « Je m'enfuis aux armées, dit-il, aimant mieux être esclave de corps que d'esprit. » Au milieu des combattants, il rédige sur le vif, entre le 18 janvier et le 17 avril 1916, *Mars ou la guerre jugée*, dont la version définitive sera publiée en 1921. Clandestinement, il fait circuler la même année, après Verdun, sa lettre *Au peuple allemand*, où il écrit : « De toute façon pour l'avenir, pour la Justice, pour le Droit, il faut une paix noble [17]. »

Le 10 mai 1917, Roger Martin du Gard écrit à son ami Margaritis : « J'ai découvert [...] un journal assez épatant, deux numéros déjà, *La Tranchée républicaine* ; collaborateurs : Barbusse, Romain Rolland ; parsemé, lui aussi, de ces grands mots où se raccroche l'espoir des idéologues impénitents, mais animé d'un esprit d'opposition et d'un appétit de paix internationale, dont le ragoût a bon fumet pour mes narines d'aujourd'hui. Procure-toi ça – 5, rue Grange-Batelière. Le mercredi. Dix centimes [18]. »

16. Chr. Prochasson et A. Rasmussen, *op. cit.*, p. 149-151.
17. Cité par A. Sernin, *Alain. Un sage dans la Cité*, Robert Laffont, 1985, p. 183.
18. R. Martin du Gard, *Journal*, *op. cit.*, I, p. 796.

Henri Barbusse avait publié, l'automne précédent, d'abord en feuilleton dans *L'Œuvre*, puis, au mois de décembre en librairie, *Le Feu, journal d'une escouade*, qui lui avait valu le prix Goncourt 1916, malgré l'hostilité affichée et militante d'un des membres du jury, Léon Daudet (« livre ignoble, bas et dissolvant, qui ne peut que servir l'ennemi »). Ce roman, rompant nettement avec le genre cocardier qui fleurissait, fut une des représentations les plus fortes des réalités de la guerre, que la censure n'interdit pas, car il était écrit aussi à la gloire des combattants que l'horreur quotidienne accablait. L'auteur, né en 1873, était de la génération des fondateurs de la *NRF*. Il venait d'une famille protestante des Cévennes, dont il ne partageait plus la foi religieuse mais dont il avait hérité l'idéal républicain. Avant la guerre, journaliste, il avait écrit des poèmes, des contes, et obtenu une certaine notoriété avec son roman *L'Enfer*, en 1908. D'esprit pacifiste, il assurait le secrétariat de la rédaction de la revue publiée par la Société française pour l'arbitrage entre les nations, *La Paix par le droit*. Comme Alain, il s'engage volontairement en 1914, malgré son âge et son état de santé, et reste environ un an et demi au front, comme simple soldat. De cette expérience, qui lui fait découvrir les souffrances implacables des poilus, il tire la matière de son roman, *Le Feu*. La critique est dans l'ensemble très favorable, mais le réalisme du récit semble avoir une double signification : un hommage rendu aux soldats dans la boue, mais aussi une dénonciation de la guerre ; l'une et l'autre ne sont pas contradictoires. La critique nationaliste ne s'y trompe pas et n'hésite pas à accuser Barbusse de défaitisme : « Le livre de Monsieur Barbusse, écrit Maurras, a la même vertu que ces feuilles socialistes qui donnent le cafard dans la tranchée [19]. » L'auteur est désormais engagé dans son combat pour la paix, son nom s'est imposé.

André Gide fait un peu la moue en lisant *Le Feu* : « Excellent, écrit-il dans son Journal le 7 mars 1917, tant qu'il consent à ne pas être intelligent ; exécrable dans les derniers chapitres, où il se pique de penser et incline les dialogues vers des fins qui sont comme ses conclusions sur la guerre. » Quelques mois plus tard, le 9 décembre, il note qu'il a écrit à Maurras « à pro-

19. Cité par A.-L. Chain, *Les Prix Goncourt de la Première Guerre mondiale 1914-1918*, mémoire de DEA, IEP de Paris, 1996, p. 133.

pos d'une remarquable lettre sur le livre de Barbusse, parue dans *L'Action française* ». Martin du Gard, toujours vigilant, écrit le 24 décembre à Margaritis qu'il croit avoir reconnu la patte de Gide dans une lettre anonyme publiée le 21 dans le quotidien de Maurras. Il enchaîne :

« [Je] suis très mortifié de ce "crédit provisoire" qui fait que la NRF ne sera jamais complètement ma maison. Gide n'a jamais réfléchi aux choses de la politique. C'est un rêveur, un dilettante qui a vécu quarante ans sans lire un journal. Sur le tard, la vie sociale fait tant de bruit autour de sa retraite qu'il finit par mettre son nez dehors. Il se perd vite, dans tout ce brouhaha. *L'Action française* lui offre le mirage d'un certain ordre logique, tout intellectuel. [...] Le cas de Gide est symptomatique. Il est fréquent aujourd'hui. Pourtant *L'Action française*, à bien regarder, ne représente rien, à peu près rien [20]. »

Il n'empêche, le journal et la pensée de Maurras avaient bénéficié du climat intellectuel et moral de la guerre. En mettant une sourdine à leur néo-royalisme, occupés surtout de la guerre et de la nation, Maurras et ses collaborateurs devaient apparaître au lendemain du conflit comme les grands vainqueurs du débat intellectuel. Situation paradoxale, sans doute, puisque Maurras avait toujours prédit l'incapacité du régime républicain à assumer une guerre et à la remporter – ce qui ne plaidait pas en faveur de sa lucidité. N'empêche, *L'Action française*, procureur de la foi patriotique, avait séduit par son intransigeance ; elle connut son premier apogée en 1918 [21].

Maurice Barrès, lui aussi, avait été omniprésent au long du conflit – à la Chambre, à l'Académie, à la « une » de *L'Écho de Paris*, dans les églises et dans les cimetières... –, mais il restait un écrivain isolé. En 1918, il fait ce bilan plein de morgue :

« Les hommes politiques n'ont pas su penser cette guerre. Elle a débordé tous les cerveaux, celui de Briand, celui de Lloyd George. Ils ne l'ont pas dirigée. [...] Eh bien, la faillite des intellectuels n'a pas été moindre. A. France, c'est le silence. Bourget se tait après quelques mois de réflexion. Ils n'ont pas cherché à dégager les directives. Un seul, Romain Rolland, osa. Il pécha par orgueil, les autres par humilité.

20. R. Martin du Gard, *Journal*, *op. cit.*, I, p. 866-867.
21. Voir P. Nora, « Les deux apogées de l'Action française », *Les Annales*, janv.-février 1964.

« Étrange péché, si j'interroge mon cas, je vois bien que je l'ai commis. Je n'aspirais qu'à servir. Continuellement j'ai fait une besogne inférieure. C'était bien, de soutenir le moral chaque jour, mais ne me suis-je pas noyé dans cet excès de travail [22] ? »

En somme, il n'y avait eu que le pacifiste Romain Rolland et le patriote Maurice Barrès pour honorer le courage des lettres françaises. Ce n'était qu'un raccourci avantageux, Barrès se posant en père noble de la victoire pour ne pas avoir manqué son rendez-vous quotidien avec les lecteurs de *L'Écho de Paris*. Le vrai est qu'en face l'état de guerre, la mobilisation, la censure, la peur de manquer à son devoir de citoyen, avaient mis sous le boisseau les protestations contre le carnage.

La Grande Guerre, cependant, avait accouché d'un autre monstre, là-bas, à Moscou, à Petrograd, où la révolution russe avait commencé à changer la face du monde.

22. M. Barrès, *Mes Cahiers*, *op. cit.*, 1963, p. 803.

## 16

# *La mort de Barrès*

La Grande Guerre et la révolution bolchevique sortie de ses flancs ont précipité les bouleversements qui s'annonçaient dans les années 1910. Qui pouvait encore proclamer, sur les ruines, sa confiance en la science, « bienfaitrice de l'humanité », comme l'avait fait jadis le Renan de *L'Avenir de la Science* ou, plus récemment, le chimiste Marcelin Berthelot [1] ? Naguère synonyme de civilisation, la science était devenue désormais pour beaucoup associée à la destruction. Elle avait apporté aux techniques de guerre une puissance sans précédent mais restait muette face aux questionnements sur la condition humaine.

La guerre et la révolution russe qui suivit avaient aussi réaffirmé les exigences de l'instinct, le travail de l'inconscient et les appels à l'action. La mort et l'héroïsme avaient fait bon ménage. On compta les martyrs : certes, l'Allemagne était vaincue, mais la France était exsangue. Les écrivains n'avaient pas été épargnés : dès 1914, Charles Péguy, Alain-Fournier, Ernest Psichari, étaient tombés au « champ d'honneur »… Le carnage encouragea au pacifisme le grand nombre, mais ne désarma point le nationalisme qui s'était nourri de la chair des combattants. Dès la fin du conflit se dessine la ligne de démarcation entre les tenants d'une paix juste, fondée sur le droit et une Société des nations, et ceux qui veulent protéger le territoire national au prix d'une intransigeance exagérée face à une trop jeune République de Weimar.

En Russie, Lénine avait fait triompher le volontarisme de l'action contre les détenteurs du marxisme scientifique. A la

1. M. Berthelot, *Science et Éducation*, en 1903, et *Science et Libre Pensée*, en 1906.

tête de son parti, il avait su jouer des contradictions qui minaient le gouvernement provisoire issu de la révolution de Février pour imposer le coup de force d'Octobre, et, peu à peu, le pouvoir sans partage du parti bolchevique.

Pendant toute l'année 1919, l'Europe est hantée par le spectre de la contagion révolutionnaire dont l'Allemagne semble la première proie ; au mois de mars, Lénine pose les bases de l'Internationale communiste, qui soulève à travers le continent l'espoir de millions de militants écœurés par la guerre. Les grèves et les émeutes se multiplient en Italie, au Portugal, en France… A Munich, une République des Conseils se constitue ; à Budapest, Béla Kun maintient un pouvoir communiste de mars à juillet 1919… Avant de retomber au début des années 1920, la grande vague partie de l'Est provoque en retour des raz de marée en chaîne. Les Alliés lancent des expéditions contre les rouges de Russie ; ils soutiennent la Pologne qui repousse une attaque soviétique. Sur les rivages de la Baltique, des soldats perdus de l'ancien Reich, des « réprouvés » regroupés autour de quelques condottieres, recommencent à se battre, cette fois contre les bolcheviques. En Italie, la crise sociale et politique de l'après-guerre amène, en octobre 1922, Mussolini, un dissident du Parti socialiste italien, au pouvoir, après la mythique « Marche sur Rome ». En Pologne, peu après, Pilsudski fonde un régime autoritaire. L'année suivante, Primo de Rivera instaure sa dictature en Espagne. En Allemagne, les mouvements nationalistes et contre-révolutionnaires s'arment clandestinement…

Les événements de Russie ont été salués en France par Georges Sorel, sûr d'y reconnaître les valeurs de l'héroïsme qu'il appelait contre le rationalisme et le scientisme de la démocratie. En septembre 1919, dans son *Pour Lénine*, il stigmatise les démocraties acharnées à étouffer la Russie révolutionnaire : « Maudites soient les démocraties ploutocratiques qui affament la Russie ; je ne suis qu'un vieillard dont l'existence est à la merci des minimes accidents ; mais puissé-je avant de descendre dans la tombe voir humilier les orgueilleuses démocraties bourgeoises aujourd'hui cyniquement triomphantes [2]. » En mars 1921, il écrit à l'historien italien Guglielmo Ferrero : « Je ne vois de salut que dans la révolution russe, et je m'accroche,

2. Cité par P. Andreu, *op. cit.*, p. 103.

avec désespoir, à cette seule planche de sauvetage[3]. » Après le syndicalisme révolutionnaire et le nationalisme, Sorel reportait ses espérances sur les soviets.

L'arrivée de Mussolini au pouvoir est saluée le 31 octobre 1922 par *L'Action française* : « L'ascension du *fascio* – quel que soit l'avenir qui dépend de la force et de la sagesse de son chef – est en effet un symptôme éclatant d'une poussée à droite qui se remarque en bon nombre de pays, surtout dans les pays latins. » Gustave Hervé, qui a décidément renoncé à son antipatriotisme d'avant la guerre, applaudit lui aussi, le 3 novembre, dans *La Victoire*, à l'exemple de l'Italie, au « redressement » national qui vient de s'y produire, et que les Français patriotes doivent imiter.

En ces lendemains de guerre agités, chaotiques, chargés d'espoirs et de peurs, Maurice Barrès vit les dernières années de son existence en personnage officiel. Chantre de l'Union sacrée – « rossignol du carnage », selon Romain Rolland –, il est de toutes les cérémonies de la victoire. Le voici à Metz « noble ville enivrée d'avoir retrouvé son bonheur », le voici à Colmar délivrée, le voici à Strasbourg redevenue capitale de l'Alsace française, où il entend un *Te Deum* à la cathédrale. Il veut que la victoire porte ses fruits, et il adhère comme beaucoup à l'idée d'une République rhénane, échappant au système prussien. Le 28 juin 1919, il assiste à Versailles, à côté de Barthou, dans la galerie des Glaces, à la signature du traité de paix. Le 14 juillet, pour le défilé de la victoire à Paris, il siège à la tribune officielle.

En novembre se déroulent les élections législatives, qui se font au scrutin de liste à deux tours. Avec Alexandre Millerand, définitivement émancipé du socialisme, il mène la liste du Bloc national dans le deuxième secteur de Paris. L'accord entre les deux hommes passe par un compromis réciproque : Millerand consent à la reprise des relations avec le Vatican; Barrès accepte pleinement le principe de la laïcité et la loi de Séparation des Églises et de l'État. Il voit son mandat de député renouvelé dans une Chambre baptisée « bleu horizon ». En 1920, année où il achève sa trilogie sur *Les Bastions de l'Est* avec *Le Génie du Rhin*, il se réjouit qu'une de ses idées très chères se concrétise : la Chambre vote l'instauration d'une fête annuelle consacrée à Jeanne d'Arc, le deuxième dimanche du mois de

3. Cité par Sh. Sand, *L'Illusion du politique*, La Découverte, 1984, p. 21.

mai, qui sera la fête du patriotisme. En 1920 toujours, il met un terme aux quatorze volumes, publiés chez Plon, de sa *Chronique de la Grande Guerre*.

Intellectuel organique du Bloc national après avoir été, la guerre durant, occupé à relever le moral des troupes, l'« excitateur patriotique » est menacé par l'académisme, le pompiérisme et le conformisme. D'aucuns, jouant sur les mots, brocardent durement ce « littérateur du territoire ». Une bande de jeunes écrivains, révoltés par le massacre, en viennent à faire de l'éditorialiste de *L'Écho de Paris* l'incarnation de tout ce qu'ils détestent. Le mouvement Dada, fondé pendant la guerre à Zurich par Tristan Tzara, décide même de lui faire un procès public, que la revue *Littérature* annonce pour le vendredi 13 mai 1921 à la salle des Sociétés savantes, rue Serpente, près du métro Odéon. Mieux qu'une simple mascarade, c'est l'affirmation d'une nouvelle génération qui a fait la guerre et appellera bientôt à la révolution. André Breton et Louis Aragon en sont les vrais initiateurs :

« Le problème soulevé, qui est en somme d'ordre éthique, écrit Breton, peut sans doute intéresser d'autres d'entre nous, pris individuellement, mais Dada, de par son parti pris d'indifférence déclarée, n'a rigoureusement rien à y voir. Le problème est de savoir dans quelle mesure peut être tenu pour coupable un homme que la volonté de puissance porte à se faire le champion des idées conformistes les plus contraires à celles de sa jeunesse. Questions subsidiaires : comment l'auteur d'*Un homme libre* a-t-il pu devenir le propagandiste de *L'Écho de Paris ?* S'il y a trahison, quel a pu en être l'enjeu ? Et quel recours contre elle [4] ? »

Le tribunal, présidé par André Breton, coiffé d'une barrette rouge, comprend notamment Georges Ribemont-Dessaignes, Louis Aragon, Philippe Soupault, et parmi les témoins figurent Rachilde, Tristan Tzara, Benjamin Péret, Pierre Drieu La Rochelle et quelques autres. Au banc des accusés, un mannequin en bois représente Barrès, poursuivi pour « crime contre la sûreté de l'esprit ». Tzara accuse Barrès d'être « la plus grande fripouille », « le plus grand cochon », la « plus grande canaille » qu'il ait jamais rencontré, mais, il ajoute, au grand dam du président Breton qui fulmine : « Nous ne sommes tous qu'une

4. A. Breton, *Entretiens*, Gallimard, 1969, p. 73.

bande de salauds et [...] par conséquent les petites différences, salauds plus grands ou salauds plus petits, n'ont aucune importance [5]. » La déposition de Drieu tranche sur celle des autres. Toisant l'auditoire de son 1,85 mètre, d'allure aristocratique, cet ancien combattant de vingt-huit ans, qui a participé à la bataille de Charleroi et à celle de Verdun, est encore un inconnu. En dépit de sa sympathie provisoire avec Breton, Aragon *et alii*, qui, de Dada, vont passer au surréalisme, Drieu, nourri de Barrès dans son adolescence, refuse d'être un témoin à charge.

Barrès, en 1922, provoque un autre scandale, en publiant *Un jardin sur l'Oronte*. Revenu à la littérature après tant d'années consacrées à la cause nationale, il y décrit – dans la Syrie du XIIIe siècle – l'amour passionné d'un chevalier chrétien, sire Guillaume, et d'une jeune Sarrasine, Oriante, qui a de nombreux traits communs avec Anna de Noailles. C'est en 1922 que Barrès, à soixante ans, écrit peut-être ses plus belles lettres d'amour. En avril, par exemple :

« Alors je vous dis ceci, écoutez-moi bien : je vous aime pour quelque chose de sacré qui est en vous, que j'y poursuis spirituellement et physiquement, par des moyens physiques et spirituels, quelque chose de purement psychique, un esprit, une aptitude qui est déposée en vous. Voilà ce que j'aime de vous, dans votre être ; vous élargissez pour moi, vous approfondissez le monde des songeries ; j'aime avec respect en vous cette faculté de communiquer avec des profondeurs éternelles. Vous êtes leur témoin parmi nous, et une grande espérance au milieu de tout ce qui borne [6]. »

En fait, Barrès et Anna de Noailles avaient rompu leur relation cahotique en 1907. Ils s'étaient retrouvés en 1914 : à la déclaration de guerre, la poétesse l'avait invité à la suivre dans le refuge d'Edmond Rostand au pays Basque, ce qu'il refusa par devoir patriotique. Leur relation épistolaire reprend en 1917. Plus tard, en mai 1921, Anna lui avoue une liaison avec Edmond Rostand au début de la guerre. Meurtri, Barrès transpose sa propre histoire d'amour dans son roman oriental. A Oriante, Guillaume dit avant de mourir : « Ce n'est pas vous que j'aime, et même en vous, je hais bien des choses, mais vous m'avez donné sur terre l'idée du ciel, et j'aime cet ange invi-

5. Cité par P. Daix, *Aragon*, Flammarion, 1994, p. 139.
6. A. de Noailles, M. Barrès, *op. cit.*, p. 751.

sible, pareil à vous, mais parfait, qui se tient à côté de votre humanité imparfaite. Adieu, meilleure que moi qui vous juge si durement et vous aime… »

En cet été 1922, le roman de Barrès est sévèrement critiqué par la presse catholique, qui s'émeut de ce que l'auteur appelle lui-même le « pathétique voluptueux » de son ouvrage. Le 9 juillet, *La Croix*, sous la signature de José Vincent, fustige le livre comme outrageant la morale religieuse. Barrès réplique dans *L'Écho de Paris* : « Je suis d'accord avec la critique catholique : la morale, c'est la morale chrétienne. Est-ce à dire que l'artiste ne doit connaître et peindre que des situations édifiantes [7] ? » Un peu plus tard, Robert Vallery-Radot y va de son blâme dans une « Lettre ouverte à Maurice Barrès », dans la *Revue hebdomadaire*. C'est encore Henri Massis, un disciple, qui l'admoneste dans *La Revue des jeunes :* « Il faut souhaiter que M. Barrès cède enfin à cette voix profonde qui réclame son ascension à la lumière et qui cherche mystérieusement à redresser le cours de sa vie. » Henri Ghéon lui-même, dans *L'Action française*, déplore dans *L'Oronte* ce retour de Barrès au dilettantisme. La « querelle du *Jardin sur l'Oronte* » occupe plusieurs pages des *Cahiers* de Barrès, qui en est visiblement affecté : « Je revendique, écrit-il, le droit d'être autre chose qu'un séminariste. Je ne veux pas qu'on me dise : – Ah ! c'est moins bien quand vous ne défendez pas les églises. A cette minute même, je continue de les défendre. »

Aussi bien le procès Dada de 1921 que la « querelle d'Oronte » de 1922 prouvent que Barrès est encore bien vivant, malgré les devoirs qu'il s'impose et qui le figent en littérateur d'État, malgré le rôle de « maître en titre » – c'est sa propre expression – auquel voudraient le réduire ou le confiner ses pieux admirateurs. A la Chambre, il monte peu à la tribune, mais s'active dans les commissions pour diverses causes qui lui tiennent à cœur, notamment la recherche scientifique (l'idée lui a été suggérée par Charles Moureu, professeur au Collège de France) ou les congrégations missionnaires. Proche de Poincaré, redevenu président du Conseil, il soutient la politique étrangère de celui-ci, l'intervention de l'armée française dans la Ruhr, pour contraindre l'Allemagne à acquitter ses « réparations » de guerre. Il se rend en octobre 1923 à Aix-la-Chapelle,

7. Cité par F. Broche, *Maurice Barrès*, J.-C. Lattès, 1987, p. 523.

à Trèves, dans cette République rhénane qui vient d'être proclamée, et dont il défend l'avenir d'autonomie au sein de l'Allemagne. Il veut rester vigilant contre toute « politique d'abdication » face à l'Allemagne. Une semaine avant sa mort, il publie son *Enquête aux pays du Levant*.

Le 4 décembre, Barrès déjeune en compagnie des membres du comité directeur de la Ligue des patriotes. Il est resté fidèle à la pensée de Déroulède, mort en 1914, avant la déclaration de guerre. A son domicile de Neuilly, après avoir travaillé dans l'après-midi à ses Mémoires, aux côtés de sa femme, Paule, et de leur nièce, Poucette, une orpheline qui vit chez eux depuis quelque temps, il éprouve dans la soirée une douleur au bras. Sa femme, inquiète, veut appeler un médecin, mais il refuse, en raison de l'heure tardive. Peu de temps après, il meurt d'une crise cardiaque.

Le gouvernement décide des funérailles nationales, comme pour Victor Hugo en 1885. Le 8 décembre 1923, le cortège immense, qui suit le corbillard, traîné par dix chevaux noirs, et précédant plusieurs chars de couronnes et de gerbes, s'arrête une première fois devant la satue de Strasbourg, place de la Concorde, où les honneurs militaires sont rendus au grand patriote, puis devant la statue de Jeanne d'Arc, place des Pyramides, avant d'arriver à Notre-Dame. La cérémonie religieuse se déroule en présence du président de la République, Alexandre Millerand, du chef de gouvernement, du maréchal Foch, tandis que la foule se presse à l'extérieur sous la pluie. Le bâtonnier Chenu parle au nom de la Ligue des patriotes, puis Jules Cambon pour l'Académie, enfin Léon Bérard, ministre de l'Instruction publique.

Il avait été un moment question du Panthéon, mais Maurice Barrès avait laissé ses dernières intentions à son fils : « A ma mort, Philippe, il faudra me conduire dans l'ombre du clocher de Sion et ne point t'attrister, car ma fortune sera comblée si je me confonds dans cette terre riche de toute la continuité lorraine. » Le cimetière de Charmes accueillit donc sa dépouille selon son vœu, après une absoute donnée par l'évêque de Saint-Dié, et une ultime oraison funèbre du maréchal Lyautey.

Avec Maurice Barrès disparaissait l'un des écrivains les plus influents de la France contemporaine. Peu de jeunes gens attirés par la carrière des lettres, entre la fin des années 1880 et la veille de la Grande Guerre, ont échappé à son pouvoir de séduction.

Il avait d'abord ébloui par sa prose et son style. *Le Culte du moi*, sa première trilogie, commencé par *Sous l'œil des barbares*, poursuivi par *Un homme libre*, clos par *Le Jardin de Bérénice*, avait fait de lui un « prince de la jeunesse ». Il y affirmait les droits de la personnalité contre tout ce qui se conjugue pour l'entraver, revendiquait le « petit bagage d'émotions qui est tout [s]on moi » : « A certains jours, elles m'intéressent beaucoup plus que la nomenclature des empires qui s'effondrent[8]. » A d'autres jours, il revient aux choses du monde. Il professe en effet l'alternance des sentiments et des attitudes : « Je me suis morcelé en un grand nombre d'âmes. Aucune n'est une âme de défiance ; elles se donnent à tous les sentiments qui les traversent. Les unes vont à l'église, les autres au mauvais lieu. Je ne déteste pas que des parties de moi s'abaissent quelquefois… »

Éclectisme, égotisme, recherche de « nouveaux frissons », Barrès distribuait des formules à ravir tous les esthètes : « Les désirs, les ardeurs, les aspirations sont tout ; le but rien. » Et le futur doctrinaire de la Terre et des Morts, qui prônera dans sa maturité l'enracinement comme la vraie règle de vie sociale, écrivait encore en 1889, on l'a vu, l'apologie du nomade, le vœu « d'habiter n'importe où dans le monde[9] ».

Quand Barrès, une dizaine d'années plus tard, entame sa trilogie du *Roman de l'énergie nationale*, force fut de constater, dès 1897 avec *Les Déracinés*, que l'homme avait changé sa lyre d'épaule. Barrès s'agaça pourtant qu'on le soulignât. Ainsi quand René Doumic, critique nationaliste, s'émerveilla dans *La Revue des deux mondes* que Barrès en eût fini avec le dilettantisme de ses premiers livres, où il était « si empressé […] à jeter le défi au bon sens », il protesta et tenta d'expliquer ce que Maurras appelait son « incessante métamorphose[10] ». Ses premières œuvres avaient été celles d'une libération, il devait échapper à l'étouffement du collège : il lui avait fallu d'abord délivrer son moi individuel, avant de découvrir que celui-ci n'est que « l'éphémère produit » de la société. Au fond, sa première trilogie n'était qu'un apprentissage. De l'individualisme anarchisant au nationalisme, il n'y avait pas eu rupture, mais approfondissement logique.

8. M. Barrès, *Un homme libre*, *op. cit.*, 1904, p. 23.
9. *Ibid.*, p. 237.
10. Ch. Maurras, « Notes sur Maurice Barrès », *Revue encyclopédique*, 1er avril 1894.

Quelle que soit la réponse à la question d'André Breton de 1921 (comment l'auteur de *Un homme libre* a-t-il pu devenir l'éditorialiste de *L'Écho de Paris ?*), Maurice Barrès avait tour à tour exercé son ascendant sur des publics différents. D'abord, sur ses propres contemporains, tel Léon Blum. Puis, plus tard, sur une nouvelle génération, tel Raymond Radiguet, qui avant de mourir, à vingt ans, la même année que Barrès, lui envoie son *Diable au corps* ainsi dédicacé : « A M. Maurice Barrès, son admirateur, et peut-être son disciple. »

Dans les années 1890, les idées de Barrès ont fait leur mue. Moins lors de son engagement boulangiste (car c'est l'année même de son élection comme boulangiste, en 1889, qu'il a publié *Un homme libre* si peu soucieux de politique nationale) qu'au moment où, battu aux élections de 1893, il lance et anime son journal *La Cocarde*. Il commence à formuler sa doctrine nationaliste, laquelle, du reste, changera encore lors de l'affaire Dreyfus, devenant nettement conservatrice, préservatrice, protectionniste. Enfin, il est notable que le Barrès de naguère, proche de Déroulède et de Maurras, change de perspective à partir de la Grande Guerre : il se rallie alors au régime républicain tel qu'il est, ou tel qu'il est devenu sous l'autorité des Poincaré et des Clemenceau. Aux élections de 1919, il éveille même la crainte de ses électeurs catholiques en acceptant franchement les lois laïques et la Séparation : l'important, selon lui, est l'esprit dans lequel elles sont appliquées. L'Union sacrée de la Grande Guerre est restée son objectif ; la victoire l'a réconcilié avec la démocratie parlementaire. Réconcilié ou résigné, il écrit à Maurras, le 19 décembre 1921 :

« J'entends bien votre question : "L'union des esprits contre les bavards." Y a-t-il rien à faire pour la constituer ? Un manifeste n'ajouterait rien à nos enseignements. Il y aurait à désirer prendre le pouvoir. Cela était possible après les élections, cela demeure possible. Je n'en veux pas. Vous, royalistes, je ne crois pas que vous y soyez jamais appelés ; je continue à ne pas croire à une restauration. Si donc nous écartons la puissance directe d'agir, il ne nous reste que notre puissance spirituelle, notre valeur éducative. Il y a des moments où vous êtes d'une manière irréprochable et magnifique le conseiller de la République. D'autres moments, que j'aime moins, où vous redevenez un partisan. Vous me direz que c'est la même besogne ; je ne discute pas ; je dis : "Conseiller le pouvoir ; vous, en sage adversaire ; moi, désireux de pouvoir ne plus blâmer – voilà notre rôle utile"[11]. »

Le nationalisme de Barrès avait eu ses saisons. L'antisémite, le xénophobe, le putschiste de 1899, était devenu le musicien – fanfare alternant avec musique de chambre – de l'Union sacrée, le poète des « diverses familles spirituelles de la France » : il voulait englober, rassembler, synthétiser, là où son ami Charles Maurras voulait émonder, couper, trancher.

Barrès avait eu la faculté de marquer les esprits en faisant valoir les différentes parties de son âme composite. Quand on ne l'aimait plus, on le haïssait, et c'était encore un hommage. Sa disgrâce en notre fin de XX^e^ siècle tient sans doute au fait que son nom, associé à celui de Maurras, évoque ce que la culture politique prépondérante ne peut plus accepter : le nationalisme exacerbé, xénophobe, antisémite. Voilà peut-être une des raisons qui ferment la porte de la Bibliothèque de la Pléiade à l'œuvre de Barrès. Alors que s'y trouvent Gobineau et Céline. Faut-il croire plutôt que la prose de Barrès est devenue illisible ? Si cela est avéré, nous ne devons pas oublier la délectation de ses lecteurs et l'empreinte profonde dont l'écrivain le plus fameux du tournant du siècle dernier a marqué son temps. Il y avait à le considérer, disait Charles Du Bos, « comme un des *moments* de la prose française[12] ». La qualité nerveuse de son style avait enchanté ; ses diverses attitudes morales et politiques étaient passées en exemples contrastés, admirables ou haïssables.

Même ceux qui le moquèrent au tribunal Dada ont avoué l'inspiration barrésienne dans l'éveil de leur sensibilité et sur leur œuvre. La question même de Breton était un hommage. Et ni Aragon ni Drieu La Rochelle ne le désavoueront.

A la fin de sa classe de sixième, le jeune Louis Aragon avait reçu en prix de français *Vingt-Cinq Années de littérature* de l'abbé Brémond, une anthologie commentée de Barrès. « C'est dans ce livre, dit Aragon, que j'ai découvert un certain nombre de choses touchant l'écriture et, au-delà des problèmes qu'elle pose, j'ai éprouvé une espèce de passion pour Barrès, lequel a joué sur mon développement intellectuel un rôle indiscutable ; je ne l'ai jamais renié depuis[13]. »

11. M. Barrès-Ch. Maurras, *op. cit.*, p. 591.
12. Ch. Du Bos, *Journal 1921-1923*, Corrêa, 1946, p. 33.
13. Cité par P. Daix, *op. cit.*, p. 53.

Quant à Drieu, lui, il ne cessa de lire et relire Barrès. Répondant à une enquête menée en 1924, il dit : « Répéterai-je le nom de Barrès ? [...] Barrès est évidemment le prince de la littérature contemporaine [14]... » Dans *Genève ou Moscou*, en 1928, il revient sur *Un homme libre* : « Ce chef-d'œuvre qui égale nos âges à ceux de Montaigne et de Pascal, c'est vraiment le pont aux ânes pour comprendre la fin du XIX^e siècle. C'est un manuel d'exclusivisme qui s'enferme dans sa logique ; c'est un poème secret, un charme terrible. Ce livre a été excellent pendant vingt ans ; c'est un livre que nous devons brûler aujourd'hui. » Drieu lui préféra ensuite les morceaux de Barrès qui pouvaient soutenir plus directement sa nouvelle foi fasciste.

Barrès, auteur éclectique, eut des admirateurs de tous bords, dont François Mauriac, qui, selon l'abbé Mugnier, avait « un faux air de Barrès, mais sans son regard ni son sourire », et qui eut à souffrir comme l'auteur du *Jardin sur l'Oronte* de la pudibonderie de la critique catholique. En 1945, dans un texte de souvenirs, *La Rencontre avec Barrès*, publiée par la revue *La Table ronde*, il reconnaît l'influence qu'avait eue le grand homme sur lui : « Barrès a fait beaucoup plus pour moi que d'attirer l'attention du public sur mon premier livre. Sa grandeur m'était une leçon, un reproche [15]. »

Henry de Montherlant, lui aussi nourri de Barrès, avait été réformé en 1914, avant d'être mobilisé en 1917. En quête de gloire, il avait été longtemps abandonné à des servitudes qui en étaient dépourvues, jusqu'au jour où il put monter au front et recevoir providentiellement sept éclats d'obus qui, sans mettre un instant sa vie en danger, lui offrirent de pouvoir passer pour un combattant authentique [16]. Quand paraît son premier livre, *La Relève du matin* – à compte d'auteur et après la guerre –, il le dédicace ainsi à Barrès : « Au maître Maurice Barrès, afin que ce nom de *maître* puisse être employé une fois sincèrement. »

De Massis à Aragon, de Maurras à Mauriac, les admirateurs

14. Cité par J.-P. Maxence, *Histoire de dix ans, 1927-1937*, Gallimard, 1939, p. 41.

15. F. Mauriac, *Œuvres autobiographiques*, *op. cit.*, p. 204.

16. P. Sipriot, *Montherlant sans masque. Biographie*, Laffont/Livre de Poche, 1992, p. 61-144. En mars 1918, Montherlant demande par lettre à sa grand-mère de propager autour d'elle à Paris qu'il fait partie de la 7^e division, la « division Lorraine » : « Ça fait très bien, très Barrès. C'est un gros appoint, je vous le dis très sérieusement pour les futurs biographes de l'écrivain nationaliste... »

et disciples de Barrès ont été légion. Peut-être sa plus grande gloire posthume est-elle d'avoir eu une influence au-delà des milieux littéraires, et particulièrement d'avoir été un des inspirateurs de Charles de Gaulle. Quand celui-ci commence ses *Mémoires de guerre* par la célèbre phrase : « Je me suis toujours fait une certaine idée de la France », il utilisait, inconsciemment peut-être, une formule typiquement barrésienne [17]. En effet, en 1920, Barrès écrit dans ses *Cahiers* : « Donner de la France une certaine idée, c'est nous permettre de jouer un certain rôle. » Et d'ajouter ceci, sur quoi de Gaulle a pu méditer : « Certains hommes sont un accident heureux pour leur pays. Ils sont l'inattendu intervenant au milieu de toutes les nécessités sociologiques ; ils agissent ; leur état de conscience individuel balance, retarde, précipite, modifie un ensemble de faits sociaux [18]. »

Dans la mémoire commune, Maurice Barrès tient le rôle du coryphée de la patrie, digne des caricatures du *Canard enchaîné*. Pourtant, même à la fin de sa vie, son dernier roman, *Un Jardin sur l'Oronte*, démontrait le ressourcement toujours possible de l'écrivain. Il avait régné sur le début du siècle et attiré à lui les esprits les plus différents. Il avait surtout créé un modèle ou, si l'on veut, repris le modèle de l'écrivain doublé de l'homme politique, le moulineur mélodique de fiction et d'action, à la Chateaubriand.

C'est aussi par un autre aspect de sa vie, de sa vie privée, que Barrès nous touche – au-delà de ses discours politiques, dont les effluves offusquent notre odorat démocratique : par cette correspondance, restée si longtemps inédite, qu'il a entretenue avec Anna de Noailles. A l'annonce de sa mort, elle avait envoyé un bouquet de roses rouges au domicile de l'être aimé. Discrètement priée par la famille de n'assister ni aux funérailles de Notre-Dame ni à l'enterrement de Charmes, elle ne guérit jamais de son affliction, écrivant encore, dans ses *Derniers Vers*, en 1933 :

*Tu dors sous l'univers, le corps détruit, la face*
*Plongeant dans la torpeur,*
*Et moi, errante encor, quelque pas que je fasse,*
*Je marche sur ton cœur !*

17. Cette remarque a été faite par A. Peyrefitte, *C'était de Gaulle*, Fayard, 1994, p. 279.
18. M. Barrès, *Mes Cahiers*, *op. cit.*, 1963, p. 881.

DEUXIÈME PARTIE

# Les années Gide

Toute la pensée française de ces trente dernières années, qu'elle le voulût ou non, quelles que fussent par ailleurs ses autres coordonnées, Marx, Hegel, Kierkegaard, devait se définir aussi par rapport à Gide.

JEAN-PAUL SARTRE, « Gide vivant »,
*Les Temps modernes*, mars 1951.

17

# *André Gide, le « démoniaque »*

Quand Maurice Barrès s'éloigne de la scène, André Gide est en passe de le remplacer à l'affiche. Reconnaissance tardive, puisque Gide a déjà cinquante-quatre ans, mais son œuvre, déjà forte de quelques chefs-d'œuvre, n'accède vraiment à la notoriété qu'après la Grande Guerre. C'est alors qu'on achète, qu'on lit, qu'on vante ses œuvres de jeunesse, à commencer par *Les Nourritures terrestres*. Et c'est alors aussi que Gide donne carrière à son personnage sulfureux. Alors qu'on l'accuse de contaminer la jeunesse et de déshonorer les lettres françaises. Bref, il occupe désormais les esprits, les dîners en ville, et les gazetiers. D'autant que l'homme reste insaisissable, variant sa manière d'un livre à l'autre, tantôt quasi mystique, tantôt amoral. Il intrigue, par ses variations, jusqu'à ses intimes, toujours éblouis par les rutilements de sa conversation et les rebonds de sa curiosité.

Depuis 1914, il est l'auteur des *Caves du Vatican*. Une « sotie » comme il appelle ses ouvrages de fiction qui ne relèvent pas exactement du roman. Sotie, autrement dit farce satirique. Parodie serait encore plus juste, le roman-feuilleton servant ici de modèle, avec ses intrigues mirobolantes, ses coïncidences merveilleuses, ses personnages hors du commun. Justement, l'un d'eux, Lafcadio, va devenir un archétype, professant la doctrine de l'« acte gratuit », qui le conduit, entre autres, à précipiter un voyageur inconnu par la portière d'un train en marche. Récit joyeux, allègre, irrévérencieux, dont les extraits publiés par la *NRF* dans le courant de l'année 1914 alertent inévitablement l'ami Claudel. Or, voici que dans la livraison du mois de mars Claudel, gardien non seulement des clés de Saint-Pierre mais de la morale publique, tombe sur un passage qui l'offusque. Incontinent, de Hambourg où il est consul, il écrit à Gide : « Au nom du ciel, Gide, comment avez-vous pu écrire le passage que je trouve à la page 478 du dernier N° de la *NRF* ? Ne savez-vous pas qu'après *Saül* et *L'Immoraliste* vous n'avez plus une imprudence à commettre ? Faut-il donc décidément croire, ce que je n'ai jamais voulu faire, que vous êtes vous-même un participant de ces mœurs affreuses ? Répondez-moi. Vous le devez [1]. »

Interloqué, Gide, qui est alors à Florence, a un premier mouvement de révolte : « De quel droit cette sommation ? Au nom de quoi ces questions ? » Mais il éprouve un besoin d'aveu. Il supporte de moins en moins le masque infligé par les convenances de la respectabilité à ses mœurs, à sa vie, à ses désirs. La réaction de colère passée et, après avoir dit à Claudel qu'il aime sa femme « plus que [s]a vie », il se confie :

« C'est à présent à l'ami que je parle, comme je parlerais au prêtre, dont le devoir strict serait de me garder le secret, devant Dieu. Je n'ai jamais éprouvé de désirs devant la femme ; et la plus grande tristesse de ma vie, c'est que le plus constant amour, le plus prolongé, le plus vif, n'ait pu s'accompagner de rien de ce qui d'ordinaire le précède. Il semblait au contraire que l'amour empêchât chez moi le désir.

« [...] Je n'ai pas choisi d'être ainsi. Je puis lutter contre mes désirs ; je peux triompher d'eux, je ne peux ni choisir l'objet de ces désirs, ni m'en inventer d'autres, sur ordre ou par imitation. »

Claudel encaisse le choc, et contre-attaque aussitôt. D'abord, il ne faudrait pas que Gide prétende qu'il est « victime d'une idiosyncrasie physiologique », ce serait trop facile ! Selon lui, Gide est d'abord victime de son hérédité protestante – qui l'autorise à ne chercher qu'en lui-même la règle de ses actes. Ensuite, il cède au « prestige esthétique », car l'homosexualité donne du « lustre », attire l'attention.

Le débat se prolonge tout au long du mois de mars. Claudel tente de convaincre Gide qu'il « peut guérir », qu'il le doit, envers lui-même, car sinon il va être marginalisé, et envers la société, car sa notoriété l'oblige à donner le bon exemple. En conclusion : il lui faut un prêtre ! Et Claudel de lui donner

1. P. Claudel et A. Gide, *Correspondance 1899-1926*, Gallimard, 1949, p. 216. Les citations qui suivent sont prises dans les pages 217-222.

l'adresse de l'abbé Fontaine, expert ès cas limites. Au cours de ce même mois de mars, Francis Jammes lui écrit une lettre d'admonestation pour la même page 478, et fournit lui aussi l'adresse d'un autre apôtre, le père Jean Brisset. Le pauvre Gide est littéralement cerné par ses dévots amis. Ce n'est pas fini.

La guerre de 1914 disperse les collaborateurs de la *NRF*, qui doit interrompre sa publication. Son secrétaire de rédaction, Jacques Rivière, est en captivité en Allemagne. Gide, qui n'est pas mobilisable, s'engage auprès de l'aide aux réfugiés dans un foyer franco-belge, où il travaille pendant un an et demi environ. Là, en proie à l'inquiétude religieuse, il s'entretient par écrit de cette foi qui le tente avec son ami Henri Ghéon, lui-même passé de l'athéisme au catholicisme fervent. Gide termine une de ses lettres par : « Je t'embrasse, *toi* qui m'as devancé. »

Il rédige en 1916 *Numquid et tu* (« Seigneur, je viens à vous comme un enfant… »), qui porte la marque de cette crise. Près de lui, Isabelle, l'épouse de Jacques Rivière, s'emploie, elle aussi, à lui faire entendre la voix de Dieu. Comme Gide l'avait chargée de la traduction de l'œuvre de Conrad qu'il voulait éditer, ils ont de multiples occasions de parler Villa Montmorency à Auteuil[2]. Commerce triangulaire : Isabelle la catholique relaie Claudel auprès de Gide, et Gide rapporte ses conversations religieuses à son ami Ghéon : « Elle soutient que je suis déjà catholique sans le savoir, sans le vouloir… » A tort. Gide n'est pas plus content en définitive des homélies d'Isabelle Rivière que de sa traduction de Conrad. Au cours des deux dernières années de la guerre, il finit par repousser tous les goupillons qui le traquent et assumer sa philosophie du plaisir si peu compatible avec les tables de la Loi brandies par Paul Claudel. Et Mauriac de commenter à propos de cette « créature luciférienne » : « On ne saurait avoir parié contre le christianisme avec plus de sang-froid et de raisonnement que Gide, en dépit de ses prudences, de ses repentirs, de ses brèves reprises[3]. »

En 1917, Gide fait l'expérience de la passion amoureuse, avec Marc Allégret, qui a alors dix-sept ans. C'est presque une histoire familiale. Petit, Gide, en effet, avait été l'élève du pas-

2. Pour tout ce passage, voir J. Cabanis, *Dieu et la* NRF, *1904-1949*, Gallimard, 1994.

3. F. Mauriac, *Œuvres autobiographiques*, *op. cit.*, p. 505.

teur Allégret, qui, depuis, le considérait comme un jeune frère. Ses enfants appelaient Gide « oncle André ». Expédié au Cameroun en 1916, le pasteur avait eu l'inconscience de dire à Gide : « Tu es l'oncle, le "vice-père" [*sic*], et il m'est doux de sentir que tu veilles sur eux [4]. » Gide veilla si bien sur eux qu'il fut pour Marc un Mentor on ne peut plus affectueux, tandis que Jean Schlumberger perdait la tête pour André, l'aîné de Marc. Gide sacrifiait l'austérité du christianisme aux joies de l'uranisme. L'« oncle André » avait rangé ses derniers scrupules avec ses livres de prières. En juin 1918, après avoir écrit à sa femme qu'il ne pouvait plus « séjourner en Normandie auprès d'elle, qu'[il] y pourrissait », Gide suivit Marc en Angleterre, où le jeune homme devait perfectionner son anglais. L'année suivante, en 1919, toujours très épris, une panne de calorifère dans sa villa d'Auteuil le pousse même à venir habiter chez les parents de Marc.

Cette grande passion de Gide se doubla alors d'une aventure peu commune, dont l'instigatrice fut une de ses amies, veuve du peintre belge Van Rysselberghe connu sous le nom de Théo. Or M^me^ Théo, dite encore « la Petite Dame » (qui a laissé des *Cahiers* [5] inestimables sur André Gide), s'était mis en tête de faire faire un enfant hors mariage à sa fille Élisabeth. Le papa programmé devait en être Marc. Mais un jeu capricieux des circonstances dévolut à Gide ce rôle insolite. Une fille, Catherine, naquit de cette « expérience de laboratoire » – selon l'expression de Martin du Gard –, le 18 avril 1923. Gide devait la reconnaître après la mort de sa femme en 1938. Le typhon apostolique Claudel sut-il cette nouvelle incartade de Gide qu'il n'en dit rien ! Peut-être n'avait-il pas perdu tout espoir de le ramener à Dieu. En 1920, il avait accusé réception de sa *Symphonie pastorale*, en le remerciant de son « beau livre » où il retrouvait, disait-il, le meilleur de lui-même. Il tentera une nouvelle offensive prosélyte, en janvier 1924, à la réception de *Numquid et tu*, dans une lettre expédiée de Tokyo. Le malheureux missionnaire ignorait que Gide s'apprêtait à publier sa bombe, *Corydon*. Le doute alors n'était plus permis. Le diplomate revit Gide encore le 14 mai 1925, notant :

« Longue et solennelle conversation. Il me dit que son inquié-

4. Voir J. Cabanis, *Le Diable à la* NRF, *1911-1951*, Gallimard, 1996.
5. *Les Cahiers de la Petite Dame*, Gallimard, 1972-1975, 4 vol.

tude est finie, qu'il jouit d'une sorte de *félicité*, basée sur le travail et la sympathie. Le côté *goethien* de son caractère l'a emporté sur le côté chrétien [6]. » Entre-temps, le catholicisme avait conquis une bonne partie des collaborateurs de la *NRF*, dans le sillage de Claudel et de Jammes : Ghéon, Larbaud, Copeau. Et pendant un certain temps Rivière…

Un moment, Gide aurait envisagé d'assumer la direction de la *NRF*, d'où cette réaction de Claudel : « S'il en est ainsi, vous pouvez compter que je ne donnerai plus une ligne à ce périodique. Le nom de Gide signifie pédérastie et anticatholicisme. » Il n'est pas sûr du reste que Gide eût accepté d'occuper le plus clair de son temps aux charges quotidiennes d'une revue. Toujours est-il qu'il accepta, bon gré mal gré, de voir confier sa direction à Rivière. A son retour de captivité, Jacques Rivière devient le directeur de la *NRF*. La revue interrompue durant la guerre reparaît le 1er juin 1919, tandis que le « comptoir d'édition » devient la Librairie Gallimard. Tout redémarre donc. Sur quelles bases ? Les épreuves du conflit mondial avaient donné à réfléchir. Dans leurs lettres croisées, les fondateurs et les collaborateurs les plus proches de la *NRF* avaient jugé qu'il fallait en finir avec la « pure littérature », qu'on avait besoin d'une revue nouvelle : « L'ancienne, écrivait Schlumberger à Rivière, ne répond plus ni à ce que nous avons à dire, ni à ce que le pays demandera. Déjà nous ne parvenions pas à rendre sensibles les contacts véritables que nous avons avec la vie réelle. Il faut que nous sachions trouver un langage nouveau [7]. » La *NRF* ne bouderait plus la politique, on était tous d'accord. A la fin de 1917, Gide et Copeau étaient allés voir Rivière en Suisse, où il soignait sa tuberculose. Tous les trois convergèrent : on ne publierait plus de romans, plus de poésies, on s'occuperait des questions politiques, et l'on saurait juger les œuvres sur leur contenu. Or le premier numéro de la « nouvelle série » de juin 1919 ne suit pas du tout cette ligne. D'abord, elle s'ouvre sur un éditorial de Rivière, non soumis aux autres, dans lequel il réaffirmait les principes qui avaient inauguré la *NRF* en… 1909 :

« La *Nouvelle Revue française* […] devait être surtout un terrain propice à la création, qu'une critique intelligente maintiendrait constamment ameubli. Plutôt qu'à poser des axiomes et

6. P. Claudel et A. Gide, *op. cit.*, p. 242.
7. Cité par P. Hebey, *op. cit.*, p. 237.

qu'à prescrire des règles, ils [les fondateurs] songeaient à écarter les broussailles de toute sorte, j'entends les préoccupations d'ordre utilitaire, théorique ou moral, qui pouvaient gêner ou déformer la végétation spontanée du génie ou du talent. Si l'on préfère, ils rêvaient d'établir, dans le royaume de la littérature et des arts, un climat rigoureusement pur, qui permît l'éclosion d'œuvres parfaitement ingénues.

« C'est le même programme que se propose aujourd'hui le groupe considérablement grossi, mais pareillement inspiré, des collaborateurs de la *Nouvelle Revue française.* »

Jacques Rivière entendait libérer la littérature des contraintes auxquelles la guerre l'avait soumise. Cette position personnelle devait s'imposer, mais, dans l'immédiat, elle choqua. Jean Schlumberger en fut, avec Marcel Drouin (Michel Arnauld) [8], le critique le plus aigu :

« Pouvais-je oublier l'élan de fraternité qui nous avait soulevés en août et septembre 1914 et nous avait apporté cette surprenante découverte ? La présence de notre prochain dans les milliers de visages que nous n'avons jamais pris la peine de regarder… »

Ghéon, Drouin, Copeau, exprimaient aussi leur désaccord. Gide ne dit mot, mais avouera plus tard qu'il avait alors nettement désapprouvé le manifeste de Rivière [9]. Celui-ci songea à démissionner. Les choses se tassèrent. *La Nouvelle Revue française* commença à connaître ses heures de gloire. En 1920, elle atteint 7 000 abonnés et publie presque tous ceux qui compteront dans la haute littérature française de l'époque. Une liste, même très incomplète, permet de l'apprécier : outre Gide, Marcel Proust, Jules Romains, Jean Giraudoux, Henry de Montherlant, André Salmon, Pierre Drieu La Rochelle, Paul Morand, Paul Valéry, Gabriel Marcel, Valery Larbaud, Jean Paulhan (devenu secrétaire de la revue en juillet 1920), Marcel Jouhandeau, Albert Thibaudet, André Suarès, Marcel Arland, Jean Cocteau, Paul Léautaud (qui signe ses chroniques théâtrales Maurice Boissard), François Mauriac (le bref successeur du précédent), Bernard Groethuysen, Alain, Julien Green, les futurs surréalistes Louis Aragon, Paul Éluard, Philippe Soupault, André Breton…

8. M. Arnauld, « Explications », la *NRF,* 1er juillet 1919.
9. *Ibid.*, p. 238.

Il est notable que ces anciens de Dada sympathisent, du moins un certain temps, avec André Gide, dont ils ont apprécié particulièrement le personnage de Lafcadio. Gide publie une note amusée sur Dada en avril 1920, puis Rivière une « Reconnaissance à Dada », au mois d'août de la même année. C'était beaucoup, c'était trop, aux yeux de Schlumberger qui partit en guerre contre Rivière, mais en vain : l'éclectisme de la revue résultait de son esprit d'ouverture et comptait aussi dans son succès de librairie. Les auteurs sont désormais payés, et bien payés. Léautaud s'émerveille qu'on rémunère chacune de ses *Chroniques dramatiques* 250 francs, alors que *Le Mercure de France* les lui payait 35 francs [10].

De ce succès éclatant, certains prennent ombrage, comme le romancier et polémiste Henri Béraud qui part en guerre contre l'équipe de la *NRF*. Dans *Les Cahiers d'aujourd'hui*, du 1er septembre 1921, sous le titre « Écrivains d'exportation », il s'en prend notamment aux ouvrages de Claudel, de Suarès et de Gide, qui, malgré leur illisibilité, leur « défaut d'imagination », leur « caractère laborieux », se trouvent dans les librairies étrangères – il les a vus, lui, dans une librairie de Dublin –, par la grâce des services très obligeants du Quai d'Orsay. Le scandale est que nombre de fonctionnaires des Affaires étrangères sont précisément des auteurs *NRF*, Giraudoux ne dirige-t-il pas le Service du livre ? L'année suivante – celle où il obtiendra le prix Goncourt pour *Le Martyre de l'obèse* –, Béraud réserve ses coups à André Gide, trouvant à l'occasion une formule appelée au succès : « La Nature a horreur du Gide. » Une interview donnée par le même Béraud aux *Nouvelles littéraires* donne le ton : « Mon intention est de combattre un groupe de personnages qui forment non pas une petite chapelle, mais une petite banque, car ils sont beaucoup plus riches d'écus que moi. Ce groupe, avec l'appui de cent cuistres, d'autant de clergymen et d'un fils à papa, prétend instaurer chez nous le snobisme huguenot. » Giraudoux répond à l'attaque dans le même journal, mais d'autres articles agressifs suivent dans *L'Éclair* qui se heurtent au mutisme de Gide [11]. Celui-ci comprend que tant de bruit sur son nom ne peut qu'accroître sa gloire. Du coup, il envoie à Béraud une boîte de chocolats pour le remercier [12].

10. P. Léautaud, *op. cit.*, p. 1125.
11. H. Béraud, *La Croisade des longues figures*, Éd. du Siècle, 1924.
12. L.-P. Quint, *André Gide*, Stock, 1952, p. 62.

D'un autre lieu partait une autre attaque. Henri Massis, plus barrésien que Barrès – un « Barrès réduit, ratatiné » selon l'abbé Mugnier –, écrit dans *La Revue universelle*, revue d'Action française dirigée par Jacques Bainville, pour fustiger la *NRF* au nom de la morale et de la religion. Cette *NRF* d'autant plus dangereuse que, Massis avait la lucidité de le reconnaître, l'influence de Gide allait croissant. « La *saleté* de Gide » – l'expression est de Jean Tharaud [13] – devenait un danger public. D'aucuns prétendirent que ces attaques auraient pesé dans la décision de Gide de ne plus surseoir à la publication de *Corydon* et de *Si le grain ne meurt*, où il se livrait sans détour. Mais Gide nia la relation de cause à effet.

En réalité, il n'avait cessé de souffrir du tabou qui pesait sur sa vie sexuelle. Depuis longtemps, il nourrissait le projet de publier un livre sur l'homosexualité, voire de passer aux aveux devant l'opinion, comme il l'avait fait devant ses proches, comme il avait osé face au terrible Claudel. Parler pour se libérer, et libérer tous ceux qui souffraient de cet état d'hypocrisie entretenu par les préjugés, le qu'en-dira-t-on, la religion.

Il s'était attaqué au sujet en 1910, avec un « sentiment de l'indispensable ». Une première édition de *Corydon*, ultra-confidentielle, était sortie en 1911. Il voulait, selon sa propre expression, s'adresser à la tête et non au cœur. « Je ne veux pas apitoyer, avec ce livre ; je veux GÊNER [14]. » En 1917, il s'y remet, regrettant d'avoir suivi trop longtemps le conseil de son beau-frère, Marcel Drouin, qui l'en avait dissuadé. Il note alors dans son Journal le mot d'Ibsen, qu'il répétera dans l'édition de 1920 : « Les amis sont à craindre, non point tant par ce qu'ils vous font faire, que par ce qu'ils vous empêchent de faire. » Cette deuxième édition ne connaît encore qu'un tirage très limité et restera inconnue du public. Il en offre, cependant, un exemplaire à Marcel Proust, le 14 mai 1921. Celui-ci lui donne un conseil : « Vous pouvez tout raconter ; mais à condition de ne jamais dire : *Je*. » Et Gide d'ajouter dans son Journal : « Ce qui ne fait pas mon affaire. » Le 4 février 1921, Gide nous livre une des raisons qui l'auraient poussé à rendre *Corydon* public : la vogue du freudisme. Il craint d'être devancé : « Il est grand temps de publier *Corydon*. » Pendant l'été 1922, il rédige sa

13. *Journal de l'abbé Mugnier*, *op. cit.*, p. 380.
14. A. Gide, *Journal 1889-1939*, *op. cit.*, p. 340.

nouvelle préface, où il se reproche sa timidité. En avril 1923, alors qu'il corrige les épreuves, il hésite encore. Dans les mois qui suivent, le bruit se répand que Gide prépare une apologie de l'homosexualité. Le milieu catholique s'inquiète. Cette fois, c'est Jacques Maritain, le filleul de Léon Bloy, philosophe catholique proche de Charles Maurras, qui rend visite à Gide, à Auteuil, le 21 décembre 1923, pour le dissuader de publier. André Gide a rapporté la scène très théâtrale de l'entrevue dans son Journal.

Gide lui explique qu'il a horreur du mensonge, c'est peut-être là un effet de son protestantisme. Les catholiques, eux, ont des accommodements avec la vérité ; pas lui. Maritain proteste, il y a des vérités dangereuses… Comme Gide reste intraitable, Maritain lui parle du salut de son âme. Rien à faire. En désespoir de cause, le philosophe catholique s'en va, lâchant, avant de franchir la porte :

« – Promettez-moi que, lorsque je serai parti, vous vous mettrez en prière et demanderez au Christ de vous faire connaître, directement, si vous avez raison ou tort de publier ce livre. Pouvez-vous me promettre cela ?

« Je le regardais longuement et dis :

– Non.

« Il y eut un long silence. Je repris :

– Comprenez-moi, Maritain. J'ai vécu trop longtemps, et trop intimement, vous le savez, dans la pensée du Christ, pour consentir à l'appeler aujourd'hui comme on appelle quelqu'un au téléphone. »

Maritain lui a aussi parlé de Massis, dont les flèches auraient pu déterminer à cette publication. Gide balaie cette hypothèse d'un revers de main, mais, à la date du 6 août 1924, il écrit : « Je dois dire, du reste, que je suis devenu beaucoup moins sensible au blâme. Le déchaînement d'attaques de ces derniers mois m'a bronzé. » *Corydon* est publié à l'automne 1924. Pour Gide, c'est « le gage d'une délivrance. Et qui dira le nombre de ceux que ce petit livre a, du même coup, *délivrés* ? [15] ».

La timidité que Gide se reprochait tenait notamment à la forme du livre, celle d'un dialogue entre un défenseur et un critique de l'homosexualité, celle d'une étude prétendue objective et froide. Le caractère apologétique n'en était pas moins

15. *Ibid.*, p. 1149.

évident, et pas moins violente la dénonciation de l'état des mœurs qui tendait à faire du penchant homosexuel « une école d'hypocrisie, de malice et de révolte contre les lois ».

« Qu'est-ce que *Corydon* ? demande le critique François Porché. Un tract. » De fait, il s'agissait d'un livre engagé, pour la publication duquel l'auteur prenait de grands risques. Gide s'y était résolu par nécessité intérieure. Il lui fallait crier la vérité, sa vérité, en finir avec la duplicité, la ruse, et la souffrance des homosexuels. Parmi eux, Gide distinguait les *pédérastes*, dont il était, c'est-à-dire ceux qui s'éprennent des jeunes garçons, des *sodomites*, ceux dont le désir s'adresse aux hommes faits, et des *invertis* qui jouent le rôle de la femme dans la comédie de l'amour. C'est avant tout des premiers que Gide prenait la défense, en tentant de montrer la valeur pédagogique, éducative, hellénique, de la pédérastie.

Parallèlement, Gide publiait un texte autobiographique, qu'il avait achevé aussi pendant la guerre, *Si le grain ne meurt*. Il y narrait son enfance, sa famille, ses années de collège, ses sentiments religieux, son amour pour sa cousine qui devait devenir sa femme, mais la seconde partie du livre était occupée par le problème de sa sexualité aux prises avec la religion puritaine de sa famille. Il y confesse la découverte de son homosexualité, ses premières expériences amoureuses, et le conflit incessant entre ses pulsions et le puritanisme. Les deux pôles de sa personnalité, son être moral et son hédonisme, sont décrits sans pudeur et avec une remarquable finesse. Cette confession publique, ajoutée au lyrisme des *Nourritures*, achève de faire de Gide le « contemporain capital » de son temps, un apôtre de la vérité.

Quels que soient les faiblesses de *Corydon* et le narcissisme de *Si le grain ne meurt*, ces deux ouvrages hissaient Gide sur le pavois. Haï, détesté, méprisé par les uns, pour qui il incarnait souvent le diable, il devenait pour beaucoup celui qui osait le vrai, qui brisait la glace des convenances et le cercle des interdits. Peut-on comparer *Corydon* au « J'accuse… » de Zola ? Certes pas en raison de l'effet public. Le livre de Gide fut surtout commenté, admiré ou vilipendé dans les conversations. Mais, en profondeur, on ne peut dénier toute analogie entre les deux actes d'écriture de ces deux écrivains téméraires. Dans les deux cas, on cria au scandale. Henri Massis, gardien définitif des bonnes mœurs de son temps, jugea que Gide était « démoniaque ». En 1942, Gide écrira encore : « *Corydon* reste à mes yeux le plus important de mes livres. » Pas le plus beau, pas le mieux fait, pas le meilleur – *le plus important*. Gide avait conscience qu'avec ce brûlot il avait réussi à faire avancer, avec ses moyens d'écrivain, ce que Freud défendait en scientifique. La sexualité, et pas seulement l'homosexualité, était demeurée trop longtemps l'objet de tous les mensonges, de toutes les répressions. Certes, Gide n'a pas réussi à faire admettre l'homosexualité par la société française, comme en témoigne parmi tant d'autres la vie secrète d'un Montherlant [16]. Il n'est pas sûr, du reste, que nous soyons prêts, encore aujourd'hui, à admettre ce que nous appelons par euphémisme la pédophilie : des enfants sont en jeu, et les démonstrations « grecques » de Gide ne nous convainquent pas vraiment de l'innocuité de ces pratiques. Du moins, l'argumentation et la confession de Gide marquent-elles une étape importante dans l'histoire de la connaissance : on ne pourra plus parler après son œuvre comme avant son œuvre de l'homosexualité en France.

Ce n'était pas l'avis de François Mauriac, qui, beaucoup plus tard, après la mort d'André Gide, émit un point de vue catholique ; hostile à l'auteur, il donne en termes choisis un autre son de cloche :

« Il y a un Spartacus dans Gide. Il a été le chef des esclaves révoltés au centre même de l'ordre romain. Mais l'héroïque Spartacus a été abattu, n'ayant résisté que deux années ; André Gide, lui, après un demi-siècle de constantes victoires, jette *Corydon* à la figure des bourgeois, des pasteurs et des prêtres, se glorifie dans son Journal de plus d'exploits qu'il n'a fallu à Oscar Wilde pour connaître la sombre gloire du *hard labour* – et, en échange de tant de provocations, obtient le prix Nobel. [...]

« Par-delà le bien et le mal, vers la terre promise d'une moralité neuve, Spartacus a entraîné ses troupes d'esclaves qui se croyaient délivrés. Gide seul s'est rendu libre ; il a réussi pour lui seul ce prodigieux renversement, mais la race infortunée n'en a eu aucun bénéfice [17]. »

Cela reste à démontrer. En tout cas, tout comme Barrès avant lui, Gide ne quittera plus la scène jusqu'à sa mort. L'année suivant *Corydon* et *Si le grain ne meurt*, il publie *Les Faux-*

16. Voir H. de Montherlant, R. Peyrefitte, *Correspondance*, Robert Laffont, 1983.
17. F. Mauriac, *Œuvres autobiographiques*, *op. cit.*, p. 508-509.

*Monnayeurs*. On ne l'arrête plus. Il est encore question de lui, un moment, pour succéder à Jacques Rivière, emporté par la fièvre typhoïde en février 1925, à la tête de la *NRF*. Ce sera finalement Jean Paulhan, avec le titre de rédacteur en chef, qui prendra les rênes de la *NRF*, Gaston Gallimard étant le directeur en titre.

18

# *Jaurès, Lénine, ou... Gandhi ?*

Saluée par des funérailles nationales, la mort de Maurice Barrès n'avait pas pour autant provoqué une déploration universelle. Ainsi, après le procès mascarade, intenté de son vivant par les dadaïstes, son « triomphe funèbre » de décembre 1923 attira sur le marbre de son tombeau les foudres des écrivains de la revue *Clarté*, qui avait adhéré à la révolution bolchevique tout en gardant son indépendance à l'égard du jeune Parti communiste.

Deux numéros spéciaux furent consacrés à l'« Anti-Barrès » sous la forme d'un double procès, celui d'un homme et celui d'une culture. Jean Bernier, qui avait été blessé à la bataille de Champagne, réformé en 1919, décoré de la Croix de guerre, écrivait ainsi : « L'homme qui, de son bureau de *L'Écho de Paris*, bafoua les agonies des premières lignes, n'a pas droit au respect dont jouissent conventionnellement les morts [1]. »

A travers le « faussaire », c'est la France bourgeoise, la classe dont il a été le représentant et le défenseur, qui est vomie, sous la figure de « l'Arrière ». Pour ces jeunes anciens combattants de *Clarté*, l'Avant, les soldats de première ligne, portait en eux le potentiel révolutionnaire de la nation, tandis que l'Arrière symbolisait une classe dirigeante sur la défensive, installée sous le drapeau du patriotisme pour mieux masquer ses privilèges. *Clarté* annonçait la mort de la culture bourgeoise, préfigurée par celle de Barrès.

Deux noms sont attachés aux origines de la revue *Clarté*,

1. Cité par N. Racine, « Une revue d'intellectuels communistes dans les années vingt : "Clarté" (1921-1928) », *Revue française de sciences politiques*, juin 1967.

celui d'Henri Barbusse et, plus encore, celui de Raymond Lefebvre. Né dans une famille protestante, à Vire, en 1891, Lefebvre avait fait ses études secondaires à Paris, au lycée Janson-de-Sailly, où il s'était lié d'amitié avec Paul Vaillant-Couturier. Étudiant en droit, en histoire, élève de l'École libre des sciences politiques, il y avait rencontré Jean Bernier. Vite intéressé par la vie politique, le sentiment qu'il a d'une décadence nationale le porte d'abord à sympathiser avec *L'Action française*. Parallèlement, en octobre 1909, il manifeste avec la CGT contre la condamnation à mort de l'anarchiste espagnol Francisco Ferrer. Drieu La Rochelle, autre camarade de Sciences po, le peint comme un jeune homme impérieux et, malgré l'incertitude encore de ses idées, déterminé : « Tout en lui était action, ses lectures, sa conversation, ses loisirs mêmes, tout était gouverné par l'urgence de former une unité de caractère, de doctrine[2]. » Cette doctrine est d'abord et restera le pacifisme, semé en terre ingrate par Tolstoï et Romain Rolland. En 1912, avec son ami Vaillant-Couturier, il grossit les rangs de la manifestation du 1er Mai ; il acclame Jaurès dans ses réunions pour la paix ; il milite contre la loi des trois ans… Son service militaire achève de le dégoûter du métier des armes. En 1914, il fréquente la Librairie du Travail, où Pierre Monatte, Alfred Rosmer, Marcel Martinet, Alphonse Merrheim, tous syndicalistes révolutionnaires de *La Vie ouvrière*, échappent à la contagion du bellicisme.

Lors de la déclaration de guerre, Lefebvre tient tête à la ferveur nationaliste. Affecté comme infirmier à l'hôpital Saint-Martin, il peut juger à son poste du carnage dès les premiers mois du conflit : « Pendant huit jours, trois cents blessés par jour, dont six à dix opérés par laparotomie, trépans, parties sexuelles enlevées, jambes et bras amputés. Nous vivons dans une ignoble charcuterie de viande avariée par la nécrose et le tétanos. Cette guerre absolument idiote coûte un monde fou et les deux peuples se blessent à mort, l'un l'autre à bout portant[3]. »

Lui-même n'est pas épargné : enterré à Verdun par l'éclatement de deux obus, il a perdu la parole et la mémoire pendant plusieurs semaines. A son retour du front en juillet 1916, il

2. P. Drieu La Rochelle, « Sur Raymond Lefebvre », *Clarté*, n° 64, 29 avril 1921.

3. Cité par S. Ginsburg, *Raymond Lefebvre et les origines du communisme français*, Éd. Tête de feuilles, 1975, p. 23.

adhère au Parti socialiste. Il désapprouve sa politique d'Union sacrée, mais veut la combattre de l'intérieur. Il écrit des contes pour *L'Humanité*, *Le Journal du Peuple* et *Le Populaire*. Attentif aux échos des réunions de Zimmerwald et de Kienthal, où les pacifistes et les réfractaires au socialisme de guerre posaient les jalons d'une nouvelle Internationale, Lefebvre se sent alors proche de Jean Longuet et des minoritaires du Parti. A l'entrée en guerre des Américains, il s'enthousiasme pour les principes énoncés par le président Wilson, avant de se rallier à la révolution bolchevique qui sait conclure le traité de paix séparée de Brest-Litovsk avec l'Allemagne. C'est par son action contre la guerre que Raymond Lefebvre, comme d'autres, adhère au communisme.

A la fin de 1916, avec Paul Vaillant-Couturier et Paul Roubille, il avait rédigé et lancé un appel à Romain Rolland, à Wilhelm Herzog, directeur de revue et pacifiste allemand, à Wilhelm Foerster, philosophe pacifiste de Berlin réfugié à Zurich, et à l'écrivain britannique H. G. Wells, en faveur d'une future revue internationale. Son but : regrouper une « élite dispersée » qui dirait la vérité sur la guerre. Henri Barbusse, alerté par Lefebvre, s'intéresse à l'idée, propose un programme : « Rapprochement et libération des masses populaires, guerre à l'autocratie, à l'exagération du nationalisme et du traditionalisme, à l'ignorance, à l'alcoolisme et au cléricalisme [4]. » En août 1917, Lefebvre se rend en Suisse, pour entretenir Romain Rolland du projet. Celui-ci a laissé dans son *Journal des années de guerre* un récit de cette rencontre :

« Tantôt, il [Lefebvre] étale une violence dangereuse, il souhaite et voudrait provoquer une insurrection des troupes, il regrette de ne s'être pas trouvé à Noyon, lors de la dernière révolte pour les lancer sur Paris. Tantôt, voulant fonder une revue internationale [...], il parle de la mettre sous le patronage d'académiciens comme Rostand (accolés à A. France). »

Outre la possible revue, l'idée d'une Internationale de la pensée, d'une Internationale des intellectuels pacifistes, fait son chemin. Romain Rolland rédige son manifeste « Pour l'Internationale de l'esprit », avant que, dans *Le Journal du peuple* du 9 février 1919, Lefebvre lui-même lance un appel au regrou-

4. Voir A. Kriegel, « Naissance du mouvement Clarté », *Le Mouvement social*, janv.-mars 1963.

pement. Le 30 mars, l'acquittement de Villain, l'assassin de Jaurès, l'effraie, mais il se réjouit de la formidable protestation populaire qui s'élève contre le verdict dans les jours suivants en France, aux cris de « Vive Jaurès ! », « A bas la guerre ! ».

La même année est fondée la III^e^ Internationale à Moscou. Le groupe de *La Vie ouvrière*, dont Lefebvre est proche, dénonce le traité de Versailles et acclame la révolution bolchevique. Au sein de la SFIO, Lefebvre entreprend de se battre en faveur du ralliement à l'Internationale communiste. Il participe avec Barbusse à la création du Groupe Clarté, « Ligue de solidarité intellectuelle pour le triomphe de la cause internationale », et fait partie de son premier comité de direction, en compagnie d'Anatole France, Henri Barbusse, Roland Dorgelès, Georges Duhamel, Paul Vaillant-Couturier, et quelques autres. Au comité de patronage étranger qui le complète, adhèrent notamment Vicente Blasco Ibáñez, Bernard Shaw, Upton Sinclair, H.G. Wells et Rabindranath Tagore.

Romain Rolland, de son côté, continue de travailler son idée d'une Internationale intellectuelle. *L'Humanité* du 26 juin 1919 publie une « Déclaration de l'indépendance de l'esprit », signée par Georges Duhamel, Henri Barbusse, Raymond Lefebvre..., ainsi que par Albert Einstein, Heinrich Mann, Stefan Zweig. Le manifeste proclame : « Travailleurs de l'Esprit, compagnons dispersés à travers le monde, séparés depuis cinq ans par les armées, la censure et la haine des nations en guerre, nous vous adressons à cette heure où les barrières tombent et les frontières se rouvrent, un appel pour reformer notre union fraternelle – mais une union nouvelle, plus solide et plus sûre que celle qui existait avant. »

Le manifeste déplore « l'abdication presque totale de l'intelligence du monde et son asservissement volontaire aux forces déchaînées », réclame qu'on en finisse avec ces compromissions de l'Esprit et appelle finalement à une « Arche d'Alliance » [5]. Des formules bien idéalistes, mais que n'hésitent pas à ratifier ceux qui soutenaient comme Lefebvre la révolution léniniste, comme le fera, du reste, plusieurs années après,

5. En réplique à cet appel, *Le Figaro* et *L'Action française* (20 juillet 1919) publiaient un contre-manifeste du « Parti de l'intelligence », inspiré par Henri Massis : « Le parti de l'intelligence, c'est celui que nous prétendons servir pour l'opposer à ce bolchevisme qui, dès l'abord, s'attaque à détruire la société, nation, famille, individu... »

Romain Rolland, lui aussi. On ne saurait trop souligner à quel point, dans les milieux intellectuels plus qu'ailleurs peut-être, la condamnation de la guerre était forte d'une ambivalence, dont toute la durée de l'entre-deux-guerres fut témoin. D'un côté, elle inspirait l'élan idéaliste, quasi religieux, vers la réconciliation des peuples, l'internationalisme spirituel, le wilsonisme aussi, qui fut pendant un certain temps une de ses représentations. De l'autre, elle poussait certains à adhérer à la révolution de Lénine, pour la seule raison qu'il avait signé, par nécessité politique, la paix de Brest-Litovsk. Le régime de fer qui s'instaurait à Moscou ne participait aucunement de l'idéologie de la paix, laquelle est ignorée de Marx et de Lénine. Le paradoxe voulut que les adversaires les plus avancés de la guerre, du massacre, de la boucherie de 14-18, à tout le moins nombre d'entre eux, comme Lefebvre ou comme Barbusse, donnèrent leur voix à une révolution qui portait aussi en elle la guerre, la guerre civile et la guerre étrangère. Mais l'Octobre rouge fut comme un éblouissement aux yeux de beaucoup, à commencer par ces syndicalistes révolutionnaires, avec lesquels sympathisait Raymond Lefebvre, qui prenaient la révolution des soviets pour une révolution de l'autonomie ouvrière, avant de découvrir qu'elle était ce qu'ils exécraient le plus, la prise du pouvoir par un parti, par une bureaucratie, et finalement par un dictateur. Ce fut un grand malentendu, il leur fallut quelques années pour le comprendre.

Le Romain Rolland de cette époque fut rétif. Lui aussi avait applaudi à la révolution léniniste. Quand celle-ci, la paix revenue, devint contagieuse, notamment en Allemagne, il applaudit encore. L'écrasement des spartakistes en janvier 1919 lui donne l'occasion d'exprimer sa solidarité avec les révolutionnaires allemands : « Pour moi, écrit-il dans *L'Humanité* le 16 février 1919, mon sentiment, après avoir suivi attentivement la marche des événements depuis deux mois, est que la réaction conservatrice, militariste et monarchiste, en Allemagne, avance à pas de géant, et qu'avec elle se propagent dans la nation, comme une fièvre, les rancunes nationales et les idées de revanche. Et je vous crie : “Alarme !” Vous tous, gouvernants de l'Entente, vous y avez contribué, par votre politique maladroite et contradictoire, dure et faible à la fois, d'une part avec ses provocations brutales à la fierté nationale, de l'autre avec ses complaisances inouïes à l'égard de certains gouvernants allemands. »

Ayant fait le récit du « Janvier rouge » de Berlin au cours duquel les spartakistes avaient été écrasés, alors que les socialistes, pour la première fois, se trouvaient, dans le combat, « du côté du pouvoir contre le prolétariat », il en appelait à l'union, à la solidarité avec le « peuple ouvrier ». Pourtant, la sympathie que manifeste Rolland pour les révolutionnaires allemands et pour Lénine ne traduit nullement un ralliement de sa part à la révolution bolchevique. Son pacifisme répugne à la Terreur.

La Terreur, au contraire, ne faisait pas peur à un certain nombre d'historiens français, à commencer par Albert Mathiez, qui, en bon spécialiste de la Révolution et en fidèle de Robespierre, prit à tâche d'expliquer la révolution léniniste au moyen de la grille française. Citant la formule de Saint-Just (« Ce qui constitue une République, c'est la destruction totale de tout ce qui lui est opposé »), Mathiez donnait en janvier 1920 une leçon d'histoire sur le thème : « La fin justifie les moyens. » Pour lui, « les bolchévistes ont simplement perfectionné les méthodes jacobines ». Dans cet article, très pédagogique, il visait à faire comprendre aux Français que le « jacobinisme » et le « bolchevisme » étaient apparentés : « Les révolutionnaires russes imitent volontairement et sciemment les révolutionnaires français. Ils sont animés du même esprit. Ils se meuvent au milieu des mêmes problèmes dans une atmosphère analogue [6]. » Lui aussi milita en faveur de l'adhésion du Parti socialiste français à l'Internationale communiste. Après le Congrès de Tours, il entra au Parti communiste, continuant dans *L'Humanité*, devenue l'organe de celui-ci, sa comparaison entre Révolution française et révolution russe. En 1922, on retrouve sa signature dans la revue *Clarté*, qui s'ouvre au grand débat entre Henri Barbusse et Romain Rolland sur l'attitude à avoir face à l'Union soviétique. Comme Rolland avait avancé contre Barbusse que les massacres de la Terreur en France avaient détourné de la Révolution l'élite européenne d'abord séduite, Mathiez répliqua à Rolland, Rolland répliqua à Mathiez. L'opposition était claire entre les deux familles d'esprit de l'ancien courant pacifiste de la Grande Guerre [7].

L'histoire de Mathiez est encore plus exemplaire par la suite.

6. A. Mathiez, *Scientia*, janvier 1920.

7. Voir *Clarté* des 1er juin et 1er juillet 1922, ainsi qu'A. Valbert (pseudonyme de Mathiez), « M. Aulard et la violence », *Clarté*, 5 avril 1923.

Il fut de ceux qui, enthousiasmés par la révolution russe, en furent profondément déçus dès 1922-1923, avant même la phase de bolchevisation qui devait confirmer leurs alarmes : ils comprirent que Moscou était le centre d'un mouvement communiste international au sein duquel les partis nationaux devaient obtempérer à ses « oukases ». Dans une lettre à Maurice Dommanget, du 22 décembre 1922, Mathiez écrit : « Le jour où les Français s'apercevront que leurs délibérations dans les groupes et dans les congrès sont truquées, qu'on leur impose des résolutions préparées dans le secret, ils jetteront en l'air les soi-disant dictateurs. Le machiavélisme des Moscovites m'inspire autant de pitié que de dégoût [8]. »

Henri Barbusse, quant à lui, a résolument pris parti pour le communisme, dont il sera le premier écrivain de renom. L'auteur du *Feu* vient également du pacifisme, de la protestation contre la guerre, comme Romain Rolland. Le mouvement Clarté qu'il lance avec Raymond Lefebvre en mai 1919 se dégage d'un certain flou œcuménique initial pour soutenir Lénine. Barbusse, après avoir récusé la paix séparée signée par les bolcheviques avec l'Allemagne, appuie en 1920 le rattachement à la IIIe Internationale et mène campagne contre l'intervention militaire des Alliés en Russie. Plusieurs ouvrages témoignent de ce combat, notamment son appel aux intellectuels, *Le Couteau entre les dents*, publié en 1921 par les éditions Clarté.

En décembre 1920, le Congrès de Tours voit le succès des partisans de l'Internationale communiste. Raymond Lefebvre n'a pas la joie d'y assister. Il était entré en août 1919 au Comité pour l'adhésion à la IIIe Internationale, opposant le « soviétisme » à la « démocratie parlementaire », à l'instar de ses amis de *La Vie ouvrière*. Au Congrès socialiste de Strasbourg en février 1920, il s'affirme comme le porte-parole de la « génération massacrée » et fait le procès de l'Union sacrée. Au moment des grandes grèves de mai-juin 1920, il croit la révolution proche, mais leur échec le lie encore davantage au communisme, dans lequel il admire une nouvelle école d'héroïsme. Au début de juillet, faute d'avoir obtenu un passeport, il quitte clandestinement la France par bateau pour l'URSS, en tant que représentant au deuxième Congrès de l'Internationale commu-

8. Cité par N. Racine, « Albert Mathiez », in *Dictionnaire biographique du Mouvement ouvrier français*, *op. cit.*, 1990, t. 36, p. 90.

niste du Comité pour l'adhésion. A Moscou, il défend le principe de la création d'un parti révolutionnaire pur et dur, débarrassé des réformistes et des opportunistes. Pendant plusieurs semaines après le Congrès, il voyage en Russie en compagnie de deux autres délégués, les ouvriers Lepetit et Vergeat. C'est avec eux qu'il disparaît, au large de Mourmansk, dans le naufrage du bateau de pêche sur lequel ils s'étaient embarqués pour gagner la Norvège. Avant sa mort, Raymond Lefebvre avait envoyé des lettres enthousiastes sur la révolution bolchevique ; l'une d'elles fut publiée par le *Bulletin communiste* du 7 octobre 1920, sous le titre : « Je reviens d'un long voyage éblouissant. »

Le Congrès de Tours passé, une minorité du mouvement Clarté – Paul Vaillant-Couturier, Jean Bernier (prix Clarté 1920 pour son roman autobiographique, *La Percée*), Marcel Fourrier (un pied-noir qui avait connu Vaillant-Couturier dans les chars d'assaut), Magdeleine Marx (qui avait collaboré à *La Forge* pacifiste et deviendra Magdeleine Paz après son second mariage avec Maurice Paz en 1924) – tend à orienter celui-ci sous la bannière du nouveau Parti communiste. Barbusse, malgré ses sympathies, y répugne. Il voudrait préserver l'indépendance du mouvement. Il se rallie malgré tout, en 1921, à une déclaration faisant de Clarté un « centre d'éducation révolutionnaire international ». Il appuie également la décision de la minorité communiste du mouvement de lancer une revue, *Clarté*, d'abord bimensuelle puis mensuelle, succédant au journal du même titre qui avait été suspendu en février 1921. Cette revue, qui fut la première expression intellectuelle du communisme français, traduisait le formidable désir de révolution né de l'Octobre russe. En même temps, elle affirmait son indépendance par rapport à l'organisation communiste dont elle s'éloignera du reste en 1925.

Tendue contre toutes les formes de célébration de la guerre, opérant un retour critique sur les responsabilités du massacre, à commencer par les chefs militaires, *Clarté* dénonçait avec violence le patriotisme bourgeois. Dans leur campagne contre les « serviteurs de la bourgeoisie », les rédacteurs de la revue ne s'en prirent pas seulement à Barrès, comme on l'a vu, ils se mêlèrent de saper le prestige d'une idole de la gauche, Anatole France en personne. Pareille offensive n'était pas dans la ligne du Parti communiste, très favorable à France qui s'était prononcé, dans un article de *L'Humanité* du 14 juillet 1920, en faveur de Lénine et des bolcheviques. Tandis que l'auteur de *Crainquebille* recevait le prix Nobel de littérature, *L'Humanité*, s'autocongratulant, écrivait, le 12 novembre 1921 : « Anatole France est des nôtres, et c'est un peu de sa gloire qui rejaillit sur notre communauté. » Or, pour le quatre-vingtième anniversaire du grand écrivain, en avril 1924, *Clarté* retourne la formule : « Anatole France n'est pas des vôtres, le prolétariat n'a que faire de cette œuvre toute imprégnée des idées libérales, républicaines et sociales qui présidèrent et président encore à son sommeil. » En octobre de la même année, après la mort de l'académicien, *Clarté* récidive par un pamphlet : *Contre Anatole France. Cahier de l'Anti-France.*

Édouard Berth, qui avait rejoint la revue et y sema quelque temps les idées soréliennes, y écrivait : « Il [France] pouvait séduire un socialisme réformiste, bourgeois et parlementaire, forme extrême, au fond, de la démocratie et de la décadence moderne ; un socialisme vraiment révolutionnaire, qui doit apporter au monde des valeurs nouvelles, ne peut que l'ignorer et déclarer qu'il n'a rien à faire avec ce "représentant soi-disant hors ligne de l'art capitaliste"[9]. »

Du même coup, *Clarté* ne pouvait qu'applaudir, sous la plume de Jean Bernier, à un autre pamphlet, *Un cadavre*, que les surréalistes avaient lancé avec fracas au lendemain de la mort d'Anatole France, en ce même mois d'octobre 1924. En revanche, Henri Barbusse, qui avait adhéré officiellement au Parti communiste en 1923, avait cessé d'être de son Comité directeur, en attendant de devenir, de 1926 à 1929, directeur littéraire de *L'Humanité*, tandis que Paul Vaillant-Couturier en était le rédacteur en chef. La revue, dirigée alors par Jean Bernier, Marcel Fourrier et Victor Crastre, tente un rapprochement avec le groupe surréaliste, lui-même attiré par le communisme. Les deux dernières années de son existence voit la revue évoluer vers la défense de « l'opposition russe », avant de disparaître en 1928.

L'histoire de *Clarté* témoigne de l'élan d'une génération de jeunes anciens combattants vers la révolution léniniste, mais aussi de la possibilité qui lui était encore laissée de faire entendre un son de cloche différent du carillonnement commu-

9. Cette expression était empruntée à un message télégraphié de la *Pravda* publié par *L'Humanité*. Voir N. Racine, *loc. cit.*

niste. Henri Barbusse, lui, n'avait pas suivi jusqu'au bout ses cadets. Il mit toute son énergie, son talent, ses activités, au service d'un parti dont il devint une figure de proue jusqu'à sa mort en 1935.

Ce ralliement à l'Internationale communiste ne fut pas au goût de Romain Rolland. Dans sa controverse avec Barbusse au cours de l'hiver 1921-1922, il s'estime quitte avec la dictature léniniste et porte ses coups contre la doctrine marxiste. Défenseur de la « pensée libre », il conteste toute allégeance à une autorité supérieure, fût-ce celle qui prétend être le défenseur du prolétariat. Passé le moment de ferveur qu'il avait eu pour la révolution bolchevique, Romain Rolland se tourne vers l'Asie et se rapproche du poète mystique indien Rabindranath Tagore, décidé à fonder une Université internationale à Santiniketan, qui enseignerait les valeurs de la tolérance. La non-violence de Gandhi exerce sur lui un attrait philosophique : il y voit le « seul salut pour la civilisation ». Une amitié s'établit entre l'écrivain français et le sage indien, qui amène Rolland à écrire, en 1924, un *Mahatma Gandhi*, par lequel il entend faire connaître aux Occidentaux la grandeur spirituelle du « dernier chevalier ».

Dans cette fidélité au pacifisme originel, Rolland encourage deux autres intellectuels pacifistes, René Arcos et Paul Colin, à fonder une revue internationale : ce sera *Europe*, dont le premier numéro sort en février 1923. Un des collaborateurs en est Jean-Richard Bloch, dont le parcours est, lui aussi, représentatif des espoirs et des désillusions de la génération du feu. Bloch, qui avait déjà animé une revue, *L'Effort* (devenue *L'Effort libre*), avant la guerre de 1914, avait alors adhéré au Parti socialiste ; son souci était de rapprocher les avant-gardes esthétiques de l'avant-garde révolutionnaire. Il était cependant monté au front avec la conviction de se battre pour la démocratie et la liberté, contre le militarisme et l'impérialisme allemands, d'où s'ensuivit un échange épistolaire émouvant avec l'auteur d'*Au-dessus de la mêlée*. Trois fois blessé, il était revenu de la guerre épuisé et démoralisé. Appartenant à la section socialiste départementale de la Vienne, il fut de ceux qui soutinrent l'adhésion à l'Internationale communiste, très proche alors, comme Lefebvre, du courant syndicaliste révolutionnaire qu'animaient Monatte et l'équipe de *La Vie ouvrière*. Lui aussi est du mouvement puis de la revue *Clarté*. La controverse entre Rolland et

Barbusse sur la révolution russe le touche, sans qu'il se résolve à choisir entre les protagonistes ; il écrit alors, dans la même revue, un article, « Optimisme du pessimisme », dans lequel il met en garde le mouvement révolutionnaire contre deux dangers, le cynisme et le sectarisme : « Le second, écrit-il, peut s'excuser. Plus un esprit est petit, et plus il se croit de taille à contenir l'universelle vérité. Le sort des plus belles réformes est d'être rêvées par des prophètes, propagées par des fanatiques.

« Autrement directe apparaît la menace du cynisme. En rompant avec la société, quelques-uns se croient tenus de rompre avec la morale de cette société. Nous les approuverions s'ils mettaient autre chose à la place. Mais ils ne le peuvent pas, car les sociétés sont des images rapides à la surface d'une morale lente à varier. Les tours de passe-passe que les cyniques essayent de nous faire prendre pour une suprême finesse politique restent justiciables de l'antique réprobation [10]. »

Jean-Richard Bloch, qui, par ailleurs, collabore à la *NRF*, dirige aux éditions Rieder la collection des « Prosateurs français contemporains ». Il est aussi, on l'a vu, avec Arcos et Colin de l'équipe fondatrice d'*Europe*, publiée par les mêmes éditions Rieder. Revue de culture, d'esprit international, animé par Romain Rolland, *Europe* sera plus tard, dans les années trente, une des expressions du compagnonnage de route avec le communisme, quand Rolland et Barbusse furent appelés à se retrouver sous l'enseigne de l'antifascisme. Pour l'heure, au début des années vingt, leurs destinées divergent. L'idéalisme de Rolland révoque en doute le réalisme révolutionnaire de Barbusse.

Le malström de la Grande Guerre et de la révolution bolchevique a bouleversé le monde intellectuel comme le reste du paysage. La première a soulevé un lent mouvement de protestation dans lequel ont été réunis les noms de Romain Rolland et d'Henri Barbusse. Leur pacifisme a conduit l'un et l'autre à applaudir à l'espoir révolutionnaire venu de Russie, pris pour un espoir de paix entre les hommes. Il est remarquable que tant d'esprits qui allaient venir au communisme par le pacifisme furent, au moins un moment, subjugués par l'idéal wilsonien, entendu comme une déclaration de guerre à la guerre et la

10. J.-R. Bloch, *Destin du siècle*, présenté par M. Trebitsch, PUF, 1996, p. 243.

promesse d'une véritable société des nations. Le wilsonisme ne fit qu'un temps, que la paix de Versailles n'eut pas l'heur de confirmer sur la scène internationale. La révolution russe, victorieuse de ses ennemis, parut alors à beaucoup la seule vraie lueur de l'après-massacre. Elle provoqua dans les années 1919-1920 un élan d'enthousiasme qui porta maint combattant de la paix à professer l'adhésion à la IIIe Internationale. Les méthodes de la Terreur bolchevique écartèrent nombre de ceux qui avaient soutenu au début le radicalisme de Lénine. La dictature du Parti communiste dévoila à leurs yeux la nature réelle du nouveau régime, qu'ils avaient pris pour le pouvoir des soviets, à l'instar des syndicalistes révolutionnaires. Le désenchantement des années vingt, que l'élimination de Trotski du Parti communiste renforce après la mort de Lénine, rejette peu à peu ces premiers adeptes du bolchevisme [11].

Une longue histoire commence : celle des intellectuels dans leur rapport avec le communisme. Faite de va-et-vient, d'adhésions et de départs, d'enthousiasmes et de déceptions, elle a été ouverte par la crise de la conscience occidentale provoquée par la guerre. Aux certitudes d'avant 1914 emportées par plus de quatre années de souffrance et de tuerie a succédé un doute immense sur l'avenir de la condition humaine. Dans le monde bouleversé des lendemains de guerre, la révolution russe a brillé comme une nouvelle étoile. Pendant plus de soixante ans elle devait fasciner l'Occident.

11. On pourra suivre la désillusion des intellectuels jaurèsiens, qui ont un moment applaudi aux soviets avant de dénoncer le régime communiste, dans Marcel Mauss, *Ecrits politiques,* Fayard, 1997.

## 19

# *La Révolution surréaliste*

La guerre n'a pas seulement cassé des ordres anciens, suscité des révoltes nécessaires ; elle a fécondé, à travers un prodigieux brassage d'individus, des rencontres décisives. Certes, la genèse du surréalisme n'est pas toute enracinée dans la guerre mondiale ; certes, le mouvement puise son inspiration dans mainte source en amont, mais la guerre a mis en relation de jeunes hommes, qui se sont reconnu mêmes aspirations et mêmes refus.

Suivons celui qui sera le pivot du groupe, André Breton, silhouette élégante, à la beauté altière, au langage soigné. Plus libertaire que pacifiste, il résiste sans peine en 1914 à la « fièvre unanime » (il jugera plus tard *Au-dessus de la mêlée* un « livre sublime »). En février 1915, il est appelé sous les drapeaux et incorporé au 17e régiment d'infanterie. Ayant fait son année de PCN (propédeutique des études de médecine), il est versé, après ses classes à Pontivy, comme infirmier militaire, dans le service de santé à Nantes. C'est là qu'il fait la rencontre capitale de Jacques Vaché, qui se fait soigner pour une blessure à la jambe.

A ce moment, Breton, jeune poète, nourri d'abord des symbolistes, de Mallarmé, depuis peu de Rimbaud, correspond avec Paul Valéry, auquel il a envoyé ses premiers vers, et avec Apollinaire, « le lyrisme en personne », auquel il rendra visite pour la première fois en mai 1916. Mais, dit-il, « c'est à Jacques Vaché que je dois le plus. Le temps que j'ai passé avec lui à Nantes en 1916 m'apparaît presque enchanté. Je ne le perdrai jamais de vue »…

Brève rencontre : Vaché quitte Nantes en mai 1916, et Breton ne le revoit que cinq ou six fois avant sa mort au début de 1919. Mais une de ces rencontres qui donne un sens ou un autre sens à la vie. Fils d'officier, passé par l'École des beaux-arts, Vaché, avec ses allures de dandy impénétrable, oppose à l'absurdité de la guerre un refus constant d'abandon, de confidence ou de laisser-aller, et pratique ce que Breton appelle « la désertion à l'intérieur de soi-même[1] ». Le sens de la dérision de Vaché n'épargne rien, pas même l'art et la poésie. L'exercice de désacralisation tous azimuts auquel il s'applique marque à jamais André Breton, initié par lui au *contre-courant*.

A la fin de 1916, Breton est affecté au centre neuropsychiatrique de Saint-Dizier. Expérience « décisive », selon lui, sur le déroulement de sa pensée[2]. Assistant du Dr Raoul Leroy, il s'initie en effet à la psychiatrie et découvre l'œuvre de Freud, qui n'est pas encore traduite en français, à travers le livre du Dr Régis et du Dr Hesnard, *La Psychanalyse*, paru en 1914. Initiation de taille, puisqu'elle sera à l'origine de l'écriture automatique, dont les premières expériences identifieront le premier groupe surréaliste.

En janvier 1917, Breton est autorisé à suivre au Val-de-Grâce les cours dispensés aux étudiants en médecine. C'est cette même année, en octobre, qu'il fait la connaissance, dans une chambrée du Val-de-Grâce, de Louis Aragon, également étudiant en médecine, également poète, également épris de Rimbaud, et qui va lui faire découvrir Lautréamont choisi par hasard dans le catalogue de prêt de « La Maison des amis des livres » d'Adrienne Monnier, rue de l'Odéon. Les deux amis lisent ensemble à haute voix *Les Chants de Maldoror* dans l'atmosphère apocalyptique de leurs nuits de garde remplies par le bruit des sirènes et les hurlements des malades.

Lors d'une de ses visites à Apollinaire, récemment trépané, Breton fait la connaissance de Philippe Soupault, qui était, dit-il, « comme sa poésie, extrêmement fin, un rien distant, aimable et *aéré* ». Aragon, Soupault, Breton (qui parle aux autres de Vaché), Fraenkel (un ami d'adolescence de Breton),

1. Nous utilisons notamment pour ce chapitre le travail de M. Bonnet, *André Breton, naissance de l'aventure surréaliste*, José Corti, 1988, et, de la même, la chronologie détaillée dans A. Breton, *Œuvres complètes*, Gallimard, « La Pléiade », 1988, t. I. Également : M. Nadeau, *Histoire du surréalisme*, Seuil, 1947-1948, 2 vol. ; S. Alexandrian, *Breton*, Seuil, 1971 ; Ph. Audoin, *Les Surréalistes*, Seuil, 1995 ; C. Reynaud Paligot, *Parcours politique des surréalistes 1919-1969*, CNRS Éditions, 1995.

2. A. Breton, *Entretiens*, *op. cit.*, 1973, p. 36.

tel est le premier noyau où s'échangent les ferveurs personnelles, qui deviennent des ferveurs communes : Jarry, Apollinaire – qui leur fait lire Sade –, Rimbaud surtout, Lautréamont en 1918... Il est remarquable qu'au rang de ces enthousiasmes figure en bonne place André Gide, dont on adore « l'admirable » *Paludes*, *Le Prométhée mal enchaîné*, et surtout *Les Caves du Vatican*, qui en 1918 suggère à Breton son poème « Pour Lafcadio » et à Aragon sa nouvelle *La Demoiselle aux principes*.

La dernière année de guerre est occupée par la recherche de « l'idée moderne de la vie ». Avec Paul Valéry, Jean Paulhan, Pierre Reverdy, André Breton entretient une correspondance sur les problèmes poétiques ; il fabrique aussi ses premiers collages pour ses amis. Surtout, avec Aragon et Soupault, il discute d'un projet de revue, qui voit finalement le jour en mars 1919. Elle s'appelle *Littérature*. Un titre, dira Breton, en forme d'antiphrase, « dans un esprit de dérision », « une étiquette de fantaisie ».

Le *Manifeste* de Tristan Tzara, publié en décembre 1918 par *Dada 3*, y a sa part sans doute. Le mouvement Dada, créé à Zurich en 1916, n'avait pas touché jusque-là Breton. Cette fois, il est conquis : « Le manifeste Dada vient d'éclater comme une bombe », écrit-il à Fraenkel. Et de préciser : « Il proclame la rupture de l'art, explique Breton, avec la logique, la nécessité d'"un grand travail négatif à accomplir", il porte aux nues la spontanéité [3]. » Il s'ensuit une première lettre de Breton à Tzara, datée du 22 janvier 1919, seize jours après la mort de Vaché. Plus tard, en avril, il lui écrit : « Si j'ai en vous une confiance folle, c'est que vous me rappelez un ami, mon meilleur ami, Jacques Vaché, mort il y a quelques mois. »

Tzara, encore à Zurich, « où il mène grand tapage », n'arrivera à Paris qu'en janvier 1920. En attendant, le groupe de Breton s'enrichit de l'arrivée de Paul Éluard. Breton, qui en a entendu parler par Jean Paulhan et a lu *Le Devoir et l'Inquiétude*, lui écrit, ce mois même où paraît le premier numéro de *Littérature*, pour lui demander sa collaboration. Les deux hommes se rencontrent quelques jours plus tard, à l'hôtel des Grands Hommes, place du Panthéon, où Breton a pris une chambre, afin de rester à proximité du Val-de-Grâce où il est

3. *Ibid.*, p. 58.

toujours à la fin de 1918. Une semaine plus tard, Aragon, en permission, leur lit chez lui le début d'*Anicet*.

Ce premier numéro de *Littérature* en quête du moderne, à la recherche de « l'esprit nouveau », était encore sage. Un numéro de transition, en somme. André Gide, qui est au sommaire, écrivait : « Je pressens un temps où l'on ne comprendra plus qu'à peine ce qui nous paraît vital aujourd'hui. » Le deuxième numéro, contenant un poème-programme de Tzara, amorce déjà un changement de ligne. Mais c'est en 1920 que *Littérature* l'accomplit, notamment en publiant dans le numéro 13 *Vingt-trois Manifestes dada*.

Tzara est donc arrivé à Paris en janvier, et Breton a donné son adhésion au mouvement Dada. Dans la mouvance de celui-ci, les œuvres de Picabia, Ernst, Arp, les tableaux iconoclastes de Duchamp substituent leur influence à celle d'autres collaborateurs de la revue, tels Paul Valéry, Max Jacob, Blaise Cendrars, Paul Morand, André Gide, qui s'éloignent. Celui-ci doit pourtant être flatté par l'hommage explicite des *Lettres de guerre* de Jacques Vaché (« J'accorde un peu d'UMOUR à LAFCADIO – car il ne lit pas et ne produit qu'en expériences amusantes – comme l'assassinat – et cela sans lyrisme satanique – mon vieux Baudelaire pourri ! ! ! Il fallait notre art sec un peu ; machinerie – rotatives à huile puante – vrombis – vrombis – vrombis… siffle ! – Reverdy – amusant le pohète, et ennuie en proses. Max Jacob, mon vieux fumiste – PANTINS – PANTINS – PANTINS – voulez-vous des beaux pantins de bois colorié ? Deux yeux – flamme-morte et la rondelle de cristal d'un monocle – avec une pieuvre machine-à-écrire – j'aime mieux. »). Bref, l'agitation Dada défraie la chronique de janvier à l'été 1920 : défis répétés, sketches, provocations, lectures publiques de manifestes, parfois sous les lancers d'œufs et de tomates…

André Breton a renoncé à ses études de médecine, à la grande fureur de sa mère, personne autoritaire et conformiste, pour qui cette annonce est pire que celle de la guerre. Paul Valéry lui trouve de quoi subsister en le recommandant à Gaston Gallimard, lequel lui offre un poste administratif à *La Nouvelle Revue française*. Mais la révolte pouvait-elle faire bon ménage avec la littérature bourgeoise ? Breton, qui en est conscient, quitte Gallimard au début de l'été 1920. Sa situation ne se stabilise qu'en fin d'année : après divers travaux qui lui ont permis de louer de nouveau une chambre d'hôtel, cette fois rue

Delambre, il est présenté au couturier et collectionneur Jacques Doucet, qui l'engage l'année suivante comme conseiller artistique et bibliothécaire.

Le mouvement Dada connaît un second souffle en janvier 1921, et jusqu'à l'été ; le procès Barrès le 13 mai 1921 au cours duquel Benjamin Péret est apparu en Soldat allemand inconnu, d'où le déchaînement de la presse, n'y est pas étranger. Mais Breton et Aragon mettent de plus en plus en doute ces éclats renouvelés, qui ne débouchent sur rien. Breton, surtout, est déçu par Tzara, il n'accepte pas son pessimisme absolu et se lasse des « niaiseries » du mouvement.

En septembre, Breton épouse Simone Kahn ; Valéry est son témoin. A la fin de 1921, le groupe surréaliste est composé, qui va prendre ses distances avec Dada. Un premier noyau qui entoure Breton (Louis Aragon, Paul Éluard, Max Ernst, Benjamin Péret) fusionne avec un autre groupe (Jacques Baron, René Crevel, Robert Desnos, Max Morise et Roger Vitrac). Breton dira dans ses *Entretiens* qu'ils formèrent un ensemble dont la solidité et la cohésion n'avaient pas eu de précédent depuis les saint-simoniens.

Le surréalisme n'a pas succédé au dadaïsme ; sous celui-ci, celui-là avait percé dès le début : « La vérité, écrit Breton, est que, dans *Littérature* aussi bien que dans les revues Dada proprement dites, textes surréalistes et textes dada offriront une continuelle alternance. » Dès l'automne 1919, la revue de Breton publiait les trois premiers chapitres des *Champs magnétiques*, écrits par lui et Soupault, qui était le premier résultat des applications de l'écriture automatique. Cette cohabitation entre les surréalistes et Dada se termine en 1922, à la suite d'un projet de Congrès avancé par Breton (« Congrès international pour la détermination des directives et de la défense de l'esprit moderne »), qui visait à entraver le très fort courant de retour à l'ordre, à la tradition, au métier. En désaccord, Breton et Tzara polémiquent l'un contre l'autre dans *Comœdia* ; la querelle qui devient collective s'envenime [4]. Breton publie un PPC, « Après Dada » : « Dada, bien qu'il eût eu, comme on dit, son heure de célébrité, laissa peu de regrets : à la longue, son omnipotence et sa tyrannie l'avaient rendu insupportable [5]. »

4. Voir M. Sanouillet, *Dada à Paris*, Flammarion, 1993.

5. Repris dans *Les Pas perdus*, A. Breton, *Œuvres complètes*, *op. cit.*, p. 259-261.

Les surréalistes deviennent alors un mouvement pleinement autonome. Une nouvelle série de *Littérature* est lancée en mars 1922, bientôt aidée financièrement par Jacques Doucet, tandis que Gaston Gallimard accepte de se charger de sa diffusion. Nous n'entrerons pas dans la chronique du groupe, qui vit les années suivantes dans une alternance d'enthousiasme et de fatigue, qui connaît des tensions, des mises en cause, des départs, des arrivées (la rencontre d'André Breton et d'André Masson, l'apparition d'Antonin Artaud), des petits scandales, des polémiques, mais aussi une activité souvent éprouvante dans l'écriture automatique, le sommeil hypnotique, les investigations ludiques… Le groupe surréaliste est définitivement identifié en 1924 par le lancement d'une autre revue, *La Révolution surréaliste*, que préface le *Manifeste du surréalisme* rédigé par André Breton.

Le mot *surréalisme* avait été créé par Apollinaire ; l'acception qu'il en donnait, selon Breton, était la création verbale spontanée. Aragon désigne *Les Champs magnétiques* dans un article des *Écrits nouveaux*, le 8 septembre 1921, comme « un texte surréaliste [6] ». En novembre 1922, Breton élargit la définition, dans *Entrée des médiums* (*Littérature* n° 6) : le surréalisme n'est pas seulement un procédé d'écriture, mais une activité psychique « qui correspond assez bien à l'état de rêve, état qu'il est aujourd'hui fort difficile de délimiter ». Après une controverse estivale sur le mot, revendiqué par d'autres, ou pris dans une acception inédite par Picabia, le *Manifeste du surréalisme* était achevé d'imprimer le 15 octobre 1924. C'est trois jours après la mort d'Anatole France. Le 18 octobre, les surréalistes lui consacrent, on l'a vu, une oraison funèbre au vitriol : *Un cadavre* (« Que ce soit fête le jour où l'on enterre la ruse, le traditionalisme, le patriotisme, l'opportunisme, le scepticisme, le réalisme et le manque de cœur ! »). Le 1er décembre paraît le premier numéro de *La Révolution surréaliste*. Un triple bulletin de naissance que la presse ne peut ignorer. Maurice Martin du Gard, directeur des *Nouvelles littéraires*, consacre à André Breton et au *Manifeste* une chronique. Picabia, alors en bisbille avec Breton, soupçonne celui-ci d'en être l'auteur, à des fins publicitaires [7].

6. Nous suivons ici M. Bonnet, *op. cit.*, p. 323 *sq.*
7. *Ibid.*, p. 327.

Le *Manifeste* est l'acte officiel de naissance du surréalisme. Il récuse le réalisme, inspiré « du positivisme, de saint Thomas à Anatole France », fait de « médiocrité, de haine et de suffisance », et donnant lieu à ce genre facile qu'est le *roman*. Et Breton de citer Valéry, qui confiait qu'en ce qui le concernait il se refuserait toujours à écrire : *Madame la marquise est sortie à cinq heures*. Nous vivions sous le règne de la logique, tournant en cage : « L'imagination est peut-être sur le point de reprendre ses droits. » Il faut faire sa part au rêve, au merveilleux, aux désirs, bref aux sources de l'imagination poétique. Après avoir expliqué l'écriture automatique, en se référant à Freud, Breton en arrive à une définition, « une fois pour toutes », du surréalisme :

« SURRÉALISME, n. m. Automatisme psychique pur par lequel on se propose d'exprimer, soit verbalement, soit par écrit, soit de toute autre manière, le fonctionnement réel de la pensée. Dictée de la pensée, en l'absence de tout contrôle exercé par la raison, en dehors de toute préoccupation esthétique ou morale.

« ENCYCL. *Philos*. Le surréalisme repose sur la croyance à la réalité supérieure de certaines formes d'associations négligées jusqu'à lui, à la toute-puissance du rêve, au jeu désintéressé de la pensée. Il tend à ruiner définitivement tous les autres mécanismes psychiques et à se substituer à eux dans la résolution des principaux problèmes de la vie. Ont fait acte de SURRÉALISME ABSOLU MM. Aragon, Baron, Boiffard, Breton, Carrive, Crevel, Delteil, Desnos, Éluard, Gérard, Limbour, Malkine, Morise, Naville, Noll, Péret, Picon, Soupault, Vitrac. »

Le numéro 1 du 1er décembre 1924 de *La Révolution surréaliste* porte en couverture ce frontispice : « Il faut aboutir à une nouvelle Déclaration des droits de l'homme. » Il faut en finir avec ce monde « soi-disant cartésien » et en vérité insoutenable, mystifiant, l'humanité de l'homme étant réduite à sa raison. Ce premier numéro offre un vaste recueil de textes automatiques, de récits de rêves, de cas de suicide rapportés par les journaux, sans commentaire. Entourée des photos de tous les surréalistes ainsi que d'hommes clés : Freud, Chirico, Picasso…, il reproduit la photo de Germaine Berton qui avait accompli un assassinat politique sur la personne de Marius Plateau, dirigeant des Camelots du Roi, et qui avait fasciné le groupe lors de son procès.

La Révolution, telle que les surréalistes l'entendent alors, reste un idéalisme, créditant la pensée d'une « toute-puissance » de manière naïve. Plutôt que révolution, c'est révolte : contre l'ordre et la littérature établis, contre tout ce qui entrave la liberté humaine, patrie, famille, religion, morale, asiles d'aliénés, impérialisme de la logique... Cependant, comme les saint-simoniens, auxquels se réfère Breton, les surréalistes entendent vivre *autrement*. Ils réfutent les idées de talent, de vocation, et bien entendu de carrière. Ils s'interdisent aussi le travail (« Guerre au Travail », proclame la couverture du n° 4) – et Breton de quitter le poste qu'il avait auprès de Jacques Doucet.

Depuis le début de 1922, lui et Simone se sont installés dans un atelier de Montmartre, près de la place Blanche. Les réunions du groupe se tiennent désormais non loin de là, au Cyrano. Quartier marginal des prostituées et des souteneurs, faune interlope, touristes en goguette, gens de cirque... Un « Bureau de recherches surréalistes » est ouvert au 15 de la rue de Grenelle, dont Antonin Artaud assure la permanence. C'est de là que partent des textes d'allure subversive : « Ouvrez les prisons, licenciez l'armée », des adresses au pape, au Dalaï-Lama, aux médecins-chefs des asiles de fous : « Sans insister sur le caractère parfaitement génial des manifestations de certains fous, dans la mesure où nous sommes aptes à les apprécier, nous affirmons la légitimité absolue de leur conception de la réalité, et de tous les actes qui en découlent [8]... »

En plein envol, le groupe subit, de manière inattendue, une attaque de Paul Claudel, qui déclare, dans une interview rapportée par *Comœdia*, le 24 juin 1925, et avec la bonne conscience dont il ne se déprend jamais : « Quant aux mouvements actuels, pas un seul ne peut conduire à une véritable rénovation ou création. Ni le *dadaïsme*, ni le *surréalisme* qui ont seul sens : pédérastique. Plus d'un s'étonne non que je sois bon catholique, mais écrivain, diplomate, ambassadeur de France et poète. Mais moi, je ne trouve en tout cela rien d'étrange. Pendant la guerre, je suis allé en Amérique du Sud pour acheter du blé, de la viande en conserve, du lard pour les armées, et j'ai fait gagner à mon pays deux cents millions. »

La réplique des surréalistes ne tarde pas ; elle prend l'aspect d'un tract, *Lettre ouverte à M. Paul Claudel, Ambassadeur de France au Japon*, imprimé sur du papier rouge sang. Au-delà de la personne de Claudel, c'est une profession de foi en forme de cri de révolte :

8. *La Révolution surréaliste*, n° 3, 15 avril 1925.

« Peu nous importe la création. Nous souhaitons, de toutes nos forces, que les révolutions, les guerres et les insurrections coloniales viennent anéantir cette civilisation occidentale dont vous défendez jusqu'en Orient la vermine et nous appelons cette destruction comme l'état de choses le moins inacceptable pour l'esprit. »

Le lendemain, un exemplaire du tract est placé sous chaque couvert du banquet prévu à la Closerie des Lilas en l'honneur de Saint-Pol Roux, « le Magnifique », admiré des surréalistes. Y assiste Rachilde, à l'origine d'un incident qui tourne à l'esclandre. Cofondatrice du *Mercure de France* avec son mari Alfred Vallette, Rachilde, qui a derrière elle une production romanesque profuse, dont *Monsieur Vénus*, objet de scandale en 1884, Rachilde donc vient de répondre à l'une de ces enquêtes stupides de *Paris-Soir : Un Français peut-il épouser une Allemande ?* Rachilde a dit que non, et la voilà décidée, en plein banquet, à persister dans son chauvinisme. André Breton se lève alors, très digne, très froid, et lui fait remarquer que ses propos sont insultants pour Marx Ernst présent. Une autre version de l'incident voudrait que Breton, outré d'une déclaration si peu convenable de M$^{me}$ Rachilde, lui eût jeté sa serviette au visage en la traitant de « fille à soldats [9] ». Quoi qu'il en soit, un cri soudain, « Vive l'Allemagne ! », poussé par on ne sait qui, paraît avoir déclenché le tumulte, puis une bagarre, au cours de laquelle Philippe Soupault, suspendu au lustre, fauchait de ses pieds les assiettes et les bouteilles sur les tables. Michel Leiris, pour donner plus d'extension à ses convictions, ouvrit une fenêtre sur le boulevard et hurla : « A bas la France ! » devant une foule assemblée par le tapage. Leiris fut prié de « descendre » par les badauds, ce qui prolongea l'échauffourée sur le boulevard Montparnasse et valut à Leiris d'être tabassé au commissariat où les policiers l'avaient conduit pourtant pour lui éviter le lynchage.

Paul Léautaud raconte dans son *Journal littéraire* comment le lendemain, 3 juillet, on ne parle dans les bureaux du *Mercure* que du grabuge de la veille. Vallette commente : « Mais pourquoi venir soulever ces questions dans une réunion littéraire ? » Léautaud lui répond : « Mais non, il n'y a pas que la littérature. Vous n'empêcherez pas ceci aujourd'hui : que, malgré soi, dans

9. Voir M. Nadeau, *op. cit.*, p. 117 *sq.*

sa conscience, on ne peut plus avoir une opinion sur un écrivain sans que cette opinion soit influencée par l'attitude que cet écrivain a eue pendant la guerre. » Léautaud visait le directeur de théâtre Lugné-Poe, un « simple mouchard » pendant la guerre, lui aussi chahuté à la Closerie : « La guerre a été, elle est encore un événement considérable. C'est une question de conscience dans un domaine très élevé. Il en est comme il en a été avec l'affaire Dreyfus, quand on changeait du tout au tout d'opinion sur des gens qu'on voyait se mettre d'un certain côté. »

Il est remarquable que Léautaud, généralement imperméable à tout impératif de l'engagement, affirme que, désormais, la pure littérature, le repliement de l'artiste sur lui-même, deviennent impossibles : « Qu'importe ces abominations humaines auxquelles on ne peut rien changer, contre lesquelles on ne peut rien. Du moment qu'on n'en est pas atteint, pourquoi s'en occuper ? Et il n'y a pas moyen. On s'en occupe, on en est touché, on en est blessé, on en est empoisonné, et chaque jour quelque chose vient vous les rappeler [10]. »

Ce qui va déterminer le plein engagement des surréalistes sur le terrain politique est la guerre du Rif, contre laquelle, en ce même début de juillet, Henri Barbusse lance un appel dans *L'Humanité*. Une convergence se dessine dans les semaines qui suivent entre les surréalistes et l'équipe de *Clarté*, elle aussi hostile à cette guerre coloniale au Maroc. Un texte, élaboré en commun, est publié dans le numéro 5 de *La Révolution surréaliste* du mois d'octobre 1925 : « La révolution d'abord et toujours ! » Texte incendiaire, prônant l'antipatriotisme (« ce qui nous répugne, c'est l'idée de Patrie qui est vraiment le concept le plus bestial, le moins philosophique... »), l'anticolonialisme (« nous croyons à la fatalité d'une délivrance totale »), la révolution sociale... Au passage, le nom de Lénine était exalté pour « le magnifique exemple d'un désarmement immédiat » donné au monde à Brest-Litovsk. Dans le même numéro 5, Breton publiait une note sur le *Lénine* de Trotski, "premier pas" reconnu par son auteur vers le communisme, alors que, peu de temps auparavant, Aragon avait encore mêlé « le tapir Maurras » et « Moscou la gâteuse » :

« Vive donc Lénine ! Je salue ici très bas Léon Trotsky, lui

10. P. Léautaud, *op. cit.*, p. 1618-1621.

qui a pu, sans le secours de bien des illusions qui nous restent *et sans peut-être comme nous croire à l'éternité*, maintenir pour notre enthousiasme cet inoubliable mot d'ordre : "Et si le tocsin retentit en Occident – et il retentira –, nous pourrons être alors enfoncés jusqu'au cou dans nos calculs, dans nos bilans, dans la NEP, mais nous répondrons à l'appel sans hésitation et sans retard : nous sommes révolutionnaires de la tête aux pieds, nous l'avons été, nous le resterons jusqu'au bout." »

En ce même mois d'octobre 1925, des réunions se multiplient entre les surréalistes et l'équipe de *Clarté*. Ils imaginent un moment une revue commune, *Guerre civile*. L'adhésion du surréalisme aux perspectives du communisme est alors sans ambiguïté : « La révolution, dit une résolution du 23 octobre 1925, ne peut être conçue par nous que sous sa forme économique et sociale où elle se définit : la Révolution est l'ensemble des événements qui déterminent le passage du pouvoir des mains de la bourgeoisie à celles du prolétariat et le maintien de ce pouvoir par la dictature du prolétariat. »

Toutefois, l'adhésion des surréalistes au marxisme-léninisme n'était pas, ou n'était pas encore, une adhésion au Parti communiste. Pour André Breton et ses amis, il s'agit d'en finir une fois pour toutes « avec l'ancien régime de l'esprit », et pas seulement avec l'ancien régime économique. Quand il prend lui-même la direction de *La Révolution surréaliste*, en juillet 1925, il réaffirme qu'il reste « aux ordres du merveilleux », tout en se déclarant solidaire de « toute action révolutionnaire ».

Dans cette phase, les surréalistes entendent mener une action *parallèle* à celle du PCF. A leurs yeux, ou aux yeux de la plupart d'entre eux, le Parti communiste est à leur droite [11]. Publiquement, cependant, ils se montrent entièrement solidaires : « Nous voulons la Révolution, partant nous voulons les moyens révolutionnaires. Or, ces moyens, aujourd'hui de qui sont-ils le fait ? De l'Internationale communiste seule et, pour la France, du PCF... », lit-on, le 8 novembre 1925, dans *L'Humanité*, qui enregistre « avec satisfaction [...] une adhésion aussi catégorique de jeunes intellectuels à la doctrine communiste ».

Cette action parallèle, le refus d'adhésion globale, a pour but de maintenir leur combat propre en faveur d'un art révolutionnaire. Ils se donnent pour tâche de « ruiner » toutes les activités

11. Voir M. Leiris, cité par C. Reynaud Paligot, *op. cit.*, p. 54.

intellectuelles « qui n'ont pas pour but la Révolution », et aussi « les activités révolutionnaires intellectuelles (comme par exemple certaines tentatives anticipées de culture prolétarienne) dans la mesure où elles se réclament d'activités intellectuelles qui relèvent : a) du dilettantisme, b) de l'aristocratie de la pensée, c) du libéralisme intellectuel, d) de l'esprit européen [12] ».

Les fiançailles commencent entre surréalisme et communisme, non sans quelque malentendu. Breton et ses amis, sincèrement acquis à l'idée de révolution sociale, s'imaginent être en mesure de donner au Parti communiste ce qui lui fait défaut : une esthétique révolutionnaire. Pour eux, l'insurrection de l'esprit va de pair avec la révolution tout court. Pour les dirigeants du PCF, le rapprochement de ces jeunes écrivains et du prolétariat est sympathique, et symptomatique de la crise de la pensée bourgeoise, mais ils les jugent de façon très paternaliste. Allons ! encore un effort et vous deviendrez de vrais communistes :

« D'extraction bourgeoise pour la plupart, lit-on dans *L'Humanité* du 21 septembre 1925, ils sont venus d'instinct à la Révolution. Leur pensée mûrira et se précisera. Beaucoup, espérons-le, persévéreront dans leur voie où les engagent un enthousiasme et un désespoir romantiques. D'autres – ne sommes-nous pas payés pour le savoir ? – obéissant aux suggestions de leurs intérêts, retourneront sans doute à leurs origines. La foi révolutionnaire doit être raisonnée, systématique, elle doit s'étayer sur les lois économiques génialement formulées par Marx et par Lénine. »

Dans un premier temps, les surréalistes réussissent un certain « entrisme » dans *L'Humanité*, où le « clartéiste » Marcel Fourrier s'occupe des rubriques culturelles. Marcel Noll (« Revue des Revues »), Victor Crastre (« Les Livres »), Benjamin Péret (« Chronique cinématographique ») signent des articles réguliers et font le procès du milieu littéraire, des prix – « ces manifestations puériles ». Les écrivains reconnus, parmi lesquels Paul Valéry, que Breton a vénéré, n'échappaient pas à leurs flèches. Or il y avait un danger évident, aux yeux du PCF, de laisser la bride sur le cou de ces *exagérés* (comme on disait pendant la Révolution française), qui risquaient d'écarter de lui tous les écrivains qui pouvaient peu ou prou servir sa cause.

12. Cité par M. Bonnet, *Vers l'action politique*, Gallimard, 1988, p. 66.

Dans l'affaire Anatole France, le Parti avait défendu l'académicien, si sympathique à ses vues, face à leurs éreinteurs. La direction du Parti, encore une fois, est moins soucieuse d'imposer un avant-gardisme littéraire que de gagner des compagnons de route. Et elle le fait savoir : lorsque *Clarté* lance son offensive contre Henri Barbusse, sous la plume de Marcel Fourrier, dans son numéro de janvier 1926 – pour « confusionnisme », « bouffissure », « pacifisme bourgeois »... –, le Bureau politique du 26 février 1926 se place résolument du côté de Barbusse – lequel vient d'occuper largement les colonnes de *L'Humanité* avec sa grande enquête sur les pays balkaniques. Juste avant, Paul Vaillant-Couturier, dans *L'Humanité* du 21 février, avait confirmé son accord politique avec Barbusse : « La tentative de J. Bernier, qui veut faire d'un noyau de jeunes écrivains anarchisants des révolutionnaires communistes, mérite attention. Mais la politique littéraire du Parti doit être dégagée des questions de boutique. Elle doit être ample et saine. S'il faut détruire, il faut aussi rechercher et soutenir tout ce qui annonce la littérature de demain. Quant aux critiques de Fourrier, Barbusse et moi avons le droit d'en sourire, et je dirai – pour ne pas me montrer trop sévère – un peu tristement. »

Conclusion du journal communiste : « L'incident est clos. » Ce qui restait à démontrer. Les années à venir devaient confirmer, au contraire, qu'il ne s'agissait nullement d'un incident. Les deux conceptions de la Révolution qui s'affrontaient n'étaient guère compatibles.

# 20

# *Rome contre l'Action française*

Le portrait de Germaine Berton qui parraine la photo des surréalistes n'était pas celui d'une échappée de ces asiles de fous dont les médecins-chefs avaient fait les frais dans leur célèbre lettre ouverte. Sa main, le 22 janvier 1923, n'avait pas tiré plusieurs coups de feu au hasard. Anarchiste, voulant venger les morts de Jaurès et d'Almereyda, cet anarchiste – père de Jean Vigo –, mort en prison à Fresnes en 1917, elle s'était rendue aux bureaux de *L'Action française*, pour tuer Maurras ou Daudet. Ceux-ci étant inabordables, elle avait obtenu un entretien avec Marius Plateau, à la fois secrétaire général de la Ligue et responsable des Camelots du Roi. Elle n'avait pas supprimé un simple comparse. L'attentat appelait la vengeance ; les Camelots, écumants, se ruèrent, avec leurs cannes plombées, jusqu'aux bureaux et à l'imprimerie de *L'Œuvre* et de *L'Ère nouvelle*, journaux de gauche, dont ils saccagèrent allègrement les machines et les archives.

L'enterrement de Plateau fut une occasion pour l'« AF » d'étaler son pouvoir de mobilisation, après avoir démontré sa violence. Plus tard, certains pensèrent qu'ils auraient pu alors tenter « le coup de force », prôné par Maurras et toujours remis aux calendes grecques, tant la foule était considérable. Pour l'heure, on interpréta le crime de Germaine Berton comme un acte commandé par les Allemands : Léon Daudet, à la Chambre des députés, Maurras, par ses articles, n'avaient-ils pas été les plus ardents soutiens de l'occupation de la Ruhr décidée par Poincaré, afin d'amener l'Allemagne, qui ne payait pas les Réparations, à résipiscence ? Et quand les ouvriers de la CGT qui imprimaient *L'Action française* se mirent en grève pour protester contre la destruction des presses de *L'Œuvre*, le complot ne fit plus de doute : la gauche et l'extrême gauche françaises n'étaient-elles pas hostiles à l'occupation de la Ruhr ? L'Allemagne restait l'obsession de l'AF. Un bon prétexte aussi pour se perpétuer dans sa vocation nationaliste.

La guerre durant, le comportement ultra-patriote de l'AF, dont la germanophobie le disputait à l'espionnite, lui avait conféré une respectabilité que ses académiciens tutélaires – les Jules Lemaître et les Paul Bourget – n'avaient pu lui assurer avant 1914. La cause nationale avait pris le pas sur la cause néo-royaliste, d'où résulta un gain d'audience : le quotidien de Maurras était lu à la périphérie de sa mouvance comme le moniteur de l'Union sacrée. Clemenceau et Poincaré, jadis vitupérés comme « le vieux forban » et « la chiffe », étaient désormais pour les partisans du « nationalisme intégral » des héros empyréens. Lors des élections législatives de 1919, l'AF avait présenté des listes mêlant des candidats républicains aux siens propres pour mieux pénétrer le Bloc national aux frontières floues : elle en avait tiré le plus beau succès parlementaire jamais obtenu, à savoir une trentaine d'élus au Palais-Bourbon, sous la houlette du massif, gastrolâtre et tonitruant Léon Daudet, député de Paris. Dès lors, on pouvait se demander si la cause de la restauration monarchique était encore de saison. Le succès même de l'AF ne risquait-il pas de noyer dans les eaux montantes de l'avenir la doctrine pure et dure de Maurras ? Tout ce profit symbolique pouvait être inhibiteur.

Aux lendemains de la guerre, en effet, l'AF apparaît aux yeux de beaucoup comme l'aile droite du grand parti conservateur et nationaliste qui soutient la politique de Poincaré, lorsque celui-ci est de nouveau président du Conseil. A l'exemple de l'ancien président de la République, l'AF s'opiniâtre dans une politique intransigeante face à l'Allemagne vaincue, cette République de Weimar contrainte de verser d'exorbitantes et bien improbables Réparations dont le montant avait été fixé par les vainqueurs à Versailles à l'heure des illusions de la Victoire. Voire ! Maurras et les siens pensent que le traité de Versailles a été encore trop favorable à l'Allemagne. Tandis que l'économiste anglais Keynes démontre dans *Les Conséquences économiques de la Paix* à quel point le traité est inapplicable, l'historien de l'Action française, Jacques Bainville, lui répond par *Les Conséquences politiques de la Paix*. Il y répète sa formule favorite : « Une paix trop douce pour ce qu'elle a de dur », en expliquant que « le traité enlève tout à l'Allemagne, sauf le principal, sauf la puissance politique, génératrice de toutes les autres [1]. » A défaut de l'avoir démembrée, il fallait donc tenir l'Allemagne en respect, pratiquer une politique sans faiblesse, lui faire respecter de gré ou de force les articles du traité. Face aux retards des livraisons allemandes prévues au chapitre des Réparations, deux politiques s'offraient alors aux Français, celle d'Aristide Briand, conciliant, et celle de Poincaré, intransigeant. Maurras, Bainville et les autres avaient évidemment choisi celle du Lorrain. Ils l'avaient soutenu quand, malgré l'opposition britannique, il avait décidé l'occupation par l'armée française du bassin de la Ruhr, en janvier 1923. Les Allemands répliquèrent par une « résistance passive » : grève générale dans la Ruhr, sabotages, effondrement du mark, inflation vertigineuse..., crise que seules les négociations de l'été 1924 permettront de dénouer.

La gauche et l'extrême gauche en France avaient été très hostiles à cette politique du gros bâton ; les communistes avaient organisé des meetings de solidarité avec les travailleurs allemands. C'est dans ce contexte que le geste de Germaine Berton avait été interprété par les gens de l'Action française comme le fruit d'une conjuration.

En cette même année 1923, Charles Maurras présentait sa candidature à la succession de Paul Deschanel à l'Académie française. Le respect dans lequel Maurras tenait cette institution d'origine monarchique était d'autant moins contradictoire avec ses idées subversives qu'il avait toujours pu compter sur des amitiés, voire des admirations académiques. Du reste, les qualités de l'écrivain étaient avérées, même si sa poésie relevait, selon Claudel, du « genre mirliton [2] ». Maurras avait surtout donné une force de logique et un sens rare de la formule à un idéal contre-révolutionnaire, émancipé de la théologie théocratique et modernisé par l'inspiration positiviste. L'Action française offrait aux jeunes gens en quête d'ordre intellectuel et moral un cadre d'action qui n'eut d'autre exemple en France que l'organisation communiste, aux antipodes. De plus, elle exerçait dans les rangs catholiques ce que Jacques Maritain

1. J. Bainville, *Les Conséquences politiques de la Paix*, Fayard, 1920, p. 40.

2. « Une heure avec M. Paul Claudel », *Les Nouvelles littéraires*, 18 avril 1925.

appelle un « principat d'opinion », qui s'élargissait aux rangs des ecclésiastiques, heureux de trouver dans l'Action française un bras séculier contre les laïques, les francs-maçons, tous les ennemis de l'Église.

Les certitudes et l'orthodoxie de l'Action française restent, de surcroît, ancrées dans une tradition littéraire revendiquant le classicisme comme un article de doctrine. Maurras avait donc de bonnes chances d'être élu au ciel des Immortels, d'autant que son adversaire, le pâle Célestin Jonnart, ancien ministre des Affaires étrangères en 1913, n'était guère consistant. La candidature de Maurras n'en était pas moins considérée comme une candidature politique, ce qui entraîna Anatole France, pourtant si aimable pour Maurras, à lui refuser son patronage : « C'est, déclara-t-il, le défi délibéré d'un partisan qui veut planter son drapeau sur la Coupole. Je ne donnerai pas ma voix à la réaction [3]. » Il est notable que Maurras ne lui en tint pas rigueur, qui fit l'éloge de France aussi bien pour son jubilé en avril 1924, que lors de sa mort au mois d'octobre suivant. Maurras comptait du reste assez de soutiens quai Conti pour se passer de l'appui du dreyfusard octogénaire. Malheureusement, ses amis déployèrent un tel zèle en sa faveur, son journal fit un tel sort à Jonnart et à ceux qui le défendaient, Léon Daudet, une fois de plus, se montra si excessif que le goût de la discrétion si cher aux hommes en habit vert en fut offensé, et que Jonnart y trouva son salut. Daudet qui, avant le scrutin, avait prétendu que Jonnart, symbolisé au Quartier latin par un âne recouvert de palmes vertes, avait eu « un succès de fou rire [4]... », Daudet organisa après la défaite la réplique, n'hésitant pas à publier les noms de ceux qui avaient récusé Maurras, violant le secret du vote grâce à une trahison complaisante.

L'année 1923 connaît des actions moins « littéraires » de la part des néo-royalistes. Le 31 mai, peu de temps après avoir fêté Jeanne d'Arc avec la volonté d'en découdre, les trublions de l'AF font un mauvais parti aux orateurs d'un meeting républicain organisé contre la politique extérieure de Poincaré. Marc Sangnier et Maurice Violette sont les principales victimes de leurs méthodes violentes imitées du fascisme italien. Le lendemain, l'agression fait l'objet de plusieurs interpellations à la

3. *Paris-Midi*, 3 juillet 1922. Cité par E. Weber, *op. cit.*, 1985, p. 165.
4. L. Daudet, *Souvenirs et Polémiques*, *op. cit.*, p. 873.

Chambre : « De plus en plus, dans le pays – je ne dis pas à la Chambre – on se figure que le Gouvernement tient à ne pas mécontenter l'Action française », déclare Marc Sangnier, le démocrate-chrétien. Le chef du Parti radical, Édouard Herriot, dénonce, lui aussi, les voies de fait de l'Action française et les complaisances du gouvernement Poincaré à son égard. Une aubaine pour la gauche, qui peut dénoncer le « complot » royaliste. Quelques mois plus tard, les élections législatives de 1924 sont remportées par le Cartel des Gauches, et Léon Daudet n'est pas réélu. La stratégie de conquête par l'intérieur, défendue un moment par celui-ci, se révélait impossible.

Il est vrai que la victoire de la gauche n'était pas sans bénéfices. Ainsi, la panthéonisation de Jean Jaurès le 23 novembre 1924 avec son déploiement impressionnant de drapeaux rouges, sous l'œil officiel du président du Conseil Édouard Herriot, produisit un début de peur sociale dont l'AF fut fort aise. Face à une tentative d'insurrection communiste, ne serait-elle pas l'ultime rempart ? La politique laïque du Cartel, désireux d'imposer aux départements d'Alsace-Lorraine la loi de Séparation, profita également au recrutement de la ligue maurrassienne, qui se targuait de défendre les droits de l'Église. Au Quartier latin, ses étudiants menaient grand tapage contre le professeur Georges Scelle, chef de cabinet du ministre du Travail radical-socialiste, qui venait d'être élu à la faculté de droit de Paris, laquelle fut contrainte de fermer ses portes. Pour la traditionnelle fête de Jeanne d'Arc, alors que l'AF mobilisait ses troupes, le gouvernement interdit la manifestation, tout comme il avait interdit celle du 1er Mai ouvrier. Ce fut l'occasion pour Maurras d'y aller d'un de ces défis qu'il affectionnait : « Ce serait sans haine et sans crainte que je donnerais l'ordre de répandre votre sang de chien si vous abusiez du pouvoir public pour ouvrir les vannes du sang français répandu sous les balles et les couteaux des bandits de Moscou que vous aimez. »

On faisait flèche de tout bois. A la fin de l'année, Léon Daudet perdait son fils Philippe, âgé de quatorze ans et demi, qui s'était tiré une balle dans la tête dans un taxi et avait expiré à l'hôpital Lariboisière. Le jeune homme fut enterré dans l'intimité. Or, le 2 décembre, *L'Action française* titre sans retenue : « Une atroce vengeance : Philippe Daudet a été assassiné. » Daudet s'est persuadé que son fils a été victime d'une sombre machination qui le visait, lui. Un incident le renforce dans cette certitude : lors du procès de Germaine Berton, ce même mois de décembre 1923, et dont elle allait sortir acquittée, la jeune anarchiste lance : « Je regrette beaucoup, M. Daudet, d'avoir tué Plateau à votre place. » La cause pour lui est entendue : il s'agit du même complot ; l'Allemagne est là derrière. Dans sa volonté de politiser l'affaire, il accable celui qui lui paraît le maillon faible de la « conjuration », le chauffeur de taxi Bajot. Celui-ci porte plainte pour diffamation. Devant les assises de la Seine le 14 novembre 1925, la démonstration de Daudet, loin de convaincre le jury, lui vaut cinq mois d'emprisonnement et une amende de 1 500 francs, plus 25 000 francs de dommages et intérêts à Bajot. Il fait appel. Le 1er juin 1927, la Cour de cassation rejette son pourvoi. Le préfet de police Guichard en personne vient l'arrêter dans son bureau, où les militants improvisent un début de « Fort-Chabrol ». Après quelques échanges, Daudet consent à suivre messieurs les policiers à la prison de la Santé, « pour éviter de faire couler le sang ». Il n'y reste qu'une douzaine de jours, car il est bientôt élargi grâce à un coup de téléphone complice. Léon Daudet gagne alors la Belgique où il restera jusqu'en 1929, date à laquelle il bénéficie d'une grâce qui lui permet de reprendre du service à Paris.

Le drame – si médiatisé – de Daudet augurait en fait d'autres malheurs pour l'Action française. Le plus grave survint en décembre 1926 : ce fut sa condamnation par le pape Pie XI. Les milieux catholiques étaient profondément divisés par les thèses de Maurras. Celui-ci, qui pourtant avait perdu la foi, continuait de considérer l'Église comme un pilier nécessaire de l'ordre social. Méfiant, voire hostile, devant les quatre Évangiles, dus à « quatre Juifs obscurs », il avait bâti son système politique sur l'instrumentalisation de la foi catholique, et par là même attiré vers l'Action française nombre de croyants, satisfaits de rencontrer, face au républicanisme, au laïcisme, à l'anticléricalisme, au socialisme athée, le renfort d'une doctrine et d'une organisation propres à redonner à l'Église sa juste place. D'autres catholiques, en revanche, prêtres compris, s'alarmaient d'un système proclamant le « Politique d'abord ! » au risque de subordonner la foi aux visées contre-révolutionnaires.

Sous le pape Pie X, avant la guerre, Rome avait condamné le modernisme, qui voulait introduire l'esprit critique dans l'exégèse biblique ; elle avait condamné le Sillon de Marc Sangnier, accusé de confondre l'idéal démocratique avec celui du catholicisme. Les partisans et les admirateurs de Maurras se jugeaient alors en position de force. C'était souvent chez eux qu'on trouvait les délateurs du « démo-christianisme » en cour de Rome. Le paradoxe voulait ainsi que, bien qu'agnostique, Maurras défendît dans l'Église son aile la plus intégriste, la plus intransigeante, ce qui lui valait en retour bien des indulgences, voire des complicités, au sein de la Curie romaine et dans les facultés catholiques. C'était le cas de Dom Besse, maître des novices à Notre-Dame de Ligugé, qui fut le mentor du jeune Bernanos engagé dès l'année de son baccalauréat, en 1906, dans les Camelots du Roi ; le cas encore du père Clérissac, qui avait dirigé vers l'Action française Jacques et Raïssa Maritain, après leur conversion.

Malgré la bienveillance dont il jouissait dans la hiérarchie catholique, Maurras frôla une condamnation dès 1914. Au mois de janvier de cette année-là, la Congrégation de l'Index avait déclaré sept de ses livres « véritablement mauvais ». Pie X avait accepté de surseoir à la condamnation. Mais le dossier Maurras continue, durant la guerre, à faire l'objet de l'attention de la part du Vatican, sous le pontificat de Benoît XV. L'élargissement de l'audience maurrassienne auprès de la jeunesse catholique, des séminaristes, de nombreux prêtres, de maints intellectuels, alarmaient le Magistère romain. Certes, l'antilibéralisme dominant du catholicisme s'accordait parfaitement en France avec les leçons de cette école politique foncièrement antilibérale, antidémocrate et antilaïque. Mais le catholicisme de l'Action française étant strictement politique, il risquait de détourner les chrétiens de la pure foi, au profit d'une nouvelle religion, toute païenne, celle de la Patrie, et même celle d'un clan dans la patrie.

La question dépassait les milieux catholiques, à en juger par l'article que Jacques Rivière y consacra dès janvier 1920 dans *La Nouvelle Revue française* : « Rien de moins catholique, écrivait-il notamment, rien de plus païen, rien de plus sauvage qu'une telle doctrine. Car, que peut bien devenir Dieu dans cette affaire ? Quelle place lui réserve-t-on ? Dans quels combles est-il relégué ? Comme il serait impolitique de le supprimer, sans doute lui réserve-t-on le rôle d'une sorte de président honoraire. Mais on lui mesure sévèrement l'hommage. [...] Un chrétien ne peut pas admettre cette comédie et ne peut la ressentir que comme une moquerie de sa foi [5]. »

5. J. Rivière, *NRF*, 1er janvier 1920.

Pie XI décida finalement de condamner les écrits déjà épinglés de Maurras et la lecture de *L'Action française*. Avec un certain sens « florentin », la Rome des papes choisit un évêque plein de sympathie pour l'AF, afin de porter à celle-ci les premiers coups. C'est ainsi que le cardinal Andrieu fut chargé des préliminaires. Soumis au Saint-Siège, l'archevêque de Bordeaux commença en 1925 sa campagne contre Maurras ; son journal *L'Aquitaine*, le bulletin de son diocèse, publia le 27 août 1926 ses réponses à des questions prétendument posées par de jeunes catholiques. Ce qui était condamnable, dans ledit mouvement, n'était pas ses choix proprement politiques, mais l'enseignement spirituel implicite, métapolitique, insidieux, qui se trouvait dans les doctrines de Maurras : l'athéisme, l'agnosticisme, l'antichristianisme, « l'anti-moralisme individuel et moral », le paganisme... : « Catholiques par calcul non par conviction, les hommes qui mènent l'Action française utilisent l'Église, ou du moins espèrent l'utiliser ; ils ne la servent pas, puisqu'ils rejettent le divin message dont la propagation est la mission de l'Église. »

Dès lors, les catholiques français menèrent une guerre de tranchées entre les partisans et les adversaires de l'Action française. Tandis que le cardinal Andrieu multipliait ses mises en garde, Maurras recevait l'appui de divers évêques. Mais le danger devint si pressant que, dans l'esprit des néo-royalistes, le complot allemand, le complot des germanophiles proches du Saint-Père, s'imposa comme une nouvelle évidence. Finalement, le 29 décembre 1926, Pie XI rendait publique la mise à l'Index des ouvrages cités en 1914 et du quotidien *L'Action française*. Le 8 mars suivant, un rescrit de la Sacrée Pénitencerie précisait les sanctions contre les catholiques qui persisteraient à se faire les propagandistes des idées de Maurras, ou à lire simplement son journal : c'était un coup mortel porté au nationalisme intégral.

Pour les catholiques d'Action française, ce fut un déchirement. Beaucoup bravèrent la condamnation du pape, quitte à s'éloigner des sacrements. A partir de 1928, les récalcitrants ne furent plus autorisés à se marier ou à être enterrés religieusement. D'autres se soumirent aux fulminations de Rome. Deux cas sont notables, compte tenu du rôle qu'ils vont jouer, l'un et l'autre, dans le débat français, ceux de Georges Bernanos et de Jacques Maritain.

Bernanos avait déjà trente-huit ans au moment de la condamnation de l'AF. Il avait été initié très tôt à la politique en lisant Drumont, dont le socialisme chrétien s'exprimait par l'antisémitisme le plus violent et le plus fantasmatique. Dès ses dix-sept ans, il avait adhéré aux idées de Maurras et s'enchantait de faire le coup de poing dans les rangs des Camelots du Roi. « J'aimais le bruit », dira-t-il. A vingt-cinq ans, il se vit confier par l'Action française la direction d'un de ses petits journaux, *L'Avant-garde de Normandie*, à Rouen. C'était l'époque où Alain, qui professait au lycée de garçons de la même ville, écrivait ses Propos dans *La Dépêche*. Bernanos s'aiguisa les dents contre le penseur du radicalisme [6]. Réformé en 1914, il s'engagea comme volontaire dans les dragons ; il sortit de la guerre blessé, cité et décoré. Marié en 1917, père d'un premier enfant en 1918, démobilisé en 1919, il s'était installé à Paris, tout occupé du soin de devenir écrivain, en prenant quelque distance avec l'Action française. Gagnant sa vie comme inspecteur d'assurances pour la compagnie La Nationale, il s'était mis à écrire *Sous le soleil de Satan* sur les tables des bars et des hôtels des départements de l'Est, parcourus de long en large. Le manuscrit du livre terminé, Bernanos l'envoie à Daudet par l'intermédiaire d'Henri Massis, au cours de l'été 1925 ; le roman paraît dans la collection que dirigent Massis et Maritain chez Plon, « Le roseau d'or », en mars 1926. Succès foudroyant – près de 60 000 exemplaires vendus en quatre mois –, dû en grande partie à un article dithyrambique de Léon Daudet dans *L'Action française*, qui annonce, le 7 avril, « la révélation d'un grand romancier ». Adieu les assurances ! Le voilà prêt à se battre de nouveau, plume à la main, au moment justement où Maurras et ses amis sont en passe d'être condamnés par Rome. Paradoxalement, lui qui s'était éloigné de l'Action française depuis la guerre se porte à son secours quand celle-ci se trouve en état d'excommunication. En décembre 1926, il écrit à la *Revue fédéraliste* un hommage à Maurras :

« Je n'ai aucun titre à parler au nom de l'Action française, car depuis bien des années, je ne figure plus sur ses contrôles. La passion politique est ici bien dépassée, la haine fait silence, et l'admiration même se tait. Que ceux qui sont trop vils pour

6. G. Bernanos, *Essais et Écrits de combat*, Gallimard, « La Pléiade », 1971, t. 1.

regarder une conscience mise à nu baissent les yeux. Je vous demande pardon, Maurras, au nom des catholiques que vous avez associés, au moins de cœur, à votre œuvre immense. Tout ce que le génie peut dispenser de lui-même, vous l'aurez prodigué sans mesure ! Nul ne sait mieux que nous la puissance et la portée de votre effort, lorsqu'une admirable générosité intellectuelle et votre étonnante dialectique vous conduisaient jusqu'aux frontières mêmes de la foi [7]. »

Dans une autre lettre, de la même période, il confie à l'un de ses amis :

« Si absurde que la condamnation m'apparaisse, et justement parce qu'elle me semble absurde, je voudrais m'y soumettre sans réserve mais il y a la France. Il y a surtout cette tradition, à la fois religieuse et nationale, dernier rempart contre l'anarchie, dont nous avons reçu le dépôt, et je le rendrai intact pour ma part à ceux qui me l'ont donné. J'attends, pour m'y conformer, les ordres de son représentant historique – c'est-à-dire du roi de France – et l'on me dit qu'il va les donner incessamment. Impossible de croire que Jeanne d'Arc eût accepté le programme politique de Pie XI. Impossible de croire que nous devions être des Français diminués, qui n'ont droit qu'à des préférences académiques pour telle ou telle forme de gouvernement. »

Bernanos resta fidèle à Maurras jusqu'en 1932 [8] – date d'une rupture fracassante, sur laquelle nous reviendrons.

Jacques Maritain, lui, ne répond pas comme Bernanos « avec ses tripes ». Si attaché soit-il à l'Action française, ce philosophe thomiste prend l'événement en catholique obéissant, en s'efforçant de comprendre, d'analyser, et finalement d'approuver. Dès 1927, il publiait chez Plon *Primauté du Spirituel*, titre qui était l'exacte réplique au « Politique d'abord ! » de Charles Maurras. Il s'emploie à réfuter les arguments des partisans de Maurras et des résistants au Vatican, selon lesquels l'Action française, mouvement politique et non religieux, ne tombe pas sous la juridiction du pape :

« On a vivement et âprement réclamé de l'Église qu'elle don-

7. G. Bernanos, *Lettres retrouvées*, Plon, 1983, p. 151.

8. Voir notamment S. Albouy, « Bernanos devant la condamnation de l'Action française », *La Crise religieuse de l'Action française*, Actes du cinquième colloque Maurras, Centre Charles-Maurras, 1986, t. 1, p. 101-119.

nât les raisons de sa sévérité contre l'Action française. Une seule suffisait, et reste à mon avis la plus profonde : l'Action française groupait un grand nombre de catholiques, notamment une partie considérable de la jeunesse, en une communauté politique (je ne dis pas religieuse ou philosophique, je dis politique), placée comme telle sous le principat absolu d'un chef incroyant. »

Dans ces conditions, il était à craindre, ajoute-t-il, que les déficiences dont souffrait le chef « ne se communiquassent au corps de la communauté, de manière à y altérer le sens chrétien, et qu'ainsi une manière non catholique, ou catholique diminuée, de juger les choses de la cité ne se développât dans ce corps politique insensiblement et à son insu. Il s'agit là de quelque chose de beaucoup plus subtil que d'une erreur doctrinale ordinaire, il s'agit d'un esprit [9] ». Ce qui était en jeu était la conception même de l'Église que se faisait Maurras, une conception « toute rationnelle », « gardienne de l'ordre humain et de la civilisation latine », et non ce qu'elle est essentiellement : « le Corps mystique du Christ ».

La querelle est de taille. L'Action française est atteinte en profondeur. Par le coup porté dans sa clientèle la plus nombreuse, cette bourgeoisie catholique et ce clergé pénétrés par sa doctrine ; et aussi par la critique proprement intellectuelle de son corpus doctrinal : pouvait-elle continuer à faire de l'Église catholique le pilier le plus solide de son ordre rêvé lorsque celle-ci s'y refusait ? Maurras, Daudet, Pujo et les autres dirigeants de l'AF refusèrent d'obtempérer : « Il ne m'appartient pas de protester, écrit non sans dignité Maurras. Il ne m'appartient pas non plus de cesser. A côté de Rome, il y a la France. Je n'ai pas le droit de cesser la défense de mon pays [10]. » En 1939, à la veille de la guerre, ils réussiront à faire lever l'interdiction qui les frappait par Pie XII. Entre-temps, la condamnation de 1926 avait eu pour effet de changer le climat du milieu intellectuel catholique. L'hégémonie de l'Action française ne pouvait plus s'exercer sur la nouvelle génération : celle-ci, émancipée, libérée de l'hypothèque maurrassienne, allait penser autrement son rapport à la politique. *La Croix*, si longtemps favorable à Charles Maurras, consacra par une rupture de ton et

9. J. Maritain, *Primauté du Spirituel*, Plon, 1927, p. 88-89.
10. Ch. Maurras, « Rome et la France », *L'Action française*, 9 janvier 1927.

une rupture de ligne la profession d'obéissance due au Souverain Pontife. Les démocrates-chrétiens, eux, si longtemps brimés, relevaient la tête. Des temps nouveaux commençaient. Le Ralliement à la République préconisé par le pape Léon XIII aux catholiques français en 1892 avait en partie échoué ; l'Action française en avait été la preuve vivante. Nous en étions au « second Ralliement ».

# 21
# *La trahison des clercs*

En 1927, l'année même où les dirigeants de l'Action française doivent suturer la plaie infligée par Pie XI, un pamphlet de Julien Benda déchire à pleines dents leurs œuvres, non point sur le registre de la religion, mais celui de la pensée. Jusqu'à nos jours, *La Trahison des clercs* est resté un livre emblématique, discutable, discuté parfois avec véhémence, mais un objet de référence obligé dans toute réflexion et dans toute histoire concernant le rôle des intellectuels dans la Cité.

Entre la condamnation romaine et l'ouvrage de Benda, il n'y avait aucune relation de cause à effet. L'auteur avait médité son ouvrage bien avant l'interdit de Rome, au moment même où l'Action française était à son apogée, où son influence rayonnait au-delà des milieux catholiques, exerçant son autorité sur la pensée bourgeoise. Dès 1925, Benda évoque son futur livre dans une interview donnée aux *Nouvelles littéraires* :

« Ce que je puis vous dire en gros, c'est que la moralité générale actuelle me semble extrêmement basse et mener directement à des entre-tueries telles que l'histoire n'en aura pas vu de pareilles. Cette bassesse se résume pour moi dans un mot : attachement plus acharné, plus conscient, plus organisateur que jamais, au *pur temporel*, et mépris de toute valeur proprement idéale et désintéressée. Les hommes n'ont plus que deux religions : pour les uns, la Nation ; pour les autres, la Classe ; deux formes, quoi qu'ils prétendent, du plus pur temporel. Ceux qui avaient pour fonction de leur prêcher l'amour d'un idéal, d'un supra-temporel – les hommes de lettres, les philosophes, disons d'un mot les *clercs* – non seulement ne l'ont pas fait, mais n'ont travaillé qu'à fortifier de tout leur pouvoir ces religions du terrestre ; les Barrès, les Bourget, les Nietzsche, les Marx, les

Péguy, les Sorel, les D'Annunzio, tous les moralistes influents de ce dernier demi-siècle ont été de farouches professeurs de réalisme et se sont glorifiés de l'être, quitte à idéaliser ce réalisme. [...] C'est ce que j'appelle la *trahison des clercs* [1]... »

Le pamphlet de Benda, qui parut en quatre livraisons de *La Nouvelle Revue française*, d'août à novembre 1927, avant d'être édité en livre chez Grasset, était-il un règlement de comptes avec la famille politique de ce Léon Daudet qui avait fui en Belgique ? Benda avait connu Daudet en classe de sixième au lycée Charlemagne, où il leur arrivait de se harpailler dans la cour de récréation [2]. Il pouvait avoir une raison de rancune : son prix Goncourt manqué de 1912. Son roman, *L'Ordination*, publié dans les *Cahiers de la Quinzaine*, avait plu à Lucien Descaves, qui lui conseilla de l'étoffer pour le prix Goncourt au jury duquel il participait. Péguy aussi avait soutenu à fond la candidature de Benda, qui lui avait promis de verser le montant du prix à la trésorerie de sa revue. En revanche, Georges Sorel, qui en voulait à Benda de l'avoir mis en cause dans ses ouvrages contre Bergson, arriva à circonvenir Élémir Bourges, autre juré du prix, afin que le Goncourt ne fût pas donné à « ce petit juif ». Léon Daudet, quant à lui, déclara tout de go qu'il ne voterait en aucun cas pour un juif. Finalement, Benda eut cinq voix contre cinq à son adversaire, dont tout le monde aurait oublié le nom si le Larousse ne l'avait scrupuleusement consigné : il s'agit d'André Savignon pour *Les Filles de la pluie*. La voix du président Hennique fit peser la balance contre Benda. C'est alors que Péguy se sépara de Sorel, trouvant depuis quelque temps sa main « dans tout ce qui se fait contre les *Cahiers* » : « Je vous serais obligé de ne plus paraître chez moi. »

*La Trahison des clercs* n'est pourtant ni une dénonciation des antisémites, ni un livre de circonstance. Cet ouvrage, qui domine toute l'œuvre de Julien Benda – le seul qu'on lit encore peut-être – est dans la pleine continuité d'une pensée acharnée à toujours défendre les droits de la raison contre tous les assauts dont elle était l'objet depuis la fin du XIXe siècle, et, parallèlement, à exalter le devoir de l'intellectuel – ce clerc laïque – face à toutes les tentations du temporel.

1. « Une heure avec M. Julien Benda », *Les Nouvelles littéraires*, 23 mai 1925.
2. Ce détail et ceux qui suivent sans autre précision sont tirés de J. Benda, *La Jeunesse d'un clerc*, *op. cit.*

Qu'est-ce qu'un clerc ? C'est un lettré, un artiste, un scientifique, qui ne se fixe pas pour but immédiat un résultat pratique. Vouant un culte à l'Art et à la Pensée pure, il met son bonheur dans une jouissance d'abord spirituelle, « disant en quelque manière : Mon Royaume n'est pas de ce monde ». Il place sa raison au-dessus des passions qui animent la foule : famille, race, patrie, classe. Le clerc est champion de l'éternel, de la vérité universelle. Or, nous dit Benda, on observe une tendance générale de l'intelligence contemporaine à perdre de vue les valeurs désintéressées, à épouser les querelles contingentes.

La trahison des clercs consiste non pas à s'engager dans une action publique – et Benda de glorifier Voltaire dans l'affaire Calas, et Zola dans l'affaire Dreyfus –, mais à subordonner l'intelligence à des partis pris terrestres. Selon Benda, les clercs de jadis se détournaient de la politique par l'attachement qu'ils avaient à une activité désintéressée (Vinci, Malebranche, Goethe…), ou alors ils prêchaient, sous les noms d'*humanité* ou de *justice*, en faveur d'un *principe abstrait*, supérieur et directement opposé aux passions politiques (Érasme, Kant, Renan…).

Certes, « l'action de ces clercs demeurait surtout théorique ; ils n'ont pas empêché les laïcs de remplir toute l'histoire du bruit de leurs haines et de leurs tueries ; mais ils les ont empêchés *d'avoir la religion* de ces mouvements, de se croire grands en travaillant à les parfaire. Grâce à eux on peut dire que, pendant 2 000 ans, l'humanité faisait le mal mais honorait le bien. Cette contradiction était l'honneur de l'espèce humaine et constituait la fissure par où pouvait se glisser la civilisation ».

Or Benda observe un changement capital chez ses contemporains. Les clercs se mettent au service des passions politiques. Ils sont devenus des *clercs de forum* : « Notre siècle, dit-il, aura été proprement le siècle de l'organisation intellectuelle des haines politiques. Ce sera un de ses grands titres dans l'histoire morale de l'humanité. »

Les passions ainsi visées sont les passions de *races*, l'antisémitisme, la xénophobie, le nationalisme juif ; les passions de *classes*, le « bourgeoisisme » et le marxisme ; les passions *nationales*, nationalisme, militarisme… Les écrivains dénoncés sont ceux qui avaient adopté le *culte du particulier* en délaissant l'universel, suivant en cela la pensée allemande du XIXe siècle (sa religion nationale, sa religion de la race, etc.).

En France, ils s'appellent Maurras, Barrès, Sorel, Bourget, Péguy… Benda leur oppose les « officiants de l'universel », que sont Voltaire ou Zola. L'idée générale de sa démonstration, qui reprenait ses essais précédents, c'était l'abdication contemporaine de la pensée pure, de la raison, devant la puissance du sentiment, la tyrannie de la sensibilité.

Benda, en même temps qu'il condamnait l'intellectuel partisan, le militant du particulier, nous offrait une définition platonicienne de l'intellectuel, l'homme de raison pure, occupé seulement de la vérité, au mépris de tout intérêt terrestre, individuel ou collectif. Il n'est pas douteux que lui-même se posait en clerc exemplaire. Et pourtant…

Au départ, toutes les conditions paraissent réunies pour que le jeune Julien Benda, né en 1867 dans une famille juive aisée du Marais, à Paris, puisse se consacrer aux œuvres de la pensée. Tôt féru de culture grecque, latine, classique, il opte pour les mathématiques, dont l'abstraction sans égale lui paraît la quintessence de la pensée. Recalé à Polytechnique, il est reçu à l'École centrale, dont il finit par démissionner, n'ayant aucune aptitude aux travaux pratiques, pour préparer une licence d'histoire à la Sorbonne. A la mort de son père, son héritage lui permet de vivre de ses rentes, de parcourir le monde, de faire son éducation sentimentale, de fréquenter les salons, celui de ses cousins, plus tard celui de sa cousine, Pauline Benda, mieux connue sous son nom de scène, Madame Simone. Très tôt, il montre une indifférence rare « au visuel » : il peut vivre dans une station balnéaire sans voir la mer, être à Florence sans visiter les musées, passer des jours entiers dans une chambre d'hôtel au grand dam du propriétaire qui aimerait baisser le chauffage. Égoïste, orgueilleux, misogyne (« méfiance de la femme, de son instinct d'accaparement, de son aversion foncière pour l'intellectualité de l'homme…), il ne se mariera que tardivement, n'aura point d'enfants et consacrera sa vie à l'intelligence.

Son engagement dans l'affaire Dreyfus répond bien aux normes qu'il se fixe. Pas la moindre compassion pour l'innocent de l'île du Diable. Il comprendrait même parfaitement la défense de la raison d'État : que vaut la vie d'un homme au regard de la sécurité d'un peuple ? Au fond, Benda aurait très bien pu être un antidreyfusard conséquent. Il n'a que dureté pour « le Juif étroitement hébraïque », « continuant à se réjouir exclusivement de la naissance de l'enfant mâle, n'admettant le mariage qu'entre juifs, fanatique dans la solidarité juive, limitant brutalement son altruisme au monde juif, voyant dans les non-juifs les éternels guérim maudits par la *Thora*, et toujours disposé à les traiter comme les habitants de Moab ou de Chanaan [3]. » Le franco-judaïque, le juif assimilé qu'est Benda n'a que mépris pour les juifs qui ne le sont pas et tient sur eux des propos qu'on pourrait qualifier, dans certains cas, d'antisémites. Serait-il un juif honteux, comme on l'a soutenu [4] ? On peut dire aussi qu'il déteste le communautarisme, qu'il veut être un citoyen de la République française à part entière – comme tant d'autres de ses « coreligionnaires », comme il dit, quoique dépourvu de toute religion.

Son dreyfusisme ne tient en rien au sentiment, ni à la passion héroïque, il doit tout à la « méthode ». Zola lui-même, qu'il vante dans *La Trahison des clercs*, n'est pas son modèle. Il nous raconte dans ses Mémoires une entrevue avec le grand homme : « Comme j'étais venu à dire que l'affaire mettait aux prises les hommes sensibles à la couleur, aux défilés, à l'uniforme et les hommes sensibles à l'idée, les artistes et les intellectuels, il fit, comme atterré : “C'est pourtant vrai ; c'est un conflit de tempérament qui est au fond de cette affaire !” Il ne s'en était pas encore aperçu… Je partis convaincu que les vraies valeurs du dreyfusisme étaient ailleurs que chez ce brave homme, qui ne me paraissait bon qu'à se dévouer. »

Pourquoi est-il dreyfusiste ? Moins pour l'idée de justice – « non indemne de romantisme » – que pour l'idée de vérité. Il est du côté des savants, « des hommes qui vinrent simplement déclarer qu'aux termes de leur méthode telle écriture était de telle main et non de telle autre, puis remontèrent dans leurs cellules, en essuyant leurs verres de lorgnon et laissant la société se débattre comme elle pourrait avec la vérité. C'est ici la pure intellectualité qui a fait sauter le mensonge social. Pour le clerc, l'affaire Dreyfus est le palladium de l'histoire ».

Une chance de sa vie fut de rencontrer Péguy, qui était en somme son contraire : Péguy le charnel, le terrien, l'adversaire de la Sorbonne. Benda a eu la dureté de classer cet ami très

3. J. Benda, *Dialogues à Byzance*, Éd. de la Revue blanche, 1900, p. 68.
4. Voir l'approche sociopsychanalytique de L.-A. Revah, *Julien Benda. Un misanthrope juif dans la France de Maurras*, Plon, 1991.

proche au rang des « traîtres ». En 1929, sollicité pour collaborer à un hommage à l'auteur de *Jeanne d'Arc* dans la *NRF*, il répondra avec hauteur que Péguy lui apparaît « comme un des grands responsables de ce mépris des lois de l'esprit qui me semble caractériser, depuis une vingtaine d'années, toute une race d'écrivains français », ce qui le conduit à s'abstenir.

Benda a pourtant fréquenté assidûment la boutique des *Cahiers* ; il y a rompu des lances avec Sorel ; il se rend en cortège avec les autres aux cours de Bergson au Collège de France, devenus à partir de 1910 une réunion mondaine, dont les places étaient retenues à l'avance par les chauffeurs de ces dames. L'horreur de Bergson ! Benda lui consacre trois écrits avant la guerre (sans susciter la moindre réplique du philosophe). L'enseignement de Bergson, son « intuitionnisme », constituaient pour lui « le primat du sentiment sur l'idée, du féminin sur le viril »... Cela n'empêchait pas Péguy d'éditer ses attaques contre Bergson, et Benda reconnaît dans ses Mémoires qu'il admirait « sa liberté d'esprit ».

Si nous admettons que Benda s'est engagé dans l'affaire Dreyfus pour l'amour de la mathématique et de la méthode, on peut se demander si le clerc qu'il se vante d'être, l'homme libre, *Éleuthère*, reste bien au-dessus de tout soupçon de « trahison » au cours de la Grande Guerre ? Il fustige Péguy, mais on peut le prendre en flagrant délit de nationalisme, un nationalisme fort loin de la raison critique. Ainsi il loue Péguy d'avoir fulminé contre Jaurès et « le pacifisme imbécile » qui affaiblissaient la France face aux « nations de proie », Allemagne en tête. Or on peut déjà se demander si Jaurès ne tenait pas alors le rôle du clerc prêchant la paix aux hommes déchaînés ? Le 2 août 1914, Benda se révèle encore plus furieusement partisan. Son patriotisme s'affirme hors de toute considération sentimentale, filiale, charnelle. Il faut que la cause française coïncide avec celle de la raison pure. Il ne concède pas la moindre circonstance atténuante aux empires centraux, ne parle pas des responsabilités russes, et élève son pays dans les nuages de l'innocence séraphique : la France, et elle seule, défend le droit. Qu'on ne se méprenne pas, nous dit-il dans ses Mémoires, sur son patriotisme : « Je veux que la France, incarnant une haute valeur morale, tienne une grande place dans le monde, ait le moyen de la défendre. » C'était donc à ses yeux la suite de l'affaire Dreyfus. Quant aux nationalistes, aux antidreyfusards, aux néo-royalistes, s'ils avaient été logiques avec eux-mêmes, nous dit-il, ils auraient dû souhaiter la défaite de la France républicaine, de la France jacobine. En ultra-jacobin, Benda n'est pourtant pas loin de rejoindre les excès du nationalisme qu'il combat, n'hésitant pas à écrire : « Pour moi, je tiens que, par sa morale, la collectivité allemande moderne est une des pestes du monde et si je n'avais qu'à presser un bouton pour l'exterminer tout entière, je le ferais sur-le-champ, quitte à pleurer les quelques justes qui tomberaient dans l'opération. J'ajoute que je crois mal à ces justes et vois trop peu l'Allemand du Reich, s'appelât-il Nietzsche ou Wagner, qui n'ait pas au fond de soi le mépris des civilisations fondées sur la raison, la certitude que l'hégémonie est due à sa race et la croyance au primat moral de la force [5]. »

Pour la petite histoire, mais c'est celle qui souvent dépeint au mieux les personnages, notons que, lors d'un dîner chez le Dr Le Savoureux, l'hôte des écrivains, à la Vallée aux Loups (à Châtenay-Malabry, non loin de Paris), en janvier 1930, Paul Léautaud entend de la bouche de Benda un tout autre langage à propos des origines de la guerre. Léautaud ayant dit qu'il a « une singulière idée des gens qui nient toute responsabilité de la part de la France, qui soutiennent qu'elle est complètement innocente », l'auteur de *La Trahison des clercs* d'approuver, d'être « absolument » de cet avis, disant « que cette opinion est aussi bête que celle de l'Allemagne seule responsable [6] ». A qui se fier ?

Dans les années qui suivent la guerre, Benda se révèle fort proche des positions de l'Action française. Menant une vie mondaine, acceptant la Légion d'honneur, se laissant dire qu'il pourrait entrer à l'Académie, salué comme « un champion patenté de la raison classique », déjeunant avec Paul Bourget, dînant avec Maurice Barrès (dont il admire « la totale absence de morgue »), reconnu comme écrivain grâce à son *Belphégor* (où il se moque pourtant des gens de salon), le clerc Benda oublie momentanément son rôle d'austère prédicateur. Mais, officiellement, il n'abdique pas son nationalisme. Si la modération du vainqueur fait partie des préceptes de la politique raisonnable, ce n'est pas de la politique rationnelle selon Benda :

5. J. Benda, *La Jeunesse d'un clerc*, *op. cit.*, p. 228-229.
6. P. Léautaud, *Journal littéraire*, *op. cit.*, II, p. 502.

un traité est un traité ; il faut que le vaincu l'exécute ; l'Allemagne doit payer ; il faut en finir avec l'humanitarisme à la Romain Rolland. Donc, vive Poincaré qui fait occuper la Ruhr… La raison ne serait-elle pas de ménager la jeune République de Weimar contre ses démons nationalistes et revanchards qui finiraient par l'enterrer ? Benda ne se pose même pas la question, qui est de pure politique. Le reste n'est qu'humanitarisme exécrable.

L'auteur de *La Trahison des clercs*, qui donne la leçon aux intellectuels nationalistes, aux marxistes, à tous ceux qui renoncent à l'universelle raison pour se consacrer à la cause du particulier, justifie de manière acrobatique son attitude a-critique au regard de la France, hypostase de l'universalisme, affrontée à la matière vile des nations obsédées de leur seule gloire et de leur seul profit.

Sur le coup, le livre de Benda provoque des réactions surtout dans la droite littéraire, autour et dans l'Action française. Le « petit Benda », comme l'appelait Daudet – Benda mesurait 1,57 mètre – deviendra le « gnome étranger », le « clerc de lune ». La *NRF*, dans un autre registre, n'est guère tendre ; dès le numéro de décembre 1927, le philosophe Gabriel Marcel, collaborateur régulier de la revue, réplique à Benda :

« La pensée libre, c'est-à-dire déprise de tout ce qui n'est point elle-même, impliquerait une sorte de religion de l'universel, entendu dans son acception extensive, c'est-à-dire comme simple généralité. Mais, à ne considérer que l'histoire des doctrines, rien n'est moins exact. […] Rien n'est plus contraire du reste à l'esprit du platonisme comme à celui du système spinoziste que la façon dont M. Benda rompt délibérément toute communication entre le monde des choses éternelles et le plan des affaires humaines. […] L'humanisme de M. Benda en réduisant l'homme à son concept – et il faut entendre par là le plus abstrait de sa notion – le déshumanise purement et simplement. »

Dans la même revue, en juin 1928, Albert Thibaudet, esprit modéré mais non sans complaisance pour Maurras, revenait sur *La Trahison des clercs* : « Ce qui apparaît avec Benda, disait-il, c'est le prophétisme d'Israël. Le clerc est un homme au désert qui se nourrit de sauterelles et de miel sauvage, et qui crie : Malheur ! sur les villes et sur les États. L'histoire du clerc infidèle à sa mission se trouve d'ailleurs dans la Bible. C'est celle de Jonas. »

Un peu plus tard, dans *La Fin de l'Éternel* et dans ses Mémoires, Benda apporta quelque nuance à son épure. Il admettra qu'il y eût des « clercs *séculiers* », des clercs militants, ceux qui se résignent au relatif. « Mais je tiens qu'à côté de ce séculier *il faut des réguliers*, de purs spéculatifs, qui maintiennent l'idéal dans son absolu, hors des altérations qu'il doit nécessairement subir pour passer dans le réel. » Il fallait sans doute des magistrats pour rendre une justice relative, mais aussi une « Cour de cassation qui, loin des incertitudes de la cité, tend à garder les lois de la justice éternelle [7] ».

Julien Benda illustrait ainsi à sa façon, raide, abstraite, concise, la théorie des deux pouvoirs, le pouvoir temporel et le pouvoir spirituel, qui était dans la pensée de Saint-Simon, d'Auguste Comte, et de son contemporain Alain. Il faut dans toute société, en face des puissants, un pouvoir spirituel, intellectuel, honoré selon une autre hiérarchie, qui rappelle les principes éternels sur lesquels est fondée cette société. Ses détenteurs ont effectivement quelque chose qui s'apparente au prophétisme, qui est détaché des conséquences immédiates de ce rappel à la loi morale. Benda ne veut nullement, comme l'a un moment rêvé Renan, que les clercs gouvernent le monde. Il a bien conscience que le règne des philosophes ne pourrait exister que si les choses humaines devenaient divines, autrement dit que si elles cessaient d'être. Il veut simplement que la religion du clerc soit entendue afin que nul ne puisse se livrer aux passions humaines sans mauvaise conscience. Voilà justement à quoi ont failli les nouveaux chefs spirituels de l'Occident, trahissant leur mission, pour dire aux hommes : « Restez fidèles à la terre [8] ! »

Ainsi, le livre de Benda est prophétique aux deux sens du mot, dénonciateur et annonciateur. Il dénonçait l'intelligence qui donnait les justifications savantes et littéraires aux déchaînements des passions particulières – pléonasme didactique ; il annonçait ce que deviendraient les sociétés qui annuleraient tout pouvoir spirituel indépendant : des régimes totalitaires.

7. J. Benda, *La Jeunesse d'un clerc*, *op. cit.*, p. 259.

8. J. Benda, *La Trahison des clercs*, Livre de Poche/« Pluriel », 1977, p. 328.

22

# *Des jeunes gens en colère*

Au moment où le maître livre de Julien Benda provoque des vagues dans la mare littéraire, la génération suivante manifeste ses premiers refus et ses premiers espoirs. Ceux qui émergent, nés au début du siècle, étaient trop jeunes pour combattre. Quand ils entament leurs études, le monde de leurs parents leur semble sénile et condamné.

Jean-Pierre Maxence, l'un de ces béjaunes prolixes, traduit ce que beaucoup d'entre eux ressentent à la lecture de Julien Benda : « Où a mené, où mène tout l'effort de Benda et toute cette parade de cléricature et d'indépendance ? A la défense de ce qui est. Par son goût de l'abstrait, Benda est le démocrate-né. Il chérit les débats sans efficace, les critiques sans sanction. Il aime les mots d'un amour physique. Ils lui tiennent lieu de réalité. Il ne préférera jamais rien à un régime qui, sur la porte de sa boutique, a inscrit le mot liberté. Benda, à ce point de vue, est un survivant de la bourgeoisie libérale [1]. »

« Survivant » : la guerre a creusé un abîme entre le monde d'hier, drapé dans le bleu horizon, et le monde d'aujourd'hui.

Jean-Pierre Maxence, en 1928, à vingt-deux ans, fonde avec son frère *Les Cahiers*, vieux titre recyclé qui inaugure la série de revues lancées par cette nouvelle génération intellectuelle de droite ; ils paraîtront jusqu'en 1931. Instruit aux idées de Maurras, il entend créer une revue indépendante, en rupture avec l'esthétique vétéro-classique de l'Action française. Dans cette revue, au nom suggestif, qui publie Pierre Reverdy aimé des surréalistes et Max Jacob, Maxence n'a de cesse d'opposer Péguy à Benda : « Choisir avec Péguy, choisir Péguy c'était, en

1. J.-P. Maxence, *op. cit.*, p. 153.

1929 et 1930, refuser du même coup l'enseignement, les sollicitations de Benda. »

La référence à Péguy est aussi de rigueur dans l'autre équipe qui, toujours autour de Jean-Pierre Maxence, et grâce à l'intermédiaire d'Henri Massis, regroupe Thierry Maulnier, Robert Brasillach, Maurice Bardèche, pour éditer *La Revue française* de 1930 à 1933. Péguy donne « des bases charnelles à l'idée ». Même avis à *Réaction*, revue fondée en 1930 par Jean de Fabrègues, catholique d'Action française, ancien secrétaire de Maurras mais prenant ses distances discrètement avec le maître, lequel, on le sait, n'avait eu que de brèves tendresses pour l'auteur du *Mystère de la charité de Jeanne d'Arc*. *Réaction* cessera de paraître en juillet 1932, pour renaître d'avril 1933 au printemps 1934 sous le titre de la *Revue du siècle*, toujours avec Jean de Fabrègues. Son dernier avatar, la *Revue du* XX^e^ *siècle*, sortie à la fin de 1934, sera appelé à durer jusqu'à 1939.

Charles Péguy devient, en effet, l'auteur-culte de toute une armée de jeunes clercs, puisqu'il est convenu désormais d'employer le mot. Il patronne d'outre-tombe un éventail de revues plus ou moins convergentes qui, entre 1928 et 1935, alimentent un courant indépendant des mouvements traditionnels. Pour les désigner, l'un de ces jeunes gens, Emmanuel Mounier, a utilisé l'expression : les « non-conformistes [2] ». Ils sont constitués par ce qu'on appela la Jeune Droite, qui de Maxence à Fabrègues tente de renouveler la pensée de Maurras, par les groupes *Esprit* dominés par la personnalité de Mounier, et par *Ordre nouveau*, dirigé par Arnaud Dandieu, Robert Aron et Alexandre Marc.

Dans *La Pensée de Charles Péguy*, un essai écrit en collaboration, Georges Izard et Emmanuel Mounier, tous deux cofondateurs de la revue *Esprit* en octobre 1932, ne manquent pas d'opposer le principe d'« incarnation », le « sens du réel » de Péguy, à la « stérilité de l'absolu », le « reniement de l'humain comme tel » qu'ils dénoncent chez Benda [3]. Robert Aron et Arnaud Dandieu, qui, leur mouvement bien constitué, lancent

2. L'expression a donné son titre à l'étude de J.-L. Loubet del Bayle, *Les Non-Conformistes des années 30*, Seuil, 1969. Pour ce chapitre, outre ce livre, on pourra se reporter à M. Winock, *Histoire politique de la revue* Esprit *1930-1950*, Seuil, 1975, réédité dans « Points Histoire » sous le titre *« Esprit ». Des intellectuels dans la Cité, 1930-1950*, Seuil, 1996.
3. E. Mounier, *Œuvres*, I, *De 1931 à 1939*, Seuil, 1961, p. 102-103.

à leur tour avec Alexandre Marc leur revue *Ordre nouveau* en mai 1933, se rallient eux aussi à Péguy et contre Benda, qui incarne à leurs yeux « la fuite devant le concret », véritable « trahison des clercs [4] ».

Revanche posthume de Péguy, récupéré par les uns, sanctifié par les autres : le paysan aux gros souliers, maintenant contre les intempéries sa revue, ses idées fixes et ses fulgurances, passait de manière inattendue pour le modèle éponyme de l'aventure intellectuelle, au détriment de l'ami qui l'avait renié, et qui professait, qu'on nous passe ce léger anachronisme sémantique, les essences contre l'existence.

Ces jeunes gens de droite ou de gauche partagent un sentiment très fort de *génération* : « Notre haine pour les Anciens Combattants ne connaissait pas de bornes, écrit Henri Lefebvre dans ses Mémoires. Je partageais entièrement ces sentiments. [...] Nous nous félicitions d'avoir échappé à la boue des tranchées, qui ne cessait pas de maculer à nos yeux les pédants de la gloire, les rhéteurs de la victoire. Jamais peut-être un conflit de générations n'a été aussi aigu, aussi confondu avec les autres conflits dans tous les domaines [5]. »

Sur le vif, dès 1926, Albert Crémieux, directeur d'*Europe*, écrivait : « La notion de génération a pris soudain une signification vivante et comme une résonance nouvelle. Conséquence immédiate de la guerre. En ouvrant par la mort l'immense trou de dix classes d'hommes, en séparant par cet abîme deux groupes sans liaison, elle a contraint les survivants à se compter, et, pendant qu'elle brisait bien des choses, qu'elle soumettait à une rude épreuve les idées que l'on estimait les mieux assises, elle créa pour nous une solidarité méconnue jusqu'alors, celle de l'âge, de la génération [6]. »

On a rarement vu pareille floraison de publications, agitant des idées générales, refusant de s'en tenir à la littérature, dirigées par des hommes aussi jeunes, entre vingt-cinq et trente ans. Malgré les divergences notables entre les manifestes, les sensibilités, et l'histoire propre de ces revues, on a de bon droit observé qu'il y eut entre elles, quelques années durant, un « esprit des années trente », ne dépassant pas du reste 1934-

4. R. Aron, A. Dandieu, *Décadence de la nation française*, Rieder, 1931.
5. H. Lefebvre, *La Somme et le Reste*, Bélibaste, 1973, p. 33.
6. *Europe*, 15 mai 1926.

1935, date charnière à partir de laquelle s'affaiblit ou s'éteint l'autonomie de ces tribunes, de ces tribus reclassées le plus souvent dans les mouvements ou partis intergénérationnels.

Ces jeunes éprouvent la sensation d'étouffer dans une société de gérontes qui remâche l'âge d'or de la Belle Époque. Ils détestent Raymond Poincaré, incarnation de la République bourgeoise, admiré comme un sauveur par les rentiers et par les nationalistes intransigeants : « Par quel affaissement, écrit Maxence, quel besoin de détente, quelle démission, un peuple qui avait connu l'affreuse poésie de la guerre, qui avait vécu familièrement dans l'héroïsme, a-t-il pu se laisser imposer trois ans la légende du "grand Lorrain" ? Poincaré objet de légende : cela marque les limites d'un temps [7] ! »

Échapper à une vie tracée d'avance, respirer l'air du large… Les uns partent comme Paul Nizan qui s'embarque pour Aden [8]… Les autres se contentent de rêver d'aventure, d'exotisme ; ils lisent *Les Conquérants* de Malraux, parus en 1928, *Courrier Sud* de Saint-Exupéry, l'année suivante. Beaucoup renoncent à une carrière universitaire pour créer une revue, comme Mounier, imitant Péguy, toujours Péguy. La nouvelle génération entretient un tir de barrage tous azimuts : sur le régime politique, le régime économique, la morale du temps. Elle parle de « Révolution nécessaire [9] ». Le régime parlementaire, tel qu'il est pratiqué en France lui fait horreur : petits hommes, petites causes, petites actions. Les néo-maurrassiens n'inventaient rien, ils mettaient seulement une autre musique sur les mêmes articles du nationalisme intégral. Le départ de Poincaré en 1929, en projetant la France dans une nouvelle phase d'instabilité ministérielle, confirmait encore les analyses de Maurras. Mais Maurras n'avait pas l'exclusivité de la critique de la vie politique : les collaborateurs des revues *Esprit* et *Ordre nouveau*, qui, elles, ne sortaient pas casquées du crâne du doctrinaire provençal, s'y entendaient fort bien. Il était même étonnant pour leurs aînés de voir ces catholiques, autour de Mounier, détailler le procès du parlementarisme, alors qu'eux-mêmes, démocrates-chrétiens, s'étaient échinés à réconcilier les catholiques avec la République parlementaire.

7. J.-P. Maxence, *op. cit.*, p. 30.
8. P. Nizan, *Aden Arabie*, préface de J.-P. Sartre, Maspero, 1960.
9. R. Aron, A. Dandieu, *La Révolution nécessaire*, Grasset, 1933.

Plus profondément, ces jeunes gens exprimaient leur colère contre ce qu'ils appelaient le monde de *l'argent*, plutôt que le *capitalisme*. L'« argent » connote un certain style de société, des mœurs, une morale ou une absence de morale. Dans leur volonté de désolidariser l'Église du « désordre établi », Mounier et ses amis se montraient particulièrement éloquents sur le chapitre, reprochant aux démocrates-chrétiens d'avoir accepté cette démocratie libérale, mère de toutes les injustices sociales. L'argent pourrissait tout, à commencer par la presse, vénale, qui, au lieu de défendre les libertés, les asphyxiait. Il y avait une corruption généralisée de la société française par le règne de Mammon.

Ce monde de l'argent était aussi celui du productivisme. Leur critique du libéralisme économique précède du reste la crise des années trente. Ils l'attaquent en pleine ère de « prospérité », peu avant le grand krach. Si bien que la crise, une fois surgie, leur apporte la confirmation des vices d'un système qui s'était emballé, multipliant des biens inaccessibles aux masses. C'est alors que l'Amérique est honnie comme symbole d'un capitalisme effréné, destructeur, apocalyptique après avoir été fustigée comme l'enfer mou et dolent du matérialisme marchand. Robert Aron et Arnaud Dandieu consacrèrent en 1931 leur deuxième ouvrage commun au *Cancer américain*, diabolisant l'Amérique de Ford et de Taylor, l'Amérique des abattoirs de Chicago, des *bootleggers* et des *trusts* rapaces. En quelques années, les États-Unis sont passés dans l'imaginaire intellectuel de *Babbitt* – l'anti-héros de Sinclair Lewis, symbolisant le monde sans âme des classes moyennes – aux *Raisins de la colère*, de John Steinbeck, illustrant la grande faillite du rêve américain[10].

La critique de la démocratie parlementaire et du libéralisme économique conduisait à une relecture sévère de la Révolution de 1789. Pour la Jeune Droite, instruite par l'Action française, la cause était entendue et ses revues ne s'y attardèrent pas. En revanche, *Esprit* et *Ordre nouveau*, notamment en s'inspirant de Proudhon, s'attaquèrent aux origines de la société bourgeoise. A cet égard, Mounier entendait se démarquer des démocrates-chrétiens, ce qu'il fit par sa « Lettre ouverte sur la

10. P. Nizan traduit en 1933 pour les éditions Rieder l'analyse au vitriol de Theodore Dreiser, *L'Amérique tragique*.

démocratie », que publia *L'Aube*, leur journal, en 1934. Mounier lançait à ses aînés : Vous avez choisi, entre 1890 et 1914, et nous avons changé d'époque. Vos ennemis à vous, c'étaient Mac-Mahon, Boulanger, Maurras, et la révolution socialiste à l'autre extrême. Nous avons changé de problèmes, « nous nous faisons nous-mêmes dans un monde en pleine démiurgie. Ce n'est pas le moment de regarder en arrière ». Pour Mounier, la démocratie restait un but, un avenir, car elle n'avait jamais existé que sous la forme mensongère de la démocratie libérale et parlementaire :

« L'idéologie que nous combattons, et qui empoisonne encore tous les démocrates, même les démocrates-chrétiens, est l'idéologie de 89. Non, 89 n'est pas Lucifer. Il y a une âme de la Révolution française dont nous vivons encore, et sainement : mais elle est à la superstructure idéologique ce que le mouvement syndical et ouvrier, par exemple, est aux partis et aux métaphysiques qui l'ont accaparé. On ne juge pas les deux en bloc. Ce que nous combattons, c'est ceci : l'individu [...] érigé en absolu ; la liberté considérée comme un but en soi [...] ; l'égalité par le vide, entre des individus neutres et interchangeables [...] ; le libéralisme politique et économique, qui se dévore lui-même ; l'optimisme dévôt de la souveraineté nationale ; l'opposition purement négative au socialisme [11]... »

Refus du libéralisme, rejet du marxisme, condamnation des « mystiques fascistes », au bout de cette déclinaison négative, que préconisaient ces jeunes gens ? Les formules étaient diverses, peu novatrices dans la Jeune Droite, dont bien des membres étaient attirés par l'exemple italien ; très abouties à l'Ordre nouveau, dont les philosophes et les ingénieurs fignolaient des programmes au détail près sur la société future ; plus balancées à *Esprit* qui mit plusieurs années à élaborer le contenu de ce que ses fondateurs avaient appelé « Révolution ». Mais tous, ou presque tous, s'entendirent bientôt pour parler du *personnalisme*.

Le terme n'était pas inédit ; il avait été forgé en 1903 par Renouvier, philosophe de la République laïque, mais il était tombé en désuétude. Mounier, qui passe pour le nouveau philosophe du personnalisme, ne se réfère jamais à ce précédent français. En revanche, il cite le philosophe allemand Max Sche-

11. *Œuvres*, *op. cit.*, p. 295-296.

ler, contempteur des abstractions kantiennes. La personne était définie à la fois contre l'individu et contre la série totalitaire. Comme Mounier, Denis de Rougemont critique la théorie individualiste héritée du siècle des Lumières, considérant la société comme un agrégat d'individus : « L'individu des libéraux, écrit-il, c'était par excellence un homme sans destin, un homme sans vocation ni raison d'être, un homme dont le nombre n'exigeait rien [12]. » La personne n'est pas une abstraction comme l'individu, mais un être concret, charnel, situé et insubstituable. En même temps, la personne est liée par une mutuelle responsabilité aux autres personnes pour former la société. Sa vocation est communautaire (la communauté étant « une personne de personnes »), inséparable du groupe humain où elle vit. « Nous sommes contre la philosophie du moi pour la philosophie du nous [13]. » En même temps, elle ne peut être subordonnée à des entités collectives, l'État, la Nation, la Race ou l'Histoire. Le personnalisme est un appel à la responsabilité de chaque être humain. La révolution personnaliste est donc double : à la fois contre le libéralisme, qui réduit l'homme à la série électorale et à la série production-consommation, et contre les régimes totalitaires qui, bien qu'antilibéraux, n'en sont pas moins les ennemis de la personne, irréductible à l'idéologie d'État. « Périssent l'honneur national, l'honneur familial, l'honneur du parti, s'ils s'établissent sur la déchéance des personnes composantes » (Mounier).

Le tournant des années vingt aux années trente est affecté par un bouillonnement de la jeunesse intellectuelle que connaissent aussi les anciennes chapelles et les anciens partis. Chez les radicaux, Bertrand de Jouvenel anime les Jeunes Turcs. Chez les socialistes, les idées révisionnistes (révision du marxisme) du Belge Henri De Man, défenseur d'un socialisme éthique et de la planification, sont diffusées par André Philip, dans un opuscule publié chez Gamber en 1928, *Henri De Man et la crise doctrinale du socialisme*. Le « planisme » préconisé était le leitmotiv de bien des réunions : les jeunes y réclament un État efficient et vitupèrent le laisser-aller libéral. *Plans* de Philippe Lamour, *X-Crise* des polytechniciens réunis autour de Jean Coutrot,

12. D. de Rougemont, *Politique de la personne*, « Je sers », 1934, p. 45.
13. E. Mounier, *Révolution personnaliste et communautaire*, in *Œuvres*, *op cit.*, p. 166.

étaient d'autres lieux où s'élaborait à la fois cette mystique du plan et l'apologie d'un État technicien. Qui ne refaisait le monde ? Christian Pineau fondait avec quelques amis *Les Nouvelles Équipes* en 1933, dont le programme appelait, lui, à une révolution en faveur d'un régime corporatiste, où les partis seraient abolis au profit d'une Chambre nationale des corporations.

Si l'on cherchait un commun dénominateur à ces mouvements, à ces sociétés de pensée, à ces chapelles dotées d'un bulletin de réflexion, on pourrait reproduire le mot d'ordre introduisant au Manifeste de l'Ordre nouveau, rédigé en mars 1931 : « Spirituel d'abord, économique, ensuite, politique à leur service. » C'était reprendre la formule de Maritain, « primauté du spirituel » contre le slogan de Maurras : « Politique d'abord ! » Mais c'est bien ce que leur reprochait le groupe des jeunes philosophes qui, entre 1925 et 1930, optèrent pour la révolution marxiste ; pour lesquels la menace n'était pas le déficit « spirituel », mais plutôt le « chômage », les « famines », la « répression », les « préparatifs de guerre »...

L'un d'eux, Paul Nizan, contrairement à son « petit camarade » Sartre, s'était engagé précocement dans l'action politique. Paul Nizan, Jean-Paul Sartre, Raymond Aron, Emmanuel Mounier, ils sont tous nés en 1905, ils ont tous passé, sinon réussi, en même temps l'agrégation de philosophie. Mais Nizan et Mounier se font connaître les premiers. Son séjour à Aden en 1926 avait fait prendre conscience à Nizan des fondations de l'Occident ; en 1927, il s'inscrit au Parti communiste, l'année même où il se marie, avec pour témoins les deux autres normaliens, Sartre et Aron. Ayant quitté l'enseignement, il vit du journalisme, dirige une revue littéraire *Bifur*, s'occupe un moment de la librairie de *L'Humanité*... A plusieurs reprises, Nizan eut l'occasion de distinguer avec virulence la révolution marxiste de celle des « non-conformistes » qui ne pouvait être à ses yeux qu'une pseudo-révolution, celle du fascisme.

En 1933, ce mot de *révolution* alors sur toutes les lèvres de ses cadets d'*Esprit* a fini par irriter François Mauriac. Dans un article de *L'Écho de Paris* du 15 mars 1933, l'auteur du *Nœud de vipères* prit la défense de la vaillante bourgeoisie à laquelle il appartenait de toutes ses fibres : « La bourgeoisie française a été le creuset où s'est accompli le génie de notre peuple paysan et ouvrier [...]. Les réfractaires eux-mêmes, Baudelaire, Rimbaud, n'ont existé qu'en fonction de cette bourgeoisie qu'ils reniaient, mais dont ils étaient les fils. » Il écrit encore : « Cette révolution dont vous avez plein la bouche, qui donc la fera ? Pas vous, et vous le savez bien. Entre les mille combinaisons du hasard, la moins probable est la présence de notre cher Jacques Maritain à la tête des futurs commissaires du peuple. » Bref, par leurs écrits, Mounier et les autres naïfs de son espèce préparaient, selon Mauriac, la table à l'Ogre communiste qui les avalerait une fois son couvert mis.

Cet article permet à Nizan, ironique, de rassurer Mauriac. L'idéalisme d'*Esprit* aussi bien que d'*Ordre nouveau* consiste à condamner la corruption et l'impureté des valeurs bourgeoises, pour mieux exalter ces valeurs : « Quand ils parlent de l'épanouissement de la personne, il ne s'agit que de donner des titres nouveaux à la personne bourgeoise. » Quel est leur véritable ennemi ? C'est l'ennemi authentique de la bourgeoisie, ce sont les communistes. D'où il ressort que ces deux revues portent en elles, malgré elles peut-être, « les lignes directrices d'une doctrine fasciste *possible* parmi toutes les autres ». Nizan ne veut pas procéder par amalgame. Il concède que la Jeune Droite est déjà carrément, volontairement, fasciste, ce qui n'est le cas ni d'*Esprit* ni d'*Ordre nouveau*, mais l'opposition de ces revues à la révolution communiste réduit leur idéalisme « révolutionnaire » au masque derrière lequel continue à s'exercer la domination bourgeoise. Pour Nizan, le mot *personnalisme* n'est qu'un leurre, qui ne change rien « au fond de la question » : sous le label continue à fleurir l'individualisme bourgeois. Finalement, ce que ces « penseurs » – guillemets de Nizan – préparent, ce n'est certes pas la révolution que redoute François Mauriac, c'est la révolution fasciste à laquelle ils sont conduits, *nolens volens*, ce qui est le lot des prétendus révolutionnaires qui récusent Marx et Lénine.

En 1933, la nouvelle génération – à tout le moins la partie de cette nouvelle génération qui fait parler d'elle, qui s'exprime dans les revues, dont on commence à parler dans les journaux – se révèle à travers trois discours. Le premier est celui de la Jeune Droite (Maxence, Fabrègues, Brasillach, Bardèche...), plus ou moins émancipée de la doctrine de Maurras ; elle cherche sa voie. Elle se distingue du père fondateur, soit sur le terrain religieux, où les catholiques prennent leurs distances après la condamnation de Rome, soit au chapitre esthétique, où le classicisme de l'Action française est de plus en plus contesté, soit encore sur le plan social, où, surtout après le début de la crise, nombre de ces jeunes gens veulent s'écarter de la ligue de Maurras et de Bainville, le conseiller patenté des placements boursiers d'une bourgeoisie inconsciente du drame social qui se joue.

La deuxième expression est celle d'*Ordre nouveau* et d'*Esprit*. Nizan a peut-être tort de les mettre dans le même sac. Les deux mouvements et revues ont des traits singuliers, des disputes publiques. Il est vrai que plusieurs auteurs collaborent à l'une et l'autre publication, comme Alexandre Marc, Denis de Rougemont, René Dupuis et d'autres ; vrai aussi qu'entre les deux revues existent de nombreux points communs. Reste que leurs chemins sont appelés à diverger, qu'*Esprit* s'ancrera plus à gauche à partir de 1935. En tout cas, les deux revues ont été de remarquables laboratoires de pensée, *Ordre nouveau* plus doctrinaire, *Esprit* plus péguyste. Cette dernière revue bénéficiait d'un avantage sociologique dans la mesure où elle avait – notamment en province, dans les villes universitaires – une base assez forte dans le milieu des jeunes intellectuels catholiques, soucieux de ressourcement de leur Église aux textes évangéliques. En accueillant aussi les non-catholiques, les incroyants, elle offrait un espace pluraliste que n'avaient guère connu les catholiques, marginalisés dans la République laïque. C'est sans doute ce substrat confessionnel de son lectorat qui a permis à *Esprit* de durer, bien qu'elle se soit toujours défendue d'être une revue catholique.

Le troisième groupe, celui des communistes, avec Henri Lefebvre, Pierre Morhange, Georges Politzer, Paul Nizan, Georges Cogniot, Jean Bruhat, avait pu croire, lui aussi, un court temps à la possibilité d'une revue indépendante, la *Revue marxiste*. Naïveté de sa part. Le Parti communiste, au moment où Maurice Thorez devient son secrétaire général en 1930, est déjà un parti bolchevisé, discipliné, où les libertés que les esprits indépendants avaient connues naguère ne sont plus de mise : les intellectuels communistes sont au service du Parti communiste. Il faudra, pour rencontrer la nuance, entendre les compagnons de route, qui devaient du reste se multiplier au cours des années trente.

Au total, y a-t-il eu un esprit commun à tous ces représentants de la nouvelle génération ? C'est sans doute parce qu'ils sentaient des convergences que les responsables de la *NRF* ouvrent leur numéro de décembre 1932 à un « Cahier de revendications », dans lequel s'expriment onze de ces jeunes intellectuels, personnalistes et communistes, dont Paul Nizan. L'auteur d'*Aden Arabie* et des *Chiens de garde* [14] se démarque encore une fois des non-conformistes. Non sans exprimer, cependant, un minimum d'état d'esprit commun, le rejet de la société dans laquelle ces jeunes refusaient de passer leur vie, le sentiment très profond d'une crise de civilisation :

« La plaisanterie a assez duré, la confiance a assez duré, et la patience et le respect. Tout est balayé dans le scandale permanent de la civilisation où nous sommes, dans la ruine générale où les hommes sont en train de s'abîmer. Un refus, une dénonciation seront publiés partout, malgré toutes les polices et toutes les conspirations – tellement complets, tellement radicaux qu'ils seront à la fin entendus des plus sourds. »

En commun, ces jeunes gens avaient la haine du libéralisme, sous sa forme politique comme sous sa forme économique. Leurs motivations étaient certes différentes, mais ils remettaient en cause le système capitaliste, accusé de déshumaniser le peuple, de créer des besoins factices et d'entraîner la société dans des crises mortelles. Aux deux extrêmes, ils étaient séduits ou attirés par les expériences qui se déroulaient dans l'Italie fasciste et en Union soviétique. Au centre, ils voulaient emprunter à l'un et à l'autre des régimes, non pas pour copier – ils étaient hostiles à tous les étatismes – mais pour fonder une autre démocratie centrée sur la personne, décentralisée jusqu'à la personne, une personne devenue enfin responsable.

Les convergences, quand elles eurent lieu, ne durèrent qu'un temps. Après le 6 février 1934, Bertrand de Jouvenel, qui avait démissionné du Parti radical, eut l'idée de procéder à un regroupement révolutionnaire de la jeunesse. A cet effet, il lance un

14. Paul Nizan appelait « chiens de garde » les philosophes de la Sorbonne, dont le parangon était Léon Brunschvicg, et autres universitaires, dont la pensée « pure », détachée de toute réalité sociale et historique, équivalait à une « démission » : « Nous vivons dans un temps où les philosophes s'abstiennent. Ils vivent dans un état de scandaleuse absence. » C'était tout profit pour la bourgeoisie : « Aucune thèse de doctorat n'a encore exprimé la lutte de classes que la bourgeoisie militante mène, la nécessité de l'esclavage industriel, la haine, la peur et la colère que le prolétariat inspire à la bourgeoisie. » (*Les Chiens de garde,* Les Editions Rieder, 1932, p. 91.)

hebdomadaire, *La Lutte des jeunes*, visant à rassembler tous ceux qui étaient écœurés par la misère et la corruption du régime. Au mois de mai 1934, il met sur pied des « États généraux de la jeunesse », auxquels sont représentés une cinquantaine de groupes. Ce ne fut qu'un tumulte de propositions discordantes. L'union des jeunes n'était qu'un mythe. La prise du pouvoir par Hitler en Allemagne, la nouvelle ligne de l'Internationale communiste, la genèse du Front populaire, ces événements produisirent le reclassement des groupes de jeunes dans la logique d'un affrontement droite-gauche, alors qu'ils avaient voulu être « ni de droite ni de gauche ».

Beaucoup de matière grise avait été dépensée. De tous ces plans, de ces programmes, de ces utopies, il reste surtout des archives quand la critique des souris n'a pas eu le temps de faire son œuvre. Néanmoins, quelques idées forces germèrent, certaines pour alimenter la Révolution nationale, où bon nombre de ces jeunes gens se retrouvèrent, d'autres pour nourrir les programmes de la Résistance pour une France libérée et rénovée. On avait assisté à un feu d'artifice de la jeunesse intellectuelle. Les étincelles de quelques fusées persisteront.

23

# *Au service de la Révolution*

La révolution, que les non-conformistes jugent « nécessaire », les surréalistes la veulent plus que jamais. Pour eux, pour André Breton en tout cas, la révolution, depuis la guerre du Rif, ne peut plus être revendiquée en dehors du communisme. Cinq membres du groupe surréaliste adhèrent au PCF, au début de 1927 : Benjamin Péret, le premier inscrit, est rejoint par Louis Aragon, André Breton, Paul Éluard, et Pierre Unik, introduit deux ans plus tôt dans le groupe dès l'âge de quinze ans. Mais le Parti communiste, lui, qu'a-t-il à gagner à l'adhésion de cette avant-garde hostile à des écrivains aussi célèbres qu'Anatole France et Henri Barbusse, dont le ralliement lui est autrement précieux ?

A dire vrai, pour l'Internationale communiste, Lénine en tête, la littérature avait un devoir : servir la révolution. Le *comment* resta pendant plusieurs années un objet de débats et de conflits. La querelle autour de Barbusse, dans la francosphère, illustre ces hésitations des années vingt. En confiant à l'auteur du *Feu* la direction littéraire de *L'Humanité*, les dirigeants du PCF repoussaient clairement les tenants de l'avant-garde. Parallèlement, le Bureau international de liaison, fondé à Moscou en 1924, avait exprimé, de son côté, par la bouche de son président Anatole Lounatcharski, sa reconnaissance à Anatole France, le bourgeois converti à la révolution bolchevique. Cela n'était pas pour plaire aux clartéistes et aux surréalistes, qui vomissaient le glorieux compagnon de route. Mais celui-ci offrait au Parti un élément de propagande plus assuré que l'alliance, plus ou moins tumultueuse, d'une avant-garde par définition privée d'audience populaire.

Quant à la nouvelle littérature à créer, les Soviétiques n'avaient que défiance pour les expériences de Breton et de ses amis : « Ce qu'est le surréalisme, écrivait Lounatcharski en 1926, il est difficile de le comprendre. D'un côté, c'est un subjectivisme extrême, dans le genre de l'expressionnisme allemand le plus poussé ; d'un autre côté, c'est le refus de création que le milieu étouffant de la bourgeoisie rend impossible. Enfin, c'est une proclamation d'anarchisme politique et culturel [1]. » La formule discutée au cours de ces années-là, aussi bien en URSS qu'en France, était la « littérature prolétarienne ». Mais de quoi s'agissait-il ? Cette littérature prolétarienne devrait-elle son label aux sujets abordés, à la condition sociale des auteurs ou à l'aspect collectif de la production ?

Une première « Conférence internationale des écrivains prolétariens et révolutionnaires » se tient à Moscou en novembre 1927 – le jour même où Trotski et Zinoviev sont exclus du parti bolchevique. La France y est représentée contradictoirement par Henri Barbusse et Paul Vaillant-Couturier, délégués par le PCF, mais aussi par Pierre Naville et Francis Gérard (pseudonyme de Gérard Rosenthal), qui, eux, sont de *Clarté*, donc opposants à Barbusse. Le rapport de Lounatcharski fait l'éloge de la littérature prolétarienne, qui a ouvert la voie au « réalisme social ». Henri Barbusse, quant à lui, après avoir reconnu qu'« il ne convient pas, à l'heure actuelle, de parler de l'existence d'une littérature prolétarienne en France [2] », repart avec Vaillant-Couturier décidé à appliquer les résolutions de la Conférence. Révolutionnaire ou/et prolétarienne, la littérature doit être organisée à l'échelle internationale. Le but visé est d'homogénéiser la politique culturelle des partis communistes, de l'articuler sur la stratégie de l'Internationale.

A la suite du Congrès de Moscou, Barbusse est amené à fonder *Monde* en juin 1928. Cet hebdomadaire entend lutter contre la réaction, et « faire progresser la littérature et l'art prolétariens qui doivent briller et triompher toujours davantage dans la société d'aujourd'hui et de demain », tout en refusant de parti-

1. J.-P. Morel, *Le Roman insupportable. L'Internationale littéraire et la France (1920-1932)*, Gallimard, 1985, p. 101.

2. J.-P. Morel, *ibid.*, p. 132. Outre cet ouvrage fondamental, ont été utilisés pour ce chapitre A. Thirion, *Révolutionnaires sans révolution*, Robert Laffont, 1972 ; P. Daix, *Aragon*, *op. cit.* ; les *Œuvres romanesques* d'Aragon, Gallimard, « La Pléiade », I, 1997 ; et les ouvrages déjà mentionnés de M. Nadeau, de C. Reynaud Paligot, ainsi que les *Œuvres complètes* d'André Breton.

ciper à la polémique de parti. Immédiatement, Naville et *Clarté* mettent en garde contre ce nouvel hebdomadaire qui risque d'être un « instrument de confusion ». L'équivoque est d'autant plus grande que le Bureau international conçoit *Monde* comme un organe de littérature prolétarienne, une antenne de la littérature russe en France, alors que Barbusse entend publier un journal, certes favorable à l'URSS, mais encore une fois évitant la politisation et le sectarisme.

C'est donc dans ce climat d'incertitudes que le groupe des cinq surréalistes saute le pas et adhère au PCF. Non sans peine : Breton a été obligé d'en passer par une série d'interrogatoires humiliants, où *La Révolution surréaliste* subit les algarades des recruteurs. Après avoir dû désavouer *Légitime Défense* et accepté de soumettre *La Révolution surréaliste* au contrôle du Comité central, il est finalement admis en janvier 1927 à la cellule des gaziers, porte d'Aubervilliers. Au bout de trois réunions, le néophyte est en butte à une attaque en règle sur ses activités fractionnistes, sur son genre de vie (la « noce » dans les cafés parisiens), sur son ambition personnelle. Un violent échange s'ensuit qui conduit Breton à déserter finalement sa cellule, d'autant qu'on lui a imposé un rapport sur la situation de l'Italie à partir de statistiques assommantes : « Je n'ai pas pu. »

Malgré leurs déboires, Breton et ses amis, sans renouveler leur adhésion formelle l'année suivante, restent convaincus de la nécessité de continuer à œuvrer pour le Parti communiste, dont ils imaginent pouvoir éclairer la ligne culturelle. Encore une fois, il s'agit de combattre la prépondérance de Barbusse, symbole à leurs yeux de toutes les compromissions intellectuelles. En mars 1927, *Clarté* s'y emploie aussi, attaquant Barbusse, qui dans son *Jésus* fait du fondateur du christianisme un communiste. *L'Humanité* réplique alors par une résolution du Bureau politique, qui confirme sa solidarité avec Barbusse. Au mois de mai suivant, Breton, dans *Au grand jour* – contresigné par Aragon, Éluard, Péret et Unik –, renouvelle sa complète soumission à la ligne du Parti, réaffirme que le surréalisme ne saurait être une tendance politique. Moyennant quoi, il défend la compétence des surréalistes dans le domaine littéraire et artistique, regrettant que le Parti n'en profite pas :

« Mais nous entendons dire aussi qu'il est pénible que l'organisation du PC en France ne lui permette pas de nous utiliser dans une sphère où nous puissions réellement nous rendre utiles et qu'il n'ait été pris d'autre décision à notre égard que de nous signaler un peu partout comme suspects. De là une campagne qui ne fait encore que s'annoncer contre nous, mais qui n'attend pour se faire plus violente qu'une manifestation quelconque de notre présence à l'intérieur du Parti [3]. »

Les surréalistes en carte sont cependant soumis bientôt à un choix de caractère politique. Au retour du Congrès de novembre 1927 à Moscou, Naville et Rosenthal, témoins de l'élimination de Trotski par Staline, prennent fait et cause pour Trotski. Au début de 1928, *Clarté*, acquise au trotskisme, devient *La Lutte des classes*. Elle dénonce en juin l'arrestation de Victor Serge, avant que Trotski lui-même, déporté en Asie centrale, ne soit expulsé d'URSS en janvier 1929. Parallèlement, Boris Souvarine et Maurice Paz soutiennent eux aussi Trotski, dans une nouvelle revue, *Contre le courant*, tandis que Pierre Monatte et Alfred Rosmer, qui avaient cru conciliables les idéaux du syndicalisme révolutionnaire et ceux du léninisme, sympathisent désormais à leur tour avec le trotskisme dans *La Révolution prolétarienne*. Que font Breton et ses amis, qui ont par le passé manifesté tant de sympathie pour les hommes de ces trois revues, et pour Trotski lui-même ? La réponse est donnée en décembre 1929, quand Breton publie le *Second Manifeste du surréalisme*.

Dans ce texte, Breton maintient les principes de son mouvement en même temps que son adhésion au marxisme-léninisme : « Quelle qu'ait été l'évolution du surréalisme dans le domaine politique, si pressant que nous en soit venu l'ordre de n'avoir à compter pour la libération de l'homme, *première condition de la libération de l'esprit*, que sur la révolution prolétarienne, je puis bien dire que nous n'avons trouvé aucune raison valable de revenir sur les moyens d'expression qui nous sont propres et dont à l'usage il nous a été donné de vérifier qu'ils nous servaient bien [4]. »

Après avoir fait le bilan des exclusions, concernant Artaud, Carrive, Delteil, Gérard, Limbour, Masson, Soupault et Vitrac (ceux-ci répliqueront par un pamphlet reprenant le titre qui avait jadis vitupéré Anatole France : *Un cadavre*), il s'attarde sur le cas de Pierre Naville, si empressé naguère à convertir le

3. A. Breton, *OC*, *op. cit.*, I, p. 941.
4. *Ibid.*, p. 803.

groupe surréaliste à la révolution sociale, et que Breton découvre aujourd'hui dévoré par une « inassouvissable soif de notoriété », étanchée du reste par le compte en banque de M. Naville père, si bien que *La Lutte des classes* a son siège 15, rue de Grenelle, dans l'ancien hôtel des ducs de La Rochefoucauld. Au-delà de ce problème de personne (dans leurs règlements de comptes les surréalistes ne répugnent jamais aux attaques *ad hominem*), Breton en arrive à la question de Trotski, pour refuser de choisir : « Si le surréalisme se considère comme lié indissolublement, par suite des affinités que j'ai signalées, à la démarche de la pensée marxiste et à cette démarche seule, il se défend et sans doute il se défendra longtemps encore de choisir entre les deux courants très généraux qui roulent, à l'heure actuelle, les uns contre les autres des hommes qui, pour ne pas avoir la même conception tactique, ne s'en sont pas moins révélés de part et d'autre comme de francs révolutionnaires. »

Breton fait état d'une lettre de Trotski, datée du 25 septembre 1929, par laquelle l'ancien chef de l'Armée rouge, alors en exil, observe « le fait d'une conversion de la direction officielle vers la gauche », ce qui pourrait laisser entendre sa réintégration à terme. Il ne faut donc pas être plus « irréductible » que ne l'est Trotski lui-même, et « chercher à envenimer la plaie sentimentale de la répression comme le fait Panaït Istrati [l'écrivain roumain P. Istrati avait publié dans le numéro d'octobre de la *NRF* « L'affaire Roussakov », où il dénonçait la répression contre le beau-père de Victor Serge] et comme l'en félicite M. Naville ».

André Breton n'a pas compris, ou ne veut pas prendre en compte ce qui se passe alors en URSS. Les années 1928-1929 marquent un durcissement gauchiste de la ligne générale, à la fois interne et externe, où les surréalistes croient discerner un ressourcement révolutionnaire. La thèse de Staline est que le capitalisme est entré dans une « troisième période », celle d'une crise généralisée, qui sera favorable aux offensives révolutionnaires mais qui comporte un nouveau danger impérialiste pesant sur l'URSS. Le VI^e^ Congrès de l'Internationale communiste, qui se tient à Moscou pendant l'été 1928, engage « le prolétariat international, dont l'URSS est la *seule patrie* », à défendre celle-ci « par tous les moyens contre les attaques des puissances capitalistes ». Il faut s'opposer aux thèses pacifistes qui endorment, et considérer notamment la social-démocratie comme l'alibi dernier des grandes puissances : le *social-impé-*

*rialisme* ou *social-fascisme* est l'ennemi privilégié à abattre dans la nouvelle ligne « classe contre classe ». C'est en 1929 qu'en URSS Staline devient le chef incontesté du Parti communiste, qu'il acquiert le droit d'initiative complet, à la tête d'une bureaucratie dont les membres depuis la mort de Lénine ont été soigneusement cooptés, et d'où les opposants ont été expulsés. Staline n'était pas encore dictateur, mais il était l'ingénieur en chef de la Machine, tandis que le marxisme était devenu proprement une idéologie d'État, destinée à justifier la politique du guide. Dès 1928, à la suite de la « crise des collectes », Staline avait envisagé de changer de politique agricole, en renonçant à la NEP, en combattant les « koulaks ». Simultanément, un grand procès public était fait contre des saboteurs industriels « à la solde de l'étranger ». Au Plenum du Comité central de juillet 1928, Staline demande d'accentuer la lutte de classe face aux capitalistes des campagnes. Boukharine se déclare publiquement contre les thèses de Staline grosses d'une nouvelle guerre civile. Staline répand alors le thème de la « déviation droitière », laquelle est condamnée par le Plenum du Comité central de novembre 1928. L'année suivante, une purge massive chasse 170 000 membres du Parti : Boukharine notamment est éliminé du Politburo. La crise économique est alors profonde : faillite des récoltes, diminution du cheptel, rétablissement des cartes de rationnement. La hausse des prix agricoles entraîne une crise généralisée. Pour Staline, le mal vient des campagnes, qu'il faut complètement réorganiser. La *Pravda* annonce la « collectivisation massive » à la fin d'octobre 1929. Peu après, Staline proclame « le grand tournant ». La NEP est enterrée, une nouvelle forme de « communisme de guerre » commence, dont devaient faire les frais des millions d'habitants de l'URSS.

Breton, mal informé, ou peu soucieux de faire du « sentiment » à propos de la répression, aurait pu être plus sensible à un événement particulier, le suicide du poète Maïakovski, en avril 1930. Parmi les raisons de son geste, Trotski avançait, dans le *Bulletin de l'opposition* de mai 1930, qu'on avait voulu « collectiviser de force » le poète russe, le faire entrer dans « le kolkhoze administratif de la prétendue littérature "prolétarienne"[5] ». Breton publie dans le premier numéro de la nouvelle revue, *Le Surréalisme au service de la Révolution*, en

5. J.-P. Morel, *op. cit.*, p. 297-298.

juillet 1930, un hommage au disparu, qui partageait avec les surréalistes la réfutation d'une littérature « prolétarienne », sans reprendre toutefois les attaques de Trotski contre la bureaucratisation du Parti.

L'inversion sémantique du titre de leur revue – *La Révolution surréaliste* devenant modestement *Le Surréalisme au service de la Révolution* – en dit long sur la bonne volonté de Breton et de ses amis. Dans ce numéro 1 de juillet 1930, ils donnent leur réponse à une question du Bureau international de littérature révolutionnaire : « Laquelle sera votre position si impérialisme déclare guerre aux Soviets ? » :

« CAMARADES SI IMPÉRIALISME DÉCLARE GUERRE AUX SOVIETS NOTRE POSITION SERA CONFORMÉMENT AUX DIRECTIVES TROISIÈME INTERNATIONALE POSITION DES MEMBRES PARTI COMMUNISTE FRANÇAIS. SI ESTIMEZ EN PAREIL CAS MEILLEUR EMPLOI POSSIBLE DE NOS FACULTÉS SOMMES À VOTRE DISPOSITION POUR MISSION PRÉCISE EXIGEANT TOUT AUTRE USAGE DE NOUS EN TANT QU'INTELLECTUELS STOP VOUS SOUMETTRE SUGGESTIONS SERAIT VRAIMENT PRÉSUMER DE NOTRE RÔLE ET DES CIRCONSTANCES.

« DANS SITUATION ACTUELLE DE CONFLIT NON ARMÉ CROYONS INUTILE ATTENDRE POUR METTRE AU SERVICE DE LA RÉVOLUTION LES MOYENS QUI SONT PLUS PARTICULIÈREMENT LES NÔTRES. »

C'était réaffirmer autant leur alignement politique que leur prétention à une activité originale. Jusqu'au bout de son compagnonnage avec les communistes, Breton ne laisse de revenir sur ces deux points : discipline politique, mais spécificité intellectuelle des surréalistes. Ils suivent Staline, mais non Barbusse. Or, en 1929, Henri Barbusse et son journal *Monde* sont précisément devenus les cibles de la nouvelle politique littéraire de l'Internationale, *via* Bruno Jasienski, auteur d'un roman de politique-fiction, *Je brûle Paris*, que *L'Humanité* a publié en 1928, et membre du comité de rédaction du *Vestnik*, l'« Organe du Bureau international de littérature révolutionnaire ». Sous le titre « Au Grand Bazar de l'idéologie », Jasienski dénonçait le pluralisme de *Monde*, désireux de plaire à tous et incapable de faire connaître la littérature prolétarienne russe. Aragon, quant à lui, qualifiait *Monde* dans *La Révolution surréaliste* d'« ordure confusionnelle ». Y avait-il une possibilité pour les surréalistes de reprendre l'avantage ? Le Congrès de Kharkov, qui se tient du 6 au 15 novembre 1930, leur apparaît comme une aubaine.

Ce congrès consacré aux problèmes littéraires était évidemment au diapason du « Grand Tournant ». Il s'agissait d'imposer une ligne dure aux responsables communistes de la culture dans le monde. Le procès de Barbusse prenait, dans ce contexte, valeur exemplaire, illustrant, dans la sphère littéraire, la « déviation de droite », Barbusse ayant cessé « de propager les idées prolétariennes pour soutenir la ligne du Parti radical-socialiste dans le domaine de la culture et de la politique ». On ménageait cependant Barbusse lui-même ; la critique était sévère, mais restait « fraternelle ». On lui demandait de former « un fort noyau révolutionnaire adoptant le matérialisme dialectique comme base philosophique et s'appuyant sur un fort groupe d'ouvriers créateurs, en liaison étroite avec le Parti communiste et avec les autres organisations ouvrières révolutionnaires [6] ». Pour bien souligner le caractère constructif de l'admonestation, Barbusse était élu au bureau de l'Union internationale des écrivains révolutionnaires, laquelle remplaçait le Bureau international.

La mise en accusation de Barbusse donne un certain espoir aux surréalistes, représentés à Kharkov par Aragon et Sadoul. En fait, Aragon s'y trouve pour des raisons d'ordre privé, du moins au départ. Il venait de faire, au mois de novembre précédent, la rencontre décisive d'une romancière russe divorcée, Elsa Triolet – dont la sœur Lili était la maîtresse de Maïakovski. En 1929, Elsa et Louis s'étaient installés rue Campagne-Première. Le suicide de Maïakovski les décide de faire le voyage de Moscou, Elsa désirant revoir sa sœur Lili très éprouvée. André Thirion, membre actif du Parti, informe le Secrétariat du PCF de ce voyage et fait régulariser l'adhésion d'Aragon, en l'inscrivant formellement dans sa cellule de Plaisance, moyennant cotisations rétroactives. Aragon participe ainsi, du 6 au 15 novembre 1930, à la IIe Conférence internationale des écrivains prolétariens et révolutionnaires – le « Congrès de Kharkov » – en compagnie de Georges Sadoul (qui vient d'être condamné à trois mois de prison pour une carte postale provocatrice adressée à l'élève reçu premier à Saint-Cyr, et redoute donc une arrestation à son retour). Or les instances soviétiques leur demandent à tous deux de signer un texte d'autocritique, par lequel ils reconnaissent leur erreur de n'avoir pas fait

6. J.-P. Morel, *op. cit.*, p. 377-378.

contrôler leur activité littéraire par le Parti et leur volonté de se désolidariser de « toute idéologie confusionnelle touchant le trotskisme ». Aragon et Sadoul cosignent donc une déclaration qui sur plusieurs points n'est rien de moins qu'un désaveu du *Second Manifeste du surréalisme*. Dans le récit qu'il donna de l'événement dans le numéro 3 de *Surréalisme au service de la Révolution*, Aragon explique que cette résolution avait été signée par lui et Sadoul après le Congrès, avant leur retour en France. Or la version soviétique présente cette « abjuration » comme antérieure au Congrès : elle était le billet d'entrée dans l'Union internationale des écrivains révolutionnaires.

Le Congrès ne se contente pas de condamner *Monde* comme « promoteur des idéologies hostiles au prolétariat » – ce à quoi Aragon et Sadoul s'associent –, il s'en prend aussi nettement aux fondements du surréalisme, « réaction des jeunes générations d'intellectuels de l'élite petite-bourgeoise, provoquée par les contradictions du capitalisme dans la troisième phase de son développement ». Malgré les erreurs initiales, le Congrès juge néanmoins possible que « la meilleure partie du groupe surréaliste actuel, tout en continuant d'évoluer vers le matérialisme dialectique [passe] définitivement à l'idéologie prolétarienne, après avoir révisé sa théorie sur "la décomposition de la bourgeoisie, conséquence du développement de ses contradictions intérieures", ainsi que toutes les erreurs qui ont trouvé leur expression dans le *Second Manifeste du surréalisme*[7] ».

Aragon, dans son texte figurant dans le numéro 3 de *Surréalisme au service de la Révolution*, n'en était pas resté aux attaques contre le journal de Barbusse, il avait pris fait et cause pour la création en France d'une organisation analogue à l'association russe de littérature prolétarienne, rompant ainsi avec toutes les résolutions des surréalistes à ce sujet.

Parallèlement au Congrès de Kharkov s'était tenu le procès du « Parti industriel », ces prétendus « saboteurs » devenus les boucs émissaires des ratés de la politique industrielle de l'URSS. Aragon et Sadoul avaient assisté à un meeting où des ouvriers, où Gorki lui-même, avaient réclamé la mort des saboteurs. A son retour, Aragon achève dans un élan d'enthousiasme révolutionnaire son poème « Front rouge », à la gloire du Guépéou – texte incendiaire qui paraîtra dans le numéro de

7. Cité par C. Reynaud Paligot, *op. cit.*, p. 79.

juillet 1931 de la revue russe en français *Littérature de la Révolution mondiale* :

*L'éclat des fusillades ajoute au paysage*
*Une gaieté alors inconnue*
*Ce sont des ingénieurs des médecins qu'on exécute*
*Mort à ceux qui mettent en danger les conquêtes d'octobre*
*Mort aux saboteurs du plan quinquennal*

Les écrivains allemands Ernst Glaeser et Anna Seghers avaient, eux aussi, soutenu la répression stalinienne, sous prétexte d'une « menace de l'intervention impérialiste contre l'URSS », ce qu'expliquaient Aragon et Sadoul dans une adresse « Aux intellectuels révolutionnaires », où ils tentaient de rassurer leurs amis. Le 5 février 1931, un article signé « Interim » dans *L'Humanité* dénonce les contradictions des surréalistes et fait l'éloge d'Henri Barbusse. Peu de temps après, André Thirion est exclu du PCF pour avoir, notamment, collaboré sans autorisation à la revue des surréalistes.

Le conflit latent entre Aragon et Breton, entre les voyageurs de Kharkov et les surréalistes, est un moment occulté par la campagne engagée contre la grande Exposition coloniale de Vincennes. Et puis le poème « Front rouge » met, un temps, l'auteur hors de portée des règlements de comptes internes. En effet, la violence subversive du poème (« Feu sur Léon Blum, etc. ») entraîne la saisie de ladite revue et l'inculpation d'Aragon, le 16 janvier 1932, pour incitation de militaires à la désobéissance et provocation au meurtre dans un but de propagande anarchiste. Incontinent, Breton rédige un tract, *L'Affaire Aragon*, que complète une pétition.

Cela ne réconcilie nullement *L'Humanité* avec les surréalistes, le quotidien communiste, le 9 février 1932, dénonçant « vigoureusement l'utilisation de cette affaire par le groupe surréaliste pour se faire de la réclame ». A la fin de février, Breton réplique sous forme de mise au point par *Misère de la poésie. « L'Affaire Aragon » devant l'opinion publique*. Il y prend à partie l'organe communiste, et spécialement Jean Fréville et Jean Peyralbe (Léon Moussinac), chargés des livres et des arts, et renouvelle l'affirmation de l'indépendance de la « lutte culturelle ». Le 10 mars, *L'Humanité* met fin à la polémique :

« Notre camarade Aragon nous fait savoir qu'il est absolument étranger à la parution d'une brochure intitulée : *Misère de la poésie. "L'Affaire Aragon" devant l'opinion publique*, et signée André Breton. Il tient à signaler clairement qu'il désapprouve dans sa totalité le contenu de cette brochure et le bruit qu'elle peut faire autour de son nom, tout communiste devant condamner comme incompatibles avec la lutte des classes, et par conséquent comme objectivement contre-révolutionnaires, les attaques que contient cette brochure. »

A cette date – printemps 1932 –, la rupture entre Aragon et Breton était consommée. Aragon entraînait avec lui Georges Sadoul, Maxime Alexandre et Pierre Unik, comme lui membres du PCF. Comment Aragon, qui avait été longtemps le plus ferme soutien de Breton, avec lequel il exerçait une « coroyauté » sur le groupe, avait-il pu en arriver là ? On a beaucoup parlé de l'influence d'Elsa. Elle y a eu certainement sa part. Elsa Triolet n'était pas communiste, mais elle n'appréciait guère le pouvoir tutélaire de Breton sur Aragon, et d'une manière générale elle souhaitait l'émancipation d'Aragon du groupe surréaliste (« elle supportait mal les impératifs du milieu surréaliste [8] »). Aragon, dont la vie sentimentale, cahotique, était cause de désespoir, surtout après sa rupture avec Nancy Cunard, avait trouvé en Elsa, cette femme de trente-deux ans qui avait fait des études d'architecture, une tête carrée, organisée, solide. C'est elle qui a voulu Aragon, qui l'éloigna définitivement de Nancy, et l'apaisa : « Quand nous nous sommes connus, dit Aragon à Dominique Arban, j'étais quelqu'un d'assez impossible. Il a fallu bien de la patience à Elsa pour me supporter alors. »

Avec la bénédiction d'Elsa, l'adhésion pleine au communisme permet à Aragon de s'émanciper du groupe surréaliste. La contrainte que Breton faisait régner dans le groupe, ses façons d'inquisiteur, ses intransigeances de gardien de la foi, lui pesaient d'autant plus qu'elles brimaient ses tendances littéraires, son goût pour le roman, précisément banni par l'orthodoxie bretonienne. C'est ainsi qu'il avait été amené à détruire, au moins en partie, les quinze cents pages d'une fiction, *Défense de l'Infini*, dont l'idée avait subi le feu roulant du groupe. Le compte rendu de la réunion du 23 novembre 1926, tenue au café du Prophète, et qui finit par l'exclusion d'Antonin Artaud et de Philippe Soupault, montre bien cette position

8. *Aragon parle* avec Dominique Arban, Seghers, 1968, p. 95.

d'accusé dans laquelle se trouvait Aragon. Breton, Bernier, Naville s'inquiètent de ses collaborations à « des revues bourgeoises », de son « activité littéraire », de ce projet, *Défense de l'Infini*, dont ils ne voient pas « la nécessité [9] ». Pour devenir lui-même, Aragon devait de toute évidence s'éloigner du groupe surréaliste ; son adhésion au PCF entre dans cette perspective plus ou moins consciente ; la conversion intellectuelle au marxisme-léninisme est là bien secondaire. Plus tard, en 1972, dans une préface à une réédition des *Cloches de Bâle*, il parlera de sa « volonté de roman » : « Quand se brisèrent les liens entre les surréalistes et moi, je l'ignorais, c'était en moi le réalisme qui revendiquait ses droits. » Réinterprétation *a posteriori* ? En tout cas, ce passage, Elsa l'épaule. Il reste que toute la séquence qui sépare le Congrès de Kharkov (décembre 1930) de la rupture avec Breton (mars 1932) n'est qu'une suite de tiraillements où Aragon se débat, avec ses scrupules, ses amitiés, ses liens si étroitement noués avec Breton, pour accomplir l'acte qui le libère. Mais, au bout du compte, Aragon, outre qu'il trouve un large public, peut donner libre cours au « don exceptionnel » que chacun lui reconnaît et qu'étouffaient les oukases du surréalisme. En 1934, paraissent *Les Cloches de Bâle*, premier volume du *Monde réel*.

André Breton n'en a pas pour autant renoncé à une fidélité révolutionnaire qui reste inscrite dans la mouvance du Parti communiste. En janvier 1932 avait été fondée l'Association des écrivains et artistes révolutionnaires (AEAR). En principe peuvent y adhérer tous les auteurs révolutionnaires qui défendent l'URSS et la lutte des peuples colonisés, qui combattent le fascisme et le « social-fascisme », comme le voulait la ligne classe contre classe. Les surréalistes avaient envoyé leur adhésion. Or Jean Fréville écrit nettement à Jasienski que leur entrée ne se ferait qu'à des « conditions précises », car leur revue « dévoile encore une fois leur essence d'écrivains petits-bourgeois », etc. [10]. Le manifeste de l'AEAR, de mars 1932, condamne explicitement le surréalisme, qui ne peut être accepté par « le prolétariat révolutionnaire ». Le vent tourne. La RAPP – l'association de littérature prolétarienne qui avait exercé un grand

9. Voir M. Bonnet, *Adhérer au Parti communiste ?*, Gallimard, « Archives du surréalisme », 1992, p. 26-27.
10. J.-P. Morel, *op. cit.*, p. 458.

pouvoir en URSS – est dissoute. Le 27 mai 1932, *L'Humanité* publie un appel d'Henri Barbusse et de Romain Rolland en faveur d'un large rassemblement pour la paix, menacée par la « troisième période ». La défense de l'URSS passe par cette mobilisation, à laquelle travaille le génie du propagandiste Willi Münzenberg, que nous retrouverons. Le premier Plenum de l'Union des écrivains soviétiques préconisant l'ouverture, l'AEAR est amenée à accepter la coexistence en ses rangs de la littérature prolétarienne et de la littérature révolutionnaire. Du même coup, Breton et les surréalistes peuvent y entrer en octobre 1932. Malgré la rupture avec Aragon, le compagnonnage de route reprenait de plus belle.

Péripéties et rivalités personnelles mises à part, le surréalisme ne pouvait faire bon ménage avec le communisme. Celui-ci, dont la ligne alternait entre le durcissement sectaire et son contraire, l'élargissement à tous les alliés possibles, plaçait à chaque fois le surréalisme en porte à faux. Dans les phases les plus fermées du communisme, le surréalisme était condamné comme un mouvement d'avant-garde petit-bourgeois, dont l'autodestruction s'imposait comme préalable à toute adhésion. Dans les phases d'ouverture, le surréalisme devenait par ses exigences et ses intransigeances (voir son hostilité à Barbusse) un obstacle au front recherché. L'insoumission intellectuelle des surréalistes aux instances du Parti était inacceptable, quand bien même leur soumission politique voulait être totale.

L'acceptation de leur demande d'adhésion à l'AEAR laisse entendre que la contradiction est dépassée, moyennant la bonne volonté de Breton et des siens. Breton ne va-t-il pas jusqu'à devenir membre d'un jury de littérature prolétarienne organisé en 1933 par *L'Humanité* ? Ce n'est qu'un malentendu de plus. L'enjeu demeurait la survie du surréalisme. C'est au moment où le Parti communiste pratiquera sa politique de la main tendue, rassemblera le plus grand nombre d'intellectuels autour de lui, sur la base de l'antifascisme, en 1934-1936, que les surréalistes rompront définitivement avec les communistes. Dès juillet 1933, la publication sans commentaire dans *Le Surréalisme ASDLR* d'une lettre de Ferdinand Alquié – philosophe du surréalisme –, dénonçant « le vent de crétinisation systématique qui souffle sur l'URSS », provoque – le directeur de la publication ayant gardé le silence – l'exclusion de l'AEAR du « camarade Breton pour son attitude contre-révolutionnaire ».

## 24

# *Gide et la séduction communiste*

André Breton se défendait de faire du « sentiment » en politique. Il fut quasiment le seul. La plupart des compagnons de route du Parti communiste ont plutôt écouté leur affectivité, et les sergents recruteurs de la cause soviétique ne manquaient pas de faire vibrer cette corde. De ce point de vue, André Gide fut beaucoup plus représentatif que Breton.

Le Journal de Roger Martin du Gard nous donne, à la date du 24 juin 1926, une belle illustration de la sensibilité de son ami Gide. Celui-ci est de retour du Congo, où, pendant près d'un an, au cours d'un voyage éprouvant en compagnie de Marc Allégret, il a été le témoin indigné de l'exploitation des indigènes par les grandes Compagnies concessionnaires. Il entend faire un *rapport*, alerter les pouvoirs publics, mobiliser l'opinion. Il lit à Martin du Gard un précédent rapport, officiel, datant de 1902, sur une tribu « opprimée par notre colonisation, ruinée par l'impôt, décimée surtout par le portage qu'on exige d'eux ». A un moment de sa lecture, Gide s'arrête, bouleversé, la voix étranglée, refoulant ses sanglots, priant son ami de continuer la lecture, se levant pour aller cacher son émotion dans une pièce voisine : « Je note ce trait, écrit Martin du Gard, pour bien marquer, par la disproportion qu'il y a entre son émotion et les faits navrants de ce rapport (faits, d'ailleurs, qui datent de vingt-quatre ans), à quel point sa sensibilité revient ébranlée de son voyage. Il est vibrant comme un disque de microphone [1]. »

Martin du Gard n'est pas cynique, mais il pense que l'injustice est inhérente à toute société : qu'est-il besoin d'aller si loin

1. R. Martin du Gard, *Journal*, *op. cit.*, II. p. 514.

pour la découvrir ? En même temps, la « candeur » de Gide ne laisse pas de le toucher : « Ce qui est sublime, c'est de s'indigner, à cinquante-huit ans, comme tout cœur généreux le fait entre quinze et vingt-cinq. Et nous n'avons pas à être fiers de constater que nous nous sommes plus ou moins acclimatés à ce spectacle écœurant. »

Gide, c'est son honneur, ne s'y résigne pas. Dans la *NRF* il relate son *Voyage au Congo*, qui est repris en volume en juin 1927. Sa protestation n'est pas vaine. Léon Blum y consacre deux articles dans *Le Populaire* les 5 et 7 juillet, lesquels déclenchent à leur tour une longue lettre du directeur de la Compagnie forestière Sangha-Oubangui, essayant de justifier l'injustifiable, accusant Gide d'être victime de son « aventureuse imagination ». Revenant à la charge, Gide publie dans la *Revue de Paris* du 15 octobre 1927 « La Grande détresse de notre Afrique équatoriale », article accablant sur le régime des Grandes Concessions établi en 1899, qui, loin de mettre en valeur les territoires de l'Afrique équatoriale française, se livrent à « un écrémage systématique du pays », une « exploitation éhontée ». Gide précise qu'il n'attaque pas l'administration, il se contente de rappeler les avertissements de Savorgnan de Brazza, dont on a étouffé la voix. Il s'élève contre le travail forcé, les achats à vil prix faits aux indigènes, à l'inverse la cherté excessive des produits d'importation, l'état lamentable des campements des collecteurs de caoutchouc, la dureté du travail imposé, les punitions iniques et cruelles…

Le 23 novembre 1927, un député du Cantal, Fontanier, fort des informations données par Gide, interpelle à la Chambre le ministre des Colonies, Léon Perrier. Gide avait vu Perrier à son retour d'Afrique pour lui remettre son rapport ; le ministre l'avait bien accueilli. Cette fois, il déclare à la Chambre que le régime des Grandes Concessions expirant en 1929 il s'emploiera à ne pas le renouveler. Commentaire de Gide : « On peut s'étonner que les journaux aient semblé si peu faire état d'un engagement qui ne tend à rien de moins qu'à délivrer 120 000 nègres de l'esclavage [2]. »

En cette affaire, Gide est le continuateur de Voltaire. Convaincu d'une immense iniquité, qui cette fois n'était pas faite à un seul homme, comme dans l'affaire Calas, mais à tout

2. A. Gide, *Journal*, *1939-1949*, *op. cit.*, p. 1041.

un peuple, il use de sa notoriété pour alerter l'opinion et les pouvoirs publics. Certes, en bon écrivain tout occupé de son œuvre et de ses plaisirs, donne-t-il le plus souvent une impression d'égotisme. Mais on sent poindre dans son Journal un sentiment de justice et de solidarité avec les petits. Et pas seulement dans les colonies. Le voici par exemple dans une réunion de copropriétaires en février 1928. On y discute de la retraite à attribuer à la concierge après quarante ans de « bons services ». La majorité se montrant pingre, il essaie de l'amener à un chiffre raisonnable, qui compense la perte du logement, de l'éclairage, des menus pourboires… Il s'en veut de ne pouvoir convaincre les autres : « Je ne vaux rien dans les assemblées : je perds tout calme ; mon cœur bat ; un tremblement me saisit et j'obtiendrais de moi plutôt des cris et des sanglots qu'un discours, ou simplement quelques paroles sensées. » Morale de l'histoire : « En face de certains riches, comment ne pas se sentir une âme de communiste ? » En Normandie, l'état de tel village où il achète ses cigarettes l'assombrit : pas d'hygiène, nul confort, tout est « laid, mesquin, figé » : « Il est peu de pays, conclut-il, où l'on se sente moins heureux de vivre, malgré sa relative prospérité. »

Il y a aussi chez Gide une disposition d'esprit qui lui interdit d'être jamais *installé*. Si bourgeois soit-il (ses rentes suffiraient à le qualifier de tel), il se dit toujours « assis de guingois, comme sur un bras de fauteuil ; prêt à me lever, à partir[3] ». Ce n'est pas seulement fringale de voyages, d'exotisme, de curiosité inassouvie. Sa marginalité sexuelle, doublée de son exigence de sincérité, l'éloigne de tout conformisme. En août 1928, il quitte la Villa Montmorency à Auteuil, pour emménager dans un appartement rive gauche, rue Vaneau, contigu à celui de M^me^ Théo, « la Petite Dame », Maria Van Rysselberghe, et à l'atelier de Marc Allégret. La circulation d'un appartement à l'autre est incessante, on se prête la bonne, on prend des repas ensemble, à moins que Gide n'entre chez la Petite Dame une casserole à la main, « l'air à la fois penaud et amusé ». Pendant ce temps, sa femme Madeleine ne bouge pas de sa résidence de Cuverville, où il se rend régulièrement. Celui qui avait lancé son anathème contre les familles était en train d'en fonder une, pas-

3. A. Gide, *Journal, 1889-1939*, *op. cit.*, p. 997.

sablement originale [4]. Elle s'agrandit bientôt du nouvel amant de Gide, Pierre Herbart, opiomane de « tendances nettement communistes » qu'il a rencontré par l'intermédiaire de Jean Cocteau. Or Élisabeth Van Rysselberghe, mère de la petite Catherine Gide, annonce à sa mère en août 1931 qu'elle attend un enfant de Herbart et qu'elle va se marier avec lui. Il avait vingt-sept ans, elle la quarantaine. Plus tard, Herbart occupera avec Élisabeth l'atelier laissé par Marc Allégret. La jeune Catherine eut ainsi deux papas homosexuels : une situation pionnière pour les années trente !

La marginalité des mœurs ne conduit pas nécessairement à l'extrême gauche politique. Dans le cas d'un écrivain bourgeois, elle peut faciliter le passage. Gide n'a pas à soigner sa « réputation », déjà faite, d'auteur pervers et maudit. Il fournit lui-même des armes aux bien-pensants ; son Journal abonde aussi en ragots qui courent sur lui. Devenir communiste lui donnerait presque une respectabilité.

Que Pierre Herbart fût communiste ne compte certainement pas pour rien dans la conversion politique de Gide. Ce ne fut pas la seule influence. Bernard Groethuysen, qui travaillait chez Gallimard, et apportait beaucoup de soin aux traductions allemandes des ouvrages de Gide, était marxiste, et son intelligence en imposait à Gide. Tout comme celle de Malraux, en passe de

4. Michel Drouin m'écrit à ce propos : « D'aucuns persistent à croire, ou à écrire, que Gide aurait visé sa famille d'origine en lançant son fameux anathème – la citation étant d'ailleurs le plus souvent tronquée. Or il n'en est rien, comme Gide l'a rappelé, tant à Couverville, en 1935 (« Journal »), qu'au « Vaneau », en 1949 : « Je n'ai eu qu'à me féliciter des miens, qui ont toujours été parfaits pour moi. Je n'ai absolument pas eu, personnellement, à souffrir de ma famille » (à Jean Amrouche). Quant à Madeleine, si souvent dénigrée, voyez son admirable lettre à Claudel, du 27 août 1925, publiée dans la *Correspondance Gide-Claudel*. Le grand convertisseur avait cru pouvoir profiter de l'absence de Gide, embarqué pour l'Afrique, en écrivant à son épouse. Madeleine lui répond : « Tous ceux qui aiment André Gide, comme mérite d'être aimée cette âme très noble, doivent prier pour lui. Je le fais chaque jour – et vous aussi, n'est-ce pas ? C'est ainsi, je crois, que pour son plus grand bien, nous nous rencontrons le mieux. » A son retour du Congo, Gide remercie Claudel, le 15 juin 1926, d'avoir eu « la gentillesse » d'écrire à sa femme, ajoutant : « Parfois je me dis avec un peu de tristesse qu'il ne faut y voir qu'un persistant espoir de me convertir ; et je mesure mon affection pour vous au chagrin que j'ai de vous décevoir. » Madeleine a vu très tôt en Gide le plus grand écrivain de sa génération, après Barrès. Elle a toujours laissé la « cage ouverte », raison pour laquelle, sans doute, Gide n'a jamais divorcé, ni quitté sa femme durablement. » (Lettre à l'auteur, 10 juillet 1998.)

devenir à l'aube des années trente l'un des plus célèbres compagnons de route. Victor Serge insiste, dans ses *Carnets*, sur cette séduction : « Malraux réalise une mixture de révolutionnarisme marxiste – fort peu marxiste –, d'esthétique et d'aventurisme, qui convient tout à fait à des jeunes pour lesquels la révolution est une attirante aventure parce qu'ils se sentent bloqués dans une société sénile [5]. » Gide est donc au nombre de ces « jeunes ». Gageons que la part prise par Herbart et Groethuysen a été plus importante. Quoi qu'il en soit, au cours de l'année 1931, Gide devient ce qu'on appelle un sympathisant communiste.

Quand Jean Guéhenno écrit pour *Europe* de novembre 1930 un article, « Ame, ma belle âme », dans lequel il se moque d'André Gide et de Charles Du Bos, ces belles âmes qui « demandent avec d'immenses délices si elles sont ou non, pécheresses [...] loin du tumulte et à l'écart du monde », Gide lui répond : « Lorsque j'ai dénoncé les abus des Compagnies concessionnaires du Congo, ma voix n'aurait pas eu tant de mal à se faire entendre, sans cette réputation de mandarin insoucieux des autres que les amis de Caliban m'ont faite, et à laquelle je m'attriste un peu de vous voir, vous aussi, contribuer. Persuadez-vous, mon cher Guéhenno, que je suis plus près de vous que votre article ne le laisse croire [6]. »

En 1931, la sympathie pour la révolution communiste appert dans son Journal, le 13 mai : « J'aimerais vivre assez pour voir le plan de la Russie réussir, et les États d'Europe contraints de s'incliner devant ce qu'ils s'obstinaient à méconnaître. Comment une réorganisation si nouvelle eût-elle pu être obtenue sans, d'abord, une période de désorganisation profonde ? Jamais je ne me suis penché sur l'avenir avec une curiosité plus passionnée. »

Toujours épris de sincérité, Gide n'en rajoute pas dans l'amour du peuple. Le 1er juin, il passe une heure au cirque Médrano. Le voilà démoralisé par « les trépignements de joie du public » devant de médiocres clowns. Comment, la question est posée, faire partie d'une « élite » et pouvoir « communier avec l'immense majorité de l'humanité » ?

Les événements de la scène internationale requièrent de plus en plus son attention : l'instauration de la République

5. V. Serge, *Carnets*, Julliard, 1952, p. 22.
6. A. Gide, *Littérature engagée*, Gallimard, 1950, p. 14.

espagnole, la montée du chômage en Allemagne, et « par-dessus tout » la construction du socialisme en URSS. Le 24 juillet 1931, il vient de lire l'ouvrage de Knickerbocker sur le plan quinquennal, il l'a dévoré, il en est saisi. Il tombe persuadé qu'il y a un *bonheur* russe, dont témoigne l'enthousiasme au travail de la jeunesse. « Je voudrais, note-t-il, le 27 juillet, crier très haut ma sympathie pour la Russie ; et que mon cri soit entendu, ait de l'importance. Je voudrais vivre assez pour voir la réussite de cet énorme effort ; son succès que je souhaite de toute mon âme, auquel je voudrais travailler. Voir ce que peut donner un État sans religion, une société sans famille. La religion et la famille sont les deux pires ennemis du progrès. »

L'illusion de Gide est totale. Il croit poursuivre son combat contre les « faux dieux », mais il reste dans la plus parfaite méconnaissance de ce que sont la « religion » d'État et la « famille » que représente le Parti en URSS. Comme dit encore Victor Serge, qui a été l'un des premiers combattants aux côtés de Lénine et qui se trouve alors au Goulag : « Pour des raisons de sentiment, on ne veut pas voir que la révolution russe a changé de visage, on la prend comme si elle était strictement fidèle à elle-même. La propagande du PC entretient ces illusions commodes et leur donne une consistance matérielle : argent, éditions, invitations à Moscou, congrès… »

Le cheminement de Gide est encore tout intérieur. Son honnêteté intellectuelle le porte toujours à se formuler des objections : « Je puis souhaiter le communisme, mais tout en réprouvant les affreux moyens que vous nous proposez pour l'obtenir » (8 novembre). Il se console néanmoins, démontrant son ignorance parfaite des événements qui se déroulent en URSS : « Je suis heureux qu'en Russie du moins cette triste besogne soit faite. » Il veut dire : accomplie, achevée, et que l'on soit passé à la phase positive, constructive de l'avenir radieux. Gide fait écho aux discours de Staline, si rassurants. La faiblesse théorique de l'engagement gidien se révèle tout au long des années 1932 et 1933. Ainsi, il dévore « avec le plus grand profit » (et il en relit même des pages à sa femme à Cuverville) le livre de Henri De Man, *Au-delà du marxisme*, morceau de littérature « révisionniste » dénoncé par les communistes. Il a beau s'efforcer de déchiffrer quelques chapitres les moins abstrus du *Capital*, il passe à l'aveu, comme d'habitude en toute sincérité, avec une parfaite candeur :

« Mais, il faut bien que je le dise, ce qui m'amène au communisme, ce n'est pas Marx, c'est l'Évangile. C'est l'Évangile qui m'a formé. Ce sont les préceptes de l'Évangile, selon le pli qu'ils ont fait prendre à ma pensée, au comportement de tout mon être, qui m'ont inculqué le doute de ma valeur propre, le respect d'autrui, de sa pensée, de sa valeur, et qui ont, en moi, fortifié ce dédain, cette répugnance (qui déjà sans doute était native) à toute possession particulière, à tout accaparement [7]. »

Le communisme comme substitut à la Grande Trappe. L'explication était sans doute incomplète. Son ami Ramon Fernandez essaie de pousser l'analyse dans le numéro de juillet 1933 de la *NRF*. A ses yeux, Gide est porté au communisme à la fois par son christianisme résiduel (« Aux yeux d'un chrétien sans foi dogmatique et pénétré des idées du dernier siècle, le socialisme n'est que le christianisme pris au mot ») *et* par « ses aspirations païennes » : le goût de vivre selon ses penchants naturels, « un certain prométhéisme », un « défi à Dieu »... En somme, le communisme réconciliait chez lui des « penchants qu'il était las de tenir pour contradictoires [8] ».

En 1932, la sympathie que témoigne Gide à l'URSS et au communisme est devenue publique. D'abord, par ses « Pages de Journal », parues dans la *NRF*. Ensuite, par son adhésion à l'Appel lancé le 4 juin par Romain Rolland et Henri Barbusse, un mouvement contre la guerre mieux connu sous le nom de Comité Amsterdam-Pleyel, en référence aux deux premiers Congrès, à Amsterdam du 27 au 29 août 1932, à Paris salle Pleyel en juin 1933. Il refuse en revanche d'adhérer à l'AEAR [9], animée par Paul Vaillant-Couturier, malgré l'insistance personnelle de Barbusse (« Nous attachons, mon cher André Gide, une grande importance à votre adhésion qui nous aidera à créer le grand mouvement qui s'impose »). Répugnant d'écrire désormais selon les « principes » d'une « charte », il n'en accepte pas moins de figurer au Comité directeur de *Commune*, revue de ladite association (en compagnie de Maxime Gorki, Romain

7. A. Gide, *Journal, 1889-1929*, *op. cit.*, p. 1176.

8. R. Fernandez, « Notes sur l'évolution d'André Gide », *NRF*, 1er juillet 1933.

9. Sur les deux organisations et leur imbrication, voir A. Burger-Roussenac, « 1932. L'année incertaine. Deux politiques communistes de rassemblement des intellectuels et de lutte contre la guerre : l'AEAR et le mouvement d'Amsterdam », *Communisme*, 1993, nos 32-33-34.

Rolland, Paul Vaillant-Couturier; Louis Aragon en étant le secrétaire de rédaction), et de participer à certaines réunions publiques de l'AEAR, auprès d'André Malraux, d'Eugène Dabit, de Jean Guéhenno et autres compagnons de route.

C'est d'autant moins de gaieté de cœur que Gide se sait mauvais orateur, mais il a l'art de se faire piéger. La Petite Dame nous raconte comment, après qu'on l'eut bombardé à son corps défendant président d'une réunion de l'AEAR rue Cadet, le 21 mars 1933, Gide prépare un « petit topo d'excuses cordiales à insérer dans *L'Humanité* ». Il le lit au téléphone à Vaillant-Couturier. Vous n'y pensez pas ! rétorque l'autre. On ne vous demande qu'un mot pour ouvrir la séance ! Vous n'aurez rien à faire qu'à être là ! « Gide se débat comme il peut, mais on le sent vaincu d'avance. » Et le voici, à propos de l'arrivée de Hitler au pouvoir, qui fait l'éloge de l'URSS et de sa jeunesse : « Nous sommes quelques-uns, nous sommes beaucoup, même en France, qui tournons vers vous, jeunes gens de l'URSS, des regards d'admiration et d'envie… »

Honni par la presse de droite, Gide trouve en compensation un nouveau public. On l'encense en URSS, où Aragon négocie une adaptation cinématographique des *Caves du Vatican*, dont le texte est repris en feuilleton dans *L'Humanité* du 12 juin au 30 juillet 1933. En octobre, plusieurs journaux publient sa déclaration, pour la commémoration de la révolution bolchevique, sous le titre : « Un Appel d'André Gide » : « Le grand cri poussé par l'URSS a réveillé tous les espoirs… » En janvier 1934, à la suite du procès de Leipzig, consécutif à l'incendie du Reichstag, procès qui s'était terminé par un acquittement, mais sans libération, de l'internationaliste Dimitrov et de deux autres communistes bulgares, Gide est convaincu par deux émissaires allemands de se rendre avec Malraux à Berlin pour obtenir la libération des détenus. Contrairement à leur espoir, les deux écrivains accompagnés de l'avocat communiste Marcel Willard ne sont pas reçus par Goebbels, ministre de la Propagande, et les deux missionnaires, qui président le Comité Dimitrov, doivent déposer leur demande par lettre. A leur retour en France, Gide et Malraux sont appelés à présider un meeting, salle Wagram à Paris, le 31 janvier. Loin de Paris, en route pour l'Italie, Gide envoie un message de Marseille. Depuis des mois, les deux écrivains n'avaient cessé d'être sollicités et de se dépenser en faveur des accusés communistes, de réunion publique en réunion publique. L'auteur de *Corydon* était devenu la figure la plus éminente des compagnons de route [10].

L'attrait exercé par le communisme sur les écrivains devait se renforcer encore après la journée d'émeute à Paris du 6 février 1934, comme nous le verrons. Comme Gide, la plupart n'étaient guère férus de marxisme théorique. Leur sentimentalité compensait leur manque de formation. Dans leurs motivations, le pacifisme fut un ressort efficace. La propapande de l'Internationale communiste visa soigneusement le thème de la défense de la paix, autre formulation de la défense de l'URSS. Le cas de Romain Rolland en est la plus brillante illustration.

Rolland, on s'en souvient, s'était démarqué de Barbusse au début des années 1920. Or les voici, en 1932, au coude à coude, pour lancer ce qui va devenir le Comité Amsterdam-Pleyel, auquel adhèrent bientôt André Gide, André Malraux, Paul Langevin, Paul Signac, Félicien Challaye, Victor Margueritte, etc. En 1928, Rolland était toujours fidèle à la pensée de Gandhi, tout en considérant que la Russie révolutionnaire représentait « en face du bloc énorme de la Réaction européo-américaine » ce qu'il appelait « un contrepoids nécessaire ». Cette année-là, Rolland se marie avec Maria Pavlova Koudacheva, une Soviétique ; elle le rejoint en 1931, à Villeneuve, en Suisse. En cheville avec Willi Münzenberg et ses services de propagande kominterniens, elle exerça une influence permanente sur les décisions de son nouveau mari.

Il serait naïf de croire que tous ces écrivains, ralliés au communisme, compagnons de route, furent simplement manœuvrés, manipulés, devenus de pauvres pantins entre les mains d'habiles marionnettistes de la III$^e$ Internationale. Certes, comme dans le cas de Gide, les kominterniens surent exploiter les tendances particulières des uns et des autres. Mais, en fait, avec plus de talent en général que les simples militants, les compagnons de route, notamment quand ils étaient célèbres, acceptaient de jouer les faire-valoir. Eux, du moins, étaient censés garder leur liberté de jugement ; ils pouvaient même se risquer à quelques critiques secondaires du régime soviétique. Depuis des années, Münzenberg, chef de l'*Agit. Prop.* pour

10. Sur les raisons de l'engagement d'André Gide, données par André Gide lui-même, voir en annexe la lettre qu'il adresse à Jean Schlumberger en 1935, p. 791-793.

l'Europe de l'Ouest et l'Allemagne, ne cessait d'inventer des thèmes et des structures de rassemblement, de regroupement, d'action commune (il avait été à l'origine de la campagne en faveur des anarchistes italo-américains Sacco et Vanzetti condamnés à mort), pour séduire les écrivains, les artistes, les scientifiques. Arthur Koestler dit de celui qui fut son ami :

« Il organisait des comités, des congrès et des mouvements internationaux comme un prestidigitateur tire des lapins de son chapeau : Comité pour l'Aide aux Victimes du fascisme, Comités de Vigilance, Congrès de la jeunesse, que sais-je encore ? Chacune de ces organisations s'abritait derrière un paravent de personnalités hautement respectables, depuis des duchesses anglaises jusqu'à des éditorialistes américains et des savants français, qui n'avaient jamais entendu prononcer le nom de Münzenberg et croyaient que le Komintern était une invention de Goebbels [11]. »

En 1931, Romain Rolland, toujours à la recherche de « l'unité spirituelle du monde », s'éloigne définitivement de la pensée non-violente de Gandhi, prenant rang parmi les défenseurs de l'Union soviétique. En mars 1932, il est élu membre de l'Académie des sciences de Leningrad, avant de lancer avec Barbusse, en août, le Congrès d'Amsterdam, téléguidé par Münzenberg. Après la prise du pouvoir par Hitler, en janvier 1933, Rolland multiplie ses appels contre le fascisme. Il se multiplie dans les comités, les meetings, les revues, ne séparant plus la lutte contre le fascisme et la guerre de la cause soviétique. La revue *Europe* des années de Guerre froide le dépeint ainsi :

« Le début des années trente sert de ligne de démarcation, tant dans l'évolution de l'œuvre de R. Rolland dans la période de l'entre-deux-guerres que dans toute l'histoire riche et complexe de sa vie et de son œuvre. Les années de recherches pénibles se terminent par la victoire des idées qu'il a si bien exprimées dans le pathétique *Adieu au passé*. [...]

« Pendant les années trente, R. Rolland se livre à un travail véritablement universel pour rassembler les forces de la démocratie. Il démasque les manœuvres de l'impérialisme qui pré-

11. A. Koestler, *Hiéroglyphes* I, Calmann-Lévy/« Pluriel », 1978, p. 331. Voir notamment le « Dossier Willi Münzenberg » dans *Communisme*, L'Age d'Homme, 1994, n$^{os}$ 38-39, qui offre en notes une bibliographie sur Münzenberg. Ajoutons-y l'article de F. Fejtö, « Willi Münzenberg, un génie de la propagande politique », *L'Histoire*, n° 17, novembre 1979.

pare une nouvelle guerre mondiale, il devient l'un des militants les plus en vue du mouvement antifasciste et un combattant pour la paix. De tous les coins de l'univers, on écoute sa voix [12]. »

Après la défaite de 1940, il eut ce mot à propos d'Alphonse de Châteaubriant : « Jamais un idéaliste ne devrait se prêter à la politique. Il en est toujours la dupe et la victime. On se sert de lui, comme de réclame pour couvrir la boîte aux ordures, aux friponneries et aux méchancetés [13]. » Lucidité tardive sur son propre cas.

Après le 6 Février, le danger fasciste renforce le camp des amis de l'URSS. Rien de plus frappant à cet égard que le retournement de Ramon Fernandez, naguère critique de l'évolution de Gide. Son article dans la *NRF*, le 1er avril 1934, intitulé « Lettre ouverte à André Gide », est une manière d'excuse. Certes, Fernandez ne peut toujours pas admettre le « dogmatisme » du PCF (Gide non plus !), mais il en arrive à poser que « le marxisme, vaille que vaille, est devenu l'unique rempart des opprimés » et que l'intellectuel doit s'allier au prolétariat : « Le mouvement du prolétariat vers sa libération est *analogue* au mouvement de l'esprit vers la vérité... » : « Je suis de ceux qui ont cru, voici quelques années, à la possibilité d'une idéologie, d'une éthique de droite. Après le 6 Février, cet espoir n'est définitivement plus permis. Il n'y a rien, rien, là-bas, derrière leurs grands mots, que des porte-monnaie qui se dégonflent. Marx avait trop raison, je choisis le camp des porte-monnaie vides. »

Ainsi, avant même que l'Internationale communiste n'opère un changement de ligne, abandonne le mot d'ordre gauchiste « classe contre classe », décide de la formation des fronts populaires, moyennant la réconciliation préalable des communistes avec les socialistes, ex-« social-fascistes », les kominterniens avaient réussi, Münzenberg en tête, à présenter une plate-forme de lutte séduisante aux intellectuels « bourgeois », démocrates, humanistes et pacifistes. La grande cause de la paix, dont l'actualité ne faisait plus de doute depuis l'agression japonaise de 1931 en Mandchourie, passait par la défense de l'Union soviétique. Ce qui était la tâche première des partis communistes

12. I. Anissimov, « Romain Rolland », *Europe*, janvier-février 1955, numéro spécial 109-110, consacré à Romain Rolland.

13. Cité par B. Duchâtelet, « Romain Rolland », in *Dictionnaire biographique du mouvement ouvrier*, *op. cit.*, 1991, t. 40, p. 271.

du monde entier, leur raison d'être, devenait l'objet de la plus vaste mobilisation intellectuelle encore jamais réalisée par les communistes. Au moment même où Staline entamait la collectivisation des campagnes, qui devait se révéler un des épisodes les plus sanglants de l'histoire de l'URSS, bien des intellectuels d'Occident, à l'instar de Gide, prenaient fait et cause pour une Révolution soviétique imaginaire. Un mythe fut soigneusement entretenu par les propagandistes à la Münzenberg qui provoqua l'éclipse de la raison critique des compagnons de route.

L'affaire Dreyfus avait été la victoire de l'examen critique : les antidreyfusards n'avaient pu aller jusqu'au bout de leur démonstration, leurs preuves étaient des faux, et la cause de la vérité triompha. L'histoire des compagnons de route, qui s'accélère au début des années trente, est toute contraire : l'adhésion des intellectuels est de pure foi. Quand même on leur montrera les preuves de leur automystification, ils seront nombreux à refuser de les regarder. La matérialité des faits dut se soumettre à la vérité transcendantale du communisme.

Celle-ci parut à beaucoup nécessaire pour lutter contre le danger démoniaque du national-socialisme, triomphant en Allemagne en 1933. De fait, l'illusion communiste dans laquelle tombèrent tant d'écrivains, d'artistes et de savants a eu sa première acmé sous la menace que Hitler faisait peser sur le monde. Les années passant, la faiblesse même des démocraties devant les agressions du nazisme joua en faveur du communisme, rempart ultime contre la « Bête immonde ». Les esprits les plus politiques pouvaient concevoir une alliance avec l'URSS sans donner dans la mythologie stalinienne. Une démarche de pur réalisme politique. Mais les têtes politiques sont plus rares que les cœurs sensibles, surtout chez les gens de plume.

Le secret des conduites est particulier à chaque acteur. En généralisant, nous avons privilégié la rencontre d'une subjectivité sensible et d'un appareil de séduction de plus en plus sophistiqué. Il faudrait sonder les reins et les cœurs de chacun, soupeser les influences intimes auxquelles chaque individu pouvait donner prise, évaluer aussi le rôle de la *mimesis* si fort dans un milieu de rivalités constantes, pour rendre raison d'une réalité massive. Au moment où nous en sommes, le coup de tonnerre du 6 Février, tout en élargissant le cercle des compagnons de route, provoque aussi, chez certains, la question inverse : le fascisme, pourquoi pas ?

## 25

# *Drieu La Rochelle et la tentation fasciste*

Gide et Malraux, qui se rendent à Berlin en janvier 1934, y sont suivis de peu par Pierre Drieu La Rochelle, autre collaborateur de la *NRF*. Lui n'a pas pour but une démarche en faveur de Dimitrov et de ses coïnculpés. Il fait simplement partie d'une délégation du Comité d'entente des jeunesses pour le rapprochement franco-allemand, conduite par Bertrand de Jouvenel, alors reporter au *Petit Journal*, qui brosse de lui ce portrait durant ce bref séjour à Berlin :

« Drieu La Rochelle rappelle ces jeunes officiers romantiques de la génération d'Alfred de Vigny qui se livraient à l'amour avec ennui, soupirant après de grands événements. Drieu a écrit de gros romans psychologiques où le héros accumule des succès féminins distraitement et non sans quelque embarras. Mais il ne se passionne réellement que pour deux thèmes : la Guerre et le fascisme. [...]

« On l'a vu à Berlin, accompagnant à travers les rues, de son grand pas nonchalant, de jeunes nazis exaltés. Long, dans un manteau droit à revers larges, ayant un peu l'allure d'un manteau d'uniforme, le romancier souriait sans que ses compagnons démêlassent s'il entrait dans ce sourire autant d'ironie que de sympathie.

« Revenu à Paris, Drieu fit scandale dans les milieux de gauche en vantant la ferveur joyeuse de la jeunesse allemande ; on le crut fasciste et l'association "Front Commun", à laquelle il appartenait exigea sa démission[1]... »

Drieu publia notamment, dans la *NRF* du 1er mars 1934, un

1. B. de Jouvenel, *Un voyageur dans le siècle*, Robert Laffont, 1979, p. 201.

article, « Mesure de l'Allemagne », où il présentait le régime national-socialiste (que, dans la même revue, Trotski avait décrit le mois précédent comme un instrument du « capital monopolisateur ») en adversaire résolu du capitalisme : « Le temps est passé où le capitalisme regardait le fascisme avec le sourire et ne voyait en lui qu'un gendarme inespéré. Le capitalisme aujourd'hui sait qu'il est doublement atteint, d'abord par les retournements inattendus de son développement interne [...] ; ensuite, par les empiétements chaque jour plus accentués de cette force nouvelle qui s'est levée – le fascisme exploite contre le capitalisme la faiblesse infinie dans laquelle tombe celui-ci quand le ressort de la concurrence ne le soulève plus. »

Jusqu'au 6 février 1934, Drieu n'avait pas encore opté pour le fascisme. Un mois plus tôt, juste avant son voyage à Berlin, il avait confié aux *Nouvelles littéraires* une réflexion sur l'évolution des idées, qui le montrait encore incertain, au carrefour des engagements possibles. Revenant sur lui-même, il analysait son éclectisme évolutif. Entré à l'École libre des sciences politiques en 1910, il lisait alors Georges Sorel, Jean Jaurès, et s'intéressait particulièrement aux *Cahiers du Cercle Proudhon*, qu'animait Georges Valois dans l'espoir de constituer un groupe de pensée rassemblant des gens venus de l'Action française comme lui et des hommes proches du syndicalisme révolutionnaire comme Édouard Berth. Cette convergence parmi d'autres laisse pressentir à Drieu que « quelques éléments de l'atmosphère fasciste étaient réunis en France vers 1913, avant qu'ils le fussent ailleurs ». Ces jeunes gens voulaient lutter sur deux fronts, contre le capitalisme et contre le socialisme parlementaire : « Déjà le mariage du nationalisme et du socialisme [antiparlementaire] était projeté. »

Pour Drieu, il a donc existé en France, avant la guerre, une sorte de préfascisme intellectuel, qui était la rencontre d'un élément de droite – le nationalisme – et d'un élément de gauche – le socialisme. La guerre a balayé tout cela, nous dit-il. Et lui, l'ancien combattant, a pu croire vers 1925 au « réformisme bourgeois », à la SDN ; il a même écrit un essai s'inspirant de cet état d'esprit, *Genève ou Moscou*. D'autres ont choisi la voie marxiste, fascinés qu'ils étaient par la « grande aventure » communiste. Mais ce qui le frappe, en ce début des années trente, c'est le retour à quelques idées forces d'avant-guerre : « On critique le monde moderne, son abandon à la machine et à la statistique, son matérialisme, et l'on se promet de plier le monde à l'exigence d'un "homme" redressé et renforcé. »

Drieu sympathise avec les théories de ses cadets, non conformistes, antimarxistes, qui veulent « combiner l'individualisme et le socialisme dans une synthèse mobile », mais il leur reproche leur inconséquence. Ils souhaitent une révolution, mais n'imaginent pas de se donner les moyens de l'entreprendre ; ils rêvent d'une sorte d'élan unanime « qu'il s'agit de susciter par une vive exhortation spirituelle ». Danger : il ne faut pas jeter le discrédit à la légère « sur des institutions qui se sont usées, mais qui représentent notre dernière sauvegarde contre un despotisme anonyme [2] ».

A cette époque, Drieu, romancier sans succès, auteur de théâtre sans renommée, essayiste peu reconnu, traîne une vie de mondain nonchalant et fauché, aimé de femmes généreuses et peu rancunières – à commencer par sa première épouse, Colette Jéramec, d'avec laquelle il a divorcé –, intéressé par la politique moins pour les idées, qu'il affectionne pourtant, que pour les rencontres qu'elle suscite et les émotions qu'elle procure. Depuis 1929, il suit de près son ami Gaston Bergery, qui, au sein du Parti radical-socialiste, anime une tendance réformatrice de gauche, entouré des « Jeunes Radicaux » où s'illustrent, entre autres, les talents de Bertrand de Jouvenel. Ancien chef de cabinet d'Édouard Herriot, Bergery a la quarantaine séduisante et, tout au contraire du Français moyen qui vote théoriquement pour le parti « valoisien », il mène sa vie à grandes guides, cultive des allures de dandy et, déjà fort de trois mariages, multiplie les conquêtes féminines. Drieu, séduit par ce mode de vie peu commun, attiré par cette haute ambition politique appelée à un avenir de premier rang, emboîte le pas de ce néo-jacobin [3].

En 1932, au lendemain d'élections qui ont consacré la victoire de la gauche, Bergery était entré en lutte contre Herriot, qui flatte trop les conservateurs du parti, alors que lui-même souhaite l'alliance avec les socialistes, ménage les communistes et use volontiers d'un vocabulaire d'extrême gauche. Au mois de mars 1933, il démissionne du Parti radical, qu'il accuse de

2. P. Drieu La Rochelle, « Modes intellectuelles », *Les Nouvelles littéraires*, 6 janvier 1934.

3. Voir Ph. Burrin, *La Dérive fasciste, Doriot, Déat, Bergery, 1933-1945*, Seuil, 1986.

trahir ses engagements, et crée le Front commun, un rassemblement antifasciste, qui sera, selon lui, le grand mouvement de la gauche unie. Y adhèrent des personnalités comme les socialistes Georges Monnet, Marceau Pivert, Félicien Challaye, le président de la Ligue internationale contre l'antisémitisme Bernard Lecache, des intellectuels comme Jean-Richard Bloch, Paul Langevin, Jean Bernier, et de nombreux jeunes aspirant à un socialisme régénéré. Le bimensuel *La Flèche*, fondé en 1934, devient le porte-parole du nouveau parti. Drieu s'y trouve donc un moment, cherchant lui aussi une troisième voie, entre le libéralisme et le communisme.

Le choc du 6 février 1934 frappe pour le reste de sa vie Pierre Drieu La Rochelle. La manifestation des ligues, consécutive à l'affaire Stavisky – qui démontrait la corruption des milieux parlementaires – et à l'affaire Chiappe – préfet de police limogé par le nouveau gouvernement Daladier à l'indignation de l'extrême droite dont il tolérait complaisamment les démonstrations à Paris –, tourne à l'émeute. La Chambre des députés reste inviolée, mais au prix d'une quinzaine de morts et de nombreux blessés. La confusion est extrême, faute d'unité d'organisation et d'action entre les ligues. Le colonel de La Rocque exige de ses Croix-de-Feu un respect strict de la légalité, refusant de mêler ses troupes aux assauts lancés contre le Palais-Bourbon, tandis que d'autres veulent pénétrer de force dans la Chambre. Les manifestants étaient loin d'appartenir tous à la droite et à l'extrême droite, puisque le matin même *L'Humanité* avait annoncé la manifestation séparée des anciens combattants de l'ARAC (Association républicaine des anciens combattants) contre les « Voleurs » et le Capitalisme. La journée aboutit finalement à la démission de Daladier, qui est remplacé par Gaston Doumergue, à la tête d'un gouvernement d'Union nationale. Mais, le 9 février, les communistes décident une contre-manifestation, et le 12, sans accord préalable, ils rejoignent le cortège des syndicats et du Parti socialiste qui défilent eux aussi contre le « fascisme ».

Ces journées dramatiques ont pour Drieu l'effet d'une catalyse. Il a vu, de ses yeux vu, ce qu'il souhaite depuis longtemps : la rencontre des membres sains de la nation qui, venant de droite et venant de gauche, ou ni de droite ni de gauche, ont marché ensemble contre la décrépitude du capitalisme parlementaire, à la recherche d'une force nouvelle, nourrie de ce que la gauche et la droite ont de meilleur, débarrassée des adhérences malsaines de droite et de gauche : « On chantait pêle-mêle *La Marseillaise* et *L'Internationale*. J'aurais voulu que ce moment durât toujours [4]. » Dans *La Lutte des jeunes*, hebdomadaire que vient de fonder Bertrand de Jouvenel, en rupture de ban avec le Parti radical, Drieu devient dans les semaines qui suivent le 6 Février le théoricien de cette convergence, dont les jeunes seront le fer de lance, et qu'il est le seul à oser estampiller du nom de *fascisme*.

Le 11 mars, il écrit : « Il faut un tiers parti qui étant social sache aussi être national, et qui étant national sache aussi être social.

« Et ce tiers parti ne doit pas prêcher la concorde, il doit l'imposer. Il ne doit pas juxtaposer des éléments pris à droite et à gauche ; il doit imposer à des éléments pris à droite et à gauche la fusion dans son sein [5]. »

Mais cela ne suffit pas, encore faut-il pour opérer cette fusion qu'un homme s'élève au-dessus des autres, un chef. *Un chef*, c'était le titre d'une pièce qu'il avait écrite en 1933, où il montrait un ancien combattant devenir dictateur en prenant le pouvoir par la force. Le message n'était pas encore très clair, car face à Jean, l'homme d'action, Drieu trouvait aussi à s'exprimer à travers Michel, l'intellectuel antifasciste. Il était évident, néanmoins, qu'il aspirait dès cette année-là, de plus en plus sévère pour le « marais » parlementaire, à un régime d'autorité. Dans *La Comédie de Charleroi*, l'épreuve du feu en 1914 avait fait naître en lui une assurance, au moins passagère : « Qu'est-ce donc qui soudain jaillissait ? Un chef. Non seulement un homme mais un chef. » Dans son autre roman autobiographique *Gilles*, qu'il publiera en 1939, on voit le double de Drieu, lui aussi ébloui par la lumière du 6 Février et lui encore en quête d'un chef : « Si un homme se lève et jette tout son destin dans la balance, il fera ce qu'il voudra. Il ramassera dans le même filet l'Action française et les communistes, les Jeunesses patriotes et les Croix-de-Feu, et bien d'autres. »

Cet homme, ce chef, qui pourrait-il être ? Gilles Gambier se met en chasse dès le 7 février. Il croit le reconnaître un moment

4. P. Drieu La Rochelle, « Air de février », *NRF*, mars 1934.

5. P. Drieu La Rochelle, « Contre la Droite et la Gauche », *La Lutte des jeunes*, 11 mars 1934.

en Clérences (c'est-à-dire Gaston Bergery), mais celui-ci a repris la peau usée d'un vieux parlementaire. Les injonctions de Gilles le laissent froid et amènent cet échange avec un comparse :

« – Vous êtes fasciste, monsieur Gambier.

« Gilles regarda le petit juif qui venait de flûter cette parole fatale.

– Et comment ! clama-t-il. »

Telle était bien la découverte qu'avait faite Drieu en ce 6 février 1934 : désormais, il assumait le mot, il était fasciste. Précisons que l'expression qui désigne Bergery-Clérences comme « le petit juif » est quasi anachronique : en 1934, Drieu n'est pas encore antisémite. A cela près, il est comme Gilles, profondément dépité au lendemain de l'émeute, parce qu'elle n'a débouché sur rien, si ce n'est sur le retour au pouvoir du tartarinesque Doumergue. Il faut pourtant agir ! Ramasser, comme il dit dans son article du 11 mars, dans une seule force « les radicaux désabusés, les syndicalistes non fonctionnarisés, les socialistes français, les anciens combattants et les nationalistes qui ne veulent pas être dupes des manœuvres capitalistes ».

Certes, Bergery a démissionné de son mandat de député (de Mantes-la-Jolie), le 20 février, en protestation de l'investiture de Gaston Doumergue, mais Drieu n'a plus confiance en lui, dans ses manœuvres parlementaires. Il appelle à la violence, sans laquelle on ne sortira pas du marécage français. Le 7 mai, il fait le bilan de ce qui s'est passé en France depuis trois mois, la carence de la droite, toujours inséparable du capitalisme, la division du Parti communiste, entre Doriot le rebelle et l'ambassade soviétique… A ce moment-là, Drieu n'a plus qu'un espoir : l'alliance du mouvement des néo-socialistes de Marcel Déat et des Croix-de-Feu du colonel de La Rocque : « Je nourris ouvertement le rêve de voir se rapprocher ces deux mouvements inégaux. Les Croix-de-Feu ont des hommes, les néos ont des idées. Les Croix-de-Feu peuvent rallier toute la bourgeoisie saine qui ne veut pas être dupe du grand capitalisme sous prétexte de nationalisme. Les néos peuvent rallier tous les gens de gauche qui ne croient plus ni dans la IIe Internationale ou la IIIe Internationale, ni dans la primauté du prolétariat, ni dans la franc-maçonnerie. »

Ni droite ni gauche, avec les éléments sains de l'une et de

l'autre, ne faisons pas l'erreur de croire que nous tenons là la formule du fascisme. Tous les mouvements de rassemblement disent la même chose – ce sera plus tard une des devises du gaullisme –, c'est aussi la maxime des « non-conformistes » d'*Esprit* et d'*Ordre nouveau*, repoussant du même mouvement les compromissions de la droite avec les puissances d'argent et la gauche dans sa double version, parlementaire et moscoutaire. Ni droite ni gauche peut être aussi le slogan de la pensée libertaire, de l'anarchie. Mais si la formule n'est pas suffisante, du moins indique-t-elle la volonté, pour le fascisme, d'une *rupture* indispensable avec le jeu politique établi. Drieu s'emploie à l'expliquer, toujours dans *La Lutte des jeunes*, au début de juin 1934 :

« Pour moi, j'ai éprouvé le besoin de dire que j'étais fasciste. Il me semblait avoir pour cela une excellente raison, qui était avant tout de parer au plus pressé, de dire le mot de rupture. *La grande nécessité aujourd'hui, pour la plupart des Français, c'est de rompre*, de rompre avec tel préjugé de droite ou tel préjugé de gauche. J'ai donc dit "fasciste" pour signifier ma volonté de rompre avec le grand péché de la gauche qui est de faire de la défense parlementaire plus ou moins honteuse [6]. »

Et Drieu de poursuivre : pour rompre avec le PCF, avec la SFIO, avec le Front commun… oh ! certes, il y a bien chez Bergery, chez Doriot, chez Déat, chez La Rocque, des bouts de programme plus ou moins fascistes, auxquels il se rallierait, mais ils ne sont pas capables de s'avouer les uns aux autres ce qu'ils ont en commun. Alors, « ils se raccrochent à leurs vieux fantômes, à leurs vieilles angoisses ». Justement, c'est avec cela qu'il faut en finir…

« Ou ce pays crèvera dans la vase de l'indécision, ou les Français se décideront à rompre avec leurs routines de division, avec leur vieux duel de théâtre. Il faut que La Rocque renonce à faire semblant d'avoir peur de Doriot et que Doriot fasse de même à l'égard de La Rocque. »

Le fascisme idéal que Drieu se construit en 1934 « part de la gauche ». Se définissant d'abord comme anticapitaliste, il s'imagine que le régime de Mussolini et le régime qu'est en train de fonder Hitler répondent à ce vœu. Selon lui, l'incapa-

6. P. Drieu La Rochelle, « La République des indécis », *La Lutte des jeunes*, 10 juin 1934.

cité même du socialisme, englué dans la démocratie parlementaire, oblige à trouver une autre solution pour abattre les puissances financières qui exercent leur dictature occulte sur le pays. L'option communiste existe bien, et Drieu peut sympathiser avec le communisme : c'est une énergie, c'est une vocation colossale, qui a déclaré la guerre au capitalisme ; mais ce n'est pas une entreprise *nationale*, et de plus elle est gâtée par l'ouvriérisme, point faible de tous les marxismes, en cela qu'ils négligent l'immense question des classes moyennes. La bonne formule est celle de Georges Valois, fondateur en 1925 du Faisceau, le premier fascisme français : nationalisme *plus* socialisme. Valois avait raconté lui-même cette histoire, en 1928, sous le titre : *L'Homme contre l'Argent*. Comme Drieu, il se référait à Barrès, au Barrès de *La Cocarde*, « faite avec des républicains, des royalistes, des socialistes » : on retrouve le même double besoin de fusion et d'épuration. L'aventure du Faisceau avait été brève, mais elle avait démontré, trop tôt sans doute, qu'un fascisme français était possible, sur les bases de l'anticapitalisme et de l'antiparlementarisme. Le plus beau succès symbolique du Faisceau avait été d'attirer à lui Marcel Delagrange, maire communiste d'Angoulême, suivi par d'autres communistes et des socialistes. Voilà la route à suivre ! Valois notait déjà dans ses Mémoires cette réflexion qui analyse bien le malentendu : « Nous pûmes nous rendre compte que le Faisceau comptait une grosse majorité orientée à droite, qui n'acceptait les gens de gauche qu'à la condition que ceux-ci épousassent les préjugés de droite [7]. » Les années trente allaient-elles offrir l'occasion d'une fusion plus franche ? Drieu, qui l'espérait, put enfin y croire vraiment lorsque Jacques Doriot, exclu du Parti communiste, fonda le Parti populaire français en juin 1936.

Entre-temps, Drieu a des motifs de mépriser un peu plus la république parlementaire en France qui, de Doumergue en Flandin, de Flandin en Bouisson, de Bouisson en Laval et de Laval en Sarraut, déroule le fil d'un rapetassage national et international qu'il faut enfin briser. En février 1935, il écrit dans la *NRF* pour l'anniversaire du 6 Février :

« Les deux sursauts de révolte ont été en un instant noyés. Doumergue a aussi facilement séduit La Rocque que Blum a

7. G. Valois, *L'Homme contre l'Argent*, Librairie Valois, 1928, p. 238.

séduit Cachin. A gauche, les ordres de Moscou, les Loges, certains Juifs, les extrêmes et les plus subtils émissaires du capitalisme ont eu raison de l'appétence de combat des ouvriers parisiens. A droite, une Action française de vieillards, les parlementaires de droite, le grand capitalisme et la grande presse ont eu raison de la fureur des jeunes bourgeois. »

En 1935, sa foi dans un fascisme nécessaire est cependant vivifiée par le nouveau séjour qu'il fait en Allemagne, où il est invité avec Bertrand de Jouvenel, Robert Brasillach et quelques autres intellectuels français, à assister au Congrès du Parti national-socialiste à Nuremberg. Comme d'autres visiteurs étrangers, Drieu est captivé par le grand opéra de Nuremberg, dominé par la voix du Führer que répercutent les micros de l'immense enceinte, au milieu des chœurs des milliers de militants en uniforme et devant plus de cent mille sectateurs en délire. « Il y a *une espèce de volupté virile* qui flotte partout et qui n'est *pas sexuelle mais très enivrante* », écrit-il à ses amis[8]. Son cœur « tressaille, s'affole » : « C'est ce que j'ai vu de plus beau depuis l'Acropole. » Ordre et volupté.

La ferveur religieuse des congrès de Nuremberg, Bertrand de Jouvenel en rendra compte dans *Gringoire* en 1938 ; Robert Brasillach y reviendra dans *Les Sept Couleurs* et dans *Notre avant-guerre* : « Ils chantent, le tambour roule, on évoque les morts, l'âme du parti et de la nation est confondue, et enfin le maître achève de brasser cette foule énorme et d'en faire un seul être[9]... » C'est dans ces pages évocatrices qu'on saisit la vraie nature du fascisme, qui ne se résume pas à la simple formule « Ni Droite ni Gauche », ou dans la simple opération : « Nationalisme *plus* Socialisme ». Il y faut la fureur guerrière, le goût des masses uniformes, le culte du Chef qui incarne, au sommet de la pyramide, toutes les vertus viriles. Lors du 6 Février, le Gilles de Drieu avait exhorté Clérences/Bergery : « Ouvre un bureau immédiatement pour recruter des sections de combat. Pas de manifeste, pas de programme, pas de nouveau parti. Seulement des sections de combat, qui s'appelleront des sections de combat. »

Passé le Congrès de Nuremberg, Drieu se retrouve à Berlin,

8. D. Desanti, *Drieu La Rochelle ou le Séducteur mystifié*, Flammarion, 1978, p. 315.
9. R. Brasillach, *Notre avant-guerre*, Plon, 1941, p. 268.

où il a le bonheur de faire la connaissance d'Ernst von Salomon, sorti de six ans de prison pour avoir participé à l'attentat qui a mis fin, en 1922, aux jours du ministre Walther Rathenau, coupable à ses yeux d'avoir œuvré à la réconciliation franco-allemande. Salomon avait peint dans *Les Réprouvés*, avec un grand talent de romancier, le sort de ces jeunes soldats vaincus, incapables de reprendre le cours ordinaire de la vie civile, assoiffés de *vie dangereuse* :

« Ils constituaient des foyers de troubles dans leurs compagnies ; la guerre habitait encore en eux. C'est elle qui les avait formés ; elle avait fait jaillir leurs plus secrets penchants comme des étincelles, elle avait donné un sens à leur vie et sanctifié leur enjeu. C'était des êtres rudes, des indomptés, des hommes rejetés du monde, des normes bourgeoises, des dispersés qui, à présent, se rassemblaient par petites bandes pour chercher un sens à leur combat [10]. »

Ces anciens combattants qui ne veulent pas déposer les armes avaient gonflé les troupes du fascisme en Italie et des futures sections d'assaut en Allemagne. Drieu, lui, dans un autre contexte, avait choisi de revenir à la vie civile, mais il restait marqué par la guerre, dans laquelle il voyait la seule épreuve authentique à l'aune de laquelle on pouvait juger d'un homme. Lui et Salomon sympathisent tout de suite, se comprennent. Ils n'attendent pas de la lutte politique des perspectives programmées mais la promesse de l'héroïsme, que nie toute la civilisation bourgeoise et socialiste.

La conversion fasciste de Drieu trouve son aboutissement en juin 1936, quand Jacques Doriot fonde le PPF, à Saint-Denis. Doriot est un vrai prolétaire, fils de forgeron, lui-même ajusteur ; ancien combattant, il a vu son régiment aux trois quarts anéanti au Chemin des Dames. Son attitude courageuse sur le front de Lorraine lui a valu la Croix de guerre. Militant socialiste, il a choisi de rallier le Parti communiste après le Congrès de Tours. Il fait une percée rapide dans le PCF, à la tête bientôt des très actives Jeunesses communistes. Son courage se double d'une violence verbale et physique qui le conduit en prison en décembre 1923 pour incitation de militaires à la désobéissance. Et c'est en prison qu'il apprend qu'il a été élu député aux élec-

10. E. von Salomon, *Les Réprouvés*, Plon/Livre de Poche, 1969, p. 73-74.

tions de 1924. A la Chambre, il mène le combat contre la guerre du Rif. En 1925, il retourne en prison, pour avoir assommé des policiers lors d'une grève. Devenu une haute figure du Parti, membre du Bureau politique, ce n'est pas un de ces bureaucrates appliqués, mais un chef intrépide, mauvais coucheur, payant de sa personne, n'ayant peur de rien. Une de ces fortes têtes que l'appareil du Komintern n'apprécie pas nécessairement à la tête des sections nationales : l'histoire de Doriot est celle d'une désillusion personnelle, celle d'un militant valeureux qui se voit préférer par les hautes sphères des rivaux plus alignés, plus dociles, moins fracassants. En 1930, Maurice Thorez – et non lui – devient secrétaire général du PCF, à son grand dépit.

Élu en 1931 maire de Saint-Denis, un bastion ouvrier de la banlieue parisienne, il préconise dans les annnées suivantes une politique de rapprochement avec les socialistes et la CGT. Le 6 Février est pour lui aussi décisif. Sans demander la permission à la direction du Parti, il met sur pied à Saint-Denis un comité antifasciste, qui réalise un pré-Front populaire à l'échelle municipale. Convoqué à Moscou, Doriot refuse de s'y rendre en « bourgeois de Calais ». Il est donc exclu par l'Internationale communiste en mai 1934, peu de temps avant la signature de l'alliance politique entre communistes et socialistes, qu'il avait voulue, mais trop tôt. Jouissant d'une solide base populaire à Saint-Denis, il y est réélu maire en mai 1935, et député en mai 1936, malgré l'opposition du Parti communiste. Pourtant, Doriot, politiquement rejeté de l'alliance à laquelle il avait travaillé, doit compenser les voix ouvrières perdues par celles d'électeurs de droite. Il se trouve donc amené à créer son propre parti, le Parti populaire français, au lendemain des élections remportées par le Front populaire.

Comme en Italie, où l'on avait vu un ancien militant issu de l'extrême gauche socialiste fonder le premier parti fasciste, Doriot attire de nombreux intellectuels en quête de chef populaire. « Le grand Jacques » n'est pas un de ces bourgeois qui déploient *L'Action française* au fumoir ; c'est un chef ouvrier, de haute taille, fort en gueule, costaud, encore jeune (trente-huit ans), téméraire dans les manifestations comme à la guerre. Aussi, quand, le dimanche 28 juin 1936, le parti de Doriot est officiellement constitué, Drieu vient-il à la mairie de Saint-Denis écouter le Chef, enfin trouvé, qui parle pendant trois heures, déclenchant les enthousiasmes. Drieu décide de porter ses couleurs.

Ce choix, comme celui d'autres intellectuels qui vont entrer au PPF, n'est pas une caution donnée à un parti réactionnaire. C'est toute l'ambiguïté des fascismes commençants. Doriot lui-même veut-il, en 1936, lancer un parti fasciste ? Il souhaite avant tout prendre sa revanche et s'appuie pour cela sur la base ouvrière de Saint-Denis. Le Front populaire ? N'en est-il pas l'un des instigateurs ? Mais aussi la victime. Le communisme est désormais pour lui l'ennemi à abattre.

Jouvenel, qui a, lui aussi, suivi Doriot, vient d'être candidat néo-socialiste aux élections, en Gironde, et, quand les grèves ont éclaté, il a rédigé sur elles un article plein de sympathie. Il raconte qu'il avait été séduit par Doriot au cours d'un reportage à Saint-Denis. Depuis, il le soutient : l'ancien communiste représente à ses yeux un espoir de socialisme à la française, en « révolte contre la papauté stalinienne ». Il constate du reste, fait significatif, que les membres de son bureau politique sont aussi d'anciens communistes, dont Henri Barbé qui avait occupé un poste important à la direction du PCF. Pour un intellectuel bourgeois, aller à Saint-Denis constitue un voyage initiatique, un bain dans l'eau lustrale de la classe ouvrière :

« C'est en plongeant dans Saint-Denis, écrit Jouvenel, en prenant l'habitude de partager des repas, d'être tutoyé, que j'ai pris contact avec le peuple. C'est là ce qui m'a retenu au PPF bien au-delà du moment, assez tôt venu, où Doriot me déçut. Une expérience qui me rend compréhensif à l'égard des intellectuels qui ne se sont point retirés du PC après tel ou tel choc [11]. »

Drieu a trouvé sa voie, comme Bertrand de Jouvenel, comme l'essayiste ex-libéral Alfred Fabre-Luce, comme plus tard Ramon Fernandez, passant de l'antifascisme militant en 1934 au doriotisme en 1937… Drieu collabore désormais à l'organe hebdomadaire du PPF, *L'Émancipation nationale*, il rédige une brochure de propagande, *Jacques Doriot, ouvrier français* :

« Un élément capital de la dignité pour tout le peuple – aussi bien pour les bourgeois que pour les ouvriers et les paysans – c'est d'avoir des chefs, de vrais chefs, qui ne se dérobent pas à leur responsabilité, qui savent commander et dire : "Nous sommes des chefs"… »

11. B. de Jouvenel, *op. cit.*, p. 294.

C'est aussi en 1936, quand Léon Blum devient président du Conseil, que Drieu verse dans l'antisémitisme. Lui qui a épousé en premières noces une juive, qui n'avait cessé de fréquenter des amis juifs, notamment le pétillant Emmanuel Berl, devenu le directeur de l'hebdomadaire centre gauche *Marianne*, reprend à son compte les fantasmagories de la mythologie antijuive, dont *Gilles* déclinera à l'envi les fantasmes. Le juif concentre désormais en sa personne l'intégralité de ce qui fait horreur à Drieu, et que résume le mot *décadence* : « Il doit y avoir, dans le rôle des juifs, une nécessité biologique pour qu'on retrouve ainsi toujours leurs mots dans la salive des décadences [12]. » A l'exemple de l'évolution de Drieu, tous les fascismes français font ou feront de l'antisémitisme une des composantes de leur discours politique. Ce sera aussi le cas de Doriot et de son PPF qui, au début, y échappaient.

Le cas de Pierre Drieu La Rochelle est-il exemplaire ? Dans son histoire tourmentée, la trame de sa destinée individuelle paraît échapper à la banalisation. Par certains côtés, on pourrait imaginer qu'au lieu d'entrer sur la voie fasciste Drieu aurait pu devenir communiste. De fait, la Russie stalinienne l'a attiré, et il a pu croire en 1943 que le communisme vainqueur de la guerre serait l'avenir de l'Europe. Bien que passionné par les idées depuis son passage à Sciences po, il n'est pas mû par elles, il en change souvent, du moins jusqu'en 1934. Ce qu'il demande au fascisme, d'autres le trouveront dans le communisme : la condamnation d'un monde bourgeois, décadent, vil et vain, dont il a lui-même goûté les délices. Aux antipodes, il y a la vie héroïque, telle qu'il l'a connue à la guerre. A la société des vieillards et des femmes s'oppose la fraternité des jeunes combattants. L'Avant/l'Arrière : cette séparation reste gravée dans son esprit. Trop longtemps, Drieu s'est compromis dans l'Arrière, dans ses salons, dans les bras de ses femmes, dans les médiocres machiavélismes du régime démocratique. Le fascisme est à ses yeux la revanche de l'Avant, la revanche du Front : le monde est promis aux combattants, aux guerriers, aux vrais hommes. Dans *La Comédie de Charleroi*, écrite en 1933, il évoque ce moment crucial de la guerre où chaque homme

12. Voir M. Winock, « Une parabole fasciste : *Gilles*, de Drieu La Rochelle », *Nationalisme, Antisémitisme et Fascisme en France*, Seuil, « Points Histoire », 1990, p. 346-373.

prend la mesure de lui-même. Ce n'est pas le but qui compte, c'est le combat : « Pourquoi nous battions-nous ? Pour nous battre. Nous n'avions pas de but ; nous n'avions que notre jeunesse [13]. » La guerre, nécessaire aux hommes, est aussi nécessaire aux États : « La guerre fait éclater comme une virginité la grandeur d'un jeune peuple ou elle roidit un peuple adulte pour qu'il culmine [14]. »

La haine de soi, la peur de l'impuissance, les tendances suicidaires, mais aussi l'expérience du front, le dégoût provoqué par une après-guerre dont la médiocrité tranche si violemment avec l'héroïsme exigé de millions d'hommes et la mort des camarades au combat, l'émergence des régimes totalitaires dont les images épiques contrastent avec le tran-tran de la France potagère, autant de facteurs personnels et de facteurs circonstanciels, historiques, qui s'interpénètrent et ont conduit Drieu dans les rangs du PPF. Généralement, les intellectuels théorisent ensuite leurs adhésions et leurs ruptures, en objectivant leurs raisons. Plus profondément, ils réagissent plus qu'ils n'agissent ; ils cherchent dans l'engagement politique à se réaliser eux-mêmes plus qu'à transformer le monde.

Le charme de Doriot cessera de s'exercer sur Drieu et les autres intellectuels – à l'exception de Ramon Fernandez resté au PPF – au cours de l'année 1938. Du moins, Drieu ne changera plus de camp. *Gilles*, son roman récapitulatif qu'il écrit alors, est frappé au sceau d'une désillusion morbide. Une fois encore, la guerre délivrera Drieu, en redonnant vigueur à ses espoirs en une nouvelle Europe, mais cette fois la mort sera au rendez-vous.

13. P. Drieu La Rochelle, *La Comédie de Charleroi*, Le Livre de Poche, 1970, p. 71. Sur l'interprétation psychologique des choix de Drieu, et notamment sur sa « mythologie guerrière », voir M. Balvet, *Itinéraire d'un intellectuel vers le fascisme : Drieu La Rochelle*, PUF, 1984. Voir aussi P. Andreu et F. Grover, *Drieu La Rochelle*, Hachette, 1979.

14. P. Drieu La Rochelle, *Interrogation*, Gallimard, 1941, p. 45.

# 26
# *Vigilance antifasciste*

La secousse du 6 février 1934 agit pour beaucoup comme une révélation : la France est aux portes de la guerre civile. Ce jour-là et les jours suivants, André Gide séjourne à Syracuse ; de retour à Paris, il veut tout savoir, tout lire sur l'événement, tout comprendre, la politique régnant désormais sur sa vie. Roger Martin du Gard, lui, se défie des estrades. Sur la Côte d'Azur, où il prend ses quartiers d'hiver, il entend d'abord achever ses *Thibault*. Malgré cela, le tumulte mortel du Février parisien hante son esprit. Sa correspondance et son Journal ressassent une idée fixe, que l'émeute et les contre-manifestations des gauches qui ont suivi ont ancrée dans sa tête : la France, à son tour, ne pourra pas échapper à la révolution, et il faudra choisir son camp :

« Il se peut, écrit-il à sa fille le 6 avril, que le fascisme triomphe en France, dans quelques mois. Je prendrai consciemment parti contre. Je suis opposé à toute dictature, à tout étatisme. Mais, tant qu'à céder, tant qu'à plier mes instincts individualistes sous une férule dictatoriale, je n'ai que faire d'un régime de régression, et je préfère encore la dictature prolétarienne, si redoutable qu'elle m'apparaisse, parce qu'au moins les profiteurs y sont la majorité et qu'elle est dans le sens de l'avenir[1]. »

Alternative ou dilemme, on n'en est pas encore là : le 6 Février laisse les organisations de gauche aussi divisées que les ligues et les partis de droite. Ce que Drieu avait applaudi, le 9 février, c'était la contre-manifestation communiste, un sursaut de vigueur à ses yeux comparable au branle-bas des classes

1. R. Martin du Gard, *Journal*, *op. cit.*, II, p. 1073.

moyennes lors du 6, et au cours duquel l'affrontement avec la police avait causé plusieurs morts. Ce que le même Drieu déplore, c'est la grève générale et la manifestation de Vincennes à la Nation du 12 février, lancées par la gauche non communiste (la CGT et la SFIO), promesses d'union de la gauche vouée aux marécages parlementaires. Pourtant, les états-majors des deux partis ouvriers, eux, restaient en état de guerre.

La ligne « classe contre classe », décidée par l'Internationale communiste en 1928, restait en vigueur. Dans *L'Humanité* du 6 février, on avait lu dans un appel à la manifestation d'André Marty : « On ne peut pas lutter contre les bandes fascistes sans lutter en même temps : contre le gouvernement accusé de les avoir laissé se développer, voire de les avoir aidées ; contre la social-démocratie. On ne peut pas lutter contre la fascisation du régime, sans en même temps dénoncer l'attitude du Parti socialiste décidé à soutenir de toutes ses forces le gouvernement qui la développe. » A la veille du 12 février, *L'Humanité* écrit encore : « La classe ouvrière condamnera et rejettera avec dégoût les chefs socialistes qui ont le cynisme et l'audace de prétendre entraîner les ouvriers à la lutte contre le fascisme. »

En attendant le grand virage des communistes qui aboutira au Pacte d'unité d'action, signé avec les socialistes le 27 juillet 1934, ce sont des intellectuels qui prennent l'initiative d'un front de défense antifasciste sans exclusive. Le 10 février, une trentaine d'entre eux, parmi lesquels André Malraux, Alain, André Breton, Paul Éluard, Jean Guéhenno, Marcel Martinet, Henry Poulaille, signent une pétition en faveur d'une « unité d'action de la classe ouvrière » pour « barrer la route au fascisme » :

« Cette unité d'action que les ouvriers veulent et que les partis mettent à l'ordre du jour, il est nécessaire, il est urgent, il est indispensable de la réaliser en y apportant le très large esprit de conciliation qu'exige la gravité de l'heure. C'est pourquoi nous adressons un appel puissant à toutes les organisations ouvrières afin qu'elles constituent sans retard l'organisation capable – et seule capable – d'en faire une réalité et une arme… »

Peu de temps après, en mars, est fondé le Comité de vigilance des intellectuels antifascistes (CVIA), sur l'initiative d'un jeune auditeur à la Cour des comptes, François Walter, mieux connu sous son pseudonyme de Pierre Gérôme, collaborateur de la revue *Europe*. Au lendemain de la journée des ligues, Gérôme multiplie les démarches auprès d'intellectuels de renom, en vue de constituer une nouvelle organisation, spécifiquement dirigée contre la montée du fascisme. Il est bien accueilli par Paul Rivet, socialiste, fondateur du musée de l'Homme, Paul Langevin, physicien, de sympathie communiste, et Michel Alexandre, représentant du philosophe Alain qui, pour des raisons de santé, séjourne hors de Paris.

Une réunion se tient à la Mutualité le 17 février avec les premiers sympathisants, mais elle tourne à une pétaudière sans conclusion. André Delmas, secrétaire général du Syndicat national des instituteurs, écrit à ce propos :

« Qui n'a pas assisté à cette assemblée ne peut pas imaginer à quel point les intellectuels français étaient inaptes à créer une organisation [...]. Ces savants professeurs se montraient plus indisciplinés que des collégiens échappés de l'étude [...]. Tous voulaient parler à la fois, sans attendre leur tour. La plupart exigeaient que soient retenus leurs projets particuliers, leurs propositions personnelles. Ils n'adhéraient au mouvement qu'à cette condition [2]. »

Gérôme, loin de se décourager, fait circuler le texte d'un deuxième manifeste, et une nouvelle réunion se tient au Musée social, rue Las Cases, le 5 mars 1934, où se retrouvent des intellectuels de gauche de tous bords, y compris des communistes. Il en résulte un Comité de vigilance (plus tard Comité de vigilance des intellectuels antifascistes), qui se mettait « à la disposition des Organisations ouvrières ». Paul Rivet en était le président, Alain (toujours représenté par Michel Alexandre) et Paul Langevin les vice-présidents, tandis qu'à Pierre Gérôme revenait le rôle de secrétaire [3].

La *NRF* donne connaissance de son Manifeste dans son numéro de mai. On y affirme la nécessité de l'union « devant le spectacle des émeutes fascistes de Paris » entre les intellectuels et « les travailleurs, nos camarades ». On flétrit « l'ignoble corruption », mais sans accepter « l'imposture » des corrompus et des corrupteurs qui criaient Au voleur ! pour mieux dissimuler leurs forfaits – ceux des banques, des trusts, des marchands de

2. Cité par G. Lefranc, *Histoire du Front populaire*, Payot, 1965, p. 46.
3. Sur le CVIA, voir N. Racine-Furlaud, « Antifascistes et pacifistes : le Comité de vigilance des intellectuels antifascistes », *Des années trente : groupes et ruptures*, Actes du Colloque de l'université de Provence-I des 5-7 mai 1983, Éditions du CNRS, 1985.

canons, contre la République du « peuple travaillant, souffrant, pensant et agissant pour son émancipation ».

« Notre premier acte a été de former un Comité de vigilance qui se tient à la disposition des Organisations ouvrières.

« Que ceux qui souscrivent à nos idées se fassent connaître. »

La *NRF* relève parmi les signataires les noms de : ALAIN, Julien BENDA, André BRETON, Jean CASSOU, Léon-Paul FARGUE, Ramon FERNANDEZ, André GIDE, Jean GIONO, Jean GUÉHENNO, Jean-Richard BLOCH, Roger MARTIN DU GARD, Romain ROLLAND, Charles VILDRAC, Pierre ABRAHAM, Marc BERNARD, Jean BLANZAT, Auguste BRÉAL, Eugène DABIT, René DAUMAL, Paul DESJARDINS, Élie FAURE, Jeanne GALZY, Pierre GÉRÔME, Paul GSELL, René LALOU, Lucien PSICHARI, A. de RICHAUD, André SPIRE, Andrée VIOLLIS, Léon WERTH, André WURMSER.

Cependant, la situation reste confuse, car le Comité Amsterdam-Pleyel, créé en 1932, prétend lui aussi rassembler toutes les forces de progrès contre la guerre et le fascisme. Lors d'une assemblée, en mai 1934, Maurice Thorez y défend les prérogatives du Parti communiste. L'accord entre les appareils des deux partis ouvriers n'est nullement nécessaire : « C'est le 9 Février qui a fait le 12. Il faut unir, mais unir avec Amsterdam et autour d'Amsterdam. » Ce qui signifie : autour des communistes, très largement majoritaires dans ce Comité, qui a été voulu et mis sur pied par eux. Mais l'élan vers l'unité ouvrière gagne en force à la SFIO : au Congrès de Toulouse, qui se tient du 20 au 23 mai, un tiers des mandats se prononcent pour l'adhésion à Amsterdam-Pleyel.

La signature du Pacte d'unité d'action entre socialistes et communistes, le 27 juillet 1934, éclaircit la situation. Le changement de ligne s'exprime par une rafale de décisions en provenance de Moscou : entrée de l'URSS à la SDN en septembre 1934 ; conclusion d'un pacte d'assistance mutuelle franco-soviétique en mai 1935 ; ligne des fronts populaires confirmée officiellement par le VII$^{e}$ Congrès de l'Internationale communiste, en août 1935. Staline a donc enfin perçu le danger que représente l'Allemagne hitlérienne pour l'Union soviétique. Dans son esprit et dans celui des dirigeants de l'Internationale, les démocraties occidentales n'en sont pas moins « capitalistes » ou « impérialistes » que les régimes fascistes, les unes et les autres faisant partie du même camp ennemi. Mais, dans la conjoncture présente, l'impérialisme fasciste leur semble le plus immédiatement dangereux. La diplomatie de Staline consiste dès lors à se rapprocher des démocraties occidentales, afin de ne pas laisser celles-ci repousser l'éventuelle agression hitlérienne vers l'Est, quitte à en revenir à une entente avec l'Allemagne en cas de besoin – ce sera le cas, on le sait, en août 1939. Pour le moment, le mot d'ordre est à l'antifascisme. Il faut unir toutes les forces démocratiques, communistes, socialistes, et les bourgeoisies nationales, pour opposer une politique de résistance aux menaces allemandes. Dans l'esprit de Staline et du communisme international, l'objectif est toujours de défendre l'intégrité du territoire soviétique, de sauver la révolution prolétarienne, la patrie du communisme, contre toute offensive du camp impérialiste.

Le « front unique prolétarien », c'est-à-dire l'unité d'action entre socialistes et communistes, n'est qu'une étape préliminaire. Il faut aller plus loin : organiser partout des fronts populaires, c'est-à-dire l'alliance du prolétariat, des socialistes et des bourgeois démocrates. En son VII^e Congrès mondial, Dimitrov souligne que l'Internationale communiste a profité de l'expérience française :

« C'est le mérite du PC et du prolétariat français d'avoir par la pratique de leur lutte dans le front unique prolétarien contre le fascisme aidé à préparer les décisions de notre congrès dont l'importance est si énorme pour les ouvriers de tous les pays. »

En France, le 14 juillet 1935 marque solennellement la formation du Front populaire, dont la formule a été lancée en octobre 1934 dans *L'Humanité* : « Front populaire contre le Fascisme. » Le Comité de vigilance des intellectuels antifascistes en avait donc été une préfiguration, ayant tout de suite attiré en son sein les représentants des trois principales organisations de la gauche. Son succès fut immédiat auprès des intellectuels, des membres de l'Éducation nationale : plus de 3 500 adhésions dès la fin juillet 1934. Ses effectifs atteindront 7 500.

Malgré les réserves des uns et des autres, la main tendue par les communistes aux radicaux paraît la seule manière de contrer le fascisme autrement que par un coup de force : les socialistes et les communistes à eux seuls ne pouvaient prétendre à gagner une majorité à la Chambre. Le CVIA joua encore son rôle de catalyseur en s'associant les syndicalistes de l'enseignement, dont André Delmas, afin de promouvoir le Front populaire.

L'assemblée générale du CVIA du 16 novembre 1934 traduit ce rapprochement en nommant à son bureau, outre Lucien Febvre, Georges Michon, Jean Perrin, Louis Mérat, secrétaire de la Fédération de l'enseignement, et André Delmas.

Ce rôle actif des intellectuels du CVIA prend un aspect symbolique lors des élections municipales de mai 1935. Dans le quartier Saint-Victor du V^e^ arrondissement, Lebecq, un conseiller sortant, président de l'UNC, la grande association de droite des anciens combattants, est arrivé largement en tête du premier tour (2 311 voix contre 722 à son concurrent immédiat, le communiste Maurice Nédélec), lorsque Paul Rivet, président du Comité de vigilance, est sollicité pour le second tour. Tous les intellectuels de gauche se rallient à lui, et quelques-uns des plus grands noms de la Sorbonne et du Collège de France : Ferdinand Brunot, Lucien Lévy-Bruhl, Paul Langevin, Jean Perrin, Irène Joliot-Curie, Jacques Hadamard… Le 12 mai, Paul Rivet, au terme d'une rude campagne de meetings, d'affichages, de distributions de tracts, devenait le « Premier élu du Front populaire ». La dynamique de l'union de la gauche, du rassemblement des forces antifascistes était évidente : le CVIA en faisait la démonstration.

Le point d'orgue de ce mouvement d'unité constitutive du Front populaire fut la journée du 14 juillet 1935. L'initiative en avait été prise par le Comité Amsterdam-Pleyel. Les radicaux venaient de donner leur adhésion au Rassemblement populaire. Le matin du 14 juillet, un grand meeting de conquérants se tient au stade Buffalo, près de la porte d'Orléans. A la tribune se succèdent les représentants des divers groupements qui participent à ces Assises de la Paix et de la Liberté, parmi lesquels Victor Basch, président de la Ligue des droits de l'homme, Jean Perrin, Paul Rivet (pour le CVIA), Henri Barbusse (Amsterdam-Pleyel)… Sur le modèle de la Fête de la Fédération du 14 juillet 1790, des orateurs viennent apporter l'adhésion de leurs régions sous les vivats.

Un des plus applaudis est Jean Perrin, prix Nobel et membre de l'Institut, qui y va d'un de ces discours typiquement Front populaire et union de la gauche, tels que les communistes les répandent désormais à foison, en réinvestissant le panthéon national, brûlant ce qu'ils avaient adoré, adorant ce qu'ils avaient brûlé :

« Ils nous ont pris Jeanne d'Arc, cette fille du peuple, abandonnée par le roi que l'élan populaire venait de rendre victorieux et brûlée par les prêtres qui depuis l'ont canonisée.

« Ils ont essayé de vous prendre le drapeau de 89, ce noble drapeau tricolore des victoires républicaines de Valmy, de Jemmapes, de Hohenlinden, de Verdun, ce drapeau qui tout à l'heure, à nouveau coiffé du bonnet phrygien de 92, va flotter au-devant de nos troupes, symbole des libertés que vous avez conquises, à côté de ce drapeau rouge devenu celui de l'Union soviétique – et qui lui, symbolise l'espérance des malheureux.

« Ils ont enfin essayé de nous prendre cette héroïque *Marseillaise*, ce chant révolutionnaire et farouche qui fit trembler tous les trônes d'Europe… »

Dans l'après-midi, un interminable défilé investit les avenues de la place de la Bastille à la place de la Nation, tandis que les Croix-de-Feu, qui ne veulent pas être en reste, manifestent à l'Arc de Triomphe (« Nous avons en face de nous, s'était écrié Jacques Duclos à Buffalo, l'un des descendants de ces Émigrés traîtres à notre pays, M. le comte de La Rocque, chef des Croix-de-Feu »). En province, toutes les villes répondent en écho à ces chants et ces cris de Paris, sous le soleil généreux de juillet. « Jamais, écrira Léon Blum dans *Le Populaire* du lendemain, je n'avais assisté à un tel spectacle. Peut-être Paris n'en a-t-il jamais vu de pareil. Et ce qui s'est passé à Paris se passait en même temps dans la France entière. »

Ce jour-là, ceux qui ont mis sur pied le Comité de vigilance des intellectuels antifascistes peuvent estimer avoir contribué à la fête, et à la promesse, cette fois tangible, de victoire. Pourtant, les dissensions éclatent déjà en son sein, qui ne cesseront de s'approfondir. Tout le monde n'entend pas de la même oreille la vigilance antifasciste. Trois types – au moins – d'intellectuels antifascistes coexistent au sein du CVIA : des antifascistes *extérieurs*, des antifascistes *intérieurs*, et des antifascistes *révolutionnaires*. C'est beaucoup pour faire longtemps bon ménage.

Les premiers, dominés par les communistes, mais non exclusivement représentés par eux, sont avant tout soucieux du danger de guerre que représente l'Allemagne nazie. Ils ont l'appui de l'Internationale communiste et de sa filiale, le Comité Amsterdam-Pleyel, dont le but primordial est la défense de l'URSS. Ils sont rejoints par des non-communistes qui comprennent ou comprendront que le véritable fascisme, celui qui menace la France, c'est effectivement l'Allemagne hitlérienne, et cette conviction se renforcera au gré des provocations et des agressions du Führer. Au rang de ceux-ci émerge Romain Rolland, lequel, il est vrai, proclame que son « internationalisme » est désormais « étroitement lié à la cause de l'URSS [4] ».

Les deuxièmes sont avant tout des pacifistes. Pour eux, les risques de guerre ne proviennent pas de l'extérieur, mais de l'intérieur. C'est ainsi que *Vigilance*, organe du CVIA, publie le 20 novembre 1934 un manifeste du Comité d'action contre la guerre, où il est dit : « La lutte contre le fascisme n'est jamais une lutte contre un prétendu ennemi du dehors. Le fascisme est pour chaque peuple l'ennemi du dedans. Toute excitation guerrière sert le fascisme... L'antifascisme ne peut être la justification d'aucune guerre. La guerre est la catastrophe suprême et nous nous refusons à la jamais considérer comme inévitable. » C'est la position inébranlable d'Alain et de ses disciples. Le 11 juillet 1935, il écrit à un journaliste socialiste : « Il faudrait diminuer le problème extérieur [dans les discours] et grossir le péril intérieur [5]. »

Enfin, pour les troisièmes, le fascisme ne peut être vaincu que par la révolution prolétarienne. Ces gauchistes peuvent appartenir aux rangs trotskistes, à la tradition du syndicalisme révolutionnaire, ou encore à la tendance Marceau Pivert dans la SFIO qui se constitue en 1936. Ceux-là s'émeuvent de l'alliance avec les radicaux. C'est ainsi que Trotski écrit dans son *Journal d'exil*, en février 1935 : « Ce qu'on appelle le Front populaire, c'est-à-dire le bloc avec les radicaux pour la lutte parlementaire, c'est la plus criminelle trahison contre le peuple que se soient jamais permise les partis ouvriers depuis la guerre... » Parmi les écrivains, André Breton est assez proche de cette ligne.

L'antifascisme, qui sert de ciment à tous ces intellectuels, est donc, pour reprendre l'expression de l'un d'eux, Raymond Abellio, « un concept confus [6] ». Au-delà, le Front populaire est appelé à devenir une immense équivoque : s'agit-il de défendre la France (et l'URSS) contre Hitler, de lutter pour la démocratie

4. R. Cheval, *Romain Rolland, l'Allemagne et la guerre*, PUF, 1963, p. 720-721.

5. A. Sernin, *Alain*, *op. cit.*, p. 346.

6. R. Abellio, *Ma dernière mémoire*, II, *Les Militants 1927-1939*, Gallimard, 1975, p. 236.

et la paix contre les Croix-de-Feu et les ligues, ou encore de faire la révolution sociale ? Ne parlons même pas des radicaux, pour lesquels le Front populaire est aussi (et pour certains avant tout) la meilleure formule pour ne pas perdre trop de terrain aux élections de 1936 ; de ce point de vue, les municipales de 1935 avaient été pour eux une chaude alerte.

Jusqu'à la signature du pacte franco-soviétique de mai 1935, le CVIA présente des signes extérieurs d'unanimité, d'autant plus évidents que les communistes n'ont jamais voté les crédits militaires. De sorte qu'à la fin de 1934 le Comité peut signer des textes « contre toute guerre antifasciste », « contre la hantise d'une guerre inévitable », « contre l'épouvantail des armements allemands », etc. Au cours de l'année 1935, cet irénisme est menacé. D'abord en raison des informations qui viennent d'Allemagne : la victoire écrasante de Hitler au référendum par lequel la population de la Sarre vote son rattachement au Reich ; puis par la décision de Hitler de rétablir, malgré les traités, le service militaire obligatoire. Plus grave sans doute est la signature du pacte d'assistance entre la France et l'URSS, suivie d'une déclaration de Staline dans laquelle le chef soviétique « comprend et approuve pleinement la politique de défense nationale faite par la France ». On ne pouvait faire mieux pour donner l'alarme aux quartiers pacifistes. Aussitôt un Comité de liaison contre la guerre et l'union sacrée se constitue, auquel donnent leur adhésion Jean Giono, Magdeleine Paz, Henry Poulaille, Simone Weil, Pierre Monatte, Marceau Pivert… Le 28 septembre 1935, la salle de la Mutualité à Paris retentit de leur cri : non à la guerre ! Peu de temps après est fondée la Gauche révolutionnaire par Marceau Pivert, qui se considère comme « le noyau dur et sain » d'un « fruit pourri », en se détachant de l'autre tendance SFIO de gauche, la Bataille socialiste, dirigée par Jean Zyromski, accusé, lui, de « bellicisme antihitlérien » et de suivisme stalinien.

L'unité du Comité de vigilance commence à trembler sur sa base. Au Congrès de novembre, les dissensions sont mises au jour. Sans doute le Comité avait-il été favorable à la politique des sanctions de la SDN contre l'Italie fasciste après son agression en Éthiopie. Mais une ligne de démarcation sépare de plus en plus nettement les partisans de la fermeté face à l'Allemagne et les défenseurs du compromis avec Hitler. La plupart des intellectuels de gauche avaient été hostiles au traité de

Versailles, avaient dénoncé la politique nationaliste de Poincaré et s'étaient montrés favorables à la révision des traités. Que Hitler soit au pouvoir ne changeait rien à l'affaire, c'est ce que pensait la majorité d'entre eux.

Dès le mois de mai 1935, Julien Benda, qui n'est ni communiste ni pacifiste, les sermonne dans la *NRF* : « Une chose curieuse depuis le 16 mars [la décision de Hitler de rétablir en Allemagne le service militaire obligatoire interdit par le traité de Versailles], c'est l'art de tout un monde de gauche à éluder la vraie question : "En face du réarmement du Reich, que devons-nous faire ?" Les uns crient : "Mort aux marchands de canons !" ; les autres : "A bas le fascisme !" ; les troisièmes : "Tout cela, c'est la faute du capitalisme !"… Au fond, ils n'osent pas dire leur vraie pensée, qui est celle-ci : "En face de ce réarmement, nous ne devons rien faire. Nous aimons mieux être allemands que faire la guerre…" Leur réserve les perdra. » Traduisons : Plutôt *bruns* que morts ! Mais n'anticipons pas.

Hitler, lui, va de l'avant. En mars 1936, il décide son coup de poker : remilitariser la Rhénanie, en violation du traité de Locarno de 1925. Ce qui annulait une des rares garanties de paix dont la France disposait. La politique de fermeté porterait sans doute ses fruits, puisque l'Allemagne ne détient pas encore une puissance militaire capable d'affronter la France et l'Angleterre. Mais ni l'Angleterre ni la France ne bougent. Au sein du CVIA, la divergence s'aggrave. Le texte auquel on aboutit est d'un irréalisme évident, puisqu'on ne trouve pas mieux que de préconiser avec candeur le « retour du III^e^ Reich à la SDN ». Jean Guéhenno, lui, le juge « admirable » dans un article de *Marianne* du 13 mars : « Le moment de la première alarme passé, le pays a tout de suite retrouvé sa sagesse… » Une sagesse qui ressemble à celle des moutons devant l'abattoir. Les illusions ne font que commencer.

Lors de son Congrès de juin 1936, au lendemain même de la victoire électorale du Front populaire, la crise est consommée. Les antifascistes *extérieurs*, derrière Paul Langevin, sont mis en minorité ; ils démissionnent alors du Bureau, avant de quitter bientôt le Comité, qui sera de plus en plus dominé par les pacifistes intégraux, Félicien Challaye, les disciples d'Alain, Jean Giono… Les autres, derrière Langevin, s'exprimeront désormais dans le cadre du Comité mondial de lutte contre la guerre et le fascisme, sous la tutelle de Romain Rolland, Norman

Angell et Paul Langevin, comité qui édite la nouvelle revue *Clarté*, à partir de juillet 1936. Le Parti communiste a donc échoué à faire du CVIA une de ses dépendances, mais la suite prouvera que la cause de la paix ne s'en trouve pas mieux défendue. La guerre d'Espagne, qui éclate en ce même mois de juillet 1936, accuse la scission : faut-il ou non intervenir, pour défendre la République espagnole contre les fascistes ? Certains s'interrogent : le pacifisme ne devient-il pas contre-révolutionnaire, en laissant faire, en laissant passer toutes les agressions fascistes ? Les mêmes, qui ont refusé de suivre les scissionnistes, n'acceptent plus cette conception d'un antifascisme si myope, purement intérieur. François Walter, *alias* Pierre Gérôme, est de ceux-là ; dans un colloque tenu à Aix-en-Provence en 1983, faisant le bilan du Comité de vigilance, il confessera l'échec : « C'est l'histoire d'un désastre. Nous nous étions réunis pour combattre le fascisme et la guerre, et nous avons eu les deux, avec la défaite en prime [7]. »

Il y aura lieu de revenir sur ce fiasco, car l'histoire du CVIA ne s'achève pas en 1936. Il faut déjà tenter de comprendre cet échec, qui résulte de nombreux facteurs, y compris de l'antistalinisme de gauche et d'extrême gauche : devait-on risquer la guerre pour les beaux yeux de Staline ? La cause principale reste cependant la perception contradictoire qu'avaient les intellectuels du fascisme et du nazisme. Sans doute, en cette affaire, les communistes ont eu raison : nous savons la suite de l'histoire, et qu'on ne pouvait pas arrêter Hitler avec des concessions renouvelées. Mais, si aveugle a-t-il été, le pacifisme avait ses arguments. L'exemple d'Alain nous les fait mieux pénétrer.

Alain, fils, comme Giono, de la civilisation paysanne, a toujours haï la guerre. Avant même l'affaire Dreyfus, où il se rangea auprès des révisionnistes, il était antimilitariste, antibelliciste. Adversaire résolu de Poincaré, il avait mis son talent à s'opposer à la loi des trois ans, parce que, à ses yeux, cette loi aggravait les risques de guerre. Pourtant, quand celle-ci éclate, quoique exempté de service armé, il s'y porte volontaire, on l'a dit. Le fracas des obus, plutôt que le bourrage de crâne ! Il méritera même la Croix de guerre, avec citation à l'ordre de l'armée, pour sa conduite courageuse. Il appartient à cette génération du feu, à ces anciens combattants qui savent de quoi ils

7. *Des années trente…*, *op. cit.*, p. 69.

parlent. Maintenant professeur de khâgne au lycée Henri IV, il sait les ravages qu'a faits 14-18 parmi ses élèves : sur 54 normaliens de la promotion 1913, 28 sont morts – ce seul chiffre suffit. Aussi Alain a-t-il dénoncé le traité de Versailles, l'acharnement à exiger les Réparations, l'occupation de la Ruhr de Poincaré, et, au contraire, applaudi à la politique réconciliatrice entre la France et l'Allemagne de Briand... L'avènement de Hitler n'a strictement rien changé à son pacifisme, un pacifisme de l'esprit.

Dans sa revue, *Les Libres Propos*, qu'il publie avec ses anciens élèves, notamment Michel Alexandre, il soutient Wilson, Briand, Blum, tous hommes de bonne volonté. Le malheur est qu'Alain ne prend pas la mesure du nazisme, non plus que du communisme stalinien. A ce propos, lors de la signature du pacte franco-soviétique de 1935, il fait ce commentaire qui en dit long sur son ignorance : « J'aime d'instinct la république de Staline [...]. Je suis bien assuré que la liberté russe, telle qu'elle est, est encore une belle chose, et l'égalité russe aussi [...] je crains les militaires russes presque autant que les nôtres [8]. » Hitler reste à ses yeux une espèce de général Boulanger qui préférerait Wagner à Offenbach. Gallocentrique, ignorant des langues étrangères, sédentaire, il s'intéresse surtout à la politique intérieure qui lui inspire des maximes qui passent en proverbes. Archaïsant, il refusera toujours le téléphone, ce qui n'est pas grave, mais également la TSF, ce qui le privera, entre autres, d'entendre les discours du Führer : à défaut de les comprendre, les vociférations du dictateur eussent suffi à l'inquiéter. Interviewé en 1936 sur ce que sera l'Europe en 1970, il déclare avec un singulier aveuglement : « Je ne crois pas que l'homme puisse changer beaucoup... » Soit. Mais la suite éclaire sur ses illusions : « Les poules seront élevées et soignées comme maintenant... La France sera toujours radicale..., etc. »

Alain avait bien perçu la nature guerrière du fascisme ; il a écrit des formules qui restent d'actualité contre « les pouvoirs de toute espèce ». Y résister, c'était la condition de la paix. Mais résister, c'était pour lui résister à ceux qui nous gouvernent, à l'État, aux élus, aux bureaux, à tous ceux qui se parent d'autorité. Le danger de guerre ne venait pas d'au-delà des frontières. Se battre contre le fascisme, c'était continuer la lutte

8. Cité par A. Sernin, *op. cit.*, p. 343.

séculaire contre les pouvoirs, contre les armements, contre les diplomaties entreprenantes. Au-delà de l'expérience affreuse qui fut celle de toute sa génération, convertie au pacifisme, Alain s'est alimenté aussi d'un francocentrisme fort répandu parmi les intellectuels français de l'époque.

A travers un article, paru le 25 septembre 1937 dans *La Révolution prolétarienne*, intitulé « Comment abattre le fascisme ? », et signé Horace (pseudonyme d'Henri Van Zurk, un militant révolutionnaire néerlandais vivant en France), l'auteur s'en prenait à cette tarte à la crème du pacifisme antifasciste : « Dans n'importe quelle situation, l'ennemi politique n° 1 est toujours chez nous. » Cet article stigmatisant « le cancer pacifiste » dans une publication révolutionnaire pacifiste donna lieu à un débat. La direction de la revue, elle, dénonça les thèses « aberrantes », « effarantes » du « camarade Horace ». Cela nous paraît résumer assez bien l'aveuglement de l'antifascisme dominant en 1936 : la journée du 6 Février devant le Palais-Bourbon avait éclipsé l'instauration du régime nazi en Allemagne. Tenir tête à Hitler n'était pas au programme.

C'était cependant tout le programme d'André Suarès, qui fut à coup sûr l'un des intellectuels les plus lucides de la période – et les moins écoutés. Poète voué à son art, essayiste littéraire inspiré, en même temps ancien dreyfusard et républicain trempé, il conçoit très tôt le danger représenté par le nazisme, avant même que celui-ci n'étende son drap noir sur l'Allemagne. Lecteur attentif de *Mein Kampf,* il écrit une série d'articles prophétiques où il dénonce l'attitude des dirigeants français qui ne prennent pas la doctrine de Hitler au sérieux. Pour lui, Hitler est le « dément », le « criminel », le « fou », le « chien enragé » de Spinoza, « la figure la plus hideuse et la plus basse que l'Antéchrist ait jamais prise », le « Wotan-Camelot ». Il pressent le génocide, « l'extermination » – que prépare le retour à l'idée de race que le nazisme prône dans toute l'Europe. Suarès est juif, mais rejette de longue date les attributs du monde juif : rabbins, rites, synagogues. « Je suis antisémite avec les Juifs, écrit-il, et pour les Juifs avec les antisémites. »

Les protestations virulentes de Suarès, que publient la *NRF, Le Jour* de Léon Bailby, *Vendémiaire,* hebdomadaire proche de *L'Ordre* d'Émile Buré, ne sont pas entendues. Il en rassemble le principal dans *Vues sur l'Europe*. Mais les épreuves lui parviennent en mars 1936, lorsque Hitler décide de remilitariser la Rhénanie malgré les traités. Ne voulant pas nuire à son pays, Suarès renonce à la publication. Ce livre brûlant de la passion de justice contre les hitlériens ne paraîtra qu'en avril 1939, à un moment où les jeux sont faits. Il aura été un des tout premiers, avant même Bernanos, à manifester un esprit antimunichois avant la lettre : « Il y a des temps où armer veut dire vivre [9]. »

9. Cité par M. Drouin, « André Suarès ou l'esprit prophétique », *Les Cahiers du XXᵉ siècle*, publiés par la Société d'étude du XXᵉ siècle, n° 8, Klincksieck, 1977.

27

# *Le Congrès des écrivains de 1935*

André Breton est de ceux qui s'élèvent contre le pacte franco-soviétique conclu entre Laval et Staline. Peu de temps avant, le 20 avril, il a adressé l'adhésion du groupe surréaliste au Congrès international des écrivains pour la défense de la culture, dont l'ouverture est prévue à Paris en juin et dont l'organisation incombe à l'Association des écrivains et artistes révolutionnaires (AEAR). René Lalou, au nom du secrétariat du Congrès, lui assure qu'un des surréalistes pourra librement s'exprimer ; le groupe désigne Breton comme porte-parole.

Ce Congrès est encore une trouvaille de Willi Münzenberg, l'infatigable propagandiste du Komintern, qui avait su passer de la ligne la plus dure à l'ouverture la plus souple et entend donner un spectacle grandiose à Paris – quoi de mieux que Paris en l'occurrence ? –, en ralliant le plus d'écrivains possible. Ilya Ehrenbourg, l'écrivain soviétique, avait secondé le projet, en suggérant à Staline la mise en place d'une vaste organisation antifasciste des écrivains d'Occident, jugeant l'Union internationale des écrivains révolutionnaires, fondée en d'autres temps, trop sectaire pour une politique frontiste. A Paris, Ehrenbourg prend les contacts nécessaires. Ce seront Gide et Malraux qui formeront le noyau autour duquel se rassembleront les intervenants souhaités. Dans son petit appartement de la rue du Cotentin, Ehrenbourg reçoit les uns et les autres, notamment Jean-Richard Bloch, Léon Moussinac, Paul Nizan, Paul Vaillant-Couturier, Jean Guéhenno, Louis Aragon. On se décide pour la grande salle de la Mutualité. On établit les thèmes à débattre : « L'héritage culturel », « Le rôle de l'écrivain dans la société », « L'individu », « Nation et Culture », etc. Belle unanimité de départ, bientôt perturbée par un conflit entre André Breton et Ilya Ehrenbourg[1].

Celui-ci avait commis un essai sur des écrivains occidentaux dans lequel il déblatérait contre les surréalistes. Un soir, peu avant l'ouverture du Congrès, sortant boulevard du Montparnasse pour acheter des cigarettes, Ilya Ehrenbourg tombe sur André Breton qui, tout à trac, lui flanque une gifle. Dans ses *Entretiens*, Breton explique les raisons de son geste : « Je n'avais pas oublié certain passage de son livre intitulé *Vus par un écrivain de l'URSS* [Titre exact : *Duhamel, Gide, Malraux, Mauriac, Morand, Romains, Unamuno, vus par un écrivain soviétique* ], paru quelques mois plus tôt, où il était dit notamment : "Les surréalistes veulent bien et du Hegel et du Marx et de la Révolution, mais ce qu'ils refusent, c'est de travailler. Ils ont leurs occupations. Ils étudient, par exemple, la pédérastie et les rêves… Ils s'appliquent à manger, qui un héritage, qui la dot de sa femme…", etc. […] Je ne vois pas quelle autre revanche j'eusse pu prendre de ce diffamateur professionnel[2]… » La sanction ne tarde pas : la délégation soviétique obtient que Breton soit banni des prochaines assises.

Sollicité par René Crevel, qui s'était déjà beaucoup dépensé pour l'organisation du Congrès et ne pouvait imaginer l'absence des surréalistes, le poète et critique d'art Jean Cassou, à la veille de l'ouverture, accepte de rencontrer des membres de la délégation soviétique à la Closerie des Lilas, afin de fléchir leur intransigeance. Comment peut-on accepter pareille absence dans un Congrès des écrivains prétendant faire le plein des antifascistes ? Crevel attend le résultat de la négociation à quelques tables de là, en compagnie de Tzara et d'Aragon. Apprenant le *Niet* des Soviétiques, ils repartent tous trois en taxi. Ils discutent, se disputent. Aragon, qui raconta la scène bien plus tard, nous peint un Crevel désabusé, écœuré, accablé par son état de santé (« Ils ont encore trouvé des bacilles dans le rein, alors, c'est tout qui va recommencer, la Suisse pour des années… »). La nuit suivante, Crevel se suicide[3]. Sa mort tragique, où l'entêtement d'Ehrenbourg n'est pas pour rien, entraînera l'accep-

1. L. Marcou, *Ilya Ehrenbourg*, Plon, 1992, p. 117-129.
2. A. Breton, *Entretiens*, *op. cit.*, p. 177.
3. L. Aragon, « L'homme Tzara », *Les Lettres françaises*, 9 janvier 1964, cité par P. Daix, *op. cit.*, p. 340.

tation par les Soviétiques d'une lecture de la communication du texte de Breton. Paul Éluard s'en chargera.

Celui-ci prend donc la parole le 24 juin, très tard, en fin de séance, à minuit et demi, dans le brouhaha d'une salle qui se vide. Le texte de Breton, il est vrai, n'était pas pour complaire aux communistes et aux Soviétiques. Il commence par une attaque de front contre le pacte d'assistance franco-soviétique, qui bénéficie à une « France armée jusqu'aux dents », à une « France ultra-impérialiste encore toute stupide d'avoir couvé le monstre hitlérien ». Certes, Breton n'a rien contre un rapprochement franco-soviétique, mais pas de ce genre-là ! Lui et les surréalistes restent foncièrement hostiles à l'idée de patrie, et il pourfend *L'Humanité* qui était en train de la prendre à son compte – « en contradiction complète avec la doctrine de Marx ». Et Breton de vanter la culture allemande, la philosophie de langue allemande, « seul antidote efficace contre le rationalisme positiviste qui continue ici à exercer ses ravages »... Breton rappelle qu'il a contresigné sans réserve le manifeste du 25 mars 1935 du Comité de vigilance des intellectuels antifascistes contre tout retour à l'« Union sacrée ». Il reste fidèle à cette position. Ensuite, après avoir réexposé la ligne littéraire que les surréalistes maintiennent depuis dix ans, il termine par une mise en garde et un double mot d'ordre :

« Ce n'est pas par des déclarations stéréotypées contre le fascisme et la guerre que nous parviendrons à libérer à jamais l'esprit, pas plus que l'homme, des anciennes chaînes qui l'entravent et des nouvelles chaînes qui le menacent. C'est par l'affirmation de notre fidélité inébranlable aux puissances d'émancipation de l'esprit et de l'homme que tour à tour nous avons reconnues et que nous lutterons pour faire reconnaître comme telles.

« “Transformer le monde”, a dit Marx ; “changer la vie”, a dit Rimbaud : ces deux mots d'ordre pour nous ne font qu'un [4]. »

L'éclat de Breton, *via* Éluard, est étouffé par les organisateurs. Le Congrès des écrivains reste, pour eux, un succès, « un triomphe inespéré » selon la Petite Dame de Gide. D'abord grâce aux participants : sous la présidence d'honneur d'André Gide, les Français Alain (Eugène Dabit lut son discours), Louis Aragon, Henri Barbusse, Jean Cassou, Eugène Dabit, Lucien

4. A. Breton, *OC, op. cit.*, II, p. 451-459.

Descaves, Élie Faure, Jean Giono, Jean Guéhenno, Louis Guilloux, René Lalou, André Malraux, Victor Margueritte, Emmanuel Mounier, Léon Moussinac, Paul Nizan, Romain Rolland, Charles Vildrac, Andrée Viollis… A côté d'eux, de nombreux écrivains étrangers, dont Aldous Huxley, Robert Musil, Max Brod, Bertolt Brecht, et une forte délégation soviétique, renforcée *in extremis* par les indésirables d'hier Boris Pasternak et Issaak Babel.

André Gide est en pleine forme, très à l'aise, heureux de se trouver devant un public qui d'emblée lui prodigue sa sympathie. Il a ouvert la première séance, par une courte allocution, sur le thème de la culture vivante et néanmoins menacée : « C'est précisément là le grand intérêt de cette réunion cosmopolite ; elle nous permettra de connaître différents aspects des dangers, différentes manières de la comprendre et d'y faire face. »

Puis prennent la parole Forster, Benda (qui déconcerte un peu le chroniqueur de *L'Humanité* par ses exercices de classification), Musil, Brecht, Cassou, qui est très applaudi, en déclarant : « L'art souhaite de retrouver l'accord avec le monde extérieur, pour contribuer à la création d'une société harmonieuse. Notre art, notre conception de la culture nous entraîne vers la révolution. Nous voulons aller plus loin, collaborer à une nouvelle figure de l'homme. »

Le lendemain, Gide confie à la Petite Dame « quelle sensation de volupté » il a éprouvée à se sentir enfin sûr de lui. Il développe, à la séance du soir, une allocution en forme de profession de foi :

« Je prétends pouvoir être profondément internationaliste, tout en restant profondément Français. Tout comme je prétends rester profondément individualiste, en plein assentiment communiste et à l'aide même du communisme. Car ma thèse a toujours été celle-ci : c'est en étant le plus particulier que chaque être sert le mieux la communauté. Il s'y ajoute aujourd'hui cette autre thèse, pendant ou corollaire de la première : c'est dans une société communiste que chaque individu, que la particularité de chaque individu, peut le plus parfaitement s'épanouir… »

Pendant plusieurs jours, on entend de nombreux orateurs, Heinrich Mann, Aldous Huxley, Alexis Tolstoï, Anna Seghers, Pierre Abraham, Georges Friedmann, Henri Barbusse (« d'une longueur inadmissible et intolérablement mauvais », selon la

Petite Dame), Louis Aragon (sur le réalisme socialiste), Jean Guéhenno (qui déclame en marchant et « fait des arrêts propices aux applaudissements », toujours selon Mme Théo), Jean-Richard Bloch, et bien d'autres, sans compter tous les enfileurs de grands mots un peu frustrés cependant par le manque de temps. Quant à Ehrenbourg, il y va d'une évocation lyrique sur la façon arcadienne dont les écrivains, là-bas, chez lui, sont reçus dans les usines et les kolkhozes, flattant les écrivains étrangers dont les œuvres sont traduites : « Il y a des centaines de milliers, des millions d'hommes qui, par leur vie, répondent à vos livres. Peut-être n'êtes-vous jamais allés dans notre pays. Vous ne connaissez pas son ciel, ni ses fleurs, ni ses hommes, mais vous avez écrit ces livres, des paroles humaines vivantes et, sans le savoir, vous travaillez chez nous à côté des autres, à côté de ceux qui tiennent la pelle ; vous travaillez sur les couches révélées de la conscience [5]. »

Malraux est de ceux qui retiennent le plus l'attention. Il incarne désormais le modèle français de l'écrivain engagé, aussi bien par le contenu de son œuvre que par ses actions militantes. Prix Goncourt en 1933 pour *La Condition humaine*, il vient tout juste de publier *Le Temps du mépris*, directement dirigé contre le régime national-socialiste, et dans la préface duquel il avait écrit : « Il est difficile d'être un homme. Mais pas plus de le devenir en approfondissant sa communion qu'en cultivant sa différence… » Deux hommes ont sans doute apprécié le passage plus que d'autres, Babel et Pasternak, qui lui doivent d'avoir été invités. Souvent très applaudi, mais plus en raison de son charisme que de son propos trop subtil pour beaucoup, il sait aussi dire des choses simples :

« Nous avons fait ce congrès dans les pires conditions. Avec quelques volontés. Presque sans argent. A certaines colères, et surtout à tant de silences, nous savons maintenant que ce congrès existe. Et n'en retiendrions-nous que la possibilité de donner la plus grande audience possible aux livres, qui ont perdu celle de leur pays ; n'en retiendrions-nous que la solidarité, qui dans les résolutions nous rassemble autour de tant de camarades émigrés, ce congrès n'aurait peut-être pas été vain. Mais son sens est ailleurs aussi. Vous avez lu hier les discours

5. I. Ehrenbourg, « Culture bourgeoise et culture révolutionnaire », *Commune*, juillet 1935.

des fascistes français. Que chacun de nous, en tant qu'homme sache combattre au lieu de son combat… »

Lors de la séance du mardi après-midi 25 juin, André Gide traduit à la tribune le discours de l'écrivain allemand Klaus, arrivé d'Allemagne avec plusieurs manuscrits de compatriotes qui continuent leur travail malgré la censure et la terreur. En cette dernière journée, avant de se séparer, les participants décident la poursuite de leur action par la fondation d'une Association internationale des écrivains pour la défense de la culture, à la tête de laquelle est placé un bureau permanent de 112 membres, couronné par un présidium de 12 membres : Henri Barbusse, Romain Rolland, André Gide, Heinrich Mann, Thomas Mann, Maxime Gorki, Edward Forster, Aldous Huxley, Bernard Shaw, Sinclair Lewis, Selma Lagerlöf et Ramon del Valle-Inclán.

L'opération est réussie. L'internationale de la pensée se solidarise avec l'URSS face à la menace des fascismes. Les œuvres d'art, la création littéraire, participent à ce combat. Le plus célèbre écrivain français vivant, André Gide, a présidé à ces débats et prononcé un discours remarqué. La nouvelle gloire de la littérature française, André Malraux, a apporté tout le poids de son récent prestige. Du monde entier, on est venu à Paris pour faire valoir les droits de la Culture, méprisés par les dictatures fascistes. Le public, chaleureux, assidu, a applaudi à tout rompre les Russes, Gide et les écrivains allemands en exil. Mission accomplie. Ce Congrès, un des éléments du dispositif de propagande dont l'Internationale communiste joue à merveille selon les besoins et les intérêts de l'Union soviétique, va porter ses fruits. L'heure des fronts populaires a sonné : il faut unir toutes les forces à même de se mobiliser contre le danger représenté par l'Allemagne nazie. Tout le monde est ravi.

Enfin presque ! Les organisateurs ont à regretter quelques couacs dans le concert. D'abord, le conflit avec les surréalistes – insidieusement réglé, comme on sait – qui peut laisser des traces. Ensuite, l'affaire Victor Serge qui faillit bien faire dérailler les hymnes à l'unité. Lors de la dernière séance, le 25 juin, Magdeleine Paz, qui était passée du PCF à la SFIO, et Charles Plisnier, écrivain belge socialiste, soutenus par Gaetano Salvemini et Henry Poulaille, chef de file des écrivains prolétariens, avaient obtenu d'André Gide, malgré l'obstruction soviétique, de prendre la parole sur le cas Kibaltchich.

Mieux connu sous son nom de plume de Victor Serge, cet ancien militant anarchiste, écrivain belge de langue française qui avait fait de la prison en France, séduit par la révolution bolchevique, s'était établi à Moscou. Une demande de passeport pour revenir en France en 1928 l'avait rendu suspect, si bien qu'arrêté après mille tracasseries il avait été expédié sans jugement dans un camp pour « menées contre-révolutionnaires », à Orenbourg, sur le fleuve Oural. Il s'y trouvait depuis juin 1933, laissant une femme atteinte d'une maladie nerveuse et deux enfants, dont l'un, à douze ans, se vit interdire d'école. Certes, Victor Serge était dans l'opposition et, certes, ses textes publiés avant son arrestation, sur la littérature, sur son hostilité au conformisme révolutionnaire, heurtaient de front le pouvoir stalinien. Cependant, il n'avait participé à aucun complot, aucune intrigue. Il s'était exprimé en écrivain communiste croyant encore en la liberté d'expression.

Autant dire que l'intervention circonstanciée de Magdeleine Paz fait fâcheux effet. On l'a sifflée ; les Russes sont furieux. Mais Malraux, qui préside avec une autorité cinglante, fait respecter le droit de parole. L'affaire Serge, à peine ébruitée jusque-là par des revues à faible diffusion comme *La Révolution prolétarienne* ou *L'École émancipée*, se répand désormais. Les incidents de la Mutualité laissaient une mauvaise impression, d'autant que les Soviétiques ne savent quoi répondre aux faits allégués par les défenseurs de Serge.

Gide ayant lâché quelques paroles, un peu honteuses (« Au temps de l'Affaire, j'ai été dreyfusard parce qu'il fallait sauver la République. Aujourd'hui je ne mets rien au-dessus du salut de la Révolution soviétique. La plus belle preuve d'amour que nous puissions donner à l'URSS est de lui faire confiance en cette affaire [6] »), au lendemain du Congrès, Magdeleine Paz lui fait lire une lettre de l'écrivain déporté, écrite six semaines avant son arrestation. Or Gide est invité pour un cinq à sept ce jour-là à une réception à l'ambassade soviétique. Il tente d'y parler de Serge à l'ambassadeur, mais le moment est mal choisi. Le lendemain, encore tourmenté par l'affaire, il écrit au diplomate, qui accepte de le recevoir le 1er juillet. Potemkine – c'est son nom – promet à Gide de faire tenir sa lettre à Staline lui-même.

6. Témoignage d'E. Mounier, *Œuvres*, IV, *Recueils posthumes et Correspondances*, Seuil, 1963, p. 574.

Selon Victor Serge, c'est alors que Gide commença « son revirement », comprenant « que le Congrès était entièrement manœuvré, avec une parfaite mauvaise foi, par les agents du PC. Il se sentait joué, vit la laideur morale de tout ça. Il eut à mon sujet un entretien avec l'Ambassadeur de l'URSS – et sortit de là plein de doutes [7] ». En attendant, Gide continue à jouer les potiches d'honneur. Le 30 juin, il se rend en banlieue, pour inaugurer une avenue Maxime-Gorki : « En rentrant de Villejuif, écrit la Petite Dame, tard le soir, il vient encore bavarder avec moi ; il a l'air un peu éperdu et assez dégoûté. Il a été trop à l'honneur, et Aragon a fait sur lui un discours vraiment trop boursouflé [8]... »

L'affaire Serge finit par avoir une conclusion heureuse. Après l'intervention décisive de Gide, Romain Rolland, à son tour, reçu par Staline, saisit l'occasion de lui parler de l'affaire. Serge est autorisé à quitter l'URSS. Laval lui ayant refusé un visa français, il gagne, muni d'un visa belge de trois ans, Bruxelles où l'accueille le 17 avril 1936 Charles Plisnier. Il a l'occasion de faire la connaissance de Mounier (qui habite alors la Belgique, pays de sa femme) et de quelques-uns des collaborateurs d'*Esprit*. La revue a déjà fait écho, en novembre 1933, à une brochure de Marcel Martinet (*Où va la révolution russe ? L'affaire Victor Serge*) et suivi la défense du déporté de l'Oural. Mounier, sollicité par Paul Nizan, Jean-Richard Bloch et André Malraux, a assisté et parlé au Congrès des écrivains. Il y voit « un impressionnant tableau si l'on se reporte à l'âge de Barrès : l'intelligence est à gauche incontestablement », mais sans adhérer aux effusions ambiantes : « Que de conformisme, que de platitude avec le Grand Staline et l'URSS infaillible ! » En revanche, il apprécie les interventions de Magdeleine Paz et de ses amis en faveur de Serge. Il invite donc Serge à devenir un collaborateur occasionnel d'*Esprit*. L'écrivain y donne notamment, dans son numéro de juin 1936, des lettres que Martin du Gard recommande à Maria Van Rysselberghe, la Petite Dame : « Avez-vous lu les *bouleversantes* lettres de Victor Serge dans *Esprit* de juin ? Dont celle à Gide... Qu'en pensent les “purs” ? Pour moi, ça me paraît coller tellement bien à ce que je sens, à ce que tous les recoupements permettent de deviner [9]... »

Gide, après cette première alerte, va pouvoir bientôt prendre

7. V. Serge, *op. cit.*, p. 22-23.
8. *Les Cahiers de la Petite Dame*, *op. cit.*, II, p. 462-471.
9. R. Martin du Gard, *Journal*, *op. cit.*, II, p. 1188.

la mesure *sur place* du régime stalinien, en acceptant l'invitation de se rendre en URSS. Un peu avant son départ, Serge lui écrit : « Nous faisons front contre le fascisme. Comment lui barrer la route avec tant de camps de concentration derrière nous ?… Laissez-moi vous dire que l'on ne peut servir la classe ouvrière et l'URSS qu'en toute lucidité. Laissez-moi vous demander, au nom de ceux qui, là-bas, ont tous les courages, d'avoir le courage de cette lucidité [10]. » Le vœu de Victor Serge sera comblé.

Le Congrès des écrivains de 1935 a une autre conséquence : la rupture définitive entre les surréalistes et le Parti communiste. Si André Breton et ses amis ne sont pas intervenus en faveur de Victor Serge (une allusion de celui-ci dans ses *Carnets* montre sa déception à ce sujet), c'est qu'ils ont sans doute d'autres chats à fouetter. L'attitude des communistes et des Soviétiques à leur endroit, au cours de ce Congrès, leur signifie l'échec du rapprochement tenté depuis 1926. De petits-bourgeois, ils sont devenus dangereux gauchistes, empêcheurs de rassemblement frontiste. Breton imaginait que les communistes admettraient le caractère révolutionnaire de l'avant-gardisme culturel ; il se rend compte qu'ils souhaitaient avant tout une littérature de propagande, entièrement vouée aux succès de l'URSS, au soutien de l'URSS.

Au mois d'août 1935, Breton et ses amis expliquent leur « défiance » envers l'Association internationale des écrivains pour la défense de la culture, conspuent l'alignement des anciens surréalistes, s'élèvent encore une fois « violemment » contre toute tentative de réhabilitation de l'idée de patrie, mettent au pilori le « culte idolâtre » de Staline et se démarquent catégoriquement du régime de la Russie soviétique tel qu'il est alors [11]. Breton, peu après, se rapproche de Georges Bataille et de la revue *Contre-attaque*, dont un tract publié en octobre définit la pensée révolutionnaire de ses membres, favorables à un parti « d'une vaste composition de forces, disciplinée et fanatique, et une intraitable dictature du peuple armé ». On veut associer la socialisation des moyens de production à la formation d'une superstructure sociale nouvelle. On voue

10. V. Serge, *Mémoires d'un révolutionnaire*, Seuil, rééd. 1978, p. 353.
11. « Du temps où les surréalistes avaient raison », in A. Breton, *OC*, *op. cit.*, II, p. 460-471.

l'idée de nation et de patrie aux gémonies. Tout cela, chimiquement pur, est d'un irréalisme somptueux. Le 21 décembre, *Le Figaro* publie une interview d'André Breton sur la rupture des surréalistes avec le communisme stalinien[12]. Quand, en 1936, seront connus les procès de Moscou, Breton et les surréalistes se montreront des plus actifs dans leur dénonciation, ce qui amènera peu à peu l'éloignement de Paul Éluard, en coquetterie avec *L'Humanité*, des surréalistes. Un long malentendu a pris fin. Breton et ses fidèles ont fini par comprendre l'incompatibilité de nature entre la révolution surréaliste, quelle que soit la dose de marxisme qu'ils y ont injectée, et le régime soviétique et le communisme d'appareil. Cependant, dans leur extrême rigueur idéologique, les surréalistes s'acculent à un isolement que leur participation à des petits groupes comme celui de Georges Bataille ou leur rapprochement avec le trotskisme ne surent pas atténuer. Surtout, en refusant de distinguer la France « ultra-impérialiste » de l'Allemagne hitlérienne, également coupables à leurs yeux, les surréalistes s'enferment dans une position inextricable.

Le 30 août 1935, s'éteint à Moscou un de ceux qui ont été leur tête de Turc, Henri Barbusse. Avec lui, les communistes perdent un de leurs plus fidèles propagandistes. Ils rappellent qu'il a consacré sa vie depuis la fin de la guerre à favoriser tous les rassemblements possibles d'écrivains, en vue de la défense de la révolution bolchevique. Directeur de *Monde*, dirigeant de l'AEAR, membre du comité directeur de *Commune*, organisateur du récent Congrès des écrivains pour la défense de la culture, Barbusse n'avait eu de cesse de créer des ponts entre les écrivains et la classe ouvrière, sous l'égide du PCF. Celui-ci, reconnaissant, lui ménage des funérailles grandioses au Père-Lachaise, un de ces rites solennels dont le Parti communiste allait avoir le secret : des dizaines de milliers de Parisiens communièrent dans la mémoire de l'auteur du *Feu*, qui eut droit à des oraisons funèbres éloquentes :

« Car cet homme de révolution fut exemplairement un honnête homme. Comme beaucoup d'autres, il devint révolutionnaire par simple honnêteté. C'est à cause de cela que parmi les morts innombrables que l'on célébrera demain, et qui auront à

12. M. Noël, « Le surréalisme en liberté. D'une gifle à une rupture », *Le Figaro*, 21 décembre 1935.

subir tant d'hommages douteux, il n'en est pas un seul, je dis pas un seul, quel que soit l'idéal qu'il ait servi, quelles que soient les illusions ou les amertumes dans l'enveloppement desquelles il ait pu mourir, dont la mémoire ne soit pieusement honorée, si nous l'associons en ce moment à celle de Barbusse, militant irréprochable de la Poésie, de la Révolution et de la Paix. »

Que cette rhétorique de cimetière, publiée par le numéro de décembre 1935 de *Commune*, ne soit pas d'un écrivain communiste, mais de Jules Romains, dont la publication des *Hommes de bonne volonté* reste un événement littéraire depuis 1932, témoigne encore de l'influence communiste. Dans le même numéro, complètement tenu par les staliniens, on note aussi au sommaire les noms d'André Gide, de Romain Rolland, d'André Malraux, de Julien Benda, de Jean-Richard Bloch… : au moment du Front populaire l'entreprise de séduction des écrivains français par le PCF avait obtenu des résultats flatteurs.

# 28
# *Sur le front éthiopien*

L'année 1935, fertile en événements, devint, à la défeuillaison, le théâtre d'un affrontement entre intellectuels qui n'avait jamais été aussi tranché depuis l'affaire Dreyfus : la crise d'Éthiopie en est l'origine.

L'Éthiopie était un État indépendant d'Afrique – c'était même à peu près le seul. L'Italie qui avait déjà jeté son dévolu sur elle avait essuyé un échec historique lors de sa tentative de conquête en 1896. En 1923, l'Empire du Négus, comme on l'appelait, avait été admis à la SDN à l'unanimité de ses membres. *Ipso facto* son indépendance et son intégrité territoriale étaient garanties comme pour tous les membres de la Société des nations. L'Italie, qui possédait l'Érythrée voisine, continuait néanmoins sa pénétration économique, à laquelle tentait de résister le Négus. Mussolini prépare en Érythrée, depuis 1933, la logistique de l'invasion. Et l'applique en 1935. A ses yeux, la revanche sur le désastre d'Adoua de 1896 compte encore plus que l'intérêt économique : il faut montrer au monde la volonté de puissance – et la puissance – de l'Italie fasciste.

La question se pose dès lors aux diplomates français et anglais sous la forme d'un dilemme. S'ils laissent faire Mussolini, ils ruinent les principes de la « sécurité collective » et la SDN elle-même. S'ils décident de l'arrêter, ils perdent un allié face à l'Allemagne hitlérienne. En effet, en 1934, la tentative d'assassinat du chancelier d'Autriche Dollfuss avait eu pour contrecoup un rapprochement anglo-franco-italien, capable de faire barrage aux prétentions de Hitler – rapprochement concrétisé par la Conférence de Stresa en mars 1935.

Mussolini profite habilement, en décembre 1934, d'un

incident de frontière, à Oual-Oual, qui lui fournit un *casus belli*, pour y concentrer les troupes italiennes en janvier 1935 ; l'empereur Hailé Sélassié fait appel à la Société des nations. L'affaire va traîner pendant huit mois. Les Anglais et les Français tentent de convaincre les Italiens en leur proposant, lors d'une conférence à Paris, au mois d'août, l'établissement d'un « mandat franco-anglo-italien sur l'Éthiopie ». Surprenante proposition puisque l'Éthiopie est indépendante. Qu'importe. Mussolini, toujours dans le style poings sur les hanches, refuse. A la mi-septembre, les Anglais tentent de l'intimider en concentrant une imposante flotte de guerre en Méditerranée orientale. Le dictateur italien, tout comme Hitler le fera en mars 1936 en remilitarisant la Rhénanie, joue alors son va-tout, en donnant l'ordre d'invasion de l'Éthiopie le 2 octobre 1935. Qu'était-il besoin de s'inquiéter : la Royal Navy ne bouge pas.

Sur la demande de la Grande-Bretagne et de la France, et en vertu de l'article 16 du Pacte de la Société des nations, la SDN vote des sanctions contre l'Italie. Des sanctions uniquement économiques et financières. *A posteriori*, le manque de résolution des Britanniques et des Français est d'autant plus étonnant que l'Italie ne pouvait certainement pas soutenir un conflit armé avec la flotte anglaise et les troupes françaises. Que la fermeté des Anglais et des Français eût provoqué l'humiliation du régime fasciste, et sa chute probable. Les finasseries de Laval, désireux de ne pas se couper de l'Italie mussolinienne, et les timidités britanniques laissèrent finalement la bride sur le cou au régime fasciste, qui put s'emparer de l'Éthiopie. Pour couronner le tout, la SDN votera la levée des sanctions, en 1936. Qui pouvait croire encore dans la SDN ?

Le 22 septembre 1935, Maurras donne un article au vitriol à *L'Action française*, intitulé : « Assassins. » Il ne s'agit pas des soldats italiens qui attendent l'ordre de marche à la frontière de l'Éthiopie, mais des « 140 » parlementaires français qui ont signé un manifeste hostile à l'expédition mussolinienne : « Nous prions les bons Français qui nous suivent de prendre note des 140 noms d'*assassins de la Paix, d'assassins de la France* que nous publions ci-dessus. J'engage nos amis à découper ce dénombrement précieux et à le loger au coin le plus sûr de leur portefeuille… le jour où grêleront les fascicules de mobilisation… ce jour-là, il sera juste qu'ils expient […].

Assassins ! Assassins ! [...] il faut que votre sang soit versé le premier[1]. »

*L'Action française* a de nouveau le vent en poupe. C'est elle qui, par sa campagne, en janvier 1934, lors de l'affaire Stavisky, a été sans contredit à l'origine du 6 Février. Dans l'affaire éthiopienne, elle prend fait et cause pour Mussolini et injurie les élus et les intellectuels qui n'hésitent pas, selon elle, à risquer une guerre pour désavouer l'Italie, notre sœur latine, notre alliée naturelle. Le 28 septembre, le journal de Maurras s'attaque cette fois aux démocrates-chrétiens de *L'Aube*, qu'elle accuse de se compter au rang des « 140 » bellicistes du Parlement. Francisque Gay, directeur de *L'Aube*, est nommément visé. Outré d'un procédé si peu convenable, il adresse aussitôt au procureur de la République une plainte « pour menaces de mort ». Maurras sera condamné plus tard à une peine de prison. Cet homme qui n'aurait pas tué une mouche de ses propres mains a le stylo homicide. Il n'en est pas à son dernier appel au meurtre.

Les passions s'exaspèrent au lendemain de l'invasion italienne que Mussolini lance le 2 octobre. Le 4, *Le Temps* publie un « Manifeste pour la défense de l'Occident » (rebaptisé ensuite : « Manifeste des intellectuels pour la paix en Europe et la défense de l'Occident[2] »), dont la rédaction est due à Henri Massis. Une première fournée de 64 intellectuels signe aussitôt.

Le document révoque sans appel le principe d'éventuelles sanctions contre l'Italie et s'élève contre le danger de guerre – non pas la guerre d'Éthiopie, mais la guerre que pourrait provoquer une politique de rétorsion de la part des puissances occidentales contre Mussolini. Il défend également la légitimité d'une œuvre colonisatrice dans un pays dont l'indépendance n'est qu'« un amalgame de tribus incultes », un des pays « les plus arriérés du monde » ; dénonce « la dangereuse fiction de l'égalité absolue de toutes les nations », « le faux universalisme juridique qui met sur le pied d'égalité le supérieur et l'inférieur, le civilisé et le barbare » ; s'élève enfin contre ceux qui « n'hésiteraient pas à déchaîner une guerre universelle, à coaliser toutes les anarchies, tous les désordres, contre une nation où se sont affirmées, relevées, organisées, fortifiées, depuis quinze ans, quelques-unes des vertus essentielles de la haute humanité. »

1. Ch. Maurras, « Assassins ! Appel nominal des parlementaires maçons qui veulent la guerre », *L'Action française*, 22 septembre 1935.
2. Voir le texte intégral en annexe, p. 780-781.

D'un esprit colonialiste sans vergogne, cette apologie du régime fasciste se donne pour objectif immédiat de peser sur les décisions que va prendre le gouvernement Laval. Il offre comme avantage secondaire de répertorier tous les intellectuels français qui, résolument hostiles au Front populaire, peuvent constituer la réplique d'un Comité de vigilance de droite. Au Comité antifasciste, il oppose un regroupement, sinon fasciste, à tout le moins, selon l'expression de Brasillach, « anti-antifasciste ».

Sur 64 signataires, on compte 12 académiciens (bientôt 16), dont Mgr Baudrillart, Henry Bordeaux, Henri de Régnier ; on voit encore sans surprise les noms de Charles Maurras, Léon Daudet, Henri Béraud, Pierre Drieu La Rochelle, Thierry Maulnier, Jean-Pierre Maxence, Jean de Fabrègues, Robert Brasillach, Pierre Gaxotte… Celui d'Henri Ghéon, définitivement passé à droite, n'étonne pas davantage. Plus inattendu peut-être est de trouver le nom du philosophe chrétien Gabriel Marcel et celui de l'écrivain Marcel Aymé, collaborateur de l'hebdomadaire de centre gauche *Marianne*, dirigé par Emmanuel Berl.

Marcel Aymé juge utile de s'en expliquer dans *Marianne* même, par un article du 16 octobre, précédé d'un chapeau de la rédaction : « Marcel Aymé a accordé sa signature à un manifeste que *Marianne* réprouve de toutes ses forces – les protestations que ce geste a provoquées autour de Marcel Aymé incitent celui-ci à expliquer son attitude. »

L'auteur de *La Jument verte* avoue que, certes, tous les termes du manifeste de Massis ne lui convenaient pas, mais que « l'essentiel » pour lui reste d'éviter la guerre : « Au lieu de prendre du galon parmi les intellectuels de gauche en réclamant des sanctions contre l'Italie, dans une guerre de principes, j'ai signé un manifeste de droite, et même d'extrême droite, qui s'insurgeait contre des mesures propres à nous entraîner, de l'aveu même de leurs plus zélés partisans, dans une guerre de droit. Entre la paix européenne et une guerre sanglante à la guerre, j'ai choisi sans hésiter [3]. » Encore un effet du pacifisme.

Pour l'heure, à gauche, les intellectuels se refusent en majorité à laisser sans réaction l'expédition italienne contre un État membre de la SDN. Ils répliquent, et sans tarder, à leurs adver-

3. M. Aymé, « Une signature », repris dans *Du côté de chez Marianne*, Gallimard, 1989, p. 322.

saires de droite dont les noms s'ajoutent aux 64 premières signatures. Jules Romains est un des plus prompts à prendre l'initiative. En compagnie de Louis Aragon et de son ami Luc Durtain, il rédige, le soir du 4 octobre, dans un café de la rue des Martyrs, un contre-manifeste, qui sera publié le lendemain, 5 octobre, dans *L'Œuvre*. Les signataires s'étonnent « de trouver sous des plumes françaises l'affirmation de l'inégalité en droit des races humaines, idée si contraire à notre tradition… », ils défendent la SDN et engagent le gouvernement à « se joindre aux efforts de tous les gouvernements qui luttent pour la paix et pour le respect de la loi internationale ».

Outre Jules Romains, Luc Durtain et Louis Aragon, ce texte était signé par André Gide, Romain Rolland, Jean Cassou, André Chamson, Jean Guéhenno, Pierre Gérôme, Alain, Jean Perrin, Langevin, Paul Rivet, Charles Vildrac, Jean Prévost, André Malraux, Louis Guilloux, Emmanuel Mounier, Jean Schlumberger, etc., et tous les membres du Comité de vigilance des intellectuels antifascistes.

Bien des signataires des deux textes et bien des observateurs éprouvent alors le sentiment que la France est coupée en deux comme aux plus beaux temps de l'affaire Dreyfus. Ainsi, le 10 octobre, Roger Martin du Gard écrit, de Nice, à Maria Van Rysselberghe :

« Combien instructif le *Manifeste pour l'Occident*, et ce millier de signatures autour de Massis. Cela aide à faire le point, à répartir les gens, à faire des intellectuels français un classement qui soit “à jour”. J'ai télégraphié pour qu'on m'inscrive en hâte sur la liste des protestataires, la liste de J. Romains. Mais nous sommes peu. *Ils sont le nombre et la force*. L'affaire Dreyfus est un phénomène éternel. Le recensement était nécessaire, et tombe au bon moment [4]. »

Pourtant, quelque chose de nouveau se fait jour, qui révèle un changement de climat intellectuel et politique depuis la guerre : c'est l'attitude de bon nombre d'intellectuels catholiques qui refusent de se laisser engager derrière le manifeste de droite. Les démocrates-chrétiens de *L'Aube*, de *La Vie catholique*, les dominicains de *Sept* et de *La Vie intellectuelle*, les catholiques collaborant à *Esprit*, et quelques personnalités, naguère de droite, comme François Mauriac, s'emploient à

4. R. Martin du Gard, *Journal*, *op. cit.*, II, p. 1154.

s'exprimer de manière autonome, qui soit plus proche du manifeste de gauche que de l'apologie profasciste lancée par le catholique maurrassien Henri Massis. Pour eux, il devient intolérable que le christianisme soit assimilé à une civilisation occidentale, elle-même définie comme la civilisation des hommes supérieurs face aux « barbares ». Le 17 octobre, *L'Aube* de Georges Bidault, puis les hebdomadaires *La Vie catholique* et *Sept* publient ainsi un troisième manifeste, dit « Manifeste pour la Justice et la Paix », qui rappelle l'impératif de la justice, refuse d'approuver « M. Mussolini », et souligne la nécessité d'affirmer cette volonté de justice et de paix par l'intermédiaire de « l'organisme de Genève ».

Ce texte était signé, entre autres, par Étienne Borne, Henri Davenson (*alias* Henri-Irénée Marrou), Robert Delavignette, Georges Duveau, Henri Guillemin, Jean Lacroix, Jacques Madaule, Jacques Maritain, Pierre-Henri Simon, mais aussi Paul Claudel et Francis Jammes… Il était aussi contresigné par une douzaine de signataires du manifeste antifasciste, dont Emmanuel Mounier.

En lisant ce troisième manifeste, Gide s'enflamme : pourquoi ne pas le contresigner, et faire fusionner les deux listes ? Il consulte la Petite Dame et Pierre Herbart. « Tous les deux, écrit M$^{me}$ Théo, nous achoppons au même passage : “Il ne faut jamais oublier non plus que c'est une grande injustice de jeter, même au nom du droit, un peuple au désespoir”, qui prouve que si ce manifeste est nettement contre l'Italie, il est aussi contre les sanctions ! et pour les remplacer par quoi ? Ici une phrase vague : “C'est à d'autres moyens qu'il faut avoir recours.” Il nous semble qu'on ne peut adhérer à ce manifeste qu'en indiquant une restriction quant aux moyens, sans pourtant les mettre au pied du mur. » Finalement, Pierre Herbart freine Gide, qui se contente de faire le brouillon d'une lettre d'adhésion sous réserves. Et puis, le 19 octobre, lisant un article vengeur de *L'Action française* contre *L'Aube*, il pense qu'il est préférable de ne pas embarrasser ces catholiques démocrates avec son adhésion [5].

Il est remarquable que le manifeste de ces intellectuels ait été inspiré par Mauriac. Celui-ci ne passe pas alors pour un catholique de gauche. A telle enseigne que Roger Martin du Gard

5. *Les Cahiers de la Petite Dame*, *op. cit.*, II, p. 481-483.

reste convaincu du ralliement immédiat de Mauriac au manifeste de Massis. Bien plus tard, le 21 août 1936, s'enferrant dans l'erreur, il écrit à sa femme : « Ne pas oublier que Mauriac a été des premiers à signer le manifeste *pour l'agression* de Mussolini, justifiant ouvertement *la politique de conquête* ! Mauriac est le pire ennemi, pour moi. Et j'applaudis à tout ce qui peut l'abattre, diminuer son autorité, arracher le masque chrétien, montrer l'homme qu'il est, nettement *méprisable* [6]. »

Ce quiproquo en dit long sur la haine de Martin du Gard à l'endroit de Mauriac, un cagot qui parle toujours au nom de « nous, les chrétiens… », un carriériste, un tartufe. A vrai dire, l'évolution de Mauriac date de peu. Certes, il a manifesté quelques sympathies pour le Sillon démocrate-chrétien de Marc Sangnier avant la guerre, mais cela lui est bien passé. Bourgeois sur toutes les coutures, frère d'un chirurgien notablement d'Action française, il eût été pris pour un parfait conservateur, n'étaient ses romans qui inquiètent les directeurs de conscience de la jeunesse catholique par leur moiteur sensuelle et la peinture féroce qu'il y fait des familles bien-pensantes. En janvier 1935, il se rend à Rome, envoyé par *Le Journal*, au moment de la visite de Pierre Laval à Mussolini. Le 2, il écrit : « Mussolini continue l'œuvre des empereurs et des papes [7]. » Ce n'est pas de la plus belle eau antifasciste. Cependant, l'affaire d'Éthiopie marque un tournant dans sa vie politique. Non pas une conversion à la gauche, au catholicisme de gauche, tel qu'il prend corps à ce moment-là, du moins à une étape critique à l'endroit des positions conservatrices. Ainsi, le 24 septembre 1935, il s'en prend dans *Le Figaro* à un dessein de Sennep représentant le Négus dans un cocotier à côté de deux singes. C'est encore un article modéré, mais déjà nettement antiraciste (« J'imagine un garçon de couleur, dont le père ou le frère aîné repose depuis vingt ans, quelque part, entre la mer et les Vosges. J'affirme qu'il y a là de quoi susciter dans un cœur simple une haine assez puissante pour remplir sa vie ») – un article qui répond d'avance aux arguments du texte de Massis sur « les tribus barbares » qu'il faut civiliser à coups de canon. Les informations sur les bombardements des villages éthiopiens, l'influence sans doute de Jacques Maritain, du père Maydieu, tout cela le

6. R. Martin du Gard, *Journal*, *op. cit.*, II, p. 1154.
7. F. Mauriac, « Les beaux jours de Rome », *Le Journal*, 2 janvier 1935.

conduit vers la petite troupe des démocrates-chrétiens et autres catholiques de gauche qui vont condamner Mussolini [8].

Parmi les autres signataires, notons aussi Emmanuel Mounier, aux côtés des autres collaborateurs d'*Esprit*. De sa fondation, en 1932, jusqu'à 1935, cette revue a affiché une défiance explicite envers la politique, parlant de révolution, passant au crible le régime capitaliste et la démocratie parlementaire, mais ne proposant vraiment que des moyens « spirituels » pour saper le « désordre établi ». Au lendemain du 6 Février, Mounier et ses amis n'ont voulu s'associer ni à l'un ni à l'autre camp ; ils ont signé en avril 1934 un texte, « Pour le bien commun », inspiré par Jacques Maritain, le directeur des éditions de Brouwer Stanislas Fumet, Gabriel Marcel, et refusant de contribuer au partage de la France en deux. Idée d'une troisième voie, tournant le dos au libéralisme et au communisme, mais dont les moyens envisagés restent ceux « de l'ordre spirituel et de l'ordre de la vie privée », ce qui vaut aux signataires du texte cette réplique de Massis, qui n'est sans doute pas imméritée : « un parti pris de ne s'engager nulle part [...] qui pratiquement conduit au refus de servir [9]. » L'affaire d'Éthiopie amorce aussi pour eux un tournant ; ils deviennent attentifs aux prémices du Front populaire. Certes, ils ne sont pas dupes du virage à 180° du PCF, ils s'amusent de se voir désormais courtisés par les intellectuels communistes, qui les traitaient naguère de graine de fascistes. Néanmoins, ils prennent conscience d'une réalité : « A gauche, il y a le peuple. » Quand *Vendredi* sera fondé, plusieurs collaborateurs d'*Esprit*, et Mounier lui-même, y donneront des articles de manière épisodique. Le front des mouvements de jeunesse des années trente – les « non-conformistes » – vole en éclats, s'il a jamais existé. Les Jeunes Droites sont aspirées par les ligues, les revues, les journaux de leurs origines contrôlées ; *Ordre nouveau*, toujours très dogmatique, cherche sa voie dans l'isolement, tandis que Mounier écrit à Nicolas Berdiaeff, le 15 février 1936 : « Le mouvement s'oriente nettement vers un fascisme anti-ouvrier et une technocratie petit-bourgeois que nous ne pouvons admettre [10]. » Le reclassement de la société politique paraît reconstruire, comme

8. Voir J. Lacouture, *François Mauriac*, Seuil, 1980, p. 311-314.
9. H. Massis, *La Revue universelle*, 15 mai 1934.
10. E. Mounier, *op. cit.*, IV, p. 580.

au cours de l'affaire Dreyfus, la dualité droite-gauche. Malgré toutes les contradictions qui agitent leurs rangs, la formation du Front populaire tend à partager aussi en deux le milieu intellectuel. La guerre d'Éthiopie, comme l'a écrit Martin du Gard, a servi de spectrogramme : on sait qui est avec qui. Mais pas pour longtemps. Car une question reste, profonde, sournoise, impérieuse cependant : quelle attitude faut-il avoir face au fascisme international, quand la volonté d'arrêter son expansion implique un risque de guerre ?

Aucun des trois manifestes, à cet égard, ne brille par la lucidité. Ramon Fernandez le souligne dans un article de la *NRF* de novembre 1935. Aucun d'eux ne va jusqu'au terme de sa logique interne : « Lisez les manifestes que je citais plus haut : vous y trouverez des idées beaucoup moins claires et beaucoup moins valables que celles que vous recueillerez au cabaret du coin. » En particulier, Fernandez note, faisant allusion au manifeste de gauche : « Et pourquoi ne point ajouter : l'action où nous engage la SDN entraîne des risques, mais ces risques valent le coup, parce qu'ils accompagnent ce qui pourrait devenir une transformation positive de l'Europe [11] ? »

Le vote des sanctions contre l'Italie par la SDN provoque quelques manifestations d'extrême droite sur les boulevards, où Jean-Pierre Maxence se distingue avec les militants d'un groupe fascisant, la Solidarité française. L'Union pour la Vérité, de Paul Desjardins, tente d'organiser le débat entre les signataires des différents manifestes. Il aboutit effectivement à deux réunions, les 19 et 26 octobre, « pénibles, orageuses », dégénérant parfois en « altercations personnelles », selon le propre aveu du *Bulletin* de décembre 1935 de l'Union pour la Vérité. De son côté, la toute nouvelle Association des écrivains pour la défense de la culture, issue du congrès de juin, trouva là une belle occasion de tenir ses premières assises – toujours dans la salle du palais de la Mutualité.

André Gide en assume l'inévitable présidence. Témoignage de la Petite Dame : « Gide préside, fait la besogne, introduit les orateurs, dit un mot attendri sur Barbusse – tout cela très mal, du reste, et sans aisance. Beaucoup de paroles et de frais d'éloquence, pas grand-chose de nouveau, il est vrai que sur le sujet

11. R. Fernandez, « Remarques sur le conflit italo-éthiopien », *NRF*, 1er novembre 1935.

principal : la guerre italo-éthiopienne, on a déjà tout dit, redit et écrit[12]. » Malraux, Cassou, Chamson, Guéhenno… Mme Théo a de l'indulgence pour l'un d'eux : « Benda est clair et attachant. » De fait, Julien Benda est un des rares intellectuels à poser la question vraiment politique de l'affaire éthiopienne, celle qui engage l'avenir : saurons-nous défendre le droit et la justice, autrement que par des jérémiades ? Saurons-nous défendre la paix, autrement que par le pacifisme bêlant ?

« Évidemment, le maintien de l'ordre, que ce soit entre États ou dans l'intérieur de l'État, peut comporter qu'il y ait, comme on dit vulgairement, de la casse. […] Mais ce qu'il ne faut se lasser de répéter, c'est que, si les sanctions comportent un risque de guerre, c'est parce qu'elles n'ont pas été appliquées comme elles l'eussent dû. *Si l'agresseur avait vu, dès son premier geste de violence, se dresser contre lui, instantanément, automatiquement, l'armée française, la flotte anglaise, la puissance russe, et même leur simple menace, il eût capitulé dans les douze heures et vous n'eussiez pas eu à déplorer la mort d'un seul Français.* Mais cette opposition soudaine et foudroyante à l'agresseur, c'est précisément ce que nos adversaires ne veulent pas, parce qu'alors c'est le découragement pour tout agresseur futur et c'est la suppression de la possibilité même de la guerre[13]. »

L'inconséquence, en effet, de tous les partisans de la « sécurité collective », adversaires résolus de la diplomatie traditionnelle et des traités d'alliance, c'est qu'ils ne veulent absolument pas doter leur volonté de paix et leur défense du droit d'une force à même de les faire respecter. Dès que leur propre État – État de droit, lui – fait mine de vouloir garantir les frontières des États indépendants par une politique de fermeté, impliquant la menace militaire, ils le dénoncent comme un fauteur de guerre. Quant aux intellectuels de droite, s'ils se sont convertis au pacifisme, c'est occasionnel. Face à la montée en puissance des forces populaires et notamment du Parti communiste en France, c'est la politique intérieure qui ne va cesser de guider leur analyse des relations internationales. L'Éthiopie est un premier pas, qui serait suivi de bien d'autres : le *néo-pacifisme*, comme on l'appelle, a de l'avenir : l'Allemagne et l'Italie sont là pour lui en assurer.

12. *Les Cahiers de la Petite Dame*, *op. cit.*, II, p. 494.
13. J. Benda, « Le clerc et la guerre d'Éthiopie », *Commune*, décembre 1935.

29

# Vendredi

En pleine crise éthiopienne, Roger Martin du Gard écrit à Maria Van Rysselberghe : « On semble s'agiter ferme autour de *Vendredi* ? Des échos de la NRF m'apprennent qu'on y est *ulcéré* de voir Gide, Bost, Cassou, aider au lancement d'un hebdomadaire concurrent de *Marianne*. La direction Chamson-Guéhenno-Viollis – incroyable Trinité – m'est vivement sympathique, mais ce sont trois "crédules", trois "impulsifs", et je trouve fou de leur confier le gouvernail d'un pareil bâtiment, étant donné l'état de la mer [1] ! » Les amarres du nouveau journal sont pourtant larguées.

La presse hebdomadaire est dominée à l'époque par les journaux de droite ou d'extrême droite au verbe haut, *Gringoire*, qui tire à plus de 350 000 exemplaires, *Candide*, 250 000, et *Je suis partout*, environ 100 000. Gallimard souhaite réagir, car ces journaux attirent des auteurs, ses auteurs, avec des cachets royaux. Il a donc eu l'idée, avec Raymond Gallimard, de lancer *Marianne* en 1932, dont la direction est confiée à Emmanuel Berl, ami de Malraux et de Drieu, collaborateur de *Monde*, et auteur de deux petits essais assez ravageurs, *Mort de la morale bourgeoise* suivi de *Mort de la pensée bourgeoise*, qui le classent nettement à l'opposé de la presse dominante. Le titre du nouvel hebdomadaire était clair : ce sera un journal républicain, très ouvert sans doute, mais avant tout de gauche. Malgré les talents qu'y attire Berl, sa présentation élégante, ses photos, *Marianne* verra son tirage plafonner à 120 000 exemplaires (Gallimard finira par vendre le titre en 1937 à Raymond Patenôtre). On comprend l'émotion de la maison en apprenant, à

1. R. Martin du Gard, *Journal*, *op. cit.*, II, p. 1153.

l'automne 1935, la création d'un concurrent, *Vendredi*, qui s'annonce comme le journal des écrivains favorables au Front populaire.

L'idée en revient à André Chamson, homme discret, mais profondément soucieux des liens qui unissent littérature et politique. Alors âgé de trente-cinq ans, il s'est fait connaître par trois romans, tous publiés chez Grasset, le concurrent direct de Gallimard : *Roux le bandit*, en 1925, *Les Hommes de la route*, en 1927, et *Le Crime des justes*, en 1928. On peut le qualifier de régionaliste, tant le climat de sa terre d'origine, les Cévennes, et de cette civilisation paysanne et protestante dans laquelle il avait trempé depuis sa naissance imprègne ses ouvrages. Chamson, chartiste de formation, quelque temps bibliothécaire, a su se créer, lors de son arrivée à Paris, un beau réseau d'amitiés avec Jacques Kayser, Jean Prévost, Jean Grenier, Louis Guilloux, Roger Vitrac, tous de la même génération que lui. Amitiés stimulantes et solidaires : Prévost présente Chamson à Paulhan, et c'est ainsi que le jeune écrivain fait ses débuts à la *NRF*.

En 1928, fort de quelques livres déjà, il avait accepté l'invitation de Paul Desjardins, à la Décade de Pontigny, dans l'Yonne. Ce haut lieu de rencontre des écrivains avait été créé en 1910 par Paul Desjardins et sa femme, dans une ancienne abbaye cistercienne. Chaque année, et parfois plusieurs fois dans l'année, s'y retrouvaient, triés sur le volet, une quarantaine d'invités, pour discuter d'un thème annoncé [2]. Le milieu *NRF* y est en force, mais la première décade 1928 s'annonce mal en raison de l'absence de Gide, de Fernandez, de Du Bos… Néanmoins, sur le sujet de la décade : « Génération d'après la guerre », Martin du Gard atteste que deux jeunes écrivains se distinguent au-dessus du lot, André Malraux et, à côté de lui, André Chamson, qu'il décrit comme « un solide esprit, nourri de tradition, un Cévenol encore enraciné dans de nombreuses générations terriennes, un libre penseur avancé, partisan de certains bouleversements sociaux, mais dont l'esprit révolutionnaire, attaché au passé, s'opposait très curieusement au nihilisme total, au bolchevisme intègre du terrible et glacé Malraux [3]. » Lucie Mazauric, la femme de Chamson, date de cette décade 1928

2. Voir F. Chaubet, *Paul Desjardins et les décades de Pontigny,* thèse d'histoire, Lille, nov. 1996.
3. *Ibid.*, p. 660.

l'entrée de son mari dans « l'intimité » des écrivains de marque [4].

Bien introduit dans le milieu littéraire, Chamson fréquente aussi le monde politique. Lui et Lucie Mazauric sont proches par leurs familles et leurs origines des élus de leur région, de la mouvance radicale-socialiste. En 1925, il est devenu sous-chef du cabinet du ministre de l'Instruction publique et des Beaux-Arts, Édouard Daladier, sur la recommandation probable de son ami Jacques Kayser. L'année suivante, on le nomme secrétaire législatif de la Chambre des députés. Voilà donc un « paysan » tôt décrassé, à cheval sur deux mondes également influents. Mais André Chamson ne songe pas seulement à faire carrière. Il a des convictions. Celles qu'il partage avec ses cadets, les « non-conformistes », le pacifisme, le désir de révolution… Mais lui, pour avoir observé la vie politique de près, expérimenté la difficulté pour les élus de concilier l'idéal et le pratique, il refuse d'admettre l'antiparlementarisme de ses amis. En 1928 même, et sans être membre du Parti radical ni d'aucun autre, il participe à la campagne électorale de son cousin, Charles Berthézenne, qui est élu, puis réélu en 1932 et 1936. Grâce à cette bonne connaissance du terrain, à son poste à la Chambre, mais aussi à ses racines terriennes, Chamson s'est forgé un esprit moins « crédule » que ne le pense Martin du Gard. A preuve cet article, « Politique », publié dans *Europe* en novembre 1931, où il écrit notamment : « Je crois que la définition la plus serrée, la plus rapide, la plus convaincante aussi […] qu'on peut donner de l'action des hommes politiques […], c'est que les hommes politiques agissent sur le possible, c'est-à-dire toujours sur une alternative, toujours sur une possibilité. »

Le « déraciné » Chamson, immergé dans « la cornue parisienne », selon l'expression d'Alain, mêlé à un milieu littéraire passionné de politique et à un milieu politique passionné de littérature, fut amené à céder sa première vision du monde, statique, éternisante, a-historique, cyclique de la civilisation paysanne au profit d'une vision dramatique, événementielle, d'une réalité changeante, analysée, discutée, décortiquée dans les cercles qu'il fréquentait. Il a donc déjà mûri ses idées, quand tombe la foudre du 6 Février.

« Désormais, écrira Lucie Mazauric, nous ne pouvions plus

4. Voir C. Duret, *André Chamson, un intellectuel dans la Cité 1919-1939*, mémoire de DEA, IEP de Paris, 1995.

vivre comme les enfants chéris de l'histoire, en marge des catastrophes[5]... » Pour Chamson, comme pour les gens de gauche en général, il y avait eu un complot, tramé autour du préfet de police Chiappe, contre la République. Or le régime paraît fragile quand les masses peuvent être à ce point manipulées. « C'est fantastique ce que l'homme se laisse entraîner par les autres hommes. Il crie quand on crie. Il court quand on court... », dit un de ses personnages de *La Galère*, publiée en 1939. Pour Chamson, le 6 Février assigne une mission aux intellectuels : mobiliser toutes les forces de l'esprit dans la résistance au fascisme. Et il va payer de sa personne. Bon orateur, il participe à des meetings, adhère au Comité de vigilance des intellectuels antifascistes, entre à l'AEAR (Association des écrivains et artistes révolutionnaires) et se trouve en juin 1935 au Congrès des écrivains pour la défense de la culture, dont il est un des organisateurs. C'est lui encore qui, avec Jean Guéhenno et Jacques Kayser, rédige le texte du serment prêté par les manifestants du Rassemblement populaire à la cérémonie du 14 juillet 1935. Le plus important reste *Vendredi* : « *Vendredi* est né plus particulièrement de l'espèce d'humiliation que des écrivains, venus du peuple et fidèles au peuple, éprouvèrent quand ils virent à quel point le peuple avait été berné. Il leur semblait qu'un peu de la boue qui couvrait tant d'écrivains et de journalistes, collaborateurs d'hebdomadaires réactionnaires et policiers qui avaient préparé l'émeute, rejaillissait sur eux[6]. » Il faut dès lors livrer combat aux « hebdomadaires de l'émeute », qui affichent dans les kiosques de la capitale leurs mensonges et leurs provocations. La *Marianne* de Berl trop molle, trop éclectique, se révèle insuffisante face aux journaux d'extrême droite. Liberté, vérité, justice, on doit se ressourcer aux valeurs du dreyfusisme, mais cela dans la perspective politique du Rassemblement populaire. On doit fonder non pas un journal de parti, un journal de tendance, mais un organe d'union, qui porte les couleurs des écrivains et des intellectuels engagés aux côtés des partis de gauche et des syndicats.

Dès l'automne 1934, Chamson conçoit ce journal. Il cherche à monter son financement sans porter atteinte à sa liberté. Il trouve. Le mécène principal s'appelle Émile Lohner, ancien administra-

5. L. Mazauric, *Vive le Front populaire*, Plon, 1972, p. 15-16.
6. « Les écrivains en campagne », *Vendredi*, 8 mai 1936.

teur du *Temps* [7]. Certains amis radicaux de Chamson complètent l'apport. Conservateur adjoint du palais de Versailles depuis 1933, Chamson, sentant qu'il ne pourra à lui seul assumer la direction du journal, fait alors appel à son ami Jean Guéhenno, sympathisant du Parti socialiste, rédacteur en chef de la revue *Europe*.

Jean Guéhenno, son aîné de dix ans, vient de faire paraître son *Journal d'un homme de quarante ans*. Fils d'un cordonnier de Fougères, c'est un des représentants les plus indiscutables de la méritocratie républicaine qui passe par l'École normale supérieure. Un autre Péguy, de ce point de vue, mais qui serait sorti vivant de la guerre et aurait embrassé la carrière universitaire. Professeur de lettres estimé dans une khâgne parisienne, mais toujours fidèle au petit peuple de ses origines, il professe un humanisme un rien emphatique à *Europe*, dont il prend la direction en 1929, succédant à Léon Bazalgette qui vient de mourir. Sous son autorité, la revue proche de Romain Rolland prend un éclat et atteint une audience sans précédent. Tous les courants de gauche s'y côtoient, des radicaux aux anarchistes et aux trotskistes – Trotski lui-même y publiant son *Histoire de la révolution russe*. *Europe*, cependant, affronte au fil des années trente le même dilemme qui divise le Comité de vigilance, qui perturbe toute la gauche : l'attitude à adopter face au danger de guerre. Après l'arrivée au pouvoir de Hitler, Romain Rolland ne cesse d'alerter Guéhenno sur le nouveau régime allemand, la doctrine nazie… *Europe* informe largement sur la nouvelle Allemagne : article de Pierre Gérôme, que nous avons vu à l'origine du Comité de vigilance des intellectuels antifascistes, articles de Raymond Aron, qui vient de séjourner plusieurs années à Berlin, articles aigus de Jean-Richard Bloch. En 1934, pour le vingtième anniversaire de la déclaration de guerre, un numéro spécial présente une remarquable brochette d'articles pacifistes, d'Alain, de René Arcos, Philippe Soupault, Charles Vildrac, Eugène Dabit, Jean Giono, Marcel Martinet, Alfred Rosmer, de Guéhenno lui-même. Il existe encore cette année-là un consensus sur les grands thèmes de la gauche : sécurité collective, désarmement, révision des traités… Pourtant, le pacte franco-soviétique, l'Éthiopie, la Rhénanie provoquent les ruptures. Guéhenno tient une position médiane, refu-

7. Voir le mémoire de DEA de B. Laguerre, *Vendredi*, IEP de Paris, 1985.

sant de suivre les pacifistes intégraux autant que les partisans de la fermeté, la plupart compagnons de route du PCF. Du même coup, il prend des distances avec Romain Rolland. En janvier 1936, à la suite d'un différend avec les éditions Rieder qui publient la revue, il donne sa démission de rédacteur en chef. La nouvelle équipe d'*Europe* devient alors nettement rollandienne, communistes et communisants prenant sa tête avec Pierre Abraham, Georges Friedmann, René Maublanc, Jean-Richard Bloch, la rédaction en chef étant dévolue à Jean Cassou. On retrouve donc à *Europe*, mais à fronts renversés, la même scission qu'au Comité de vigilance, causée par les incompatibilités du pacifisme et de l'antifascisme [8]. Guéhenno est donc libre pour se lancer dans l'aventure de *Vendredi*.

André Chamson ayant obtenu son accord, tous deux s'avisent d'associer à la direction du journal une troisième personne, plus proche des communistes, et arrêtent leur choix sur Andrée Viollis. De son vrai nom Andrée Jacquet de La Verryere, elle passe pour l'une des femmes les plus remarquables de l'entre-deux-guerres. Fille d'un ancien préfet du second Empire, diplômée de la Sorbonne et d'Oxford, elle épouse Gustave Téry, directeur de *L'Œuvre*, en divorce, s'engage comme infirmière au front, puis, à la fin des hostilités, est nommée grand reporter au *Petit Parisien*, où elle signe ses articles du propre pseudonyme (Viollis) de son second mari, Ardenne de Tizac, historien de l'art chinois classique et conservateur au musée Cernuschi. Ses grands reportages en terre lointaine, notamment ceux qu'elle effectue en URSS, en Afghanistan, en Inde, la rendent déjà célèbre comme journaliste avant de faire d'elle une figure politique, grâce à son voyage en Indochine, en 1932, où elle accompagne Paul Reynaud, ministre des Colonies. En décembre 1933, elle publie dans *Esprit* ses « Quelques notes sur l'Indochine », suivies de son *Indochine SOS*, préfacé par Malraux et paru chez Gallimard en 1935. A la manière du *Voyage au Congo* de Gide, ce reportage constitue l'une des grandes protestations françaises contre le colonialisme. Ces activités rapprochent Andrée Viollis du Parti communiste, auquel adhère sa fille Simone Téry en 1935. A la naissance de *Vendredi*,

8. Voir N. Racine, « La revue *Europe* (1923-1939). Du pacifisme rollandien à l'antifascisme compagnon de route », *Matériaux pour l'histoire de notre temps*, BDIC, n° 30, janv.-mars 1993.

Andrée Viollis a cinquante-six ans. Lucie Mazauric la décrit ainsi dans ses Mémoires : « Très féminine d'aspect et de caractère, très “petite dame”, d'un naturel impulsif et généreux qui l'entraînait vers le communisme [...]. Elle apportait au journal une fantaisie de bon aloi et un charme sans mièvrerie. » A vrai dire, Andrée Viollis fut plus une caution – talentueuse, féminine et communisante – qu'une véritable codirectrice. Du moins la triade capitoline imaginée par Chamson pour présider aux destinées de l'hebdomadaire « du Front populaire » avait-elle belle allure.

A ce comité directeur, on adjoint le catholique de gauche Louis Martin-Chauffier, nommé rédacteur en chef ; André Ulmann, un jeune journaliste, collaborateur d'*Esprit*, devient secrétaire de rédaction ; puis André Wurmser, communisant, chargé des groupes « Savoir », sorte de clubs de jeunes lancés par le journal, mais aussi polémiste acéré contre la droite, et spécialement contre Henri Béraud, l'éditorialiste tonitruant de *Gringoire*. Le Congrès des écrivains de la Mutualité offre une belle occasion de recruter des auteurs. Beaucoup répondent à l'appel et écriront des articles, collaborateurs réguliers, intermittents ou circonstanciels. Parmi eux, on trouve de Claude Aveline à Stefan Zweig, en passant par André Gide, Jean Giono, Clara Malraux (André Malraux y publia les bonnes feuilles de *L'Espoir*), Julien Benda, Jean Blanzat, Jean-Richard Bloch, Jean Galtier-Boissière, Henriette Nizan (qui tient une page féminine sans frivolité ni féminisme antimasculin), Paul Nizan, Armand Petitjean, Jean Prévost, Henriette Psichari, Jean Schlumberger, Romain Rolland, Édith Thomas, Charles Vildrac, Marguerite Yourcenar, etc. Et Jacques Madaule, d'*Esprit*, qui entend affirmer une présence chrétienne dans le journal, aux fins de fonder une « démocratie véritable ».

De novembre 1935 à juillet 1936 – début de la guerre d'Espagne –, l'hebdomadaire conçu par André Chamson offre un portrait imperturbable de la gauche unie, en marche vers la victoire électorale d'avril-mai 1936. Le ciment idéologique en est l'antifascisme et la volonté de fonder une société plus humaine : « Libres comme électeurs, écrit Guéhenno le 24 avril 1936, comme citoyens, nous étions esclaves comme ouvriers, comme paysans, comme producteurs. Il nous fallait subir la dure loi des trusts, des unions économiques, des comités industriels. La rouerie de nos maîtres refaisait l'inégalité à mesure que la loi politique la détruisait. Et nous n'étions ni libres, ni égaux, ni frères parce qu'il ne saurait y avoir de liberté, d'égalité ni de fraternité dans un monde où la question du pain n'est pas résolue parce que des hommes affamés et inquiets du nécessaire ne peuvent être les uns pour les autres que des loups. »

Un facteur extérieur unit de surcroît ces écrivains et ces journalistes de gauche : l'ennemi commun ; non seulement le fascisme, mais la droite en général. De ce point de vue, *Vendredi* reflète bien ce qu'est le dualisme politique de la vie française en 1935-1936, l'hebdomadaire ne sachant pas toujours résister au manichéisme de ses adversaires. A la violence de *L'Action française*, de *Gringoire*, de *Candide*, de *Je suis partout*, *Vendredi* oppose parfois des raccourcis, des caricatures, des accusations aussi féroces qu'approximatives. La droite, dans ses colonnes, devient le pandémonium de tous les obscurantismes, de toutes les vilenies, de tous les égoïsmes. Ici on fustige les marchands de canons, les deux cents familles, les forces du passé, l'oligarchie, les grands comités, le mur d'argent, comme en face on vilipende les staliniens, les fauteurs de guerre, les budgétivores, les judéo-maçons… Quelques têtes de Turc s'imposent aux éreinteurs de *Vendredi* : Charles Maurras, François de La Rocque et Pierre Laval, confondus dans une égale réprobation [9]. On y parle peu de la gauche, fût-ce pour l'encenser, puisque la gauche représente quasiment toute la nation, comme le Tiers État du temps de Sieyès. Et il faut que la nation prenne conscience de la minorité que représentent ses exploiteurs et leurs chiens de garde.

Il est à noter que dans la mythologie anti-droite ne figure pas ce qui en constituait jusqu'alors le socle, l'anticléricalisme. Le Front populaire marque à cet égard un tournant, que reflète bien *Vendredi*, et que le discours de « la main tendue » de Thorez aux catholiques a officialisé : l'ennemi n'est plus le prêtre, l'Église, les jésuites ; ce sont le capitalisme et le fascisme.

*Vendredi* célèbre comme il se doit la victoire du Front populaire aux législatives de 1936 ; il décrit l'immense mouvement de grèves du mois de juin avec sympathie ; mieux, il confie à la CGT, ès qualités, une rubrique hebdomadaire ; il applaudit à la législation sociale qui suit l'Accord Matignon. André Cham-

9. Voir B. Laguerre, *op. cit.*, p. 66-72.

son vante ainsi les auberges de la jeunesse, les congés payés, l'œuvre d'une coalition de gauche qui est infiniment plus qu'une coalition électorale ; cela ne va pas sans quelque emphase : « Aucun doute n'est possible, une mystique est née en France. » Il voit en œuvre, dans cet été 1936, la « volonté de transformation spirituelle et morale » du pays. L'homme, le peuple, la justice, la vérité, il n'est pas avare des grands mots qui, l'espace d'une saison, bercent la société française sur l'air d'*Auprès de ma blonde*...

La grandiloquence de l'époque choque notre goût moderne, et *Vendredi* y a donné de bon cœur. Reste que le souffle de juin 36 a été longtemps une référence glorieuse du mouvement ouvrier, de l'émancipation ouvrière. Il suffit de lire Simone Weil, philosophe qui choisira de partager par idéalisme le sort des ouvriers de chez Renault, de lire ses écrits sur l'extraordinaire explosion de joie que provoquent les grèves et occupations d'usine en 1936, pour comprendre ce que, au-delà des péripéties politiques, au-delà des arrière-pensées des professionnels de la politique, fut la conscience de libération éprouvée par les ouvriers et les employés d'un système qui était resté celui du patron « de droit divin » : « On n'avait qu'un droit : le droit de se taire. Quelquefois, pendant qu'on était à son boulot, sur sa machine, le dégoût, l'épuisement, la révolte, gonflaient le cœur ; à un mètre de soi, un camarade subissait les mêmes douleurs, éprouvait la même rancœur, la même amertume ; mais on n'osait pas échanger les paroles qui auraient pu soulager, parce qu'on avait peur. »

Et Simone Weil de cerner le plus important de la grève : « Si le gouvernement avait pu obtenir [des patrons] pleine et entière satisfaction par de simples pourparlers, on aurait été bien moins content. Il s'agit, après avoir toujours plié, tout subi, tout encaissé, d'oser enfin se redresser. Se tenir debout. Prendre la parole à son tour. Se sentir des hommes, pendant quelques jours. Indépendamment des revendications, cette grève est en elle-même une joie. Une joie pure. Une joie sans mélange[10]. »

Le malheur est que cette « joie pure » se trouve gâtée par le bruit des armes aux frontières. La révolution sociale en un seul pays n'est pas de mise à l'heure où Mussolini et surtout Hitler menacent l'Europe de leurs nouvelles agressions. C'est aussi le

10. S. Weil, *La Condition ouvrière*, Gallimard, 1951, p. 175 et p. 169.

lot de *Vendredi* de se déchirer face au danger extérieur. Dès janvier 1936, Romain Rolland lance le débat par un article qui s'adresse aux pacifistes, aveugles sur la situation de l'Europe : « Les chefs des reîtres sont venus. L'Allemagne est, dans leur poing, une énorme torche allumée. Sous la menace d'embrasement de toute l'Europe, ce n'est plus le temps de discuter une révision des traités qui, arrachée par la force, paraîtrait un acte non de justice, mais de faiblesse : la cause même de la paix en serait desservie. » Un propos que ne peut admettre la majorité du journal, de Guéhenno à Giono. Guéhenno écrit à Rolland qu'autant qu'il dépendra de lui, « *Vendredi* ne contribuera en rien à la campagne d'alarmisme et de méfiance[11]... ». André Chamson réplique, lui, contre l'idée de guerre préventive, et, quand, en mars 1936, la Rhénanie est remilitarisée, *Vendredi*, d'une remarquable discrétion, ne s'y attarde pas.

C'est la guerre d'Espagne, ouverte en juillet 1936, qui provoque les premières tensions graves au sein de l'équipe. *Vendredi* est unanime à condamner la rébellion, à défendre la République. Et même à expliquer, sous la plume catholique de Louis Martin-Chauffier, les raisons qui ont conduit des Espagnols à brûler des églises. Tout se complique quand se pose la question de l'intervention. Jean Guéhenno y est hostile ; il prône « l'enchaînement des conditions qui peuvent rendre la guerre impossible », mais reste peu convaincant sur les moyens d'y parvenir. On fait appel au président Roosevelt, on loue la non-intervention, « mécanique de la paix »... André Chamson, lui, partage l'avis d'Andrée Viollis et de beaucoup d'autres, partisans de l'intervention. A *Vendredi* comme ailleurs, l'union de la gauche achoppe sur le problème extérieur.

La saison de l'union euphorique est passée. L'année 1937 accentue les divisions : difficultés économiques et financières que le gouvernement Blum ne maîtrise pas (on l'accuse de timidité face aux puissances capitalistes) ; inertie des démocraties face à la guerre civile en Espagne... Cette fois, André Chamson n'accepte plus de jouer les autruches qui ne veulent rien voir. Le 12 février 1937, il écrit : « Quand l'Allemagne et l'Italie ont proclamé : "Nous ne tolérons pas une Espagne soviétique à la

11. *L'Indépendance de l'Esprit*, Correspondance entre Jean Guéhenno et Romain Rolland, *Cahiers Romain Rolland*, 23, Albin Michel, 1975, p. 373.

remorque de Moscou", la France et l'Angleterre étaient en droit de répondre : "Nous ne tolérerons pas une Espagne totalitaire à la remorque d'une dictature quelconque." La solution pacifique se serait imposée d'elle-même entre ces deux volontés, sans que nous puissions être accusés d'avoir pris une initiative capable de mettre en péril la paix du monde[12]. »

La fête était finie. *Vendredi*, à force de vouloir présenter un front uni de la gauche, a le plus souvent fui le débat, juxtaposant des points de vue, sans ligne directrice. Quand les forces conjointes du Front populaire se divisent – et la chute du premier gouvernement Blum en juin 1937 en fut le premier moment de cristallisation –, *Vendredi* subit à son tour les effets de la désunion. Son agonie sera achevée en novembre 1938, au lendemain de la Conférence de Munich, qui consomme la désunion de la gauche et l'impossibilité d'une conciliation entre les pacifistes et ceux qu'on appelle, malgré eux, les bellicistes.

12. A. Chamson, « Le vrai pacifisme », *Vendredi*, 12 février 1937.

30

# *Malraux en Espagne*

Au cours de la nuit du 17 au 18 juillet 1936, les Espagnols entrent dans la guerre civile. Un soulèvement militaire est lancé à partir du Maroc contre le gouvernement républicain qui est en place depuis le mois de février sous les couleurs du *Frente popular*. Dans les jours qui suivent, les insurgés échouent dans leurs tentatives de pronunciamiento à Madrid et à Barcelone ; ils devront se contenter d'installer leur junte à Burgos, en attendant de s'imposer à tout le pays, au long d'une guerre terrible qui durera jusqu'au 1er avril 1939. Dès la fin de juillet, les premiers avions italiens et allemands soutiennent les nationalistes.

La France du Front populaire est profondément divisée : doit-elle ou non se porter aux côtés des républicains espagnols ? Dans la majorité parlementaire, les radicaux y sont farouchement opposés. Le gouvernement de Léon Blum doit se résigner à fermer ses frontières le 8 août. Il participe, à Londres, à partir du 9 septembre, aux travaux du Comité de non-intervention.

La guerre d'Espagne, plus encore que l'agression italienne en Éthiopie, provoque en France une lutte ouverte entre les partisans du général Franco – qui prend la direction de la junte après la mort de José Sanjurjo, l'instigateur de la conspiration – et les défenseurs du gouvernement légal. Les Français vivent alors, pendant trois années, une sorte de guerre civile mimétique, par Espagnols interposés. Dès les premiers jours du conflit, André Malraux est décidé, non seulement à parler en faveur de la République espagnole, mais à agir.

Depuis 1928, l'année des *Conquérants*, Malraux est désigné par la critique comme un des meilleurs écrivains français. Le prix Goncourt qu'il a obtenu en 1933, pour sa *Condition humaine*, renforce encore sa position. Collaborateur de la *NRF*, directeur artistique chez Gallimard, cet autodidacte de génie, dont la volubilité intimide et les tics déconcertent, fraie avec le gratin de la société artistique et intellectuelle de Paris. Sa vie fascine les gazettes, depuis sa double aventure indochinoise : le vol de statuettes khmères du temple Banteaï Srey, en 1923, qui lui a valu la prison à Phnom Penh – mais aussi la solidarité de Gide, de Breton, de Mauriac, de Paulhan et tant d'autres –, et le lancement, en 1925, à Saigon du journal *L'Indochine*, dirigé de conserve avec sa femme Clara, qui dénonce au long de ses 49 numéros l'exploitation coloniale des populations annamites. Grand voyageur, bon connaisseur de l'Orient, infatigable causeur qui subjugue par ses rapprochements imprévisibles et ses formules lapidaires, Malraux est en passe de devenir aussi le modèle de l'écrivain engagé, n'hésitant pas à prendre tous les risques pour défendre la cause révolutionnaire des peuples.

Pour lui, l'homme est d'abord ce qu'il fait. L'intellectuel n'est pas seulement un homme de culture –, il doit unir à sa culture la lucidité et l'action. Son adhésion à la révolution répond à cette éthique personnelle : « Un moi qui s'est construit, et non un moi qui s'accepte. »

D'emblée – et c'est sa lucidité –, il conçoit la lutte contre le fascisme à l'échelle internationale, militant au sein de l'Association internationale pour la défense de la culture et présidant en 1936 le Comité mondial contre la guerre et le fascisme. Après la victoire électorale du Front populaire en Espagne, il se rend à Madrid à l'invitation de José Bergamin, en compagnie de deux autres écrivains, Henri Lenormand et Jean Cassou. Les trois délégués sont reçus le 22 mai par le président de la République espagnole, Manuel Azana, donnent des interviews, participent à des réunions, sans que Malraux s'interdise d'aller faire un tour au musée du Prado, en compagnie de Josette Clotis, qui est venue à Madrid séparément.

La guerre d'Espagne, qui éclate deux mois plus tard, offre à Malraux l'occasion d'affiner son image flatteuse de baroudeur des lettres.

Certains ont pu se demander si Malraux n'a pas affabulé en ce domaine aussi, tant il est vrai que son amour du légendaire l'emporte facilement chez lui sur le respect des faits. D'autres ont douté de son efficacité. Ignacio de Cisneros, qui fut le chef de l'aviation républicaine rallié au Parti communiste espagnol, a porté un jugement sévère sur lui, dans son livre *Virage sur l'aile*[1] :

« Je ne doute pas que Malraux fût à sa manière un progressiste, ou qu'il ne cherchât de bonne foi à nous aider. Peut-être aspirait-il à tenir chez nous un rôle analogue à celui que joua lord Byron en Grèce ? Je ne sais, mais ce que je peux affirmer c'est que si l'adhésion de Malraux, écrivain de grand renom, pouvait utilement servir notre cause, sa contribution en tant que chef d'escadrille s'avéra tout à fait négative. »

Il est vrai que les mémoires de Cisneros sont écrits en Roumanie à une époque où Malraux a récusé depuis longtemps la cause communiste. Mais, outre Cisneros, d'autres, comme le colonel Garcia Lacalle, ont insisté sur les faiblesses, voire l'incompétence, de l'escadrille España-Malraux[2].

L'auteur de *La Condition humaine* n'a-t-il pas été tenté une fois de plus par la pose ? N'a-t-il pas cédé à la fascination de l'écrivain combattant, dont Byron mais aussi D'Annunzio et Lawrence d'Arabie sont les modèles, l'incarnation même de l'intellectuel accompli ? Au moment de la guerre du Bangladesh, à soixante-dix ans, il se déclarera encore prêt à prendre les armes. Quand on observe la complaisance qu'il met à se faire photographier sanglé dans un uniforme approximatif d'aviateur, on peut se demander si l'esthétisme – le jeune Malraux a eu ses heures de dandysme – n'a pas dominé son comportement.

Tous ses contemporains attestent l'authenticité d'un engagement qui ne manqua ni de lucidité ni de bravoure. Car Malraux, obsédé par l'image du héros individuel qu'il veut être, sait bien que cet idéal n'est pas forcément en accord avec la doctrine collective qu'il veut défendre, mais il n'empêche : dès qu'il entend les premiers coups de feu de la guerre civile en Espagne, il se déclare bon pour le service.

Dès le 25 juillet 1936, il est à Madrid, où il accourt en compagnie de Clara, sa complice des temps aventureux, celle qu'il a épousée à vingt ans contre la volonté de son propre père, et qui sera encore sa femme pour quelque temps encore. Tous les deux sont partis la veille dans un petit avion piloté par Édouard

1. Éditeurs français réunis, 1965.
2. Voir la « Note historique » de F. Trécourt *in* A. Malraux, *Œuvres complètes,* II, Gallimard, « La Pléiade », 1996, p. 1321-1333.

Corniglion-Molinier et ont atterri à Barajas, après une escale à Biarritz. Le pronunciamiento des quatre généraux Sanjurjo, Mola, Goded et Franco, vient d'échouer : à Barcelone, à Valence, à Malaga, à Madrid, au pays Basque, les factieux cèdent face aux organisations ouvrières et aux autonomistes. Ceux qu'on va appeler les franquistes sont condamnés à une longue et sanglante conquête du territoire espagnol à partir du sud et du nord-ouest, mais ils ont avec eux le gros de l'armée. Pour les arrêter, Malraux comprend tout de suite qu'il faut aux républicains une aviation sans plus attendre ; son rôle et son indéniable apport seront de leur offrir une première résistance aérienne, bien avant l'aide soviétique qui ne sera décidée par Staline qu'à la fin de l'été.

Malraux revient aussitôt en France, le 27 juillet. Le gouvernement Léon Blum est alors nettement divisé sur l'aide à apporter à l'Espagne. Le président du Conseil espagnol, José Giral, a demandé par télégramme, dès le 19 juillet, son soutien à Blum, d'un Front populaire à l'autre. La presse de droite – Raymond Cartier dans *L'Écho de Paris* dès le 23, puis *Le Jour* et *L'Action française* – a lancé des mises en garde. De leur côté, les Anglais conseillent aux Français de ne pas se mêler d'intervenir en Espagne. Dans ces conditions, la majeure partie des radicaux prêchent la prudence, la non-intervention. C'est ainsi que Malraux va devenir un agent parallèle d'une aide française la plus discrète possible, dont sont partisans notamment Léo Lagrange, sous-secrétaire d'État aux Sports et aux Loisirs, et Pierre Cot, ministre de l'Air. Avant la signature du pacte de non-intervention qui aura lieu le 8 août 1936, le gouvernement français fournit une soixantaine d'appareils entre le 25 juillet et le 9 août ; Malraux obtient pour les républicains une vingtaine de Potez-54, bientôt suivis de quelques unités de Bloch-200 et 210. Mais avec quels équipages ? Malraux, Corniglion-Molinier et Lucien Bossoutrot, un député radical-socialiste qui venait du transport aérien civil, s'emploient à les recruter. Si l'écrivain n'a aucun mal à trouver les mécaniciens, il a en revanche quelques difficultés pour les pilotes, et doit se résigner à embaucher des mercenaires. Julien Segnaire, qui fut de l'escadrille, les décrit :

« On a vu s'amener toute une série d'aventuriers extraordinaires, dont [Malraux] parle d'ailleurs dans *L'Espoir*, des types qui avaient été en Chine, qui avaient fait de la contrebande ou d'autres choses, toutes sortes de vieux chevaux de retour, d'anciens aviateurs de la guerre 14-18, des officiers allemands devenus antifascistes, des Russes même blancs[3]... » Et le même témoin d'ajouter : « Ce qui a attiré Malraux dans la guerre d'Espagne, qui représente, selon moi, un moment unique dans sa vie, c'est qu'il a senti qu'il pouvait jouer un rôle très important avec très peu de moyens. Avec quelques hommes, quelques appareils, il pouvait jouer un rôle décisif. Et à ce moment-là, en partie grâce à l'escadrille, on a quand même réussi à arrêter les fascistes qui sont restés ensuite pendant trois ans aux portes de Madrid... »

De fait, avec l'escadrille *España*, formée à Barajas, l'aéroport de Madrid, Malraux s'engage dans l'opération de Medellin, qui assure la sauvegarde de Madrid en barrant la route à la colonne du général Asensio. Il ne connaît rien en pilotage ni à la navigation, mais sa seule présence, son courage physique, son sang-froid, en imposent à ses camarades de combat. « Il faut enlever à la peur, écrit-il, ses droits à l'incontinence. Si un chef montre qu'il a peur, ses hommes sont terrifiés. Alors sévit la panique dont il ne sort que du mauvais[4]. »

Le 7 octobre 1936, l'URSS, arguant des opérations allemandes et italiennes en Espagne, dénonce l'accord de non-intervention qu'elle a contresigné. La participation soviétique à la guerre aura pour résultats la formation des Brigades internationales et le poids de plus en plus lourd des communistes. Malraux l'accepte. Ce qu'il a vécu avec ses mercenaires, les raids aléatoires, les bombardements qui se faisaient en jetant les bombes par la porte faute d'équipement adéquat, le désordre général, lui a fait sentir la nécessité d'une discipline. « Ce livre, dira-t-il plus tard de *L'Espoir*, c'est la transformation de ce que j'ai appelé l'illusion lyrique, c'est-à-dire du désordre fondamental et de l'élément émotif, par lesquels débute toute révolution, sa transformation en structure véritable qui pourrait permettre le véritable combat contre des forces ennemies organisées. Une révolution ne peut pas se survivre sur ses sentiments, il faut qu'elle se survive par ses structures[5]. »

3. *Le Magazine littéraire*, n° 11, 1967.
4. P. Galante, *Malraux*, Plon, 1971, p. 154.
5. Extraits d'une émission télévisée, « Les cent livres des hommes », consacrée à *L'Espoir*. A. Malraux s'entretient avec C. Santelli, *Télérama*, 15 mars 1970.

L'escadrille *España*, qui se fixe à La Senera, au sud de Valence, prendra en novembre le nom d'« escadrille André Malraux » ; les volontaires ont alors remplacé les mercenaires à la suite d'une reprise en main par le colonel Hidalgo de Cisneros. Le 1er septembre 1936, un paysan venu d'Olmedo, dans la province de Valladolid aux mains des franquistes, vient signaler aux républicains l'emplacement d'un champ d'aviation adverse. Mis en relation avec l'escadrille de Malraux, le paysan réussit à localiser le terrain dissimulé qui est alors détruit par des bombes incendiaires. Cette péripétie, relatée dans *L'Espoir*, a été attestée par la presse espagnole [6].

En décembre se déroule la bataille de Teruel – autre grand moment du roman de Malraux. Il s'agit pour les républicains de réduire le saillant tenu par les franquistes au sud des plateaux d'Aragon, et, à cet effet, d'isoler la ville. Cette opération de diversion doit servir à soulager Madrid. L'escadrille André Malraux soutient les forces républicaines et les Brigades internationales par des bombardements quotidiens. Le 27 décembre, le Potez-S de Malraux, piloté par Jean Dary, s'écrase au décollage. Malraux et ses compagnons s'en sortent sans grands dommages, mais lui-même ne peut participer à l'attaque du 27. Or le Potez-N, piloté par Marcel Florein et escorté par des chasseurs russes, est abattu, après avoir bombardé Teruel, par l'aviation allemande. Florein est indemne, mais le mécanicien est tué, tandis que le bombardier et les trois mitrailleurs sont grièvement blessés. Malraux va les récupérer. La descente de la montagne, avec cercueil et civières, deviendra l'objet d'une des grandes scènes de *L'Espoir* et du film que Malraux tirera de son roman : « C'est la plus grande image de fraternité que j'aie rencontré de ma vie », dira-t-il de cet extraordinaire épisode, où les paysans et les vieilles femmes en noir font corps avec le lent cortège des combattants, comme un « triomphe austère ».

L'escadrille Malraux opère ses dernières sorties au début de février 1937 dans le secteur de Malaga, où elle tente de venir en aide aux réfugiés poursuivis par les volontaires fascistes italiens débarqués à Cadix. Hélas ! le matériel et les hommes manquent. L'engagement militaire de Malraux en Espagne est achevé : l'activité de l'escadrille aura duré du 10 août 1936 au

6. R.S. Thornberry, « Malraux et “L'Espoir” », *Revue du Pacifique*, vol. 1, 2, automne 1975.

11 février 1937. Son bilan a été jugé de façon contradictoire, on l'a dit. Sur le plan militaire, il est modeste sans doute, mais non dérisoire. On l'a ainsi résumé : « Bombardement de la colonne de Castejon Espinosa à la hauteur de Santa Amalia, destruction d'un champ clandestin à Olmedo, bombardement du quartier général nationaliste à Talavera, appui à l'offensive républicaine sur Teruel et protection des colonnes de réfugiés fuyant Malaga [7]. » Mais, plus important que les faits d'armes a été aussi bien dans l'esprit de Malraux que dans la réalité, la création d'un mythe – celui de l'intellectuel en armes au service de l'antifascisme. Malraux devait nourrir ce mythe-force, d'abord par ses conférences, et surtout par *L'Espoir,* son roman qu'il adaptera pour le cinéma. En même temps, *L'Espoir* est le roman et le poème de la fraternité. Où l'on voit que l'aventure individuelle n'a de sens que dans une action collective : « Les hommes unis à la fois par l'espoir et par l'action accèdent, comme les hommes unis par l'amour, à des domaines auxquels ils n'accéderaient pas seuls. L'ensemble de cette escadrille est plus noble que presque tous ceux qui la composent. »

A la fin de février 1937, Malraux part pour les États-Unis, où, de la côte Est à la côte Ouest, il entreprend, sur l'invitation de Louis Fischer – correspondant européen de la revue de gauche *The Nation* – et de son éditeur Robert Haas – vice-président de Random House – une tournée de conférences en faveur des républicains : New York, Philadelphie, Washington, Cambridge (Harvard), New York encore, Princeton, et encore New York (notamment à l'université Columbia), Hollywood enfin…

Malraux, qui ne parle pas l'anglais, laisse indifférente la presse. Néanmoins, le personnage fascine, son aventure espagnole paraît follement romanesque, ses récits lyriques enflamment les auditoires. On se méfie néanmoins de ses sympathies communistes. Malraux les justifie au nom de l'efficacité : « Quand un communiste veut quelque chose, dit-il, il donne violemment du poing sur la table pour affirmer son vouloir. Quand un fasciste veut obtenir quelque chose, il plante ses deux pieds sur la table pour imposer brutalement sa volonté. Quant au démocrate – il se gratte anxieusement le derrière de la tête, comme s'il se demandait : “Mon Dieu ! que vais-je faire ?” [8]. »

7. François Trécourt, *op. cit.*, p. 1331.

8. W.G. Langlois, « Malraux au service de la République espagnole… », *Revue des lettres modernes*, *Malraux et l'Histoire*, Minard, 1982.

Cette réponse de Malraux explique certainement le moins mal possible son attitude à l'égard du communisme. En effet, l'Espagne a été le terrain d'une double guerre civile : l'affrontement entre les républicains et les nationalistes et, au sein du camp républicain, la lutte entre les communistes et leurs alliés supposés, anarchistes, militants du POUM (Parti ouvrier d'unification marxiste) et trotskistes, en vue de s'assurer la direction politique. Or si de grandes voix se sont élevées, à gauche, pour dénoncer les staliniens, George Orwell [9], Simone Weil [10] et d'autres, Malraux ne prononce jamais publiquement un mot contre les communistes pendant la guerre d'Espagne. Lorsque son ami André Gide publie son *Retour de l'URSS*, Malraux, après un avis favorable, cherche à l'en dissuader.

Pendant sa tournée aux États-Unis, Malraux essuie une attaque de Léon Trotski, un des hommes qu'il admire le plus au monde. N'avait-il pas conçu, chimérique, une expédition pour aller le délivrer du temps où l'adversaire de Staline était exilé à Alma-Ata [11] ? Après une interview donnée au journal mexicain *El Nacional* où il vante l'aide soviétique qu'il oppose à la non-intervention du gouvernement Blum, Trotski réplique dans *La Lutte ouvrière* par une accusation sanglante : « Il est officieux de naissance, écrit-il de Malraux. A New York, il lance un appel à oublier tout, sauf la révolution espagnole. L'intérêt pour la révolution espagnole, cependant, n'empêche pas Staline d'exterminer des dizaines de vieux révolutionnaires. » Malraux répond quelques jours plus tard, lors d'un dîner donné en son honneur par *The Nation :* « Pas plus que l'Inquisition n'a atteint la dignité fondamentale du christianisme, les procès de Moscou n'ont diminué la dignité fondamentale du communisme [12]. »

Malraux n'est pourtant ni marxiste ni léniniste – tout de même un rien plus léniniste que marxiste. On peut lire dans *La Condition humaine* : « Le marxisme n'est pas une doctrine, c'est une volonté [...], c'est la volonté de se connaître, de se sentir comme tel ; être marxiste non pour avoir raison, mais pour vaincre sans se trahir. » Avec les communistes, Malraux

9. G. Orwell, *La Catalogne libre*, Gallimard, 1955.

10. Lettre de S. Weil à G. Bernanos *in* S. Weil, *Écrits historiques et politiques*, Gallimard, 1960, p. 220-224.

11. Jean Lacouture, *André Malraux, une vie dans le siècle*, Seuil, 1973.

12. Cité par J. Lacouture, *ibid.*, p. 219.

partage la condamnation du monde bourgeois, mais pas de la même façon. La bourgeoisie pour les communistes est « une réalité historique qui doit être dépassée, qui sera d'ailleurs inévitablement dépassée par le cours de l'histoire ». Pour son personnage Garine comme pour Malraux, elle est « une certaine attitude humaine. Le bourgeois ne se définirait certainement pas pour Garine comme l'homme d'une profession ni même comme l'homme d'une certaine époque de l'histoire ; le bourgeois se définirait essentiellement comme l'homme d'un certain mode de pensée, lié à une éthique particulière. Pense en bourgeois, dit Malraux, tout homme qui met au premier plan les valeurs de considération [13]. »

Malraux a été convaincu dans les années trente, et davantage encore à partir de la prise de pouvoir par Hitler en 1933, du caractère inévitable de la lutte contre le fascisme, qui est à ses yeux le mal absolu. S'il s'engage peu auprès de Léon Blum, c'est qu'il sent l'aveuglement et l'impuissance du Front populaire face aux dictatures. Dès lors, Malraux a choisi son camp : celui de l'URSS. La guerre d'Espagne lui confirme que les communistes sont les seuls à disposer de la discipline et de la force nécessaires à combattre le fascisme. Sa pente naturelle le porte plutôt vers Durruti, le chef du front libertaire de l'Aragon, et l'anarchisme, mais il se refuse à être un héros de cause désespérée. L'espoir passe par l'efficacité, mot clé chez lui.

D'aucuns le prétendent manipulé par le Komintern : certes, depuis la mise en place du Comité Amsterdam-Pleyel, il ne manque aucun congrès, aucune manifestation, aucun voyage, et sa présence au premier rang des « amis de l'URSS » garantit la légitimité démocratique du régime stalinien. Plus tard, en s'imposant le silence sur les liquidations opérées par les kominterniens en Espagne, n'accomplit-il pas au mieux cette fonction défensive que l'Internationale communiste assigne aux intellectuels libéraux ou aux bourgeois révolutionnaires d'Occident ?

En même temps, on ne peut s'empêcher de penser que la caution de Malraux est délibérée : elle se réclame de la lucidité. Il est douteux qu'il s'illusionne sur les potentialités du communisme soviétique comme civilisation de l'avenir. Il fait dire à

13. Gallimard, « La Pléiade », II, p. 290.

l'un de ses personnages des *Conquérants* : « Il n'y a pas de place dans le communisme pour celui qui veut d'abord... être lui-même, enfin, exister séparé des autres. » Comme son héros Garine du même roman, la position de Malraux est sans doute plus proche de l'anarchisme que du communisme. Mais il ne sort pas du principe que toute guerre est « manichéenne ». L'important est de savoir désigner l'ennemi. Le fascisme n'est pas une invention des sbires de Staline ; il existait avant même que l'URSS ne s'avise justement de considérer Hitler comme un ennemi. Lutter avec les communistes devient dès lors une obligation. En ce sens, Malraux ne fait qu'anticiper sur le choix des démocraties pendant la Seconde Guerre mondiale.

Comment maintenir les droits de la vérité au sein du commun combat ? Comment, en affrontant les fascistes, demeurer critique en face des communistes qui en sont l'adversaire le plus opérant ? Orwell, Gide, Trotski ont refusé de se taire devant les crimes de Staline, alors que Staline se drapait dans les plis de l'antifascisme. La réponse de Malraux est différente. Le principe d'efficacité qui sous-tend l'impératif catégorique de l'action domine le reste à ses yeux. *L'Espoir*, qui glorifie le peuple espagnol dans son courage et son sens de l'honneur, est résolument positif : le roman passe sous silence la stratégie de conquête des communistes ou l'interprète comme le temps de l'organisation nécessaire. « Toute la question est de savoir si nous arriverons à transformer la ferveur révolutionnaire en discipline révolutionnaire[14]... » L'obsession d'efficacité entraîne Malraux à analyser les moyens techniques de la guerre : désormais, l'aviation est prépondérante, et l'anarchisme des comportements doit se plier à la discipline. De ce point de vue, Malraux aura été, entre 1930 et 1939, un compagnon de route exemplaire. Pour le meilleur et pour le pire.

C'est au nom de la liberté qu'on instaure la pagaille ; c'est au nom de l'efficacité qu'on établit la tyrannie. Ce dilemme de la guerre d'Espagne qui a opposé les anarchistes de la CNT (Confédération nationale du travail) aux communistes est au

14. A. Malraux à la Mutualité le 1er février 1937, cité par F. Mauriac, « Le retour du milicien », *Journal 1932-1939*, La Table ronde, 1947, p. 295. Le commentaire de Mauriac est cruel : « Cette dure vérité, assénée d'une voix mauvaise, répandit la consternation. Des fascistes tapis dans les coins se pourléchèrent les babines. J'entendis mon voisin dire à mi-voix : "S'ils n'ont pas encore résolu le problème, ils sont cuits." »

cœur de toutes les révolutions assiégées par ses ennemis. Mais, quoi qu'il en soit, le dernier mot reste à l'ordre, soit celui des contre-révolutionnaires, soit celui des bureaucrates de la révolution. Malraux a voulu convertir l'alternative en choix rationnel et lyrique, au profit des forces communistes. Le livre et le film *Espoir* qui en résultent s'imposeront comme des œuvres universelles [15]. Il n'est pas sûr, cependant, que son témoignage inspiré soit *au-dessus* de l'interrogation prophétique d'un George Orwell ou d'une Simone Weil : le stalinisme n'était-il pas pire que le franquisme ? La conscience – autre mot chéri de Malraux – ne se devait-elle pas de dénoncer, au sein du commun combat, l'activité cynique des communistes, éliminant leurs alliés récalcitrants sans état d'âme ? Malraux, sans doute, eût répondu que la responsabilité du combattant devait passer avant les scrupules de l'intellectuel. Toute son action et son œuvre des années trente préconisent cette éthique de la responsabilité au détriment de l'éthique de conviction : contre le fascisme, le pacifisme est criminel ; surtout dans la guerre contre le fascisme, l'URSS est la seule puissance sur laquelle on peut compter. L'homme d'action ne s'engage que sur des vérités partielles.

Tout autre fut l'avis de Gide, qui, lui, ne voulut pas défendre un idéal politique contre le mensonge. Il est remarquable que le témoignage antithétique des deux amis soit contemporain : en cette même année 1936, deux figures de l'intellectuel se dessinaient avec une netteté exemplaire, sous les traits du militant – le *miles* –, André Malraux, et sous la plume du « fonctionnaire de la vérité » comme se définissait André Gide.

Dans les années trente, Malraux a adhéré à l'idée de révolution sans prendre à son compte les justifications marxistes. Il y allait pour lui de la dignité de l'homme. Gisors, personnage de *La Condition humaine*, déclare : « Il n'y a pas de dignité possible, pas de vie réelle pour un homme qui travaille douze heures par jour sans savoir pour quoi il travaille. » Dans *L'Espoir*, l'anarchiste Puig déclare au chrétien Ximénès : « On n'enseigne pas à tendre l'autre joue à des gens qui depuis deux mille ans n'ont jamais reçu que des gifles. »

Mais « la conscience de l'aliénation de l'homme » n'est pas

15. *L'Espoir* a été réédité dans les *Œuvres complètes* d'André Malraux, Gallimard, « La Pléiade », II, 1996.

le principal, peut-être n'est-ce qu'un prétexte. La Révolution, pour reprendre une formule de Camus, c'est d'abord une « revendication de l'homme contre son destin ». « Exister contre le poids énorme du destin », dit Malraux. Cette exigence de transcendance rencontrait sur sa route l'immanence du communisme. L'exigence de révolution passe alors par le combat aux côtés du communisme.

Après la guerre, en raison de son ralliement au RPF du général de Gaulle, Malraux est suspecté de suivre « un itinéraire classique de l'enthousiasme révolutionnaire à l'amertume réactionnaire ». Piètre explication. Aux yeux de Malraux, l'ennemi avait changé de nom. Il n'y avait plus de menace fasciste. Le danger, c'était désormais le totalitarisme qui s'installait en Europe au nom de la Révolution.

31

# *André Gide au pays des Soviets*

Gide en a probablement assez de jouer les potiches d'honneur. Son entourage le devine : « On l'a traîné dans des *meetings*, écrit Martin du Gard ; on lui a fait présider des congrès de trois mille personnes ; on l'a fait défiler en tête des cortèges ; on l'a mis, de toutes les manières, en vedette. Le connaissant comme je le connais, j'imagine combien il devait se sentir mal à l'aise[1]. » Et puis, ce communisme, auquel il a ajouté foi sur une injonction du cœur (« quelle indication d'un esprit religieux ! », dit Léautaud, persifleur), il veut en vérifier le bien-fondé sur place. D'autant qu'au milieu des clameurs vives des réunions publiques il ne peut ignorer les voix plus discrètes, dissonantes, lancinantes, qui le préviennent de l'imposture possible du régime soviétique : il y a les dénonciations des trotskistes, les nouveaux articles du Code pénal soviétique contre l'homosexualité. Il y a surtout l'affaire Victor Serge, éventée au Congrès des écrivains pour la défense de la culture… C'est beaucoup. Pas assez toutefois pour que Gide s'impose des lectures par trop corrosives, notamment le *Staline* de Boris Souvarine, paru en 1935, qui est la première étude sérieuse, documentée et accablante sur le régime stalinien. En revanche, il s'inflige d'étudier le marxisme. Du moins a-t-il toujours quelque volume du *Capital* en poche quand il part en promenade. N'empêche. Martin du Gard, qui connaît son Gide par cœur, a déjà certains doutes sur la nouvelle foi de son ami dès 1934 : « Il est moins assuré dans son communisme qu'on ne le croit, qu'on ne le dit, qu'on ne veut le faire croire dans les milieux militants où on l'attire. » Sa sympathie pour l'URSS

1. R. Martin du Gard, *Journal*, III, *1937-1949*, *op. cit.*, 1993, p. 85.

est sincère ; tout cela ne relève ni de la feinte ni de la pose. Martin du Gard le sait. Sagace, il s'interroge plutôt sur les communistes : « Il faut que le Parti ait été bien confiant, ou bien mal renseigné, lorsqu'il a misé sur Gide !... Quelle imprudence d'attacher tant de prix à l'affiliation d'un esprit aussi naturellement inapte à la conviction, toujours ailleurs que là où il semblait s'être fixé la veille ! Je crains fort que, à la longue, et malgré son authentique bonne volonté, il ne déçoive un jour ses nouveaux amis [2]. »

Cela ne tarde pas. Gide se considère comme tenu de vérifier *de visu* la nouvelle société soviétique dans laquelle il place encore ses espoirs [3]. Il est invité à Moscou depuis plusieurs années. Ce qui le décide à la fin de 1935 est certainement le fait que Pierre Herbart, membre du Parti communiste, ait été choisi pour diriger à Moscou la revue *Littérature internationale*. Gide ne part pas tout de suite. Il a des ennuis de santé (un catarrhe), mais surtout il se défie des traducteurs soviétiques qui risquent d'assaisonner ses discours [4]. Les Soviétiques insistent. Ehrenbourg, en particulier, qui fait dire à Gide par Malraux que c'est pour lui un devoir d'y aller ; que sa défection nuira à l'alliance franco-soviétique... Au bout de quelques mois, peu satisfaits du travail et du comportement d'Herbart, les Soviétiques le pressent de profiter d'un bref séjour à Paris pour convaincre Gide. L'écrivain Babel, qu'il va consulter, met en garde Herbart :

« Tant que l'ombre de Gide et l'espoir de sa venue vous protègent (car ils sont convaincus que Gide embouchera la trompette-Barbusse. Pensez donc, un écrivain bourgeois, on l'a comme on veut. Et puis tous ont leurs petites faiblesses qu'il suffit de satisfaire. L'un aime l'argent, l'autre les enfants de chœur, enfin je veux dire : les pionniers. Vous-même pourriez être accusé de *corrumpere juventutem*). Soyons sérieux. Gide verra sans doute clair et parlera. Ne jouez pas les otages. Rentrez à Paris par le même avion que lui [5]. »

Au début de 1936, Gide pense de nouveau à ce séjour sans cesse remis. Il s'agit dès lors de rejoindre les Herbart, Élisabeth

2. R. Martin du Gard, « Notes sur André Gide », *Œuvres complètes*, Gallimard, « La Pléiade », 1955, II, p. 1404.

3. Outre les témoignages directs, nous avons utilisé pour ce chapitre la thèse de R. Maurer, *André Gide et l'URSS*, Berne, Éditions Tillier, 1983.

4. *Les Cahiers de la Petite Dame*, *op. cit.*, II, p. 475.

5. P. Herbart, *La Ligne de force*, Gallimard, « Folio », 1980, p. 105-106.

étant désormais aux côtés de son mari. Reste à se choisir des compagnons de voyage. Gide invite Eugène Dabit, l'auteur d'*Hôtel du Nord*, ancien combattant, devenu pacifiste et antimilitariste, avec lequel il s'est lié d'amitié depuis plusieurs années. Gide convie aussi Louis Guilloux, qui vient tout juste d'obtenir un beau succès avec *Le Sang noir*, très prisé par Gide. De son propre aveu, Guilloux n'est guère à son aise avec Gide [6], mais l'occasion est trop belle pour ce militant du Front populaire d'admirer enfin les réalisations du socialisme. Complètent l'équipée Jacques Schiffrin, l'inventeur de la Pléiade chez Gallimard, d'origine russe, parlant russe, et tout ravi de revoir les lieux de son enfance, et le communiste hollandais Jef Last, que Gide a déjà emmené avec lui au Maroc, et qui a l'avantage de parler russe lui aussi.

C'est donc au cours du mois le plus chaud du Front populaire, une huitaine de jours après la signature de l'Accord Matignon, concluant le plus vaste mouvement de grèves que la France ait jamais connu, que Gide s'envole à l'aéroport du Bourget, le 16 juin, en compagnie d'Herbart revenu à Paris le chercher. Les autres, partis de Londres en bateau, les rejoindront cinq jours plus tard à Leningrad.

Gide a-t-il eu le temps de prendre connaissance du numéro de juin d'*Esprit*, qui publie une « Lettre ouverte à André Gide » de Victor Serge ? De toute façon, Serge lui a aussi écrit personnellement, pour l'informer sur les conditions de vie intellectuelle et matérielle du régime soviétique ; l'écrivain rescapé des camps lui demande également d'intercéder en faveur d'un certain nombre d'écrivains persécutés et, surtout, il l'engage à bien ouvrir les yeux. Pierre Herbart a bien dû, lui aussi, lui faire quelques recommandations, bien qu'il affirme dans *La Ligne de force* s'être interdit de prévenir en rien son esprit. Si plein d'espoir était-il à son départ, Gide n'était donc pas complètement ignorant de ce qui se passait en URSS, mais, après tout, le régime était jeune, tout ne pouvait pas changer comme par enchantement ; il aurait à faire la part des choses.

Le voyage de Gide dure neuf semaines : Moscou, Leningrad, le Caucase (Tiflis), la mer Noire. Programme classique du tourisme révolutionnaire, élaboré, réglé, surveillé, balisé, accompli sous le contrôle d'un accompagnateur officiel, d'une inter-

6. L. Guilloux, *Carnets 1921-1944*, Gallimard, 1978, p. 125.

prète… Ce qui n'empêche nullement Gide d'avoir quelques aventures corydonesques – à moins que celles-ci ne soient elles-mêmes orchestrées par la Guépéou. La réception des personnalités éminentes, notamment des écrivains, est tout un art de la propagande soviétique, où se mêlent la traditionnelle hospitalité russe, le luxe des conditions d'accueil, le camouflage des réalités quotidiennes, la visite des sites exemplaires, les éloges grisants. Gide est gâté : invité par l'Union des écrivains soviétiques, il dispose à Moscou d'une suite de six chambres à l'hôtel Métropole, se déplace dans une Lincoln officielle, est gavé de caviar, de vins et de vodka, choyé par ses hôtes, loué par la presse qui lui consacre de nombreux articles, applaudi par les foules… En échange de ces faveurs orientales, on espère du prestigieux voyageur de beaux discours à la gloire du régime, aussitôt transcrits dans toutes les langues, et, peut-être, à son retour, un livre où il décrira la marche glorieuse de la Russie vers le communisme. On le photographie sous tous les angles, rieur si possible, familier, enthousiaste, preuve vivante de la rencontre entre les lettres françaises et la révolution léniniste. Plus que de Barbusse, de Moussinac, ou de Vaillant-Couturier, donnant du dithyrambe trop prévisible en communistes convaincus, les « organes » attendaient les témoignages flatteurs des compagnons de route ou des écrivains bourgeois, voire des chefs d'entreprise capitalistes, dupés par la flatterie, bernés par les décors Potemkine dont les communistes avaient hérité du tsarisme : banquets et poudre aux yeux résumaient la méthode [7].

A peine l'avion a-t-il atterri que Gide est prié de prendre la parole. Maxime Gorki vient de mourir, et ses funérailles officielles, sur la place Rouge, ont lieu le 20 juin. Après cette cérémonie qui l'émeut, Gide entre avec ses compagnons dans la ronde des obligations, des visites, des réceptions, des festins, des toasts, des bouquets de fleurs brandis par des petites filles gratifiées d'une double bise… Petite déception : il n'est point reçu par Staline, qui se méfie probablement des fatigantes requêtes et prévisibles suppliques en faveur de tel ou tel poète banni [8]. A

7. Voir F. Kupferman, *Au Pays des Soviets. Le voyage français en Union soviétique 1917-1939*, Gallimard/Julliard, 1979.

8. En revanche, Gide avait, le lendemain de son arrivée à Moscou, reçu Boukharine. Rendez-vous manqué : « Boukharine était venu seul ; mais il n'était pas plus tôt entré dans le salon particulier du fastueux hôtel Métropole qu'un prétendu journaliste s'introduisit et, se mêlant à notre conver-

Tiflis, ville natale de Staline, Gide y va cependant d'un compliment au chef de l'URSS. Jugé insuffisamment obséquieux par les accompagnateurs, Staline n'eut sans doute jamais l'occasion de lire ce morceau de politesse. De Tiflis, Guilloux et Schiffrin, qui doivent avoir leur comptant de blablabla, de banderoles de bienvenue à l'identique et de visites d'usines modèles, éprouvant le mal du pays, décident de rentrer en France, *via* Moscou. C'est là qu'ils apprennent l'insurrection militaire en Espagne.

La suite du voyage est gâchée par la maladie d'Eugène Dabit, atteint de « scarlatine ». Le diagnostic est approximatif, mais la maladie sans pitié : Dabit meurt le 21 août dans un hôpital de Sébastopol. A Moscou, où ils reviennent, Gide et Herbart tombent en plein procès des Seize – le premier des « procès de Moscou » –, scandé par des manifestations d'ouvriers qui exigent la mort de ces « chiens enragés ». Le jour où Gide, Herbart et Last prennent l'avion pour Paris, la *Pravda* annonce que Zinoviev et Kamenev et autres accusés sont condamnés à mort. Le même journal publie le lendemain le télégramme d'adieu que Gide a adressé à ses hôtes en franchissant la frontière : « Après notre inoubliable voyage au grand pays du socialisme victorieux, j'envoie de la frontière un dernier salut cordial à mes merveilleux amis que je quitte à regret en leur disant, comme à l'URSS entière : au revoir… »

Rentré à Paris, Gide décide très vite de narrer son voyage. Dans son Journal, il confie son « immense », son « effroyable désarroi » (3 septembre). La Petite Dame est témoin de son désenchantement, au cours d'un déjeuner pris avec lui et Schiffrin au Vaneau : « Au fond le communisme n'existe plus là-bas, il n'y a plus que Staline. » Du haut en bas de la société, on semble vivre dans la terreur. Jef Last, lui, a fui dans un petit village en Hollande pour ne pas avoir à parler de l'URSS ; désemparé, il s'engage à la fin de septembre pour l'Espagne. Oui, il faut témoigner, Gide en est convaincu, mais comment ?

---

sation, rendit celle-ci impossible. Boukharine se leva presque aussitôt et, comme je l'accompagnais dans l'antichambre, me dit qu'il espérait bien me revoir » (A. Gide, *Retouches à mon Retour de l'URSS,* Gallimard, 1937, p. 72-74). Espoir déçu : Boukharine ne put par la suite joindre Gide. Pour une mise au point à ce sujet, voir Claude Martin, « M. Bernard-Henri Lévy, conteur d'histoires », *Bulletin des Amis d'André Gide*, avril-juillet 1991, vol. XIX, p. 339-342.

Il ne veut pas se déprendre de son admiration pour l'URSS, en même temps il ne veut pas cacher ce qu'il a vu.

Un peu plus tard, Martin du Gard revoit Gide à Nice, où l'auteur des *Thibault* vient d'achever *L'Été 1914*. Il est frappé de le voir « en excellente forme » : « Son voyage l'a *purgé*. Je ne trouve pas de meilleur mot. Il me paraît comme délivré. » Et il ajoute dans une lettre à Maria Van Rysselberghe : « J'ai eu aussi l'impression que Herbart s'accrochait fort à ce livre, et voulait en profiter pour faire dire à Gide ce qu'il pense lui-même. Son influence sur Gide semble, en ce moment, prépondérante [9]. » Le 23 septembre, Gide fait une première lecture de ses « notes » au Vaneau, en présence de Schiffrin et Guilloux, qui trouve qu'il « faut beaucoup de courage pour publier un tel livre ». Gide revoit Guilloux et Schiffrin, écoute Herbart, puis se retire dans sa maison de Cuverville pour peaufiner son texte. De retour le 21 octobre à Paris, il le donne sans attendre à imprimer. Le 26, l'écrivain soviétique Ilya Ehrenbourg, alerté soit par ses agents soit par les bavardages de Gide, lui fait savoir, au cours d'une visite, qu'il connaît le contenu de l'ouvrage. Habile, il ne nie aucunement les possibles critiques – non, non, il ne s'agit pas de vous contredire ! –, mais lui fait valoir que la publication d'un pareil témoignage arrive bien mal à propos, alors que la guerre civile ravage l'Espagne. Les amis commencent, eux aussi, tout au long de la correction des épreuves, à mettre Gide en garde sur l'opportunité du livre. Jef Last, à son tour, probablement chambré par Ehrenbourg, lui télégraphie, de Madrid, de différer la sortie du *Retour de l'URSS*. Bernard Groethuysen, l'ami de chez Gallimard, et sa femme Alix – les Groet (« Groute ») comme on les appelle au Vaneau – partagent le même avis ; Alix, très orthodoxe, semble particulièrement « atterrée ». N'importe ! Gide s'opiniâtre. Le 28 octobre, il dîne avec la direction de *Vendredi*, qui souhaite son avant-propos pour son prochain numéro. Les pressions amicales redoublent, Aragon s'en mêle. Malraux, de passage à Paris, aurait dit à Gide, selon la Petite Dame : « On vous embête beaucoup, n'est-ce pas ? Ne vous laissez donc pas faire. » Mais il ne semble pas être resté longtemps dans ces dispositions [10].

Le 6 novembre, *Vendredi* paraît avec l'avant-propos du livre

9. R. Martin du Gard, *Journal*, *op. cit.*, II, p. 1200.
10. R. Maurer, *op. cit.*, p. 130.

de Gide. On y lit : « J'ai toujours professé que le désir de demeurer constant avec soi-même comportait trop souvent un risque d'insincérité ; et j'estime que s'il importe d'être sincère c'est bien lorsque la foi d'un grand nombre, avec la nôtre propre, est engagée. »

Gide avertit son lecteur qu'il dira ce qu'il a vu là-bas de bon et de mauvais : « C'est témoigner mal son amour que le borner à la louange et je pense rendre plus grand service à l'URSS même et à la cause que pour nous elle représente, en parlant sans feinte et sans ménagement. » Et il ne doute pas que l'URSS finira par « triompher des graves erreurs » qu'il signale.

Malgré tous les arguments avancés par les amis, notamment Aragon, le *Retour de l'URSS* est mis en vente le 13 novembre. Cette bombe connaîtra neuf tirages jusqu'en septembre 1937, atteignant près de 150 000 exemplaires, et sera traduit en une quinzaine de langues.

Le livre n'est pourtant pas sans faiblesses. Martin du Gard l'écrit sans ambages à la Petite Dame : « L'admirable préface reste pour moi un imposant portique qui s'ouvre sur peu de chose. La promesse du début n'est pas tenue. [...] Ce livre ne sera jamais lu par quelqu'un de sérieux qui veut se documenter sur les défauts du régime soviétique et étayer ses griefs. Et je craignais que cette insuffisance du fond ne compromette et le succès du livre et la réputation de Gide. Là-dessus, il semble bien que je me sois totalement trompé. Je n'ai pensé qu'au livre, à son contenu. Par un merveilleux hasard, l'opinion publique ne paraît tenir compte que du *geste*. [...] C'est le geste seul qui semble compter. On le porte au crédit de Gide, avec respect et sympathie, partout [11]. »

Est-ce vraiment un « hasard » ? Deux éléments expliquent le succès et la force du *Retour de l'URSS*. D'abord, il s'agit d'un témoignage à la fois critique et dépourvu de hargne, d'autant plus efficace que l'auteur parle de son « amour » pour l'URSS. Surtout, ce petit volume a pour auteur le plus grand écrivain français vivant, ou autant vaut. Le *Staline* de Souvarine, première biographie critique du dictateur, parue l'année précédente, était autrement solide et précis, mais il n'était que de Souvarine, un quasi-inconnu.

Qu'est-ce qui a poussé Gide à cracher dans le bortsch ? D'au-

11. R. Martin du Gard, *Journal*, *op. cit.*, II, p. 1204-1205.

cuns interprètent son audace comme un joli coup stratégique : il se taille un énorme succès de librairie, compense la perte de ses lecteurs d'extrême gauche par la conquête d'un lectorat de tous bords, recouvre cette tranquillité que son statut de compagnon de route numéro 1 lui a fait perdre… Et puis, *last but not least*, il confirme sa réputation d'anticonformiste impénitent, champion de la sincérité, intraitable défenseur de la vérité en toutes choses. Possible, mais auprès de ces avantages que de risques encourus ! Gide avait trouvé, par son adhésion au communisme, une famille, une espérance, le respect des petits et la haine du bourgeois qui ne pouvaient que lui plaire. Il pouvait perdre tout cela. Plutôt qu'un calcul sur son sort personnel et sur la fin de sa carrière, c'est – comme toujours – une impulsion qui le porte à dire ce qu'il sait et ce qu'il a vu.

Le *Retour de l'URSS* n'est pas un pamphlet. On y vante bien des réalisations du régime, des progrès en matière d'éducation, on s'émerveille de la « jeunesse admirable »… Mais, de chapitre en chapitre, s'accumulent tous les attributs – ou presque – de la société totalitaire : l'« inertie de la masse », la « dépersonnalisation », le conformisme général, l'idéologie d'État rabâchée chaque matin par la presse, le « façonnement de l'esprit [qui] commence dès la plus tendre enfance », l'étanchéité au monde extérieur, la disparition de l'esprit critique (« Et je doute qu'en aucun autre pays aujourd'hui, fût-ce dans l'Allemagne de Hitler, l'esprit soit moins libre, plus courbé, plus craintif (terrorisé), plus vassalisé »), le culte de la personnalité (« l'effigie de Staline se rencontre partout ») – dictature non du prolétariat mais d'un homme… Une seule réalité, terrible, a échappé à Gide : l'existence du Goulag.

Attendue, inévitable, la réplique des Soviétiques ne tarde pas. Le 3 décembre, la *Pravda* donne le signal : Gide est manipulé par les agents antisoviétiques ; ses origines bourgeoises ont repris le dessus. Pour le cinéaste Eisenstein, mobilisé comme toute l'intelligentsia communiste, l'auteur du *Retour* est devenu un valet des fascistes et des trotskistes. On en arrive, le 5 janvier 1937, à une lettre de Romain Rolland, encore dans la *Pravda* ; *L'Humanité* la reproduira le 18 janvier sous le titre « L'URSS en a vu bien d'autres ! » :

« Chers camarades, Je comprends votre indignation au sujet du livre d'André Gide. Ce mauvais livre est, d'ailleurs, un livre médiocre, étonnamment pauvre, superficiel, puéril et contradictoire. S'il a eu un grand retentissement, ce n'est certes pas à sa valeur qu'il le doit, elle est nulle. C'est au bruit fait autour du nom de Gide, et à l'exploitation de sa célébrité par les ennemis de l'URSS toujours aux aguets et prêts à se servir contre elle de toutes les armes qui s'offrent à leur méchanceté. »

Au pis, Gide est désormais un ennemi ; au mieux, il n'était qu'un « ami débile ». A Paris, le Parti communiste s'applique à organiser dare-dare diverses réunions d'information sur l'ouvrage scandaleux pour en désamorcer les effets. En janvier 1937, Charles Vildrac publie sa *Russie neuve* qui fait pièce au *Retour*. André Wurmser fustige André Gide dans *Commune*, en janvier, et Aragon, dans la même revue, en mars. *Vendredi* a le mérite de publier deux articles simultanément : l'un de Paul Nizan, l'autre de Pierre Herbart. Malgré son ton mesuré, dû à leur amitié réciproque, Nizan renvoie Gide à ses études, l'auteur du *Retour* étant à ses yeux un petit-bourgeois « plus candide que retors ». Herbart, quant à lui, confirme les observations de Gide et va jusqu'à insister sur l'« absence totale de démocratie » en URSS, même si lui-même juge la dictature stalinienne nécessaire dans une situation défensive. L'article d'Herbart lui vaut les foudres d'Elsa Triolet. Quant à *Vendredi*, il s'aliène de nombreux lecteurs communistes ; dès lors, l'URSS devient un sujet tabou dans l'hebdomadaire du Front populaire [12].

Gide gagne, en revanche, l'approbation de nombreuses personnalités de la gauche non communiste et des trotskistes. Trotski lui-même adresse une lettre à *Lutte ouvrière* en avril 1937 : « André Gide est un caractère absolument indépendant, qui possède une très grande perspicacité et une honnêteté intellectuelle qui lui permet d'appeler chaque chose par son nom véritable [13]. » Marcel Martinet, Emmanuel Berl, Jean Giono, Victor Serge et bien d'autres félicitent Gide de son « dégonflage impitoyable du *bluff* stalinien », selon l'expression de Denis de Rougemont dans *Esprit*. Jean Paulhan lui écrit : « Votre *Retour* est admirable de force, d'évidente vérité (j'ajouterais « d'art » si je ne craignais de vous fâcher) [14]. »

*Retour de l'URSS* fait événement. Un énorme courrier, de

12. B. Laguerre, *op. cit.*, p. 88-89.
13. Cité par J. Lacouture, *Malraux*, *op. cit.*, p. 206.
14. Lettre de J. Paulhan, citée par R. Maurer, *op. cit.*, p. 143.

toutes tendances, arrive quotidiennement rue Vaneau. La presse de droite se réjouit, c'est de bonne guerre. Il faut à Gide démontrer qu'il n'est pas récupérable de ce côté-là. Pourtant, les critiques qui portent sur le fond de son ouvrage, sur son manque de connaissances économiques, sur ses « naïvetés », l'agacent. En janvier, un article de Georges Friedmann dans *Europe* dénonçait courtoisement ce caractère superficiel du livre, qui n'avait pas échappé non plus à Martin du Gard. Gide s'emploie dès lors à compléter son ouvrage par un autre, plus documenté, plus chiffré, qu'il appellera *Retouches à mon Retour de l'URSS*. Puisant dans les livres et les témoignages du syndicaliste britannique Citrine, de Trotski (*La Révolution trahie*), de Mercier (*Réflexions*), d'Yvon (*Ce qu'est devenue la révolution russe*[15]), de Serge (*Destin d'une révolution*), de Souvarine (*Staline*), et de quelques autres, il se lance en février dans la rédaction de ses *Retouches*, qui sortent à la fin de juin 1937. Mêmes louanges et mêmes critiques de tous les côtés. Chacun campe sur ses positions. Pour les uns, Gide reste un apostat, un traître, un ennemi de classe retourné à son vomissement ; pour les autres, il incarne le courage intellectuel, refusant de soumettre l'impératif de la vérité aux intérêts et à l'esprit de parti.

La question posée par l'attitude d'André Gide est au cœur de la philosophie de l'engagement. Déjà, avant même le départ de Gide pour l'URSS, un débat s'était ouvert sur ce que Jean Grenier – philosophe, professeur à Alger d'Albert Camus – appelait « l'esprit d'orthodoxie ». Dans la *NRF* d'avril 1936, Grenier avait dressé une sorte de bilan de la pensée française depuis la fin de la guerre, observant sur les dix dernières années « le brusque passage d'un doute absolu à une foi totale et parallèlement du désespoir sans limites à un espoir sans limites également[16] ». Il notait qu'une partie appréciable de l'intelligentsia s'était ralliée au communisme, donc au marxisme, censé rendre compte de toute réalité sublunaire : « On est marxiste en 1935 comme on était républicain en 1880. » Et Grenier de protester contre ce qu'il considérait comme un abaissement intellectuel :

15. En 1938, Gide donna une préface au livre d'Yvon, *L'URSS telle qu'elle est,* paru chez Gallimard, préface qui eut peut-être plus d'écho au sein du Parti communiste que les deux ouvrages de Gide lui-même, en raison de l'ampleur des faits révélés par Yvon.

16. J. Grenier, « L'âge des orthodoxies », repris dans *L'Esprit d'orthodoxie*, Gallimard, 1938.

« On a vu ce paradoxe : l'initiative d'un Congrès pour la défense de la culture, prise par un parti qui fait régner un régime de terreur sur les intellectuels, n'admettant aucune "déviation", qu'elle soit de gauche ou de droite, à la pure doctrine, et ne tolérant les savants et les artistes que s'ils sont rigoureusement "neutres", ou plutôt s'ils adhèrent passivement au catéchisme du pays ; à cette condition, mais à celle-là seulement, on les honore, on les vénère… »

Georges Friedmann lui avait répliqué dans le numéro d'*Europe* de juin 1936, en situant historiquement le débat : « Comment peut-on comprendre ces variations d'idéologie parmi les intellectuels, sans faire intervenir avec précision, et selon la méthode comparative, les progrès de la crise mondiale du capitalisme ? Comment ne pas reconnaître le nombre de ceux qui, dans cette génération, reçurent le choc des Événements ? Ils voyaient autour d'eux un système tombant pièce à pièce, peu à peu déshonoré même et surtout lorsqu'il se raidissait dans les régimes fascistes. »

Pour Friedmann, l'heure n'était plus à la littérature *pure*, à la contemplation ; les intellectuels se radicalisaient parce qu'ils voulaient agir. Se référant aux concepts de Max Weber, les « morales de la foi » (ou de la pureté) et les « morales de la responsabilité » (*Gesinnungsethik und Verantwortungsethik*), il montrait le conflit des deux attitudes – s'accrocher aux principes sans tenir compte de la réalité ou au contraire prendre la mesure de la réalité au risque d'écorner les principes –, mais il décidait que cette antithèse était « dépassée dans l'action ».

Dans ses Mémoires publiés en 1970, Georges Friedmann conviendra que les griefs de Grenier étaient recevables : oui, lui et ses amis marxistes avaient bien adhéré à l'optimisme irrationnel, au sens unique de l'histoire vers la liberté, à « l'homme nouveau ». Mais, argumentera-t-il, « je me demande aujourd'hui si par-delà toutes les prouesses de la dialectique et les assouplissements de l'action réciproque, les racines de cet optimisme ne plongent pas profondément dans l'œuvre même de Marx [17] ».

Ce constat *a posteriori* qui confirme l'analyse de Jean Grenier attire notre attention sur la véritable naissance, au cours de ces années trente, et spécialement vers 1936, d'une intelligent-

17. G. Friedmann, *La Puissance et la Sagesse*, Gallimard, 1970, p. 156.

sia partisane, convaincue de détenir les clés de l'histoire, et se mettant au service de son instrument démiurgique, le Parti. L'esprit d'orthodoxie ne se réduisait pas chez ses membres à un simple alignement sur le caporalisme de l'Internationale communiste ; il était à l'œuvre dans la justification dialectique du pire. L'hégélianisme de gauche commençait ses ravages en France : les chemins de l'histoire étaient jonchés de cadavres, mais la négation de la négation verrait le triomphe de la société sans classe. En attendant, il fallait accepter la dictature, l'absence de toute liberté en URSS, le rétablissement des inégalités et le culte du Chef suprême… Du mal, sortirait le bien.

André Gide n'est pas si subtil. A ses yeux, le mal reste le mal, et il s'agit de le dénoncer. On ne saurait accepter les sommations de ceux qui prétendent que tel témoignage n'est pas « opportun », car il n'est *jamais* opportun de dire le vrai face à la tyrannie. Au fond, Gide illustre la théorie du clerc de Julien Benda : vérité toujours, quoi qu'il en coûte. En certains cas, l'amour de la vérité à tout prix peut coûter cher. Notamment au prestige. Paul Léautaud, qui respecte Gide – il apprécie notamment son indifférence aux honneurs –, estime qu'il a par son double mouvement d'adhésion légère et de rétraction contrite subi « une défaite morale ». En cette attitude, d'autres admirent au contraire l'audace, l'indifférence aux insultes.

Le prix de la vérité pouvait aussi être élevé pour la collectivité. En cas d'affrontement armé avec les fascismes, pouvait-on se permettre de discréditer l'allié potentiel soviétique ? C'est sans doute la question que se posait Malraux. Mais ne pouvait-on pas, en s'alliant avec le Diable, garder en tête que c'était le Diable ? Plus que jamais, la responsabilité des intellectuels cessait d'être théorique : leurs mots pesaient lourd, et il leur devenait de plus en plus difficile de rester libres tant l'esprit de parti exigeait d'eux. Au moment où le sort du monde se jouait en Espagne, pouvait-on, par souci d'indépendance, se placer hors du jeu, rester dans ce *lieu pur*, pour Friedmann illusoire, mais dont l'abandon était une autre démission de l'esprit ? Ces questions-là, indirectement posées par le *Retour de l'URSS*, n'allaient cessé de hanter les intellectuels.

## 32

# *Les Grands Cimetières sous la lune*

Gide avait écrit un *Retour de l'URSS*, Georges Bernanos, lui, publiera son retour de l'Espagne avec *Les Grands Cimetières sous la lune*. Quelque abîme qui sépare les deux écrivains, ils ont ressenti l'un et l'autre en 1936-1937 une désillusion irréversible à l'égard de leur propre camp. Leurs témoignages qui sont autant de titres de référence, de livres clés, sont des livres d'écrivains et non de spécialistes. Bernanos, comme Gide, se flatte de faire de la politique avec son cœur, avec des sentiments, et aussi avec de la morale. En 1932, au moment de sa rupture avec Maurras, il note : « Ce n'est pas de raisonnement que le peuple français a besoin, mais d'un lent, patient, systématique investissement de sa sensibilité [...]. Il s'agit non pas de convaincre son intelligence, mais de s'emparer de son imagination. Rien de grand n'a été fait dans ce pays sur le plan de l'abstrait, des idées pures [1]. » Bernanos comme Gide sont, chacun à sa manière, des « hommes de foi ».

Quand Maurras est condamné par le pape en 1926, le catholique Bernanos n'en soutient pas moins Maurras. Alors que Jacques Maritain, le thomiste, raisonne et justifie sa rupture avec l'Action française, Bernanos voit encore en elle un rempart contre ce qu'il déteste, le modernisme, la démocratie, et une chance de restauration nationale. De plus, un élan, qui n'est pas pensé mais instinctif, le porte à défendre celui qui est à terre. Pour lui, « la vérité d'un homme qui se bat, c'est de ne pas lâcher les copains ». Maurras n'est pas exactement un « copain » pour lui, mais son esprit chevaleresque inné l'emporte. Quand, plus tard, en 1932, il rompt avec Maurras, à l'oc-

1. G. Bernanos, *Combat pour la Vérité*, Plon, 1971, p. 440.

casion d'une querelle concernant le propriétaire du *Figaro*, le parfumeur François Coty, ce sera pour toujours ; il découvre que le maurrassisme, qui entend faire de la politique une science positive, n'était son école que sur un malentendu. Désormais, tout sépare le chrétien rêvant du temps des cathédrales et le disciple d'Auguste Comte prétendant établir la monarchie comme un théorème, à commencer par la guerre d'Espagne.

Bernanos n'a pas à aller en Espagne comme Malraux ou Hemingway : il s'y trouve déjà quand la guerre civile éclate. Vivant de sa plume, tirant le diable par la queue, père de six enfants, infirme depuis un terrible accident de motocyclette en 1933 qui, après plusieurs opérations, le condamne à marcher désormais avec des cannes, il s'avise qu'il vivrait mieux avec les siens aux îles Baléares, pour moins cher et sous le soleil. Les Bernanos s'installent donc à Palma de Majorque en octobre 1934. Le mot est impropre, car Bernanos, tout comme Léon Bloy qu'il admire, ne fut jamais un installé, mais un éternel locataire promenant sa femme Jeanne, ses enfants et ses impedimenta d'appartement de fortune en logis précaire. Et il s'en réjouit : « Je suis content d'avoir si mal bâti ma vie qu'on peut y entrer comme dans un moulin. »

A Majorque, Bernanos écrit, et même plus que jamais, car son éditeur Plon le rémunère à la page, avec, dit-il, « une sollicitude carnassière ». Or il n'a pas les facilités d'un pisse-copie : « Quand le soir vient, confie-t-il à sa sœur en janvier 1935, j'ose à peine me moucher, de peur de trouver ma cervelle dans mon mouchoir. » Il fournit même un roman policier, *Un crime*, sorti en 1935. La contrainte présente aussi un bon côté, car il achève à Palma ce qui sera considéré comme son chef-d'œuvre, le *Journal d'un curé de campagne*, mis en librairie en mars 1936.

Désormais, Bernanos dispose d'un peu plus de temps pour observer les événements politiques d'Espagne, où les modérés viennent de laisser le pouvoir en février au *Frente popular*. Il déteste les premiers, il considère le second comme l'ennemi de sa foi. Il décide d'adresser un article politique à *Sept*, l'hebdomadaire des dominicains français, qui le publie, le 5 juin 1936, sous le titre : « Les catholiques ont des torts. » C'est le début d'une sorte de Journal, qui sera la matrice des *Grands Cimetières*. Le bilan qu'il dresse de la droite catholique vaincue, de la politique de son chef Gil Robles, de l'égoïsme des classes dirigeantes et des pauvres manœuvres d'un clergé emberlificoté dans « le réalisme traditionnel de la politique d'Église » est sévère. A ses yeux, tous ces bien-pensants se révèlent incapables de réagir avec fermeté aux incendies d'églises et aux persécutions religieuses, dont la victoire de la gauche a donné le signal [2] : « Ces braves gens se contentent de changer de rue pour ne pas voir une poignée d'énergumènes fouetter de vieux prêtres. »

On comprend dès lors quelle a pu être la réaction de Bernanos à l'annonce du soulèvement militaire du 17 juillet : enfin ! Ses sympathies sont acquises à José Antonio Primo de Rivera et à sa Phalange, une droite pure et dure, « sociale », une sorte d'Action française retrempée aux sources. Ce coup de force des généraux dans une Espagne tenue par les ennemis de la foi chrétienne l'enthousiasme : ici se matérialise le rêve de ce que préconise Maurras, que le vieux rabâcheur n'a jamais été capable de mettre en œuvre depuis le début du siècle. Cette réaction de soulagement est du reste largement partagée par les écrivains catholiques de France, Mauriac et Claudel en tête. « Pour une fois que je vois des militaires assez culottés pour faire une *revolución*, écrit Bernanos à une amie le 31 juillet, ça serait difficile de les lâcher. *¡ Viva España !* [3]. »

Son fils aîné, Yves, s'est engagé chez les phalangistes. Il « se promène en uniforme avec un énorme fusil Mauser. La Place vient de lui confier, en outre, une moto BSA dernier modèle, sur laquelle, armé d'un pistolet parabellum, il circule de village en village ». Fierté de père. La « tribu Bernanos » survit, même si l'on ne reçoit plus rien de chez Plon et si les autres résidents français ont fait leurs valises. Tout de même, passé la satisfaction initiale, le « caractère de férocité » du conflit surprend Bernanos, il le confie à ses correspondants dès le début de septembre. Après trois articles favorables au *movimiento* franquiste, le ton change en octobre, dans un quatrième texte que publie *Sept*, où il rapporte les paroles du général Queipo à la radio de Séville : « Cette guerre est une guerre d'extermination. Il faut exterminer les marxistes, sinon ils nous exterminerons nous-mêmes. » Son fils Yves, qui maintient « la tradition

2. Pour ce chapitre, avant tout, voir G. Bernanos, *Essais et Écrits de combat, op. cit.*, et ses précieuses annexes ; les différents tomes de la *Correspondance* de Bernanos chez Plon, et S. Albouy, *Bernanos et la Politique*, Toulouse, Privat, 1980 ; M. Estève, *Bernanos*, Hachette, 1981.

3. G. Bernanos, *Combat pour la Liberté*, Plon, 1971, p. 148.

humaine de sa race », dit-il, est cependant entouré de gens « qui ont beaucoup de sang sur les mains ».

Insensiblement, Bernanos va, non pas changer de camp – chrétien et royaliste, comment pourrait-il transférer ses espérances dans le Front populaire ? –, mais témoigner de ce qu'il voit. Le parallèle avec Gide est frappant : « J'ai résolu d'écrire tout ce que je sens, note-t-il le 8 novembre, et ce que je pense sur le temps où je vis, à l'intention des petits Bernanos inconnus, qui doivent subsister quelque part, en différents lieux de mon pays, sans se connaître. » Dire la vérité. Témoigner. L'idée des *Grands Cimetières* est née. La sauvagerie de la répression nationaliste l'écœure : « Les cafés sont pleins de types armés jusqu'aux dents qui jouent aux dominos. Ça n'empêche pas que dans ce trou d'île, où il n'y a jamais eu la moindre tentative de révolte, on a exécuté sans jugement (promenade en voiture et coup de pistolet dans la nuque) deux mille bonshommes environ » (21 décembre). Le dégoût l'étreint de plus en plus. Il s'indigne contre les curés, contre les bigots, contre l'Arrière qui passe de la rage à la peur et de la peur à la rage. Il dénonce la part prise par les fascistes italiens dans la guerre. Le 18 janvier 1937, il rédige pour *Sept* un dernier article, « Conclusion », où souffle déjà l'esprit du livre qu'il annonce. Il s'en prend à « une société qui, lorsque ses affaires vont mal, n'a jamais réellement connu d'autre expédient que celui d'exterminer les pauvres »…

« Pardon, dira le citoyen sérieux, elle extermine les révoltés. Si les révoltés sont justement les pauvres, qu'y faire ? L'événement nous prend généralement au dépourvu, et la mitrailleuse ressemble à la sauce béarnaise, elle n'attend pas. – D'accord ! Je regrette avec vous qu'il n'y ait pas de temps en temps une insurrection de millionnaires. Mais au nom de quoi réprimez-vous ? – Au nom de l'ordre. – Quel ordre ? L'ordre des hommes d'ordre ? Depuis que je suis au monde, j'entends vanter les hommes d'ordre. Un homme de guerre fait la guerre, un homme de lettres fait des livres. A-t-on jamais vu l'homme d'ordre faire de l'ordre ? Ils ne font pas d'ordre, leur rare génie n'allant pas plus loin que réprimer le désordre. Quel désordre ? Celui qui les menace – eux – et nul autre. »

Bernanos n'est pas passé pour autant dans l'autre camp. Lors des massacres de Malaga perpétrés par les franquistes en février 1937, *L'Humanité* porte son nom sur la liste des signataires d'une protestation, Bernanos veut faire rectifier. En vain. Il écrit alors à une correspondante : « Je protesterais volontiers contre les massacres de Malaga, qui paraissent hélas ! plus que vraisemblables. Mais en mon nom, les gens de gauche ne me paraissent pas plus qualifiés que les gens de droite pour prendre la défense des malheureux. Tout ce qui se passe est hideux… »

Dans ces conditions, rejetant les deux adversaires, il ne peut rester en Espagne. Le 27 mars, il quitte les Baléares. En cours de voyage, il égare le manuscrit du livre qu'il s'était promis de faire sur son pays d'accueil. Tant pis ! il recommencera. Dès le mois de mai, il s'attelle à la seconde version des *Grands Cimetières sous la lune*, qu'il va pouvoir enrichir de ses considérations sur la France que son retour au pays lui inspire.

Avant même la sortie de son livre, en avril 1938, la guerre d'Espagne a provoqué, plus encore que l'agression italienne en Éthiopie, la grande crise de conscience de l'intelligentsia catholique. La quasi-unanimité du début en faveur d'une rébellion qui défendait la civilisation chrétienne contre les incendiaires des églises, les meurtriers de prêtres et de religieuses, les fous furieux profanateurs de cimetière, ce bel ensemble s'est vite brisé au fil des événements. L'évolution de François Mauriac est significative. Dans *Le Figaro* du 25 juillet 1936, il avait d'abord écrit un article violent à l'adresse du gouvernement Blum, le mettant en garde contre une éventuelle politique d'intervention en faveur des gouvernementaux espagnols : « S'il était prouvé que nos maîtres collaborent activement au massacre dans la Péninsule, alors nous saurions que la France est gouvernée non par des hommes d'État, mais par des chefs de bande, soumis aux ordres de ce qu'il faut bien appeler : l'Internationale de la Haine [4]. » Dès le mois d'août, au su des massacres perpétrés par les nationalistes, il s'émeut : « Victoire souillée », dit-il de Badajoz. En janvier 1937, il s'indigne de la bataille que se livrent par procuration les Russes, les Italiens et les Allemands : « L'Espagne n'a jamais beaucoup compté à leurs yeux. » En février, il ne se gausse qu'à moitié de Malraux, « futur commissaire du peuple » de retour en France, ce « risque-tout », « ce

4. Cité dans R. Rémond, *Les Crises du catholicisme dans les années trente*, Cana, 1979, p. 172, rééd. dans « Points Histoire », *Les Crises du catholicisme en France dans les années trente*, 1996. Notons que dans son recueil, *Mémoires politiques*, paru en 1967 chez Grasset, Mauriac « oublie » cet article qui lui paraît peu conforme à l'attitude globale qu'il a eue sur la guerre d'Espagne.

petit rapace hérissé à l'œil magnifique », qui sait haïr, mais ne méprise pas : « Rien ne rappelle en lui cette horrible espèce de vieux radicaux maçons qui s'attendrissent sur le doux vagabond de Judée ; Malraux connaît le Christ : ce dur vagabond est toujours son dur adversaire. » Mauriac franchit le pas au printemps, après le bombardement de Guernica. Les Basques sont restés doublement fidèles, à leur foi catholique et au gouvernement républicain : les « croisés » du franquisme ne leur pardonnent pas. Une protestation jaillit du camp catholique, que publie *La Croix* le 8 mai 1937. Mauriac la signe, avec Charles Du Bos, Stanislas Fumet, Jacques Madaule, Gabriel Marcel, Jacques Maritain, Emmanuel Mounier, le philosophe Maurice Merleau-Ponty, l'ingénieur journaliste Claude Bourdet, l'intellectuel syndicaliste de la CFTC Paul Vignaux… Il s'en explique dans *Sept*, le 28 mai. Le crime est des deux côtés, sans doute, mais : « Il ne faut pas que le jour où ce peuple basque s'éveillera de son cauchemar, il puisse attester que seuls les ennemis mortels de l'Église l'ont secouru ; il ne faut pas qu'à ses yeux, le prêtre, le pharisien qui passent sans tourner la tête soient des catholiques ; ni qu'on lui fasse croire que sur le turban du Bon Samaritain, il y a un marteau et une faucille. » Que reproche-t-on aux Basques ? Ils sont coupables, dira Mauriac, « du crime de non-rébellion ». Désormais, on ne peut plus croire à un juste conflit opposant les chrétiens à l'Antéchrist, comme certains évêques espagnols appelaient le Front populaire. L'auteur du *Nœud de vipères* argumente en juin 1938 dans *Le Figaro* :

« Ce qui fixa notre attitude, ce fut la prétention des généraux espagnols de mener une guerre sainte, une croisade, d'être les soldats du Christ. […] les sacrilèges et les crimes commis par une foule armée et furieuse, au lendemain d'une rébellion militaire réprimée, sont d'une horreur insoutenable. Nous disons seulement que les meurtres commis par des Maures qui ont un Sacré-Cœur épinglé à leur burnous, que les épurations systématiques, les cadavres de femmes et d'enfants laissés derrière eux par des aviateurs allemands et italiens au service d'un chef catholique et qui se dit Soldat du Christ, nous disons que c'est là *une autre sorte d'horreur*… » Mauriac, comme beaucoup, ne peut plus supporter que christianisme et fascisme « se confondent ». Et quand la victoire de Franco aura sonné, il se dira peu rassuré par la restauration d'une Église accomplie, « aux yeux de tout un peuple et à la face du monde » par « des militaires révoltés qui ne l'emportent que grâce à l'appui du fascisme italien et du racisme allemand [5]. »

Cette évolution n'a pas été celle des catholiques en général, il s'en faut. Paul Claudel, dans son ode « Aux martyrs espagnols », éditée à Bruxelles en 1937, n'en voit que d'un seul côté (« Tue, camarade, détruis et soûle-toi, fais l'amour ! Car c'est ça la solidarité humaine ! »). Aussi Mauriac lui suggère de compléter les cent strophes du poème, d'un cent unième vers honorant « les milliers d'âmes chrétiennes que les chefs de l'Armée Sainte, que les soldats de la Sainte Croisade [avaient] introduites dans l'éternité ». Quand son ami et admirateur Jacques Madaule sollicite Claudel lors de la création du Comité français pour la paix civile et religieuse en Espagne, le grand poète refuse : « Si j'étais espagnol je n'accepterais jamais de discuter sur un pied d'égalité avec les infâmes assassins et brûleurs d'églises de Catalogne, de Madrid et de Valence et avec les chefs dont la lâcheté a rendu possibles des crimes qui font frémir l'humanité [6]. » Claudel était plus représentatif d'une opinion catholique, dont la grande presse resta, la guerre durant, favorable aux franquistes, en reprenant la thèse de la guerre sainte forgée par l'épiscopat espagnol. Gaëtan Bernoville, dans *Le Journal* et dans *La France catholique*, multipliait les apologies de Franco et demandait au pape de se prononcer publiquement en sa faveur. La presse d'Action française, une bonne partie des quotidiens de province, des hebdomadaires de droite, confortent les certitudes de leurs lecteurs. La guerre d'Espagne, « fait capital de l'après-guerre », c'est – comme le résume *Le Nouvelliste* (journal catholique de Lyon, concurrent du *Progrès*), la lutte ouverte « entre le bolchevisme et la civilisation chrétienne [7] ». Pie XII salua du reste la fin de la guerre civile par un télégramme à Franco fort explicite sur l'attitude de l'Église catholique : « Élevant notre âme vers Dieu, nous Le remercions sincèrement avec Votre Excellence pour la victoire de l'Espagne catholique [8]. »

5. F. Mauriac, *Mémoires politiques*, *op. cit.*, p. 96-97.

6. P. Claudel, J. Madaule, *Connaissance et Reconnaissance. Correspondance 1929-1954*, Desclée de Brouwer, 1996, p. 273.

7. Voir la thèse de M.A. Sa'adah, *Means and End : The Catholic Conservative Right in France 1934-1940*, Radcliffe College, 1976.

8. Cité par D.W. Pike, *Les Français et la Guerre d'Espagne 1936-1939*, PUF, 1975, p. 235.

Au demeurant, de nombreux intellectuels et écrivains catholiques se démarquent. *La Croix*, elle-même, qui, au temps de l'affaire Dreyfus, a exprimé un populisme antisémite fidèle à ses origines qui remontent au début des années 1880, publie des articles nuancés, balancés, contradictoires, loin d'être au diapason de la droite cléricale et nationaliste. *La Jeune République* et *Sept*, *Temps présent* qui succède en novembre 1937 à *Sept*, illustrent l'affirmation du chef de la démocratie chrétienne italienne, exilé, Don Sturzo, dans *L'Aube* : « Pas de croisade, pas de guerre sainte. L'Église n'est pas une partie en lutte dans la guerre civile d'Espagne [9]. »

Jacques Maritain participe activement au débat et à la défense du peuple basque. Président du Comité pour la paix civile et religieuse en Espagne, il ne cesse de dénoncer les prétentions religieuses de l'insurrection franquiste. La Chrétienté, à ses yeux, ne peut pas se rétablir par les armes : « Ce problème de moyen engage toute la morale ; il est toute la morale. » En juillet 1937, *La Nouvelle Revue française* publie la préface donnée par Maritain au livre d'un ancien professeur de l'Université d'Oviedo, Alfredo Mandizabal, paru à Salamanque, *Aux origines d'une tragédie : la politique espagnole de 1923 à 1936*. L'auteur d'*Humanisme intégral* relève une différence fondamentale entre des athées qui massacrent des prêtres et des chrétiens qui assassinent les pauvres : ce dernier crime implique un sacrilège : « Qu'on ne tue pas au nom du Christ-Roi ! » L'action et les écrits de Maritain suscitent de violentes attaques contre lui, en Espagne et en France. Dans un discours prononcé à Bilbao, Serrano Súñer, ministre de l'Intérieur du gouvernement de Salamanque, fustige le philosophe français : « Je méprise Maritain… Que signifie pour nous l'érudition de Maritain ? Ses paroles portent l'accent de lèvres israélites ; il a les fausses manières du Juif démocrate. Nous pouvons parfaitement douter de la sincérité de ses convictions [10]. » Mauriac, en prenant sa défense et faisant son éloge, crut devoir faire une mise au point dans *Le Figaro* : « Jacques Maritain n'est pas un "converti juif"… S'il l'était, il ne me paraîtrait pas moins digne d'être admiré et d'être aimé, mais enfin il ne l'est pas. » Il y

9. Cité par F. Mayeur, *« L'Aube ». Étude d'un journal d'opinion*, Armand Colin, 1966, p. 131. Voir aussi A. Coutrot, *Un journal de combat, « Sept »*, Cana, 1982.

10. D.W. Pike, *op. cit.*, p. 232.

avait eu confusion avec sa femme, Raïssa, que Mauriac admire beaucoup.

Mounier et les collaborateurs catholiques d'*Esprit* sont des premiers à dénoncer la collusion de l'Église hiérarchique avec la réaction et le « désordre établi ». Mounier a pris soin de s'entretenir avec un certain nombre d'écrivains catholiques espagnols, dont José Bergamín, avant de se prononcer. Il veut s'appuyer sur un raisonnement politique, car des deux côtés il y a risque : « l'écrasement du peuple et de la culture » et, en face, l'anti-religion et le communisme… Il s'agit de désigner le danger immédiat. Pour lui, ce n'était pas le péril communiste ; et, à tout prendre, il vaut mieux une Église souffrante qu'une Église « abritée à l'ombre de l'épée ». En aucun cas, on ne saurait s'abstenir. *Esprit* prend à cœur de faire sur l'Espagne un gros travail d'information, refusant tout manichéisme, mais dénonçant sans relâche le mythe de la guerre sainte.

Décidément, quelque chose a changé dans la paroisse intellectuelle. Les petites avant-gardes, dont *Esprit* est un symbole, rencontrent désormais l'écho d'écrivains de la taille de Mauriac et de Bernanos, de philosophes comme Maritain – trois hommes sur lesquels, à des degrés divers, l'influence de Maurras et de l'Action française a pu avoir prise. *Esprit*, qui laissa apparaître sa sympathie pour le camp républicain, ne s'interdit pas pour autant de débattre sur l'action qu'y exercent les communistes. En juin 1937, la revue de Mounier publie un article de José Bergamín qui soutient à fond le nouveau gouvernement Negrín, dominé par les communistes, mais aussi, dans le même numéro, un texte de Victor Serge qui dénonce la liquidation des anarchistes, des « poumistes » et des trotskistes par les staliniens. Tandis que le débat se poursuit dans les numéros suivants, Mounier, hostile à la politique de non-intervention et résolument antifranquiste, écrit : « Il faut que les choses soient claires : la menace d'un quelconque Staline, si elle était par impossible suspendue sur l'Espagne, nous verrait dressés contre elle comme nous le sommes contre Franco, pour les mêmes raisons, avec la même violence [11]. »

En mai 1938, paraissent *Les Grands Cimetières sous la lune*, qui consomment la rupture de Georges Bernanos avec la droite

11. Voir M. Winock, *« Esprit ». Des intellectuels dans la Cité, 1930-1950*, *op. cit.*, p. 136.

d'Action française. La position de l'auteur est originale, unique même : ne se rattachant ni à la famille des démocrates-chrétiens, ni à la droite conservatrice, et pas davantage à ce catholicisme de gauche naissant et se développant autour d'*Esprit* notamment, Bernanos entend rester fidèle à ses origines royalistes, à son vieux maître Drumont l'antisémite, à son rêve d'une ancienne France, où l'esprit de liberté existait bel et bien… *Les Grands Cimetières* révèlent un imaginaire bernanosien historiquement douteux, poétiquement sublime, empreint d'un christianisme à la fois évangélique et chevaleresque, dont une des vertus cardinales est le sens de l'honneur. Adversaire de la démocratie, Bernanos n'est nullement indigné par l'insurrection des généraux espagnols ; il applaudit à la Phalange ; il accuse les chrétiens assoupis, les tièdes à la Gil Robles, qui ont engendré la gauche antichrétienne. Il ne supporte pas, dans les suites de la guerre civile, l'imposture d'une prétendue « Croisade » dont les moyens ordinaires s'appellent la terreur blanche. La guerre, oui. Mais pas cette guerre ignoble, aux fins dénaturées par des moyens infâmes et la peur des bourgeois, qui transforme les troupes en bandes enragées, et en fonctionnaires de la Terreur, avec la bénédiction des prêtres, « les souliers dans le sang ».

*Les Grands Cimetières sous la lune* ne sont pas seulement le récit éloquent, imagé, pathétique, d'une désillusion ; c'est aussi un pamphlet contre la droite française, celle qu'inspire Maurras tout particulièrement, ce « corrupteur de la Jeunesse », aux petits soins avec l'Italie fasciste : « Il est probable que M. Mussolini lit chaque jour *L'Action française*. Il doit même s'y croire chez lui, comme jadis un prince étranger dans son entresol parisien. » Au-delà des conservateurs français, dont il détaille la médiocrité, Bernanos alarme ses contemporains sur la montée des totalitarismes, le communisme et le fascisme, mais aussi le totalitarisme mou des démocraties capitalistes. L'explication qu'il en donne est inspirée par sa culture chrétienne : il y voit le fruit de la déchristianisation et en discerne la perspective eschatologique.

La tonalité générale des *Grands Cimetières* donne à penser alors à certains que Bernanos est devenu un homme de gauche, tant y pleuvent les flèches contre la droite, les catholiques tièdes, les fascistes… On va même jusqu'à le traiter d'« anarchiste ». Un jeune écrivain ne s'y trompe pas. Il se nomme

Albert Camus et écrit dans le journal communisant *Alger républicain* : « Bernanos est un écrivain deux fois trahi. Si les hommes de droite le répudient pour avoir écrit que les assassinats de Franco lui soulevaient le cœur, les partis de gauche l'acclament quand il ne veut point l'être par eux. Car Bernanos est monarchiste [...]. Il garde à la fois l'amour vrai du peuple et le dégoût des formes démocratiques. » Il faut donc respecter l'homme « tout entier », et ne pas tenter de l'« annexer » [12].

Emmanuel Mounier, lui, définit le pamphlet de Bernanos comme un « livre de prophète » : « Il y avait avant-guerre un prophète : Péguy. Ajoutons Bloy, si l'on veut, qui n'est pas pour tous les goûts. Péguy est mort, et chaque jour de l'après-guerre nous fait ressentir son absence : *Les Grands Cimetières* nous le rendent. »

La presse de droite flétrit le « retournement » de Bernanos, comme la presse communiste s'en est pris à l'apostasie de Gide. Sans doute le premier mérite-t-il plus que le second ce qualificatif de « prophète » : il rappelle en lettres de feu à ses coreligionnaires la source de leur foi. C'est un homme d'absolu. Gide est plus versatile, tout en restant fidèle à quelques conceptions de la vie *ne varietur*. A travers leurs deux expériences et leurs livres symétriques, les passions françaises des années 1936-1938 trouvent une traduction exceptionnelle. L'un et l'autre ont combattu à leurs risques et périls « l'esprit d'orthodoxie », si largement diffusé parmi leurs contemporains.

Si bien diffusé, du reste, que, de retour en France, Bernanos en éprouve la misère morale et se résigne à quitter de nouveau son pays : « L'air est si raréfié par ici qu'il ne porte pas une parole libre », écrit-il à Maritain, le 4 mai. Le succès considérable des *Grands Cimetières*, dont la première édition est épuisée en quinze jours, lui assure un petit capital qui lui permet de réaliser un vieux rêve, s'installer au Paraguay. Le 20 juillet suivant, Bernanos et sa famille embarquent à Marseille sur le *Florida*, pour Rio de Janeiro. De Rio, ils partent pour Asunción, *via* Buenos Aires. Le Paraguay ne sera finalement qu'une étape décevante, et les Bernanos reviendront au Brésil, où ils resteront sept années. Mais la grande voix de l'écrivain ne va plus cesser de se faire entendre. Sa carrière de romancier pratiquement achevée, il se sent requis par le « combat pour la liberté ».

12. Cité par S. Albouy, *Bernanos et la politique*, *op. cit.*, p. 179.

33

# *Martin du Gard, prix Nobel*

Le 11 novembre 1937, Roger Martin du Gard écrit, de son petit meublé de Nice, à sa femme Hélène, alors rue du Dragon, à Paris, se remémorant un autre 11 novembre, celui de la paix : « Tous ceux qui, ce jour-là, dans les deux continents, ont déliré de joie, avaient bien des idées différentes en tête. Mais sur un point ils étaient tous d'accord : pas un seul qui ne fût absolument convaincu que *jamais il ne reverrait "ça"*… Et moins de vingt ans après, voilà où nous en sommes [1] !… »

Un peu plus tard, un coup de téléphone de Paris plonge l'auteur des *Thibault* dans la stupeur : il vient d'obtenir le prix Nobel de littérature, dix ans après Bergson, seize ans après Anatole France. Déjà les appels se succèdent. Pris de panique à l'idée d'une invasion de journalistes, Martin du Gard, malgré un lumbago qui le casse en deux depuis plusieurs jours, fourre quelques affaires dans une valise et file à la gare de Nice, où il prend un billet pour Cannes. Dans le wagon qui le conduit vers son refuge – une chambre d'hôtel en face de la gare, qu'il prendra au nom de Martin –, sa première pensée est pour Hélène : « Je suis content, ma chérie. Mais, je puis le dire parce que c'est *vraiment* la pure vérité, mon plaisir est de penser à ta joie, à la petite fierté qui va compenser un peu tant d'années vécues dans l'ombre austère de ce travail qu'on couronne aujourd'hui. C'est à toi que j'offre cette fameuse "gloire" qui va nous faire tant d'envieux ! »

Hélène ! Blessure secrète de Martin du Gard. Ils s'aiment d'un amour déchiré et tragique. Moins d'un mois avant la mer-

1. R. Martin du Gard, *Journal*, *op. cit.*, III, p. 1156. Les autres citations de ce chapitre, sans autre référence, sont tirées de ce *Journal*.

veilleuse nouvelle du Nobel, il faisait, amer, le bilan de cet amour impossible, de cette « mésentente sans raison », de cette *amitié* interdite entre elle et lui. Il évoque dans son Journal de façon lancinante le fardeau de la jalousie de sa femme à l'endroit de Gide et de Maria Van Rysselberghe – qui comptent tant pour lui et auxquels elle voue une haine maladive. Le Journal posthume de Martin du Gard est traversé par un long cri de détresse. Il prend soin de décrire et d'analyser les crises successives qui consument les forces d'Hélène, sa santé, sa sérénité. Absurde ! Il ne peut rompre avec elle, car il dit l'aimer, avoir besoin d'elle. Mais, à sa présence trop pesante, il préfère souvent cette solitude qui est devenue sa compagne, tantôt à Nice, tantôt dans sa maison du Tertre dans l'Orne, ou encore à Paris ou à Rome. Le 25 février 1937, il confesse sa lassitude : « J'aimerais fuir, seul, ailleurs, très loin… » Le 5 mars : « J'ai par moments l'affreuse impression d'avoir épousé une folle. » Le 11 mars, il rapporte les paroles d'Hélène : « Nous avons peut-être encore une quinzaine d'années à vivre. Quinze ans ! Il faut que je trouve une issue. *Il faut que nous nous séparions…* » Le soir du même jour, il écrit : « Elle a à peine dîné, et m'a prié de la laisser seule. Je viens de la quitter. Elle est dans son lit, rouge, gonflée, étendue à plat pour ramener la circulation, avec un pouls qui bat d'une façon désordonnée. Sa voix est saccadée, ses yeux fiévreux, et elle ne peut pas empêcher ses mains de trembler. »

Ils ont une fille, Christiane – mais la mère reproche au père de l'avoir éloignée d'elle. De fait, face à Hélène si dévote, Christiane affiche désormais une hostilité à la religion, que son père, pourtant libre penseur invétéré, juge ridicule. Elle vit en Afrique avec son mari, Marcel de Coppet – vieil ami de Martin, de beaucoup l'aîné de Christiane, si bien que l'écrivain voit dans ce mariage une sorte d'inceste. Ses relations avec sa fille, au caractère entier, impulsif, catégorique, sont émaillées de scènes, comme avec Hélène, de crises de larmes et de menaces. Martin du Gard, qui vit un enfer domestique, prend note de tout et se confie parfois à quelques amis comme Jean Schlumberger ; il décidera, à la fin de sa vie, que ces écrits intimes ne pourront en aucun cas paraître du vivant de ces deux femmes qu'il a aimées, et qui l'ont aimé, douloureusement.

C'est donc dans la solitude de la Côte d'Azur automnale qu'il apprend la bonne nouvelle. C'est là, à Nice, qu'il a achevé

*L'Été 1914*, le dernier volet des *Thibault* – auquel ne manque plus que l'*Épilogue* –, et dont les trois volumes sont sortis en décembre 1936. L'accueil du public a été immédiat, la critique pleine de « considération ». Le 8 mars 1937, Gide lui écrit : « La vente des *Thibault* marche à merveille ; j'ai été m'en assurer avant de quitter Paris ; et tout le monde, à la NRF, en est ravi. » Martin éprouve un immense soulagement, car il est très endetté envers Gallimard, qui lui verse des mensualités. Il ne s'attendait pas néanmoins au Nobel, bien que depuis des années son nom soit régulièrement avancé au début de novembre parmi les favoris de l'Académie suédoise. Si la nouvelle le fait détaler, ce 11 novembre, c'est qu'il déteste plus que tout les honneurs, les cérémonies, les discours. Dès le lendemain de sa fugue à Cannes, il repasse à Nice prendre son courrier, le visage caché sous une fausse barbe : cent télégrammes l'y attendent et une avalanche de courrier. Il va bien falloir assumer sa « gloire » malgré qu'il en ait. Mais, dès que Gaston Gallimard le prie de faire une communication à la radio, il se rétracte sous sa carapace. Du moins, ses reins sont-ils « complètement guéris », ce qui contribue beaucoup à sa bonne humeur. Hélène radieuse (sa femme et sa fille lui écrivent des lettres attendries et enthousiastes), il profite de l'aubaine pour tenter de la réconcilier avec ses chers amis, Gide et M^me^ Théo, qui ont sauté de joie en apprenant « la grande nouvelle ». Dès le 12 novembre, il en confie l'idée à Gide. Incontinent, la Petite Dame téléphone à Hélène, la priant à un déjeuner pour fêter le prix de Roger. « Je me serais assise par terre si je ne l'avais été déjà sur mon petit tabouret, et j'ai si bien senti au bout du fil que toute hésitation de ma part serait fâcheusement interprétée, qu'avec une admirable possession de moi-même j'ai répondu : “Mais, oui, certainement, avec le plus grand plaisir…” »

Martin, lui, reste barricadé dans son appartement de Nice, qu'il a réintégré, fuyant le bruit parisien, en quête de calme après l'émotion, préparant ses futures allocutions pour la Suède, tout en se faisant gendarmer par son éditeur et ses amis désespérés par cette réclusion volontaire alors que le Tout-Paris littéraire le réclame sur l'air des lampions, que les quotidiens parisiens diffusent par erreur la photo de son cousin, Maurice Martin du Gard, et que les mauvaises langues crachent leur venin. Des journaux de droite s'indignent que l'Académie suédoise ait choisi un écrivain de gauche. Bernard de Vaulx, notamment, fulmine dans *Je suis partout* sous la forme d'une lettre « à un jeune étranger » : « Cet écrivain, vous le savez, a adopté les idées du XIX^e siècle : la foi en la science, le socialisme, les folles espérances pacifistes. Trop intelligent et trop bon réaliste pour ne pas voir le coup mortel que la guerre et la suite ont porté à ces idéologies, il a souffert de sa déconvenue. On ne songerait qu'à l'en plaindre si on ne l'avait vu glisser au désespoir et chercher à se venger de ses compatriotes [...]. Vous vous demanderez enfin, mon cher ami, pourquoi le prix Nobel lui a été attribué. Là, je vous renverrai à M. André Thérive. Il a parfaitement expliqué, dans *Le Temps*, pourquoi un "esprit de droite" n'avait aucune chance. "Surtout dans les circonstances actuelles." C'est que le jury attend une œuvre où la France "semble fidèle à des traditions qui ont fait son lustre". Entendez fidèle aux principes de 89, ces principes qui ont diminué sa force et son prestige et que le monde est en train de rejeter violemment tandis que nous nous y obstinons [2]. »

Le 25 novembre, Martin du Gard est enfin à Paris, retrouvant une Hélène rayonnante, tentant toujours de se dérober aux photographes, non sans quelques altercations avec eux. Au Quai d'Orsay, le ministre de l'Éducation nationale, Jean Zay, lui offre la rosette de la Légion d'honneur. Refus de Martin du Gard : il est déjà chevalier, ça lui suffit ! Et il ne porte jamais son ruban rouge. Et le déjeuner au Vaneau, au fait ? Hélas ! « Hélène n'a montré à ce repas qu'une cordialité *feinte*, sans aucun abandon ni générosité naturelle ; et, à peine dans l'escalier, avec Jean Schlumberger (qui avait été invité pour mettre du liant), elle a tenu sur ceux qui lui tendaient la main des propos amers, qui montraient bien que son orgueil ne cédait pas un pouce de terrain ! » Enfin ! elle a accepté l'invitation, et Martin du Gard s'en réjouit, d'autant que Gide lui a écrit : « Eh bien ! tout s'est passé à merveille et ce petit déjeuner à quatre a été charmant ! » La vie allait-elle changer grâce à ce Nobel ?

Le mercredi 8 décembre, les Martin du Gard débarquent du ferry-boat en provenance de Hambourg à Malmö, où se pressent journalistes, gens à bouquets de fleurs, et... photographes. A Stockholm, ils sont rejoints par Gaston Gallimard et son épouse, qui accompagnent Roger à la cérémonie de remise des

2. Cité par F. Delivet, *Roger Martin du Gard. Le romancier des* Thibault *et l'histoire : 1919-1940*, mémoire de DEA, IEP de Paris, 1991, p. 204-205.

prix, le 10, en présence du roi de Suède et de la maison royale. Le soir, dans son discours de remerciement, qu'il débite avec une majestueuse lenteur au cours du banquet rituel, Roger Martin du Gard donne un sens clair à son dernier ouvrage. Il se demande si l'Académie suédoise n'a pas voulu, en le distinguant, attirer l'attention du monde sur *L'Été 1914* : « Au cours de ces trois volumes, j'ai essayé de ressusciter l'atmosphère angoissée de l'Europe, à la veille des mobilisations de 1914 ; j'ai essayé de montrer la faiblesse des gouvernements d'alors, leurs hésitations, leurs imprudences, leurs appétits inavoués ; j'ai essayé, surtout, de rendre sensible la stupéfiante inertie des masses pacifiques devant l'approche de ce cataclysme dont elles allaient être les victimes, et qui devait laisser derrière lui *neuf millions* d'hommes morts, *dix millions* d'hommes mutilés. » Et l'écrivain français de souhaiter pour conclure que son œuvre serve la cause de la paix [3].

Le discours, déjà plus long que ne veut l'usage, est délibérément politique. Le Nobel a fait sortir le romancier de la réserve à laquelle il s'est toujours astreint. C'est aussi un signe des temps. Jamais les écrivains français ne se sont sentis autant concernés par le sort de l'Europe et de la paix.

En 1929, dans son pamphlet sur *La Mort de la pensée bourgeoise*, Emmanuel Berl déplorait que la littérature française de l'époque fût « extraordinairement conformiste ». Son refuge dans le psychologisme démontrait sa peur des idées. Ses héros étaient fatigués. Ses horizons, régionalistes. Le comble de ses audaces consistait à peindre l'inversion : « Je voudrais, disait Berl, que les invertis pratiquent sans être inquiétés la sodomie et renoncent à un sodomisme qui devient une sorte de nationalisme avec cérémonies et fanfares, haine de l'étranger, culte des grands hommes, panthéon des invertis célèbres et, sous l'Arc de Triomphe, la tombe du pédéraste inconnu. » Surtout, Berl reprochait à la littérature des années vingt d'être « inactuelle » : « Presque pas de romans où l'on fasse vivre dans les conditions d'à présent des hommes d'à présent. » Le littérateur d'aujourd'hui « ne peut s'intéresser qu'aux maisons provinciales. Les dames qui les habitent. Leurs adultères. Même pas. Les vagues désirs d'adultères qu'elles lancent à travers les roseraies jusqu'aux arbres du mail ». Berl se moquait encore de « l'anar-

3. R. Martin du Gard, « Discours de Stockholm », *NNRF*, mai 1959.

chisme esthétique » des surréalistes et du romantisme révolutionnaire sans révolution. La seule note positive : *Les Conquérants* de Malraux – « un événement de la plus haute importance… Pour moi, Garine est un nouveau type d'homme… ».

Le constat était sévère et peut-être injuste. Quoi qu'il en soit, dix ans plus tard, le paysage littéraire est transformé. *Les Conquérants* étaient peut-être le signe avant-coureur du changement. Plus certainement, le nouvel état du monde et de la société française a conduit nombre d'écrivains à devenir moins psychologues et plus sociologues, moins exotiques et plus politiques. *L'Été 1914* en offre l'illustration la plus éclatante. Les débuts des *Thibault* portent la marque de la question religieuse qui a hanté la génération de Martin du Gard. Cette fois, l'auteur plonge ses personnages dans le monde politique et social. Sans doute ne perd-il pas en route le soin de suivre ses créatures, de raconter leurs amours mais, avec un art consommé, il tisse leur histoire singulière à l'histoire collective – celle des semaines qui séparent l'attentat de Sarajevo du début de la guerre. Le problème historique des responsabilités du conflit armé court à travers le livre, et l'auteur suggère celles du capitalisme et du nationalisme. Ses héros, Antoine et Jacques Thibault, nullement retranchés dans l'univers clos des « maisons provinciales » – fussent-elles dans les beaux quartiers de Paris –, agissent en symbiose avec la communauté historique à laquelle ils appartiennent. Soit, comme Antoine, pour accepter la mobilisation et la guerre. Soit, comme Jacques, pour déserter, non pour se dérober, mais afin de se lancer dans une action héroïque, chimérique, désespérée et sublime : jeter des tracts pacifistes d'un avion, avant de trouver une mort affreuse. Finies les velléités d'adultère dans les roseraies. Martin du Gard, il le souligne à Stockholm, sans vouloir être un écrivain à message, souhaite rendre tangibles à travers *L'Été 1914* les nouveaux risques de guerre et l'impératif de la fraternité humaine.

Plus ambitieux encore, sinon aussi réussis, sont *Les Hommes de bonne volonté* de Jules Romains, dont les premiers des vingt-sept volumes paraissent en 1932. Dans cette fresque unanimiste, grouillante, où les personnages de fiction voisinent avec des personnages réels, l'auteur entend reconstituer l'évolution d'une société depuis 1908, une histoire totale, décrivant les diverses couches sociales, à travers plusieurs dizaines de destinées qui, malgré leur discontinuité, leur hétérogénéité, se trouvent réunies dans un processus global dont les protagonistes ne sont pas conscients. Là encore, une morale sous-tend le tableau gigantesque, celle des « hommes de bonne volonté », grâce auxquels l'humanité peut espérer vaincre la barbarie. Nous voilà encore plus loin de la marquise qui sort à cinq heures, Romains mettant même dans ses véritables leçons d'histoire l'application d'un professeur.

Dans un autre horizon de la production littéraire, le réalisme dit socialiste est devenu la doctrine des écrivains communistes. Aragon l'illustre à sa manière avec *Les Cloches de Bâle*, *Les Beaux Quartiers* et *Les Voyageurs de l'impériale*. Nizan s'en prend aux *Chiens de garde* de la société capitaliste. Vladimir Pozner exalte, avec un beau succès, la révolution dans *Le Mors aux dents* (1937). Après *Les Conquérants*, le compagnon de route Malraux ne décrit plus la révolution comme une aventure personnelle, mais comme l'œuvre d'une communion fraternelle, même les titres s'en ressentent : *La Condition humaine* (1933), *L'Espoir* (1937).

Les barrières sociales éclatent. En 1929, Léon Lemonnier a publié un « Manifeste populiste », qui entendait faire sortir la littérature des cercles de la bourgeoisie et peindre le peuple, le grand nombre dans la vie et le grand absent dans tant de livres contemporains. Sans s'y rallier, de nouveaux auteurs comme Eugène Dabit (*Hôtel du Nord*) et Jean Prévost (*Les Frères Bouquinquant*) s'attachent aux gens simples. Quant à Henry Poulaille, qui pratique tous les métiers, il défend avec son *Manifeste de l'École prolétarienne* (1932) une littérature de reportage et de témoignage écrite par des ouvriers. Jean Giono, engagé dans le combat pacifiste, se fait aussi le peintre de la contre-civilisation du monde paysan. *Le Sang noir* de Louis Guilloux revient sur les horreurs de la guerre, la veulerie du monde bourgeois : son héros, Cripure, professeur de philosophie chahuté d'un lycée de province, acculé au suicide, sera sa mauvaise conscience.

Le véritable coup de tonnerre qui frappe d'obsolescence le pamphlet d'Emmanuel Berl est le premier roman de Céline, *Voyage au bout de la nuit*, prix Renaudot 1932. Révolutionnant le langage écrit, bouleversant tous les conformismes, Céline, dans un récit hallucinatoire, grinçant, rabelaisien, faisait évoluer son héros Bardamu dans toutes les fanges de la société moderne, la guerre, l'Afrique colonialiste, l'usine américaine et la banlieue sordide de Paris. La critique de gauche quasi unanime y voit une formidable dénonciation du monde capitaliste, sans deviner – sauf Paul Nizan – la vision désespérée et fataliste de l'auteur, qui peut l'amener aux choix politiques les plus opposés aux siens. Avec Céline, en tout cas, pas de doute : on a les pieds dans la boue, le pus et le sang.

Tandis que les romanciers du drame bourgeois à la Mauriac s'engagent dans les luttes politiques, à coups de pétition, d'articles et de pamphlets, la création littéraire elle-même reçoit le choc des événements. La crise économique, le chômage, la montée des dictatures, la peur ou l'exaltation du communisme, le refus d'un massacre généralisé, le pessimisme accru sur les valeurs de la civilisation bourgeoise, tout ce qui éloignait les consciences des jours fastes des années folles armaient les écrivains d'un nouveau regard sur le monde. Certes, le roman traditionnel continuait à faire vivre les libraires, mais le fait majeur des années trente reste ce retournement des auteurs en faveur d'une littérature enracinée dans leur temps, reflétant ses conflits, ses espoirs et ses désespoirs.

La nobélisation de Roger Martin du Gard illustre le tournant. Le paradoxe est que l'auteur des *Thibault* n'est nullement exemplaire de ce qu'on appellera plus tard l'« écrivain engagé ». On ne le voit jamais sur les estrades ; il travaille le plus souvent hors de Paris, ne signe pratiquement aucune pétition, aspire à l'indépendance, à la solitude, loin du monde, dont il se protège farouchement. Il n'en reste pas moins attentif aux affaires de son époque, toute sa correspondance en témoigne (« De loin, je participe malgré moi à l'effervescence générale »). La démarche impulsive de son ami Gide, d'abord favorable puis défavorable à l'URSS, le choque, car lui-même s'efforce toujours de peser le pour et le contre. A Rome, qu'il aime tant, il reconnaît des vertus au régime fasciste, tout en détestant par ailleurs son *esprit guerrier*. L'Espagne lui donne l'occasion de préciser sa position : « Si c'était vraiment la lutte de la démocratie contre le fascisme, écrit-il à la Petite Dame le 27 novembre 1936, il serait simple d'opter. Mais je vois deux *dictatures* aux prises, l'italo-germanique et l'internationale communiste et anarchiste. Toutes deux terriblement et *également* redoutables pour l'humanité… (Plus je vais, et plus je me sens faire partie, plutôt, d'un groupe anglo-américano-français, pour qui les groupes de l'URSS et le groupe Italie-Allemagne-

Japon sont *également* ennemis). » Et d'ajouter plus loin : « Aucun rapport avec l'affaire Dreyfus, par exemple, où l'enjeu était clair, où l'on se sentait *engagé.* » Sa pensée politique est orientée par l'impératif de la paix, sur quoi il ne varie pas. Pessimiste, il écrit, le 22 novembre 1936 : « L'avenir international me semble, de toute façon, catastrophique. » La guerre européenne lui apparaît comme une issue hautement probable, ce qui l'entraîne à cette profession de foi de pacifiste intégral : « Tout, tout, exactement : *tout*, plutôt que la guerre ! Invasion, asservissement, déshonneur, plutôt que le massacre de la population. »

Roger Martin du Gard se défend pourtant d'avoir lancé un message dans son roman. A son ami Lucien Maury, qui lui fait des objections, il répond : « Allez-vous maintenant me refuser le seul titre que j'ambitionne ? celui de romancier *objectif* ? J'ai essayé de ressusciter l'atmosphère de l'été 1914. Comme j'avais essayé jadis de ressusciter l'atmosphère de l'affaire Dreyfus. Vous me direz si j'ai réussi, ou non. Si j'ai fait un passable "documentaire". C'est tout [4]. » Ce n'est pas exactement ce qu'il déclare dans son « Discours de Stockholm ». A moins que le fait même de montrer *objectivement*, comme il dit, une situation donnée ne soit un engagement. C'est en tout cas celui de Martin du Gard, aux yeux duquel le genre romanesque permet d'éviter les déclarations tranchantes – celles des pétitions et des discours publics –, en présentant des points de vue contradictoires, sans pour autant s'interdire (en quoi l'objectivité est douteuse) de donner à l'œuvre un centre de gravité, une tendance générale, qui relève bien d'un choix qu'on peut appeler politique.

Après les dernières obligations de Stockholm, dîner chez le roi, déjeuner chez son éditeur suédois, banquet de la presse, conférence, inauguration de l'Institut français, visite d'école au son de *La Marseillaise* – toutes manifestations au cours desquelles Hélène fait montre d'une aisance qu'il admire –, Martin du Gard et sa femme quittent la Suède le jour de Noël pour gagner Copenhague, et de là l'Allemagne. A Berlin, le nouveau Nobel se dit « *consterné* et *épouvanté* » par ce qu'il voit et entend : « L'Allemagne, écrit-il à sa fille, est menée par une

4. R. Martin du Gard, *Correspondance générale*, VI, *1933-1936*, *op. cit.*, 1990, p. 607.

poignée toute-puissante de *fous*, de fous excessivement dangereux ; parce qu'ils ne rencontrent *aucune opposition*. [...] L'Allemagne est une nation terrorisée, mais *consentante*. [...] Ils acceptent. Ils accepteront tout, même une mobilisation et le massacre. La propagande de la *haine* est d'une ingéniosité et d'une virulence cyniques. » Il n'y a plus d'élite intellectuelle, les journaux et les théâtres n'affichent que des puérilités. « Oui, je reviens de là très oppressé, très découragé, et dans cette partie de tennis européenne où nos démocraties jouent avec des balles tandis que les régimes totalitaires jouent avec des grenades, je crois *impossible* que nous ne soyons pas entraînés aux pires catastrophes, et finalement vaincus et peut-être asservis pour plusieurs générations. Je crois à la victoire finale de l'esprit, au triomphe final de la paix sur la guerre. Mais sans doute faudra-t-il traverser un siècle d'horreurs sans nom. » Du coup, ses discours de Stockholm lui semblent bien « pâles et platoniques ».

De retour à Paris, Martin du Gard ne cesse d'être sollicité pour intervenir, pétitionner, prendre parti. Les pacifistes le harcèlent, Alain, Félicien Challaye (auteur en 1934 de *Pour la paix désarmée même en face de Hitler*), Victor Margueritte (auteur de *La Garçonne* et biographe d'Aristide Briand)... Au lendemain de l'Anschluss de mars 1938, il refuse de s'associer à une déclaration d'Alain contre tout « enrôlement anticipé » ; il écrit, le 3 avril, à André Gide que, « devant les monstrueuses absurdités qui se préparent », il n'a plus qu'une envie : « fuir, tourner le dos à tout et à tous, me terrer n'importe où en attendant que les folies soient consommées [5]... » Il apprécie pourtant l'action d'Alain, et surtout les analyses du pacifiste Léon Émery, qui s'exprime dans les *Feuilles libres*. Mais voilà que la vie privée reprend ses droits : Gide lui annonce la mort de sa femme, Madeleine, qu'il a tant et si mal aimée. Hélène l'encourage à inviter Gide au Tertre, lequel accepte de passer quelques jours auprès de Martin du Gard, au mois de mai. En juillet 1938, Martin du Gard et Schlumberger sont les témoins de Gide, à la mairie du VII$^{e}$ arrondissement de Paris, pour l'adoption de Catherine, sa fille reconnue officiellement par l'auteur de *Corydon*.

5. A. Gide-R. Martin du Gard, *Correspondance*, II, *1935-1951*, Gallimard, 1968, p. 130.

Les événements s'affolent. Après l'Autriche, avalée, Hitler a jeté son dévolu sur les Sudètes, en attendant le reste de la Tchécoslovaquie. Du coup, pour une fois, Martin du Gard accepte de publier une déclaration pacifiste. Il le regrette aussitôt : « J'ai eu des avalanches de lettres, écrit-il à Gide, le 20 août, à la suite de mon imprudence (ces vingt lignes contre la guerre, envoyées au RUP). [...] Plus de quinze génies inconnus m'ont objurgué de sauver l'Europe [...]. Me voilà passé maître ès pacifisme ! [6] »

Il confie son scepticisme à Gide. Oui, il approuvera tout ce qu'on pourra faire pour retarder la guerre. L'humanité a besoin de la paix, d'une paix réelle, d'un état de droit international. Or, le mieux qu'on puisse obtenir dans le présent, c'est une « trêve ». Et le « tréviste » sait qu'il faudra attendre longtemps pour avoir la vraie paix. La crise des Sudètes prend un tour dramatique en septembre : « Au fond du fond, écrit-il à Gide, je crois encore que la guerre sera évitée. Ne pensez-vous pas qu'Hitler a raison de croire que la France et l'Angleterre ne sont pas si "résolues" qu'elles le laissent dire ? Je m'attends – et jusqu'au dernier, dernier, moment je m'attendrai – à une reculade... » A la veille de la Conférence de Munich, Roger Martin du Gard ne manque donc pas de lucidité quant à l'attitude probable des démocraties dans la crise. Mais il ne veut pas concevoir que si l'Europe est à deux doigts de la guerre, c'est sans doute aussi parce que les pacifistes comme lui, depuis l'arrivée de Hitler au pouvoir, se sont prêtés à toutes les « reculades ». Pourquoi le Führer arrêterait-il soudain sa marche conquérante si bien ratifiée par les diplomaties anglo-françaises ? Entretemps, ses armées se renforcent chaque année, tandis que les colombes à l'étranger ne parlent que de désarmement.

Roger Martin du Gard ou la lucidité et ses limites.

6. *Ibid.*, p. 146.

# 34

# *L'équinoxe de septembre*

Le Congrès annuel du Parti national-socialiste s'ouvre à Nuremberg le 5 septembre 1938, selon la grande mise en scène habituelle. Le monde entier, anxieux, est suspendu aux paroles du Führer. Pour Roger Martin du Gard, tout est possible. Il veut croire encore aux chances de la paix, mais il se dit effrayé de voir les Français en condition d'accepter une autre guerre : « On partirait, sans trop rechigner, pour "abattre le fascisme". Personne ne pense que *la guerre prépare le fascisme partout*, et que c'en serait fini des démocraties à la française[1]... »

Le discours de Hitler, prononcé le 12 septembre, n'apporte en fait rien de nouveau. On se prend à espérer l'apaisement. Pas pour longtemps. Le parti nazi des Sudètes, dirigé par Henlein, multiplie ses provocations et ses agressions. Chamberlain propose alors à Hitler de le rencontrer « afin de trouver une solution pacifique ». Au moment où le Premier ministre britannique est en route pour Berchtesgaden, la radio allemande fait état d'une proclamation de Henlein réclamant le rattachement des Sudètes à l'Allemagne. *L'Humanité* du 15 septembre parle déjà de capitulation. Chamberlain revient bredouille de son entrevue avec Hitler, qui lui a signifié son intransigeance, qu'il communique au président du Conseil Daladier. La guerre est-elle pour demain ? La tendance générale de la presse est favorable au compromis, pour ne pas dire à l'acceptation du démembrement de la Tchécoslovaquie. « Pourquoi doit-on mourir à cause des Sudètes ? demande Henri Béraud, le 16, dans *Gringoire*. Essayez, s'il vous plaît, de le faire comprendre à ceux dont la peau est en jeu. » Les journaux français et britanniques estiment

1. R. Martin du Gard, *Journal*, *op. cit.*, III, p. 168.

que les Tchèques devraient être plus conciliants. Peu d'entre eux, contrairement à la presse communiste, expriment la résistance. Les 22 et 23 septembre, la crise redouble. Chamberlain est reparti en Allemagne, à Godesberg, pour communiquer à Hitler l'acceptation par les Tchèques des revendications allemandes. L'Allemand fait monter les enchères : les pays sudètes doivent être évacués par les Tchèques entre le 26 et le 28 septembre. Le 23, la mobilisation générale est décrétée en Tchécoslovaquie. Le 24, l'allié français décide le rappel de plusieurs catégories de réservistes.

Martin du Gard subit cette douche écossaise, un « supplice infernal pour les nerfs ». Il accueille dans sa maison du Tertre Raymond Aron, qui, de Paris, est venu mettre sa femme Suzanne et leur fille à l'abri. Martin, pourtant, garde espoir : « Je crois sentir, écrit-il le 25, dans l'intime intention des gouvernements français et anglais une volonté absolue de capituler jusqu'au pire pour éviter l'aventure. » Et le voilà en train de se donner de bonnes raisons, comme tant d'autres, pour accepter la nouvelle reculade : l'État tchécoslovaque est une création artificielle, une « faute du traité de Versailles »… Le lendemain, les Jules Romains, revenant précipitamment de Bretagne pour regagner Paris, passent par chez eux. Martin du Gard s'inquiète des arguments de Jules Romains qui ne croit pas possible l'acceptation de l'ultimatum hitlérien, pour des raisons stratégiques… Le soir, Hitler prononce un discours d'une extrême violence. Chez Martin du Gard, les télégrammes commencent à pleuvoir, du genre : « Lecteurs *Été 14* mobilisables vous conjurent faire entendre votre voix contre nouveau 14. » Que peut-il bien faire, lui ? Pour l'heure, il veut accorder sa confiance aux « pilotes » que le peuple s'est choisis, et qui ont entre les mains « des cartes et des boussoles ». Le 28, à quatre heures de l'après-midi, la radio annonce que Mussolini se pose en médiateur : « Nous en sommes là, écrit Martin : l'intervention de l'autre gangster, l'Italien, considérée comme le salut ! » Une conférence aura donc lieu à Munich le 29 septembre, entre les représentants de la Grande-Bretagne, de la France, Hitler et Mussolini. Dans la nuit du 29 au 30, les accords de Munich sont conclus ; les démocraties capitulent devant Hitler, qui obtient la totalité des territoires revendiqués.

Les intellectuels n'étaient pas tous restés sans réagir au cours de ces semaines dramatiques. Au début de septembre, Romain

Rolland, Paul Langevin et Francis Jourdain avaient adressé un télégramme à Daladier et Chamberlain, afin d'« empêcher par union étroite et mesures énergiques attentat perpétré par Hitler contre indépendance et intégrité Tchécoslovaquie ». Aussitôt, jugeant que « tout vaut mieux que la guerre », Alain, Jean Giono et Victor Margueritte répliquent par un autre télégramme aux mêmes destinataires : « Contrairement affirmation télégramme Langevin-Romain Rolland, sommes assurés immense majorité peuple français consciente monstruosité guerre européenne ; compte sur union étroite gouvernements anglais et français non pour entrer dans cercle infernal mécanismes militaires mais pour résister tout entraînement et pour sauver la paix par tout arrangement équitable puis par une grande initiative en vue nouveau statut européen aboutissant à neutralité Tchécoslovaquie [2]. »

Les intellectuels de gauche sont plus divisés que jamais. L'hebdomadaire qui était censé les rapprocher, *Vendredi*, ne survivra pas à la crise et disparaîtra en novembre. Tandis que le Comité de vigilance des intellectuels antifascistes, dominé par les pacifistes, engageait les représentants français et britanniques à accepter tout de Hitler, les communistes et les compagnons de route, auxquels s'ajoutent un certain nombre de personnalités indépendantes, dénoncent les « munichois », capitulant une nouvelle fois devant Hitler en attendant la prochaine. Contre eux, Jean Giono et Alain sont à la pointe de la lutte pacifiste.

Giono, comme Alain, a fait la guerre. Il n'en est toujours pas « lavé », selon l'expression qu'il emploie dans le numéro d'*Europe* de 1934 consacré au vingtième anniversaire. Parti en 1915, avant ses vingt ans, il avait connu Verdun, la Somme, le Chemin des Dames… Il sait de quoi il parle. L'important, c'est de vivre, de survivre. Dans *Le Grand Troupeau* (1931), il avait campé un soldat qui préfère la mutilation au casse-pipe. L'épisode paraît dans un des chapitres inédits de ce roman que Giono insère dans son *Refus d'obéissance*, en 1937 [3]. Il avait adhéré à l'AEAR, collaboré à *Commune*, du temps où les communistes lui semblent dans son camp. Le pacte franco-soviétique et la déclaration de Staline de 1935 l'éloignent d'eux, bien qu'il

2. J. Giono, *Précisions*, Grasset, 1939, p. 10.

3. Voir N. Racine, « Giono et l'illusion pacifiste », *L'Histoire*, n° 106, 1987.

applaudisse au Front populaire. Habitant Manosque, en Provence, il crée à partir de 1935 les « Rencontres du Contadour », où il anime, au milieu des lavandes, ce qu'il appellera une « Auberge de jeunesse pour intellectuels » : le retour à la nature, la dénonciation de l'industrialisme et le culte de la paix constituent les grands thèmes de discussion. En même temps, Giono est devenu un militant du pacifisme intégral, publiant déclarations et professions de foi, prônant le désarmement unilatéral. En 1936, il rompt avec les partis de gauche, avec *Vendredi*, et refuse d'entendre parler d'intervention en Espagne.

Quant à Alain, auteur de *Mars ou la guerre jugée* (1921), il reste fidèle à son pacifisme invétéré. Mais, de santé fragile, il se fait souvent représenter en public par son fidèle disciple Michel Alexandre, qui publie avec lui les *Feuilles libres*, auxquelles Martin du Gard est abonné. Lors de la remilitarisation de la Rhénanie, et alors que le Comité de vigilance des intellectuels antifascistes est en pleine crise, Alexandre n'avait pas hésité à justifier l'Allemagne : « Le peuple allemand réel, lequel n'est pas un être mythique mais vit proche de nous, est dominé par des passions qui auraient été les nôtres si nous avions subi depuis Versailles la même aventure d'injustice et de misère [4]. » Alexandre garda le contrôle de *Vigilance*, organe du CVIA, dont Alain est vice-président. En 1938, au moment de Munich, à soixante-dix ans, le philosophe se porte de nouveau à l'avant-garde du combat pacifiste. Au début de septembre, il écrit à Daladier, à Georges Bonnet, ministre des Relations internationales, à Léon Blum. Le 15 septembre, *L'Œuvre* publie le télégramme qu'il a signé avec Giono et Margueritte. La petite équipe multiplie les injonctions : « Nous voulons que la France prenne immédiatement l'initiative d'un désarmement universel. » Ainsi commence le télégramme que Jean Giono adresse à Daladier, le 30 septembre, au lendemain de Munich. « Événements admirables », note de son côté Alain dans son Journal, et encore, le 18 octobre : « Il est faux qu'on fasse peur aux violents en s'armant contre eux ; c'est le contraire qui est vrai. »

Le 2 octobre, Gide écrit sa « joie » à Martin du Gard : « Ce qui fait, somme toute, que c'est une défaite d'Hitler. Il a ce qu'il voulait ; c'est entendu ; mais il a dû tout de même obtempérer, mettre les pouces ; et ce que son peuple applaudit, ce n'est pas

4. Cité par A. Sernin, *op. cit.*, p. 360.

tant l'annexion de nouveaux morceaux de terre et groupes de gens, que : la guerre évitée [5]. » L'ami Gide ne se réjouit pas trop longtemps : « Ce premier profond soulagement, comme il aura été vite étouffé », consigne la Petite Dame le jour même où Gide envoie sa lettre à Martin, « contrarié par le sentiment de piteuse compromission, nécessaire sans doute, mais dangereuse aussi. En somme, ce qui domine, c'est le malaise »... Le 4, ce malaise s'accroît quand Gide reçoit une lettre de son ami Jef Last : « Lui ne voit dans ce qui vient de se passer que honte, tristesse, bêtise, et danger grandissant. » Gide fait recopier cette lettre pour la transmettre à Martin du Gard. Qui s'indigne : « Bien entendu, ce fou de Jef a le droit de penser ce qu'il veut, et, étant de ceux qui auraient été les premiers à donner leur peau, il a le droit de préférer le suicide à ce déshonneur collectif. Mentalité de poincariste : croire la guerre fatale, et, partant, non seulement renoncer à en différer l'échéance, mais envisager les avantages d'une guerre préventive... Tout cela me paraît insane. » Pour Martin du Gard comme pour tant d'autres, il s'agit de choisir « entre l'abandon de nos alliés et *une guerre générale.* » Ce raisonnement est entendu depuis 1936, alors que des voix s'élèvent pour affirmer que la guerre générale, précisément, ne pourrait être évitée que par une politique de fermeté de la part de la France et de l'Angleterre. Les pacifistes, eux, s'en tiennent au postulat d'Alain : s'armer, c'est exciter l'ennemi. On pouvait toujours lui objecter que désarmer encourageait son appétit. Mais l'idée des pacifistes, on l'a vu, c'est que Hitler répare l'injustice du traité de Versailles. Autrement dit, quand tous les Allemands se retrouveront en Allemagne, comme les Sudètes, la paix sera enfin établie. Dès le mois de mars 1939, quand Hitler, malgré les accords de Munich, achève le démembrement de la Tchécoslovaquie, il faut ajuster le raisonnement. Peu le font, parmi les pacifistes. Dans son dernier numéro de juillet 1939, *Vigilance*, imperturbable, réserve ses attaques les plus dures au réarmement en France, à la « lente fascisation et militarisation du pays ». Le CVIA, quant à lui, avait perdu progressivement bon nombre de ses militants (Paul Rivet a démissionné à son tour en octobre 1938), qui découvrent à des dates variables que l'antifascisme implique éventuellement la résistance armée.

5. A. Gide-R. Martin du Gard, *Correspondance*, *op. cit.*, II, p. 152.

Une autre raison avait encouragé l'esprit de capitulation chez certains intellectuels de gauche : leur antistalinisme. Celui-ci était nourri par les événements : les purges staliniennes, les procès de Moscou, la liquidation en Espagne du POUM et des anarchistes par le Komintern… et le séjour de Trotski en France. En avril 1936, Alfred Rosmer, de *La Révolution prolétarienne*, écrit à Trotski : « Il est hors de doute que la destruction systématique des vieux bolcheviks et de tous ceux qui manifestent une opposition quelconque au régime stalinien, sans procès ou après ces odieux simulacres de justice que sont les “procès de Moscou”, finit à la longue par contraindre à la réflexion les ouvriers révolutionnaires et les démocrates partisans de l'alliance russe comme moyen de défense contre Hitler [6]. » Pour beaucoup, il devient difficile de choisir entre « les crimes de Staline » et « les crimes de Hitler ». L'intransigeance révolutionnaire, chez certains, ajoute encore à ce *ninisme* (ni Staline ni Hitler), qui équivaut dans la pratique – puisque la révolution est promise pour les calendes grecques – à un abstentionnisme finalement profitable au camp munichois.

De cette ligne *niniste*, Pierre Naville, dans la mouvance trotskiste, apparaît comme un bon représentant, à travers *Lutte ouvrière*. Le 16 septembre 1938, il titre son article : « Pas de nouveau 1914 » ; le 23 septembre : « Seule la lutte de classe contre les exploiteurs fera reculer la guerre impérialiste ! » Naville y dénonce les « dirigeants staliniens [qui] veulent la guerre impérialiste pour abattre Hitler ». Or seul « le mouvement révolutionnaire international » peut arrêter Hitler. C'est à peu près le même mot d'ordre qu'a lancé Marceau Pivert, transfuge de la SFIO : « Révolution d'abord ! » Raymond Abellio, qui adhère au groupe pivertiste [7], relate ainsi l'attitude du mouvement face à Munich : « Nous refusâmes de trancher entre les deux blocs, anglo-français d'une part, germano-italien de l'autre, considérés par nous comme également “impérialistes”. Nous n'avions pas, disions-nous, à choisir entre les loups gras et les loups maigres. Au sein d'événements si convulsifs, cette neutralité témoignait de notre absence [8]. »

6. L. Trotski, A. Rosmer et V. Margueritte, *Correspondance 1929-1939*, Gallimard, 1982, p. 237.

7. La tendance « Gauche révolutionnaire », devenue, après son exclusion de la SFIO en juin 1938, le Parti socialiste ouvrier et paysan (PSOP).

8. R. Abellio, *Ma dernière mémoire*, *op. cit.*, II, p. 305-306.

C'est encore sur des positions semblables, antistaliniennes, antinazies et révolutionnaires, que se tient le groupe surréaliste, coupé du PCF depuis 1935, et publiant le 27 septembre 1938 un tract intitulé : « Ni de votre guerre Ni de votre paix ! » qui conclut par ces mots : « A l'Europe insensée des régimes totalitaires nous refusons d'opposer l'Europe révolue du traité de Versailles, même révisé. Nous leur opposons à toutes deux, dans la guerre comme dans la paix, les forces appelées à recréer de toutes pièces l'Europe par la révolution prolétarienne [9]. »

Intransigeance, mais intransigeance abstentionniste ; révolutionnarisme, mais révolutionnarisme détaché des contingences, le *ninisme* revêt un caractère plus désabusé et pessimiste, tel qu'il apparaît sous la plume d'Alfred Rosmer, déjà évoqué : « Un certain antifascisme justifierait tout, même les crimes. Tout se passe comme si nous n'avions désormais plus le choix qu'entre des variétés de régime totalitaire : la mussolinienne, l'hitlérienne, la stalinienne [10]. »

Le pôle principal de résistance à la capitulation munichoise se situe donc du côté du Parti communiste et de ses intellectuels. Au début d'octobre 1938, *L'Humanité* publie un manifeste pour la paix, qui reçoit les adhésions, entre autres, de Julien Benda, démissionnaire du CVIA. Dans le même journal, Romain Rolland explique, le 14 octobre, que « si nous aimons et voulons tous la paix, nous considérons que celle de Munich est une capitulation dégradante, qui fournit des armes nouvelles contre la France ».

La presse communiste et communisante de l'époque s'enorgueillit d'un sympathisant moins prévisible : Henry de Montherlant, auquel on doit la publication quelques mois après l'événement de *L'Équinoxe de septembre*, un des rares pamphlets français à flétrir l'esprit de Munich. Il est vrai que, depuis 1935, date à laquelle il a condamné l'agression italienne en Éthiopie, Montherlant, esprit farouchement indépendant, s'est peu à peu retrouvé parmi les gens de gauche, donnant des textes aussi bien à *Europe* qu'à *Candide*. C'est aussi la période sans aucun doute la plus anti-chrétienne de sa vie, ce qui facilite le bout de chemin qu'il va faire avec la gauche. En 1936, il

9. M. Nadeau, *Documents surréalistes. Histoire du surréalisme*, Seuil, 1948, p. 379.

10. Ch. Gras, *Alfred Rosmer et le mouvement révolutionnaire international*, Maspero, 1971, p. 397.

devient vraiment célèbre, à quarante et un ans, en publiant *Les Jeunes Filles* (dont les bonnes feuilles sont publiées par *Commune* !), qui sont un des plus grands succès des années trente. Personne, à cette époque, ne sait rien de son homosexualité, hormis la police des mœurs et quelques juges. Son roman passe pour celui d'un homme à femmes, d'un Don Juan, d'un moraliste misogyne, mais certainement pas d'un amateur de « garçons [11] » (quand bien même ceci n'empêche pas cela) qui se livre à une « chasse » quotidienne, dont Roger Peyrefitte reçoit les confidences à partir de 1938 [12].

Montherlant, qui a des idées en politique, estime d'abord qu'il ne faut pas s'agenouiller devant Hitler. En mars 1936, lors de la crise provoquée par la remilitarisation de la Rhénanie, il se tient prêt, s'achète un masque à gaz et prépare son paquetage. En janvier 1938, au studio Bonaparte, débattant avec Otto Abetz, sous la houlette de François de Brinon, du Comité France-Allemagne, il oppose un complet scepticisme au rapprochement franco-allemand. Sa conviction est faite : la guerre ne peut être évitée. Cet ancien combattant n'en a pas peur, et il juge que les pacifistes sont des nigauds. En mars, au lendemain de l'Anschluss, il donne sa signature à une déclaration de treize écrivains, parmi lesquels Aragon, Bernanos, Chamson, Colette, Malraux, Maritain, Mauriac, Romains : « Devant la menace qui pèse sur notre pays et sur l'avenir de la culture française, les écrivains soussignés, regrettant que l'union des Français ne soit pas un fait accompli, décident de faire taire tout esprit de querelle et d'offrir à la nation l'exemple de leur fraternité [13]. »

Le 24 septembre, le jour de la mobilisation partielle, il décide de s'inscrire parmi les premiers partants. A la gare de l'Est, les hommes lui paraissent calmes, sans enthousiasme ni protestation : « Vingt ans de propagande pacifiste ont été bus et digérés, sans effet, par le peuple français [14]… » Lui, tranquille, emporte le manuscrit de son prochain livre, *Les Lépreuses*, pour y travailler.

Dans *L'Équinoxe de septembre*, dressant le bilan de la crise, il note à la date du 2 octobre : « Les manifestations enfantines

11. P. Sipriot, *Montherlant sans masque*, Robert Laffont, 1990.
12. H. de Montherlant-R. Peyrefitte, *Correspondance*, *op. cit.*
13. J.-L. Garet, *Montherlant dans la Cité*, thèse dact., Université de Lille-III, s.d., p. 327.
14. H. de Montherlant, *L'Équinoxe de septembre…*, in *Essais*, Gallimard, « La Pléiade », 1963, p. 812.

des messieurs “flegmatiques” de la Chambre des Communes ne m’empêchent pas de juger que – admis que l’Angleterre ait tiré son épingle du jeu, et je l’admets volontiers – elle ne sort pas de cette affaire grandie. Quant à nous, Français, n’en parlons pas. Délirez à votre aise, pauvres ilotes, manœuvrés et dupés, affaiblis, souffletés, et qui accueillez votre défaite et votre humiliation avec les transports de joie de l’esclave. Piétinez vos masques à gaz, imbéciles, car ce soir comme hier soir, c’est exact, il y aura le bifteck sur la table, et ensuite coucouche, mon chéri. Mais vous m’en direz des nouvelles, demain. Que vous le vouliez ou non, lâches imbéciles, un jour viendra où l’odeur de vos cagayes sera étouffée dans l’odeur de votre sang. A moins qu’éternellement vous ne vous préserviez du sang par la honte. » Renvoyant la France « à la belote et à Tino Rossi », Montherlant n’use pas d’un langage démocratique, ce qui n’empêche pas Aragon de l’accueillir à *Ce soir*, en l’assurant de son amitié. *Candide*, lui, cesse de compter Montherlant au rang de ses collaborateurs.

Quelle fut l’attitude de la génération de 1930, de ceux qui n’avaient pas fait la guerre ? Jean-Paul Sartre, Raymond Aron et Emmanuel Mounier, qui ont passé l’agrégation de philosophie la même année 1928 (Aron premier, Mounier deuxième, Sartre collé, mais Sartre premier l’année suivante), chacun réagit à sa manière.

Sartre vient d’être remarqué pour son roman, *La Nausée* – titre trouvé par Gaston Gallimard –, en avril 1938. La politique ne l’a pas encore convoqué, mais la crise de Munich laisse sur lui une si forte empreinte qu’il en fera le cadre du *Sursis*, le deuxième tome de ses *Chemins de la liberté*. Pourtant, il n’est encore que spectateur : une de ses longues lettres à Simone de Beauvoir, à la mi-septembre, décrit par le menu la situation à son « charmant Castor » qui séjourne dans les Alpes-Maritimes, mais n’exprime guère de sentiments personnels. Chamberlain ayant accepté les conditions de Hitler, il conclut : « Le risque de guerre immédiat existe toujours, bien que, naturellement, il soit beaucoup atténué. Mais, au cas, même, où la guerre serait évitée, ça ne fait ni très beau ni très gai. Tout de même les gens sont plus calmes ici, plus heureux : il leur semble qu’ils vont peut-être avoir un sursis de quelques années. Pour moi, je n’en demande pas plus en cet instant ; on verra bien ensuite [15]. » Le

15. J.-P. Sartre, *Lettres au Castor 1926-1939*, Gallimard, 1983, p. 215.

futur théoricien de la littérature engagée se montre surtout intéressé par son éventuel prix Goncourt. On en parle entre le Dôme et les Deux Magots. Le 23 septembre, le « charmant Castor » remercie son « tout cher petit être » de sa « longue lettre », sans autre commentaire.

Aron, lui, l'ancien « petit camarade » de Sartre, avait la tête politique. Son séjour prolongé en Allemagne au début des années trente lui a ouvert les yeux depuis plus d'un lustre. Lui aussi vient de se faire connaître, mais seulement auprès d'un petit cercle d'initiés. En mars 1938, il a soutenu sa thèse, sous les lambris dorés de la salle Liard, à la Sorbonne – thèse qui fera date et d'où est sortie dans la « Bibliothèque des idées » chez Gallimard son *Introduction à la philosophie de l'histoire, essai sur les limites de l'objectivité historique* et, chez Vrin, son *Essai sur une théorie de l'histoire dans l'Allemagne contemporaine ; la philosophie critique de l'Histoire*. Aron, selon sa propre expression, s'est libéré « péniblement des leçons d'Alain », avec lequel il avait frayé, et, depuis 1936, s'alarme des reculades face à Hitler. Il se retrouve donc antimunichois, « mais par émotion », écrit-il dans ses Mémoires. Le principe du sursis – qui était au fond celui de Daladier, le cosignataire des fameux accords – peut être défendu. Mais, à supposer la guerre inévitable, valait-il mieux qu'elle éclatât en 1938 plutôt que l'année suivante ? « Cette délibération raisonnable, les passions déchaînées l'excluaient. » Et puis, songeant à Sartre, Aron s'amuse : « Ironie de l'histoire et folie des passions : les munichois demeurent des criminels alors que ceux qui applaudirent la “sagesse” des Français en mars 1936 ne sont jamais mis en accusation. Le conformisme va si loin que Sartre, dans *Le Sursis*, présente tous les munichois comme des “salauds”, alors que lui-même, par pacifisme, approuva l'accord des Quatre. » Autrement dit, il y a décalage chronologique entre l'empoignade sur Munich et l'événement. Pour Aron, le vrai tournant, qui aurait dû provoquer la controverse, a été pris en mars 1936, quand il était encore facile d'arrêter Hitler. « L'esprit de Munich » avait là, plus sûrement qu'en 1938, sa date de naissance.

Des trois jeunes philosophes, Emmanuel Mounier est le plus vif à réagir. Il adhérait jusque-là au pacifisme de sa génération, et la revue *Esprit*, dès ses débuts, avait dit sa réprobation du traité de Versailles, son hostilité au « poincarisme », sa volonté d'une réconciliation franco-allemande. La crise de Munich remet toutes ces bonnes dispositions en cause : il ne s'agit plus de réparer une iniquité, mais d'arrêter un conquérant qui, torche à la main, va propager le feu à toute l'Europe. Contre une minorité de son équipe, restée pacifiste, Mounier écrit dans *Esprit* d'octobre 1938 un des éditoriaux les plus antimunichois de la presse française. En même temps, lui et son ami Pierre-Aimé Touchard rédigent et publient, au moment de la Conférence de Munich, le premier numéro d'un bimensuel, appelé à compléter la revue, *Le Voltigeur*, où on lit sous la plume de Mounier :

« Que la guerre soit pire que tout, nous sommes prêts à l'admettre avec deux correctifs.

« D'abord qu'il peut exister une paix aussi ignominieuse et aussi catastrophique que la guerre. C'est une paix qui est fondée sur une telle trahison des conditions élémentaires de la vie internationale qu'elle signifie une démission générale et à court terme la fin d'une civilisation. C'est une paix qui généralise demain, à coup à peu près sûr, la victoire des fascismes sur le désespoir des hommes.

« Ensuite [...] La faiblesse rend la guerre fatale comme une tentation, et par chaque démission en aggrave l'issue.

« [...] la paix n'est aujourd'hui possible, nous disons la paix et non le moratoire de la guerre, que par un coup d'arrêt aux fascismes [16]. »

Pour rester chez les intellectuels catholiques, François Mauriac, lui, dira avoir « approuvé Munich » sans illusion, en pensant à ses deux fils [17]. C'est comme un écho à l'article de Léon Blum dans *Le Populaire* qui évoque le « lâche soulagement ». En revanche, Georges Bernanos, depuis peu au Brésil, ulcéré de la « joie ignoble » des Français acclamant Daladier et Bonnet, au retour de Munich, écrit : « On a entendu ce qu'on n'entendra plus jamais chez nous : le Te Deum des lâches. » Cette indignation, il l'exprime au long de deux ouvrages qui paraissent coup sur coup en 1939, *Scandale de la vérité* et *Nous autres Français*. C'est à la droite dont il est issu qu'il réserve ses flèches les plus assassines, cette droite maurrassienne, prétendue nationale, profasciste, qui avait été munichoise en bloc :

16. Cité par M. Winock, *« Esprit ». Des intellectuels dans la Cité*, *op. cit.*, p. 175.
17. F. Mauriac, *Mémoires politiques*, *op. cit.*, p. 108.

« J'accuse seulement M. Charles Maurras d'avoir alors donné le ton à la presse dite nationale, et j'affirme que ce ton était abject. Les plus déterminés pacifistes ne refuseront tout de même pas de convenir qu'on peut livrer un allié sans éprouver encore le besoin de lui cracher à la figure ? [...] Notre capitulation était un malheur, je leur reproche d'en avoir fait une saleté. [...] Car il est vrai que la politique est la science des faits. Mais j'existe, moi, France, pour maintenir à la face des voyous que l'honneur d'un peuple, lui aussi, est un fait [18]. »

Il n'y avait décidément plus rien de commun entre l'ancien Camelot du Roi et le doctrinaire de l'Action française.

18. G. Bernanos, *Essais et Écrits de combat*, *op. cit.*, I, p. 642-644.

35

# *La Droite au couteau de cuisine*

La gauche pacifiste ne tient pas le monopole de « l'esprit de Munich ». Au long de septembre 1938, *L'Action française* ne se lasse pas d'expliquer *ex professo* pourquoi : « Les Français ne veulent pas se battre ni pour les Juifs, ni pour les Russes, ni pour les francs-maçons de Prague. » Le 27, le quotidien, jadis si militariste, titre sur toute la largeur de sa « une » : « A BAS LA GUERRE ! » Maurras donne non seulement le ton à une presse d'extrême droite, satellite, satellisée, mais encore à des journaux plus modérés que le penseur du « nationalisme intégral » inspirait de ses leçons réputées.

Depuis 1934, l'« AF » a repris son ascendant. C'est le journal de Maurras qui a chauffé l'opinion pendant tout le mois de janvier 1934 pour aboutir à la journée du 6 Février. Non sans profit : le quotidien monarchiste, à son étiage des ventes en décembre 1933 (30 000), bat son record de diffusion le 5 février 1934 avec 193 000 numéros vendus (plus 10 000 abonnés)[1]. En politique extérieure, le tournant est pris en 1935, lors de l'affaire des sanctions consécutives à l'invasion de l'Éthiopie par les troupes de Mussolini. La doctrine est qu'il faut ménager une alliance possible avec la « sœur latine » – une alliance autrement préférable au pacte franco-soviétique à bazarder. A vrai dire, le souci de politique intérieure prime au moment où le Front populaire est en voie de gagner les élections du printemps. Les sympathies à l'égard du fascisme italien s'expriment, constantes, sans retenue, dans *L'Action française* : c'est un écrivain maurrassien, Henri Massis, on l'a vu, qui lance le

1. C. Bellanger *et al.*, *Histoire générale de la presse française*, t. 3, *De 1871 à 1940*, PUF, 1972, p. 528.

« Manifeste des intellectuels français pour la paix en Europe et la défense de l'Occident ». Quant à Maurras, il appelle, le 22 septembre 1935, ses concitoyens à garder soigneusement en mémoire les noms des parlementaires français qui risquaient de les entraîner dans la guerre – une exhortation qui a fait date :

« Ceux qui poussent à la guerre doivent avoir le cou coupé. Comme la guillotine n'est pas à la disposition des bons citoyens, ni des citoyens logiques, il reste à dire à ces derniers : vous avez quelque part un pistolet automatique, un revolver ou un couteau de cuisine ! Une arme, quelle qu'elle soit, devra servir contre les assassins de la paix dont vous avez la liste. Propagez-la, propagez-la ! »

Malgré la grande libéralité du régime de la presse, Maurras, qui a depuis renouvelé son appel au meurtre, se voit infliger trois mois de prison. Récidivant, le 14 mai 1936, cette fois contre Léon Blum (« Détritus humain... c'est un homme à fusiller, mais dans le dos »), Maurras est condamné la semaine suivante à huit mois de prison – peine confirmée en appel au mois de juillet, et qu'il purgea du 20 octobre 1936 au 6 juillet 1937. Ce qui ne l'empêche pas de continuer ses articles, sous un pseudonyme.

Entre-temps, la crise de la Rhénanie, au mois de mars 1936, a provoqué la même réaction enragée de néo-pacifisme à l'AF, nullement gênée par le souvenir du soutien donné naguère à l'intransigeance de Poincaré face à l'Allemagne, et en contradiction avec son antigermanisme, un des piliers de sa doctrine en politique extérieure. « Nous n'avons pas à marcher contre Hitler avec les Soviets, répète Maurras. Nous n'avons pas à marcher avec Hitler contre les Soviets. » Un *ninisme* (ni Hitler ni Staline) de droite s'affirmait donc, symétrique au *ninisme* de gauche, pour aboutir à la même conclusion : laisser les mains libres à l'Allemagne nazie. On en revient à la même idée : regagner l'amitié de l'Italie, abandonner toute entente avec l'URSS. Malgré ses propres préceptes, Maurras préfère à une diplomatie *empirique* une diplomatie *idéologique*. Seule différence avec la gauche pacifiste : l'AF est favorable au réarmement. A la condition que celui-ci s'accomplisse dans le cadre d'un régime de son choix.

La guerre civile en Espagne ne fait que renforcer Maurras et ses amis dans leurs convictions. Il faut refuser toute intervention de la France, même si d'autres puissances ne s'en privent pas. L'AF fustige les Russes, mais ne pipe mot sur l'aide italienne et allemande à Franco. Lorsque, en mai 1938, Maurras se rend en Espagne nationaliste, on l'accueille à Burgos et en d'autres villes avec les honneurs dus à un représentant officiel. Franco lui-même le remercie et l'Académie royale espagnole l'élit membre correspondant.

Au lendemain de l'Anschluss, quand Léon Blum, revenu un moment au pouvoir, propose de réaliser l'union nationale contre le danger allemand, le chef socialiste n'obtient l'appui que de rares parlementaires de droite, comme Henri de Kérillis et Paul Reynaud. Léon Daudet écrit dans *L'Action française* : « Il nous faut un homme, pas un juif. » Maurras, lui, interpelle Reynaud : « Je lui demande à ce ténébreux petit bougre : "Député Paul Reynaud, combien ? Combien as-tu touché ou vas-tu toucher ? Car tout est là." » Enfin, pendant toute la crise des Sudètes, l'AF réitère sur tous les tons son refus de risquer la guerre. Ainsi Léon Daudet, qui veut qu'on fasse appel à Maurras et à Pétain :

« Ce n'est plus Jacques Bonhomme, c'est, paysan ou ouvrier, Jacques Couillonné, le cobaye de la démocratie sanguinaire qui doit aller crever sur un signe de tête d'un Juif qui l'a en horreur dans un obscur et lointain patelin dont il n'a pas la moindre notion. Ainsi le veulent la République et la liberté, liberté chérie [2]. »

Maurras argumente, le 26 septembre : « C'est parce que nous avons ici 3 millions d'étrangers dont un million de Juifs allemands que les hommes de Moscou et de Berlin tiennent nos rues, nos assemblées, nos gouvernements. » Le 28, il s'émerveille du pacifisme des « postiers syndicalistes » et des « instituteurs socialistes » : « Citoyens, citoyennes, il faut défendre et sauver, avec votre peau, celle de la France… » Un tract, intitulé « La Paix ! La Paix ! » est lancé par l'AF : « Derrière la Tchécoslovaquie, *il y a les francs-maçons* qui l'ont inventée ; *il y a les Juifs* qui y dominent ; *il y a les Soviets* qui en ont fait en Europe centrale l'instrument avec lequel ils comptent provoquer la grande guerre dont ils ont besoin pour déchaîner la révolution universelle [3]. » Pertinent résumé du néo-pacifisme des maurrassiens et aussi d'une bonne partie non seulement de

2. L. Daudet, *L'Action française*, 17 mars 1938.
3. *L'Action française*, 28 septembre 1938.

l'extrême droite, mais de la droite tout court. Le 29, le quotidien monarchiste publie cette manchette « à la manière de » :

*S'ils s'obstinent, ces cannibales,*
*A faire de nous des héros,*
*Il faut que nos premières balles*
*Soient pour Mandel, Blum et Reynaud.*

1937 et 1938 constituent pour Charles Maurras ses années d'apothéose. Le 6 juillet 1937, *L'Action française* annonce en gros caractères et en couplets rimés sa sortie de prison. Pendant son incarcération, ses partisans ont pris l'initiative de fonder un Comité pour « Le prix Nobel de la Paix à Maurras ». Bien que l'ironie semble grosse concernant ce prescripteur du couteau de cuisine. Une pétition circule dans les cercles distingués demandant aux collègues et amis « de s'associer à cet hommage à l'égard d'un maître de la pensée contemporaine et qui paie actuellement de sa liberté sa courageuse intervention en faveur de la paix de la France et du monde ». Après une réception-petits-fours au journal, où l'enthousiasme le dispute à l'affection, les télégrammes aux bouquets de fleurs, et les clameurs aux discours émus, vient un dîner le 7 juillet donné en son honneur au Café de Versailles, où les ovations redoublent entre poire et fromage, et enfin un grand meeting au Vélodrome d'Hiver, le vendredi 9 juillet. Léon Daudet y répète que Maurras est « LE SEUL HOMME capable, au pouvoir, de rendre leur sécurité à nos frontières et de ramener, sur tous les terrains, notamment sur le terrain économique et financier, la confiance ». Curieusement, on reconnaissait parmi les orateurs Louis Marin en personne, chef de la Fédération républicaine, la formation politique la plus importante de la droite – catholique et conservatrice. C'est dire si, au moment du Front populaire, le rayonnement de *L'Action française* et celui de son chef s'étendent loin de leur territoire habituel. Louis Marin y va de son hommage au « bon pilote » qui, défendant la civilisation française, défendait la civilisation tout court, au point que l'« exemple qu'il a donné devrait le faire vénérer de ses adversaires. La bassesse du Front populaire est mesurée par le traitement infamant qu'il a fait subir à Charles Maurras. Il faut que, par la disparition du Front populaire, la France recouvre sa grandeur [4]. »

4. *Ibid.*, 9 juillet 1937.

Au cours de la crise des Sudètes, son audience atteint un tel degré que Maurras peut tenir réunion, le 7 juin 1938, au Vélodrome d'Hiver, devant « quarante mille participants ». Jacques Doriot lui-même présent, « frénétiquement » applaudi, fait l'éloge de Franco, préconise l'alliance avec Mussolini et encense le vieux maître de Martigues. Le plus beau n'était pas encore arrivé, mais on ne l'attendit pas longtemps : le 10 juin, *L'Action française* titre sur toute la largeur de sa première page : « Charles Maurras à l'Académie française. » Léon Daudet, au journal, lors d'une petite fête plus ou moins improvisée la veille, avait troussé un éloge dithyrambique qui s'achevait par ces mots : « Maître de la raison latine, et qui au-dessus des difficultés diverses, rejoignez Mussolini, Franco et Salazar, ô chef aimé et chez qui nul de vos proches n'a connu jamais la moindre défaillance, Charles Maurras, clairvoyant et bon. Charles Maurras, ô intrépide, laissez-moi, laissez-moi vous tendre ici le cœur vibrant de votre Action française et de tous vos collaborateurs. »

Un suprême laurier virtuel manquait à sa gloire, gouverner la France. C'est ce dont le fidèle Daudet s'indigne, le 13 juin, dans un article intitulé : « Ce que l'heure exige : Maurras au pouvoir » : « ...Grâce à M. Neville Chamberlain, remplaçant l'absurde M. Eden, celui qui voulait "asphyxier" l'Italie, et grâce à Maurras et au couteau de cuisine de Damoclès, une chance de paix de transition s'est ouverte à nous [...]. Ainsi s'expliquent les applaudissements frénétiques qui ont accueilli Maurras au Vel'd'Hiv'. C'est LUI, LUI SEUL, QUI PEUT NOUS SAUVER. L'Académie française, la foule des patriotes parisiens l'ont compris. »

Tout de même, quelques-uns de ses disciples ne partagent pas les transports de Daudet. Des « défaillances », oh si ! ils en avaient connu, ils en connaissaient encore à Maurras. Car enfin, ce théoricien du « coup de force », il n'en donnait jamais le signal, pas même au cours de cette folle soirée du 6 Février, où tout paraissait possible. Maurras, loin de la place de la Concorde et de ses troupes, s'était retiré dans les bureaux de *L'Action française*, l'important à ses yeux étant de ne pas manquer l'édition du petit matin. Son article achevé, il passa le reste de la nuit à composer un poème à Pampille, surnom de Marthe, l'épouse de Daudet. Les plus ardents de la génération montante avaient jugé la chose insolite. Et puis Maurras avait soixante-six ans, il était sourd depuis sa jeunesse, il ne fallait pas trop lui en demander sans doute. En 1936, ces jeunes gens, tout en restant fidèles à la pensée du maître, se retrouvent mieux à *Je suis partout*. Rebatet, qui tenait pourtant à *L'Action française* la chronique musicale et la chronique cinématographique, résumera leur déception, dans le titre d'un chapitre des *Décombres* : « L'Inaction française [5]. »

*Je suis partout*, comme *Candide*, est une création de l'éditeur Arthème Fayard, mais celui-ci décida de s'en débarrasser après la victoire du Front populaire. L'hebdomadaire n'en mourut pas pour autant. Toujours sous la conduite de Pierre Gaxotte, qui dirige aussi *Candide*, une jeune équipe se retrouve : outre Lucien Rebatet, Pierre-Antoine Cousteau, Georges Blond, Charles Lesca, Alain Laubreaux, Claude Roy (qui signe Claude Orland). Avec Robert Brasillach, critique littéraire à *L'Action française*, comme rédacteur en chef à partir de 1937. *Je suis partout*, selon Rebatet, doit « sa seconde naissance à un sursaut vraiment fasciste ». Championne de l'invective, la « petite bande » rédigea, dans une brasserie de Denfert-Rochereau, un journal dont la violence dépasse de loin celle du quotidien de Maurras, qui semble austère et académique par comparaison.

Les cibles sont les mêmes, mais les couteaux de cuisine de *Je suis partout*, plus affûtés. Munichois forcenés, ses collaborateurs divergent de Maurras sur un sujet : l'antigermanisme. Grands admirateurs de Degrelle et du rexisme belge, de Franco, de Codreanu et de ses Gardes de fer, du Grec Metaxas, ils ne cachent pas leur estime pour le régime hitlérien, relatant les congrès de Nuremberg de manière fort sentimentale. Pour eux, l'Allemagne nazie n'est pas un modèle politique, mais un modèle d'énergie, l'exemple d'une nation qui s'est redressée, selon les ressorts de son génie propre. Au lendemain du Congrès de Nuremberg de 1937, P.-A. Cousteau écrit :

« Nous étions à Nuremberg quelques Français qui devant chaque manifestation de la renaissance allemande, pensions à la France, uniquement à la France. Et devant toutes les imperfections, toutes les lacunes, toutes les outrances du national-socialisme, nous constations qu'il faudrait en somme fort peu de choses pour que les Français fissent beaucoup mieux que les Allemands, pour qu'ils reprissent dans le monde la place prépondérante que leurs ancêtres ont conquise et qu'ils rede-

5. L. Rebatet, *Les Décombres*, Denoël, 1942, p. 111.

vinssent ce qu'ils n'auraient jamais dû cesser d'être, non point un conglomérat anarchique d'individus systématiquement moyens, mais un peuple de seigneurs, un peuple de maîtres. »

Ce peuple de « seigneurs » et de « maîtres » favoriserait la jeunesse, la culture physique et le plein air. Nul mieux que Robert Brasillach n'a chanté, dans *Les Sept Couleurs*, ce fascisme hygiénique : « Le jeune fasciste, appuyé sur sa race et sur sa nation, fier de son corps vigoureux, de son esprit lucide, méprisant les biens épais de ce monde, le jeune fasciste dans son camp, au milieu des camarades de la paix qui peuvent être les camarades de la guerre, le jeune fasciste qui chante, qui marche, qui travaille, qui rêve, il est tout d'abord un être joyeux. Le comitard radical, le maigre conspirateur judéo-socialiste, le consommateur d'apéritifs, de motions et de compromis, peut-il comprendre cette joie ? »

« Ce mal du siècle, le fascisme », comme dit encore Brasillach dans le même livre, s'exprime en poésie, en liturgie : « Le culte de la patrie, écrit-il de l'Allemagne de Nuremberg, se traduisait en cérémonies d'une beauté souveraine, en offices diurnes et nocturnes, en nuits de Walpurgis éclairées par les projecteurs et par les torches, en musiques énormes, en chansons de guerre et de paix chantées par des millions d'hommes[6]. »

A défaut d'un véritable fascisme politique, apte à prendre le pouvoir, la France des années trente a, du moins, cultivé un fascisme littéraire, favorisé une « imprégnation fasciste[7] », un « esprit fasciste[8] » : un écrivain comme Robert Brasillach en fut l'un des artisans les plus talentueux et le plus conscient : « Nous aurons compris surtout que le succès du nationalisme en ces années venait de son pouvoir de proposer des images à la foule et d'être d'abord, *bonne ou mauvaise*, une *poésie*[9]. »

A côté de *Je suis partout*, de nombreuses publications ont participé à cet esprit de Munich de la droite extrême : *Candide*, animé aussi par Pierre Gaxotte, de la mouvance maurrassienne ;

6. R. Brasillach, *Les Sept Couleurs*, Plon, 1939, rééd. Le Livre de Poche, 1965, p. 207.
7. Expression de R. Girardet, « Notes sur l'esprit d'un fascisme français, 1934-1940 », *Revue française de science politique*, juill.-septembre 1955.
8. R. Brasillach, « Introduction à l'esprit fasciste », *Je suis partout*, 24 juin-8 juillet 1938.
9. R. Brasillach, *Notre avant-guerre*, *op. cit.*, p. 246.

*Gringoire*, où s'exerce la fureur entérique d'Henri Béraud... Et, plus intellectuelle et moins tapageuse, *Combat*, revue lancée au début de 1936 par Jean de Fabrègues et Thierry Maulnier. Anticommuniste et antisémite, *Combat* ne cesse d'alarmer ses lecteurs sur les dangers de guerre venus des Soviétiques et des juifs. Maurice Blanchot, un des collaborateurs réguliers de la revue, explique ainsi la crise de la Rhénanie, en avril 1936 : « Il y a dans le monde, en dehors de l'Allemagne, un clan qui veut la guerre et qui propage insidieusement, sous couleur de prestige et de morale internationale, les cas de guerre. C'est le clan des anciens pacifistes, des révolutionnaires et des Juifs émigrés qui sont prêts à tout pour abattre Hitler et pour mettre fin aux dictatures.

« ... Il [A. Sarraut] a commencé par entendre l'appel des révolutionnaires et des Juifs déchaînés dont la fureur théologique exigeait contre Hitler toutes les sanctions tout de suite. [...] On n'a rien vu d'aussi perfide que cette propagande d'honneur national faite par des étrangers suspects dans les bureaux du Quai d'Orsay pour précipiter les jeunes Français, au nom de Moscou ou au nom d'Israël, dans un conflit immédiat [10]. »

En novembre 1938, Thierry Maulnier avoue approuver ceux qui, pendant la crise de Munich, ont jugé qu'« une défaite de l'Allemagne signifierait l'écroulement des systèmes autoritaires qui constituent le principal rempart à la révolution communiste, et peut-être à la bolchevisation immédiate de l'Europe [11] ». Dès lors, que faire ? Pour Thierry Maulnier, comme pour Brasillach, Gaxotte, Maurras, il faut d'abord « abattre » le régime en France : « A cause du régime, tout est faussé. »

Un intellectuel fasciste pourtant se déclare antimunichois : Pierre Drieu La Rochelle. Comme Brasillach, et plus encore, Drieu se soucie d'une régénération physique de la France. Il écrit en 1937 dans l'hebdomadaire du PPF, *L'Émancipation nationale* : « La définition la plus profonde du fascisme, c'est celle-ci : c'est le mouvement politique qui va le plus franchement, le plus radicalement dans le sens de la grande révolution des mœurs, dans le sens de la restauration du corps – santé, dignité, plénitude, héroïsme –, dans le sens de la défense de

10. M. Blanchot, « Après le coup de force germanique », *Combat*, avril 1936.

11. Th. Maulnier, « Les nouvelles conditions imposées à l'action politique en France », *Combat*, novembre 1938.

l'homme contre la grande ville et contre la machine [12]. » On l'a vu adhérer au PPF, qui a su se trouver un « chef » en la personne de Doriot, et prendre au sérieux le « socialisme à la française » du parti créé à Saint-Denis. Plus engagé que les autres intellectuels, Drieu est, deux ans environ, un militant. Propagandiste du PPF, il rédige une brochure à la gloire de l'ancien dirigeant communiste, *Avec Doriot*. Orateur médiocre, il se contraint à faire des discours en bras de chemise aux côtés de Doriot en bretelles. Penseur politique, il formule dans l'hebdomadaire du parti ses conceptions d'un fascisme idéal – lui seul, encore une fois, employant le mot « fascisme », que les autres, Bertrand de Jouvenel, Alfred Fabre-Luce, Ramon Fernandez à partir de 1937, évitent. Le parti a le vent en poupe aux grandes heures du Front populaire, puis décline au même rythme que son adversaire. Doriot, plein d'espoirs, échoue finalement à créer un Front de la Liberté qui, en face de la gauche régnante, eût opposé la droite organisée : La Rocque a refusé d'associer son Parti social français aux autres groupes de droite et d'extrême droite. Le PPF connaît alors un reflux ; la crise de Munich l'accélère. Tandis que Doriot proclame que « la France n'a pas trahi la Tchécoslovaquie », Drieu écrit, le 14 octobre 1938, dans une Lettre ouverte à Daladier : « Vous êtes revenu de Munich couvert de notre honte. »

Drieu ne s'éternise pas au PPF. Doriot, jouisseur qui roule en grosse voiture, passe trois heures à table, fossoyeur du socialisme, l'a déçu. De plus, Drieu apprend que Doriot et le PPF reçoivent des subsides de Mussolini. Quelques semaines après que Jouvenel eut quitté le PPF, il envoie, le 6 janvier 1939, une lettre de démission à Doriot, lui reprochant de n'avoir pas su arracher sa « vieille peau » à « des années de vie politicienne [13] ».

Drieu La Rochelle échappe à « l'esprit de Munich » sans doute parce que la lâcheté nationale insulte son sens ou sa nostalgie de l'héroïsme. En quoi son fascisme est sans doute plus authentique que le fascisme « auto-stop » et « feu de camp » de Brasillach. En revanche, c'est peu de dire que Drieu partage largement le vice le plus répandu parmi les écrivains de l'extrême droite : l'antisémitisme. *Gilles*, dont la première édition

12. P. Drieu La Rochelle, « Chronique politique », p. 50.
13. P. Andreu/F. Grover, *op. cit.*, p. 351 *sq.*

de 1939 fut censurée, en est pénétré. Il est difficile de localiser d'où partit le signal. Pour les années 1880, on sait quel rôle jouèrent le quotidien *La Croix* et *La France juive* de Drumont. La seconde vague d'antisémitisme violent que la France ait connue, et qui commence dans les années trente, semble venir de tous côtés, comme une passion refoulée depuis la Grande Guerre et soudain débondée sous les coups répétés de désastres qui appellent la victime propitiatoire : la crise, le chômage, les scandales politico-financiers, la persécution des juifs en Allemagne, l'émigration juive en provenance d'Allemagne et d'Europe centrale, l'arrivée au pouvoir en France d'un Front populaire présidé par Léon Blum…

Ils accusent les juifs, entre autres, de fomenter la guerre. Alliés des communistes, ils ont pour ennemi l'Allemagne hitlérienne qu'ils voudraient abattre. L'antienne fut répétée à satiété, y compris par le délicat citoyen de Chaminadour, l'auteur des *Chroniques maritales*, Marcel Jouhandeau, qui, un moment distrait de l'éternel procès à Élise, crut devoir éditer quelques articles publiés par *L'Action française* en 1936 et 1937 sur le sujet et sous le titre *Le Péril juif*[14]. Maurras avait déjà fait la théorie des « quatre États confédérés », dont l'un était tenu par les juifs : contre ceux-ci, il préconisait un antisémitisme d'État, afin de limiter leur influence. Mais l'antisémitisme d'État ou « de raison » prenait de plus en plus la forme d'un antisémitisme racial. Dans la crise des Sudètes, on l'a vu, pour Maurras et les siens, le ressentiment des juifs contre l'Allemagne est un des vecteurs de guerre. *Je suis partout* consacre aux juifs deux numéros spéciaux (qui, étant donné le succès, sont réimprimés), en 1938 et 1939, intitulés *Les Juifs* et *Les Juifs et la France*. Ce qui vaut à Lucien Rebatet, particulièrement déchaîné, les « compliments les plus chaleureux » de *L'Action française*, dans sa revue de presse. *Je suis partout* accueille les articles antisémites de Jouhandeau refusés par la *NRF*. C'est dire s'il applaudit aux *Bagatelles pour un massacre* de Céline, en 1937.

Après le *Voyage au bout de la nuit*, qu'on avait cru de gauche, Céline avait déjà choqué la critique avec *Mort à crédit*, au demeurant inclassable : à gauche ? à droite ? anar ? nihiliste ? voyou ? Quand parurent *Bagatelles*, l'écrivain médecin cessa

14. M. Jouhandeau, *Le Péril juif*, Sorlot, 1938. Le premier article s'intitulait : « Comment je suis devenu antisémite. »

d'être applaudi du côté du Front populaire, mais *Je suis partout* le couvrit de fleurs. N'avait-il pas le mérite d'écrire, par exemple : « Je le dis tout franc, comme je le pense, je préférerais douze Hitler plutôt qu'un Blum omnipotent. Hitler encore je pourrais le comprendre, tandis que Blum, c'est inutile, ça sera toujours le pire ennemi, la haine à mort, absolue [15]. »

Curieusement, le brûlot de Céline ne provoqua qu'un scandale atténué. En réalité, dans la France des années trente, l'antisémitisme jouit d'un statut respectable, ressortit à une tradition culturelle et politique qui a ses entrées à l'Académie ; il fait partie des passions banales. Céline, dans son livre débridé, ne fait preuve que d'une seule originalité : l'excès, l'art de la vocifération rythmée, de l'imaginaire déchaîné, l'art du délire [16] – ce que lui reproche du reste *Combat* en mars 1938, estimant qu'il s'agit d'un antisémitisme « de pacotille », et que Céline ne traite pas sérieusement d'un problème sérieux. Celui-ci se contente de définir ainsi son entreprise (dans *L'École des cadavres*) : « Simple vulgarisation, virulente, stylisée. » Il est notable que Céline ne fut pas le plus paroxystique contre Blum, d'autres l'ayant précédé. Le principal pour le pacifiste intégral, viscéral, qu'est l'auteur du *Voyage*, est de dénoncer ce qui se prépare en Europe, contre Hitler : « une guerre pour la joie des Juifs. »

Céline participe du même coup à la propagande hitlérienne, dont l'organe *Service mondial*, publié en France depuis 1933, a été largement mis à contribution pour son information. Le service allemand – *Welt-Dienst* – subventionnait par ailleurs nombre d'officines antisémites françaises et leurs publications : *Le Siècle nouveau* et *La Libre Parole* d'Henry Coston, *Le Grand Occident* de Lucien Pemjean, *Le Réveil du peuple* de Jean Boissel, qui devient après une interruption en 1937 *L'Antijuif*… Darquier de Pellepoix se montre l'un des antisémites les plus fanatiques, collaborant au Centre de documentation de Coston et à sa *Libre Parole*. Dans une lettre à Henry-Robert Petit, secrétaire de Darquier, Céline n'hésite pas à faire cet aveu : « Bien sûr, je ne me cache point de vous avoir compulsé, trituré, pompé au petit bonheur [17]. » Point d'originalité donc,

15. L.-F. Céline, *Bagatelles pour un massacre*, p. 192 (édition de 1942).
16. Voir M. Winock, « Le scandale Céline », *L'Histoire*, novembre 1988, et *Nationalisme, Fascisme et Antisémitisme en France*, *op. cit.*
17. A. Yaeger Kaplan, *Relevé des sources et citations dans « Bagatelles pour un massacre »*, Tussot (Charente), Du Lérot, 1987, p. 33.

mais les outrances travaillées d'un compilateur de fatras dans le registre d'une infamie convenue.

Si la France fasciste laisse plutôt à désirer – politiquement parlant –, la France antisémite, elle, est une indiscutable réalité, à laquelle quelques-uns des meilleurs écrivains, ajoutés à tant de moindres, ont prêté leur plume.

36

# *La Grande Culbute*

Malgré les concessions faites à Hitler, la conférence de Munich n'apporta qu'un sursis ; il dura moins d'un an. A la mi-mars 1939, l'Allemagne impose son « protectorat » à la Bohême et à la Moravie : il n'y a plus de Tchécoslovaquie. Un pas a été franchi dans l'escalade. Cette fois, ce ne sont plus des populations « allemandes » qui sont rattachées au Reich, mais des populations slaves. Comment croire désormais aux limites des entreprises hitlériennes ? La menace de guerre européenne paraît de plus en plus lourde. Rien n'arrêtera le conquérant, sauf la force. Bien des munichois commencent à le comprendre. Un peu tard. Le mois suivant, en avril, l'Italie annexe l'Albanie.

A peine digérée la Tchécoslovaquie, Hitler jette son dévolu sur Dantzig (Gdansk en polonais), ville libre – en exigeant en plus la liaison par voies ferrée et routière à travers le fameux « corridor » qui sépare la Poméranie (Prusse-Orientale) du reste de l'Allemagne et permet à la Pologne depuis le traité de Versailles d'accéder à la mer. Le 31 mars, Chamberlain déclare à la Chambre des Communes qu'en accord avec la France la Grande-Bretagne offrait sa garantie à la Pologne. Cette fois, on est décidé à arrêter Hitler. La réplique de celui-ci est immédiate : la signature du « Pacte d'acier », c'est-à-dire d'un traité d'alliance entre l'Allemagne et l'Italie. L'Axe Berlin-Rome se double ainsi d'une assistance militaire : on en revient, comme en 1914, à l'Europe des « blocs ».

Pour Hitler, la question de Dantzig n'est qu'un prétexte. Il veut progresser à l'Est, conquérir l'« espace vital » dont la population allemande a, paraît-il, besoin. Tout cela était écrit dans *Mein Kampf*, mais peu de diplomates occidentaux avaient pris ce livre d'énergumène au sérieux. Les Anglais et les Français, qui ont encouragé le Führer par leurs reculades successives, vont-ils « mourir pour Dantzig ? ». La formule sert de titre à un article vite célèbre de Marcel Déat, dans *L'Œuvre* du 4 mai 1939. Hitler a sans doute l'intuition que les démocraties munichoises répondront encore non à pareille question. Il réserve une surprise de taille à ceux qui veulent briser son élan : le 21 août 1939, la presse internationale annonce qu'Allemands et Russes négocient un traité de « non-agression ». Nouvelle confirmée le surlendemain : le pacte germano-soviétique est signé, augmenté d'un Protocole secret aux termes duquel les contractants se partageraient le territoire polonais. Qui pouvait imaginer pareil coup de tonnerre ? Qui pouvait comprendre que l'URSS, menant campagne depuis cinq ans contre le « fascisme », acceptait de pactiser avec son ennemi principal ? Chacun pressentait, en revanche, que le pacte encourageait Hitler à l'agression puisqu'il était désormais assuré de ne pas avoir à se battre sur deux fronts, si d'aventure Anglais et Français s'avisaient de défendre la Pologne. Il devenait clair que Staline précipitait la guerre à l'Ouest, pour ne pas avoir à la subir chez lui.

Dans l'après-midi du 31 août, Hitler ordonne à son armée d'envahir la Pologne le lendemain matin. Le 3 septembre, après un ultimatum anglo-français resté sans effet, la Grande-Bretagne et la France déclarent la guerre à l'Allemagne. Le 28 septembre, l'armée polonaise capitule, sans que les forces franco-anglaises aient attaqué. Entre-temps, l'Armée rouge à son tour a investi l'est de la Pologne, qui se trouve partagée entre les deux États. Commence alors, pour les Français et les Anglais, cette « drôle de guerre » d'attente et d'inaction à la frontière, où chacun est suspendu à l'initiative allemande, qui se produira, foudroyante, le 10 mai 1940.

Dans les semaines qui ont précédé la guerre, le gouvernement Daladier, dans la perspective d'un conflit rendu inévitable, a fait appel à Jean Giraudoux, qui achève une cure à Vittel, pour le nommer commissaire général à l'Information. A cinquante-sept ans, il passe pour un des plus brillants écrivains français, surtout grâce à son théâtre. Pas aux yeux de tous : « J'ai horreur, dit Drieu, de ce style amphigourique et précieux, affreux symptôme de décadence. » Personne pourtant n'a oublié *La guerre de Troie n'aura pas lieu*, brillante transposition des dangers de l'heure. Depuis qu'il avait été reçu premier au concours des chancelleries en 1910, Giraudoux est aussi diplomate, menant sa double carrière de front, comme Paul Claudel, Paul Morand, Alexis Léger… Partisan de Briand, il s'était montré hostile au poincarisme à telle enseigne que son roman *Bella*, paru en 1926, où l'on reconnaissait Poincaré sous les traits de Rebendart (une trouvaille, que ce nom-là !), avait provoqué un scandale et lui avait valu une mise au placard par le Quai d'Orsay. En 1939, il vient de publier son dernier roman, *Choix des élues*, et surtout, en juillet, de réunir sous le titre *Pleins Pouvoirs* une série de conférences faites quelques mois plus tôt.

*Bella* mis à part, Giraudoux, respectueux de l'obligation de réserve, n'a guère pris de positions politiques. Quelques conférences en 1934 sur « La Française et la France »… C'est surtout *Pleins Pouvoirs* qui le fait entrer dans le forum. On le croyait radical-socialiste, libéral de gauche, on le découvre sous les traits d'un patriote xénophobe. Pénétré de la grandeur, de la supériorité même de la civilisation française, il déplore la dénatalité et l'arrivée en masse d'étrangers, pour le meilleur et pour le pire. « Le Français se fait rare. » Sont nettement visés : les juifs venus d'Europe centrale et orientale : « Horde qui s'arrange pour être déchue de ses droits nationaux, et braver ainsi toutes les expulsions, et que sa constitution physique, précaire et anormale, amène par milliers dans nos hôpitaux qu'elle encombre. » Pas étonnant s'il souhaite un « ministre de la Race », d'accord en cela « avec Hitler pour proclamer qu'une politique n'atteint sa forme supérieure que si elle est raciale »…

Face à la décadence, on doit redresser le pays. Lancer une politique nataliste, une politique du sport, une politique de la ville… Il préconise de grands travaux, une politique culturelle, et même une « civilisation de la politesse »… Que l'auteur de *Pleins Pouvoirs*, écrivain élégant et précieux, soit désigné comme préposé à la propagande à la veille de la guerre européenne donne au moins l'idée du prestige de la littérature dans l'univers politique – et du flou qui entoure chez les dirigeants français la notion de propagande au siècle de Goebbels et de Münzenberg.

Jean-Paul Sartre, rendant compte de *Choix des élues* dans la *NRF* de mars 1940, écrit avec à propos : « La profondeur de M. Giraudoux est réelle, mais elle vaut pour son monde, non pour le nôtre. […] Pour entrer de plain-pied dans l'univers de *Choix des élues*, il faut d'abord oublier le monde où nous vivons. » Ce monde est celui du cynisme le plus impitoyable ; Paul Nizan, malgré toutes les ressources de la dialectique acquises depuis l'École normale, en éprouve la violence en apprenant la signature du pacte germano-soviétique. Chroniqueur de politique extérieure au quotidien communiste *Ce soir*, dirigé par Aragon, il s'est montré jusqu'ici un militant exemplaire. Apprécié au-delà des cercles communistes pour ses romans attachants – *Antoine Bloyé* (1933), *Le Cheval de Troie* (1935), *La Conspiration* (1938) –, l'ancien « petit camarade » de Sartre a défendu avec résolution et compétence la politique antimunichoise, la diplomatie antifasciste de l'URSS. C'est en Corse, où il passe ses vacances avec sa femme « Rirette » et leurs deux enfants, qu'il apprend la nouvelle. Sitôt de retour à Paris, il fonce aux bureaux de *Ce soir* pour avoir une explication, qu'on est bien en peine de lui fournir. Le Parti traverse une crise profonde, des députés démissionnent, des militants déchirent leur carte. Aragon, lui, plus *perinde ac cadaver* que jamais, titre dès le 23 août : « L'annonce du pacte de non-agression fait reculer la guerre. » D'autres intellectuels du Parti, les Georges Cogniot, les Laurent Casanova, n'ont pas d'état d'âme : Staline a toujours raison. N'empêche, Staline est désormais un ennemi de fait pour la France : le 25 août, la presse communiste est frappée d'interdiction. Le 31, les compagnons de route Paul Langevin, Irène et Frédéric Joliot-Curie signent une déclaration contre « la duplicité dans les relations internationales » et la « volte-face » soviétique. Romain Rolland ne la signe pas, mais adresse à Daladier un télégramme exprimant « son entier dévouement à la cause des démocraties, de la France et du monde aujourd'hui en danger ». Après quelque temps de perplexité – au cours duquel le groupe communiste vote à la Chambre les premiers crédits militaires –, le Parti est solidement repris en main par le Komintern et réaligné sur le mot d'ordre : contre « la guerre impérialiste », l'expression officielle pour signifier que les démocraties libérales sont les vraies ennemies. André Marty, membre du secrétariat de l'Internationale communiste, alors à Moscou, publie une « Lettre ouverte à Léon Blum » où il explique que « la guerre a un caractère impérialiste, antiouvrier, contre-révolutionnaire ». Le tournant à 180° peut donner le vertige.

Paul Nizan, mobilisé, est envoyé en cantonnement dans un village d'Alsace. C'est là qu'il apprend que les troupes soviétiques ont envahi une partie du territoire polonais le 17 septembre. Le 25, *L'Œuvre* insère le communiqué suivant :

« M. Paul Nizan, ancien élève de l'École normale supérieure, agrégé de l'Université, qui assurait au journal *Ce soir* la direction des services de politique étrangère, vient d'adresser à M. Jacques Duclos, vice-président de la Chambre, la lettre suivante :

"Je t'adresse ma démission du Parti communiste français.

"Ma condition présente de soldat aux armées m'interdit d'ajouter à ces lignes le moindre commentaire."

« M. Paul Nizan a publié de très nombreux ouvrages politiques et littéraires.

« Son roman *La Conspiration* a obtenu le prix Interallié en 1938. Il a publié encore d'autres romans : *Le Cheval de Troie* et *Antoine Bloyé*.

« Son dernier livre politique *Chronique de septembre* a obtenu un grand succès[1]. »

Nizan pouvait bien entrer dans les raisons du réalisme politique de Staline : quoique atterré, il n'avait pas démissionné en apprenant la signature du pacte germano-soviétique. Il proposait même, comme en fait foi sa correspondance, de se montrer également rusé pour sauver le parti français, « garantir l'avenir », en jouant la carte d'un communisme national : « que n'ont-ils eu l'audace des Russes ? », dit-il, en parlant des dirigeants du PCF. Mais l'invasion de la Pologne décrétée par Staline excède ce qu'il est en état d'admettre – « une application insoutenable de la realpolitik », écrit-il à sa femme le 22 septembre.

Dans le même temps, un autre intellectuel communiste, Georges Friedmann, passe par les mêmes transes. Sa lucidité est antérieure à celle de Nizan, qui l'a fustigé lors de la sortie de son livre, *De la Sainte Russie à l'URSS*, jugeant celui-ci insuffisamment orthodoxe. Officier d'administration du Service de santé, affecté à l'hôpital complémentaire de Laon, Friedmann a entrepris de tenir son Journal, tout comme Sartre, mobilisé dans le Service météo en Alsace[2]. La « drôle de guerre » fut

1. Cité par P. Ory, *Nizan, destin d'un révolté 1905-1940*, Ramsay, 1980, p. 215. Voir aussi *Paul Nizan intellectuel communiste, écrits et correspondance 1926-1940*, présentation de J.-J. Brochier, Maspero, 1967 ; J. Steel, *Paul Nizan. Un révolutionnaire conformiste ?*, PFNSP, 1987.

2. J.-P. Sartre, *Carnets de la drôle de guerre*, Gallimard, nouvelle édition, 1995.

une saison d'écriture profuse : il n'y avait à peu près rien d'autre à faire, sinon jouer à la belote. Friedmann relève l'argumentation « raciste » qu'emploie Molotov pour justifier l'entrée en Pologne, parlant des « frères de race, Ukrainiens et Russes blancs habitant la Pologne » auxquels les Soviétiques devaient apporter « leur secours ». Poursuivant sa réflexion, il note le 16 octobre : « Ce qui me navre, moi qui, malgré tout, ai cru si longtemps que l'URSS dépasserait ses difficultés de croissance, ai si longtemps défendu la politique stalinienne comme la seule possible, au milieu des difficultés de la Sainte Russie et de l'Europe d'après-guerre, c'est de trouver des signes de plus en plus nets de cet affreux cynisme chez Staline et ses conseillers : un pseudo-marxisme dont tout l'humanisme a fui. » Il observe comment la propagande de Goebbels exploite les déclarations de Molotov pour saper le moral des Français. Enfin, quand l'URSS entreprend l'invasion de la Finlande en novembre, il en arrive à remettre radicalement en cause sa foi communiste : « Il faut, ici, aller jusqu'à la racine du mal et, quel que soit le génie de Lénine, l'admiration qu'il m'inspire, ne pas craindre de me poser la question : les germes d'un certain amoralisme cynique se trouvent-ils dans l'action et l'œuvre théorique de Lénine [3] ? »

Paul Nizan, lui, n'aura pas le temps d'approfondir sa réflexion sur le sujet. Sa situation militaire le protège des attaques directes du PCF, mis hors la loi le 27 septembre. Mais pas des manœuvres détournées : il reçoit une lettre de Rirette, datée du 19 octobre qui lui apprend que le Parti, dont elle est membre, l'engage à se désolidariser de son mari : « Je me suis trouvée en face de gens qui m'ont traitée (pas Léon [Moussinac] mais Ginzburger [le futur Pierre Villon]) à peu près comme on dut traiter jadis le capitaine Dreyfus, ce qui n'est pas très marrant [4]. »

Désireux de « changer de peau » au bout de plusieurs mois de « drôle de guerre », où l'inaction finit par démoraliser les meilleures volontés (« le calme n'est pas toujours drôle »), Nizan réussit à se faire affecter comme interprète en février auprès d'un corps expéditionnaire britannique dans le nord de la France, où Rirette peut venir le rejoindre jusqu'à l'offensive

3. G. Friedmann, *Journal de guerre 1939-1940*, Gallimard, 1987.
4. Cité par P. Ory, *op. cit.*, p. 221.

allemande. Aragon, lui aussi mobilisé, n'est pas très loin. Bientôt acculé dans la poche de Dunkerque cernée par les Panzers, il sera des 130 000 soldats français qui parviennent à s'embarquer avec les 330 000 anglais pour la Grande-Bretagne. Paul Nizan ne connaîtra pas cette bonne fortune : il est tué, le 23 mai, par une balle explosive qui l'atteint au-dessus de l'oreille. Loin des champs de bataille, Maurice Thorez, qui a déserté son corps pour rejoindre l'URSS clandestinement, commet le 21 mars 1940 dans la revue du Komintern un article vengeur, « Les traîtres au pilori », qui fustige tous les communistes qui ont quitté le Parti après la signature du pacte germano-soviétique : « opportunistes », « carriéristes », « dégénérés », « pourris », « moutons de la police »… Nizan est du nombre. « [Il] a eu, écrit Thorez, la satisfaction de jouer pour de vrai le rôle misérable de Pluvinage, l'espion figurant dans son dernier roman. Ce lâche et servile Nizan-Pluvinage était prêt à lécher la poussière pour tromper les victimes destinées à son espionnage. Il a récolté des lauriers tout particuliers dans les salons où le cynisme et l'effronterie sont des marques de distinction. Comme pour Gitton, un dénonciateur endurci, il a été trahi par l'inadvertance d'un commissaire de police zélé tandis qu'il s'efforçait de pénétrer les rangs d'une organisation politique illégale. »

Plus tard, Aragon, reprenant les accusations calomnieuses de Thorez dans son roman *Les Communistes*, accréditera la thèse policière à travers les personnages de Patrice Orfilat et de sa femme Édith [5].

Et l'Arrière ? Une des descriptions au jour le jour les plus significatives de ces semaines dramatiques qu'inaugure l'offensive allemande du 10 mai 1940 se trouve dans le *Journal littéraire* de Paul Léautaud. Vieux célibataire de soixante-huit ans, chroniqueur de théâtre sarcastique, employé au Mercure de France, où il se rend tous les jours de la semaine en prenant le métro de la ligne de Sceaux à Robinson, préférant de plus en plus l'affection des chats à celle des femmes qui ont pourtant beaucoup compté dans sa vie, il ne s'est jamais mêlé de politique. La guerre le fait sortir de sa réserve. Le dimanche 19 mai, il apprend qu'il y aura une grande cérémonie religieuse à Notre-Dame, à laquelle assistera le président du Conseil : « Pour prier

5. Dans la réédition de 1966, Aragon fera disparaître des *Communistes* cette souillure. Voir le dossier dans P. Ory, *op. cit.*, p. 237-260.

pour la France » : « Je n'ai pu m'empêcher d'éclater, de trouver que c'est là une honte. La prière est une faiblesse, une défaillance, un désespoir, un renoncement. […] J'ajoute que dans le péril on ne s'agenouille pas, on se dresse, que je n'ai pas de sympathie pour les hommes de 1792, mais qu'eux, devant le péril, ils n'avaient pas prié, ils dressaient des estrades d'enrôlement pour les armées [6]. » Dans les jours suivants, les « bondieuseries » continuent à le mettre sur des charbons ardents : « Je hais la prière. » Le 27 mai, il relève qu'André Billy se demande dans sa chronique du *Figaro littéraire* « si nous n'avons pas trop aimé la littérature ». Le thème fera florès sous la plume des moralistes après la défaite, inspirant au caricaturiste Sennep le dessin devenu célèbre où l'on voit un gentleman-farmer en pantalon de golf interpeller gravement deux de ses métayers : « Que voulez-vous ? Vous faisiez vos délices de Proust, de Gide, de Cocteau !… »

Le 28, à propos d'une nouvelle cérémonie, cette fois à Saint-Étienne-du-Mont, et des invocations « lancées » par le vicaire capitulaire, « redites trois fois par lui et par la foule », Léautaud s'afflige : « Nous nous retrouvons en l'an 1000. » Le 14 juin, n'ayant pas suivi le chemin de l'exode, il découvre le premier soldat allemand à Paris ; il n'y a plus de journaux, plus de courrier ; des avions passent et repassent au-dessus de chez lui à Fontenay-aux-Roses. Dans les jours suivants, la présence allemande lui semble peu à peu moins pesante. Et puis, ces soldats germaniques sont bien équipés, grands, solides (« je pensais au contraste : les "petits Français" »), « la tête rasée de près, le visage rasé », polis, très convenables avec les femmes, secourables aux réfugiés. L'opinion cherche d'autres boucs émissaires. « Le mot trahison circule partout. » Le 19, *Le Matin* qui reparaît demande la « punition des coupables » : « Une Cour suprême, un seul jugement : coupable ou non coupable. Une seule sanction : *la peine de mort.* » La rumeur s'enfle : on célèbre de plus en plus autour de Léautaud « les bonnes façons » des Allemands. Le 23 juin, apprenant la signature de l'armistice, il regrette que les Français lâchent les Anglais : « moralement », ce n'est « pas drôle ». Le 8 juillet, on commence à parler des juifs, qui risquent d'être « mis à l'écart » :

6. P. Léautaud, *Journal littéraire*, III, *Février 1940-Février 1956*, *op. cit.*, 1986, p. 44.

« Voilà ce que c'est que d'abuser, de se croire les maîtres du jour au lendemain, par exemple le ministère Léon Blum, avec ses 35 juifs, rien que cela. » Rencontrant, le 11 juillet, une amie qui se dit triste de la défaite : « Il n'y a pas à être triste, s'insurge-t-il. Nous ne sommes pas responsables des circonstances et nous n'y pouvons rien. Notre vie n'en est nullement atteinte. Alors, tout de même, vivons comme à l'habitude. » Le 18, nouvelle comparaison entre le soldat allemand (« le visage sain », la « vraie bonne santé ») et le français, démobilisé (« le visage stupide, complètement ivre. La tare du bas peuple français, c'est l'alcoolisme »). Le 31 octobre, Léautaud discute avec un ami sur le Statut des Juifs, décrété au début du mois : « Je trouve tout cela bien dur, mais... il convient de se rappeler que les juifs, il y a deux ou trois ans, quand ils tenaient le bon bout, nous ont fait voter une loi nous interdisant de médire d'eux d'une façon ou d'une autre. La roue a tourné. »

La démoralisation de la France va bon train, le choc de juin 1940 a l'effet d'un séisme moral. André Gide, qui est à Vichy, écrit dans son Journal, le jour où Paris est pris, le 14 juin : « A la lueur tragique des événements est apparu soudain le délabrement profond de la France, que Hitler ne connaissait que trop bien. Partout incohérence, indiscipline, revendications de chimériques droits, méconnaissance de tous devoirs. » Du coup, l'allocution de Pétain le 20 juin semble à Gide « tout simplement admirable ». Il cite : « depuis la victoire, l'esprit de jouissance l'a emporté sur l'esprit de sacrifice, dit le maréchal. On a revendiqué plus qu'on n'a servi. On a voulu épargner l'effort ; on rencontre aujourd'hui le malheur. » Quelques jours plus tard, l'armistice signé, Pétain intervient de nouveau à la radio. Stupeur de Gide, naïf : « Comment n'approuver point Churchill ? Ne pas donner de tout cœur son adhésion à la déclaration du général de Gaulle ? Ne suffit-il pas à la France d'être vaincue ? Faut-il en plus qu'elle se déshonore ? Ce manquement à la parole donnée, cette dénonciation du pacte qui la liait à l'Angleterre, est bien la plus cruelle des défaites, et ce triomphe de l'Allemagne, le plus complet, d'obtenir que la France, tout en se livrant, s'avilisse. » L'examen de conscience continue au fil des pages : « Le choc de la guerre n'a fait que précipiter la ruine d'un État déjà tout décomposé. Ce fut le brusque et total effondrement d'un édifice vermoulu. Que reste-t-il de la France, après ce désastre ? » (24 septembre).

Roger Martin du Gard, dont l'*Épilogue* des *Thibault* est sorti en février 1940, a quitté Paris le 14 juin, avec sa femme qui a la jambe plâtrée, dans une auto conduite par des amis. Le 24 juin, l'arrivée des Allemands étant annoncée à Vaux où il se trouve, il brûle par prudence des fragments de son Journal, tandis que les Berl enterrent dans leur jardin « leurs dollars, leurs livres, leurs diamants ». Le 11 juillet, il se rend à Vichy afin d'obtenir une mission pour les États-Unis. Refus. Martin se dit « très soulagé » de ne plus être solliciteur. Le 27 août, il est de retour à Nice. Le 10 octobre, il fait la connaissance de Montherlant, à la terrasse d'un petit bar anglais du boulevard Victor-Hugo. L'auteur de *L'Équinoxe* ne lui donne pas l'impression d'un homme accablé : « L'important n'est pas que la France échappe à la servitude et les populations à la famine, mais que Montherlant garde une santé solide, mange à sa faim, ait assez d'argent pour vivre à sa guise, poursuivre en toute indépendance son œuvre et son plaisir. »

Montherlant n'en a pas moins quelques idées sur la France vaincue, sur « sa légèreté », « sa naïveté », « sa suffisance », « son amour pour tout ce qui est toc », « sa passion pour tout ce qui est bête », il dira tout cela sans mâcher ses mots. Son texte est prêt du reste, il paraîtra dans *Comœdia* en 1941 [7]. Quelques mois plus tard, il publiera *Le Solstice de juin*, sorte d'hommage au vainqueur, d'où l'esprit de résistance de *L'Équinoxe de septembre* a disparu. Il s'agit d'être réaliste.

Montherlant garde pourtant de la hauteur dans cette espèce de résignation à la défaite. Ce n'est pas vraiment le cas de Jacques Chardonne qui, dans sa *Chronique privée de l'an 40*, rend hommage à l'admirable correction des soldats allemands, sous le contrôle desquels les vignerons charentais de Barbezieux vont retrouver goût à la vie. Alain avait vu son nom figurer, peut-être malgré lui, sur un tract de Louis Lecoin, « Paix immédiate ! », distribué quelques jours après la déclaration de guerre (en compagnie de Jean Giono, de Victor Margueritte, de Félicien Challaye, d'Henry Poulaille). Ce tract lui valut des ennuis sans lendemain avec la police. Il accueille l'armistice avec soulagement, allant jusqu'à confier aux pages de son Journal (inédit) qu'il souhaite la victoire des Allemands sur l'Angleterre. Et d'ajouter : « Il ne faut pas que le général de Gaulle

7. H. de Montherlant, *Textes sous une Occupation 1940-1944*, Gallimard, 1953, repris dans ses *Essais*, *op. cit.*

l'emporte chez nous [8]. » Quant à François Mauriac, dans les premiers jours de juillet 1940, il participe d'abord à la ferveur maréchaliste : « Ce vieillard, écrit-il dans *Le Figaro*, était délégué vers nous par les morts de Verdun et par la foule innombrable de ceux qui, depuis des siècles, se transmettent ce même flambeau que viennent de laisser tomber nos mains débiles. » Il se reprendra vite, mais cette réaction au lendemain de la débâcle et du vote parlementaire du 10 juillet accordant les pleins pouvoirs à Pétain révèle l'intensité de l'émotion, qui interdit à tant d'intellectuels comme à tant d'hommes politiques d'imaginer autre chose que le silence et la soumission au nouveau pouvoir, un principat dénommé « État français » au lieu de la République. Paul Claudel, qui lui aussi variera, en est, à Noël 1940, à composer ses « Paroles au maréchal Pétain » :

« France, écoute ce vieil homme qui sur toi se penche et qui te parle comme un père !

« Fille de Saint Louis, écoute-le et dis : En as-tu assez maintenant de la politique ?

« Écoute cette voix raisonnable sur toi qui propose et qui explique cette proposition comme de l'huile et cette vérité comme de l'or [9]. »

Somme toute, peu d'écrivains ou d'intellectuels ont eu, en ces sombres journées de 1940, des réflexes aussi rapides que ceux d'un Edmond Michelet, courtier à Brive, lecteur de *Sept* et de *Temps présent*, qui diffuse au moment de l'armistice, avant même l'appel du général de Gaulle, un tract inspiré de Péguy où on lit : « En temps de guerre, celui qui ne se rend pas a toujours raison sur celui qui se rend. » Il faudra des semaines, des mois, plusieurs années d'Occupation même à beaucoup, pour entrevoir leur participation à une résistance.

Un écrivain en exil, Georges Bernanos, a trouvé lui aussi les accents du refus. Il a réagi immédiatement à la nouvelle de l'armistice, s'élevant dans la presse brésilienne contre Pétain : « C'est un chef que le pays espérait, alors que les politiciens pris de panique, en attendant de bientôt rentrer en scène, ne lui ont laissé qu'un liquidateur [10]. » Ironique, il écrit en juillet : « La

8. Cité par A. Sernin, *op. cit.*, p. 419.

9. Voir J. Duquesne, *Les Catholiques français sous l'Occupation*, Grasset, 1966.

10. G. Bernanos, *Le Chemin de la Croix des âmes*, *Essais et Écrits de combat*, *op. cit.*, II, 1996., *p.*226-227.

nouvelle France agricole et bucolique redevient guerrière pour défendre la pacifique, l'inoffensive Allemagne, contre le militarisme anglais. »

A Paris, le ton dominant est donné par l'ancienne presse munichoise. Roland Dorgelès, de l'Académie Goncourt, l'auteur des *Croix de bois*, règle ses comptes, dans *Gringoire*, avec les hommes du Front populaire : « D'une Exposition ratée [l'Exposition universelle de 1937] à une guerre perdue, voilà le chemin qu'ils vous ont fait suivre. Et le dernier écho de *L'Internationale*, ç'a été le *Horst Wessel Lied* résonnant sur les Champs-Élysées[11]. » L'écrivain ancien combattant, se sentant justifié par tous les monuments aux morts des villes et des villages de France, clame dans le même hebdomadaire, le 4 octobre, cette vérité désormais démontrée à ses yeux : « Notre malheureux pays – ainsi que l'a hautement proclamé le maréchal Pétain – était incapable d'entreprendre une guerre. »

*Gringoire* cite à longueur d'articles les réflexions de Charles Maurras. Léon Daudet a réclamé, il y a peu, le pouvoir pour l'académicien et pour Pétain : il a Pétain à la tête de l'État et Maurras à la direction spirituelle du pays. Au lendemain de la « Grande Culbute » (Bernanos), l'Action française peut nourrir le sentiment de tenir sa revanche.

11. R. Dorgelès, « Gribouilles rouges », *Gringoire*, 12 septembre 1940.

## 37

# *Que faire ?*
# *Le cas Mounier*

Pour tous ceux qui, en France, s'étaient assigné la mission d'écrire, d'éclairer l'opinion, de prendre parti publiquement, la situation où se trouve le pays au lendemain de la débâcle et de la prise du pouvoir par le maréchal Pétain était devenue opaque. Que faire ? Plusieurs possibilités s'offraient à eux s'ils n'étaient pas des partisans convaincus du nouveau régime : se murer dans le silence en attendant des moments plus propices à l'action ; quitter la France, pour sauvegarder sa liberté de parole – ou pour continuer le combat dans les Forces françaises libres en Angleterre ; ou, enfin, essayer de poursuivre un combat et une pensée antérieurs à la débâcle dans les plis et les marges du nouveau régime. Ces attitudes de 1940 furent celles, respectivement, d'André Malraux, de Raymond Aron et d'Emmanuel Mounier.

Les deux premières ont le mérite de la clarté ; il n'y a pas lieu d'y insister trop. Malraux, compagnon de route des communistes, n'avait pas bronché lors de la signature du pacte germano-soviétique[1]. Lors de la mobilisation en septembre, il n'hésite pas, lui qui est réformé, à s'engager : « Quand on a écrit ce que j'ai écrit et qu'il y a une guerre en France, on la fait. » On l'incorpore comme simple soldat dans une unité de chars, à Provins (des chars, dira-t-il, « hors d'état de nous porter hors du polygone d'entraînement »). Légèrement blessé le 15 juin, il est fait prisonnier le 16, entre Provins et Sens. Volontaire pour la moisson, il profite du relâchement de la surveillance dans les champs pour s'évader en compagnie de l'abbé Magnet, futur aumônier du Vercors. Il peut rejoindre

1. Nous suivons ici J. Lacouture, *Malraux, op. cit.*

Josette Clotis, qui vient d'avoir un fils de lui, et tous trois s'installent provisoirement à Hyères. L'idée de gagner la France libre lui vient-elle à ce moment-là ? En est-il dissuadé par la présence à ses côtés de Josette et de leur bébé ? Malraux, en tout cas, se place dans une position d'attente. Lorsque Jean-Paul Sartre, désireux de mettre sur pied son mouvement « Socialisme et Liberté » vient le démarcher à Cap-d'Ail, Malraux, selon le témoignage de Simone de Beauvoir, « écouta Sartre avec politesse mais, pour l'instant, aucune action ne lui paraissait efficace : il comptait sur les tanks russes, sur les avions américains, pour gagner la guerre [2]. » Après novembre 1942 et l'occupation de la zone sud par les Allemands, Malraux et les siens quittent la Côte d'Azur pour la Corrèze, près d'Argentat, où les Berl sont eux-mêmes réfugiés. Il est en relation avec des réseaux britanniques en 1943, par son demi-frère Roland, qui avait été parachuté à Brive, comme antenne du SOE (*Special Operations Executive*). C'est seulement après l'arrestation de ses deux frères Claude et Roland, dans les derniers jours de mars 1944, qu'André Malraux entrera dans le combat clandestin du maquis.

Raymond Aron, lui, a été mobilisé dès les premiers jours du conflit, dans un service météorologique à la frontière belge. Il passe la « drôle de guerre » à écrire, sur Machiavel notamment. A partir du 13 mai 1940, la débâcle l'entraîne de Charleville à Bordeaux, qu'il atteint vers le 20 juin. « Le gouvernement qui négocierait avec le III^e^ Reich, note Aron dans ses *Mémoires*, se situerait entre le statut d'un satellite et celui d'un État indépendant. L'arrivée au pouvoir des hommes et des partis qui avaient dénoncé les “bellicistes” ne prêtait pas au doute. Ni le maréchal Pétain ni Pierre Laval ne se convertiraient au national-socialisme, mais la France vaincue, réconciliée avec le III^e^ Reich ou soumise à lui, ne laisserait plus de place aux Juifs [3]. » Envisageant avec sa femme les deux solutions : rester en France ou s'engager dans les troupes du général de Gaulle, Aron opte pour la deuxième solution. Le 23 juin, il s'embarque à Saint-Jean-de-Luz sur un transatlantique, l'*Ettrick*, qui convoie déjà une division polonaise en Angleterre. Outre-Manche, on le verse dans une compagnie de chars d'assaut des Forces françaises libres. Pas pour longtemps : André Labarthe, chargé par de

2. S. de Beauvoir, *La Force de l'âge*, Gallimard, 1960, p. 508.
3. R. Aron, *Mémoires*, Julliard, 1983.

Gaulle de créer une revue d'expression française, convainc Aron d'y collaborer plutôt que d'être comptable dans une unité de chars. Aron, sous le pseudonyme de René Avord, devient donc l'un des quatre permanents de la revue *La France libre* ; il s'efforce, la guerre durant, d'y garder le point de vue le plus objectif possible sur le déroulement de la guerre [4].

Emmanuel Mounier s'interroge lui aussi : « Que faire ? » Se taire, partir, rester ? Il prend le risque d'agir, « ici et maintenant », malgré toutes les ambiguïtés de l'heure.

Après le choc de Munich, qui avait provoqué une scission momentanée dans l'équipe d'*Esprit*, Mounier et sa revue avaient tenu une ligne de « vigilance antifasciste » que le Comité des intellectuels du même nom avait perdue au profit d'un pacifisme à tous crins. C'est ainsi que, à la suite d'un numéro spécial de *Je suis partout* contre les juifs, le bimensuel de Mounier, *Le Voltigeur*, dirigé par Pierre-Aimé Touchard, consacre son numéro du 1er mars 1939 à la dénonciation de l'antisémitisme, avec notamment une « Lettre ouverte de Charles Péguy à M. Robert Brasillach et autres petits rebatets » (« L'antisémitisme contre la France »). Combat repris et amplifié dans *Esprit*.

En février 1939, peu de temps avant le démantèlement de la Tchécoslovaquie, Mounier prend à partie le président d'honneur de la Ligue des droits de l'homme : « La pax Germanica EST DURE, dit M. de Pressensé, MAIS C'EST TOUT DE MÊME UNE PAIX. A ce compte, la paix russe aussi est une paix ; et la paix turque est une paix ; et la paix belge en Afrique et la paix portugaise. La Ligue des Droits de l'Homme n'est pas chargée de nous enseigner la PAX GERMANICA. Ni la PAX TEUTONICA. Elle est chargée de nous enseigner la PAX JURIDICA. »

La guerre déclarée, Mounier résume son attitude antimunichoise : « Un pays qui fait profession de non-résistance au nom de sa tranquillité n'est pas un pays généreux, c'est un pays épuisé ; une nation qui ne désire que se maintenir, recule ; le faible tente le fort, la victime tente le bourreau [5]. »

Le choc de la défaite de juin 1940 ne provoque chez Mounier, qui a été démobilisé à la fin de juillet, ni l'effondrement psychologique entraînant la résignation au malheur, ni le sursaut

4. R. Aron, *Chroniques de guerre. La France libre, 1940-1945*, Gallimard, 1990.
5. E. Mounier, « Les deux Allemagnes », *Esprit*, février 1940.

instinctif du patriote comme celui d'un Edmond Michelet ou d'un Charles de Gaulle. Dans *Marianne*, repliée à Lyon, il écrit le 1er août 1940 : « L'échec est un puissant stimulant de l'action. » Et, pour commencer, il demande à chacun, dans un pays qui, derrière Pétain, entreprend le procès des *autres*, de chercher d'abord les causes de la défaite « à la première personne » :

« Il est urgent que chaque Français [...] se nettoie du besoin morbide d'accuser et de se décharger. Qu'il commence le procès des responsabilités en se disant : "Moi-même ? Mon parti ? Mes idoles ? Mon milieu ? Mon pays ?" Qu'il se lave des résidus de haines, de cette division sommaire du pays en "purs" et en "impurs"... »

Au-delà de cet examen de conscience, il faut sauvegarder les valeurs de l'esprit, mais comment ? Il importe d'abord pour Mounier de comprendre la situation nouvelle créée par la victoire allemande. Sur ce point, comme la plupart des intellectuels français, lui et son ami le philosophe Jean Lacroix, qu'il rejoint à Lyon, font la même analyse erronée en cet été 1940 : pour eux, la guerre est finie. L'Europe est entrée, pour un temps indéterminé, dans l'ère totalitaire – « si l'on entend par ce mot la gamme assez vaste de régimes qui s'étale du régime de M. Salazar au régime nazi [6] ».

Le gouvernement de Vichy, en cet été 1940, n'est pas tout à fait, aux yeux de Mounier, un régime totalitaire ; c'est un régime « autoritaire », où l'on peut encore « trouver la place de la liberté ». Sans adhérer explicitement au programme de la Révolution nationale, Mounier va s'employer à œuvrer et à s'exprimer dans ce cadre. Répugnant à l'abstention, jugeant – nous sommes en 1940 – l'hypothèse d'un retournement de la situation militaire peu crédible, il décide de continuer à défendre, là où il est, avec les moyens du bord et d'autres que lui offriront peut-être les nouvelles institutions, les principes qu'il a toujours défendus.

Un être plus politique que lui eût refusé de se prêter à l'équivoque : l'adhésion ou le rejet s'imposait. Sa démarche reste celle d'un chrétien dévoué, selon ses termes, à la révolution spirituelle. Rejeter purement et simplement le nouveau régime, c'est renoncer. Sa philosophie de l'engagement lui dicte une autre attitude : la politique de « présence », l'occupation du

6. E. Mounier, « A l'intelligence française », *Marianne*, 21 août 1940.

« terrain », voire, si c'est possible, un parasitage de la Révolution nationale par ses amis et ses idées.

D'emblée se pose la question de la reprise d'*Esprit*, dont la dernière livraison a eu lieu en juin 1940. Des proches de Mounier, repliés à Lyon comme lui, lui font valoir que ce serait une faute de faire paraître la revue sous le régime de la censure [7]. Le directeur d'*Esprit* passe outre, et le premier numéro de la nouvelle série est en vente au mois de novembre 1940 ; neuf autres suivront, jusqu'en août 1941. Certains l'avaient encouragé, par exemple Victor Serge, rescapé du Goulag stalinien, devenu l'ami de Mounier. Peu avant son embarquement pour les États-Unis, il lui écrit de Marseille :

« Je souhaite ardemment que la voix d'*Esprit* ne se taise point par les temps noirs qui commencent. En ce sens, j'approuve entièrement votre initiative. Mais elle me semble risquée. Elle va exiger une lucidité, une fermeté d'âme, un courage exceptionnels [8]. »

Le premier numéro n'est pas une complète réussite. Pour déjouer la censure, Mounier regrettera « d'avoir tiré trop court » – autrement dit d'avoir fait trop de concessions à Vichy. Pour les numéros suivants, il se vantera d'être apparu « comme le noyau de l'opposition ouverte ». L'exercice est périlleux, comme l'avait prévu Victor Serge. Il faut accepter des clauses de style pour faire passer des messages que le lecteur averti doit comprendre à mi-mot. Heureusement, la revue peut jouer sur un vocabulaire qui lui est commun avec certains des thèmes de la Révolution nationale (« quelques formules de vie ressortent, où nous reconnaissons les traits dominants de notre héritage : lutte contre l'individualisme, sens de la responsabilité… »), en leur donnant un autre sens et une autre portée. Le lecteur d'aujourd'hui, ignorant le contexte, les ruses mensuelles que Mounier et ses collaborateurs déploient pour tourner la censure, les allusions d'époque, peut voir dans le nouvel *Esprit* une sorte d'organe modéré du nouveau régime.

On comprendra mieux ce que représente alors la revue de Mounier, de retour dans les kiosques de la zone « non occupée », grâce aux lettres chaleureuses que son initiative lui vaut.

7. On comprendra les problèmes posés à la société française par la victoire allemande de 1940 et le contexte singulier de ces années-là en lisant le livre de Philippe Burrin, *La France à l'heure allemande*, Seuil, 1995.

8. Voir *Bulletin des Amis d'Emmanuel Mounier*, n° 39, avril 1972.

Ainsi, de Roger Martin du Gard : « La résurrection d'*Esprit* est, pour nous, un événement. *Resurrexit, alleluia !* J'ai aimé ce premier numéro, cette reprise sans tapage des positions passées : la séance continue, c'est très beau ; continuer, c'est ce que nous avons de mieux à faire, tous, tant que nous sommes. Je ne suis pas de ceux qui se frappent indéfiniment la poitrine, et s'imaginent progresser parce qu'ils se renient [9]. » André Gide, montré du doigt par tous les moralistes pétainistes, assure son soutien à Mounier en mars 1941. A la même époque, Roger Breuil, un ancien collaborateur de la revue, qui avait désapprouvé sa relance, félicite Mounier :

« Il me semble que j'ai compris de quelle manière vous pensez pouvoir publier *Esprit*. Ce numéro de février 1941 mérite beaucoup d'éloges très divers, tant pour la fermeté de ses assises que pour l'art qui le revêt. A ce point, on ne peut plus parler d'acrobatie ou d'astuce, mais vraiment d'art, parce que l'ironie elle-même est tendue par la souffrance. Elle prend un caractère sérieux et s'élève à la valeur d'un témoignage [10]. »

Un seul exemple de cette résistance spirituelle sous surveillance : le Statut des Juifs, datant du 3 octobre 1940 – « le honteux statut », comme écrit Mounier dans ses Carnets. Tout commentaire défavorable est interdit. Mounier trouve le moyen. Puisque les idéologues de la Révolution nationale se réfèrent à Péguy à tour de bras, c'est le philosémite Péguy qu'on utilise contre Xavier Vallat, l'auteur du Statut : « Pauvre, je porterai témoignage pour les Juifs pauvres. Dans la commune pauvreté, dans la misère commune pendant vingt ans, je les ai trouvés d'une sûreté, d'une fidélité, d'un dévouement, d'une solidité, d'un attachement, d'une mystique, d'une piété dans l'amitié inébranlables. » Citation parmi d'autres, qui permet à Mounier de mettre en garde ceux qui sont tentés « d'imaginer le monde moderne comme une machinerie montée par les Juifs [11] ». Plus directement, en juin 1941, Mounier publie une critique due à

9. Je cite cette lettre dans mon *Histoire politique de la revue* Esprit, *1930-1950*, *op. cit.* – rééd. sous le titre *« Esprit ». Des intellectuels dans la Cité, 1930-1950*, *op. cit.*, ouvrage auquel je renvoie pour l'analyse du contenu de ces numéros et pour la description des ruses avec la censure.

10. *Ibid.*, p. 234.

11. E. Mounier, « Charles Péguy et le problème juif », *Esprit*, février 1941.

Marc Beigbeder du film allemand *Le Juif Süss* : « Un film, dont il faut heureusement ne pas incriminer le cinéma français, charge Israël de toutes les noirceurs de la terre. C'est beaucoup pour un seul peuple… » L'auteur félicite les jeunes gens qui avaient chahuté le film dans les salles de cinéma de Lyon : « Ce n'est qu'en contribuant à maintenir un certain niveau de dignité française que l'on contribuera à faire que la France se rénove, mais à partir d'elle-même […]. Remercions les jeunes Français qui l'ont fait comprendre à la salle. »

Parallèlement, Emmanuel Mounier va se dépenser partout où s'en présente l'occasion pour « résister de toutes [ses] forces à toutes les formes d'infiltration de l'esprit totalitaire en France [12] » : mouvement Compagnons [13] (il en était éliminé dès novembre 1940), groupements des Chantiers de la jeunesse, École nationale des cadres d'Uriage, association Jeune France. Mettant, selon sa propre expression, « la question du régime… entre parenthèses », Mounier fait des conférences, écrit des articles et place ses amis autant qu'il le peut dans les rouages des associations de jeunesse.

A Uriage, Mounier devient un collaborateur du capitaine Dunoyer de Segonzac – le « *Vieux Chef* », responsable de l'École – au début de 1941. Il donne le sens de cette mission : là comme ailleurs empêcher « la victoire spirituelle du nazisme sur la jeunesse française ».

A la fin de janvier 1941, Mounier est sollicité par son ami Pierre Schaeffer, chargé de présider aux destinées d'un nouveau mouvement culturel, Jeune France, au statut d'association loi 1901, sous la dépendance du Secrétariat général à la jeunesse confié à Georges Lamirand [14]. Cette association avait pour objet de regrouper les artistes habitant ou réfugiés en zone non

12. *Entretiens* (Carnets de Mounier), 4 avril 1941, cité par B. Comte dans sa mise au point détaillée, « Emmanuel Mounier devant Vichy et la Révolution nationale en 1940-41 : l'histoire réinterprétée », *Revue d'histoire de l'Église de France*, n° 187, juill.-décembre 1985.

13. Créés par Henry Dhavernas en juillet 1940, les « Compagnons de France » se proposaient de prendre en charge les jeunes chômeurs, pour leur donner du travail et une formation professionnelle. Le mouvement évolua vers un « scoutisme politique » au service de la Révolution nationale. Accusé d'être pénétré par « de nombreux agents ennemis » et d'avoir « corrompu la jeunesse », il sera dissous en janvier 1944 par Laval.

14. « Jeune France » a été étudiée par V. Chabrol, dans sa thèse *Jeune France. Une expérience de recherche et de décentralisation culturelle (novembre 1940-mars 1942)*, Université de Paris-III, 1974.

occupée. Une plaquette officielle, à laquelle Mounier prêta sa plume, en expliquait les intentions : « Il serait non seulement dangereux, mais absurde, y lit-on, de constituer les arts et la culture en services de propagande, d'imaginer les artistes, les intellectuels et les éducateurs venant chercher leurs thèmes d'inspiration à quelque bureau central. »

Liberté de l'artiste, gratuité de l'art, dignité de la culture, ces principes revendiqués ne sonnent pas tellement « Révolution nationale » – dont l'expression est absente de la plaquette. Schaeffer dispose d'une assez grande autonomie pour choisir ses adjoints ; Mounier lui suggéra sa propre liste : Bertrand d'Astorg, Étienne Borne, Louis Blanchard, Roger Breuil, Jean Blanzat, Marc Beigbeder, Pierre Emmanuel, Max-Pol Fouchet, Jean Grenier, Jean Lacroix, René Leibowitz, Henri Marrou, Roger Secrétain, Pierre-Aimé Touchard, Maurice de Gandillac et bien d'autres, tous sympathisants d'*Esprit* ou collaborateurs de la revue, dont un des piliers, Roger Leenhardt, travaille déjà auprès de Schaeffer.

L'équipe d'*Esprit* n'est pas la seule à prêter son concours. A côté d'elle, Schaeffer a embauché des rédacteurs de *Combat* (comme Maurice Blanchot, Kléber Haedens, Claude Roy), d'*Ordre nouveau* (tel Albert Ollivier), des représentants du scoutisme, des membres des « Équipes sociales » de Robert Garric (Olivier Hussenot notamment).

Mounier se félicite de pouvoir ainsi agir, hors de sa revue, et à Uriage et à Jeune France, sans appartenir officiellement à leurs cadres dirigeants. L'expérience ne dura que quelques mois. Très vite, son action souterraine est dénoncée. Mounier subit un tir de barrage dans la presse vichyste de juillet 1941 : le 7, Lucien Combelle, dans *Je suis partout* ; le 10, Pierre Boutang, dans *L'Action française*, qui s'en prend aux « niaiseries éculées du personnalisme mouniériste » ; le 24, Marc Augier, dans *La Gerbe*, qui écrit : « Le "personnalisme" est une doctrine néfaste que je rejette violemment au nom de l'ordre nouveau… »

Ces attaques ne sont ni gratuites ni inoffensives. On commence à s'intéresser de près à Mounier au cabinet du ministre de l'Intérieur Pierre Pucheu, et notamment son chef adjoint André Chérier, responsable des questions de jeunesse. C'est en dépouillant les papiers Chérier aux Archives nationales que l'historien Michel Bergès a pu suivre les activités antimouniéristes menées par un de ses principaux adversaires, Jean de Fabrègues [15].

Jean de Fabrègues, issu de l'Action française, catholique intransigeant, fondateur de diverses revues avant la guerre, membre de ce qu'on appelait alors d'un terme générique la Jeune Droite, vient d'être libéré de son camp de prisonniers en Autriche, lorsqu'il est sollicité par Schaeffer, toujours soucieux de diversifier ses équipes, pour entrer à Jeune France. A peine en place, Fabrègues adresse à l'un de ses amis d'avant la guerre, Robert Loustau, une lettre où l'on peut lire :

« Monsieur Emmanuel Mounier, directeur d'*Esprit*, hier allié des “maisons de la culture”, aujourd'hui faisant paraître dans sa revue des textes attaquant parodiquement le Maréchal ; il dit ouvertement son “non-conformisme politique” et s'entoure de toute la bande de ceux qui (ils le disent) “attendent l'avènement du communisme” et “espèrent en avoir le moins de dommage possible”. […] Je ne comprends plus. La révolution nationale tient-elle à mettre ses ennemis au lieu où ils peuvent lui faire le plus de mal ? »

Loustau dénonce auprès de Pucheu le « terrible danger “Mounier” », ajoutant : « Il faut s'attaquer au bolchevisme chrétien des P. D. [*sic*] avec vigueur. Vive la communauté humaine fraternelle et durement disciplinée et merde pour la personne humaine d'Emmanuel Mounier. Voilà le mot d'ordre. »

Deux jours plus tard, nouvelle lettre du même au même : « J'ai eu la visite de Jean de Fabrègues, de retour de captivité. Il a été au PPF [Parti populaire français de Jacques Doriot] et l'a quitté en même temps que nous. Il est à “Jeune France” et il est épouvanté de *la tendance démocrassouillarde chrétienne* qui y règne. Il est fervent catholique, mais de type dur. »

La normalisation de Jeune France était en marche. Le conseil donné par Fabrègues à Chérier d'un remaniement complet du personnel en poste est bientôt suivi d'effet. Dans le cadre d'une reprise en main généralisée, annoncée par le discours de Pétain du 12 août (« De plusieurs régions de France, je sens se lever depuis quelques semaines un vent mauvais… »), Mounier va faire partie des charrettes. Déjà en juillet, on lui avait intimé l'ordre de ne plus faire de conférence à

15. Série F. 1. A., liasses 3686 à 3696. Papiers Chérier, du cabinet du ministre de l'Intérieur Pierre Pucheu. Dossier « Jeune France » et diverses liasses sur les problèmes de jeunesse.

Uriage[16]. Le 25 août, il prend connaissance d'un avis de Paul Marion qui, au nom du chef du gouvernement, l'amiral Darlan, lui signifie l'interdiction d'*Esprit*. Réaction : « Pas l'ombre d'une tristesse ou d'une amertume. Le scénario se déroule comme je l'avais prévu, voulu. Il a seulement duré six mois de plus que je n'aurais cru. » En septembre, Schaeffer reçoit l'ordre de mettre fin à la collaboration de Mounier à Jeune France.

Le 15 janvier 1942, Mounier est arrêté à Lyon pour complicité avec les activités du mouvement de résistance « Combat » (à ne pas confondre avec la revue nationaliste *Combat*). Interné à la prison de Clermont-Ferrand, il est ensuite gardé en résidence forcée dans la même ville, avant d'être frappé d'« internement administratif » et conduit à Vals, le 2 mai, à l'hôtel du Vivarais. Le 18 juin, la radio anglaise annonce : « Aujourd'hui pour protester contre leur embastillage et les lois tyranniques du régime vichyssois, quatre Français ont commencé la grève de la faim : Emmanuel Mounier, Bertie Albrecht [secrétaire d'Henri Frenay], Jean Perrin et François-Régis Langlade. » Le 7 juillet, Mounier et ses compagnons de détention sont transférés à la prison Saint-Paul à Lyon. Leur procès a enfin lieu, du 19 au 25 octobre 1942. Le 30, malgré « des présomptions troublantes de culpabilité », Mounier est relaxé « au bénéfice du doute ».

Dans un piteux état de santé, Mounier se retire alors à Dieulefit, dans la Drôme, avec sa femme et sa fille Anne. C'est là qu'il poursuit son œuvre, tout en collaborant aux *Cahiers politiques* clandestins du CGE[17] : « Problèmes sociaux de demain » (avril 1943), « Pourquoi je suis républicain ? » (juillet 1943), « Vers l'avenir dans la clarté » (éditorial, novembre 1943), « Pour la France de demain. Libres réflexions d'un catholique de la résistance » (janvier 1944). En 1943 et 1944, deux « congrès » clandestins de la revue *Esprit* se tiennent à Dieulefit, auxquels participent Paul Flamand, Henri Marrou, Jean Lacroix, Pierre Emmanuel, André Mandouze, Gilbert Dru (fusillé par les Allemands en 1944), Hubert Beuve-Méry,

16. Voir B. Comte, *Une utopie combattante. L'École des cadres d'Uriage 1941-1942*, Fayard, 1991, p. 183.

17. Le Comité général d'études (CGE) avait été créé par Jean Moulin en 1942 et était animé notamment par Alexandre Parodi et François de Menthon. Il avait pour but de réfléchir à la France de l'après-Libération.

futur directeur du *Monde*... Dès le mois de décembre 1944, la revue *Esprit* reparaît.

On peut se demander en quoi le fondateur d'*Esprit* a mérité le sévère jugement qu'on a plus tard porté sur lui. Distinguons les deux périodes de l'avant- et de l'après-guerre. Pour les années trente, l'antifascisme de Mounier est affirmé dès les premiers numéros de la revue, mais cet antifascisme est doublé de la critique durable, répétée, du libéralisme. En cela Mounier rejoint la critique marxiste : « La démocratie politique n'est plus que le masque d'une oligarchie économique. » Mais lui n'est pas marxiste. Il serait plutôt socialiste autogestionnaire, inspiré de Proudhon, hostile également au régime capitaliste et au système parlementaire. Or les fascistes se réclament, eux aussi, de l'anticapitalisme et de l'antiparlementarisme. Les fascistes, eux aussi, veulent en finir avec « l'homme bourgeois ». Les fascistes, eux aussi, en appellent à une révolution, autre que la révolution marxiste.

A s'en tenir à ces points de doctrine communs, certains ont pu laisser entendre que, même si Mounier n'était pas un pur « fasciste », il n'en grossissait pas moins un courant qui allait dans le sens fasciste. Cet amalgame est on ne peut plus discutable, non seulement en raison des textes de Mounier qui sont explicitement antifascistes, mais mieux encore en raison de ses positions, de ses engagements, et de ses appels, dans *Esprit* et ailleurs. Combien d'intellectuels français auront pu se vanter d'avoir été comme lui l'accusateur de l'agression mussolinienne en Éthiopie, pays membre de la Société des nations ; d'avoir nourri sa revue de protestations contre la croisade franquiste ; d'être passé du pacifisme au refus de Munich ; d'avoir réclamé une politique de « salut public » face au danger hitlérien ; d'avoir maintenu vigilance et intransigeance contre l'antisémitisme ?

Le procès intenté à Mounier s'est trouvé alimenté par la période 1940-1941, où l'on a cru pouvoir accuser Mounier d'un ralliement à la Révolution nationale. En 1940, et au moins jusqu'à la fin de la bataille d'Angleterre, Mounier a jugé que la guerre était pratiquement finie. Comme beaucoup, et rares étaient ceux qui, comme de Gaulle, ont perçu la dimension mondiale du conflit et donc les futurs retournements de situation, Mounier n'a pas eu la lucidité politique qui entraîna les résistants de la première heure. Spéculant sur une Europe en passe de devenir « totalitaire » et de le rester longtemps, il en a déduit une stratégie d'action intellectuelle et spirituelle, sinon dans le régime de la Révolution nationale, à tout le moins *à travers* celui-ci, en mettant explicitement entre parenthèses cette question même du régime. De ce point de vue, l'histoire lui a donné tort. Souhaiter « tranquillement » la victoire anglaise avait paru trop facile aux yeux de Mounier, il lui fallait agir, et il agit avec ses propres moyens, qui étaient ceux d'un homme physiquement handicapé (sourd d'une oreille, il avait aussi perdu l'usage d'un œil depuis ses treize ans) mais d'une débordante énergie intellectuelle.

Refusant tous les régimes qui se disputaient les pays d'Europe avant 1940, aussi bien les régimes totalitaires que la démocratie parlementaire, Mounier, contrairement à un de Gaulle, lui aussi antilibéral, antimarxiste et antifasciste, mais sachant à quel régime constitutionnel il saurait se vouer, n'avait pas de solution. Il ne cesse de répéter, du reste, qu'il n'intervient pas en tant que politique, qu'il faut relativiser le politique, que la primauté du spirituel doit présider à toute reconstruction d'une vie publique. Il croit donc pouvoir combattre la « contagion du nazisme » en préservant, là où il est, les chances de la « révolution spirituelle » à laquelle il aspire. Antimaurrassien, il avait condamné le mot d'ordre : « Politique d'abord ! » Il est pourtant des situations où la consigne est juste – y compris quand la politique se poursuit par cet autre moyen qui s'appelle la guerre [18].

18. Pour une étude plus développée, voir M. Winock, « Vichy et le cas Mounier », *L'Histoire*, n° 186, mars 1995.

38

# *La « divine surprise » de Charles Maurras*

L'armistice conclu, le nouveau régime de Vichy instauré, *L'Action française*, comme nombre de journaux parisiens, continue sa carrière dans la zone non occupée, se transférant d'abord à Limoges pendant l'été 1940, puis à Lyon à la fin d'octobre. A ce moment-là, l'équipe est clairsemée. Léon Daudet déjà, de moins en moins actif, meurt le 30 juin 1942, à Saint-Rémy-de-Provence. Charles Maurras, à la tête d'une rédaction en partie renouvelée, où brille notamment le talent de Thierry Maulnier, est devenu une sorte de tuteur de la Révolution nationale. Ses conférences en Provence, à Marseille, à Saint-Étienne, à Toulouse, à Lyon, déplacent les personnalités officielles, du préfet au maire local[1]. Le quotidien, d'allure toujours austère, soumis à la censure, n'est pas autorisé en zone occupée jusqu'à la fin de 1942. Maurras, en dépit de ses déclarations antérieures, décide de maintenir son journal malgré la présence allemande sur toute l'étendue du territoire.

*L'Action française* s'est révélée un des plus fidèles soutiens au régime et à la personne du Maréchal. Contrairement à la presse collaborationniste, dont les organes sont installés ou s'installent à Paris au lendemain de la défaite (*Le Matin*, *L'Œuvre*, *Le Cri du Peuple*, *Aujourd'hui*, *Les Nouveaux Temps*, *La Gerbe*, *Je suis partout*, etc.), et qui ne manquera pas d'être critique à l'endroit des décisions de l'État français, le quotidien maurrassien s'est fixé pour but d'« empêcher, à tout prix, au cours de cette crise vitale, qu'il y ait le moindre désaccord entre

1. Outre E. Weber, *op. cit.*, voir F. Ogé, *Le Journal « L'Action française » et la Politique intérieure du gouvernement de Vichy*, thèse multigraphiée de l'IEP de l'université des sciences sociales de Toulouse, 1984.

l'action du Maréchal et l'opinion du pays [2] ». Jusqu'à sa disparition, le 25 août 1944, *L'Action française* s'applique à rester l'un des piliers idéologiques du nouveau régime.

La différence d'optique entre la garde maurrassienne et ceux qui, venus du maurrassisme, refusent de suivre Vichy est nettement illustrée par un dialogue entre Pierre Boutang, jeune philosophe, disciple de Maurras, et Lucien Rebatet, que celui-ci rapporte dans *Les Décombres*. « Qu'attendions-nous pour proclamer officiellement la seule politique praticable et raisonnable : l'offre de collaborer sans plus de retard avec l'Allemagne, la candidature d'une France nouvelle à ce prochain ordre européen ? » A cette question de Rebatet, Boutang répond qu'il faut écarter cette « tentation mortelle » (car « l'Allemand restait l'ennemi irréductible ») et attendre, en reforgeant un esprit français, « l'occasion de la revanche ». Conclusion de Rebatet : « Nous n'avions plus rien à nous dire [3]. »

Au début de l'automne 1940, les rédacteurs de *Je suis partout*, un moment à Vichy, rentraient donc à Paris, où, en février 1941, sous la direction d'Alain Laubreaux, ils font repartir leur hebdomadaire, approuvés par Brasillach, qui, libéré de son camp de prisonniers à la fin du mois de mars de la même année, reprend sa place à la tête du journal, pour en faire le grand organe français de la Collaboration, atteignant à la fin de la guerre un tirage avoisinant 300 000 exemplaires.

A ces Européens proallemands, *L'Action française* oppose en manchette quotidienne, depuis le 26 août 1940, la formule de Maurras : « La France, la France seule... » Admirateur de Salazar mais non de Hitler, le quotidien maurrassien se raccroche à Pétain et au régime de Vichy, et n'admet d'autre collaboration avec le vainqueur que la collaboration gouvernementale, telle que le Maréchal l'a préconisée à Montoire : collaboration, oui, collaborationnisme, non. La distinction aura tendance à s'effacer dans les faits au moment des combats de 1944, mais elle reste incontestable du point de vue idéologique. En 1943, elle est rappelée, vivement, par un article de François Regel, dans *L'Action française* du 8 juillet : « Derrière le nom de la France, nous imaginant atteints de la même rage dont ils sont possédés,

2. Ch. Maurras, « La politique », *L'Action française*, 22 mai 1941. Cité par F. Ogé, *ibid.*, p. 31.
3. L. Rebatet, *op. cit.*, p. 485-486.

nos concitoyens nous accusent de mettre au fond de nous-mêmes le nom du Kamtchatka ou du Béloutchistan, tant il est devenu impossible à ces malheureux de croire qu'on puisse vivre sans avoir adopté une seconde nation pour la servir au détriment de la sienne. » Malheureusement, la « France seule » est purement illusoire. S'y tenir revient à se réfugier dans l'imaginaire. Dans le premier temps des deux « zones », on peut encore croire à la souveraineté apparente de Vichy. Dès lors que les Allemands, en novembre 1942, occupent la totalité du territoire français, s'y maintenir équivaut à se placer devant une contradiction insurmontable, qui ne pouvait être éludée que par l'alignement effectif sur la puissance occupante : on le vit bien quand Maurras appela à lutter contre la Résistance.

La Révolution nationale, voulue par Pétain, a-t-elle été la révolution maurrassienne ? Certains ont cru voir se réaliser dans Vichy quelques-unes des idées forces de Maurras. Il n'est pas douteux qu'on les y trouve à l'œuvre à travers certaines institutions et lois nouvelles. *L'Action française* ne fut pas exactement *chez elle* dans « le royaume du Maréchal » ; du moins y fut-elle une des principales invitées. Pétain lui-même, académicien qui lisait peu, ne manquait pas les articles de son collègue Maurras. Lui adressant ses *Paroles aux Français*, en 1941, le chef de l'État les lui dédicace en ces termes : « Au plus français des Français. » Au procès de Maurras, en 1945, on insista sur l'influence du chef de l'école néo-royaliste : « Les articles de Maurras sont cités à la radio chaque jour, reproduits dans tous les journaux, répandus à l'étranger, sur une telle échelle que beaucoup de gens, qui n'ont jamais acheté un numéro de *L'Action française* savent chaque jour ce que Maurras, qui reflète la pensée du Maréchal, pense lui-même. » Bon nombre du personnel de l'État français, à tous les niveaux, étaient peu ou prou des lecteurs, des amis, des admirateurs du vieux doctrinaire. Il a existé une diffusion, une infusion, une imprégnation du maurrassisme sous le nouveau régime officiel, mais sans préjudice des autres influences qui ont fait de la Révolution nationale un syncrétisme de la réaction conservatrice, plutôt que l'application pure et simple d'une doctrine déjà élaborée.

Cette promotion politique de l'Action française, dont les idées ou certaines idées devenaient enfin opérantes quarante ans après sa naissance, Maurras l'assimila, dans un article célèbre de

André Gide en 1928.
« Je suis incroyant. Je ne serai jamais un impie. »
(*Journal*, 6 novembre 1927)

Henri Barbusse (1873-1935), fondateur de l'hebdomadaire *Monde* en 1928, devenu l'écrivain le plus célèbre du Parti communiste jusqu'à sa mort en 1935.

Les surréalistes entourant Germaine Berton, meurtrière du camelot du roi Marius Plateau. On reconnaît André Breton (1896-1966), le premier à partir de la gauche au deuxième rang. (*La Révolution surréaliste*, décembre 1924)

Magdeleine Paz à la tribune du Congrès pour la défense de la Paix et de la Culture, à la Mutualité en 1935. A ses côtés : Barbusse, Nizan, Malraux et Gide.

Jean Giono (1895-1970).

André Gide et Roger Martin du Gard (1881-1958).

Charles Maurras (1868-1952) dans les bureaux de *L'Action française* (1907). Léon Daudet (1868-1942) est le troisième à partir de la gauche ; Henri Massis (1886-1970), le deuxième à partir de la droite.

Pierre Drieu La Rochelle (1893-1945).

Charles Maurras et Robert Brasillach (1909-1945).

André Malraux (1901-1976), au moment de la guerre d'Espagne, avec Édouard Corniglion-Molinier (à gauche) et le mécanicien Maillard.

Manifestation du Front populaire au Mur des Fédérés le 24 mai 1936. (Le peintre Paul Signac venait de mourir, en 1935.)

Romain Rolland (1866-1944), lors d'un meeting au parc de Saint-Cloud en août 1936. Au premier plan, Jacques Duclos.

Gide, aux côtés de Vaillant-Couturier et de Michel Kolstov (au premier plan), inaugure le boulevard Maxime-Gorki à Villejuif (29 juin 1935).

André Gide, lors de son voyage en URSS en 1936, en compagnie de Jacques Schiffrin, Pierre Herbart, Eugène Dabit, Louis Guilloux et Élisabeth Van Rysselberghe (de gauche à droite).

Paul Nizan (1905-1940) signant son roman, *Antoine Bloyé*, en 1935.

Simone Weil (1909-1943) en tenue de combat à Barcelone en 1936.

Andrée Viollis (1879-1950), codirectrice de *Vendredi.*

février 1941, à une « divine surprise », suscitée par les capacités politiques du Maréchal, dont l'œuvre répondait pleinement à ses vœux [4].

A cette époque, Maurras peut se féliciter des formes et des principes du nouvel État, si opposés à ceux de la Révolution et de la démocratie républicaine : l'adversaire de la devise « Liberté, Égalité, Fraternité » se réjouit de son remplacement par « Travail, Famille, Patrie » ; le pourfendeur des « métèques » applaudit à la loi du 17 juillet 1940, barrant l'accès de la fonction publique et des professions juridiques aux personnes nées de père étranger, ainsi qu'à la loi du 22 juillet ordonnant la révision des naturalisations depuis 1927. « La France aux Français », titre *L'Action française* du 21 juillet 1940, et Maurras se rassure, le 24 : « Les Français recommencent à être chez eux en France », ce qui ne manque pas de sel, soit dit en passant, étant donné l'époque. L'ennemi de la IIIe République jubile d'apprendre qu'une Cour suprême de justice est instituée le 30 juillet pour juger les ministres responsables de la défaite. Le dénonciateur des francs-maçons se félicite de la loi du 13 août interdisant les sociétés secrètes. Le tenant d'un « antisémitisme d'État » se montre ravi du Statut des Juifs du 3 octobre 1940 (renforcé par celui de juin 1941), qui les écarte des emplois publics et de certaines professions libérales. L'instauration d'un Commissariat général aux questions juives, le 29 mars 1941 – ce « monument consacré à la défaite de l'Ennemi intérieur » (2 avril 1941) –, le comble et encore plus le fait que son premier titulaire, Xavier Vallat, soit des siens : « Son patriotisme éclairé, ses connaissances juridiques et son expérience professionnelle apporteront à l'œuvre du Gouvernement un concours très précieux. Il faut que les Juifs comprennent qu'ils ont fini d'abuser » (2 avril 1941). Le partisan du régime corporatiste voit avec satisfaction se mettre en chantier, dès décembre 1940, la Corporation paysanne, en attendant la Charte du travail, promulguée en octobre 1941, toutes deux visant à la fin des luttes de classes. D'une manière générale, le style du nouveau régime, moralisateur, paternaliste, nataliste, clérical, s'accorde bien avec la pensée plus conservatrice que révolutionnaire de Charles Maurras. Et si l'évolution du régime n'est pas toujours

4. Ch. Maurras, « La divine surprise », *Le Petit Marseillais*, 9 février 1941.

au diapason de ses vœux, du moins *L'Action française* est-elle restée, sous la conduite de Maurras, d'une fidélité sans défaillance au Maréchal.

Gardien vigilant du pétainisme, Maurras ne se contente pas de tresser des couronnes à Philippe Pétain, il lui sert aussi de garde idéologique. *L'Action française*, l'Occupation durant, dénonce sans relâche les ennemis de la Révolution nationale [5]. Au premier chef, Charles de Gaulle et la France libre. L'équipe de Charles Maurras considère l'homme du 18 Juin comme un « traître ». Maurice Pujo l'explique : « Ceux qui sont partis pour Londres ont abandonné la terre de la patrie à l'Allemagne, mis son sort à la discrétion de l'Angleterre et n'ont gardé pour eux qu'une patrie idéale dont l'image même pâlira ou s'évanouira en exil » (19 juillet 1940). De Gaulle, du reste, sera, le 2 août 1940, condamné à mort par contumace pour « trahison, attaque contre la Sûreté de l'État et désertion à l'étranger en temps de guerre ». Jugement salué par le journal de Maurras, qui estime « criminelle » toute atteinte portée à « l'autorité du chef du gouvernement français ». De Gaulle est celui qui, par son action irréaliste, son orgueil démesuré, sa rébellion, nuit à l'unité française, incarnée par Pétain.

Après l'essai infructueux de débarquement à Dakar, en septembre 1940, des attaques de plus en plus violentes visent les gaullistes, considérés comme des « dissidents », des « criminels » : « L'excuse du patriotisme égaré a fait son temps. Aucune équivoque n'est plus possible aujourd'hui. On est pour ou contre l'unité française et les Français qui, délibérément, persistent à se ranger dans la seconde catégorie méritent d'être tenus pour ennemis du pays et traités comme tels » (2 octobre 1940). Prenant conscience, dès cette époque, de l'importance de la radio anglaise, où se fait entendre la voix de la France libre, l'*AF* se lance dans une campagne contre la BBC : « C'est un danger de laisser le poison faire son œuvre dans l'opinion sans lui opposer aucun antidote. » L'anglophobie traditionnelle aidant, les gaullistes deviennent des « félons », des « serviteurs de l'Étranger », des « vendus »… Au fur et à mesure que l'influence du gaullisme s'étend dans l'opinion, *L'Action française* redouble de virulence contre le « général factieux », ses « politiciens véreux », et ses « généraux traîtres ». Quand la Résis-

5. Nous suivons ici F. Ogé, *op. cit.*, Livre premier, 2e partie, p. 252 *sq.*

tance s'organise, Maurras en appelle à « l'œuvre centrale de la police » pour arrêter « ce mal absurde et criminel » (15 avril 1941). A l'approche de la Libération, le journal de Maurras écrit : « Des légions de Français devraient se former pour “agir” partout où l'appel du débarquement se fait jour et mettre ses auteurs dans l'impossibilité d'ajouter au malheur présent de nouvelles calamités » (9 février 1944). Jamais les fidèles de Maurras ne pardonneront à de Gaulle sa « dissidence ».

*L'Action française* ne cesse de lutter aussi contre les communistes, ces alliés du gaullisme. Maurras et ses amis dénoncent leur infiltration dans l'administration, dans les municipalités, à l'Université. Ils préconisent la chasse à ces réfractaires : « Maintenant, écrit Maurras, que l'État français veut et peut s'y associer, la lutte contre le communisme est redevenue possible aux particuliers. Les arrestations, les enquêtes, les envois dans les camps de concentration font la moitié ou les trois quarts de la besogne nécessaire. Reste le dernier quart. Nous n'avons pas à le perdre de vue » (10-11 août 1941). *L'Action française* veut une lutte anticommuniste sur le sol *national* ; l'engagement antisoviétique sous les couleurs allemandes de la LVF ou de la Légion tricolore lui semble secondaire : « Si le communisme est tenu, battu, maîtrisé et jugulé chez nous, un premier gros souci sera balayé, écrit Maurras. Nous persévérerons à redire que le premier communisme à vaincre est le nôtre, celui que nous jouxtons et coudoyons tous les jours. Commençons par lui. Finissons-en avec lui » (23-24 octobre 1943). Selon les fantasmes de l'AF, ce communisme, les « métèques » et les juifs en tirent les ficelles. En conséquence on doit désarmer les juifs, leur enlever leur argent. L'Ennemi, finalement, n'est qu'un. Gaullistes, juifs, communistes, francs-maçons, métèques, autant d'« États confédérés » qui ont juré la perte de l'unité française : « Le communisme va loin maintenant, dit Maurras. Il englobe tous les résidus du Front populaire (c'est déjà beaucoup), toute la juiverie, tout le gaullisme bourgeois, tout l'anglicisme bancaire, industriel et commercial, toute la démocratie-chrétienne » (6 janvier 1943). De cet amalgame, le journal de Maurras tire une conclusion simple : entre Pétain et le communisme, le choix est clair. Si Pétain est battu, ce sera la « bolchevisation totale » de la France.

Quand la déportation des juifs commence en zone occupée, en 1942, Maurras ironise sur le thème des « Juifs, bêtes traquées » : « Il suffit d'ouvrir les yeux pour se rendre compte qu'ils ont de tout et qu'ils payent rubis sur l'ongle avec un bel argent somme toute assez rare chez les Français » (16 juillet 1943). On voit, en la matière, que le distinguo entre collaboration d'État et collaborationnisme se révèle dans les faits bien dérisoire. L'Anti-France a plusieurs visages, mais l'Ennemi est toujours un : « L'alliance de faux ouvriers communistes et de bourgeois gaullistes avec les Juifs qui essaient en vain de se rendre intéressants et avec les anciens possédants de la république maçonnique doit être surveillée et réprimée dans l'œuf » (20 octobre 1942).

Maurras se reconnaît un autre adversaire : les catholiques libéraux, les démocrates-chrétiens, tous ceux qui, élevés dans le giron de l'Église, choisissent la Résistance contre Vichy. Depuis le 15 juillet 1939, Rome ayant levé l'interdit jeté en 1926 sur elle, l'Action française redevient légitime au sein du catholicisme. Cette nouvelle position de force lui permet de mener campagne contre toutes les brebis galeuses qui se refusent à l'ordre pétainiste. Emmanuel Mounier, présent à Lyon, est la cible de Pierre Boutang (9 juillet 1941) ; Stanislas Fumet, Jean Champetier de Ribes sont pris nommément à partie par Maurras (27 septembre 1941) ; Jacques Maritain est dénoncé par Jacques Delebecque comme « une lumière de l'Anti-France » (9 février 1942). Tout en célébrant les évêques restés fidèles à Pétain, Maurras et ses amis fustigent, avec une véhémence accrue par le développement de la Résistance chrétienne, les « mauvais clercs » qui osent encourager la sédition. A partir de l'été 1943, c'est l'Église elle-même qui devient suspecte, tout au moins la composante libérale qui la contamine. Maurras, s'adressant aux « bons prêtres et révérends pères », les met en garde : « C'est par vous que commenceront les revanches d'Israël et les exemples de Moscou » (25 février 1944).

Au gré des événements, et alors que l'opinion se retourne de plus en plus en faveur de la France libre et de la Résistance, Maurras et son journal servent, à l'ombre de Vichy, une passion dominante : le goût de l'ordre à tout prix. Cette obsession conduit Maurras à encourager la Milice, que Vichy instaure à la fin de janvier 1943 sous la direction de Joseph Darnand, dont « la première tâche » est « d'abattre le communisme ». Dans *L'Action française* du 3 mars 1943, Maurras se réjouit des assemblées constitutives de la Milice qui viennent de se tenir :

« Avec le concours d'une sûre et bonne police, nous pouvons, chez nous, frapper d'inhibition toute velléité révolutionnaire et toute tentative d'appuyer les hordes de l'Est, en même temps que nous défendrons, avec nos personnes, nos biens, nos foyers, notre civilisation tout entière. Voilà ce qu'il faut comprendre et ce qui est trop méconnu [6]. »

Ancien militant de l'Action française, qu'il avait quittée en 1928, ex-membre de la Cagoule (ce qui lui avait valu la prison en 1938 avant d'obtenir un non-lieu), Darnand avait fait une belle campagne en 1940, récompensée par la rosette d'officier de la Légion d'honneur. Prisonnier dans un camp à Pithiviers, il réussit à s'en évader et à gagner Nice, au cours de l'été 1940. Ses mérites lui valent alors d'être choisi par Vichy pour commander, dans les Alpes-Maritimes, la Légion des combattants. Acquis au collaborationnisme, il la transforme, pendant l'été 1941, en Service d'ordre légionnaire (SOL), sorte de mouvement paramilitaire, reconnu par Vichy en janvier 1942. Quand la Milice est créée le 31 janvier 1943 par Laval, Darnand en devient le secrétaire général. Son ascension ne s'arrête plus : secrétaire général au Maintien de l'ordre en décembre 1943, secrétaire d'État à l'Intérieur en juin 1944. Jusqu'au-boutiste, il suivra la Milice intégrée dans la Division Charlemagne dans son combat contre les partisans italiens. Il sera condamné à mort et exécuté en 1945.

Si Laval conçoit la Milice comme une super-police du régime, Darnand ambitionne d'en faire une force armée intérieure collaborant avec l'Allemagne contre ses ennemis. La Milice se lance dans les émissions radiophoniques (« La Milice française vous parle », « La minute de la Milice »), où brille Philippe Henriot à partir de mars 1943. La Milice se dote aussi d'un journal, *Combats*, dirigé par Henry Charbonneau, alimenté par les articles de Philippe Henriot, Paul Marion, Abel Bonnard, Jacques de Lacretelle, Paul Morand, Colette, Roger Vercel, Pierre Mac Orlan. En se rapprochant des Allemands, Darnand acquiert de plus en plus d'autonomie vis-à-vis de Laval. Plein de dédain pour « le régime de réaction cléricale et de conservation sociale » de Pétain, il veut établir un régime national-socialiste en France. Lui et sa Milice deviennent une sorte de

6. Cité par J. Delperrie de Bayac, *Histoire de la Milice*, Fayard, 1969, p. 168.

cheval de Troie, officialisé par Vichy, dans l'État français, fort du soutien du Maréchal qui ne lui fera pas défaut jusqu'en août 1944.

L'adhésion de Darnand au nazisme, son collaborationnisme, son mépris à l'endroit de l'Action française, tout aurait dû conduire Maurras à se méfier de la Milice et de son chef. L'obsession de l'ordre finit par dominer tout, après le débarquement des Anglo-Américains en Afrique du Nord et le renforcement de la Résistance, dont les maquis étaient grossis par les réfractaires au Service du travail obligatoire (STO). Si Maurras est défavorable au choix proallemand de Darnand, il lui sait gré de lutter contre les ennemis communs : les gaullistes, les juifs, les communistes, les démocrates-chrétiens... Il faut anéantir les « terroristes », ces « agents de Londres et de Moscou » : « Pour ce troupeau sanglant de la vieille invasion métèque, on ne peut former d'autres vœux que de le voir châtié vite et dur [7]. » Selon Maurras, on ne peut rien attendre d'une victoire des Alliés : « Si les Anglo-Américains devaient gagner, cela signifierait le retour des francs-maçons, des Juifs et de tout le personnel politique éliminé en 1940. »

Logique infernale de la collaboration : Maurras comme Pétain deviennent, *nolens volens*, tributaires des armes hitlériennes. L'histoire de la Milice, que soutiennent le doctrinaire et le chef de l'État, démontre la convergence nécessaire de la collaboration et du collaborationnisme dans la dernière année de la guerre européenne. Que Darnand soit devenu un nazi français et que Maurras ait gardé sa doctrine de restauration monarchique n'y change rien : dans les faits, l'un et l'autre sont solidaires. Et redoutablement efficaces : Maurras, le 2 février 1944, s'attaque nommément à un résistant, Roger Worms, *alias* Roger Stéphane, fils du banquier Pierre Worms. Et d'insister : « Nous disons plusieurs fois par semaine que la meilleure manière de répondre aux menaces des terroristes est de leur imposer une légitime contre-terreur. L'axiome est applicable aux violences de parole et d'attitude dont se rendent coupables les hordes juives : le talion. » Cinq jours plus tard, le 7 février, le corps de Pierre Worms, qui habite Saint-Jean-Cap-Ferrat, est retrouvé, une balle dans la nuque.

Charles Maurras, théoricien du nationalisme et de la France

7. *Ibid.*, p. 264.

seule, soutient désormais de toute sa vigueur les ennemis de la Résistance nationale. Par un singulier paradoxe, le héraut de l'antigermanisme en arrive, par souci de l'ordre, à applaudir toutes les forces alliées à l'Occupant allemand qui tentaient d'empêcher la libération du territoire. Bon nombre de ses disciples refusant cette logique insensée, au nom même des principes nationalistes, se retrouvent dans la Résistance et la France libre, tels Henri d'Astier de La Vigerie, Pierre Guillain de Bénouville, Honoré d'Estienne d'Orves... Claude Roy, qui collaborait à la page littéraire de *L'Action française*, se convertit au communisme. Thierry Maulnier, lui, reste fidèle à Maurras, la guerre durant, et anime la rubrique littéraire de son journal. Il manifeste pourtant à partir de 1942 son désir d'entrer dans la Résistance – on le lui refuse, car il ne veut pas en accepter le prix : quitter le journal de Maurras [8].

« Fanatique de l'ordre [9] », enfoncé dans son aveuglement politique comme dans sa surdité physique, le chef du nationalisme, qui n'a pas hésité à réclamer des otages et des exécutions contre les gaullistes, s'opiniâtre jusqu'au bout : au lendemain du débarquement, un Jacques Delebecque dans l'*AF* qualifie « les Français qui se félicitent du débarquement [...] d'aveugles et d'insensés ».

Maurras est arrêté à Lyon, le 8 septembre 1944. Conduit au fort Montluc, puis à l'hôpital de l'Antiquaille, enfin à la prison Saint-Paul et Saint-Joseph, il y attend son procès qui se déroulera du 24 au 27 janvier 1945. « La prison de Lyon, note Jean Cocteau dans son Journal, envahie, cette semaine, par des hommes qui ne trouvent pas la justice assez expéditive. [...] Ce qui a sauvé Maurras, c'est qu'il était chez le juge d'instruction. Ce juge l'a fait monter dans une voiture et tourner une heure autour de la ville [10]. » Dans le climat de tension de la guerre finissante, on s'attend à une condamnation à mort du « doctrinaire du régime pétainiste et de la collaboration ». Des bruits courent : Paul Léautaud rapporte avoir entendu chez le libraire Anacréon, rue de Seine, « que les Camelots du Roi ont écrit à Mauriac que si Maurras est condamné à mort et exécuté, il aura le même sort vingt-quatre heures après ». Quant à Léautaud,

8. É. de Montety, *Thierry Maulnier : biographie*, Julliard, 1994.
9. *L'Action française*, 17-18 juin 1944.
10. J. Cocteau, *Journal 1942-1945*, Gallimard, 1989, p. 602.

tenant Maurras pour « le premier écrivain de son temps », il envisage de lancer une pétition en sa faveur [11].

A soixante-seize ans, arborant la francisque, Maurras, plus polémique que jamais, cinglant, furieux, récuse le tribunal, le procureur de la République (« M. le Procureur de la femme sans tête »). *Le Canard enchaîné* rappelle quelques autres de ses formules : « De Gaulle est un traître qui commande à l'écume du monde » (10 janvier 1941) ; « Il faut fournir à l'Allemagne tous les travailleurs dont elle a besoin » (15 octobre 1942)… Maurras se défend à sa manière : « Le Maréchal, qui n'a jamais voulu collaborer, était l'incarnation même de la Résistance, il était le plus résistant de tous les Français. » Ce n'est pas le genre d'argument qui peut le sauver. « C'est un sourd, note Cocteau. Il vit dans un autre monde. Il semble qu'il se moque d'être condamné, tué, qu'il organise un texte pour l'avenir et qu'il compte sur la minute où les circonstances défavorables du procès n'existeront plus. En ce qui concerne l'actualité, il se dérobe. "C'est une fumisterie, dit-il, vos attaques ne tiennent pas debout", et il retourne aux trois cents pages qu'il s'efforce de lire et que ni le public ni les juges ne parviennent à entendre [12]. » Du moins sa vie est-elle épargnée : on le condamne à la dégradation nationale et à la détention à vie. Son adjoint, le très fidèle Maurice Pujo, est également condamné à la dégradation nationale et à cinq ans de prison. Charles Maurras, décidément d'un autre temps, s'écrie, en apprenant la sentence : « C'est la revanche de Dreyfus ! » La vie politique de Maurras se trouvait ainsi bouclée dans son esprit par là où elle avait commencé : l'affaire Dreyfus. Les gaullistes, les communistes et les démocrates-chrétiens qui le jugent sont à ses yeux les héritiers des dreyfusards. Cela montre la continuité d'une pensée, sa fixité à travers les tumultes de l'Histoire. Maurras n'est pas une girouette, il reste insensible aux vents et aux orages. Il connaîtra pourtant une transformation qui va émouvoir ses partisans catholiques. Après sa mort, le 6 novembre 1952, le chanoine Aristide Cormier révélera, l'année suivante, dans *Mes entretiens avec Charles Maurras*, que celui-ci, « las de raisonner », était enfin retourné à la religion de son enfance. Le livre sera couronné d'un prix de l'Académie française.

11. P. Léautaud, *op. cit.*, III, p. 1227.
12. J. Cocteau, *op. cit.*, p. 612.

## 39

# *La* NRF *sous la botte*

A la déclaration de la guerre, Drieu vient de donner *Gilles* à composer. Il sera publié en décembre, troué des blancs de la censure. Le ton de ce roman à clés, largement autobiographique, est celui du désespoir : dans une France décadente, contaminée par « l'esprit juif » et frappée de la dénatalité, le héros, qui a espéré le sursaut en février 1934, ne voit d'autre recours que d'affronter la mort à côté des franquistes. La destinée que Drieu s'est choisie en ce mois de septembre 1939 est moins théâtrale, bien que tout lui soit matière à dégoût. Il se fait réformer, non sans raison : « maladie de cœur, maladie de foie, varices, varicocèle, hémorroïdes, hernie (toutes ces dernières choses seulement menaçantes) », et confie aux pages de son Journal qu'il ne croit pas en la cause de la France [1]. Depuis longtemps, Drieu se proclame « Européen », jugeant « le système de Maurras » périmé. Ce qui ne l'empêche pas, le 15 septembre, d'écrire dans son « Testament » : « Je meurs antisémite (respectueux des Juifs sionistes). Je meurs maurrassien, avec le regret de n'avoir pas mieux servi Maurras et l'Action française. Que ne me suis-je rendu digne d'être le successeur de Maurras ? »

Il revient sur cette idée, que Maurras va disparaître sans remplaçant, et que, lui Drieu, aurait dû l'être : « C'était une de mes tâches possibles » (30 septembre). *Successeur* ne signifie pas dans son esprit *continuateur* : selon lui, on doit dépasser le stade nationaliste de la « France seule » et s'ouvrir à un nationalisme européen. « Le temps des patries est passé… l'Europe sera faite. » L'Allemagne hitlérienne y parviendra peut-être. Une Allemagne qui pourrait, notamment, délivrer la France des

1. P. Drieu La Rochelle, *Journal 1939-1945*, Gallimard, 1992.

juifs : « Avant tout, ils me répugnent physiquement » (2 octobre). Car une victoire des Anglais et des Français « amènera le triomphe définitif de la pourriture. Les Juifs maîtres de l'Europe ». L'obsession antisémite n'a jamais été aussi intense chez lui qu'en cette « drôle de guerre », et au moment où *Gilles* sort en librairie.

Drieu n'est pas indulgent envers lui-même. Il se voit comme « le portrait d'un dégénéré et d'un décadent, pensant la décadence et la dégénérescence » (8 octobre). Il plaît aux femmes, mais il ne se sent pas « un vrai homme » : « pas assez de courage physique » ; « paresseux, léger, distrait », devenu quasi « impuissant » ; « de nature nonchalante et négligente » ; « moi, l'homme de toutes les ruines ». Haine de soi qu'il retourne aisément contre les autres, « l'infect milieu parisien où se mêlent étroitement la juiverie, l'argent, le gratin dévoyé, la drogue, la gauche ». Sans parler de la droite, riche aussi en « pédérastes », « gousses » et « opiomanes » : Gaxotte, Brasillach et d'autres… (24 octobre). « N'importe comment, je sais que ma vie est perdue » (23 novembre). L'introspection se poursuit au fil des semaines. Il note son « goût de la catastrophe, de la défaite », y discernant un transfert : « J'ai reporté sur la France la défaillance de l'être en moi » (11 avril 1940).

Au début du printemps 1940, Drieu épanche sa colère contre la *NRF*. Il en veut à Jean Paulhan, « un pion surréaliste », un « esprit vacant, encombré de futilités », qui a pris parti pour Aragon contre lui : non seulement il a refusé de prendre la deuxième partie de *Gilles* où Aragon était dépeint, mais a fait paraître à la place des pages d'Aragon et d'Elsa Triolet : « Je suis bien décidé à ne plus mettre les pieds à la *NRF* où dominent les Juifs, les communisants, les anciens surréalistes et toutes sortes de gens qui croient en principe que la vérité est à gauche. » Sept mois plus tard, Pierre Drieu La Rochelle devient directeur de la *NRF*.

Jean Paulhan, que Drieu décrit, le 30 mai, comme « un petit pion, un petit fonctionnaire, pusillanime et sournois, oscillant entre le surréalisme hystérique et le rationalisme gaga de la République des professeurs », Paulhan lui a laissé son poste de directeur, mais reste chez Gallimard où, officiellement, il s'occupe de la Bibliothèque de la Pléiade et continue d'éditer les textes de la revue dirigée par Drieu, parallèlement aux autres ouvrages publiés par Gallimard (dont *L'Étranger* d'Albert

Camus, en 1942). La situation est d'autant plus singulière que les deux hommes, travaillant dans des bureaux contigus, ont fait des choix politiques diamétralement opposés. Tandis que Drieu s'affiche comme un partisan résolu de la collaboration avec l'Allemagne nazie, Paulhan s'engage un des tout premiers dans la Résistance.

En mai 1941, Paulhan est arrêté, interrogé rue des Saussaies, puis incarcéré à la prison de la Santé. Il est accusé d'avoir abrité une ronéo en provenance du « réseau du Musée de l'Homme », servant à imprimer son bulletin clandestin *Résistance*. Dans le numéro 4 de celui-ci, Paulhan a écrit deux articles – anonymes – dont l'un traite de la reprise de la *NRF* sous Drieu : « Il s'agissait de lui conserver la tenue et l'apparence de la liberté. C'est à quoi se sont prêtés deux (ou trois) grands écrivains qui y firent leur fortune. Sous ce couvert, les divers collaborateurs collaborants peuvent mener leur jeu. On leur demande un acte de contrition pour leur passé et un acte de foi au vainqueur. Ils y emploient leur zèle, chacun parle selon sa spécialité, apporte en gage le plus précieux de son talent. Voici donc selon eux l'histoire résumée de la France et l'état de son esprit dans le plus mortel danger de son histoire. » Dans le second article, intitulé « D'une chronique bien parisienne », Paulhan flétrit Alfred Fabre-Luce [2], Abel Bonnard et Jacques Chardonne, ces échantillons de la « pensée collaborante », pour conclure : « Nous savons, pour nous, que la France demeure ce qu'elle devient chaque jour plus mûrement. *Elle est partout où l'on ne consent pas* [3]. »

Au bout de cinq jours de détention, Paulhan reconnaît qu'il a eu en dépôt la ronéo, et qu'après avoir appris l'arrestation de ses camarades Anatole Levitsky et Boris Vildé il l'a jetée dans la Seine (par petits morceaux). Il se garde bien de dire qu'il a bénéficié de l'aide du romancier Jean Blanzat, un costaud. Libéré sur cet aveu, Paulhan ne doute pas un instant qu'il le doit à Drieu : « Mon cher Drieu, lui écrit-il le 20 mai 1941, Je crois bien que c'est à vous seul que je dois d'être rentré tran-

2. Dans la préface à son *Anthologie de la Nouvelle Europe*, achevée le 1er août 1941, A. Fabre-Luce écrira notamment : « Déjà, dans le crépuscule de la guerre longue, où les idéologies s'atténuent, 1789 et 1933 apparaissent moins comme deux ennemis que comme une seule Révolution guettée par le bolchevisme », Plon, 1942, p.XLV.

3. J. Paulhan, *Choix de lettres*, II, *1937-1945*, Gallimard, 1992, p. 485-486.

quillement ce soir rue des Arènes [son domicile]. Alors, merci. Je vous embrasse. » Les rapports Drieu-Paulhan ne sont pas aussi simples qu'on l'aurait supposé. Notons, du reste, à quel point, au cours de ces années terribles, l'amitié entre écrivains, ou disons certains écrivains, a été préservée malgré les antagonismes politiques les plus graves. Jusqu'au bout Drieu le fasciste sera un proche de Malraux le combattant antifranquiste ; Paulhan le résistant est l'ami intime de Marcel Jouhandeau le collaborateur ; Mauriac le gaulliste conserve ses relations d'amitié avec Ramon Fernandez le doriotiste... Il existait encore une république des Lettres qui échappait, en partie, à la violence politique. C'est pourquoi la reprise de la *NRF* a été possible, et dans les conditions où elle le fut.

La puissance occupante a fixé les règles de la publication des livres et des journaux. Une « liste Otto » (du nom de l'ambassadeur Otto Abetz), plusieurs fois renforcée, interdit un millier de titres, ce qui entraîne la mise au pilon de 2 242 tonnes de livres. Un accord, passé avec le Syndicat des éditeurs français, engageait ceux-ci à ne pas publier d'ouvrages écrits par des juifs, des francs-maçons (plus tard, des communistes) et tous auteurs antiallemands. Le service du Livre de la Propaganda Staffel est confié à Gerhard Heller, dont la francophilie devient manifeste aux yeux de nombreux écrivains français [4]. Très rapidement se pose à ce censeur patenté la question de la *NRF* interrompue par la débâcle. Otto Abetz a jugé profitable de laisser reparaître la plus célèbre revue française, à condition de mettre à sa direction un homme sûr. Dès le mois d'août, Abetz contacte Drieu La Rochelle qu'il connaît bien. Drieu ayant envie de jouer un rôle politique, Abetz le convainc aisément de reprendre la *NRF*. On demande à Gallimard, alors en zone libre, d'y réfléchir, tandis que Drieu commence à recruter ses auteurs, en se rendant à Vichy. Beaucoup acceptent. Même Mauriac : « Au début de l'Occupation, écrira celui-ci après la guerre, je n'avais pas été hostile à une reprise de la *NRF* où, en dehors et au-dessus de l'horrible réalité politique, les écrivains eussent pu se rejoindre et attester devant l'Europe une permanence de l'esprit français. » C'est faire peu de cas sans doute de la manipulation allemande, mais bien d'autres esprits rebelles ne décrètent pas inadmissible leur participation à l'entreprise.

4. G. Heller, *Un Allemand à Paris*, Seuil, 1981.

Gide, sollicité, s'interroge. Il reçoit une lettre de Gallimard qui plaide pour cette solution « ...dans la crainte que les Allemands ne s'installent dans le local et ne prennent tout en main [5] ». Après plusieurs jours d'interrogation, Gide confie les raisons de son acceptation à Mme Théo : « Gallimard a toutes les raisons de croire que s'il ne fait pas reparaître sa revue, les Allemands qui savent son importance et qui doivent la considérer comme un précieux outil de propagande, la feront paraître d'autorité, s'emparant de tout son appareil : local, archives, titre d'organisation, et nul moyen de prévenir les abonnés [...]. Il y a là un capital matériel et moral à sauver. Mais, pour avoir l'autorisation de la faire paraître, il faut se plier à certaines exigences, dont changer la direction. Paulhan sera remplacé par Drieu La Rochelle [6]. » L'avis de Roger Martin du Gard pèse sur la décision de Gide : on ne pouvait pas lâcher Gallimard qui continuait à verser leurs droits à ses auteurs. Paulhan, lui aussi, estime qu'il faut sauver la boutique : il aide Drieu, tout en refusant de publier quoi que ce soit de sa main dans la revue nouvelle manière, qu'il juge comme on sait.

Heller, après avoir obtenu la levée du séquestre sur la maison Gallimard, dont les portes, rue Sébastien-Bottin, ont été scellées par excès de zèle policier, se félicite de voir reparaître *La Nouvelle Revue française*. Datée du 1er décembre 1940, elle porte, dans la continuité, le n° 322. Après un avant-propos assez discret de Drieu, on trouvait au sommaire Jacques Chardonne, feu Charles Péguy, Jacques Audiberti, Armand Robin, Marcel Aymé, Marcel Jouhandeau, Jean Giono, Alfred Fabre-Luce, Paul Morand. André Gide y donne des « Feuillets » de son Journal, et les Chroniques sont assurées par Ramon Fernandez, Roland Purnal, Alain, Georges Auric... C'est une réussite incontestable. Mais pour qui ?

Paulhan, dans son article de *Résistance*, a bien vu la manœuvre : faire passer le poisson douteux (les articles de la « pensée collaborante ») grâce à la sauce littéraire des plus grands écrivains français, trop contents de pouvoir être publiés en ces temps difficiles. Quant à l'éditeur, il peut toujours se dire que le pire lui a été épargné, que les meubles sont sauvés, et que les meilleures plumes lui restent fidèles.

5. *Les Cahiers de la Petite Dame*, *op. cit.*, III, p. 198.
6. *Ibid.*, p. 199-200.

Gide, toujours inquiet, se reproche d'avoir cédé à la tentation : « J'aurais dû pour le moins dater ces *Feuillets*, extraits de mon *Journal*, que je viens de relire [...], avec déplaisir. Je ne suis plus dans la disposition d'esprit qui me les fit écrire ; d'un esprit mal ressuyé de la défaite. Au surplus, mes réflexions sur les défaillances et intermittences du sentiment patriotique ne me paraissent plus très justes. Rien de tel que l'oppression pour redonner à ce sentiment de la vigueur. Je le sens de toutes parts qui se réveille en France, et surtout dans la France occupée. Il s'assure et s'affirme dans la résistance, comme tout amour combattu. Et cette lutte de l'esprit contre la force, de l'esprit que la force ne peut soumettre, est en passe de devenir admirable [7]. »

Ces premiers scrupules se dissipent quand Gaston Gallimard, grand charmeur, lui apporte le premier numéro de la *NRF* ressuscitée, le 6 décembre 1940. Gaston exerce une telle puissance de séduction, de conviction, que Gide, pourtant décidé à ne plus rien donner à la revue, en est retourné comme une crêpe. Il se met donc au choix des nouveaux « Feuillets » à paraître dans le numéro de janvier 1941. Là-dessus, Gide reçoit des lettres de protestation de la part de lecteurs du numéro de décembre. États d'âme, oscillations, interrogations, mauvaise conscience, désir d'être lu, pressions de Gallimard... Martin du Gard, soupçonnant ce remue-ménage dans la tête de son ami, lui écrit : « Vous êtes à la dérive... » Le numéro de janvier que vient lui apporter Gaston le rassérène. Puis, brusquement, Gide retire sa collaboration : il vient de découvrir en mars 1941 la *Chronique privée de l'an 40* de Chardonne. Il s'agit là d'un prétexte, puisque le passage le plus scandaleux du livre a déjà été publié dans le numéro de reprise de la *NRF*. Fustigeant cette « expression même d'une politique proallemande », il prévient Drieu qu'il ne doit plus compter sur lui. Au mois de mai 1941 Gide, qui doit donner une conférence à Nice sur Michaux, en est empêché par des membres de la Légion des combattants, ce qui le fait basculer dans l'autre camp. Il reste que Gide n'est pas tout à fait content de sa rupture avec la revue de Drieu. Il écrit le 15 août 1941 à l'ami Valéry : « Tu sais sans doute que j'ai rompu, non avec Gallimard, mais avec la *NRF* et sa nouvelle *direction*. Mais le démon de la curiosité pourrait bien m'inviter

7. A. Gide, *Journal 1939-1949*, *op. cit.*, p. 63.

à de très regrettables imprudences. Mieux vaut me tenir loin des tentations, des conversations [8]… » Chardonne paraît n'avoir été qu'une occasion. Gide, se défiant de lui-même, se prémunit contre les dérives éventuelles [9].

Qu'y a-t-il de plus dur pour un écrivain, sinon de n'être pas édité, aux auteurs de théâtre de n'être pas joués ? François Mauriac, auquel on doit le célèbre *Cahier noir*, un des textes les plus mémorables de la résistance intellectuelle [10], éprouve sans doute le même manque dès qu'il a terminé son roman, *La Pharisienne*. C'est pourquoi il va lui-même à la Propaganda Staffel défendre sa cause. Heller autorise de bonne grâce la sortie du livre, et même un tirage plus fort que prévu à l'origine. La presse collaborationniste se déchaîne alors contre Mauriac, haï de l'extrême droite depuis la guerre d'Espagne : « Tartuffe sanglant », « Fielleuse hyène » clame *Je suis partout*. Lucien Rebatet se surpasse en injures dans *Les Décombres* : « L'homme à l'habit vert, le bourgeois riche avec sa torve gueule de faux Greco, ses décoctions de Paul Bourget macérées dans le foutre rance et l'eau bénite, ces oscillations entre l'eucharistie et le bordel à pédérastes qui forment l'unique drame de sa prose […]. Il est étonnant que l'on n'ait pas encore su lui intimer le silence. C'était bien le moindre des châtiments pour un pareil salaud [11]. » Avant cette avalanche, Mauriac, on l'a vu, avait félicité Drieu de la reprise de la *NRF* et, Drieu ayant sollicité sa collaboration, Mauriac n'avait pas dit non, jusqu'à la réception du numéro de décembre. « Cher Drieu, lui écrit-il, le 30 du même mois, Non, ce n'est pas ce que j'espérais – moi qui rêvais d'une revue "*inactuelle*" ! Ce que je pense des papiers Chardonne-Fabre-Luce, c'est ce qu'en a pensé "*toute la France*" (comme dirait Saint-Simon pour qui toute la France tenait dans mille personnes). Et puis les blasphèmes annoncés du génial imbécile… » Ici, Mauriac fait allusion à quelques mots de Gide (« Il ne m'arrive pas de regretter de ne pas croire ; mais il m'arrive souvent de me dire : heureusement, je ne crois pas ! »), bien faible tempête dans un bénitier, mais qui lui permet éventuelle-

8. A. Gide-P. Valéry, *Correspondance*, Gallimard, 1955, p. 522.
9. Voir P. Hebey, *« La Nouvelle Revue française » des années sombres 1940-1941*, Gallimard, 1992.
10. F. Mauriac, *Le Cahier noir*, réédité aux éditions de Minuit, 1947, et par Desclée de Brouwer, 1994.
11. L. Rebatet, *op. cit.*, p. 49-50.

ment de justifier – sur un autre plan que le politique – son refus. Drieu digère mal cette fin de non-recevoir. Il réglera le compte de Mauriac à plusieurs reprises, y compris dans la *NRF*, s'employant à démolir *La Pharisienne*, pour mieux pourfendre la collusion de Mauriac et des « curés évangéliques » avec les communistes. Désormais, c'est la rupture. Mauriac, à son tour, aiguisera sa plume sur Drieu, dans *Les Lettres françaises* clandestines [12].

Y a-t-il inconscience de la part de ces écrivains, fort peu disposés au collaborationnisme, parfois résistants authentiques, qui ne voient pas d'inconvénient à publier leurs textes à côté de la prose de la « pensée collaborante » ? Et sous la direction d'un Drieu La Rochelle, qui réaffirme haut et fort son adhésion au fascisme, son admiration pour l'Allemagne hitlérienne, son antisémitisme ? Sans doute notre jugement est-il *a posteriori*, et donc faussé ? Eugène Guillevic, qui donnera des poèmes à la *NRF* de 1940 et de 1941, avant d'adhérer au Parti communiste en 1943, s'en explique ainsi dans ses Souvenirs : « A l'époque, je croyais que la poésie se situait au-dessus ou à l'écart des contingences, des circonstances, ou mieux, que sa force révolutionnaire agissait par elle-même, où que paraisse le texte [13]. » Jean Paulhan lui-même, résistant de la première heure, pourfendeur *et* défenseur de la *NRF* de Drieu, s'interdit bien d'y placer le moindre de ses textes, mais n'en offrait-il pas à *Comœdia*, « tribune de la collaboration intellectuelle », selon son directeur René Delange, lequel publia également Valéry, Sartre, et combien d'autres… Certains, comme Georges Duhamel, refusent de se faire éditer de quelque façon toute l'Occupation durant. Mais cette attitude reste fort rare. Les gens de lettres ne se résignent pas longtemps au silence.

La revue de Drieu continue bon an mal an. Il est vrai qu'elle se consacre surtout aux textes littéraires, mais pas uniquement. Le directeur livre ses vues politiques. Les aurait-il entièrement tues dans la *NRF*, qu'on ne pouvait les ignorer, tant il se produit par ailleurs, soit dans *L'Émancipation nationale* de Jacques Doriot, soit dans *La Révolution nationale* de Lucien Combelle,

12. P. Hebey, *« La Nouvelle Revue française » des années sombres*, *op. cit.*, p. 197.
13. E. Guillevic, *Vivre en poésie*, Stock, 1980. Cité par G. Heller, *op. cit.*, p. 47.

lui-même collaborateur de la *NRF*. Drieu, pourtant, ne manque pas d'un certain sens de l'honneur à l'endroit de ses amis « fourvoyés », sachant intervenir pour eux, comme on l'a vu dans le cas de Paulhan. Il intercède notamment en faveur de Jean Cayrol, en janvier 1943, alors que le poète résistant est en prison depuis sept mois. C'est à ce sens de l'honneur aussi, sans doute, qu'il doit de réintégrer le parti de Doriot en novembre 1942, lors du débarquement anglo-saxon en Afrique du Nord.

Le 7 novembre, à la séance de clôture du PPF, Drieu prend la parole pour annoncer son retour dans le parti. Il s'explique dans son Journal : « J'adhère au PPF pour marquer ma croyance dans le fascisme en général et non dans Doriot en particulier. » En effet, conscient d'être « foutu », il pense que l'Allemagne elle-même « est foutue », méprise « tous ces gens de la collaboration, ces ignobles pacifistes, ces Déat, ce normalien, et Doriot, ce métisse de Flamand et d'Italien », « cet ignoble Laval, ce métisse de Juif et de Tzigane », « ce vieux con de maréchal ». Il pense que « Hitler est un con comme Napoléon ». Tout de même, il aimerait mieux « mourir en SS [14] ». Il se réjouit du moins d'avoir pu compromettre autour de la *NRF* « un certain nombre de personnes qui seront fort mal vues et étrillées par les Aragon et les Benda, revenant en maîtres ».

Il reproche aux Allemands de n'avoir pas cru eux-mêmes aux rares éléments fascistes qu'il y avait en France ; à Hitler, de n'avoir pas su établir un véritable socialisme sur les territoires qu'il avait soumis. Avec prescience, il juge, dès novembre 1942, que la défaite allemande est « de plus en plus certaine ». L'idée du suicide commence à l'envahir. La *NRF* l'intéresse de moins en moins. Déjà, en mars, l'envie de tout planter le traverse. Il va avoir cinquante ans. Pour lui, la page est tournée. L'année suivante, la contre-offensive soviétique ranime ses espoirs, cette fois d'une Europe dominée par les communistes : « Il faut souhaiter la victoire des Russes plutôt que celle des Américains. […] C'est une race, un peuple alors que les Américains sont une collection de métisses » (3 mars 1943). Décidé à se réfugier dans la méditation philosophique et religieuse, il désire en finir avec la revue. Sursaut de dignité : sa première femme, Colette Jéramec, qui est juive, est arrêtée en juillet 1943 ; il intervient pour la faire sortir de prison : « Les Juifs

14. P. Drieu La Rochelle, *op. cit.*, p. 302-304.

m'ont eu. » Il apprend avec dépit la chute de Mussolini : « Le fascisme n'était pas plus fort que moi, philosophe en pantoufles » (27 juillet 1943). Il se déclare toujours fasciste (« Je ne pouvais vivre que dans ce rêve de redressement viril et ascétique »), mais tous ses vœux vont au communisme. Il continue encore un peu à la revue, vaille que vaille, secondé par Jacques Lemarchand. Mais le numéro de juillet de la *NRF* est le dernier.

En septembre, Josette Clotis demande à Drieu d'être le parrain du second fils qu'elle vient d'avoir avec Malraux : « André vous a dit que notre maison était à tout instant la vôtre, et je suis heureuse de vous le redire [15]. » Drieu accepte et envoie à son filleul une couverture et un oreiller de satin rose. Peu de temps après, il se rend en Suisse, pour changer d'air, faire des emplettes, voir des gens. Bertrand de Jouvenel, qu'il visite, essaie de le retenir. Drieu refuse ; il rentre, s'enfonçant dans ses études religieuses, méditant sur sa vie, sur les femmes qu'il a connues (sans indulgence excessive), répétant son envie de se suicider, s'attendant au débarquement allié, remâchant ses obsessions : « Mon dégoût des Français, c'est un dégoût de raciste nordique et aussi d'intellectuel méprisant l'homme en général dans son voisin immédiat en particulier » (8 juin).

Les combats de la Libération ont commencé. Le 12 juillet 1944, invité à déjeuner chez Abetz, en compagnie de Benoist-Méchin et de Châteaubriant, autres collaborationnistes patentés, il reproche violemment à l'ambassadeur allemand d'avoir soutenu pendant quatre ans Laval, au lieu de favoriser un fascisme français, une véritable collaboration franco-allemande, en vue d'une Europe raciste et socialiste. Dans les jours qui suivent, il rumine l'erreur de Hitler, qui remonte, selon lui, à la Nuit des longs couteaux, le 30 juin 1934, jour où il a liquidé Röhm et ses SA, l'aile socialiste du régime, au profit des généraux et des bourgeois. Quant à lui, il avait voulu marier son « socialisme d'intelligence et de générosité » avec « le vieux fonds chouan, le vieux fonds de droite ». Telle est son ultime définition du fascisme.

Le 11 août 1944, Drieu tente de se suicider, mais son corps agonisant est découvert par Gabrielle, sa gouvernante, revenue chercher son sac qu'elle avait oublié. Transporté à l'hôpital

15. Cité par P. Andreu et F. Grover, *op. cit.*, p. 525.

Necker, rétabli, il reçoit la visite du lieutenant Heller qui lui glisse un passeport pour l'Espagne et la Suisse sous l'oreiller. Drieu préfère rester en France. Les sollicitudes ne lui font pas défaut. Son ami Emmanuel d'Astier de La Vigerie, qui est du camp des vainqueurs et arrive à Paris le 1er septembre, se déploie pour le faire passer en Suisse. Son ex-épouse Colette lui offre une cache rue de Grenelle, où il peut recevoir des soins. Il trouve refuge près d'Orgeval, dans une villa qui appartient à une amie américaine, Mme Noël Murphy, en faveur de laquelle il avait intercédé auprès des Allemands, pour la faire sortir d'un camp d'internement pour étrangers. Drieu se remet à écrire. Il apprend par les journaux qu'un mandat d'amener est lancé contre lui. Le 16 mars 1945, sa gouvernante le découvre, inerte, la tête appuyée sur le lavabo. Sur un billet il a écrit : « Gabrielle, laissez-moi dormir, cette fois. » Trois tubes de Gardénal et un tuyau de gaz arraché lui avaient permis de mettre fin à ses jours.

Pierre Drieu La Rochelle et sa vie ont beaucoup fasciné. Ceux de ses contemporains qui l'ont fréquenté ont souvent été séduits par le « charme » (*dixit* Gerhard Heller) de cet homme de haute taille, aux yeux clairs, d'allure nonchalante, d'une élégance impeccable, dont l'intelligence faisait merveille dans les conversations ; lui qui ne s'était jamais consolé d'avoir été refusé au diplôme des Sciences politiques, il y refaisait le monde en brillant géopoliticien. Sa puissance de séduction s'exerçait aussi sur les femmes, sans qu'il se donne beaucoup de peine. Malgré quoi, Drieu est un « raté » à ses propres yeux. Il n'a pas été le grand doctrinaire des temps nouveaux, le Maurras du fascisme français, par paresse selon lui. Il n'a pas été l'écrivain, et surtout le romancier qu'il rêvait d'être : il a la plume facile, mais il lui manque l'assiduité, la discipline qu'on s'impose à soi-même quand on veut devenir un « grand ». Il s'est fourvoyé en politique, passant de l'esprit de « Genève » au fascisme, avant l'ultime séduction du communisme soviétique auquel il ne peut adhérer. Il ne juge pas s'être déshonoré par son racisme qui reste sa conviction la plus indéracinable.

Le « charme » de Drieu a longtemps masqué ou minimisé cette dimension funèbre de sa personnalité et de son œuvre. *Gilles*, un des romans les plus antisémites du patrimoine français, fut accueilli avec bienveillance par les confrères, la critique, à peu d'exceptions près. Malgré ses articles pronazis, des dizaines d'écrivains français sous l'Occupation n'ont pas jugé infamant de publier leurs textes sous sa conduite. De sorte que l'histoire singulière et tragique de Pierre Drieu La Rochelle dépasse sa propre personne et continue à nous soumettre à une interrogation lancinante. Pourquoi tant de bienveillance, pourquoi tant de complicité ? Sans aucun doute, notre perception de la vie intellectuelle et politique est dictée par notre connaissance du passé – et d'abord des « années noires ». Venus *après*, nous jugeons d'autant plus sévèrement. Le numéro de haute voltige que joua un Jean Paulhan pendant l'Occupation, résistant d'un côté, protecteur de la *NRF* de l'autre, éreinteur clandestin des collaborateurs, et ami très fidèle de certains d'entre eux, devrait nous prévenir contre des condamnations sans appel. Il n'y eut pas que des « héros » et des « salauds », mais, entre les uns et les autres, la foule des hésitants, des oscillants, des prudents et des imprudents… On imagine, à la fin de la tourmente, l'archange saint Michel du tympan des cathédrales tenant le fléau de sa balance qui pèse les âmes : qui a mérité l'enfer, qui le paradis – et qui, le purgatoire ? Ces questions-là seront posées en termes moins imagés à la Libération.

## 40
# *Les écrivains de la nuit*

A son ami Marcel Jouhandeau, qui avait accepté de se rendre avec d'autres écrivains français [1] à Weimar à l'invitation de l'Institut allemand en octobre 1941 et qui évoque le « courage » qui lui sera nécessaire, étant donné le tour des événements, Jean Paulhan répond, en mars 1944 : « Bien cher Marcel, de ton courage personne (ni surtout moi) ne doute. Mais en ce moment, je te prie, n'en parle pas. Ouvre les yeux. Tu n'es pas exposé. Ce n'est pas toi qui es exposé. Ce n'est pas toi qui viens de mourir en prison, c'est Max Jacob. Ce n'est pas toi qui as été tué par des soldats ivres, c'est Saint-Pol Roux. Ce n'est pas toi qui as été exécuté, après un jugement régulier, c'est Jacques Decour, c'est Politzer. Ce n'est pas toi qui es forcé de te cacher pour échapper à l'exécution, à la prison ; c'est Aragon, c'est Éluard, c'est Mauriac. Ce n'est pas toi qui es déporté en Allemagne, c'est Paul Petit, c'est Benjamin Crémieux. Ce n'est pas toi qui es en prison, en cellule, c'est Desnos, c'est Lacôte. Dans un temps où nous avons tous à montrer du courage, tu es le seul (peu s'en faut) qui ne soit pas menacé, qui mène une vie prudente et paisible [2]… »

Max Jacob est mort au camp de Drancy le 5 mars 1944. La

1. La délégation, outre Jouhandeau, comprenait : Pierre Drieu La Rochelle, Ramon Fernandez, André Fraigneau, Robert Brasillach, Jacques Chardonne et Abel Bonnard. Les congressistes passèrent par Vienne et Berlin où ils furent reçus par Goebbels. Sur le voyage des artistes (peintres et sculpteurs) qui suivit en novembre – Paul Belmondo, Henri Bouchard, André Derain, Charles Despiau, André Dunoyer de Segonzac, Othon Friesz, Paul Landowski, Raymond Legueult, Louis Lejeune, Roland Oudot, Cornelis Van Dongen, Maurice de Vlaminck – voir L. Bertrand Dorléac, *L'Art de la défaite*, Seuil, 1993, p. 74 *sq*.

2. J. Paulhan, *op. cit.*, p. 351-352.

mort de Saint-Pol-Roux est consécutive à l'irruption chez lui, à Camaret-sur-Mer, dans la nuit du 22 au 23 juin 1940, d'une soldatesque avinée qui tua sa servante et viola sa fille ; Aragon, dans la clandestinité au moment où Paulhan écrivait sa lettre, avait publié, à Nice, dans *Poésie 41* de Pierre Seghers (décembre 1940-janvier 1941) un « Saint-Pol Roux ou l'espoir », où il avait mêlé le nom du poète français à ceux de Lorca et de Machado, honnis du régime de Franco. Jacques Decour et Georges Politzer ont été fusillés au Mont-Valérien le 30 mai 1942. Paul Petit, ami de Claudel, qui éditait clandestinement *La France continue* a été arrêté le 7 février 1942 ; il sera exécuté à Cologne, le 24 août 1944. Benjamin Crémieux mourra en déportation à Buchenwald ; Robert Desnos, au camp de Terezín. René Lacôte, sauvé, tiendra la chronique de poésie dans *Les Lettres françaises* après la Libération.

Dans son énumération, Paulhan oublie de se citer lui-même. Les jours de prison que lui a valus sa participation au « réseau du Musée de l'Homme » et à son journal *Résistance* ne l'amènent nullement à se retrancher dans l'attentisme. Occupant le bureau contigu à celui de Drieu chez Gallimard, il anime la Résistance intellectuelle, jouant si bien le jeu que la plupart de ses proches ignorent ses activités secrètes et les risques qu'il prend. Dominique Aury, sa future compagne, qui prépare alors des anthologies de poésie, lui présente un jour un numéro des *Lettres françaises* qu'elle distribuait sans se douter que Paulhan en était l'un des fondateurs, avec un certain nombre d'écrivains communistes.

Après l'armistice de juin 1940, la ligne officielle du Parti communiste reste dans le sillage du pacte germano-soviétique. En l'absence de Maurice Thorez, réfugié en URSS, Jacques Duclos est devenu le chef du Parti clandestin, assumant les directives du Komintern. C'est ainsi qu'une démarche est entreprise auprès des autorités allemandes pour faire reparaître *L'Humanité*. Dans ses numéros clandestins, le PCF y dénonçait « la guerre impérialiste », s'en prenait aux Anglais et au général de Gaulle, tout en stigmatisant le régime réactionnaire de Vichy. Loin du « Centre » – la direction officielle du PCF n'entrera dans la Résistance qu'à partir du jour où l'Allemagne nazie envahit l'Union soviétique, en juin 1941 –, des communistes s'engagent dès le début de l'Occupation dans un combat qui poursuit les objectifs de l'antifascisme d'avant le pacte.

Ainsi les étudiants communistes qui se joignent aux étudiants gaullistes lors de la manifestation du 11 novembre 1940 à Paris, qui entraînera la mort de plusieurs d'entre eux. Ainsi, Charles Tillon dans la région bordelaise, Auguste Havez dans l'Ouest, Georges Guingouin dans le Limousin… Ces isolés sont peu à peu renforcés, notamment par des intellectuels qui purent diffuser des écrits antifascistes. Et aussi *L'Université libre*, fondée par le philosophe Georges Politzer, le physicien Jacques Salomon et l'écrivain germaniste Daniel Decourdemanche, ancien rédacteur en chef de *Commune*, dit Jacques Decour, en novembre 1940, initialement en marge de la ligne officielle du PCF[3], où se retrouvent les noms de Langevin et de Joliot-Curie. En mars 1941, Politzer publie une réfutation des thèses nazies de Rosenberg, *Révolution et Contre-Révolution au XX^e^ siècle* ; au même moment, Gabriel Péri lance sa brochure, *Non, le nazisme n'est pas le socialisme*. Aragon, en zone non occupée, fait paraître des poèmes que beaucoup savent lire entre les rimes et qui formeront une bonne partie du *Crève-Cœur*. Rendant visite à Aragon et à Elsa, réfugiés alors à Carcassonne, Jean Paulhan entend ainsi, un soir de fin d'été 1940, le poète leur réciter « Les Lilas et les Roses ». De mémoire, il le transcrit et le donne au *Figaro* où on put le lire le 21 septembre 1940 :

*Ô mois des floraisons mois des métamorphoses*
*Mai qui fut sans nuage et juin poignardé*
*Je n'oublierai jamais les lilas et les roses*
*Ni ceux que le printemps dans ses plis a gardés*
………………………………………………………
*Tout se tait L'ennemi dans l'ombre se repose*
*On nous a dit ce soir que Paris s'est rendu*
*Je n'oublierai jamais les lilas et les roses*
*Et ni les deux amours que nous avons perdus*

Louis Aragon et Elsa Triolet apprennent la publication du poème une fois arrivés aux Angles, près de Villeneuve-lès-Avignon, où Seghers les avait conduits. C'est là que celui-ci met au point le recueil *Poésie 40*, qui deviendra *Poésie 41*, et la

3. N. Racine-Furlaud, « *L'Université libre*, novembre 1940-décembre 1941 », in J.-P. Azéma, A. Prost et J.-P. Rioux (dir.), *Les Communistes français de Munich à Châteaubriant 1938-1941*, PFNSP, 1987, p. 138.

suite. Installé plus tard à Nice avec Elsa, Aragon découvre le recueil d'Éluard, *Le Livre ouvert I*. Retrouvailles : Aragon et Éluard ne s'étaient pas serré la main depuis la brouille de 1932. Ils se revirent, de nouveau amis dans la Résistance, et bientôt au sein du Parti communiste auquel Éluard adhéra au début de 1943. A partir de l'été 1941, le Parti communiste n'avait plus qu'une seule ligne : la défense de l'URSS se confondait désormais de nouveau, comme de 1935 à 1939, avec la défense de la patrie. Les communistes et leurs écrivains étaient appelés à s'allier à tous ceux qui combattaient l'Allemagne hitlérienne.

Elsa et Aragon regagnent Paris en juin 1941, après quelques semaines de prison à Tours, pour s'être fait prendre par les Allemands en passant la ligne de démarcation sans laisser-passer. A Paris, Aragon, Elsa se retrouvent chez le peintre Édouard Pignon, avec Georges Politzer, Danielle Casanova, Jacques Decour. Decour veut créer un hebdomadaire et regrouper les écrivains de la Résistance de la zone nord dans un Comité national des écrivains, qui serait la section littéraire du Front national pour la libération et l'indépendance de la France. Il a contacté Jean Paulhan, son éditeur chez Gallimard, et Jacques Debû-Bridel – qui portent sur les fonts baptismaux *Les Lettres françaises*. Decour et Paulhan en assurent la direction, en même temps qu'est mis sur pied, en décembre 1941, le Comité national des écrivains réunissant en zone nord Jean Blanzat, Louis Martin-Chauffier, Jean Guéhenno, le R.P. Meydieu, Claude Morgan, François Mauriac, Édith Thomas, chartiste, historienne et romancière, travaillant aux Archives nationales… C'est dans l'appartement de celle-ci, rue Pierre-Nicole, dans le quartier du Val-de-Grâce, que se retrouvent les écrivains du CNE à partir de février 1943. Édith Thomas distribue aussi les ouvrages des éditions de Minuit clandestines [4]. Membre du Parti communiste, auquel elle adhère en 1942, elle a déjà collaboré à la presse du Front populaire. Indignée par le pacte germano-soviétique, dont elle a appris la nouvelle au sanatorium du plateau d'Assy, où elle soignait depuis juin sa tuberculose, elle avait écrit à Jacques Decour, en septembre : « De quel côté regarder ? Je ne sais plus. A quel point j'envie vos certitudes. » Rentrée à Paris, après une convalescence à Arcachon, elle trouve vite la filière de ceux qui vont former avec elle le CNE,

4. J. Debû-Bridel, *La Résistance intellectuelle*, Julliard, 1970, p. 36.

Claude Morgan, Jean Paulhan et les autres. En juillet 1941, recopiant un poème d'Aragon – le *Crève-Cœur* vient de paraître chez Gallimard –, Édith Thomas note dans son Journal : « Il sera beaucoup pardonné à Aragon pour avoir écrit et publié maintenant sa "Santa Espina[5]". »

*Je veux croire qu'il est encore des musiques*
*Au cœur mystérieux du pays que voilà*
*Les muets parleront et les paralytiques*
*Marcheront un beau jour au son de la cobla*

*Et l'on verra tomber du front du Fils de l'Homme*
*La couronne de sang symbole du malheur*
*Et l'Homme chantera tout haut cette fois comme*
*Si la vie était belle et l'aubépine en fleurs*

Le premier numéro des *Lettres françaises* s'élabore lorsque Jacques Decour est arrêté en février 1942, ainsi que Danielle Casanova, Jacques Salomon, Georges Dudach : la liaison avec l'imprimerie qui passe par le seul intermédiaire de Decour est anéantie, en même temps que ce numéro mort-né contenant des textes de Georges Limbour, de Pierre de Lescure, de Jacques Debû-Bridel, des notes de François Mauriac et de Jean Paulhan, le récit dramatique de la mort des otages de Châteaubriant… En avril, Paulhan avait dû se cacher quelque temps, à la suite de la dénonciation lancée contre lui et Bernard Groethuysen par Élise Jouhandeau. Après la guerre, Paulhan, ne mâchant pas ses mots, traitera l'héroïne malgré elle des *Chroniques maritales* d'« immonde putain[6] ». Le « nouveau » premier numéro des *Lettres* qui sort en septembre 1942 sous la direction de Claude Morgan n'est qu'une modeste feuille ronéotypée. On y lit le manifeste du Front national des écrivains, qui se termine ainsi : « *Les Lettres françaises* sera notre instrument de combat et par sa publication, nous entendons nous intégrer, à notre place d'écrivains, dans la lutte à mort engagée par la Nation française pour se délivrer des oppresseurs[7]. » Par la suite, le Comité

5. É. Thomas, *Pages de Journal 1939-1944*, présenté par Dorothy Kaufmann, Viviane Hamy, 1995, p. 142.
6. Lettre à Florence Gould, citée par F. Badré, *Paulhan le Juste*, Grasset, 1996, p. 216.
7. J. Debû-Bridel, *op. cit.*, p. 53.

national des écrivains se développant, le journal en reflète mieux le parti pris œcuménique et accentue sa dimension littéraire [8]. G. Adam réussit à le faire imprimer sur les machines de *Paris-Soir*, très collabo, grâce aux typographes du quotidien. « A notre place d'écrivains », le premier numéro des *Lettres françaises*, publié en septembre 1942, ne se distingue guère d'une publication de propagande. Claude Morgan en est parfaitement conscient : « J'étais [...] atterré à l'idée que ce numéro 1 allait être distribué aux membres du Comité et je priai les dieux que Paulhan ne le reçût jamais. Il le reçut naturellement et le jugea fort mauvais, ce qu'il était [9]. »

Jean Paulhan est aussi un intermédiaire entre les écrivains et les éditions de Minuit, fondées à l'automne 1941 par Jean Bruller – le futur Vercors – et Pierre de Lescure. Principale maison d'édition clandestine, elles publieront pendant l'Occupation vingt-cinq titres, sous pseudonymes : François Mauriac est Forez, Aragon François la Colère, Jean Guéhenno Cévenne, Jean Cassou Jean Noir, Julien Benda Comminges... Le plus grand succès revint à Jean Bruller, un graveur, qui, sous le nom de Vercors, écrivit *Le Silence de la mer*, achevé en février 1942, l'ouvrage emblématique de la Résistance littéraire [10].

Mauriac n'est donc pas en reste. Après quelques semaines d'hésitation, au cours de l'été 1940, où il avait cru pouvoir se rallier à Pétain, comme en témoignent ses articles du *Figaro*, à Lyon, il s'est vite ressaisi [11]. Plus tard, non sans modestie, il expliquera à Jacques Debû-Bridel comment il fut poussé vers la Résistance par ses détracteurs : « Il n'y a pas eu vraiment de choix de ma part, parce que j'étais la tête de Turc et que j'ai été dès le commencement la tête de Turc de la presse "collaborationniste". Même si j'avais pu me poser la question au début, je me suis trouvé complètement isolé, traité en ennemi. Je leur en suis reconnaissant parce qu'ils m'ont aidé à prendre conscience de ce que j'étais [12]... » Il sera l'unique académicien du CNE jusqu'en 1944.

8. P. Daix, *op. cit.*, p. 388-389.

9. C. Morgan, « Vingt-trois mois d'action. Comment vécurent *Les Lettres françaises* », *Les Lettres françaises*, 9 septembre 1944.

10. Voir A. Simonin, *Les Éditions de Minuit 1942-1955 : le devoir d'insoumission*, IMEC Éditions, 1994, p. 85-99.

11. Nous suivons ici principalement le chapitre 16 du *Mauriac* de Jean Lacouture, *op. cit.*, p. 357-398.

12. J. Debû-Bridel, *op. cit.*, p. 97.

Mauriac ne quitte jamais la zone occupée, faisant la navette entre Malagar et Paris. Depuis que, le 17 août 1940, son ami Maurice Schumann l'a salué dans son émission de Radio-Londres (« De même que certains maîtres italiens nous offrent le spectacle du Christ en raccourci, de même vous êtes pour nous la France en raccourci, la France elle aussi crucifiée »), Mauriac, déjà dans le viseur des tireurs de la presse d'extrême droite depuis la guerre d'Espagne, en proie aux attaques et aux injures collabos, devient une des cibles privilégiées des Brasillach, Rebatet et consorts. La publication autorisée de sa *Pharisienne*, en mai 1941, aiguise un peu plus la haine de ses adversaires. En octobre, Mauriac a la satisfaction de recevoir une carte interzone de Gide : « Avec quel intérêt, avec quels frémissements parfois, j'ai dévoré *La Pharisienne* ! Quelle joie de passer avec vous ces quelques heures, et comme je me sentais près de vous ! fût-ce pour m'opposer à vous parfois... mais si peu. André Gide. » Plus tard, le 5 novembre 1943, Brasillach suggérera que l'entrée de Mauriac dans la Résistance était le résultat d'« un malaise aussi physiologique que moral » : « La conquête de Mauriac, académicien et bien-pensant, par l'antifascisme intellectuel, c'est une victoire du démon de midi. »

Mauriac ne manque pas de trouver en lui-même les raisons de sa révolte contre Vichy et la Collaboration. « Les deux seules phrases que j'aie écrites à la louange du Maréchal, et qui datent de juin 40, si elles ne furent suivies d'aucune autre, ce n'est pas que j'aie désespéré de lui, au moins durant deux années ; mais dès le premier jour et dès que je l'ai connu, j'ai exécré l'esprit de Vichy et les collaborateurs me l'ont certes rendu avec usure [13]. »

Sa correspondance le montre indigné par le Statut des Juifs en octobre 1940. *Je suis partout*, en juin 1941, lui interdit les cafés littéraires de Saint-Germain-des-Prés, ce qui ne l'empêche pas de les fréquenter sous la protection de son ami Jean Blanzat, « fort comme un bœuf ». Il y est victime d'un début d'agression, le 17 janvier 1942, rue du Dragon, aux cris de : « Mauriac, ami des Juifs ! » Quelques mois plus tôt, la Gestapo est venue perquisitionner chez lui, pour vérifier si ce n'est pas sur sa machine à écrire qu'ont été tapés des tracts. C'est l'époque

13. F. Mauriac, *Nouveaux Mémoires intérieurs*, in *Œuvres autobiographiques*, *op. cit.*, p. 817.

où, aux Ambassadeurs, un certain Fernand Demeure fait une conférence sur le thème : « Un agent de la désagrégation : François Mauriac » – conférence chahutée du reste par les amis de l'auteur où Jean Paulhan et le père Maydieu s'en donnent à cœur joie, avant de quitter la salle avec leurs amis : « Guéhenno, comme moi, a beaucoup ri, écrit Paulhan à Mauriac. On avait fini par gagner tous nos voisins à la bonne cause. Il y avait peut-être 250 personnes dans la salle. Beaucoup de femmes. Pas un Allemand… »

L'auteur du *Nœud de vipères* fournit des articles à *La Gazette de Lausanne*, grâce à ses filles qui les transportent en tapinois à travers la ligne de démarcation. On pouvait lire dans l'un d'eux, du 9 octobre 1942 : « Telle revue exquise, en qui naguère encore se reflétait la littérature vivante [il s'agissait bien sûr de la *NRF*], ce n'est pas assez de dire qu'elle ne bat plus que d'une aile ; les manuscrits même n'arrivent plus à ce colombier déserté. En revanche, il semble que le séisme ait révélé partout des sources de poésie. Elles jaillissent surtout en zone non occupée. Je pense à des revues, à *Poésie 42*, à *Fontaine…* » *Fontaine* que dirige Max-Pol Fouchet à Alger. Il faudrait y ajouter *Les Cahiers du Sud*, de Jean Ballard, qui publièrent Simone Weil, André Breton, Saint-John Perse ; *Confluences*, à Lyon, qui, après quelques numéros maréchalistes, prend un autre ton sous la houlette de René Tavernier, d'où son interdiction d'août à octobre 1942 pour avoir imprimé les « Nymphées » d'Aragon. En 1944, Brasillach y dénoncera un repaire judéo-marxiste.

Jean Paulhan, agent recruteur des *Lettres françaises* du CNE et des éditions de Minuit, n'a pas de peine à entraîner son ami Mauriac dans chacun de ces hauts lieux de la résistance intellectuelle. Un moment, il songe même à le faire entrer dans un nouveau conseil de direction de la *NRF*. C'était en avril-mai 1942, quand Drieu, en pleine crise, exprimait son désir de passer la main. Paulhan, pour remplacer Drieu, a pensé à Paul Claudel, à Léon-Paul Fargue, à André Gide, à François Mauriac et à Paul Valéry. Le projet était trop audacieux. Drieu ne pouvait pas plus accepter la présence de Mauriac que les absences de Jouhandeau et de Montherlant ; il le signifia à Gallimard et, du coup, reprit le collier.

Mauriac collabore donc aux *Lettres françaises* clandestines. Aux éditions de Minuit, il donne *Le Cahier noir* sous le pseudonyme de Forez, dont le premier tirage sortit en août 1943. Texte court, de haute tenue, un des témoignages les plus authentiques de la Résistance, écrit avec des traits de flamme : « Le crime d'un gouvernement de raccroc, tenu à la gorge par un ennemi sans entrailles, ce fut de jouer au gouvernement libre. Un pantin dont tous les fils étaient tirés par un démon… »

A dater de cette publication, et même sans avoir été démasqué par les autorités d'Occupation ou des membres zélés de la Milice, Mauriac doit souvent se cacher, tout comme Aragon et tant d'autres. Jean Blanzat à Paris, Gaston Duthuron en Gironde, Émile Roche en Seine-et-Oise (son voisin de campagne à Vémars) lui offrent un gîte provisoire. Jean Paulhan, lui aussi, est menacé. Prévenu par le lieutenant Heller d'une visite matinale de la part des Allemands, il réussit à s'enfuir de son appartement de la rue des Arènes par les toits, pour aller se réfugier auprès d'un ami, près de la porte Maillot.

Paul Claudel, frère de François Mauriac en religion, et septuagénaire confirmé, avait eu, comme celui-ci et comme tant d'autres, sa saison « maréchaliste » en 1940. Le 10 juillet, jour de l'effondrement de la République, il s'était réjoui dans son *Journal* de la fin de « la domination des francs-maçons et des instituteurs ». La rencontre Pétain-Hitler à Montoire, en octobre, avait commencé à l'alerter : « On cède tout. La France se remet comme une fille à son vainqueur. » En novembre, il s'élève contre un « article monstrueux du cardinal Baudrillart dans *La Croix* nous invitant à collaborer “avec la grande et puissante Allemagne” ». Dès lors, Claudel égrène sa fureur contre les « catholiques de l'espèce “bien-pensants” [qui] sont décidément écœurants de bêtise et de lâcheté ». A plusieurs reprises, il parle de la « honteuse », de la « monstrueuse » condamnation de Jean Zay, ancien ministre du Front populaire. Attitude néanmoins ambivalente, puisque c'est un peu plus tard, le 25 décembre 1940, qu'il compose son « Ode au maréchal Pétain [14] ». Dans les mois qui suivent, Claudel se détache de plus en plus nettement de Vichy : il « a compris ». En mai 1942,

14. « J'avais de la sympathie pour lui », dira-t-il plus tard, le 3 septembre 1942, à Henri Guillemin. Non sans ajouter : « Quand j'ai écrit mon ode sur lui, le jour de Noël 40, il était question d'une tournée officielle de *L'Annonce faite à Marie*. Le gouvernement devait donner 50 000 F de subvention à la première. Maintenant, j'ai compris… » (P. Claudel, *Journal II, 1933-1955*, Gallimard « La Pléiade », 1969, p. 1043, note 3.

apprenant coup sur coup la mort du cardinal Baudrillart et l'exécution des otages raflés à la suite des attentats de Nantes sur des officiers allemands, il écrit au cardinal Gerlier, qu'il a déjà houspillé :

« Brangues, le 26 mai 1942,

« J'ai lu avec grand intérêt le récit des splendides funérailles, officielles et religieuses, faites à Son Éminence le cardinal Baudrillart. Sur le cercueil du défunt figurait une couronne offerte par les autorités d'Occupation. Un tel hommage était bien dû à ce fervent collaborateur.

« Le même jour j'écoutais le récit de l'exécution des vingt-sept otages de Nantes. Quand les collaborateurs les eurent mis sur des camions, ces Français se mirent à chanter *La Marseillaise*. [...]

« On les fusilla par groupes de neuf dans une sablonnière. L'un d'eux, Gaston Mouquet, un garçon de dix-sept ans, s'était évanoui. On le fusilla tout de même.

« Il était très grand et son corps ne put entrer dans le cercueil préparé. Alors un soldat allemand s'arma d'une barre de fer et lui cassa les jambes.

« "Communiste !" fit-il remarquer avec un bon sourire. "Pas Français !"[...]

« Pour l'émule de Cauchon, l'église de France n'a pas eu assez d'encens. Pour les Français immolés, pas une prière, pas un geste de charité ou d'indignation. »

En septembre 1942, Claudel s'émeut des « horribles persécutions contre les Juifs » et salue la « protestation courageuse de l'admirable archevêque de Toulouse, Mgr Saliège, à demi paralysé, de l'évêque de Montauban et enfin ! du cardinal Gerlier. » Puis, avec une émotion un peu grandiloquente : « La guerre du Christ est déclarée contre les gens de Vichy. De la part de Laval tout cela est naturel, mais que penser du Maréchal ! Un degré de plus dans la honte ! Le même infâme qui écrit à Hitler pour le féliciter d'avoir libéré la France de l'agression anglaise et d'avoir *nettoyé* le territoire des agresseurs. Y aura-t-il jamais assez de crachats pour cette gueule de traître ! »

Commentant la bataille de Stalingrad, il a encore ce mot : « Pendant ce temps notre ineffable Maréchal expédie à son maître Hitler des chargements entiers de Juifs réfugiés empilés dans des wagons plombés. » Et, au bout du compte horrible de l'Occupation, cette nouvelle qu'il reçoit par la radio le 23 août

1944 : *Paris est libéré* ... « J'écoute ces nouvelles en sanglotant. » [15]

La Suisse, pendant ces années noires, constitue pour bien des écrivains français de la Résistance un espace de liberté. Pierre Jean Jouve publie ses nouveaux recueils de vers, et notamment *La Vierge de Paris*, à Fribourg. Aragon donne aux éditions Ides et Calendes, à Neuchâtel, *Les Yeux d'Elsa* en même temps qu'un recueil de Pierre Emmanuel, ce qui amena Drieu, dans la *NRF* d'octobre 1942, à traiter celui-ci de « Suisse furieux », Juif et communiste de surcroît. Albert Béguin, surtout, l'auteur de *L'Ame romantique et le Rêve*, professeur de littérature française à l'université de Bâle, crée *Les Cahiers du Rhône*, avec la collaboration de son ancien élève Bernard Anthonioz. Il s'agissait d'une série de livres qui furent publiés en Suisse à partir de 1941. Béguin, converti au catholicisme, entendait prendre la relève des publications françaises interdites : *Esprit* de Mounier, *Temps nouveaux* du démocrate-chrétien Stanislas Fumet : « Il n'y avait plus rien en France qui représentât la pensée chrétienne libre et nous avons entrepris de publier en Suisse tout ce qui ne pouvait pas être imprimé en France, mais qui pouvait plus aisément passer la frontière, grâce à certaines complicités à la censure de frontière, qui était plus souple, et nous avons publié une série de volumes où il y avait aussi bien les poèmes d'Aragon – *Les Yeux d'Elsa* ont paru là – que les livres de Maritain de l'époque, que tous les résistants de la résistance intellectuelle que nous avons pu publier et répandre [16]. » On y trouve *Poésie et Vérité 1942* de Paul Éluard, *Brocéliande* de Louis Aragon, *Poèmes de la France malheureuse* de Jules Supervieille, *Sort de l'Homme* de Jacques Maritain, *Poèmes d'ici* de Loÿs Masson, *Prière d'Abraham* de Pierre Emmanuel, *Miroir de la Rédemption* de Jean Cayrol... C'est également en Suisse

15. Dans la première édition de ce livre, je n'avais pas mentionné l'attitude de Paul Claudel pendant les « années noires » – si ce n'est son « Ode » trop fameuse au maréchal Pétain. C'est Philippe Sollers qui m'a signalé les pages de son *Journal* que je n'avais pas lues, concernant 1940-1944. Il m'a semblé que, entre autres oublis, celui-là devait être réparé, tant l'image de réactionnaire colle à la mémoire de celui qui avait soutenu Franco et écrit son poème à la gloire de Pétain. Le fait que, de tout temps, Claudel fut détesté par Maurras (et c'était réciproque) aurait dû m'alerter sur ce qui, chez lui, malgré son fanatisme catholique (il se dit lui-même « ultra-catholique »), en faisait un réfractaire à Vichy.

16. « Entretien avec Albert Béguin », *Esprit*, décembre 1958, p. 760.

que trouve refuge l'une des plus originales entreprises de la « littérature de contrebande », cet « art de faire naître des sentiments interdits par des paroles autorisées » (Aragon). Si le poète Jean Lescure réussit à faire paraître à Paris le premier numéro de *Messages, Cahiers de la poésie française* (mars 1942), la deuxième livraison, *Exercice de silence* (décembre 1942), doit être imprimée en Belgique ; la troisième, *Domaine français*, l'est à Genève, aux éditions des Trois Collines [17] (août 1943). Rassemblant des textes inédits d'auteurs tels que Claudel, Valéry, Queneau, mais aussi Bataille, Ponge, Leiris ou Gide, *Domaine français* est un peu la Pléiade de la littérature en guerre. C'est aussi une opération de recrutement pour la clandestinité : de nombreuses signatures de *Domaine français* se retrouveront, sous pseudonyme, dans la première anthologie poétique clandestine, *L'Honneur des poètes* (Éd. de Minuit, 1943).

La France libre voit la naissance d'un nouvel écrivain, Romain Gary, qui a rejoint l'Angleterre dès juillet 1940. Navigateur-bombardier du groupe Lorraine, héros de la guerre, futur Compagnon de la Libération, Gary écrivit pendant les années de tourmente son premier roman, *Éducation européenne*, propre à exalter « le courage des hommes dans leur lutte contre l'injustice et l'oppression ». A Londres, il fait la connaissance de Joseph Kessel, comme lui d'origine russe et juive, et de Raymond Aron. Gary donne son roman aux éditions Cresset Press en 1944. Le 26 janvier de cette année-là, il accomplit un exploit : l'avion où il se trouvait comme navigateur est attaqué : grièvement blessé au ventre, Gary parvient à guider de sa voix le pilote, lui-même atteint aux yeux, qui réussit à atterrir.

De l'autre côté de l'Atlantique, des écrivains aidèrent la résistance intellectuelle et spirituelle de la France. La plus grande voix est moins celle d'André Breton, à New York, peu porté au « nationalisme » (Benjamin Péret, à Mexico, fustigera en février 1945, dans *Le Déshonneur des poètes*, Aragon, Éluard, Pierre Emmanuel, pour y être tombé) que celles de Jacques Maritain, de Jules Supervielle, ou d'Antoine de Saint-Exupéry. L'auteur de *Terre des hommes* publie *Pilote de guerre,* en 1942, *Lettre à un otage,* en 1943 – textes empreints d'un humanisme

17. F. Lachenal, *Éditions des Trois Collines*, IMEC Éditions, 1995, p. 36-42.

exigeant qui défie le nazisme. « Saint-Ex » mourra en mission de guerre, le 11 juillet 1944. Voix aussi de Georges Bernanos qui, établi au Brésil, multiplia les articles (une partie constituera le recueil *Le Chemin de la Croix des âmes*) et lança un de ses plus remarquables « écrits de combat », sa *Lettre aux Anglais*, entreprise dès décembre 1940 : « Il est vrai que la nuit s'est faite sur mon pays, et peut-être n'en verrai-je pas la fin, mais je n'ai pas peur de la nuit, je sais bien qu'en allant jusqu'au bout on retrouve une autre aurore [18]. » Dans cette philippique explosive, où il ne doute pas de la victoire des Alliés sur Hitler, Bernanos se demande s'ils sauront gagner la paix. Ce livre était aussi le procès de la bourgeoisie française, tous partis confondus, y compris l'Église embourgeoisée, cette bourgeoisie « qui aimait infiniment moins la France qu'elle ne redoutait la Révolution ». En appelant à la Justice de l'Évangile, il proclame : « Nous attendons de l'Église ce que Dieu lui-même en attend : qu'elle forme des hommes vraiment libres, une espèce d'hommes libres particulièrement efficace, parce que la liberté n'est pas seulement pour eux un droit, mais une charge, un devoir, dont ils rendront compte à Dieu. »

Plutôt que de terminer sur le martyrologe de la résistance intellectuelle [19], des historiens Marc Bloch (assassiné par les nazis en juin 1944) et André Déléage aux philosophes Jean Cavaillès et Jean Gosset, du communiste Guy Mocquet au chrétien Gilbert Dru, ou à Maurice Halbwachs morts en déportation, ou à Gabriel Péri, qu'il nous suffise de transcrire les vers de Jean Prévost – *alias* le capitaine Goderville tué les armes à la main, le 1er août 1944, avec quatre de ses camarades, à Engins, au pied du Vercors :

*Pas un regret ne m'importune*
*Je suis content de ma fortune*
*J'ai bien vécu*
*Un homme qui s'est empli l'âme*
*De trois enfants et d'une femme*
*Peut mourir nu* [20]

18. G. Bernanos, *Essais et Écrits de combat*, *op. cit.*, II, p. 15.

19. Voir *La Liberté de l'Esprit*, *Visages de la Résistance*, Lyon, La Manufacture, n° 16, novembre 1987.

20. J. Garcin, *Pour Jean Prévost*, Gallimard, 1994. La thèse de Prévost, *La Création chez Stendhal*, avait été publiée en 1942.

41

# *Pardon et châtiment*

Au moment des combats de la Libération, Roger Martin du Gard, auteur des *Thibault*, est réfugié dans le Lot. Sa grande souffrance reste la coexistence avec sa femme Hélène, « plus à cran que jamais. Sombre, revêche, le visage tourmenté, se fâchant pour rien, remâchant toute sa litanie de griefs [1] »… Le Journal posthume de Martin du Gard nous ramène à la complexité des sentiments humains : le monde entier n'a d'yeux, sans doute, que pour la progression des Alliés débarqués le 6 juin 1944 sur la terre de France, mais chacun, fût-on prix Nobel de littérature, continue à survivre avec ce que Malraux appelle son « misérable petit tas de secrets ».

Le 18 août, Hélène fait une chute de bicyclette ; elle est hospitalisée à Figeac. L'Histoire n'est pas en harmonie avec l'histoire domestique des Martin du Gard. Ils se sont retirés dans le Lot, dans ce Roquefort, « pays de culs-terreux, de fouille-merde et de sacs à vin », selon le portrait rapide qu'en brosse l'écrivain au moment où il s'en éloigne à la mi-septembre. Replié sur Figeac, il découvre dans la presse que son nom figure parmi ceux qui composent un CNE (Comité national des écrivains), lequel vient de décider « à l'unanimité » de « refuser toute collaboration aux journaux, revues et collections qui publieraient un texte signé par un écrivain dont l'attitude ou les écrits, pendant l'Occupation, avaient apporté aide morale ou matérielle à l'oppresseur ».

Dix-huit mois auparavant, Martin du Gard avait reçu la visite de Georges Sadoul, qui l'avait convaincu d'entrer dans un comité de « résistance intellectuelle », citant, comme autant de

1. R. Martin du Gard, *op. cit.*, III, p. 684.

cautions, Georges Duhamel, Paul Valéry, François Mauriac, Jean Paulhan. Martin du Gard, qui avait gardé le silence depuis l'armistice, avait donné son accord. Le voilà aujourd'hui embarrassé. Loin de Paris, « à l'écart de tout », il ne peut accepter de contresigner n'importe quoi ; en même temps, il ne conteste pas qu'une certaine « épuration » soit « légitime, nécessaire, urgente ». Il note dans son Journal, le 6 octobre :

« [Il] serait monstrueux d'absoudre ceux qui, dès 39, n'ont pas eu les yeux ouverts par la politique de conquête et d'invasion de l'hitlérisme ; ceux que n'ont pas révoltés, jusqu'au plus intime de leur conscience, les abominables méthodes du régime nazi, les massacres de Pologne, l'infâme spectacle des persécutions juives et communistes, la tortueuse activité de la Gestapo dans toutes les villes occupées, les inexpiables atrocités perpétrées de sang-froid par toute une armée servile de loyaux fonctionnaires nazis. Et c'est, indiscutablement, une besogne de salubrité publique, de rechercher, de stigmatiser, de bâillonner, de bannir peut-être, ceux qui, malgré ces témoignages accablants, ont, en pleine Occupation, souhaité l'asservissement de la France et de l'Europe à l'exécrable tutelle germanique, et délibérément travaillé à son triomphe. »

Le problème est posé. L'écrivain ajoute :

« Je désire seulement que cette opération délicate soit menée avec un scrupuleux souci d'équité, un total désintéressement confraternel, un maximum de discernement… »

Qui est visé ? Le Comité national des écrivains a dressé une liste d'écrivains indésirables, où l'on trouve des noms connus : Robert Brasillach, Jacques Benoist-Méchin, Abel Bonnard, Georges Blond, René Benjamin, Henri Béraud, Louis-Ferdinand Céline, Pierre Drieu La Rochelle, Alfred Fabre-Luce, Jean Giono, Sacha Guitry, Marcel Jouhandeau, Charles Maurras, Henry de Montherlant, Paul Morand, Lucien Rebatet, Georges Suarez[2]…

Le procès de Suarez, directeur politique du quotidien collaborationniste *Aujourd'hui*, ouvert le 23 octobre 1944, se ter-

2. Cette liste noire a été publiée en deux temps par *Les Lettres françaises* : le 9 septembre et le 11 octobre 1944. Voir aussi P. Fouché, *L'Édition française sous l'Occupation*, Bibl. de littérature française contemporaine, 1987, 2 vol. ; P. Assouline, *L'Épuration des intellectuels*, Bruxelles, Complexe, 1985 ; J.-F. Sirinelli, *Intellectuels et Passions françaises*, Fayard, 1990.

mine par une condamnation à mort, suivie d'exécution. L'aimable Chardonne, « converti » explicite à la collaboration avec l'occupant, est arrêté à Cognac. Céline a fui la France dans la compagnie ambulante du maréchal Pétain, « d'un château l'autre ». Montherlant, qui, à travers quelques pages du *Solstice de juin* et certains articles et interviews donnés à la presse collaborationniste jusqu'en février 1943, s'était montré favorable au vainqueur, quitte son appartement du quai Voltaire pour se cacher. Drieu, qui a fait une première tentative de suicide, médite dans une villa amie près d'Orgeval, en attendant de se donner la mort, pour de bon cette fois. Avec panache, il assume son erreur :

« Soyez fidèles à l'orgueil de la résistance comme je suis fidèle à l'orgueil de la Collaboration. Ne trichez pas plus que je ne triche. Condamnez-moi à la peine capitale. [...] Oui, je suis un traître. Oui, j'ai été d'intelligence avec l'ennemi. J'ai apporté l'intelligence française à l'ennemi. Ce n'est pas ma faute si cet ennemi n'a pas été intelligent [3]. »

Le 29 décembre s'ouvre le procès Béraud. C'est un cas, Henri Béraud. Romancier de second rang – il s'est fait connaître par son *Martyre de l'obèse* qui lui valut le prix Goncourt en 1922 –, il a surtout été l'éditorialiste plantureux de *Gringoire*, hebdomadaire collaborationniste tirant à plusieurs centaines de milliers d'exemplaires. Fervent admirateur de la Révolution nationale, Béraud se déchaîne en 1942 contre les accusés du procès de Riom, Léon Blum en tête. Assumant pleinement l'antisémitisme, il multiplie aussi les articles contre les francs-maçons, secrètement unis aux « bolchevistes ». Plus que tout, Béraud s'est fait une spécialité dès les années trente, qu'il a l'occasion d'approfondir pendant la guerre : une anglophobie passionnelle, obsessionnelle, délirante. De Gaulle, à ses yeux, n'est qu'un anglophile traître à la France. Au moment où il tombe sous la main de la justice, Béraud peut écrire : « Je déclare que ma politique n'a pas changé, qu'elle ne changera jamais. Cette politique s'exprime toute dans l'amour de la France, la haine des Anglais et le refus de toute obédience étrangère [4]. »

Béraud est accusé d'« intelligence avec l'ennemi ». Le dossier a été constitué hâtivement ; les erreurs abondent, quant à l'identité du signataire de certains articles, à la présence de l'accusé

3. P. Drieu La Rochelle, *Journal 1939-1945*, *op. cit.*, p. 504.
4. H. Béraud, *Les Raisons d'un silence*, brochure, 1944.

à certaines réunions… M^e Naud, son avocat, sollicite alors l'intervention de François Mauriac, par l'intermédiaire de Pierre Brisson qui dirige *Le Figaro*.

Depuis la Libération de Paris, en effet, deux voix dominent dans la presse quotidienne : celles de François Mauriac, au *Figaro*, et d'Albert Camus, à *Combat*. Malraux est au front ; Sartre n'a pas encore sa revue à lui ; Bernanos ne rentrera du Brésil qu'en juin 1945… Dès le 25 août 1944, dans *Le Figaro* qui reparaît, François Mauriac s'emploie à défendre l'esprit de modération contre la justice expéditive des épurateurs zélés. Il s'inquiète des « erreurs », des « malentendus » : « Plusieurs personnes arrêtées seraient victimes de méprises. » Oui, il veut la justice, « une justice stricte », mais une justice qui serait d'autant plus forte qu'elle frapperait à bon escient. Il ne se sent point d'indulgence envers Maurras, ce nationaliste qui a péché contre la nation. Le voici, en revanche, plaidant la grâce pour Béraud, dans un article du 4 janvier 1945, cinq jours après la condamnation à mort du pamphlétaire : « Henri Béraud n'a pas besoin de protester qu'il est innocent du crime d'intelligences avec l'ennemi. Les débats l'ont prouvé avec évidence. Certes son anglophobie, en pleine guerre – et bien qu'elle ne se manifestât qu'en zone libre – constitue une faute très grave. Mais si le fait que l'ennemi a utilisé certains de ses articles suffisait à le charger du crime de trahison, la salle des Assises serait trop petite pour contenir la foule des coupables [5]… »

Béraud, dans sa cellule de Fresnes, est bouleversé. Sa femme, Germaine, fait savoir à Mauriac qu'elle est « éperdue de reconnaissance ». Trois jours plus tard, de Gaulle gracie Béraud. *Le Canard enchaîné* ironise sur « Saint-François des Assises »… Qu'est-ce qui pousse Mauriac ? Est-ce la charité chrétienne ? Est-ce un sentiment de solidarité de classe ? Est-ce le fait que son frère, Pierre, grand bourgeois comme lui, professeur de médecine et président du Conseil de l'Ordre des médecins de Bordeaux, est inquiété lui aussi par la justice ? Mauriac répond à ces suppositions et insinuations qu'il agit par politique, et dans l'esprit qui anima Henri IV après les guerres de Religion. Il faut, à ses yeux, « dissiper cette atmosphère de haine, de délation, de vengeance qu'entretient une fausse justice ».

5. F. Mauriac, « Autour d'un verdict », cité par J. Lacouture, *Mauriac*, *op. cit.*, p. 416.

Ménagé pendant plusieurs mois par un Parti communiste qui entend l'utiliser, Mauriac doit cependant compter avec la jeune gloire d'Albert Camus, lequel déclare, le 20 octobre : « Nous ne sommes pas d'accord avec M. François Mauriac. » Il lui reproche de vouloir « l'apaisement à tout prix ». Le débat s'engage entre les deux hommes. Camus, peu enclin à la vengeance meurtrière, fait valoir cette réalité : « La France porte en elle, comme un corps étranger, une minorité d'hommes qui ont fait hier son malheur et qui continueront de le faire. Ce sont les hommes de la trahison et de l'injustice. » Camus n'est pas chrétien ; à ses yeux, la justice divine ne peut suppléer la justice humaine : « Et nous avons choisi d'assumer la justice humaine avec ses terribles imperfections, soucieux seulement de la corriger par une honnêteté désespérément maintenue. » Ce que veut Camus ? « une justice prompte et limitée dans le temps, la répression immédiate des crimes les plus évidents, et ensuite, puisqu'on ne peut rien faire sans la médiocrité, l'oubli raisonné des erreurs que tant de Français ont tout de même commises » (25 octobre 1944).

Camus a le vent en poupe, Mauriac s'irrite sans doute de l'audience que son cadet a conquise. Le dialogue s'aigrit. Mauriac, ironique, dans un article du 7 janvier, « Le mépris de la charité », appelle Camus « notre jeune maître », qui attaque les écrivains de la Collaboration « de très haut, du haut, j'imagine, de son œuvre future ». Camus, le 11 janvier, lui réplique sur un ton de parfaite dignité : « Chaque fois qu'à propos de l'épuration, j'ai parlé de justice, M. Mauriac a parlé de charité. Et la vertu de la charité est assez singulière pour que j'aie eu l'air, réclamant la justice, de plaider pour la haine. On dirait vraiment, à entendre M. Mauriac, qu'il nous faille absolument choisir, dans ces affaires quotidiennes, entre l'amour du Christ et la haine des hommes. Eh bien ! non. »

Jean Paulhan, lui, soutient Mauriac. Dès le 4 septembre, il plaide « le droit à l'erreur » pour les écrivains. Le 30 septembre, il écrit à Mauriac : « Sommes-nous vraiment là pour dénoncer ceux de nos confrères qui ne sont pas encore arrêtés ? » Paulhan fait pourtant partie du CNE, mais il revendique, toujours dans une lettre à Mauriac, « un honneur des écrivains […] qui intervient à un certain moment pour dire – comme il nous le disait dans la clandestinité : “ni juges, ni mouchards”[6] ».

6. J. Paulhan, *op. cit.*, p. 376.

En janvier 1945, on n'en est plus à discuter des principes. Un cas concret se pose, qui va diviser les écrivains de la Résistance, celui de Robert Brasillach, dont le procès est ouvert le 19.

Brasillach faisait partie des disciples émancipés de Maurras. Après avoir fait ses premières armes sous l'oriflamme de l'Action française, il avait déploré l'inertie politique du vieux maître de Martigues et choisi la « joie fasciste » comme idéal de vie. Son fascisme n'était pas seulement amitié et poésie, auto-stop et camping, tel qu'il en rêve dans *Les Sept Couleurs*. Dès les années trente, dans *Je suis partout*, l'ancien normalien s'exprime avec violence contre la « mainmise judéo-démocratique », vante les mérites de Franco et de Mussolini, s'extasie devant « cet Hitler qui invente des nuits de Walpurgies et des fêtes de mai, qui mêle dans ses chansons de marche le romantisme cyclopéen et le romantisme du myosotis, la forêt, le Venusberg, les jeunes filles aux myrtilles fiancées à des lieutenants des sections d'assaut, les camarades tombés sur la Feldherenhalle à Munich [7] ».

A l'antisémite qu'il est, l'arrivée de Léon Blum au pouvoir en 1936 apparaît comme une catastrophe nationale. A l'heure des persécutions nazies contre les juifs, il multiplie les attaques les plus virulentes, prônant un « antisémitisme de raison » pour éviter les débordements de « l'antisémitisme d'instinct », alors même que ses textes sont des plus forcenés [8]. La guerre venue, Brasillach est mobilisé, fait prisonnier en juin 1940. De son Oflag, il écrit dans le numéro du 21 mars 1941 de *Je suis partout*, qui vient de reparaître quelques semaines plus tôt, un article enthousiaste en faveur de Pétain, de la Révolution nationale, du Statut des Juifs, de la suppression du parlementarisme et de la franc-maçonnerie, etc. Quinze jours plus tard, il rentre à Paris, libéré sur l'intervention de l'amiral Darlan, vice-président du Conseil.

Jusqu'au mois d'août 1943, Brasillach – qui a choisi « la révolution totalitaire » (20 novembre 1942) – ajoute dans le même journal article sur article, injure sur injure, contre la République, contre les juifs, contre les gaullistes, contre les

7. R. Brasillach, « Portrait de la France », *Je suis partout*, 30 janvier 1937.

8. Voir aussi M. Laval, *Brasillach ou la trahison du clerc*, Hachette, 1992, p. 75-83. M. Winock, « Fallait-il fusiller Brasillach ? », *L'Histoire*, n° 179, juill.-août 1994.

communistes, contre les Anglo-Saxons, contre « la conjuration antifasciste au service du Juif ». Il salue l'assassinat de Marx Dormoy, ancien maire socialiste de Montluçon et ancien ministre de l'Intérieur du Front populaire, comme le « seul acte de justice accompli par d'admirables Français depuis juin 1940 [9] ». Au moment des grandes rafles de 1942, il préconise, le 25 septembre, de laisser ensemble dans les convois les parents et leurs enfants : « L'archevêque de Toulouse [Mgr Saliège] proteste contre les mesures prises envers les Juifs apatrides en zone non occupée et accuse le gouvernement du Maréchal de suivre des inspirations étrangères ! Il parle de brutalités et de séparations, que nous sommes tous prêts à ne pas approuver, car il faut se séparer des Juifs en bloc et ne pas garder de petits, l'humanité est ici d'accord avec la sagesse : mais il oublie de dire que ces brutalités sont le fait de policiers provocateurs qui veulent apitoyer les pauvres idiots d'aryens. Et puis, même si elles étaient exactes, pourquoi Monseigneur, contrairement à plusieurs évêques pleins de courage, n'a-t-il jamais protesté contre les massacres anglais ? Pourquoi a-t-il, comme tant d'autres de ses congénères, vénéré le prépuce en conserve de Léon Blum ? »

En août 1943, Brasillach quitte *Je suis partout*, ne voulant pas, plaidera-t-il à son procès, cacher la vérité à ses lecteurs sur le sort des puissances de l'Axe. Il n'en poursuit pas moins ses campagnes, écrivant désormais dans l'hebdomadaire de Lucien Combelle, *Révolution nationale*. Il y proclame sa « liaison avec le génie allemand » – « une sorte d'affection fraternelle »... « nous sommes copains du même sang »...

Le dossier de Brasillach est écrasant. L'écrivain est arrêté le 15 septembre 1944. Camp de Noisy-le-Sec, dépôt du palais de justice, inculpation, Fresnes. Il prend pour avocat Me Jacques Isorni, formé comme lui par l'Action française. Le vendredi 19 janvier, Brasillach comparaît dans la grande salle du palais de justice de Paris. Il y a foule. Le commissaire du gouvernement est Marcel Reboul, jeune magistrat talentueux qui a, comme ses collègues, prêté serment de fidélité à la personne du maréchal Pétain. Ce n'est pas le moindre des malaises que certains éprouvent lors de ces procès d'épuration, en voyant des juges passer, imperturbables, d'un régime à l'autre. Le président est Joseph Vidal, autre assermenté lui aussi à Pétain.

9. Cité par M. Laval, *op. cit.*, p. 108.

L'accusé, derrière ses grosses lunettes d'écaille, paraît plus jeune que ses trente-cinq ans. Sa défense s'abrite sous le képi de Pétain : la collaboration, n'était-ce pas la politique officielle du gouvernement officiel de la France, reconnu par les États-Unis et l'URSS ? Brasillach n'a jamais été qu'un grand patriote. Marcel Reboul fait l'éloge de ses qualités littéraires pour mieux mettre en valeur ses responsabilités. Les citations de ses articles, autant d'« appels au meurtre », suffisent à démontrer le « désordre de sa passion politique ». Pour le commissaire du gouvernement, « la trahison de l'intellectuel » est avérée ; Brasillach a « servi cette Allemagne à travers tous les thèmes de sa propagande mortelle pour les destinées de notre pays ». Il n'y a pas de circonstances atténuantes imaginables. La peine capitale est requise.

Jacques Isorni s'emploie de son mieux à repousser les accusations de Marcel Reboul. Il oppose la solitude du poète privé de sa plume aux marchands de canons qui, « même emprisonnés » ont encore derrière eux « les forces occultes d'un capitalisme sans patrie ». Brasillach est la victime d'un procès d'opinion – « le procès de la continuité de la pensée ». Certes, il s'est trompé, mais sa « politique de collaboration sentimentale » ne visait qu'un but, « servir la France ». Isorni ne manque pas de rappeler à Reboul qu'il avait été, lui aussi, de fait, solidaire « de ce ministère public qui, pendant quatre ans, a poursuivi et fait condamner les Juifs, qui a poursuivi et fait condamner les réfractaires, qui a poursuivi et fait condamner les communistes ! ». La délibération du jury ne dure que vingt minutes. Brasillach est reconnu coupable du crime d'intelligence avec l'ennemi, sans circonstances atténuantes. Il est condamné à être fusillé.

Le cas Brasillach a ému. La jeunesse et le talent de l'écrivain jouaient en sa faveur, quand bien même sa complicité intellectuelle avec le nazisme est indéniable. Pour certains, nullement suspects de collaborationnisme, une injustice sautait aux yeux : les hommes de plume étaient jugés plus coupables que les hommes d'affaires et les politiciens. D'autres, au contraire, mettaient en avant la responsabilité de l'intellectuel : les mots répercutés n'étaient pas innocents, ils faisaient mourir comme des armes à feu.

Jacques Isorni avait cité dans sa plaidoirie quelques lettres – de Marcel Aymé, Paul Valéry, Paul Claudel et François Mauriac – comme autant d'attestations du talent littéraire de l'accusé. Au lendemain du verdict, Brasillach écrit à Mauriac – qu'il a tant fustigé depuis la guerre d'Espagne – pour le remercier. Le 24 janvier, Mauriac entame sa campagne en faveur de la grâce : « Ce qu'il y a de meilleur en France ne se console pas de la destruction d'une tête pensante aussi mal qu'elle ait pensé. N'existe-t-il aucune autre peine que la mort ? Les seules exécutions que l'Histoire ne pardonne pas à la Terreur, ce sont celles des philosophes et des poètes. La seule parole dont elle ne l'absoudra jamais, c'est celle de la brute Confinhal : "La République n'a pas besoin de savants." »

Claude Mauriac, secrétaire particulier du général de Gaulle, est dans les mêmes dispositions que son père. C'est lui qui rédige la première version du texte d'une pétition qui doit être soumise au chef du Gouvernement provisoire : « Nous ne rejetons point la responsabilité des intellectuels qui est, nous ne l'ignorons pas, d'autant plus grande que ceux-ci ont plus de talent. Nous l'assumons entièrement pour notre part. Nous pensons seulement devant cet homme, notre ennemi, lié au poteau et en qui nous avons soudain la stupeur de reconnaître un frère, que les mauvaises causes n'ont pas besoin de martyrs et que le pardon peut être quelquefois la plus décisive, en même temps que la plus sage des sanctions. »

Jugé trop compliqué par les défenseurs de Brasillach, ce texte est finalement remplacé par une seule phrase : « Les soussignés, se rappelant que le lieutenant Brasillach, père de Robert Brasillach, est mort pour la patrie le 13 novembre 1914, demandent respectueusement au général de Gaulle, chef du Gouvernement, de considérer avec faveur le recours en grâce que lui a adressé Robert Brasillach condamné à mort le 19 janvier 1945. »

Cinquante-six signatures suivent, où se mêlent les noms de résistants et les noms de pétainistes plus ou moins discrets, chacun obéissant à des motivations variées, voire contradictoires. Chez certains, le réflexe « corporatiste » l'emporte. Jean Cocteau note ainsi qu'il trouve Brasillach « absurde et néfaste », mais qu'il en a « assez qu'on condamne les écrivains à mort et qu'on laisse les fournisseurs de l'armée allemande tranquilles [10] ».

10. J. Cocteau, *op. cit.*, p. 613-614.

Jean Paulhan a signé, on pouvait s'y attendre au vu de son hostilité foncière à l'épuration (« Qui suis-je pour condamner à la mort, fût-ce Br. ? », écrit-il à Jean Guéhenno). Plus inattendue est la signature d'Albert Camus. Sollicité par une lettre de Marcel Aymé, il a été long à se décider, avant d'accepter le 26 janvier 1945 de rejoindre les autres signataires. Il s'en explique à Marcel Aymé : ce n'est pas pour Brasillach – qu'il « méprise de toutes [s]es forces » –, c'est en raison de son hostilité de principe à la peine de mort.

Pendant ce temps, à Lyon, Charles Maurras, dont le procès se tient le 26 janvier 1945, échappe à la peine capitale. Le maître étant épargné, le disciple Brasillach peut espérer. François Mauriac, au cours d'un entretien avec le général de Gaulle le 3 février, évoque, entre autres sujets, le sort du condamné. Le Général n'a pas encore étudié le dossier. Mauriac espère, mais, dans la nuit du 4 au 5 février, de Gaulle, après examen des pièces, refuse la grâce. Dans ses *Mémoires*, il retournera l'argument de Mauriac : « Dans les lettres comme dans tout, le talent est un titre de responsabilité ! » Le 6 février 1945, Brasillach est passé par les armes au fort de Montrouge.

Quelques jours auparavant, Jouhandeau écrivait dans son Journal : « Si j'ai péché contre la patrie, il y avait peut-être deux manières de la servir et peut-être un jour on reconnaîtra que c'était la mienne qui était la bonne. Il me suffit de n'avoir jamais manqué à la bonne foi qui est l'internationale des honnêtes gens [11]. »

Telle fut bien la façon de raisonner de tant d'écrivains « collaborateurs » ou « collaborationnistes » : l'événement seul avait tranché contre eux – provisoirement, pensaient-ils. La main tendue des nazis qu'ils avaient accepté de serrer, c'était pour la sauvegarde et la grandeur de la France. La guerre écrite faite aux résistants et aux juifs, c'était pour l'amour de la patrie. Le maréchal Pétain, du reste, n'avait-il pas donné l'exemple ?

La question du pardon a divisé les écrivains de la Résistance. Mauriac en soutient le principe au nom d'une politique de réconciliation nationale, discutable mais défendable. Son tort fut de laisser entendre que la Justice devait avoir plus de clémence pour les écrivains que pour le *vulgum pecus*. N'était-ce

11. M. Jouhandeau, *Journal sous l'Occupation*, suivi de *La Courbe de nos angoisses*, Gallimard, 1980., p. 355.

pas précisément rabaisser la dignité des écrivains, que d'amenuiser leur responsabilité, que d'accorder moins de poids à leur prose qu'au commerce des profiteurs ? Jean-Paul Sartre, lançant *Les Temps modernes*, en octobre 1945, tirera de ces débats une conclusion inverse. Une hyperresponsabilité accable désormais l'homme de plume. Qu'il le veuille ou non, l'écrivain est *engagé*. Au-delà de la division, que répertorient les listes noires du CNE, entre « résistants » et « collabos », un autre clivage se dessine à travers les controverses de l'épuration : les tenants de la « littérature pure », dont Jean Paulhan se fait le champion, et qui veulent préserver la création littéraire du châtiment politique (ou limiter celui-ci), s'opposent aux défenseurs d'une « littérature engagée », dont Jean-Paul Sartre fait la théorie, et qui exigent des prosateurs une ultra-responsabilité politique, y compris dans leurs silences. Le conflit, qui éclate à l'occasion du procès Brasillach, ne fait que commencer.

TROISIÈME PARTIE

# Les années Sartre

Sartre va polariser toute la jeunesse en quête de directives, et le mouvement qui s'ébauche – magistralement – sera d'ici peu général. Un nouveau palier se construit, où siégera pour un temps la vérité de demain. Nous autres, nous n'avons plus qu'à disparaître ; les uns dans la réprobation, les autres dans l'oubli…

ROGER MARTIN DU GARD,
*Journal*, III, 8 novembre 1945.

42

# *D'André Gide à Jean-Paul Sartre*

Après le coup de tonnerre de son *Retour de l'URSS*, André Gide avait peu à peu cessé d'être un guide de conscience. La guerre et l'Occupation ont accentué son retrait. Sa participation aux deux premiers numéros de la *NRF* de Drieu, en décembre 1940 et janvier 1941, témoigne encore d'un désir de visibilité de la part de l'écrivain, mais non d'une prétention à l'exemplarité. Il dit surtout son « incertitude ». Ces « Feuillets » n'ont rien d'infamant pour sa mémoire. On y rencontre même un sursaut contre « ces quelques intellectuels français, qui font alors leur *mea culpa* et s'accusent d'avoir "trop aimé la littérature" ». Il se moque de Francis Carco qui « chante le retour à la terre », préconisé par la Révolution nationale : « Je n'y vois que recul et résignation. » Certes, Gide lit Goethe, s'en régale, et ce n'est peut-être pas la saison de faire l'éloge d'un écrivain allemand. Il n'y a pas lieu de crier au scandale, comme le fera par exemple Aragon après la Libération. Bien moins opportune, sans doute, est sa critique rétrospective du traité de Versailles, qui l'amène à dire des Allemands : « C'est à présent leur tour d'abuser. » Le ton général de ces « Feuillets », pour pessimiste qu'il est, n'est pas celui de la contrition nationale : « Dira-t-on que la France avait cessé d'être la grande nation dont elle continuait à jouer le rôle ? Tout de même, ce rôle, je ne vois aucun peuple sur terre qui puisse aujourd'hui l'assumer à sa place. Et c'est là ce dont il importe de le convaincre ; de se convaincre[1]. »

Là-dessus, comme on sait, Gide cesse de collaborer à la revue de Drieu. En janvier 1941, Martin du Gard, toujours franc avec lui, le secoue : « Vous souffrez du fait que vous n'avez pas une

1. A. Gide, « Feuillets », *NRF*, 1er janvier 1941.

politique à vous, quelques points solides où vous accrocher [2]. » Il n'empêche, pour bien des collaborateurs, Gide reste un symbole de la décadence, un représentant d'une société et d'un temps voués au mépris par le nouveau régime. En mai 1941, Roger Stéphane le convainc de faire une conférence à Nice, à l'hôtel Ruhl, sur un sujet qui n'appelle pas en soi au scandale : « Découvrons Michaux. » Le public arrive, nombreux, mais Gide a reçu une lettre de menace d'un groupe de la Légion. Après s'être concerté avec les amis présents, Martin du Gard et Malraux notamment, Gide s'adresse à la salle, pleine à craquer, pour lui faire connaître la teneur de cette lettre, préférant, pour éviter des bagarres, renoncer à sa conférence. Ni un acte de grande résistance, ni une dérobade, cette décision est l'occasion d'un beau chahut, comme en témoigne Roger Stéphane : « L'apparition de Gide, sur l'estrade, à 9 h 15, est saluée par d'inespérées acclamations qui se prolongent pendant plusieurs minutes. Et la lecture de sa déclaration est hachée d'applaudissements. Il met cinq minutes à lire ses dix lignes. Et quand enfin il se retire, le public hurle son indignation. C. L.-A. Puget, qui est dans la salle, propose que "M. Darnand [chef niçois de la Légion], vienne faire une conférence sur Henri Michaux à la place de Gide". On crie : "Vive la liberté", "A bas la Légion". »

Plus tard, au cours du dîner avec Gide, celui-ci remercie Stéphane, qui a l'impression d'avoir vécu une autre bataille d'*Hernani*, « de lui avoir procuré le plus grand triomphe de sa carrière [3] ». Gide n'en est pas moins toujours incertain, quant à la ligne politique à suivre. En mai 1942, il gagne Tunis où ses amis, les Théo Reymond de Gentile, l'accueillent. En octobre, il confie encore à ses carnets que le Maréchal lui paraît « mener du mieux qu'il peut un jeu difficile ». Lors du débarquement anglo-américain en Afrique du Nord, ses pages de Journal ne sont guère en prise avec l'événement. A la fin du mois de mai 1943, il quitte Tunis pour Alger, où il dîne avec le général de Gaulle le 25 juin. Il est alors plein d'admiration pour le chef de la France libre et pour ses écrits. « Nous parlâmes ensuite de l'opportunité de créer une nouvelle revue qui groupât les forces intellectuelles et morales de la France libre ou combattant pour l'être. » Quelques mois plus tard, en février 1944,

2. A. Gide-R. Martin du Gard, *Correspondance*, *op. cit.*, II, p. 228.
3. R. Stéphane, *Chaque homme est lié au monde*, Éd. du Sagittaire, 1946, p. 64.

Gide se trouve à la tête de la revue *L'Arche*, qu'il patronne avec Albert Camus, Maurice Blanchot, Jacques Lassaigne, et dont l'écrivain kabyle Jean Amrouche est le rédacteur en chef.

Le 25 novembre 1944, *Les Lettres françaises*, qui ont cessé d'être clandestines, publient, après un article de Gide sur la prise de Tunis, une lettre d'Aragon à son directeur Claude Morgan, sous le titre : « Le retour d'André Gide. » « D'une extraordinaire perfidie, écrit Mme Théo, et dans ce même hebdomadaire, la semaine suivante, une petite lettre anonyme qui sous couleur de défendre Gide est une nouvelle petite rosserie [4]. » Georges Bernanos, toujours au Brésil, découvre le texte d'Aragon dans *O Jornal*, le 25 novembre 1944. Sa réplique paraîtra dans le même quotidien, le 3 février suivant. Bernanos rappelle que, pour séparé qu'il est de lui, en tous points, il juge Gide comme « un grand écrivain – l'un des plus grands de notre littérature »… Selon Bernanos, l'article d'Aragon constitue un « document » : « Il est le procès-verbal de l'exécution morale – en attendant l'autre – d'André Gide par le Parti. » Et Bernanos, de loin, observe en effet assez bien la montée en puissance du Parti communiste dans les milieux de la culture. En face des écrivains français divisés, « les intellectuels du Parti, en nombre très modéré, mais bien groupés, bien commandés, manœuvrant avec une discipline implacable, toujours prêts à sacrifier leur opinion personnelle ou même leurs amitiés les plus chères à l'intérêt du Parti, bénéficiant justement du prestige acquis au cours de la Résistance, mais aussi exploitant ce prestige à fond, peuvent parfaitement prétendre à une espèce de magistrature, pour ne pas dire de contrôle et de dictature de l'intelligence française [5] ».

Aragon lui doit sa place nouvelle, son importance. Que M. Aragon attaque M. Gide, n'importe ! Mais il ne s'agit pas d'une polémique d'homme à homme. C'est une institution, appelée à devenir un gouvernement, c'est le Parti communiste qui condamne André Gide. Bernanos proteste, avant qu'il ne soit trop tard. Que reproche-t-on à Gide ? D'avoir étudié l'allemand pendant l'Occupation ; d'avoir prétendu en 1940 que neuf Français sur dix étaient disposés à accepter l'hégémonie allemande « pourvu qu'elle leur apportât l'abondance » ; d'avoir

4. *Les Cahiers de la Petite Dame*, *op. cit.*, IV, p. 320.
5. G. Bernanos, *Le Chemin de la Croix des âmes*, in *Œuvres et Écrits de combat*, *op. cit.*, II, p. 670.

écrit aussi à la même époque : « Composer avec l'ennemi d'hier, ce n'est pas lâcheté, c'est sagesse. »

Bernanos concède qu'on pouvait prendre cela pour du « pétainisme modéré », encore que *composition* n'ait jamais voulu dire *collaboration*. Et l'écrivain de montrer qu'on ne saurait juger de l'attitude de Gide durant la guerre à ce seul texte datant du 28 septembre 1940. La vérité est ailleurs :

« Il y a une dizaine d'années, M. Aragon et ses amis prodiguaient à M. Gide des éloges dont l'outrance et le ridicule faisaient penser aux compliments qu'échangent entre eux les gens d'Église [...]. M. Gide était communiste en ce temps-là. [La curiosité] de Gide l'a mené à Moscou, et il a dit, au retour, ses désillusions dans un livre fameux. M. Gide a toujours été profondément haï par les gens de droite. Il ne saurait donc être enveloppé dans cette famille morale des bien-pensants qui a été l'un des faits les plus singuliers de cette guerre. Il reste donc extrêmement dangereux pour le Parti qu'il a quitté. Le Parti montre en ce moment beaucoup d'indulgence envers les bien-pensants désireux de collaborer avec lui (sur le plan national, bien entendu)[...]. Le Parti propose la formation d'un Front national où tout le monde aurait sa place, politiciens, généraux, prélats, académiciens et duchesses réconciliés avec le Front populaire. [...] La violence de l'article d'Aragon, qui contraste avec la faiblesse des arguments, prouve que le Parti voit en M. Gide un sérieux obstacle à cette nouvelle forme d'union nationale... »

Bernanos, enfin, remet en mémoire de ses lecteurs des consignes données par les publications du Parti communiste en cette même année 1940 : l'appel à la fraternisation des peuples français et allemand contre la « guerre impérialiste » et contre de Gaulle.

Les coups fourrés des *Lettres françaises* contre Gide n'occupent pas toute l'actualité intellectuelle. Il a été question que *L'Arche* devienne une revue parisienne. Paulhan accepte de faire partie du comité directeur, ainsi que Camus, peut-être Malraux. La *NRF* tombant sous la loi d'épuration et étant donc interdite, Jean Amrouche, rédacteur en chef de *L'Arche*, a l'idée de faire fusionner l'ancienne revue de Gallimard avec la sienne. Le projet échoue, mais à partir d'avril 1946 Jean Paulhan, de connivence avec Gallimard, fera paraître les trimestriels *Cahiers de la Pléiade*. On charge Gide d'assurer la liaison avec l'ancienne *NRF*. A soixante-seize ans, Gide continue à publier (*Thésée*), à voyager (conférences au Liban), à être honoré (il est reçu docteur *honoris causa* de l'université d'Oxford en juin 1947). Le 13 novembre de la même année, il atteint la consécration : le prix Nobel de littérature lui est décerné, alors qu'il se trouve à Neuchâtel. Il lui reste quatre ans à vivre.

Avant de mourir, André Gide noue des relations d'amitié avec Sartre, qu'il admirait depuis *Le Mur*, la nouvelle publiée par la *NRF* en 1938 : « Quel est ce nouveau Jean-Paul ? » A cette occasion, Gide avait demandé à la libraire Adrienne Monnier d'organiser un dîner pour qu'elle le présente à Sartre. Au cours de l'été 1941, après son retour de captivité, et alors qu'il essaie de recruter quelques grands noms pour son groupe de résistance « Socialisme et Liberté », Sartre, en compagnie de Simone de Beauvoir, est passé voir Gide, résidant alors à Cabris, près de Grasse. Tous les deux se heurtent alors au pessimisme de Gide, qui leur a souhaité meilleure chance du côté de chez Malraux, au Cap-d'Ail. La démarche se révèle aussi vaine : aux yeux de Malraux, rien n'est encore mûr pour l'action.

Gide et Sartre retrouvent encore l'occasion de se revoir. *Les Cahiers de la Petite Dame* notent ainsi un déjeuner entre eux et Simone de Beauvoir, en février 1949 : « Il en revient ravi : contact simple, cordial, intéressant. » Non que Gide apprécie tout chez Sartre. En 1948, il ne goûte qu'à moitié ses *Réflexions sur la question juive* : « L'antisémitisme n'est pas (ou pas uniquement) une invention créée de toutes pièces par la haine et le besoin de motiver et d'alimenter celle-ci. Psychologiquement et historiquement, il a sa raison d'être, que Sartre, me semble-t-il, n'éclaire pas suffisamment. » Et plus loin : « Bravo, Sartre ! Je me sens de tout cœur avec vous. Mais il y a tout de même une "question juive", angoissante, obsédante, et qui n'est pas près d'être résolue [6]. » En septembre 1950, lisant *La Mort dans l'âme*, il déclare à Mme Théo : « C'est extraordinaire ce que je trouve cela mauvais, il faut absolument le lire. »

Au mois d'août 1950, Marc Allégret commence la réalisation de son documentaire *Avec André Gide* à Cabris. Pierre Herbart suggère un dialogue entre Gide et Sartre, qui séjourne justement à Juan-les-Pins. Sartre se soumet de bonne grâce à cette séquence, en dépit des bousculades et des tracas divers du tour-

6. A. Gide, *Journal 1939-1949*, *op. cit.*, p. 320-321.

nage : « Sartre, écrit la Petite Dame, fit à tous la meilleure, la plus sympathique impression : simple, d'un contact direct, d'une inlassable complaisance, se prêtant à tout ; et Dieu sait si ce tout était lassant… » Gide redoutant les sujets de conversation proposés par Sartre, veut s'en remettre « au n'importe quoi du hasard ». Résultat de l'aveu même de Sartre : « Je n'ai jamais dit tant de bêtises en si peu de temps [7]. »

Quand Gide meurt, d'une congestion cérébrale, le 19 février 1951, Jean-Paul Sartre lui consacre un article dans *Les Temps modernes* dès le numéro de mars, « André Gide vivant » : « On le croyait sacré et embaumé : il meurt et l'on découvre combien il restait vivant ; la gêne et le ressentiment qui transparaissent sous les couronnes mortuaires qu'on lui tresse de mauvaise grâce montrent qu'il déplaisait encore et déplaira longtemps : il a su réaliser contre lui l'union des bien-pensants de droite et de gauche et il suffit d'imaginer la joie de quelques augustes momies criant : "Seigneur, merci ; c'est donc lui qui avait tort puisque c'est moi qui survis", il suffit de lire dans *L'Humanité* : "C'est un cadavre qui vient de mourir", pour connaître de quel poids cet homme de quatre-vingts ans qui n'écrivait plus guère pesait encore sur les lettres d'aujourd'hui [8]. »

Sartre le défend contre les railleries des journalistes qui dépeignent Gide comme un personnage souffreteux. Il y a *des* courages, dit Sartre ; on ne peut pas les avoir tous : « Oui, Gide était prudent, il pesait ses mots, hésitait avant de donner sa signature, et, s'il s'intéressait à un mouvement d'idées ou d'opinion, il s'arrangeait pour n'y donner qu'une adhésion conditionnelle, pour rester en marge, toujours prêt à la retraite. Mais le même homme osa publier la profession de foi du *Corydon*, le réquisitoire du *Voyage au Congo*, il eut le courage de se ranger au côté de l'URSS quand il était dangereux de le faire et celui, plus grand encore, de se déjuger publiquement quand il estima, à tort ou à raison, qu'il s'était trompé. C'est peut-être ce mélange de cautèle et d'audace qui le rend exemplaire : la générosité n'est estimable que chez ceux qui connaissent le prix des choses, et, semblablement, rien n'est plus propre à émouvoir qu'une témérité réfléchie. »

7. *Les Cahiers de la Petite Dame*, *op. cit.*, IV, p. 194-195.
8. J.-P. Sartre, *Situations IV*, Gallimard, 1964, p. 85.

La mémoire de Gide ne pouvait bénéficier d'éloge plus flatteur. Le passage du relais avait eu lieu : Jean-Paul Sartre, depuis la Libération, dominait la scène. Tout le monde a vu sa photo, tout le monde le reconnaît, même les plus réfractaires à la lecture, tant la grande presse l'a placé sous les feux de la rampe. Il force d'abord l'attention par son physique. Petit homme – Simone de Beauvoir l'appelle dans ses lettres son « Tout cher petit être » –, il est affecté d'un strabisme divergent qu'il corrige avec des lunettes rondes d'écaille ; la coiffure stricte, les cheveux aplatis coupés d'une raie droite, vêtu le plus souvent d'un costume croisé alors à la mode, il fume cigarette sur cigarette, à moins qu'il ne reprenne sa pipe d'écume, où, pendant l'Occupation, il enfournait tous les clopes à sa portée. Cette laideur, qui frappe de prime abord, est d'un seul coup annulée dès que Sartre ouvre la bouche. Quand il parle, d'une voix un peu nasillarde mais aux belles résonances, c'est rarement pour lâcher des banalités. Exceptionnellement doué, il sait jouer de tous les instruments, dans tous les genres. Philosophe, romancier, essayiste, parolier, dramaturge, il voulait, enfant, être Victor Hugo ; il est devenu Jean-Paul Sartre. Malgré la célébrité prodigieuse, acquise au lendemain de la Libération, il frappe par sa simplicité, sa gentillesse, sa disponibilité aux êtres. Une totale absence de ces poses et vanités qui accablent d'ordinaire l'homme de lettres. Gide, pendant une trentaine d'années, a régné sur la littérature française ; à sa mort, Sartre a déjà largement entamé sa succession, mais il ne s'agit plus ni de la même époque, ni du même registre.

Jusqu'à la guerre, le futur philosophe de l'engagement reste plutôt insensible aux responsabilités politiques de l'écrivain. Professeur de philosophie au lycée du Havre, il passe les années trente à écrire, à charmer son entourage et à voyager avec son Castor. Il s'expliquera là-dessus en 1975 : « L'unique but de ma vie, c'était d'écrire. » Le mythe force du « grand écrivain » le hantait, on l'a vu, depuis l'enfance : « Avant la guerre, je me considérais simplement comme un individu, je ne voyais pas du tout le lien qu'il y avait entre mon existence individuelle et la société dans laquelle je vivais. Au sortir de l'École normale, j'avais bâti toute une théorie là-dessus : j'étais "l'homme seul", c'est-à-dire l'individu qui s'oppose à la société par l'indépendance de sa pensée mais qui ne doit rien à la société et sur qui celle-ci ne peut rien, parce qu'il est libre [...]. Durant tout l'avant-guerre je n'avais pas d'opinions politiques et, bien entendu, je ne votais pas [9]. »

Bien sûr, il discute avec ses « petits camarades », Nizan et Aron, mais il ne partage pas leur précocité politique. Et puis, sa devise est d'un bel égotisme : « d'abord écrire et, à côté de ça, vivre agréablement. » Paraphrase hédoniste de Flaubert : « Vivre en bourgeois et penser en demi-dieu. » A ceci près que Sartre n'a jamais vécu « en bourgeois » ; il déteste plus que tout « la Bourgeoisie », sa morale, son hypocrisie, sa domination sociale, à laquelle il oppose son tempérament anarchiste, libertaire et pacifiste. C'est contre elle, dira-t-il, qu'il écrit *La Nausée* et *Le Mur* qui le firent connaître avant la guerre, « assez confortablement installé dans [s]a situation d'écrivain anti-bourgeois et individualiste ».

Rétrospectivement, Sartre pense que tout change pour lui en 1939, quand il reçoit sa feuille de mobilisation : « C'est ça qui a fait entrer le social dans ma tête : j'ai compris soudain que j'étais un être social. » Passage à l'âge adulte, passage de l'individualisme au socialisme. Reste à savoir si cette coupure de 1939 est si nette : ses *Carnets de la drôle de guerre* [10] n'en apportent pas la démonstration. La débâcle de 1940 et sa captivité jusqu'en mars 1941 semblent plus déterminantes. C'est au Stalag de Trèves qu'il découvre vraiment son « être social », la responsabilité qui lui incombe, la dimension politique de son existence. Cette captivité, loin de lui être pesante, le révèle à lui-même : les témoignages abondent sur son dynamisme, sa gaieté, sa créativité, sa solidarité avec les autres prisonniers. Libéré en mars 1941 sur un faux certificat médical, il s'empresse de mettre sur pied à Paris un groupe de résistance, qu'il baptise « Socialisme et Liberté », qu'il veut également éloigné des gaullistes et des communistes, y compris quand ceux-ci entrent massivement dans la Résistance à la fin juin 1941.

Le groupe, qui compte, entre autres, Jean-Toussaint Desanti et sa femme Dominique, Maurice Merleau-Ponty, ne réussira pas à dépasser le premier stade des réunions clandestines, la rédaction et le tirage de quelques tracts. Sartre s'y donne pourtant à fond quelques mois. Il rédige même un projet de Constitution, de facture libertaire, dont le réalisme ne semble pas le

9. J.-P. Sartre, *Situations X*, *op. cit.*, 1976, p. 176-177.
10. J.-P. Sartre, *Carnets de la drôle de guerre*, *op. cit.*

point fort[11]. Après l'échec de la tournée estivale qu'il entreprend en compagnie de Simone de Beauvoir en zone non occupée, le groupe finira par se dissoudre faute de savoir quoi faire, faute d'être intégré dans un plus large mouvement. La plupart de ses camarades s'enrôlent alors dans les groupes communistes, comme c'est le cas des Desanti.

Sartre renonce alors à l'action directe. Professeur de philosophie au lycée Pasteur de Neuilly, puis à Condorcet, il se plonge dans l'écriture, noircissant des rames de papier, en attendant d'être contacté par le CNE. Dès les débuts du Comité national des écrivains, Jean Paulhan a pensé faire appel à lui, mais le veto de Jacques Decour l'en a empêché. Sartre reste suspect aux communistes : n'avait-il pas été l'ami intime de Nizan, « le traître » ? N'a-t-il pas été bizarrement libéré de son camp comme tant de vichystes et futurs collabos ? Tout de même, on le contacte au début de 1943, et il se retrouve chez Édith Thomas, aux réunions du CNE, notamment auprès de François Mauriac.

Mauriac avait reçu de Sartre le coup le plus féroce qui lui fût jamais porté. L'affaire remontait à février 1939, quand le cadet avait publié dans la *NRF* un article dévastateur sur son aîné, « M. François Mauriac et la liberté ». Il reprochait à l'auteur de *La Fin de la nuit* d'avoir adopté le point de vue de Dieu : « Il a choisi la toute-connaissance et la toute-puissance divines. Mais un roman est écrit par un homme pour des hommes. Au regard de Dieu, qui perce les apparences sans s'y arrêter, il n'est point de roman, il n'est point d'art, puisque l'art vit d'apparences. Dieu n'est pas un artiste ; M. Mauriac non plus. » De son propre aveu, Mauriac ne se relèvera jamais complètement de cette descente en flammes. Ce n'était pas seulement une avanie, mais une remise en cause de toute sa conception du roman. Il y songeait encore en écrivant *La Pharisienne*, où il tentait de changer de méthode. La veine romanesque fut en lui tarie, pour longtemps. C'est dire si, chez Édith Thomas, on ne se regarde pas les uns les autres avec affection. Heureusement, on est là pour autre chose. Sartre commence sa collaboration aux *Lettres françaises* clandestines, auxquelles il donna notamment une violente philippique contre Drieu, puis contre Rebatet et l'équipe de *Je suis partout*.

11. A. Cohen-Solal, *Sartre, 1905-1980*, Gallimard, 1985, p. 234-235.

Certains résistants, Vercors entre autres, lui reprochent de laisser monter sa pièce, *Les Mouches*, en juin 1943, par Dullin. Sartre n'avait-il pas écrit sa pièce avant tout pour son amie Olga, élève comédienne[12] ? La critique collaborationniste – notamment André Castelot dans *La Gerbe* – ne se montre pourtant pas tendre avec l'auteur. Plus tard, Sartre expliquera le sens caché d'une pièce, qui est un écrit de Résistance. Sur le coup, le message est si voilé qu'il échappe à beaucoup, y compris à la censure. Michel Leiris loue *Les Mouches* dans *Les Lettres françaises*, mais, du point de vue de l'efficacité politique, on peut trouver mieux. A la même époque, en 1943, Sartre publie *L'Être et le Néant*, essai d'ontologie phénoménologique, qui était aussi un hymne à la conscience et à la liberté. Le livre, sur le moment, passe inaperçu, mais il érigera Sartre à la Libération en maître français de la philosophie existentialiste. A la même époque s'amorce une amitié entre Sartre et Camus. Celui-ci a loué naguère *La Nausée* ; celui-là fut enthousiasmé par *L'Étranger*. Ils se reconnaissent une parenté ; ils nourrissent une mutuelle estime. Au sortir de la guerre, Sartre et Camus deviennent les phares de la nouvelle génération.

Au total, Sartre n'a pas été le héros de la Résistance qu'il aurait bien voulu être. Il s'est même laissé aller à donner un article au journal collaborateur *Comœdia* – tout comme Jean Paulhan, il est vrai. Sa compagne, le « Castor », comme il appelle Simone de Beauvoir (un jeu de mots sur l'anglais *beaver*), ne s'est pas toujours embarrassée de scrupules : révoquée de l'Éducation nationale, pour une liaison avec une de ses élèves, elle n'a pas hésité à accepter, avec les encouragements de Sartre, un poste à la radio de Vichy. Sartre peut se prévaloir néanmoins de son « engagement » précoce dans une action de Résistance et de ses écrits clandestins, qui lui ouvrent légitimement les portes du CNE. Le public prend soudain conscience de son importance dans la France libérée.

Peu de jours avant le débarquement en Normandie, Sartre a du reste déjà connu la gloire, grâce à *Huis clos*, dont la première a eu lieu le 27 mai 1944. La presse collaborationniste l'a, dans l'ensemble, éreintée, à cause de l'« immoralisme » de la pièce. Claude Jamet, dans *Germinal*, a pourtant déclaré : « Jean-Paul Sartre est certainement depuis Anouilh le plus grand évé-

12. *Ibid.*, p. 250.

nement du jeune théâtre français[13]. » Les résistants, eux, sont loin d'être unanimes dans l'éloge. Gabriel Marcel et Jean Guéhenno notamment expriment leur gêne ou leur réprobation. Trop noir, trop neuf pour eux. Contre la vieille garde, Sartre est définitivement lancé. La Libération le porte au sommet, lorsque Camus, éditorialiste de *Combat*, demande à son ami de décrire les journées de l'insurrection et de revenir sur les années d'Occupation.

Dans les semaines qui suivent, les écrivains du CNE, entraînés par Aragon, plus Fouquier-Tinville que jamais, dressent les listes des écrivains collaborateurs. Les procès d'épuration invitent concrètement à réfléchir sur les responsabilités de l'écrivain. Dans ce contexte de tension extrême, le thème de l'engagement va s'imposer avec force. Sartre s'emploie à en faire la théorie dès les premiers numéros des *Temps modernes*, revue que Gallimard a accepté de financer et qui est lancée en octobre 1945.

Le comité directeur, constitué un an plus tôt, comprend, outre Jean-Paul Sartre et Simone de Beauvoir, Michel Leiris, Maurice Merleau-Ponty, Albert Ollivier, Jean Paulhan et Raymond Aron. Ces trois derniers n'y resteront pas longtemps ; du moins y sont-ils au départ. Albert Camus collaborera aussi. Cette revue n'est guère au goût de Paulhan, toujours attaché au principe de la littérature pure et soucieux de défendre les écrivains susceptibles de condamnation ou d'ostracisme. Simone de Beauvoir en expliquera la raison d'être, en 1963 : « Il y a des mots aussi meurtriers qu'une chambre à gaz. Des mots ont armé l'assassin de Jaurès, des mots ont acculé Salengro au suicide. Dans le cas de Brasillach, il ne s'agissait pas d'un “délit d'opinion” ; par ses dénonciations, par ses appels à l'assassinat et au génocide, il avait directement collaboré avec la Gestapo[14]. »

Sartre, dans sa « Présentation des *Temps modernes* », attaque d'emblée l'irresponsabilité des écrivains. Qu'on le veuille ou non, tout écrit « possède un sens » : « Pour nous, en effet, l'écrivain n'est ni Vestale ni Ariel : il est “dans le coup”, quoi qu'il fasse, marqué, compromis, jusque dans sa plus lointaine retraite. » Puisque l'écrivain « n'a aucun moyen de s'évader »,

13. *Ibid.*, p. 284.
14. S. de Beauvoir, *La Force des choses*, Gallimard, 1963, p. 33.

même en se taisant, alors il faut « qu'il embrasse étroitement son époque » : « *Nous ne voulons rien manquer de notre temps.* »

Et Sartre de créer un concept qui va devenir familier à ses lecteurs : « L'écrivain est *en situation* dans son époque : chaque parole a des retentissements. Chaque silence aussi. » L'écrivain est appelé à une mission : donner sens à son temps, contribuer aux changements nécessaires. L'impératif de l'engagement est porté à son comble. Il ne s'agit plus d'exiger du romancier ou du philosophe d'écrire, en marge de son œuvre, des articles politiques ou de signer des pétitions. Sartre affirme que toute prose, même la fiction, est « utilitaire », que toute prose engage. Les mots sont des « pistolets chargés », il convient donc de bien viser, et non de tirer au hasard comme un enfant.

Ce manifeste éclatant contre « l'art pour l'art » – repris et détaillé dans *Qu'est-ce que la littérature ?* – ne pouvait qu'être insupportable, non seulement aux écrivains compromis, mais à tous ceux qui, comme Paulhan, se faisaient de la littérature une idée non moins élevée, mais tout à fait distincte des préoccupations sociales et politiques. Pendant des années, cependant, la notoriété de Sartre, sa position de force dans le milieu de l'édition, mais aussi le poids de la guerre, le souvenir des camps de la mort, la culpabilisation des uns et la peur des autres, contribuèrent à élever la théorie sartrienne de l'engagement en charte morale.

La renommée et le succès de Sartre sont extraordinaires ; son capital intellectuel et médiatique est immense ; sa légitimité universitaire, incontestable : normalien, agrégé de philosophie, il a publié *L'Être et le Néant*, que peu de gens ont lu, mais qui le distingue comme penseur. Il a déjà acquis la célébrité littéraire : à son roman et à ses nouvelles d'avant la guerre, s'ajoutent bientôt *Les Chemins de la liberté*, dont les deux premiers volumes, *L'Age de raison* et *Le Sursis*, paraissent en 1945. Déjà auteur de deux pièces jouées, il multiplie aussi les scénarios de cinéma. Il s'est fait, depuis la fin des années trente, l'annonciateur de la nouvelle littérature, celle des Camus, des Blanchot, des Parain, des Ponge. Il rédige des articles politiques. Il n'en finit pas d'éblouir. Lui seul peut se vanter de réunir tant de dons en une seule personne, de pratiquer tant d'activités. Ni Alain, ni Bergson, qui avaient pour eux les universitaires mais n'étaient pas des auteurs de fiction ou des dramaturges ; ni Mauriac, ni Gide, ni Malraux, ni même Camus, qui avaient un grand public, mais qui n'étaient pas philosophes. Personne n'aurait pu ou ne pouvait égaler Sartre, l'homme-orchestre [15].

La grande presse s'en saisit, brode des histoires, monte en épingle des faits divers ayant de minces rapports avec les moindres faits et gestes des « Mandarins ». Saint-Germain-des-Prés, où Sartre et ses amis ont pris leurs habitudes, est devenu la plaque tournante de l'édition, de la mode, mais aussi des caves où les garçons en chemise à carreaux et les filles aux cheveux longs viennent écouter du jazz et gigoter sur les nouveaux rythmes venus d'Amérique, après les années de couvre-feu et d'ordre moral. Sartre et Beauvoir ne dansent pas le *be-bop* ou le *boogie-woogie* – ils préfèrent la tranquillité relative du Flore ou des Deux Magots –, mais ils ont des amis parmi la « faune » du *Tabou* ou du *Quod libet* : Boris Vian, devenu fameux grâce à sa « trompinette », Mouloudji, qui y chante, l'échotière Anne-Marie Cazalis, Juliette Gréco, pour laquelle Sartre, comme Raymond Queneau, écrit des textes de chanson... Dans la gloire de Sartre entrent aussi ces éléments étrangers à la littérature et à la politique. Jean-Paul et Simone (« La Grande Sartreuse ») deviennent célèbres aussi par leur mode de vie. Un couple non marié dans une France encore prude, une vie de café et de fiesta, un environnement d'amis qui vivent plus ou moins à leurs crochets, tout cela, surdimensionné par *Samedi-Soir* et autres gazettes, fit de « l'existentialisme », à partir de 1946, un phénomène de société. D'un sulfureux à l'autre : après Gide, Sartre devenait « le contemporain capital [16] ».

15. Lire l'analyse d'A. Boschetti, *Sartre et « Les Temps modernes »*, Éd. de Minuit, 1985.

16. Mot de J.-M. G. Le Clézio, qui fut d'abord employé par André Rouveyre à propos de Gide.

43

# *Les combats de Camus*

« Il y a, et il y aura toujours, en France (sinon sous la pressante menace d'un danger commun) division et partis ; c'est-à-dire dialogue. Grâce à quoi, le bel équilibre de notre culture : équilibre dans la diversité. Toujours en regard d'un Pascal, un Montaigne ; et, de nos jours, en face d'un Claudel, un Valéry. » Cette réflexion de Gide, qu'on relève dans son Journal en février 1943, va se vérifier peu de temps après : en face d'un Sartre, un Camus.

A vrai dire, dans le tumulte et la fièvre des semaines de la Libération, et pour quelque temps, Sartre et Camus ne se retrouvent pas face à face, mais plutôt main dans la main. Leurs visages se découvrent presque en même temps ; pour des années, leurs noms se font écho, d'abord pris comme les représentants les plus fameux de la nouvelle littérature française. Puis comme les symboles d'un antagonisme indépassable, que l'Histoire, plus encore qu'une querelle des *ego*, a fait naître.

La « période rose » des relations Sartre-Camus commence pendant la guerre, une année avant le Débarquement, en juin 1943 : Albert Camus, dont la jeune gloire remonte aux publications successives de *L'Étranger* et du *Mythe de Sisyphe* par Gallimard, l'année précédente, rencontre Jean-Paul Sartre et Simone de Beauvoir lors de la générale des *Mouches*. Les deux écrivains se sont appréciés et se jaugent à travers leurs œuvres. En octobre 1938, Camus, journaliste, a fait la critique de *La Nausée* dans *Alger républicain*. Il a reconnu à Sartre « des dons sans limites », sans être pour autant convaincu par la métaphysique de l'auteur. La conclusion est ouverte : « Un esprit singulier et vigoureux dont nous attendons avec impatience les œuvres et les leçons à venir[1]. » Sartre, lui, a consacré un article de vingt pages à *L'Étranger*, dans le numéro de février 1943 des *Cahiers du Sud*. De huit ans son aîné, Sartre semble corriger la copie de Camus avec un mélange d'approbation et de réserve. Dans une lettre à Jean Grenier, son ancien professeur de philosophie, qui avait lui-même, dans ce numéro des *Cahiers du Sud*, donné un article favorable sur le roman de son ancien élève, Camus estime que la « plupart » des critiques de Sartre « sont justes », tout en ajoutant : « Mais pourquoi ce ton acide ? » Donc, pas d'adhésion mutuelle spontanée. Une admiration certaine, mais bornée par des *si* et des *mais* qui laissent deviner d'entrée un conflit possible entre les deux écrivains.

La générale des *Mouches*, occasion de leur rencontre, ouvre une longue période de camaraderie, d'amitié, de complicité, dont s'effarouche un peu le Castor. Camus, qui a toutes les séductions, attire les gens de manière irrésistible ; Simone observe que son charme opère sur Jean-Paul, ravi par la gaieté et la gouaille de ce cadet surgi de l'autre rivage de la Méditerranée, avec lequel il peut parler en toute liberté des femmes et du reste, tant il est vrai que l'écriture prude de Camus contraste avec son goût de la blague, voire de la grivoiserie, dans les conversations.

Albert Camus fait partie de l'aristocratie populaire. Fils d'un ouvrier caviste et d'une femme de ménage illettrée, il aime les gens ordinaires, le foot, les bars où l'on se raconte des histoires avec l'accent de Bab-el-Oued. En même temps, il ne se départ pas d'une élégance de mise et de langage ; il déteste la grossièreté – que prise le bourgeois Sartre –, il écrit dans un style tendu, un rien solennel parfois, un rien coincé. Il déteste ce qui connote le populisme, la démagogie lui fait horreur : il n'a pas à aller au peuple, il en est.

Contrairement aux héritiers, qui peuvent envisager d'écrire sans souci pécuniaire, il entame sa carrière d'écrivain à la portion congrue… Il aurait pu comme d'autres enfourcher le cheval du cursus universitaire. Il s'y essaie bien : bac, licence, diplôme, mais, quand il arrive à l'agrégation, l'Université lui ferme ses portes : pas de tubards chez moi, on tousse ailleurs !

C'est peut-être sa chance, cet échec. Faute de carrière péda-

1. O. Todd, *Albert Camus, une vie*, Gallimard, 1996, p. 201. Sans indication contraire, les citations tirées des correspondances proviennent de cette biographie.

gogique, il est devenu journaliste, sans renoncer à l'œuvre dont il est hanté. Camus est arrivé à Paris en mars 1940, débarquant d'Alger, où il avait perdu son travail de journaliste, à la suite de la suspension qui frappe *Le Soir républicain*, faisant suite à *Alger républicain*, accusé d'être dirigé par des communistes. Son ami Pascal Pia, journaliste et critique littéraire, ancien rédacteur d'*Alger républicain* lui aussi, devenu secrétaire de rédaction au *Paris-Soir* de Pierre Lazareff, y fait entrer Camus à un poste similaire. Vivant à l'hôtel, il s'est remis à son premier roman, *L'Étranger*, qu'il termine au début de mai 1940. Quand l'offensive allemande est déclenchée, Camus, qui est réformé pour tuberculose, propose ses services à la République par écrit. Attente inutile d'une réponse. Les événements se précipitent, et il se retrouve sur la route de l'exode, le 9 juin, au volant d'une voiture de *Paris-Soir*, avec le manuscrit de *L'Étranger* dans le coffre. A Clermont-Ferrand, terminus, il apprend la signature de l'armistice et l'installation de Pétain à Vichy : « Pour un homme libre, écrit-il à Yvonne, une amie d'Alger, il n'y a pas d'autre avenir que l'exil ou la révolte stérile. » A Francine, sa fiancée, elle aussi en Algérie, il adresse ce jugement immédiat sur le nouveau régime : « Politique proallemande, constitution à l'image des régimes totalitaires, peur effroyable d'une révolution qui ne viendra pas, tout cela pour essayer d'amadouer des ennemis qui nous écraseront quand même et pour sauver des privilèges qui ne seront pas menacés. »

Il a promis à Francine de l'épouser dès que le divorce d'avec sa première femme (il avait fait un premier mariage raté à vingt ans avec Simone Hié) serait prononcé. Arrivé à Lyon, il apprend que c'est chose faite. Francine vient le rejoindre. Ils se marient le 3 décembre. A ce moment-là, Camus a achevé d'écrire ce qu'il appelle ses « trois Absurdes » : un roman, *L'Étranger*, une pièce, *Caligula*, et un essai, *Le Mythe de Sisyphe*, que Francine recopie à la main, faute de machine. Lorsque Camus perd son travail à *Paris-Soir*, le jeune couple s'embarque en janvier 1941, pour Oran, où habitent les Faure, la famille de Francine, qui peuvent l'aider.

Camus n'y a pas été heureux. Lui, le Don Juan, s'est marié sans passion. Et le voilà enfermé chez une belle-famille. Il est chômeur ; sa femme est institutrice suppléante ; les Faure l'agacent avec leurs façons petites-bourgeoises. Il trouve finalement des leçons à donner dans un cours privé. A Oran, il est témoin des effets des lois antisémites de Vichy et de l'abolition du décret Crémieux – qui avait fait des juifs d'Algérie des citoyens à part entière en 1870 – sur ses amis juifs qui commencent à former des réseaux de résistance. La correspondance avec son ami Pascal Pia, toujours à Lyon, lui ouvre des horizons. Pia songe à une revue, qui n'obtient pas l'autorisation de paraître. Il veut publier les manuscrits de Camus, qu'il a reçus en avril 1941, et les adresse à Malraux, puis à Paulhan, puis à Martin du Gard. Lectures décisives : Gaston Gallimard accepte. Camus voudrait que ses trois ouvrages, s'éclairant les uns les autres, sortent en même temps. Malraux y est favorable, qui lui écrit : « Ce qui importe est qu'avec les deux livres ensemble [le roman et l'essai] vous prenez place parmi les écrivains qui existent, qui ont une voix, bientôt une audience et une présence. Il n'y en a pas tant. »

Le comité de lecture de Gallimard du 12 novembre 1941 retient *L'Étranger*. Gaston voudrait en publier des bonnes feuilles dans la *NRF* – la *NRF* de Drieu ! Pia le déconseille à Camus : « C'est un lieu plus puant que jamais [2]. » Le manuscrit, lu par Gerhard Heller, reçoit l'autorisation de la Propaganda Staffel. Raymond Queneau chez Gallimard met au point le manuscrit ; Jean Paulhan corrige les épreuves. Tous les deux assurent à Camus leur sympathie et leur estime. *L'Étranger* sort des presses en mai 1942 ; *Le Mythe de Sisyphe* suivra six mois plus tard.

Camus a gagné un peu d'argent : 10 000 francs d'à-valoir au lieu des 5 000 prévus, grâce à l'insistance de l'ami Pia auprès de Gaston, plutôt radin. Cela représente trois mois de salaire environ. Satisfaction assez médiocre au regard de ce qui arrive alors à Camus : mal guéri de sa tuberculose, il fait une rechute, qui exige un pneumothorax, suivi d'insufflations régulières. Selon son médecin, il lui faudrait passer l'hiver en France, en altitude si possible. En ce mois de juillet 1942, les congés scolaires permettent à Francine d'accompagner Albert, qui trouve refuge dans le Vivarais, dans une pension de famille, tenue par des amis. Il y reste plus d'un an ; Francine est repartie en Algérie pour la rentrée des classes.

Au cours de l'année 1943, tout en écrivant *La Peste*, il entre en contact avec la Résistance, par l'intermédiaire de Pia, qui

2. Nous suivons ici O. Todd, *op. cit.*, p. 283.

appartient au mouvement Combat. A Lyon, en cours d'excursion, il rencontre Francis Ponge, Louis Aragon, Elsa Triolet. A l'automne, il est à Paris : Gallimard vient de l'embaucher comme lecteur. Ses liens se resserrent avec Combat. Le mouvement dispose de deux moyens d'expression, *Liberté* et *Vérité*, qui ont fusionné pour donner dès décembre 1941 *Combat*, animé par Henri Frenay, Georges Bidault, François de Menthon, Pierre-Henri Teitgen, Rémy Roure et Claude Bourdet, responsable du bulletin après le départ de Frenay pour Londres... Le rédacteur en chef, Pascal Pia, appelé à d'autres tâches – au CNR – cédera bientôt son poste à Camus, aidé de Jacqueline Bernard. Le journal est un des organes les plus importants de la presse clandestine ; il tire en novembre 1943 à 300 000 exemplaires, grâce aux soins de l'ingénieur André Bollier. Camus y apporte la collaboration de Jean-Paul Sartre et de Dionys Mascolo. Devise du journal : « Dans la guerre comme dans la paix le dernier mot est à ceux qui ne se rendent jamais. »

La participation intellectuelle de Camus à la Résistance ne se borne pas là. L'auteur de *L'Étranger* rédige aussi ses *Lettres à un ami allemand*, dont la première est publiée par *La Revue libre*, en 1943, et la deuxième dans *Les Cahiers de la Libération*, qui avaient été fondés par Libération-Sud avec Cassou, Martin-Chauffier, Aragon, Aveline, Éluard, Paulhan, Abraham, Noël et Seghers, au début de 1944. Camus y écrit : « La guerre ne nous satisfaisait pas. Nos raisons n'étaient pas prêtes. C'est la guerre civile, la lutte obstinée et collective, le sacrifice sans commentaire que notre peuple a choisi. C'est la guerre qu'il s'est donnée à lui-même, qu'il n'a pas reçue de gouvernements imbéciles ou lâches, celle où il s'est retrouvé et où il lutte pour une certaine idée qu'il s'est faite de lui-même. Mais ce luxe qu'il s'est donné lui coûte un prix terrible. Là encore, ce peuple a plus de mérite que le vôtre. Car ce sont les meilleurs de ses fils qui tombent : voilà ma plus cruelle pensée [3]. »

Parallèlement, Camus fait lire sa pièce, *Le Malentendu*, à Marcel Herrand ; la générale a lieu le 25 juin 1944, peu de temps après celle du *Huis clos* de Sartre. Herrand a offert le principal rôle féminin à Maria Casarès, jeune comédienne originaire d'une famille espagnole républicaine. Attirance irrésistible entre l'un et l'autre. Ils se retrouvent au cours de ces jour-

3. A. Camus, *Essais*, Gallimard, « La Pléiade », 1965, p. 232.

nées dans le studio que Camus a loué au 1 *bis*, rue Vaneau, dans le prolongement de l'appartement de Gide – studio qui était celui de sa fille Catherine, et dont s'occupe la Petite Dame.

*Le Malentendu* est mal accueilli. André Castelot, dans *La Gerbe*, crie au « Grand-Guignol ». Sa première pièce montée à Paris est un four. Pris peu de temps après dans une rafle, réussissant à passer la maquette d'un numéro de *Combat* à Maria Casarès qui l'accompagne, il est sauvé de justesse. Et juge bon de déménager. Les Gallimard lui offrent l'hospitalité à Verdelot, dans leur maison de campagne.

Enfin, c'est la libération de Paris. L'ancien immeuble de *L'Intransigeant*, 100, rue de Réaumur, qui a abrité la presse collaborationniste, est investi par les rédactions de *Combat*, de *Défense de la France* et de *Franc-Tireur*, trois journaux issus des mouvements de Résistance. Après 58 numéros clandestins, *Combat* fait sortir son premier numéro au grand jour, le 21 août 1944, orné d'une manchette : « De la Résistance à la Révolution. » Dans son éditorial du 24, et alors qu'on tire encore dans la capitale, Albert Camus écrit : « Ce terrible enfantement est celui d'une révolution [...]. Le Paris qui se bat ce soir veut commander demain. Non pour le pouvoir, mais pour la justice, non pour la politique, mais pour la morale, non pour la domination de leur pays, mais pour sa grandeur [4]. »

Treize quotidiens sont alors autorisés à Paris, dont les tirages sont contingentés à cause du manque de papier. A côté de la presse communiste (*L'Humanité*, *Front national*, *Ce soir*), socialiste (*Le Populaire*) et MRP (*L'Aube*) et du *Figaro* – qui avait cessé de paraître le 11 novembre 1942, soit quelques jours avant la date fatidique à partir de laquelle la presse de la zone non occupée était interdite –, les autres journaux sont issus directement de la Résistance : *Défense de la France* (*France-Soir* à partir de novembre), *L'Homme libre*, *Franc-Tireur*, *Libération* et *Combat* peuvent chacun tirer à 180 000 exemplaires, *L'Humanité*, à 300 000.

Mais le jeu en vaut la chandelle. De toute cette presse *Combat* se distingue d'emblée. Pia (directeur) et Camus (rédacteur en chef) arrivent à en faire selon leurs vœux un journal indépendant, ni partisan ni stipendié, ni « populaire » ni officieux. L'un des principaux apports de Camus à ce moment-là aura été son

4. A. Camus, *Actuelles I*, *ibid.*, p. 256.

exigence d'un journalisme de haute tenue, fondé sur une déontologie – « un pays vaut souvent ce que vaut sa presse ». Dès le 31 août 1944, il aborde la « critique de la nouvelle presse [5] » et rappelle les analyses des combattants de la Résistance : « Nous savions par expérience que la presse d'avant-guerre était perdue dans son principe et dans sa morale. L'appétit de l'argent et l'indifférence aux choses de la grandeur avaient opéré en même temps pour donner à la France une presse qui, à de rares exceptions près, n'avait d'autre but que de grandir la puissance de quelques-uns et d'autre effet que d'avilir la moralité de tous. » Résultat : la presse asservie de 1940-1944.

Il fallait donc « libérer les journaux de l'argent », leur donner « un ton et une vérité », un langage, à même de respecter le public. Or « tout reste à faire » : chasser les vieilles habitudes qui ont repris le dessus, « les excès de la rhétorique ou les appels à cette sensibilité de midinette qui faisaient, avant la déclaration de guerre ou après, le plus clair de nos journaux ». Camus en appelle à la responsabilité des journalistes, chargés de « redonner au pays sa voix profonde. Si nous faisons que cette voix demeure celle de l'énergie plutôt que de la haine, de la fière objectivité et non de la rhétorique [on ne disait pas encore : "langue de bois"], de l'humanité plutôt que de la médiocrité, alors beaucoup de choses seront sauvées et nous n'aurons pas démérité ».

Bien des confrères se rebiffent contre cette leçon de morale. Mais, pour Camus, à quoi bon faire du journalisme si on ne traite pas de ce qui compte pour le plus vaste des publics ? La qualité du quotidien, qui est alors le principal média de masse, est au cœur de cette révolution nécessaire selon Camus. L'éditorialiste en devient un acteur capital, celui qui donne du sens au chaos de l'actualité. Mais, ajoute-t-il dans un autre article, daté du 8 septembre, « cela ne peut se faire sans scrupules, sans distance et sans une certaine idée de la relativité ». Il faut savoir prendre parti sans devenir un esprit partisan.

Camus, au moment de la Libération, exprime avec bien d'autres l'espoir que se réalise la manchette du journal : « De la Résistance à la Révolution. » Il n'est pas question d'en revenir à la III^e^ République, il faut briser le règne de l'« Argent ». Alors, un retour à la démocratie ? Disons plutôt une montée

5. A. Camus, *ibid.*, p. 263-265.

vers la démocratie, dont le régime qui précéda Vichy n'était que la « caricature ». Pendant l'Occupation, s'est formée, a grandi, a grondé la *révolte*, qui est refus d'un ordre abject, et qui vient d'abord du « cœur » : « Mais il est un temps où elle passe dans l'esprit, où le sentiment devient idée, où l'élan spontané se termine en action concertée. C'est le moment de la révolution. » Quelle révolution ? Camus se démarque, dès cet article du 19 septembre 1944, de l'absolutisme révolutionnaire, de toute forme de pensée millénariste. Il ne croit pas aux « révolutions définitives ». Il avance l'idée des « révolutions relatives ».

Dans les éditoriaux qui suivent, au long de ce premier automne de la France libérée, Camus s'attache à définir ce que devrait être cette révolution relative. Première définition : « la conciliation de la justice avec la liberté. » Par justice, il entend d'abord justice sociale, par laquelle chaque individu reçoit au départ toutes ses chances, dans un pays qui n'est pas aux mains d'une minorité de privilégiés. Par liberté, il veut dire surtout un « climat politique où la personne humaine est respectée dans ce qu'elle est comme dans ce qu'elle exprime ». Toute la difficulté est l'équilibre à trouver entre ces deux principes. Une deuxième définition précise la nature de cette révolution : l'alliance d'une « économie collectiviste » et d'une « politique libérale ». Voilà définie l'idéologie de « troisième voie » ou de « nouvelle gauche », qui s'affirme simultanément contre le collectivisme autoritaire des communistes et le libéralisme économique. Un credo qui sera celui de la gauche française non communiste pendant près de quarante ans.

« C'est dans cet équilibre constant et serré que résident non pas le bonheur humain, qui est une autre affaire, mais les conditions nécessaires et suffisantes pour que chaque homme puisse être le seul responsable de son bonheur et de son destin. [...] En somme, nous voulons réaliser une vraie démocratie populaire. » Cette révolution, enfin, ne se fera pas n'importe comment : il y faudra « une honnêteté intellectuelle et morale de tous les instants qui, seule, peut fournir la clairvoyance nécessaire. Nous ne croyons pas au réalisme politique. Le mensonge, même bien intentionné, est ce qui sépare les hommes, ce qui les rejette à la plus vaine des solitudes. Nous croyons au contraire que les hommes ne sont pas seuls et qu'en face d'une condition ennemie, leur solidarité est totale » (1er octobre 1944).

Malraux ne pense guère autrement à la même époque. On l'a

accueilli au journal, tout heureux de le retrouver sain et sauf. Il y est arrivé en uniforme de colonel de la Division Alsace-Lorraine, le 21 septembre ; le lendemain, une photo le représente, très svelte, avec béret militaire et cigarette au bec en face d'un Camus, amaigri, en manches de chemise qui lui jette un regard d'admiration. Quelques mois plus tard, *Combat* a reproduit un discours de Malraux défendant les couleurs du MLN (Mouvement de libération nationale, concurrent du Front national dirigé par les communistes). Roger Stéphane, qui redoute alors l'anticommunisme, l'interroge sur ce discours : « Qu'on ne me parle pas des Soviets, dit Malraux, que les Français sont incapables de réaliser, ne réaliseront jamais, ou dans mille ans. [...] Puisqu'il ne peut être question d'adapter le socialisme russe, on tentera d'adapter le socialisme anglo-saxon. » Malraux préconise notamment la nationalisation du crédit, « la nationalisation clé [6] ». En quelque sorte « Socialisme et Liberté », nom que Sartre avait donné à son groupe de Résistance. Tel est bien le leitmotiv, la ligne à suivre, pour ces intellectuels de gauche, qui renouvellent le double refus de ces jeunes gens des années trente : ni communisme ni capitalisme. Mais où est la troisième voie ? Le travaillisme ou la social-démocratie, ce que Malraux appelle le socialisme « anglo-saxon », reste dans le cadre du capitalisme, c'est bien ce que les communistes lui reprochent. Eh bien, si cela n'existe pas, il faut y tendre, y croire. Le socialisme démocratique est à inventer.

Le Parti socialiste peut-il en être l'instrument ? Peut-être, mais à condition que les socialistes renouvellent leur langage, leur inspiration, et qu'ils ne confondent pas « la réalisation de leur doctrine et l'obtention d'une majorité à l'Assemblée » (10 novembre 1944). Le Parti communiste ? Camus se sent encore avec lui un idéal de justice commun, mais il refuse sa philosophie de l'histoire qui justifie le réalisme politique : « Nous ne croyons pas au réalisme politique. Notre méthode est différente. »

A dire vrai, c'est une erreur de croire que les Français peuvent faire ce qu'ils veulent. En novembre 1946, Camus montre à quel point la France est insérée dans les logiques internationales, qui lui interdisent aussi bien la révolution marxiste que la contre-révolution nationaliste : « La vérité, que je m'ex-

6. R. Stéphane, *Fin d'une jeunesse*, La Table ronde, 1954, p. 43.

cuse d'écrire en clair, alors que tout le monde la connaît sans la dire, c'est que nous ne sommes pas libres, en tant que Français, d'être révolutionnaires. Ou du moins nous ne pouvons plus être des révolutionnaires solitaires parce qu'il n'y a plus, dans le monde, aujourd'hui, de politiques conservatrices ou socialistes qui puissent se déployer sur le seul plan national [7]. » Hiroshima a clairement prouvé cette condamnation au relatif : « La justice absolue est impossible, comme sont impossibles la haine ou l'amour éternels. C'est pourquoi il faut en revenir à la raison. Le temps de l'Apocalypse n'est plus. Nous sommes entrés dans celui de la médiocre organisation et des accommodements sans grandeur. Par sagesse ou par goût pour le bonheur, il faut préférer celui-ci, bien qu'on sache qu'à force de médiocrité, on revienne aux apocalypses » (7 mai 1947). Des accommodements qui ne peuvent faire sa place au racisme et au colonialisme. En même temps que Camus choisit les voies de la raison raisonnable contre la raison raisonnante, préfère une politique de l'entendement à une fuite en avant dans l'utopie, il stigmatise la répression des Malgaches organisée par le gouvernement de la République : « Si aujourd'hui des Français apprennent sans révolte les méthodes que d'autres Français utilisent parfois envers des Algériens ou des Malgaches, c'est qu'ils vivent, de manière inconsciente, sur la certitude que nous sommes supérieurs en quelque manière à ces peuples et que le choix des moyens propres à illustrer cette supériorité importe peu » (10 mai 1947).

La joie de la Libération est passée. La révolution n'aura pas lieu. *Combat* perd de plus en plus de lecteurs, passant bientôt sous le seuil des 100 000. Camus avait déjà pris du recul avec le journalisme à l'automne 1945. Le 5 septembre de cette année-là, Francine, revenue auprès de lui, a accouché de jumeaux, Jean et Catherine. Quinze jours plus tard, au théâtre Hébertot, c'est la générale de *Caligula*, premier succès de scène de Camus, dû pour une large part à un nouveau comédien qui enchante la critique, Gérard Philipe. Henri Troyat croit devoir écrire dans *La Nef* : « Toute la pièce [...] n'est qu'une illustration des principes existentialistes de M. Sartre [8]. » Camus rappelle à la revue que sa pièce a été conçue en 1938 et que son

7. A. Camus, *Essais*, *op. cit.*, p. 338.
8. Cité par H.R. Lottman, *Albert Camus*, Seuil, 1978, p. 385.

*Mythe de Sisyphe* s'en prend aux philosophies existentialistes. Rien n'y fait : les noms de Sartre et de Camus restent accolés, sur un malentendu d'interprétation de leurs œuvres et en raison de leur amitié connue. Pourtant, les liens se distendent entre eux. Sartre et Camus s'opposent sur de Gaulle, et Camus émet plus de réserves que Sartre à l'endroit du communisme. Quand Merleau-Ponty, en privé, justifie les procès de Moscou, Sartre le défend, et Camus ne le supporte pas.

Les éditions Gallimard récupèrent Camus qui y retrouve son bureau, le comité de lecture de la rue Sébastien-Bottin, et met sur pied sa collection, « Espoir », où il publie Violette Leduc, Jacques-Laurent Bost, Colette Audry, en attendant l'œuvre posthume de Simone Weil, morte dans le Kent en 1943.

L'année 1946 confirme les distances que prend Camus avec *Combat*. Du mois de mars au mois de juin, il séjourne à New York, à la demande des Services culturels des Affaires étrangères. Tournée de conférences, interviews, entretiens à la radio, il devient l'un des représentants les plus connus de la jeune littérature française aux États-Unis, d'autant que la traduction de *L'Étranger* paraît aux éditions Knopf au cours de son séjour. La revue *Vogue* achève d'en faire une nouvelle vedette, en comparant son physique à celui du jeune Humphrey Bogart.

De retour à Paris, Camus collabore de nouveau, mais plus épisodiquement, à *Combat*, en donnant notamment son essai *Ni victimes ni bourreaux* en novembre. Le journal bouillonne, en proie au doute et aux zizanies. En son absence, Raymond Aron est devenu l'un des éditorialistes du journal, ce qui déplaît aux rédacteurs de gauche, comme Bost. Le référendum sur le projet constitutionnel, soutenu par les communistes et les socialistes, en mai 1946, a opposé Raymond Aron et Albert Ollivier, partisans du Non (comme de Gaulle), au reste de la rédaction. Les fondateurs du journal, Pascal Pia, Bloch-Michel (Jean Bloch, dit), Georges Altschuler, Jacqueline Bernard, ont demandé à Camus son soutien. Une interminable grève des typographes affaiblit encore le quotidien. Des projets contradictoires de renforcement du capital se débattent dans les coulisses. En mai 1947, Camus reprend la plume. Le problème financier trouve sa solution : Claude Bourdet a déniché un bailleur de fonds en la personne d'Henri Smadja, homme d'affaires devenu propriétaire de *La Presse* à Tunis. Camus refuse de suivre. Le 2 juin, cinq des six actionnaires – Camus, Pia, Jacqueline Bernard,

Bloch-Michel et Ollivier – vendaient leurs actions à Bourdet à leur valeur nominale, le nom de Smadja n'apparaissant pas. Le lendemain, Camus signe son dernier éditorial, un pour-prendre-congé, que lui reproche Bourdet : « La Direction politique et administrative du journal se retire et cède la place à une nouvelle direction. Ceci doit être bien clair. Nous formons les vœux les plus loyaux pour la réussite d'une entreprise qui nous a été chère. Mais, de même que nos camarades qui feront le journal demain ne doivent pas supporter les responsabilités que nous avons prises, de même notre départ nous dégage de toute obligation ultérieure. Il est bien entendu cependant que Claude Bourdet a l'intention de continuer ce journal dans la ligne d'objectivité et d'indépendance qui était la sienne. Par ailleurs, la rédaction du journal reste en place [9]. »

Le grand *Combat* de l'après-guerre est mort. Claude Bourdet lui-même, si indépendant d'esprit, devra passer la main, trouvant à s'exprimer mieux dans *L'Observateur*, fondé en 1950. Sans doute le sort de ce quotidien n'a-t-il pas été exceptionnel : toute la presse issue de la Résistance disparaîtra peu à peu, comme ce fut le cas de *Franc-Tireur* ou de *Libération*. L'échec de cette presse fut aussi l'échec des idéaux de la Résistance qui visaient la révolution après la Libération. Pour *Combat*, ce fut aussi l'échec d'une expérience assez rare, celle d'un écrivain-journaliste. Camus, surtout dans les années 1944-1945, loin d'être un collaborateur lointain, un pigiste, un journaliste qui ne met jamais les pieds dans les bureaux de son journal, s'y était impliqué en entier, aimant le caractère collectif du métier, le bruit des machines, l'odeur du marbre, les plaisanteries et les verres de vin pris avec les typos, le climat de camaraderie des vestiaires de football de sa jeunesse. Il avait commencé à apprécier tout cela à *Alger républicain*. La guerre l'avait renforcé dans la conviction d'une responsabilité immense du journalisme. On ne pouvait pas en laisser l'exercice aux simples amuseurs, aux marchands de papier ou aux propriétaires soucieux de leurs seuls intérêts. Il fallait remplacer la presse vénale d'avant la guerre par un journalisme probe. Les écrivains y avaient leur place.

Les articles de Camus dans *Combat* restent les témoins de cette exigence au milieu des conflits et des incertitudes de

9. A. Camus, *Essais*, *op. cit.*, p. 1562.

l'après-guerre. Il y a fait des émules, suscité d'autres tentatives de cette sorte. Il y avait déjà celle du *Monde*, dirigé par Hubert Beuve-Méry, qu'Albert Camus ne prisait guère, mais qui n'en représentait pas moins un autre exemple d'indépendance.

Camus revient donc à son œuvre d'auteur et d'éditeur. Quelques jours après ses adieux imprimés par *Combat*, il publie *La Peste*, roman allégorique sur l'Occupation. Trois mois plus tard, Gallimard se félicite d'en avoir vendu près de 100 000 exemplaires : Camus a brisé le cercle des amateurs ; il est définitivement célèbre. C'est alors que les figures de Sartre et de Camus semblent de plus en plus contrastées. Le premier prône la révolte, et il ne cessera de radicaliser sa pensée. Le second, parti de la révolte, professe la modération, la réforme, la mesure avec un désespoir actif, un humanisme athée, un esprit de fraternité sans leurre, la morale de *La Peste*. En novembre 1948, il situe ainsi sa politique du relatif, dans la revue *Caliban* :

« La démocratie n'est pas le meilleur des régimes. Elle en est le moins mauvais. Nous avons goûté un peu de tous les régimes et nous savons maintenant cela. Mais ce régime ne peut être conçu, créé et soutenu que par des hommes qui savent qu'ils ne savent pas tout, qui refusent d'accepter la condition prolétarienne et qui ne s'accommoderont jamais de la misère des autres, mais qui justement refusent d'aggraver cette misère au nom d'une théorie ou d'un messianisme aveugle [10]. »

« La Démocratie. Exercice de la modestie. » Tel était le titre de l'article. Camus s'y est mal fait comprendre. A preuve cette lettre d'un inconnu de vingt-deux ans, ancien déporté, adressée à André Gide en février 1946 : « L'effrayante absurdité des Sartre et des Camus n'a rien résolu et n'ouvre que des horizons de suicide [11]. » Camus était parti de l'absurde ; loin de nier le bonheur, il l'exaltait, tout en soulignant la conscience de nos limites. L'écrivain s'expose toujours au malentendu.

10. *Ibid.*, p. 1582.
11. A. Gide, *Journal 1939-1951*, *op. cit.*, p. 294.

## 44
# *Le parti des Fusillés*

Malgré leur rapide célébrité et leur audience grandissante, Sartre et Camus n'exercent qu'une influence marginale, comparée à celle des deux grandes puissances spirituelles ou idéologiques : le monde catholique et la mouvance communiste. L'une et l'autre reproduisent l'une contre l'autre le conflit séculaire des deux France, laïque et chrétienne. La double nouveauté tient au regain de ferveur et d'adhésion que connaît alors le catholicisme (comme dans les années qui avaient précédé la Grande Guerre) et l'avènement du Parti communiste au premier rang des partis français. Le terme de « conflit » traduit mal la nature exacte des relations entre ces deux pôles de l'opinion : bien des intellectuels passent de l'un à l'autre, tandis que certains s'évertuent à concilier la foi chrétienne et l'adhésion au communisme, à l'exemple d'un Maurice Caveing qui resta catholique tout en animant la cellule de la rue d'Ulm de 1946 à 1948[1]. D'un côté, on voit Pierre Hervé, agrégé de philosophie, rompre des lances dans *L'Humanité* avec François Mauriac, écrivain catholique du *Figaro* ; de l'autre côté, on observe des intellectuels catholiques désireux de faire la révolution avec les communistes, et réciproquement le Parti communiste soucieux d'appliquer la politique de « la main tendue » envers les catholiques. Du reste, catholiques et communistes ne gouvernent-ils pas ensemble, en compagnie des socialistes, de la Libération au mois de mai 1947 ?

En cinq années, le PCF, anéanti par l'interdiction lancée en 1939, s'est hissé au premier rang. Et, d'abord, au premier rang de la gauche, au détriment du Parti socialiste. La Résistance,

1. A. Kriegel, *Ce que j'ai cru comprendre*, Robert Laffont, 1991, p. 327.

dans laquelle il est entré officiellement avec retard, lui en a offert l'occasion. Le Parti s'honore de ses héros et de ses martyrs. Par tous ses organes, il répand le bruit à la fin de la guerre qu'il est « le parti des 75 000 fusillés ». Le chiffre étant sans rapport avec la réalité, d'aucuns, euphémiques, préfèrent dire : le parti des Fusillés, ce qui est encore trop puisqu'il n'a pas le monopole des tués, des sacrifiés, des déportés. Et puis, à certains individus près, le PCF ne mérite pas la palme de la promptitude. En revanche, il a su exploiter toutes les ressources d'une organisation léniniste, rompue à la clandestinité. Tandis que les militants socialistes s'engagent dans les divers mouvements de Résistance existants, les communistes savent d'emblée protéger et perpétuer leur organisation partisane, et contrôler le Front national, les FTP dans le domaine militaire, ou le CNE chez les intellectuels [2]. Ainsi que le soulignera Claude Bourdet, quand bien même la Résistance non communiste avait été la plus nombreuse, « les communistes avaient acquis dans les organes de la Résistance un poids sans commune mesure avec leur importance dans le pays [3] ». Tout comme 1936, autre moment de grand essor, cette période est celle d'une conciliation entre la vocation internationaliste du PCF, section de l'Internationale communiste, et sa vocation nationale.

Le Parti communiste est aussi « le parti de la classe ouvrière ». C'est dans la clandestinité qu'il réussit à conquérir, sous la direction de Benoît Frachon, la majorité de la CGT, en valorisant sa double fonction : « L'action revendicative n'est pas séparée de la lutte pour la libération nationale : elle la complète », lisait-on dans *La Vie ouvrière* du 7 janvier 1943. Le Parti communiste s'emploiera à accréditer l'idée selon laquelle « la classe ouvrière est à l'avant-garde des forces combattantes » (*L'Humanité*, 1er avril 1943). A l'harmonie entre lutte patriotique et internationalisme (l'URSS résiste de son côté à l'Allemagne hitlérienne) s'ajoute cette autre harmonie entre la lutte de classe et la Résistance. Un parti à la fois ouvrier et national, sous couvert d'apolitisme et d'« union de tous les Français ».

Le prestige de l'URSS contribue pour beaucoup dans le

2. M. Sadoun, *Les Socialistes sous l'Occupation*, PFNSP, 1982 ; Stéphane Courtois, *Le PCF dans la guerre*, Ramsay, 1980.
3. C. Bourdet, *L'Aventure incertaine*, Stock, 1975.

rayonnement du parti français, y compris aux yeux des anticommunistes. La victoire de Stalingrad – qui fut aussi la première capitulation d'une armée nazie, en février 1943 – marque tous les esprits et en décide beaucoup à adhérer :

« Stalingrad, écrit Edgar Morin, balayait pour moi, et sans doute pour des milliers comme moi, critiques, doutes, réticences. Stalingrad lavait tous les doutes du passé quand il ne les justifiait pas. La cruauté, les procès, les liquidations trouvaient leur finalité dans Stalingrad. La retraite de 1941, les angoisses, tout cela aboutissait au piège génial de Staline. Staline s'identifiait à la ville de son nom, celle-ci à l'usine Octobre rouge avec ses ouvriers en armes, l'usine à la Révolution de 1917, et tout cela à la liberté du monde, à la victoire enfin en vue, à tous nos espoirs, à l'avenir radieux.

« – Oui, Staline est génial, me disait Rolland.

– Évidemment, ça fait un peu con de le dire, mais c'est vrai [4]… »

Dans la fascination exercée par le communisme au lendemain de la guerre, l'effet de puissance qu'il dégage n'a pas compté pour peu. Adhérer au communisme, c'est non seulement entrer dans une organisation française de gouvernement aux multiples ramifications, mais aussi choisir d'appartenir à un ensemble géopolitique promis à s'accroître, dont l'URSS est la tête. Le communisme, c'est l'avenir. On s'y inscrit dans l'euphorie de la victoire, ou tout simplement pour s'assurer une place.

Le développement exponentiel du PCF au lendemain de la Libération a été étudié de près. Prenons l'exemple de Puteaux, dans la banlieue parisienne. Le 26 août 1944, la section locale compte 40 adhérents, contre 400 en 1939. Dès le 10 septembre, 180 ; le 10 décembre, 610. Dans la même commune, le PCF dispose d'« organisations de masse » plus faciles d'accès, qui se révèlent très fréquentées au mois d'octobre : 500 membres dans les Gardes patriotiques ; 40, dans les Forces unies de la jeunesse patriotique ; 100, dans l'Union des femmes françaises ; 180, chez les Amis de l'URSS ; 1 200, dans le Comité des ménagères [5]. Toujours à l'ouest de Paris, cette fois dans une commune on ne peut plus bourgeoise, à Neuilly, la section, qui

4. E. Morin, *Autocritique*, Seuil, 1959, p. 46-47.

5. S. Robles, « La section de Puteaux. Effectifs et militants communistes », cité par A. Kriegel, *op. cit.*, p. 248.

revendiquait 250 membres en 1937, en recense 855 à la fin de 1947 [6]. Cessant d'être spécifiquement ouvrier, le Parti communiste devenait un parti « attrape-tout ».

Les résultats des élections qui se succèdent jusqu'à l'établissement constitutionnel de la IVe République confirment cette formidable poussée du « Parti » – ainsi abrège-t-on désormais comme s'il était déjà un parti unique. Aux élections de la première Assemblée constituante, le 21 octobre 1945, le PCF se place en tête, dépassant avec ses alliés progressistes les 5 millions de voix, ce qui représente 26 % des suffrages exprimés, et obtenant 151 sièges contre 150 aux MRP. Contre toute attente, les socialistes n'arrivent que troisièmes. Il faudra attendre un tiers de siècle environ pour voir la hiérarchie des partis de gauche se retourner en faveur du Parti socialiste. Le 24 octobre 1945, un titre énorme barre la « une » de *L'Humanité* : « Le Parti Communiste Premier Parti de France. »

Les élections suivantes confirment sa place prépondérante dans la vie politique française. Après la ratification du second projet constitutionnel, on passe à l'élection de la première Assemblée nationale, le 10 novembre 1946. Cette fois, les communistes raflent plus de 28 % des suffrages exprimés (devant le MRP, 26 %, et les socialistes, moins de 18 %). De surcroît, le PCF couvre toutes les régions, et non plus seulement les agglomérations industrielles ; il est devenu un vaste parti populaire, « interclasses ». Ayant participé au Gouvernement provisoire présidé par le général de Gaulle, il avait cessé de camper à la périphérie de la société et acquis la respectabilité, guettant le bon moment pour faire l'éventuel coup de force. C'est en toute légalité que les communistes sont au pouvoir, qu'ils partagent avec ceux que la Résistance a légitimés. Au même moment, en 1944 (précédé de l'épisode d'Alger en 1943), les catholiques, eux-mêmes marginalisés politiquement par la IIIe République, font leur retour en force dans l'État, par le truchement du général de Gaulle, mais aussi d'une démocratie chrétienne aux couleurs du MRP.

Que veut le Parti communiste à la Libération ? Compte-t-il faire ou non la révolution ? Poser ainsi la question serait oublier que le PCF n'a pas que des visées nationales, qu'il relève d'un ensemble dirigé de Moscou, même si, pour des raisons diplo-

6. A. Kriegel, *ibid.*, p. 344.

matiques, Staline a dissous le Komintern en 1943. Certes, il peut prendre des initiatives sans en référer au Centre du « camp socialiste », comme d'autres l'ont fait ou le feront, mais au risque de rompre avec l'URSS, ce qui n'est pas pensable de la part d'un parti dont le chef se trouve précisément depuis plusieurs années à Moscou, et qui s'est montré tout au long de son existence d'une parfaite orthodoxie. Staline, qui veut alors avoir les mains libres à l'Est, n'est pas fâché qu'un de Gaulle puisse s'opposer à l'Ouest à l'hégémonie anglo-saxonne. Sans entrer dans le détail des péripéties et des espérances particulières, il est manifeste que, très vite, le Parti communiste français s'est rallié à une légalité républicaine, que le retour de Maurice Thorez en novembre 1944 a facilitée [7]. Alors qu'au début de novembre 1944 les communistes tiennent meeting au Vel'd'Hiv' pour faire applaudir la Garde civique républicaine, avatar des Milices patriotiques, créées par le PCF au printemps 1944, qui pourrait être le fer de lance d'un assaut révolutionnaire, Maurice Thorez, rentré le 27 novembre de son exil russe avec l'accord de De Gaulle, entérine la dissolution de cette armée parallèle et lance les communistes dans la bataille de la « Renaissance française », qu'on ne saurait confondre avec une autre prise du palais d'Hiver. En janvier 1945, tout est rentré dans la légalité.

Pour un certain nombre de militants et d'intellectuels, l'alliance objective entre de Gaulle et Staline (officialisée par le voyage du Général à Moscou et la signature du pacte franco-soviétique le 9 décembre 1944) ruine brutalement les chances d'une révolution possible. Pourtant, le Parti avait tout pour la réussir : son appareil clandestin, son armée, ses troupes ; il a suffi des intérêts prédominants de l'URSS pour l'empêcher. Devait-on attendre l'arrivée de l'Armée rouge ? Jamais situation aussi favorable ne se représenterait ! Pareil raisonnement fait bon marché de la réalité infiniment moins « révolutionnaire ». Comme dit alors Camus, la France et son destin sont liés à une texture internationale : on ne fait pas une révolution *intra muros* quand les Anglais et les Américains sont dans la maison, quand l'enjeu du moment reste la victoire définitive sur l'Allemagne et le Japon, etc. Et puis, qu'en est-il des forces

7. Voir M. Agulhon, « Les communistes et la libération de la France », in *La Libération de la France*, Actes du Colloque de Paris de 1974, Éditions du CNRS, 1976 ; Ph. Robrieux, *Histoire intérieure du Parti communiste 1945-1972*, Fayard, 1981.

réelles du communisme français ? De Gaulle, auquel André Gillois demandait, le jour même du Débarquement, ce qu'allaient faire les communistes, lui répondit : « Ils ne feront rien, tout au plus, en certains points isolés, des initiatives locales essaieront de soulever les populations à leur profit, mais d'action concertée il n'y en aura pas. Leurs chefs savent aussi bien que moi qu'ils iraient à un échec et ils ne s'y exposeront pas[8]. » Les résultats électoraux eux-mêmes, si satisfaisants soient-ils pour les communistes, marquent les limites de leur ascension. Au référendum d'octobre 1945, portant sur deux questions, et alors que les communistes, contrairement aux socialistes et aux gaullistes, préconisent la réponse Oui-Non (Non aux limites temporelles de l'Assemblée constituante) dans une campagne où ils déployèrent toute leur ardeur et une débauche de propagande, ils essuient un échec patent. Et renouvelé, lors du premier référendum constitutionnel, qui vit le Oui soutenu par les communistes et les socialistes en minorité. Premier parti français, les communistes n'en dominent pas pour autant l'opinion. Après le départ du général de Gaulle en janvier 1946, ils se maintiennent au pouvoir, membre d'un tripartisme qui explose en mai 1947, peu de temps avant l'entrée définitive du monde dans la Guerre froide.

La pénétration du communisme, au cours de ces trois années qui s'enchaînent sur les derniers combats de la Résistance, reste un des phénomènes majeurs de l'histoire politique française. Les intellectuels furent courtisés, comme les autres couches sociales sans doute, mais de façon particulière. Ils comptaient moins comme électeurs potentiels que comme symboles de prestige : les conquérir, c'était gagner au Parti leur influence sociale. Pourtant, contrairement au Parti communiste italien, le Parti communiste français était et resta ouvriériste. A part Georges Cogniot, normalien et agrégé, il comptait peu d'intellectuels dans ses hautes sphères (Comité central, Bureau politique, Secrétariat). Il s'agissait donc de séduire les intellectuels, de s'en servir, et certainement pas de les porter au pouvoir de l'organisation.

Devenu parti national depuis 1935-1936, le Parti communiste se réapproprie le patrimoine culturel de la France. Il ne manque

8. A. Gillois, *Boulevard du temps qui passe*, Le Pré-aux-Clercs, 1986, p. 184.

aucune occasion de célébrer la mémoire de Descartes, Diderot, Hugo, France, Zola… Aux Éditions sociales, que les communistes détiennent, ils créent la collection des « Classiques du peuple », où voisinèrent Charles Fourier et Molière, Louis Pasteur et Jules Guesde, Beaumarchais et Auguste Blanqui… La mort de Romain Rolland, en février 1945, leur fournit l'occasion de multiples cérémonies, Thorez se rendant en personne à Vézelay pour apporter « au grand disparu » l'hommage du Parti communiste, tandis que son Comité central chante les louanges de celui qui avait montré la voie aux intellectuels français « dans les jours les plus durs ». Le 6 novembre 1945, le Parti organise une de ces célébrations hautement culturelles, au Palais de Chaillot, pour célébrer le dixième anniversaire de la mort d'Henri Barbusse.

Régulièrement, la « une » de *L'Humanité* s'énorgueillit avec lyrisme de l'adhésion d'écrivains, d'artistes, de savants de renom. Le 1^er^ septembre 1944, Marcel Cachin souhaite la « Bienvenue à Joliot-Curie ! » : « Notre Parti voit ainsi venir à lui les intelligences supérieures, les esprits formés aux méthodes d'analyse les plus rigoureuses. Déjà Langevin s'est inscrit depuis longtemps dans nos rangs et le communisme est adopté par plus d'un maître de la Sorbonne, du Collège de France et des autres établissements d'enseignement supérieur. […] Voilà que les savants font leur retentissante adhésion ! » Le 5 octobre, le quotidien communiste titre à la « une » avec photographie : « Le plus grand des peintres aujourd'hui vivants Picasso a apporté son adhésion au Parti de la Renaissance française. » Paul Éluard y va de son commentaire : « J'ai vu aujourd'hui Pablo Picasso et Marcel Cachin s'embrasser. Et j'ai vérifié la noblesse de l'intelligence et du cœur en entendant Picasso remercier le peuple de France en adhérant à son plus grand Parti : celui des Fusillés. »

Le Parti communiste de la Libération se pose en grand rassembleur de l'intelligence française épurée. *Les Lettres françaises*, organe du CNE sous son contrôle, et que dirige Claude Morgan, offrent leurs colonnes à tous les écrivains estampillés « résistants », dès septembre 1944. Morgan, fils de l'académicien Georges Lecomte, après avoir transité par l'Action française, a adhéré au Parti communiste en 1937 et a été engagé, en 1939, par Aragon à *Ce soir*. Il assume les destinées des *Lettres françaises* après la mort de Jacques Decour et en restera le directeur jusqu'en 1953. Il s'y entoure des communistes Louis Aragon, Claude Roy, Paul Éluard, Édith Thomas, Jean-Richard Bloch (à son retour de l'URSS, où il s'occupait de la radio de langue française pendant la guerre) ; des compagnons de route, Jean Cassou, Claude Aveline, Tristan Tzara, Loÿs Masson, mais encore de Julien Benda, Alexandre Arnoux, Dominique Aury, François Mauriac, Jean-Paul Sartre, Michel Leiris, Pierre Emmanuel, Luc Estang, Jean Paulhan (dont le nom figure en manchette du journal à côté de celui de Jacques Decour, comme « fondateurs »), Georges Duhamel, Louis Martin-Chauffier, André Chamson…

*Les Lettres françaises*, qui participent à l'épuration, publient la liste noire du CNE, celle des écrivains à boycotter, avec lesquels on se refusera « à tout contact sur le plan professionnel » : Pierre Benoit, Robert Brasillach, Georges Blond, Sacha Guitry, Jacques Chardonne, Marcel Jouhandeau, Lucien Rebatet, Louis-Ferdinand Céline, Alfred Fabre-Luce, mais aussi Jean Giono, auquel Tristan Tzara consacre un article sous le titre dépourvu d'ambiguïté : « Un romancier de la lâcheté : Jean Giono » (« Partout où le Boche se manifestait, où la trahison se servait de la langue de Diderot, de Baudelaire et de Rimbaud, Giono se montra dans la nudité de son ignominie » – 27 octobre 1944).

Si *Les Lettres françaises* dénoncent, elles encensent également. Articles et poèmes se succèdent à la gloire des héros et martyrs du Parti ou sympathisants, tués au combat, fusillés ou morts en déportation comme Robert Desnos. Quand meurt Romain Rolland au début de l'année 1945, Aragon lance un comité « Romain Rolland au Panthéon ! ». Le soldat inconnu du communisme soviétique est glorifié par Jean-Richard Bloch, qui livre aux lecteurs tout le sens de la guerre qui s'achève : « A Stalingrad comme sur l'Oder, c'est non seulement un commandement qui l'a emporté sur un autre commandement – mais un système de pensée sur un autre système, l'ordre social né de ce système sur l'ordre social né de l'autre système – et l'homme nourri ainsi sur l'autre homme – l'homme bolchevik sur l'homme nazi » (3 février 1945).

Au fil des numéros du « premier hebdomadaire français », la prise en main du journal, d'abord éclectique, par les communistes s'accentue. En août 1945, Loÿs Masson rappelle à l'ordre Georges Bernanos sur le thème : il n'y a pas d'avenir sans les communistes (« Si vous aviez vu mourir les communistes sous l'Occupation ! si vous aviez vu vivre les communistes, niant par la force de l'amour les quatre murs de mort qui les entouraient ! Et si vous vouliez regarder l'avenir !... »). En octobre, Claude Morgan mène campagne contre « le plébiscite », contre les « oui-ouistes » : « C'est aujourd'hui le temps du refus. » En novembre, le directeur du journal s'en prend à Mauriac, qu'il juge trop gaulliste (« Mais est-ce une raison, parce qu'on admire le courage et la clairvoyance d'un homme à un moment déterminé, pour lui abandonner aveuglément le pouvoir et renoncer en sa faveur aux avantages de la démocratie ? »). En décembre, peu après que Sartre a lancé le premier numéro des *Temps modernes*, on fait donner le canonnier Roger Garaudy pour réduire au néant le « faux prophète ». Ici, l'entreprise est d'importance. Le Parti entend neutraliser le philosophe le plus populaire du moment, capable de gagner une partie de la jeunesse intellectuelle à sa cause. Garaudy dépeint l'existentialisme comme « une maladie », une philosophie déconnectée du réel, et d'abord de la science, un subjectivisme, une « philosophie de ratés » : « Par le mirage d'une liberté solitaire et sans forme, séduisante pour l'homme sans racine et désespéré d'impuissance, Sartre conduit nos étudiants dans une impasse [9]. »

L'attention accordée aux intellectuels vire à l'obsession. Dans son interminable rapport au X^e^ Congrès du PCF, tenu à Paris du 26 au 30 juin 1945, Maurice Thorez lance le programme d'une Renaissance française, où se tient en bonne place la Renaissance « morale et intellectuelle ». Après avoir évoqué l'indispensable réforme démocratique de l'enseignement, il ajoute : « Il est également nécessaire d'aider et de coordonner la recherche scientifique et technique, d'encourager la création artistique, de permettre à tous les intellectuels de donner à leurs travaux une pleine efficacité, pour le bien de la France. » Enfin, Maurice Thorez salue chaleureusement Paul Langevin, qui vient de mettre en route l'*Encyclopédie de la Renaissance française*, « qui se propose de reprendre et de faire progresser, dans les conditions de notre époque, l'héritage des grands penseurs du XVIII^e^ siècle [10] ».

Parti des Fusillés, le Parti communiste était aussi le parti de

9. R. Garaudy, « Sur une philosophie réactionnaire. Un faux prophète : Jean-Paul Sartre », *Les Lettres françaises*, 28 décembre 1945.

10. M. Thorez, *Une politique de grandeur française*, Éditions sociales, 1945 : ladite encyclopédie n'a jamais vu le jour.

l'avenir. Comme l'écrit Edgar Morin, « nous étions à la fois les victimes et les vainqueurs ». Grâce à ses martyrs, le PCF était lavé de tous les soupçons qui pesaient sur lui jusqu'en 1941, absous des procès de Moscou, des purges sanglantes, du pacte germano-soviétique – réapprécié comme un moment éminemment tactique dans la stratégie du génial Staline. Grâce à l'URSS victorieuse, le marxisme-léninisme s'impose à beaucoup comme le seul horizon possible de « l'espèce humaine » – titre d'un beau livre écrit en 1947 par Robert Antelme, ancien déporté rescapé de la barbarie nazie. Choisir le communisme n'est pas choisir une tendance politique, un parti parmi d'autres, un peu mieux que les autres, c'était opter pour l'humanité : « Je tenais que le communisme, comme l'explique Annie Kriegel, [était] une étape historique qui marquerait dans l'évolution des civilisations humaines un tournant aussi important que l'avait été le christianisme [11]. »

Outre les publications du Parti ou contrôlées par le Parti comme *Les Lettres françaises*, *La Pensée*, *Action*, dont les pages littéraires sont dirigées par Francis Ponge, ou *La Nouvelle Critique*, les étudiants et les intellectuels communistes ou sympathisants disposent de divers lieux d'éducation et de rencontre. Ainsi l'Université nouvelle, inaugurée le 11 novembre 1945, où l'on vient entendre Marcel Prenant, professeur d'anatomie comparée à la faculté des sciences de la Sorbonne, ancien chef d'état-major des FTP et ancien déporté, Paul Langevin, Henri Wallon, Roger Garaudy, Henri Lefebvre, le géographe Pierre George, Georges Gosnat, les historiens Jean Bruhat, Jean Dautry, Albert Soboul, Émile Tersen…

A la fin de juin 1946, le Parti communiste organise, salle Pleyel, la plus grande rencontre intellectuelle depuis la guerre, le Congrès de la Pensée, ouvert à tous les scientifiques et aux littéraires, sous le regard des communistes, compagnons de route et sympathisants. « Ce qui frappe le plus dans ce congrès, écrit *L'Humanité*, c'est son unité profonde, son unanimité. La pensée française s'est retrouvée là, unie, unanime, comme elle l'avait été au temps de l'occupation et de la résistance, comme elle le restera désormais. […] Lutte pour la Paix, contre la conjuration des fauteurs de guerre, lutte qui s'accompagne nécessairement de la dénonciation du pacifisme réactionnaire

11. A. Kriegel, *op. cit.*, p. 322.

à la Giono ou à la Céline, ces fourriers du fascisme ! […] Voilà ce que clamait notre grand ami Aragon, avec son élan et son brio coutumiers, et le président Jean Cassou, saluant la République… » (6 juillet 1946). Le même article évoque le changement survenu depuis la guerre : « Le Comité national des écrivains réunit nos gloires les plus authentiques, tandis que les Académies réactionnaires, qui jadis donnaient le ton, se raccrochent désespérément à un passé poussiéreux et mort, tombent elles-mêmes en poussière. »

La puissance de séduction du communisme a entraîné des intellectuels de renom à s'inscrire au Parti, suscité aussi l'afflux d'intellectuels de deuxième ordre en quête de place, d'honorabilité, de public. Ceux-là sont prêts à servir le Parti dans toutes ses variations et manifestations [12]. Cette aura a poussé de nombreux étudiants à rallier l'UJRF (Union des jeunesses républicaines de France) ou le Parti lui-même. Elle a grossi les rangs des compagnons de route qui, sans prendre leur carte, se manifestent en alliés fidèles. Elle a de surcroît exercé son influence au-delà de ces premiers cercles d'adhérents ou de sympathisants. Toutes les forces intellectuelles de gauche doivent se déterminer en fonction du communisme. Le Parti socialiste a perdu toute force d'attraction. L'ouvriérisme même du PCF encourage les intellectuels à se sentir solidaires du plus puissant mouvement d'émancipation prolétarienne. Les allures de communisme « national » que Thorez donne alors au Parti ont annulé les doutes de ceux qui reprochaient au Parti sa subordination à Moscou : « Le Parti était le gardien farouche de la pureté patriotique [13]. » Contrairement au contenu de sa propagande d'avant-guerre, le PCF ne prêche plus le bolchevisme ; il se réfère à la démocratie républicaine ; mieux, il se présente comme son aile avancée. Une démocratie purifiée, incorruptible, vertueuse : « A la limite, écrit Maurice Agulhon, qui fut l'un de ces normaliens séduits, l'opposition du communiste au socialiste n'est plus l'opposition doctrinale du léninisme à la démocratie républicaine mais l'opposition du Pur à l'Impur (ou au moins pur) [14]. »

François Mauriac, un des rares écrivains à ne pas être inti-

12. J. Verdès-Leroux, *Au service du Parti*, Fayard/Minuit, 1983.
13. M. Agulhon, « Vu des coulisses », in *Essais d'ego-histoire*, Gallimard, 1987, p. 21.
14. *Ibid.*, p. 23.

midé par la montée en puissance du Parti communiste, se demande, dès décembre 1945, dans *Le Figaro*, si les communistes français peuvent défendre cette démocratie républicaine « sans rompre toute attache avec le régime soviétique[15] ». Concession à l'esprit du temps : Mauriac rend hommage à « l'œuvre grandiose » de l'URSS, mais c'est pour mieux affirmer que la démocratie communiste n'a que peu de chose à voir avec la démocratie républicaine : « Vous avez beau dire : vous ne pouvez à la fois vous réclamer d'un régime totalitaire, et vous poser en défenseur des principes de 1789. » La question reste suspendue à la suite des événements. Pour l'heure, les communistes sont au gouvernement et entendent fonder une nouvelle République constitutionnelle, non faire la révolution. Mais demain ?

15. F. Mauriac, *Mémoires politiques*, *op. cit.*, p. 332.

## 45

# *Le retour des catholiques*

La Seconde Guerre mondiale a été l'occasion de l'intégration définitive des catholiques dans la République. La hiérarchie de l'Église n'y est pour rien : à de rares exceptions près – celle notamment d'un cardinal Saliège à Toulouse, celle d'un cardinal Liénart à Lille, d'un Mgr Chevrot, de quelques autres courageux –, l'épiscopat, en tant que corps, se montra d'un maréchalisme ou d'un pétainisme révérencieux. Par là même un risque grave menaçait le monde catholique français, celui d'une nouvelle compromission de l'Église avec un régime d'ultra-réaction. Lorsque de Gaulle, à Alger, en 1943, voulut faire entrer un prélat dans son gouvernement provisoire – symbole, à côté de la présence communiste, de l'union nationale –, il ne put y parvenir. Le régime de Vichy, que les éminences prisaient, n'était-il pas une revanche contre la République laïque ?

Le monde catholique ne présente plus la même unité qu'au temps de l'affaire Dreyfus. A cette époque, les dreyfusards ne forment qu'une poignée parmi les fidèles de l'Église. Le pluralisme s'est instauré entre les deux guerres. La condamnation de l'Action française en 1926 a libéré les tendances démocratiques et libérales du catholicisme. Une nouvelle génération, celle d'Emmanuel Mounier, a voulu même dépasser l'objectif des démocrates-chrétiens qui était de réconcilier les catholiques et la démocratie parlementaire et laïque : *Esprit* s'est déclaré « révolutionnaire ». Des ordres religieux, les Dominicains, les Jésuites, lancent des publications qui tranchent nettement sur le conformisme de la droite conservatrice : *Les Études*, *La Vie intellectuelle*, *Sept*, *Temps présent*… qui, lors des grandes crises qui ont secoué la France et l'Europe dans les années trente, prennent souvent des positions d'avant-garde sur le gros de la troupe. La troupe elle-même se trouve rajeunie par l'essor des mouvements de jeunesse (JOC, JEC, JAC…), d'où sont sortis pendant l'Occupation nombre de Résistants.

La légitimité républicaine change de nature. Sous la IIIe République, elle était fondée sur l'adhésion aux lois laïques. Depuis la Seconde Guerre mondiale, elle repose sur la participation à la Résistance ou à la France libre. Bon nombre de « laïques », radicaux et socialistes, ont été compromis par leur acceptation du régime pétainiste. En face des évêques et des archevêques, dans leur majorité favorables au Maréchal, une grande partie de la jeunesse catholique a suivi le général de Gaulle, lui-même catholique notoire. Les *Cahiers du Témoignage chrétien* ont été un des fleurons de la presse clandestine, sans compter tous les chrétiens qui ont animé *Défense de la France*, *Combat*, etc. La Résistance catholique a accouché du Mouvement républicain populaire (MRP), dont les chefs sont tous des résistants, Georges Bidault président du CNR, François de Menthon, André Colin, Maurice-René Simonnet, Pierre-Henri Teitgen, Maurice Schumann, porte-parole de la France libre à Londres… La fraternité d'armes avec les laïques, les socialistes, les communistes, les membres des autres confessions, les libres penseurs, avait fait sortir de nombreux croyants de leur « forteresse assiégée ». Un climat tout neuf offre aux catholiques combattants des places, une audience, une influence que l'Église avait perdue depuis la fin du XIXe siècle. Des catholiques affichés deviennent ministres et même chefs de gouvernement, ce qu'on n'avait pas vu depuis les temps macmahoniens de l'Ordre moral.

La guerre et la traînée de drames qu'elle provoque, la peur, l'angoisse, les séparations, ont ramené des croyants vers les lieux de culte. Un regain de ferveur soutient les élans missionnaires vers les couches sociales « déchristianisées » – et avant tout les ouvriers. Depuis *La France pays de mission ?* publié par les abbés Godin et Daniel en 1943, prêtres et militants catholiques prennent conscience de l'indifférence en matière religieuse, voire de l'athéisme déclaré, « en milieu prolétaire ». La même année a été fondée la Mission de Paris, parallèlement à la Mission de France, visant à créer des communautés missionnaires. La Libération venue, quelques-uns de leurs prêtres entrent à l'usine : c'est le début du mouvement des « prêtres-ouvriers », dont l'expression est lancée par Henri Perrin (*Jour-*

*nal d'un prêtre-ouvrier en Allemagne*) – mouvement auquel il sera mis brutalement fin en 1953.

C'est dans ce contexte nouveau, de renaissance et d'inquiétude, que de grandes voix catholiques se font entendre – celle de François Mauriac notamment. Que ce grand bourgeois arrivé, honoré, envié, ait été résistant n'est pas le moindre de ses mérites. A la Libération, il occupe une place particulière : membre du Front national, il ne se porte pas moins à l'avant-garde de la protestation contre l'épuration intellectuelle, comme on l'a vu. Largement dépassé sur sa gauche par ses cadets qui fraient avec les communistes, il accorde sa confiance d'abord à de Gaulle, ensuite au MRP. Quand le chef de la France libre et le mouvement démocrate-chrétien se séparent en 1946, Mauriac reste fidèle au MRP. Au lendemain de la guerre, on le sent préoccupé par la place des chrétiens dans la République en construction et par la menace que représente à ses yeux la montée en puissance du Parti communiste. Devenu chroniqueur régulier du *Figaro* de Pierre Brisson, il ferraille avec Pierre Hervé, jeune bretteur d'*Action* et de *L'Humanité*.

Le 28 octobre 1945, il s'interroge sur le cléricalisme, à la suite des échos de presse selon lesquels *L'Osservatore romano* aurait invité les Français à renoncer aux lois laïques et anticléricales « qui leur ont fait tant de mal ». Mauriac repousse pareille hypothèse : « Dans un pays peuplé de catholiques, de protestants, de juifs, d'athées, de rationalistes, de marxistes, sans compter cet espoir de la France, la joyeuse cohorte existentialiste, et où toutes les confessions, toutes les négations, toutes les attitudes d'esprit ont leurs partisans et leurs prosélytes, il faut bien que l'État (à moins qu'il ne soit totalitaire) demeure en dehors de la sphère d'influence d'une doctrine et d'un culte particulier, et qu'il les domine tous. Cela va de soi et ne souffre aucune discussion[1]. » Certains de ses lecteurs ayant été étonnés ou scandalisés par cette profession de foi laïque, il revient sur le sujet le 31 octobre. « On peut affirmer que la fécondité de l'Action catholique est en raison inverse de l'aide officielle des pouvoirs publics. Ce que fut son essor, dès le lendemain de la Séparation, nous en avons été tous témoins ; et pour l'interrompre et pour le compromettre un instant, il a fallu la bienveillance redoutable de Vichy, cette protection mortelle. »

1. F. Mauriac, *Journal*, *op. cit.*, IV, p. 159.

En même temps, Mauriac a le souci de défendre ses frères en religion. Pierre Hervé s'inquiète-t-il des « desseins occultes de l'Église romaine », le voilà sabre au clair face à « ce Breton qui a dû recevoir, il n'y a pas si longtemps, le prix de catéchisme », pour lui faire admettre qu'il y a des millions de chrétiens dans le monde « qui s'efforcent de mettre en pratique la Parole qu'ils ont reçue » : « Les catholiques contre qui vous partez en guerre, ceux de *L'Aube*, de *Temps présent*, d'*Esprit*, sont les fils spirituels de Lacordaire et d'Ozanam, des collaborateurs de *L'Ère nouvelle*, que soutenait en 1848 l'archevêque de Paris, Mgr Affre – dont le sang allait être versé sur une barricade, au milieu de son pauvre troupeau. »

Mauriac pousse sa paternelle affection jusqu'à défendre quelques-uns de ses cadets, plus avancés que lui, contre le tonitruant Bernanos. Celui-ci supporte mal de voir en coquetterie une certaine élite intellectuelle catholique avec le communisme triomphant. Il écrit ainsi dans *Temps présent*, en juin 1946 : « Il y a dix ans, la masse catholique penchait dangereusement vers le totalitarisme de droite, avec une élite jeune et dynamique déjà gagnée au fascisme. Aujourd'hui, la même masse penche vers le totalitarisme de gauche, avec une élite jeune et dynamique déjà gagnée au marxisme. Inutile de dire qu'entre-temps le prestige de la force était passé de droite à gauche [2]… » L'intimidation exercée par les communistes rend aveugle : à croire bien des catholiques, il s'agit de ne pas « faire le jeu de la droite », « de respecter les susceptibilités de la classe ouvrière ». « Rien n'est changé, vous dis-je […], à ceci près que ce ne sont plus "les petits mufles de la nouvelle génération maurrassienne" qui m'invitent à garder mon sang-froid devant les "violences nécessaires", mais les affreux petits cancres savants d'*Esprit*. »

A cette philippique, Mauriac répond dans *Le Figaro* du 23 juin 1946. Il rappelle ce que le nom de Bernanos a signifié pendant la guerre aux chrétiens comme lui, tout en soulignant que, si tôt revenu, le grand exilé a repris ses airs farouches de « vieil ange implacable » : « Quand il insulte "les petits cancres d'*Esprit*", il outrage, au lieu de les bénir comme eût fait le Seigneur, les affamés et les assoiffés de justice – dont la faim et la soif suscitent des mirages [3]. » Pour Mauriac, donc, Mounier et

2. G. Bernanos, *Français, si vous saviez (1945-1948)*, Gallimard, 1961, p. 172.

3. F. Mauriac, « La tentation du dégoût », *Journal*, *op. cit.*, V, p. 55.

ses amis sont un peu chimériques, mais ce n'est que le revers de leur exigence de justice. Il ne tombe pas, lui, dans ces illusions lyriques. S'il rend même hommage à Bernanos épris de pureté qui combat l'escroquerie et l'imposture, comme Léon Bloy, comme Péguy, il ne résiste pas à ce coup de pied de l'âne : « Mais ceux-là tenaient fortement la main de la petite fille espérance. Chez Bernanos, la dénonciation [...] se suffit à elle-même : c'est une passion qui s'assouvit. » Alors, qu'il se méfie : « Il existe un automatisme de l'injure et du mépris. » Réponse du berger à la bergère, Bernanos réplique dans *La Bataille* du 17 juillet 1946 : « Comme je l'ai écrit jadis, l'auteur de tant de livres où, sous des noms divers, tantôt sacrés, tantôt profanes, le désespoir charnel transpire comme une eau boueuse au mur d'un souterrain, ne me paraît pas qualifié pour me donner des leçons d'espérance. » Plus loin, le pamphlétaire, qui n'a jamais dédaigné les métaphores sexuelles, lance cette nouvelle flèche : « Je ne songe nullement à nier les bonnes intentions de M. François Mauriac, et ce que je lui reproche, précisément, c'est d'être moins un homme de bonne volonté qu'un homme de bonnes intentions. Chaque bonne intention qui passe lui cligne de l'œil et l'entraîne dans un coin sombre d'où il sort un peu plus épuisé, mais inassouvi. Les jeunes catholiques français ont trouvé la recette excellente, mais à un tel régime ils se débilitent à vue d'œil en face d'un communisme chaque jour plus vigoureux, leur moelle se vide. » Et Bernanos de rappeler qu'il y a toujours une Europe totalitaire, « une Europe pleine de policiers, d'espions, de bagnards et de chambres de torture ». Il ne supporte pas l'idée d'une « future capitulation de l'esprit » devant le communisme.

Bernanos prêche, selon son habitude, à contretemps. Un sérieux décalage horaire le sépare du reste des intellectuels catholiques, du moins de ceux qui se faisaient entendre à l'époque. Et parmi eux, certainement, « les affreux petits cancres savants d'*Esprit* ». La revue de Mounier est sortie renforcée de la guerre, reparaissant dès le mois de décembre 1944, soit près d'une année avant le premier numéro des *Temps modernes*. Datant d'avant-guerre, la revue entre dans la catégorie des publications autorisées à disposer des stocks limités de papier. Une équipe rénovée, amalgame d'anciens et de nouveaux collaborateurs, se met en place. En 1945, le comité directeur regroupe, autour de Mounier, Jean Lacroix, Henri Marrou,

François Goguel, Paul Fraisse, mais aussi Albert Béguin, André Bazin, Joseph Rovan, Paul Flamand… Un jeune homme, Jean-Marie Domenach, ex-étudiant que Mounier a connu à Lyon, et qui a fini la guerre dans le maquis du Tarn sous le commandement de Dunoyer de Segonzac, ancien directeur de l'École des cadres d'Uriage, s'affirme à partir de 1946 comme un secrétaire de rédaction très actif. La revue reste œcuménique : un protestant comme Paul Ricœur y côtoie un athée comme Francis Jeanson, un juif comme Wladimir Rabi, même si les catholiques dominent dans une rédaction complétée, étoffée, renforcée.

*Esprit* a élu domicile à Saint-Germain-des-Prés, devenant, en septembre 1945, locataire des éditions du Seuil, dirigées par Paul Flamand et Jean Bardet, rue Jacob. La petite entreprise, créée avant la guerre, prend un essor décisif après la Libération. Mounier y dirige plusieurs collections « Esprit », qui vont faire du Seuil la grande maison novatrice en matière d'essais politiques, d'études sociales, tranchant en cela avec les éditeurs plus littéraires. Paul Flamand, qui a connu Mounier pendant la guerre au mouvement Jeune France (dont ils furent exclus l'un après l'autre), scelle avec lui une sorte d'alliance dans laquelle chaque partie préservera son autonomie. Cette alliance va faire de la rue Jacob un pôle très attractif pour les catholiques de gauche cherchant à publier des articles ou des livres. La revue, financièrement indépendante, vend chacun de ses numéros à plus de 10 000 exemplaires, comptant vite 5 000 abonnés. Fait remarquable, le Seuil et *Esprit* sont dirigés par des catholiques, lesquels s'entourent de collaborateurs qui ne le sont pas nécessairement. Il faut y voir un signe des temps nouveaux, entamés par Mounier dès la fondation de sa revue : les intellectuels catholiques ne veulent plus se laisser enfermer dans leurs cercles et leurs chapelles. Le pluralisme est le mot d'ordre. Il n'empêche : pendant longtemps, les éditions du Seuil passeront pour une maison catholique, ne fût-ce qu'en raison de leur catalogue, ouvert aux études religieuses, et de la personnalité de leurs directeurs ; *Esprit* aussi, pour des raisons similaires.

L'impératif de l'engagement lancé bientôt par Sartre, Mounier, Béguin, Domenach et leurs amis s'y sont ralliés depuis beau temps. Les morts aux combats et dans les camps sommaient ces jeunes hommes, survivants, de ne pas reprendre bourgeoisement leur place dans la société, de continuer la lutte au nom des idéaux de la Résistance et en mémoire des fusillés et des déportés. Pour les meilleurs, leur vie ne leur appartient plus : ils sont *engagés*. Encore en 1948, Mounier écrivait à Béguin : « Il nous faut à la tête d'*Esprit* une équipe d'hommes à la peau dure, qui se sachent et se sentent en état de guerre spirituelle, et aient les uns pour les autres une sorte de sévérité militaire sous le regard unique de l'amitié... » Tel était le ton de l'époque [4].

Quel reproche Bernanos faisait-il à ces cadets si pénétrés de sérieux, de volonté de servir et d'agir ? Leur aveuglement sur la menace communiste, au moment même où le communisme était en train de triompher à l'est de l'Europe et de s'immiscer en force dans la culture occidentale. De fait, bien des collaborateurs d'*Esprit* vont tourner, comme tant d'autres, autour du Parti. Non qu'ils y adhèrent, mais le communisme lance un défi à la civilisation occidentale ; il offre une solution de rupture avec le régime capitaliste et bourgeois. Par sa puissance même, on ne peut pas faire comme s'il n'existait pas. Il est là, de plus en plus fort, gagnant à lui des partisans dans toutes les couches de la société. Il semble accepter en France les règles de la démocratie ; en tout cas, il en bénéficie puisqu'il participe au gouvernement et y restera jusqu'en mai 1947. Il est paré de son martyrologe, des victoires de l'Armée rouge, des réussites vantées par le régime de l'URSS, du prestige des anciens camarades de combat. Surtout, pour les chrétiens hantés par la pauvreté, le Parti a l'adhésion des ouvriers. Se couper de lui serait se couper des masses.

Les drames de la guerre interdisent à *Esprit*, aux yeux de Mounier et des siens, de se maintenir sur l'Olympe des idées. Il faut descendre sur terre, enfoncer au besoin ses pieds dans la boue, bref accepter la politique. Jean Lacroix, autre philosophe de la revue, insiste sur « l'efficacité temporelle ». Mounier, dès août 1945, récuse « l'attitude spectaculaire » que lui semble avoir prise Albert Camus : « Si notre confrère *Combat*, dont nous ne dirons jamais assez quelle reconnaissance lui doit l'esprit public, nous satisfait moins qu'en ses débuts, c'est dans la mesure où il entretient, devant l'événement et devant les hommes engagés, cet aparté de juges austères qui distribuent

4. Nous reprenons ici un certain nombre de thèmes et de citations de notre ouvrage, *« Esprit ». Des intellectuels dans la Cité, 1930-1950*, *op. cit.*

l'éloge et le blâme comme d'une chaire où l'on ne sent pas toujours passer la grande fraternité des difficultés communes. »

Cette exigence entraîne *Esprit* à considérer les communistes, non plus comme des ennemis, mais comme des alliés. Pot de terre contre pot de fer si l'on se place sur le terrain de l'action, mais beaucoup moins sur le terrain des idées. L'influence de la revue n'était pas négligeable, s'exerçant surtout sur ces couches catholiques en plein essor. Jean Lacroix, dans le numéro de reprise d'*Esprit*, écrivait des communistes : « Nous ne ferons notre révolution qu'en passant par eux. » Et le même, d'affirmer en février 1945 : « L'attitude actuelle du Parti communiste offre à la nation française une chance unique – et [...] il serait criminel de la refuser. *Présentement*, les communistes acceptent de se soumettre à la discipline nationale et de participer, à leur rang, à l'effort de tous pour la victoire et la reconstruction française. »

Cette réconciliation d'*Esprit* avec le communisme avait, en fait, trois dimensions : la volonté de ne pas se séparer du prolétariat, l'intérêt intellectuel pour le marxisme et l'alliance proprement politique pour la révolution portée par les espoirs de la Résistance. Nous avons aujourd'hui le recul suffisant pour juger des illusions de ces intellectuels, qui ne sortent pas d'un point de vue gallocentriste : les réalités du communisme stalinien auxquelles un Bernanos voudrait les rappeler, ils ne veulent pas trop y penser – pour le moment. A leur décharge, il est vrai que la Grande Alliance antinazie conserve encore pour quelques mois belle allure, que Roosevelt et Churchill négocient avec Staline, et que de Gaulle vient de signer un pacte franco-soviétique à Moscou. En cette fin de guerre, le Parti jouit de tous les attraits.

Dans cette séduction exercée par le PCF, le marxisme, qui n'a joué qu'un rôle secondaire, apparaît bientôt à ces intellectuels comme un outil efficace de la conscience politique. Au marxisme, les personnalistes n'empruntent évidemment pas le matérialisme dialectique, mais ils adoptent la méthode de décryptage de l'histoire de Marx et l'impératif d'une praxis à même de transformer le monde. Ces années d'après-guerre sont donc celles où des intellectuels catholiques, un R. P. Calvez, un Henri Bartoli, un Emmanuel Mounier... mettent en chantier leurs écrits sur le marxisme. Dans les Écoles normales supérieures, comme en témoigne Annie Kriegel, catholiques et marxistes échangent leurs arguments et font tour à tour des conférences très suivies. Le jeune Domenach, qui lit *Le Capital* dans ces années-là, fait ses premières armes publiques sur le thème du marxisme et de la conscience politique. *Esprit* qui, au dire de son directeur, avait été avant la guerre de tendance « proudhonienne », prend désormais au marxisme tout ce qu'il pouvait donner à des intellectuels catholiques qui en refusaient l'athéisme.

Les espérances révolutionnaires de la Résistance retombent vite. Les numéros d'*Esprit* de 1945 à 1947 scandent la désillusion sans doute inévitable. Désunion de la Résistance, échec de la réunification ouvrière, renaissance des forces conservatrices (création du RPF en avril 1947 par le général de Gaulle), poids des choses, pesanteur des héritages, et contexte international qui s'ouvre à la fin de 1947 sur la Guerre froide : la nouvelle République rêvée est dans les limbes. Les catholiques de gauche sont alors sommés de redéfinir leur attitude face au communisme. Beaucoup choisissent de ne pas s'éloigner d'un Parti communiste qui continue à représenter la classe ouvrière. Mounier et ses amis sont de ceux-là, refusant la logique manichéenne de la Guerre froide.

Dans un article, « Que doivent faire les catholiques ? », publié par *Action*, au mois de mai 1947, Henri Denis, professeur à la faculté de droit de Rennes, défendant le principe d'un engagement révolutionnaire du chrétien et d'un engagement non séparé des autres forces politiques, prône l'entrée dans « les organisations révolutionnaires » du PCF. C'est l'occasion pour Mounier de préciser son attitude à l'égard des communistes. *Esprit*, écrit-il, exerce un rôle de liaison entre diverses « avant-gardes révolutionnaires » ; la revue ne peut ignorer dans ces avant-gardes un groupe de « chrétiens décidés à faire route dans les rangs du Parti communiste ou à ses côtés ». Il ne veut pas opposer à des « adhésions pratiques » des « condamnations théoriques ». Là où serait l'erreur, ce serait de mettre son christianisme entre parenthèses ou de le tenir en suspens, en niant toutes les contradictions : « Plus audacieusement s'engage le chrétien, plus s'impose à lui le devoir de surveiller et d'entretenir la rigueur de son christianisme, de l'engager incessamment dans des coups de main intérieurs contre sa foi politique afin que l'un et l'autre se précisent et s'affermissent dans cette lutte. »

On pourrait dire que Mounier accepte l'idée qu'on soit compagnon de route avec le Parti, à condition de rester vigilant. A tout prendre, il préfère les risques auxquels s'expose Henri Denis à l'immobilisme paré de spiritualité défendu par un numéro de *Témoignage chrétien*, qui ne veut avoir recours « qu'à des armes de lumière, de vérité et de charité ». Agir, « mettre la main à la pâte révolutionnaire », « greffer l'espérance chrétienne sur les zones vives de l'espérance communiste » – tout en sachant irréductibles les perspectives *dernières* des communistes et des chrétiens, telle est désormais l'attitude que préconise le directeur d'*Esprit*[5].

Le changement, entre l'avant-guerre et l'après-guerre, se voit dans un autre domaine, à travers une polémique – une autre – qui s'instaure entre Mounier et Bernanos au sujet de la technique et du progrès. Bernanos avait rapporté de son exil brésilien *La France contre les Robots*, qui paraît en 1947. L'auteur y proteste avec véhémence contre les ravages causés par une société industrielle et technicienne, dont le productivisme fait peser les plus lourdes menaces sur la liberté humaine. Emmanuel Mounier porte un jugement sévère sur ce livre, y dénonçant ce qu'il appelle « les pires pauvretés intellectuelles contre le machinisme[6] ». Un peu plus tard, le directeur d'*Esprit* publie *La Petite Peur du XXe siècle* – recueil de trois conférences prononcées de 1946 à 1948, où l'antimachinisme de Bernanos et de quelques autres est réduit à « un courant affectif et passionnel ». Et Mounier de se livrer à l'apologie de la technique et de démontrer, textes à l'appui, qu'il n'y a nulle incompatibilité entre le christianisme et la notion de progrès[7].

Bernanos, petit-fils d'un cordonnier réduit à l'état de manœuvre, fils d'un tapissier abonné à *La Libre Parole*, ancien élève de l'école catholique au moment où celle-ci subit les assauts du combisme, champion de la tradition, du lignage et de la chrétienté perdue, ne croit pas au progrès. Héritier de la fierté du travailleur indépendant, il discerne dans le cours des deux derniers siècles « la fin d'un monde » où les hommes

5. E. Mounier, « Communistes chrétiens ? », *Esprit*, juillet 1947.
6. E. Mounier, « L'homme et la technique », *Esprit*, février 1948.
7. E. Mounier, *Œuvres*, III, *De 1944 à 1950*, Seuil, 1962, p. 361 *passim*. Voir M. Winock, « Bernanos et *Esprit* : deux attitudes face à la technologie et à la croissance », Colloque de la Fondation nationale des sciences politiques, décembre 1981, et *Commentaire*, n° 18, été 1982.

étaient libres. Le règne de la démocratie et du Capital, les horreurs du machinisme et de l'usine, le mythe de l'égalité et la civilisation de la « quantité » plongent l'humanité dans un abîme. Faute d'en arrêter la chute fatale, le cri des prophètes finira peut-être par éveiller la conscience assoupie des contemporains.

En réalité, la revue de Mounier avait dénoncé également les « dégâts du progrès » dans les années trente, la crise économique tenant alors à une « crise de suréquipement », de surproduction. Alexandre Marc, dans le numéro de juillet 1933, titrait son article « La Machine contre le Prolétaire ». En octobre 1935, Mounier lui-même s'en prenait à l'« impérialisme spirituel des États et des techniciens », à la « divinisation des forces productrices », il refusait que l'homme ait pour vocation centrale « la domination des forces de la nature »…

Alors que Bernanos garde sa vision antimoderniste, l'inflexion de la pensée de Mounier et des idées d'*Esprit* s'est produite à l'issue de la Seconde Guerre mondiale. Les références bibliographiques de *La Petite Peur* laissent entrevoir de nouvelles sources : *Le Capital* de Marx, les *Problèmes humains du machinisme industriel* de Georges Friedmann voisinent avec les Pères de l'Église. La poussée communiste en Europe et en France incite Mounier à dénoncer le retard du monde chrétien : il « s'est laissé déborder par le mouvement de découverte scientifique, d'organisation technique et de libération sociale ». Trop peu attentifs « aux conditions terrestres du destin spirituel de l'homme », les chrétiens risquent de se trouver « dépossédés pour un temps et sur ce plan de l'initiative libératrice ». Celle-ci, comme à l'époque où les Gentils ont relayé les Juifs, pourrait appartenir à « de nouveaux Barbares ». Sans doute, précise Mounier, « à travers des erreurs et des souffrances nombreuses », mais ils pourraient frayer « les voies que le chrétien moderne n'a pas su ouvrir ».

En ces années d'après-guerre, dans cette polémique, c'est plutôt Mounier qui a l'oreille des catholiques français. La « grande voix sombre » de Bernanos est celle d'un solitaire, entre deux exils, trop fidèle à sa vision du monde et de l'histoire, et qui n'attend rien de l'« aventure prométhéenne » de l'homme. Les explosions atomiques qui ont conclu la guerre ne peuvent que le confirmer dans sa vision apocalyptique. Mais le catastrophisme antimachiniste n'est plus de saison dans un pays qui affronte les réalités de la pénurie et les impératifs de la « reconstruction », et où la civilisation moderne devient la civilisation industrielle et ouvrière. Devant l'immense effort à fournir, *La France contre les Robots* détonne ; *La Petite Peur du XXe siècle* apporte à une génération chrétienne en plein essor (et aux autres) des raisons d'espérer et d'agir, malgré Auschwitz et Hiroshima. Contre l'esprit de catastrophe, l'urgence du travail s'impose – au besoin sous la direction des « nouveaux Barbares ».

Les écrits de Mounier datant de cette époque révèlent un double mouvement. Reprenant ses développements contre le « désordre établi », il continue à assigner à sa revue la mission de dénoncer l'injustice, de séparer la foi religieuse des compromissions bourgeoises. En même temps, Mounier accepte, bien plus qu'à ses débuts, les risques de l'engagement politique – non pas à la traîne d'un Parti communiste, auquel il sait reconnaître des mérites et des attraits, mais selon les préceptes de ce qu'il appelle « l'affrontement chrétien [8] ». Les croyants ne doivent plus faire de complexe d'infériorité ; ils tiennent à honneur de répondre aux défis de Nietzsche et de Marx : leur religion n'est pas aliénation, résignation d'esclaves ou opium du peuple, mais source d'ardeur et d'héroïsme. La fierté, l'optimisme, le sens du devoir caractérisent cette nouvelle génération chrétienne au sortir de la guerre – au détriment, sans doute, de l'analyse rigoureuse de la scène internationale, dont les échos, à la fin de 1947, vont faire trembler les planches du théâtre français.

8. E. Mounier, *L'Affrontement chrétien*, repris dans les *Œuvres*, III, *op. cit.*

# *1948 : Raymond Aron prophète du Grand Schisme*

A la fin de 1947, la tension croissante entre l'URSS et les États-Unis aboutit à la rupture : la Guerre froide commence. C'est d'abord et surtout une guerre idéologique. 1948 est la première année civile entièrement prise dans les eaux glacées de la « paix belliqueuse » qui, selon l'expression de Raymond Aron, oppose dorénavant deux « blocs », deux camps, deux systèmes. C'est aussi l'année du « coup de Prague », par lequel Staline achève de figer les frontières occidentales de l'*imperium* soviétique en Europe, en intégrant la Tchécoslovaquie à l'ensemble des démocraties populaires. De manière aussi dramatique, en 1948 débute le blocus de Berlin. Mais c'est aussi le moment merveilleux des découvertes du biologiste Lyssenko, démontrant qu'une « science prolétarienne » est en passe de supplanter la « science bourgeoise ». On pourrait ajouter d'autres symboles, d'autres manifestations de divorce entre « l'Est » et « l'Ouest », entre autres l'affrontement Staline-Tito, qui enrichit d'une contradiction intrasocialiste le conflit central américano-soviétique. C'est aussi en 1948 que paraît *Le Grand Schisme* de Raymond Aron[1].

Les intellectuels français sont alors placés devant une alternative épineuse. Face à l'offensive communiste, la haute intelligentsia a été globalement tentée par le refus du choix. Rappelons la chronologie de la fracture dans le cadre français. Trois dates scandent la genèse. Les deux premières n'en sont que les prémisses : en mars 1947, alors que la conférence de Moscou sur le sort de l'Allemagne aboutit à un échec, les députés communistes qui soutiennent un gouvernement du tripartisme, où

1. Raymond Aron, *Le Grand Schisme*, Gallimard, 1948.

ils comptent des camarades ministres, s'abstiennent dans un vote concluant à l'Assemblée un débat sur l'Indochine. C'est la première faille notable dans l'alliance entre les trois grands partis sortis victorieux de la guerre, le PCF, la SFIO et le MRP. Au début de mai, elle se creuse : à l'occasion d'un conflit social aux usines Renault, les députés communistes votent alors carrément contre le gouvernement Ramadier. Celui-ci démissionne, avant de présider un nouveau gouvernement dont les communistes sont exclus. Sans autre conséquence apparente : la presse du Parti communiste et surtout le Congrès de Strasbourg qui a lieu en juin 1947 confirment la ligne antérieure des communistes et leur souhait de réintégrer un gouvernement de coalition avec leurs alliés de la veille. Autant de signes avant-coureurs mais nullement décisifs du schisme. C'est Staline, finalement, qui en prend l'initiative : il convoque le 22 septembre 1947 à Slarszka-Poreba, en Pologne, une conférence réunissant les représentants des neuf principaux partis communistes européens (les partis français et italien étant les seuls de l'Europe occidentale) –, conférence au cours de laquelle, sous les auspices de Jdanov, une nouvelle ligne, « anti-impérialiste », est fixée au mouvement communiste international. Sévèrement réprimandés, les représentants français et italiens sont sommés d'en finir avec les atermoiements de l'après-guerre, les complaisances envers les sociaux-démocrates et autres partis bourgeois, et de prendre résolument la tête dans leur pays d'un front anti-impérialiste visant les Américains et leurs alliés. De cette conférence devait naître le Kominform, nouvelle structure de liaison internationale, maintenant les partis communistes européens sous la direction unitaire du Kremlin. La théorie des deux blocs est désormais affirmée. Dès le 2 octobre 1947, en France, Maurice Thorez, lors d'un meeting au Vélodrome d'Hiver, inaugure le nouveau combat Est-Ouest, Communisme-Capitalisme, partisans de la paix-fauteurs de guerre. La bataille est lancée ; elle connaît une intensité rare lors des grèves de novembre, que certains qualifient d'« insurrectionnelles » ; il en résulte la scission syndicale qui voit la naissance de la CGT-Force ouvrière, moyennant le soutien financier des États-Unis *via* le syndicat AFL-CIO. L'année 1948 consomme l'affrontement idéologique et finit par structurer les deux blocs antagoniques.

La base théorique de la nouvelle ligne communiste a donc été définie par le rapport de Jdanov, lu au nom du Comité central du Parti communiste de l'Union soviétique, lors de la première conférence des neuf partis européens qui allaient composer le Kominform. Dans un article des *Cahiers du communisme*, d'octobre 1948, Laurent Casanova rend hommage à Jdanov, mort le 31 août précédent, en insistant sur la fécondité de son « rapport de septembre » – ayant désormais, depuis la fameuse conférence de Pologne, valeur d'encyclique pour toutes les cellules communistes. La « voix secourable » de Jdanov avait formulé les points de repère et les impératifs des nouveaux combats :

1. Si les « positions mondiales du socialisme » sont partout renforcées, on assiste à l'intérieur du monde capitaliste à la prépondérance des États-Unis d'Amérique, puissance « conquérante et impérialiste », qui visent l'« hégémonie mondiale ».

2. Cette situation provoque dans les faits la coupure du monde « en deux camps principaux » : le camp impérialiste, regroupant sous la tutelle américaine « les forces réactionnaires et antidémocratiques », et le camp anti-impérialiste, « dont l'Union soviétique et les démocraties populaires sont le fondement », et qui s'appuie « sur les forces populaires et progressives partout dans le monde ». Le premier prépare « une nouvelle guerre antisoviétique » ; le second lutte « pour l'établissement d'une paix juste et durable ».

3. La politique expansionniste des États-Unis repose sur des plans militaires, un contrôle économique et politique sur les pays dépendants, « la mise en œuvre d'une préparation idéologique minutieuse », le plan Marshall étant « l'expression dernière de cette politique ».

La contre-offensive idéologique exigée par Staline, *via* Jdanov, contre l'entreprise hégémonique des Américains avait une apparence : faire croire à une révolution possible à l'Ouest ; elle avait une réalité : renforcer le glacis des démocraties populaires ; édifier un bloc monolithique sous le contrôle soviétique. Les partis communistes des États occidentaux doivent se faire les relais efficaces, propres à déstabiliser le bloc ennemi, ou tout au moins à l'affaiblir. En entretenant l'agitation à l'Ouest, ils avaient pour mission de laisser les mains libres à Staline en deçà du « rideau de fer », nouveau *limes* de l'empire soviétique élaboré entre 1945 et 1948.

Le Parti communiste, ses militants, ses journalistes, ses intellectuels, s'enrôlent avec enthousiasme dans un combat aux allures révolutionnaires, mais destiné à servir d'abord les intérêts de l'URSS. Un des premiers objectifs fut la dénonciation du trop séduisant plan Marshall, qui comportait l'aide massive à l'Europe exsangue, sans exception. Celui-ci avait tenté des pays comme la Tchécoslovaquie, alors qu'elle échappait encore à la complète mainmise stalinienne. L'aide américaine est donc flétrie dans toutes les instances du PCF. Dans le numéro de mai 1948 des *Cahiers du communisme*, Charles Tillon, ancien ministre de l'Armement, s'attache à démontrer que le plan Marshall équivaut à un plan de guerre subordonnant l'armée et l'indépendance françaises aux États-Unis – lesquels s'assignent « le monopole absolu dans la fabrication des armements modernes » : « Le parti américain sabote notre reconstruction industrielle pour éviter la crise aux trusts américains en échange de dollars qui ne résolvent rien. »

A longueur de colonnes, la presse communiste présente le plan Marshall comme une ruse machiavélienne, visant sous couvert d'aide financière à l'asservissement de l'Europe à l'Amérique de Wall Street et à la préparation de la guerre contre l'URSS : « D'une main parcimonieuse, lit-on dans *France nouvelle* du 12 juin 1948, Marshall s'offre à aider les pays sinistrés pour réparer les désastres de la guerre passée, mais c'est pour avoir la possibilité de préparer d'une main agissante une guerre nouvelle, économique et militaire. »

Ce leitmotiv anti-Marshall s'enrichit de toutes les illustrations et variations conjoncturelles. Il mêle la défense des intérêts nationaux à la défense de la classe ouvrière. Le relèvement prioritaire de l'Allemagne est ainsi dénoncé comme une preuve supplémentaire des intentions diaboliques des États-Unis. La lutte contre l'impérialisme américain puise à un arsenal plus ancien : une tradition française d'antiaméricanisme, dont les années trente avaient déjà montré les signes dans un tout autre contexte. La civilisation américaine – et non plus la politique de la Maison-Blanche – est vitupérée en elle-même, comme parangon du capitalisme, de la standardisation abêtissante, de la criminalité urbaine et autres modernismes éhontés… Dans ses diatribes contre l'Amérique déshumanisée, la propagande communiste mise sur de nombreux alliés potentiels, écrivains, intellectuels, universitaires, qui ont régulièrement instruit le procès de la culture de masse. *Les Lettres françaises* se montrent particulièrement éloquentes dans le genre Pléiade contre Série noire, pineau des Charentes contre Coca-Cola, *Vaillant* contre

*Donald*, Filles de France contre *Pin-up Girls* – « la *pin-up*, nous explique *L'Avant-Garde*, c'est-à-dire la femme à l'américaine, poupée peinturlurée dont le but est l'amour, un riche mariage, beaucoup de plaisir sans le moindre effort ».

Ces stéréotypes accumulés accréditent l'image d'une Amérique, pays de l'anticulture, opposée aux communistes qui, selon la formule d'Ilya Ehrenbourg, « sont les héritiers légitimes de la civilisation ». L'ennemi n'est pas seulement outre-Atlantique, mais chez nous : le parti américain tient les rênes du pouvoir. La lutte idéologique doit être menée aussi bien contre la Troisième Force que contre le gaullisme du RPF. La Troisième Force repose sur l'alliance centrale des socialistes et des républicains populaires. Contre les premiers, les communistes reprennent en les renouvelant leurs attaques de la fin des années vingt et du début des années trente, enrichies de quelques formules des « années noires » (surtout entre 1939 et 1941) : Léon Blum est chargé de toutes les trahisons, au mépris de toute vraisemblance. Par exemple, *France nouvelle* du 11 décembre 1948 lui consacre ses deux pages centrales : « L'implacable réquisitoire de l'Histoire contre Léon Blum qui, dès 1936, recherchait, par anticommunisme, une entente avec Hitler. » On ne devait pas s'étonner, du même coup, si le même Blum caressait « le rêve absurde d'une croisade contre l'URSS ».

Si le MRP subit moins d'assauts, quantitativement parlant, l'effet de proximité hisse la SFIO au rang d'ennemi privilégié. Toutefois, les communistes s'efforcent de discréditer les démocrates-chrétiens, non seulement à travers leurs hommes politiques (Robert Schuman étant une de leurs cibles préférées), mais encore à travers la hiérarchie catholique et l'attitude de Pie XII : « Les prélats catholiques [sont] dans le camp antidémocratique et impérialiste. » Les communistes tendent cependant toujours la main aux catholiques, louant ceux qui, parmi eux, refusent d'obtempérer à la propagande de Washington et à l'enseignement politique du Vatican. Quant au RPF, récent vainqueur des élections municipales de 1947, les communistes le dénoncent comme un néo-fascisme, de Gaulle n'étant qu'une variante nationale plus musclée du parti américain.

Le combat contre les États-Unis, décrétés camp de la guerre, se double d'un travail apologétique au service du marxisme-léninisme, de l'URSS, du prolétariat et de la paix – autant d'éléments constitutifs du pôle positif à sauvegarder contre l'ennemi.

La poésie d'Aragon ou de Guillevic chante et tonne en vers, tandis que les philosophes de *La Pensée* arment les esprits de munitions dialectiques. Dans cet affrontement, en effet, l'intellectuel communiste est voué à une responsabilité majeure, comme le lui rappelle Maurice Thorez, lors du Comité central de Gentilly, le 9 juillet 1948 : « Les discussions en apparence purement littéraires ou esthétiques ne sont pas simplement d'ordre idéologique, mais se rattachent aux problèmes politiques. Il ne faut jamais oublier que l'activité de l'ennemi se mène précisément dans tous les domaines : économique, politique, militaire, etc., *et idéologique*. » Conclusion : « Il n'y a qu'une attitude pour un intellectuel communiste, s'écrie Thorez : se placer entièrement, sans aucune réserve, sur les positions idéologiques et politiques de la classe ouvrière. »

Dans la Guerre froide idéologique, les intellectuels non communistes sont invités de manière pressante à rejoindre le « juste combat » de la classe ouvrière « pour la paix ». Qui ne se range pas sous le drapeau de l'URSS est contre l'URSS, contre le prolétariat, contre la fraternité entre les peuples. Roger Garaudy, un des intellectuels organiques du PCF chargés de faire le ménage dans la littérature française, publie en 1948 un petit essai aux Éditions sociales, *Littérature des fossoyeurs*, démasquant les Sartre, les Mauriac, les Malraux, les Koestler et autres écrivains « utilisés à des fins politiques par la réaction ».

En fait, la plupart des écrivains et intellectuels de gauche subissent ou l'attrait ou l'intimidation du Parti communiste. Un premier cercle de compagnons de route se révèlent des alliés quasi inconditionnels. Tel Claude Aveline, dans *Les Lettres françaises*, qui, décalquant Jdanov, formule ainsi la théorie des « deux camps » : « D'un côté, le capitalisme : un système, une société, une civilisation à base capitaliste. De l'autre, le socialisme : un système, une société à base socialiste. Cette alternative se concrétise chaque jour davantage, par deux blocs chaque jour un peu plus ouvertement ennemis. Aucune possibilité d'entente, les diplomates eux-mêmes ne songent plus guère à le prétendre. L'un des deux blocs doit disparaître. Le monde doit choisir » (29 avril 1948).

Un deuxième cercle est dessiné par des intellectuels plus critiques, n'adhérant pas nécessairement au marxisme-léninisme, ni à toutes les causes du PCF, mais estimant nécessaire l'alliance avec celui-ci. Soit parce qu'il est *le* parti de la classe ouvrière

– incarnation contemporaine du Christ pour le chrétien de gauche, agent historique universel pour le marxisant. Soit parce que la naissance et les succès du RPF sont analysés par eux comme les prolégomènes d'une fascisation du pays. Voici ce qu'en pense Jean Lacroix, philosophe personnaliste, camarade de Mounier à la revue *Esprit*, et que cite d'abondance *France nouvelle* : « Qu'on le veuille ou non, qu'on s'en loue ou qu'on le déplore, le communisme reste, dans une large mesure, *la philosophie immanente du prolétariat*, suivant la formule d'un économiste catholique et libéral, Daniel Villey. Constituer une Troisième Force qui lutte sur deux fronts, qui se coupe des masses, qui s'amenuise chaque jour davantage entre les deux géants prêts à s'affronter, c'est se moquer du monde – ou faire volontairement le jeu de l'un d'eux par haine du communisme. Ce n'est pas nous qui le disons, mais les faits : *la condition de toute lutte efficace contre le fascisme, c'est un certain accord avec les communistes*. Il est un mouvement historique dont le marxisme est la philosophie approximative. Nous refusons de nous couper du marxisme, ce qui serait nous couper du mouvement [2]. »

Un plus petit dénominateur commun rassemble ces intellectuels de gauche, *l'anti-anticommunisme*. Refusant de tenir pour ennemi de la démocratie un parti qui a donné tant de martyrs à la Résistance, qui rallie la majorité des suffrages ouvriers (ce qui est vrai au moins pour la région parisienne), ils reprennent à leur compte l'acception honteuse que les communistes eux-mêmes ont donnée à tout anticommunisme. Ce mot-là, diabolisé, chargé de toute la culpabilité bourgeoise, se réfère à ceux qui trahissent la classe ouvrière et, au-delà, l'humanité souffrante. Sartre n'a pas encore énoncé le jugement définitif selon lequel « tout anticommuniste est un chien », mais déjà l'idée parcourt les rangs de l'intelligentsia. Un *non possumus* catégorique va pour longtemps pétrifier ces péricommunistes face aux réalités du stalinisme.

Néanmoins, tous ces antianticommunistes ne sont pas – ou pas tous – des suiveurs serviles. Précisément, la scission titiste de 1948 sème le trouble parmi eux et opère un clivage entre les inconditionnels, qui reprennent les slogans staliniens contre le communisme yougoslave, et ceux qui gardent leur sympathie à Tito. Ces derniers tenteront de cristalliser politiquement leur

2. *France nouvelle*, 17 janvier 1948.

position dans la quête perpétuelle d'une introuvable nouvelle gauche, à la fois socialiste et non alignée. Après l'épisode raté du Rassemblement démocratique révolutionnaire – petit parti animé par Jean-Paul Sartre et David Rousset –, après les débats houleux au sein du Mouvement de la Paix que contrôle l'appareil communiste, ils seront aux origines de *L'Observateur* (1950), donneront des contributions au *Monde* d'Hubert Beuve-Méry tenté par le neutralisme diplomatique et se réuniront dans les arrière-salles de café pour fonder des groupuscules en compagnie des derniers avatars du trotskisme. Sans troupes, mais non sans prestige : c'est entre ces « lettrés » et les communistes que le débat s'instaure.

Certains intellectuels se rangent cependant dans le camp occidental sans hésiter. Raymond Aron, tout docteur qu'il est, n'a pas repris son poste à l'université de Toulouse, où il a été nommé en 1939. Il se déclare lui-même « intoxiqué » par la politique. Impossible, donc, à ses yeux, d'habiter ailleurs qu'à Paris. Éditorialiste à *Combat*, puis au *Figaro* à partir de 1947, il aurait pu, comme tant d'autres, jouer les Salomon, voir les choses de Sirius, évaluer les vertus et les vices des deux antagonistes, conclure en moraliste sur un choix balancé. Il est au contraire l'un des tout premiers en France à formuler sans équivoque les données de la Guerre froide et l'obligation politique de choisir son camp.

*Le Grand Schisme*, essai de synthèse sur la situation politique mondiale et sur les problèmes français, imprimé en juillet 1948, atteste la vigueur de l'engagement. La clarté de l'exposé, soutenue par des formules appelées à la postérité, mais surtout la détermination de l'auteur frappent encore le lecteur d'aujourd'hui. Alors que la lutte idéologique favorise de part et d'autre une littérature souvent délirante, l'auteur surprend aussi par un certain ton, qui n'est pas tellement d'époque – celui de la modération. Aron, cependant, démontre qu'un esprit modéré ne signifie pas un caractère faible, qu'il relève moins d'un tempérament que d'une expérience, d'une culture acquises, d'une passion dominée. *Le Grand Schisme* révèle la combinaison de la mesure dans les mots et de la fermeté dans la conduite.

Dans ce livre, Aron expose en visionnaire ce qu'est et ce que restera le système de la Guerre froide, c'est-à-dire la rivalité de deux blocs rivaux – dont les frontières idéologiques ne coïncident pas avec les frontières étatiques –, deux blocs entre lesquels « la paix est impossible, et la guerre improbable ». Cet antagonisme entre les deux grands vainqueurs des puissances de l'Axe, latent pendant la guerre, est devenu ouvert après la victoire. Au contraire d'un conflit classique entre deux empires, c'est un affrontement de dimension planétaire entre deux champions qui incarnent deux visions du monde, deux philosophies de l'histoire, deux systèmes de vie et de gouvernement inconciliables.

Le premier enjeu de la Guerre froide a été l'Europe, en proie aux dévastations, aux difficultés de la reconstruction, aux ravages de l'inflation. Les États-Unis lancent le plan Marshall pour « éviter que la misère ne fasse ce que ni le rayonnement de la patrie socialiste ni le prestige de l'Armée rouge n'avaient réussi à faire [...]. La prospérité ou du moins une vie décente est le meilleur antidote au communisme ». Au moment où Staline achève de tailler ses marches occidentales sous la forme des démocraties populaires, le plan Marshall constitue pour lui un danger, contre lequel il réagit par l'intransigeance et la fermeture du rideau de fer. Dès lors, l'Europe est définitivement coupée en deux. A l'Ouest, le *leadership* américain protège les États indépendants de nouvelles avancées soviétiques ; à l'Est, la fondation du Kominform accélère la construction d'un bloc monolithique. Une « paix belliqueuse » identifie le type de rapports durable entre les deux camps constitués : l'absence de guerre frontale, en raison des risques jugés trop énormes de part et d'autre ; la permanence néanmoins du conflit entre deux superpuissances visant chacune à l'universalisation.

Le système de la Guerre froide n'est pas un simple dualisme : il se complique de la dimension idéologique. L'influence de Staline, en effet, ne s'arrête pas sur la rive droite de l'Elbe. La force de l'impérialisme soviétique tient moins à son potentiel militaire – pourtant redoutable – qu'à son rayonnement et à la pénétration de sa propagande. L'existence, en Europe occidentale même, de grands partis communistes, comme en France et en Italie, est décrite sans complaisance comme celle de « cinquièmes colonnes ». Sans doute les millions d'électeurs qui font confiance aux partis communistes occidentaux nourrissent-ils des espérances honorables, mais cela ne doit pas occulter la réalité, à savoir que les dirigeants et les appareils de ces partis font la politique de l'URSS dans le cadre national où ils exercent leurs activités. Interdirait-on ces partis communistes, que cela ne suffirait pas à mettre fin à leur influence. Pour déjouer leurs visées, trois conditions s'imposent aux yeux d'Aron : premièrement, le rétablissement des grands équilibres économiques, financiers et monétaires ; donc – deuxièmement – la restauration d'un pouvoir d'État ; troisièmement, la lutte décidée contre l'idéologie communiste sur le terrain même des idées et de la propagande.

Les deux premiers préalables poussent Aron à opter pour le général de Gaulle, malgré son antibonapartisme déclaré. Sans avoir la fibre gaulliste, il juge les institutions de la IV^e^ République inadaptées aux multiples dangers entretenus par les forces de subversion communistes. Quant à la sphère idéologique, qui nous retient d'abord ici, on peut lire dans *Le Grand Schisme* l'ébauche de ce que sera, neuf ans plus tard, *L'Opium des intellectuels*. Dans ce premier traité contre « la mystification communiste », l'auteur emploie déjà des expressions comme « le mythe de la révolution » ou « le mythe de la société sans classes », qu'on retrouvera dans le pamphlet célèbre de 1957 contre les intellectuels de gauche.

Ces intellectuels de gauche, dont Aron est si proche, à tout le moins par sa formation normalienne et philosophique, il les accuse de trahir leurs propres valeurs en se laissant subjuguer, à la fois par une doctrine du XIX^e^ siècle que l'histoire a démentie, par un État dont la nature totalitaire devrait leur être odieuse, et par un parti qui en est le représentant et l'exécutant dans nos frontières. Contrairement à eux, Aron assume sans fausse honte l'anticommunisme – ce qui le classera à jamais aux yeux d'un grand nombre de ses pairs comme un « chien de garde » de la bourgeoisie, mais qui lui assurera une légitimité d'analyste politique ne cédant ni aux émotions qui aveuglent ni aux affections qui étouffent l'esprit critique. Non qu'il juge le bloc occidental comme le camp du souverain Bien, mais parce qu'il ne nourrit aucun doute sur la nature mensongère et tyrannique du communisme stalinien.

Cette lutte idéologique – non contre Marx, mais contre le marxisme, le marxisme-léninisme, et plus encore contre l'aveuglement des intellectuels de gauche sur les réalités de l'Union soviétique – se double d'un choix proprement politique : l'abstention est interdite ; il faut assumer ses refus. Et si on lui objecte que l'anticommunisme mène au fascisme, Aron répond avec ce mélange égal de modération et de fermeté auquel nous faisions allusion :

« Nous n'avons pas de doctrine ou de credo à opposer à la doctrine ou au credo communiste, mais nous n'en sommes pas humiliés, parce que les religions séculières sont toujours des mystifications. Elles proposent aux foules une interprétation du drame historique, elles ramènent à une cause unique les malheurs de l'humanité. Or, la vérité est autre, il n'y a pas de cause unique, il n'y a pas d'évolution unilatérale. Il n'y a pas de Révolution qui, d'un coup, inaugurerait une phase nouvelle de l'humanité. La religion communiste n'a pas de rivale, elle est la dernière de ces religions séculières qui ont accumulé les ruines et répandu des flots de sang. Elle est la plus redoutable de toutes et peut-être est-elle promise à la victoire. Mais, réclamer des anticommunistes une foi comparable, exiger d'eux un édifice, aussi compact, de mensonges, aussi séduisants, c'est les inviter au fascisme. Car ils ont la conviction profonde qu'on n'améliore pas le sort des hommes à coups de catastrophes, qu'on ne promeut pas l'égalité par la planification étatique, qu'on ne garantit pas la dignité et la liberté en abandonnant tout le pouvoir à une secte à la fois religieuse et militaire. Nous n'avons pas de chanson pour endormir les enfants. L'humanité, qui ne croit plus en Dieu, vivra-t-elle sans idoles [3] ? »

Par ce déni de réciprocité – c'est-à-dire le refus d'opposer le mythe au mythe, la croyance à la croyance, l'utopie libérale à l'utopie collectiviste –, l'esprit aronien, arqué sur la critique de l'historicisme, indique la voie sans illusion et sans mollesse. Sans doute, dans *Le Grand Schisme*, a-t-il pu faire quelques erreurs d'appréciation : sur les chances du RPF, par exemple, ou même sur les finalités immédiates de la politique stalinienne, mais, en décrivant la réalité des deux blocs et en assumant l'anticommunisme au risque de se faire traiter de « salaud » par ses anciens « petits camarades » ou de « valet du capitalisme américain » par la presse communiste, il a tout à la fois prononcé un diagnostic dont les années suivantes confirmeront la validité et donné une leçon de courage intellectuel. Un lecteur d'Aron, Lucien Febvre, d'une grande notoriété chez les historiens, a objecté à l'auteur qu'il appartenait aux Français de lutter sur deux fronts. C'est justement cette position confortable qu'Aron a entendu révoquer en doute : le « schisme idéologique » dont il décrit les ressorts profonds et immédiats ne laissait pas de place au quant-à-soi, défendable dans un confessionnal, mais inepte sur la scène politique. La guerre engagée était « froide », mais c'était la guerre.

3. R. Aron, *op. cit.*, p. 302.

47

# *Deuxième sexe*

De la camaraderie des années vingt, entre Sartre, Nizan, Aron et Simone de Beauvoir qui, un peu plus jeune qu'eux, avait attaché ses pas et son esprit à la bande, ne reste que le couple Jean-Paul-Simone. Nizan est mort, Sartre défend sa mémoire et la défendra encore avec éclat dans une préface à une nouvelle édition d'*Aden Arabie*[1]. Aron s'est définitivement éloigné en 1947, au moment où il adhère au RPF et explique dans ces débuts de la Guerre froide qu'il faut choisir son camp.

Jusque-là, on avait surtout entendu les hommes. Simone de Beauvoir marque 1949 d'un coup d'éclat : *Le Deuxième Sexe*, sorti cette année-là, après la prépublication de quelques chapitres dans *Les Temps modernes*[2], va devenir le livre-culte de l'émancipation féminine pour plusieurs générations.

Rien de féministe au départ. Simone ne cultive pas, jusqu'à la préparation de son livre, la conscience aiguë d'avoir été déterminée par sa condition de femme. Après des études secondaires au Cours Désir, sa famille bourgeoise ne la dissuade nullement d'entreprendre des études supérieures de philosophie à la Sorbonne. Elle y rencontre Sartre, le plus attirant à ses yeux parce que le plus sulfureux. D'emblée, elle est plongée au milieu d'une bande de garçons intelligents qui lui parlent d'égaux à égale. Peu portée au féminisme pour n'avoir rien à revendiquer contre les hommes (les suffragistes, Marguerite Durand ou Louise Weiss, la laissent d'une totale indifférence), elle n'in-

1. *Aden Arabie*, Maspero, 1961.

2. Cinq articles des *Temps modernes* : « Le mythe de la femme et les écrivains : Stendhal ou le romanesque du vrai » (février 1949), « L'initiation sexuelle de la femme » (mai 1949), « La Lesbienne », « La Maternité » (juin 1949), « La Maternité » (juillet 1949).

carne pas non plus un modèle de féminité : les traits fins, de beaux yeux, assez jolie, certes, mais mal fagotée, arborant un éternel turban – habitude prise depuis 1927 à la suite d'une coupe de cheveux ratée –, et fort industrieuse, d'où le surnom de Castor (Beauvoir = *beaver*) trouvé par René Maheu amusé de la découvrir toujours à « s'agiter » et à « travailler ».

C'est en juin 1929 que Sartre l'invite à venir faire un exposé sur Leibniz dans leur groupe de travail d'agrégatifs, en vue de l'oral du concours. Elle se dit alors « dominée » par ces brillants sujets, Aron, Nizan, Politzer, Sartre surtout. Pourtant, bien que de trois ans la cadette de Jean-Paul, Simone est de taille à se mesurer à eux. Elle le prouve cette année même, puisque, dans le même élan, elle présente son diplôme d'enseignement supérieur (l'actuelle maîtrise) et l'agrégation de philosophie, où elle est reçue deuxième, derrière Sartre, après que le jury eut hésité à les départager.

De cette année universitaire, de cette rencontre va naître une liaison amoureuse, suivie d'une association d'amitié absolue entre deux êtres exceptionnels qui fascinent leurs contemporains. Nous savons aujourd'hui par les multiples écrits posthumes – surtout les correspondances – de Sartre et plus encore de Simone de Beauvoir les tenants et les aboutissants de cette histoire d'amour entre deux écrivains, entre ces jumeaux intellectuels comme on a dit, qui ont tenté, et en partie réussi, de vivre une fidélité hors du commun. Ils ont passé et renouvelé entre eux un pacte de vérité, reposant sur la distinction entre l'amour nécessaire – qui les lie – et les amours contingentes – qu'ils ne s'interdisent pas, d'où une sorte de « grande famille », comme on dira après 1968, composée du couple royal autour duquel gravitent les « contingents », souvent des anciens élèves de l'une ou de l'autre : Louise, Olga, Wanda, Nathalie, Jacques-Laurent Bost [3]… Cette construction ne va pas sans craquements, aigreurs, déconvenues, dont les romans de Simone sont nourris (*L'Invitée*, *Les Mandarins*). Le couple les surmonte. D'autant mieux peut-être que, depuis 1939, de l'aveu même du Castor, Sartre et elle ont cessé d'entretenir des relations sexuelles : « C'est un homme chaleureux, vivant, écrit-elle de Sartre à

3. Voir le beau portrait de M. Ozouf, *Les Mots des femmes*, « Simone ou l'avidité », Fayard, 1995. Et aussi : F. Jeanson, *Simone de Beauvoir ou l'entreprise de vivre*, Seuil, 1966. Avec précaution : D. Bair, *Simone de Beauvoir*, Fayard, 1991.

Nelson Algren, en tout sauf au lit. J'en eus vite l'intuition, malgré mon manque d'expérience, et peu à peu ça nous parut inutile, voire indécent de continuer à coucher ensemble. Nous abandonnâmes au bout d'à peu près huit ou dix ans peu couronnés de succès, dans ce domaine [4] » (8 août 1948).

Si cette femme d'intelligence supérieure est d'abord si peu féministe, c'est sans doute parce qu'elle est admise de plain-pied, dès vingt ans, dans l'univers des hommes. Sans doute aussi parce qu'elle n'a, pendant très longtemps, aucune conscience politique. Son Journal et sa correspondance de guerre – elle a trente-deux ans en 1940 – nous la montrent occupée surtout de son propre sort, de celui de ses proches, de Sartre bien sûr, mais très peu des destinées sinon de la planète, du moins de son pays. Lors de la Conférence de Munich, en 1938, elle ne voit qu'une chance de bonheur reconduite : « N'importe quoi, même la plus cruelle injustice, valait mieux qu'une guerre » (*La Force de l'âge*). Refus de regarder la vérité en face : « Au début de l'été 1939, je n'avais pas encore tout à fait renoncé à espérer. Une voix obstinée continuait à susurrer en moi : "Ça ne m'arrivera jamais ; pas la guerre, pas à moi." »

Pendant la guerre et l'Occupation, elle écrit, assise au Dôme ou au Flore, près du poêle, son roman *L'Invitée*, qui raconte l'histoire du trio Sartre-Simone-Olga. Après le bref épisode de « Socialisme et Liberté », petit groupe de résistance que Sartre a tenté, comme on a vu, de mettre en place à son retour du Stalag, Simone et Jean-Paul ont fait comme tant d'autres Français : ils ont survécu, sans dédaigner les produits du marché noir, toujours généreux à l'égard de leurs protégés, de leur « famille », sans trop s'interroger sur l'opportunité de publier ou non, allant même jusqu'à prêter leur plume à *Comœdia* (Sartre) ou leur voix à la Radio de Vichy (Beauvoir). Relevée de ses fonctions de professeur en juin 1943, à la suite d'une plainte d'un « parent [5] », pour une liaison avec une de ses élèves, on se souvient qu'elle a en effet accepté de travailler pour Radio-Vichy, à la suite d'une démarche de Sartre auprès de René Delange, directeur de l'hebdomadaire *Comœdia* [6]. Elle prépare donc une série de sketches

4. S. de Beauvoir, *Lettres à Nelson Algren. Un amour transatlantique 1947-1964*, Gallimard, 1997, p. 218.
5. S. de Beauvoir, *La Force de l'âge*, *op. cit.*, p. 554-555. D. Bair, *op. cit.*, p. 320-321.
6. J.-P. Sartre, *Lettres au Castor*, *op. cit.*, II, p. 312.

radiophoniques, sur « les origines du music-hall », qui seront diffusés à partir du 17 janvier 1944. Programme « incolore » selon elle, mais destiné à un poste de radio dirigé depuis le 1er janvier – elle ne peut l'ignorer – par le collaborationniste Philippe Henriot. On admettra qu'une prestation, nullement suspecte en soi, n'était guère opportune en ces lieu et date, et qu'elle ne dénote pas une grande résistance intellectuelle de sa part [7].

Malgré ce défaut de sens politique, elle suit Sartre après la Libération, quand celui-ci énonce ses principes de la littérature engagée et fonde à l'automne 1945 *Les Temps modernes*. Elle est même la cheville ouvrière de son lancement : démarches nécessaires pour obtenir le papier rationné, choix de la maquette et de la couverture, discussions avec Sartre et Merleau-Ponty, formant avec eux le noyau central initial de la revue. C'est dans ces années d'après-guerre qu'elle accède à la notoriété aux côtés de Sartre [8], que leur couple qui n'est déjà plus tout à fait un couple devient célèbre. Il reste néanmoins à Simone à découvrir les ressources de la jalousie : la liaison amoureuse, très intense, qu'eut Sartre avec Dolorès Vanetti (qu'il avait rencontrée à New York), lui fit peur : « Je me demandai soudain, avoue-t-elle, s'il ne tenait pas à M. [Dolorès] plus qu'à moi ; je n'avais plus l'optimisme chevillé au cœur : tout pouvait arriver [9]. » Simone poursuit cependant ses amours contingentes – avec Michel Vitold notamment –, jusqu'au jour où la contingence prend le visage de la nécessité.

En 1947, faisant un séjour aux États-Unis dans le cadre d'un cycle de conférences, elle tombe amoureuse de l'écrivain Nelson Algren. Pour la première fois, semble-t-il, depuis sa rencontre avec Sartre, elle aime. C'est aussi à ce moment-là qu'elle prépare *Le Deuxième Sexe*. L'idée ne vient pas d'elle, mais de Colette Audry, une amie, rencontrée avant la guerre quand elle

7. Voir I. Galster, « Simone de Beauvoir et Radio-Vichy », *Romanische Forschungen*, Vittorio Klostermann, Francfort, 1/2 1996. Cette mise au point rigoureuse fait justice des approximations de D. Bair dans sa biographie de Simone de Beauvoir, et conclut : « Avec la majorité de ses compatriotes, Beauvoir partageait l'ambiguïté de sa situation… » Du même auteur : « Simone de Beauvoir face à l'occupation allemande. Essai provisoire d'un réexamen à partir des écrits posthumes », *Contemporary French Civilisation*, vol. XX, n° 2, été-automne 1996.

8. Elle publie dans *Les Temps modernes* en plusieurs épisodes : *Pour une morale de l'ambiguïté* (1947) et *L'Amérique au jour le jour* (1948).

9. S. de Beauvoir, *La Force des choses*, *op. cit.*, p. 81.

était en poste au lycée de Rouen (Sartre était au Havre). Sartre l'encourage dans ce projet. C'est dire que rien ne l'y prédisposait au départ, ni la conscience d'un asservissement de la femme, ni un sentiment de solidarité avec ses semblables – ayant même souvent des mots très durs à leur endroit. Rien, sinon un don particulier qui la poussera toute sa vie à écrire des ouvrages plus ou moins scandaleux, où trouvent à s'exprimer sa fringale de vérité, sa volonté d'être « authentique », de ne pas se voiler la face. Une exigence qui ne sera pas toujours tenue, mais qui l'anime toujours – on le verra à l'occasion de la mort de sa mère ou de celle de Sartre.

Simone se met donc au travail et entreprend de compenser son défaut d'expérience en passant des journées entières à la Bibliothèque nationale, accumulant les notations érudites, sur la physiologie, la psychologie, la sociologie des femmes. Flaubert, pour qualifier le statut très particulier de son amie George Sand, femme émancipée, lui disait qu'elle appartenait au « troisième sexe ». C'est bien le cas de Simone, à cela près qu'elle n'a subi aucun effet de la domination masculine, qu'elle a refusé de se marier, d'avoir des enfants, et ne veut dépendre que de sa profession pour assurer sa vie matérielle. Beauvoir sait probablement que les regards extérieurs sont toujours les plus aigus, qu'elle jouit du privilège d'être une femme sans avoir à en supporter les servitudes ordinaires, et qu'elle pourra analyser la condition féminine mieux que les autres. Mais sans l'intimité ni la force d'une victime en révolte.

*Le Deuxième Sexe* fait scandale. On s'en étonne aujourd'hui tant cette époque prude, innocente ou hypocrite, semble éloignée. Sans fard, Beauvoir décrit la spécificité physiologique de la femme, sa sexualité, son univers imaginaire. Tout y passe : la puberté, la menstruation, la défloration, la grossesse, la ménopause. Mais aussi l'initiation sexuelle, le masochisme, la frigidité, le saphisme, l'avortement, l'adultère… Pareille crudité de langage rompt avec les convenances, le bon goût, le non-dit d'alors. Freud n'était connu que des privilégiés de la culture, les Français ne parlaient du sexe que sous la forme de la gaudriole ou de la sublimation. Les médecins eux-mêmes, en tout cas la majorité d'entre eux, s'interdisaient avec leurs patientes tout vocabulaire réaliste ou scientifique. Le sexe restait matière à allusions, à fascination secrète, à comédies de boulevard et à journaux polissons.

Le plus audacieux est ailleurs ; il relève de l'ordre sociologique et politique de son analyse. Beauvoir détaille la spécificité physiologique de la femme – comment la nier ? n'existe-t-il pas symétriquement une spécificité physiologique de l'homme ? Toutefois, elle dénonce l'alibi physiologique dans la domination ancestrale de l'homme sur la femme. La « féminité » ne résulte pas de la nature, mais de la culture – d'une culture masculine dominatrice. En raison de sa fonction maternelle, la femme a été éliminée par l'homme de la Cité. Sa vocation a été consignée dans le foyer. Réduite à la vie privée, sans autonomie financière, elle sombre dans un rôle subalterne, encouragée par des mythes séculaires. On a construit de toutes pièces « l'éternel féminin » ; l'éducation, les jeux, la toilette, les interdits, tout la destine à une finalité obligatoire : plaire au mâle, d'où résulte son narcissisme. Le mariage et la maternité achèvent de la soumettre au pouvoir des hommes. Dans son chapitre sur Claudel, elle écrit : « Se dévouer aux enfants, au mari, au foyer, au domaine, à la Patrie, à l'Église, c'est son lot, le lot que la bourgeoisie lui a toujours assigné ; l'homme donne son activité, la femme sa personne ; sanctifier cette hiérarchie, au nom de la volonté divine, ce n'est en rien la modifier, mais au contraire prétendre la figer dans l'éternel[10]. » Affrontant les tabous, Beauvoir en vient à nier l'instinct maternel, non point produit de la nature mais résultat affectif d'une division du travail inique décidée par les hommes. Simone de Beauvoir pose en termes clairs la maternité comme choix personnel, auquel les femmes ont le droit de se dérober.

Une protestation qui implique des propositions pratiques. Beauvoir professe l'égalité des éducations féminine et masculine, avec, pour les filles et les garçons, « les mêmes exigences et les mêmes honneurs, les mêmes sévérités et les mêmes licences », en les soumettant « aux mêmes études, aux mêmes jeux[11] »... Elle prône aussi l'égalité sexuelle, comme l'a fait Léon Blum en 1907 (*Du mariage*), la liberté de disposer de son corps, le droit à l'amour libre, la dissociation entre sexualité et procréation : libre dépassement et non soumission. La mère doit assumer « au même titre que le père la responsabilité matérielle

10. S. de Beauvoir, *Le Deuxième Sexe*, Gallimard, rééd. 1976, I, p. 355. A côté des « faits », Simone de Beauvoir examine les « mythes », à travers les œuvres de Montherlant, D.H. Lawrence, Claudel, Breton et Stendhal.

11. S. de Beauvoir, *Le Deuxième Sexe*, rééd. 1987, II, p. 570.

et morale du couple », il y va de son prestige. Il faut ambitionner pour la fillette « un libre avenir d'adulte ». Le postulat fondamental, la thèse centrale de ce livre didactique est qu'on ne naît pas femme, mais qu'on le devient. Que la société des mâles fabrique la femme, la féminité, pour mieux l'asservir aux travaux domestiques et à la fonction maternelle.

Simone de Beauvoir y a résisté : pas de mariage, pas d'enfant, pas même de chez-soi qui implique les travaux ménagers. Le café tient lieu de cuisine et de bureau. Le Dôme, le Flore, les Deux Magots, ces paysages familiers de l'univers « existentialiste », ne constituent pas de simples décors urbains où s'élaborent des idées et des théories entre deux verres, mais les symboles d'une vie libre, détachée des contraintes normatives, dans une affirmation d'indépendance et d'égalité entre les sexes. La féminité n'est pas dans la nature, mais dans la « situation » acceptée ou repoussée, que la société séculaire assigne aux femmes. La solution ne viendra que de l'« évolution collective ».

A ce moment de sa vie, Beauvoir se révèle moins féministe que marxiste, la femme étant « un produit élaboré par la civilisation », l'abolition des classes est à ses yeux le préalable à la libération des femmes – « une société où l'égalité des sexes serait concrètement réalisée ». Elle n'accepte pas le credo des féministes qui mettent en avant la différence, elle en refuse les déterminismes idéologisés. Au cours de son voyage aux États-Unis, elle ne prise guère les réunions de femmes, leurs associations, leurs revendications singularistes. Livre émancipateur, *Le Deuxième Sexe* ne ferraille pas contre les mâles. Simone se plaît trop en leur compagnie. Au moment même où elle écrit son traité-manifeste, elle vit sa grande passion transatlantique. Les propos tenus dans ses centaines de lettres à Nelson Algren, publiées en 1997, arriveraient à nous faire douter de ses convictions affirmées : « Je serai sage, je ferai la vaisselle, je balaierai, j'irai acheter moi-même des œufs et du gâteau au rhum, je ne toucherai pas vos cheveux, vos joues ni votre épaule sans votre autorisation[12]. » Comme quoi la sexualité, pour un homme et pour une femme, c'est « quand même différent » ! La contradiction, ignorée du public de 1949, nous touche aujourd'hui plus qu'elle ne nous indigne. On peut y voir l'aveu de ce que, au-delà de toutes les théories, le soleil aveuglant de l'amour

12. *Lettres à Nelson Algren*, *op. cit.*

rend les êtres réfractaires à leurs propres convictions. L'homme lui-même, tombant dans les rets du dieu Amour, n'est-il pas dispensé des impératifs de la morale progressiste ? Mais n'exagérons pas le sens de cet apparent dérapage. Mettons plutôt ce langage épistolaire au compte du jeu intime, auquel personne d'autre ne prend part que l'être aimé, et dont on n'est pas dupe.

*Le Deuxième Sexe* connaît un succès foudroyant. Jamais, semble-t-il, une femme n'avait parlé aux femmes – et éventuellement aux hommes – avec une telle liberté, une telle sincérité. Son livre lui vaut la « une » de *Paris-Match*, le 6 août 1949. « Simone de Beauvoir, première femme philosophe, lisait-on à l'intérieur, vient d'écrire huit cents pages révolutionnaires sur un guéridon du Flore. » Puis : « Simone de Beauvoir, lieutenante de Jean-Paul Sartre et experte en existentialisme, est sans doute la première femme philosophe apparue dans l'histoire des hommes. Il lui revenait de dégager de la grande aventure humaine une philosophie de son sexe. C'est la matière de deux forts volumes. [...] *Paris-Match*, en donnant la parole à Simone de Beauvoir, pose à ses lectrices et à ses lecteurs tous les problèmes qui caractérisent l'inquiétude de la femme moderne : liberté de vivre, avortement, prostitution, égalité des sexes, mariage et divorce, accouchement sans douleur, etc. L'accession à l'égalité politique, acquise depuis quatre ans, justifie que soit traitée en termes modernes, par une jeune philosophe froide et lucide, l'éternelle question féminine. » Suivent des extraits du *Deuxième Sexe*, avec pour titre sur la double page suivante : « Bête de luxe ou bête de somme : ni l'une ni l'autre. »

Malgré ou à cause de la brusque notoriété de son étude, Simone de Beauvoir fait scandale. « On me reprocha tant de choses : tout ! D'abord mon indécence [...]. A croire que Freud et la psychanalyse n'avaient jamais existé. Quel festival d'obscénité sous prétexte de fustiger la mienne ! Le bon vieil esprit gaulois coula à flots. Je reçus, signées ou anonymes, des épigrammes, épîtres, satires, admonestations, exhortations que m'adressaient par exemple, des "membres très actifs du premier sexe". Insatisfaite, glacée, priapique, nymphomane, lesbienne, cent fois avortée, je fus tout, et même mère clandestine. On m'offrait de me guérir de ma frigidité, d'assouvir mes appétits de goule, on me promettait des révélations en termes orduriers, mais au nom du vrai, du beau, du bien, de la santé, et même de la poésie, indignement saccagés par moi [13]. »

Le livre est mis à l'Index. Il indigne non seulement les catholiques mais aussi les communistes : Marie-Louise Barron, dans *Les Lettres françaises*, déclare que *Le Deuxième Sexe* « ferait bien rigoler les ouvrières de Billancourt ». Deux écrivains aussi différents de formation, de culture, de sensibilité politique, que Mauriac et Camus, détestent ce livre, jugé ou impudique ou attentatoire à la dignité du « mâle français ». Mauriac, à la suite de la prépublication du chapitre sur « L'initiation sexuelle de la femme » dans *Les Temps modernes*, écrit dans *Le Figaro* du 30 mai 1949 : « Nous avons littéralement atteint les limites de l'abject [...]. Le sujet traité par M^me^ de Beauvoir a-t-il sa place au sommaire d'une grande revue philosophique et littéraire ? » *Le Figaro littéraire* lance une enquête en direction de la jeunesse, le 25 juin 1949, qui se poursuivra jusqu'au numéro du 30 juillet, Mauriac formulant lui-même la question : « Croyez-vous que le recours systématique, dans les Lettres, aux forces instinctives et à la démence, et l'exploitation de l'érotisme qu'il a favorisée constituent un danger pour l'individu, pour la nation, pour la littérature elle-même, et que certains hommes, certaines doctrines en portent la responsabilité ? » Jean-Marie Domenach répond, le 25 juin : « Je crois que les chrétiens qui, sous prétexte d'érotisme ou d'obscénité, attaquent S. de Beauvoir et la tentative qu'elle représente, se trompent du tout au tout. [...] Le rire ni la condamnation ne conviennent : seule une étude attentive, la volonté de regarder en face, car enfin il dépend de beaucoup de nous et de notre Église que cette inquiétude et cette recherche, dans ce qu'elles ont d'authentique, soient assumées et non perverties. » Les violences des réactions, plus encore que les éloges de Michel Leiris ou de Francis Jeanson, révèlent l'importance d'un ouvrage monument. Bien qu'il soit écrit trop vite, confus, souvent indigeste, mal construit, tranchant, son prestige demeure. Simone se disait prête à le défendre « contre vents et marées ». Immédiatement traduit, longtemps vénéré aux yeux des intellectuel(le)s, du moins jusqu'en 1968 [14], lorsque la nouvelle génération des féministes

13. S. de Beauvoir, *La Force des choses*, *op. cit.*, p. 205.

14. Voir S. Lilar, *Le Malentendu du deuxième sexe*, PUF, 1969. « Tout au long de son essai, SdeB ne cessera de placer la femme devant le faux dilemme d'accepter sa féminité en reniant son humanité ou d'accepter son

radicales s'insurgea contre le postulat beauvoirien selon lequel il n'y avait pas de « nature féminine », *Le Deuxième Sexe* était devenu, est resté, l'ouvrage inaugural du féminisme contemporain.

En octobre 1949, après des vacances passées avec Algren en Italie et en Afrique du Nord, Simone de Beauvoir se lance dans la rédaction de son roman *Les Mandarins*, qui lui vaudra le prix Goncourt en 1954. Elle appartient désormais à la haute intelligentsia non plus comme le double, l'ombre, la sœur jumelle de Sartre : *Le Deuxième Sexe* lui confère une puissance de rayonnement autonome. Son exemple, malgré ses limites dues à des choix peu universalisables, est devenu une référence clé pour toutes celles qui vont mener le combat en faveur des femmes. Par la suite, Simone de Beauvoir évoluera, ralliant au cours des années soixante les positions du féminisme, notamment en cessant de subordonner l'émancipation des femmes à la victoire du socialisme : les deux luttes devaient être parallèles. Pour le moment, Beauvoir devient aux *Temps modernes* l'alliée principale de Sartre, qu'elle suivra et qu'elle conseillera dans toutes ses voltes politiques, quand les alliés de la première heure se détacheront de lui les uns après les autres. Grande sœur tutélaire, vigilante, maternelle, organisatrice de la « famille », renonçant à Algren pour rester auprès de Sartre (en même temps qu'elle devient la maîtresse de Claude Lanzmann), elle maintint avec lui le pacte initial jusqu'au bout.

---

humanité en reniant sa féminité, cette seconde attitude étant seule tenue pour "authentique". Débouchant sur l'identification des sexes, l'ouvrage relève ainsi d'un vaste courant d'uniformisation qui menace notre monde », p. 19-20.

48

# *Haro sur Tito*

Les années qui suivent la création du Kominform (1947) sont celles de l'exaspération des luttes sur la scène internationale, chacun des deux blocs avançant ses pions sur l'échiquier planétaire, tout en évitant le choc frontal qui déclencherait une troisième guerre mondiale. Une perspective qui épouvante toutes les consciences. En Europe, Staline achève de construire son empire en faisant basculer la Tchécoslovaquie sous régime communiste. En Asie, Mao s'apprête à prendre le pouvoir en Chine, tandis que les communistes du Vietminh dirigent la guerre nationale en Indochine contre le colonialisme français. L'Union soviétique mobilise toutes ses forces alliées, à commencer par les communistes occidentaux, contre le plan Marshall et l'« impérialisme américain », accusé de fourbir les armes de la prochaine agression contre elle. Aux États-Unis, le sénateur McCarthy entreprend sa chasse aux sorcières, traquant jusqu'aux milieux libéraux soupçonnés de complicité avec le communisme. En France, les socialistes assument la direction d'une Troisième Force, entre le gaullisme du RPF et un Parti communiste décidé à intensifier la lutte des classes, le PCF recourant comme le PCI aux grèves longues et violentes – précieuse tactique de diversion qui laisse à Staline les mains libres sur son glacis des démocraties populaires.

Dans ce climat de lutte sans ménagement, les communistes peuvent s'appuyer sur les « compagnons de route ». Sans adhérer au Parti, ces alliés de l'intelligentsia défendent la cause communiste et surtout lui apportent une caution d'honorabilité. Quelques-uns d'entre eux explicitent leur position en 1947 dans un ouvrage signé par Claude Aveline, Jean Cassou, André Chamson, Georges Friedmann, Louis Martin-Chauffier et Vercors.

Anciens résistants, ils ont en commun, malgré leurs divergences, l'attachement au socialisme, « reconstruction rationnelle des institutions, fondée sur la justice sociale et la dignité humaine » – mais aussi la même réserve à l'égard de l'URSS, qui, à leurs yeux, ne saurait être le modèle nécessaire du socialisme en Occident[1]. Ce sont ces mêmes hommes qui, en 1948, sont bouleversés par la crise yougoslave et ses suites.

Staline, qui ne tolère pas les manifestations d'indépendance de Tito et qui entend, contre ce gêneur et rival, mettre les démocraties populaires au pas, provoque une rupture, que l'opinion internationale apprend à la fin du mois de juin 1948 – la Ligue des communistes yougoslaves étant alors exclue du Kominform. Les raisons de Staline sont à la fois stratégiques et personnelles. Soucieux d'imposer une pensée unique à l'ensemble des partis communistes et aux jeunes démocraties populaires, il ne peut accepter le quant-à-soi du prestigieux Tito, qui a acquis ses titres de gloire dans la Résistance. Staline ne supporte pas davantage la suffisance des Yougoslaves prétendant s'être libérés eux-mêmes de l'occupation nazie, en faisant bon marché de l'aide décisive apportée par l'Armée rouge. Tito le cabochard qui soutient les partisans de Markos dans la guerre civile grecque, alors que Staline entend faire respecter l'accord passé avec Churchill peu avant la Conférence de Yalta, laissant la Grèce sous influence occidentale. Tito qui brandit son idée de Fédération balkanique, visant à mettre sous sa coupe l'Albanie, la Bulgarie et la Roumanie ! Le conflit stratégique – l'hégémonie dans les Balkans – et le conflit personnel entre ces deux personnalités écrasantes se colorent d'une divergence idéologique, Tito étant accusé de faire fi des principes léninistes de l'organisation au profit d'une conception plus large, « frontiste », du pouvoir.

Pour trancher le différend ou, pour dire mieux, afin d'amener Tito à résipiscence, les dirigeants soviétiques convoquent les Yougoslaves à une réunion du Kominform à Bucarest, où son siège (naguère à Belgrade) a été transféré. Tito refuse de se prêter à l'embuscade. Le Kominform à l'unanimité le condamne : il devient un « traître », un « espion » à la solde des services britanniques, un nouveau Trotski – injure suprême. Le mouvement communiste international est sommé de dénoncer la trahison

1. *L'Heure du choix*, Flammarion, 1947.

titiste, tandis qu'en Yougoslavie Staline tente, en vain, de faire abattre le félon.

Selon les règles non écrites de la Guerre froide, Staline ne veut pas risquer de déclencher un conflit généralisé en Europe par une intervention armée en Yougoslavie, où ses troupes, il le sait, trouveraient à qui parler. La situation géographique de la Yougoslavie facilite l'indépendance de Tito, qui, malgré le boycottage économique de l'URSS et de ses satellites, va maintenir une politique de non-alignement, tout en s'ouvrant aux échanges commerciaux nécessaires avec l'Ouest. Fixée sur un point d'équilibre entre les deux blocs, la Yougoslavie va s'efforcer de construire un socialisme original, fédératif et « autogestionnaire », qui deviendra dans les années suivantes un modèle pour la gauche « neutraliste », dont *L'Observateur* sera un des champions [2].

En 1948, l'exclusion de la Yougoslavie du Kominform provoque la stupeur des intellectuels communistes et des compagnons de route, tant est grand le prestige de Tito. L'esprit de parti (Staline a ses raisons, Staline a toujours raison) en apaise beaucoup. Pas tous néanmoins. D'autant que le schisme yougoslave est le signal d'une nouvelle vague de purges, de procès, d'épuration comme on en avait subi avant la guerre, et qui vise cette fois les démocraties populaires. Le « titisme » constitue un acte d'accusation suprême qui permet à Staline et à ses séides de renforcer le monolithisme du bloc soviétique. Cette dernière « glaciation » assigne à tous les communistes une obéissance dont la Compagnie de Jésus avait jadis inventé la formule : *perinde ac cadaver*. Il y a deux camps ennemis : qui n'est pas du camp socialiste – à savoir qui n'accepte pas les oukases de la direction stalinienne – est du camp ennemi. La foi de chaque militant est exigée sans discussion, dût-il ne plus rien comprendre aux actes et aux paroles du génial « petit père des peuples ». L'adhésion au Parti tourne à la religion ; l'esprit critique du marxisme laisse place à la soumission dogmatique :« Nous étions des croyants, écrit Edgar Morin, qui tremblent devant le Dieu d'Amour [3]. » Les intellectuels du Parti, sous la houlette de Laurent Casanova, sont tenus, quant à eux, de nourrir la lutte « sur le front idéologique », et notamment sur

2. Cl. Bourdet, éditorialiste de *L'Observateur*, publie en 1950 *Le Schisme yougoslave*, aux Éditions de Minuit.

3. E. Morin, *op. cit.*, p. 100.

les principes du jdanovisme. Les arts, la littérature, la science, toutes les productions de l'esprit doivent concourir au triomphe du stalinisme. Kanapa, pourfendeur de Gide, bientôt rédacteur en chef de *La Nouvelle Critique*, et Garaudy, l'éreinteur de Sartre, confirment alors leur vocation de lieutenants de police intellectuelle. Légèrement en retrait, Pierre Daix est chargé d'assurer l'orthodoxie aux *Lettres françaises*.

La logique de guerre qui s'impose aux partis communistes interdit la moindre nuance, la moindre concession à l'ennemi : il faut partout traquer l'« anticommunisme », concept clé, selon l'expression de Morin, prétexte à toutes les accusations. Ceux qui, à l'instar de Robert Antelme, Dionys Mascolo, Edgar Morin, Marguerite Duras, ont résisté jusque-là aux canons du jdanovisme et continuent de préserver un minimum d'autonomie aux créations culturelles sont sommés de s'aligner ou de passer à l'ennemi. Pour s'en tirer, certains intellectuels communistes adoptent une double personnalité, tel l'écrivain-journaliste Pierre Courtade : stalinien en public, sceptique en privé. Les couleuvres à avaler (Tito l'espion, la « science prolétarienne » chantée par Lyssenko, les procès des « traîtres », le génie de Staline « savant d'un type nouveau »...), c'est le prix à payer pour les plus lucides s'ils veulent continuer à bénéficier des avantages que leur offre la famille : un public, des traductions, des honneurs, des hommages d'Aragon ou de Casanova. Ils se sont engagés pour une grande cause ; ils restent en place pour les faveurs, souvent exagérées, qui récompensent leur docilité [4]. L'exclusion du Parti les renverrait à la solitude et, pour beaucoup, à leur médiocrité. L'intellectuel communiste doit se mentir à lui-même. Du moins peut-il se consoler par cette *ultima ratio :* il est du côté de la « classe ouvrière ». Le « mythe du prolétariat », tel que Raymond Aron l'analysera en 1955 dans *L'Opium des intellectuels*, permet aux cœurs généreux de s'abuser sans trop se meurtrir.

Edgar Morin, entré au Parti au moment de la Résistance, est du petit nombre à être « désarçonné » par la condamnation de Tito. Avec ses amis Robert Antelme et Dionys Mascolo, il utilise la ruse mentale pour se convaincre : « Tito est un petit Staline qui a pu tenir tête à Staline parce que sa police est aussi perfectionnée que celle de Staline. Pourquoi choisirions-nous

4. J. Verdès-Leroux, *Au service du Parti*, Fayard/Minuit, 1983.

le petit Staline plutôt que le grand[5] ? » Malgré tout, le doute s'incruste dans son groupe de la « rue Saint-Benoît », dont les amis Jean Duvignaud, Jean Cassou et Clara Malraux se rallient à la cause yougoslave.

Au mois d'août 1948, les Soviétiques organisent un « Congrès mondial des intellectuels pour la paix et la libre circulation des inventions et des découvertes », à Wroclaw, en Pologne. De cette rencontre devait naître le futur Mouvement de la Paix, destiné à rassembler autour du Parti communiste de chaque pays toutes les bonnes volontés décidées à maintenir la paix dans le monde – nouvelle manière, à l'instar du Comité Amsterdam-Pleyel de jadis, de défendre l'URSS et le bloc soviétique, cette fois contre l'impérialisme américain et ses alliés. De nombreuses personnalités progressistes et libérales d'Occident répondent à l'appel – notamment, pour la délégation française, Irène Joliot-Curie, Vercors, l'abbé Jean Boulier, le professeur André Mandouze, aux côtés de Picasso, d'Éluard, de Léger, de Césaire… Quelle n'est pas la stupeur des Français et des autres Occidentaux d'entendre la diatribe que le romancier soviétique Fadeiev, protégé de Jdanov, formule, dans son discours contre la « décadence occidentale », à l'adresse de Sartre, « cette hyène dactylographe, ce chacal muni d'un stylo »… Certains congressistes, tel Picasso, en arrachent leurs écouteurs d'indignation ; on charge Dominique Desanti, reporter de *Démocratie nouvelle*, de convaincre Irène Joliot-Curie de ne pas reprendre *illico* l'avion de Paris[6]. Un peu plus tard, une annonce saisit à froid le Congrès : Jdanov vient de mourir, d'une crise cardiaque. Ce n'est pas pour autant la mort du jdanovisme, théorie culturelle du stalinisme. On le constate en France quelques mois plus tard quand la longue grève des mineurs, lancée par la CGT communiste, consacre André Fougeron comme le grand peintre du mouvement ouvrier[7].

En attendant, Sartre devient le parangon d'un pseudo-progressisme à abattre. Ce n'est pas d'hier, on le sait. Avant même les débuts de la Guerre froide, Garaudy et Kanapa l'ont pris pour cible. Sartre s'emporte alors contre le « scientisme naïf et

5. E. Morin, *op. cit.*, p. 120.

6. D. Desanti, *Les Staliniens. Une expérience politique 1944/1956*, Fayard, 1975.

7. M. Lazar, « Le réalisme socialiste aux couleurs de la France », *L'Histoire*, n° 43, mars 1982.

buté de M. Garaudy ». L'affaire Nizan restait une autre cause de friction. Les communistes ne se lassaient pas de salir la mémoire de l'auteur d'*Antoine Bloyé*. Henri Lefebvre lui-même s'acharnait à décrypter la « trahison » dans son œuvre. En mai 1947, Sartre fait paraître une pétition dont les signataires proclament l'innocence de Nizan, ce qui leur vaut les foudres de *L'Humanité*.

Ce que Sartre et *Les Temps modernes* défendent alors, c'est, à l'instar de la revue *Esprit*, mais sur d'autres bases philosophiques, une « troisième voie » en politique : ni capitalisme ni communisme. Les débuts de la Guerre froide les confirment dans leur choix d'une Europe socialiste à construire. C'est sur cette base que Sartre accepte la proposition de Georges Altmann, de *Franc-Tireur*, et de David Rousset, un ancien déporté, auteur de *L'Univers concentrationnaire*, de collaborer à la formation d'un nouveau parti politique, le Rassemblement démocratique révolutionnaire (RDR). Celui-ci, qui regroupe nombre d'intellectuels, trotskistes, chrétiens de gauche, socialistes de gauche, anciens communistes, unis par une volonté révolutionnaire émancipée de la domination communiste, tient son premier meeting en février 1948. A côté de Sartre, qui représente *Les Temps modernes*, on y voit Paul Fraisse, pour *Esprit*, tandis que *Combat* et *Franc-Tireur* en sont les soutiens dans la presse quotidienne. Le RDR prend un bel essor, élargissant ses rangs tout au long de l'année 1948. Les communistes, toujours subtils, le dénoncent comme un parti « américain ». Le RDR ne résistera pourtant pas à la brouille entre Sartre et Rousset, lorsque le premier apprendra que le second a reçu des subsides des syndicats américains, AFL et CIO, pour renflouer la caisse vide du parti.

Cette « troisième voie » est aussi celle de Mounier et d'*Esprit*, dans leur volonté d'éviter une troisième guerre mondiale, « atomique » et suicidaire. Contrairement à Aron, Mounier refuse de privilégier un camp contre l'autre : « Ni l'Amérique, écrit-il en novembre 1948, malgré l'égoïsme de ses possédants et l'ambition de ses producteurs, ni l'URSS, malgré les excès de sa police et les durcissements de son socialisme, ne représentent un antihumanisme foncier comparable au nazisme. Nous nous trouvons devant une démocratie malade de l'argent et un socialisme malade de l'État. » Ce balancement donne la mesure de l'idée que les intellectuels de gauche les plus honnêtes peuvent se faire du totalitarisme stalinien, réduit à des « excès de police » et à un « durcissement de son socialisme ». L'Amérique du roi Dollar fait tellement horreur qu'on ne peut pas, sans offenser le bon sens progressiste, se réclamer d'un prétendu « monde libre ». Dès lors, la tâche des intellectuels est claire : prévenir la guerre en refusant l'alignement sur l'un ou l'autre bloc ; édifier l'Europe socialiste, qui saura concilier l'économie planifiée au service de l'homme et la liberté démocratique. Le « neutralisme », position avant tout morale, bénéficie d'appuis dans l'opinion comme l'attestent les sondages de l'IFOP [8], mais manque d'articulation politique, tant il est vrai que la logique de guerre, fût-elle froide, contraint au dualisme. Les communistes sauront tirer avantage de ce neutralisme – qui, n'ayant droit de cité qu'en Occident, ne risque d'affaiblir que l'Occident : ils s'efforceront de canaliser le désir de paix généralisé en associant à chaque occasion possible ces intellectuels de gauche à leurs propres organisations « pour la paix ». Le schisme yougoslave compromet la manœuvre. C'est dans *Esprit*, qui a proclamé son non-alignement, que s'expriment à la fin de 1949 les compagnons de route mal remis de l'excommunication de Tito.

Pendant l'été et au début de l'automne 1949, on assiste au déchaînement de la presse communiste contre celui-ci. A partir du 13 août, date à laquelle *L'Humanité* fait état d'une note officielle de l'URSS à Tito pour lui signifier que « le gouvernement yougoslave se conduit non pas comme un allié mais comme un ennemi de l'Union soviétique », le quotidien communiste lance des attaques en rafale contre le chef du communisme yougoslave : « Tito fait ouvrir le feu sur l'armée démocratique grecque » (17 août) ; « Truman fait cadeau d'une aciérie à Tito » (19 août) ; « Tito et les impérialistes anglo-américains contre l'Albanie » (20 août)… Tous les jours, on apprend les forfaits nouveaux du monstre croate : « Tito était pendant la guerre en contact avec la Gestapo » (29 septembre)… Pierre Courtade fait du traître un portrait au couteau : « Assoiffé de

8. M. Winock, « Les attitudes des Français face à la présence américaine (1951-1967) », *in* Centre d'études d'histoire de la Défense, *La France et l'OTAN 1949-1996*, Bruxelles, Complexe, 1996, p. 323-330. En 1952, à la question « La France devrait être dans le camp de », les réponses sont : l'Ouest, 42 % ; l'Est, 4 % ; *aucun des deux camps*, 43 %. Ce dernier choix atteint son plus haut niveau en 1955 : 57 %.

domination, intoxiqué par les conceptions hitlériennes de la “supériorité” raciale, Tito ambitionne de devenir le champion de la vieille politique expansionniste de la “Grande Serbie” et de soumettre à sa dictature tous les peuples des “Balkans” que le Département d'État lui laissera en partage [...]. Tito a rejoint la troupe des Trotski, des Doriot et des Mussolini[9]... » Le numéro d'octobre des *Cahiers du communisme* s'ouvre par un article de Jacques Duclos : « Provocations et crimes de la clique Tito » – qui s'achève en forme d'appel : « Tous ceux qui veulent la paix et veulent aller dans la voie du socialisme tournent leurs regards vers l'Union soviétique en sachant que la fidélité et l'attachement indéfectible au pays du socialisme, c'est la pierre de touche permettant de juger les hommes qui font de la défense de la paix et de la lutte pour le socialisme la règle de leur action et le but de leur vie. »

Le 12 septembre 1949, *L'Humanité* révèle l'affaire Rajk : cet ancien ministre hongrois reconnaît avoir préparé l'assassinat des dirigeants Rakosi, Farkas et Gerö, et voulu prendre le pouvoir pour le compte de Tito. Le 19, Pierre Courtade, envoyé spécial du quotidien communiste, écrit : « Le procès Rajk est une grave défaite du camp impérialiste. » Le procès et la condamnation à mort de Rajk encouragent les rédacteurs de *L'Humanité* à redoubler de sévérité pour Tito, « digne émule de Trotski », selon Étienne Fajon. Le 2 novembre 1949, les communistes organisent salle Pleyel une réunion sur le procès Rajk. Il s'agit de répondre à ceux qui émettent des doutes sur la responsabilité du condamné, notamment François Mauriac et Claude Bourdet. Là, sous la présidence de Jacques Duclos, Julien Benda – le dreyfusard qui avait jadis dénoncé la « trahison des clercs » au nom de la vérité et de la justice – vient témoigner contre Rajk et en faveur de la justice hongroise. *L'Humanité* est fort aise de ce ralliement hautement symbolique : « Julien Benda, alerte, mordant, développa un thème qui lui est familier : une démocratie a le droit – le devoir – de se défendre contre ses ennemis, sous peine d'être leur victime. La démocratie hongroise l'a fait. Bravo[10] ! » Quant à Duclos, égal à sa réputation, il file la puissante métaphore de la roue de

9. P. Courtade, « Un homme du parti de la guerre », *L'Humanité*, 20 août 1949.

10. « La vérité sur le procès Rajk », *L'Humanité*, 3 novembre 1949.

l'Histoire poussée par le prolétariat qui « tournera jusqu'à la victoire du communisme ». Parmi les personnalités présentes, on remarque le général Petit, de l'Union des chrétiens progressistes, sénateur. Les rédacteurs d'*Esprit* n'en sont pas : la livraison de novembre fait entendre un tout autre son de cloche.

Le numéro est consacré à la « crise des démocraties populaires ». Dans son éditorial, Mounier rappelle que, tout en restant dans le camp anti-impérialiste, ce qui implique la sauvegarde d'une alliance des forces de paix avec le Parti communiste, il se refuse à en ratifier les diktats, à se soumettre à son « orthodoxie policière ». Surtout, cette livraison de novembre contient un article éclatant de François Fejtö sur l'affaire Rajk. Hongrois, installé en France depuis 1938, ayant appartenu jadis brièvement au Parti communiste hongrois, Fejtö connaît bien Rajk. Après la guerre, Fejtö assure la correspondance parisienne du quotidien socialiste hongrois et collabore à la revue théorique du Parti socialiste. Comme Mounier, il croit alors possible une collaboration avec les communistes. Le procès Rajk l'indigne. Il rédige alors un article qu'il apporte à Mounier. Celui-ci ne lui cache pas son embarras – typique des intellectuels de gauche : comment éviter d'apporter de l'eau au moulin de l'anticommunisme ? Les communistes apprennent l'existence de l'article, ils délèguent Pierre Courtade auprès de Mounier : « Fejtö est un ancien fasciste, un ancien membre de la police hongroise ! » Comme l'accusateur ne fournit aucune preuve à l'appui, Mounier décide de publier l'article sur ce procès : les lecteurs y apprennent que Rajk a été accusé des crimes les plus invraisemblables sans protester. Ils se souviennent du roman d'Arthur Koestler, *Le Zéro et l'Infini*, qui avait été traduit et avait obtenu un grand succès après la guerre, traitant des procès de Moscou et expliquant comment les communistes arrêtés finissent par reconnaître des fautes imaginaires, pour la grandeur de leur parti. Koestler n'avait pas imaginé ce qu'on saura plusieurs années plus tard, à savoir que la meilleure façon d'arracher aux accusés des aveux sans fondement restait la torture séculaire, physique et morale. Fejtö n'écrit pas un roman comme Koestler, mais un témoignage. Il est en effet à même de contester de nombreux éléments de l'autoaccusation de Rajk, pris « en flagrant délit de mensonge ». En réalité, ce dont Rajk et ses coaccusés se sont vraiment rendus coupables – et qu'on ne dit pas –, c'est d'avoir eu pour la Hongrie quelque velléité de « résistance communiste à la politique du Kominform » ; le procès signifie tout bonnement que l'URSS ne tolére plus, ni en Hongrie ni ailleurs, la moindre démarche originale que les démocraties populaires pourraient être tentées d'adopter dans leur construction du socialisme. Le monolithe doit être sans faille [11].

Peu de temps après, et dans des conditions semblables, se tient à Sofia le procès Kostov. Même procédure, mêmes accusations délirantes, même absence de preuves… Cette fois, cependant, un grain de sable s'insère dans la machine ; Kostov se rétracte, dément les aveux faits lors de l'instruction. Incroyable ! « Le petit homme à cheveux noirs, portant des lunettes, continuait de braver le tribunal en niant résolument d'avoir mouchardé pour la police du roi Boris, d'avoir espionné pour l'Intelligence Service et pour le compte de Tito [12]. »

En décembre 1949, la revue de Mounier récidive. Cette fois, elle publie les articles de deux compagnons de route les plus fameux sous le titre générique : « Il ne faut pas tromper le peuple. » Le premier, « La Révolution et la Vérité », est de Jean Cassou, qui revient de Yougoslavie ; le second, « Réponses », de Vercors. Tous les deux révoquent en doute les accusations du Kominform contre Tito. Le 14 décembre 1949, Courtade attaque Cassou dans *L'Humanité* ; le 16, dans le même quotidien, Casanova escarmouche Vercors, attaque Cassou et *Esprit* ; le 17 décembre, l'hebdomadaire communiste *France nouvelle* consacre une page à flétrir Cassou et récidive le 21 janvier 1950, au prix d'une caricature laborieuse ; le 29, *Les Lettres françaises* publient les bonnes feuilles d'une brochure d'André Wurmser, *Réponse à Jean Cassou*, sur le thème : « Tu méprises les hommes… » Le même Wurmser, qui se donne beaucoup de mal pour démasquer les titistes, vient de signer une préface au livre de Dominique Desanti, *Masques et Visages de Tito et des siens*, où il écrit à propos de Rajk : « Il n'y a pas de mystère de Budapest. Des traîtres pincés ont avoué leurs crimes. Laissez passer la justice du peuple… » Éluard, lui, répond à Breton qui

11. F. Fejtö, « L'affaire Rajk est une affaire Dreyfus internationale », *Esprit*, novembre 1949. Voir aussi Edgar Morin, *op. cit.*, p. 123 *sq.* ; M. Winock, *« Esprit ». Des intellectuels dans la Cité, 1930-1950*, *op. cit.*, p. 327-330.

12. F. Fejtö, « De l'affaire Rajk à l'affaire Kostov », *Esprit*, janvier 1950.

le sollicite : « J'ai trop à faire pour les innocents qui clament leur innocence pour m'occuper des coupables qui clament leur culpabilité. » Quant à Fejtö, il est désormais surnommé le « renégat hongrois » ; Kanapa explique pourquoi, dans un libelle principalement dirigé contre Koestler : Fejtö a besoin d'argent... Enfin, s'attaquant au responsable de la revue, le PCF confie à Garaudy le soin d'expédier directement à Mounier un factum accusateur de dix-sept pages [13], où il lui reproche entre autres d'avoir publié Vittorini et Lukacs, c'est-à-dire des communistes qui s'écartent « des positions scientifiques du Parti ». Comminatoire, Roger Garaudy écrit : « On ne peut pas en même temps faire la propagande pour Tito et défendre la paix. Il faut choisir. »

En janvier 1950, Mounier répond aux attaques communistes, à Casanova, à Courtade, à Garaudy, au nom de la vérité et de la justice. L'anticommunisme reste pour lui une sorte de péché politique mortel ; il se refuse d'y tomber : « Qu'on ne compte pas sur nous pour devenir le carrefour des démissionnaires. » Malgré cette bonne volonté, les communistes, notamment Garaudy, persistent avec la même intransigeance : entre leur vérité ou l'imposture capitaliste, il faut choisir. Le 31 janvier 1950, Jean Cassou, membre du directoire des Combattants de la Paix (le futur Mouvement de la Paix), est convoqué dans le bureau d'Yves Farge, avec quelques autres, Agnès Humbert, Vercors, Claude Aveline, Jean-Marie Domenach, tous accusés d'avoir pris la défense de Tito. Une commission de l'organisation a à entendre les explications de Cassou. Charles Tillon, en personne, accuse Jean Cassou d'être un suppôt de l'impérialisme américain et un ennemi de la paix. Domenach s'interpose, pour dire que les notes qu'il a prises lors de la précédente audience de Cassou ne correspondent nullement au résumé de Tillon. Laurent Casanova, qui était également présent, fond alors sur le rédacteur en chef d'*Esprit* : « Comment osez-vous mettre en doute la parole du chef des Francs-Tireurs et Partisans français ? » Jean-Marie Domenach est exclu comme Cassou des Combattants de la Paix [14].

Emmanuel Mounier meurt subitement en mars 1950 d'une crise cardiaque. Près du cercueil du directeur d'*Esprit*, à Châtenay-Malabry, une délégation des Combattants de la Paix vint

13. R. Garaudy, *Lettre à Emmanuel Mounier homme d'*Esprit, Éd. de la Nouvelle Critique, 1949.

14. J.-M. Domenach, « Notre affaire Tillon », *Esprit*, juin 1971.

encore inciter Domenach à abjurer ses « erreurs [15] ». *L'Humanité* publie, le 23 mars 1950, un bref article nécrologique, qui se conclut ainsi : « Plus récemment [Mounier] publia même la basse attaque anticommuniste de Jean Cassou et s'engagea sur la voie de la division des forces de la paix en chantant les louanges de Tito et en calomniant de façon très traditionnelle les communistes et l'URSS. Il est à souhaiter qu'*Esprit* sache désormais sortir de cette voie et entendra [*sic*] l'appel à l'union que lance inlassablement la classe ouvrière. »

En septembre 1950, Claude Aveline, Jean Cassou, Louis Martin-Chauffier et Vercors remettent à Flammarion un ouvrage collectif, *La Voie libre*, où ils défendent le principe d'une …*voix* libérée du terrorisme de parti. Les quatre compagnons de route y reviennent sur la question yougoslave. Toujours « associés aux luttes de la classe ouvrière », ils dénoncent néanmoins « les criminelles faiblesses de l'épuration, la scandaleuse corruption des classes dirigeantes », la « voie sanglante » que le gouvernement choisissait pour régler les conflits coloniaux… Les accusations portées contre eux par les communistes leur semblent inquiétantes : Vercors raconte comment, après que Daix lui a demandé un article pour *Les Lettres françaises* éclairant celui qu'il avait donné à *Esprit*, il a vu cet article interdit. Aveline insiste sur les calomnies que le Parti a réservées à Édith Thomas (d'où sa démission) et rappelle ses actes de Résistance. Ce petit ouvrage pose en substance le problème des compagnons de route et autres progressistes : soutenir le mouvement communiste signifie-t-il qu'on doit taire toute objection ?

Louis Héron de Villefosse, officier de marine en retraite, chrétien progressiste, figure alors au rang de ceux qui ne se posent pas – encore – de question. Pour lui, toute attaque contre Staline et les procès ne sont que des accusations monstrueuses provenant des « officines anticommunistes » et plus ou moins américaines. C'est donc avec la foi du charbonnier qu'il se rend aux bureaux des Combattants de la Paix, rue des Pyramides, afin d'offrir ses services à Yves Farge. En décembre 1949, il commence à tenir des meetings, à Lille devant des fauteuils vides, à Longjumeau, aux côtés de la résistante Lucie Aubrac, pour alarmer les populations contre les dangers de l'Alliance

15. M. Winock, *« Esprit ». Des intellectuels dans la Cité, 1930-1950*, *op. cit.*, p. 334.

atlantique… Villefosse, à cette époque, et de son propre aveu, n'aspire qu'à rejoindre les « déshérités ». L'ouvriérisme motive d'autant qu'on est catholique et bourgeois : « En fin de journée, quand nous revenions de Paris, debout dans l'autocar bien souvent, nous nous trouvions serrés contre des ouvriers rentrant de chez Renault, au coude à coude, et il nous arrivait alors de nous sentir plus heureux que lorsque nous allions dîner au Farnese dans notre longue voiture officielle[16]. » Villefosse devient un compagnon de route « exemplaire » : « J'avais adhéré à une quinzaine d'associations paracommunistes, je répondais à tous les appels des organisations contrôlées par le Parti, je signais toutes les pétitions en me demandant si mon devoir ne serait pas de faire du "porte-à-porte" moi-même dans les immeubles, je ne refusais jamais mon nom à un comité de patronage, je paraissais à toutes les tribunes, et tout mon temps libre se passait à écrire. »

Aragon proposa à Villefosse d'entrer au comité d'*Europe*, contrôlée par le Parti et dirigée par Pierre Abraham. Cassou, ancien directeur de la revue, déjà exclu des rangs des Combattants de la Paix, a été amené à démissionner du comité à la suite d'un méchant article de Wurmser contre lui dans *La Nouvelle Critique*, entraînant avec lui René Arcos, André Chamson, Georges Friedmann, Martin-Chauffier et Vercors, solidaires de Cassou. Il y a donc des places à prendre à *Europe* : Villefosse accepte sans le moindre scrupule, de même que d'Astier et quelques autres. Toujours zélé, Villefosse s'active auprès de quelques grands « noms » pour leur faire signer l'Appel de Stockholm, que, le 19 mars 1950, le Congrès mondial des partisans de la Paix, présidé par Joliot-Curie, lance pour l'interdiction de l'arme atomique. Pierre Hervé lui demande notamment de pressentir Sartre et Beauvoir. Ce fut un échec, mais non un motif de découragement.

Malgré – ou à cause – de ces rebuffades, le Parti communiste conserve sa charge de fascination sur les cœurs purs ; il offre un système d'échanges aux malins ; il se présente comme l'avenir de l'humanité devant les croyants. C'était beaucoup. Surtout, il s'est arrogé le monopole de la « classe ouvrière », promue ou confirmée dans son rôle d'agent décisif de l'Histoire. Le poids de la guerre reste massif : les anciens résistants ne veulent pas

16. L. Héron de Villefosse, *L'Œuf de Wyasma*, Julliard, 1962, p. 85.

rompre avec le parti des Fusillés ; les résistants de la onzième heure compensent leur tardive adhésion ; les attentistes aussi bien que la nouvelle génération, trop jeune pour avoir combattu, entrent au Parti ou prennent route avec lui, pour se légitimer à leurs propres yeux. Ils font enfin la guerre. Le radicalisme de la Guerre froide adopté par le Parti communiste ne manque pas lui-même de charme sur les jeunes gens assoiffés de pureté révolutionnaire, en quête d'ennemi à vaincre et de veillées d'armes où s'échauffer dans la fraternité. Le Parti offre aussi un garde-fou aux amateurs de discipline et de morale : ils entrent au PCF en quête d'une règle comme d'autres au couvent ou dans la Légion étrangère. Chacun cultive ses motivations proclamées ou secrètes. La passion, l'émotion, la sensibilité, le mimétisme, toutes les raisons du cœur occultent la raison. Pourtant, beaucoup sont tirés du rêve, les yeux se dessillent au gré des événements et des révélations sur le « socialisme réel ». Le schisme de Tito constitue la première brèche par laquelle certains jettent un regard lucide sur le communisme stalinien. Presque simultanément, la vérité sur les camps soviétiques entame d'autres certitudes [17].

17. Outre *L'Opium des intellectuels* de R. Aron, chez Calmann-Lévy, 1955, voir aussi les réflexions de F. Furet, *Le Passé d'une illusion*, Robert Laffont/Calmann-Lévy, 1995.

49

# *Kravchenko : les carreaux cassés de la Révolution*

Au moment même où le schisme de Tito et les procès dans les démocraties populaires éloignent un certain nombre d'intellectuels du Parti communiste, celui-ci doit, de surcroît, faire front aux révélations qui se multiplient sur le système pénitentiaire en URSS, et dont le procès Kravchenko est le premier écho judiciaire.

Le 24 janvier 1949 s'ouvre à Paris, devant le tribunal correctionnel de la Seine, le procès intenté par Victor Andréïevitch Kravchenko aux *Lettres françaises* pour diffamation[1]. Le plaignant qui a demandé l'asile politique aux États-Unis, au début de 1944, lors du voyage de la Mission d'achats soviétique à Washington, a, depuis, écrit un livre publié aux États-Unis en 1946, et traduit l'année suivante en France : *J'ai choisi la liberté*, qui décrit les réalités du monde soviétique et apporte un témoignage autobiographique sur le système totalitaire. A plusieurs reprises *Les Lettres françaises* fulminent contre l'ouvrage et son auteur : « Kravchenko est un pantin dont les grosses ficelles sont made in USA [...], écrit André Wurmser, le 15 avril 1948. Oui, Kravchenko n'est qu'un pion de jeu démodé. Jadis ces pisseurs de copies nous venaient d'Allemagne. Elles sont importées d'Amérique aujourd'hui. Mais qu'Hitler ou Truman les inspirent, tant qu'il y aura des Kravchenko, il y aura des hommes libres pour leur répondre... »

Kravchenko est venu spécialement d'Amérique pour s'expliquer – en russe – devant la 17$^{e}$ chambre, au palais de justice, dont la salle est comble. Il est représenté par Georges Izard,

1. G. Malaurie, en collaboration avec E. Terrée, *L'Affaire Kravchenko*, Robert Laffont, 1982.

assisté de Georges Heiszmann. Joë Nordmann défend l'hebdomadaire communiste, en compagnie de Léo Matarasso, Michel Bruguier et André Blumel. Kravchenko déclare d'emblée : « Dans mon livre, j'ai dit la vérité sur la vie du peuple soviétique et sur les activités du Gouvernement soviétique. Je sais que l'on m'a accusé d'exagérer. Mais souvenez-vous des renseignements qui nous parvenaient sur les camps de concentration allemands et est-ce qu'on ne jugeait pas à l'époque que ces renseignements étaient exagérés ? L'on ne s'est convaincu de la vérité que lorsqu'on a pu voir les faits tels qu'ils étaient. Vous entendrez des témoins. Vous verrez mes données, mes documents et, après cela, vous jugerez et vous pourrez alors établir qui de nous a raison et qui est le coupable : de moi, de mon livre, ou de ceux qui m'accusent actuellement, *Les Lettres françaises*, les agents du Kremlin et les dirigeants du Kremlin eux-mêmes [2]. »

Pendant deux mois s'affrontent les deux parties par témoins, avocats et interprètes interposés, dans une salle d'audience bondée, tendue, toujours prête à manifester son émotion. Claude Morgan, le 24 janvier 1949, répond à l'accusation de Kravchenko par l'histoire des *Lettres françaises* : Jacques Decour, la Résistance, la liste des collaborateurs réguliers, « appartenant à toutes les nuances de l'opinion démocratique », la qualité de déporté de l'actuel rédacteur en chef Pierre Daix… Et d'ajouter : « Hebdomadaire littéraire, *Les Lettres françaises* défendent la propreté littéraire. Elles combattent cette littérature de veulerie, de désespoir, de dégradation humaine qui démoralise le public français. Elles défendent la pensée française contre l'invasion massive de ces publications américaines qui, comme le *Reader's Digest*, *Confidences*, la plupart des journaux d'enfants et presque tous les magazines de cinéma pratiquent chez nous un "dumping" éhonté, ruinent les revues françaises et répandent par millions d'exemplaires, au moyen d'une publicité colossale, une propagande beaucoup plus habile que ne l'était la grossière propagande d'Hitler dont elle n'est pas sans reprendre bien des thèmes. »

L'assimilation, plus ou moins appuyée, entre l'impérialisme américain et le nazisme devient un des ressorts de la propa-

2. Les citations du procès sont tirées du *Procès Kravchenko*, compte rendu sténographique, Albin Michel, 1949, 2 vol.

gande communiste. André Stil s'applique à la populariser dans ses romans, en reprenant le vocabulaire idoine : « résistants », « collabos », « occupation »… On suggère, on dénonce une continuité entre l'Allemagne hitlérienne et les États-Unis de Truman : les deux puissances ne luttent-elles pas contre le même ennemi, le communisme soviétique ? Les « hommes de la Résistance », comme dit Morgan, doivent continuer le combat, eux, pour « l'indépendance française ».

Avec moins de trémolos, plus d'ironie, André Wurmser taxe *I Choose Freedom* de « feuilleton mélodramatique », qui ne nous apprend rien de nouveau, puisque le genre romanesque antisoviétique a commencé dès 1917 : « Je me souviens, Messieurs, d'un cheval de course dont parla *Le Matin*. Les bolcheviks, dans leur rage égalitaire, avaient arrêté à Kiev un cheval de course coupable – je cite textuellement – "d'avoir gagné plusieurs courses et l'avaient passé par les armes". » Décidé à amuser la galerie, il ajoute : « Maintenant, l'un des thèmes les plus fréquemment employés par l'antisoviétisme, c'est celui de la liberté, c'est-à-dire que tout citoyen soviétique est prisonnier de son voisin sur l'air de : "Je te tiens, tu me tiens par la barbichette". » Et Wurmser conclut sa péroraison, que M^e^ Izard qualifie de « montmartroise », par une maxime qui ne l'était guère : « Quiconque dit antisoviétique dit par là même antifrançais. »

L'audition des premiers témoins de la défense vise à démontrer deux faits : que Kravchenko est un traître à la cause patriotique et antifasciste et qu'il n'est pas l'auteur du livre qu'il a signé. Sur ce dernier thème, ils marquent des points. Kravchenko, pour écrire son livre, s'était adjoint l'aide d'Eugene Lyons, bon connaisseur de l'URSS et directeur de la revue *American Mercury*, lequel confirmera plus tard avoir rédigé *I Choose Freedom* en anglais, mais dans le respect des faits relatés par l'auteur officiel [3]. Voulant à ce moment cacher cette collaboration qui aurait accrédité le caractère « fabriqué » de son témoignage, Kravchenko est soumis à rude épreuve par ses détracteurs qui entendent démontrer une imposture. On assiste ainsi à une scène assez comique, où Wurmser s'acharne à faire raconter par Kravchenko la fin de *Maison de poupée*, que le plaignant cite dans son ouvrage. Kravchenko n'y comprend rien. Izard signale que le titre de la traduction russe du drame

3. G. Malaurie a recueilli son témoignage, *op. cit.*, p. 40.

d'Ibsen n'est pas le même qu'en français. L'auteur, soit qu'il ne se souvînt pas du passage en question dû à Lyons, soit qu'il récuse sincèrement ce genre d'inquisition sur des points de détail, s'emporte, se drape dans sa dignité, soliloque bruyamment dans sa langue maternelle. Qu'un écrivain ait tenu sa plume n'enlève rien à l'authenticité de son témoignage, mais la défense ne veut pas ouvrir la moindre brèche dans son système.

L'audition des témoins continue : Louis Martin-Chauffier, président du CNE en exercice et collaborateur des *Lettres françaises*, dit tout le bien qu'il pense de Claude Morgan et d'André Wurmser et tout le mal qu'il faut penser du plaignant : en quittant sa patrie et en donnant une interview à un journal américain en avril 1944, Kravchenko a trahi « non seulement son pays, mais tous les alliés ensemble » (bien que pour Pierre Debray, journaliste catholique à *Témoignage chrétien*, on ne puisse attaquer l'Union soviétique « avec des ragots »). Pierre Courtade estime qu'une partie du livre est de Kravchenko, mais que le gros de l'ouvrage est du roman à la sauce américaine – « *human touch* » et « *human interest* ». Vercors revient sur la conduite de Kravchenko en 1944 : elle eût été alors jugée comme celle de tous les agents soviétiques de la Ligue antibolchevique, antimaçonnique et antisémite du « traître Paul Chack, qui a été fusillé, si je ne me trompe, pour ces raisons mêmes ». Jean Baby, qui en « qualité d'historien » entreprend de démontrer que le livre de Kravchenko n'est pas d'un Russe, qu'il s'agit d'« une littérature d'un genre spécial » forgée par les Américains, de « goût américain », croit devoir ajouter « qu'il n'y a jamais eu de persécutions » en URSS : « Ce livre, ce n'est pas seulement une mauvaise plaisanterie, un livre de mauvais goût, un livre antisoviétique ordinaire : c'est un livre qui a un but politique précis et, ce but, c'est de préparer la guerre. » Emmanuel d'Astier de La Vigerie, directeur de *Libération*, député progressiste, explique que si M. Kravchenko avait été à Alger, au moment où lui, d'Astier, était commissaire à l'Intérieur au Gouvernement provisoire du général de Gaulle, et qu'il eût donné sur place, en avril 1944, l'interview qu'il a donnée alors au *New York Times*, il l'eût fait arrêter « pour propagande à l'avantage de l'ennemi ». D'Astier, lui aussi, pense que ce livre est « un appel à la guerre contre les Soviets ».

Dans un deuxième temps du procès, l'accusation fait appel à

des témoins russes et ukrainiens, que les aléas de la guerre ont amenés en Occident, *via* l'Allemagne. Des paysans, des ouvriers, des ingénieurs, des employés, une bibliothécaire racontent la « dékoulakisation » des années trente, la terreur stalinienne, les purges, les camps... Les deux interprètes, celui de l'accusation et celui de la défense, se chamaillent sur des mots. M^e^ Izard se bat comme un diable contre M^e^ Nordmann et M^e^ Matarasso. Officiellement, c'est un procès Kravchenko contre *Les Lettres françaises*. En réalité, c'est le régime soviétique et la terreur stalinienne qui sont au banc des accusés. Nordmann s'en plaint : « La propagande nazie continue [4]. » Il faut donc aux communistes non plus se contenter de confondre Kravchenko, mais démontrer l'excellence du communisme soviétique. On appelle à la barre quelques-uns de ses valeureux représentants : le général Rudenko, médaillé de Stalingrad, et le député Vassilienko, mais surtout des Français. Le 15 février, arrive Jean Bruhat, professeur d'histoire dans la khâgne du lycée Lakanal, ancien normalien, auteur du « Que sais-je ? » sur l'*Histoire de l'URSS*, qui sera maintes fois réédité ; on le présente comme un expert, quoiqu'il ne connaisse pas la langue russe et qu'il ne soit encore jamais allé en Union soviétique. Le livre de Kravchenko ? « Invraisemblances », « contradictions », « contre-vérités »... Abordant le drame sanglant de la collectivisation des campagnes, Bruhat cite l'historien Aulard à propos des *Origines de la France contemporaine* de Taine : « Il a dit de Taine qu'il s'était amusé à compter tous les carreaux cassés sous la Révolution et qu'en comptant les carreaux cassés on ne fait pas l'histoire d'une révolution. » Subterfuge bien érudit pour passer par pertes et profits les quelques millions de victimes de la collectivisation des campagnes en URSS.

Le 22 février, c'est le tour de Roger Garaudy. Il résume : « Il apparaît que sur la trame d'une biographie d'un personnage en vérité assez falot, on a essayé de tirer une sorte d'encyclopédie illustrée de l'anticommunisme et de l'antisoviétisme. » Tout cela afin de préparer la « croisade » contre l'Union soviétique. Sans craindre l'enflure, le philosophe du Parti, enfileur habituel de grands mots, s'écrie pour conclure : « Nous pouvons dire à M. Kravchenko : qu'il aille dire à ses maîtres que le

4. « La propagande nazie continue ; elle continue sans que nous puissions savoir qui sont ces témoins que nous interrogeons, qui ils représentent, quel est leur passé », *Le Procès Kravchenko*, *op. cit.*, II, p. 222.

peuple français a fait son choix. Il a choisi la tradition jacobine de Valmy contre les émigrés de Coblentz, il a choisi, contre les Versaillais, le patriotisme de la Commune, il a choisi contre les Vichyssois la voie de la Libération qui était celle de la Résistance, avec les pures disciplines qu'elle imposait à chacun, et il n'appartient pas à d'aussi petits hommes de renverser ce cours de l'histoire. Le peuple français a fait son choix, et si vous voulez essayer de trouver quelques adeptes, ce n'est pas ici, c'est peut-être dans l'arrière-garde du nazisme, dans la Phalange de Franco, que vous trouverez de nouveaux adeptes, et où on vous y invite… »

On passe de cette déclamation de réunion électorale à un témoignage exceptionnel le lendemain. Le président, qui avait laissé Garaudy donner de la voix à son aise sans apporter le moindre élément nouveau au débat, n'eut certainement pas conscience – ou pas tout de suite – de la valeur humaine et de l'importance historique de la déposition que vint faire Margarete Buber-Neumann. A plusieurs reprises, sans doute parce qu'elle dépose en allemand et qu'il faut en passer par un interprète, il se montre pressé d'en finir : « Qu'elle abrège ! » Margarete Buber-Neumann, âgée alors de quarante-sept ans, est venue de Stockholm pour témoigner. Belle-fille du philosophe allemand Martin Buber, épouse et probablement veuve de Heinz Neumann, ancien membre du Politburo du Parti communiste allemand, disparu en URSS, elle raconte comment, après l'arrestation de son mari par les sbires de Staline, alors qu'ils vivaient tous deux en Union soviétique depuis l'avènement de Hitler, elle fut elle-même arrêtée, envoyée en Sibérie, puis, au lendemain du pacte germano-soviétique, livrée à Hitler, expédiée par la Gestapo au camp de concentration de Ravensbrück, d'où elle put s'échapper juste avant l'arrivée de l'Armée rouge.

Elle décrit ce qu'était un camp de concentration soviétique, le travail épuisant, le bloc de représailles pour les récalcitrants, la faim en permanence, les conditions dégradantes d'hygiène et de logement, la surveillance sans relâche, la prostitution nécessaire (« les femmes se cherchaient non pas un homme, mais deux ou trois hommes dans le camp »)… La description, précise, pathétique, soulève les objections des avocats des *Lettres françaises*. M^e^ Blumel veut démontrer à toute force que le témoin n'était pas dans un « camp de concentration », puisqu'il n'y avait ni murailles ni clôture. Margarete Buber-Neumann a beau lui expliquer que dans la steppe nul n'a besoin d'enceinte et que, si l'on dépasse cinq cents mètres, on est fusillé… Non. « Cela s'appelle en France, dit l'avocat, une résidence forcée. » Il parle aussi de « zone », de « zone pénitentiaire, non pas en camp fermé », croyant tenir dans cette distinction la preuve que le témoin est mal venue de se plaindre. M^e^ Nordmann, lui, n'entre pas dans ces détails. Faussement ingénu, il lui demande qui l'avait libérée de Ravensbrück, quelle armée. Les Russes, non ? Pas de chance, elle s'est enfuie avant leur arrivée. Il entend alors démolir la mémoire de Heinz Neumann, dont il fait un des responsables de l'avènement du régime hitlérien. Tout est bon pour discréditer le formidable témoignage de cette femme intelligente, calme, d'une parfaite dignité, connaissant mieux que ses adversaires le monde communiste et l'horreur de sa condition de victime passée d'un bourreau à l'autre. Tout est bon, mais rien ne peut affaiblir son récit. Ni celui de Kravchenko : Claude Morgan, André Wurmser sont condamnés pour diffamation et injure publique à la peine de 5 000 francs d'amende et à 50 000 francs de dommages-intérêts à verser à Kravchenko.

Il est impossible désormais de douter, de bonne foi, de l'existence des camps. Depuis longtemps, il ne s'agit plus d'une simple rumeur. Qui souhaite s'informer peut lire *La Vraie Russie des Soviets*, de David J. Dallin, publiée chez Plon en mars 1948, dont un chapitre est consacré au travail forcé, au réseau et à la localisation des camps. Paraissent encore en 1949 *Terre inhumaine* de Joseph Czapski, *Déportée en Sibérie* de Margarete Buber-Neumann, au Seuil. En décembre 1949 sort la traduction de *La Condition inhumaine*, chez Calmann-Lévy, dont l'auteur, Jules Margoline, juif polonais réfugié en URSS, a été interné, sur ordre du NKVD, dans huit camps de travail successifs de la République carélo-finnoise et de la province d'Arkhangelsk, de 1940 à 1945. Son livre, bien avant *L'Archipel du Goulag* de Soljenitsyne, décrit en détail la vie des *zeks*, les nouveaux esclaves d'État. Il résume ainsi son témoignage : « Dans ces camps, des innocents meurent, la conscience y est violée, des hommes apprennent à mentir et à obéir comme des automates ; des êtres humains sont réduits à la condition des bêtes de somme. Ce crime est perpétré loin des regards du monde, dans l'isolement le plus absolu. Cinq années durant, j'ai subi cette "rééducation". Je n'étais pas un ennemi du stalinisme tant que je ne l'avais pas vu de mes propres yeux. Aujourd'hui je suis convaincu que seuls des ignorants ou des scélérats peuvent défendre et vouloir justifier un pareil système [5]. »

A la suite de tous ces récits, David Rousset, lance, le 12 novembre 1949, dans *Le Figaro littéraire*, un appel à tous les anciens déportés des camps nazis et à leurs organisations, aux fins de constituer une commission d'enquête qui demanderait au gouvernement soviétique d'étudier librement ses « camps de travail collectif ». Aussitôt, Rémy Roure – journaliste au *Monde*, ancien résistant déporté à Buchenwald, et dont la femme était morte au camp de Ravensbrück – donne son accord dans un article du *Monde* et préside une conférence de presse le 15 novembre. Dans *Le Figaro littéraire* du 19, des anciens déportés font savoir leur adhésion à l'initiative de Rousset, parmi lesquels Louis Martin-Chauffier et Jean Cayrol, ainsi que la Fédération nationale des déportés et internés de la Résistance et la Fédération espagnole des déportés et internés politiques.

Les communistes contre-attaquent. Francis Cohen, dans *L'Humanité* du 12 novembre, intitule sa réplique : « Les travaux forcés de l'antisoviétisme. » Le 17, *Les Lettres françaises* publient un article de Pierre Daix sous le titre : « Pierre Daix matricule 59 807 à Mauthausen répond à David Rousset. » Daix accuse notamment Rousset d'avoir commis un faux (selon lequel on pouvait expédier quelqu'un dans un camp par simple décision administrative), d'où découleraient d'autres faux : les récits personnels qui ne sont que des témoignages fabriqués à partir des récits sur les camps nazis. Rousset demande alors à ses avocats, M^e^ Gérard Rosenthal et M^e^ Théo Bernard, d'assigner Claude Morgan, directeur des *Lettres françaises*, et Pierre Daix, auteur de l'article, en diffamation. Les prévenus n'ayant pu faire la preuve de leurs affirmations, le procès David Rousset contre *Les Lettres françaises* s'ouvre un an plus tard, le 25 novembre 1950 devant le tribunal de la Seine.

Cette fois, les communistes et leurs avocats veulent éviter le débat et, surtout, endiguer le défilé des témoins à charge, dont la presse française et internationale répercute les paroles. Ils se livrent donc pendant trois jours à une bataille de procédure,

5. J. Margoline, « Mon existence concentrationnaire », *Le Procès des camps de concentration soviétiques*, Dominique Wapler éditeur, 1951.

visant à prouver l'incompétence du tribunal. Bataille perdue ; le procès commence. Les prévenus et leurs avocats jouent l'obstruction. Ils réussissent ainsi à interrompre définitivement Joseph Czapski, ancien membre de l'armée du général Anders, qui affirme, à l'indignation de la défense, que le massacre de Katyn a été perpétré par les Soviétiques. Le 15 décembre, le tribunal prononce l'expulsion de Claude Morgan, intenable lors de l'audience du « Campesino » qui, à vrai dire, porte un coup redoutable aux prévenus : El Campesino a été des leurs, un des trois généraux communistes des Brigades internationales, ayant quitté l'Espagne parmi les derniers pour se réfugier en URSS après la victoire de Franco. Staline l'a expédié dans un camp sans tarder. « Le contact avec la Russie soviétique, dit-il, devait être pour moi la plus grande désillusion, la plus grande tromperie, le plus grand échec de mon existence [6]. » Tous ces témoignages sur l'univers concentrationnaire soviétique sont si accablants que les avocats de David Rousset renoncent, après la déposition de Margarete Buber-Neumann, une nouvelle fois citée, à l'audition des autres témoins : n'en savait-on pas assez ? En revanche, la défense appelle une douzaine de communistes et de compagnons de route, dont le dessinateur Jean Effel, Louis Héron de Villefosse, le député communiste Marie-Claude Vaillant-Couturier ; péremptoire, elle clame à l'audience du 22 décembre 1950 : « Je sais qu'il n'existe pas de camp de concentration en Union soviétique » ; et d'ajouter qu'elle considère « le système pénitentiaire soviétique comme indiscutablement le plus souhaitable dans le monde entier ». Déjà, en avril 1949, Daix avait répliqué au R. P. Riquet, ancien déporté, qui n'avait pas hésité à faire allusion aux « camps » dans son prêche de carême à Notre-Dame de Paris : « Je voudrais dire tranquillement qu'il existe, en effet, en URSS, des camps de rééducation. Que l'URSS ne les a jamais cachés. Qu'elle considère à juste raison qu'ils constituent, par leur réussite dans le relèvement des criminels, un des plus beaux titres de gloire du régime soviétique [7]. » Quand Rousset demande à M.-C. Vaillant-Couturier si elle a lu certains des témoignages publiés, comme le

6. *Le Procès concentrationnaire pour la Vérité sur les camps soviétiques*, Extraits des débats. Déclaration de D. Rousset. Plaidoirie de T. Bernard. Plaidoirie de G. Rosenthal, Éd. du Pavois, 1951, p. 173.

7. P. Daix, « Le P. Riquet ancien déporté à Mauthausen a-t-il choisi la paix des cimetières ? », *Les Lettres françaises*, 21 avril 1949.

livre de cette femme, Elinor Lipper, *Onze Ans dans les bagnes soviétiques*, paru en 1950 chez Nagel, le témoin répond d'un air pincé : « Cela ne vous regarde pas. » Ancienne déportée elle-même, elle ne voit dans ce procès, dans toute cette campagne, qu'une « excitation à la guerre ».

Comme dans le procès Kravchenko, *Les Lettres françaises* sont condamnées pour diffamation, à travers les personnes de Claude Lecomte, dit Claude Morgan, à 20 000 francs d'amende, et Pierre Daix, à 15 000 francs. Les deux doivent payer de surcroît, conjointement et solidairement, la somme de 100 000 francs à David Rousset à titre de dommages-intérêts.

L'appel de David Rousset ne reste pas sans lendemain : le 24 janvier 1950 s'est constituée la Commission d'enquête française contre le régime concentrationnaire, qui a bientôt son local, rue Daunou à Paris, son bulletin d'information, puis sa revue trimestrielle, *Saturne*, de 1956 à 1959. Une Commission internationale se constitue à Bruxelles, à laquelle participe du côté français Germaine Tillion, ancienne déportée à Ravensbrück. Bien que l'URSS leur refuse, comme on peut s'en douter, tout droit de visite, ces organismes entreprennent un travail d'enquête, non seulement sur les camps soviétiques, mais aussi sur l'Espagne, la Grèce, la Yougoslavie, la Tunisie, et enfin l'Algérie, ces deux derniers pays étant sous administration française. Louis Martin-Chauffier, témoin au procès Kravchenko du côté des *Lettres françaises*, n'en participe pas moins activement au travail de ces commissions, qui publient plusieurs Livres blancs [8]. Dès lors, on peut se demander pourquoi *L'Archipel du Goulag*, sorti en France en 1974, fit l'effet d'une bombe ? Le mot « Goulag » lui-même avait été prononcé par David Rousset un quart de siècle auparavant. Mais, vers 1950, le déchaînement de la représentation au mépris de la réalité et l'ordre imaginaire de la société conçu par l'intelligentsia conduisaient celle-ci à minimiser, à relativiser, sinon à nier les révélations sur les camps soviétiques.

8. Voir É. Copfermann, *David Rousset. Une vie dans le siècle*, Plon, 1991, p. 129 *sq*. Martin-Chauffier écrit à Rousset : « Votre proposition de constituer une commission d'enquête doit, me semble-t-il, être approuvée par tous les anciens déportés. Il me paraît également juste que cette commission commence ses recherches par l'URSS. Le pays où est née la construction socialiste est celui où la dégradation de l'homme serait le plus contraire aux principes mêmes sur lesquels s'est fondé le régime communiste » (cité par É. Copfermann, p. 117).

A *Esprit*, la gêne est évidente : on écrit peu sur ces procès de 1949-1950, ni davantage sur les camps soviétiques. Une correspondance entre Victor Serge et Emmanuel Mounier atteste, non seulement le dissentiment croissant entre les deux amis, mais encore la cécité volontaire de Mounier, décidé à endiguer l'anticommunisme. Serge, bien placé pour le faire, communique à Mounier des renseignements précis, en 1945 et 1946, sur le système concentrationnaire soviétique [9]. Et de chapitrer Mounier sur sa « bienveillante compréhension vis-à-vis de l'URSS actuelle », d'autant plus décevante qu'il tient les idées de Mounier comme les moins compatibles avec le camouflage de la réalité : « Je ne puis m'empêcher de penser, lui écrit-il en mars 1946, que vous cédez à une ambiance étouffante. » Malentendu : selon Mounier et ses amis, c'est Victor Serge qui est victime de l'éloignement, et peut-être de l'intoxication américaine [10].

Au moment du procès Kravchenko, *Esprit* reçoit Margarete Buber-Neumann, dont *Déportée en Sibérie* va être publié au Seuil. Albert Béguin, rapportant le procès, lui rend hommage, mais son article est très restrictif : en dehors de sa déposition, le lecteur a l'impression que tout le reste est une farce. Kravchenko lui-même est dépeint sous les traits d'un affreux ex-fonctionnaire soviétique, dont le procès constitue « une bonne affaire » pour lui. Béguin, pourtant, dans la postface qu'il donne au livre de Margarete Buber-Neumann, accrédite son témoignage. Il semble que ce soit trop : Bertrand d'Astorg, critique littéraire, rendant compte du livre dans *Esprit*, en septembre 1949, dénonce la mise en parallèle des deux systèmes d'instruction judiciaire nazi et soviétique ; les staliniens se trouvent même en partie déchargés du poids de leur faute, n'ayant « fait que continuer une tradition tsariste ».

*Les Temps modernes* sont moins timorés qu'*Esprit* pour évoquer les camps de travail en URSS (malgré David Rousset, on n'a pas encore pris l'habitude de parler de « Goulag »). La revue publie un texte signé de Sartre et de Merleau-Ponty, « Les jours de notre vie », en janvier 1950 où les auteurs reconnaissent le fait concentrationnaire en Union soviétique, mais ne veulent pas *choisir* entre les victimes : il y a aussi des camps

9. *Bulletin des Amis d'Emmanuel Mounier*, n° 39, avril 1972.
10. Voir la notice nécrologique d'E. Mounier, « Victor Serge », *Esprit*, janvier 1948.

en Grèce, des massacres dans les colonies françaises. *Les Temps modernes* se refusent à suivre David Rousset (avec lequel, on le sait, ils sont déjà en délicatesse) qui dénonce trop exclusivement les camps soviétiques au détriment des autres actes d'oppression dans le monde : « Quelle que soit la nature de la présente Société soviétique, l'URSS se trouve *grosso modo* située, dans l'équilibre des forces, du côté de celles qui luttent contre les formes d'exploitation de nous connues. La décadence du communisme russe ne fait pas que la lutte des classes soit un mythe, que la “libre entreprise” soit possible ou souhaitable, ni en général que la critique marxiste soit caduque. D'où ne concluons pas qu'il faut montrer de l'indulgence au communisme, mais qu'on ne peut en aucun cas pactiser avec ses adversaires. La seule politique saine est donc celle qui vise, dans l'URSS et en dehors de l'URSS, l'exploitation et l'oppression, et toute politique qui *se définit* contre la Russie et localise sur elle la critique est une absolution donnée au monde capitaliste. »

La vision anticapitaliste, antiaméricaine, socialiste, de l'intelligentsia de gauche place alors celle-ci dans l'incapacité de *voir* le mal radical qui ronge le régime soviétique, qui fait corps avec le système. L'antianticommunisme d'un Mounier, d'un Sartre, d'un Merleau-Ponty, aboutit ainsi à une casuistique révolutionnaire : certes, il y a des camps en Union soviétique, on ne doit pas le nier, on doit même au besoin les dénoncer, il faut cependant replacer cette réalité dans un contexte global. Des deux blocs qui s'affrontent, il s'agit de désigner l'ennemi, celui qui entretient par nature l'exploitation de l'homme par l'homme, et qui prépare une troisième guerre mondiale : l'impérialisme américain. Le bloc soviétique n'est pas sans tache, mais il a le mérite d'avoir fait une révolution socialiste, d'avoir comme objectif la construction d'une société véritablement humaine, sans classes, sans victimes ni bourreaux. Les raisons historiques, l'héritage de l'autocratie et de la guerre, toutes les difficultés inhérentes à la construction du socialisme dans un monde hostile expliquent les notoires imperfections du régime : nul ne saurait être dupe de l'imagerie communiste, de sa propagande inepte, telles ces manifestations enregistrées en décembre 1949 pour le soixante-dixième anniversaire du génial Staline. N'empêche : l'URSS reste l'espoir des écrasés, des déshérités, des opprimés. Accabler le régime soviétique de critiques, c'est faire le jeu de l'anticommunisme, c'est offrir une trop belle revanche aux « collabos », c'est soutenir le régime d'inégalité et d'inéquité sous lequel on vit. Mounier a cette phrase : « L'anticommunisme est mortel [11]. » Outre que le communisme est, qu'on le veuille ou non, l'espoir du prolétariat, des raisons plus conjoncturelles invitent au respect : la vigilance contre le « fascisme » renaissant (en France, le RPF), la lutte pour la paix et la protestation contre l'exploitation et la guerre coloniales (l'Indochine, Madagascar, l'Afrique du Nord).

A l'orée de la Guerre froide, à la fin de 1947, Merleau-Ponty avait donné la justification théorique de l'attitude future des intellectuels de gauche face au problème des camps, dans *Humanisme et Terreur* [12]. Il professait alors qu'on ne devait pas critiquer le communisme ou l'URSS sur « des faits isolés », non plus que louer les régimes démocratiques en passant sous silence « leur intervention violente dans le reste du monde ». « En URSS, écrivait-il, la violence et la ruse sont officielles ; dans les démocraties, au contraire, les principes sont humains, la ruse et la violence se trouvent dans la pratique. A partir de là, la propagande a beau jeu. La comparaison n'a de sens qu'entre des ensembles et compte tenu des situations. » Sans se servir de la formule dont Jean Bruhat fera usage au procès Kravchenko, Maurice Merleau-Ponty faisait à sa manière la théorie des « carreaux cassés » de la Révolution : « La condamnation à mort de Socrate et l'affaire Dreyfus laissent intacte la réputation "humaniste" d'Athènes et de la France. Il n'y a pas de raisons d'appliquer à l'URSS d'autres critères. »

A l'aube des années cinquante et à l'issue de deux procès retentissants, l'image de l'URSS est brouillée. Il faudra encore plusieurs années aux intellectuels de gauche les plus éminents pour connaître et dénoncer la nature totalitaire du régime stalinien.

11. M. Winock, *« Esprit ». Des intellectuels dans la Cité, 1930-1950*, *op. cit.*, p. 296.
12. M. Merleau-Ponty, *Humanisme et Terreur*, Gallimard, 1947.

## 50
# *Contre la littérature engagée*

La gauche intellectuelle n'exerce pas sur la France de l'après-guerre un pouvoir sans partage, bien que pendant un certain temps les écrivains et les grands journalistes de droite soient frappés d'ignominie, quand ils ne purgent pas leur peine en prison. Certains ont été exécutés comme Brasillach ou Suarez. La droite maurrassienne, si puissante entre les deux guerres et sous Vichy, se survit péniblement. Un de ses surgeons les plus doués, Pierre Boutang, trente ans en 1946, ancien normalien et agrégé de philosophie, auquel Maurras avait confié la revue de presse de *L'Action française* à la veille de la guerre, paraît en mesure de prendre la relève du vieux maître achevant ses jours en prison. Au Maroc, où il enseignait pendant la guerre, il s'est rallié à Giraud. Après la Libération, il est de la petite troupe qui s'emploie à ranimer la flamme du « nationalisme intégral » en diverses feuilles, parfois clandestines, en attendant qu'en 1947 l'ancien quotidien monarchiste reparaisse sous le titre *Aspects de la France*. La même année, Boutang écrit en collaboration avec Bernard Pingaud *Sartre est-il un possédé ?*. Titre qui en dit long sur l'identité de l'ennemi à combattre.

Ainsi les anciens collaborateurs, collaborationnistes et autres pétainistes, victimes de l'épuration, de l'ostracisme résistantialiste, des listes noires du CNE, sortent du mutisme et de la clandestinité. En janvier 1947 paraissent *Les Écrits de Paris*, revue mensuelle, dirigée par René Malliavin (journaliste plus connu par son pseudonyme Michel Dacier), qui relaie des feuilles confidentielles où les vaincus de la Libération continuaient à donner leur mesure, soit sous leur propre nom, soit, très souvent, sous pseudonyme : Jacques Chastenet, ancien directeur du *Temps*, Henry Bordeaux, Claude Farrère, l'ancien ministre socialiste Paul Faure, Emmanuel Beau de Loménie, André Thérive, Bertrand de Jouvenel, Alfred Fabre-Luce, Paul Morand, Hubert Lagardelle, etc. La revue connaît peu à peu un certain succès qui l'autorise à lancer, en 1951, l'hebdomadaire *Rivarol*, où Lucien Rebatet, entre autres, reprend du service. La division de la gauche opérée par les débuts de la Guerre froide profite aux proscrits de la droite, sous l'effet du regroupement des forces anticommunistes.

La destinée d'un Georges Albertini illustre les temps nouveaux. Naguère camarade de Léon Blum, membre du Comité de vigilance des intellectuels antifascistes, il avait suivi Marcel Déat dans le collaborationnisme et le RNP (Rassemblement national populaire), fasciné par le nazisme. Condamné à cinq ans de travaux forcés après guerre, il voit sa peine réduite par le président Vincent Auriol. Libéré de prison, il devient conseiller politique à la banque Worms, et lance en 1949 un bulletin d'information sur le communisme, bientôt rebaptisé *Est-Ouest*, une des publications les mieux informées sur l'URSS et les pays de l'Est. Renouant avec ses anciens camarades socialistes, proche de Guy Mollet et de Robert Lacoste, Albertini devient un homme de l'ombre, qui fondera avec Boris Souvarine l'Institut d'histoire sociale, l'incomparable centre de documentation sur le communisme, où puiseront de nombreux chercheurs, journalistes et hommes politiques. La Guerre froide permet ainsi une redistribution des cartes profitable à ceux qui s'étaient compromis pendant l'Occupation. L'amnistie de 1951 devait faire sortir de prison la plupart d'entre eux.

L'Académie française, si peu représentée dans la Résistance, reste un pôle de la droite intellectuelle, qu'un Maurras, de sa prison, continue toujours d'influencer. Lorsqu'un de ses anciens disciples, Pierre Gaxotte, publie en 1951 son *Histoire des Français*, Maurras écrit à Xavier Vallat : « C'est un grand service public dont l'auteur mérite d'être récompensé. Il faudrait le pousser à l'Académie par nos amis Bordeaux, Bérard, Benoit, La Gorce, Madelin[1]. » Maurras est décédé depuis un an quand son souhait se réalise : Pierre Gaxotte est élu à l'Académie en 1953, contre le résistant André Chamson, tandis que le duc de Lévis-Mirepoix, lui succède à lui, Maurras, mort en 1952

1. Ch. Maurras, lettre à Xavier Vallat, 15 octobre 1951, citée par S. Argiolas, *Pierre Gaxotte : un intellectuel de droite (1945-1962)*, mémoire de DEA, IEP de Paris, 1996.

– déchu par décision politique à la Libération, l'animateur de l'Action française avait eu la satisfaction de voir son fauteuil non pourvu, comme ceux d'Abel Bonnard, d'Abel Hermant et de Pétain. Le maréchal Weygand, autre figure de la droite académique, recevra Gaxotte sous la Coupole, après que Lévis-Mirepoix, élu au fauteuil de Maurras, n'a pas hésité à faire l'éloge appuyé de l'idéologue de l'Action française. La droite, arrimée au quai Conti, tient ferme sur cette rive gauche de la Seine, à deux pas de l'église Saint-Germain-des-Prés et du café de Flore, chanté jadis par Maurras et investi par les sartriens.

La plus tenace résistance au « résistantialisme » est conduite par Jean Paulhan, fondateur des *Lettres françaises*, membre du CNE (le « Céné », comme il l'appelle), intrépide anticonformiste, éditeur influent, découvreur de talents, audacieux démonteur de ronéos clandestines, qui ne se console pas de la disparition de *La Nouvelle Revue française*, dont il a été le directeur au moment de son apothéose. La Libération venue, il supporte de moins en moins les oukases lancés par les écrivains de la Résistance contre leurs confrères qui se sont fourvoyés. A ses yeux, les écrivains doivent assumer leurs responsabilités, il le répète, mais ils ont à répondre de leurs actes devant la seule justice officielle. Les hommes de lettres ne sont pas des magistrats : à chacun son rôle, à chacun sa place. Cette attitude le place d'emblée au rang des suspects, malgré son courage pendant la guerre : « Monsieur Jean Paulhan, trahissant *Les Lettres françaises* qu'il avait servies durant l'occupation nazie, se met au service de la pensée fascisante [2]. » Paulhan, en proie aux attaques communistes en raison de son hostilité à l'épuration littéraire, en vient à exprimer ses doutes sur le patriotisme de ses adversaires, qui se drapent dans le drapeau tricolore. Les communistes nous la baillent belle, dit-il en substance, avec leurs héros : Romain Rolland, qu'ils vantent tant, était pacifiste pendant la Grande Guerre et écrivait *Au-dessus de la mêlée*. Quant à Rimbaud, dont Aragon veut faire un communard résistant à l'invasion allemande, Paulhan se fait un plaisir de rappeler que, lors de l'inauguration du monument érigé en l'honneur du poète local à Charleville en 1927, Aragon, Breton et les autres avaient adressé à la municipalité un manifeste soulignant

2. A. Sauger, *Le Patriote*, février 1945, cité par C. Blandin, *Genèse de « La Nouvelle Nouvelle Revue française »*, mémoire de DEA, IEP de Paris, 1996.

son violent antipatriotisme. *Les Lettres françaises* y trouvent une occasion d'attaquer leur fondateur récalcitrant : « Paulhan [...] tend à laver les Versaillais de Thiers en accusant Rimbaud. » Entre Aragon et Paulhan, c'est peu de dire que le torchon brûle. En janvier 1948, Jean Paulhan expie son crime : son nom est ôté de la manchette de l'hebdomadaire littéraire tombé aux mains des communistes, où il figurait à côté de celui de Jacques Decour.

Paulhan ne doit pas seulement affronter les communistes purs et durs, il se heurte aussi aux attaques des compagnons de route, rompant des lances avec Vercors, Martin-Chauffier, Benda. Celui-ci réédite en 1946 *La Trahison des clercs*, augmentée d'une préface où il fustige la « trahison » des uns, « l'imposture des autres », et s'en prend nommément à Paulhan qui défend le « droit à l'erreur ». Dans plusieurs articles de *L'Ordre*, en 1946 et 1947, Benda récuse la position de Paulhan selon laquelle le talent littéraire doit être apprécié en dehors de toute considération morale et politique : « Que le talent littéraire – ou ce qu'on croit tel – donne droit à l'imposture intellectuelle, c'est ce que toute une classe de mes concitoyens admettent depuis longtemps, écrit Benda, aujourd'hui ils font mieux : le talent littéraire donne droit à la trahison [3]. » Mais nul argument ne fait rendre gorge à Paulhan, qui n'en démord pas : ce n'est pas aux écrivains à se faire juges.

Dans ces polémiques, Paulhan exprime des convictions : il enrage de voir les communistes et leurs alliés fatiguer leurs confrères de leçons de patriotisme, alors qu'en d'autres circonstances ils ont été des champions de l'antipatriotisme ; il voue un tel culte à la littérature qu'il se refuse à condamner les grands talents qui ont failli. Il exprime aussi son amitié à certains, tout particulièrement à Marcel Jouhandeau, inquiété pour avoir participé au fameux voyage de Weimar à l'invitation des Allemands. Bientôt, il dépasse le cadre purement littéraire pour en arriver à défendre le principe de l'amnistie politique, dont il n'hésite pas à formuler la demande dans *Paroles françaises*, hebdomadaire du député Alfred Mutter, très prisé des anciens pétainistes : « L'amnistie politique est absolument nécessaire. Nous avons besoin aujourd'hui de gens qui ne penchent trop ni

3. J. Benda, *L'Ordre*, 7 octobre 1947, cité par F. Badré, *Paulhan le Juste*, *op. cit.*, p. 248.

du côté russe ni du côté américain : enfin les hommes de la “France seule”. Eh bien ! ceux-là sont tous en prison ; ce n’est pas seulement injuste, c’est absurde, c’est dangereux. Pour ces raisons-là, et pour bien d’autres : amnistie politique aussi large que possible, excepté, évidemment, pour les délateurs et la poignée de véritables traîtres [4]. »

Paulhan ne se contente pas de ferrailler pour les épurés et de démissionner du CNE ; à défaut de pouvoir publier la *NRF*, il entreprend de lancer une nouvelle revue ouverte à tous les vrais écrivains, quelle que soit leur couleur politique. Il fonde ainsi, chez Gallimard, en 1946, *Les Cahiers de la Pléiade*, qui compteront treize numéros jusqu’en 1952 : « *Les Cahiers de la Pléiade* ne se croient pas tenus de prendre position dans les grands conflits sociaux ou nationaux. S’ils se trouvent travailler à la création d’une nouvelle conscience du monde, ce sera bien sûr sans l’avoir voulu [5]. » C’était aller à contre-pied de la théorie de l’engagement. Paulhan avait pourtant participé au démarrage des *Temps modernes*, y avait donné plusieurs textes, tout en contestant la doctrine sartrienne sur la littérature. *Les Cahiers de la Pléiade* semblent comme une résurrection de l’ancienne *NRF*, où réapparaissent à côté de Julien Benda, d’André Gide, d’André Malraux, les moutons noirs que sont Jouhandeau, Giono, Arland et quelques autres. Pour *L’Humanité*, Paulhan s’est démasqué, ses *Cahiers* devraient s’appeler les « Cahiers du fascisme » ; pour Pierre Lœwel, de *L’Ordre*, « M. Jean Paulhan a pris une fois pour toutes le parti des traîtres [6]. » Paulhan regimbe : « Obtenir qu’une revue de lettres, comme les *Cahiers*, choisisse ses collaborateurs et, le cas échéant, les juge sur leur seule qualité littéraire, c’est très simple et il faut croire que c’est très difficile puisqu’on me cherche tant de chicanes. Obtenir de publier Céline qui est un grand auteur, et ne pas publier Rolland qui est certes un brave homme, mais un esprit fumeux et un médiocre écrivain. Ainsi de suite. Des chicanes… mais enfin je crois que, lorsque nous serons revenus à un climat littéraire sain (où le souci politique ne viendra plus gauchir le jugement le plus délicat, le plus sus-

4. J. Paulhan, « Il faut libérer Bardèche », *Paroles françaises*, 18 juin 1948.
5. J. Paulhan, « Avertissement », *Les Cahiers de la Pléiade*, n° 1.
6. P. Lœwel, « Heil Hitler », *L’Ordre*, 25 septembre 1947, cité par C. Blandin, *op. cit.*, p. 83.

ceptible qui soit) eh bien ! tout le monde me donnera raison [7]. » Pour lui, les *Cahiers* sont ouverts à tous les vrais talents, et il ne manque pas de solliciter les communistes, Aragon en tête.

La mort d'André Gide en 1951 permet à Paulhan de pousser plus loin son offensive, en faisant paraître un numéro spécial de la *NRF* sur le prix Nobel disparu, en novembre 1951, après avoir obtenu le concours de nombreux écrivains : « Il faut faire revivre la *NRF*, l'espace au moins d'un numéro. » C'était l'aveu d'un désir et d'un plan. Auparavant, Paulhan, l'esprit rebattu par les critiques, les insinuations, les accusations, des communistes et de leurs alliés, entend régler ses comptes. Il publie sa *Lettre aux directeurs de la Résistance* [8]. Non pas chez Gallimard, où il occupe un poste prestigieux – Gaston ne veut pas d'histoires ! –, mais, ô paradoxe, aux éditions de Minuit, nées elles-mêmes de la Résistance. Paulhan en appelle à la paix des consciences, à la paix civique, et cela même au nom des idéaux qui furent ceux de la Résistance, dont il a été « dès le mois de juin quarante ».

Paulhan attaque de plein fouet les communistes, « qui imposaient leurs vues aux cours de justice », et quelques écrivains notables : « Aragon, Éluard ont laissé le panégyrique de l'avortement, du crime et du défaitisme : ils chantent d'une seule voix l'espoir, la joie de vivre, et les familles nombreuses. Sartre met au point, non sans loyaux efforts, une Éthique. Entre-temps il a fondé une revue, qui pourchasse au loin l'injustice. On sait qu'il a déjà trouvé sept cents petites pailles dans l'œil de Staline, et douze mille dans l'œil de Truman. Pour Franco, ça ne compte plus. Il est temps, il est grand temps qu'ils s'occupent de leur poutre. » Les répliques s'ensuivent, hargneuses, graves, attristées, violentes, un déluge d'épigrammes. Louis Martin-Chauffier, dans *Le Figaro littéraire* (2 février 1952) : « Vous avez accompli une mauvaise action » ; Roger Stéphane, dans *L'Observateur* (7 février 1952) : « Les prémisses sont fausses, le raisonnement n'est qu'un sophisme de mauvaise foi » ; Elsa Triolet, dans *Les Lettres françaises* (7 février 1952) : « Jean Paulhan successeur de Drieu La Rochelle »… Paulhan est loué par les journaux de droite (comme *Aspects de la France*), mais pas seulement. Il a la satisfaction d'être félicité par Roger Martin du

7. J. Paulhan, *Paru*, novembre 1948.
8. J. Paulhan, *Lettre aux directeurs de la Résistance* (1951) *suivie des répliques et contre-répliques*, Jean-Jacques Pauvert, 1968.

Gard : « Merci cher ami pour cette *Lettre aux Directeurs de la Résistance*, qui ne peut se lire sans émoi. C'est du meilleur Paulhan, personnel, courageux [9]... »

Paulhan poursuit son effort : sarcler la littérature, extirper le chiendent politique qui a poussé sur elle. Son but est bien de restaurer *La Nouvelle Revue française*, qui fut avant la guerre le carrefour des créateurs, publiant aussi bien Malraux que Drieu, Gide que Fernandez... *Les Cahiers de la Pléiade*, qui ont repris cette tradition, s'interrompent au printemps 1952 : *La Nouvelle Nouvelle Revue française* est prévue pour janvier 1953. Pour cette renaissance, Jean Paulhan s'appuie sur Marcel Arland, qui a été de l'équipe de Jacques Rivière, et avec lequel il entretient une solide amitié. *Paris-Match* salue l'événement, le 17 janvier 1953 : « C'est la *NRF*, la vraie, qui reparaît sous son titre bizarre destiné à tourner la loi. » Au sommaire : Jean Schlumberger, André Malraux, Jules Supervielle, Léon-Paul Fargue, Henry de Montherlant, Maurice Blanchot, Saint-John Perse, Jacques Audiberti, André Pieyre de Mandiargues et, bien sûr, le cher Marcel Jouhandeau.

Cette résurrection ne fait pas plaisir à tout le monde. André Wurmser en assène la preuve dans *Les Lettres françaises* : « La *NRF* c'est Jean Paulhan qui, à présent, y dit la messe. Je ne sais rien de lui, pas même s'il écrivit quelque livre. Il s'intéresse à la poésie malgache, dit-on. Mais eût-il aussi peu écrit qu'un duc académicien, il n'en aurait pas moins sa place dans une Chambre des Corporations, où il représenterait la littérature de qualité, comme la Marquise de Sévigné le chocolat de luxe [10]. »

L'entreprise gêne sur un autre plan, celui de la concurrence littéraire. A cette époque, François Mauriac, écrivain-phare de *La Table ronde*, qui a l'ambition « d'occuper la place laissée libre par la *NRF* », mène la contre-offensive dès l'annonce du lancement de la *NNRF*, en décembre 1952 : « Ce sera une sorte de petite guerre entre les deux revues. Je le dis comme il faut le prendre, sans arrière-pensée et sans forfanterie. Il s'agit de nous défendre pied à pied et si nous sommes battus, ce sera après avoir épuisé toutes les possibilités. On nous croit pris entre deux feux : d'un côté la machine de guerre Gallimard ; de l'autre, le

9. R. Martin du Gard, lettre à Jean Paulhan, 15 janvier 1952, citée par C. Blandin, *op. cit.*, p. 102.

10. A. Wurmser, « Suite triomphale », *Les Lettres françaises*, 20 mars 1953.

bataillon juvénile des amis de Jacques Laurent. Je passe donc à l'attaque. Je vais inaugurer une nouvelle rubrique ; une sorte de Cahier où je consignerai mes réflexions sur l'actualité, sur les hommes et les événements [11]… » Il s'agit encore de lutter contre l'hégémonie de Gallimard, à laquelle faisait aussi allusion Wurmser dans son article : « Un temps viendra où ils imprimeront, éditeront, distribueront directement ou par maisons interposées, tous ceux qui reçoivent les prix, mais aussi tous ceux qui les décernent [12]. » La petite guerre littéraire tourne à la guerre politique : il est trop tentant pour Mauriac de dénoncer la nouvelle revue comme la continuation de la *NRF* de Drieu : « J'aime encore la *NRF*, écrit-il. Je nourris un reste de tendresse pour cette chère vieille dame tondue dont les cheveux ont mis huit ans à repousser. »

Paulhan campant sur ses positions contre les canons sartriens de la littérature engagée, la *NNRF* accueille les talents sans souci des étiquettes politiques ; *Les Temps modernes*, eux, placent cet avertissement en seconde de couverture : « La Revue n'accepte les manuscrits ni des condamnés à mort pour fait de collaboration, ni des indignes nationaux. » « Quelle bonne idée, ironise Paulhan, d'obliger chaque collaborateur à une revue de montrer d'abord son casier judiciaire ! Son livret scolaire, pourquoi pas [13]. » Paulhan se demande toujours pourquoi un « indigne national » serait incapable d'écrire un très beau poème ou un bon roman. La prison, du reste, s'y prête assez bien.

La résistance au résistantialisme et à la théorie littéraire sartrienne vient aussi d'une autre génération, celle de Jacques Laurent, auquel François Mauriac faisait allusion. De son vrai nom Jacques Laurent-Cély, il a été des Étudiants de l'Action française, puis de l'Action française elle-même avant la guerre, où il s'est lié d'amitié avec Raoul Girardet, Pierre Boutang, François Léger, Philippe Ariès, donnant des articles à *L'Étudiant*, puis au *Combat* de Thierry Maulnier et de Jean de Fabrègues. Sous l'Occupation, il travaille au ministère de l'Information à Vichy et collabore à divers périodiques pétainistes, dont la revue *France* (où écrit aussi François Mitterrand), ce

11. Interview de F. Mauriac dans *Combat*, 17 décembre 1952, citée par C. Blandin, *op. cit.*, p. 122.
12. F. Mauriac, « Bloc-Notes », *La Table ronde*, 1er février 1953.
13. Lettre à Étiemble du 8 avril 1953, citée par C. Blandin, *op. cit.*, p. 135.

qui le situe dans le camp des vaincus de la Libération, même s'il s'est engagé dans les FFI au cours de l'été 1944. Si lui-même n'est pas inquiété par l'épuration, tous ceux de sa famille intellectuelle sont touchés. Malaise : pour lui comme pour d'autres de sa génération ou plus jeunes, les pouvoirs qui se mettent en place dans la France libérée sont ceux d'un nouvel ordre moral irrespirable. Contrairement à certains qui alimentent les publications renaissantes de l'extrême droite, Jacques Laurent prend congé de la politique. Comme il faut bien vivre, il publie sous pseudonymes des romans policiers, au Portulan, aux éditions Jean Froissart, qui accueillent les « orphelins littéraires [14] » de l'après-guerre. C'est aux éditions Froissart justement qu'il donne en 1947, sous le pseudonyme de Cécil Saint-Laurent, un roman populaire rondement expédié, *Caroline chérie*, lequel, après un démarrage difficile, devient un des grands best-sellers de l'après-guerre. Parasité par cet auteur à succès, le véritable écrivain Jacques Laurent a du mal à percer : il publie, en 1948, *Les Corps tranquilles*, un premier roman, ne trouvant pas son public. La même année, il renoue avec le plaisir du chroniqueur de revue, grâce à *La Table ronde*, revue de la maison d'édition du même nom, les deux étant dirigées par Roland Laudenbach. Il y retrouve Thierry Maulnier, Marcel Jouhandeau, Henry de Montherlant, mais aussi François Mauriac, et même pour un certain temps Jean Paulhan ; la jeune génération est représentée par Robert Kanters, Jean-Louis Curtis, Roger Nimier… Collaborateur régulier, Jacques Laurent y dénonce sur un ton persifleur l'air du temps. Puis, un jour de février 1951, il frappe un grand coup avec un article intitulé « Paul et Jean-Paul ». Ce manifeste littéraire antisartrien, rédigé avec un humour décapant, le désignera comme le chef de file de ceux qu'on appelle bientôt les « hussards ».

La complicité de Mauriac est évidente. L'auteur de *Thérèse Desqueyroux* n'a toujours pas digéré la rasade vinaigrée que Sartre lui a servie dans la *NRF*, en février 1939, « Monsieur François Mauriac et la liberté. » Laurent y revient et retourne le compliment à Sartre qui avait écrit : « Dieu n'est pas un artiste ; François Mauriac, non plus. » Cela suffit sans doute pour que Mauriac, cessant de gratter sa plaie, fasse présent à son cadet

14. V. Feltesse, *Jacques Laurent dans le débat intellectuel et politique*, mémoire de DEA, IEP de Paris, 1992.

d'une intronisation en règle dans les honneurs littéraires, par le truchement d'un article du *Figaro*. Laurent était l'un des meilleurs écrivains de sa génération, Mauriac l'avait dit [15].

Cet article, publié en plaquette par Grasset, n'est pas un simple service rendu par un jeune écrivain à son parrain ; c'est aussi un plaidoyer brillant, sarcastique et argumenté contre la littérature engagée et contre son théoricien patenté. L'astuce du jeune écrivain consiste à avoir associé les deux prénoms de deux écrivains aussi dissemblables que Paul Bourget et Jean-Paul Sartre. Bourget, parangon décrié de la littérature bourgeoise, conformiste, bien-pensante, et Sartre, prophète célébré de la révolte antibourgeoise. Pourtant, écrit Laurent en substance, ces deux messieurs partagent la même conviction que la littérature est utilitaire, qu'elle doit être subordonnée à la morale, à la politique : « Les deux écrivains se serrent les coudes contre la montée des œuvres gratuites et c'est à qui des deux flétrira le plus vivement un dilettantisme littéraire qu'ils tiennent pour une insupportable menace… » Ce qui n'empêchait pas le malin critique de préférer encore Bourget le démodé : « Manquent […] à Sartre le goût sincère de Bourget pour la littérature, sa sensibilité vraie, le mouvement qui ébranle ses chapitres les plus factices et une entente spontanée avec la langue. Sartre romancier reste un professeur revêche qui dicte son cours sans sourciller. »

Jacques Laurent réussit donc son entrée d'écrivain en provoquant le chef de l'église dominante tandis que Cécil Saint-Laurent, son double, lui assure des revenus. Cette division du travail dans une même personne permet à l'écrivain d'utiliser le romancier populaire pour favoriser sa conquête du champ littéraire : en janvier 1953, il fonde sa propre revue, *La Parisienne* ; en 1954, il rachète l'hebdomadaire *Arts*, dont il prend la direction. Ainsi se mettent en place, indépendamment des batteries Paulhan chez Gallimard, les éléments d'une résistance à l'hégémonie des intellectuels de gauche et à Sartre, où *La Table ronde* de Laudenbach, *La Parisienne* et *Arts* de Jacques Laurent sont décidés à en découdre.

15. Cette complicité est ainsi observée par J. Grenier, *Carnets 1944-1971*, Seghers, 1991 : « François Mauriac pense encore et ne pense qu'à l'article de Sartre contre lui publié dans la *NRF* avant la guerre. Il a commandé l'article à Jacques Laurent, il a signalé l'article dans *Le Figaro* », p. 113.

Presque simultanément, en décembre 1952, le sémillant Bernard Frank publie dans *Les Temps modernes* un article qui va créer indirectement un des mythes de l'histoire littéraire, en soulignant une parenté entre des écrivains qui réfutent ce rapprochement approximatif mais se retrouvent embrigadés malgré eux sous un nom hautement symbolique : les « hussards » [16]. Roger Nimier est censé y figurer un chef d'escadron. Il est vrai qu'il s'est engagé à vingt ans, en 1945, dans un régiment de hussards et qu'il a écrit, en 1952, *Le Hussard bleu*, roman emblématique à souhait. Parmi les « hussards », on trouve, outre Laurent et Nimier, Antoine Blondin, Michel Déon, Félicien Marceau, voire Kléber Haedens, tous se réclamant des écrivains mascottes de la droite littéraire qu'étaient Paul Morand, Marcel Aymé, Jacques Chardonne… ; tous épris d'une littérature capricante, primesautière, gaie, délurée, mousquetaire, rien moins, paraît-il, qu'« engagée ». Le groupe n'existe pas en réalité, ses membres sont rassemblés en géométrie variable sous la plume des uns et des autres, mais dans nul club ou cénacle. Du reste, leur allure buissonnière ne fait pas illusion, tant ils sont clairement les héritiers d'une droite largement issue de l'Action française, à laquelle les malheurs des temps interdisent d'arborer leurs couleurs. Un de leurs proches, historien de métier, Raoul Girardet, en établira nettement l'identité dans un numéro de *La Revue de sciences politiques*, d'octobre 1957 : « La jeune droite et l'école de frivolité : C'est à un apolitisme d'une nature toute différente, plus exactement à une répudiation violente de toute forme d'engagement politique qu'ont curieusement abouti un certain nombre de jeunes écrivains, soit de formation maurrassienne (comme M. Jacques Laurent, M. Michel Déon, M. Michel Braspart [*alias* Roland Laudenbach]), soit de sympathie maurrassienne (comme M. Roger Nimier ou M. Antoine Blondin). »

Ainsi, au début des années cinquante, la domination des intellectuels de gauche se heurte à deux types de contestation, celle de Jean Paulhan et son effort de refonder une *NRF* apolitique comme au temps de Jacques Rivière, et celle des prétendus « hussards », largement issus d'une droite réduite au silence politique mais qui saura en sortir à l'occasion – cette occasion étant la guerre d'Algérie. En un sens, le courant « Table ronde »

16. B. Frank, « Grognards et hussards », *Les Temps modernes*, décembre 1952.

réussit mieux que la tentative de Jean Paulhan. L'avatar de la prestigieuse *NRF* ne pourra jamais reprendre l'influence de jadis, malgré de prestigieuses collaborations. L'époque attend du nouveau et, de ce point de vue, les « hussards », la Table ronde, les romans de Nimier, de Blondin, de Laurent s'inscrivent plus fortement dans un paysage dominé par la gauche intellectuelle. Nageant entre deux eaux, François Mauriac y a donné un moment son concours. Authentique résistant, mais fort hostile à l'hégémonie communiste et au magistère sartrien, étranger à la famille *NRF* bien qu'il y ait publié avant la guerre, le grand romancier catholique fréquente avec amusement les « petits canards » de *La Table ronde* : « *La Table ronde* avait eu, au départ, l'ambition de grouper des écrivains de droite et de gauche (Albert Camus collabora au premier numéro). Mais très tôt une monnaie chassa l'autre. J'étais entouré de chevau-légers maurrassiens. Jamais poule n'avait couvé tant de canards. On assurait même que notre équipe comptait plusieurs condamnés à mort : ce qui était, je crois, exagéré. Pour tout dire, à *La Table ronde*, Thierry Maulnier était, après moi, ce qu'il y avait de plus à gauche ! Je ne m'en effrayais pas, persuadé que je suffisais à faire contrepoids : tous ces maurrassiens dans un plateau, et moi tout seul dans l'autre, avec mon Bloc-Notes, cet équilibre me satisfaisait. » Pourtant, il quitte la revue en 1953, transférant son « Bloc-Notes », appelé à la célébrité, à un nouvel hebdomadaire, *L'Express*. C'est que *La Table ronde*, tombant aux mains de la maison Plon et de son directeur, M. Bourdelle, Mauriac ne juge plus possible d'y poursuivre sa collaboration. Les passions brûlantes nées des guerres de décolonisation opèrent un nouveau classement, qui situe Mauriac à gauche. L'apolitisme des « hussards » y laisse ses bottes.

# 51
# *L'anticommunisme intellectuel*

Le 25 juin 1950, à l'aube, les troupes de la Corée du Nord, d'obédience soviétique, franchissent le 38e parallèle et se lancent en Corée du Sud, que dirige le proaméricain Syngman Rhee. La Corée, libérée des Japonais, avait été coupée en deux à la fin de la guerre comme l'Allemagne, mais les Russes et les Américains ont évacué leurs forces armées respectives, installées des deux côtés de la « frontière », depuis janvier 1949. Le partage de la Corée est devenu une situation de fait, des élections libres n'ayant pu avoir lieu sur la totalité du territoire : si, au Sud, les urnes avaient désigné Syngman Rhee comme président de la République en 1948, au Nord, les élections « à la soviétique » avaient placé à la tête du gouvernement Kim Il Sung. Le 26 juin, les troupes de Pyongyang sont aux portes de Séoul ; le Conseil de sécurité de l'ONU (en l'absence du délégué de l'URSS) leur intime l'ordre de revenir au 38e parallèle. Pour la première fois depuis le début de la Guerre froide, un affrontement armé d'envergure est déclenché par une autorité politique d'un des deux blocs contre un territoire du bloc adverse. Le lendemain, une nouvelle résolution de l'ONU, votée par 7 voix contre une (la Yougoslavie) et 2 abstentions (l'Égypte et l'Inde), invite les membres des Nations unies à « apporter à la République de Corée toute l'aide nécessaire pour repousser les assaillants ».

Le même jour, 27 juin, Raymond Aron alarme ses lecteurs sur « l'événement le plus grave survenu depuis la fin de la Deuxième Guerre mondiale ». Ajoutant : « L'agression contre la Corée du Sud n'a pas seulement pour objectif de reconstituer l'unité coréenne au profit de Moscou, d'établir des positions soviétiques face aux îles nippones, elle est un défi consciemment lancé aux

États-Unis. Elle met ceux-ci en face d'une alternative grave : ou intervenir dans une guerre civile en un pays lointain proche des bases ennemies ou subir une humiliation qui achèverait de décourager les hommes et les pays alliés et redoublerait l'audace de l'agresseur. Pour mon compte, je ne doute pas que la pire solution serait la passivité [1]. »

Le vœu d'Aron est exaucé. Le président Truman décide d'approvisionner le gouvernement de Séoul en armes ; le général MacArthur, au Japon, doit assurer la livraison du matériel *manu militari*, puis soutenir l'armée sudiste par les forces aériennes et navales. Truman demande à Moscou d'agir auprès du régime de Pyongyang pour que celui-ci fasse revenir ses armées en deçà du 38e parallèle ; à quoi les Soviétiques répondent que l'agression est venue du Sud et que les Coréens du Nord ne font qu'y répliquer. La guerre de Corée va durer trois ans. Elle provoque une intensification de la lutte idéologique à travers le monde, et notamment en France.

Pour les communistes et les compagnons de route, la thèse de l'agression sudiste ne se discute pas. D'autant que la contre-offensive des Sudistes, soutenus par les Américains, aboutit en octobre au franchissement du 38e parallèle en sens inverse, avec la bénédiction de l'ONU. Le drapeau de la paix est brandi par les communistes plus haut que jamais. Depuis mars 1950, toutes les organisations de base communistes ont été mobilisées pour faire adhérer le plus grand nombre de gens possible à l'Appel de Stockholm. Celui-ci, lancé par le Mouvement international des combattants de la Paix, téléguidé par Moscou, visait à « l'interdiction absolue de la bombe atomique ». Les Soviétiques n'avaient fait exploser leur première bombe qu'en décembre 1949 avec un retard manifeste sur les Américains. En fustigeant l'horreur nucléaire, les communistes cherchent à rallier un grand cercle de sympathie, tout en affaiblissant la lutte idéologique dans le camp occidental. Les militants s'y consacrent depuis le début du printemps, gagnant signature sur signature, dans les milieux des arts, des lettres et du spectacle : Pierre Benoit, Armand Salacrou, Marc Chagall, Marcel Gromaire, Pierre Renoir, Gérard Philipe, Marcel Carné, Jacques Prévert, Maurice Chevalier… La guerre de Corée renforçant les craintes

1. R. Aron, « Épreuve de force », *Le Figaro*, 27 juin 1950, *La Guerre froide 1947-1955*, Éd. de Fallois, 1990, p. 435-436.

d'une nouvelle guerre mondiale, l'Appel de Stockholm se taille un beau succès, plusieurs millions de Français le signent (14 millions selon l'estimation exagérée du PCF).

Laurent Casanova, chargé en France des intellectuels communistes, a eu l'idée de demander à Picasso un dessin. Il eut la fameuse colombe, qui orna les affiches de la campagne pour la paix et en devint l'emblème universel. Mieux encore, il a convaincu Frédéric Joliot-Curie, professeur au Collège de France et prix Nobel de chimie, d'accepter la présidence du Mouvement de la Paix. Séduisant, sensible aux honneurs, notable international des congrès scientifiques, Joliot, dont le nom était associé à celui, plus célèbre encore, des Curie, par son mariage avec Irène, était la meilleure figure de proue dont le PCF pût rêver pour conduire sur les estrades son Mouvement, largement ouvert aux non-communistes. Le 28 avril 1950, le gouvernement Bidault l'a révoqué de son poste de haut-commissaire à l'Énergie atomique, pour avoir déclaré quelque temps plus tôt, au XIIe Congrès du PCF, à Gennevilliers : « Jamais les scientifiques progressistes, les scientifiques communistes ne donneront une parcelle de leur science pour faire la guerre contre l'Union soviétique. » Joliot put s'en consoler en recevant, l'année suivante, le premier prix Lénine de la Paix.

Le langage de la paix, plus mobilisateur que tout autre, devient l'idiome véhiculaire des communistes, une paix bien sûr menacée par la seule puissance américaine, diabolisée inlassablement. En 1951, les communistes y reviennent pour mener campagne contre l'installation des bases militaires de l'OTAN en France : « Ce ne sont pas des boîtes de conserve qui arrivent d'Amérique, mais des tanks, des canons et une armée d'occupation [...]. Aux soldats américains qui occupent la France, on a dit qu'ils venaient "défendre les libertés et la civilisation". Comme en Corée évidemment. Les Français sont indignés de cette nouvelle occupation. [...] L'armée américaine d'occupation a, certes, la sympathie des flics, des banquiers et des milliardaires au service de qui elle est ; par contre, elle est entourée de l'hostilité nationale qui ne fera que grandir. A bas l'occupation de notre pays ! Les Américains chez eux, en Amérique [2] ! » Jean-Pierre Chabrol, en reportage pour le quotidien commu-

2. « Les Américains en Amérique », *L'Humanité*, 10 avril 1951.

niste, insiste sur l'analogie entre l'installation des bases et l'Occupation : « Le nouvel occupant se conduit d'une façon qui rappelle à la population les noirs souvenirs de 1940-1944 [3]. »

Dès 1951, André Stil se lance dans un roman épique, *Le Premier Choc*, écrit à la gloire des militants français – des dockers dans un port de l'Atlantique – qui résistent à la « nouvelle occupation ». Œuvre saluée par le prix Staline en 1952 : « La première œuvre importante, écrit *La Gazette littéraire* de Moscou, sur la lutte du peuple français contre les colonisateurs américains. » Mots d'ordre simples, simplistes, manichéens : pour la paix/contre la guerre, pour le socialisme soviétique/contre le capitalisme américain, dualités répétées *ad nauseam*, et badigeonnées sur tous les murs à travers un slogan qui résume tout : « *US Go home !* »

C'est encore en 1951 que le Parti communiste lance sa nouvelle campagne, cette fois contre la guerre « bactériologique », que mèneraient les Américains en Corée, au moyen de bombes bourrées d'insectes porteurs de bactéries. Joliot-Curie est enrôlé dans cette autre croisade. Le 8 mars 1952, toujours docile, il proteste contre l'arme microbienne, soutenu par son collègue Marcel Prenant, qui prit en charge de contester dans *L'Humanité* (22-25 avril 1952) les arguments de trois bactériologistes de l'Institut Pasteur révoquant en doute l'accusation : « Personnellement, nous sommes convaincus, disait Prenant, que les criminels de guerre américains ont déclenché l'action atroce, au moins à titre de vastes expériences [4]. »

Dans le même mouvement pacifique et antiaméricain, Roger Vailland propose une pièce de théâtre, *Le colonel Foster plaidera coupable*, qui restera surtout célèbre pour avoir été interdite. Louis Daquin devait en être le metteur en scène, Pierre Asso et Loleh Bellon les interprètes principaux. A défaut de pouvoir donner sa pièce, Roger Vailland s'inscrit au Parti communiste, le 28 mai 1952, jour de la grande manifestation contre l'arrivée à Paris du général américain Ridgway – « Ridgway la Peste ». Jacques Duclos est arrêté ce jour-là, pour avoir transporté sur la banquette arrière de sa voiture des pigeons, nécessairement « voyageurs », preuve insigne du complot ourdi contre le régime. Duclos expliquant qu'il s'agissait d'un cadeau

3. *L'Humanité*, 30 avril 1951.
4. Cité par A. Kriegel, *Ce que j'ai cru comprendre*, *op. cit.*, p. 508-509.

de pigeons comestibles destinés à être accommodés aux petits pois met les rieurs du côté du Parti [5]. Le reste est moins drôle : les heurts avec la police sont violents, deux manifestants y trouvent la mort. C'est aussi l'occasion pour Jean-Paul Sartre de rallier la cause communiste, comme nous le verrons.

A côté du mouvement communiste, un deuxième ensemble polarise les intellectuels, celui des « neutralistes », même si le mot est récusé par certains. A titres divers, sans contestation, mais constituant une force d'influence appréciable, les neutralistes s'expriment dans plusieurs journaux : *Le Monde*, dont le directeur Hubert Beuve-Méry a publié les articles retentissants d'Étienne Gilson, philosophe chrétien néo-thomiste, en faveur de la neutralité de l'Europe ; dans les revues *Esprit* et *Les Temps modernes*, qui prônent la construction d'une Europe socialiste ; enfin, dans un nouvel hebdomadaire, *L'Observateur*, lancé en 1950 par Roger Stéphane, Claude Bourdet et Gilles Martinet, aidés de Maurice Laval, Hector de Galard et Claude Estier. Les trois fondateurs sont journalistes, anciens résistants. Bourdet, le plus connu, a dirigé le mouvement Combat aux côtés d'Henri Frenay ; déporté politique, un moment directeur de la Radio (RTF), éditorialiste à *Combat* après le départ de Camus, il démissionne du quotidien à la suite de ses différends avec son propriétaire Henri Smadja. Roger Stéphane, ancien prisonnier de Vichy et « libérateur » de l'Hôtel-de-Ville de Paris lors des combats de la Libération, apporte cinq millions de francs prêtés par sa mère et André Mayer, directeur de la Banque Lazard. Gilles Martinet, ancien communiste, ancien résistant, était devenu une figure du neutralisme. Les partenaires se sont mis d'accord sur cette ligne neutraliste et sur l'anticolonialisme [6].

Le premier numéro de *L'Observateur* paraît le jeudi 13 avril 1950, sous la forme d'un cahier noir et blanc de 24 pages, sans photo ni caricature : une austérité parfaite. Le premier tirage est de 15 000 exemplaires. Avec des hauts et des bas, des mésententes cordiales et des conflits internes (Stéphane n'aime guère Bourdet et c'est réciproque), l'hebdomadaire va peu à peu s'imposer comme l'organe d'un socialisme intellectuel, marxisant, dans la lignée de l'ancien RDR, hostile à la SFIO trop « atlan-

5. P. Favre (dir.), *La Manifestation*, PFNSP, 1990.

6. Nous suivons ici la thèse de Ph. Tétart, *France-Observateur 1950-1964, Histoire d'un courant de pensée intellectuel*, IEP de Paris, 1995, 4 vol.

tiste », critique modéré à l'endroit du stalinisme, sympathisant avec l'expérience titiste, nettement antiaméricain. Il rayonne de plus en plus dans les milieux universitaires (87 % du lectorat ont fait ou font des études supérieures, 47 % sont des enseignants [7]), notamment grâce aux rubriques culturelles, où s'exprimera entre autres le grand critique de cinéma André Bazin, cofondateur des *Cahiers du Cinéma* en 1951.

Professant que les États-Unis représentent la principale menace de guerre, *L'Observateur* peut être considéré comme un satellite de la presse communiste. Claude Bourdet s'en explique : « Le neutralisme sert la politique russe dans la mesure précise où l'URSS, en ce moment, craint la guerre mondiale et, à cela, nous consentons bien volontiers [8]. » Hostile à la CECA, au chancelier Adenauer, aux gouvernements de Troisième Force, le journal de Bourdet a tendance à se réfugier dans l'utopie d'une Europe socialiste et neutraliste dont on n'aperçoit pas la moindre première pierre. Sa fonction critique, notamment dans le domaine colonial (nous sommes alors en pleine guerre d'Indochine), lui assure plus de crédibilité. Surtout, *L'Observateur*, comme toutes les tentatives passées et futures de « nouvelle gauche », séduit ses lecteurs par ses vertus morales : il refuse la torture et la guerre dans les colonies, il lutte pour la paix internationale sans s'asservir à l'un des deux blocs, il vante les aspects positifs du communisme mais refuse d'entériner les « excès » du stalinisme. De plus, il use d'un langage sans démagogie, sans simplification abusive, qui plaît aux gens de culture. Un journal d'intellectuels pour des intellectuels, a-t-on dit, ce qui à la fois limite son champ d'action et concentre son efficacité. En avril 1954, *L'Observateur* deviendra, à la suite d'un litige juridique sur le titre du journal, *France-Observateur*, avant d'être, sous une autre direction, à partir de novembre 1964, *Le Nouvel Observateur*.

En face des communistes et des « neutralistes », dont les convergences vont souvent de soi, comme l'explique Bourdet, un troisième ensemble, celui des libéraux, des démocrates et des socialistes antistaliniens, a de la peine à s'affirmer malgré le prestige dont jouit Raymond Aron, éditorialiste du *Figaro*. Leur audience en France reste limitée, tant l'anticommunisme

7. *Ibid.*, t. I, p. 154.
8. Cl. Bourdet, *L'Observateur*, 14 septembre 1950.

semble insoutenable aux intellectuels de gauche, mais aussi à une grande partie de l'opinion, chrétienne et autre. En cette année 1950, ce troisième camp va peu à peu se structurer, bien qu'Aron traverse une des crises les plus terribles de sa vie. Coup sur coup, en l'espace de quelques mois, lui et sa femme voient naître Laurence, une petite fille trisomique, et disparaître Emmanuelle, leur deuxième enfant, emportée à six ans par une leucémie foudroyante : « Il me fallut des années pour retrouver quelque équilibre, la capacité d'espoir et de joie [9]. »

Cette double blessure jette Aron dans un engagement politique redoublé. Les gens heureux s'intéressent moins à l'Histoire. Doué d'une faculté d'analyse exceptionnelle, excellent connaisseur de Marx et de tous les grands auteurs de la philosophie politique, maîtrisant parfaitement sa passion sous l'expression modérée d'une pensée qui ne l'est pas, il s'impose au fil des années comme le penseur de réputation mondiale du camp occidental, au grand dam de ses anciens amis, universitaires et intellectuels de gauche, pour lesquels il est devenu un cerbère du capitalisme américain.

En juin 1950, au moment même où commence la guerre de Corée, se réunit à Berlin, dans la zone d'occupation américaine, le Congrès pour la liberté de la culture, dont Ernst Reuter, maire de la ville, préside le comité d'organisation, et dont le secrétaire général est Melvin Lasky, citoyen américain installé en Allemagne, jeune rédacteur en chef de la revue *Der Monat*, fondée deux ans plus tôt. Le comité international, qui parraine la réunion, compte 38 noms de divers pays – auprès de Raymond Aron figurent pour la France Léon Blum, André Gide, François Mauriac, Rémy Roure, Georges Duhamel et Albert Camus. Le lieu du Congrès n'a pas été choisi au hasard : Berlin a subi un blocus durable, de juin 1948 à mai 1949, et il a fallu toute la détermination des Occidentaux pour lui permettre de survivre grâce au pont aérien assuré par l'aviation américaine. Le statut de l'Allemagne future reste indécis ; à la création de la RFA, les Soviétiques ont répliqué par celle de la RDA : Berlin est au cœur de la Guerre froide.

Le Congrès pour la liberté de la culture s'impose comme une réplique au Congrès communiste de Wroclaw de 1948. *Der*

9. Archives personnelles R. Aron, citées par N. Baverez, *Raymond Aron*, Flammarion, 1993, p. 263.

*Monat* a lancé les invitations. Les principaux animateurs sont Melvin Lasky, Sidney Hook, Arthur Koestler, James Burham et Irving Brown. Le gros des participants est allemand et américain (40 % des délégués), mais la France est représentée par une dizaine de personnalités : Georges Altmann, Henri Brunschvicg, Lionel Durand, Henri Frenay, Suzanne Labin, Claude Mauriac, André Philip, Jules Romains, Rémy Roure et David Rousset. Le thème du Congrès, la liberté contre le totalitarisme, mobilise des intellectuels de 21 pays, dont les représentants des démocraties populaires exilés, en particulier Joseph Czapski pour la Pologne, qui, de sa résidence de Maisons-Laffitte, collabore à la revue *Kultura*. Au cours des débats, on exalte la liberté de la culture (on réprouve notamment la condamnation de la musique de Chostakovitch), on dénonce les camps de concentration soviétiques (David Rousset continue sa campagne avec éloquence) et l'on fait le procès du neutralisme. C'est sur ce thème que porte la communication envoyée par Raymond Aron.

Il rappelle l'asservissement de l'Europe orientale et d'un tiers de l'Allemagne, et la volonté impérialiste de la Russie stalinienne. La meilleure façon d'éviter la guerre, souci partagé avec les neutralistes, consiste selon lui à ne pas laisser la « guerre limitée » devenir une « guerre totale ». Il faut donc montrer sa force pour dissuader Staline de recourir à l'agression directe, ne pas laisser l'URSS s'assurer une supériorité qui l'inciterait à l'aventure, bref prendre le contre-pied de l'attitude des démocraties occidentales à l'égard de Hitler : « L'Occident n'a nulle intention d'hégémonie ou de croisade. C'est par sa faiblesse et non par sa force qu'il risque, comme les démocraties face à Hitler, de précipiter la catastrophe. Divisé, passif, désarmé, l'Occident éveille la tentation du César rouge. Uni et résolu, il décourage toute velléité d'agression armée[10]. » Une véritable politique de paix doit par conséquent être délibérément antimunichoise : « Accroître les ressources matérielles et morales des nations libres dans la lutte politique et pour l'éventualité de la guerre totale, telle est la seule politique de paix. » Autant dire que le neutralisme, en favorisant le camp soviétique, loin de servir la paix, ne fait qu'encourager l'agression.

10. R. Aron, « Neutralité ou engagement ? », repris dans *Polémiques*, Gallimard, 1955, p. 199-217.

Raymond Aron n'assimile nullement le combat de l'Occident au combat de l'Ange de Lumière contre le Démon des Ténèbres. Il reconnaît sans difficulté les tares du régime capitaliste, les « imperfections de la civilisation libérale », et n'entend pas défendre « tous les traits de la civilisation américaine » : « Aucune cause historique n'est pure », répète-t-il. Mais la réalité soviétique, le stalinisme, célébré comme un régime de libération prolétarienne, est une supercherie camouflant l'étouffement de la liberté, un impérialisme militant, disposant de complicités dans tous les pays du monde, et engagé à long terme dans la conquête de la planète. Résister à cet endoctrinement de toutes ses forces devient un impératif pour les hommes libres, pour les intellectuels. Aron assume pleinement son anticommunisme, lequel ne signifie pas prôner la guerre, mais l'éviter au contraire : « La seule chance d'éviter la guerre totale, c'est de gagner la guerre limitée. » Une fois de plus, Aron pose clairement les objectifs de la Guerre froide, cette guerre idéologique, politique mais aussi militaire, dans la mesure où l'on ne résiste pas à l'impérialisme par des mots seulement : dissuader, cela veut dire s'armer. Aron n'hésite d'ailleurs pas à plaider pour le réarmement allemand : l'Europe ne doit pas rester démunie face à la menace soviétique.

Cette pensée aronienne puise dans l'histoire de la faillite des démocraties face à Hitler. Peut-être exagère-t-elle la volonté offensive de Staline, avant tout désireux d'assurer la protection de l'URSS derrière le glacis des démocraties populaires qu'il vient de créer. Pourtant, la guerre de Corée tend à démontrer que le chef du communisme mondial, au lendemain de l'établissement du régime maoïste en Chine, saisit toutes les occasions de conquête, au moins par satellites interposés. Dans cette formidable partie, à l'échelle mondiale, les neutralistes pèchent soit par naïveté, soit, pour ceux qui sont secrètement acquis aux principes du marxisme-léninisme, par duplicité. Contre eux, Aron prêche la résistance et ne cessera de le faire jusqu'à la fin de sa vie.

Le Congrès de Berlin se termine par un meeting populaire, dont Arthur Koestler est la vedette, le 29 juin. L'auteur du *Zéro et l'Infini* présente la résolution finale du Congrès, le « Manifeste des hommes libres » en 14 points, qui constitue le fondement de la résistance au totalitarisme. Le dixième point affirmait : « Nous considérons que le danger des régimes totalitaires est d'autant plus grand que les moyens de contrainte dont ils disposent dépassent de beaucoup ceux auxquels ont jamais eu recours, dans le passé, les despotismes. Le citoyen de l'État totalitaire est contraint non seulement de s'abstenir de toute violation des lois, mais encore de conformer toutes ses actions et toutes ses pensées à un modèle prescrit. La forme classique de la "tyrannie négative" a été supplantée par la "tyrannie positive". Les citoyens sont persécutés et condamnés en raison d'accusations vagues et indéterminées, comme par exemple d'être des "ennemis du peuple" ou des "éléments socialement dangereux"[11]. »

Sur la base de ce Manifeste, plusieurs organismes se structurent ; une stratégie d'ensemble semble possible. Quelques mois plus tard, à la fin de novembre 1950, se tient une nouvelle réunion, cette fois à Bruxelles, où le Suisse François Bondy présente un programme de publications destiné à permettre le combat idéologique contre le totalitarisme. C'est de ces rencontres que sort la revue *Preuves*, destinée à contrecarrer en France l'influence des revues neutralistes. Le premier cahier mensuel paraît en mars 1951[12].

Le camp antitotalitaire avait déjà au moins un organe intellectuel, la revue *Liberté de l'Esprit*, d'inspiration gaulliste, fondée en 1949 et dirigée par Claude Mauriac. Revue quelque peu confidentielle, malgré les signatures de Thierry Maulnier, Roger Nimier, Stanislas Fumet, Léon Werth, Jean Paulhan, André Malraux, René Tavernier, Jules Monnerot, Roger Caillois, Raymond Aron… Caillois, cofondateur du Collège de sociologie, en 1937, avec Georges Bataille et Michel Leiris, travaillait au secrétariat de l'UNESCO, où il dirigeait la revue *Diogène*. En 1950, il publie sa *Description du marxisme*, analyse au scalpel de l'orthodoxie communiste. En fait, l'« intelligence de l'anticommunisme » manque moins de volontaires que d'audience au-delà des cercles acquis à la défense des intérêts capitalistes et des conservateurs ordinaires qui n'ont pas besoin de démonstration savante pour flétrir le communisme. Trop liée au RPF, *Liberté de l'Esprit* ne survit guère au déclin du mouvement gaulliste, consommé en 1953. *Preuves*, transformée en véritable revue, devient donc l'expression française, libérale

11. Voir P. Grémion, *Intelligence de l'anticommunisme*, Fayard, 1995.
12. P. Grémion, *« Preuves », une revue européenne à Paris*, Julliard, 1989.

et démocratique, de l'anticommunisme intellectuel, de 1951 à 1969. C'est à cette publication, dirigée par François Bondy et Constantin Jelenski, largement ouverte aux écrivains de toutes les nationalités, que Raymond Aron donne une partie de ses textes sur la Guerre froide, soit une cinquantaine d'articles entre 1951 et 1966. Il aurait préféré un hebdomadaire de taille à concurrencer le succès croissant de *L'Observateur*, mais il doit se résigner, faute de mieux. Les journaux et revues de gauche considèrent *Preuves* comme une revue proaméricaine, ce qui n'est pas faux, puisqu'elle est – on le saura plus tard – soutenue financièrement par la CIA. Du moins sa ligne est-elle nettement européenne, antisoviétique et antitotalitaire, sans indulgence pour le régime de Franco, ce qui la situe autre part que dans la droite conservatrice et réactionnaire.

*Preuves* et le Congrès pour la liberté de la culture permettent à Raymond Aron, multipliant les voyages, d'accéder à une audience internationale dans le combat idéologique contre le stalinisme. Nul n'est prophète en son pays : ce prestige à l'étranger contraste fort avec le statut intellectuel et politique d'Aron en France au début des années cinquante. Les présupposés favorables à l'URSS sont encore tels que le journaliste du *Figaro* incarne au mieux un propagandiste intelligent des États-Unis. C'est dans ce contexte, sinon d'isolement, du moins de mépris condescendant, qu'il publie *L'Opium des intellectuels*, nullement consacré à pourfendre une fois de plus le totalitarisme stalinien, mais à mettre les intellectuels de gauche face à leurs chimères.

L'ouvrage, commencé dès 1952, paraît en 1955 et fait scandale. Ancien camarade de Sartre, fin connaisseur du marxisme, familier de la politique internationale, Aron entreprend et réussit un des livres les plus décapants de sa carrière. Selon un plan fort proche d'une dissertation de khâgneux (trois parties composées chacune de trois sous-parties), il traite des mythes politiques, de l'idolâtrie de l'Histoire et de l'aliénation des intellectuels, en illustrant son propos de maintes citations tirées d'*Esprit*, des *Temps modernes*, de *L'Observateur* et autres publications progressistes. Défendant la réforme contre la révolution, objectant la réalité contre l'illusion romantique, démythifiant les idées reçues de l'intelligentsia, Aron offre le traité le plus acéré qu'on ait jamais lu contre les religions séculières auxquelles adhèrent tant d'intellectuels français, et au nom desquelles ils subordonnent la haute moralité des buts au cynisme des moyens :

« La fin sublime excuse les moyens horribles. Moraliste contre le présent, le révolutionnaire est cynique dans l'action, il s'indigne contre les brutalités policières, les cadences inhumaines de la production, la sévérité des tribunaux bourgeois, l'exécution de prévenus dont la culpabilité n'est pas démontrée au point d'éliminer tous les doutes. Rien, en dehors d'une "humanisation" totale, n'apaisera sa faim de justice. Mais qu'il décide à adhérer à un parti aussi impitoyable que lui-même contre le désordre établi, et le voici qui pardonnera, au nom de la Révolution, tout ce qu'il dénonçait infatigablement. Le mythe révolutionnaire jette un pont entre l'intransigeance morale et le terrorisme[13]. »

L'accueil à *L'Opium* est ce qu'on peut en attendre de la part de ceux qu'il mettait en cause. De toutes les langues affilées, la plus vénéneuse reste celle de Maurice Duverger qui, dans *Le Monde*, s'évertue à expliquer que tout le malheur d'Aron tient à ce que cet ancien intellectuel de gauche est « trop lucide pour ne pas voir le rôle exact qu'il joue actuellement : chargé de fournir à la "bourgeoisie" la dose de justifications qui permettent à celle-ci d'avoir bonne conscience et d'affaiblir ses adversaires. [...] Plus que ses lecteurs, c'est lui-même qu'il voudrait convaincre. » Il est vrai que cette méchante algarade vaut au professeur Duverger un billet mordant d'André Frossard, qui le renvoie à ses origines, et se moque du morveux qui voudrait moucher les autres : « Ou je me trompe fort, ou M. Duverger arrive de l'extrême droite ; mais il est bien seul à croire qu'il touche enfin à la gauche ; il n'a pas fait le quart du chemin[14]. »

Le livre, très mal accueilli à gauche, connaît cependant un grand retentissement en France et à l'étranger. Selon François Furet, il marque de nombreux esprits communistes ou proches du PCF sans qu'ils le disent, du moins sur le coup[15]. Il suscite aussi un échange épistolaire assez chaleureux entre Aron et Camus, malgré un coup de patte dans *L'Opium* à Camus : « Je

13. R. Aron, *L'Opium des intellectuels*, Calmann-Lévy, 1955, rééd. Gallimard, 1968, p. 222.

14. N. Baverez, *op. cit.*, p. 284.

15. F. Furet, « La rencontre d'une idée et d'une vie », *Commentaire*, vol. 8, n$^{os}$ 28-29, février 1985, numéro spécial *Raymond Aron 1905-1983 : Histoire et politique*, p. 53.

suis très heureux, écrit celui-ci, que vous pensiez que nous avons plus de raisons de nous entendre que de nous quereller[16]. » Reste que l'ouvrage d'Aron entrave sa candidature à la chaire de sociologie laissée vacante par Georges Davy à la Sorbonne. Il essuie l'opposition des communistes et des communisants, qui dominent notamment le département de géographie (Pierre George, Jean Dresch, etc.), ainsi que le veto des sociologues durkheimiens entraînés par Georges Gurvitch, qui voudraient confiner Aron au journalisme et à la politique. Bien que défendu par la plupart des normaliens de sa génération, et notamment par Henri Marrou, ami d'Emmanuel Mounier, collaborateur d'*Esprit*, historien des religions et admirateur, entre autres, de l'*Introduction à la philosophie de l'histoire*, Aron n'est élu qu'au troisième tour, à la majorité relative, contre Georges Balandier. Ainsi, l'universitaire devenu journaliste retrouve une place de choix dans l'*Alma Mater*, pour commencer la Sorbonne, en attendant le Collège de France : l'anticommunisme intellectuel est doté désormais d'une légitimité savante.

16. Lettre d'A. Camus à R. Aron, 5 septembre 1955, citée par N. Baverez, *op. cit.*, p. 289.

# 52
# *Sartre compagnon de route*

*Les Temps modernes* qui ont, sous la plume de Maurice Merleau-Ponty, dénoncé les camps soviétiques en 1950 se refusent néanmoins à l'indignation sélective : du même élan, ils font éclater l'insoutenable vérité sur les camps en Grèce, sur les prisons en Espagne, sur les répressions coloniales. L'anti-anticommunisme reste un impératif, comme du côté d'*Esprit* : on ne saurait offrir des arguments aux tenants du capitalisme et de l'impérialisme. La guerre de Corée annonce clairement, pour Sartre, « la fin de l'idéalisme » : il n'y a plus de différence entre la politique et la guerre.

Pourtant, les deux années qui suivirent marquent un certain recul de la part de Sartre et de sa revue sur le front politique – même si, de 1950 à 1952, les chroniques antiaméricaines se succèdent. Merleau-Ponty, plutôt silencieux, révise ses choix du temps d'*Humanisme et Terreur*. Sartre, depuis sa démission du RDR en 1949, prend lui aussi du champ, voyage, se retrempe avec plaisir dans l'air italien, romain surtout, en compagnie de Simone de Beauvoir. L'écrivain reprend ses droits. Malgré l'impasse où étaient restés *Les Chemins de la liberté*, il s'attelle à un nouveau roman, *La Reine Albemarle*, sur le marbre des cafés de Rome et de Venise. En vain. Il revient à la scène. Avec succès : *Le Diable et le Bon Dieu*, depuis la première le 7 juin 1951, tient l'affiche du théâtre Antoine jusqu'à mars 1952 sans interruption, malgré la mort de son metteur en scène Louis Jouvet ; Pierre Brasseur, Jean Vilar, Maria Casarès et Wanda (Marie Ollivier) – ancienne maîtresse de Sartre – contribuent pour beaucoup à l'accueil favorable réservé à la pièce. De surcroît, les inévitables critiques de la droite catholique assurent toujours à l'auteur un effet de scandale. Lors de la première, un spectateur dut même être expulsé : « Je déteste Sartre, dit le perturbateur ; c'est un empoisonneur de la jeunesse française, un criminel ; il faut le fusiller comme une bête malfaisante[1]. »

Sartre écrit aussi des préfaces. L'une d'elles, destinée aux œuvres de Jean Genet, s'étire sur 700 pages, devenant *Saint Genet comédien et martyr*, énorme exutoire de sa bile antibourgeoise. Mauriac donne le ton de la critique dans *Le Figaro* en qualifiant le morceau compact d'« étron ». Une autre préface, plus sage, en faveur du *Portrait de l'Aventurier* de Roger Stéphane, offre à Sartre l'occasion d'établir une comparaison entre l'homme d'action (« l'aventurier ») et le militant (nécessairement communiste). Après avoir démontré leur opposition – de classe, de but, de fait –, il en vient à unir dialectiquement leurs vertus : « Aventurier ou militant : je ne crois pas à ce dilemme. Je sais trop qu'un acte a deux faces : la négativité, qui est aventurière, et la construction qui est discipline. Il faut rétablir la négativité, l'inquiétude et l'autocritique dans la discipline. Nous ne gagnerons que si nous tirons toutes les conséquences de ce cercle vicieux : l'homme est à faire et c'est l'homme qui seul peut faire l'homme[2]. » On pourrait y voir l'ébauche d'un programme personnel.

Cette réconciliation entre l'aventurier d'origine bourgeoise, sommé par son Moi d'agir, et le militant communiste qui n'a pas d'Ego avant d'aimer, Sartre n'en a pas encore trouvé la recette pour lui-même. Le Parti communiste n'en demeure pas moins la seule pierre de touche dans sa volonté de rompre avec la bourgeoisie et la « civilisation de la solitude » qu'elle porte en elle et dans laquelle il a été éduqué. C'est pourtant le moment où le Parti communiste perd progressivement sa charge de fascination. Dur, sectaire, stalinien, incapable de la moindre critique à l'endroit de l'URSS, des procès, du Goulag, épurant ses rangs (André Marty et Charles Tillon sont mis en accusation en 1952), il se coupe d'un certain nombre d'intellectuels, devenus sceptiques.

Edgar Morin a raconté, dans *Autocritique*, la manière dont son groupe de Saint-Germain-des-Prés, Marguerite Duras, Dionys Mascolo, Robert Antelme, ont été « immolés » par leur cellule. Habitant Vanves, il échappe pour un temps à l'exclu-

1. A. Cohen-Solal, *op. cit.*, p. 416.
2. J.-P. Sartre, Préface au *Portrait de l'Aventurier*, Sagittaire, 1950.

sion, s'accrochant au PCF malgré ses critiques, tant il lui semble que « hors du Parti, c'était la démobilisation ». Entré comme sociologue au CNRS grâce à Georges Friedmann, il est invité à faire un compte rendu sur une Semaine internationale de sociologie pour *L'Observateur*. Sentant déjà le fagot, il offre ainsi au Parti l'allumette pour son propre bûcher. Annie Besse (future Kriegel) se charge au nom de la Fédération de la Seine de faire voter l'exclusion de Morin par la cellule de Vanves, dont l'accusé néglige du reste les réunions. Le motif d'accusation est ainsi énoncé : « Le directeur de *L'Observateur* est Claude Bourdet. Claude Bourdet, c'est bien connu, est l'agent patenté, officiel, de l'Intelligence Service en France. » Les camarades votent l'exclusion à l'unanimité. « A jamais, écrit Morin, j'avais perdu la communion, la fraternité. Exclu de tout, de tous, de la vie, de la chaleur, du Parti. Je me mis à sangloter. » Peu d'anciens communistes trouveront des mots aussi justes que lui pour dévoiler le ressort affectif de l'adhésion au Parti, cette espèce d'orphelinat qui frappe l'exclu, la suspicion qui pèse sur lui venant non seulement des anciens camarades mais aussi des compagnons de route. Malheur peu compréhensible pour ceux qui n'ont pas connu ce banc d'infamie. La suite est variable selon les cas d'espèce : « Stalinien tiède, écrit Morin, j'étais devenu un non-stalinien tiède. Ce n'est que quand on a vécu dans la mystification totale que l'on en vient rapidement à la désintégration totale. Souvent au profit d'autres mythes, car l'esprit humain a horreur du vide [3]. »

Ce goût du peuple, ce besoin de fraternité dans l'action, cette aspiration à compter des camarades partout, pèsent autant que la formation philosophique ou l'analyse politique dans l'acte d'adhérer. Le sentiment a joué son rôle autant que la raison dans le rapprochement de Sartre avec le Parti communiste. En 1952, il accepte l'invitation de Claude Roy et de Jean Chaintron de participer à la campagne pour la libération d'Henri Martin, marin communiste, ancien résistant, arrêté en 1950 et condamné à cinq ans de prison pour atteinte au moral de l'armée, au moment de la guerre d'Indochine. Le PCF lance alors une campagne tous azimuts pour sa libération. Sartre s'associe aux pétitions et aux meetings, avec Bourdet, Cocteau, Domenach, Picasso, Aragon, Éluard… Reçu – en vain – par le président de

3. E. Morin, *op. cit.*, p. 174 et p. 185.

la République Vincent Auriol, en janvier 1952, Sartre dirige un ouvrage collectif en faveur du condamné, *L'Affaire Henri Martin*, qui paraîtra chez Gallimard en 1953.

Sartre a du reste franchi le pas décisif. La manifestation du 28 mai 1952 contre Ridgway lui en fournit l'occasion. C'est à Rome qu'il apprend l'événement, l'affrontement sanglant, Duclos piégé par ses pigeons, la répression policière, la combativité des militants bravant l'interdiction de la manifestation, les deux morts. Sartre écrira plus tard, en octobre 1961 : « Les derniers liens furent brisés, ma vision fut transformée : un anticommuniste est un chien, je ne sors pas de là, je n'en sortirai plus jamais [4]… » Rentré dare-dare à Paris, et alors que la grève générale déclenchée par les communistes le 4 juin se révèle un échec complet, il se lance dans la rédaction d'un immense article, « Les communistes et la paix », dont la première partie est publiée dans *Les Temps modernes* en juillet 1952. Deux autres parties suivront, en octobre-novembre 1952 et en avril 1954.

C'est un véritable manifeste, mais dans le genre sartrien, peu habitué à la concision : un torrent charriant les morceaux de bravoure, les attaques *ad hominem*, les cris de colère, les attendrissements, les rappels historiques, les analyses sévères du philosophe et, pour finir, les considérations plutôt approximatives sur l'économie française. Un de ces textes qui font date dans la carrière de Sartre par sa radicalité vitupérante, ses partis pris prophétiques, plus encore que par ses vertus intrinsèques. Les trois livraisons, surtout les deux premières, furent lues avec la plus grande attention : « Il importe beaucoup à nous tous, Français, écrivait Mauriac, de savoir ce que la jeunesse qui "pense", en cette fin de l'an 1952, pense du stalinisme. Quel que soit notre jugement sur M. Sartre, il demeure, c'est un fait, l'un des maîtres de cette jeunesse et ses propres réactions valent comme test [5]. »

« En langage d'Église, dira Sartre lui-même, ce fut une conversion [6] » ; il annonce la bonne nouvelle sous forme de syllogisme : le prolétariat est le seul agent historique qui porte en lui la fin de l'exploitation et une nouvelle société ; la classe ouvrière livrée à elle-même n'existe pas, elle ne devient prolé-

4. J.-P. Sartre, « Merleau-Ponty », *Situations IV*, *op. cit.*
5. F. Mauriac, « La seconde épître sartrienne », *Mémoires politiques*, Grasset, 1967, p. 431.
6. J.-P. Sartre, « Merleau-Ponty », *loc. cit.*, p. 249.

tariat que par le Parti communiste et seulement par lui ; on doit donc assimiler Parti communiste et prolétariat, et suivre sa politique comme la seule possible : « Comment pouvez-vous croire *à la fois* à la mission historique du Prolétariat et à la trahison du Parti communiste, si vous constatez que l'un vote pour l'autre [7] ? » On ne saurait désormais tergiverser, chercher une illusoire « troisième voie » ; quiconque est du côté de la classe ouvrière doit être du côté du Parti communiste, dans le camp de l'URSS, « car l'URSS veut la paix et le prouve chaque jour ». Oubliant la mainmise de Staline sur les « démocraties populaires », fermant les yeux sur l'attaque de la Corée du Sud par la Corée du Nord, Sartre n'hésite pas à affirmer : « J'ai beau chercher, je ne trouve au cours de ces trois décennies aucune volonté d'agression chez les Russes… » Sans doute, écrit Sartre en substance, la journée du 28 mai et la grève du 4 juin ont été des échecs pour le Parti communiste, mais elles ont été des épreuves de force dans lesquelles le prolétariat se reconnaît : « Quand les ouvriers auront touché le fond de l'amertume et du dégoût, croyez-vous vraiment que vous pourrez placer vos boniments ? Je vous l'ai dit : s'ils perdent confiance dans le PC, ils se défieront de toute la politique, ils se défieront de leur classe ; l'univers sera bourgeois. Et si vous espérez qu'ils remonteront la pente, il faut savoir que le PC peut seul les y aider ; s'ils retrouvent leur union, ce sera pour se rassembler autour du PC ; leur combativité, ce sera pour obéir à ses ordres [8]. »

La troisième livraison, parue en avril 1954 – alors que la mort de Staline en mars 1953 a déjà changé la scène internationale (la guerre de Corée, notamment, est terminée) –, tente d'expliquer les causes profondes de la situation française – causes d'abord économiques, que Sartre résume d'un concept, emprunté à Alfred Sauvy : le malthusianisme économique. Suit le tableau d'une bourgeoisie acharnée, par peur du prolétariat, à maintenir les structures archaïques des moyens de production indépendants, éparpillés, médiocres – analyse qu'en d'autres termes un Mendès France a déjà faite (sans mettre le retard au compte du grand patronat), d'où l'hostilité violente des poujadistes. La contradiction de Sartre tient au fait que le Parti

7. J.-P. Sartre, « Les communistes et la paix », *Situations VI*, *op. cit.*, p. 81.
8. *Ibid.*, p. 252.

communiste, auquel il prête désormais le monopole de la conscience historique, défend, de son côté, les petits paysans, les artisans, les petits commerçants, taxant les modernisateurs de « néo-capitalisme » – qualificatif que la gauche marxiste ne cessera d'accoler au nom de Mendès France.

Dans toute cette prose, non dépourvue de brio, Sartre n'échappe pas aux facilités de la vulgate marxiste, attribuant au « prolétariat », à la « bourgeoisie », à la « petite bourgeoisie », au « grand patronat » le statut d'acteurs singuliers jouant une pièce à quelques personnages, une sorte de « huis clos » social d'où l'on peut espérer sortir grâce au héros positif, le Parti. Raymond Aron, en juin 1954, passe par son tamis l'article-fleuve, dans la *Revue de Paris*, pour conclure sans indulgence : « Sartre confie aux plus défavorisés la charge de convertir la société, sans prendre conscience que cette sorte de conversion n'a de sens que dans une philosophie chrétienne. L'invective à la bouche et la haine au cœur, il se réclame d'un idéal humanitaire pour mépriser les hommes vivants et ne se sauve du nihilisme que par l'attachement à un prolétariat mythique et la foi en une révolution irréalisable [9]. »

Le choix de Sartre en faveur du PCF, qui se dessinait depuis 1950 avant de s'affirmer en 1952, écorne l'unité des *Temps modernes*. Le directeur, flanqué de son secrétaire Jean Cau, discret et efficace, peut compter sur la fidélité de ses intimes, Simone de Beauvoir, Jean Pouillon, Jacques-Laurent Bost, « Jibé » Pontalis, Francis Jeanson, le nouveau venu Claude Lanzmann, mais ses quatre années comme compagnon de route du PCF marquent aussi les grandes ruptures avec Camus, Lefort, Étiemble, Merleau-Ponty.

Dans le cas de Camus, si la crise précède l'engagement de Sartre derrière les bannières rouges du Parti communiste, la question communiste y est quand même mêlée. Camus et Sartre ont-ils d'ailleurs été de vrais amis dans cette France de la Libération qui associait leurs deux noms dans la ferveur de la jeunesse et dans la paix retrouvée ? Tous les deux étaient des hommes-orchestres, passant des essais philosophiques au théâtre, du théâtre au roman, du roman au journalisme… Camus ouvre *Combat* à Sartre, et Sartre accueille Camus aux

9. R. Aron, « J.-P. Sartre, le prolétariat et les communistes », *Polémiques*, *op. cit.*, p. 58.

*Temps modernes*. Ils étaient traduits, écoutés, adulés, détestés souvent par les mêmes gens. Mais ce duo cache une rivalité entre des personnalités d'origine sociale très différente. A Camus, on ne peut faire le coup de l'attendrissement sur la classe ouvrière pour mieux accepter le Parti communiste : il vient de cette classe ouvrière, et il a connu de l'intérieur le Parti communiste au temps de sa jeunesse. Il ne nourrit aucun complexe bourgeois de culpabilité, aucune illusion sur le salut de l'humanité par le prolétariat. Immunisé contre les dérives terroristes et les nécessités inhumaines de la révolution, il cultive moins la théorie de l'engagement que l'impératif moral. Entre Sartre et Camus, le conflit couve, latent ; s'il n'éclate pas, c'est que les deux hommes se portent malgré tout estime et amitié, et partagent nombre d'ennemis communs.

En août 1951, *Les Temps modernes*, qui rendent toujours compte des ouvrages de Camus avec sympathie, et parfois davantage, publient encore un texte de lui, « Nietzsche et le nihilisme ». Camus venant d'achever *L'Homme révolté*, *L'Observateur* consacre au livre deux articles plutôt flatteurs de Claude Bourdet les 13 et 20 décembre. Le même journal, il est vrai, faisait écho au jugement très négatif de Pierre Hervé sur le même ouvrage dans *La Nouvelle Critique*. Aux *Temps modernes*, c'est à qui se défilera pour ne pas parler d'un ouvrage qu'on n'aime pas. Camus attend. Le 22 février 1952, il participe encore aux côtés de Sartre à un meeting de la salle Wagram en faveur de syndicalistes espagnols condamnés à mort par Franco. A la sortie, devant un verre, Sartre annonce à Camus que la critique dans la revue ne lui sera pas favorable. Camus attend toujours. C'est Francis Jeanson finalement qui est chargé de l'exécution. Jeanson était à la fois aux *Temps modernes* et membre du comité de lecture aux éditions du Seuil. Son article, « Albert Camus ou l'âme révoltée », paraît dans la livraison des *Temps modernes* du mois de mai. Jeanson, tout en louant l'art de Camus, s'interroge, brutal, sur ce qu'il appelle « l'inconsistance de sa pensée ». Une révolte métaphysique incapable de passer à la révolte historique. En somme, une « belle âme », Camus !

Celui-ci, étonné, blessé, outré d'un procédé si peu amical, réplique, non sans maladresse, jugeant devoir commencer sa réponse à Sartre par un « Monsieur le Directeur », continuant d'un style drapé, sans jamais écrire le nom de Jeanson, et choisissant d'être blessant à son tour, au lieu de s'en tenir à une argumentation serrée. Visant Sartre, il vitupère « ces intellectuels bourgeois qui veulent expier leurs origines [nous y revenons !], fût-ce au prix de la contradiction et d'une violence faite à leur intelligence ». Sartre, qui a publié la réponse de Camus dans le numéro d'août des *Temps modernes*, à son tour piqué au vif, fait suivre la lettre de Camus d'un faire-part d'enterrement à l'emporte-pièce : « Mon cher Camus, notre amitié n'était pas facile mais je la regretterai… » Retour du refoulé : Sartre donne carrière à la malveillance dont il peut être capable contre l'ancien ami et le rival : « Dites-moi, Camus, par quel mystère ne peut-on discuter vos œuvres sans ôter ses raisons de vivre à l'humanité ? » Au-delà de la querelle personnelle, Sartre marque leur différend politique : lui, il est *dans* l'Histoire ; son adversaire la regarde avec défiance et n'y plonge qu'un orteil frileux comme pour tâter l'eau : « S'il faut appliquer vos principes, les Vietnamiens sont colonisés, donc esclaves, mais ils sont communistes donc tyrans. Vous blâmez le prolétariat européen parce qu'il n'a pas publiquement marqué de réprobation aux Soviets, mais vous blâmez aussi les gouvernements de l'Europe parce qu'ils vont admettre l'Espagne à l'UNESCO ; dans ce cas, je ne vois qu'une solution pour vous : les îles Galapagos. C'est qu'il me semble à moi, au contraire, que la seule manière de venir en aide aux esclaves de là-bas c'est de prendre le parti de ceux d'ici[10]. »

La question des camps soviétiques n'est pas esquivée par Sartre. Oui, il les condamne, lui aussi, mais met en garde contre l'exploitation qu'en fait chaque jour la presse bourgeoise. Sartre, comme bien d'autres, et contrairement à Camus, ne comprend pas ou ne veut pas comprendre en quoi le Goulag remet radicalement en cause la légitimité révolutionnaire de l'Union soviétique. Il n'adhère nullement au stalinisme, mais il reproche à Camus de mettre fin à tout espoir de socialisme par une critique à sens unique. Albert Camus, à vrai dire, n'a pas renoncé au socialisme, mais il le voit sous les traits de la social-démocratie à la suédoise ou d'un travaillisme adapté à la France. Il a coupé définitivement les ponts avec l'historicisme marxiste-léniniste ; Sartre, lui, s'apprête à faire cause commune avec le prolétariat communiste.

10. Repris dans J.-P. Sartre, *Situations IV*, *op. cit.*, p. 107.

Les deux hommes ne se réconcilieront pas. Après la mort accidentelle de Camus, en 1960, l'ancien adversaire retrouvera des accents de l'amitié : « Il représentait en ce siècle, et contre l'Histoire, l'héritier actuel de cette longue lignée de moralistes dont les œuvres constituent peut-être ce qu'il y a de plus original dans les lettres françaises. Son humanisme têtu, étroit et pur, austère et sensuel, livrait un combat douteux contre les événements massifs et difformes de ce temps. Mais, inversement, par l'opiniâtreté de ses refus, il réaffirmait, au cœur de notre époque, contre les machiavéliens, contre le veau d'or du réalisme, l'existence du fait moral [11]. »

Sartre rompt aussi avec Claude Lefort. Celui-ci, ancien élève de Maurice Merleau-Ponty, a d'abord été trotskiste, de 1943 à 1947, année au cours de laquelle il avait quitté la IVe Internationale, refusant tout appareil de domination se substituant à l'appareil de domination stalinien qu'il combattait. Il avait expliqué « la contradiction de Trotsky » dans le numéro des *Temps modernes* de décembre 1948. Cofondateur de *Socialisme ou Barbarie*, l'année suivante, avec Cornélius Castoriadis, lui-même ex-trotskiste, il poursuit sa critique de la bureaucratie et professe la créativité du prolétariat en dehors des appareils. C'est dire si Lefort admet difficilement le ralliement de Sartre au PCF et aux thèses de Lénine sur la prééminence du Parti : il lui signifie son désaccord, Sartre lui répond par une autre profession de foi que Merleau-Ponty pourra qualifier d'« ultra-bolchevique » : « Le Parti, écrit Sartre, forme les cadres sociaux de la mémoire ouvrière, il est l'esquisse de leur avenir, les organes de leur action, le lien permanent qui lutte contre leur massification ; il est la *perspective* à partir de laquelle le prolétariat peut se replacer lui-même dans la société et prendre à son tour pour objet ceux qui font de lui un objet ; il est la tradition et l'institution [12]. »

La rupture entre Sartre et Étiemble se situera sur un plan moins théorique et dans un style plus griffu. René Étiemble, grammairien, romancier, sinologue, antistalinien résolu, chroniqueur aux *Temps modernes* depuis 1946, a pris ses distances avec Sartre depuis le numéro d'octobre-novembre 1952. En mars 1953, il publie dans la *NNRF* de son ami et maître Jean

11. J.-P. Sartre, « Albert Camus », *France-Observateur*, 7 janvier 1960, repris dans *Situations IV*, *op. cit.*, p. 127.
12. J.-P. Sartre, « Réponse à Lefort », *Les Temps modernes*, avril 1953.

Paulhan une critique laudatrice du roman de Lucien Rebatet, *Les Deux Étendards* ; il n'hésite pas à rappeler que le collaborationniste et antisémite Rebatet avait cité Claude Roy, dans ses *Décombres* de 1942, parmi « les trop rares Français fidèles aux Nazis », et déclare préférer à ce « stalino-nazi » (qui « joue au bolchevik ») les « francs salauds, les salauds francs, les nazo-nazis » comme Rebatet. De toute évidence, Étiemble digère mal la prédilection que Sartre, à ses yeux, témoigne à Claude Roy. Sartre lui fait savoir incontinent que, puisqu'il préfère « les hitlériens aux communistes », il perd son estime : « Je tiens donc votre article pour un avis de changement d'adresse. Nous vous ferons suivre votre courrier rue Sébastien-Bottin [13]. » C'est-à-dire chez Paulhan. Étiemble tient à s'expliquer : dans le numéro du 24 juillet de l'hebdomadaire *Arts*, il précise donc qu'il n'a pas été viré par Sartre, mais qu'il a choisi de s'en aller de son plein gré. Et d'achever son libelle par ces mots : « En rompant avec Camus, avec Lefort, avec moi, c'est Jean-Paul Sartre en personne que vous avez cru exiler, prince d'une jeunesse qui ne peut désormais que vous signifier sa méfiance, prince éloigné, prince lointain. Vous me donnez du *cher Étiemble*, du *bien à vous*. *Cher Sartre ?* Aujourd'hui ? Je mentirais, comme vous. Alors, tristement mais plutôt : mal à vous [14]. »

La dernière rupture, la plus grave, la plus profonde, d'abord discrète puis publique, est celle qui sépara Merleau-Ponty de Sartre. Jusqu'en 1950, Merleau, qui a connu Sartre au cours de l'expérience de résistance que fut « Socialisme et Liberté », a été la tête politique des *Temps modernes*. A partir de la guerre de Corée, craignant une guerre mondiale, le philosophe prend ses distances avec la politique et le signifie dans un article d'adieu, publié par *Les Temps modernes* en juin-juillet 1952. Merleau-Ponty vient d'être élu au Collège de France. La séparation aurait pu se faire en douceur, elle se fit du reste en douceur, jusqu'au moment où Merleau-Ponty s'avise de s'expliquer en profondeur sur ses rapports avec le marxisme, par un essai, *Les Aventures de la dialectique*, paru en 1955. La moitié de l'ouvrage est occupée par le chapitre V, intitulé : « Sartre et l'ultra-bolchevisme. » Il s'agit d'une analyse critique des

13. Cité par A. Cohen-Solal, *op. cit.*, p. 446.

14. R. Étiemble, « Lettre ouverte à Jean-Paul Sartre sur l'unité de mauvaise action », reprise dans *Hygiène des lettres*, II, *Littérature dégagée 1942-1953*, Gallimard, 1955, p. 142-157.

positions du directeur des *Temps modernes* sur le communisme et le prolétariat, sur « la fin du marxisme philosophique », sur la « douceur rêveuse », l'« entêtement incurable », et la « violence feutrée » du « progressisme », et l'intenable position de Sartre décrétant une certaine infaillibilité du communisme sans vouloir y adhérer : « L'opposant du dehors n'a jamais fini de prouver qu'il est fidèle à distance. Le droit de critique qu'il se garde, il n'en usera pas de peur d'en abuser. » D'où s'ensuit la question suivante : « Nous aurons à nous demander si l'engagement comme le comprend Sartre ne transforme pas les rapports d'action en rapports de contemplation. » Merleau précise sa position sous le terme d'« a-communisme », une « conclusion agnostique » : « L'agnosticisme, c'est d'abord la promesse d'examiner sans ferveur et sans dénigrement tout ce qu'on peut savoir de l'URSS », en rappelant qu'à leur origine « *Les Temps modernes* exigeaient de leurs fondateurs qu'ils n'adhèrent à aucun parti, à aucune église, parce qu'on ne peut repenser le tout si l'on est déjà lié par une conception du tout [15] ». Sartre ne répond pas. Simone de Beauvoir s'évertue à ravaler Merleau-Ponty au rang des chiens de garde. Elle a obtenu le prix Goncourt 1954 pour *Les Mandarins* mais a fui la presse, décliné toutes les demandes d'interviews, à une exception près, celle de Jacques-Francis Rolland pour *L'Humanité-Dimanche*, dans laquelle elle affirme : « Je considère que les intellectuels de gauche doivent travailler avec les communistes [16]. » Cette fois, dans *Les Temps modernes*, elle accuse Merleau-Ponty de faire le procès d'un « pseudo-Sartre », de chercher ses arguments dans *L'Aurore*, et de « prendre parti pour la bourgeoisie ». Sur quoi, on tira le rideau. Quand Merleau-Ponty meurt en 1961, Sartre, qui a l'art des oraisons funèbres, rédige un magnifique article en hommage à celui qui a été le rédacteur en chef et le directeur politique de sa revue, quand le premier comité de rédaction se fut dispersé. « Il n'y a rien à conclure sinon que cette longue amitié ni faite ni défaite, abolie quand elle allait renaître ou se briser, reste en moi comme une blessure indéfiniment irritée [17]. »

15. M. Merleau-Ponty, *Les Aventures de la dialectique*, Gallimard, 1955, p. 131-271.
16. Cité par M.-A. Burnier, *Les Existentialistes et la Politique*, Gallimard, 1966, p. 100.
17. J.-P. Sartre, « Merleau-Ponty », *loc. cit.*, p. 287.

Sartre, de 1952 à 1956, devient un compagnon de route discipliné. Sa revue n'émet à l'endroit des communistes que des critiques de détail (c'est ainsi qu'en mars 1954 Kanapa se fera traiter de « crétin » à la suite d'un méchant papier dans *L'Humanité*), à l'exception peut-être d'un article où Marcel Péju dénonce l'antisémitisme sous-jacent au procès Slansky. *Les Temps modernes* s'efforcent, comme l'illustre le numéro spécial sur *La Gauche*, en 1955, de proposer un « nouveau Front populaire ». Sartre, lui, se multiplie en meetings, congrès, voyages symboliques, discours, articles, auxquels fait écho la presse du Parti. Ainsi du Congrès de Vienne – « Congrès des Peuples pour la Paix » –, que Frédéric Joliot-Curie inaugure en décembre 1952. A cette occasion, *L'Humanité* s'étend sur le triomphe de Sartre, salué avec enthousiasme, mitraillé par les photographes et les « cinéastes », et donne de larges extraits de son discours, qui précède ceux d'Aragon, de Pierre Cot, etc. [18]. A son retour en France, il participe au meeting organisé au Vel'd'Hiv' pour rendre compte du Congrès, en compagnie de Gilbert de Chambrun, Yves Farge (qui vient de recevoir le prix Staline de la paix), Laurent Casanova, Pierre Cot, Michel Leiris, Emmanuel d'Astier, Simone Signoret, Yves Montand… « Ce que nous avons vu à Vienne, dit Sartre, ce n'est pas seulement un Congrès, c'est la Paix. Nous avons vu ce que la Paix pourrait être [19]… » En 1954, revenu d'un voyage en URSS où il a été promené, loué et gavé, Sartre donne à *Libération*, le quotidien cryptocommuniste d'Emmanuel d'Astier, une série de six entretiens, qui composent un étonnant anti-*Retour de l'URSS* de Gide, tant la bonne volonté du compagnon de route est manifeste. Le titre du deuxième entretien résume l'audace du voyageur complaisant : « La liberté de critique est totale en URSS. Le contact est aussi large, aussi ouvert, aussi facile que possible [20]. » Avant d'asséner sans crainte, après d'autres constatations qui vérifient le « rapport de contemplation » dont parlera Merleau-Ponty, cette prédiction osée : « Vers 1960, avant 1965, si la France continue à stagner, le niveau de vie moyen en URSS sera de 30 à 40 % supérieur au nôtre. Il est bien évident, pour elle et

18. « Du délégué indien à Jean-Paul Sartre », *L'Humanité*, 13 décembre 1952.
19. *L'Humanité*, 22 décembre 1952.
20. J.-P. Sartre, Entretiens avec Jean Bedel, *Libération*, 14-20 juillet 1954.

pour tous les hommes, que le seul rapport raisonnable est un rapport d'amitié. » En février 1956, le mois même du Rapport secret de Nikita Khrouchtchev sur les crimes de Staline, Sartre (qui n'en est évidemment pas encore averti, mais il ne changera pas d'attitude jusqu'à l'intervention soviétique en Hongrie) passe au crible le livre du communiste critique Pierre Hervé, *La Révolution et les Fétiches*, le jugeant empreint d'idéalisme et de réformisme [21]. Merleau-Ponty se désigne comme a-communiste, Sartre se révèle comme a-critique.

L'insurrection hongroise d'octobre 1956 va dessiller cet allié appliqué et, d'une manière générale, provoquer des brèches profondes dans les rangs des communistes et des compagnons de route.

21. J.-P. Sartre, « Le réformisme et les fétiches », *Les Temps modernes*, février 1956.

53

# *1956, la grande fracture*

L'année 1956 fut un des millésimes politiques les plus corsés du siècle. Le début de l'année commença en France par des élections législatives, le 2 janvier. La gauche l'emporta nettement, à ceci près qu'il n'y avait pas de gauche. Certes, bien des voix s'élevaient – celle d'un Claude Bourdet ou celle d'un Jacques Madaule – pour appeler un nouveau Front populaire. Mais les socialistes, parti dominant du Front républicain, et les communistes, parti de loin le plus puissant, n'étaient pas prêts à chanter à l'unisson. Guy Mollet, secrétaire général de la SFIO, fut appelé par le président René Coty à former un gouvernement, dont l'investiture, le 1er février, fut néanmoins soutenue par le Parti communiste, désireux de sortir de son isolement au moment où l'URSS de Nikita Khrouchtchev prônait la « coexistence pacifique ».

L'arrivée au pouvoir du leader socialiste est diversement appréciée par ceux de la gauche intellectuelle qui ont milité en faveur de Mendès France, si populaire depuis son passage au pouvoir, du 18 juin 1954 au 6 février 1955. Surtout, Guy Mollet désole nombre de ses partisans lorsque, au cours d'un voyage à Alger, où les pieds-noirs l'accueillent le 6 février par des cris de haine et des jets de légumes, il accepte la démission du général Catroux, destiné au poste de ministre résident en Algérie, et le remplace par son camarade de parti Robert Lacoste : « Hélas ! écrit François Mauriac dans son Bloc-Notes, M. Guy Mollet n'a pas pris sa foudre. Il a pris des tomates pourries, mais sur le nez. Et si ce n'était que sur le sien, nous nous serions fait une raison. Mais c'est l'État qui a reçu cet outrage[1]. »

1. F. Mauriac, *Bloc-Notes*, *1*, *1952-1957*, Seuil, « Points », 1993, p. 318.

La suite de l'année déçoit tous ceux qui attendent de la victoire du Front républicain, la fin d'une guerre en Algérie qui ne dit pas encore son nom mais dure depuis déjà plus d'un an. Guy Mollet appelle au « cessez-le-feu », en assurant que celui-ci sera suivi d'élections, puis de négociations. En même temps, il refuse d'envisager l'éventualité d'une indépendance algérienne. On voit mal comment les nationalistes algériens pourraient accepter cette offre. Au mois de mars, le Parti communiste, encore soucieux de parvenir à un front uni avec les socialistes, vote à l'Assemblée les pouvoirs spéciaux que le président du Conseil réclame pour l'Algérie. Des étudiants de l'UEC protestent, distribuent des tracts à la Sorbonne. Une gauche intellectuelle, dont nombre de communistes, commence à critiquer ouvertement un PCF plus décidé à l'alliance politique qu'à la lutte anticolonialiste. Des organisations propres, des structures d'information, des réseaux de militants se mettent progressivement en place, indépendamment du Parti communiste, parfois explicitement contre lui, pour favoriser l'indépendance algérienne. Dans les mois suivants, le divorce s'aggrave entre la gauche intellectuelle, les étudiants de gauche et le gouvernement Mollet, quand celui-ci décide le rappel des « disponibles » en Algérie. Le 22 mai, Mendès France démissionne de son poste de ministre d'État, en raison de son désaccord sur la politique algérienne menée par Mollet et Lacoste.

En juin, *Le Monde* publie en feuilleton le Rapport secret de Khrouchtchev au XX^e^ Congrès du Parti communiste de l'Union soviétique, qui s'est tenu au mois de février précédent. Cette dénonciation des crimes de Staline, jusqu'alors officieusement connus, qu'on a brusquement sous les yeux, laisse abasourdis les militants communistes : Staline a occupé une telle place dans leur vie, la propagande en a fait un tel génie. A croire que l'histoire universelle n'a jamais vu un guide des peuples de cette envergure. Et comment échapper à un mythe de cette ampleur : Staline a organisé de son vivant son propre culte, un culte religieux desservi par tous les pontifes et tous les clergeons de l'église communiste internationale, les révolutionnaires les plus authentiques étant devenus eux-mêmes, aux côtés des bureaucrates de sacristie, des thuriféraires balançant la myrrhe et l'encens dans les nefs. En décembre 1949, pour le soixante-dixième anniversaire de l'Hercule géorgien, des camions du Parti ont sillonné la France pour collecter les cadeaux des fidèles, objets coûteux ou souvenirs de famille, le tout sous les caméras des permanents qui filment des scènes de don et de communion ; en comparaison, les pèlerinages catholiques ressemblent à des réunions de l'Union rationaliste. A l'occasion, la presse communiste se surpasse ; des effluves de pieuse adoration montent des pages imprimées. Les sévères *Cahiers du communisme* multiplient, dans un numéro spécial, des éloges dithyrambiques : « La plus grande réalisation de Staline : Comment ils ont conquis le bonheur », et Maurice Thorez s'applique à un éditorial, « Vive Staline », de la plus flagorneuse platitude. En 1953, la mort de Staline fait pleurer dans les cellules, et les journaux communistes en rajoutent dans le *Requiem* adulateur. Et voici que, tout à trac, ces larmes, ces offrandes, ces génuflexions, « Nikita » les fait passer par pertes et profits. C'est pour beaucoup insoutenable. Arrive le temps du doute, qui ne va que s'accroître et tout saper à la fin d'octobre, lorsque les chars soviétiques sont lancés sur Budapest contre l'insurrection hongroise.

Cette fin d'octobre et le début de novembre vibrent d'une immense émotion politique ; son origine est double. Deux noms de ville, Suez et Budapest, résonnent comme des cymbales lancées avec violence l'une contre l'autre. Le 26 juillet, le colonel Nasser a décidé la nationalisation du canal de Suez par l'Égypte, soit onze ans avant la fin de la concession accordée jadis à la Compagnie du Canal de Suez. Nasser en a pris la décision une semaine après que les Américains ont décidé de ne pas financer le barrage d'Assouan. La réaction du Raïs atteint les intérêts des Anglais et des Français plus que ceux des Américains. La presse occidentale, *Le Monde* compris, exprime son indignation devant le coup de force de l'« apprenti dictateur », contre lequel la riposte s'impose. Maurice Duverger, dans le grand quotidien du soir, l'explique ainsi, le 1er août : « L'exemple des années 1933-1939 est clair : en face de la mégalomanie d'un dictateur, il ne faut pas répondre par des procédures juridiques inefficaces qui ridiculisent le droit, mais par la force. » L'inévitable raréfaction de l'approvisionnement de l'Europe occidentale en pétrole provoque la panique. Après plusieurs semaines de négociations et de tergiversations, le socialiste Guy Mollet sait convaincre le Premier ministre britannique, le conservateur Anthony Eden, d'intervenir ensemble *manu militari* sur le canal pour réduire Nasser à quia. L'habileté de la manœuvre consiste à mettre dans le coup l'État d'Israël, dirigé par Ben Gourion, trop content de régler ses comptes avec l'Égypte, qui entrave l'accès du port d'Eilat dans le golfe d'Akaba. Le 28 octobre, le gouvernement israélien décrète la mobilisation et fait pénétrer ses troupes le lendemain dans le Sinaï. Le 30, Français et Britanniques lancent un ultimatum, dont la ficelle est grosse : l'Égypte et… Israël sont priés de se retirer de part et d'autre à dix milles du canal. Sans réponse de l'Égypte, les alliés franco-britanniques bombardent les positions égyptiennes et lancent des parachutages le 5 novembre, tandis que les Israéliens déclarent le cessez-le-feu après s'être emparés de Gaza. Les Égyptiens, eux, s'appliquent à saboter le canal en y faisant couler des bateaux. Sur l'injonction de l'ONU entraînée par les Américains et sur l'ultimatum des Soviétiques, les Français et les Anglais doivent mettre fin à leur expédition. Leurs troupes évacuent Port-Saïd au début de décembre. Le fiasco est total. Guy Mollet s'est impliqué à fond dans cette politique expéditionnaire en raison de l'Algérie : selon lui, la rébellion algérienne tente de se nourrir d'un nationalisme inexistant, nécessairement inspirée et soutenue par les pays arabes indépendants, et au premier chef l'Égypte de l'ambitieux colonel Nasser, dont on fait une sorte de Hitler arabe. L'analogie est d'autant plus intéressante qu'elle contribue à justifier l'entrée en guerre d'Israël. « Les hommes libres, dit Guy Mollet à l'Assemblée, le 7 novembre, ceux d'Angleterre et de France, les rescapés de la Gestapo qui ont construit Israël se sont heurtés à Suez aux mêmes fusils et aux mêmes chars que les hommes libres de Budapest. »

Au même moment, en effet, la crise hongroise soulève la colère des hommes libres, tout en justifiant à leurs propres yeux les hommes de Suez. Quand Guy Mollet, après son discours, regagne le banc du gouvernement, il est hué par les communistes, dont certains lui montrent le poing. Communistes et socialistes, qui mêlaient leurs votes au début de l'année, s'affrontent à nouveau, se jetant mutuellement à la figure ces deux noms de ville : « Suez ! », « Budapest ! » comme des pierres. La dramatisation de la scène politique va bon train.

Depuis la mort de Staline, des mouvements divers d'émancipation ont déjà agité les démocraties populaires. En 1953, une grève suivie de manifestations a été sévèrement réprimée à Berlin-Est. Dans les années suivantes, la politique extérieure de

Monsieur « K », favorable à la « détente », paraît devoir desserrer la main de fer qui empoignait les pays du bloc soviétique : la Hongrie réussit à se débarrasser du stalinien Rakosi ; elle réhabilite Rajk et affirme sa propre voie vers le socialisme, à grand renfort de pacifiques démonstrations de rues. En Pologne, Gomulka, communiste réputé indépendant à l'endroit de Moscou, parvient à prendre les rênes du pouvoir tout en évitant l'intervention soviétique. L'envoyé spécial du *Monde*, Philippe Ben, explique qu'il n'est pas du tout question en Pologne de « liquider le socialisme » : « A part de vieilles personnes incapables de comprendre ce qui se passe autour d'elles, nul ne le pense. Et surtout pas les jeunes. Mais la jeunesse, qu'elle soit socialiste ou catholique, veut un socialisme différent de celui qu'elle a connu jusqu'ici. Et avant tout un socialisme qui renonce à beaucoup des inspirations puisées en Union soviétique [2]. » Ce qui a été évité en Pologne ne l'est pas en Hongrie où de formidables manifestations tournant au soulèvement conduisent le gouvernement Gerö à appeler les Soviétiques.

Profitant de la tension internationale suscitée par l'expédition franco-britannique sur le canal de Suez, qui avait occasionné la convocation de l'Assemblée générale de l'ONU et le vote de la motion américaine exigeant le cessez-le-feu en Égypte, les Soviétiques se décident à régler définitivement par la force l'insurrection des Hongrois, dirigée par des comités révolutionnaires et des conseils ouvriers. Une première intervention des blindés soviétiques a eu lieu le 23 octobre. Du 25 au 28, la bataille fait rage entre les insurgés et les forces de la sécurité aidées des Soviétiques. Le 30 octobre, après la réintégration de Nagy dans le gouvernement, un accord est signé avec les Russes pour l'évacuation de leurs troupes. Le 1er novembre, Nagy déclare la neutralité de la Hongrie. C'en est trop pour les Soviétiques, qui reviennent en force et écrasent l'insurrection, destituent Nagy et placent Kadar au pouvoir. Le 21 novembre, les conseils ouvriers sont dissous – les Soviétiques ne pouvant, de longue date, supporter les soviets. Imre Nagy est enlevé par la police (ainsi qu'une cinquantaine d'autres communistes réformateurs) et expédié en URSS, où il sera plus tard exécuté. Le 9 décembre, à la suite d'une grève générale de 48 heures, la loi martiale est décrétée. La Hongrie se trouve de nouveau sous l'éteignoir.

2. *Le Monde*, 27 octobre 1956.

Après le choc du XX^e^ Congrès et du Rapport Khrouchtchev, la répression de l'insurrection hongroise achève de démoraliser une bonne partie de l'intelligentsia communiste et fait des ravages dans les rangs des compagnons de route. Pour beaucoup, cette année-là, le chemin n'ira pas plus loin.

*Le Monde* du 31 octobre a publié en « Libres opinions » les bonnes feuilles des réponses que Claude Roy a adressées aux *Lettres nouvelles* de Maurice Nadeau, à la suite des révélations de Khrouchtchev sur Staline. L'écrivain communiste se demandait s'il n'avait pas « sous-estimé les ombres intérieures de l'univers socialiste ». Il condamnait clairement « l'absence de la démocratie » et « le mépris de la morale », partout où ils se produisaient. Le même Claude Roy, à la nouvelle des événements de Hongrie, signe une protestation avec trois autres écrivains du Parti, Roger Vailland, Jacques-Francis Rolland et Claude Morgan. Aussitôt, *L'Humanité* affirme que « leur acte d'indiscipline, contraire non seulement aux principes du Parti, mais aux intérêts de la classe ouvrière et de la nation, sera jugé sévèrement par tous les travailleurs ». Le Parti n'en démord pas : l'insurrection hongroise reste le fait des fascistes, soutenus par l'impérialisme américain.

Dans les jours qui suivent la répression de l'insurrection fusent des explosions de protestations dans l'intelligentsia progressiste. Certains de ses membres, tel Emmanuel d'Astier de La Vigerie, perçoivent les dangers de la montée en puissance de l'anticommunisme (les bureaux de *L'Humanité* font l'objet d'un siège en règle de la part de tous les militants mobilisables de la droite et de l'extrême droite). Ils assortissent donc leur protestation contre l'intervention soviétique de mises en garde contre « les manifestations anticommunistes ». Pour nombre de militants et d'intellectuels, désormais conscients des réalités communistes, il faut rester dans le Parti assailli. Mais, même s'ils différèrent de quelques mois ou de quelques années leur départ, le big-bang du XX^e^ Congrès et de la répression en Hongrie a sapé définitivement leur foi.

Pierre Emmanuel, faisant retour sur lui-même, écrit en décembre 1956 : « Le progressiste est un homme qui a peur de faire front aux communistes, et se donne à bon marché la double illusion d'être un révolutionnaire et un esprit libre [3]. »

3. P. Emmanuel, « Les oreilles du roi Midas », *Esprit*, décembre 1956.

Ce confort intellectuel est rompu. Le compagnon de route ne peut plus tenir pour juste la politique du Parti, qui lance les chars contre les insurgés de Hongrie, le prolétariat de Budapest, et soutient aveuglément la répression décidée par Khrouchtchev. Jean-Paul Sartre, le modèle du compagnon de route depuis 1952, récuse bruyamment cette espèce de contrat tacite qui le liait au Parti communiste. En février, s'en prenant à Hervé, auteur de *La Révolution et les Fétiches*, il affirmait encore : « Porté par l'histoire, le Parti communiste manifeste une extraordinaire intelligence objective : il est rare qu'il se trompe ; il fait ce qu'il faut… » Il ajoutait : « mais cette intelligence – qui se confond avec la *praxis* – ne s'incarne pas souvent dans ses intellectuels. » Le Parti agissait bien, mais sans penser sa *praxis*. Il était lui-même le prolétariat, se confondait avec lui, il transformait la sous-humanité des ouvriers en classe ouvrière. Mais comment, après Budapest, en rester à cette analyse : le prolétariat pouvait-il tirer sur le prolétariat ?

Les événements de Pologne puis, surtout, ceux de Hongrie, font exploser les bonnes raisons de cette gauche soumise. Les amis d'*Esprit* se réunissent justement en congrès au moment de l'intervention soviétique. La consternation, la révolte se donnent libre cours. Jean-Marie Domenach, directeur politique de la revue, si souvent proche des communistes – notamment tout au long de l'affaire Henri Martin –, signe une protestation au côté de Claude Bourdet, Gilles Martinet, Roger Stéphane, de *France-Observateur*, Jean Rous (*Franc-Tireur*), Robert Barrat, Georges Suffert, Georges Montaron (*Témoignage chrétien*), contre « l'immixtion brutale de l'armée soviétique dans les affaires intérieures hongroises ». Le numéro de décembre d'*Esprit* est consacré aux « Flammes de Budapest », titre d'un éditorial d'Albert Béguin en faveur de l'« authentique révolution hongroise ». Dans la même livraison, Pierre Emmanuel se livre à une autocritique collective, déjà citée, où il écrit : « Par quel aveuglement avons-nous fait *comme si* le communisme n'était pas une névrose, comme s'il en était même le contraire – la science de l'homme à venir ? Nous avons étudié la pathologie de l'hitlérisme pour lequel la Race était la fin de l'Histoire : mais la pathologie d'une doctrine pour laquelle cette fin est un homme qui n'existe pas ? Jamais nous n'avons émis le moindre doute, les uns sur l'infaillible logique du communisme, les autres sur son inexorable accélération : béats d'extase ou d'angoisse, nous attendions qu'il vînt, et pas un Français jusqu'à la mort de Staline qui n'ait été entamé dans ses forces vives par cette espérance ou cette terreur, ou pire encore ! par leur répugnant mélange. » L'équipe d'*Esprit* semble cette fois vaccinée contre l'illusion lyrique.

Louis de Villefosse, si zélé dans l'affaire Henri Martin, fait acte de contrition dans *France-Observateur* : « L'agression de Budapest imprime définitivement en moi la certitude que le régime soviétique ne représente pas davantage la démocratie que l'Église n'incarne l'idée chrétienne. » Le communisme ne représente plus à ses yeux qu'une « falsification réactionnaire de la gauche [4] ». Villefosse s'oppose violemment à son ancien mentor Aragon au sein du CNE. Celui-ci doit renoncer à sa vente annuelle (les batailles du Livre), au grand dam d'Elsa Triolet. Vercors signe avec Villefosse et quelques autres – dont Sartre et Beauvoir – une protestation auprès du gouvernement soviétique « contre l'emploi des canons et des chars pour briser la révolte du peuple hongrois ». L'année suivante, Vercors publiera *Pour prendre congé*, qui mettra pour un temps à la mode l'expression de « potiche d'honneur » : « J'ai joué ce rôle pendant plus de douze ans… Mais arrive le jour où, tout ébréchée, toute fêlée, la potiche n'est plus présentable. » Chacun entend aussi dénoncer l'expédition de Suez, non sans soulagement : enfin une cause claire pour ces âmes encore secouées par le scandaleux acte criminel perpétré par le pays, le sanctuaire, la terre d'élection du socialisme contre les ouvriers de Hongrie !

L'événement confirme à ses propres yeux les analyses de la petite équipe de *Socialisme ou Barbarie* [5]. Ses animateurs Claude Lefort et Cornélius Castoriadis, qui n'ont cessé de faire la critique du régime bureaucratique, voient dans l'insurrection hongroise un nouvel avatar glorieux du socialisme des conseils réfractaire au communisme d'appareil. Ils vantent l'autogestion ouvrière des usines et admirent que, « pour la première fois, un régime totalitaire moderne [soit] mis en morceaux par le soulèvement des travailleurs : "La révolution hongroise démolit, non pas par des discussions théoriques mais par le feu de l'insurrection armée, la fraude la plus gigantesque de

4. L. Héron de Villefosse, « La collaboration impossible », *France-Observateur*, 22 novembre 1956.
5. Voir Ph. Gottraux, *« Socialisme ou Barbarie. » Un engagement politique et intellectuel dans la France de l'après-guerre,* Lausanne, Payot, 1997.

l'histoire : la présentation du régime bureaucratique comme 'socialiste' – fraude à laquelle avaient collaboré bourgeois et staliniens, intellectuels 'de droite' et 'de gauche', parce qu'ils y trouvaient tous finalement leur compte"[6] ». Tout ce que l'extrême gauche comptait de révolutionnaires antistaliniens, trotskistes, conseillistes, anarchistes, syndicalistes révolutionnaires, donne de la voix contre le socialisme trahi, tout en proclamant son espoir d'un autre socialisme, débarrassé de la chape de plomb stalinienne. Ces analyses et leurs protestations sont assourdies par celles de Sartre, brûlant soudain ce qu'il avait adoré quatre années durant. « Il y avait à gauche, au milieu des années 50, écrira plus tard Claude Roy, le PC, le PSFIO, et le Parti Sartre[7]. »

Pourtant, quand Sartre dit « le Parti », il n'y en a qu'un : « Même si c'était pour le cribler de sarcasmes, le mot était chargé pour lui d'une espèce de magie romanesque » (C. Roy). Il lui faut rompre néanmoins. Il le fait en termes éclatants, le 9 novembre, dans une longue déclaration à *L'Express* : « Je brise à regret, mais entièrement, mes rapports avec mes amis les écrivains soviétiques, qui ne dénoncent pas (ou ne peuvent dénoncer) le massacre en Hongrie. On ne peut plus avoir d'amitié pour la fraction dirigeante de la bureaucratie soviétique : c'est l'horreur qui domine. » Il en finit aussi avec le PCF. Marcel Servin, chargé de lui répliquer dans *L'Humanité*, ressert à ses lecteurs « le venin de Sartre ». Évoquant l'attitude de quelques intellectuels communistes protestataires, il écrit encore : « Nous ne tolérerons pas, et la classe ouvrière ne nous permettrait pas de tolérer, l'action des termites qui prétendent ronger le Parti de l'intérieur. »

En janvier 1957, Sartre publie un numéro triple des *Temps modernes* entièrement consacré à la « révolte de la Hongrie ». Il y donne lui-même un volumineux article de 120 pages, « Le fantôme de Staline », par lequel il tire la conclusion de ses quatre années de compagnonnage. Il se prétend toujours attaché à l'espoir d'un Front populaire, seul capable à ses yeux de faire sortir la France des guerres coloniales et du malthusianisme économique (il y tient !), mais, tout en réaffirmant les trahisons de la SFIO, il met en évidence les responsabilités du Parti

6. P. Chaulieu (*alias* C. Castoriadis), « La révolution prolétarienne contre la bureaucratie », *Socialisme ou Barbarie*, décembre 1956.
7. Cl. Roy, *Somme toute*, Gallimard, 1976, p. 109.

communiste et proclame : « Il faut savoir ce qu'on veut : le Front unique ou l'obéissance inconditionnelle à l'URSS ; il est en tout cas impossible de courir les deux lièvres à la fois [...]. Le temps est passé des vérités révélées, des paroles d'évangile : un Parti communiste ne peut vivre, en Occident, que s'il acquiert le droit de libre examen. » Et Sartre de retourner à « l'opposition », en attendant un changement radical de la part du PCF : « L'alliance avec le PC tel qu'il est, tel qu'il entend rester, ne peut avoir d'autre effet que de compromettre les dernières chances du Front Unique. » Le programme est précisé : « Nous essaierons d'aider à la déstalinisation du Parti français. »

De tous côtés, en cet automne 1956, les protestations fusent, les proclamations se succèdent, les regrets s'affichent. Albert Camus lance un appel aux écrivains d'Europe. Les démissions se multiplient au CNE. Mauriac envoie la sienne à l'association France-URSS. Maurice Merleau-Ponty en vient, lui, à se demander si le philosophe est bien inspiré de faire de la politique : « N'est-ce pas un incroyable malentendu si tous les philosophes ou presque se sont crus obligés d'avoir une politique, alors qu'elle relève de l'"usage de la vie" et se dérobe à l'entendement ? La politique des philosophes, c'est celle que personne ne *fait*. Est-ce donc une politique ? N'y a-t-il pas bien des choses dont ils puissent plus sûrement parler [8] ? »

Le Parti communiste s'emploie à installer des contre-sapes, mobilisant ses intellectuels. André Stil, envoyé spécial du quotidien communiste en Hongrie, se réjouit le 14 novembre : « Budapest revient à la vie [...]. Une foule pressée se rend au travail. » Le 20 : « Budapest recommence à sourire à travers ses blessures. » Florimond Bonte, Yves Moreau, Léo Figuières, Guy Besse, tous font écho à Duclos et à Thorez qui affirme tranquillement : « Nous voulons redire particulièrement notre admiration pour l'armée soviétique, l'armée des libérateurs, sans laquelle l'Europe entière serait encore sous le joug du fascisme [9]. » Garaudy se fait un devoir de répondre à Sartre dans *France nouvelle*, par un article où l'art de la langue de bois le dispute au lyrique : « A cette politique zigzagante [celle de Sartre] et à ces palinodies idéologiques, la lutte aux côtés de la classe ouvrière choisie à l'aurore de nos vingt ans nous a

8. M. Merleau-Ponty, préface de *Signes*, Gallimard, 1960, p. 10.
9. *L'Humanité*, 3 novembre 1956.

enseigné, à nous qui avons la fierté d'être des "permanents à 40 000 francs" [le SMIG était alors à 30 000 francs environ] des démarches plus fermes ; elle nous a enseigné le chemin d'Octobre [il ne s'agissait évidemment pas de l'Octobre hongrois] que nous poursuivrons inflexiblement avec [recours inévitable à la dernière source de légitimité communiste, la Résistance :] Sémard et Péri, avec Le Guennec et Ferrand. »

Le double événement de Suez et de Budapest donne un coup de fouet à l'idée d'une « nouvelle gauche ». Doublement critiques à l'endroit du communisme et du socialisme SFIO, refusant d'être de simples compagnons de route ou des sympathisants déçus du socialisme démocratique, des vagues successives d'intellectuels et de militants cherchent à construire une force à l'écart des deux partis dits « ouvriers », comme ce fut le cas du RDR en 1948. L'ambiguïté de ces tentatives tient à leur hésitation stratégique. Selon les cas et les conjonctures, ces « nouvelles gauches » se donnent pour le catalyseur d'un nouveau Front populaire et s'efforcent de rapprocher les points de vue des communistes et des socialistes, ou bien elles affichent nettement leur indépendance et leur vocation autonome à devenir un grand parti, dépassant les contradictions du PCF et de la SFIO. Les événements de l'automne 1956 accréditent le second terme de l'alternative : sur les décombres du socialisme de Suez et du communisme de Budapest, on peut à nouveau espérer faire du neuf. *France-Observateur* constitue le foyer le plus actif du mouvement : ses principaux animateurs, Bourdet et Martinet, défendent la Nouvelle Gauche, petite formation qui pourrait être l'embryon du nouveau parti. « Tandis que les vieilles bureaucraties s'enfoncent dans leurs tristes routines, que Mollet couvre les sanglantes opérations du colonialisme et que Thorez salue – au lendemain des tueries de Budapest ! – "l'exemple exaltant de l'Union soviétique", les forces de l'avenir se cherchent et commencent à se trouver [10]. » Ces forces de l'avenir, elles ne sont pas seulement françaises. Martinet évoque les convergences possibles entre « l'expérience polonaise de Gomulka », la Yougoslavie de Tito, la minorité du Parti communiste italien qui a condamné l'intervention soviétique en Hongrie, les socialistes de Pietro Nenni, les travaillistes de

10. G. Martinet, « Nouvelle Gauche et grands partis », *France-Observateur*, 13 décembre 1956.

Bevan en Angleterre… N'est-ce pas autant de forces qui tendent vers une Europe socialiste et démocratique ?

L'idée va faire son chemin. La Nouvelle Gauche fusionne l'année suivante avec le MLP (Mouvement de libération populaire), la Jeune République (socialisme chrétien), Tribune communiste (constituée d'anciens communistes comme Jean Poperen et François Furet), pour former l'Union de la Gauche socialiste. Puis, en 1960, l'UGS fusionnera avec le PSA (Parti socialiste autonome, né d'une scission de la SFIO en 1958), pour donner le PSU (Parti socialiste unifié). Ce courant, qui ne parviendra jamais à s'imposer contre les deux « grands » de la gauche, mais qui fournira au futur Parti socialiste quelques-uns de ses cadres, comme Michel Rocard ou Pierre Bérégovoy, est largement porté par le milieu intellectuel.

L'histoire des compagnons de route s'achève pratiquement en 1956 : la tragédie hongroise émancipe nombre d'entre eux de la mouvance communiste, tout en affaiblissant le prestige du PC aux yeux de tous. Les uns vont soutenir cette tentative de Nouvelle Gauche. Ce n'est pas encore la voie d'une conduite politique pleinement autonome. La guerre d'Algérie va en fournir la véritable occasion.

## 54

# *Le bel automne de François Mauriac*

« Je ne vois rien de comparable dans notre histoire proche ou lointaine à ce qui se passe en ce moment ; jamais les conséquences d'une politique n'ont accablé ses auteurs dans un délai aussi court [1]. » François Mauriac, qui trace ces mots le vendredi 30 novembre 1956, pour son Bloc-Notes de *L'Express*, est en passe de devenir, à soixante et onze ans, l'écrivain français le plus célèbre ; il est déjà sans doute le plus haï.

Tout recommence pour lui en novembre 1952, lorsqu'il reçoit le prix Nobel de littérature. Ce qui aurait été pour d'autres une consécration est pour lui une nouvelle responsabilité. La veine du romancier s'est peu à peu tarie : la blessure laissée par l'article assassin de Sartre saigne encore, même si quelques textes ont paru. « De 1941, écrira-t-il, date de *La Pharisienne*, au *Sagouin* (1951) et à *L'Agneau* (1954), ce n'est pas un art qui décline, c'est une œuvre qui dure – une œuvre qui dure, c'est une œuvre qui se survit [2]. » Au théâtre, après le médiocre succès en 1950 de sa dernière pièce, *Le Feu sur la terre*, il renonce.

En politique, il avait animé la scène au lendemain de la Libération, mais, de son propre aveu, il s'en était moins mêlé, faisant confiance à la démocratie chrétienne qui, sous le sigle du MRP, était désormais aux affaires. Pour un homme de sa génération, il paraissait incroyable de voir un Georges Bidault ministre et un Charles Maurras en prison : « Je crus que la galère de la République renflouée allait voguer, toutes voiles dehors, sous l'inspiration de Marc Sangnier, le vieil archange

1. F. Mauriac, *Bloc-Notes*, *1*, *op. cit.*, p. 414.
2. F. Mauriac, *Nouveaux Mémoires intérieurs*, *Œuvres autobiographiques*, *op. cit.*, p. 818.

toujours vivant. […] Je crus qu'une politique allait enfin s'instaurer, sinon inspirée de l'Écriture sainte, du moins accordée pour l'essentiel aux béatitudes du sermon sur la montagne [3]. »

En arrivant à Stockholm pour les cérémonies du Nobel, Mauriac apprend à la descente du train les événements sinistres qui viennent de se dérouler à Casablanca. Depuis longtemps, le feu couvait dans le protectorat marocain, où le résident général, d'abord le général Juin, puis le général Guillaume, menait une politique intransigeante face au nationalisme, au sultan, au parti de l'Istiqlal (qui avait publié dès 1944 un « Manifeste pour l'indépendance »), en s'appuyant sur des chefs de tribu comme le Glaoui, pacha de Marrakech. Le 7 décembre, une grève générale lancée par l'Istiqlal dégénère en émeute ; on compte plusieurs dizaines de morts, la répression a été féroce. En 1953, la politique colonialiste du maréchal Juin, appuyée par le politicien radical Martinaud-Déplat, aboutit à la déposition du sultan Ben Youssef, avec la complicité du Glaoui. Un nouvel *imam*, Moulay Arafa, remplace le sultan Ben Youssef, arrêté par Guillaume le 20 août et déporté à Madagascar, *via* la Corse. Le gouvernement Laniel, qui n'a pas été à l'origine du complot, laisse faire, de peur de déclencher une guerre civile au Maroc. « Présence française », lobby du parti colonial, triomphe. Quelques jours plus tard, les attentats redoublent : le Maroc devient, après l'Indochine où la France poursuit ce que les communistes surnomment la « sale guerre », un objet d'inquiétude majeur, d'autant qu'en Tunisie une épreuve de force s'amorce entre les nationalistes du Néo-Destour et les groupes contre-terroristes de la « Main rouge ». Tout le Maghreb est menacé de subversion. Le 1er novembre 1954, la « Toussaint rouge », ainsi qu'on appelle la vague d'attentats lancés contre les Français par les nationalistes algériens, entame la guerre d'Algérie. Ces événements sont l'occasion pour Mauriac de reprendre un combat politique, ce qui provoque d'abord le scandale dans les publications où il a ses habitudes, *Le Figaro* et *La Table ronde*.

A son retour de Stockholm, fouetté par le Nobel, Mauriac entre en relation avec des catholiques de gauche, dont le plus en vue était Robert Barrat, journaliste et animateur du Centre catholique des intellectuels français. Ils créent ensemble une

3. *Ibid.*, p. 819.

association, une « amitié », le Comité France-Maghreb, inspiré par l'éminent spécialiste de l'Islam, Louis Massignon, professeur au Collège de France ; Mauriac en est le président. A la fin de juin 1953, reçu sous la Coupole, le maréchal Juin dénonce dans son discours les « consciences chrétiennes » qui prêtent un « concours inespéré aux ennemis de notre pays ». Mauriac, visé par son nouveau collègue, s'abstient de paraître à la réception, alors que la présence du Glaoui dans l'assistance est remarquée et applaudie. Le 30 juin, Mauriac répond à Juin dans *Le Figaro*, « Un coup de bâton étoilé » : « Avons-nous tort de croire, Monsieur le Maréchal, que la justice demeure en Afrique du Nord la seule politique ouverte à la France ? Des hommes d'État, et les plus haut placés, des généraux, des diplomates, de nombreux colons nous approuvent. La conscience chrétienne rejoint ici la sagesse politique qui n'ignore pas que ce que vous appelez, avec un sourire, la religion du cœur a plus de pouvoir sur les hommes que la religion de la force [4]. »

Mauriac, qui livre désormais régulièrement son « Bloc-Notes » à *La Table ronde*, se demande, en toute humilité chrétienne, s'il n'est pas en train de jouer un personnage, de flatter sa biographie. Dans un dîner, en juillet, André Maurois lui dit « gentiment » : « Mais c'est parfait pour vous de vous occuper des indigènes ! » Mauriac ne se soucie plus de sa stratégie de carrière. Il reçoit tous les jours lettres d'approbation, certes, mais aussi des lettres de menace de plus en plus nombreuses. Il en cite un exemple : « Il faut tout de même que tu saches que si tu continues à écrire des conneries, il va t'arriver un de ces jours un accident, ce ne sera plus par écrit. Tu es un sale individu traître au maréchal Pétain… Prends bien garde […]. J'ai des poings en excellent état, ceux d'un agriculteur qui te vomit à la gueule tout son mépris, sale lâche [5]… » Dans le même temps, Mauriac se sent aussi tenu de militer pour la révision du procès des Rosenberg, accusés d'espionnage « nucléaire » au profit des Russes et condamnés à mort par la justice américaine. Le 7 juillet, il préside, malgré sa voix brisée, un meeting à la Mutualité.

Lorsque, le 15 août, le sultan Mohammed V est déposé, deux étudiants marocains viennent à Vittel pour arracher Mauriac à

4. F. Mauriac, *Mémoires politiques*, *op. cit.*, p. 462-463.
5. F. Mauriac, *Bloc-Notes, 1*, *op. cit.*, p. 82.

sa cure : ils lui demandent de voir Laniel. La France est alors en pleine grève de la SNCF. Mauriac a beau plaider auprès du président du Conseil, celui-ci avait autre chose en tête que le Maroc.

Les lecteurs du *Figaro* et de *La Table ronde* supportent de moins en moins les articles de Mauriac en faveur de la justice au Maroc. Mauriac en tire les conséquences en novembre 1953 et se lance dans une nouvelle aventure journalistique et politique, qui va changer sa vie pendant quelques années : il va porter son Bloc-Notes à un tout récent hebdomadaire, *L'Express*, dirigé par Jean-Jacques Servan-Schreiber et animé par Françoise Giroud. Cette fois, Mauriac change de paroisse. Chroniqueur de la presse de droite ou de la presse catholique, il tient désormais la dernière page, chaque semaine, d'un hebdomadaire de gauche, dont la finalité politique est de soutenir Pierre Mendès France. Le 14 novembre, il commence sa collaboration par une chronique éclatante sur l'élection présidentielle, « Les Prétendants », dont on gardera longtemps en mémoire le portrait qu'il brosse de Joseph Laniel : « Il faut rendre cette justice à M. Joseph Laniel : en voilà un qui ne trompe pas son monde ! Ce président massif, on discerne du premier coup d'œil ce qu'il incarne : il y a du lingot dans cet homme-là. » *La Table ronde* publie le dernier Bloc-Notes de Mauriac en janvier 1954 ; *L'Express*, qui en hérite, allait assurer la réputation du polémiste, en renouvelant complètement son lectorat.

Le nouvel hebdomadaire date de mai 1953. Son directeur, qu'on surnommait « JJ-SS », est le fils d'Émile Servan-Schreiber, directeur du journal économique *Les Échos*. Jean-Jacques, journaliste au *Monde* puis à *Paris-Presse*, rêve d'avoir un journal tout à lui. Polytechnicien, la tête carrée, le sens de la formule, ce qu'il faut de mégalomanie pour se lancer dans l'aventure, trouvant par sa famille les capitaux nécessaires, il convainc Françoise Giroud, brillante journaliste qui a déjà fait le succès du magazine *Elle*, et qu'il a récemment rencontrée, de l'aider à fonder un hebdo de format tabloïd (le demi-quotidien), dont il confie à Pierre Viansson-Ponté la rédaction en chef. La conception du journal, sa maquette progressivement améliorée, la collaboration d'excellents journalistes et de spécialistes, parmi lesquels Jean Daniel, Philippe Grumbach, Léone Georges-Picot (Nora), Alfred Sauvy, en fait un journal séduisant à l'adresse d'un public souvent diplômé issu des classes moyennes. Le premier numéro de *L'Express*, qui porte en sous-titre : « Les Échos du samedi », sort sous une couverture austère, sans photo, le 14 mai 1953, annonçant une interview de Pierre Mendès France.

Ce premier numéro tombe à point : quinze jours plus tard, le député radical-socialiste, ancien ministre démissionnaire du général de Gaulle en 1945, est appelé pour la première fois à former un gouvernement. Le 3 juin, il présente son programme devant une Assemblée mi-fascinée, mi-rétive, avant d'échouer de peu devant l'hostilité de la droite et des communistes. Tandis que *L'Observateur* prodigue à Mendès autant de critiques que de louanges (il le dépeint comme un modernisateur affublé de l'étiquette « néo-capitaliste », mais ayant des vues sur la paix nécessaire en Indochine), *L'Express* roule bon train pour le député de l'Eure, plutôt solitaire, très rigoureux, incarnant le meilleur de l'esprit républicain. La gauche non communiste dispose désormais de deux hebdomadaires influents, de sensibilité différente, qui vont mener, chacun à sa manière, le combat en faveur de la décolonisation. En entrant à *L'Express*, Mauriac doit personnaliser l'alliance d'un catholicisme de gauche (malgré ses origines) et d'une gauche nouvelle, laïque, moderniste, anticolonialiste. C'est à la dernière page de cet hebdomadaire, encore exempte de publicité – de sorte qu'il était facile de lire le Bloc-Notes chez les marchands de journaux sans acheter le journal –, que Mauriac va tenir la dragée haute aux partisans de la « présence française » pure et dure dans les colonies et les protectorats.

Françoise Giroud en garde un souvenir ébloui : « Cela a été superbe, le spectacle de ce vieux monsieur cousu d'honneurs, enroulé de toutes les bandelettes avec lesquelles l'*establishment* attache les siens, quittant l'honorable *Figaro* pour rejoindre le journal quasi inconnu de deux rebelles qui ne pouvaient même pas lui payer ce qu'il était en situation d'exiger. […] Il a continué d'écrire, dans *Le Figaro littéraire*, de très beaux articles mais où il n'était plus question que de Chateaubriand et de Barrès, ce qui n'indisposait pas les comtesses. […] En 1953, tout était joué pour lui. Et gagné. Même sa santé, dont il disait qu'elle avait été préoccupante et fragile, était devenue de fer, et sa voix blessée un élément de charme. Il était libre comme personne n'est libre, ou si rarement. […] Tout en lui évoquait le chat, et pas seulement les coups de griffe. La distance, l'indépendance, le choix impérieux de ceux par qui il consentait à se laisser approcher, ronronnant, yeux mi-clos, patte de velours, et puis, pftt… remontant sur son arbre. L'instinct infaillible[6]. »

Ce chrétien jeté dans l'arène politique, loin de mettre son crucifix dans sa poche, ne se prive pas d'entretenir ses lecteurs, la plupart incroyants, de Jésus, de la Vierge Marie et de la résurrection des morts. On le prend comme il est, et il n'a plus rien à perdre, si ce n'est la tranquillité. La politique lui redonne une seconde jeunesse, une jubilation, un entrain ; même son style de pierre précieuse y gagne encore en éclat. Après Laniel, victime de sa verve polémique, d'autres viennent garnir son tableau de chasse : les plus fameux subissent ses épigrammes qui sifflent comme des balles, au grand plaisir de ses lecteurs qui se vengent à travers lui des malheurs du temps et de la sottise ou de la pusillanimité de ceux qui les gouvernent.

Mauriac, possédé d'un entrain vespéral, exprime ainsi tout un courant du catholicisme français d'après guerre, celui des intellectuels d'*Esprit* – néanmoins plus proches des positions de *L'Observateur* devenu en 1954 *France-Observateur* – et des journalistes et des militants de *Témoignage chrétien*, hebdomadaire où Mauriac écrit aussi occasionnellement. Détesté par la droite catholique, dont il vient, il s'appuie sur la frange de gauche des jésuites et des dominicains, avec laquelle il entretient des relations de complicité tacite. Ces catholiques de gauche sont profondément déçus par la décision du pape, qui, à la fin de l'année 1953, met un terme à l'expérience des prêtres-ouvriers ; ils se battent pour la paix par la négociation dans les colonies. Jusqu'à la fin de la guerre d'Algérie, ils se porteront aux côtés de la gauche intellectuelle, soit mendésiste, soit marxiste ou marxisante, tandis qu'une minorité d'entre eux, progressistes, resteront très proches du Parti communiste, notamment à travers leur publication, *La Quinzaine*, avant que celle-ci ne disparaisse. Les petites avant-gardes des années trente, fortifiées par les combats de la Résistance, déçues par le MRP, cessant d'être marginales, constituent un des fers de lance de l'anticolonialisme.

Mauriac, tout comme *L'Express*, est devenu un des soutiens les plus influents de Pierre Mendès France, lorsque celui-ci, appelé une seconde fois à former un gouvernement, en juin 1954, porte les espoirs d'une démocratie renouvelée jusqu'à sa chute en février 1955. La virulence de Mauriac ne ménage plus

6. F. Giroud, *Si je meurs*, Stock/Livre de Poche, 1973, p. 150-153.

ces démocrates-chrétiens du MRP, naguère chéris, et désormais principaux responsables de l'échec final de « PMF », auquel ils reprochent son refus de s'engager en faveur de la CED, ce projet de Communauté européenne de défense définitivement enterré au cours de l'été 1954. Entre-temps, Pierre Mendès France avait mis fin à la guerre d'Indochine grâce aux accords de Genève ; il fait voter l'autonomie de la Tunisie ; il s'attaque aux réformes économiques nécessaires ; il s'enhardit à faire la guerre aux bouilleurs de cru et autres lobbies dans sa volonté de diminuer les ravages de l'alcoolisme. Perdant dans chacun de ses combats une partie de sa majorité hétéroclite, il achève son mandat gouvernemental un peu plus haï de ses pairs et encore plus admiré d'une majorité de citoyens qui rencontrent enfin dans cet homme têtu, passionné et méthodique, le vrai visage d'une gauche retrempée aux sources de 1789.

« Michelet, écrit Mauriac le 7 février 1955, rappelait cette adjuration d'Anacharsis Cloots près de monter à l'échafaud : "France, guéris des individus." Ce n'est pas des individus que doit guérir la France grégaire incarnée dans l'Assemblée d'aujourd'hui, mais de l'envie haineuse que lui inspire tout individu supérieur, même si elle a eu recours à lui au lendemain d'un désastre, même si tant mal que bien il a renfloué la barque et l'a remise à la mer. »

L'œuvre de Mendès France, inachevée, brisée par les hostilités contradictoires d'une chambre à demi ingouvernable, est entachée, malgré ses mérites, d'une certaine cécité sur la question algérienne, revenue de manière dramatique sous les feux de l'actualité à partir des attentats de la « Toussaint rouge ». Le président du Conseil et son ministre de l'Intérieur, François Mitterrand, clamant et réaffirmant que l'Algérie est et restera « française ». Ils entament une politique d'urgence, à caractère double : le renforcement du maintien de l'ordre pour rassurer les populations et la mise en œuvre de réformes visant à réduire les inégalités criantes entre les Français d'Algérie et les musulmans. Personne, on doit à la vérité de le dire, personne ou presque n'imagine alors que la France connaît les prémisses d'un mouvement de l'Histoire qui va s'achever par l'indépendance de l'Algérie. Le réformisme de Mendès en la matière est jugé sévèrement par la presse de droite et la presse d'Algérie : « l'intégration », qui sera leur mot d'ordre deux ans plus tard, sonne à l'époque comme une entreprise de liquidation d'empire ; et au nom de Pierre Mendès France ses adversaires accolent désormais le qualificatif de « bradeur ».

Sous le gouvernement Edgar Faure qui suit celui de Mendès, les « événements d'Algérie » s'aggravent. Massacres, attentats, représailles se multiplient. Le 29 novembre, Edgar Faure est mis en minorité. Il décide alors de dissoudre l'Assemblée, ce qu'on n'a pas vu depuis Mac-Mahon. Les élections anticipées sont prévues pour le 2 janvier. La campagne est ouverte.

*L'Express*, dont le rayonnement s'élargit chaque mois, a déjà entrepris sa campagne pour les élections prévues de toute façon en 1956. A cet effet, JJ-SS et son équipe tentent un coup d'audace : transformer l'hebdomadaire en quotidien. Pari gagné le lundi 3 octobre 1955. Mauriac y garde son Bloc-Notes, tandis qu'Albert Camus, collaborateur de l'hebdomadaire depuis le mois de juillet, accepte d'alterner des éditoriaux avec ceux de l'académicien catholique, malgré sa défiance à son sujet[7]. La campagne ouverte, le nouveau quotidien s'engage à fond en faveur du Front républicain, qui regroupe le Parti radical-socialiste, la SFIO, l'UDSR de François Mitterrand, et une petite formation gaulliste animée par Chaban-Delmas. Mauriac se jette à fond dans la bataille, prêchant contre le MRP, et appelant ses ouailles à voter pour la gauche mendésiste. Un révérend père de *La Croix*, Lucien Guissard, lui donne un coup de règle sur les doigts, en le traitant de « sophiste » : « Je ne vois pas d'exemple plus caractéristique de la confiscation du religieux au profit du politique. M. Mauriac a résolu de réagir contre “la confiscation des catholiques par les seuls groupes réactionnaires de l'Assemblée”. Et le voici qui tombe dans le piège inverse, avec cet accent assuré qui est le signe irréfutable de l'erreur. »

La réplique de l'académicien ne se fait pas attendre : « Oh ! je vois bien que vous avez écrit cela légèrement comme un habile homme qui croit que le fin du fin du journalisme catholique consiste à éviter de se brûler et donc à fuir les questions brûlantes. Nous dresserons quelque jour, si le jeu vous amuse, la liste de celles dont la prudente *Croix* a détourné ses regards pudiques, laissant aux académiciens présomptueux les menaces de mort et les outrages.

« Pour que vous vous soyez démasqué tout à coup, il a fallu que mon innocent article vous ait bien dérangé, qu'il ait

7. O. Todd, *op. cit.*, p. 616.

dérangé surtout les intérêts électoraux que vous vous gardez de servir au grand jour. Pourquoi donc votre amour n'ose-t-il pas dire son nom ? Il n'y a pas de honte à se battre pour le MRP. Moi qui vous parle, ce sera la première fois, le 2 janvier, que je ne lui accorderai pas mon suffrage.

« Mais croyez-moi : ce n'est pas un sophisme qui m'en a séparé. Je serais un sophiste, je vous l'accorde, et qui plus est, un nigaud, si j'avais prétendu, comme vous m'en accusez, que la Vérité et la Justice règnent par définition à gauche et sont ignorées de la droite. Descendez, je vous en prie, mon Père, de l'empyrée où règnent les idées à majuscules. Mais je vous avertis qu'il va falloir retrousser votre soutane, car là où nous allons, le sang ne manque pas, ni la boue [8]. »

Les résultats du scrutin du 2 janvier 1956 ne sont guère enthousiasmants. Malgré la poussée de la gauche non communiste, animée par Mendès France, le PCF maintient un quart des suffrages sous ses couleurs, tandis qu'à l'extrême droite surgissent une cinquantaine de députés poujadistes de l'UDCA (Union de défense des commerçants et artisans), des commerçants et des artisans mobilisés d'abord par la défense de leurs intérêts économiques, mais flanqués de quelques agitateurs fascisants comme Jean-Marie Le Pen, ancien engagé de la guerre d'Indochine. L'investiture de Guy Mollet glace Mauriac et les mendésistes ; leur grand homme est écarté et de Matignon et du Quai d'Orsay. A la mi-janvier, Camus publie un article dans *L'Express*, « Le parti de la trêve », avant de gagner Alger. Il entend participer à une grande réunion, le 22 janvier, au Cercle du progrès, où il veut défendre l'idée d'une « trêve civile », pour aboutir à une « communauté de l'espoir ». Introduit par Emmanuel Roblès, et en présence de Ferhat Abbas, il s'explique devant une salle pleine, tandis qu'à l'extérieur des manifestants crient à mort et jettent des pierres. L'heure n'est plus à une troisième voie, libérale, humaniste, réconciliatrice, Camus prend la mesure de l'impasse et décide de se taire désormais. Au lendemain de la journée du 6 février, Camus démissionne de *L'Express*. Mauriac continue le combat. Toute l'année et jusqu'à la chute du gouvernement Guy Mollet, en mai 1957, la gauche intellectuelle durcit sa critique contre la politique algérienne d'une gauche politique qui n'a plus d'autre horizon que

8. F. Mauriac, *Bloc-Notes*, *1*, *op. cit.*, p. 309-310.

la fuite en avant dans la répression, le renforcement des forces armées, l'envoi du contingent en Algérie et le prolongement du service militaire jusqu'à vingt-sept mois. En avril, on assiste à la révolte des « rappelés » en plusieurs endroits de France, notamment à Grenoble, où l'on empêche les trains de rouler. Les troubles durent quelques semaines. La routine prend le dessus. Les gouvernements suivants de Maurice Bourgès-Maunoury et de Félix Gaillard démontrent une égale impuissance face au problème algérien, accaparé par les cadres de l'armée et dramatisé par la passion des pieds-noirs, lesquels rencontrent bien des sympathies dans la presse, les affaires, les cabinets de la métropole.

La résistance des intellectuels se renforce. L'arraisonnement, en toute illégalité, de l'avion du leader nationaliste algérien Ben Bella et de ses compagnons, le 22 octobre 1956, l'expédition de Suez qui suit de peu, fournissent l'occasion d'un tir groupé contre Guy Mollet. *France-Observateur*, *L'Express*, *Témoignage chrétien*, se signalent comme les journaux les plus antimolletistes. Dans leur genre, *Le Monde* et *Le Canard enchaîné* représentent un autre pôle de résistance. *Les Temps modernes* et *Esprit* continuent leurs dénonciations anticolonialistes, ce qui provoque leur saisie régulière en Algérie. Cette synergie de gauche se manifeste particulièrement au cours de l'année 1957, lorsque éclata le scandale de la torture en Algérie.

En février 1957, les responsables de *Témoignage chrétien (TC)* décident de faire circuler un cahier spécial, le *Dossier Jean Muller*. Il s'agit des lettres d'un chef scout tué en Algérie, et relatant les méthodes policières de certaines unités françaises combattantes : « Nous sommes désespérés, écrit notamment Jean Muller, de voir des Français employer des procédés qui relèvent de la barbarie nazie. » *L'Humanité* du 26 février qui reproduit ce passage est saisie. Au cours des semaines et des mois qui suivent, une série de témoignages paraissent : dans *Esprit*, « La paix des Némentchas » d'un ancien membre du PCF, Robert Bonnaud, un rappelé, libéré au mois de décembre [9] ; dans *Les Temps modernes*, « Un an dans les Aurès », par Jacques Pucheu [10]. Le Comité de résistance spirituelle, récemment créé,

9. R. Bonnaud, « La paix des Némentchas », *Esprit*, avril 1957.

10. *Les Temps modernes* publient en juin 1957 une série de témoignages de « jeunes soldats devant la torture ». En septembre 1957, celui de Jacques Pucheu, qui a servi en Algérie d'avril 1956 à avril 1957.

publie une brochure explosive, *Des rappelés témoignent*. Les éditions du Seuil mettent en vente en mars le libelle de l'écrivain catholique Pierre-Henri Simon, *Contre la torture* ; les éditions de Minuit, l'ouvrage collectif, *Pour Djamila Bouhired*, de Georges Arnaud et Jacques Vergès. Jacques Soustelle dénonce alors à l'Assemblée nationale *Le Monde*, *France-Observateur*, *L'Express* et *Témoignage chrétien* comme « les quatre grands de la contre-propagande française ». Le gouvernement multiplie les saisies et les poursuites, mais en vain : la protestation contre la torture s'amplifie et devient un catalyseur de l'opposition à la guerre d'Algérie. Le 28 mars, *Le Monde* annonce que le général de Bollardière, responsable du secteur Est de l'Atlas blidéen, a été relevé de son commandement, pour avoir protesté contre l'emploi de méthodes qu'il estime contraires « aux traditions de l'armée ». Des comités se constituent, notamment parmi les universitaires. En mars 1957, Madeleine Rebérioux et trois autres femmes fondent un Comité pour la défense des libertés et la paix en Algérie, en direction des enseignants du second degré. Depuis novembre 1955 existe déjà le Comité d'action des intellectuels contre la poursuite de la guerre en Afrique du Nord ; en janvier 1957 s'est mis en place un Comité de résistance spirituelle, regroupant de nombreux catholiques comme Robert Barrat, Henri Marrou, Jean-Marie Domenach... André Philip, membre de la SFIO, en rupture de ban avec Guy Mollet, les a rejoints. René Capitant, éminent juriste, ancien et futur ministre du général de Gaulle, décide de suspendre ses cours en apprenant le prétendu « suicide » de son ancien élève, l'avocat algérien Ali Boumendjel, le 23 mars 1957.

Tandis que la gauche sociale-molletiste subit les attaques de la gauche intellectuelle, la droite activiste donne de la voix. A la fin du mois de mars, une manifestation des partisans de l'Algérie française se regroupe sur les Champs-Élysées et à l'Arc de Triomphe, à la suite de l'enlèvement d'un soldat français, le capitaine Moureau, dans le Sud marocain. C'est le prétexte que saisit un rassemblement extrémiste pour briser les vitrines de *L'Express* à coups de pavés. Des pancartes conspuent Mendès France et Mauriac ; les manifestants scandent : « Fusillez Ben Bella ! », « Au pouvoir l'armée ! », et « Mendès au poteau ! »... La police garde une neutralité totale et laisse faire les casseurs.

La situation tourne au sordide. En Algérie, les étudiants manifestent contre le doyen de la faculté de droit, René Capitant, un gaulliste, qui a rendu publique une lettre à Bourgès-Maunoury dénonçant les manquements quotidiens en Algérie aux principes de la République, et qui a suscité la réprobation de onze de ses collègues. En métropole, l'Union des étudiants de France (UNEF) prend position : « Fidèles à l'enseignement traditionnel de l'Université française, fondé sur le respect du droit et de la personne humaine, nous ne saurions tolérer que la guerre d'Algérie se poursuive dans de telles conditions. S'il était vrai que la guerre d'Algérie ne pût se poursuivre par d'autres moyens, c'est à cette guerre elle-même qu'il faudrait mettre fin, car ni l'efficacité, ni une situation exceptionnelle ne sauraient justifier pour nous l'emploi de pareilles méthodes. » La Sorbonne est alors le lieu d'affrontements physiques hebdomadaires entre étudiants de gauche et étudiants de droite, parfois renforcés de parachutistes en permission et en uniforme. L'UNEF, dont le congrès annuel se tient en avril, est désormais résolue à entrer dans le combat pour la paix en Algérie. Dirigée par une équipe largement fournie par la JEC (Jeunesse étudiante chrétienne), elle démontre, elle aussi, le rôle des jeunes catholiques dans la mobilisation contre la politique d'un gouvernement dominé, intimidé, aiguillonné par les partisans de « l'Algérie française ». A la suite de ce Congrès, un tiers des associations, entraîné par la Corporation des étudiants en droit de Paris, faisait scission.

Au mois de juin – au beau milieu de la bataille d'Alger – commence l'affaire Audin [11]. Ce jeune professeur de mathématiques à Alger, membre du Parti communiste, a été arrêté le 11 juin par des parachutistes, conduit au centre d'El-Biar, d'où il n'a plus donné signe de vie. Selon la version officielle, le mathématicien s'est évadé. En fait, on apprendra quelques mois plus tard qu'il a été assassiné après plusieurs jours de torture. Un Comité Maurice-Audin est créé en novembre 1957, animé par Pierre Vidal-Naquet, assistant en histoire. Le 2 décembre, une soutenance de thèse *in abstentia* se déroule à la Sorbonne, en présence du professeur Laurent Schwartz, de Polytechnique, qui présente les travaux d'Audin, devant un parterre d'intellectuels parmi lesquels on reconnaît François Mauriac et Louis Massignon [12]. Laurent Schwartz préside le Comité Maurice-Audin, Henri Marrou et Jean Dresch en sont les vice-présidents.

11. P. Vidal-Naquet, *L'Affaire Audin (1957-1978)*, Éd. de Minuit, 1989.
12. Mon témoignage dans *La République se meurt 1956-1958*, Seuil, 1978, et Gallimard, « Folio-Histoire », 1985.

Pierre Vidal-Naquet publie en mai 1958 *L'Affaire Audin* aux éditions de Minuit. Parallèlement, Maurice Pagat, Robert Barrat et Roland Marin fondent le Centre du Landy (Centre d'information et de coordination, dont le secrétariat est rue du Landy, à Clichy). Jean-Paul Sartre et Jean Pouillon lui donnent la caution des *Temps modernes*, et Jean-Marie Domenach, celle d'*Esprit*[13]. A partir de janvier 1958, le Centre du Landy publie *Témoignages et Documents*, dont une des principales tâches consiste à réimprimer sur-le-champ les articles et les livres saisis. C'est ainsi qu'en février 1958 cette publication intermittente et militante diffuse *La Question* qu'Henri Alleg, militant communiste, venait de publier aux éditions de Minuit, et qui avait été interdite. Ainsi, un militantisme typiquement intellectuel, reprenant les méthodes de la lutte clandestine de la Résistance, s'affirme en dehors de tous les partis politiques constitués, offrant des tribunes de protestation contre la guerre d'Algérie et ses méthodes, malgré la censure et la répression officielles. Un combat intellectuel autonome reprend vie comme au temps de l'affaire Dreyfus. En avril, Henri Marrou, professeur d'histoire des religions à la Sorbonne et collaborateur d'*Esprit*, qui publie dans *Le Monde* une tribune, « France, ma patrie… » où il proteste contre la torture, reçoit la visite d'inspecteurs de police venus chercher dans ses papiers on ne sait quel document compromettant. Bourgès-Maunoury parle alors des « chers professeurs » avec le mépris d'un politicien réaliste.

Mauriac, dans un *Express* redevenu hebdomadaire en mars 1957, poursuit sa carrière de polémiste. En juin, il manifeste pour la paix en Algérie, aux côtés de Jean-Paul Sartre, Claude Roy, André Philip, malgré l'interdiction. Non sans esprit de chapelle, Mauriac met en avant le rôle des chrétiens dans le combat : « Bourdet, Barrat, Marrou, ce sont des noms de chrétiens. Qu'on soit ou non d'accord avec eux sur tel ou tel point, que dans le cas particulier on les condamne ou on les approuve, il reste que la vieille équivoque a été vaincue. Obscurément, et peut-être à l'insu même de l'Église, quelques chrétiens, en

13. Le Comité de patronage était composé de P.A. Viénot, É. Thomas, J. Brunhes Delamare, J.-P. Sartre, J. Czarnecki, J. Pouillon, J.-M. Domenach, Lanza del Vasto, pasteur Voge, A. Philip, Cl. Roy, P. Stibbe, J.-J. Mayoux, R. Marin, H. Marrou, Cl. Bourdet, R. Dumont, Vercors, L. Schwartz, R. Barrat.

France, malgré tant de déceptions et d'échecs, sont en train de gagner une immense partie [14]. »

Le vrai scandale de l'année 1957 ne tient peut-être pas à cette collusion entre intellectuels catholiques, marxistes et incroyants contre la guerre d'Algérie et la politique du gouvernement, mais à un livre de Raymond Aron : *La Tragédie algérienne*, publié au début de l'été chez Plon. Le grand penseur de la droite libérale, sans s'attarder au problème moral de la torture, prend fait et cause pour l'indépendance de l'Algérie, au nom de la raison et au moyen des statistiques. Il y démontre l'impossibilité de faire de l'Algérie une terre française : l'économie autant que la démographie l'interdisent. « On ne peut, écrit-il, se maintenir par la force au nom des idées libérales contre une insurrection nationale, parce que le maintien par la force exclut le libéralisme. » C'est la stupeur dans les milieux de droite, dont Aron, par sa lutte continue contre le communisme, est un des porte-parole les plus écoutés.

Pour tous ses détracteurs, Aron n'est qu'un cérébral dépourvu d'humanité. On raille sa « sécheresse », son « stoïcisme statistique à forme glaciale », son « réalisme desséché ». Il incarne désormais pour ses critiques de droite ce qu'il est depuis longtemps pour ses critiques de gauche : le serviteur du grand capital. Il participe à la « trahison des élites », selon *Carrefour*. Même Jean Daniel, dans *L'Express*, ne peut s'empêcher de dire : « Le passage du conservatisme au défaitisme est décidément toujours le même. » Ces réactions, et mille autres vengeresses, Aron les a prévues. De même qu'il reste « sans illusions » sur la portée de son libelle. Simplement il veut dire tout haut ce que tant de libéraux pensent *in petto* et qu'il est malaisé d'exprimer au *Figaro*. Au demeurant, dans les colonnes du *Monde* même, voire dans celles de *L'Express*, on ne défend alors nullement l'idée d'indépendance algérienne. Lui, Aron, qui donne des consultations sur les affaires de la planète, s'est senti tenu de dire ce qu'il pense sur la principale affaire politique qui occupe la France. Il y va de sa réputation et de son honneur.

Déjà, au mois de mars précédent, dans son livre *Espoir et Peur du siècle*, Aron annonçait avec conviction que le cycle colonial était terminé : « Dès maintenant, il est acquis que l'em-

14. F. Mauriac, *Bloc-Notes*, *1*, *op. cit.*, p. 341.

pire français, conquis par la IIIe République, va disparaître, comme a disparu celui qu'avait ébauché la monarchie. » Pourquoi ? Parce qu'un tel empire est miné dans ses fondements idéologiques : « Un empire, édifié par un pays qui se réclame de la démocratie, est, à notre époque, déchiré par une contradiction à laquelle il ne résiste pas longtemps. » Aron ne met nullement au compte des « erreurs » gouvernementales cette dislocation du deuxième empire français. Il en juge selon « une perspective historique » ; il s'agit d'une *vague de l'histoire*, qui n'épargne aucun des empires coloniaux. Le malheur de la France vient de ce que, n'acceptant pas ce cycle historique, elle ne trouve pas un « style de retraite » qui évite le pire. Elle donne de « grands coups d'épée » tout à fait vains, puisqu'elle ne dispose plus ni de la « capacité de violence » ni de l'« idée universaliste » qui peuvent encore animer l'empire soviétique.

Chez le même éditeur paraissait bientôt *Aimée et souffrante Algérie* de Jacques Soustelle. L'ancien militant du Comité de vigilance des intellectuels antifascistes, partisan de l'Algérie française depuis son mandat de gouverneur général, lance un cri de passion. Saisissant contraste entre les deux ouvrages. Le langage de la lucidité, de la raison raisonnable, valait à Aron une réputation de « clarté glacée », selon l'expression de Mauriac. Que manquait-il à Raymond Aron pour se faire mieux entendre ? Un accent, une vibration, un je ne sais quel charme : la sobriété sied mal aux prophètes [15].

Le 7 juillet 1957, Robert Lacoste, à Alger, pourfend les responsables de la « résurgence du terrorisme ». A l'en croire, c'étaient « les exhibitionnistes du cœur et de l'intelligence qui [avaient monté] les campagnes contre les tortures »... Ajoutant : « Je les voue à votre mépris. » Ceux qui connaissent l'histoire se souviennent de l'affaire Dreyfus. Philippe Barrès croit devoir dénoncer « les insulteurs de l'armée » comme jadis son père. « Ah ! Philippe Barrès ! Philippe Barrès ! – réplique Mauriac – c'est toujours la même question posée aujourd'hui à la présence française qu'il y a soixante ans. Qui donc alors mettait en péril l'honneur de l'armée : le général Mercier ou le lieutenant-colonel Picquart ? Et aujourd'hui, est-ce le général de Bollardière ou les hommes qui pratiquent ces méthodes déjà

15. Voir R. Aron, *Mémoires*, *op. cit.*, et M. Winock, « La tragédie algérienne », *Commentaire*, vol. 8, n[os] 28-29, février 1985, numéro spécial cité *Raymond Aron*, p. 269-273.

dénoncées par le rapport de la Commission internationale contre le régime concentrationnaire et que confirmera, vous n'en doutez pas, puisque le gouvernement ne l'a pas rendu public, le rapport de la Commission de sauvegarde [16] ? »

La controverse sur la torture suscite des vocations dreyfusardes ; elle confirme dans ses convictions le camp d'en face, un nationalisme qui ne craint pas – tout comme en 1899 – de prôner le coup de force. La comparaison s'arrête là. Dans l'affaire Dreyfus, les intellectuels avaient été relayés par les politiques, qui avaient su mettre fin aux velléités subversives des antidreyfusards. La France de 1958 révèle, au contraire, l'inconsistance de la gauche face aux factieux.

16. F. Mauriac, *Bloc-Notes*, *1*, *op. cit.*, p. 516. La Commission de sauvegarde avait été mise en place par le gouvernement Mollet, à la suite de la vague de protestations contre la torture. Trois membres, Me Maurice Garçon, Émile Pieret-Girard et Robert Delavignette en avaient démissionné. Ce dernier avait déclaré : « Nous assistons en Algérie à une décomposition de l'État et cette gangrène menace le pays même. »

## 55
# *Une nouvelle République*

Au début de 1958, la France s'embourbe dans une guerre qui ne dit pas son nom. La loi du 26 juillet 1957 a étendu au territoire métropolitain les pouvoirs spéciaux. Un premier « camp d'assignation à résidence » a été établi à Mourmelon. L'immigration algérienne fait l'objet à son tour des opérations de police : mandats d'arrêt, transferts forcés en Algérie, remises à la justice militaire. La saisie des journaux qui renâclent devient une pratique courante. Un lourd climat de résignation pèse sur le pays. Les étudiants et les intellectuels de gauche, seuls, manifestent contre la politique de guerre sans issue que mènent les successeurs de Guy Mollet, Maurice Bourgès-Maunoury puis Félix Gaillard, et l'inamovible Robert Lacoste, proconsul socialiste à Alger.

Un nouveau parti est né le 8 décembre 1957, l'UGS (Union de la Gauche socialiste), à la suite d'un congrès de fusion entre la Nouvelle Gauche (Claude Bourdet, Gilles Martinet, Philippe Viannay…), le MLP (Mouvement de libération populaire), la Jeune République (Georges Lavau), l'Action socialiste et l'Unité socialiste. Ses sections étudiantes organisent à Paris des manifestations de rues, aux côtés des communistes. A l'extrême droite, les groupes nationalistes – l'Action française, Jeune Nation – se sentent portés par les événements : attaques des vendeurs de journaux de gauche, meetings, défilés, affiches, graffiti, jamais depuis la Libération le climat ne leur a été aussi favorable. Un jour de décembre 1957, Georges Suffert, rédacteur en chef de *Témoignage chrétien*, est enlevé par un commando à Nancy, où il doit donner une conférence, et séquestré quelque temps. La droite intégriste, le vent en poupe, lance des expéditions contre les vendeurs du même hebdomadaire, tandis que les dénonciations et les tracts se multiplient. Jean-Marie Le Pen, au début de 1958, ayant pris ses distances vis-à-vis de Poujade, fonde avec l'autre député parachutiste Jean-Maurice Demarquet le Front national des combattants : « Contre tous les matérialismes, pour la révolution nationale, unissons-nous. » Un peu plus tard, l'avocat Jean-Baptiste Biaggi constitue à son tour le Parti patriote révolutionnaire, décidé à empêcher « Nasser de venger Poitiers »... La guerre d'Algérie permet le redressement des vaincus de la Libération, des anciens collaborateurs, des maurrassiens, renforcés par une nouvelle génération de trublions, que fascinent les « paras ». Les bagarres se succèdent au Quartier latin. Les radicaux dissidents, eux, antimendésistes, francs-maçons de droite, retrempent leur anticléricalisme contre les catholiques de gauche, « ces docteurs en foi religieuse toujours prêts, sous le couvert des Écritures, à donner tort à la France » (Vincent Badie), et contre « ces feuilles qui se vendent sous certains portails gothiques » (André Marie).

Le Parti communiste paraît atone, incapable de prendre l'initiative de la résistance à la guerre, ne poussant plus ses troupes sur le pavé que pour les enterrements – 50 000 militants en deuil derrière le corbillard de Marcel Cachin, en février 1958. L'opinion, passive, encaisse les nouvelles de la guerre – accrochages, embuscades, listes de tués, additions de blessés – l'oreille basse, tandis que les députés déplorent l'insuffisance des crédits militaires : « Ne répétons pas les erreurs d'Indochine, s'écrie Frédéric Dupont à l'Assemblée. C'est dans deux ans peut-être qu'auront lieu les batailles décisives. Préparons donc aujourd'hui le matériel dont nous aurons besoin. » En mars 1958, Robert Lacoste, qui parle depuis déjà longtemps, sans craindre d'offenser le bon sens, du « dernier quart d'heure », déclare encore : « notre optimisme est justifié », le jour même où la presse annonce : « 30 000 hommes nouveaux pour l'Algérie. »

L'histoire vient de prendre un tour nouveau. Le 8 février, les Français bombardent Sakhiet-Sidi-Youssef, un village tunisien (la Tunisie, comme le Maroc, est indépendante depuis 1956), sous prétexte qu'il s'y trouve une DCA du FLN. On relève 75 morts et 83 blessés. La presse mondiale, à l'exception du Portugal, condamne le forfait. Mais qui l'a perpétré ? Le gouvernement Gaillard a, selon toute vraisemblance, été placé devant le fait accompli : l'armée en Algérie agit à sa guise, contrairement au principe sacré de la subordination du pouvoir militaire au pouvoir politique. A l'Assemblée, le gouvernement bénéficie de l'appui renouvelé de sa majorité. Un orateur de droite, Henri Trémolet de Villers, député de Lozère, va jusqu'à se féliciter de cette « parfaite » « réalisation technique » du raid aérien : « Il est possible que des femmes et des enfants aient été atteints, mais à qui la faute ? » En dépit de ces bulletins d'autosatisfaction, l'affaire tourne mal ; la France doit accepter les « bons offices » des États-Unis et de l'Angleterre. Du même coup, l'internationalisation du conflit algérien, redoutée par les partisans de l'Algérie française pour lesquels la « pacification » reste une question « intérieure », devient une réalité. Dans les semaines suivantes, *France-Observateur*, *L'Express* et l'hebdomadaire communiste *France nouvelle*, sont encore une fois saisis. *France-Observateur* comptera d'avril à juin 1958 dix de ses numéros saisis en métropole, et la majorité de ses sorties en Algérie [1]. Charles-André Julien, professeur d'histoire de la colonisation à la Sorbonne, qui vient de publier *La Question algérienne*, avec Jean Dresch, Henri Marrou, Alfred Sauvy et André Stibbe, peut écrire : « Il est incontestable que la monarchie de Juillet et le second Empire laissèrent aux écrivains qui critiquaient la guerre d'Algérie une liberté qui paraîtrait séditieuse aux autorités de la IVe République. » L'aggravation de la situation provoque le renversement du gouvernement Gaillard. La même politique de guerre et de répression menée par trois gouvernements successifs, issus d'élections législatives gagnées par la gauche au nom de la paix en Algérie, tombe au fond de l'impasse. La crise de la IVe République est ouverte. Après des semaines de piétinements pour improviser un nouveau ministère, l'annonce que le MRP Pierre Pflimlin, réputé « libéral », est appelé provoque la manifestation du 13 mai à Alger, canalisée et assumée par les troupes du général Massu, qui se met à la tête d'un Comité de salut public. Ledit général, dans un appel au président Coty, « exige » la création à Paris d'un gouvernement du même nom, « seul capable de conserver l'Algérie partie intégrante de la métropole ». L'armée s'est emparée du pouvoir à Alger comme dans n'importe quelle république d'Amérique latine ; elle menace de le prendre à Paris si elle n'obtient pas la formation d'un gouvernement de ses vœux. Le 25 mai, un Comité de salut public est créé à Ajaccio : les parachutistes vont-ils menacer Paris ?

On sait le reste : la défaite assez rapide des derniers républi-

1. P. Tétart, *France-Observateur 1950-1964. Histoire d'un courant de pensée*, thèse, IEP de Paris, 1995, t. 2, p. 526.

cains de l'Assemblée, l'impossibilité de la gauche de faire front, la démission de Pflimlin et le recours au général de Gaulle, qui s'est déclaré disponible. Le mercredi 28 mai, un Comité d'action et de défense républicaine convoque à une manifestation de la Nation à la République. La foule s'y presse ; ce n'est qu'une foule. « Je cherche vainement, dans le pathos que suscite "la défense républicaine" ces derniers jours, écrit Pierre Emmanuel, autre chose qu'une lamentation mystique [2]. » Le lendemain, René Coty accepte la démission du gouvernement Pflimlin et appelle le Général à former un gouvernement. Le 1er juin, celui-ci est investi par l'Assemblée.

La gauche intellectuelle est quasi unanime dans la condamnation et du coup de force d'Alger et de l'appel à de Gaulle : comment un esprit républicain pourrait-il l'accepter ? L'homme du 18 Juin est toujours respecté, mais il apparaît comme le jouet des factieux et de la rébellion militaire. Quelques-uns en jugent autrement, dont François Mauriac. Depuis deux ans, à plusieurs reprises, il a suggéré le retour de De Gaulle, seul et dernier espoir d'une pacification réelle en Algérie. A *L'Express*, contre presque toute la rédaction du journal, il revient, pendant la crise de mai, sur ce qu'il considère comme un recours nécessaire :

« Perdrons-nous cette chance, écrit-il le 19 mai [après la conférence de presse du Général], de rendre aux travaux de la paix la jeunesse française ? d'interrompre le martyre de ce peuple algérien pris atrocement depuis des années entre deux feux ? Je ne suis pas de ceux qui disent : "Périsse un peuple plutôt qu'un principe." Quel hypocrite je serais si je feignais de ne pas sentir en moi battre les ailes de cette immense espérance : que le sang ne coule plus, que les soldats français rentrent en France, que les pauvres gens des mechtas ne connaissent plus d'autre misère que celle d'être pauvres et démunis de tout, qu'il ne soit plus jamais question de la Question, qu'aucun soldat de chez nous n'ait plus jamais sujet de dire ce que le général Massu, il y a six mois, confiait à notre confrère de *La Croix :* "La torture, vous n'avez que ce mot-là à la bouche, mais je suis bien obligé de la pratiquer, comment faire autrement ?" [3]. »

A *Combat* aussi, l'écrivain et ancien résistant Maurice Clavel s'enchante de « la réconciliation d'Alger », où ont fraternisé pieds-noirs et musulmans, et participe à la création d'un Comité

2. P. Emmanuel, « L'événement et la parole », *Preuves*, juillet 1958.
3. F. Mauriac, *Bloc-Notes, 2, 1958-1960*, *op. cit.*, p. 72-73.

républicain d'appel au général de Gaulle, que rallient Emmanuel d'Astier de La Vigerie et Joseph Kessel. Lyrique, enflammé, prophétique, il se moque de ceux qui croient le Général prisonnier des ultras ou dans la main des trusts. Roger Stéphane, admirateur de De Gaulle et de Malraux, quitte *France-Observateur*, que rejoint Claude Estier, démissionnaire, lui, du *Monde* à la suite du choix de Beuve-Méry. Une polémique s'est engagée entre Claude Bourdet et le directeur du *Monde*. Bourdet, Compagnon de la Libération, parle d'un « chantage odieux ». A son « Non, jamais », Beuve-Méry répond par un « Oui quand même » : « Il se peut que Claude Bourdet ait finalement raison, écrit-il. Il se peut qu'il ait aujourd'hui le plus grand tort, car ni la prudence ni l'intransigeance ne sont infaillibles. L'une comme l'autre peut le cas échéant ouvrir ou fermer la voie du salut. Nous ne tarderons pas à être fixés [4]. »

La première tâche du Général est, après une tournée triomphale en Algérie, de faire élaborer une nouvelle Constitution selon ses vœux. Un périple en Afrique noire, pour annoncer la future « Communauté française », donne l'espoir d'un véritable renouveau, malgré les ministres de la IVe République dont il s'est entouré, Pinay, Mollet et les autres. Jean Daniel reste un des rares journalistes à mettre en évidence que la « politique de Conakry » (« Cette Communauté, avait dit le Général, la France la propose : personne n'est tenu d'y adhérer. Je dis ici : l'indépendance est à la disposition de qui veut la prendre… ») annonce l'indépendance de l'Algérie : « Comme les autres, ceux du “Système”, le Général ment à l'armée et il ment aux Français d'Algérie, en leur laissant croire, sinon en les assurant, que l'Algérie sera française. Et ces mensonges vont achever d'exaspérer une population lorsqu'une solution surviendra [5]. »

André Malraux, qui ne passe pas pour un champion du colonialisme, devient un éphémère ministre de l'Information avant de céder son portefeuille à Jacques Soustelle, un des hérauts de l'Algérie française. Les saisies de journaux continuent. La presse de droite et d'extrême droite se rallient à de Gaulle, malgré les lourdes rancunes des feuilles rétro-pétainistes à l'endroit de l'ancien chef de la France libre. Jacques Laurent, comme tous les « hussards », applaudit : « Ils parlent de faction, de

4. *Le Monde*, 1er-2 juin 1958.
5. J. Daniel, « L'Algérie après Conakry ou réalités et mystères du gaullisme », *Preuves*, octobre 1958.

complot, de sécession pour essayer de cacher au monde l'éclat d'une victoire de la pensée française qui a été remportée contre eux, parce qu'eux, ils avaient joué contre elle [6]. »

Dans son numéro de juin, *Esprit* expose ses regrets : « On pouvait convoquer le peuple devant les mairies, opposer à la menace de la dictature parachutiste la masse résolue des républicains. C'était risquer la guerre civile, mais en cédant à ce chantage de guerre civile, venu d'un seul côté, on livrait la République à la discrétion des militaires de coup d'État. C'était surtout risquer l'hégémonie communiste sur le nouveau Front populaire qui s'ébauchait. La plupart d'entre nous était prêt à courir ces deux risques. Les socialistes et les démocrates-chrétiens n'en ont pas voulu. Lorsqu'un bon nombre de rédacteurs parisiens d'*Esprit* se mêlèrent au grand cortège de la Nation à la République, ils le firent avec la conscience de participer à une gigantesque illusion, car aucune volonté commune, aucun programme n'existait chez les organisateurs de cette manifestation [7]… » Au même moment, *Les Temps modernes* prennent vivement position contre de Gaulle, « général de pronunciamiento [8] », tandis que Sartre, dans *L'Express*, lui dénie la possibilité de « devenir le chef d'un État républicain », lui qui est le « lieu géométrique de toutes nos impuissances, de toutes nos contradictions [9] ».

La réflexion de Roger Martin du Gard reste plus prudente. Elle vient moins d'un homme d'action – il ne l'a jamais été – que d'un philosophe de l'Histoire : « Une longue vie dans un siècle tourmenté, écrit-il le 4 juin, nous a enseigné qu'on ignore toujours *tout* des mobiles, des évolutions, des conséquences de l'événement *contemporain*. Dans dix ans, on commencera à distinguer la signification historique de ce qui se passe aujourd'hui, si c'est le début d'une période exécrable, ou le début d'un redressement prospère [10]. » Est-il un « jobard » ? En tout cas, il voit plutôt d'un bon œil l'association de Gaulle-Malraux. Le 28 mars 1958, Martin du Gard a signé avec Malraux, Sartre et Mauriac une adresse au président de la République après la saisie

6. J. Laurent, « Entre la foi et le doute », *Combat*, 24 mai 1958.
7. « Une révolution par défaut », éditorial anonyme, *Esprit*, juin 1958.
8. « La République a perdu une bataille », éditorial anonyme des *Temps modernes*, mai-juin 1958.
9. J.-P. Sartre, « Le Prétendant », *L'Express*, 22 mai 1958.
10. R. Martin du Gard, lettre à Roger Froment, *Journal*, *op. cit.*, III, p. 1136.

Jean-Paul Sartre (1905-1980) au Dôme à Montparnasse en 1966.
« Par besoin de justifier mon existence, j'avais fait de la littérature un absolu. Il m'a fallu trente ans pour me défaire de cet état d'esprit. » (Interview par Jacqueline Piatier, 1954)

Jean-Paul Sartre et Simone de Beauvoir (1908-1986), au cours d'une des émissions de radio des *Temps modernes* en 1946.

Caricature de Robert Lapalme (mars 1946).

André Gide et Jean-Paul Sartre à Cabris en 1950, lors du tournage du film de Nicole Védrès, *La vie commence demain.*

Albert Camus (1913-1960).

Visite de Malraux au journal *Combat* en 1945.
Camus à gauche

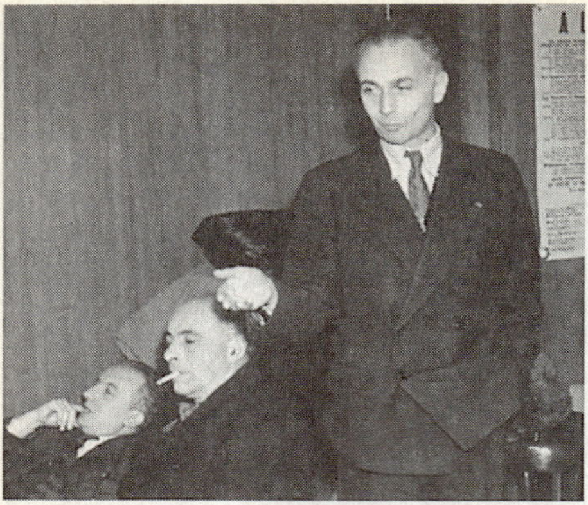

Louis Aragon (1897-1982), aux côtés de Francis Ponge et de Paul Éluard en 1944.

Georges Bernanos (1888-1948).

Emmanuel Mounier (1905-1950) et Vercors (1902-1991) aux Rencontres internationales de Munich, en 1948.

# CE QUE NOUS DEVONS A STALINE

par ARAGON, Frédéric JOLIOT-CURIE, PICASSO
Henri BASSIS, Pierre COURTADE, Pierre DAIX, Georges SADOUL

LES LETTRES françaises
ARTS
Spectacles

Prix : 35 fr.
Directeur : ARAGON
Prix : 35 fr.

## STALINE le marxisme et la science
par F. JOLIOT-CURIE

## STALINE et la FRANCE
par ARAGON

## Poème pour le Vél' d'Hiv'
par Henri BASSIS

La « une » des *Lettres françaises* à la mort de Staline (mars 1953).

Roger Nimier (1925-1962) en 1954.

Roger Vaillant (1907-1965).

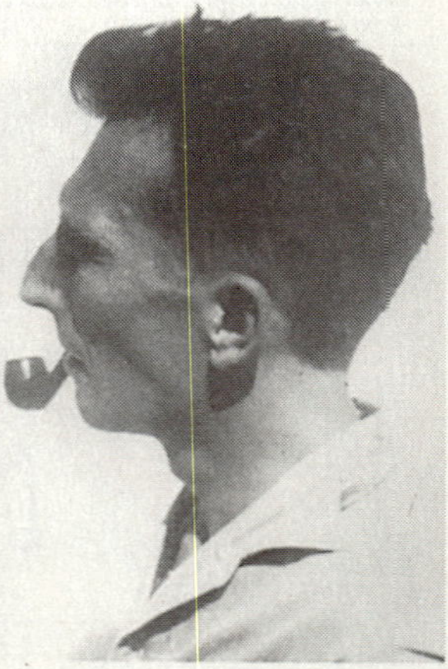

Raymond Aron (1905-1983).

L'EXPRESS

"O SARTRE, POURQUOI ÊTES-VOUS SI TRISTE ?"

par FRANÇOIS MAURIAC

EN VENTE ICI DÈS JEUDI

François Mauriac (1885-1970).

Image de l'insurrection hongroise de 1956.

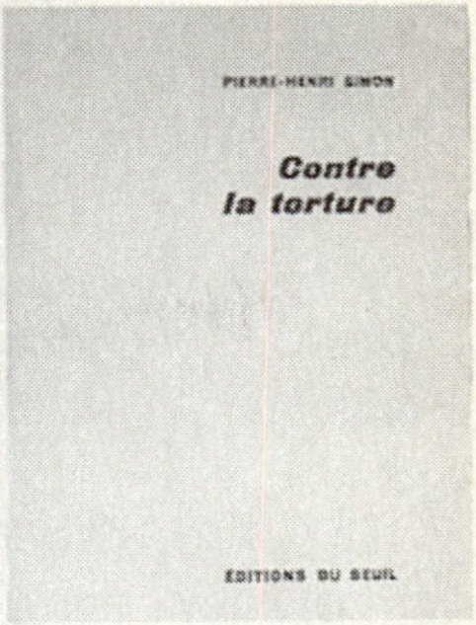


Couverture de l'ouvrage de Pierre-Henri Simon (1957).

Hongrie, octobre 1956. Réhabilitation de Rajk, victime d'un procès stalinien en 1949. Photo de sa veuve au premier plan.

Sartre dans le grand amphithéâtre de la Sorbonne en 1968.

Maurice Clavel (1920-1979).

du livre d'Henri Alleg, *La Question*. Malraux, appelé par de Gaulle, se met en tête de constituer une commission d'écrivains pour enquêter sur les tortures dénoncées par Alleg. Projet sans suite : ni Mauriac, ni Camus, ne sont séduits par l'idée ; quant à Martin du Gard, il est foudroyé par un infarctus, le 22 août.

Autre philosophe de l'Histoire, Raymond Aron considère le retour du Général avec circonspection. Reçu docteur *honoris causa* à l'université Harvard, il eut le sentiment que la dépêche par laquelle l'AFP résumait son discours aux États-Unis révélait à tort son ralliement à la ferveur populaire du 13 mai algérois. Pour s'expliquer, il rédige aussitôt *L'Algérie et la République*, dans la même collection, « Tribune libre » chez Plon, qui a publié sa *Tragédie algérienne*. Il y réitère son analyse, plus fouillée, de la nécessité de l'indépendance : « L'abandon, c'est de rejeter la coopération avec les pays promis à l'indépendance. Qui bouche l'avenir, sinon celui qui affirme que l'aspiration des peuples à l'autogouvernement est incompatible avec la vocation africaine de la France ? Les nations décadentes sont celles qui refusent de s'adapter à un monde changeant. » Quant à de Gaulle, Aron estime que le Général, par son autorité et son prestige, a une meilleure chance que tout autre « de trouver une issue ou de faire supporter aux Français la prolongation du conflit [11] ». Il n'empêche, en tant qu'intellectuel se piquant d'être un écrivain politique, Aron refuse de « participer aux équivoques ». Contrairement à Malraux, il ne saurait entrer dans un parti gaulliste mené par deux défenseurs de l'Algérie française, Michel Debré et Jacques Soustelle. Il n'en accorde pas moins sa confiance au Général, seul capable de ramener l'armée à l'obéissance : « La révolution de mai peut être le début de la rénovation politique de la France à condition qu'elle se hâte de dévorer ses enfants. » Ce n'est pas mal vu, à ceci près que la nouvelle République ne peut se hâter que lentement. On saisit en tout cas dans cette analyse le sens politique d'Aron ; souvent sans le dire, bien d'autres intellectuels s'y rallient : au moins le retour du Général ouvre une brèche sur l'avenir.

Comme les communistes, la majorité des intellectuels de gauche s'attachent à défendre les principes contre tout pari stratégique. Ils peuvent compter à l'Assemblée sur la grande voix, intransigeante, de Pierre Mendès France, et sur celle de

11. R. Aron, *Mémoires*, *op. cit.*, p. 377.

François Mitterrand, qui seront les adversaires parlementaires les plus éloquents du projet constitutionnel de De Gaulle. Ils avaient contre eux l'immense majorité de l'opinion.

Le 4 septembre – date anniversaire de la proclamation de la IIIe République –, Malraux organise une grande cérémonie gaulliste place de la République, au cours de laquelle de Gaulle présente le projet de Constitution, non sans rappeler les heures glorieuses de 1792 et de 1848. Malraux, prêt à faire trembler de nouveau les estrades, clame devant le parterre des gaullistes qui étaient là sur carte d'invitation : « Le peuple de Paris, le voilà ! » Au fond de la place, tenus en respect par des cordons de police, les manifestants communistes s'époumonent contre lui et les autres orateurs ; des bagarres s'ensuivent, qui feront de nombreux blessés.

Peut-on encore se battre contre le référendum du 28 septembre ? Sartre, dans *L'Express* du 11 septembre, dénonce vigoureusement un « plébiscite truqué », auquel on doit répondre Non sans hésitation. Le 25, à trois jours du référendum, on lui accorde encore quatre pages centrales, d'une longueur inusitée dans un tel journal. Dans un article intitulé « Les grenouilles qui demandent un roi », Sartre explique en long et en large les raisons de ce Non : « Ne l'oubliez pas ; toute l'ambiguïté vient de là : de Gaulle n'est pas fasciste, c'est un monarque constitutionnel ; mais personne ne peut plus voter *pour* de Gaulle aujourd'hui : votre "Oui" ne peut s'adresser qu'au fascisme. Comprenons enfin qu'on ne tire pas un pays de son impuissance en confiant la toute-puissance à un seul homme [12]. »

Maurice Merleau-Ponty, qui collabore aussi à *L'Express*, juge que « l'apparition du général de Gaulle » est « comme la suite et comme le chef-d'œuvre du molletisme ». Mais, tandis que Sartre préconise un nouveau Front populaire, Merleau-Ponty, pour s'opposer au gaullisme, faire triompher les solutions libérales outre-mer, en appelle aux Français « hors de la droite et hors du Parti communiste », à savoir aux Comités d'action démocratique de Mendès France. Ces comités allaient bientôt devenir l'Union des forces démocratiques, réunissant la gauche non communiste, les dissidents de la SFIO (regroupés dans le PSA), l'UGS, et les amis de François Mitterrand. Un autre philosophe adhère à ce mendésisme antigaulliste,

12. J.-P. Sartre, *Situations V*, *op. cit.*, p. 144.

Jean Hyppolite, directeur de l'École normale supérieure.

Le reste de la gauche intellectuelle, à part quelques exceptions, comme Jean Amrouche, Maurice Clavel, Pierre Hervé (« L'opposition systématique serait la politique du pire [13] »), fait campagne pour le Non. C'est le cas de *France-Observateur*, où Claude Bourdet se montre pathétique : « *Oui* au de Gaulle libérateur de 1944, *Non* à celui de 1958, c'est-à-dire à celui du péril arbitraire [14]. » Dans *Esprit*, qui consacre en septembre un numéro spécial intitulé *Cinquième République ?*, Jean-Marie Domenach conclut ainsi sa contribution : « Nous disons *non*. Pas à un homme, mais d'abord à une Constitution qu'inspire la peur du suffrage universel et qui prépare sous le couvert d'un renforcement de l'exécutif un système de confusion et d'anarchie bien pire que le précédent. Nous disons *non* surtout à une entreprise issue du coup de force du 13 mai, qui en demeure prisonnière et dont tout l'avenir est obéré par le mensonge de la politique algérienne. »

Le 28 septembre 1958, près de 80 % des Français ratifiaient le projet constitutionnel. Dans de nombreuses municipalités communistes, et notamment dans la Ceinture rouge de Paris, une majorité a voté Oui malgré les consignes et la campagne active du PCF pour le Non. Les élections législatives de la fin de novembre voient la victoire relative des gaullistes de l'UNR, tout récemment fondée. Le 21 décembre, le général de Gaulle est élu président de la République. Le 9 janvier 1959, Michel Debré devient Premier ministre. Le « modèle républicain », construit par la IIIe République qui accordait les pouvoirs prééminents au Parlement, est renversé à l'avantage du pouvoir exécutif. La dernière guerre coloniale a eu raison de ce que de Gaulle surnommait le « système des partis » et qu'il veut remplacer par des institutions dont le projet remonte à son discours de Bayeux, en 1946.

Que penser de l'événement ? Le recul nous conforte dans l'idée que les Français, dans leur immense majorité, ont vu juste, en ratifiant le projet constitutionnel. Bien des commentateurs estimaient que cette Constitution, taillée sur mesure pour de Gaulle, ne lui survivrait pas – en quoi ils se sont trompés. Les têtes politiques ont refusé de peindre la situation en noir et blanc : un Hubert Beuve-Méry, un Raymond Aron ont parié que

13. P. Hervé, *Combat*, 17 juin 1958.
14. Cl. Bourdet, « Le choix », *France-Observateur*, 25 septembre 1958.

le Général appelé par les ultras et les militaires ferait une politique contraire aux rêves de ceux-ci. Ils ont eu raison, l'Histoire a jugé. Mais, dans ces fiévreuses semaines de 1958, les partisans du Non n'étaient pas tous des sots ou des sectaires. A l'Assemblée, un Mendès France, un Mitterrand, défendirent les principes de la démocratie républicaine : les représentants du peuple n'avaient pas le droit de plier devant le coup de force militaire. A côté des communistes, un certain nombre de députés les suivirent, le Parti socialiste se divisa. Les intellectuels de gauche bataillèrent dans l'ensemble pour les mêmes principes. Peut-être y eut-il un moment, bref, où tout était encore possible, au lendemain du 13 Mai. Toutefois, l'hypothèque communiste ne fut pas levée : le PCF n'imposerait-il pas sa prépondérance sur un gouvernement de combat, un mouvement antifasciste ? La gauche était trop divisée, et depuis trop longtemps, pour faire front. Le manque de perspective crédible rendit vain le discours de la résistance intellectuelle. Celle-ci fut symbolique. Les symboles ont un sens, et il revenait aux hommes de principe de rappeler les principes.

Ce n'est pas sur ce terrain que la gauche intellectuelle mérite le désaveu ; c'est sur celui de l'analyse politique. Pour la plupart de ses commentateurs, le retour de De Gaulle signifiait le fascisme. Dans la presse, on se remémorait le précédent italien de 1922, comme si la comparaison avec Mussolini s'imposait. De Gaulle, appelé par les factieux, les soldats rebelles, les ultracolonialistes, ne pouvait faire que *leur* politique. La solution du problème algérien – l'indépendance – ne pouvait venir *que* de la gauche. On était certes fondé de récuser l'installation d'un pouvoir personnel, mais nullement obligé de se livrer à des analyses péremptoires sur la catastrophe qui devait nécessairement en découler. Dans cette situation, l'éthique de conviction encourageait la résistance ; l'éthique de responsabilité, le pari. Au-delà de la croyance, où tomba peut-être Mauriac – dont les complicités avec la Providence échappaient aux impératifs de la raison –, l'intelligentsia se partagea en deux camps : les politiques, qui ont fini par avoir raison ; les hommes de principe dont rien, en 1958, ne prouvait qu'ils avaient tort. Au vrai, la question du régime institutionnel, si importante fût-elle, intéressait moins que le sort de l'Algérie auquel le destin de la France était rivé. Le tout était de savoir si, avec de Gaulle, le pays avait plus de chance de parvenir à la paix.

Telle n'est pas la question que se posa exactement Serge Mallet au long de ses articles des *Temps modernes*, où il s'évertua de saisir le sens du général de Gaulle en profondeur, tel Marx décryptant le coup d'État de Louis Napoléon Bonaparte. Refusant de s'attarder à l'événement, Mallet – qui sera un théoricien du futur PSU – décrétait que de Gaulle installait au pouvoir le règne du « grand capital financier », soucieux de « simplifier » la vie politique : « Un exécutif libéré du jeu parlementaire permet le contrôle exclusif de l'État par le capital financier. » Il est frappant, en relisant ces analyses, de constater l'impuissance de la pensée marxiste à comprendre le politique, simple superstructure à ses yeux des forces économiques et sociales. Mallet expliquait simplement que : « Le Parlement n'est pas autre chose que le champ clos où s'élaborent les compromis entre le capital financier, qui se subordonne en général les leaders des grands partis politiques et les autres couches sociales non prolétariennes dont l'alliance lui est indispensable. Et la complexité des partis, des tendances du Parlement français n'est que le reflet mystifié de l'extraordinaire complexité sociale de la France[15]. » Reprenant à son compte l'idée marxienne de « l'illusion du politique », Mallet demandait à toutes les forces sociales d'en finir avec ses illusions sur « les miracles politiques », pour se battre dans le champ du réel, c'est-à-dire « l'appareil de production ». L'avenir à ses yeux était plus aux syndicats qu'aux partis. Cet article, qu'il reprit avec les suivants dans *Le Gaullisme et la Gauche*, au Seuil, en 1963, est une belle attestation des embarras qu'un marxiste intelligent éprouve devant l'irruption de l'événement, nourri de toutes les passions, de toutes les émotions, et de toutes les habitudes de pensée. A vouloir rationaliser les comportements les moins rationnels, sous la lumière de la détermination économique, Serge Mallet ne jetait guère de lumière sur la situation. Il refusait l'attitude éthique des « républicains », il ne s'attardait pas aux « principes », il voulait être réaliste. Son « Nous entrons dans l'ère du capitalisme d'État » devenait pour bien des militants un *Eurêka*, mais son « Économie d'abord ! » ne pouvait rendre raison de la situation. C'est sur l'Algérie, encore et pendant des années, que la gauche eut à se battre – et dans ce combat elle finit par soutenir de Gaulle.

15. S. Mallet, « Pour un programme de l'opposition », *Les Temps modernes*, juill.-août et septembre 1958.

56

# *Algérie, au bout du cauchemar*

Jusqu'aux derniers jours de l'été 1959, rien ne semble véritablement être changé en Algérie. Un appel à « la paix des braves » lancé par de Gaulle reste sans réponse. La guerre se poursuit sous un régime plus fort et mieux respecté des militaires ; les partisans de l'indépendance peuvent craindre le pire. En mars, alors qu'un numéro de *L'Express* a encore été saisi, Maurice Clavel, désormais devenu une des grandes voix du gaullisme, tonne contre cet hebdomadaire à la radio, accusant *L'Express* de vouloir la guerre parce que la paix, si elle venait, serait signée de Gaulle. Mauriac continue dans le même journal à publier un Bloc-Notes tout acquis au « régime consulaire » du Général – selon sa propre expression –, contre l'ensemble de la rédaction et son directeur. Le 19 juin 1959, les autorités saisissent le dernier témoignage sur la torture : *La Gangrène*, édité par les éditions de Minuit, dénonce les sévices que des étudiants algériens déclarent avoir subis dans les locaux de la DST à Paris, rue des Saussaies, au mois de décembre précédent. Mauriac, le 28 juin, en convient : « Que certains éléments de l'armée et de la population européenne d'Algérie pèsent encore aujourd'hui sur la politique française inspirée et dirigée par le général de Gaulle et l'infléchissent, ce malheur que le Général a trouvé dans son héritage, il ne l'a pas encore surmonté [1]. »

Le discours du président de la République du 16 septembre 1959 n'en est que plus saisissant. Pour la première fois depuis le début de la guerre d'Algérie, les Français voient une autre politique s'esquisser, une fenêtre s'ouvrir sur un avenir possible. Le maître mot en est l'*autodétermination*. Le Sphinx est

1. F. Mauriac, *Bloc-Notes*, 2, *op. cit.*, p. 276.

enfin sorti de ses silences et de ses obscurités. Le chef de l'État propose clairement trois options aux Algériens : la sécession, la francisation, ou l'association d'une Algérie autonome en union étroite avec la France. Les termes employés et les commentaires assortis indiquent clairement en quoi consiste le choix du Général : ni l'indépendance, synonyme de chaos, ni l'intégration, jugée impossible, mais l'adhésion de l'Algérie dirigée par les Algériens dans la Communauté française. Le fait nouveau, radicalement nouveau, c'est la reconnaissance du droit à l'indépendance. Claude Bourdet lui-même, si intransigeant, l'admet, s'en réjouit dans *France-Observateur*. L'éditorial d'octobre des *Temps modernes* reste sévère pour de Gaulle mais relève dans son discours une « équivoque [...] préférable à la clarté de naguère, l'absence de perspectives sûres vaut mieux que la seule perspective de la pacification à outrance[2]... » L'allocution du 16 septembre coupe irrémédiablement le chef de la Ve République de ses douteux alliés d'extrême droite et des partisans les plus entêtés de l'Algérie française. D'où l'immédiate radicalisation du parti colonialiste, au sens large du mot.

Jacques Soustelle entraîne quelques démissionnaires de l'UNR, Georges Bidault et autres, dans un Rassemblement pour l'Algérie française, avant d'être exclu de la formation gaulliste. Parallèlement, une opposition intellectuelle de droite s'extériorise avec une virulence accrue par le discours du 16 septembre et les journées des barricades d'Alger, en janvier 1960, qui s'ensuivent. La presse se fait l'écho notamment de la résurgence d'un intégrisme catholique, d'un « national-catholicisme », qui se propage dans les cercles militaires et au-delà.

Il s'agit d'une nébuleuse, dont les origines sont anciennes mais que la guerre d'Algérie rend plus active et plus visible. L'une des têtes les plus enflammées en est sans contredit Georges Sauge. Ancien membre des Jeunesses socialistes, il a été converti au catholicisme par le R. P. Fillères, professeur à l'Institut catholique de Paris et fondateur en 1946 du Mouvement pour l'unité et de son organe bimensuel, *L'Homme nouveau*, dont l'anticommunisme vigilant visait surtout le catholicisme de gauche. Après la mort de Fillères en 1952, Sauge se sépare de *L'Homme nouveau* et fonde en 1956 une sorte d'école

2. « Algérie : ouverture ou échappatoire ? », *Les Temps modernes*, octobre 1959.

de cadres, le Centre d'études supérieures de psychologie sociale. Sa principale activité consiste à organiser des sessions de formation, dont la finalité consiste à répandre une mystique anticommuniste, qui trouve son point d'application dans la question algérienne. En novembre 1959, Georges Sauge crée les Comités civiques pour l'Ordre chrétien, afin de former « les cadres d'un ordre nouveau, d'un ordre chrétien [3] ». Selon lui, l'Algérie est désormais l'enjeu de la guerre entre l'Occident chrétien et le communisme international : à la mystique communiste doit répondre la mystique de l'anticommunisme chrétien. Une croisade moderne est appelée à rassembler dans la cause de l'Algérie française les combattants de la Croix contre ceux du Croissant (derrière lequel se dissimulent, bien entendu, la faucille et le marteau).

Moins activiste, plus doctrinale, est la revue *Itinéraires* de Jean Madiran – pseudonyme emprunté par Jean Arfel au nom d'un monastère bénédictin. Cet ancien pétainiste, ex-rédacteur en chef de *L'Action française* sous l'Occupation, puis rédacteur en chef de *Rivarol* après la guerre, a démissionné de cet hebdomadaire en mars 1958, *Rivarol* ayant ouvert ses colonnes à Lucien Rebatet, « cet insulteur de papes, cet ennemi de la foi chrétienne ». Lui aussi, obsédé par le communisme, a analysé le nationalisme algérien comme une entreprise du communisme international dans sa lutte contre l'Occident chrétien. Il voit dans l'Algérie et le Sahara « le verrou français qui est sans doute le dernier point d'appui de la résistance à une soviétisation complète du continent africain. Cette soviétisation aura lieu dans les dix années à venir si la France lâche prise [4] ». De toutes les institutions, seule l'armée reste indemne de l'infiltration communiste, c'est donc sur elle qu'il convient de s'appuyer, c'est elle qu'il faut aider. Le 13 Mai a été un « coup d'arrêt dans la décomposition ».

Un autre mouvement intégriste, la Cité catholique, a vu le jour au lendemain de la guerre mondiale. Son bulletin, le mensuel *Verbe*, se proclame l'organe de la contre-révolution. Ses membres se posent, eux aussi, en défenseurs ultimes de la chrétienté menacée par le communisme. Organisés en réseau, ses militants s'impliquent dans la guerre d'Algérie : « Nous

3. Cité par *L'Express*, 3 décembre 1959.
4. *Itinéraires*, mars 1958.

sommes convaincus que les valeurs humaines et chrétiennes constituent le bien le plus précieux de la civilisation occidentale. Notre choix est fait ! En luttant contre la rébellion en Algérie, nous avons conscience d'être à l'avant-garde du combat contre le mouvement révolutionnaire mondial, de remplir notre devoir de Français et de chrétiens, et de servir l'humanité tout entière [5]. » Plus ultras encore, *La Pensée catholique*, créée en 1950 et dirigée par l'abbé Luc J. Lefèvre, et *Défense du foyer* de Pierre Lemaire, dont le premier numéro date de janvier 1958. Le 13 Mai a suscité encore l'Association universelle des Amis de Jeanne d'Arc cautionnée par le général Weygand, qui « s'est donné pour but de prolonger par la prière et l'Apostolat la mission de Sainte Jeanne d'Arc. *Tous ceux qui guerroient au saint royaume de France guerroient contre le Roi Jésus*, écrivait Jeanne au duc de Bourgogne. Il est donc naturel que les Amis de Jeanne d'Arc se portent au combat contre les matérialismes, marxistes et autres, qui, par le mensonge à l'intérieur, par les armes en Afrique, mènent la guerre contre la France et l'Occident chrétien. C'est une des formes de leur *apostolat*, auquel ils invitent tous les jeunes et tous les adultes décidés à imiter les vertus et l'exemple de Jeanne d'Arc [6] ».

Cette reviviscence du catholicisme traditionaliste dans ses formes les plus extrêmes n'aurait constitué qu'un phénomène marginal si des cadres de l'armée française, en quête d'une structure doctrinale face au nationalisme algérien, n'avaient adopté ses formules et ses slogans dans leur action de propagande. Cette « action psychologique » s'imposait d'autant plus que, comme le disait Aron, il était contradictoire pour un pays se réclamant des Droits de l'homme de faire une guerre impitoyable à des nationalistes se battant pour la liberté de leur pays. Échaudés par leur défaite en Indochine, bien des officiers, en poste en Algérie, conscients de la faiblesse idéologique des troupes, se soucient donc d'opposer une doctrine à celle de l'adversaire. Les bulletins et les revues « intégristes » leur sont d'un utile secours, en assimilant le combat d'apparence coloniale à un vaste conflit de civilisation entre le communisme et l'Occident chrétien. A la fin de 1956, le Bureau psychologique de

5. Cornélius, « Morale, droit et guerre révolutionnaire », *Verbe*, janvier 1959.

6. Cité par M. Garrigou-Lagrange, « Intégrisme et national-catholicisme », *Esprit*, novembre 1959.

l'armée est confié au colonel Goussault, qui, comme ses deux adjoints, le lieutenant-colonel Feaugas et le commandant Cogniet, sont membres de la Cité catholique. Cogniet reprend tout bonnement dans *Contacts* qu'il dirige des articles de *La Cité catholique*, dont on trouve aussi l'écho dans *Le Bled*, journal militaire tiré à plus de 140 000 exemplaires et destiné aux troupes d'Algérie. En dehors des instructions ministérielles, des cadres de l'armée diffusent ainsi les mots d'ordre d'une guerre sainte et préparent les esprits à résister à toute solution libérale en Algérie. Le droit à l'indépendance, que de Gaulle a reconnu le 16 septembre 1959 aux Algériens, n'est pas seulement rejeté par l'extrême droite fasciste, nationale-catholique et les partisans de l'Algérie française de tous bords : au cœur même de l'armée, dans les officines où s'élaborait l'action psychologique à destination des troupes et des populations locales, la politique d'ouverture du Général se heurte à la mystique de la nouvelle croisade [7].

En mal de doctrine plus laïque, certains officiers se tournent vers le club Patrie et Progrès, lancé au lendemain du 13 Mai par des cadres de l'armée, des hauts fonctionnaires, des responsables de société. Leurs idées tiennent dans un opuscule d'une centaine de pages paru en avril 1959 : *Patrie et Progrès. Survivre à de Gaulle*. Plus difficile à classer, ce mouvement est jugé par l'extrême droite comme un « communisme national », et à gauche comme une idéologie purement fasciste. Les auteurs, Jacques Gagliardi et Philippe Rossillon, énarques, y clament « la supériorité économique et politique des pays communistes », leur mépris pour une Europe libérale et un capitalisme périmés et leur volonté de refaire l'union en France par un « socialisme patriotique », un « socialisme franco-africain », ce qui signifie engager la lutte contre les possédants et les défenseurs de l'ordre social établi. Ils souhaitent créer une Union des républiques socialistes françaises (URSF), qui serait indépendante à la fois du camp soviétique et du camp occidental. Défenseurs de l'Algérie française, ils la veulent socialiste ; défenseurs de la classe ouvrière, ils la veulent nationale. La guerre d'Algérie prend un autre sens. En avril 1960, leur mensuel *Patrie et Progrès*, « bulletin d'études économiques et politiques des jeunes cadres civils et militaires », lance ces mots

7. *Ibid.*

d'ordre : « Planification économique, indépendance nationale, Algérie française, égalité sociale. » Le club Patrie et Progrès ne représentera jamais une force politique, mais il contribuera par ses réflexions à doter certains officiers en Algérie d'une conviction « progressiste » : ils ne feront pas la guerre pour les « gros colons », mais pour transformer l'Algérie en terre d'égalité et de fraternité. Progressisme mâtiné de fascisme, national-catholicisme, autant de justifications offertes à l'armée française, dont l'action est dépeinte par la gauche intellectuelle comme un produit du colonialisme le plus aveugle.

Le mois de janvier 1960 voit la révolte des ultras contre de Gaulle, qui sait venir à bout des barricades d'Alger et gagner à lui la majorité de l'opinion métropolitaine. Ce début d'année est aussi marqué par la mort accidentelle d'Albert Camus, le 4 janvier. La Facel Vega, conduite par Michel Gallimard, qui le ramène de Lourmarin à Paris, s'écrase contre un platane, Camus est tué sur le coup ; le conducteur mourra cinq jours plus tard à l'hôpital. Le 7 janvier, Sartre fait paraître un émouvant article d'adieu dans *France-Observateur*. Après des années de brouille, face à cette rupture irréparable, Sartre cède aux impératifs d'une estime colorée d'impossible amitié. « L'accident qui a tué Camus, écrit-il, je l'appelle scandale parce qu'il fait paraître au cœur du monde humain l'absurdité de nos exigences les plus profondes. Camus, à vingt ans, brusquement frappé d'un mal qui bouleversait sa vie, a découvert l'absurde – imbécile négation de l'homme. Il s'y est fait, il a *pensé* son insupportable condition, il s'est tiré d'affaire. Et l'on croirait pourtant que ses premières œuvres seules disent la vérité de sa vie, puisque ce malade guéri est écrasé par une mort imprévisible et venue d'ailleurs. L'absurde, ce serait cette question que nul ne lui pose plus, qu'il ne pose plus à personne, ce silence qui n'est même plus un silence, qui n'est absolument plus *rien*[8]. » Sartre fait allusion, dans le même article, à un autre « silence », celui que Camus avait gardé sur l'Algérie depuis le début de l'année 1956.

En 1957, l'auteur de *L'Étranger* a reçu le prix Nobel de littérature. Interrogé à Stockholm sur son attitude à l'endroit de l'Algérie, il répond : « Je me suis tu depuis un an et huit mois, ce qui ne signifie pas que j'aie cessé d'agir. J'ai été et suis toujours partisan d'une Algérie juste, où les deux populations

8. J.-P. Sartre, *Situations V*, *op. cit.*, p. 128-129.

doivent vivre en paix et dans l'égalité. J'ai dit et répété qu'il fallait faire justice au peuple algérien et lui accorder un régime pleinement démocratique, jusqu'à ce que la haine de part et d'autre soit devenue telle qu'il n'appartenait plus à un intellectuel d'intervenir, ses déclarations risquant d'aggraver la terreur. Il m'a semblé que mieux vaut attendre jusqu'au moment propice d'unir au lieu de diviser. [...] J'ai toujours condamné la terreur. Je dois condamner aussi un terrorisme qui s'exerce aveuglément, dans les rues d'Alger par exemple, et qui un jour peut frapper ma mère ou ma famille. Je crois à la justice, mais je défendrai ma mère avant la justice [9]. » La formule reste attachée à sa mémoire ; elle est pourtant obscure dans sa simplicité. En fait, Camus n'a jamais accepté la probabilité de l'indépendance algérienne ; cette revendication lui paraît une des manifestations du « nouvel impérialisme arabe, dont l'Égypte, présumant de ses forces, prétend prendre la tête et que, pour le moment, la Russie utilise à ses fins de stratégie anticoloniale ». Pour ce pied-noir, « l'ère du colonialisme [est] terminée », mais, loin d'en conclure à la nécessaire indépendance algérienne, il refuse de servir « le rêve de l'empire arabe [...] aux dépens du peuple européen d'Algérie, et, finalement, aux dépens de la paix du monde [10] ». Il exprime de manière tragique l'impuissance de ce que Raymond Aron appelle, après lecture de cette ultime explication de Camus en 1958, « l'attitude du colonisateur de bonne volonté ». Camus meurt incompris de sa famille intellectuelle, qui l'a tenu en quarantaine, qui ne lui a pas pardonné son entêtement. En parlant de sa mère, à propos de la justice, il n'a pas tenu un discours rationnel, il a seulement exprimé que l'Algérie – où vivaient et reposaient les siens – était pour lui une patrie charnelle, dont il ne pouvait imaginer être dépossédé. Comme les jeunes officiers progressistes de l'armée française, il rêvait d'une Algérie « juste », en tournant le dos au mouvement inexorable de l'Histoire. L'Algérie pouvait-elle échapper à la décolonisation universelle ?

Parmi ceux qui ne le croient pas, certains en vinrent à s'engager à fond, n'hésitant plus à aider le FLN (Front de libération nationale). Au début de février, juste après la défaite des barricadiers de Pierre Lagaillarde à Alger, on apprend l'arresta-

9. *Le Monde*, 14 décembre 1957.
10. A. Camus, *Chroniques algériennes*, in *Essais*, *op. cit.*, p. 1013 et 1015.

tion d'un groupe de jeunes gens, appartenant à Jeune Résistance, qu'on baptise le « réseau Jeanson ». Francis Jeanson, auteur de plusieurs ouvrages philosophiques, collaborateur des *Temps modernes* et d'*Esprit*, éditeur aux éditions du Seuil, a, dans cette même maison, publié avec sa femme Colette, en 1955, un livre capital en faveur du mouvement nationaliste algérien : *L'Algérie hors la loi*. Selon Jean Daniel, « le livre de Jeanson a été le bréviaire des révolutionnaires, l'acte de naissance en même temps de la révolution algérienne et de l'État algérien. C'est un Français qui, dans sa sensibilité révolutionnaire, dans son extrême prescience du besoin de l'inconscient collectif de la révolution algérienne, a donné aux Algériens le matériau qui leur manquait pour établir une sorte de continuité entre un passé dépersonnalisé et un avenir idéologiquement reconstruit [11] ». Entrant dans la clandestinité en 1957, Jeanson met en place un réseau de soutien aux nationalistes algériens, destiné à aider le FLN de diverses manières : collecter ses fonds et les placer dans les banques étrangères, fournir aux militants algériens moyens de transport et lieux d'hébergement, etc. En septembre 1958, Jeanson lance une publication, *Vérités pour*, afin de « rechercher, de rassembler, de contrôler et de diffuser l'information vaste et précise que nécessite une lutte difficile contre des adversaires résolus, bien organisés et dotés de moyens financiers puissants [12] ».

Le 15 avril 1960, Francis Jeanson, traqué par la police, tient une conférence de presse clandestine, dont Georges Arnaud, auteur du *Salaire de la peur*, réussit à faire paraître le texte dans *Paris-Presse* – texte précédé d'une manchette due à Pierre Charpy : « Attention : toxique. » Interpellé par la police, Arnaud, refusant de s'expliquer sur cette rencontre avec Jeanson, est arrêté et passe en jugement le 17 juin. Ce procès, qui est celui de la liberté de la presse, entend des témoins divers. Pierre Lazurick de *L'Aurore*, pourtant partisan de l'Algérie française, vient soutenir Georges Arnaud aux côtés de Jérôme Lindon, directeur des éditions de Minuit, Jean-Paul Sartre, Pierre Vidal-Naquet et François Maspero, libraire et éditeur de gauche.

11. Cité par H. Hamon et P. Rotman, *Les Porteurs de valises, la résistance française à la guerre d'Algérie*, Seuil, « Points Histoire », 1982, p. 36-37.

12. Cité par M.-P. Ulloa, « Francis Jeanson, un itinéraire d'engagement 1940-1960 », mémoire de DEA, IEP de Paris, 1997, p. 133.

En juin 1960, Francis Jeanson explique les raisons de sa dissidence par un pamphlet, *Notre guerre*, paru aux éditions de Minuit et incontinent saisi en vertu de l'ordonnance du 23 décembre 1958 pour « provocation à la désobéissance ». Le texte est aussitôt reproduit *in extenso* dans le numéro de juillet de *Vérité-Liberté*. Ce journal, créé à la suite d'une divergence entre Maurice Pagat et Pierre Vidal-Naquet, continue le travail entrepris par *Témoignages et Documents*. Paul Thibaud, rédacteur en chef d'*Esprit*, en est le gérant, Pierre Vidal-Naquet l'animateur principal. Jusqu'à la fin de la guerre, ils ne cesseront de dénoncer la « gangrène » algérienne, de déjouer la censure, de republier les livres interdits, de défendre les prisonniers, à leurs risques et périls.

Les activités de Jeanson divisent la gauche intellectuelle. La différence des attitudes entre *Les Temps modernes* et *Esprit* exprime bien cette fracture. Tandis que Sartre soutient et soutiendra Jeanson jusqu'au bout, et que Marcel Péju défendra dans *Les Temps modernes* une position de pointe, Jean-Marie Domenach dit son désaccord : « Que la révolte des Algériens soit juste en son principe, écrit-il dans le numéro d'*Esprit* d'avril 1960, que les méthodes de répression en Algérie soient souvent inspirées de celles de la Gestapo, cela semble indiscutable, et cause aux consciences françaises un trouble [...]. Faut-il en conclure que la France s'est à ce point avilie, reniée, que des Français puissent se considérer déliés de toute allégeance à l'égard de ses lois et de sa direction politique ? C'est cette conclusion qui me semble inadmissible... » En mai, dans la même revue *Esprit*, Jean Daniel écrit : « Je crains que nos philosophes n'en soient arrivés à “sacraliser” le FLN comme les intellectuels staliniens sacralisaient il y a quelques années le Parti communiste. C'est la recherche angoissée de l'absolu disparu. »

Le procès du réseau Jeanson s'ouvre le 5 septembre 1960 devant le Tribunal permanent des forces armées. Jeanson a pu s'échapper et se réfugier en Suisse. Sa compagne, Hélène Cuénat, inculpée et arrêtée, fera entendre la voix de l'absent tout au long du procès[13]. Sartre est alors au Brésil, mais il entend proclamer sa solidarité avec les accusés, ce qu'il fait au moyen d'une lettre, lue par l'avocat Roland Dumas à l'audience du

13. M. Péju, *Le Procès du réseau Jeanson*, Maspero, 1961.

20 septembre, et qui fait sensation. On sait aujourd'hui que la rédaction de cette lettre n'est pas de Jean-Paul Sartre, mais de ses collaborateurs Claude Lanzmann et Marcel Péju : du Brésil, il leur a exposé par téléphone ce qu'aurait pu être son témoignage [14]. Au mois de septembre 1959, Sartre et Jeanson se sont revus, le premier exprimant à Jeanson son accord sur son action, lui disant même : « Utilisez-moi comme vous le pourrez [15]... » La longue lettre de Sartre confirme sa « solidarité totale » avec Jeanson ; elle se termine par ces mots : « Il importe de dire très clairement que ces hommes et ces femmes ne sont pas seuls, que des centaines d'autres déjà ont pris le relais, que des milliers sont prêts à le faire. Un sort contraire les a provisoirement séparés de nous, mais j'ose dire qu'ils sont dans le box comme nos délégués. Ce qu'ils représentent, c'est l'avenir de la France, et le pouvoir éphémère qui s'apprête à les juger ne représente déjà plus rien. »

Le procès des « porteurs de valises » joue le rôle d'un catalyseur pour la résistance intellectuelle à la guerre. Dès les premières séances, un autre texte met le feu aux poudres – une « Déclaration sur le droit à l'insoumission dans la guerre d'Algérie », portée par *Les Temps modernes* et *Les Lettres nouvelles*, qui va rester célèbre sous le nom de « Manifeste des 121 », ce chiffre se référant à la liste des premiers signataires. La pétition condamne la guerre et la torture, motive les réseaux d'aide aux FLN, encourage les jeunes appelés à la désertion : « Nous respectons et jugeons justifiée la conduite des Français qui estiment de leur devoir d'apporter aide et protection aux Algériens opprimés au nom du peuple français. » Avaient signé, entre autres, Jean-Paul Sartre, Simone de Beauvoir, Marguerite Duras, André Breton, Nathalie Sarraute, Claude Roy, Alain Robbe-Grillet, Vercors, André Mandouze, Laurent Schwartz, Pierre Vidal-Naquet, Robert Barrat, Jean-François Revel, François Truffaut, Maurice Pons, Alain Resnais, Françoise Sagan, Simone Signoret, Jérôme Lindon... Les autorités réagissent : des enseignants sont mis en congé ou révoqués, comme Laurent Schwartz de Polytechnique, ou comme Pierre Vidal-Naquet, assistant d'histoire à la faculté des lettres de Caen, qui est suspendu d'octobre 1960 à octobre 1961 ; des pièces de

14. F. Jeanson, *Sartre dans sa vie*, Seuil, 1974, p. 215.
15. *Ibid.*, p. 214.

théâtre et des films sont interdits… Le « procès Jeanson » se termine par des condamnations lourdes allant jusqu'à dix ans de prison.

La Déclaration des 121 provoque la fureur de la presse de droite. Sur la radio nationale, la chronique quotidienne de Jean Nocher revient inlassablement à la charge contre ces « traîtres » dont les noms ont des consonances si étrangères (Adamov, Lanzmann, Bruller, Maspero, Mandouze, Czarnecki) ou bien qui sont des produits des écoles étrangères, tel Sartre, issu de « l'école allemande de Kierkegaard à Scheler et Landsberg en passant par Nietzsche, Jaspers et Heidegger – cette école qui commence au masochisme et finit au four crématoire [16] ».

Ces événements stimulent aussi la contre-attaque de la droite intellectuelle. En réponse au Manifeste des 121, plusieurs centaines d'écrivains, de scientifiques, d'universitaires, dont sept membres de l'Académie française publient, le 21 septembre 1960, un « Manifeste des intellectuels français » condamnant les « déclarations scandaleuses » et affirmant : « La guerre d'Algérie est une lutte imposée à la France par une minorité de rebelles fanatiques, terroristes et racistes, conduits par des chefs dont les ambitions personnelles sont évidentes – armés et soutenus financièrement par l'étranger. » Parmi les signataires, Henry Bordeaux, Jules Romains, Henri Massis, Antoine Blondin, Michel Déon, Roland Dorgelès, Pierre Gaxotte, Raoul Girardet, Daniel Halévy, Gabriel Marcel, Roger Nimier, Jacques Perret, Michel de Saint-Pierre, Thierry Maulnier…

Les partisans de l'Algérie française ont tenu en juin un colloque à Vincennes, sur l'initiative de Jacques Soustelle. Un Centre de liaison et de coordination du Colloque de Vincennes s'est constitué, pour interdire « toute formule telle que celle de l'Algérie algérienne qui conduirait à la sécession et à la dictature du terrorisme ». *Combat*, qui a soutenu de Gaulle dans un premier temps, devient le point de ralliement des intellectuels de droite les plus décidés de l'opposition antigaulliste. Raoul Girardet, historien enseignant à Sciences po, y plaide la « révolution kémaliste ». Dans une série d'articles, *Algérie 1960. Grandeur et servitudes des capitaines*, il appelle à la mobilisation de la nation tout entière en vue de la vaste œuvre à accom-

16. Ch. Calmy, « Jean Nocher : un empoisonneur public », *Esprit*, mars 1962.

plir sur l'autre rive de la Méditerranée. Les affrontements des années trente renaissaient.

La jeunesse étudiante est, de toutes les couches de la société, la plus attentive aux événements. L'UNEF, lors de son quarante-neuvième Congrès annuel tenu aux vacances de Pâques à Lyon, a voté une motion réclamant des négociations avec le FLN. Une minorité se rebiffe. Le 1er mai, les plus extrémistes de ces minoritaires constituent la FEN (Fédération des étudiants nationalistes), décidée à lutter contre « la marxisation de l'Union nationale des étudiants de France » et à « soutenir l'action des défenseurs de l'intégration territoriale de l'Algérie française à la Mère Patrie ». L'UNEF, quant à elle, présidée par Pierre Gaudez, étudiant en sociologie de la Sorbonne, se disant de plus en plus inquiète des cas d'insoumission qui se multiplient parmi les jeunes gens, décide d'organiser une manifestation pour la paix en Algérie le 27 octobre 1960. Prenant langue avec les organisations ouvrières, elle obtient l'accord de la CFTC, de la FEN (Fédération de l'Éducation nationale), de la fédération de la Seine de Force ouvrière et du PSU (fondé en avril 1960 par la fusion entre l'UGS et le PSA). En revanche, le Parti communiste et la CGT, après hésitation, voient dans l'initiative de l'UNEF « une méthode dangereuse et aventuriste ». Le ministère de l'Intérieur interdit la manifestation, mais autorise finalement la tenue d'un meeting à la Mutualité. Le 27, devant une salle pleine, Gaudez réaffirme sous les ovations la volonté des jeunes Français de voir le gouvernement négocier avec le FLN. Autour de la Mutualité, une quinzaine de milliers de manifestants qui n'ont pu trouver place à l'intérieur clament des slogans pour « la Paix en Algérie ». La police charge violemment et disperse peu à peu la foule. La première grande manifestation publique pour la paix négociée en Algérie venait d'avoir lieu.

A son retour du Brésil, Sartre doit parer aux menaces qui l'assaillent. Après avoir installé sa mère à l'hôtel (son appartement de la rue Bonaparte est à deux reprises plastiqué), il trouve refuge dans un appartement loué par son secrétaire, quai Louis-Blériot. Jusqu'au bout, il ne ménage pas sa peine : meetings, manifestations, témoignages aux procès…, ce qui ne l'empêche pas de publier sa *Critique de la raison dialectique* en cette même année 1960. Au cours de l'été 1961, il fait la connaissance à Rome de Frantz Fanon, psychiatre martiniquais, auteur de plusieurs ouvrages anticolonialistes, dont *Peau noire,*

*Masques blancs*. Sartre passe des jours et des nuits à discuter avec lui. Fanon lui demande de préfacer son nouveau livre, *Les Damnés de la terre*, à paraître chez François Maspero. Sartre s'exécute, par un texte anticolonialiste, tiers-mondiste, qui fera scandale, en septembre 1961. On y lit notamment : « Quand les paysans touchent des fusils, les vieux mythes pâlissent, les interdits sont un à un renversés : l'arme d'un combattant, c'est son humanité. Car, en ce premier temps de la révolte, il faut tuer : abattre un Européen, c'est faire d'une pierre deux coups, supprimer en même temps un oppresseur et un opprimé : restent un homme mort et un homme libre ; le survivant, pour la première fois, sent un sol *national* sous la plante de ses pieds. Dans cet instant, la nation ne s'éloigne pas de lui : on la trouve où il va, où il est – jamais plus loin, elle se confond avec sa liberté. » Frantz Fanon, atteint de leucémie, n'a guère le temps de jouir du succès extraordinaire de son livre ; il meurt le 6 décembre à Washington.

Le procès du réseau Jeanson et la radicalisation de Sartre provoquent une coupure dans la gauche intellectuelle. L'action et les proclamations de l'un et de l'autre sont désavouées dans *France-Observateur*, dans *L'Express*, dans *Esprit*… Marcel Péju, dans *Les Temps modernes*, fustige cette « gauche respectueuse » : « On craint d'y deviner je ne sais quel vieillissement, un réflexe irrité de "responsables" devant des incartades inopportunes. Qu'ils sont sages, en effet, qu'ils font *sérieux*, tout à coup, ces révolutionnaires ! Ils ont des partis, des journaux, des programmes ; ils savent ; ils *sont* la gauche. Et voilà que des initiatives imprévues viennent bousculer leurs plans[17]… » Aux révolutionnaires manichéens des *Temps modernes* une gauche intellectuelle plus empirique, diversement représentée par Claude Bourdet, Gilles Martinet, Jean-Jacques Servan-Schreiber, Jean Daniel, Jean-Marie Domenach, oppose le sens du réalisme et l'impératif éthique. C'est ainsi que Paul Ricœur, philosophe de la revue *Esprit*, explique pourquoi on ne peut pas condamner l'insoumission, mais en même temps pourquoi on ne saurait y pousser les jeunes gens.

La fin de la guerre d'Algérie tarde à venir, malgré l'appui massif de l'opinion métropolitaine à de Gaulle, et malgré

17. M. Péju, « La gauche respectueuse », *Les Temps modernes*, avr.-mai 1960.

l'échec de la tentative de putsch des généraux en avril 1961. Les négociations avec le FLN sont maintes fois interrompues, alors que le Général est désormais acquis à l'idée d'indépendance algérienne. Les partisans de l'Algérie française se jettent dans une fuite en avant meurtrière en créant l'OAS (Organisation Armée secrète). Le 17 octobre 1961, un rassemblement pacifique d'Algériens à Paris s'achève en tuerie. Les manifestations de la gauche contre l'OAS sont réprimées violemment par le pouvoir. Le préfet de police Maurice Papon s'illustre le 8 février 1962, quand des manifestants anti-OAS sont écrasés contre les grilles fermées de la station de métro Charonne. Les attentats se multiplient en métropole, la guerre civile menace. Par deux fois, les plastiquages de l'OAS visent le local d'*Esprit*. Le pouvoir, dans sa lutte contre l'OAS, procède à plusieurs reprises à des saisies, à des poursuites, à des gardes à vue, comme pour équilibrer les arrestations de militaires après le putsch d'avril.

Ces derniers mois de guerre ressoudent la gauche intellectuelle et la gauche politique contre l'OAS, devenue l'ennemi commun ; ils déchirent aussi la droite idéologique : quand *La Nation française*, journal maurrassien dirigé par Pierre Boutang, adopte des thèses favorables à de Gaulle, les collaborateurs les plus proches de l'OAS font scission et s'expriment dans *L'Esprit public*, imprimé sur les presses de *Combat*, dont le directeur Henri Smadja met un local dans les combles de son journal à la disposition des rebelles ; le premier numéro sort le 17 décembre 1960[18]. Raoul Girardet, Jules Monnerot, Jean Brune, Roland Laudenbach, Jacques Laurent, Jacques Perret en sont les principaux animateurs, à côté de militaires anonymes : « Nous nous engageons, proclament-ils dans le premier numéro, à lutter par tous les moyens pour le maintien, dans la république, de l'Algérie, terre pleinement française. » Animés d'une « authentique volonté révolutionnaire », ils n'hésitent pas à comparer de Gaulle à Hitler : « Nous voulons penser que demain un capitaine encore inconnu, à l'âme dure et aux mains sûres, saura préférer la grandeur du refus à la volupté du déshonneur[19]. »

18. Sur cette querelle, voir le témoignage de Ph. Ariès, *Un historien du dimanche*, Seuil, 1980, et R. Girardet, *Singulièrement libre*, Grasset, 1990.
19. Éditorial du 17 février 1961, cité par A.-M. Duranton-Crabol, « *Combat* et la guerre d'Algérie », *Vingtième siècle. Revue d'histoire*, oct.-décembre 1993.

La guerre d'Algérie propulse les intellectuels sur le devant de la scène. Comme jamais depuis l'affaire Dreyfus, hors des partis, au besoin contre eux, ils traduisent, souvent avec passion, la division profonde des Français sur la politique algérienne. A droite, on voit resurgir, pour la première fois depuis la Révolution nationale et la Collaboration, des groupes extrémistes, fascistes, catholiques-nationaux, maurrassiens. Les anciens vaincus s'enhardissent, comme Maurice Bardèche, publiant son manifeste en 1961, *Qu'est-ce que le fascisme ?*. D'anciens intellectuels de gauche, comme Jacques Soustelle, des démocrates-chrétiens comme Georges Bidault, animent des comités de soutien à l'Algérie française, sans craindre de faire alliance avec les pires de leurs anciens adversaires. Les « hussards », qui se piquaient de « littérature dégagée », entrent tous plus ou moins dans le combat pour l'Algérie française, d'Antoine Blondin à Roger Nimier, en passant par Jacques Laurent.

A cette mobilisation de la droite intellectuelle répond largement celle de la gauche. Celle-ci, indépendamment des partis politiques, surtout d'un Parti communiste déjugé, représente durablement la réaction la plus forte à la guerre d'Algérie et ses dilemmes. Unie pour dénoncer la torture, elle est divisée sur la finalité du combat à mener et sur les méthodes : l'affaire Jeanson révèle ses fractures. Entre « l'intellectuel dreyfusard » et « l'intellectuel révolutionnaire », le fossé se creusa dans les deux dernières années de la guerre [20].

Le retour du général de Gaulle suscite des ralliements, dont André Malraux et François Mauriac sont les plus célèbres exemples. Les autres intellectuels, qui le jugent sévèrement au début, deviennent, bon gré mal gré, ses soutiens conditionnels, quand la lutte entre de Gaulle et les officiers putschistes, puis entre de Gaulle et l'OAS menace le pays d'une guerre civile. A la fin, ils doivent admettre ce qu'ils récusaient en 1958 : que de Gaulle a fait la paix, et non la Gauche ; que le Général a su rallier l'opinion, vaincre les ultras civils et militaires, sans jamais se laisser manipuler. La paix de mars 1962 constitue pour les intellectuels de gauche une victoire ; ce n'est pas leur triomphe : dans l'ensemble, ils ont fait une erreur de diagnostic en mai 1958. Parallèlement, les Accords d'Évian représentent une

20. Voir P. Vidal-Naquet, « Une fidélité têtue. La résistance française à la guerre d'Algérie », *Vingtième siècle. Revue d'histoire*, avr.-juin 1986.

lourde défaite pour les intellectuels de la droite idéologique. Mais la guerre d'Algérie leur a offert une revanche sur l'hégémonie de la gauche installée pratiquement sans partage depuis la Libération. Ils ont existé de nouveau.

Il faut encore rendre cette justice aux intellectuels « dreyfusards », dont Pierre Vidal-Naquet fut une des figures courageuses. A la tête du Comité Maurice-Audin, il n'hésite pas à mettre en cause les responsabilités du FLN et du gouvernement français dans le massacre des harkis – ces unités arabo-berbères supplétives que les autorités ont constituées dans la lutte contre le FLN. Mieux encore, le Comité Audin révèle, au grand dam du Parti communiste [21], les tortures infligées aux membres réels ou supposés de l'OAS.

Ces nouveaux dreyfusards étaient largement recrutés chez les chrétiens. On voit le chemin parcouru en soixante ans, depuis l'affaire Dreyfus. C'est une des révélations de ces tragédies : les catholiques, déjà divisés pendant la guerre d'Espagne et pendant l'Occupation, confirment leur pluralisme. Un Robert Barrat est représentatif de ces catholiques de gauche engagés jusqu'au bout en faveur de l'Algérie indépendante : responsable avec quelques autres de *Vérités pour* de Francis Jeanson, collaborateur régulier de *Vérité-Liberté*, il sait aussi être un informateur de De Gaulle, par l'intermédiaire de François Mauriac et du garde des Sceaux, Edmond Michelet – ce qui ne l'empêche pas de faire un séjour en prison à l'automne 1960.

La gauche intellectuelle, dans son ensemble, s'émancipe un peu plus du PCF jugé trop tiède pendant la guerre d'Algérie. Ce processus d'autonomisation par rapport aux appareils est aussi encouragé par le sectarisme du Parti, incapable d'amorcer sa « déstalinisation ». L'approbation donnée par lui à la répression de la Hongrie insurgée l'a discrédité, son manque de conviction dans la lutte pour l'indépendance algérienne (dont le fer de lance, contrairement au cas indochinois, n'est pas un parti marxiste) achève de le perdre aux yeux des intellectuels militants. « Quelque chose s'est brisé entre le PC, les étudiants et les intellectuels », dira – pour rendre compte du Mouvement de mai 1968 – Pierre Vidal-Naquet [22].

21. P. Vidal-Naquet, « L'OAS et la torture », *Esprit*, mai 1962.
22. P. Vidal-Naquet et A. Schnapp, *Journal de la Commune étudiante*, Seuil, 1969.

57

# *La guerre est finie*

Passé les affres de l'année 1962, la France rentre dans la vie ordinaire. En 1963, elle se sent solidaire de ses mineurs de charbon qui amorcent une grève interminable. Ces mines menacées laissent d'ailleurs présager un changement d'époque : la modernisation est devenue un des objectifs majeurs de Georges Pompidou (successeur de Michel Debré) qui va rester six ans à Matignon – un record ! Sur la scène internationale, la tension entre les deux blocs est retombée depuis la crise des fusées de Cuba, où Khrouchtchev cède devant la détermination de Kennedy : on entre dans l'ère de la détente. La *pop-music* des Beatles unit les cœurs à l'échelle planétaire. Le père Teilhard de Chardin, dont les œuvres posthumes font la fortune des éditions du Seuil, l'avait pressenti : le monde « convergeait ».

Le teilhardisme, longtemps censuré par l'Église romaine, suscite des sympathies de tous les horizons. Les catholiques, en lisant *Le Phénomène humain*, s'émerveillent de la nouvelle réconciliation entre la science et la foi. Les théories évolutionnistes de Teilhard harmonisent la vision eschatologique du christianisme avec une réflexion globale sur le cosmos, sur l'univers. Tout le monde puise les raisons d'un regain d'optimisme dans l'idée centrale de convergence et de complexification croissantes. Les commentateurs du savant jésuite font allusion aux rapprochements entre l'Ouest et l'Est ; au rôle du progrès technique, promis à rassembler et à unifier l'humanité ; à la fin des colonisations, autre mouvement de réconciliation. Les communistes ne sont pas les derniers à montrer leur intérêt : Roger Garaudy leur débrouille ce qu'il y a à prendre et à laisser chez ce drôle de révérend père.

En août 1966, *Les Temps modernes*, se rebellant contre les

exégètes béats, publient un article non signé, « L'idéologie technocratique et le teilhardisme ». L'auteur, en analysant l'ouvrage de Louis Armand et Michel Drancourt, *Plaidoyer pour l'avenir*, et, subsidiairement, *Pour une réforme de l'entreprise* de François Bloch-Lainé, montre comment on a exploité l'œuvre de Teilhard pour fonder l'idéologie technocratique. Il est vrai que le teilhardisme autorise une certaine sortie de l'histoire et de la politique. La vision teilhardienne de l'évolution de l'humanité ne s'encombre guère de la chronologie contingente. Embrassant la longue durée cosmique, il ne s'appesantit pas sur les petites misères des hommes, ne traite pas le problème théologique du mal, considérant même les guerres mondiales et les régimes totalitaires comme autant d'étapes de cette marche planétaire vers le point Oméga, l'unification de l'univers. Cette puissante tentative d'historisation de l'humanité se place au-dessus de l'histoire ou au-delà de l'histoire à l'échelle humaine.

Pour revenir à la temporalité banale, ce qu'on appelle « les années soixante » ne compte pas plus d'une demi-douzaine d'années, entre la fin de la guerre d'Algérie et l'explosion de mai 68. La période est assez fortement caractérisée : l'avènement de la société de consommation et des loisirs, l'arrivée à l'âge adulte de la vague du « baby-boom », la « dépolitisation » ou la « fin des idéologies » (ce qui reste à démontrer, mais l'impression vaut autant que la réalité), une révolution médiatique née de la généralisation des téléviseurs, la Coexistence pacifique, la « fin des paysans », le fléchissement de la natalité, le rajeunissement de l'Église par le concile de Vatican II achevé en 1965, en même temps que la chute progressive de la pratique religieuse, le défi du général de Gaulle lancé contre les deux « superpuissances » – et, dans la sphère des idées, le triomphe du structuralisme sur toutes les philosophies de l'histoire.

Le structuralisme devient un débat public. Ceux qui s'en réclament ambitionnent d'en finir avec les idéologies, toutes plus ou moins marquées de religion, au profit de la scientificité. L'important n'est pas de s'attarder à la causalité des phénomènes, mais de rendre intelligible leur fonctionnement, les liens de réciprocité entre les composants, les arrangements internes à l'organisation, la structure. Le système ainsi défini, non par sa genèse, mais par les réseaux relationnels, les rapports de dépendance mutuelle entre les éléments, les écarts et les différences, est, par sa méthode, une autre façon d'évacuer l'histoire. On ne demande plus à celle-ci d'être le sésame de la connaissance. Les disciplines historiennes vont elles-mêmes subir l'influence du structuralisme sous le nom de « nouvelle histoire » : l'événement est relégué à l'accessoire, au bénéfice des phénomènes de longue durée – ce qui, notamment, amenuise l'intérêt des révolutions au profit des permanences, on ira jusqu'à dire : du « temps immobile ».

Claude Lévi-Strauss est le représentant le plus en vue de la mouvance. Après l'*Anthropologie structurale* (1958), il publie *La Pensée sauvage* en 1962, puis *Le Cru et le Cuit* en 1964. Dans un autre domaine, Michel Foucault, qui s'est déjà fait connaître en 1961 par son *Histoire de la folie à l'âge classique*, accède à la célébrité avec son grand livre *Les Mots et les Choses* en 1966. Le structuralisme s'impose aux linguistes (Algirdas-Julien Greimas, Gérard Genette...) ; Jacques Lacan le revendique en psychanalyse (*Les Écrits* en 1966) ; et le marxisme lui-même tombe sous son emprise à travers l'œuvre de Louis Althusser, « caïman » à l'École normale supérieure de la rue d'Ulm. Nourris de *Pour Marx* (1965) et de *Lire le Capital* (1968), ses disciples, émancipés du PCF, seront au cœur de 68 ou au centre du maoïsme français.

En vérité, le structuralisme est né bien avant les années soixante. Son premier ouvrage de référence les *Structures élémentaires de la parenté* de Lévi-Strauss remonte à la fin des années quarante. Cette étude constituait la première tentative d'application en ethnologie du bagage de réflexion théorique propre à la linguistique de Ferdinand de Saussure. Mais les années soixante, fatiguées des idéologies, ouvertes à la science, assurent son réel épanouissement : il faut des modèles explicatifs dégagés de l'idéologie. Reste à savoir si le structuralisme n'est pas lui-même une autre idéologie : quel discours sur la réalité humaine peut honnêtement se vanter d'être rigoureusement enchâssé dans la positivité scientifique ?

Les années soixante voient aussi le succès du Nouveau Roman. Ses fondements théoriques prennent le contre-pied du *Qu'est-ce que la littérature ?* de Sartre. Certes, il y a quelque arbitraire à regrouper sous le même label des écrivains comme Michel Butor, Claude Ollier, Robert Pinget, Jean Ricardou, Nathalie Sarraute, Claude Simon, mais nul ne conteste que le chef de file de la petite troupe est Alain Robbe-Grillet. Son essai *Pour un nouveau roman*, publié en 1963, condamne tout à la fois le sujet (c'est-à-dire le personnage), la narration et l'engagement : « Le roman de personnages appartient bel et bien au passé, il caractérise une époque : celle qui marqua l'apogée de l'individu. Peut-être n'est-ce pas un progrès, mais il est certain que l'époque actuelle est plutôt celle du numéro matricule. Le destin du monde a cessé, pour nous, de s'identifier à l'ascension ou à la chute de quelques hommes, de quelques familles [1]. » Le théoricien refuse l'histoire, réaffirme un nouvel « art pour l'art » à la manière de Flaubert : « L'artiste ne met rien au-dessus de son travail, et il s'aperçoit vite qu'il ne peut créer que *pour rien* [...] ; quel que soit son attachement au parti ou aux idées généreuses, l'instant de la création ne peut que le ramener aux seuls problèmes de son art. » Bon nombre des adeptes du « nouveau roman » ont pris position dans la guerre d'Algérie, signant notamment, comme Robbe-Grillet lui-même, le Manifeste des « 121 ». Ils dissocient cependant la création artistique de leur participation au mouvement de l'Histoire. L'impératif sartrien de la littérature engagée est désormais suranné.

Teilhardisme, structuralisme, nouveau roman, qu'y a-t-il de commun entre ces trois phénomènes ? Leur contemporanéité fait sens, malgré leur hétérogénéité : l'homme-individu, l'homme conscient et agissant n'est plus au centre. Le teilhardisme l'atomise au sein d'une histoire cosmique ; le structuralisme annonce la mort de l'Homme après celle de Dieu ; le nouveau roman relègue le sujet à la marge. Ces convergences restent confuses, et leurs acteurs auraient rechigné à pareille assimilation. Il n'empêche : l'histoire, l'événement, le sujet sont désacralisés.

« Comment supprimer l'histoire ? » se demande Sylvie Le Bon dans le numéro de janvier 1967 des *Temps modernes*. « A cet impossible problème, Michel Foucault propose une solution désespérée : n'y pas penser. L'exclure, sinon du réel, au moins du savoir. C'est le propos de son livre, *Les Mots et les Choses*, et pour le soutenir l'auteur ne recule devant aucun sacrifice. » L'histoire « est liquidée comme telle, car rien jamais ne devient. Tout est en place d'un coup, tout change d'un coup. Positiviste, Foucault se place sans cesse au moment où tout

1. A. Robbe-Grillet, *Pour un nouveau roman*, Éd. de Minuit, 1963 ; rééd. Gallimard, « Idées », 1964, p. 33.

s'est déjà passé, étant bien entendu qu'il fait en sorte, par un habile maquillage de la réalité, de ne jamais se trouver que devant du déjà là ».

Le procès du structuralisme est instruit au nom de l'histoire ; mais aussi au nom de l'humanisme. En février 1968, Mikel Dufrenne, philosophe de la faculté de Nanterre, ami de Paul Ricœur, publie *Pour l'homme*, où il s'attaque à l'arrière-plan philosophique de ces œuvres « structuralistes » ; il les montre convergeant dans l'idée que l'homme – après Dieu – doit mourir, pour que vive le système. Dufrenne s'insurge contre ce règne de l'inhumain, d'où se trouvent exclus l'histoire et le besoin d'une éthique.

Autant dire que Jean-Paul Sartre est en passe d'être détrôné. Il ne s'en porte pas trop mal. L'année 1964 est même pour lui un temps d'apothéose. En janvier, sont édités *Les Mots*, essai d'analyse sur son enfance. La critique salue son retour à la littérature. Certains de ses adversaires habituels se déclarent enchantés. Quel abîme entre ce livre très écrit et l'essai théorique sorti en 1960, *Critique de la raison dialectique* ! Peu de gens d'ailleurs ont lu ce livre écrit douloureusement, à grand renfort de cachets de Corydrane, qui visait à redorer le blason du marxisme (« la seule anthropologie possible [...], la seule qui prenne l'homme dans sa totalité »), à dégager le marxisme de sa gangue stalinienne. « *La Critique*, disait-il, est un ouvrage écrit contre les communistes, tout en étant marxiste. » Sauver le communisme de sa perversion stalinienne, réconcilier le marxisme avec la liberté, tel avait été son projet, auquel il donnera suite sans jamais achever sa tâche. Soudain, avec *Les Mots*, Sartre redevient un grand écrivain, que chacun loue, pour de bonnes ou de mauvaises raisons.

A l'automne, Sartre – consécration suprême – est l'élu annuel du Nobel. Égal à lui-même, il refuse le prix. En aucun cas, il ne peut accepter de voir « institutionnaliser » la révolte : il n'est pas récupérable. En repoussant le Nobel, Sartre continue sur sa lancée d'ennemi radical de la société bourgeoise prônant sans relâche les vertus révolutionnaires.

La pensée engagée n'est pas morte ; elle emprunte de nouvelles voies. La fin de la guerre d'Algérie a instauré une coupure, dont l'effet rejaillit péniblement sur les hebdomadaires de gauche. Leurs ventes fléchissent aussitôt : *L'Express*, qui tirait à plus de 150 000 exemplaires, voit ses ventes réduites de moitié en 1963 ; *France-Observateur* connaît la même infortune, accrue par la mésentente entre ses deux patrons, Gilles Martinet et Claude Bourdet. Il leur fallait trouver une autre formule. Jean-Jacques Servan-Schreiber opte pour le modèle des « news » américains, *Time* et *Newsweek*, un hebdomadaire de petit format, aux articles courts, percutants, lisibles par tous et, ajoutons-le, bien moins engagé. La vente des *Échos* par Émile Servan-Schreiber pourvoit au financement ; le premier numéro de la nouvelle série paraît le 21 septembre 1964, son succès est immédiat. JJ-SS l'avait prévu dans le dernier numéro du grand format : « A l'époque des usines géantes et des synchrocyclotrons, pouvait-on réellement continuer à faire *L'Aurore* de Clemenceau ou *La Gazette* de Théophraste Renaudot ? La réponse est claire. Elle l'était déjà en 1957 ou en 1960, nous le savions. Mais à cette époque, nous ne pouvions pas l'entendre. Les événements et la passion parlaient plus haut que tout : il fallait combattre. *L'Express*, journal d'opinion, se battait, je ne dis pas pour la bonne cause, mais pour la seule. Ces temps s'éloignent de nous à la vitesse des galaxies. » La métamorphose de *L'Express* provoque un certain émoi dans la rédaction. Jean Daniel, le rédacteur en chef, dont le nom s'est affirmé au cours de la guerre d'Algérie, quitte JJ-SS pour diriger *Le Nouvel Observateur*, financé par un de ses amis, l'homme d'affaires Claude Perdriel. Le premier numéro sort le 19 novembre 1964. Alors que *France-Observateur* se transformait en une sorte d'organe du PSU, *Le Nouvel Observateur* élargit son audience et se propose de réconcilier dans ses pages iréniques les diverses voix de la gauche, notamment celles de Sartre et de Mendès France. Tandis que *L'Express* prend ses distances avec un engagement politique trop marqué, *Le Nouvel Observateur* devient le principal hebdomadaire des intellectuels de gauche. Sartre, à qui Jean Daniel a demandé un texte inaugural, dit, au cours d'une longue interview : « Il y a tout de même, en France, une diminution de l'urgence du besoin, et l'on pouvait penser qu'elle entraînerait une dépolitisation des travailleurs. Au contraire, la lutte est en train de prendre une dimension nouvelle, plus vraie, plus humaine, dans la mesure où l'on commence à se battre pour un contrôle réel de l'entreprise par ceux qui y travaillent. On ne lutte plus seulement pour une augmentation des salaires, mais pour un pouvoir ouvrier sur la gestion. » Ici, Sartre se fait très nettement l'écho des idées développées par Serge Mallet, franc-tireur de la sociologie marxiste, qui influe au demeurant sur les analyses du PSU et de la toute récente CFDT, fondée elle aussi en 1964 par une décision de la majorité de la CFTC. Le paysage politique et social a changé.

Quant à l'univers domestique, il explose sous l'effet de ce qu'on nomme la société de consommation. La croissance a non seulement réduit ce que Sartre appelait « l'urgence du besoin », mais elle transforme la vie quotidienne des Français : automobile, machine à laver le linge, amélioration générale de l'hygiène, scolarisation plus longue… bouleversent les ménages. Certains parlent d'« américanisation ». A l'exemple de Jean Fourastié (inventeur plus tard de la formule des « Trente Glorieuses »), des économistes, des publicistes spécialisés évoquent les merveilles de cette croissance exponentielle vouée au bonheur des hommes. Les prophètes de malheur ne furent pas en reste. Les artistes non plus : le prix Renaudot 1965 est attribué à un jeune romancier, Georges Perec, dont *Les Choses* croquent la nouvelle obsession de l'avoir chez les jeunes gens ; Jacques Tati, déjà plaisamment moqueur dans *Mon oncle* (1958), récidive avec *Play Time* (1967) puis *Trafic* (1970) ; Christiane Rochefort décrit *Les Petits Enfants du siècle*, en 1969. Dans la critique des nouveaux genres de vie, deux courants s'affrontent souvent : un marxisme réadapté, dénonçant les dernières ruses du Capital, les avatars de l'aliénation et un moralisme d'origine chrétienne se défiant de la richesse. Les titres des livres parlent d'eux-mêmes : *Les Misères de l'abondance*, de Jean Boniface, *Sois belle et tais-toi*, de Geneviève Rocard et Colette Gutman, *Les Damnés de l'opulence*, de Georges Elgozy. Jean Baudrillard commence à élaborer la théorie de cette société de consommation, que l'homme de la rue préfère en toute simplicité aux temps de pénurie, mais que la vigilance des intellectuels charge de vices rédhibitoires.

Un des objets les plus neufs, les plus passionnants, de cette pensée critique est la vie quotidienne. Henri Lefebvre, qui a quitté le PCF, s'y attache, en montrant en particulier comment les couches les plus pauvres de la société se voient peu à peu exclues du centre des cités pour être entassées *extra-muros* dans les grands ensembles informes. Plus tard, il écrira un *Droit à la ville* ; déjà, à propos de la Commune de Paris de 1871, il avait montré que les travaux d'Haussmann avaient tendu à l'expulsion des ouvriers du centre de Paris vers les arrondissements périphériques puis les banlieues. Une revue, *Arguments*, née de la crise communiste de 1956, et dont la première livraison datait de décembre de la même année, s'était révélée pionnière dans ce déchiffrement et la critique de la vie quotidienne [2]. Edgar Morin, Jean Duvignaud et Kostas Axelos, qui en étaient les trois piliers, après une révision du marxisme, s'étaient attaqués aux grands thèmes laissés en friche par celui-ci : l'amour, les difficultés du bien-être, l'art, les intellectuels, la psychanalyse, l'anthropologie. Hélas ! Malgré l'aide des éditions de Minuit, la revue ne put dépasser l'année 1962. N'empêche : Morin-Duvignaud-Axelos avaient donné le ton, suscité des curiosités ; du coup, *Esprit*, dirigé par un catholique, ose consacrer un gros numéro spécial à la sexualité, à une époque où la contraception reste soumise aux lois répressives.

Le regard critique porte aussi sur les rouages de l'administration, le renouvellement des élites, les verrouillages opposés à la modernisation et à la démocratisation. Le terme de « société bloquée », lancé par le sociologue Michel Crozier, collaborateur d'*Esprit*, fait merveille. En 1963, dans *Le Phénomène bureaucratique*, Crozier montre, à partir d'enquêtes précises, le poids des rigidités bureaucratiques dans une société par ailleurs en pleine évolution, soulignant entre autres que « le pouvoir bureaucratique centralisé est à la fois omnipotent sur le plan de la routine et impuissant devant le problème du changement ». Selon lui, le modèle français bureaucratique crée une série de blocages dans le système social : c'est sous cet angle qu'il analyse notamment les difficultés de la décolonisation aussi bien que les conflits du travail. La résistance au changement risque, présage-t-il, de préparer les conditions d'une crise grave. Dans un autre domaine, Pierre Bourdieu et Jean-Claude Passeron dénoncent, avec *Les Héritiers*, un système scolaire et universitaire fermé aux classes les plus nombreuses, au profit des « fils d'archevêques ». La société bloquée tourne à vide autour du principe de « reproduction » (ce sera le titre d'un nouvel ouvrage de Bourdieu et Passeron, en 1970), incapable d'assurer le renouvellement des élites.

C'est aussi au cours des années soixante, en 1967, qu'on voit se dessiner ce que Robert Lafont, un professeur toulousain,

2. S. Treiner, *La Revue* Arguments *1956-1962*, mémoire de DEA, IEP de Paris, 1987.

appelle *La Révolution régionaliste*. L'idée régionaliste qui jadis faisait partie du bagage des traditionalistes et réactionnaires (Maurras, comme Barrès, promeut la décentralisation et vante les « libertés locales »), cette idée passe à gauche. Lafont, militant de l'Occitanie, défend le régionalisme dans une perspective de socialisme fédératif. Il parle d'un « colonialisme intérieur », d'une « aliénation régionale » et, contre des siècles de centralisation forcée, il se propose de repenser la France.

Cette révolte contre la massification, la standardisation, l'uniformisation croissante des sociétés, devient un nouvel enjeu des luttes politiques. La sauvegarde des entités et des minorités ethnoculturelles mobilise toutes sortes de plumes, y compris celles du *Canard enchaîné*, où écrit régulièrement Morvan Lebesque, attaché à défendre l'entité armoricaine, et qui publiera en 1970 *Comment peut-on être breton ?* Un philosophe venu du marxisme, ancien collaborateur d'*Arguments*, Pierre Fougeyrollas, affirme même en 1968 : « Le régionalisme, c'est la voie d'un nouveau combat contre les forces d'oppression, d'exploitation et de répression. »

A la même époque, on assiste à la métamorphose de la lutte ancienne contre le colonialisme : n'ayant plus de raison d'être après l'indépendance de l'Algérie, elle se mue en lutte anti-impérialiste et tiers-mondiste. La jeune République algérienne, le Cuba de Fidel Castro, bientôt le Vietnam, remplacent dans les cœurs l'Union soviétique. François Maspero, aidé d'une petite équipe, exerce un rôle marquant de libraire-éditeur dans la diffusion des idées sulfureuses. Au cours des dernières années de la guerre d'Algérie, il a lancé la collection des « Cahiers libres », puis la revue *Partisans* qui diffuse les idées de Frantz Fanon, de Che Guevara, de Fidel Castro… Sa librairie, « La Joie de lire », rue Saint-Séverin, au Quartier latin, ne désemplit pas jusqu'à dix heures du soir. Le livre de Pierre Jalée, *Le Pillage du Tiers-monde*, en 1965, devient une petite bible pour les professeurs de gauche. Les nouveaux militants tournent leurs yeux vers le Vietnam et l'Amérique latine. En 1967, l'arrestation de Régis Debray en Bolivie, l'ouverture de son procès qui s'ensuit à Camiri – et, simultanément, la mort du « Che » – mobilisent les jeunes générations. Claude Durand, aux éditions du Seuil, inaugure en janvier 1968 la collection « Combats », avec le *Journal d'un guerillero. La Voix du maquis d'Amérique latine*, puis les *Écrits et Paroles* de Camilo Torrès, fondateur du Front uni du peuple colombien, tué comme Che Guevara, enfin au mois de mai 1968 la biographie du « Che » par Ricardo Rojo. D'évidence, le sort des ouvriers de Billancourt ne constitue plus le souci majeur des nouveaux révolutionnaires.

La politique n'est plus en France ; le pôle d'attraction est ailleurs. Bientôt la Chine de Mao va fasciner, comme jadis la Russie de Lénine. Seul grand événement sur les tréteaux du théâtre intérieur : la première élection présidentielle au suffrage universel, en 1965. Depuis un certain temps, quelques intellectuels rebelles au gaullisme dominant y songeaient. C'est ainsi que le Club Jean-Moulin, créé en mai 1958 et dont le secrétariat était assuré par Georges Suffert, entre en action. Bénéficiant de l'adhésion d'un certain nombre de hauts fonctionnaires, tel Simon Nora, de l'appui des éditions du Seuil où ses analyses sont publiées, le Club Jean-Moulin, accepte de jouer le jeu des nouvelles institutions, malgré les positions de celui qui aurait dû être son candidat légitime, Pierre Mendès France, opposant irréductible à la V^e^ République. Le Club lance une opération « Monsieur X » par le truchement de *L'Express*. L'idée consiste à faire le portrait-robot du candidat de gauche idéal. Semaine après semaine, on peaufine l'esquisse, qui correspond comme par miracle à la personnalité de Gaston Defferre, maire de Marseille, qui n'a jamais été contaminé par le molletisme. C'est un fiasco. Defferre, dont la candidature est révélée avant la fin de la manœuvre, comptait s'appuyer sur une majorité formée grâce à l'alliance entre la SFIO et le MRP – ce qu'il appelle la « grande fédération ». Les dissensions l'emportent. Defferre rend son tablier, mais, sans le vouloir, il a tiré les marrons du feu pour François Mitterrand. Celui-ci se porte candidat de la gauche réconciliée avec communistes et socialistes. Coup de poker réussi : Mitterrand devient le leader de la gauche et légitime sa position en réduisant de Gaulle à un second tour lors de l'élection présidentielle.

Ce succès politique ou politicien laisse sceptiques les intellectuels, également défiants face au PCF et à la SFIO. Certains d'entre eux trouvent des charmes au gaullisme. En avril 1966, un « Manifeste sur la politique extérieure » affirme une adhésion raisonnée de certains à la diplomatie gaullienne : « En accord avec un grand nombre d'électeurs de gauche et en accord avec la majorité des forces de progrès dans le monde, nous soutenons une politique internationale de paix fondée sur le refus d'intégration à des blocs hégémoniques, sur une Europe élargie et réconciliée, et sur la coopération avec les pays du tiers-monde et des nations non engagées, politique actuellement poursuivie au nom de la France. » Cette motion de félicitations adressée à la politique extérieure du Général est signée, entre autres, par Emmanuel d'Astier de La Vigerie, Robert Barrat, Jean-Marie Domenach, Pierre Emmanuel, François Perroux, André Philip, David Rousset, Armand Salacrou et Roger Stéphane.

A la suite d'un commentaire du *Monde*, Domenach justifie sa démarche. Certes, il reste « en désaccord avec bien des aspects de la politique économique et sociale » du gouvernement ; certes, il souhaite une vie politique plus conforme à la démocratie. « Cependant je persiste à croire qu'on n'offre aucune issue à la gauche en l'enfermant dans un antigaullisme systématique. Et au moment où l'opposition de gauche non communiste se compte sur la défense de l'atlantisme, il m'a semblé qu'il était du devoir de ceux qui ont toujours voulu bâtir l'Europe contre les hégémonies et la lier au tiers-monde, d'exprimer sur ce point – et non sur d'autres – leur soutien à la politique actuelle du gouvernement [3]. »

La critique antigaulliste vise l'ordre moral que le régime paraît vouloir instaurer : c'est alors que le film de Jacques Rivette, *La Religieuse*, inspiré de Diderot, subit les foudres de la censure. Domenach n'y trouve rien à redire : « Je tiens la position française à l'égard de la Chine et du Vietnam pour plus importante que l'interdiction de *La Religieuse*. » Il révèle néanmoins que toute la rédaction d'*Esprit* ne partage pas son avis. Au demeurant, à l'élection présidentielle de 1965, la majorité de cette rédaction a voté blanc ou gaulliste [4]. La « vieille gauche » de Mitterrand – l'éternel ministre de la IV^e^ – est à ses yeux autrement ringarde, avec sa réprobation du retrait de l'OTAN (voulu par de Gaulle), que le gaullisme prêchant sur les cinq continents l'indépendance nationale contre les empires. Le conflit principal de l'heure, la guerre du Vietnam, révèle un de Gaulle plus « à gauche » que la gauche non communiste ; son discours de Phnom Penh, le 1^er^ septembre 1966, contre l'intervention américaine, trouble les intellectuels antigaullistes :

3. J.-M. Domenach, « A propos d'un manifeste sur la politique extérieure », *Esprit*, juin 1966.
4. Témoignage personnel.

après avoir réglé le problème algérien, de Gaulle ne se fait-il pas le champion de tous les peuples qui résistent au duopole américano-soviétique ?

La guerre est finie, comme le clame le titre du film d'Alain Resnais et de Jorge Semprun. Eux se réfèrent à la guerre d'Espagne, mais c'est aussi la guerre d'Algérie. La dualité si nette d'hier n'est plus qu'un souvenir. Les groupes intellectuels se sont dispersés ou sabordés. Un nouvel objectif peut recomposer un front : le Vietnam, où les Américains font une guerre contre laquelle se soulèvent les campus d'outre-Atlantique. C'est exotique. Le champ intérieur français, où la gauche non communiste tente de se regrouper derrière Mitterrand, c'est popote. Les intellectuels n'ont sans doute jamais fait l'histoire ; ils en sont moins que jamais les inspirateurs. Rendus plus modestes par la conjoncture, ils ont alors tendance à s'enfermer dans leurs spécialités. Mais l'Histoire, qui n'a jamais dit son dernier mot, les tire soudain de leurs travaux pratiques, au mois de mai 1968. De nouveau, l'événement opère, dans son imprévisibilité, un retour en force ; la pause épistémologique est achevée. Déjà, en 1967, la guerre des Six Jours avait provoqué l'émotion.

# *Le conflit israélo-arabe*

Une image choc de l'année 1967 est celle de chars calcinés, abandonnés dans le désert du Sinaï après la guerre des Six Jours, cet affrontement armé qui, du 5 au 10 juin, oppose Israël à ses voisins arabes, l'Égypte, la Jordanie et la Syrie. Jean-Paul Sartre exprime le dilemme de beaucoup : « La gauche est divisée ? Comment pourrais-je l'en blâmer, moi qui – comme tant d'autres – ressens le conflit judéo-arabe comme un drame personnel[1]... » Si l'intervention américaine au Vietnam provoque une réponse simple selon une ligne de clivage gauche/droite : défense du tiers-monde contre « impérialisme américain », à l'évidence le conflit au Proche-Orient n'est pas une guerre comme une autre. Les intellectuels qui, tel Sartre, ont milité pour l'indépendance algérienne, se sentent solidaires des pays arabes, victimes du colonialisme et de l'impérialisme de l'Occident, mais aussi tenus de défendre l'existence d'un État dont la naissance a été entérinée par l'ONU, et qui est la terre de refuge des rescapés des camps de la mort et de leurs descendants. Dans la guerre des Six Jours se combattent deux causes chères aux intellectuels de gauche, le tiers-mondisme et le soutien aux anciennes victimes de Hitler. Qui est la victime ? Qui est le bourreau ?

Les origines du conflit israélo-arabe remontent à la création même de l'État hébreu, à la suite du vote de l'Assemblée générale de l'ONU, où Américains et Soviétiques mêlent leurs voix. Les États arabes n'ont jamais ratifié cette décision : à leurs yeux, l'établissement de l'État israélien en terre arabe est illégitime. Une première guerre a éclaté en 1948 ; elle provoque l'exode de

1. *Le Nouvel Observateur*, 15 juin 1967.

nombreux Palestiniens dans les pays arabes limitrophes, notamment en Jordanie. La deuxième guerre, celle de 1956, intriquée dans l'expédition franco-britannique sur le canal de Suez, ne résout rien. Israël et ses voisins arabes connaissent un état de tension permanent : incidents de frontières, raids aériens, actions de commando, fusillades… La guerre, entamée en 1948, continue, endémique, intermittente, perpétuelle menace pesant sur un État, non seulement contesté par ceux de la région mais encore voué par eux à l'anéantissement.

Deux faits nouveaux sont à l'origine de cette troisième guerre et troisième acte de la tragédie : d'une part, le secrétaire général de l'ONU U Thant accède, le 19 mai 1967, à la demande du colonel Nasser, de retirer les Casques bleus, stationnés en Égypte et à Gaza depuis la crise de 1956 ; d'autre part, le même Nasser, le 22 mai, décide la fermeture des détroits de Tiran (Akaba) « aux navires israéliens et aux matériaux stratégiques à destination d'Israël », ce qui risque d'asphyxier Israël : « Le drapeau israélien, déclare Nasser, ne passera pas devant nos forces installées désormais devant Charm el-Cheik » (à l'extrême sud du Sinaï). Dans les jours qui suivent, l'escalade verbale continue : « Notre objectif essentiel, déclare Nasser le 28 mai, sera la destruction d'Israël. » Ce *delenda est Carthago* semble d'autant plus menaçant que la République arabe unie du Raïs signe un pacte de défense mutuelle avec Hussein de Jordanie. Israël est pris en tenailles par ses voisins, tandis que la plupart des États arabes manifestent bruyamment leur soutien à Nasser, du Maghreb à l'Irak. Dans le même temps, l'Union soviétique assure les États arabes de son appui, tandis que les États-Unis se posent en protecteurs historiques d'Israël, en déclarant illégale la fermeture du détroit de Tiran. Un conflit éventuel au Proche-Orient risque de déclencher la troisième guerre mondiale. Le 24 mai, de Gaulle propose une réunion des quatre Grands, pour préserver la paix. Son initiative n'étant pas suivie d'effet, le Général déclare, le 2 juin, que « l'État qui le premier emploierait les armes n'aurait pas l'approbation de la France ». L'embargo sur les armes serait alors décidé. En fait, sous cette apparence de neutralité, de Gaulle, qui ne s'attarde pas à condamner le blocus du golfe d'Akaba, se manifeste en faveur des Arabes. Mais si Israël, pour sortir de son encerclement et éviter l'asphyxie, décide une guerre préventive, pourra-t-on, en bonne justice, lui imputer l'agression ?

Dans cette situation brûlante, l'opinion occidentale prend fait et cause pour Israël qui, sur les cartes du Proche-Orient, paraît un nain à côté des géants arabes. Le sentiment général est que leur coalition risque de rayer de la carte l'État hébreu. L'émotion est intense. A la fin du mois de mai, l'opinion, impressionnée par les rodomontades de Nasser et des autres leaders arabes, redoute le pire. Le 30, un « Appel d'intellectuels français en faveur de la paix » réunit les noms de Simone de Beauvoir, Marguerite Duras, Clara Malraux, Pierre Emmanuel, Étiemble, Vladimir Jankélévitch, Edgar Morin, Claude Roy, Jean-Paul Sartre, Laurent Schwartz, Pierre Vidal-Naquet... Leur texte traduit le malaise. Après avoir rappelé leur amitié pour les peuples arabes et leur hostilité à l'« impérialisme américain », ils affirment vouloir défendre « la sécurité et la souveraineté d'Israël, y compris évidemment la libre navigation dans les eaux internationales ». Pour y parvenir, les négociations s'imposent.

Le 1er juin, près de 30 000 personnes manifestent devant l'ambassade israélienne à Paris : « La France avec nous ! », « Israël vivra ! » A côté de nombreux artistes et comédiens, on reconnaît Laurent Schwartz et Vladimir Jankélévitch. Le 2 juin, la guerre paraît imminente. David Rousset, dans l'hebdomadaire gaulliste *Notre République*, livre ses prédictions : « La guerre du Moyen-Orient sera à la fois courte et d'une extrême violence. Si elle éclate, elle ne peut pas ne pas avoir d'immenses conséquences partout dans le monde. La question juive est une question mondiale. La réunion d'urgence des quatre grandes puissances, comme l'a proposé la France, est la dernière chance. Si cette chance n'est pas saisie, il est évident que le monde entier se trouvera plus près qu'il ne l'a jamais été d'une troisième guerre mondiale. » Au cours de cette veillée d'armes, Pierre Vidal-Naquet rappelle l'impératif moral et politique que la majorité des Français partagent : « Le seul problème immédiat est celui du droit absolu, incontestable, d'Israël à vivre [2]. » Jean Daniel, qui déplore la fin d'un « grand rêve » – celui d'une fédération palestinienne judéo-arabe –, pose la question de la survie d'Israël dans les mêmes termes d'urgence : « Israël est-il menacé de mort ? Oui, indubitablement. Peut-on l'accepter ? Non, à aucun prix [3]. » Dix jours plus tard,

2. P. Vidal-Naquet, « Le droit de vivre », *Combat*, 2 juin 1967.

3. J. Daniel, « Faut-il détruire Israël ? », *Le Nouvel Observateur*, 1er juin 1967.

la guerre terminée, Vidal-Naquet évoquera ces journées de tension où s'était formée, malgré de Gaulle et certains gaullistes, une sorte de nouvelle union sacrée : « L'historien que je suis a enfin compris, non plus intellectuellement mais physiquement, ce qu'ont été les journées de juillet-août 1914 à Paris et à Berlin [4]. »

Il y a néanmoins des voix dissonantes. *L'Humanité* dénonce « les éléments les plus réactionnaires [qui] poursuivent une campagne de haine contre les peuples arabes et d'excitation à la guerre » (5 juin). Jacques Debû-Bridel s'alarme que tant d'« antisémites notoires » fassent chorus avec les sionistes : « Leur amour des Israéliens n'est-il pas essentiellement leur haine des Arabes ? [...] – haine provoquée par leur nostalgie du colonialisme défunt [5] ? » L'immense majorité des Français soutient cependant les Israéliens : « Le cœur de la France est instruit de la simplicité du cas d'Israël », écrit Maurice Clavel, qui se remémore les jours de la capitulation à Munich : « J'ai comme dix-sept ans, en 1938. Je sens, j'entends, je respire, dans l'air qui m'est proche, tous les mots, les accents, les airs compatissants et les parfaites nuances de tous les bons apôtres d'alors. Ma mémoire est pleine, éclate presque. [...] J'ajoute que ces apôtres, à l'époque, m'ont convaincu. C'est ainsi qu'à dix-sept ans je suis devenu un lâche. Ce fut très dur à remonter. Ils ne m'auront plus [6]. » A la veille de l'offensive, une autre pétition circule, un « Appel du Comité de solidarité française avec Israël » qui exprime sa sympathie au peuple israélien et qui est signé, entre autres, de Raymond Aron, Marcel Aymé, Jean Cau, Roland Dorgelès, Jean Dutourd, Jean Fourastié, Jean Guéhenno, Eugène Ionesco, Thierry Maulnier, François Mauriac, le prix Nobel André Lwoff, Jules Romains, Nathalie Sarraute..., tandis que des cortèges se forment sur les Champs-Élysées et à Saint-Germain-des-Prés, mêlant des drapeaux israéliens aux drapeaux tricolores. Le cœur de la France est à Tel-Aviv.

Une partie de l'opinion, émue à l'idée qu'Israël pourrait disparaître, bascule quand l'armée juive lance son attaque à l'aube du 5 juin et remporte des succès immédiats, atteignant d'un côté

4. P. Vidal-Naquet, « Après », *Le Monde*, 13 juin 1967.
5. J. Debû-Bridel, « La poudrière n'a pas sauté », *Notre République*, 2 juin 1967.
6. M. Clavel, « Écraser l'infâme », *Le Nouvel Observateur*, 7 juin 1967.

Charm el-Cheik et, de l'autre, le canal de Suez, après avoir anéanti l'aviation égyptienne au sol. Très vite, la Jordanie, puis la RAU et la Syrie acceptent le cessez-le-feu – ce qui n'empêche pas les troupes israéliennes de conquérir le plateau du Golan. Le 8 juin, Nasser, jugé comme un traître dans les États arabes, offre sa démission, puis revient sur sa décision le lendemain à la demande de ses fidèles. Le 10, l'URSS annonce la rupture de ses relations diplomatiques avec Israël. A cette date, on assiste à l'arrêt général des combats : des milliers d'Égyptiens errent en déroute dans le Sinaï.

Face au succès militaire écrasant des Israéliens, un certain nombre d'intellectuels réagissent. Une nouvelle pétition circule, dénonçant les « visées annexionnistes » de l'État d'Israël, qui « participe objectivement à l'offensive générale de l'impérialisme américain ». Elle recueille les signatures de Maxime Rodinson, Jean-Pierre Vigier, Gérard Chaliand, Charles Bettelheim, Pierre Naville, Jean Dresch, Robert Merle, François Châtelet… C'est de bonne guerre. En revanche, l'antisémitisme qui se fait jour est de moins bon aloi. En mai, un article de Bernard Cabanes, dans *Carrefour*, intitulé « Quand des Israélites font le malheur d'Israël », a donné le ton : « Si Israël survit, il faut le constater en toute objectivité, ce ne sera vraiment pas la faute d'une grande partie de la Diaspora. » Et de citer les responsables du mal, qui avaient noms Marx, Trotski, les communistes juifs comme Wurmser, Mendès France : « Pourquoi tant de Juifs travaillent-ils au malheur de leurs frères [7] ? »

Sartre est déchiré. Jusque-là, très absorbé par son rôle de président du tribunal Russell, reconstitué en novembre 1966 pour juger les crimes de guerre de l'armée américaine au Vietnam, il s'est consacré aux conférences de presse, meetings, comités entre Paris et Stockholm. La guerre des Six Jours le place devant un choix douloureux, lui l'ami des Juifs et des Arabes. Il en résulte, au début de l'été, un énorme dossier de près de mille pages, publié dans un numéro *bis* des *Temps modernes*, composé à part égale d'articles d'origine juive et d'articles d'origine arabe. Pas un dialogue. Une coexistence de deux séries de points de vue inconciliables. Le directeur de la revue explique la cruauté du choix pour lui et ses collaborateurs : « Si, comme j'ai fait, on risque le voyage et qu'on voit, aux alentours de

7. *Carrefour*, 11 mai 1967.

Gaza, la mort lente de réfugiés palestiniens, les enfants blêmes, dénourris, nés de parents dénourris, avec leurs yeux sombres et vieux ; si, de l'autre côté, dans les kibboutzim frontaliers, on voit les hommes aux champs, travaillant sous la menace perpétuelle, et les abris creusés partout entre les maisons, si l'on parle à leurs enfants, bien nourris, mais qui ont, au fond des yeux, je ne sais quelle angoisse, on ne peut plus rester neutre ; c'est qu'on vit passionnément le conflit et qu'on ne peut pas le vivre sans se tourmenter sans cesse, l'examiner sous tous ses aspects et lui chercher une solution tout en sachant fort bien que ces recherches sont vaines et qu'il en sera – pour le meilleur et pour le pire – comme les Israéliens et les Arabes décideront. » Sartre refuse de se dire *neutre* : « Absents, voilà ce que nous sommes [8]. »

Le 10 juin, Israël a gagné, Israël vit, mais le conflit entre Israël et les Arabes reste latent. Que faire ? Jean Daniel souhaite qu'un quatrième conflit armé soit évité. Il préconise l'acceptation par l'État hébreu d'un État palestinien [9]. Vidal-Naquet redoute à la fois le chauvinisme israélien, que la présence au sein du gouvernement de l'« ancien chef terroriste Menahem Begin » risque de renforcer, et, parallèlement, l'humiliation ressentie par les Arabes, grosse de tous les dangers. Il suggère un « règlement d'ensemble impliquant à la fois la reconnaissance d'Israël par les États arabes et une satisfaction aux aspirations nationales des Arabes de Palestine [10] ». Même son de cloche à la revue *Esprit* : « La seule négociation capable d'empêcher que la guerre ne recommence est celle qui liera la reconnaissance d'Israël à une solution juste des problèmes posés par son installation en Palestine, en particulier celui des réfugiés [11]. » Raymond Aron, soulagé de voir Israël sauvé de la destruction, n'est pas pour autant optimiste : « La victoire militaire a sauvé Israël, mais la seule victoire authentique serait la paix. “Du sang, de la sueur et des larmes”, est-ce que sortira, cette fois, autre chose que la haine, encore avivée par l'humiliation ? Espérons-le contre toute espérance [12]. » Jacques Berque, sympathisant avec

8. J.-P. Sartre, « Pour la Vérité », *Les Temps modernes*, n° 253 *bis*, 1967.
9. *Le Nouvel Observateur*, 14 juin 1967.
10. P. Vidal-Naquet, « Après », *loc. cit.*
11. *Esprit*, juill.-août 1967, p. 162.
12. R. Aron, « Les ironies tragiques de l'Histoire », *Le Figaro*, 14 juin 1967.

la cause arabe, parle d'un « outrage [qui] constitue, pour ceux qui le subissent, un titre de plus à d'inéluctables retours[13] ». Bref, les augures s'accordent à annoncer une nouvelle guerre de cent ans.

Dans les mois suivants, l'attention se déplace du Proche-Orient, où Israël a repoussé très loin ses frontières (du canal de Suez au plateau du Golan et de la Méditerranée à la mer Morte), à l'Hexagone, où la guerre des Six Jours a réactivé la « question juive ». De Gaulle y contribue pour beaucoup par les mots inattendus qu'il prononce dans sa conférence de presse du 27 novembre. Une phrase tout particulièrement : « Certains même redoutaient que les Juifs, jusqu'alors dispersés, qui étaient restés ce qu'ils avaient été de tout temps, un peuple d'élite, sûr de lui et dominateur, n'en viennent, une fois qu'ils seraient rassemblés, à changer en ambition ardente et conquérante les souhaits très émouvants qu'ils formaient depuis dix-neuf siècles : *L'an prochain à Jérusalem.* » Aussitôt dans le numéro de *L'Express*, le dessinateur Tim traduit à sa manière l'inconvenance que contenait l'algarade du Général. Son dessin représente un juif en tenue de déporté, campé fièrement, un pied sur un fil barbelé, avec pour légende : « Un peuple d'élite, sûr de lui et dominateur. » De tous ceux qui, naguère ou jadis, ont manifesté de la sympathie au général de Gaulle, un des plus blessés est Raymond Aron. A la fin de 1967, il consacre la première partie de son nouveau livre, *De Gaulle, Israël et les Juifs*[14], à cette fameuse conférence de presse de novembre. Il est choqué d'avoir entendu le président de la République parler d'un « peuple juif », à travers des stéréotypes nationaux dignes des conversations du café du Commerce. Qu'avait-il besoin de qualifier ainsi les juifs pour expliquer sa position ? « Les Juifs de France ou, pour mieux dire, du monde entier, ont immédiatement saisi la portée historique des quelques mots prononcés le 27 novembre 1967 par le président de la République française : les antisémites (et M. Xavier Vallat n'a pas eu un instant d'hésitation) recevaient du chef de l'État l'autorisation solennelle de reprendre la parole et d'user du même langage qu'avant le grand massacre. L'antisémitisme d'État, d'un coup, devenait de nouveau *salonfähig*, comme disent les Allemands. [...] Le

13. J. Berque, « La troisième étape », *Le Monde*, 11-12 juin 1967.
14. R. Aron, *De Gaulle, Israël et les Juifs*, Plon, 1968.

général de Gaulle ne pouvait pas ne pas prévoir les réactions passionnelles [qui s'ensuivirent]. Aucun homme d'État occidental n'avait parlé des Juifs dans ce style, ne les avait caractérisés comme "peuple" par deux adjectifs. Ce style, ces deux adjectifs, nous les connaissons tous, ils appartiennent à Drumont, à Maurras, non pas à Hitler et aux siens. » Et Aron, plus accusateur encore, d'affirmer : « Je dirai que le général de Gaulle a, sciemment, volontairement, ouvert une nouvelle période de l'histoire juive et peut-être de l'antisémitisme [15]. »

Depuis la Libération, la question juive est partout refoulée en France, aussi bien par les antisémites vaincus, ceux qui n'ont pas achevé leur carrière sous les douze balles de l'épuration, que par les philosémites, voire les juifs eux-mêmes. Ceux-ci, réchappés du génocide, entendent ressembler le plus possible à leurs compatriotes : distinguer le juif, l'histoire juive, du Français non juif et de l'histoire nationale de la France, leur semble une autre manière de continuer à porter sur leur poitrine l'étoile jaune. Le retour du refoulé eut lieu en 1967. Il est difficile d'apprécier l'influence de la conférence de presse du Général en la matière. Aron a- t-il raison ? N'exagère-t-il pas ? Le sûr est que la victoire écrasante des Israéliens ne pouvait que contrecarrer la « politique arabe » de De Gaulle, par ailleurs si mécontent de l'enthousiasme des juifs en France. Doit-il pour autant parler du « peuple juif » au lieu de se contenter d'appeler les Israéliens par leur nom ? Toujours est-il que l'antisémitisme s'est redressé à ce moment-là : les vieux antisémites tiennent leur revanche. Certains antisionistes de gauche eurent tendance à confondre antisionisme et antisémitisme, tandis que d'autres, s'efforçant d'établir la distinction, se virent traiter abusivement d'antisémites. Parallèlement, une nouvelle conscience juive émerge en France.

Les juifs de France sont, à l'instar de Raymond Aron lui-même, depuis longtemps assimilés. Sartre, dans ses *Réflexions sur la question juive*, publiées en 1946, démontrait avec brio comment ces Français d'origine juive devenaient « Juifs » sous le regard de l'antisémite. Eux-mêmes ne formaient aucune sorte de « communauté », à l'exception de la minorité religieuse. En 1962, l'exode des pieds-noirs vers la métropole signifie l'arrivée des juifs dits « sépharades » qui doublent la population

15. *Ibid.*, p. 17-18.

juive de France, avant tout « ashkénaze ». Ces nouveaux venus, ayant eu à subir en Afrique du Nord la double hostilité des musulmans et des chrétiens, ont une conscience juive bien plus forte ; ils sont moins intellectuels, mais plus religieux. Alors que les « ashkénazes » se fondent dans la société, les « sépharades », hauts en couleur et en accent, affichent leur identité juive sans complexe. La guerre des Six Jours achève de souder, non pas tous les juifs de France, mais, du moins, une forte partie d'entre eux, qu'on entend particulièrement pendant la crise du Proche-Orient de mai-juin 1967. Solidaires d'Israël, ils le manifestent ouvertement dans la rue. Ils en ressentent le triomphe de juin comme une immense joie après l'angoisse. Comme l'écrit Vidal-Naquet : « Au sein de l'Europe, les Juifs se voyaient enfin vengés sur le dos des Arabes, hélas ! de l'accusation tragique et stupide : s'être laissé conduire à la mort "comme des moutons"[16]. » Le vieil antisémitisme avait dénié aux juifs deux professions, l'agriculture et le service des armes. La façon dont les Israéliens ont transformé le désert en oasis agricoles a effacé la première humiliation depuis des années. Le *Blitzkrieg* de 1967 place désormais l'armée juive parmi les meilleures du monde : la stratégie, la rapidité d'exécution, la victoire foudroyante au terme d'une bataille sur plusieurs fronts, ces jours de gloire restituent leur fierté aux juifs de France comme à tous les juifs du monde.

En France, on n'osait même pas parler des « Juifs », ce mot sonnant comme une injure. On disait : « israélite », de peur d'être pris pour un antisémite. Mais, à vrai dire, peu de pays avaient nourri autant les vieux préjugés antijuifs, alors même que la Révolution avait émancipé les juifs. Des écrivains, et pas des moindres, avaient répandu ce que Poliakov devait appeler en 1955 le « bréviaire de la haine », chacun à sa façon : Barrès, Drumont, Maurras, Céline, Brasillach, Drieu La Rochelle, Jouhandeau… Le régime de Vichy et la Collaboration ayant compromis la mémoire ou les œuvres de ces antisémites renommés, les Français feignirent de ne pas être atteints par un mal à leurs yeux spécifiquement allemand. La guerre d'Algérie avait même réconcilié les antisémites avec les juifs, contre l'ennemi commun, l'Arabe. De ce point de vue, la guerre des Six Jours marque une inflexion notable de la question juive. Tandis que

16. P. Vidal-Naquet, « Après », *loc. cit.*

les juifs, réchauffés par une nouvelle fierté *via* Israël, hésitent de moins en moins à s'affirmer comme juifs, les antisémites, le plus souvent sous couvert d'antisionisme, réentonnent leurs couplets, sous des formes insinuantes pour tourner la loi. Il est frappant aussi – l'exemple d'Aron est assez probant – de voir des Français d'origine juive, non pratiquants ou agnostiques, parfaitement assimilés, qui n'ont jamais confondu leur sort avec les destins d'Israël, brusquement tirés de leur quant-à-soi, solidaires d'une terre d'asile menacée d'anéantissement et de ses habitants voués à une haine inexpiable par la propagande des États arabes.

Aron avait lu les *Réflexions sur la question juive* de Sartre. Celui-ci était un des rares philosophes ou écrivains français à se colleter avec la question de l'antisémitisme – un tabou que les historiens et les essayistes non juifs ne transgressaient guère à l'époque. Aron expliquera dans ses *Mémoires* les deux objections qu'il faisait à Sartre. La première, au cœur de son analyse, faisait du juif un juif par le seul regard de l'autre. « Si l'on prend pour modèle un Juif déjudaïsé comme j'étais, non croyant, non pratiquant, de culture française, sans culture juive, il devient vrai de dire que le Juif est tel pour et par les autres et non pour soi. Mais le Juif à papillotes, qui se balance en disant sa prière devant le Mur des Lamentations, appartient à un groupe historique que l'on appellera à juste titre juif, juif en soi et pour soi. » La deuxième objection d'Aron s'attache au portrait que Sartre brossait de l'antisémite, auquel il prêtait une essence. En fait, il y avait bien des façons d'être antisémite, il tenait à ne pas les réduire au modèle sartrien.

Certains juifs, assimilés comme Aron, refusaient toute espèce de solidarité avec les juifs en général et avec Israël en particulier. C'était le cas notamment de Roger Stéphane, avec lequel Aron se brouilla après la conférence de presse du Général. Plus radicalement encore, certains juifs de France, comme Maxime Rodinson, prenaient parti pour les Arabes contre les Israéliens. Aron ne s'en émeut pas : au nom de quoi obligerait-on un juif sans religion à défendre les intérêts d'Israël en toute circonstance ? Quant à lui, il s'aperçut qu'un changement en lui-même s'était produit après la célèbre conférence de presse du Général. Claude Lanzmann, collaborateur de Sartre, le remercia de son *De Gaulle, Israël et les Juifs* : « Les "grandes voix", écrivez-vous, se sont tues. Aucune n'eût parlé avec cette rigueur et ce souci du vrai qui permettent de vous suivre en presque tout, et d'estimer toujours totalement [17]. »

Parmi « les grandes voix », celle de Mauriac n'a pas relevé le propos qui a fait bondir Aron. Il s'explique ainsi : « Je l'ai dit et le redis : je ne ferai pas semblant d'admettre que dans cette guerre de six jours Israël fut l'agresseur ; mais je comprends que de Gaulle s'interdise un seul mot qui puisse porter atteinte à cette constante de la politique française depuis Charlemagne, depuis François Ier, ou, sans remonter au déluge, depuis Évian, et qui est l'entente de la fille aînée de l'Église avec le grand Turc [18]. »

*De Gaulle, Israël et les Juifs* est le seul ouvrage qu'Aron consacra au judaïsme et à l'antisémitisme. C'était surtout un recueil d'articles, ouvert par un long texte polémique sur la conférence de presse du 27 novembre. D'un de ses articles, l'auteur dira plus tard, à la télévision : « Le fait est que j'ai écrit alors un article pathétique [...]. Pour une fois, c'était un article passionné. Pendant un moment, de manière erronée, d'ailleurs, j'ai eu peur qu'Israël ne fût en danger. Mais Israël n'était pas réellement en danger. Sa supériorité militaire était incontestable. Ce que j'avais écrit auparavant devait m'épargner cette émotion [19]. » L'intellectuel le moins sensible en apparence n'avait pu résister à l'« explosion d'un sentiment », à l'idée qu'Israël pourrait mourir. La peur arrache aux esprits les plus lucides des cris d'animal traqué et leur raison bat en retraite. Raymond Aron, plus concerné qu'à l'accoutumée, avait connu cet empire de l'émotion et en faisait lui-même l'aveu.

17. R. Aron, *Mémoires*, *op. cit.*, p. 522.
18. F. Mauriac, *Bloc-Notes*, *4*, *op. cit.*, p. 548.
19. R. Aron, *Le Spectateur engagé*, Julliard, 1981, p. 242.

## 59

# *68 : Sartre s'enflamme, Aron s'énerve*

Les journées tumultueuses de mai-juin 1968 en France gardent encore une partie de leur énigme. Passées au peigne fin de l'analyse critique, historique, politique, elles échappent à une pleine intelligibilité. Imprévues, il n'est même pas sûr qu'en dépit de leur intensité dramatique elles aient eu une influence en profondeur sur la société et les institutions françaises. Elles ont probablement provoqué, indirectement, le départ du général de Gaulle en 1969, à la suite d'un référendum raté ; elles ont conduit à la réforme Edgar Faure de l'Université française... Elles ont sans doute marqué une génération, modifié des comportements, aidé la France à entrer dans une nouvelle ère de communication : le bilan reste encore à dresser. Gilles Deleuze et Félix Guattari, qui furent des philosophes en vue des années suivantes, écriront en 1984 : « Mai 68 est plutôt de l'ordre d'un événement pur, libre de toute causalité normale ou normative. [...] Ce qui compte, c'est que ce fut un phénomène de voyance, comme si une société voyait tout d'un coup ce qu'elle contenait d'intolérable et voyait aussi la possibilité d'autre chose[1]. »

L'explosion du milieu étudiant, à partir de l'agitation puis de la fermeture de la faculté de Nanterre, prit tout le monde de court. Aucun écrivain, aucun philosophe, aucun théoricien n'a allumé le feu qui, s'amplifiant, va embraser la rue, le monde du travail, et finalement toutes les strates de la société, famille, école, administration, Églises, médias, et le reste.

Sartre, à la pointe de la protestation contre la guerre du Vietnam, et qui a présidé le tribunal Russell, vient d'en publier les

1. G. Deleuze, F. Guattari, « Mai 68 n'a pas eu lieu », *Les Nouvelles*, 3-9 mai 1984.

conclusions en décembre 1967, poursuit la rédaction de son « Flaubert » (*L'Idiot de la famille*), sans manquer son déjeuner du dimanche avec sa mère à la Coupole ni ses heures de piano chez sa fille adoptive Arlette, ni ses rendez-vous avec Wanda, Michelle Vian, le Castor. Surpris par l'ampleur des manifestations étudiantes, consécutives à l'évacuation de la Sorbonne le 3 mai, Sartre leur donne sans tarder son soutien : avec Blanchot, Gorz, Klossowski, Lacan, Lefebvre, Nadeau, il signe une pétition qui paraît dans *Le Monde* daté du 10 mai : « La solidarité que nous affirmons ici avec le mouvement des étudiants dans le monde – ce mouvement qui vient brusquement, en des heures éclatantes, d'ébranler la société dite de bien-être parfaitement incarnée dans le monde français – est d'abord une réponse aux mensonges par lesquels toutes les institutions et les formations politiques (à peu d'exceptions près), tous les organes de presse et de communication (presque sans exception) cherchent depuis des mois à altérer ce mouvement, à en pervertir le sens ou même à tenter de le rendre dérisoire… »

Les signataires rattachent tout naturellement le mouvement français aux divers mouvements étudiants aux États-Unis, au Japon, en Allemagne, en Italie…, sans en donner la clé, sans en fournir le sens eux-mêmes, sinon en termes très vagues. L'important est d'être *avec* les étudiants révoltés. Interrogé par Radio-Luxembourg, Sartre explique que les étudiants ne veulent pas d'« un avenir qui sera celui de leurs pères, c'est-à-dire le nôtre […], un avenir qui a prouvé [*sic*] que nous étions des hommes lâches, épuisés, fatigués, avachis par une obéissance totale et complètement victimes d'un système clos… La violence est la seule chose qui reste, quel que soit le régime, aux étudiants qui ne sont pas encore entrés dans le système que leur ont fait leurs pères et qui ne veulent pas y entrer [2]… »

Cette analyse qui fait la part belle au conflit des générations n'a rien de marxiste, Sartre ne propose que des généralités, ajoutant, modeste : « Ce n'est pas à nous de leur donner des conseils car, même si on a protesté toute sa vie, on est toujours un peu compromis dans cette société-là. » De tout cœur avec la révolte qu'il a toujours portée en lui et dont l'esprit anime aujourd'hui les étudiants, bientôt « la jeunesse entière », Sartre entre en contact avec les meneurs. L'un d'eux, Alain Geismar,

2. Cité par A. Cohen-Solal, *op. cit.*, p. 587.

maître de conférences à la Sorbonne, est heureux de venir expliquer leur cause à Beauvoir et à Sartre. Sartre rencontre aussi Daniel Cohn-Bendit, leader du Mouvement du 22 Mars : *Le Nouvel Observateur* publie leur entretien. Le philosophe se déclare solidaire, mais incapable de dispenser le moindre mot d'ordre. « Ce qu'il y a d'intéressant dans votre action, dit-il, c'est qu'elle met l'imagination au pouvoir. » Il ne faisait que reprendre un slogan de la rue. « Quelque chose est sorti de vous, qui étonne, qui bouscule, qui renie tout ce qui a fait de notre société ce qu'elle est aujourd'hui. C'est ce que j'appellerai l'extension du champ des possibles. N'y renoncez pas [3]. » Sartre parle à la deuxième personne, il sympathise, il applaudit, mais il n'est pas, ou pas encore, *dans* le mouvement.

La vague des manifestations étudiantes qui monte jusqu'à la « nuit des barricades » du 10 au 11 mai, la grève générale du 13 contre la « répression policière », le mouvement social sans précédent qui s'amorce le 14 par l'occupation de l'usine Sud-Aviation à Nantes, bientôt huit à neuf millions de grévistes, tous ces faits précipités suscitent la peur des uns, l'excitation des autres. Un nouveau souffle balaie le vieux pays. Maurice Clavel se fait l'un des chroniqueurs les plus enthousiastes du Mouvement de Mai, dispensant son soutien lyrique dans *Le Nouvel Observateur* et *Combat*. L'exactitude historique n'est pas le plus net de ses soucis. Dans un article du 5 mai, où il célèbre déjà la « résistance » (au monde, à la société de consommation, au non-être) faisant « irruption » à Nanterre et à la Sorbonne, il écrit : « Au reste, l'entrée des flics en Sorbonne après dix siècles est une grande première… » Ceux qui étaient étudiants du temps de la guerre d'Algérie et ont senti plusieurs fois la violation du « sanctuaire » lors des bagarres opposant partisans et adversaires de l'Algérie française s'étonnent. Clavel n'est pas à cela près : « dix siècles » sonnent autrement fort que « dix ans ». Détail, certes, mais significatif de l'emphase et de l'hyperbole qu'inspirent les journées de mai 68 à certains « leaders d'opinion ». Clavel ne fait pas dans la dentelle, mais dans l'Absolu, dans l'âme, dans le cosmique. Il récuse Descartes, crie sa foi en Dieu avec des traits de flamme, et bénit ces étudiants qui refusent de devenir des « cadres ». Pendant toute la crise, Clavel garde le ton d'un prêcheur de parousie,

3. *Ibid.*

s'en remet aux « contestataires » et au Saint-Esprit, se réclame de Jeanne d'Arc et de Cohn-Bendit. Pour quoi faire ? « Imaginez, écrit-il. Lézardez en tous sens le monde. Comment ? Vous trouverez [4]. »

A lire Clavel, on imagine ce que les esprits pondérés peuvent ressentir. Mais les esprits pondérés se tassent, attendent que l'incendie s'éteigne, restent cloîtrés. L'un d'eux, cependant, refuse d'abandonner la scène aux seuls choristes de l'intelligentsia de gauche et aux étudiants dans les amphithéâtres. Le 15 mai, Raymond Aron, livrant ses « réflexions d'un universitaire » au *Figaro*, se range du côté « des enseignants, plus soucieux de leur métier que d'une croisade sans croix ou d'une lutte sans objet ». Le lendemain, il exprime son espoir d'un dialogue avec les étudiants : « Le déchaînement actuel porte en lui, sur le plan de l'histoire, plus de périls que d'espérance, mais les acteurs du drame, refusant les mots d'ordre conventionnels, étrangers aux vieux partis, offrent, malgré tout, la chance d'une totale disponibilité. »

Dominant les commentateurs, les Claude Lefort, Edgar Morin, François Mauriac, qui se distinguent dans un sens ou dans un autre, Sartre et Aron cristallisent sur leurs noms et autour de leur conflit le débat intellectuel de Mai 68, bien que ni l'un ni l'autre n'aient prise sur l'événement. Le 20 mai, Sartre accepte d'intervenir dans le grand amphithéâtre de la Sorbonne où, depuis sa réouverture décidée par le Premier ministre Georges Pompidou, les discussions les plus exaltées s'enchaînent, tandis que les « groupuscules » trotskistes, maoïstes, anarchistes et autres tentent de faire prévaloir leurs points de vue à coups de motions impétueuses. Les étudiants accueillent Sartre en héros, le bombardent de questions les plus disparates. Fatigué, en peine de leur tenir un discours cohérent, il déclare toutefois que le PC et la CGT ne sont pas dans la course : « Ce qui est en train de se former, c'est une nouvelle conception d'une société basée sur la pleine démocratie, une liaison du socialisme et de la liberté [5]. » Vieux rêve qui refleurit dans un temps où, là-bas, à l'Est, ses premiers bourgeons fleurissent dans le « Printemps de Prague ».

Après un bref cycle de conférences, du reste écourté, aux

4. M. Clavel, « L'imagination au pouvoir », *Combat*, 3 juin 1968.
5. *Le Monde*, 22 mai 1968, cité par A. Cohen-Solal, *op. cit.*, p. 590.

États-Unis, Aron se décide à intervenir pour faire entendre la voix de la raison. C'est ainsi qu'il rencontre en vain Mendès France, le 27 mai, au matin même du meeting de Charléty, où PMF se trouve, quoique silencieux. Le 29, au moment du grand vide laissé par le départ incroyable du général de Gaulle, Aron se sent rasséréné par un coup de téléphone d'Alexandre Kojève, le grand spécialiste de Hegel, qui lui dit que tout le chambardement en cours n'est qu'une pseudo-révolution, puisqu'il n'y a pas de morts : un « ruissellement de connerie[6] ». Alors que Kojève meurt brusquement six jours plus tard, à Bruxelles, d'une crise cardiaque, Aron se rallie à son interprétation : Mai 68, un « psychodrame ». Il participe à la massive manifestation gaulliste du 30 mai sur les Champs-Élysées, après avoir applaudi à l'allocution décisive du Général à la radio dans l'après-midi. Au cours des jours suivants, *Le Figaro*, empêché de paraître par la grève des ouvriers, est de nouveau dans les kiosques. Aron entame une série d'articles sur « la crise de l'Université » à partir du 11 juin, dont le premier avait la forme d'un appel : « Ni l'opinion publique ni le gouvernement n'ont encore compris la gravité de la crise. La jeunesse s'agite dans tous les pays du monde, mais, en France, la révolution estudiantine, par suite de circonstances diverses, revêt un caractère unique. Les étudiants de Prague ou de Varsovie se révoltent pour obtenir des libertés que possèdent les étudiants français. Ces derniers formulent nombre de revendications légitimes à partir de griefs authentiques. Mais une faible minorité d'entre eux, à la faveur de la capitulation de beaucoup d'enseignants, grâce à l'innocence politique de la masse des étudiants et des professeurs traditionnels, sont en train de réussir une opération proprement subversive, que se refusent à comprendre ministres, parents d'élèves, enseignants, étudiants : ils veulent acculer pouvoir universitaire et pouvoirs publics à l'alternative du terrorisme du "pouvoir étudiant" ou de la fermeture pure et simple, pour une durée indéfinie, des facultés des lettres (la situation semble moins grave dans les autres facultés). Je m'adresse à tous, mais d'abord à mes collègues, de toutes opinions, aux étudiants, aux meneurs comme aux manipulés. J'invite tous ceux qui me liront et qui trouveront dans mes propos l'écho de leurs inquiétudes à m'écrire. Peut-être le moment est-il venu, contre la conjuration de la lâcheté et

6. N. Baverez, *op. cit.*, p. 394.

du terrorisme, de se regrouper, en dehors de tous les syndicats, en un vaste *comité de défense et de rénovation de l'université française* [7]. »

Cet appel du 11 juin est entendu. Aron reçoit un abondant courrier, qu'il dépouille avec le concours d'Emmanuel Le Roy Ladurie, Alain Besançon, Annie Kriegel, Jean Baechler, Kostas Papaïoannou, et de quelques autres. Étiemble l'approuve, se déclare prêt à contresigner « sans modifier une virgule » l'analyse d'Aron : « Depuis douze ans, ajoute-t-il, moi aussi, j'ai tenté, toujours en vain, de faire accepter quelque réforme ; il m'a fallu douze ans pour obtenir un morceau de bureau, cette année précisément, et pour le voir aussitôt occupé par des "étudiants" que je n'ai jamais vus. Mais que faire, "comme dit Lénine", pour aider nos collègues de gauche et de droite à ne pas agir comme des gens du milieu ? Plus personne qui pense, qui ose contredire les sacro-saints adolescents à tronçonneuses, masses d'armes, qui compissent les livres. [...] Et donc, merci de garder la tête froide, le jugement comme toujours lucide. Je sais bien que sur l'impérialisme américain nous ne serons jamais d'accord ; mais pour l'instant, il s'agit de notre pays, de l'université. Je vous serre chaleureusement la main [8]. » Le comité préconisé se constitue le 21 juin ; y participent notamment Michel Crozier, François Bourricaud, Raymond Boudon, Jacqueline de Romilly, François Crouzet...

Raymond Aron s'est mis en avant, sans crainte de s'exposer. Car, à côté des lettres de félicitations, il y a les réprimandes, les injures, les menaces. Sartre sait dès lors quel ennemi désigner. Le 19 juin, dans une interview au *Nouvel Observateur*, il s'en prend à l'ancien « petit camarade » : « Je mets ma main à couper que Raymond Aron ne s'est jamais contesté et c'est pour cela qu'il est, à mes yeux, indigne d'être professeur. Il n'est évidemment pas le seul, mais je suis bien obligé de parler de lui car il a, ces derniers jours, beaucoup écrit [9]. » Contre Aron, Sartre défendait l'élection des professeurs par les étudiants, la participation des étudiants aux jurys d'examen, un enseignement pour la masse et non pour l'élite. « Cela

7. Reproduit dans R. Aron, *La Révolution introuvable*, Fayard, 1968, p. 169-170.

8. Lettre d'Étiemble à R. Aron, 13 juin 1968, Archives personnelles R.A., citée par N. Baverez, *op. cit.*, p. 396-397.

9. J.-P. Sartre, *Situations VIII*, *op. cit.*, 1972, p. 188.

suppose évidemment d'autres méthodes d'enseignement. Cela suppose qu'on s'intéresse à tous ses étudiants, qu'on essaie de se faire comprendre de tous, qu'on les écoute autant qu'on leur parle. Cela suppose qu'on ne considère plus, comme Aron, que penser seul derrière son bureau – et penser la même chose depuis trente ans – représente l'exercice de l'intelligence. Cela suppose surtout que chaque enseignant accepte d'être jugé et contesté par ceux auxquels il enseigne, qu'il se dise : *"Ils me voient tout nu."* C'est gênant pour lui, mais il faut qu'il en passe par là s'il veut redevenir digne d'enseigner. Il faut, maintenant que la France entière a vu de Gaulle tout nu, que les étudiants puissent regarder Raymond Aron tout nu. On ne lui rendra ses vêtements que s'il accepte la contestation. »

Aron, qui se donne la peine de parler sérieusement des œuvres de Sartre – Claude Lefort lui a même reproché son indulgence pour la *Critique de la raison dialectique* –, ne croit pas bon de répondre à une attaque aussi peu digne d'un philosophe. *Le Nouvel Observateur* publie tout de même quinze jours plus tard une lettre collective de protestation, signée entre autres par Alfred Grosser, Jean Baechler, Pierre Hassner, Pierre Nora, Kostas Papaïoannou, qui ne partagent pas nécessairement les vues d'Aron sur la crise, mais qui sont ulcérés par le propos de Sartre.

Au-delà de la petite polémique, Aron et Sartre auront encore l'occasion de s'exprimer sur Mai. A la suite d'une interview donnée au journal allemand *Der Spiegel*, Sartre reprend son texte et le complète pour en faire une brochure, *Les communistes ont peur de la révolution*. Il s'y livre à une attaque en règle contre la gauche politique qui trahit la gauche « sociale », les communistes en 1968 imitant les socialistes de Léon Blum en 1936, freinant des quatre fers le mouvement en marche, pour éviter la révolution. Il observe que le PCF et la CGT ont mis en avant des revendications ouvrières purement matérielles et fait chorus avec de Gaulle dès que celui-ci a parlé d'élections. Sartre reste convaincu de la possibilité d'une révolution, même si ses formes sont à inventer. Les étudiants ne peuvent être qu'un détonateur. Il espère voir se constituer un mouvement révolutionnaire « hors du PC et à sa gauche ». « Je crois même que c'est inévitable et que c'est la seule chose qui peut "débloquer" la politique du PC en permettant aux véritables révolutionnaires qui y demeurent encore de faire entendre leur voix et d'imposer une nouvelle orientation du Parti [10]. »

De son côté, Raymond Aron rédige en juillet une vue générale sur le Mouvement de mai : *La Révolution introuvable* atteint un vaste public dans une France encore mal remise de ses émotions printanières. L'auteur n'épargne ni l'utopie étudiante ni les faiblesses incroyables du pouvoir gaulliste. Les élections de la fin juin ont révélé la peur sociale et amené une « Chambre introuvable ». Le professeur de la Sorbonne est taxé de « fascisme » par les soixante-huitards désireux de poursuivre le mouvement sous d'autres formes. Alfred Fabre-Luce, qui ne craint pas la démagogie, lui reproche de n'avoir pas tenté de comprendre les étudiants révoltés, et de les avoir ainsi abandonnés à la direction des extrémistes. Edgar Morin lui écrit : « En ce qui concerne l'affaire “mai 68”, j'ai l'impression que, pour la première fois, vous vous êtes départi de votre rôle d'observateur serein, sceptique de l'événement et que votre système de refroidissement-moteur s'est trouvé grippé [11]. »

L'émotion du professeur indigné l'a-t-elle emporté sur la raison ? Aron ne donne pas de la crise de Mai une forte théorie : il admettait, au fond, ce que de Gaulle avait appelé son caractère « insaisissable ». Il ne manquait pas de faire allusion à ses collègues, ajoutant un chapitre à son *Opium des intellectuels* : « Que faire dans un pays dont l'un des corps constitués les plus importants, à savoir les intellectuels chargés de gloire, n'admire que la destruction, sans concevoir un ordre susceptible de remplacer celui qu'il veut détruire ? Je n'ai pas de réponse. Les intellectuels exercent normalement une fonction critique. Après tout, j'ai toujours critiqué volontiers les gouvernements français de telle sorte qu'on ne saurait m'accuser ni de conformisme, ni de servilité à l'égard du Pouvoir, mais la fonction critique devient nihilisme lorsqu'elle dénonce la société globalement sans aucune représentation d'une autre société, lorsqu'elle prêche le culte de la violence pure [12]. »

Aron, non sans courage, s'est découvert. Il se dit réformiste, non conservateur. Les étudiants en révolte et l'intelligentsia de

10. J.-P. Sartre, *Les communistes ont peur de la révolution*, Éd. John Didier, 1968. Repris dans *Situations VII*, *op. cit.*, p. 223.

11. Lettre d'E. Morin à R. Aron, du 14 octobre 1968, citée par N. Baverez, *op. cit.*, p. 401.

12. R. Aron, *La Révolution introuvable*, *op. cit.*, p. 136.

gauche le classent parmi les réactionnaires. Quand il se rend en novembre à Tübingen, pour recevoir le prix Montaigne, la cérémonie est déplacée à l'Institut de biologie en dehors de la ville, en raison des protestations étudiantes. Pis, selon Raymond Aron, le professeur von Beyme, chargé de répondre au récipiendaire, lui fait la leçon au lieu de l'éloge académique habituelle. Dans l'impossibilité de répliquer sur-le-champ, Aron écrit au recteur de l'université de Tübingen pour protester contre le mauvais traitement infligé par Klaus von Beyme : « Permettez-moi de vous le dire avec la même brutalité dont il a témoigné à mon égard : il m'a rappelé les professeurs allemands des années trente qui trahissaient leur devoir académique pour obtenir la tolérance des étudiants révoltés (à l'époque, nationaux-socialistes) [13]. »

L'année 1968 perd un peu plus le communisme dans l'esprit des jeunes militants et dans l'intelligentsia. Le Parti s'est défié dès le début du mouvement étudiant qu'il ne contrôle pas. Louis Aragon, pourtant, s'est démarqué de son Comité central, lui et son hebdomadaire *Les Lettres françaises*. Reconnu boulevard Saint-Michel, le 9 mai, brutalement interpellé par Cohn-Bendit, il ne se dérobe pas à la discussion ; elle est orageuse. Cela n'empêche pas l'écrivain déjà âgé – il a dépassé les soixante-dix ans – de consacrer un numéro spécial des *Lettres françaises* aux étudiants et aux enseignants. Dans un éditorial anonyme, Aragon dit son admiration « pour les jeunes gens que l'on calomnie » : « Ce mai de Paris ouvre une ère nouvelle où nul ne peut douter que le peuple français une fois de plus ne sache reconnaître les siens [14]. »

La véritable épreuve pour Aragon va venir d'ailleurs. De cette Tchécoslovaquie du « Printemps de Prague », dont son journal a parlé avec tant de sympathie, en s'ouvrant aux écrivains tchécoslovaques. C'est en Suisse, où il se repose en compagnie d'Elsa, qu'il apprend l'invasion du 21 août par les chars soviétiques. Le PCF, pour la première fois, publie une protestation ; le CNE, un communiqué, par lequel il dit sa solidarité avec la « lutte courageuse » de « nos amis tchécoslovaques » contre « l'envahisseur ». La *Literatournaïa Gazeta*, à Moscou, ayant récusé ce texte, Aragon répond dans *Les Lettres françaises* du 11 septembre par un article intitulé « J'appelle un chat

13. Cité par N. Baverez, *op. cit.*, p. 405. On nuancera l'attitude d'Aron en se reportant au discours de Klaus von Beyme, publié dans *Attempto*, 1968, n° 31-32, p. 48-53.
14. Cité par P. Daix, *op. cit.*, p. 518.

un chat », qui le prend de haut. Peu après, il rédige la préface du roman de Milan Kundera, *La Plaisanterie* : « Et voilà qu'une fin de nuit, au transistor, nous avons entendu la condamnation de nos illusions perpétuelles. Que disait-elle, cette voix d'ombre, derrière les rideaux encore fermés du 21 août, à l'aube ? Elle disait que l'avenir avait eu lieu, qu'il ne serait plus qu'un recommencement. Cette voix qui depuis ne se tait plus, qui impose d'appeler vertu le crime, qui appelle aide au peuple de Tchécoslovaquie l'intervention brutale par quoi le voilà plongé dans la servitude. Cette voix du mensonge qui prétend parler au nom de ce qui fut un demi-siècle d'espoir de l'humanité. Par les armes et le vocabulaire ? Ô mes amis, est-ce que tout est perdu ? »

La « vieille crapule stalinienne », comme disait Cohn-Bendit, renâcle, cette fois. Aragon n'ira pas jusqu'à démissionner de son parti, même quand celui-ci, après la courte condamnation de l'intervention militaire des Soviétiques, s'aligne sur la « normalisation » opérée. Aragon paiera néanmoins ses incartades de la perte programmée de son journal, *Les Lettres françaises*. Dès janvier 1969, l'URSS résilie tous ses abonnements. Les autres pays de l'Est suivirent. Le coup s'avérera mortel pour la trésorerie de l'hebdomadaire. Il survivra jusqu'en 1972, tant qu'un compromis tacite permit au poète de sauver sa propre liberté sans engager son parti.

Le double événement de 1968, le Mouvement de Mai et la fin du « Printemps de Prague » écrasé par l'invasion soviétique, porte un nouveau coup au prestige du communisme. Pour la première fois, le PCF a été contesté massivement sur sa gauche. Déjà à la fin de mai, les cortèges étudiants en passant devant les bureaux de *L'Humanité* scandaient : « PC-trahison ! » Le gauchisme aux cent visages constitue désormais une force réelle qui, au nom de Mao, de Trotski ou de Bakounine, prend le Parti communiste pour une de ses cibles, tout comme celui-ci avait longtemps considéré la « social-démocratie » comme son ennemie.

Dans la sphère de la politique traditionnelle, la CFDT s'est montrée plus avancée que la CGT, mais le PSU ne réussit pas, aux élections de juin, la percée que ses militants envisageaient encore au stade Charléty. Le mouvement révolutionnaire « hors le PC et sur sa gauche » rêvé par Sartre peut-il s'affirmer ? Pendant quelques années, le gauchisme va en entretenir l'illusion :

l'anticommuniste n'était plus forcément un « chien », puisqu'il pouvait être *à gauche* du PC. Le début des années soixante-dix verra s'accuser la divergence entre le mouvement d'union de la vieille gauche – socialistes du nouveau PS et communistes demandeurs d'alliance – et les anciens combattants de Mai décidés à rester fidèles au drapeau rouge ou au drapeau noir.

La question qui se pose était celle du marxisme lui-même. Il revient à Maurice Clavel de la formuler au mois de juillet : « Ma thèse, écrit-il, ce n'est pas que le marxisme est dépassé intellectuellement – ce qui ne voudrait rien dire – mais dépassé par l'Histoire, brûlé, comme une gare par un train trop rapide. Rien n'a jamais été exactement marxiste, et ne le sera plus. Il faut s'y résigner. Sa chance historique est passée. [...] Depuis le grave ébranlement du Front populaire, le capital aidé par les gigantesques progrès techniques, s'est tant et si bien adapté à déglutir son contraire, que les conquêtes matérielles du prolétariat marxiste l'intègrent et l'enfoncent dans le système, l'aliènent, cette fois à l'intérieur de lui-même, l'assoupissent plus que jamais. Ce serait le sens profond du graffiti anarchiste qui m'a, pour le moins, amusé : "*Le marxisme est l'opium du peuple*"[15]. » De fait, l'agitation gauchiste des années suivantes devait apparaître à beaucoup comme le temps des derniers soubresauts de la doctrine qui avait fasciné tant d'intellectuels.

15. M. Clavel, « Avec un communiste », *Le Nouvel Observateur*, 22 juillet 1968.

# 60
# *Les heures chaudes du gauchisme de Jean-Paul Sartre à Michel Foucault*

Les années qui suivent l'explosion de Mai 68, et jusqu'au milieu des années soixante-dix, offrent un contraste saisissant entre la France « pompidolienne » – Georges Pompidou succédant au général de Gaulle après la démission de celui-ci en avril 1969 – et la France « gauchiste ». Plusieurs sondages d'opinion effectués dix, quinze, vingt ans plus tard, révèlent la mémoire satisfaite de ces années Pompidou considérées comme une époque de croissance, d'ordre, sous le magistère d'un Chef à la fois solide et débonnaire. Ce fut pourtant une période d'agitation continue, de remise en cause profonde de la société, dans le droit fil des insurrections, tantôt naïves, tantôt inspirées, du Mouvement de Mai. Le vent de l'esprit-qui-toujours-nie soufflait si fort que le Premier ministre désigné, Jacques Chaban-Delmas, déroula devant une des assemblées les plus conservatrices de la V^e^ République – cette « chambre introuvable » sortie de la peur de 68 – un discours-programme sur la « nouvelle société » qui, inspiré par Jacques Delors et Simon Nora, fut un des plus prometteurs de l'esprit de réforme.

Cela n'est que poudre aux yeux pour la contestation gauchiste qui fuse de toutes parts, fulmine contre tout : le système scolaire, la réforme universitaire d'Edgar Faure, le service militaire, les médias, la condition féminine, la répression de l'homosexualité, la détention carcérale, les asiles d'aliénés et la psychiatrie en général, sans oublier le monopole exercé par le Parti communiste sur le mouvement ouvrier, alors que la révolution reste pour beaucoup le seul horizon qui vaille la peine de vivre. Au cours de ces années, Sartre ferraille sur tous les fronts, apporte ici sa caution, donne là son aide concrète, parle dans les meetings, participe à un tribunal populaire, apostrophe le pouvoir, signe des textes sanglants, vend des journaux interdits dans la rue… A soixante-cinq ans et plus, il vit la jeunesse qu'il n'a pas eue, dans la chaleur d'une camaraderie abolissant les âges.

La rentrée universitaire suivant mai 1968 est laborieuse. La réforme Edgar Faure a remplacé les anciennes facultés par des universités ; certaines sont créées de toutes pièces comme le Centre universitaire de Vincennes, dont les bâtiments flambant neufs ouvrent leurs portes dès le mois de décembre 1968. « Vincennes », comme on l'appelle, polarise, avec Nanterre, la majorité des étudiants et des enseignants qui ont participé au Mouvement, à des degrés divers. C'est dans ces lieux périphériques que l'opposition la plus violente à la « participation » se manifeste : affrontements entre communistes (qui défendent le principe des élections) et gauchistes (qui les dénoncent comme un leurre), assemblées générales houleuses, interventions policières, dégradations des bâtiments et du matériel, graffiti partout, slogans à l'emporte-pièce, les plus excessifs s'employant à exécuter physiquement le mot d'ordre : « Détruire l'Université. » Paul Ricœur, un des grands noms de la philosophie française, qui a accepté le poste de président de la nouvelle université de Nanterre, en est la victime expiatoire, acculé à la démission en mars 1970, après avoir subi les affronts de la part des « enragés ».

*Le Nouvel Observateur*, dont certains collaborateurs ont contribué à l'élaboration de la loi Faure, demande à Sartre, en mars 1969, son avis et sur la loi et sur l'attitude des gauchistes. Sans hésiter, Sartre approuve entièrement la violence des étudiants, qui n'est qu'une « contre-violence ». La loi Faure est une « réforme-bidon », une « mystification pure et simple ». A ses yeux, le régime n'offre que trois possibilités aux étudiants : « se pendre – par horreur de la société que nous leur avons faite –, se vendre – cela veut dire se foutre de tout et, qui sait ? en venir à se pendre dans quelques années – ou s'unir, conserver leur pouvoir négatif, mener une guerre d'escarmouches contre les vieux qui les gouvernent, rallier, dès qu'ils pourront, le gros des travailleurs, force principale de la révolution, et foutre le régime en l'air[1]. »

Ce long entretien, où Sartre vitupère « cette putain, l'*Alma*

1. J.-P. Sartre, « La jeunesse piégée », propos recueillis par S. Lafaurie, *Le Nouvel Observateur*, 17 mars 1969. Repris dans *Situations VII*, *op. cit.*, p. 243.

*Mater* », n'atteint pas les cimes de la pensée, fût-elle dialectique. Ainsi, contre toute vraisemblance, et alors qu'il évoque les études de lettres et de sciences humaines, il avance que l'Université, « sélectionniste », établit ses programmes « en fonction des besoins de l'industrie privée », tandis qu'il évite de prononcer le moindre mot sur les Grandes Écoles. Ces propos ultracistes ou incohérents trahissent la gêne de Sartre. Les étudiants, à eux seuls, ne sauront rien faire de sérieux, tant qu'ils ne pourront, comme en Mai, réussir à « associer les travailleurs à leur lutte » : la « classe ouvrière » reste l'agent historique nécessaire pour faire « sauter » le régime de la bourgeoisie.

Dans un entretien beaucoup plus élaboré donné au *Manifesto*, animé par l'ancienne députée communiste Rossana Rossanda, Sartre en vient à discuter d'une des grandes questions débattues par le gauchisme : le prolétariat révolutionnaire a-t-il ou non besoin d'un parti ? Il fournit une belle dissertation, digne du cacique à l'agrégation qu'il a été. Thèse : le parti est nécessaire à la masse qui, sans lui, resterait *sérielle*. Antithèse : tout parti tend infailliblement à sa propre institutionnalisation et, à son tour, « sérialise » les masses ; son but est son propre devenir, il se protège contre l'innovation, contre les groupes « en fusion », bref, il devient « un frein à toute tentative révolutionnaire ». Synthèse : il faudrait un parti qui ne soit pas un parti, qui dépasse le parti, un parti qui ne monopolise pas tout, qui laisse se développer à ses côtés les conseils, les groupes en fusion, les essais d'autogouvernement… Ce qui supposerait « une tension permanente ».

Ce genre de débats, déjà entendu cent ans plus tôt au sein de la Première Internationale, rajeunit. L'édition des vieux classiques révolutionnaires connaît du reste un vrai *boom*. A côté de François Maspero, déjà installé, et qui, on l'a vu, publie en plus de ses collections la revue *Partisans* ; des éditions du Seuil, où Claude Durand nourrit la collection « Combats » de tous les brûlots, et où Jacques Julliard, enseignant à « Vincennes » et membre actif de la CFDT, édite ou réédite, notamment dans « Politique », marxistes, syndicalistes révolutionnaires, conseillistes, trotskistes, et Mao lui-même (*Le Petit Livre rouge*), des dizaines de petites maisons fleurissent, dont l'une des plus actives, Champ libre, est dirigée par Gérard Lebovici. Christian Bourgois met à la portée de tous, dans sa collection de poche « 10/18 », une grande partie de cette littérature révolutionnaire, avec un bel éclectisme. Marcuse, dont on a tant parlé en 68 – censé avoir inspiré le mouvement – mais que peu de gens avaient lu, était désormais offert au grand nombre, grâce à la collection de poche « Points » lancée en 1970 par le Seuil et réservée aux essais : *L'Homme unidimensionnel*, dont la traduction a d'abord paru aux éditions de Minuit, est l'un de ses premiers grands succès. Le sommet de cette efflorescence livresque est l'année du centenaire de la Commune, en 1971 : tous les éditeurs, y compris les plus conservateurs, concourent à la publication soit d'ouvrages nouveaux (que dominaient les travaux de l'historien Jacques Rougerie), soit d'inédits anciens, soit de rééditions en tout genre. La télévision d'État, bonne fille, alimente le feu d'artifice, tandis que les militants menacent de prendre d'assaut la basilique du Sacré-Cœur de Montmartre, édifiée en réparation des crimes de la Commune [2]. Sur quoi, du reste, une controverse éclate au sein même de l'Église, où les « curés rouges » qui ne se sont pas défroqués en 68 tiennent la dragée haute aux porteurs de soutanes. Dans le genre gauchiste et prophétique, un dominicain disert et extatique se fait particulièrement remarquer, le révérend père Cardonnel, qui, entre autres, dépose au mois de juin 1970 au procès intenté à deux membres de la Gauche prolétarienne, responsables du journal maoïste *La Cause du Peuple*, Jean-Pierre Le Dantec et Michel Le Bris.

La Gauche prolétarienne, professant un maoïsme activiste, était devenue le groupe gauchiste le plus en vue. Les deux derniers directeurs de *La Cause du Peuple* avaient été arrêtés et écroués, malgré l'intervention du R.P. Cardonnel, pour « délits de provocation aux crimes contre la sûreté de l'État et apologie du meurtre, du vol, du pillage et de l'incendie ». Sartre s'avisa alors de prendre la direction du journal. Il se déclare bien décidé à mettre les autorités publiques en demeure de ne pas confondre le droit commun et les droits politiques : « En prenant les fonctions de directeur-responsable, j'affirme ma solidarité avec tous les actes qui, comme ceux qui ont été incriminés, traduiront la violence qui existe aujourd'hui *réellement* dans les masses pour en souligner le caractère révolutionnaire. S'il plaît au gouvernement de me déférer à la justice, il ne pourra empêcher mon procès d'être politique. » Le mythe de la violence créatrice

2. M. Winock, « La Commune 1871-1971 », *Esprit*, décembre 1971.

plane au-dessus des multiples actions dont les groupes gauchistes entretinrent la chronique ces années-là.

Le procès se conclut par une condamnation de Le Dantec à un an de prison ferme. La Gauche prolétarienne est dissoute ; elle va poursuivre ses activités subversives dans la clandestinité. Une association des Amis de *La Cause du Peuple* lance une vente sauvage du journal. C'est ainsi qu'on vit dans la rue Jean-Paul Sartre, Simone de Beauvoir, Jean-Edern Hallier, Sami Frey et Patrice Chéreau, crier le titre de la publication mao, à la stupeur des passants et au grand profit des photographes. Que font, que veulent ces « maos », dont les noms seraient connus plus tard, en d'autres domaines, les Pierre Victor (Benny Lévy), les Serge July, les Alain Geismar, les frères Olivier et Jean Rolin ? S'agit-il vraiment de politique ? Maurice Clavel, qui ferraille toujours dans *Combat* et *Le Nouvel Observateur*, et qui va se rendre célèbre en décembre 1971, pour avoir quitté une émission de télévision en direct sur cette exclamation qui révèle l'ancien comédien qu'il avait été : « Messieurs les censeurs, bonsoir ! » – Clavel, donc, aime bien les « maos ». Il discerne chez eux les apôtres de cette « Résistance nouvelle », l'insurrection de l'esprit contre l'oppression du monde : « On m'oppose leur confusion, leur stérilité, leur fanatisme, leurs divisions. Je veux bien, je veux bien, mais, entre nous, on en a vu d'autres naguère, avant que l'histoire et l'hagiographie ne les peignent et ne les lisent… Et puis le propre de l'oppression de ce monde est d'être diffuse et confusément ressentie. L'analyse en est difficile. Et le début de la délivrance d'un être étouffé dans son intime est évidemment convulsif. En tout cas, il y a exactement deux ans qu'une partie de la jeunesse française s'est brusquement vouée à la liberté du monde et au bonheur de l'humanité, en quoi elle est un sel, un sel brut, si l'on veut, mais un sel de la terre [3]. »

Le maoïsme devient aussi une mode intellectuelle. En avril 1971, le groupe de la revue *Tel Quel* publia au Seuil, dans la collection « Combats », le livre-reportage d'une députée italienne, Maria-Antonietta Macciocchi, *De la Chine*. Ce gros missel plein de piété naïve rappelle le genre « voyage en URSS » d'avant le fameux pétard de Gide. Macciocchi exalte la Révo-

3. M. Clavel, *Combat. De la Résistance à la Révolution*, Flammarion, 1972, « A tort ou à raison », p. 245.

lution culturelle – sans se demander combien de morts elle avait causées – qui a servi, paraît-il, à « consolider la dictature du prolétariat », car le Parti en Chine, qui est bien « l'appareil dominant » est *sous* la dictature du prolétariat, et le « dépérissement de l'État » va bon train, grâce à « l'irruption des masses dans la superstructure ». Quelle bonne nouvelle : on peut enfin lâcher la terre de promission soviétique, qui n'est plus qu'un champ de navets, pour filer à pleines voiles vers la Chine enchantée. *De la Chine*, bien reçu par la presse, et spécialement par *Le Monde*, qui, sous la direction de Jacques Fauvet, soutient la mode maoïste, obtient un succès de librairie flatteur. Le fait qu'il s'agisse d'une véritable machine de guerre contre les partis communistes occidentaux y contribue. Le PCF interdit, du reste, la vente du livre de Macciocchi à la fête de *L'Humanité*. Entre les « maos » et les « révisos » (les révisionnistes, c'est-à-dire les communistes), c'est la guerre.

C'est le moment où Philippe Sollers et *Tel Quel*, qu'il dirige, tournent casaque, passant de l'idéologie communiste aux idéogrammes maoïstes. *Tel Quel* a été lancée en 1960 au Seuil par Philippe Sollers, dont les premiers romans ont suscité le parrainage spontané et parallèle de Mauriac et d'Aragon, et au Seuil même le soutien éclairé de Jean Cayrol. Entouré de quelques jeunes écrivains de sa génération, Jean Ricardou, Jean-Edern Hallier, Jean-René Huguenin, Jean Thibaudeau, Denis Roche, Jean-Pierre Faye, de Julia Kristeva, qui allait devenir sa femme, Sollers publie aussi dans sa revue et sa collection Roland Barthes, Michel Foucault, Jacques Derrida, Francis Ponge, Gérard Genette, Tzvetan Todorov, Umberto Eco, acquérant une légitimité d'avant-garde littéraire, ce qui l'amène nécessairement à une politisation, sujette à maint virage mais toujours péremptoire et argumentée (« Toute activité littéraire est en un point politique et ceux qui refusent cette relation ne font qu'énoncer une position réactionnaire classique, bien connue », *dixit* Sollers [4]). Le Mouvement de Mai a pris Sollers et sa revue à contre-pied : en 1968, ils donnent carrière à leur philocommunisme, au point d'approuver l'invasion de la Tchécoslovaquie par les troupes du pacte de Varsovie. Réancrage dans l'esprit du temps : en 1971, et jusqu'en 1976, *Tel*

4. Cité par B. Calinescu, « Les représentations de la Chine chez les intellectuels français : le cas de la revue *Tel Quel* (1971-1976) », mémoire de DEA, IEP de Paris, 1995.

*Quel* devient l'un des lieux raffinés de la pensée « mao ». Les telquéliens tiennent, comme jadis les surréalistes, qu'il faut donner une « écriture d'avant-garde » à la révolution en cours ; ils rêvent d'allier le marxisme et le freudisme, Althusser et Lacan : cet autre « marxisme » à forger, le maoïsme en devint la référence imaginaire. L'interdiction du livre de Macciocchi à la fête de *L'Humanité* en septembre 1971 fournit l'occasion de la rupture définitive de *Tel Quel* avec le PCF, la revue affirmant sa nouvelle ligne « chinoise » par une « Déclaration sur l'hégémonie idéologique bourgeoisie/révisionnisme », qui renvoie dos à dos capitalistes et communistes français : « A bas la bourgeoisie corrompue !/ A bas le révisionnisme pourri !/ A bas leur binarisme de super-puissance !/ Vive *De la Chine* !/ Vive la Chine révolutionnaire !/ Vive la pensée-maotsétoung ! » Dans les numéros suivants, on loue la Chine, sa culture, son écriture, sa pensée, sa médecine, ses femmes, sa réalité révolutionnaire (prodige de la Révolution culturelle) : « Chez Mao, écrit Sollers, matérialisme et dialectique arrivent à un degré jamais constaté de précision, d'efficacité, de clarté [5]. »

Au printemps 1974, Sollers et les siens – Julia Kristeva, Marcelin Pleynet –, accompagnés de Roland Barthes et de François Wahl, se rendent dans « l'Empire du Milieu » à l'invitation des Chinois, d'où ils rapportent la confirmation de leurs certitudes, exposées en long et en large dans les numéros qui suivent de *Tel Quel*. Barthes et Wahl publient alors dans *Le Monde* des articles ou distanciés (pour le premier) ou carrément critiques (pour le second). Sollers réplique en envoyant une lettre au journal de Fauvet : les uns et les autres n'ont pas vu la même chose. François Wahl est accusé d'une « méconnaissance totale des difficultés rencontrées par Mao pour maintenir et développer la théorie du matérialisme dialectique ».

Mais déjà le maoïsme français est en baisse. La Gauche prolétarienne s'est autodissoute à la fin de l'année 1973, et les attaques contre la Chine aussi bien que les révélations sur la Révolution culturelle commencent à saper le mythe. En cette même année 1974, au moment où les numéros spéciaux de *Tel Quel* vantent encore les promesses du régime de Pékin, paraît *Ombres chinoises* du sinologue belge Simon Leys, dans la collection « 10/18 ». L'auteur qui, dans *Les Habits neufs du prési-*

5. *Art-Press*, n° 2, 1974.

*dent Mao*, un an plus tôt, a entrepris une œuvre de désintoxication, passée inaperçue, démonte les récits naïfs des pèlerins du maoïsme, en analysant les « ombres » gigantesques de l'Éden asiatique, et se moque des gogos du tourisme révolutionnaire, dans lequel tout est impeccablement organisé, prévu, agencé, pour laisser au voyageur la meilleure impression de sa visite : « Les autorités maoïstes ont effectué un étrange prodige ; à l'usage des étrangers, elles ont réussi à réduire la Chine – cet univers immense et divers qu'une vie entière ne suffirait pas pour explorer ne fût-ce que superficiellement – aux dimensions étriquées d'un même petit circuit invariable. » C'est ainsi que les visiteurs ignorent « la vraie réalité de la Chine » : les campagnes, où se décide le destin du pays entier. Simon Leys dépeint la Chine comme une dictature stalinienne qui ne dit pas son nom – un « irréductible antagonisme des travailleurs et des autorités, les premiers étant soumis à l'exploitation de ces dernières [6] ».

Cet ouvrage décapant trouve un relais dans les articles et les livres d'un certain nombre de sinologues français, que publie *Esprit*, notamment dans un dossier sur « La Chine sans lyrisme » en juin 1974. Un ouvrage de la collection « Politique » de Jacques Julliard au Seuil en 1976, *Regards froids sur la Chine* de Claude Aubert, Lucien Bianco, Claude Cadart, Jean-Luc Domenach, met un terme définitif aux illusions que, du *Monde* à *Tel Quel*, on a entretenu sur le pays du Grand Timonier. En cette même année 1976, la mort de Mao coïncide avec la fin du maoïsme en Occident.

Le terrain des « luttes » s'est depuis longtemps déplacé, comme en témoigne, au début des années 1970, l'ascension au sommet de Michel Foucault dans le paysage intellectuel. Au cours des années précédentes, *Les Temps modernes* ont moqué son « positivisme inconsistant ». Entre Sartre et Foucault, le torchon brûlait. *Les Mots et les Choses,* datant de 1966, et qui avait classé Foucault au rang des structuralistes, remettait brillamment en question, de manière implicite, la somme du maître, sa *Critique de la raison dialectique*. Sartre avait personnellement répliqué : « Foucault, disait-il, apporte aux gens ce dont ils avaient le plus besoin : une synthèse éclectique où Robbe-Grillet, le structuralisme, la linguistique, Lacan, *Tel*

6. S. Leys, *Ombres chinoises*, « 10/18 », 1974, p. 278.

*Quel* sont utilisés tour à tour pour démontrer l'impossibilité d'une réflexion historique. » Cette image change lorsque Foucault, de retour d'un séjour prolongé en Tunisie, la tête rasée, se porte enseignant volontaire pour l'Université de Vincennes, avant de publier *L'Archéologie du savoir,* qui en fait un des maîtres à penser incontestables de la nouvelle génération. En décembre 1970, après avoir été élu au Collège de France dans une belle fournée qui comprenait Raymond Aron et Georges Duby, il prononce sa leçon inaugurale – *L'Ordre du discours* – où il préconise d'« introduire à la racine de la pensée le *hasard,* le *discontinu* et la *matérialité* ». Deux mois plus tard, il annonce la création du Groupe d'information sur les prisons (le GIP), qu'il préside avec Jean-Marie Domenach et Pierre Vidal-Naquet : « Nul de nous n'est sûr d'échapper à la prison. Aujourd'hui moins que jamais. Sur notre vie de tous les jours le quadrillage policier se resserre : dans la rue et sur les routes ; autour des étrangers et des jeunes ; le délit d'opinion est réapparu ; les mesures anti-drogues multiplient l'arbitraire. Nous sommes sous le signe de la "garde à vue". On nous dit que la justice est débordée. Nous le voyons bien. Mais si c'était la police qui l'avait débordée ? On nous dit que les prisons sont surpeuplées. Mais si c'était la population qui était suremprisonnée ? » Philosophe formé par Merleau-Ponty et Althusser, ayant adhéré brièvement au communisme en 1950, Foucault s'est investi dans la lecture de la psychiatrie allemande et dans l'histoire de l'anthropologie. Son premier ouvrage, *Histoire de la folie,* issu de sa thèse de doctorat, ainsi que *Les Mots et les Choses* l'ont classé sous la bannière du structuralisme, et Sartre et sa revue font de lui un serviteur de l'idéologie bourgeoise (« le dernier barrage que la bourgeoisie puisse encore dresser contre Marx [7] »). C'était se méprendre sur sa démarche et sur ses intentions. Foucault analyse la société comme une vaste entreprise d'objectivation de l'individu par un système de savoirs normatifs, sous lesquels chacun devient un « déviant », un « fou », un « malade », ou un « délinquant ». Aux dispositifs institutionnels du savoir, il faut résister dans une perspective politique et collective, c'est ce à quoi il s'applique dans les années 1970. Le GIP, qui attire dans ses rangs un certain nombre d'intellectuels comme Gilles Deleuze, devient un nou-

7. « Jean-Paul Sartre répond », *L'Arc*, n° 30, 1966, p. 87-88.

veau modèle d'intervention politique : le groupe spécifique, le travail en profondeur sur une question précise, en l'occurrence les réalités de la condition carcérale en France. Faisant appel à ce que Foucault nomme des « intellectuels spécifiques » – magistrats, médecins, avocats, personnels des prisons –, aux témoignages des détenus, lui et ses camarades publient des brochures, qu'édite Champ libre, et entretiennent une agitation qui atteint le garde des Sceaux René Pleven, lequel décide d'autoriser l'entrée des journaux quotidiens et de la radio dans les prisons.

Mais Michel Foucault n'était pas un simple réformiste. Le GIP lui-même, dans son esprit, n'avait pas pour finalité d'améliorer le sort des prisonniers, mais d'entretenir un courant subversif, « un ébranlement simultané de la conscience et de l'institution ». Récusant tout système de « fonctionnement social idéal », Foucault, « au-delà du bien et du mal », apparaît à plusieurs reprises comme un prophète de la violence, surpassant les plus gauchistes de ses alliés. Dans un entretien radiophonique avec Noam Chomsky, en novembre 1971, à Eindhoven, il en vient à affirmer : « Quand le prolétariat prendra le pouvoir, il se peut qu'il exerce à l'égard des classes dont il vient de triompher un pouvoir violent, dictatorial et même sanglant. Je ne vois pas quelle objection on peut faire à cela[8]. » Il allait plus loin, en février 1972, dans un autre entretien, publié cette fois par les *Temps modernes,* avec le leader de la Gauche prolétarienne, Pierre Victor. Celui-ci, défendant le principe des tribunaux populaires, se voyait dépasser sur sa gauche par Foucault, récusant toute espèce de tribunal au profit de ce qu'il appelait « la justice populaire », le tribunal ayant pour fonction de juguler cette justice spontanée, « en la réinscrivant à l'intérieur d'institutions caractéristiques de l'appareil d'État. » Et Foucault de prendre pour modèle de cette vengeance/justice populaire les Massacres de septembre perpétrés dans les prisons de Paris en 1792 : « Les exécutions de Septembre étaient à la fois un acte de guerre contre les ennemis intérieurs, un acte politique contre les manœuvres des gens au pouvoir et un acte de vengeance contre les classes oppressives[9]. » Rappelons au passage que le

8. M. Foucault, *Dits et Ecrits, II, 1970-1975,* édition établie sous la direction de Daniel Defert et François Ewald, Gallimard, 1994, p. 503.
9. *Ibid.*, p. 340.

« peuple » en question qui se fait « justice » n'est composé que de quelques centaines d'égorgeurs s'auto-proclamant le peuple et que, parmi les victimes sans défense – c'est le cas des prisonniers en général – se trouvent, non seulement la princesse de Lamballe, dont le corps fut dépecée et la tête plantée sur une pique, mais les délinquants juvéniles de Bicêtre, qui servait d'asile mais aussi de maison de correction. L'une des pages les plus sinistres de la Révolution devenait, pour Michel Foucault, une illustration parfaite de la « justice populaire » – « une réplique à l'oppression, stratégiquement utile et politiquement nécessaire ».

Le point d'orgue de cette pensée engagée fut l'ouvrage que Foucault publia en 1975, *Surveiller et punir*. Livre majeur, débutant superbement par la description du supplice de Damiens le régicide, et s'efforçant de démontrer la mise en œuvre dans la société contemporaine ce que Nietzsche appelle « la camisole de force sociale », la convergence des institutions dans la domestication de l'individu, intériorisant les interdits, les compromis nécessaires, l'automutilation des instincts, aux fins d'une société homogène dressée contre la vie. Foucault résumait le processus de la servitude volontaire et involontaire de la société, entamée à la fin du XVIIIe siècle et au début du XIXe, par le mot de *panoptisme*, emprunté au *Panopticon* de Jeremy Bentham, cette prison « modèle », construite de telle sorte que chaque prisonnier devait être l'objet d'une surveillance incessante, en même temps que d'une rééducation psychologique à force d'exercices de contrôle et de réglementation. Le Panoptique, aux yeux de Foucault, était la représentation symbolique de la société bourgeoise, appliquée à dresser des corps dociles, au moyen de toutes les « technologies coercitives du comportement ». Car « l'archipel carcéral » avait transporté « la technique de l'institution pénale au corps social tout entier. » La prison n'est, à tout prendre, qu'un des dispositifs de cette société dans son entreprise de normalisation et d'« incarcération » généralisée. Dans un entretien, publié en 1973, Foucault était encore plus explicite sur « l'identité morphologique » des systèmes de pouvoir : « Il est intéressant, disait-il, de voir que c'est bien un peu dans le même mouvement que les malades dans les hôpitaux psychiatriques, les écoliers dans leurs lycées, les prisonniers dans leurs maisons de détention mènent actuellement la révolte. Ils mènent en un sens la même révolte, puisque c'est bien contre le même type de pouvoir qu'ils se révoltent[10]. »

Ce n'était pas un programme politique. Le GIP lui-même mit fin à sa carrière en 1972. Néanmoins une nouvelle forme de militantisme était née : le Groupe d'information santé (GIS), le Groupe d'information et de soutien des travailleurs immigrés (GISTI), puis, après la mort de Michel Foucault, victime du Sida, AIDES créé par son ami Daniel Defert. Dans le même temps, Foucault s'était peu à peu substitué à Sartre, très affaibli, comme intellectuel de référence. Il en vint à définir ce qu'était à ses yeux « la fonction politique de l'intellectuel[11] ». Il récusait la figure classique de l'intellectuel « universel » que Sartre avait illustré à l'envi : « Les intellectuels ont pris l'habitude de travailler non pas dans l'"universel", l'"exemplaire", le "juste-et-le-vrai-pour-tous", mais dans des secteurs déterminés, en des points précis où les situaient soit leurs conditions professionnelles de travail, soit leurs conditions de vie (le logement, l'hôpital, l'asile, le laboratoire, l'université, les rapports familiaux ou sexuels). Ils y ont gagné à coup sûr une conscience beaucoup plus concrète et immédiate des luttes. » Dans ce combat, l'intellectuel reste près des masses, du prolétariat, de la paysannerie, car il rencontre le même adversaire : « les multinationales, l'appareil judiciaire et policier, la spéculation immobilière, etc. » Ce nouveau type d'engagement (peut-être pas si nouveau que cela, après tout !) entraînait Foucault à conceptualiser l'*intellectuel spécifique*.

Dans ce domaine de l'action spécialisée, l'un des grands mouvements des années 1970 est celui des femmes. *L'Idiot international*, périodique de Jean-Edern Hallier créé en décembre 1969, consacre sa livraison de mai 1970 au « Combat pour la libération de la femme ». Quelques mois plus tard, en août, le Mouvement de libération des femmes (MLF), qui vient de se constituer, organise une manifestation sur la tombe du Soldat inconnu, avec une notable banderole : « Il y a plus inconnu que le soldat inconnu : sa femme. » Le thème étant dans l'air, l'hebdomadaire *Elle* organise en novembre 1970 des « États généraux de la femme » à Versailles, qui sont chahutés par des militantes du MLF. Le mouvement féministe se bat notamment pour la léga-

10. *Ibid.*, p. 440.
11. *Politique-Hebdo*, 29 nov.-5 décembre 1976, repris dans M. Foucault, *Dits et Ecrits*, *op. cit.*, t. III, p. 109-114.

lisation de l'avortement. Le 5 avril 1971, 343 femmes, parmi les plus connues du monde des arts, de la littérature et du spectacle, signaient un manifeste, publié par *Le Nouvel Observateur*, où elles déclaraient : « Un million de femmes se font avorter chaque année en France. Elles le font dans des conditions dangereuses en raison de la clandestinité à laquelle elles sont condamnées, alors que cette opération, pratiquée sous contrôle médical, est des plus simples. Je déclare que je suis l'une d'elles. Je déclare avoir avorté. De même que nous réclamons le libre accès aux moyens anticonceptionnels, nous réclamons l'avortement libre. » Parmi les 343 « salopes », C. Audry, S. de Beauvoir, C. Deneuve, M. Duras, D. Desanti, G. Halimi, A. Mnouchkine, J. Moreau, M. Vlady, A. Varda. La campagne se poursuivit. Jean-Marie Domenach, directeur catholique d'*Esprit*, se prononce pour « une loi libérale », contre l'« hypocrisie généralisée », tout en refusant de faire de l'avortement « une question de goût personnel échappant à toute réflexion éthique ». Le débat est décidément ouvert, les féministes sont relayées par des médecins et des magistrats. *L'Idiot international* se donne un supplément féministe, *Le torchon brûle (menstruel)*. Une association, « Choisir », est créée par l'avocate Gisèle Halimi. Un procès accélère la diffusion des mots d'ordre. Il se tient en novembre 1972 à Bobigny, où sont jugées une « avorteuse », une « avortée » (de dix-sept ans, violée par un de ses camarades) et leurs complices (dont la mère). Le procès se déroule à huis clos, devant un tribunal pour enfants, l'accusée étant mineure. Gisèle Halimi, qui assure la défense, reçoit l'appui de Jacques Monod, prix Nobel de biologie, de Jean Rostand, dont les témoignages pèsent sans doute sur le verdict final qui prononce la relaxe de la jeune fille, tandis que la faiseuse d'anges, théoriquement passible de la peine de mort, est condamnée à un an de prison avec sursis. C'est la peine la plus lourde prononcée dans ce procès.

Cette fois, l'obsolescence et l'iniquité de la législation apparaissent flagrantes. « Choisir » relance la demande d'une réforme de la loi ; en 1973, on fonde le Mouvement pour la libération de l'avortement et de la contraception (MLAC) qui engage des médecins à pratiquer l'avortement. La mobilisation des femmes sur la question, le relais des médias, enfin l'élection de Valéry Giscard d'Estaing vont aboutir à la réforme. Non sans mal : Simone Veil, ministre de la Santé, essuie les arguments les plus ignobles au cours d'un débat parlementaire serré ; une grande partie de la majorité refusant de suivre le ministre, la loi sur l'IVG (interruption volontaire de grossesse), qui autorise l'avortement jusqu'à dix semaines de gestation, n'est votée que grâce à l'appui de l'opposition de gauche. Cette loi est à l'essai pour cinq ans ; elle devra être reconduite en 1979. Dans la bataille, Gisèle Halimi a joué un rôle déterminant. Cette avocate a déjà défendu les militants du FLN pendant la guerre d'Algérie et présidé la commission d'enquête du tribunal Russell sur les crimes de guerre américains au Vietnam ; cette fois, son action aboutit à une des réformes les plus profondes de la législation française concernant la condition féminine. Le projet de loi a divisé l'opinion, valu au ministre la haine inexpiable de la droite traditionaliste, toujours prête à sécréter l'antisémitisme ; mais, en peu de temps, la « loi Veil » s'impose comme une loi intangible. De toutes les actions et agitations des années « gauchistes », rares ont été celles qui furent aussi efficaces.

Il est difficile d'attribuer un principe unifiant à l'extraordinaire effervescence que connurent les années 1968-1974, et qui n'est réductible à aucune expression. Peut-être pourrait-on dire que l'on a alors assisté à la fin du mythe révolutionnaire, au sens où la tradition marxiste l'avait inscrit dans les mentalités militantes. La révolution n'a pas eu lieu : l'activité des « maos » – devenue clandestine – est originale par ses méthodes ; elle restait minimale comme mouvement politique. L'autodissolution de la Gauche prolétarienne, à la fin de 1973, est un indicateur de la fin du gauchisme politique, entendu comme détonateur de la révolution ouvrière. Dès 1969, dans son interview donnée au *Manifesto*, Sartre a exprimé son scepticisme, au moins pour le court terme : la société capitaliste avancée détient les moyens de réaliser l'« intégration » des travailleurs. Pour les réveiller, inutile d'en appeler à leurs besoins matériels – que le régime peut satisfaire –, il faut leur révéler la « conscience de l'*aliénation* ». Le directeur des *Temps modernes* convenait avec ses interlocuteurs italiens que cela risquait d'être long. On a dit parfois que la pente fatale fut évitée aux gauchistes français, contrairement à leurs cousins d'Italie et d'Allemagne, grâce à Sartre, à Clavel et à quelques autres intellectuels à l'écoute du mouvement. Cette hypothèse reste encore à démontrer[12].

12. Pourquoi le gauchisme français n'a-t-il pas versé dans le terrorisme à la façon des Brigades rouges en Italie ? C'est la question traitée par l'ou-

Par une autre voie, plus diffuse, de manière éclatée, on reconnaîtra au gauchisme cette vertu d'avoir approfondi tout ce que le Mouvement de mai contenait de virtualités – pour le meilleur et pour le pire. Les discours sur l'école emplirent les pages des revues et des magazines. *Les Temps modernes* et plus encore *Esprit* diffusèrent les thèses d'Ivan Illich, ancien prêtre autrichien polyglotte, installé au Centre de Cuernavaca au Mexique, qui défendait l'utopie d'une « Société sans école » – titre d'un ouvrage publié au Seuil en 1970 –, tendant à prouver qu'il fallait inventer contre l'institution scolaire une autre voie éducative, où chacun enseignerait à chacun tout au long de la vie. Ces discussions sur l'école – notamment sur le livre de A.S. Neill, *Libres Enfants de Summerhill*, traduit chez Maspero avec une préface de Maud Mannoni, en 1970 – changèrent peu à peu le milieu scolaire, où les pratiques autoritaires furent dénoncées au profit d'une pédagogie incitatrice plus que directive. Beaucoup en déplorèrent le résultat, s'affligèrent sur le « niveau » qui baisse et proclamèrent la mort de l'école ou organisèrent, par le biais des associations de parents d'élèves, la réaction qui s'imposait à leurs yeux. En tout cas, l'école, le lycée, devenaient ou redevenaient des enjeux politiques.

En rapport direct ou indirect avec les écrits de Foucault, de Deleuze et de Guattari – dont *L'Anti-Œdipe* (1972) avait fait fureur –, des féministes, du nouveau quotidien *Libération* lancé en janvier 1973 et de tant d'autres organes de presse, au rang desquels il convient de citer *Actuel*, le plus durable, il est notable que ces années-là ont connu un changement dans les mentalités, les attitudes, les comportements des Français. La levée des censures, la « libéralisation des mœurs » comme on dit alors, entra dans la loi (loi Veil, réforme du divorce, autorisation des films pornographiques, etc.). Plus caché, le changement s'opéra dans les familles, les administrations, les entreprises, les communautés de toutes sortes. On vit des tabous séculaires s'effondrer ; des préjugés s'effacer ; de nouvelles solidarités naître.

Le modèle de l'engagement qui s'était imposé dans les len-

---

vrage de F. Furet, A. Liniers et Ph. Reynaud, *Terrorisme et Démocratie*, Fayard, 1985. Liniers – pseudonyme d'un ancien dirigeant de la GP – met en valeur le rôle de la grève des ouvriers de Lip à Besançon (« qui avaient pensé et agi *sans nous* ») et l'influence marquante de Maurice Clavel sur les « maos » (p. 193).

demains de la Résistance, inspiré par les philosophies optimistes de l'histoire, était devenu brusquement suranné. La lutte des classes, qui faisait du prolétariat industriel l'agent de la révolution à venir, avait changé de visage. Sartre en avait composé l'ultime figure intellectuelle, rêvant encore dans ces années-là d'une révolution ouvrière, allumée par l'étincelle des « groupes en fusion », et notamment des étudiants. La vieille problématique, contemporaine de sa propre entrée en politique, était révolue. La lutte devenait plurielle, s'attaquant secteur par secteur aux structures d'oppression qui s'appelaient école, prison, hôpital psychiatrique, mariage, sexisme… Foucault remplaçait Sartre dans la contestation polymorphe.

L'image du directeur des *Temps modernes* s'assombrit peu à peu. Déjà, en 1970, son apostrophe aux ouvriers de chez Renault, lancée du haut d'un tonneau à la porte des usines de Billancourt, au moment du procès d'Alain Geismar, l'avait rendu quelque peu ridicule. A l'automne 1973, Sartre qui n'avait l'usage que d'un œil depuis son enfance se mit à perdre complètement la vue. Sa carrière d'écrivain était finie. En décembre 1974, il s'avisa d'aller visiter Andreas Baader, le leader de la Rote Armee Fraktion, emprisonné à Stammheim, près de Stuttgart, à la demande de l'avocat Klaus Croissant. A la suite d'une entrevue avec le prisonnier, Sartre tint une conférence de presse pour protester contre les conditions de détention de Baader. Mais les gauchistes allemands lui en voulurent d'avoir critiqué leurs méthodes de terrorisme. Le « moment » Sartre avait pris fin.

61

# *Les droites se rebiffent*

Les journées de mai-juin 1968 ont suscité chez certains autant de perplexité que d'indignation, *La Révolution introuvable* de Raymond Aron en est un bon témoignage. Chez d'autres, la fureur l'emporte : c'est le cas de l'ancien « Secrétaire » – surnom dont on affublait naguère Jean Cau dans l'entourage de Sartre –, ancien collaborateur de *L'Express*, prix Goncourt 1961 pour *La Pitié de Dieu*, qui a pris congé de la gauche, sa famille, et est entré à *Paris-Match*, tout en tartouillant des pamphlets, exutoires de son trop-plein de bile. En 1967, il avait ainsi publié sa *Lettre ouverte aux têtes de chiens occidentaux*, où il mordait à pleines dents les idées dominantes sur l'égalité et sur les différences. 1968 venu – qui ne le laisse pas insensible « à cette beauté immédiate des jeunes gens qui portaient des drapeaux rouges et noirs et des CRS qui barraient les ponts sous un ciel de mai [1] » –, il décrit *L'Agonie de la vieille*, c'est-à-dire la fin, « à petit feu », de la démocratie – avant d'affirmer franchement son credo dans *Le Temps des esclaves* en 1971 : « Il m'aura fallu des années de réflexion et de lucidité avant d'oser mettre en question et en questions l'*égalitarisme* sacro-saint qui fut mon miel et mon lait jusqu'à de récentes années. » L'ouvrage ne rencontre pas le succès escompté par son auteur, mais Jean Cau ne se décourage pas et récidive en reprenant son texte, en le complétant, sous le titre *Les Écuries de l'Occident* en 1973, nouveau couplet ajouté au chant funèbre de la décadence : « A rebrousse-poil et à rebrousse-idées de ce que nous corne ou nous susurre l'utopisme intellectuel régnant, j'affirme tout tran-

1. Cité par M. Devriese, *Jean Cau : itinéraire politique et intellectuel*, mémoire de DEA, IEP de Paris, 1987, p. 342.

quille que la décadence est parfaitement mariable avec le progrès scientifique et que ça n'est pas parce que nos sociétés greffent des cœurs, vont dans la lune, passent le mur du son et alignent des prix Nobel en rangs d'oignons, qu'elles sont en ascension et en santé : Euclide, Archimède, Théophraste, Hipparque, Hiérophile, cent autres montèrent au firmament de la science comme s'engloutissaient Athènes et la puissance grecque. » La grandiloquence de Jean Cau contre les « idées modernes » et contre les intellectuels lui attire des admirateurs, sans lui assurer une postérité. N'est pas Louis-Ferdinand Céline ou Joseph de Maistre qui veut. La réaction à « 68 » connaît des formes plus mesurées ; elle sert aussi de tremplin à un renouveau – celui de la pensée libérale.

En novembre 1968, un quasi-inconnu fait son apparition au séminaire que dirige Raymond Aron, dans un hôtel défraîchi de la rue de Tournon, annexe de l'École pratique des hautes études, à 17 heures le vendredi [2]. Il s'appelle Georges Liébert et vient d'achever, à vingt-cinq ans, son troisième cycle à l'Institut d'études politiques de Paris (Sciences po), dont il a été le dernier président de l'Amicale des élèves, perdue par les étudiants de gauche en 1964 ; Liébert est d'autant moins des leurs, qu'il est plus occupé de littérature et de musique que de politique. Se destinant à devenir chercheur à la Fondation nationale des sciences politiques, il croit devoir y renoncer, après les journées de Mai, à cause de ses idées trop « à droite ». Incorporé sous les drapeaux en septembre de l'année flamboyante, il a la ressource de pouvoir être affecté à l'antenne Terre de l'Information des armées, ce qui lui permettait de rester à Paris, une fois ses classes faites à Montlhéry. C'est sur la recommandation d'un de ses anciens professeurs de science économique, Jean-Claude Casanova, qu'il s'inscrit au séminaire d'Aron – il le suivra pendant cinq ans.

Liébert – que nous prenons ici comme représentant de la jeune droite libérale réfractaire au « charivari » de 68 – a vécu les journées, les soirées et les nuits de mai-juin à la façon dont Gustave Flaubert a traversé la révolution de 1848 : en observateur, curieux des gens et des événements, portant un jugement mi-amusé mi-indigné sur les différentes marmites en ébullition,

2. A. Besançon, « Raymond Aron à l'oral », *Commentaire*, vol. 8, n^os^ 28-29, numéro spécial cité *Raymond Aron*, p. 72-78.

de la Sorbonne à l'Odéon. Dans la querelle Sartre contre Aron, il se porte sans état d'âme du côté de celui qui a dénoncé naguère « l'opium des intellectuels ». Les enseignants de Sciences po de cette époque n'offrent qu'un médiocre crédit à la pensée aronienne. Les spécialistes des « idées » considèrent le *totalitarisme* comme un concept de Guerre froide, sans validité scientifique. Dans cette serre, sorte d'Académie ou de Lycée des futures classes dirigeantes, la pensée libérale n'est pas vraiment en odeur de sainteté. Liébert avait dû suivre un cours de géographie humaine et économique, dont le titulaire était Pierre George, membre du Parti communiste ; le cours sur le marxisme est dispensé par son camarade Jean Bruhat. La « rue Saint-Guillaume » n'a pas échappé à la fièvre de Mai, aux assemblées générales survoltées, aux graffiti, aux occupations nocturnes, de quoi faire se retourner dans leurs tombes les fondateurs de l'honorable maison, Émile Boutmy et les autres, d'autant que leurs patronymes servant à désigner les amphithéâtres ont tous été remplacés par les noms glorieux du calendrier rouge, où Rosa Luxemburg et Louise Michel font écho à Léon Trotski et à Che Guevara. Au cours d'une de ces soirées tumultueuses achevée au Pied de Cochon – restaurant des Halles –, Casanova conseille au jeune Georges pour parfaire sa culture politique de suivre le séminaire d'Aron, objet de tous les quolibets, mais seul à avoir su affronter l'adversaire gauchiste sans reculer.

Ce fut là, rue de Tournon, plus tard boulevard Raspail, dit Alain Besançon, « que se forma le noyau stable, l'agrégat, la bande si l'on veut, des aroniens : Jean Baechler, Jean-Claude Casanova, Annie Kriegel, Eugène Fleischmann, Ion Elster, Martin Malia, Pierre Manent, Raymonde Moulin, Kostas Papaïoannou, François Bourricaud, Raymond Boudon, Georges Liébert, Jérôme Dumoulin… ». De petite taille, pâle, chauve, sans beauté, mais non sans charme, le regard ironique, Aron s'exprime d'une voix bien timbrée, posée, harmonieuse, qui fait de ce pédagogue de haute intelligence et de passion contenue un éveilleur fascinant. Dans ce séminaire, on parlait de tout, chacun de ses travaux et tous de l'actualité. Un exposé, un commentaire du professeur, une discussion générale ? Personne ne veut manquer une de ces séances, où il s'agit moins d'écouter la doctrine d'un maître révélant le vrai du haut d'une chaire, que d'apprendre à penser. Le tout dans un certain formalisme courtois à une époque où il est de bon ton de tutoyer les enseignants, et où réciproquement les professeurs se croient obligés de traiter les étudiants comme des copains. Georges Liébert aime tout de suite ce climat et la tenue de ces échanges intellectuels, qui peuvent se terminer amicalement à la table d'un café.

Liébert éprouve alors le sentiment qu'il faut faire « quelque chose ». Il perçoit dans les retombées de Mai le renforcement d'un conformisme écrasant. La droite a gagné les élections haut la main, mais la gauche idéologique domine plus que jamais le monde imaginaire. Il pense à une revue. Déjà, au cours des dernières années, il a animé un bulletin, *Sciences po Info*, imprimé à la va-comme-je-te-pousse sur les presses de l'inénarrable M. Smadja, directeur de *Combat*, dans les bons effluves d'encre et les discussions autour du marbre. Il parle de son projet à ses anciens professeurs, désormais des amis, Raoul Girardet et Jean-Claude Casanova. Plusieurs fidèles du séminaire d'Aron s'y intéressent aussi. Reste à trouver le nerf de la guerre. En ces temps de grand vent gauchiste, aucun éditeur ne souhaite risquer des fonds dans une revue à contre-courant. Liébert trouve l'argent chez un de ses condisciples, Pierre-Marie Dioudonnat, qui vient, avec l'avocat Patrick Devedjian, de publier un répertoire de la fausse noblesse, le *Dictionnaire des vanités*, qui s'est vendu à plusieurs dizaines de milliers d'exemplaires. Liébert va alors en parler à Raymond Aron qui lui répond, avec son pessimisme habituel : « Vous n'avez aucune chance ! » Non sans l'encourager : « Allez-y quand même ! » Après quelques numéros parus, Aron fera partie du comité de patronage de la nouvelle revue et deviendra un de ses fidèles collaborateurs.

Ainsi fut lancé *Contrepoint* – titre qui exprime bien la volonté de ses fondateurs de superposer aux discours majoritaires ambiants une pensée autre. Le printemps 68 ayant marqué l'apothéose de la jeunesse, le premier numéro est consacré à ce thème, introduit par Liébert, illustré des articles de Philippe Ariès, historien alors peu connu, Jean Plumyène, essayiste chevronné, Alain-Gérard Slama, ancien normalien qui débutait, André Stéphane, qui avait édité chez Payot *L'Univers contestationnaire*, ainsi que Walter-Z. Laqueur, directeur de l'Institut d'histoire contemporaine de Londres. Le souci de s'assurer des collaborations étrangères restera constant. Liébert, rédacteur en chef, homme-orchestre, nouera donc des contacts avec les revues américaines *Commentary*, *Dissent*, plus tard avec des publications anglaises et allemandes ; Bernard Cazes, collaborateur infatigable, lecteur boulimique, lui faisant connaître une multitude de correspondants potentiels, d'intermédiaires précieux, d'auteurs encore méconnus.

Paru en mai 1970, ce premier numéro de *Contrepoint*, tiré à environ 2 000 exemplaires, est assez vite épuisé. *Le Nouvel Observateur*, beau joueur, tresse l'hommage de ce rival politique : « Le premier numéro d'une nouvelle revue qui conteste non sans talent ni vigueur la contestation. Enfin des adversaires avec qui on peut dialoguer. Visiblement disciples de Raymond Aron, Jacques Ellul et Raymond Ruyer, ces jeunes philosophes ont plus de combativité, sont plus conscients de la réalité des nouvelles formes d'aliénation, plus soucieux de ne pas sombrer dans le conservatisme réactionnaire. Un lyrisme un peu hautain, un jargon parfois aussi inutile que celui qu'ils dénoncent, mais nous sommes loin des Jean Cau, Jean Dutourd, Michel Droit et même du sympathique René Ehni [3]. »

Chaque trimestre, *Contrepoint* aborde un nouveau thème : la Russie, l'Europe, la crise des Églises… Marc Fumaroli, Pierre Kende, François Fejtö, Annie Kriegel, Manès Sperber, Emmanuel Berl, Raoul Girardet, Jean Laloy, Jacques Ellul, signent à côté de Raymond Aron… Georges Liébert continue à tenir la rédaction, la fabrication, l'intendance de la revue, passe par plusieurs métiers successifs, quelques années comme responsable des enquêtes à la SOFRES, un an chez Fayard, jusqu'au moment où, en 1975, on lui offre la possibilité d'éditer, dans une annexe du Livre de Poche chez Hachette, une collection d'essais qu'il baptise « Pluriel ». C'est dans cette collection que Liébert publie *Demain le capitalisme* d'Henri Lepage, ouvrage représentatif d'un libéralisme sans masque, comme l'étaient les numéros de *Contreproint*.

Georges Liébert renonce à diriger la revue, à la suite d'un différend avec Patrick Devedjian. Celui-ci tente de faire survivre *Contrepoint*, mais cela dure peu. L'entreprise constitue le maillon d'une chaîne dans l'histoire de la pensée libérale en France : à *Preuves* avait succédé *Contrepoint* ; en 1978 à *Contrepoint* succède *Commentaire* avec l'ancienne équipe de *Contrepoint*, entraînée cette fois par Jean-Claude Casanova, et toujours sous l'aile tutélaire de Raymond Aron. La nouvelle revue s'affirme comme le pôle de la pensée libérale au moment où la gauche

3. *Le Nouvel Observateur*, 25 mai 1970.

socialiste alliée aux communistes va prendre le pouvoir. Quant à *Contrepoint*, le titre en est vendu au Club de l'Horloge qui l'utilise quelque temps. Avec ce groupe de pensée nous quittons la droite libérale pour aborder les marges de l'extrême droite, qui fut appelée à la fin des années soixante-dix la « Nouvelle Droite ».

Si la prose tonitruante de Jean Cau n'a pas l'heur de plaire à la droite aronienne, elle trouve en revanche l'accueil le plus chaleureux du côté de cette Nouvelle Droite. Alain de Benoist, sous le pseudonyme de Fabrice Laroche, l'encense dans *Spectacles du monde* : « En l'espace de dix ans, écrivait-il, Jean Cau est devenu la mauvaise conscience de l'*intelligentsia.* »

La première manifestation de cette droite radicale nouveau style est antérieure – de peu – au printemps de 68. C'est à la fin de 1967, à Nice, que se met sur pied le Groupement de recherche et d'études sur la civilisation européenne, mieux connu sous son sigle : le GRECE. En février 1968 apparaît sa revue : *Nouvelle École* ; il faudra néanmoins attendre 1973 pour que la visibilité du Groupe s'impose, par le truchement d'une autre de ses publications, *Éléments*. L'existence et les productions de cette société de pensée auraient pu rester confinées au rang de ces officines aussi pléthoriques que confidentielles si elles n'avaient joui de l'écho médiatique du *Figaro Magazine* créé en 1978. Le rédacteur en chef Louis Pauwels, vagabond des idées échoué à la tête de la rédaction de ce supplément en couleurs du *Figaro*, n'avait eu aucun mal à convaincre son actionnaire Hersant. Il n'est bruit alors que de la « Nouvelle Droite » et de son prophète, Alain de Benoist [4]. Un phénomène inédit s'est produit à l'orée des années soixante-dix : un regain idéologique de la droite pure et dure, en rupture avec les complaisances que le gouvernement de droite avait eues, aux yeux de ses protagonistes, pour les idées de gauche. Une droite radicale, dont la brutalité n'est plus dans les matraques et les coups de poing (bien que cette dimension existe toujours, avec des hauts et des bas, notamment chez les étudiants), mais dans la pensée.

4. A.-M. Duranton-Crabol, « La “Nouvelle Droite” (1968-1986), *Vingtième siècle. Revue d'histoire*, n° 17, janv.-mars 1988 ; P.-A. Taguieff, « Origines et métamorphoses de la Nouvelle Droite », *Vingtième siècle...*, n° 40, oct.-décembre 1993 ; du même, *Sur la Nouvelle Droite*, Descartes et C^ie^, 1994.

Alain de Benoist, né en 1943, développe deux idées maîtresses : que le nationalisme, plutôt que de s'enfermer sous l'horizon hexagonal, doit s'étendre à la défense de l'Europe ; que la droite, pour mener sa révolution conservatrice, doit d'abord lutter sur le terrain des idées. Lecteur de Gramsci, le marxiste italien jadis théoricien de l'« hégémonie », Benoist revendique un « gramscisme de droite », entendant par là qu'il faut d'abord gagner la bataille des idées dans l'opinion, chez les élites : à quoi peut bien servir à la droite d'être au pouvoir si c'est pour faire la politique de la gauche ? Cette guerre des idées implique un grand investissement intellectuel articulé sur une stratégie de conquête des médias. La principale victoire de Benoist, quoique éphémère – l'espace de quelques années –, est donc la pénétration du magazine français au plus fort tirage avec l'appui de Louis Pauwels, lequel reprend à son compte, dans ses éditoriaux, certains des thèmes majeurs de la Nouvelle Droite, particulièrement le rejet de toute idéologie de l'égalité et le refus d'une « France multiraciale » – dont les partisans proposent « un melting pot dissolvant l'autochtone et l'immigrant dans une sous-culture commune [5] ».

Très tôt, Alain de Benoist, intellectuel pur, grand lecteur des œuvres de la révolution conservatrice allemande du temps de Weimar, a collaboré à des revues d'extrême droite ou néo-fascistes : *L'Observateur européen*, dont il était rédacteur en chef, *Défense de l'Occident*, que dirigeait Maurice Bardèche depuis 1952. Il a précisé ses idées dans des brochures, sur *Les Indo-Européens*, sur le nationalisme (*Qu'est-ce que le nationalisme ?*), en 1966. Il écrit notamment : « L'étude objective de l'Histoire montre que seule la race européenne (race blanche, caucasoïde) a continué à progresser depuis son apparition sur la voie montante de l'évolution du vivant, au contraire de races stagnantes dans leur développement, donc en régression virtuelle. » Le nationalisme défendu par Alain de Benoist est donc fondamentalement raciste (théorie inégalitaire des races) et européen (référence aux « Indo-Européens », constituant la matrice d'une civilisation ayant pour fondement la biologie). La Nouvelle Droite opère ainsi une rupture avec le vieux nationalisme français, théorisé notamment par Charles Maurras, qui est avant tout d'ordre culturel et historique.

5. L. Pauwels, « Les paradoxes d'un pseudo-antiracisme », *Le Figaro Magazine*, 4 octobre 1980.

Cette vision racialiste de l'humanité conduit Alain de Benoist à défendre le principe du différentialisme entre les « groupes raciaux » de la planète, d'où, à l'instar de Gobineau, le refus du métissage. Subtilement, la pensée de la Nouvelle Droite substitue à la théorie de l'inégalité des races celle du « droit à la différence », propre à attirer la sympathie des tiers-mondistes plus ou moins naïfs. A l'époque, le GRECE s'engage dans une « guerre culturelle » ou, selon le thème proposé en son premier Congrès à Lyon, en novembre 1968, une action « métapolitique ». Au pouvoir culturel de la gauche, il faut opposer un contre-pouvoir : dénoncer le marxisme, réfuter les idéologies égalitaristes, affirmer l'élitisme, et, de plus en plus, donner l'assaut au libéralisme et à son modèle américain. Car, en réalité, tout se passe comme si le pouvoir politique de la droite pouvait s'accommoder du pouvoir culturel de la gauche : il en résulte le « giscardisme », ce libéralisme dit « avancé » mâtiné de social-démocratisme. Bref, la droite gouverne, mais ne règne nullement. Il faut aux yeux des membres du GRECE doter la droite d'une véritable culture de droite. A cet effet, encore une fois, il importe de conquérir les médias, d'infiltrer les associations, de diffuser par tous les moyens la nouvelle culture européenne. Dès 1970, le GRECE cesse de se poser en défenseur de la « civilisation occidentale » : antilibérale, antijudéo-chrétienne, antiaméricaine, la Nouvelle Droite tente de promouvoir les éléments d'une culture aryaniste et ethnocentriste.

Ses succès, remportés en particulier grâce à l'intermédiaire du *Figaro Magazine*, ne durent pas. Certes, Louis Pauwels a bien servi les idées d'Alain de Benoist. Il affirme en 1979 : « Pourquoi nierait-on, pourquoi refuserait-on les différences entre les races et l'existence des races ? Ce n'est tout de même pas à une communauté qui s'est proclamée peuple élu qu'il appartient de le rappeler, les races existent, aucune n'est élue en particulier, aucune n'est évidemment supérieure à l'autre, mais toutes sont différentes et il faut tenir compte de ces différences [6]. » Mais Pauwels, obnubilé par l'idée de « ressusciter l'aristocratisme dans un univers dominé par le marxisme et le bourgeoisisme, qui sont la double face du massisme [7] », finit, sur une route en lacets, par trouver son chemin de Damas : il se

6. J.-P. Apparu, *La Droite aujourd'hui*, Albin Michel, 1979, p. 172.
7. L. Pauwels, *Comment devient-on ce que l'on est ?*, Stock, 1978, p. 173.

convertit au catholicisme et, du même coup, infléchit la ligne éditoriale de son hebdomadaire : la plume d'Alain de Benoist est réduite à la portion congrue. Dans les années quatre-vingt, l'envolée d'une nouvelle extrême droite politique, le Front national de Jean-Marie Le Pen, loin de reprendre l'idéologie de la Nouvelle Droite (même si quelques-uns de ses dirigeants en sont issus), réaffirme au contraire les stéréotypes du nationalisme hexagonal et populiste. Reste un foyer d'influence qu'animent plusieurs publications : *Éléments*, *Nouvelle École*, *Études et Recherches*, *Panorama des idées actuelles*, complétées par des livres, par des rééditions…

Dans l'éventail de la droite idéologique en plein renouveau, le Club de l'Horloge occupe une place à part. Fondé en 1974 par un petit groupe d'anciens élèves de l'ENA, Henry de Lesquen, Yvan Blot, Jean-Yves Le Gallou, Didier Maupas et Daniel Meraud, le nom du Club vient de ce que dans l'appartement de Blot rue des Canettes, à Saint-Germain-des-Prés, « se trouvait une immense pendule [8] ». Le groupe entretient au départ quelques rapports avec le GRECE : Yvan Blot et Jean-Yves Le Gallou ont participé aux travaux du Cercle Pareto, antenne de la Nouvelle Droite à Sciences po, et collaboré à *Éléments* et à *Nouvelle École*. Les travaux de la commission « Biologie et Politique » du Club, donnant la matière du livre *La Politique du vivant* (Albin Michel, 1979), montraient la convergence entre les deux sociétés de pensée : métapolitique, anti-égalitarisme, biologisme, élitisme, etc. Mêmes conclusions sur les « différences » et le rejet du métissage. Le Club de l'Horloge fait lui aussi son miel des travaux de Gramsci, en reprenant sa terminologie : « La suprématie d'un groupe social se manifeste de deux manières : comme domination et comme direction intellectuelle et morale. Un groupe social est dominant des groupes adversaires qu'il tend à liquider ou à soumettre par la force armée, et il est dirigeant des groupes voisins ou alliés. Un groupe social peut et doit être dirigeant déjà avant de conquérir le pouvoir gouvernemental. C'est là une des questions principales pour la conquête même du pouvoir ; après, quand il exerce le pouvoir, et même s'il le tient avec force de son poing, il devient dominant mais doit continuer à être dirigeant [9]. »

8. Cité par C. Rault, *Le Club de l'Horloge 1981-1986*, mémoire de DEA, IEP de Paris, 1987.
9. *Les Racines du futur. Demain la France*, Masson, 1977.

A la fin des années soixante-dix, le Club de l'Horloge se retrouve englobé avec le GRECE sous l'appellation de Nouvelle Droite. C'est pourtant un malentendu, car le programme du Club de l'Horloge cherche à concilier le libéralisme économique et le nationalisme, alors que le GRECE jette les bases de son antilibéralisme radical. De plus, le Club de l'Horloge, issu d'un groupe d'énarques, se soucie davantage de la pénétration politique que le GRECE. A partir de 1981, il alimente en idées les hommes et les partis de droite rejetés dans l'opposition ainsi que le Front national à partir de 1985. Jean-Yves Le Gallou et Yvan Blot entraînent, du reste, avec eux plusieurs membres de leur club, tel Bruno Mégret, dans l'adhésion au parti de Le Pen. Celui-ci, composite, est donc doté désormais d'une aile nationale-libérale [10].

Préoccupés de l'« identité nationale » contre le « cosmopolitisme », antiégalitaires, adversaires de l'État-Providence, vantant les vertus de l'enracinement, les intellectuels du Front national issus du Club de l'Horloge n'en restent pas moins attachés au libéralisme économique (« Le libéralisme au service des peuples »), ce qui les sépare radicalement du GRECE (« Partout le libéralisme détruit les identités collectives, les cultures enracinées, et s'avère générateur d'uniformité »).

Comme on le voit, le renouveau intellectuel des droites n'avait pas de dénominateur commun. Est-il même licite de regrouper sous une même étiquette – « droite » – la droite libérale aronienne, qui, loin de récuser les principes de la démocratie républicaine, en veut revivifier l'ardeur contre les idéologies totalitaires, et la droite antidémocratique dont les diverses composantes ont en commun de nier catégoriquement le principe d'égalité contenu dans le premier article de la Déclaration des droits de l'homme ? « La valorisation de l'inégalité en tant que telle, écrit l'aronien François Bourricaud, ne se trouve que chez les tenants d'une philosophie biologique très spéciale, qui sont qualifiés de "racistes" par la gauche intellectuelle. Sous cette réserve, l'égalité est, à un certain degré, reconnue comme une valeur authentique par les gens de droite de notre tradition [11]. » Admettons le mot « droite » dans sa vertu englobante : le terme de « gauche », symétriquement, se réfère lui aussi à

10. P.-A. Taguieff, *loc. cit.*
11. F. Bourricaud, *Le Retour de la droite*, Calmann-Lévy, 1986, p. 300.

des familles politiques fort hétérogènes. S'il fallait chercher un lien entre ces deux formes de droite – la droite issue de 1789 et la droite issue de la Contre-Révolution –, ce serait évidemment leur hostilité à la gauche, sous ses formes étatistes, socialistes, marxistes. Paradoxalement, cette remontée idéologique des droites se produit au moment où l'Union des gauches va parvenir à ses fins avec la victoire de François Mitterrand à l'élection présidentielle de 1981. En même temps, le retour en force de la droite bénéficie du travail de révision qui s'élabore à l'intérieur même de la gauche depuis les retombées du Mouvement de Mai : les idées de droite, sous leur forme libérale principalement, sont largement encouragées par la décomposition même du marxisme. La gauche, sous l'influence directe ou indirecte du marxisme, se collette en effet avec le problème de son identité, mise à mal par la débâcle des mythes qui suit l'effondrement idéologique de l'Union soviétique et des autres pays du « socialisme réel ». A coup sûr, il s'agit moins de mutations propres au mouvement intrinsèque de la pensée, que d'événements mondiaux qui le conditionnent. La logique de l'imaginaire peut, un certain temps, suivre ses enchaînements mécaniques, mais arrive un jour où l'épreuve du réel la casse tout net. Curieusement donc, la progression politique de la gauche, couronnée par sa victoire de 1981, coïncidait avec le retour en force des idées de droite. Parallèlement, le déclin politique de la droite se produisait au moment où, venue de la gauche, la critique du totalitarisme marxiste allait marquer en profondeur le nouveau chapitre de l'histoire des idées en France.

# 62
# *Les paradis perdus*

En 1973 et dans les années suivantes, alors que le gauchisme se décompose, les Français se familiarisent avec les noms des « dissidents » soviétiques – Siniavski, Daniel, Medvedev, Pliouchtch, Amalrik, Maximov, Sakharov, Yakir, Krassine, Nekrassov, Martchenko, entre autres – qui s'étalent dans les journaux comme autant de bulletins de victoire contre le monstre froid soviétique. Aucun d'eux, même Sakharov, ne fait plus de brèches dans son prestige qu'Alexandre Soljenitsyne, auquel ses romans – *Une journée d'Ivan Denissovitch*, *La Maison de Matriona*, *Le Pavillon des cancéreux*... – ont valu, au grand dam de Brejnev et des obédiences communistes, le prix Nobel de littérature en 1970. En février 1974, le Soviet suprême l'expulse d'URSS « pour activités incompatibles avec le statut de citoyen soviétique et portant préjudice à l'URSS ».

Le prétexte tient à son dernier livre, *L'Archipel du Goulag*. Un exemplaire du manuscrit auquel l'écrivain russe travaille depuis de longues années a été saisi par le KGB. N'ayant plus rien à perdre, Soljenitsyne autorise son éditeur en langue russe à Paris, YMCA Press, à publier son ouvrage. A la fin du mois de décembre 1973, *Arkhipelag Goulag* est disponible. Entretemps, les éditions du Seuil ont acquis les droits de traduction, à la Foire annuelle du Livre à Francfort. Soljenitsyne renonce à ses droits d'auteur, afin que les trois tomes de son ouvrage coûtent le moins cher possible. Dès l'édition russe, *L'Humanité* s'insurge contre cette campagne de dénigrement de l'Union soviétique, censée avoir pour but de « détourner l'attention de la crise qui sévit dans les pays capitalistes [1] ». Le Comité central

1. S. Leyrac, « Une campagne antisoviétique contre la détente », *L'Humanité*, 17 janvier 1974.

du PCF se fend d'une déclaration : « Repousser l'antisoviétisme, c'est l'affaire de tous », où il dénonce la « réclame effrénée » autour de l'écrivain russe par « tout ce que notre pays compte de réactionnaire [2] ».

De manière contradictoire, le journaliste communiste chargé de la riposte écrit qu'il n'y avait « rien de nouveau » dans *L'Archipel du Goulag* « par comparaison au rapport présenté par Khrouchtchev au XX^e^ Congrès ». Jean Daniel souligne dans *Le Nouvel Observateur* combien l'argument semble curieux, puisque le Rapport Khrouchtchev n'a jamais été publié par aucun journal communiste. Au demeurant, les « révélations » de Soljenitsyne ne sont en effet pas vraiment inédites. La différence avec les autres études et récits sur le sujet tient à deux réalités : d'une part, le talent de l'auteur, écrivain puissant, au langage cru et précis, tour à tour émouvant et ironique, rassemblant dans une même narration une multitude de témoignages avec un art consommé de la composition et de la mise en scène ; d'autre part, le nouveau contexte international qui, contrairement aux années de l'après-guerre, encourage à la lecture du livre. Là où un Kravchenko pouvait passer pour un agent proaméricain de la Guerre froide, incapable d'écrire seul son histoire, Soljenitsyne – ancienne victime d'un système inhumain, vivant toujours en URSS au moment de la rédaction de son livre, et authentique écrivain – analyse, en pleine « Détente », la nature corrompue du régime idéocratique.

La signature du Programme commun de gouvernement entre socialistes et communistes en 1972 et la stratégie d'union de la gauche qui a déjà porté ses fruits aux élections législatives de 1973 (la droite ne l'avait emporté que d'un cheveu) rendent délicate l'attitude des porte-parole de la gauche non communiste. Un article de Maurice Chavardès, dans *Témoignage chrétien*, donne assez bien le ton. Parlant de Sakharov et de Soljenitsyne, il ne cache pas son irritation : « Qu'ils soient libres de proférer toutes les sottises réactionnaires qu'ils voudront, c'est notre vœu, au nom de la tolérance. Mais, de grâce, ne crions pas, à gauche, avec la meute des anticommunistes de tous poils, qu'en eux résident générosité, noblesse ou vérité [3]. » « Anti-

2. *L'Humanité*, 19 janvier 1974.

3. M. Chavardès, « De quelle essence sont les intellectuels ? », *Témoignage chrétien*, 20 décembre 1973,

communiste », c'est par ce mot que l'on continue d'établir une ligne de partage entre les bien-pensants et les autres.

Pourtant, Gilles Martinet, membre du Comité exécutif du Parti socialiste et collaborateur du *Nouvel Observateur*, ose critiquer à la télévision française les attaques du PCF contre Soljenitsyne. Une polémique s'ensuit entre les communistes et l'hebdomadaire [4]. Jean Daniel, tout en se défendant d'être « anticommuniste », n'en adopte pas moins une attitude d'indiscutable fermeté [5]. Quelques jours après la proscription de l'écrivain, il écrit : « S'il lit jamais la presse française, comme il va trouver nos compatriotes embarrassés, intimidés, gênés à toutes les entournures ! Tous les hommages qui lui sont rendus contiennent mille réserves, réticences et précautions. Dans ce monde qu'il croit libre, il trouvera bien peu d'esprits libérés. [...] Avant de saluer Soljenitsyne, il faut, si l'on ose dire, montrer patte rouge, parce que l'important, n'est-ce pas, c'est de ne pas être traité d'antisoviétique, d'anticommuniste et de diviseur de l'union de la gauche [6]... » En revanche, pour *L'Humanité*, « l'opération Soljenitsyne » tombe sous le sens : le système capitaliste est « violemment secoué par la crise économique », alors que l'URSS et les pays socialistes « vont leur chemin sans être touchés par le mal ». D'où résulte cette manœuvre, de pure diversion, qui a pour unique but de ternir l'image de l'Union soviétique afin de mieux masquer « la détérioration des conditions d'existence de la population » des pays occidentaux : « Chacun, à gauche, a vu dans Soljenitsyne non seulement l'écrivain, mais encore le pamphlétaire, l'adversaire du socialisme, le chantre d'une "sainte Russie" à jamais révolue et démesurément enjolivée. Chacun, à gauche, s'est employé à esquiver le piège de l'antisoviétisme. Jean Daniel en est tout déconfit [7]. »

Quant à François Mitterrand, Premier secrétaire du nouveau PS, occupé à mener à terme sa stratégie de conquête du pouvoir grâce à l'alliance communiste, il prend encore plus nettement ses distances à l'égard de Gilles Martinet – lequel,

4. *L'Humanité*, 22 janvier 1974. Et aussi la « déclaration de Roland Leroy » du 28 janvier dans le même journal.

5. J. Daniel, *L'Ère des ruptures*, Grasset, 1979, p. 167-211. Et L. Blime, « La réception de l'œuvre de Soljenitsyne en France », mémoire de DEA, IEP de Paris, 1992.

6. J. Daniel, *Le Nouvel Observateur*, 18 février 1974.

7. *L'Humanité*, « La tristesse de Jean Daniel », 18 février 1974.

décrète-t-il, ne saurait être habilité à parler au nom du PS. La contre-attaque du PCF n'en continue pas moins. Son hebdomadaire *France Nouvelle* publie trois « points de vue sur l'antisoviétisme » de la part d'alliés autorisés. Alain Decaux, historien populaire, a beau s'affirmer pour la liberté d'expression, il croit devoir déclarer : « L'historien ne peut méconnaître que l'antisoviétisme systématique a freiné pendant une longue période l'établissement de rapports simplement normaux avec ce grand pays. L'historien constate que l'apport considérable de l'URSS au monde moderne est, depuis 1917, un fait indéniable [8]. » Claude Gault, rédacteur en chef de *Témoignage chrétien*, s'émeut de « la collusion d'une partie de la gauche avec la droite la plus anticommuniste ». Enfin, le plus connu alors du trio, Max-Pol Fouchet, brillant causeur de télévision et critique au *Point*, tout en avouant n'avoir pas lu *L'Archipel du Goulag* (il ne connaît pas le russe), explique que l'affaire Soljenitsyne « sert de machine de guerre contre l'URSS d'abord, contre le socialisme en général, et chez nous contre l'union de la gauche ». Ces mots mécaniques lui valent les foudres de Maurice Clavel, dans *Le Nouvel Observateur* [9] encore : « Quoi de plus tragique que de voir mon ami, notre ami, Max-Pol Fouchet, apparemment aligné, que dis-je, normalisé, au sens que ces mots ont pris à Prague ? » La polémique s'envenime. Le 4 mars, dans le même hebdomadaire – décrit par Roland Leroy « comme un organe **avant tout** anticommuniste » –, Clavel en découd avec l'éditorialiste de *L'Humanité* René Andrieu, zélé défenseur de l'URSS, cependant qu'André Glucksmann prend violemment fait et cause pour Soljenitsyne. Malgré les déclarations de François Mitterrand, qui se montre de bout en bout soucieux de minimiser l'affaire, *L'Archipel du Goulag* provoque une tempête qui n'est pas près de se calmer.

Au moment où l'exilé subit tous les outrages de la presse soviétique, le débat rebondit en France au début de mars lors de la publication – toujours en russe – d'une *Lettre aux dirigeants de l'Union soviétique* de Soljenitsyne, datée du 5 septembre 1973, et dont la traduction est publiée par le Seuil en avril 1974. Michel Tatu, qui en rend compte pour *Le Monde*, estime que ce « Credo » sera une « bénédiction pour ses détrac-

8. *France nouvelle*, 19 février 1974.
9. M. Clavel, *Le Nouvel Observateur*, 25 février 1974.

teurs, qui n'auront aucun mal à prouver son caractère "réactionnaire" ». Traité par le journaliste du *Monde* de « slavophile », Soljenitsyne prendrait la défense de ceux que l'on appelait jadis les « rétrogrades » : « Admirateur du passé et pessimiste quant à l'avenir, l'auteur évoque avec nostalgie la vieille orthodoxie d'avant Nikon et Pierre le Grand [10]... » Plus que la profession de foi de Soljenitsyne, c'est le résumé qu'en faisait Michel Tatu et ses conclusions qui apportent de l'eau au moulin des « détracteurs » de l'écrivain dissident. André Glucksmann, qui a pu lire la traduction anglaise de la *Lettre* dans le *Sunday Times* réplique alors par une « Lettre ouverte à Michel Tatu du *Monde* » dans *Libération* [11] : « Aucune des citations que vous donnez de ce long texte n'est inexacte. Pourtant vous les collectionnez comme des *perles*, taillées pour effarer le lecteur parisien [...]. Qu'est-ce qui nourrit votre parisienne ironie, Michel Tatu ? Est-il trop "réaliste", cet ancien déporté qui fait remarquer à ses dirigeants qu'ils sont plus puissants que ne l'ont jamais été les tsars ? Sous-entendez que la crainte d'une guerre mondiale imminente, la névrose de l'encerclement que ces dirigeants insufflent à leur peuple est proprement démente. Vous savez que l'angoisse d'une apocalypse immédiate, ajoutée aux asiles psychiatriques et aux flots de vodka, c'est une technique gouvernementale pour faire tenir les Russes tranquilles. »

Quand la traduction française du premier tome de *L'Archipel du Goulag* est mis en vente, en juin 1974, *L'Humanité* le résume d'un mot : « C'est la Révolution française racontée par la Terreur » (Serge Leyrac). Le succès du livre est foudroyant : plus de 700 000 exemplaires vendus en quelques semaines. Aucun pays d'Occident ne lui fera pareil accueil, comme si ce texte – qui n'apporte « rien de nouveau » au dire des communistes – remettait en question, profondément, toutes les idées reçues sur la révolution bolchevique, sur Lénine, sur l'URSS en général. Sacralisée par les communistes, respectée par la droite, l'Union soviétique semble intouchable, statut que la politique extérieure du général de Gaulle n'a fait que renforcer et que les manuels scolaires français confortent. La loi d'inertie idéologique rend l'« anticommunisme » toujours honteux ; l'« antisoviétisme », inavouable. La gauche politique – conduite

10. M. Tatu, « Le "Credo" politique du prix Nobel de littérature », *Le Monde*, 5 mars 1974.

11. A. Glucksmann, *Libération*, 15 mars 1974.

par François Mitterrand – entend ménager un allié nécessaire en vue de sa victoire électorale : elle multiplie les gages de bonne volonté aux communistes, comme le montre la petite affaire Gilles Martinet évoquée plus haut. La droite – plus encore après la victoire de Valéry Giscard d'Estaing à l'élection présidentielle de 1974 – respectait d'autant mieux la direction soviétique que celle-ci n'avait aucune raison de souhaiter la victoire de l'Union de la gauche en France. Le grand débat que provoque *L'Archipel du Goulag* échappe au monde strictement politique – si l'on oublie les journaux communistes : il occupe le champ intellectuel. Il focalise la grande remise en cause du marxisme-léninisme. Dès 1975, deux ouvrages s'en font l'écho : *La Cuisinière et le Mangeur d'hommes* d'André Glucksmann et *Un homme en trop* de Claude Lefort [12].

Glucksmann a alors trente-huit ans, de longs cheveux noirs, et une passion continue qui le rend véhément. Ancien militant de l'Union des étudiants communistes, agrégé de philosophie, passé par le séminaire d'Aron (en 1967 il a publié *Le Discours de la guerre*), il fait partie des enseignants maoïstes de l'université de Vincennes à sa création. Frappé par le message des dissidents de l'URSS et surtout par Soljenitsyne, il réagit tout de suite dans la presse, on l'a vu, aux commentateurs hostiles à l'écrivain russe. Son livre, *La Cuisinière et le Mangeur d'hommes* (1975), marque une date symbolique dans notre histoire intellectuelle, s'affichant comme l'acte de rupture d'une partie de l'extrême gauche intellectuelle ou du gauchisme d'avec le marxisme-léninisme. La critique de celui-ci cesse d'être localisée à droite : il y aurait désormais une critique de gauche affirmée du régime soviétique et, au-delà, du totalitarisme communiste. Certes, le régime stalinien n'a pas manqué de détracteurs à gauche, depuis Boris Souvarine et Victor Serge, et ceux qui entretenaient la tradition du syndicalisme révolutionnaire – notamment à *La Révolution prolétarienne* – avaient contribué à cette opposition de gauche après la mort de Lénine. Mais tout cela datait d'avant la guerre, d'avant l'autoglorification du communisme par la Résistance. La Guerre froide elle-même a produit chez les intellectuels critiques comme Camus une position « neutraliste ». Mais l'Union de la gauche, depuis

12. L'ouvrage de Cl. Lefort date de 1976, mais celui-ci donnait son « Commentaire sur *L'Archipel du Goulag* » dans la revue *Textures*, nos 10-11, en 1975.

1972, a imposé une obligation de réserve envers l'URSS à tous ceux qui soutenaient le Programme commun. C'est dans ce climat que Soljenitsyne vient à Paris, en visite privée, en janvier 1975. Il ne peut échapper à une conférence de presse. Un journaliste de *L'Unité* – l'hebdomadaire du PS – le décrit comme « un héros fatigué » : « Le personnage inquiète physiquement. [...] Même bien lavé et bien rasé, il offre le côté douteux du moujik des légendes. [...] Dans ces sillons qui burinent la face et lui donnent un aspect simiesque, celui de ces singes tristes qui regardent passer les promeneurs du dimanche et qui ne bougent pas, peut-être parce qu'ils n'aiment pas les cacahuètes, il y a tout cela [13]. » Des catholiques progressistes dans leur mensuel *La Lettre* (décembre 1974) assimilent Soljenitsyne à « un produit du tsarisme », « un petit-bourgeois qui réagit en petit-bourgeois », dont « l'idéologie profonde » est « l'idéologie capitaliste », à moins que ce ne soit « l'idéologie féodale ». Le trotskiste Alain Krivine, en parlant du Portugal, énonce de manière lapidaire l'alternative des gens de gauche : « Capitalisme ou socialisme, tel est l'enjeu [14]. » C'est dans ce contexte que le livre de Glucksmann doit être considéré, plus que dans sa valeur intrinsèque. Renouant avec une tradition libertaire, longtemps ensevelie sous les décombres accumulés par les guerres mondiales et le stalinisme, Glucksmann n'apporte aucune « solution » aux malheurs du genre humain mais réaffirme l'exigence d'un refus et d'une dignité : « n'être point opprimé ». Défenseur de la « plèbe » contre l'État et la Théorie, l'auteur s'illusionne sur cette plèbe, touchée par une sorte d'immaculée conception lui épargnant le péché étatique. Il n'a pas manqué, depuis l'Antiquité, de despotismes appuyés sur la « plèbe ». Il n'empêche, le livre de Glucksmann fait date.

Un autre ouvrage, moins visible mais plus longuement médité, contribue à la formation de l'antitotalitarisme de gauche : *Un homme en trop* de Claude Lefort, publié aux éditions du Seuil dans « Combats », collection d'abord – signe des temps ! – largement ouverte aux productions gauchistes et maoïstes, désormais à la pointe de la critique antisoviétique. Lefort depuis longtemps allie ses espérances révolutionnaires et l'antistalinisme. Avec Cornélius Castoriadis, il a analysé la

13. G. Frameries, *L'Unité*, 24 janvier 1975.
14. *Le Monde*, 2 août 1975.

pathologie du régime bureaucratique, dans leur revue *Socialisme ou Barbarie*. Depuis le début des années soixante-dix, il anime avec le même Castoriadis la revue *Textures*, où écrivent notamment son ancien élève Marcel Gauchet et Miguel Abensour. A cinquante ans, Lefort est un des philosophes les plus indiscutables de la pensée antitotalitaire. « *L'Archipel du Goulag*, écrit-il, ce livre – un livre tel que celui-là, du moins –, nous sommes un petit nombre qui l'attendions depuis longtemps : un livre disant ce qu'il en est des prisons et des camps de travail soviétiques, de la terreur qui a accompagné, non dans un temps d'exception, mais de manière continue, l'édification du régime bureaucratique en URSS et lui a fourni son armature ; un livre mettant en pièces le décor du socialisme stalinien, faisant apparaître la grande machine d'oppression, les mécanismes d'extermination dissimulés sous les panneaux de la Révolution, de la Planification bienfaisante et de l'Homme nouveau – enfin, nous parvenant de Russie même, écrit par quelqu'un dont le témoignage et la connaissance du système fussent irrécusables. Oui, nous l'attendions déjà à l'époque où l'on pouvait à peine concevoir qu'il vît le jour, quand Staline régnait, quand les murailles de la citadelle "socialiste" étaient si épaisses, l'appareil dirigeant, cimenté autour du Chef génial, si solide, la servilité ou la bêtise des observateurs et visiteurs occidentaux de gauche si sûres, que nulle parole libre, semblait-il, n'avait chance de parvenir de là-bas jusqu'à nous [15]. » Cette fois, la gauche antitotalitaire prend forme en France.

Dans ce débat, il convient d'évoquer la part des journaux. *Le Nouvel Observateur*, dirigé par Jean Daniel, joue un rôle de premier plan, ainsi que *L'Express*, dont Jean-François Revel est l'éditorialiste. Daniel s'applique, malgré tous les embarras que cela lui cause (toute sa rédaction n'est pas en harmonie, les articles de K.S. Karol sur la Chine continuent à nourrir le mythe maoïste), à maintenir son double impératif : défendre l'Union de la gauche et soutenir la critique antisoviétique. Ce n'est pas le cas du *Monde* de Jacques Fauvet. En dépit de sa prétention à l'objectivité, le quotidien de la rue des Italiens manque à sa vocation. Dans *L'Ère des ruptures*, datant de 1979, Jean Daniel ne manque pas de moucher son confrère : « J'observe en ce début d'année 1974 combien sont nombreuses les révérences

15. Cl. Lefort, *Un homme en trop*, Seuil, 1976, p. 9.

entre l'institution du *Monde* et l'institution du PC [...], ce quotidien prestigieux et amical, sans lequel *L'Humanité* n'aurait que l'audience de ses lecteurs. [...] Bientôt il ne sera plus question des positions du *Nouvel Observateur* dans les colonnes du *Monde* que dans la mesure où nous serons injuriés par *L'Humanité*[16]. »

Au début de l'année 1976, Michel Legris, quarante-cinq ans, journaliste, ancien collaborateur du *Monde* qu'il a quitté en 1972, publie chez Plon un pamphlet, *« Le Monde » tel qu'il est*. Tout le monde lit le « quotidien de la rue des Italiens », beaucoup l'approuvent, du moins publiquement, car le journal passé de la direction Hubert Beuve-Méry à la direction Jacques Fauvet en 1969 reste une puissante institution, un moniteur de l'intelligentsia grande et petite, une tribune occasionnelle ou régulière (les pigistes y foisonnent), et, qui plus est, un journal dont le tirage et l'audience ne cessent de croître : mieux vaut ne pas s'en faire un ennemi. Legris prouve que *Le Monde* n'a pas été impartial dans l'affaire Soljenitsyne, publiant des avis erronés sur l'écrivain russe sans rectificatif. Il donne encore l'exemple d'une interview brute du vice-président du gouvernement hongrois, Gyorgy Aczel, qui dit : « Soljenitsyne incite à une nouvelle guerre mondiale, défend les ignominies du fascisme, s'oppose à la coexistence pacifique. Il est l'instrument de la réaction la plus extrémiste[17]. » Dans le cas de la Chine, *Le Monde*, et notamment son correspondant Alain Bouc, s'affiche résolument a-critique, voire franchement favorable à la Chine de Mao. Simon Leys, cité par Legris, explique, à propos de la nouvelle Constitution chinoise (janvier 1975), que *Le Monde* n'a même pas révélé que le texte est amputé de « l'essentiel des droits de la personne » : « Le-quotidien-le-plus-sérieux-de-France a réussi ce tour de force de publier deux pages entières au sujet de la nouvelle Constitution et de cette session de l'Assemblée nationale – *sans toucher un seul mot de cet aspect des choses*. Pudeur admirable – qui cette fois ne saurait entièrement s'expliquer par l'ignorance invincible de son correspondant à Pékin ; après tout, tant le texte de l'ancienne Constitution que celui de la nouvelle étaient accessibles *en français*. » Lors des événements au Cambodge du printemps

16. J. Daniel, *op. cit.*, p. 194-195.
17. *Le Monde*, 31 octobre 1975, cité par M. Legris, *« Le Monde » tel qu'il est*, Plon, 1976, p. 32.

1975, *Le Monde* a décrit « l'enthousiasme » de la population de Phnom Penh pour les Khmers rouges de Pol Pot. Legris accuse le journal de Fauvet de « détournement de sensibilité », de « parti pris d'indulgence, sinon d'absolution ». Le même auteur rappelle encore comment, en 1975, les reportages sur la « révolution des œillets » au Portugal (couverte par un jeune trotskiste, Dominique Pouchin) et un « bulletin de l'étranger » anonyme du *Monde* avaient provoqué les réactions de Raymond Aron (*Le Figaro*) et d'Edgar Morin (*Le Nouvel Observateur*), suscitant à leur tour une réplique du directeur Jacques Fauvet drapé dans l'humilité pateline et la dignité outragée. Legris conclut : « Et si la façade d'objectivité, les petits détails qui font vrai, les protestations de sincérité, la part réservée aux faits et aux témoignages, la part concédée à l'honnêteté avaient pour mission de mieux faire croire le mensonge ? »

*Le Monde* a toujours eu des adversaires, principalement à droite, et chez les communistes. Et voilà qu'une partie de la gauche intellectuelle met désormais en cause sa fiabilité. Après Edgar Morin dans *Le Nouvel Observateur*, Jean-Marie Domenach s'attaque à son tour à l'inattaquable en commentant de manière assez favorable l'ouvrage de Michel Legris dans *Esprit*[18]. A ses yeux, le livre est excessif, mais il touche juste en voulant démontrer que *Le Monde* est devenu « tendancieux » : « Je le lui reproche même et surtout lorsqu'il va dans le sens de ma tendance, parce que cela m'offre comme une caricature de mon opinion, qui me met mal à l'aise. » « Tendancieux », ajoute-t-il en substance, parce qu'il ne s'agissait pas de positions claires et nettes, d'une ligne politique clairement définie, mais de toute une panoplie de moyens techniques, des « modes de présentation », une expression diffuse, qui, au total, *tendent* à conditionner le jugement du lecteur sans annoncer la couleur du drapeau défendu. Les militants paraissent l'emporter sur les journalistes. Le cas le plus flagrant, outre « la guérilla contre Soljenitsyne », a été la publication des articles sur le Portugal : « *Le Monde* occultait ou sous-évaluait constamment le comportement d'un Parti communiste qui tendait à établir sa domination sur la révolution portugaise : prise en main de la police, des banques, des moyens d'information, des archives, etc., comportements qui produisirent une réaction populaire anticommuniste qui fut pré-

18. J.-M. Domenach, « "Le Monde" en question », *Esprit*, avril 1976.

sentée comme une manifestation d'obscurantisme religieux et une résurgence du salazarisme. »

Domenach estime que Legris a tort de qualifier les dirigeants du *Monde* d'hypocrites : ce sont plutôt les « représentants de l'esprit du temps », d'« une société qui doute d'elle-même, et où il est devenu très difficile de témoigner de quoi que ce soit ».

D'aucuns se demandent pourquoi Jacques Fauvet, le directeur du *Monde*, de sensibilité démocrate chrétienne, ménage tant le communisme. Son ouvrage historique sur le Parti communiste français [19] avait été l'objet en 1964 d'une critique fouillée d'André Ferrat, ancien membre du PCF devenu socialiste, « M. Fauvet saisi par la légende », publiée dans *Preuves*. Ferrat y reprochait à Fauvet de méconnaître la dimension « internationaliste du PCF » d'avant la guerre : « La politique appliquée par Thorez n'a jamais été autre que celle de Staline. Il se trompe aussi s'il croit que le parti créé pendant les années trente fut l'œuvre de Thorez ; il fut un produit typique de l'époque stalinienne. Et s'il fallait absolument signer cette œuvre d'un nom, il faudrait alors écrire le nom de Fried [20] et non celui de Thorez. » La méconnaissance de la nature du Parti communiste, que Ferrat reprochait à Jacques Fauvet, paraissait fondée. En février 1976, Fauvet fait une surprenante apologie du « centralisme démocratique » : « Longtemps, écrivait-il, ce centralisme a été le moyen d'imposer aux récalcitrants les consignes de l'Internationale de Moscou ; de démocratique, il n'avait que le nom, sauf dans les premières années du Parti. Aujourd'hui, le centralisme démocratique est le moyen le plus sûr non d'empêcher la discussion, au moins dans certaines limites, mais d'interdire la création de "tendances organisées" qui sont un facteur permanent de division et donc de faiblesse de tous les partis français. Ceux qui, sans se donner la peine de le définir, font reproche aux communistes du centralisme démocratique seraient bien venus de s'en inspirer ; ils y gagneraient en unité et en efficacité. On discute, et une fois la décision prise on s'incline. C'est la loi de la majorité [21]. » Beaucoup s'interrogent : faut-il imputer ces paroles à la candeur de l'historien qui a tant

19. J. Fauvet, A. Duhamel, *Histoire du Parti communiste français*, Fayard, 1964, t. 1.

20. Voir la biographie d'A. Kriegel et S. Courtois, *Eugen Fried. Le grand secret du PCF*, Seuil, 1997.

21. J. Fauvet, « A saute-mouton », *Le Monde*, 18 février 1976.

sous-estimé le rôle d'Eugen Fried dans l'histoire du PCF ou aux manœuvres d'un néo-compagnon de route appliqué à distinguer l'*aujourd'hui* de l'*hier* pour faire accroire que le Parti communiste n'est plus le Parti communiste ? Que Fauvet, à ce moment-là, ait amusé ou indigné, il est désormais manifeste que son journal ne sera pas à l'avant-garde du courant qui grossit au milieu de ces années soixante-dix, celui de la gauche antitotalitaire.

« Totalitaire », mot forgé jadis par Mussolini, avait servi à désigner les régimes fasciste, national-socialiste, *et* communiste, dans les années trente. La grande alliance contre l'Allemagne hitlérienne interdit momentanément son usage après la Seconde Guerre mondiale, jusqu'au moment où philosophes politiques (comme Hannah Arendt) et politologues (comme Karl Friedrich) le remirent en vigueur ; ce concept fut alors doté, dans le contexte de la Guerre froide, d'une charge purement idéologique, visant à discréditer le régime soviétique en le confondant avec le national-socialisme dans une même catégorie infamante. Des critiques aussi aiguisées du stalinisme que celles de Cornélius Castoriadis, dans *Socialisme ou Barbarie*, préféraient parler de « société bureaucratique » plutôt que de « totalitarisme ». Raymond Aron n'avait pas répugné à utiliser le mot, mais Aron était classé « à droite ». C'est seulement dans les années soixante-dix que la critique de l'État totalitaire est devenue, non seulement courante dans l'intelligentsia de gauche, mais centrale dans toute la réflexion politique.

Autant que les ouvrages des dissidents, *L'Archipel du Goulag* en tête, les événements eux-mêmes ont légitimé la question : la prise de Saigon en 1975 par les communistes et la fuite des Vietnamiens du régime communiste (les *boat people*), l'action et les méthodes du Parti communiste d'Alvaro Cunhal dans le processus de la « Révolution des œillets » au Portugal, les massacres génocidaires ordonnés par Pol Pot au Cambodge, les révélations sur la Révolution culturelle en Chine accompagnant la mort de Mao en 1976, plus tard les événements de Pologne au début des années quatre-vingt. Pour beaucoup d'intellectuels naguère marxistes, communistes, trotskistes ou maoïstes, il ne s'agit plus de critiquer tel ou tel régime du « socialisme réel », telle ou telle phase de son histoire, mais bien de remettre radicalement en cause un système idéocratique que jadis l'écrivain britannique George Orwell avait dépeint sous la forme d'une fiction – *1984* –, et qui avait pour origine la révolution léniniste, voire aux yeux de certains l'œuvre de Marx elle-même.

Sans vouloir faire l'étude d'un mouvement de pensée qui n'aurait pas sa place ici, notons-en seulement quelques productions et quelques lieux d'expression. A la fin de 1975 sortait des presses *La Tentation totalitaire* de Jean-François Revel. Outre l'analyse du stalinisme, Revel y dissèque les responsabilités des socialistes et, plus encore, celle des intellectuels dans cette « tentation » : « La proportion des irresponsables et des fanatiques parmi les intellectuels est approximativement la même qu'au sein des autres groupes socioprofessionnels, et, au demeurant, la folie s'y distribue équitablement entre tous les bords politiques [22]… » Revel, venu de la gauche, du PSU, de la FGDS, était désormais un collaborateur de *L'Express*, classé désormais plutôt du côté de la droite libérale. Mais, dans les mois suivants et les années suivantes, la critique antitotalitaire emplit les pages de la revue *Esprit*, laquelle, au-delà de ses propres collaborateurs, devint un des foyers de cette pensée où concourent Marcel Gauchet, Claude Lefort, Paul Thibaud, François Furet, Marc Richir, Pierre Hassner, et bien d'autres [23]. Au *Nouvel Observateur*, Maurice Clavel est lui aussi de ces contestataires, jusqu'à sa mort en avril 1979. Installé à Vézelay en 1975, il y écrit son *Ce que je crois*, apologie d'un retour à la foi chrétienne contre les idéologies totalitaires. Il défend ceux qui, sous l'appellation médiatique de « Nouveaux Philosophes », mêlent leurs analyses aux critiques du marxisme-léninisme, et dont les œuvres les plus marquantes furent *Les Maîtres penseurs* (1977) d'André Glucksmann, et *La Barbarie à visage humain* (1977, 100 000 exemplaires) de Bernard-Henri Lévy. Jacques Julliard et Daniel Mothé sont au premier rang de ceux qui, à la CFDT et dans ses publications, allient la critique du totalitarisme à la défense du socialisme autogestionnaire contre le socialisme d'appareil et d'État (notamment dans les revues *Faire* puis *Intervention*). En janvier 1978 sort le manifeste du Comité des intellectuels pour l'Europe des libertés (CIEL), avec pour sous-titre : « La culture contre le totalitarisme. La liberté ne se négocie pas. » Alain Ravennes en est le rédacteur, et, parmi la centaine de signatures, on trouve à côté

22. J.-F. Revel, *La Tentation totalitaire*, Robert Laffont, 1976, p. 334.
23. Voir notamment le numéro spécial *Révolution et Totalitarisme*, *Esprit*, septembre 1976.

des noms de Raymond Aron, d'André Frossard ou de Maurice Schumann, ceux de Julia Kristeva, de Jean-Marie Domenach, de Claude Simon [24]... En 1979 toujours, Glucksmann, engagé dans l'opération « Un bateau pour le Vietnam » (montée par Bernard Kouchner), entreprend une démarche commune avec Jean-Paul Sartre et Raymond Aron auprès du président de la République Valéry Giscard d'Estaing. Les événements de Pologne qui voient la montée en force du syndicat Solidarnosc cristallisent à la fin des années soixante-dix nombre d'intellectuels solidaires des ouvriers polonais antisoviétiques. La reprise en main brutale du pouvoir en 1981 par le général Jaruzelski, instaurant l'« état de guerre », inspire aux éditeurs du Seuil un livre collectif, *Pour la Pologne*, vendu à plus de 15 000 exemplaires, et dont les droits sont versés à Solidarnosc.

Ces quelques jalons mettent en lumière le divorce qui s'aggrave entre la gauche politique et la gauche intellectuelle. La rupture de l'Union de la gauche en 1977 n'empêche pas François Mitterrand et le PS d'avoir toujours et surtout en tête la conquête du pouvoir. De fait, les communistes se désistent au second tour de l'élection présidentielle de 1981 en faveur du leader socialiste, qui l'emporte. L'invasion soviétique de l'Afghanistan, en décembre 1979, rend d'autant plus inacceptable la position des socialistes qui ménagent leur principal allié potentiel. Dans son nouveau livre, *L'Invention démocratique*, publié l'année même de la victoire de François Mitterrand, Claude Lefort dénonce le jeu des socialistes, qui « se sont rendus délibérément aveugles à l'événement nouveau, massif, le plus énigmatique et le plus redoutable de notre époque : la naissance et l'expansion mondiale du totalitarisme sous les couleurs du communisme [25] ».

La victoire de la gauche en 1981 ne sera pas celle des intellectuels. Nombre d'entre eux se réjouissent de la défaite de Valéry Giscard d'Estaing, mais non sans redouter le malentendu qui risque de naître et de croître entre les militants, les dirigeants, les députés d'un socialisme devenu majoritaire, et une grande partie de leur électorat qui s'attend à la « rupture avec le capitalisme ». D'autre part, l'entrée de quatre ministres communistes dans le second gouvernement Mauroy choque le mou-

24. J.-F. Sirinelli, *Intellectuels et Passions françaises*, *op. cit.*, p. 274 *sq.*
25. Cl. Lefort, *L'Invention démocratique*, Fayard, 1981, p. 134-135.

vement intellectuel qui, depuis des années, développe sa critique du totalitarisme – duquel les communistes n'ont pas su vraiment se démarquer. Georges Marchais croit même devoir justifier à la télévision l'intervention soviétique en Afghanistan, qui servirait à réprimer « le droit de cuissage » en usage chez des rebelles d'âge médiéval. Au cours de l'été 1983, Max Gallo, porte-parole du gouvernement socialiste, se plaint, dans *Le Monde*, du « silence des intellectuels de gauche [26] ». A vrai dire, le pouvoir socialiste peut compter encore sur bien des sympathies parmi eux, comme les articles et reportages qui suivirent l'appel de Max Gallo le démontrent. Quelques réponses évoquent néanmoins la « victoire à contretemps » de la gauche. André Glucksmann dénonce les « oublis » du nouveau président de la République : « Au Panthéon, François Mitterrand voulait regrouper, à travers les écrivains présents, tous les témoins de l'humanité souffrante. Il a omis d'en inviter certains. Je pense en particulier aux écrivains qui, dans le camp socialiste, luttent pour leur liberté. » Alain Finkielkraut, qui avoue s'être surpris à chanter *L'Internationale*, le soir du 10 mai, avec la foule de la Bastille, ajoute : « Cela m'a rendu triste : ma joie ne pouvait plus passer par ce chant-là. » François George, philosophe et écrivain, collaborateur des *Temps modernes*, dit que « la démarxisation des philosophes était à son sommet le 10 mai [...]. Les intellectuels sont tous, ou presque, devenus des anticommunistes farouches, et tant que le gouvernement sera en proie au jeu du PC, son action tout entière restera incomprise [27] ».

François George organise d'ailleurs des Assises à la Maison de la chimie à Paris, au lendemain même de la victoire présidentielle de François Mitterrand, du 13 au 16 mai 1981, sur le thème du stalinisme français. Il ne s'agit certes pas d'un colloque contre l'union de la gauche ou contre le Parti socialiste, mais la coïncidence prend avec le recul une valeur symbolique [28]. En termes stendhaliens, les intellectuels français des années soixante-dix ont été atteints par le phénomène de la

26. M. Gallo, « Les intellectuels, la politique et la modernité », *Le Monde*, 26 juillet 1983.
27. Ph. Boggio, « Le silence des intellectuels de gauche », *Le Monde*, 27 juillet 1983.
28. N. Dioujeva et F. George, *Staline à Paris*, Ramsay, 1982.

« décristallisation ». Fin de l'envoûtement par le marxisme, scepticisme sur « l'avenir radieux », et retournement des passions contre le totalitarisme. Un long processus a détaché les plus connus des intellectuels français soit du Parti communiste lui-même, soit d'un compagnonnage de route jugé honteux – et même des doctrines historiques du socialisme étatique. Depuis 1956, ce processus était à l'œuvre, tantôt ralenti par les circonstances (guerre d'Algérie, Coexistence pacifique), tantôt accéléré par de nouvelles conjonctures (invasion de la Tchécoslovaquie de 1968, impact des dissidents soviétiques, événements de l'Extrême-Orient) ; il arrive à son accomplissement au moment même – ô paradoxe ! – où des communistes de nouveau deviennent ministres dans un gouvernement français. Une réconciliation possible entre les intellectuels et le socialisme démocratique a été entravée par l'impératif stratégique et électotal du PS. Ce divorce va peser lourd sur la suite à la fois de l'histoire de la gauche et de celle des intellectuels en France.

# *Épilogue*
# *La fin des intellectuels ?*

Le cimetière du Montparnasse, jouxtant la rue Edgar-Quinet où Sartre a vécu ses dernières années, est trop étroit pour accueillir, le 18 avril 1980, la foule des fidèles et des curieux qui assistent à l'inhumation du philosophe, mort trois jours plus tôt. Des dizaines de milliers de gens, dont la plupart n'entrevoient même pas le cercueil, communient dans le sentiment de participer aux obsèques d'un grand du siècle – « l'immense Sartre, comme écrit Serge July dans *Libération*, [qui] occupa le siècle comme Voltaire et Hugo le leur »… L'émotion étreint chacun. Le président de la République, Valéry Giscard d'Estaing, est venu s'incliner longuement et discrètement devant la dépouille mortelle à l'hôpital Broussais.

Les dernières années de Sartre ont pris un caractère pathétique. Affaibli et aveugle, il a trouvé un nouvel élan auprès de son nouveau « secrétaire » Pierre Victor, pseudonyme de l'ancien maoïste de la Gauche prolétarienne Benny Lévy. Victor lui fait chaque jour la lecture, et Sartre envisage d'écrire ses prochains livres avec lui. A défaut d'y parvenir, ils donnent des entretiens ensemble au *Nouvel Observateur* quelques semaines avant la mort de l'écrivain. Ce texte, les amis de Sartre, Simone de Beauvoir la première, demandent à Jean Daniel de ne pas l'imprimer. A leurs yeux, c'est un reniement de Sartre par Sartre sous influence de Victor – ce que le Castor appelle un « détournement de vieillard ». Sartre, au téléphone, insiste auprès de Jean Daniel d'une voix ferme : c'est lui qui désire cette publication[1]. « Agé, menacé dans son corps, à demi aveugle, l'avenir était barré pour lui, écrit Beauvoir dans *La*

1. A. Cohen-Solal, *op. cit.*, p. 652.

*Cérémonie des adieux*. Il a eu recours à un *ersatz* : militant et philosophe, Victor réaliserait le “nouvel intellectuel” dont Sartre rêvait et qu’il aurait contribué à faire exister. Douter de Victor, c’était renoncer à cette vivante prolongation de lui-même, plus importante pour lui que les suffrages de la postérité [2]. »

Raymond Aron éprouve le même haut-le-cœur en lisant les entretiens de Sartre avec Benny Lévy : « Ce qui rend pénible et parfois insupportable la lecture de ces entretiens, c’est la pression qu’exerce Benny Lévy, consciemment ou inconsciemment, sur un vieillard dont la force de résistance a décliné plus encore que la force intellectuelle [3]. » Aron donne son hommage à Sartre à *L’Express*. « Sartre, écrit-il, est resté, toute sa vie, en profondeur, un moraliste, bien qu’il ait été amené, par la logique de l’absolu révolutionnaire, à rédiger des textes sur la violence, par exemple la préface du livre de Fanon [*Les Damnés de la terre* ], qui pourrait figurer dans des anthologies de la littérature fascisante. [...] Il ne s’est jamais résigné à la vie sociale telle qu’il l’observait, telle qu’il la jugeait, indigne de l’idée qu’il se faisait de la destination humaine. Utopie ? Millénarisme ? Plutôt l’espoir ou l’exigence d’une autre relation des hommes entre eux. » Pour Aron, Sartre a vécu le « drame d’un moraliste perdu dans la jungle de la politique [4] ».

Aron ne survivra pas longtemps à Sartre. Il tombe frappé par une crise cardiaque le 17 octobre 1983. Entre-temps, il a atteint à la gloire tardive. La mort de Sartre a braqué les projecteurs sur lui, l’ancien camarade de la rue d’Ulm, nourri au même lait de l’*Alma Mater*, à la même culture, et dont la vie et la conception du monde s’étaient révélées si divergentes. La poignée de main de 1979, suscitée par André Glucskmann et photographiée devant l’Élysée, n’a pas scellé une réconciliation ; du moins a-t-elle été un grand moment symbolique : les deux anciens adversaires étaient venus intercéder auprès de V. Giscard d’Estaing en faveur des *boat people*. Interrogé devant les caméras de télévision à la mort de Sartre, Raymond Aron s’était montré d’une parfaite dignité, notamment quand il se trouva face à Benny Lévy au cours d’une émission « Apostrophes » improvi-

2. S. de Beauvoir, *La Cérémonie des adieux*, suivi des *Entretiens avec Jean-Paul Sartre*, Gallimard, 1981, p. 166-167.
3. R. Aron, *Mémoires*, *op. cit.*, p. 719.
4. R. Aron, « Mon petit camarade », *L’Express*, 19 avril 1980.

sée par Bernard Pivot. Peu de temps après, deux jeunes gens de la génération de 1968, Dominique Wolton et Jean-Louis Missika, qui ont appris à juger la pensée d'Aron comme un « pôle négatif », lui proposent un entretien étendu sur trois émissions télévisées sur sa vie et son œuvre. Le succès est complet. Il en sort un livre, *Le Spectateur engagé*, qui porte d'un seul coup Raymond Aron au premier rang des célébrités. A ce moment-là, en octobre 1981, Aron est attelé à ses *Mémoires*, lesquels paraissent au printemps 1983. Ce gros livre, assez austère puisque l'auteur reprenait l'analyse de ses essais plus qu'il ne s'attardait à la poésie autobiographique (« Ce qu'on dit de soi est toujours poésie », dit Renan), est l'ultime triomphe d'Aron vivant. En tête des *best-sellers* pendant de longues semaines, les *Mémoires* suscitent de multiples commentaires, flatteurs, y compris de la part de ses anciens et durables adversaires.

A l'enterrement d'Aron, le 20 octobre 1983, dans le caveau familial du même cimetière Montparnasse où Sartre l'a précédé, il n'y a pas la grande foule. La rumeur la remplace : Aron n'a certes pas été le Victor Hugo du XX^e^ siècle, mais sa lucidité politique le place au rang de « dernier des sages », selon l'expression de Claude Lévi-Strauss au lendemain de la publication des *Mémoires*. Quel paradoxe : des deux anciens « petits camarades », le plus éclatant, le plus talentueux, celui qui exprimait au mieux la puissance intellectuelle (des livres dans tous les genres) – Sartre – semblait comme un vaincu de l'Histoire vis-à-vis de celui qui passait seulement pour un « professeur » ! Aron, à la fois distancié et plein d'estime à l'égard de l'auteur de la *Critique de la raison dialectique*, n'a cessé d'avouer modestement son admiration face à la production intellectuelle de son ancien camarade. Il n'empêche : au début des années quatre-vingt, Sartre est l'intellectuel fourvoyé, et Aron l'intellectuel lucide – celui-qui-ne-s'est-jamais-trompé. L'un n'a jamais rêvé que l'impossible, l'autre est couronné des lauriers de la raison raisonnable.

Il est difficile de ne pas juger Sartre et Aron comme les deux faces d'une même monnaie. Ils ont incarné deux types d'intellectuels opposés ; leur prestige a été tributaire de l'Histoire, celle-ci accordant ses faveurs successivement au héraut de la révolte, puis au champion de l'intelligence empirique. Sartre a personnalisé toute une époque – celle qui commence en 1945, et qui lui a valu le mot de Le Clézio : « le contemporain capital ». Son succès tient d'abord à ses talents d'homme-orchestre hors du commun. L'effet de mode l'a servi aussi : son style anti-bourgeois, le modèle de couple qu'il a formé avec le Castor (amour nécessaire et amours contingentes). A partir des années cinquante, il a figuré l'optimisme révolutionnaire, dans ses avatars excessifs, mais indéracinable, offrant jusqu'au bout le spectacle de celui qui ne peut accepter la réalité et qui rêve de l'abolir coûte que coûte. Il a été le grand exilé au sein même de cette société bourgeoise dont il était issu, comme Hugo l'avait été à Guernesey. Le contraste avec Aron est saisissant. Aron n'a jamais défrayé la chronique par sa vie privée. Il n'a jamais écrit de roman ni de pièce de théâtre. Pendant quarante ans, il s'est colleté avec l'actualité, en tentant d'en rendre raison, en prenant parti, mais sans lyrisme, sans émotion apparente, sans violence. Sartre est un séducteur, et Aron n'est qu'un médiateur. Ce qui pose le problème des rapports entre la pensée ou la production littéraire et les actes politiques des philosophes et des écrivains.

Rien n'est plus décevant que de constater l'impossibilité de toute équivalence entre la qualité des œuvres et la pertinence des comportements. Le débat qui dure sur Heidegger, un des maîtres à penser du siècle, tombé dans l'adhésion au nazisme sans repentir, nous rappelle à cette évidence. En un sens, Sartre est celui qui tenta de reconsidérer (après 1945) l'écart entre la pensée et l'action. Et, en même temps, celui qui peut-être illustre au mieux, dans le cas français, les mésaventures de l'engagement. Rivarol en son époque soulignait la spécificité des deux domaines – celui de la philosophie qui est le lieu de l'absolu et celui de la politique qui est celui du relatif, de l'approximatif, du moindre mal. Péguy, de son côté, nous a mis en garde contre notre propension à laisser se dégrader les grandes causes, la « mystique », en « politique » – comme ce fut le cas du dreyfusisme en combisme. Mais la Cité des hommes n'est pas le monde des idées pures : il faut composer. L'univers politique est chargé de tous les conflits, de toutes les volontés de puissance, de toutes les haines, et des appétits de pouvoir. De sorte qu'une double tentation saisit l'homme de l'esprit. Ou rester dans le monde de la pureté idéelle, qui est celui du langage – mais au risque de s'isoler et de rester sans prise sur le monde. Ou accepter trop bien les impératifs de l'univers politique, choisir son camp, devenir partisan, savoir se taire ou parler toujours *à bon escient* – au risque cette fois de n'être plus qu'un auxiliaire de police ou un fonctionnaire des espérances en suspens, un gestionnaire plus ou moins zélé du pouvoir – fût-ce celui d'un parti d'opposition. Penser la politique radicalement, c'est le plus souvent choisir l'impossible ; mais accepter la politique telle qu'elle va ne requiert que l'alliance des orateurs avec des experts : les hommes de pensée y ont-ils leur place ?

Cette interrogation est au cœur du débat, amorcé par l'article de Max Gallo, datant de l'année même où disparut Raymond Aron. Dans ces échanges, la position du philosophe Jean-François Lyotard est particulièrement remarquée ; elle annonçait la fin des intellectuels, dont l'ambition depuis les Philosophes du XVIII^e^ siècle était de penser et d'incarner l'universel. « Or, écrit-il, c'est précisément cette unité totalisante, cette universalité, qui, depuis le milieu du XX^e^ siècle du moins, fait défaut à la pensée. » Il ajoute : « Il ne devrait donc plus y avoir d'"intellectuels", et s'il y en a, c'est qu'ils sont aveugles à cette donnée nouvelle dans l'histoire occidentale depuis le XVIII^e^ siècle : il n'y a pas de sujet-victime universel, faisant signe dans la réalité, au nom duquel la pensée puisse dresser un réquisitoire qui soit en même temps une "*conception du monde*" (cherchez des noms). Même "*le plus défavorisé*", dont Sartre a cherché à épouser le point de vue pour se guider dans le labyrinthe des injustices, n'était somme toute qu'une entité négative, anonyme et empirique. Je ne dis pas qu'il n'y a pas à se mêler de son sort, on le doit, par une responsabilité éthique et civique. Mais ce point de vue ne permet que des interventions défensives et locales. Au-delà, il peut égarer, comme il a égaré Sartre [5]. »

Michel Foucault, en raison de sa notoriété et de sa puissance de fascination, aurait pu prétendre à la succession de Sartre. Déjà, au cours des années soixante-dix, le cadet était en passe de remplacer l'aîné en déclin. Mais après *Surveiller et punir,* dont l'audience et l'influence avaient largement dépassé les frontières, Foucault s'est attaché à une longue réflexion sur la sexualité qui donna lieu à une série d'ouvrages inachevés, inaugurés en 1976 par *La Volonté de savoir*. Homosexuel, il sympathisa avec le mouvement « gay » aussi bien en France qu'en

5. J.-F. Lyotard, « Tombeau de l'intellectuel », *Le Monde*, 8 octobre 1983.

Californie, où il fit des séjours de plus en plus fréquents et prolongés, mais tout en gardant une certaine discrétion, dans la crainte que son œuvre ne fût « perçue comme un discours sur une minorité placée sous séquestre ». Il n'en avait pas pour autant fini avec la radicalité de ses convictions politiques, avançant, en 1978, un nouveau concept, celui de « gouvernementalité », par lequel il complétait sa théorie du panoptisme : la société et l'individu étaient complètement contrôlés au moyen de techniques de pouvoir qui s'étaient mis en place depuis la fin du XVIII^e siècle. Le malheur voulut qu'il jugeât bon d'illustrer sa thèse avec l'exemple de l'Iran qui, en 1978, se débarrassait du Chah. Enthousiaste, Foucault publia dans la presse italienne, puis dans *Le Nouvel Observateur* et dans *Le Monde,* des articles à la gloire de l'ayatollah Khomeyni, rentré d'exil le 1^er février 1979, pour fonder un régime islamiste. Les interventions publiques qui suivirent, et notamment en faveur des *boat people* (aux côtés de Sartre) et des dissidents des pays communistes, ne purent rétablir sa réputation politique : il resta marqué par l'épisode « iranien ». Michel Foucault n'eut guère le temps de survivre à Sartre. Atteint du sida, il meurt le 25 juin 1984, à cinquante-sept ans.

Signe des temps : la dernière-née des revues en 1980, *Le Débat*, dont Pierre Nora assure la tenue chez Gallimard, tourne le dos à ses grandes devancières, tels *Esprit* et *Les Temps modernes*, en récusant tout message à délivrer. « L'intellectuel-oracle a fait son temps, écrit Nora. Personne n'aura l'idée d'aller demander à Michel Foucault, comme jadis à Sartre, s'il doit s'engager dans la Légion étrangère ou faire avorter sa petite amie. Si grand que soit son prestige, il n'est plus sacerdotal. L'intellectuel s'est puissamment laïcisé, son prophétisme a changé de style. L'investissement scientifique l'a immergé dans un large réseau d'équipes et de crédits [6]. » Nora n'appelle pas à l'action, mais d'abord à l'effort d'intelligibilité du monde dans lequel nous vivons, l'histoire doit être « le nerf » de l'entreprise – « une histoire résolument contemporaine, politique et conceptuelle qui enlève au présent ses faux mystères et son artificielle magie. Qui nous explique aussi, à nous-mêmes et aux autres, d'où sourdent nos questions, les leurs, et pourquoi chacun y répond comme il y répond. L'inscription dans le temps est

6. P. Nora, « Que peuvent les intellectuels ? », *Le Débat*, n° 1, mai 1980.

aujourd'hui le préalable obligé à toute initiative politique et idéologique, elle est le gage des vrais engagements ».

En cette même année 1980, le sociologue Alain Touraine écrit : « Le socialisme est mort [...]. Il n'est plus qu'un fantôme. [...] Quelques rhéteurs parlent encore de la montée du socialisme et des luttes ouvrières. En réalité, l'époque du socialisme est terminée. Il est grand temps de s'en apercevoir et de vivre avec son temps [7]... » André Gorz, collaborateur des *Temps modernes*, fait ses *Adieux au prolétariat* [8]. Le désenchantement est consommé. Il ne s'agit plus de chercher dans l'histoire « un but universel, le but final du monde », comme Marx en avait reçu la consigne de Hegel. On retombait les pieds sur terre et sur les « durs pépins de la réalité ». La volonté de coller au réel et l'intention pragmatique président à la création, en 1982, de la Fondation Saint-Simon, lieu de rencontre original entre intellectuels et décideurs : l'historien François Furet en est l'animateur principal, avec Roger Fauroux, ancien P-DG de Saint-Gobain-Pont-à-Mousson, Alain Minc, et l'ancien intellectuel syndicaliste de la CFDT, l'historien des idées Pierre Rosanvallon.

C'est aussi en ces années que la suspicion à l'endroit des intellectuels se charge d'un contenu « scientifique », grâce aux travaux de Pierre Bourdieu et à sa revue, les *Actes de la recherche en sciences sociales*, où l'innocence des écrivains et des intellectuels est passée au crible : leurs faits et gestes sont replacés dans leur stratégie individuelle, occupée à la défense de leurs intérêts, à leur conquête des biens – matériels et symboliques –, consciemment ou inconsciemment [9]. Cette école du soupçon entraîne la relecture des actions des grands écrivains et des moindres intellectuels, sapant d'une autre manière leur autorité [10]. Un fait de société vient conforter la thèse de Bour-

7. A. Touraine, *L'Après-Socialisme*, Grasset, 1980, p. 11 et p. 271.

8. A. Gorz, *Adieux au prolétariat*, Grasset, 1980.

9. Julien Benda avait déjà évoqué, en 1927, « l'intérêt de carrière » dans les motivations des intellectuels : voir *La Trahison des clercs*, *op. cit.*, p. 303.

10. Les études sur le « pouvoir » et les « réseaux » intellectuels se multiplient. Citons, à titre indicatif, H. Hamon et P. Rotman, *Les Intellocrates* (Ramsay, 1981), *Le Pouvoir intellectuel en France* de R. Debray (Ramsay, 1979), *La Tribu des clercs : les intellectuels sous la V*e *République* de R. Rieffel (Calmann-Lévy, 1993), etc. *Le Monde de l'Éducation* consacre, dès février 1977, un de ses numéros à « l'intelligentsia » : « "*Une mafia, un gang, une chapelle*", disent les uns qui, tout en profitant du système, ne trouvent pas de mots assez durs pour le qualifier. »

dieu : la fascination de la télévision sur ceux qui l'ont tant méprisée. Cette « médiatisation » peut être revendiquée par ses praticiens au nom de l'efficacité : quelle plus belle tribune que celle qui atteint des millions d'auditeurs ? En fait, la télévision s'intéresse moins au contenu des discours qu'à la personne de ceux qui les tiennent. Le petit écran est devenu un instrument de promotion personnelle ; l'« intellectuel médiatique », le dernier avatar de la corporation [11].

La chute du Mur de Berlin en 1989 et l'implosion du régime soviétique en 1991 achèvent de ruiner l'historicisme de gauche qui avait porté depuis les années trente tant d'œuvres et de carrières. Déjà Romain Rolland, qui avait si bien soutenu la « patrie du socialisme », avait déclaré, désabusé, le 12 octobre 1940 : « Jamais un idéaliste ne devrait se prêter à la politique. Il en est toujours la dupe et la victime. On se sert de lui, comme de réclame pour couvrir la boîte aux ordures, aux friponneries et aux méchancetés [12]. » Certains jugent alors que l'intellectuel authentique, enfin débarrassé de cette tunique de Nessus, va renaître dans sa pureté originelle. C'est la conviction de Jacques Julliard, écrivant en 1986 : « Il est en train de se reconstituer dans ce pays, en marge de la politique, une communauté intellectuelle avec ses lois propres et son système de valeurs, qui n'est plus le simple décalque de celui des partis [13]. » On voit, de fait, quelques années plus tard, lors des événements dramatiques de Bosnie-Herzégovine, une mobilisation d'intellectuels qui prêchent l'intervention diplomatique et militaire de la France en faveur des Bosniaques que les Serbes de Bosnie massacrent. L'intervention « humanitaire », préconisée dans les régions en proie à la guerre civile, aux massacres génocidaires, de l'Irak au Rwanda – les « Médecins sans frontières » et « Médecins du monde », les *French doctors* de la presse anglo-saxonne –, démontre que la morale universelle par définition peut s'allier à une action concrète. Ce n'était pas une politique. Du moins, les appels à la solidarité

11. Le cas de Bernard-Henri Lévy mériterait une étude particulière – que je laisse à d'autres : la disproportion évidente entre l'importance de son œuvre et la fréquence de ses apparitions sur les écrans de télévision dans les années 1970 et 1980 illustrent bien la nouveauté. Les archives de l'INA fourniront le principal corpus de cette étude qui s'impose.

12. Cité par B. Duchâtelet, in *Dictionnaire biographique du Mouvement ouvrier français*, *op. cit.*, t. 40, 1991, p. 271.

13. J. Julliard, « La retraite des intellectuels », *Le Nouvel Observateur*, 8 août 1986.

humaine lancés à diverses reprises sommaient l'opinion de ne pas s'enfermer dans ses problèmes immédiats et locaux, aidant à une conscience planétaire du mal et de la souffrance.

Essayons de résumer.

Lors de l'affaire Dreyfus, au couchant de la Chrétienté, condamnée à la défensive, les intellectuels s'emparent d'un magistère moral, que favorisent d'autre part les libertés républicaines, l'instruction publique et le développement de la presse. Aussi bien peut-on admettre la définition de Sartre : « Originellement, donc, l'ensemble des intellectuels apparaît comme une diversité d'hommes ayant acquis quelque notoriété par des travaux qui relèvent de l'intelligence (science exacte, science appliquée, médecine, littérature, etc.) et qui abusent de cette notoriété pour sortir de leurs domaines et critiquer la société et les pouvoirs établis au nom d'une conception globale et dogmatique (vague ou précise, moraliste ou marxiste) de l'homme [14]. »

Cette définition qui reste neutre ne confère pas de mission particulière aux intellectuels. Julien Benda s'en était chargé dans sa *Trahison des clercs*, en 1927. Prenant l'affaire Dreyfus comme référence, cet ancien dreyfusard stigmatisait les clercs qui, abandonnés aux passions politiques, perdant le point de vue de l'universel, engageaient leur autorité dans des causes particulières, comme celle de la race, de la classe ou de la nation. Ce faisant, Benda traçait le portrait-robot de l'intellectuel : un esprit désintéressé, « dont l'activité, par essence, ne poursuit pas de fins pratiques » ; s'il entre dans la mêlée politique, comme au cours de l'affaire Dreyfus, c'est au nom de « l'humanité », de la « justice », bref « d'un principe abstrait, supérieur et directement opposé aux passions politiques ». Or maints clercs ont manqué à leur fonction morale, ont cessé d'être « les officiants de la justice abstraite », ils sont devenus – en bataillant, soit pour le socialisme, soit pour l'antisémitisme ou le nationalisme – une « milice spirituelle du temporel ». Et Benda d'affirmer la vocation de l'intellectuel : être la mauvaise conscience du monde « laïque et pratique », le garant ou le témoin de la civilisation, entendue comme « la primauté morale conférée au culte du spirituel et au sentiment de l'universel [15] ».

14. J.-P. Sartre, *Plaidoyer pour les intellectuels*, Gallimard, 1972, p. 13.
15. J. Benda, *La Trahison des clercs*, *op. cit.*, p. 200 *sq*.

Une telle mission excédait sans doute les possibilités des intellectuels, que Benda élevait à la hauteur d'esprits purs planant superbement au-dessus des contingences sublunaires. Mais, de cette prétention excessive, notre culture nationale a été marquée dans une certaine mesure. Cet idéal-type du clerc, dépositaire des valeurs spirituelles et universelles, face aux intérêts temporels de la cité, fonctionnera, en d'autres occasions, quand les intellectuels se sentiront les seuls ou les mieux faits pour opposer aux abus du pouvoir politique l'objection de la conscience morale. Au demeurant, le cas de figure de l'affaire Dreyfus n'est pas fréquent ; comme le dit Raymond Aron, « toutes les causes historiques ne se représentent pas sous une forme aussi schématique que l'affaire Dreyfus : d'un côté un innocent, de l'autre la réputation d'un grand état-major d'armée [16] ».

Cette revendication hautaine d'une fonction sacerdotale avait, dès l'Affaire, suscité l'hostilité de nombreux lettrés refusant d'être des clercs. Nul autre mieux que Barrès n'a exprimé, contre l'universalisme prétendu des intellectuels, la revendication anti-intellectualiste de l'enracinement. A l'orgueil d'une élite intellectuelle, isolée des « masses » par ses abstractions, il oppose « l'instinct sûr » du petit peuple, de « ces populations qui gardent le sang de la nation » et détiennent la vérité nationale contre « le parti de l'étranger [17] ». Que Dreyfus ait été ou non coupable de trahison n'importe pas : une injustice commise au détriment d'un unique individu ne pèse pas au regard de la cohésion nationale, de la sauvegarde des institutions, au premier chef l'état-major et l'armée. Derrière Barrès, toute la droite littéraire, de Brunetière à Maurras, dénie aux intellectuels une clairvoyance privilégiée dans les affaires publiques. On comprend ainsi pourquoi, par la suite, les termes d'intellectuels et d'intellectuels de gauche seront souvent pris pour synonymes, la droite refusant d'attribuer aux hommes de pensée des aptitudes spéciales en politique.

Après l'affaire Dreyfus, ce sont les années trente – années de crise tous azimuts – qui provoquent un deuxième temps de mobilisation intellectuelle. Le début de la décennie voit une floraison de petites revues et de sociétés de pensée, rompant avec les

16. R. Aron, *Mémoires*, *op. cit.*, p. 87.
17. M. Barrès, *Scènes et Doctrines…*, *op. cit.*, I, p. 275.

finalités littéraires et esthétiques de leurs devancières, affirmant la crise de la civilisation et appelant de leurs vœux une nécessaire révolution. Cet « esprit des années trente » (Jean Touchard) révélait les aspirations d'une nouvelle génération, voulant penser l'avenir de la société en termes philosophiques et moraux, remettant en cause les valeurs du libéralisme sur lesquelles les vainqueurs de 1918 avaient voulu réorganiser l'Europe. Hormis les jeunes intellectuels ralliés au marxisme, ces adeptes de la « révolution » – une révolution qui devait être d'abord spirituelle – refusaient de s'aligner sur un parti politique, espérant une troisième voie, également éloignée du capitalisme et du communisme. Avaient-ils quelque chose en commun avec les clercs de Benda ? Au moins ceci : ils soutenaient les exigences de l'esprit dans un monde qui, à leurs yeux, les foulait aux pieds quotidiennement.

Cependant, ils ne manifestaient pas dans leurs écrits communs les impératifs abstraits d'une morale universelle ; ils prétendaient considérer l'homme et son avenir dans la multiplicité des insertions sociales et historiques. Au nom des valeurs, ils formulaient des programmes. Mais sans ancrage politique, sans base sociale, exerçant leur fonction critique et créative dans la seule sphère des idées. Le coup de tonnerre du 6 février 1934 devait briser bien des cornues dans ces laboratoires d'imagination sociale – comme si la politique, tombant du ciel, sommait tous les « révolutionnaires sans révolution » de sortir dans la rue. En tout cas, l'histoire intellectuelle se déplace : le « non-conformisme » des « années trente » est relayé par l'affrontement avec le fascisme [18].

En effet, c'est moins l'avènement au pouvoir de Hitler, en 1933, que l'émeute des ligues devant le Palais-Bourbon, environ un an plus tard, qui fait prendre conscience à une partie de l'opinion française d'un danger « fasciste ». Ce renouveau brutal de l'extrême droite en France provoque la création du Comité de vigilance des intellectuels antifascistes. Le clerc de Benda se trouve de nouveau tenu d'intervenir : ne s'agit-il pas, comme au temps du dreyfusisme, de se mettre au service des valeurs universelles contre la menace des passions particulières, nationalistes, voire racistes, de ce fascisme qui, d'Italie et d'Allemagne, pénétrait la société française ? La défense de la démo-

18. J. Touchard, *loc. cit.*

cratie devenait une urgence. Elle faisait partie de la responsabilité des clercs. Pour Benda, en effet, il n'y avait pas à « aimer » le régime démocratique, mais bel et bien « à haïr ceux qui s'y opposent, lesquels le font parce que tous, plus ou moins franchement, réclament l'inégalité civique des hommes, soit au nom de la naissance, soit au nom de la fortune, c'est-à-dire au nom de l'injustice[19] ».

Ce soulèvement de l'esprit de justice contre l'immoralité du fascisme s'exprima en particulier contre la conquête mussolinienne de l'Éthiopie – et simultanément contre le manifeste de droite, « le parti de l'intelligence » : « Pour la défense de l'Occident et la paix en Europe », s'élevant contre les sanctions qui visaient l'Italie du Duce. Ces « intellectuels français » contresignaient, aux yeux de Benda, une nouvelle trahison des clercs en approuvant « l'écrasement du faible par le fort[20] ».

Les deux camps de 1898 se recomposaient.

Toutefois, les intellectuels antifascistes et leur Comité ne gardèrent pas longtemps l'unité d'indignation et de résistance qu'ils avaient opposée aux ligueurs réputés fascistes du 6 Février et aux zélateurs de la conquête mussolinienne de l'Abyssinie. L'antifascisme exigeait plus qu'un élan de protestation, il lui fallait une politique. Là-dessus les divergences ne tardèrent pas à apparaître. Dès 1936, la question s'est brutalement posée, au mois de mars, quand Hitler décida la réoccupation militaire de la Rhénanie, en dépit du traité de Locarno. Les antifascistes résolus devaient-ils accepter le fait accompli ? Mais interdire à Hitler la remilitarisation de la Rhénanie, n'était-ce pas préconiser une politique de force, consentir à risquer un affrontement armé ? – idée insupportable à la majorité des intellectuels antifascistes : « L'antifascisme ne saurait être le prétexte, ni la justification d'aucune guerre[21]. » La crise rhénane, qui dévoile crûment les ambitions hitlériennes, déclenche un conflit au sein du Comité de vigilance. Une majorité pacifiste impose et imposera son orientation jusqu'au bout.

Dans ce conflit des devoirs – défendre la démocratie et défendre la paix –, il y aurait sans doute une politique propre à dépasser l'apparent dilemme : en imposer suffisamment à

19. J. Benda, *La Jeunesse d'un clerc*, *op. cit.*, p. 362.
20. J. Benda, préface à *La Trahison des clercs*, *op. cit.*, p. 90.
21. Cité par N. Racine-Furlaud, « Le Comité de vigilance des intellectuels antifascistes… », *loc. cit.*

l'Allemagne nazie, pour la dissuader des conquêtes. Mais cette politique de fermeté suppose l'acceptation d'un risque de guerre, lequel se révèle inacceptable aux yeux des pacifistes. Tout se passe comme si, pour eux, contenir Hitler, tenter d'arrêter sa marche en avant par une diplomatie sans équivoque et un réarmement méthodique, c'est déjà mettre en branle l'engrenage de la guerre, auquel on ne peut se résigner : « Est-ce qu'aucune guerre peut amener dans le monde plus de justice, plus de liberté, plus de bien-être [22] ? » De crise en crise, le Comité de vigilance s'accommode d'une non-résistance qui va jusqu'à la dénonciation du réarmement… français, encore après la semonce de Munich. Dans son dernier numéro de juillet 1939, *Vigilance*, bulletin du Comité, réserve ses foudres à ce qu'il appelle « la lente fascisation et militarisation » de la France de Daladier.

Pour concilier mentalement la défense de la démocratie et le refus du risque de guerre, les intellectuels antifascistes ont été amenés à sous-estimer le danger nazi et, par une opération de transfert, à contenir le fléau qu'ils combattaient à l'intérieur des frontières. Ainsi localisé, l'ennemi pouvait rester dans les journaux et sur les estrades. La protestation pure, l'indignation morale, le double refus proclamé du fascisme et du réarmement se révélèrent dérisoires et bientôt tragiques : la politique, bien des intellectuels le découvraient à leurs dépens en 1940, ne se nourrit pas seulement de bons sentiments.

Si cette contradiction de l'antifascisme et du pacifisme fut à l'origine de l'échec du Comité de vigilance, un autre conflit des devoirs immobilisa certains autres intellectuels : les adversaires du stalinisme, répugnant à lutter contre un totalitarisme de droite par une alliance avec un totalitarisme de gauche. Dans le même temps que les communistes, par leur politique nouvelle d'union, avaient attiré à eux de nombreuses sympathies et les adhésions d'intellectuels, les réalités du régime stalinien, peu à peu découvertes, entraînaient une minorité de gauche dans un antistalinisme résolu. *Le Retour de l'URSS* de Gide, les révélations de Victor Serge, les grandes purges et les grands procès de Moscou, les agissements de l'Internationale communiste au sein du camp républicain espagnol, les cinq années qui

22. S. Weil, « Faut-il graisser les godillots ? », *Vigilance* 44-45, 27 octobre 1936.

précèdent la Seconde Guerre mondiale sont celles d'une première vague antistalinienne dont les conséquences ont pu être chez certains une attitude d'abstention face au danger hitlérien.

Dans les deux cas – la politique de paix à tout prix et/ou le refus d'alliance avec l'URSS –, on se cantonnait sur des attitudes moralement défendables mais politiquement, comme la suite allait le démontrer, désastreuses. L'esprit de Munich (au sens large du mot, car on sait que la reculade de mars 1936 face à Hitler est plus décisive que celle de septembre 1938) a été, en partie, l'aboutissement, chez les intellectuels, d'un moralisme, par nature incapable de déterminer une politique. Jamais plus qu'en ces années, on n'avait eu l'occasion de méditer sur les rapports complexes de la morale et de la politique. Si toute politique, dans un régime démocratique notamment, est fondée sur des valeurs, il apparaît que ces valeurs ne sont pas suffisantes à la définition d'une stratégie, d'une diplomatie et de toutes les nécessités d'un combat inévitablement douteux, dès que se trouve éloigné l'empyrée des idées pures. Construire des armes pour maintenir la paix, s'allier au « diable » lointain pour se protéger du « diable » le plus proche et le plus dangereux, ces exigences du réalisme politique heurtaient dans leurs convictions bon nombre d'antifascistes, comme en témoigne l'échec final de leur Comité de vigilance.

La leçon du réalisme ne fut pas perdue. Doit-on dire qu'elle fut trop bien comprise ou mal interprétée ? Toujours est-il que la phase suivante de notre histoire intellectuelle – la guerre, la Résistance, la Guerre froide… – vit se raréfier ce type d'intellectuel moraliste condamné à l'indécision, au profit d'un nouveau modèle, celui du partisan, et sa doublure aux traits atténués : le compagnon de route.

Dans les temps nouveaux de l'après-guerre, la philosophie de l'engagement s'impose à la conscience de beaucoup. Les moralismes de jadis sont bons pour la brocante : la guerre a démontré que l'impératif moral devait s'incarner dans une praxis, pour éviter de dégénérer en angélisme. Le combat contre le nazisme a impliqué des moyens nécessaires, et parfois douteux. Cette mobilisation doit être prolongée dans la paix, car qui ne s'engage pas positivement prend parti, en le voulant ou non, pour les injustices : « L'Absolu n'est pas de ce monde, écrit Emmanuel Mounier, et n'est pas commensurable à ce monde. Nous ne nous engageons jamais que dans des combats discutables sur des causes imparfaites. Refuser pour autant l'engagement c'est refuser la condition humaine [23]. »

La notion de « combat douteux » n'est pas du vocabulaire des partisans, ceux qui se sont engagés corps et âme dans le mouvement communiste. Renonçant à l'esprit critique au profit de la croyance, ils se mettent au service d'un parti, à la périphérie duquel les compagons de route espèrent concilier leur foi révolutionnaire et un reste de quant-à-soi. Ils acceptent les uns et les autres la dure loi – *sed lex* – du réalisme politique, comme le dit un des personnages de Sartre dans *Les Mains sales* : « On ne fait pas d'omelette sans casser des œufs. »

Cette acceptation des règles machiavéliennes de la politique est soumise à rude épreuve en divers épisodes de la Guerre froide. Qu'on se souvienne seulement de l'attitude des compagnons de route aux moments des procès staliniens des démocraties populaires. La position de Julien Benda, à ce sujet, est à retenir entre toutes, tant elle est révélatrice de l'évolution des esprits. N'est-il pas, lui, le dreyfusard, le procureur de la trahison des clercs, un de ceux qui justifient la condamnation à mort du prétendu « titiste » Rajk par le tribunal de Budapest en octobre 1949 ? N'hésitant pas à se réclamer du « dreyfusisme » pour affirmer : « La République hongroise a frappé en toute rigueur [24]. »

La casuistique des compagnons de route et la religion des partisans, ce sont les événements de 1956 qui les ont remises en question. La révélation du rapport secret de Nikita Khrouchtchev au XXe Congrès du PC de l'Union soviétique, en février, suivie, en octobre-novembre, de l'écrasement par les chars soviétiques de la révolution hongroise, finit par ébranler en profondeur le système de relations établi entre le PCF et les intellectuels de gauche depuis la Résistance. A partir de ce séisme historique, l'éloignement des intellectuels, soit par rupture brutale, soit par dérive progressive, n'a cessé d'affaiblir le Parti communiste. Il a pu être retardé par la conjoncture politique : la lutte contre la guerre d'Algérie, l'opposition au retour au pouvoir du général de Gaulle, la reviviscence du marxisme-léninisme après Mai 68 (ce qui est déjà moins évident, le « mythe

23. E. Mounier, *Le Personnalisme*, PUF, 1950, p. 111.
24. J. Benda, « Esterhazy, l'affaire Rajk et la démocratie », *Les Lettres françaises*, 13 octobre 1949.

chinois » se substituant pour beaucoup au mythe soviétique)... Mais, dans le courant des années soixante-dix, notamment sous l'influence des dissidents russes et sous le coup des événements d'Extrême-Orient, l'intelligentsia française – comme en témoigne la littérature de la décennie – rompt, non seulement avec le Parti communiste, ce qui était déjà largement entamé, mais avec les idéologies de salut terrestre et les religions séculières. L'heure est à la dénonciation, à l'analyse et au rejet du « phénomène totalitaire ». L'intervention soviétique en Afghanistan, en décembre 1979, le coup de force de Jaruzelski en Pologne, en décembre 1981 : c'est entre ces deux manifestations du totalitarisme soviétique que, pour la première fois depuis 1947, des ministres communistes deviennent membres du gouvernement. Les réserves vis-à-vis de celui-ci n'en parurent que mieux fondées aux yeux de beaucoup.

Rétrospectivement, la période de la Guerre froide peut apparaître comme une sorte d'éclipse de la raison intellectuelle, équivalant au renoncement d'une autonomie de pensée au profit d'une raison de parti – ou, dans les marges du communisme, au profit d'une mythologie révolutionnaire aujourd'hui révoquée en doute. On ne saurait oublier, cependant, que, dans cette phase de l'engagement lyrique, bien des intellectuels ont tenu un rôle spécifique et indépendant – et d'abord dans les campagnes de l'anticolonialisme. Après la Seconde Guerre mondiale, les situations coloniales ont été dénoncées d'abord, et avant les partis de gauche, par ces groupes d'intellectuels circulant des *Temps modernes* à *Esprit*, ou d'*Esprit* à *L'Observateur*. La défense du colonisé et le procès de la colonisation identifièrent, mieux que toute autre cause, l'engagement des intellectuels dans la politique française de l'époque. La guerre d'Algérie notamment ménagea à nombre d'intellectuels une occasion de renouer avec la tradition dreyfusienne, entendue comme la protestation de la justice contre la raison d'État : protestations des « chers professeurs » (persiflage du ministre Bourgès-Maunoury) contre la torture, pétitions, soutenance de la thèse de Maurice Audin à la Sorbonne *in abstentia*, diffusion clandestine de *La Question* et des autres témoignages interdits par la censure, jusqu'à l'aide directe d'une minorité au FLN, c'étaient autant d'actes typiques d'un engagement intellectuel indépendamment des partis.

Mais la protestation contre la torture avait le même caractère d'exception que le combat révisionniste des dreyfusards. Passé la décolonisation, l'anticolonialisme mué en tiers-mondisme a rencontré à son tour l'épreuve des contradictions, butant en particulier sur les réalités d'un hégémonisme soviétique, par ailleurs dénoncé. La cause cubaine, par exemple, subit une dégradation de son sens initial, au fur et à mesure que le régime castriste s'est aligné sur le bloc soviétique. De sorte que, peu à peu, au cours des années soixante-dix, bon nombre d'intellectuels français ont renoncé aux idéologies globalisantes, à l'historicisme et aux exotismes de promission, préférant les interventions ponctuelles ou spécialisées (type « Un bateau pour le Vietnam ») plutôt que de mobiliser les énergies pour la cause finale. Il fallait un manifeste pour traduire ce changement d'attitude. Il parut, largement contresigné, le 4 juillet 1973 dans *Le Monde* sous le titre : « Les intellectuels et les pouvoirs. » On y lisait notamment : « Aucun pays, aucun régime, aucun groupe social n'est porteur de la vérité et de la justice absolue, et sans doute aucun ne le sera jamais. La terrifiante expérience du stalinisme, la transformation d'intellectuels révolutionnaires en apologistes du crime et du mensonge, montrent jusqu'où peuvent conduire les identifications utopiques et l'attrait du pouvoir, ces tentations caractéristiques de l'intellectuel contemporain. »

Morale sans moralisme, engagement sans aveuglement, volonté de préférer le réel à l'imaginaire, modération affirmée… tout donne à penser, après la mort de Raymond Aron, que si le modèle aronien devait s'imposer, on pourrait assister à la fin des intellectuels – pris comme conscience collective de la société. Non que la politique leur serait interdite, mais ils s'en occuperaient, chacun avec ses compétences propres, ses certitudes et ses doutes personnels, à ses risques et périls, et non en rangs serrés derrière l'Idée. Le propre d'un intellectuel étant de penser par lui-même, il se pourrait qu'il répugne désormais, après tant de mécomptes, à s'aligner en série, à enrichir de son nom les pétitions quotidiennes, à vivre un Nous-autres illusoire ; et qu'il s'impose, au contraire, de chercher à saisir, avec prudence, le sens des choses voilé par la complexité croissante du monde. Un retour au Je, dans ces conditions, ne serait pas un effet d'orgueil ou un aveu de narcissisme, mais une déclaration tout à la fois de prudence et de liberté.

Pareille attitude « raisonnable » ne manquerait pas de tomber sous l'imputation de conservatisme. D'où naît cette autre question : dans les démocraties libérales qui se sentent menacées, réduites à la défensive, les intellectuels renonceraient-ils à être des agents du changement, des ingénieurs de l'avenir social, des créateurs d'utopie minimale ? Seraient-ils condamnés à se tenir aux remparts, gardiens d'une civilisation (démocratie, pluralisme, tolérance…) en voie d'épuisement ?

Depuis la Révolution, nous avons assisté à la séparation progressive du pouvoir politique et du pouvoir spirituel qui étaient confondus dans l'ancienne monarchie chrétienne. Face au pouvoir matériel – politique, économique, social –, bien des philosophes ont jugé nécessaire un contre-pouvoir spirituel, au moment où l'Église catholique avait cessé d'exercer ce rôle. Saint-Simon, Auguste Comte, Alain, ont tour à tour formulé l'équilibrage indispensable de la force par l'esprit. Le pouvoir matériel, livré à la seule logique de ses intérêts propres, risque de perdre de vue tout fondement éthique de la société politique. Dans cette perspective, les intellectuels ont d'abord une vocation critique, celle de rappeler les valeurs universelles, consignées notamment dans la Déclaration des droits de l'homme. Cette fonction critique, indispensable dans une société gouvernée par ses intérêts propres, se double d'une fonction organique. Depuis le théoricien marxiste Antonio Gramsci, on a coutume d'opposer l'intellectuel critique et l'intellectuel organique, ce dernier n'ayant pour rôle que de justifier la classe dominante dans ses pouvoirs en produisant l'idéologie de sa domination. Si l'on estime que l'horizon de nos sociétés n'est plus la révolution prométhéenne du prolétariat, porteuse de la société sans classe, mais l'établissement en profondeur de la démocratie – perpétuellement menacée, jamais achevée –, les intellectuels ont aussi un rôle organique à exercer, être les ouvriers de cette démocratie impossible, régime de liberté limitée, d'égalité approximative et de fraternité intermittente. « Ouvriers » plutôt que « fonctionnaires » : rien n'est pis que l'institutionnalisation de la fonction intellectuelle. Le contre-pouvoir spirituel ou intellectuel dont notre société éprouve le besoin ne saurait être qu'un pouvoir diffus, que personne n'incarne, ni conscience individuelle supérieure, ni groupe privilégié [25]. Il doit être conçu comme une force anonyme, ne

25. Depuis la première édition de cet ouvrage, cette idée d'intellectuel collectif (collectif et spécifique, pourrait-on dire) a été démentie par un *remake* inattendu : depuis le printemps 1998, la France dispose d'un

sortant de l'anonymat qu'à l'occasion, sans attente de rémunération, ce qui implique un certain code de conduite. Le paradoxe de l'intellectuel vient de ce que le pouvoir dont il peut disposer lui est donné par sa renommée : l'exercer au profit d'une grande cause humaine renforce en retour sa réputation. Il n'échappera jamais à cette contradiction ; on souhaite qu'elle soit, du moins, vécue en toute conscience. Plus large, plus profond, plus durable que les cris des pamphlétaires et les manifestes des pétitionnaires, c'est le travail quotidien des intellectuels anonymes – comme éducateurs notamment – qui me paraît devoir être reconnu comme le véritable contre-pouvoir, à la fois critique et organique, au sein de la société démocratique. La conscience civique, le refus de se croire en tant que personne ou en tant que groupe d'une autre essence, la coopération active au vouloir-vivre-ensemble, bref, les assises éthiques de notre société imparfaite mais perfectible ne sont pas le monopole de quelques-uns, mais l'affaire de tous.

---

nouveau prophète, en la personne de Pierre Bourdieu. *Le Monde*, daté du 8 mai, titrait en effet sur six colonnes : « Pierre Bourdieu devient la référence intellectuelle du “mouvement social”. » La maladie et la mort (le 23 janvier 2002) auront interrompu cette nouvelle carrière.

# Annexes

ANNEXE 1

# Charles Péguy mort au champ d'honneur

## *(1914)*

Il est mort sur le coup, frappé d'une balle. Nul moyen d'en douter. Nous sommes avertis, ainsi que la famille, par une lettre d'un témoin, M. Raphaël, fils du professeur au lycée Blaise-Pascal, qui était là, qui a vu son camarade jeté à terre, à un mètre de lui, en pleine bataille.

Nous sommes fiers de notre ami. Il est tombé les armes à la main, face à l'ennemi, le lieutenant de ligne Charles Péguy. Le voilà entré parmi les héros de la pensée française. Son sacrifice multiplie la valeur de son œuvre. Il célébrait la grandeur morale, l'abnégation, l'exaltation de l'âme. Il lui a été donné de prouver en une minute la vérité de son œuvre. Le voilà sacré. Ce mort est un guide, ce mort continuera plus que jamais d'agir, ce mort plus qu'aucun est aujourd'hui vivant.

Honneur au maître Charles Péguy. Il passe devant tous ses émules.

Bien qu'il meure dans un moment où la vie humaine semble avoir moins de prix qu'une cerise au fort de la saison, sa mort fera pleurer son petit monde, la chapelle où il était aimé jusqu'à l'idolâtrie, et produira un long ébranlement dans les lettres françaises.

Ce Péguy, que tous n'avaient pas compris, comme sa mort va lui donner un sens puissant et clair ! C'était un petit homme barbu, un paysan, sobre, poli, circonspect, défiant et doué du sens de l'amitié, bien campé sur la terre et toujours prêt à partir en plein ciel. C'était un petit homme terne et lent, de qui se dégageait un merveilleux rayonnement. Ce petit-fils de paysan devenu un normalien à binocle pensait toujours à ses champs, je veux dire à ses *Cahiers de la Quinzaine*, qu'il s'agissait de bêcher, de fumer, d'agrandir. Ces *Cahiers de la Quinzaine*, auxquels il consacrait toute sa vie, étaient à la fois une espèce de revue et une espèce de boutique, rue de la Sorbonne. Derrière ses vitres, il surveillait et critiquait la grande maison universitaire. Comme il était prodigieusement français ! Comme on reconnaissait en lui toute une race qui, d'une ferme, était venue s'installer et tenir un petit commerce dans un faubourg d'Orléans ! Tout cela donnait dans Péguy un maître d'école extraordinaire, un grand pédagogue, un prédicant de la vieille France. Cette cervelle madrée, obstinée, baroque, avait reçu de naissance le génie des vieux maîtres de la rue du Fouarre, des moines populaires et des gazetiers révolutionnaires. Et dans sa courte vie il a pu donner satisfaction à tous les instincts français qui de naissance reposaient en lui. Il a, dans une brève carrière d'homme de lettres, trouvé moyen d'épanouir des forces de paysan qui agrandit ses champs, de boutiquier qui compte et recompte ses sous, de typo qui fait de la belle ouvrage, de curé qui prêche ses ouailles et d'officier de ligne entraînant ses hommes au devoir. C'était, dans toute sa noblesse, le fils de la terre française, un plébéien de l'Orléanais, un produit humain qu'il a fallu dix-neuf siècles de culture pour porter à ce point de civilisation. Il sortait du même pays que Jules Lemaître, mais tandis que celui-ci s'est cru obligé de demeurer toujours sur les coteaux modérés, il s'en est payé, lui, Péguy, de l'héroïsme et du sublime !

Sa grande œuvre, à laquelle il se vouait depuis des années, était une tentative pour exprimer ce que nous avons à dire de Jeanne d'Arc en 1914 ; il cherchait à donner une forme à l'extraordinaire abondance de sentiments que cette figure incomparable suscite dans la conscience d'un Français cultivé de cette heure. De là ses livres étranges et puissants, intitulés : *Le Mystère de Jeanne d'Arc*. J'en ai parlé à plusieurs reprises aux lecteurs de *L'Écho* ; j'ai tenté de les faire aimer par mes confrères de l'Académie. J'y voyais un signe précieux de la résurrection de la vie traditionnelle dans les âmes. On y trouve (pour la première fois peut-être dans un ouvrage laïque) le point de vue de la sainteté. L'attitude de Péguy devant son sujet suppose que ce qui fut la vie morale de Jeanne peut devenir notre vie. Ô stupeur ! Aux yeux de ce jeune normalien de grande culture classique, très méditatif, réfléchi jusqu'à en avoir des parties de monotonie dans l'esprit, nullement un faiseur de paradoxes frivoles, Jeanne d'Arc est un modèle ! Et pas d'équivoque. Il ne s'agit pas d'un modèle d'après lequel modeler, sculpter, écrire. Non, un modèle d'après lequel vivre, d'après lequel vivre et mourir.

Comme, en d'autres siècles, il se serait nourri de son livre de piété ! Oui, avec le même sérieux, Péguy avait lu, relu et mis dans son sang, pour toujours, l'*Histoire de la Révolution*, de Michelet. Mais il n'en restait pas là. Son propre génie le menait. Où allait-il ? Vers quelles hauteurs, sainte Geneviève et sainte Jeanne d'Arc, dont il faisait sa société, l'avaient-elles conduit ? Nul vol n'est assez grand, nulle aile ne suffit, avait déjà pu lui dire son maître Michelet. « La plus puissante est un asservissement. Il en faut d'autres que l'âme attend, demande et espère, des ailes par-dessus la vie, des ailes par-delà la mort. » Où donc l'esprit de Péguy avait-il trouvé sa loi ? Où son espérance entendait-elle se satisfaire ?

Vous tous, ses intimes, les Tharaud, les Pesloüan, les Porché, vous, les dépositaires fraternels de sa pensée, qui, dans cette minute, êtes sur les lignes de feu, vous allez le venger par les armes, et, demain, par vos commentaires, vous le ressusciterez. Je n'apporte ici qu'un feuillet écrit au crayon, un feuillet à clouer sur une croix de bois où le vent, vingt-quatre heures, le respectera, afin que notre ami ait le salut et la prière du passant. Ci-gît la gloire des jeunes lettres françaises. Mais plus qu'une perte, c'est une semence, plus qu'un mort, un exemple, une parole de vie, un ferment. La Renaissance française tirera parti de l'œuvre de Péguy, authentifiée par le sacrifice. Et puis, mes chers camarades absents, en votre nom, je salue avec respect la compagne de notre ami et j'embrasse ses enfants. La République des lettres et la République tout court s'occuperont d'eux. Ils sont protégés par la gloire de leur père.

MAURICE BARRÈS, *de l'Académie française*,
*L'Écho de Paris*, 17 septembre 1914.

ANNEXE 2

# Manifeste des intellectuels pour la paix en Europe et la défense de l'Occident

*(1935)*

A l'heure où l'on menace l'Italie de sanctions propres à déchaîner une guerre sans précédent, nous, intellectuels français, tenons à déclarer devant l'opinion tout entière, que nous ne voulons ni de ces sanctions ni de cette guerre.

Ce refus ne nous est pas seulement dicté par notre gratitude à l'endroit d'une nation qui a contribué à la défense de notre sol envahi ; c'est notre vocation qui nous l'impose.

Lorsque les actes des hommes, à qui le destin des nations est confié, risquent de mettre en péril l'avenir de la civilisation, ceux qui consacrent leurs travaux aux choses de l'intelligence se doivent de faire entendre avec vigueur la réclamation de l'esprit.

On veut lancer les peuples européens contre Rome.

On n'hésite pas à traiter l'Italie en coupable, à la désigner au monde commun sous prétexte de protéger en Afrique l'indépendance d'un amalgame de tribus incultes, qu'ainsi l'on encourage à appeler les grands États en champ clos.

Par l'offense d'une coalition monstrueuse, les justes intérêts de la communauté occidentale seraient blessés, toute la civilisation serait mise en posture de vaincue. L'envisager est déjà le signal d'un mal mental où se trahit une véritable démission de l'esprit civilisateur.

L'intelligence – là où elle n'a pas encore abdiqué son autorité – se refuse à être la complice d'une telle catastrophe. Aussi les soussignés croient-ils devoir s'élever contre tant de causes de mort, propres à ruiner définitivement la partie la plus précieuse de notre univers, et qui ne menacent pas seulement la vie, les biens matériels et spirituels de milliers d'individus, mais la notion même de l'« homme », la légitimité de ses avoirs et de ses titres – toutes choses que l'Occident a tenues jusqu'ici pour supérieures et auxquelles il a dû sa grandeur historique avec ses vertus créatrices.

Sur cette notion où l'Occident a incarné ses idéaux, ses honneurs, son humanité, de grands peuples, comme l'Angleterre, comme la France, se fondent pour justifier une œuvre colonisatrice qui reste une des plus hautes, des plus fécondes expressions de leur vitalité. Et n'est-ce pas leur propre mission coloniale que ces grandes puissances devraient dès l'abord abdiquer, si elles voulaient, sans imposture, défendre à Rome de poursuivre en des régions africaines, où elle s'est acquis depuis longtemps d'incontestables droits, l'accomplissement des desseins qu'elle a loyalement formulés et préparés à découvert.

Aussi ne voit-on pas sans stupeur un peuple, dont l'Empire colonial occupe un cinquième du globe, s'opposer aux justifiables entreprises de la jeune Italie, et faire inconsidérément sienne la dangereuse fiction de l'égalité absolue de toutes les forces révolutionnaires qui se réclament de la même idéologie pour combattre le régime intérieur de l'Italie et livrer du même coup l'Europe aux bouleversements désirés.

C'est à cette alliance désastreuse que Genève prête les redoutables alibis d'un faux universalisme juridique qui met sur le pied d'égalité le supérieur et l'inférieur, le civilisé et le barbare. Les résultats de cette fureur d'égaliser qui confond tout en tous, nous les avons sous les yeux ; car c'est en son nom que se formulent des sanctions qui, pour mettre obstacle à la conquête civilisatrice d'un des pays les plus arriérés du monde (où le christianisme même est resté sans action), n'hésiteraient pas à déchaîner une guerre universelle, à coaliser toutes les anarchies, tous les désordres, contre une nation où se sont affirmées, relevées, organisées, fortifiées depuis quinze ans quelques-unes des vertus essentielles de la haute humanité.

Ce conflit fratricide ne serait pas seulement un crime contre la paix, mais un attentat irrémissible contre la civilisation d'Occident, c'est-à-dire contre le seul avenir valable qui, aujourd'hui comme hier, soit ouvert au genre humain. Intellectuels, qui devons protéger la culture avec d'autant plus de vigilance que nous profitons davantage de ses bienfaits, nous ne pouvons laisser la civilisation choisir contre elle-même. Pour empêcher un tel suicide, nous en appelons à toutes les forces de l'esprit.

4 octobre 1935<br>cité par René Rémond, Les Droites en France,<br>Aubier-Montaigne, 1982.

*Le manifeste recueillit plus de huit cent cinquante signatures. Parmi les plus marquantes, on relève les noms de :*

Pierre de Nolhac, Maurice Donnay, Henry Bordeaux, Louis Madelin, Georges Lecomte, Édouard Estaunié, Louis Bertrand, André Chaumeix, Abel Bonnard, Abel Hermant, André Bellessort, Claude Farrère,

Mgr Baudrillart, Henri de Régnier, Henri Lavedan, Henri Robert, de l'Académie française.

Charles Benoist, Jacques-Émile Blanche, Georges Claude, Jacques Bardoux, Paul Jamot, Maurice Denis, Georges Hüe, Henri Le Riche, Henri Duhem, Jules Alexis, Jules Meunier, Georges Leroux, de l'Institut.

Gaston Chérau, Léon Daudet, de l'Académie Goncourt.

Marcel Aymé, Henri Béraud, Jacques Boulanger, Gabriel Boissy, Maurice Bedel, Binet-Valmer, Auguste Bailly, René Benjamin, Robert Brasillach, Georges Blond, Francis de Croisset, M. Constantin-Weyer, Lucien Corpechot, Pierre Drieu La Rochelle, François Duhourcau, Bernard Faÿ, Pierre Gaxotte, Jean Héritier, Robert Kemp, Pierre Lafue, François Le Grix, Maurice Martin du Gard, Gabriel Marcel, Camille Mauclair, Charles Maurras, Guy Mazeline, Henri Massis, Claude Morgan, Jean-Pierre Maxence, André Rousseaux, Édouard Schneider, Thierry Maulnier, Gonzague Truc, Robert Vallery-Radot.

Alphonse de Châteaubriant, Pierre Mac Orlan, duc de Lévis-Mirepoix, André Demaison, Henri Ghéon, Marcelle Tinayre, Louis Artus, Marcel Bouteron, Saint-Georges de Bouhélier, Émile Baumann, Albert-Émile Sorel.

Maurice Maeterlinck, André Suarès, Jean Royère, Victor Giraud, Gabriel Faure, Paul Arbelet, Henri Martineau, Horace de Carbuccia, Maxime Real del Sarte, Joseph d'Arbaud, Jean de Fabrègues, Charles Melchior-Bonnet.

Henri de Monfreid, Edmond Jaloux, Guy de Pourtalès, Denys Amiel, Fernand de Brinon, Tristan Derème, Paul Chack, René Chalupt, Pierre Chanlaine, Joseph de Pesquidoux.

ANNEXE 3

# André Gide s'explique

*A la suite d'un « Entretien » sur « Gide et notre temps » tenu au siège de l'*Union pour la vérité *le 23 janvier 1935, réunion à laquelle assistaient Ramon Fernandez, André Gide, René Gillouin, Jean Guéhenno, Daniel Halévy, Gabriel Marcel, Jacques Maritain, Henri Massis, Thierry Maulnier, François Mauriac, et Georges Guy-Grand, directeur de l'*Union, *Jean Schlumberger en avait fait un compte rendu dans la* NRF *du 1er mars 1935 – sur lequel Gide réagit en écrivant à son ami.*

Lettre à Jean Schlumberger
Cuverville, 1er mars 1935

Bien cher ami,

Je ne puis laisser passer ton article sur « Gide rue Visconti », paru dans le dernier numéro de notre revue, sans protester un peu ; voici pourquoi : les lecteurs de la *Nouvelle Revue française* nous savent amis trop intimes pour mettre en doute le bien-fondé de tes assertions à mon sujet. Il ne s'agit plus ici seulement, dans ton article, de jugements sur mes écrits ou sur ma pensée. (Je laisse à la critique tous ses droits.) Mais tu donnes quelques renseignements qui, nécessairement, seront tenus pour exacts et qui risquent d'accréditer une opinion un peu fausse. Lorsque tu dis : « Gide avait pu atteindre la cinquantaine sans reconnaître d'autres valeurs que celles de l'art et de la morale individuelle, où l'idée d'un progrès historique ne joue guère de rôle », je suis bien forcé d'acquiescer. Mais je t'invite à considérer ceci :

Sous l'influence de Mallarmé, sans trop nous en rendre compte, nous étions plusieurs, et en pleine réaction contre le naturalisme, à n'admettre rien que d'*absolu*. Nous rêvions, en ce temps, des œuvres d'art en dehors du temps et des « contingences ». Il n'y avait chez nous, à propos des questions sociales, point tant ignorance et aveuglement que mépris ; un mépris né d'une méprise. Tout ce qui n'était que relatif (au temps, aux lieux, aux circonstances) nous paraissait indigne de l'attention d'un artiste ; en tout cas, nous prétendions maintenir à distance, soigneusement écartées de l'œuvre d'art, de notre œuvre, toutes préoccupations épisodiques.

Lorsqu'au retour de mes premiers séjours en Afrique du Nord je publiai mon *Amyntas,* j'eus soin d'éliminer de ces « feuilles de route » tout ce qui eût pu laisser entendre que je n'étais pourtant pas indifférent aux relations des hommes entre eux et, particulièrement, aux rapports des Français, administrateurs ou colons, avec les Arabes.

Lorsque tu écris : « C'est au cours de son voyage au Congo (1925) que, pour la première fois, Gide s'est trouvé face à face avec l'iniquité sociale… », cela n'est pas exact. Eussé-je publié simplement et intégralement mes notes et mon journal de voyage de l'époque d'*Amyntas* (1893 à 96), ainsi que je fis pour mon voyage au Congo, ou, plus exactement : eussé-je laissé libre accès dans mes notes à toutes mes préoccupations d'alors, on y eût vu que, par exemple, l'histoire des débuts de l'exploitation des phosphates de Gafsa et, surtout, celle de la sournoise et méthodique expropriation des petits cultivateurs arabes par la banque C…, ne me laissait nullement indifférent. Mais quoi ! ce n'était pas là *ma partie*. Je me serais cru déshonoré, en tant qu'artiste, si j'avais prêté ma plume à de si vulgaires soucis. C'était affaire à de plus compétents que moi. C'est aussi que je ne savais pas encore combien les pires injustices laissent indifférent ceux qu'elles ne lèsent pas directement. J'avais encore, en ce temps, l'absurde culte des « compétences », gens de métiers, économistes, administrateurs (ou généraux lorsqu'il s'agira de la guerre) ; je leur faisais crédit, confiance ; je pensais que ce qui m'indignait devait les indigner davantage et qu'ils étaient mieux qualifiés que moi pour dénoncer et réparer les abus, les exactions, les injustices et les erreurs. C'est aussi que j'étais déplorablement modeste et que je ne comprenais pas encore, lorsqu'il n'y a pour crier « au voleur » que le volé, qu'il risque de n'être écouté par personne.

Au Congo, il n'en allait pas de même. Ici, je ne pouvais douter que, le volé, personne ne serait là pour l'entendre. On me l'avait dit, et redit avant mon départ et en me dissuadant de partir : « N'allez donc pas là-bas ; personne ne va là-bas pour son plaisir ». Administrateurs, commerçants, missionnaires, tous seuls représentants de la France, par devoir ou par intérêt, avaient bouche cousue. Ici, me trouvant seul à pouvoir parler, je *devais* parler. Je n'étais nullement anti-colonialiste en partant, et ce n'est pas en anti-colonialiste que je dénonçai les abus dont je fus témoin. Oui, ce n'est que longtemps ensuite que j'en vins, par un enchaînement inéluctable, à rattacher ces abus particuliers à tout un déplorable ensemble, que je fus amené à comprendre qu'un système qui tolérait, qui protégeait, qui favorisait de tels abus, car il en profitait lui-même, était de fond en comble mauvais.

Tout ceci dit, permets-moi, cher ami, quelques réflexions encore à propos de ton jugement sur mes « affirmations massives, d'un caractère presque primaire » sur la société, le progrès, etc. Je nie, non point certes que ces affirmations soient sommaires, mais qu'il s'agisse ici de nuancer. Tu me connais assez pour savoir que je ne suis que trop enclin à prêter l'oreille aux arguments de l'adversaire. Persuade-toi donc que cette simplification, en mon esprit et sous ma plume, qui m'amène à des affirmations massives, est volontaire. L'on y arrive lorsqu'on se dit, ainsi que je fais aujourd'hui : « Non point comprendre le monde, mais le changer. » Celui qui commence à croire que le monde peut être changé, et qu'il appartient à l'homme de le changer, en arrive à souhaiter d'aider lui-même à ce changement très souhaitable, et, partant, y emploie sa force, repoussant les considérants qui pourraient diminuer cette force. Celui-là risque de paraître un peu primaire aux yeux de ceux qui, comme toi, désirent seulement de comprendre. Notre ami en commun, mon beau-frère, le philosophe Marcel Drouin, me paraît plus près du vrai lorsqu'il m'accuse d'impatience. Il y a l'impatience de la jeunesse, charmante, qui précipite l'adolescent vers la vie. Lorsqu'on sait devoir quitter bientôt celle-ci, on connaît une autre sorte d'impatience qui souffre des lenteurs de l'histoire et voudrait pousser à la roue. C'est celle qui me possède aujourd'hui. Plus jeune que moi de beaucoup, tu la connaîtras peut-être plus tard. Je le souhaite de toute mon amitié très vive.

André Gide,
Extrait de *Gide et notre temps,*
Gallimard, 1935.

ANNEXE 4

# Les intellectuels et les pouvoirs

## *(1973)*

Manifeste où l'on soutient que la culture des illusions assure peut-être la tranquillité des dirigeants, certes pas la qualité des militants.

Il y a plus d'un demi-siècle, la Première Guerre mondiale brisait l'espoir de voir l'Europe et, à sa suite, le monde aller par des voies qui ne fussent pas toujours meurtrières vers une démocratie plus grande, vers la justice économique et sociale et ce qu'on croyait être *la* civilisation. Le monde dont nous avons hérité est un monde où la violence ouverte ou dissimulée – celle des armes, des institutions, des pénuries – est maîtresse. Un monde de crainte, de souffrance, de terreur.

En soixante ans, l'humanité a subi deux guerres mondiales, le triomphe et l'anéantissement du fascisme et du nazisme, les génocides dont furent victimes les Arméniens, les Juifs, les Tziganes, les massacres entraînés par les guerres coloniales. Dans le même temps la tentative révolutionnaire – ouvrière et socialiste – de 1917 en Russie aboutissait à la tyrannie totalitaire de Staline, cependant que la révolution chinoise, paysanne et anti-impérialiste, connaissait à travers la « révolution culturelle », la déification de Mao Tse-toung et la damnation des récalcitrants. Ces mutations permettent la mise en place d'un système de codomination de la planète à deux (États-Unis, URSS) ; à trois (États-Unis, URSS, Chine) ; voire, demain, à quatre ou à cinq si le Japon et l'Europe s'imposent.

De plus en plus proche, le tiers-monde est colonisé par les impérialismes et mis au pillage. Souvent, ses dirigeants s'accommodent de cela et cherchent à mettre à profit les allégeances qui lui sont imposées. Parfois, il résiste : la guerre d'Indochine a été et reste le point culminant de ce combat. Entre-temps, dans les pays développés, une partie de la jeunesse s'élève contre une société que les nouvelles formes du capitalisme vouent à la consommation incontrôlée, à l'injustice sociale, à la destruction des hommes et des milieux traditionnels ou naturels.

Dans ces bouleversements, le rôle social du travail intellectuel n'a cessé de grandir. Le nombre des intellectuels augmente de façon relative et absolue, car leur travail importe à la production des richesses, car les transformations que connaît notre planète doivent être conceptualisées, expliquées et, le cas échéant, justifiées ou combattues. Mais il s'en faut de beaucoup que les travailleurs intellectuels forment un ensemble cohérent à l'activité réfléchie. On peut même dire que le rôle politique, voire prophétique des intellectuels a diminué à mesure que grandissait leur rôle social. Les uns, qui sont la majorité, s'enferment dans des tâches parcellaires qui en font parfois les complices plus ou moins conscients de crimes contre l'humanité : par exemple, les savants travaillant pour le compte des industries guerrières les plus meurtrières. D'autres sont les apologistes des régimes en place ; d'autres encore élaborent des justifications idéologiques, inconditionnelles aux mouvements révolutionnaires ou qui se disent tels, quitte à changer de révolution quand ils s'estiment trahis par celle qu'ils ont servie. La fonction critique, qui est le propre de l'activité intellectuelle et dont l'abandon est la seule véritable trahison des clercs, semble aujourd'hui, et c'est un scandale, la chose au monde la moins répandue. Et c'est pourtant en Occident que les clercs sont le plus libres, aujourd'hui encore, de critiquer et les pouvoirs auxquels ils sont asservis ou associés et ceux qui dominent les pays réputés socialistes ou les pays du tiers-monde qu'on dit libérés.

Les soussignés constatent l'existence d'un mouvement révolutionnaire qui ébranle l'ordre planétaire sous une forme triple qu'aucune théorie n'a pour l'instant su intégrer de façon satisfaisante :

– *la révolte* des peuples du tiers-monde contre les impérialismes, et pour que les richesses de la planète soient justement reparties ;

– *la révolte* secouant les pays développés, qui met en cause les structures de la société industrielle : la relation du capital et du travail ; la séparation entre dirigeants et dirigés, entre exécutants et détenteurs du savoir ou du pouvoir de décision ; le productivisme, ou l'idée, enracinée depuis les origines du capitalisme, que la raison d'être de la société est l'exploitation de la nature, et que cela nécessite ou justifie l'exploitation de l'homme par l'homme ;

– *les revendications* des minorités religieuses, ethniques, sexuelles, ainsi que des catégories opprimées (femmes, jeunes, vieillards, travailleurs immigrés, etc.), qui affirment, et, au besoin, imposent leur droit à l'existence contre les majorités ou les groupes oppressifs. La guerre des peuples d'Indochine contre l'impérialisme américain, le Mai français, la révolte du peuple tchécoslovaque contre la tyrannie du régime d'appareil imposé par l'URSS, les luttes menées partout dans le monde développé par les travailleurs immigrés pour obtenir le simple droit de vivre, le combat des femmes contre le chauvinisme mâle, la lutte du peuple du Bengladesh, celle du peuple palestinien, la lutte contre l'ethnocide et le génocide, ont été, sont, seront les expressions de ces transformations révolutionnaires. Mais nous déclarer « solidaires » de ces luttes et de ces revendications, ce n'est accomplir qu'une partie infime, voire dérisoire, de notre tâche, s'il en est une qui nous soit commune. Le monde où nous vivons n'est pas un monde simple où il soit suffisant de choisir son camp pour contribuer à l'avenir de l'humanité.

Aucun pays, aucun régime, aucun groupe social n'est porteur de la vérité et de la justice absolue, et sans doute aucun ne le sera jamais. La terrifiante expérience du stalinisme, la transformation d'intellectuels révolutionnaires en apologistes du crime et du mensonge, montrent jusqu'où peuvent conduire les identifications utopiques et l'attrait du pouvoir, ces tentations caractéristiques de l'intellectuel contemporain. Au gré des *mass media*, de l'orientation des appareils idéologiques, de leurs propres passions, les intellectuels d'Occident, ou du moins ceux qui s'expriment, ont pris position pour ou contre le droit à l'autodétermination du peuple biafrais, du peuple bengali, du peuple palestinien, du peuple israélien, cependant que la révolte de Ceylan, condamnée à l'unanimité des États, restait ignorée des intellectuels ou de la grande majorité d'entre eux. Nous pensons que les intellectuels ont mieux à faire qu'à être les fournisseurs bénévoles ou appointés des instances politiques ou bureaucratiques en quête d'idéologie. Nous croyons donc devoir rappeler ci-dessous quelques propositions qui sont pour nous des évidences morales et politiques fondamentales.

1) Il n'y a pas de problème de la fin et des moyens. Les moyens font partie intégrante de la fin. Il en résulte que tout moyen qui ne s'orienterait pas en fonction de la fin recherchée doit être récusé au nom de la morale politique la plus élémentaire. Si nous voulons changer le monde, c'est aussi, et peut-être d'abord, par souci de moralité. Il n'est pas de stratégie rationnelle, voire scientifique, qui ne doive être soumise à la morale adoptée. Si nous condamnons certains procédés politiques, ce n'est pas seulement, ou pas toujours, parce qu'ils sont inefficaces (ils peuvent être efficaces à court terme), mais parce qu'ils sont immoraux et dégradants, et qu'ils compromettent la société de l'avenir.

Il n'y a pas de « bonne » torture, il n'y a pas de « bonne » police politique, il n'y a pas de « bonne » dictature. Il n'y a pas de « bons » camps de concentration, ni de « génocide légitime ». Il y a des combats nécessaires, mais pas de « bonne » armée, il y a des États moins mauvais que d'autres, mais pas de « bon » État. Les exactions diverses, passages à tabac, matraquages, chantages, enlèvements d'otages, sans être comparables aux tortures, ne sont pas « bons » ou « mauvais » selon la cause qu'ils servent. Ils sont tous mauvais, quel que soit le jugement que l'on porte sur les responsabilités premières ou les finalités ultimes.

2) Il n'existe pas d'Apocalypse révolutionnaire. La croyance en une telle Apocalypse est une perversion. Parvenue au pouvoir, une révolution victorieuse hérite des conflits de la société ancienne et en crée de nouveaux. Aussi, la construction d'une société socialiste, libre et égalitaire, ne doit pas être repoussée au lendemain de la crise révolutionnaire, qu'elle soit locale ou mondiale, mais entreprise avant la crise et poursuivie pendant celle-ci. Dès aujourd'hui, dans la vie quotidienne, dans les organisations, les révolutionnaires doivent travailler à établir entre les hommes et les groupes sociaux des rapports plus justes. Le mythe du « grand soir » est d'autant plus redoutable que la société née d'une révolution est conflictuelle, comme toutes les sociétés historiques, et que la tentation y est grande de faire endosser à des « comploteurs », des « saboteurs », etc., la responsabilité de ce qui va mal. Tout groupe politique qui croit détenir la clé d'une transformation immédiate et automatique de la société est candidat à l'exercice de la dictature concentrationnaire et tortionnaire.

3) Il n'y a pas de libertés « formelles », qu'on puisse supprimer, fût-ce « provisoirement », ou au nom des libertés « réelles » ou « futures », sans d'immenses dangers. Certes, l'histoire de l'humanité ne se confond pas avec celle des libertés. Elle peut se poursuivre sans les libertés : de fait, elle s'est déroulée sans elles sur des espaces et des temps immenses. Mais que les libertés conquises et les droits acquis soient une part de l'héritage établi par la transformation féodale, puis capitaliste, dans un secteur de l'Occident, et qu'elles puissent, demain comme aujourd'hui, servir d'alibi aux classes dirigeantes, ne doit pas nous conduire à les mépriser. Il faut au contraire les étendre jusqu'à ce qu'ils ne soient plus le privilège de quelques-uns.

4) La violence fait partie de notre monde et nous n'avons pas l'illusion qu'elle puisse rapidement disparaître. Mais constater son rôle dans l'histoire – violence des oppresseurs entraînant celle des opprimés, lesquels peuvent à leur tour, et trop aisément, devenir des oppresseurs – n'autorise pas à en faire l'apologie ni à la justifier en tout cas. Les armes de la critique, quand on peut s'en servir, sont supérieures à la critique des armes.

5) Quelle que soit la partie du monde où il se trouve, le camp où il est engagé, dire la vérité – dire, à tout le moins, ce qu'il croit humblement être la vérité – est la tâche première de l'intellectuel. Il doit faire cela sans orgueil messianique, indépendamment de tous les pouvoirs et, au besoin, contre eux, quel que soit le nom qu'ils se donnent – indépendamment des modes, des conformismes, des démagogies. Il n'y a pas de moment où l'intellectuel soit justifié de passer de la critique à l'apologétique. Il n'y a pas de César individuel ou collectif qui mérite l'adhésion de tous. L'idéal d'une société juste n'est pas celui

d'une société sans conflit – il n'y a pas de fin de l'histoire – mais d'une société où ceux qui contestent peuvent, à leur tour, quand ils viennent au pouvoir, être contestés ; d'une société où la critique soit libre et souveraine, et l'apologétique inutile.

Nous appelons tous ceux qui sont d'accord avec ce qui précède à signer ce manifeste avec nous.

*Le Monde*, 4 juillet 1973.

SIGNATAIRES

**France**

Maurice AGULHON
Henry AMZALLAG
M. ANTIER
Philippe AUDOIN
Claude AVELINE
Pierre AVRIL
Christian BABOIN-JAUBER
Bernard BARBIER
Jean BARBUT
Jean BASTAIRE
Hélène BASTAIRE-PERICHON
Hélène de BEAUVOIR
Hervé BELKINI-DELRUN
Hélène BERGERON
Jeanne BERMAN
Philippe J. BERNARD
Madeleine BERTHAUD
Pierre BERTHAUMIN
Lucien BIANCO
Marcel BIDEAU
Henriette BLOCH
Bernhard BLUMENKRANZ
Pierre de BOISDEFFRE
Jacques BONNADIER
Guillemette BONNOT
Jean-Luc BORDELOUP
Pierre BOREL
Hedi BOUDER-BALA
Janine BOUISSOUNOUSE
André BOULLOCHE
Jean-Pierre BOURQUIN
Robert BOUTEILLE
Patrick BOUYAT
Patrick P. BOUYGUES
F. BOYET
Claude BRAUN
Robert BRECHON
Robert BRECY
Jacqueline BRET
Jean-Jacques BRET
Jean-Paul BRISSON
Cl. BROUILLET
Ch. BROUILLET
Madeleine BRUNELLE
Lucien BRUNELLE
Jacques BRUNSCHWIG
C.P. BRUTER
Claude BURGELIN
Claude CADART
Jean-Paul CAILLE
M. CALEF
Daniel CALLADINE
Solange de CARRERE
Denis CARRETTE
Lucien CARRIVE
Paulette CARRIVE
Henri CARTAN
Jean CASSOU
Bernard CAZES
Georgette CAZES

Gilbert CESBRON
Jacques CHABRES
Gérard CHALIAND
J. CHAMBORD
Emma CHARIERE
Jacques CHARIERE
Elisabeth CHAUMIER
Alain CHAUVOT
Stéphanie CHAUVOT
Mme Jacques CHAYE
Jacques CHAYE
Annick CHOLLET
J.-P. CHRETIEN
Michel CIMENT
Serge COCHE
Jean COHEN
Pierre COHEN
Roger COMMOLET
Raoul COPETTA
Cécile de CORLIEU-COMPEYROT
Edmée COURNARIE
Jean-Pierre COURNARIE
Dominique COURTOIS
Danièle COUSTEAU
René CRUSE
Hervé CUEFF
Antoine CULIOLI
Jean-Jacques DAIGRE
Jean DANIEL
Jean-Pierre DARMON
Patrice F. DASSONVILLE
Roger DAUBON
Paulette DAUMONT
Jacques DAUPHINET
Adrien DEJAY
Gilbert DELANOUE
Alice DELINCE
André DELINCE
Christian DELORME
André DESSON
Claude DEVAUX
Hubert DEVAUX
Yves DEVELON
Jean DIEDISHEIM
Paul DIEMERT
Jean-Pierre DIGARD
Henri DOMARD
Louis DOMB
Jean-Marie DOMENACH
Véronique DORVILLE
Henri DRAVET
Georges DUBY
Louis-Jean DUCLOS
Pierre DUCROS
Jean DUMAS
Jean-Marie DUMAS
Maryvonne DUMAS
Philippe EDELMANN
Pierre-Henri EMONGERD
M. ENGELSON
Bernard J. ESPAGNAT
C.H. d'ESTIENNE
P. ESTIENNE
ETIEMBLE
Robert EVREUX
Jean-Jacques de FELICE
Marc FERRO
Roland FILLIATRE
M.-E. FONTANEL
Pierre FONTANIE
Paul FRANCK
Henri FRIEDEL
Jean GAUTIER DALCHE
Claude GEFFRE
E. GEHIN
J. GEORGELIN
Roger GODEMENT
Roland GONTIER
François GRANDCHAMP
Jean GRANIER
Josette GRANIER
Roger GRENIER
Henri GUILBAUD
Michèle GUILBAUD
Raymond GUILLANEUF
J. GUILLEZ
Arielle HALBERGER-GEILLE
Jean HALPERIN
D. HAMELIN
Pierre HASSNER
Hubert HAUSEMER
Jules HAUTOT
Jacques HELION

Jean HELION
René HELLEZ
Émile HENOCQ
Pierre HEULINE
Françoise HONGRE
Bruno HONGRE
Francis IRALI
René JACQUOT
Xavier JEANNOT
Maria JOLAS
Jean-Pierre JOSSUA
P. JUTIER
Francis KAPLAN
H.P. KLOTZ
Elisabeth LABROUSSE
Roger LACOMBE
Pierre LAFERRIERE
Madeleine LAGARCE
Pierre LAGARCE
Jean-Pierre LANVIN
Jean LASSERRE
Ph. LEBOUCQ
François LEBRUN
Thierry LECONTE
Hubert LE FLOCH
Michel LELONG
Jean-François LEMETTRE
Robert LENNUYER
Gaston LEVAL
André LEVY
Jean-Serge LORACH
H. LOUYRIAC
Frédéric LUNG
R. LUPI
J. MAILLET
Jean MAITRON
Charles MALAMOUD
Elise MARIENSTRAS
Henriette MARCHAND
Gabriel MARCEL
Richard MARIENSTRAS
Charles-Michel MARLE
Gustave MARS
Jean-Daniel MARTINET
Jean-Paul MATHIEU
Michel MAZZOLA
Lucien MELESE
John G. MERK
Monique MICHEL
Juliette MINCES
André MIQUEL
Serge MOLOSTOFF
Jean MONI
Jean-Claude MONTAIGU
J. MONTAMBAUX
F. MONTET
Armand MORA
Alfred MORABIA
Edgar MORIN
Nicole MORIN
Claude MOSSE
Daniel MOTHE
Magdeleine MOTTE
Pierre MUGNIER
Cyrille MYTROWYTCH
Roland NADAUS
Jacques NATHAN
Maurice NEUVILLE
Pascal ORY
Marcel PACAUT
Pierre PACHET
Robert PAGES
Gabriel PANDOLFO
Jacques PANIJEL
Régis PARANQUE
André PARIENTY
Pierre PECREAUX
Gilbert PELISSIER
R. PELISSIER
S. PELISSIER
Cécile PELOSSE
Elisabeth PEREZ-ROMAIN
Jorge PEREZ-ROMAIN
François PERRET
Michelle PERROT
Robert PETIT
Alain PINTUREAU
Maurice PLOCKI
Bernard POUYET
Cl. POYART
Olivier POZZO di BORGO
Pierre PRADALES
Henri PROVIZOR
Hugues PUEL

Roland de PURY
Jean RABAUT
Wladimir RABI
Albert RATZ
Nicole REIN-CLEMENT
Gilles RENAUD
REVERSADE
G. RICHARD
François RICHAUD
Elisabeth RISLER
Bernard RIST
Denise RIVEL
Edmond RIVET
Fernand ROCHE
Jean-Pierre ROCHE
Marcelle ROCHE
Maxime RODINSON
Franck ROLLIER
Annick ROMEC
Claude ROMEC
Maurice RONT
Claude ROSA
Lionel de ROULET
Claude ROY
Claude RUAUD
Claude RUTAULT
Jacques RYSER
Simonne RYSER
Albert SAMUEL
Pierre SAMUEL
Claire SARAZIN
Lilly SCHERR
Jean-Claude SCHMITT
Pauline SCHMITT
Michel SCHNEIDER
Bertrand SCHWARTZ
Laurent SCHWARTZ
Marie-Hélène SCHWARTZ
Robert SECRETAIN
Robert SEIGNOBOS
Marianne SEMMEL
Alfred SIMON
Ch. SIMON
Louis SIMON
Pierre SIMON
Pierre J. SIMON
Ida SIMON-BAROUK
Jean-Claude SOMMAIRE
Christine STEFANUTTI
Guy SUARES
Henri de SURGY
Thibault de SWARTE
Jean TAVERNIER
Anahite TER-NINASSIAN
Jean TERQUEM
H. TERRENOIRE
Paul THIBAUD
Noël THIERRY
Pierre THILLET
F. TISSIER
Eva TOURNIER
André TUNC
Claude ULLIN
J. ULLMO
Mark VAIL
A. VANSON
Fanny VENTADUR
VERDIER
Jacques VERIN
June VERIN
Jean-Pierre VERNANT
René VERRIER
Paul VEYNE
Geneviève VIDAL-NAQUET
Pierre VIDAL-NAQUET
A. VILARO
F. VILARO
P. VILARO
S. VILARO
Fernand VILLACEQUE
Louis de VILLEFOSSE
Y. VINCENT
Alban VISTEL
René VOGE
P. WALDTEUFEL
François WALTER
Zoum WALTER
Gilbert WALUSINSKI
Léon WECKER
André WEIL
Marcel WENGER
Edouard WILLE
Elie WOLLMAN
Cheng YING-HSIANG

Claude ZAHM
Alberto ZANETTIN
Fred ZELLER
Robert ZITTOUN

**Angleterre**
Godfrey HEAVEN
Jolyon HOWORTH
Paul VOLSIC

**Belgique**
G. MALENGREAU

**Canada**
Fred BODE
Franck CHALK
D.A. HALBWIDL
Hanna LAMBEK
Mark LEVINSON
Steve SCHEINBERG
Denis SMITH

**Égypte**
Ahmed Moamed TAALAB
Azza TAALAB
Zeinab TAALAB

**Israël**
Arieh YAARI

**Italie**
Benedetto BRAVO
Marco d'ERAMO
Libero ZUPPEROLI

**Mexique**
Octavio PAZ

**Pays-Bas**
H. KLOMPMAKER

**Portugal**
Antonio-José SARAIVA

**Suède**
Jens KNOCKE

**Suisse**
Victor SEGESVARY

**USA**
Pat BERRIGAN
Ed. BODFISH
Kay BOYLE
Virgil BURKE
David BURRESS
Cora G. CHASE
W. Corin CHASE
Noam CHOMSKY
Ivan S. CUTLER
Ann DAVIDON
William DAVIDON
Dave DELLINGER
Richard ELLMANN
Richard FALK
Brian GALLAGHER
Ruth M. GOLDSTEIN
Amnon GOLDWORTH
Marianne HAMILTON
Robert L. HOFFMAN
Joyce KASINSKY
Arthur L. KOBLER
Thomas A. KRUEGER
Stewart MEACHARN
John MURRA
Kerin O'DEA
Marcus RASKIN
Buford RHEA
Marshal SAHLINS
Harry M. SCOBE
William M. SHEA
Norman J. SISSMAN
Gabriel TORTELLA-CASARES
Jack Isaac TROMPETTER
Montague ULLMANN
George WALAL
J. WEIZENBAUM
McCary WILLIAMS
Susan YOST
Theodore YOST

# *Orientation bibliographique*

Nous ne reprenons pas ici tous les titres cités dans les notes, mais seulement quelques ouvrages de caractère général.

Par ordre alphabétique * :


Aron, Jean-Paul, *Les Modernes,* Gallimard, 1984.

Aron, Raymond, *L'Opium des intellectuels*, Calmann-Lévy, 1955.

Assouline, Pierre, *L'Épuration des intellectuels*, Bruxelles, Complexe, 1985.

Bertrand Dorléac, Laurence, *L'Art de la défaite*, Seuil, 1993.

Bodin, Louis, *Les Intellectuels*, PUF, 1964.

–, *Les intellectuels existent-ils ?,* Bayard, 1997.

Bonnaud-Lamotte, Danielle et Rispail, Jean-Luc, *Intellectuel(s) des années trente entre le rêve et l'action*, Éd. du CNRS, 1989.

Bourdieu, Pierre, *Homo academicus*, Éd. de Minuit, 1984.

–, *Les Règles de l'art. Genèse et structure du champ littéraire*, Seuil, 1992.

Bourricaud, François, *Le Bricolage idéologique*, PUF, 1980.

Caute, David, *Les Compagnons de route 1917-1968*, Robert Laffont, 1973.

Charle, Christophe, *Naissance des intellectuels, 1880-1900*, Éd. de Minuit, 1990.

–, *La République des universitaires, 1870-1940*, Seuil, « L'Univers historique », 1994.

Chebel d'Apollonia, Ariane, *Histoire politique des intellectuels en France 1944-1954*, Bruxelles, Complexe, 1991, 2 vol.

Debray, Régis, *Le Pouvoir intellectuel en France*, Ramsay, 1979.

Delporte, Christian, *Intellectuels et Politique,* Casterman. GIUNTI, 1995.

Desanti, Dominique, *Les Staliniens*, Fayard, 1974.

Digeon, Claude, *La Crise allemande de la pensée française 1870-1914*, PUF, 1959.


* Quand le lieu d'édition n'est pas indiqué, il s'agit de Paris.

Domenach, Jean-Marie, *Beaucoup de gueule et peu d'or. Journal d'un réfractaire (1944-1977)*, Seuil, 2001.
Drouin, Michel (sous la dir.), *L'Affaire Dreyfus de A à Z*, Flammarion, 1994.
Fouché, Pascal, *L'Édition française sous l'Occupation 1940-1944*, Bibliothèque de littérature française de l'université Paris-7, 1987, 2 vol.
Furet, François, *Le Passé d'une illusion*, Robert Laffont/Calmann-Lévy, 1995.
Griffiths, Robert, *Révolution à rebours, le renouveau catholique dans la littérature en France de 1870 à 1914*, Desclée de Brouwer, 1971.
Gugelot, Frédéric, *La Conversion des intellectuels au catholicisme en France 1885-1935*, Éd. du CNRS, 1998.
*Journal de la France et des Français. Chronologie politique, culturelle et religieuse de Clovis à 2000*, Gallimard, « Quarto », 2001.
*Journal de la France et des Français. Index. Dictionnaire des noms propres, des noms de lieux, des évènements*, Gallimard, « Quarto », 2001.
Judt, Tony, *Le Passé imparfait*, Fayard, 1994.
Julliard, Jacques et Winock, Michel (sous la dir.), *Dictionnaire des intellectuels français*, Seuil, 1996.
Leroy, Géraldi (sous la dir.), *Les Écrivains et l'Affaire Dreyfus*, PUF, « Université d'Orléans », 1983.
Leroy, Géraldi et Roche, Anne, « Les Écrivains et le Front populaire », Presses de la Fondation nationale des sciences politiques, 1986.
Leroy, Géraldi, *Les Ecrivains et l'Histoire. 1919-1956*, Nathan, 1998.
Lindenberg, Daniel, *Les Années souterraines 1937-1947*, La Découverte, 1990.
Loiseaux, Gérard, *La Littérature de la défaite et de la collaboration*, Fayard, 1995.
Lottman, Herbert R., *La Rive gauche, du Front populaire à la Guerre froide*, Seuil, 1981, rééd. « Points », 1984.
Loubet del Bayle, Jean-Louis, *Les Non-Conformistes des années 30*, Seuil, 1969.
Maitron, Jean, *Dictionnaire biographique du Mouvement ouvrier français, 1789-1939*, Éditions ouvrières, 1964-1993, 43 vol.
Mopin, Michel, *Littérature et Politique. Deux siècles de vie politique à travers les œuvres littéraires*, La Documentation française, 1996.
Nadeau, Maurice, *Grâces leur soient rendues, mémoires littéraires*, Albin Michel, 1990.
Nora, Pierre (sous la dir.), *Les Lieux de mémoire*, Gallimard, 1984-1992, 7 vol. ; rééd. en 3 vol., Gallimard, « Quarto », 1997.
Ory, Pascal, *Les Collaborateurs 1940-1945*, Seuil, 1976, rééd. « Points Histoire », 1980.
Ory, Pascal et Sirinelli, Jean-François, *Histoire des intellectuels en France de l'affaire Dreyfus à nos jours*, Armand Colin, 1986, rééd. 1992.

Prochasson, Christophe, *Les Années électriques (1880-1910)*, La Découverte, 1991.
–, *Les Intellectuels, le Socialisme et la Guerre, 1900-1938*, Seuil, 1993.
Prochasson, Christophe et Rasmussen, Anne, *Au nom de la patrie. Les intellectuels et la Première Guerre mondiale (1910-1919)*, La Découverte, 1996.
Racine, Nicole et Trebitsch, Michel, *Sociabilités intellectuelles. Lieux, milieux, réseaux. Cahiers de l'IHTP*, n° 20, mars 1992.
Rioux, Jean-Pierre et Sirinelli, Jean-François (sous la dir.), *La Guerre d'Algérie et les Intellectuels français*, Bruxelles, Complexe, 1991.
Robrieux, Philippe, *Histoire intérieure du Parti communiste*, Fayard, 1984, 4 vol.
Roche, Anne et Tarting, Christian (sous la dir.), *Des années trente. Groupes et Ruptures*, Éd. du CNRS, 1985.
Sartre, Jean-Paul, *Plaidoyer pour les intellectuels*, Gallimard, 1972.
Slama, Alain-Gérard, *Les Chasseurs d'absolu*, Grasset, 1980, rééd. Hachette, « Pluriel », 1994.
Sirinelli, Jean-François, *Génération intellectuelle. Khâgneux et normaliens dans l'entre-deux-guerres*, Fayard, 1988.
–, *Intellectuels et Passions françaises. Manifestes et pétitions au* XX^e^ *siècle*, Fayard, 1990.
–, (sous la dir.), *Histoire des droites en France*, Gallimard, 1992, 3 vol.
Verdès-Leroux, Jeannine, *Au service du Parti. Le Parti communiste, les intellectuels et la culture (1944-1956)*, Fayard/Minuit, 1983.
–, *Refus et Violences. Politique et littérature à l'extrême droite des années trente aux retombées de la Libération*, Gallimard, 1996.
Wohl, Robert, *The Generation of 1914*, Harvard University Press, Cambridge (Mass.), 1979.
–, *Les Idées en France, 1945-1988. Une chronologie*. Coordonnée et établie par Anne Simonin et Hélène Clastres, Gallimard, « Folio Histoire », 1989.

**Des biographies récentes :**

Bair, Deirdre, *Simone de Beauvoir*, Fayard, 1990.
Baverez, Nicolas, *Raymond Aron*, Flammarion, 1993.
Body, Jacques, *Jean Giraudoux*, Gallimard, 2006.
Brown, Frederick, *Zola, une vie*, Belfond, 1995.
Cellier-Gelly, Micheline, *André Chamson*, Perrin, 2001.
Citron, Pierre, *Giono,* Seuil, 1990.
Cohen-Solal, Annie, *Sartre 1905-1980*, Gallimard, 1985.
Daix, Pierre, *Aragon*, Flammarion, 1994.
Eribon, Didier, *Michel Foucault,* Flammarion, 1989.
Fernandez, Dominique, *Ramon*, Grasset, 2009.
Lacouture, Jean, *Une adolescence du siècle. Jacques Rivière et la NRF*, Seuil, 1994.
Laurent, Sébastien, *Daniel Halévy,* Grasset, 2001.
Miller, James, *La Passion Foucault,* Plon, 1993.
Moulier Boutang, Yann, *Louis Althusser. Une biographie*, Grasset, 1992.
Sirinelli, Jean-François, *Sartre et Aron*, Fayard, 1995.
Tadié, Jean-Yves, *Marcel Proust*, Gallimard, 1996.
Todd, Olivier, *Camus*, *une vie*, Gallimard, 1996.
Todd, Olivier, *André Malraux. Une vie*, Gallimard, 2001.

**Des revues vivant aujourd'hui :**
(entre parenthèses, la date de création)

*Revue des deux mondes (La)* (1829)
*Études* (1856)
*Nouvelle Revue française (La)* (1908)
*Europe* (1923)
*Esprit* (1932)
*Temps modernes (Les)* (1945)
*Critique* (1947)
*Mouvement social (Le)* (1952)
*Communications* (1962)
*Raison présente* (1966)
*Actes de la recherche en sciences sociales* (1975)
*L'Histoire* (1978)
*Commentaire* (1978)
*Débat (Le)* (1980)
*Cahiers Georges Sorel* (1983), devenus *Mil neuf cent. Revue d'histoire intellectuelle* (1989)
*Vingtième siècle. Revue d'histoire* (1984)
*Lignes* (1987)
*Krisis* (1991)
*Le Banquet* (1992)

# Chronologie

| | ÉVÉNEMENTS POLITIQUES ET SOCIAUX | ÉVÉNEMENTS CULTURELS ET SCIENTIFIQUES |
|---|---|---|
| **1894** | *juin :* assassinat de Sadi Carnot.<br>*juillet :* vote des lois « scélérates ».<br>*décembre :* premier procès du capitaine Dreyfus accusé à tort d'avoir livré des documents militaires à l'ambassade d'Allemagne. | É. Durkheim, *Règles de la méthode sociologique*.<br>M. Barrès, *Du sang, de la volupté et de la mort*.<br>A. France, *Le Lys rouge*. |
| **1895** | *janvier :* démission de Casimir-Perier. Élection de F. Faure à la présidence de la République française.<br>Fondation de la CGT. | Les frères Lumière font fonctionner le premier appareil cinématographique.<br>P. Valéry, *La Soirée avec M. Teste*. |
| **1896** | *avril :* constitution du ministère Méline.<br>*septembre :* accord franco-italien sur la Tunisie. | H. Bergson, *Matière et Mémoire*. |
| **1897** | Méline : « Il n'y a pas d'affaire Dreyfus » (4 décembre). | Durkheim fonde la *Revue de sociologie*.<br>M. Barrès, *Les Déracinés*.<br>A. Gide, *Les Nourritures terrestres*. |
| **1898** | *janvier :* « J'accuse... », article de Zola en faveur de Dreyfus, paraît dans *L'Aurore*, trois jours après l'acquittement d'Esterhazy.<br>*mai :* création de la Cour internationale d'arbitrage de La Haye. | La presse publie les pétitions en faveur de la révision du procès Dreyfus.<br>P. et M. Curie découvrent le radium.<br>Les travaux du Métropolitain commencent à Paris. |

| | | |
|---|---|---|
| | *juin :* fondation de la Ligue française des droits de l'homme par le sénateur Trarieux.<br>Suicide du colonel Henry (31 août).<br>*octobre-novembre :* incident franco-anglais de Fachoda entre la mission Marchand et les troupes de Kitchener.<br>Échec de la grève des cheminots, première tentative de grève générale révolutionnaire.<br>*décembre :* F. Coppée et J. Lemaître fondent la Ligue de la Patrie française. | Première émission de TSF depuis la Tour Eiffel.<br>Premier Salon de l'auto à Paris.<br>E. Rostand, *Cyrano de Bergerac*. |
| **1899** | *février :* mort de F. Faure. É. Loubet devient président de la République.<br>P. Déroulède tente de faire marcher sur l'Élysée l'escorte militaire funéraire de F. Faure.<br>*juin :* constitution du ministère Waldeck-Rousseau.<br>*juillet :* Vaugeois fonde l'Action française.<br>*septembre :* second procès de Dreyfus à Rennes. Condamné de nouveau par le tribunal militaire, il est gracié par le président de la République. | Manifeste du Sillon de M. Sangnier.<br>C. Maurras, *Trois Idées politiques*.<br>E. Rostand, *L'Aiglon*. |
| **1900** | *septembre :* la France signe un accord par lequel elle abandonne ses prétentions sur la Tripolitaine en échange de l'abandon par l'Italie de ses vues sur le Maroc.<br>La loi Millerand-Colliard limite la durée du travail à 60 heures par semaine.<br>Lors du Congrès des socialistes français est fondé le Bureau socialiste | Exposition universelle de Paris.<br>Les deuxièmes Jeux olympiques se déroulent à Paris.<br>Paris s'enrichit du Grand et du Petit Palais ainsi que du pont Alexandre III.<br>E. Lavisse commence la publication de son *Histoire de France depuis les origines jusqu'à la Révolution*. |

| | | |
|---|---|---|
| | international, qui représente 25 pays. | C. Péguy fait paraître les *Cahiers de la Quinzaine*.<br>C. Maurras, *Enquête sur la monarchie*. |
| **1901** | *mai :* naissance de l'Alliance démocratique.<br>*juin :* création du Parti radical-socialiste.<br>*juillet :* reconnaissance complète du droit d'association, sauf pour les congrégations religieuses toujours soumises à autorisation. | M. Barrès, *L'Appel au soldat*.<br>Premier concours Lépine.<br>S. Prudhomme obtient le prix Nobel de littérature.<br>Fondation des éditions Albin Michel.<br>L. Daudet, *Le Pays des parlementeurs*.<br>P. Claudel, *L'Arbre*.<br>P. Bourget, *L'Étape*. |
| **1902** | *mars :* formation du Parti socialiste de France de Guesde.<br>*avril-mai :* le « Bloc des gauches », dominé par les radicaux, remporte les élections législatives.<br>*juin :* constitution du ministère Combes.<br>*juin-juillet :* fermeture des écoles appartenant aux congrégations et qui ne sont pas autorisées.<br>*juillet :* alliance défensive franco-italienne qui crée une fissure dans la Triplice.<br>*septembre :* les bourses du travail adhèrent à la CGT. V. Griffuelhes est désigné comme secrétaire général.<br>Création du Parti socialiste français dirigé par Jaurès. | Célébration du centenaire de la naissance de V. Hugo.<br>Mort d'É. Zola.<br>H. Poincaré, *Science et Hypothèse*.<br>A. Gide, *L'Immoraliste*.<br>M. Barrès, *Scènes et Doctrines du nationalisme* et *Leurs figures*.<br>J. Jaurès, *Études socialistes*.<br>R. Rolland, 1er tome de *Jean-Christophe*. |
| **1903** | *septembre :* dans *Le Gaulois*, M. Barrès, qui a subi en avril un échec électoral, se montre sceptique sur les chances politiques du nationalisme.<br>*octobre :* campagne ouvrière contre les bureaux de placement. | Premier Tour de France cycliste.<br>H. Becquerel, M. Curie et P. Curie reçoivent le prix Nobel de physique.<br>Débuts du « fauvisme ».<br>Fondation de l'Académie Goncourt.<br>Premier numéro du *Festin d'Ésope*, revue littéraire fondée par G. Apollinaire. |

| | | |
|---|---|---|
| **1904** | *mars :* le procès de Dreyfus est révisé après une longue campagne d'opinion.<br>*avril :* signature de l'Entente cordiale entre la France et l'Angleterre.<br>Rupture des relations diplomatiques entre la France et le Vatican.<br>*juillet :* loi interdisant d'enseigner aux membres des congrégations, mêmes autorisées.<br>*octobre :* affaire des « fiches » (l'administration militaire contrôlait les convictions républicaines de ses officiers).<br>*décembre :* premier congrès du syndicalisme chrétien. | Création du prix Femina.<br>J. Jaurès lance *L'Humanité*.<br>F. Mistral obtient le prix Nobel de littérature.<br>Léon Frapié, *La Maternelle*. |
| **1905** | *janvier :* Combes démissionne à la suite du scandale des « fiches ».<br>*février :* loi réduisant le service militaire à 2 ans.<br>*mars :* lors d'une escale à Tanger, Guillaume II affirme le droit du Maroc à la liberté.<br>*avril :* fondation de la SFIO.<br>*décembre :* loi de Séparation des Églises et de l'État. | Débuts du cubisme.<br>Mort de J. Verne.<br>Naissance d'Arsène Lupin imaginé par M. Leblanc.<br>C. Maurras, *L'Avenir de l'intelligence*.<br>M. Barrès, *Les Bastions de l'Est*.<br>H. Poincaré, *La Valeur de la science*. |
| **1906** | *janvier :* Fallières devient président de la République.<br>*février :* le pape condamne la loi de Séparation.<br>Troubles des « Inventaires » des biens de l'Église.<br>*avril :* conférence d'Algésiras (la prépondérance politique française est assurée au Maroc en échange de l'ouverture économique).<br>*juillet :* réhabilitation de Dreyfus.<br>*octobre :* Charte d'Amiens de la CGT. | H. Moissan reçoit le prix Nobel de chimie.<br>Mort d'É. Boutmy, directeur et fondateur de l'École libre des sciences politiques.<br>Le groupe de « L'Abbaye » se constitue à Créteil.<br>Réception de M. Barrès à l'Académie française.<br>G. Hervé crée *La Guerre sociale*.<br>P. Claudel, *Partage de midi*. |

Constitution du ministère Clemenceau.

**1907** *mars :* loi sur la liberté des cultes.
*avril-mai :* conflit entre le gouvernement et les fonctionnaires syndicalistes.
*juin :* la « révolte des gueux » (viticulteurs) culmine dans le Languedoc.
*juillet :* loi sur la protection du salaire féminin.
*août :* signature de la Triple-Entente (France, Grande-Bretagne et Russie).

C. Laveran reçoit le prix Nobel de médecine.
A. Lumière invente la photographie en couleurs.
L. Renault obtient le prix Nobel de la Paix.
Mort de J.-K. Huysmans.
H. Bergson, *L'Évolution créatrice*.
P. Claudel, *Art poétique*.
M. Leblanc, *Arsène Lupin, gentleman-cambrioleur*.
Picasso, *Les Demoiselles d'Avignon*.

**1908** *juillet-août :* grèves de Draveil ; Clemenceau fait arrêter les dirigeants de la CGT.
*novembre :* fondation de la Ligue des Camelots du Roi.

L. Blum, *Du mariage*.
Premier lancement de *La Nouvelle Revue française* par A. Gide et ses amis (J. Copeau, H. Ghéon, J. Schlumberger, M. Drouin, A. Ruyters).
G. Lippmann obtient le prix Nobel de physique.
H. Poincaré est élu à l'Académie française.
Les cendres d'É. Zola sont transférées au Panthéon.
*L'Action française* devient un quotidien.
A. France, *Vie de Jeanne d'Arc* (t. I).
H. Barbusse, *L'Enfer*.
G. Sorel, *Réflexions sur la violence*.
J. Romains, *La Vie unanime*.

**1909** *février :* accord franco-allemand sur le Maroc.
*juillet :* Briand succède à Clemenceau.
Jouhaux devient secrétaire général de la CGT.

P. d'Estournelles reçoit le prix Nobel de la Paix.
Après sa rupture avec E. Montfort, A. Gide lance un nouveau premier numéro de la *NRF*.
Blériot traverse la Manche en avion.
Diaghilev présente le premier

| | | |
|---|---|---|
| | | spectacle des Ballets russes à Paris au Châtelet.<br>M. Barrès, *Colette Baudoche*.<br>A. Gide, *La Porte étroite*.<br>F. Mauriac, *Les Mains jointes*. |
| **1910** | *avril :* loi sur les retraites ouvrières et paysannes.<br>*août :* Pie X condamne le Sillon.<br>*octobre :* grève des cheminots.<br>*novembre :* Jaurès dépose à la Chambre son projet d'armée nouvelle. | Mort de J. Renard.<br>Mort du peintre H. Rousseau, dit le Douanier.<br>C. Péguy, *Le Mystère de la charité de Jeanne d'Arc* et *Notre jeunesse*. |
| **1911** | *juin :* ministère Caillaux.<br>*juillet :* la canonnière allemande *Panther* mouille devant Agadir.<br>Joffre devient chef d'état-major général.<br>*novembre :* convention franco-allemande (en échange de sa non-intervention dans les affaires marocaines, l'Allemagne reçoit des territoires au Congo). | A. Gide, J. Schlumberger et G. Gallimard fondent les éditions de la NRF.<br>M. Curie obtient le prix Nobel de chimie.<br>P. Claudel, *L'Otage*.<br>J. Jaurès, *L'Armée nouvelle*.<br>J. Guesde, *En garde*.<br>F. Mauriac, *L'Adieu à l'adolescence*. |
| **1912** | *janvier :* constitution du cabinet Poincaré.<br>*mars :* traité de protectorat avec le Maroc. | A. Carrel reçoit le prix Nobel de médecine.<br>P. Sabatier et V. Grignard obtiennent le prix Nobel de chimie.<br>L'écrivain J. Rivière devient secrétaire de la *NRF*.<br>Premier numéro des *Soirées de Paris*, revue fondée par G. Apollinaire.<br>Fondation de la revue *Les Hommes nouveaux* par B. Cendrars.<br>É. Durkheim, *Les Formes élémentaires de la vie religieuse*.<br>P. Claudel, *L'Annonce faite à Marie*.<br>A. France, *Les dieux ont soif*. |
| **1913** | *janvier :* Poincaré devient président de la République. | C. Richet obtient le prix Nobel de médecine. |

| | | |
|---|---|---|
| | *mars :* constitution du ministère Barthou.<br>*août :* loi des 3 ans.<br>*décembre :* constitution du ministère Doumergue. | Mort d'H. Rochefort, journaliste et homme politique.<br>Début de la collaboration de G. Bernanos au quotidien *L'Action française*.<br>Premiers numéros de *La Science et la Vie*, de *La Revue des livres anciens,* dirigée par P. Louÿs.<br>E. Psichari, *L'Appel des armes* et *Le Voyage du centurion*.<br>Alain-Fournier, *Le Grand Meaulnes*.<br>G. Apollinaire, *Alcools*.<br>M. Barrès, *La Colline inspirée*.<br>M. Proust, *Du côté de chez Swann*.<br>R. Martin du Gard, *Jean Barois*.<br>R. Rolland, *Tragédies de la foi*.<br>J. Maritain, *La Philosophie bergsonienne*.<br>G. Leroux, *Le Mystère de la chambre jaune*. |
| **1914** | *janvier :* création de la Fédération des gauches.<br>*février :* nouvel emprunt russe.<br>*mars :* Mme Caillaux tue Calmette, directeur du *Figaro*.<br>*juin :* constitution du ministère Viviani.<br>Attentat de Sarajevo qui allait entraîner la France dans la guerre.<br>*juillet :* vote de l'impôt sur le revenu.<br>L'Allemagne adresse un ultimatum à la France le 31 et, le même jour, J. Jaurès est assassiné par R. Villain. | Mort de C. Péguy au front.<br>H. Bergson est élu à l'Académie française.<br>La *NRF* publie des extraits du nouveau livre de M. Proust, *A l'ombre des jeunes filles en fleurs*.<br>A. Gide, *Les Caves du Vatican*.<br>H. Barbusse, *Nous autres*.<br>L. Feuillade, *Fantomas*. |

| | | |
|---|---|---|
| | *août :* l'Allemagne déclare la guerre à la France.<br>*septembre :* le gouvernement se réfugie à Bordeaux.<br>Bataille de la Marne, de l'Aisne et de la Somme.<br>*décembre :* offensives en Champagne.<br>Réunion extraordinaire du Parlement à Paris. | |
| **1915** | *février :* attaque française en Champagne.<br>*mai :* offensives alliées en Artois.<br>Le socialiste A. Thomas entre au gouvernement.<br>*septembre :* offensives alliées en Champagne. | R. Rolland reçoit le prix Nobel de littérature.<br>P. Loti, *La Grande Barbarie.*<br>R. Rolland, *Au-dessus de la mêlée.*<br>A. Suarès, *Nous et eux.*<br>H. Massis, *Romain Rolland contre la France.*<br>D. Halévy, *La Vie de Friedrich Nietzsche.* |
| **1916** | *février :* début de la bataille de Verdun.<br>*juillet :* bataille de la Somme.<br>*novembre :* fin de la bataille de la Somme.<br>*décembre :* fin de la bataille de Verdun.<br>Le général Joffre est nommé maréchal de France et remplacé par le général Nivelle à la tête des armées françaises. | H. Barbusse obtient le prix Goncourt avec *Le Feu.*<br>Lancement du *Canard enchaîné.*<br>M. Barrès, *L'Ame française et la Guerre : l'amitié des tranchées.*<br>A. France, *Ce que disent les morts.*<br>J. Romains, *Europe.*<br>G. Apollinaire, *Lueurs des tirs* et *Le Poète assassiné.*<br>C. Maurras, *Quand les Français ne s'aimaient pas.* |
| **1917** | *janvier :* début d'une première vague de grèves qui commencent dans la haute couture parisienne.<br>*avril :* début de l'offensive du Chemin des Dames.<br>Première utilisation de chars d'assaut français.<br>Premier acte collectif d'indiscipline militaire.<br>*mai :* début des grandes mutineries dans l'armée. | Mort de L. Bloy et d'É. Durkheim.<br>Suicide en prison du directeur du *Bonnet rouge,* Almereyda.<br>P. Valéry, *La Jeune Parque.*<br>M. Barrès, *Les Diverses Familles spirituelles de la France.*<br>A. France, *Pour la liberté.*<br>P. Drieu La Rochelle, *Interrogation.* |

Début d'une deuxième vague de grèves.
Le général Nivelle est remplacé par le général Pétain à la tête de l'armée.
*juin :* le gouvernement Ribot annonce le refus des passeports aux socialistes qui auraient voulu se rendre à la conférence de Stockholm.
Le général Pershing, commandant du corps expéditionnaire américain, arrive en France.
*juillet :* discours de Clemenceau contre le ministre de l'Intérieur L. Malvy.
*août :* démission du gouvernement de D. Cochin, la droite catholique estimant que la politique gouvernementale est teintée d'anticléricalisme.
Démission de L. Malvy.
*septembre :* les socialistes refusent d'entrer dans le ministère Painlevé. Fin de l'Union sacrée sur le plan gouvernemental.

**1918** *janvier :* arrestation de J. Caillaux.
*mars :* offensive allemande en Picardie.
Débuts des bombardements de Paris par le canon allemand la Grosse Bertha.
*avril :* le général Foch reçoit le titre de commandant en chef des forces alliées en France.
*mai :* grandes grèves dans les usines d'armement.
Offensive allemande sur le Chemin des Dames.
*juillet :* offensive allemande en Champagne.

G. Apollinaire, *Calligrammes*.
P. Claudel, *Le Pain dur*.
P. Bourget, *Némésis*.
L. Daudet, *La Guerre totale*.
G. Duhamel, *Civilisation 14-17* (prix Goncourt).
M. Genevoix, *Au seuil des guitounes*.

Contre-offensive française, deuxième bataille de la Marne.
Conseil national de la SFIO. La « minorité » de Jean Longuet l'emporte sur la majorité.
*août :* Malvy est condamné à cinq ans de bannissement.
Foch est fait maréchal de France.
Début de l'offensive générale alliée.
Apogée de l'épidémie de grippe espagnole.
*octobre :* Congrès du Parti socialiste. La minorité prend la direction du parti.
*novembre :* le 8, première rencontre des plénipotentiaires allemands et alliés à Rethondes.
*décembre :* le président Wilson arrive en France pour participer à la Conférence de la Paix.
Pétain est fait maréchal de France.

**1919**

*janvier :* ouverture de la Conférence de la Paix.
*mars :* l'Angleterre cesse de soutenir le franc.
*avril :* la journée de 8 heures est adoptée.
*juin :* le 28, signature du traité de paix avec l'Allemagne dans la galerie des Glaces du château de Versailles.
*juillet :* le 14, défilé de la victoire à Paris.
*octobre :* la Chambre des députés ratifie le traité de Versailles.
*novembre :* constitution de la CFTC.
Victoire du Bloc national aux élections législatives.

*L'Humanité* publie une « déclaration d'indépendance de l'esprit » signée notamment par H. Barbusse, A. de Châteaubriant, G. Duhamel, P. J. Jouve, R. Rolland, J. Romains et C. Vildrac.
*Manifeste du Parti de l'intelligence.*
A. Breton, L. Aragon, P. Soupault et R. Hilsum créent la revue *Littérature*.
La *NRF* publie des extraits de *Le Côté de Guermantes* de M. Proust.
A. Gide, *La Symphonie pastorale*.
R. Dorgelès, *Les Croix de bois*.

| | | |
|---|---|---|
| | | H. Bergson, *L'Énergie spirituelle*.<br>H. Barbusse, *Clarté*. |
| **1920** | *janvier :* P. Deschanel est élu président de la République.<br>Démission de Clemenceau et formation du ministère Millerand.<br>*février :* le Congrès socialiste de Strasbourg rompt avec la IIe Internationale.<br>Vague de grèves (cheminots, mineurs).<br>*septembre :* démission de P. Deschanel.<br>A. Millerand est élu président de la République.<br>*novembre :* le 11, hommage au Soldat inconnu à l'Arc de Triomphe.<br>*décembre :* Congrès de Tours de la SFIO. Naissance du Parti communiste (SFIC). | L. Bourgeois obtient le prix Nobel de la Paix.<br>Premier numéro de *La Revue universelle*, proche de l'AF, et dont le rédacteur en chef est H. Massis.<br>M. Sangnier lance l'hebdomadaire catholique *La Jeune République*.<br>J. Cocteau et R. Radiguet fondent la revue *Le Coq*.<br>Colette, *Chéri*.<br>H. de Montherlant, *La Relève du matin*.<br>M. Barrès, *Chronique de la Grande Guerre* (t. I).<br>P. Claudel, *Le Père humilié*.<br>Alain, *Propos*.<br>P. Valéry, *Odes* et *Le Cimetière marin*. |
| **1921** | *janvier :* formation du septième ministère Briand.<br>*février :* ouverture de la conférence de Londres sur les réparations.<br>*mars :* occupation par la France de Düsseldorf, Ruhrort et Duisbourg.<br>*mai :* rétablissement des relations diplomatiques avec le Vatican.<br>Scission de la CGT et naissance de la CGTU.<br>*août :* accords franco-allemands de Wiesbaden. | A. France obtient le prix Nobel de littérature.<br>Manifestation *dada* à Paris, au jardin Saint-Julien-le-Pauvre, organisée par T. Tzara et A. Breton.<br>A la salle des Sociétés savantes, à Paris, les dadaïstes intentent une parodie de procès à Barrès pour « crime contre la sûreté de l'esprit ».<br>Mort de G. Feydeau.<br>M. Proust, *Le Côté de Guermantes* (t. II) et *Sodome et Gomorrhe* (t. I).<br>Alain, *Mars ou la guerre jugée*.<br>P. Morand, *Tendres Stocks*.<br>A. Malraux, *Lunes en papier*.<br>M. Jacob, *Le Laboratoire central*. |
| **1922** | *janvier :* formation du deuxième ministère Poincaré. | Mort de M. Proust et d'E. Lavisse. |

| | | |
|---|---|---|
| | *février :* exécution de Landru.<br>*octobre :* fondation de la Ligue de la République. | Fondation des Presses universitaires de France.<br>Création du journal littéraire *Les Nouvelles littéraires*.<br>M. Proust, *Sodome et Gomorrhe* (t. II).<br>R. Martin du Gard, *Les Thibault* (t. I).<br>F. Mauriac, *Le Baiser au lépreux*.<br>V. Margueritte, *La Garçonne*.<br>H. de Montherlant, *Le Songe*.<br>H. Bergson, *Durée et Simultanéité*.<br>P. Valéry, *Charmes*.<br>M. Jacob, *Le Cabinet noir*. |
| **1923** | *janvier :* Frossard démissionne du Secrétariat général du Parti communiste.<br>Occupation de la Ruhr par l'armée française.<br>Assassinat de M. Plateau, secrétaire général de l'Action française.<br>*avril :* service militaire ramené à 18 mois.<br>*mai :* décret Léon Bérard sur la réforme de l'enseignement secondaire.<br>*octobre :* discours d'Évreux d'A. Millerand.<br>*novembre :* la Commission des réparations constitue un comité d'experts. | Mort de M. Barrès, P. Loti et R. Radiguet.<br>Fondation du quotidien *Paris-Soir*.<br>Création de la revue *Europe* sous le patronage intellectuel de R. Rolland.<br>Rupture définitive entre T. Tzara, père du dadaïsme, et les surréalistes.<br>F. Mauriac, *Génitrix*.<br>R. Radiguet, *Le Diable au corps*.<br>J. Kessel, *L'Équipage*. |
| **1924** | *janvier :* les socialistes acceptent de rentrer avec les radicaux dans le Cartel des gauches.<br>*février :* Poincaré obtient les pleins pouvoirs financiers.<br>Vote du double décime.<br>*mars :* emprunt du gouvernement français à la banque Morgan.<br>Redressement du franc (« Verdun financier »). | Mort d'A. France.<br>Création par A. Fayard de l'hebdomadaire *Candide*.<br>Fondation de la revue *La Révolution surréaliste*.<br>*Manifeste du surréalisme*.<br>H. de Montherlant, *Les Olympiques* et *Chant funèbre pour les morts de Verdun*.<br>P. Valéry, *Variété I*.<br>É. Durkheim, *Sociologie* |

| | | |
|---|---|---|
| | *avril :* la France accepte le plan Dawes.<br>*mai :* succès du Cartel des gauches aux élections législatives.<br>*juin :* démission de Millerand.<br>G. Doumergue est élu président de la République.<br>Formation du premier gouvernement Herriot.<br>*octobre :* reconnaissance de l'Union soviétique par la France.<br>*novembre :* Millerand crée la Ligue républicaine nationale.<br>Transfert des cendres de Jaurès au Panthéon. | *et Philosophie* (recueil d'articles posthume).<br>L. Aragon, *Le Libertinage*.<br>A. Gide, *Corydon*. |
| **1925** | *janvier :* création du Conseil national économique.<br>*février :* la Chambre vote la suppression de l'ambassade de France au Vatican.<br>*avril :* chute du ministère Herriot.<br>Rébellion d'Abd el-Krim au Maroc.<br>*août :* le maréchal Pétain prend la direction des opérations dans la guerre du Rif.<br>*octobre :* signature du pacte de Locarno.<br>*novembre :* G. Valois fonde le Faisceau, premier parti fasciste français. | Alain, *Propos sur le bonheur* et *Éléments d'une doctrine radicale*.<br>P. Drieu La Rochelle, *L'Homme couvert de femmes*.<br>M. Genevoix, *Raboliot*.<br>P. J. Jouve, *Paulina 1880*. |
| **1926** | *juin :* formation du dixième ministère Briand.<br>*juillet :* accord franco-britannique sur les dettes de guerre.<br>Demande par Caillaux des pleins pouvoirs financiers.<br>Herriot provoque la chute du gouvernement Briand-Caillaux. | A. Briand reçoit le prix Nobel de la Paix.<br>J. Perrin reçoit le prix Nobel de physique.<br>Condamnation de l'Action française par le pape.<br>A. Artaud et P. Soupault sont exclus du groupe surréaliste.<br>A. Gide, *Les Faux-Monnayeurs*. |

Formation et chute immédiate du deuxième ministère Herriot.
Formation du gouvernement d'union nationale de Poincaré.
La Chambre des députés adopte les projets financiers de Poincaré.
*septembre :* entrevue Briand-Stresemann à Thoiry.
*octobre :* M. Sarraut remplace É. Herriot à la présidence du Parti radical.
*novembre :* stabilisation de fait du franc.

Alain, *Le Citoyen contre les pouvoirs*.
G. Bernanos, *Sous le soleil de Satan*.
F. Mauriac, *Le Jeune Homme*.
A. Malraux, *La Tentation de l'Occident*.
J. Giraudoux, *Bella*.
Colette, *La Fin de Chéri*.

**1927** *février :* nouvel accord franco-britannique sur les dettes de guerre.
*mars :* évacuation de la Sarre par les troupes françaises.
*avril :* discours de Constantine d'A. Sarraut : « Le communisme, voilà l'ennemi ! »
*mai :* loi ramenant à un an la durée du service militaire.
*juillet :* rétablissement du scrutin d'arrondissement.
*octobre :* Daladier est élu président du Parti radical.
*novembre :* fondation des Coix-de-Feu par Maurice d'Hartoy.

H. Bergson prix Nobel de littérature.
F. Buisson prix Nobel de la Paix.
P. Valéry élu à l'Académie française.
A. Breton, P. Éluard et L. Aragon adhèrent au Parti communiste.
*Le Populaire*, organe de la SFIO, reparaît comme quotidien.
Premier numéro du bimensuel politique et littéraire *Les Derniers Jours*, fondé par P. Drieu La Rochelle et E. Berl.
Création de la *Revue française de psychanalyse*.
M. Proust, *Le Temps retrouvé* (posthume).
J. Benda, *La Trahison des clercs*.
A. Gide, *Voyage au Congo*.
F. Mauriac, *Thérèse Desqueyroux*.
L. Aragon, A. Breton et P. Éluard, *Lautréamont envers et contre tout*.
A. Artaud, *A la grande nuit ou le bluff surréaliste*.

| | | |
|---|---|---|
| **1928** | *janvier :* le PCF adopte la tactique « classe contre classe ».<br>Arrestation de plusieurs députés communistes.<br>*mars :* vote d'une loi sur les assurances sociales.<br>*avril :* victoire de l'Union nationale aux élections législatives.<br>*juin :* stabilisation officielle du franc.<br>*juillet :* loi Loucheur sur les habitations à bon marché (HBM).<br>*août :* ratification du pacte Briand-Kellogg.<br>*novembre :* « coup d'Angers » – les radicaux quittent l'Union nationale. | C. Nicolle reçoit le prix Nobel de médecine.<br>Début de l'usage commercial du cinéma parlant.<br>Lancement de l'hebdomadaire *Gringoire*.<br>Début d'une enquête de *Monde* sur la littérature prolétarienne.<br>F. Mauriac, *Le Roman* et *Souffrances du chrétien*.<br>A. Breton, *Nadja*.<br>A. Malraux, *Les Conquérants*.<br>P. Naville, *La Révolution et les Intellectuels*. |
| **1929** | *mai :* signature du plan Young sur les réparations.<br>*juillet :* ratification des accords franco-alliés sur les dettes de guerre.<br>Démission de R. Poincaré et formation du onzième ministère Briand.<br>*septembre :* Briand appelle à la constitution des « États-Unis d'Europe ».<br>*novembre :* mort de Clemenceau.<br>*décembre :* la construction de la ligne Maginot est votée. | Le prince L. de Broglie prix Nobel de physique.<br>Mort de G. Courteline.<br>Création de *La Revue marxiste*.<br>Lancement de la revue *Les Annales d'histoire économique et sociale* par M. Bloch et L. Febvre.<br>P. Claudel, *Le Soulier de satin*.<br>J. Cocteau, *Les Enfants terribles*.<br>J. Kessel, *Belle de jour*.<br>E. Berl, *Mort de la pensée bourgeoise*.<br>Premier numéro de *Je suis partout*, dirigé par P. Gaxotte. |
| **1930** | *février :* chute du ministère Tardieu.<br>*mars :* gratuité de l'enseignement secondaire en sixième.<br>Ratification du plan Young.<br>*avril :* vote de la retraite du combattant. | Ouverture à Mannheim du premier congrès universitaire franco-allemand.<br>Les exclus du groupe surréaliste font paraître un pamphlet contre A. Breton sous le titre *Un cadavre*.<br>Parmi les auteurs du texte : G. Bataille, R. Desnos, |

| | | |
|---|---|---|
| | | M. Leiris, J. Prévert et R. Queneau.<br>Création de la revue *Le Surréalisme au service de la Révolution* par A. Breton.<br>M. Déat, *Perspectives socialistes*.<br>P. Valéry, *Variété II*.<br>P. Drieu La Rochelle, *Une femme à sa fenêtre*.<br>A. Malraux, *La Voie royale*.<br>G. Duhamel, *Scènes de la vie future*.<br>E. Berl, *Mort de la morale bourgeoise*. |
| **1931** | *février :* Weygand remplace Pétain à la vice-présidence du Conseil supérieur de la guerre.<br>*mai :* P. Doumer est élu président de la République.<br>Ouverture de l'Exposition coloniale au Bois de Vincennes.<br>*juin :* moratoire Hoover sur les réparations et les dettes. | Le maréchal Pétain est reçu à l'Académie française.<br>J. Schiffrin lance la Bibliothèque de la Pléiade.<br>P. Valéry, *Regards sur le monde actuel*.<br>G. Bernanos, *La Grande Peur des bien-pensants*.<br>P. Drieu La Rochelle, *Le Feu Follet* et *L'Europe contre les patries*.<br>P. Nizan, *Aden Arabie*. |
| **1932** | *janvier :* loi sur les allocations familiales.<br>*mai :* assassinat de P. Doumer. A. Lebrun est élu président de la République.<br>Victoire de la gauche aux élections législatives.<br>*juillet :* fin de la Conférence des réparations de Lausanne.<br>*novembre :* pacte de non-agression franco-soviétique.<br>*décembre :* chute du ministère Herriot. | Fondation de l'AEAR (Association des écrivains et artistes révolutionnaires), proche des communistes.<br>Création de la revue *Esprit* par E. Mounier.<br>H. Bergson, *Les Deux Sources de la morale et de la religion*.<br>Alain, *Propos sur l'éducation*.<br>F. Mauriac, *Le Nœud de vipères*.<br>J. Romains, *Les Hommes de bonne volonté* (t. I).<br>L.-F. Céline, *Voyage au bout de la nuit*. |
| **1933** | *février :* signature du pacte de la Petite-Entente.<br>Création de la Loterie nationale. | Élection de F. Mauriac à l'Académie française.<br>A. Breton, P. Éluard et |

*mai :* création du Front commun contre le fascisme de G. Bergery.
*juin :* Congrès antifasciste européen à la salle Pleyel à Paris qui donne naissance au Comité Amsterdam-Pleyel.
*juillet :* signature à Rome du Pacte à quatre (France, Allemagne, Grande-Bretagne et Italie).
*septembre :* M. Bucard fonde le Francisme.
*octobre :* É. Daladier annonce à la Chambre l'échec de la Conférence du désarmement à la suite du retrait de l'Allemagne.
Chute du ministère Daladier.
*novembre :* Déat, Marquet, Montagnon et Renaudel sont exclus de la SFIO.
*décembre :* début de l'affaire Stavisky.

R. Crevel sont exclus du PCF.
Réunion de l'AEAR à Paris sous la présidence d'A. Gide.
Création de la revue *Commune*, organe de l'AEAR dirigée par L. Aragon et P. Nizan.
F. Mauriac, *Le Romancier et ses personnages*.
A. Malraux, *La Condition humaine*.

**1934** *janvier :* mort de Stavisky.
Démission du cabinet Chautemps.
*février :* le 6, émeute antiparlementaire à Paris, qui provoque la démission du cabinet Daladier le lendemain. S'ensuit une manifestation communiste le 9 et une grève générale dans toute la France le 12.
Le 22, Doumergue obtient le droit de gouverner par décrets-lois.
*juin :* exclusion du PCF de J. Doriot.
*juillet :* le 27, le Parti communiste et la SFIO signent un pacte d'unité d'action.
*octobre :* assassinat du roi Alexandre de Yougoslavie et

Mort de M. Curie.
Création de *La Flèche*, organe du Front commun de G. Bergery.
Création de l'hebdomadaire *La Lutte des jeunes* par B. de Jouvenel.
Publication du « plan du 9 juillet », élaboré par des intellectuels réunis autour de R. Rolland et qui s'affirme en faveur de l'économie dirigée.
Création du Comité de vigilance des intellectuels antifascistes.
P. Drieu La Rochelle, *La Comédie de Charleroi*.
C. de Gaulle, *Vers l'armée de métier*.

du ministre L. Barthou à Marseille.
*novembre :* démission du cabinet Doumergue.

**1935**

*janvier :* accord franco-italien signé à Rome.
La Sarre vote son rattachement à l'Allemagne.
Gamelin remplace Weygand à la vice-présidence du Conseil supérieur de la guerre.
*mai :* pacte d'assistance mutuelle franco-soviétique.
Chute du ministère Flandin.
*juillet :* le 14, défilé et serment du Rassemblement populaire.
Début de la déflation entreprise par Laval.
*novembre :* incidents de Limoges entre Croix-de-Feu et militants de gauche.
*décembre :* dissolution des organisations paramilitaires.

F. et I. Joliot-Curie reçoivent le prix Nobel de chimie.
Mort d'H. Barbusse.
Congrès international des écrivains pour la défense de la culture à Paris.
Promulgation d'une loi qui définit le statut du journaliste et instaure la carte professionnelle.
Première émission officielle de télévision.
A. Gide, *Les Nouvelles Nourritures*.
H. de Montherlant, *Service inutile*.
J. Giraudoux, *La guerre de Troie n'aura pas lieu*.
J. Giono, *Que ma joie demeure*.
Dr A. Carrel, *L'Homme, cet inconnu*.

**1936**

*janvier :* Daladier remplace Herriot à la présidence du Parti radical.
Démission du cabinet Laval.
*février :* dissolution des ligues d'Action française.
*mars :* congrès de réunification syndicale.
*mai :* victoire du Front populaire aux élections législatives. Début des grèves spontanées.
*juin :* constitution du ministère Blum le 5.
L'Accord Matignon est signé le 7, les lois sur les conventions collectives, les congés payés et la semaine de 40 heures sont votées le 11 et le 12.

Mort de l'historien monarchiste J. Bainville.
Création du Comité interministériel des loisirs et d'un sous-secrétariat d'État aux Sports.
Création de la revue d'extrême droite *Combat*, dirigée par T. Maulnier et qui rassemble les anciennes équipes de *Réaction* (dirigée par J. de Fabrègues) et de *La Revue française* (dirigée par J.-P. Maxence), ce dernier groupe ayant trouvé auparavant un terrain d'expression dans la *Revue du siècle* et la *Revue du XXe siècle*.
A. Gide, *Retour de l'URSS*.

Dissolution des ligues.
Création du Parti social français par le colonel de La Rocque.
Fondation du PPF, Parti populaire français, par J. Doriot.
*juillet :* la scolarité est prolongée jusqu'à 14 ans.
Réforme de la Banque de France.
*août :* Blum propose la « non-intervention » dans la guerre d'Espagne.
Nationalisation des industries de guerre.
Création de l'Office du blé.
*septembre :* dévaluation du franc.
*novembre :* suicide de R. Salengro.
*décembre :* abstention communiste à la Chambre sur la politique extérieure.

P. Valéry, *Variété III*.
G. Bernanos, *Journal d'un curé de campagne*.
H. de Montherlant, *Les Jeunes Filles* (t. I).
L.-F. Céline, *Mort à crédit*.
R. Aron, *La Sociologie allemande*.

**1937** *février :* Blum annonce la « Pause ».
*mars :* lancement d'un emprunt de défense nationale.
Fusillade de Clichy.
*mai :* inauguration de l'Exposition internationale de Paris.
*juin :* chute du ministère Blum.
Nouvelle dévaluation du franc.
*août :* création de la SNCF.
*décembre :* arrestation des principaux responsables de l'organisation factieuse la Cagoule accusée de complot contre la République.

R. Martin du Gard prix Nobel de littérature.
Derniers combats de l'escadrille aérienne d'A. Malraux (engagée dans les combats de la guerre d'Espagne du côté des républicains).
J.-P. Maxence crée avec T. Maulnier l'hebdomadaire *L'Insurgé*.
R. Brasillach devient rédacteur en chef de *Je suis partout*.
Création du quotidien communiste *Ce soir*, dont le rédacteur en chef est L. Aragon.
Fondation du Collège de sociologie par G. Bataille, R. Caillois, J. Monnerot et P. Klossowski.

| | | |
|---|---|---|
| | | P. Claudel, *Les Aventures de Sophie*.<br>P. Drieu La Rochelle, *Rêveuse Bourgeoisie*.<br>A. Malraux, *L'Espoir*.<br>L.-F. Céline, *Bagatelles pour un massacre*.<br>A. Breton, *L'Amour fou*.<br>J. Giono, *Refus d'obéissance*.<br>A. Camus, *L'Envers et l'Endroit*. |
| **1938** | *mars :* début d'une vague de grèves.<br>*avril :* chute du deuxième ministère Blum qui succédait au cabinet Chautemps.<br>Le ministère Daladier obtient la confiance de la Chambre (aucune participation socialiste).<br>*septembre :* la France et la Grande-Bretagne signent les accords de Munich avec l'Allemagne.<br>*octobre :* la Chambre approuve les accords de Munich.<br>*novembre :* les radicaux se retirent du Rassemblement populaire. | Refusant que la littérature soit l'auxiliaire de la politique, J. Paulhan publie un article dans la *NRF* intitulé : « Il ne faut pas compter sur nous. »<br>P. Valéry, *Variété IV*.<br>Alain, *Propos sur la religion*.<br>G. Bernanos, *Les Grands Cimetières sous la lune*.<br>H. de Montherlant, *L'Équinoxe de printemps*.<br>J.-P. Sartre, *La Nausée*.<br>R. Aron, *Introduction à la philosophie de l'histoire*.<br>R. Caillois, *Le Mythe et l'Homme*. |
| **1939** | *avril :* réélection de Lebrun à la présidence de la République.<br>*septembre :* à la suite de l'entrée des troupes allemandes en Pologne le 1er, la Grande-Bretagne puis la France se déclarent en état de guerre avec le Reich.<br>Après l'entrée des troupes soviétiques en Pologne le 17, le PCF et ses organisations sont dissous le 26.<br>Les divisions françaises qui ont pénétré en territoire allemand regagnent leurs positions de départ. | C. Maurras élu à l'Académie française.<br>Duke Ellington triomphe au Palais de Chaillot.<br>Instauration de la censure.<br>Saisie de *L'Humanité* et de *Ce soir*.<br>P. Claudel, *L'Épée et le Miroir* et *La Sagesse ou la Parabole du festin*.<br>P. Drieu La Rochelle, *Gilles*.<br>R. Brasillach, *Les Sept Couleurs*.<br>A. Camus, *Noces*.<br>A. de Saint-Exupéry, *Terre des hommes*. |

*octobre :* désertion de M. Thorez.

R. Caillois, *L'Homme et le Sacré*.
M. Leiris, *L'Age d'homme*.
N. Sarraute, *Tropisme*.
J.-P. Sartre, *Le Mur*.

**1940**

*janvier :* la Chambre vote la déchéance des députés communistes.
*mars :* Daladier démissionne. P. Reynaud lui succède.
*mai :* début de l'offensive allemande et fin de la « drôle de guerre » le 10.
Le 18, P. Pétain est nommé vice-président du Conseil. Gamelin est limogé. Weygand devient généralissime.
*juin :* le 4, chute de la poche de Dunkerque. Le 5, le général de Gaulle est nommé sous-secrétaire d'État à la Défense nationale et à la Guerre.
Le 10, le gouvernement quitte Paris et, le 16, P. Reynaud démissionne. Pétain le remplace et demande les conditions d'armistice le 17.
Le 18, appel à la résistance du général de Gaulle.
Le 22, signature de l'armistice à Rethondes.
Le 28, de Gaulle est reconnu « chef des Français libres » par les Anglais.
*juillet :* le 3, bombardement de la flotte française par les Anglais à Mers el-Kébir.
Le 10, l'Assemblée nationale vote les pleins pouvoirs constituants à Pétain.
Le 11, ce dernier promulgue les trois premiers Actes constitutionnels fondant l'État français.

Mort au front de P. Nizan.
Création à Paris des *Nouveaux Temps*, quotidien dirigé par J. Luchaire.
Premier numéro à Paris du quotidien *Le Cri du Peuple*, dirigé par J. Doriot.
Publication à Paris du premier numéro de *La Gerbe*, hebdomadaire dirigé par A. de Châteaubriant.
Premier numéro de l'hebdomadaire *Au pilori*.
Création du bulletin clandestin *Un homme libre*.
Premier numéro clandestin de *Résistance,* diffusé par le réseau du Musée de l'Homme.
Création du bulletin clandestin *Libération*, fondé par le syndicaliste C. Pineau.
G. Simenon, *Les Inconnus dans la maison*.
P. Pétain, *Appel aux Français* et *Reconstruction de la France*.
R. Dorgelès, *Retour au front*.
J.-P. Sartre, *L'Imaginaire*.
J. Rostand, *Pensées d'un biologiste*.

| | | |
|---|---|---|
| | Création des Chantiers de la jeunesse.<br>*août :* rejet du projet de parti unique de M. Déat.<br>Dissolution des sociétés secrètes.<br>Création de la Légion française des combattants.<br>*octobre :* promulgation d'un Statut des Juifs.<br>Le 24, Pétain rencontre Hitler à Montoire.<br>*novembre :* dissolution des organisations professionnelles nationales.<br>A Lyon se crée *France-Liberté*, ancêtre de *Franc-Tireur*.<br>*décembre :* le 13, P. Laval est déchu de ses fonctions et arrêté. P.-É. Flandin le remplace.<br>Mise en place de l'OCM (Organisation civile et militaire) et de Ceux de la Libération. | |
| **1941** | *janvier :* création du Conseil national.<br>Les membres du gouvernement doivent prêter serment de fidélité au chef de l'État français.<br>*février :* fondation du RNP (Rassemblement national populaire) par M. Déat et E. Deloncle.<br>L'amiral Darlan remplace Flandin et prend la place de Laval comme successeur désigné du Maréchal.<br>*mars :* création de l'allocation aux vieux travailleurs.<br>X. Vallat est nommé commisaire général aux Questions juives.<br>Réglementation du divorce. | Mort d'H. Bergson.<br>Mort de l'écrivain M. Leblanc.<br>Des cinémas parisiens diffusent *Le Juif Süss*.<br>Création par décret du Conseil du livre. Il a pour mission de veiller à l'orientation intellectuelle des livres qui sont publiés (P. Drieu La Rochelle en sera un des membres).<br>En désaccord avec la ligne adoptée par P. Drieu La Rochelle, A. Gide rompt avec la *NRF*.<br>R. Brasillach rentre de captivité et prend la direction du Commissariat général au cinéma. Il démissionne |

*mai :* signature des Protocoles de Paris.
Création du Front national, organisation de résistance.
*juillet :* création de la Légion des volontaires français contre le bolchevisme par les collaborationnistes.
*août :* discours du « vent mauvais » constatant implicitement l'échec de la « Révolution nationale ».
Création des cours spéciales de justice.
Le serment de fidélité est exigé des hauts fonctionnaires, des militaires et des magistrats.
Promulgation de l'ordonnance des otages.
Inauguration à Paris de l'exposition : « Le Juif et la France ».
*octobre :* promulgation de la Charte du travail.
*novembre :* fondation du mouvement Combat.
*décembre :* création du Service d'ordre légionnaire (SOL).

rapidement et retrouve son poste de rédacteur en chef de *Je suis partout*.
Interdiction de l'hebdomadaire catholique *Temps nouveaux* ainsi que de la revue *Esprit*.
A Paris, premier numéro de l'hebdomadaire *Le Pays libre*, dirigé par le journaliste d'extrême droite P. Clément.
Création à Paris de la *Révolution nationale*, organe du MSR (Mouvement social révolutionnaire).
Création de l'hebdomadaire *Le Rouge et le Bleu* dirigé par C. Spinasse.
Départ pour le Congrès des écrivains européens en Allemagne de P. Drieu La Rochelle, A. Bonnard, R. Brasillach, J. Chardonne et M. Jouhandeau.
Débuts de la revue surréaliste *La Main à plume*, à Paris.
Création en zone libre des journaux clandestins *Combat*, *Franc-Tireur*, *Libération-Sud* et *Défense de la France*.
Premiers *Cahiers du Témoignage chrétien*.
J. Luchaire, *Les Anglais et nous*.
P. Pétain, *La France nouvelle*.
P. Drieu La Rochelle, *Ne plus attendre* et *Notes pour comprendre le siècle*.
R. Brasillach, *Notre avant-guerre*.
L.-F. Céline, *Les Beaux Draps*.
H. de Montherlant, *Le Solstice de juin*.
P. Morand, *L'Homme pressé*.
P. Valéry, *Tel Quel* (t. I).

| | | |
|---|---|---|
| | | M. Blanchot, *Thomas l'Obscur*. |
| **1942** | *février :* ouverture du procès de Riom.<br>Fondation du mouvement Ceux de la Résistance.<br>*mars :* départ du premier convoi de « déportés raciaux ».<br>Naissance des FTPF.<br>*avril :* démission de Darlan. Laval revient au pouvoir et devient chef du gouvernement.<br>*mai :* L. Darquier de Pellepoix est nommé commissaire général aux Questions juives.<br>Obligation du port de l'étoile jaune pour les juifs résidant en zone libre.<br>Victoire des FFL à Bir Hakeim.<br>*juin :* discours radiodiffusé de Laval annonçant la Relève et déclarant souhaiter la victoire de l'Allemagne.<br>*juillet :* rafle du Vel'd'Hiv' le 16 et le 17.<br>Les Bureaux des deux Chambres doivent cesser toute activité.<br>*novembre :* le 11, la Wehrmacht pénètre en zone sud à la suite du débarquement allié en Afrique du Nord le 8.<br>Déat lance un Front national révolutionnaire.<br>Sabordage de la flotte française à Toulon. | Mort de l'écrivain V. Margueritte.<br>*Le Figaro*, publié en zone libre depuis le printemps 1940, cesse de paraître.<br>Ouverture à Weimar du second Congrès des écrivains européens. P. Drieu La Rochelle, J. Chardonne, G. Blond, A. Fraigneau et A. Thérive y participent.<br>Publication clandestine à Paris de la revue *Les Lettres françaises*.<br>P. Drieu La Rochelle, *Chroniques politiques*.<br>L. Rebatet, *Les Décombres*.<br>Vercors, *Le Silence de la mer* (publié aux éditions de Minuit, créées durant l'Occupation).<br>A. Camus, *L'Étranger* et *Le Mythe de Sisyphe*.<br>R. Caillois, *Le Rocher de Sisyphe*. |
| **1943** | *janvier :* fermeture de l'École des cadres d'Uriage.<br>Naissance des MUR (Mouvements unifiés de la Résistance).<br>Création de la Milice. | Mort de la philosophe S. Weil.<br>Création de l'IDHEC (Institut des hautes études cinématographiques).<br>R. Brasillach et ses amis |

Début du STO (Service du travail obligatoire).
*mars :* création de l'ORA (Organisation de résistance de l'Armée).
*mai :* création du CNR (Conseil national de la Résistance).
*juin :* création de la Franc-Garde de la Milice.
Création du CFLN (Comité français de libération nationale).
*juillet :* mort de J. Moulin.
*octobre :* le général de Gaulle élimine Giraud de la présidence du CFLN.
*novembre :* séance inaugurale de l'Assemblée consultative d'Alger.
*décembre :* naissance des FFI (Forces françaises de l'intérieur).

quittent la rédaction de *Je suis partout*.
Publication à New York du *Petit Prince* d'A. de Saint-Exupéry.
P. Drieu La Rochelle, *L'Homme à cheval*.
M. Aymé, *Le Passe-Muraille*.
R. Barjavel, *Ravage*.
Alain, *Préliminaires à la mythologie*.
J.-P. Sartre, *L'Être et le Néant*.
S. de Beauvoir, *L'Invitée*.
E. Triolet, *Le Cheval blanc*.
G. Bataille, *L'Expérience intérieure*.

**1944** *janvier :* J. Darnand est nommé secrétaire général au Maintien de l'ordre.
En intégrant certains réseaux de zone nord, les MUR deviennent le Mouvement de libération nationale.
P. Henriot devient secrétaire d'État à l'Information et à la Propagande.
La Milice étend ses activités en zone nord.
Discours de Brazzaville du général de Gaulle.
*mars :* Déat est nommé secrétaire d'État au Travail.
Avec l'aide de miliciens, les troupes allemandes détruisent le maquis des Glières.
*juin :* Darnand devient secrétaire d'État à l'Intérieur.
Henriot est abattu par des résistants.

Mort de J. Giraudoux et du poète M. Jacob.
A. de Saint-Exupéry disparaît en mission.
Le Comité national des écrivains publie une liste des auteurs suspects de collaboration.
Heurté par les excès de l'épuration, J. Paulhan démissionne des *Lettres françaises*.
Polémique entre F. Mauriac et A. Camus sur les excès de l'épuration concernant la presse et les écrivains dans *Le Figaro* et *Combat*.
Exécution de G. Suarez, ancien directeur politique du quotidien *Aujourd'hui*, condamné à mort pour intelligence avec l'ennemi.

Le CFLN se transforme en GPRA (Gouvernement provisoire de la République française).
Le 6, débarquement allié en Normandie.
Le 10, massacre d'Oradour.
*juillet :* destruction du maquis du Vercors.
*août :* grève de la police parisienne et grève générale lancée par les syndicats.
Le 19, début de l'insurrection parisienne.
Les 24 et 25, arrivée à Paris de la 2e DB du général Leclerc.
Le 26, descente des Champs-Élysées par de Gaulle.
*octobre :* les femmes obtiennent le droit de vote.

Premier numéro du quotidien *Le Monde*.
L.-F. Céline, *Guignol's Band* (t. I).
A. Camus, *Caligula* et *Le Malentendu*.
L. Aragon, *Aurélien*.
R. Peyrefitte, *Les Amitiés particulières*.
R. Barjavel, *Le Voyageur imprudent*.
*Esprit* reparaît en décembre.

**1945** *janvier :* nationalisation des usines Renault.
*février :* de Gaulle refuse de rencontrer Roosevelt à Alger.
Ordonnance sur les comités d'entreprise.
*mars :* proclamation de l'indépendance du Vietnam et du Cambodge.
*avril :* nationalisation d'Air France.
Retour de Pétain en France.
*mai :* le 8, la France est représentée à la signature de la capitulation allemande.
Retour massif des déportés et prisonniers.
La France devient membre permanent du Conseil de sécurité de l'ONU.
*juin :* la France obtient une zone d'occupation en Allemagne.
Éclatement du MLN et création de l'UDSR.

C. Maurras est condamné à la détention à perpétuité pour intelligences avec l'ennemi.
Exécution de R. Brasillach.
Libération de J. Giono arrêté en 1944.
Mort de P. Valéry.
Création à Paris de la Fondation nationale des sciences politiques. L'École libre des sciences politiques devient l'Institut d'études politiques.
Premier numéro en octobre des *Temps modernes*, revue dirigée par J.-P. Sartre.
Création du quotidien *La Croix*.
A. Camus, *Lettres à un ami allemand*.
J.-P. Sartre, *Les Chemins de la liberté* (t. I, II).
S. de Beauvoir, *Le Sang des autres*.

Suppression de la censure de presse.
Création de l'ENA.
*juillet :* procès du maréchal Pétain.
*août :* Hô Chi Minh appelle à l'insurrection générale.
*octobre :* procès et exécution de Laval.
Ordonnances sur la Sécurité sociale.
Référendum et élections législatives.
*novembre :* formation du gouvernement de Gaulle.
*décembre :* nationalisation de la Banque de France et des grandes banques de crédit.
Création du Commissariat général au Plan.
Dévaluation du franc.

B. Cendrars, *L'Homme foudroyé*.
F. Mauriac, *La Rencontre avec Barrès*.
R. Gary, *Éducation européenne* (prix des Critiques).

**1946**

*janvier :* le 20, démission du général de Gaulle.
Protocole d'accord MRP-SFIO-PC.
*mars :* accords Sainteny-Hô Chi Minh.
*avril :* nationalisation du gaz et de l'électricité.
Loi Marthe Richard.
Loi sur les délégués du personnel.
Vote du projet constitutionnel par l'Assemblée.
Nationalisation des grandes compagnies d'assurances.
*mai :* victoire du Non au référendum sur la Constitution.
Accords Blum-Byrnes.
*juin :* élections à la seconde Assemblée constituante.
Création du CNPF.
Le 16, discours de Bayeux du général de Gaulle.
*septembre :* G. Mollet

L. Rebatet et P.-A. Cousteau, anciens rédacteurs de *Je suis partout*, sont condamnés à mort. C. Jeantet est condamné aux travaux forcés à perpétuité.
Élection de P. Claudel, J. Romains, M. Pagnol, M. Genevoix et É. Gilson à l'Académie française.
Ouverture du premier festival de Cannes.
Aragon affirme l'existence d'une esthétique du Parti communiste : le réalisme.
P. Claudel, *L'œil écoute*.
A. Gide, *Thésée*.
J. Prévert, *Paroles* et *Histoires*.
J. Kessel, *L'Armée des ombres*.
J.-P. Sartre, *L'existentialisme est un humanisme*.
R. Aron, *L'Homme contre les tyrans*.

devient secrétaire général de la SFIO.
Loi sur l'assurance-vieillesse.
*octobre :* acceptation par référendum du nouveau projet de Constitution.
*novembre :* bombardement d'Haiphong.
*décembre :* formation du gouvernement Blum.
Loi sur les conventions collectives.

L. Aragon, *L'Homme communiste*.
S. de Beauvoir, *Tous les hommes sont mortels*.
Naissance de *Critique*.

**1947** *janvier :* V. Auriol est élu président de la République.
Le gouvernement Ramadier succède au gouvernement Blum.
*mars :* traité d'alliance franco-britannique.
Début de l'insurrection à Madagascar.
Création du salaire minimum.
*mai :* fin de la présence communiste au gouvernement.
*juin :* vague de grèves.
La France accepte l'aide du plan Marshall.
*septembre :* nouvelle vague de grèves, émaillée d'incidents.
*octobre :* victoire du RPF aux élections municipales.
*novembre :* vague de grèves et de manifestations.
Le MRP préconise la constitution d'une « Troisième Force ».
Mort du général Leclerc.
*décembre :* séance inaugurale de l'Assemblée de l'Union française.
Échec de la Conférence des Quatre sur l'Allemagne.
La conférence nationale « Force ouvrière » quitte la CGT.

Le prix Nobel de littérature est décerné à A. Gide.
Mort du poète L.-P. Fargue.
P.-A. Cousteau et L. Rebatet sont graciés par le président de la République.
A. Camus quitte la direction de *Combat*.
G. Bernanos, *La France contre les Robots*.
A. Malraux, *Le Musée imaginaire*.
J.-P. Sartre, *Qu'est-ce que la littérature* et *Situations I*.
B. Vian, *L'Écume des jours*.
P. Klossowski, *Sade mon prochain*.
M. Merleau-Ponty, *Humanisme et Terreur*.

| | | |
|---|---|---|
| **1948** | *janvier :* dévaluation du franc.<br>*février :* création du RDR (Rassemblement démocratique révolutionnaire) par D. Rousset et J.-P. Sartre.<br>*mars :* le Laos entre dans l'Union française.<br>Signature du pacte de Bruxelles.<br>Fondation de la FEN.<br>*avril :* congrès constitutif de la CGT-FO.<br>Naissance de l'OECE à Paris.<br>*août :* la zone française d'occupation en Allemagne est rattachée économiquement à la Bizone.<br>*octobre :* vagues de grèves dont Queuille dénonce le « caractère insurrectionnel ». | Mort de G. Bernanos.<br>Mort d'A. Artaud.<br>Premier numéro de *La Nouvelle Critique*.<br>P. Claudel, *Sous le signe du dragon*.<br>J.-P. Sartre, *Situations II*.<br>A. Soboul, *La Révolution française*.<br>R. Aron, *Le Grand Schisme*. |
| **1949** | *janvier :* émission de l'emprunt pour la reconstruction.<br>Première audience du procès Kravchenko.<br>Création du Conseil de l'Europe.<br>*avril :* accord des Trois sur l'Allemagne.<br>Congrès mondial de la Paix à Paris.<br>Dévaluation du franc.<br>*juillet :* ratification du pacte Atlantique par la France.<br>*septembre :* dévaluation du franc.<br>*novembre :* accords franco-cambodgiens.<br>Les Trois intègrent la RFA dans le bloc occidental.<br>*décembre :* accords franco-vietnamiens. | Premier journal télévisé présenté par P. Sabbagh.<br>J.-P. Sartre, *Situations III* et *Les Chemins de la liberté* (t. III).<br>S. de Beauvoir, *Le Deuxième Sexe* (t. I et II).<br>L. Aragon, *Les Communistes*.<br>M. Blanchot, *La Part du feu*.<br>J. Genet, *Journal d'un voleur*.<br>E.M. Cioran, *Précis de décomposition*.<br>E. Levinas, *De l'existence à l'existant*.<br>G. Bataille, *La Part maudite*. |
| **1950** | *février :* adoption du SMIG.<br>*mars :* mort de L. Blum.<br>*août :* envoi d'un bataillon français en Corée. | Mort de M. Sangnier.<br>F. Joliot-Curie est révoqué du Commissariat à l'Énergie atomique après avoir déclaré |

| | | |
|---|---|---|
| | *octobre :* défaite française à Cao Bang en Indochine. Évacuation de Langson. Projet Pleven sur l'armée européenne. Loi portant la durée du service militaire de 12 à 18 mois. *octobre :* H. Martin est condamné par le tribunal militaire de Toulon pour sabotage. Il voulait protester par cet acte contre la guerre d'Indochine. | qu'en tant que savant il ne participerait pas à la préparation d'une guerre contre l'Union soviétique. Procès de D. Rousset aux *Lettres françaises* pour diffamation. Lancement de l'hebdomadaire *L'Observateur.* A. Camus, *Les Justes* et *Actuelles I.* R. Nimier, *Le Hussard bleu.* |
| **1951** | *janvier :* crise au Maroc entre le sultan et le maréchal Juin. Loi Deixonne sur l'enseignement des langues régionales. *février :* accords franco-tunisiens. Fondation du Centre national des indépendants et paysans. *mars :* de Lattre demande de nouveaux renforts pour l'Indochine. *avril :* le 18, signature du traité de Paris qui marque la naissance de la CECA. *mai :* loi des « apparentements ». *juin :* victoire de la droite aux élections législatives. *juillet :* mort du maréchal Pétain à l'île d'Yeu. | Mort d'A. Gide et du philosophe Alain. L. Jouhaux obtient le prix Nobel de la Paix. J. Vilar est nommé directeur du TNP (Théâtre national populaire). Protestation menée par les communistes et de nombreux intellectuels après la confirmation de la peine de prison de 5 ans prononcée contre H. Martin. Naissance des *Cahiers du cinéma.* Création de l'hebdomadaire *Rivarol.* A. Camus, *L'Homme révolté.* A. Malraux, *Les Voix du silence.* R. Aron, *La Philosophie critique de l'histoire.* M. Yourcenar, *Mémoires d'Hadrien.* J. Giono, *Le Hussard sur le toit.* |
| **1952** | *mars :* le 6, investiture d'A. Pinay par la Chambre. *mai :* lancement de l'emprunt Pinay. Signature à Paris du traité de la CED (Communauté européenne de défense). | F. Mauriac reçoit le prix Nobel de littérature et A. Schweitzer celui de la Paix. Mort de C. Maurras et de P. Éluard. P. Boulez crée à Paris ses *Structures I* pour deux pianos. |

Manifestation communiste à Paris contre Ridgway.
*juin :* dissidence d'élus RPF qui avaient voté l'investiture d'A. Pinay.
*septembre :* sanctions au PCF contre A. Marty et C. Tillon.
*décembre :* démission du gouvernement Pinay.

Le Vatican met à l'index toutes les œuvres d'A. Gide.
La longue polémique sur *L'Homme révolté* se termine par une brouille définitive entre Sartre et Camus.
J.-P. Sartre, *Saint Genet, comédien et martyr.*
G. Canguilhem, *La Connaissance de la vie.*
J. Dutourd, *Au bon beurre.*

**1953** *mars :* loi d'amnistie et suppression de la Haute Cour de justice.
*mai :* le général de Gaulle rend leur liberté aux élus RPF.
Les parlementaires gaullistes fondent l'URAS.
*juillet :* débuts de l'UDCA de P. Poujade.
*août :* déposition du sultan du Maroc.
*novembre :* débat sur la CED.
*décembre :* R. Coty est élu président de la République.

Premier numéro en mai de *L'Express*, fondé par F. Giroud et J.-J. Servan-Schreiber.
Création de *La Nouvelle Nouvelle Revue française*, animée par J. Paulhan et M. Arland et des *Lettres nouvelles.*
M. Merleau-Ponty, *Éloge de la philosophie.*
R. Barthes, *Le Degré zéro de l'écriture.*
B. Vian, *L'Arrache-cœur.*
A. Robbe-Grillet, *Les Gommes.*
G. Deleuze, *Empirisme et Subjectivité.*

**1954** *février :* début de la campagne de l'abbé Pierre, qui fonde les « Compagnons d'Emmaüs ».
Plan de relance économique.
*avril :* ouverture de la Conférence de Genève sur l'Indochine.
*mai :* défaite française de Diên Biên Phu.
*juin :* le 18, investiture de P. Mendès France.
*juillet :* accords de Genève.
Discours de Carthage.
*août :* rejet de la CED par l'Assemblée nationale.
*novembre :* début de l'insurrection en Algérie.

Mort d'A. Lumière, de Colette et du peintre H. Matisse.
Débuts de la Nouvelle Vague au cinéma.
L.-F. Céline, *Normance.*
S. de Beauvoir, *Les Mandarins.*
C. de Gaulle, *Mémoires de guerre* (t. I).
R. Rémond, *La Droite en France de 1815 à nos jours.*
F. Sagan, *Bonjour tristesse.*
A. Cohen, *Le Livre de ma mère.*

**1955** *janvier :* J. Soustelle devient gouverneur en Algérie.

Mort de P. Claudel et du père Teilhard de Chardin.

| | | |
|---|---|---|
| | *février :* le 6, chute du ministère Mendès France.<br>*avril :* vote de l'état d'urgence en Algérie.<br>*septembre :* l'ONU débat de l'affaire algérienne.<br>*novembre :* rétablissement de Mohammed V.<br>*décembre :* dissolution de l'Assemblée nationale.<br>Constitution du Front républicain. | R. Aron, *L'Opium des intellectuels.*<br>M. Blanchot, *L'Espace littéraire.*<br>P. Teilhard de Chardin, *Le Phénomène humain* (posthume).<br>M. Merleau-Ponty, *Les Aventures de la dialectique.*<br>M. Druon, *Les Rois maudits* (t. I).<br>C. Lévi-Strauss, *Tristes Tropiques.*<br>A. Robbe-Grillet, *Le Voyeur.* |
| **1956** | *janvier :* victoire du Front républicain aux élections législatives.<br>Création à Alger d'un Comité d'action et de défense de l'Algérie française.<br>*février :* investiture de G. Mollet.<br>Le 6, il se rend à Alger.<br>Instauration des trois semaines de congés payés.<br>*mars :* indépendance du Maroc.<br>Vote des pouvoirs spéciaux en Algérie.<br>Indépendance de la Tunisie.<br>Loi-cadre Defferre sur l'outre-mer.<br>*septembre :* la France et la Grande-Bretagne saisissent l'ONU sur l'affaire de Suez.<br>*octobre :* interception de l'avion de Ben Bella.<br>*novembre :* raid franco-anglais sur le canal de Suez et Port-Saïd, bientôt interrompu sous les pressions soviétique et américaine. | Mort de P. Léautaud et de J. Benda.<br>*Le Monde* publie le rapport Khrouchtchev.<br>Premier numéro de la revue *Psychanalyse.*<br>Création de la revue *Arguments*, animée notamment par R. Barthes et E. Morin.<br>A. Camus, *La Chute.*<br>R. Gary, *Les Racines du ciel.*<br>N. Sarraute, *L'Ère du soupçon.* |
| **1957** | *janvier :* le général Massu devient responsable du maintien de l'ordre à Alger. | A. Camus prix Nobel de littérature.<br>Diffusion du premier |

| | | |
|---|---|---|
| | Attentat au bazooka contre l'état-major du général Salan.<br>*mars :* signature des traités de Rome (CEE et EURATOM).<br>*mai :* chute du gouvernement Mollet.<br>*juillet :* ratification des traités de Rome par le Parlement. | feuilleton de télévision français, *Le Tour du monde par deux enfants* et débuts de *La caméra explore le temps*.<br>A. Camus, *L'Exil et le Royaume*.<br>L.-F. Céline, *D'un château l'autre*.<br>A. Malraux, *La Métamorphose des dieux*.<br>R. Barthes, *Mythologies*.<br>G. Bataille, *La Littérature et le Mal*.<br>M. Blanchot, *Le Dernier Homme*.<br>M. Butor, *La Modification*. |
| **1958** | *janvier :* adoption de la loi-cadre sur l'Algérie.<br>*avril :* manifestation à Alger pour l'Algérie française.<br>*mai :* le 13, investiture de Pflimlin.<br>Le 15, Salan lance le nom de De Gaulle au forum d'Alger.<br>Le 19, conférence de presse du général de Gaulle.<br>Le 28, démission de Pflimlin.<br>Le 29, R. Coty appelle de Gaulle à la tête du gouvernement.<br>*juin :* le 1er, investiture du général de Gaulle.<br>Le 2, vote des pleins pouvoirs.<br>Le 4, de Gaulle arrive à Alger. Il y prononce le fameux : « Je vous ai compris. »<br>*septembre :* le 28, référendum approuvant la nouvelle Constitution.<br>*octobre :* annonce du Plan de Constantine.<br>Le général de Gaulle propose au FLN la « Paix des braves ».<br>*novembre :* élections législatives. | Mort de R. Martin du Gard.<br>Premier numéro de l'*Internationale situationniste*.<br>S. de Beauvoir, *Mémoires d'une jeune fille rangée*.<br>J. Kessel, *Le Lion*.<br>J. Genet, *Les Nègres*.<br>C. Lévi-Strauss, *Anthropologie structurale* (t. I). |

| | | |
|---|---|---|
| | *décembre :* le général de Gaulle devient président de la République.<br>Dévaluation du franc et création du nouveau franc. | |
| **1959** | *janvier :* prolongation de l'obligation de scolarité jusqu'à 16 ans.<br>Formation du gouvernement Debré.<br>*mars :* la flotte française de Méditerranée se retire du commandement intégré de l'OTAN.<br>*avril :* création de l'UDT (gaullistes de gauche).<br>*juin :* saisie du livre *La Gangrène* dénonçant la torture en Algérie.<br>*septembre :* le 16, allocution du général de Gaulle sur l'autodétermination en Algérie.<br>*octobre :* attentat de l'Observatoire contre F. Mitterrand. | Mort de B. Vian et de l'historien et géographe A. Siegfried.<br>Création d'un ministère des Affaires culturelles.<br>Le statut de la RTF (Radiodiffusion- Télévision) est fixé par ordonnance. L'établissement est placé sous l'autorité du ministre de l'Information.<br>Première émission du magazine *Cinq Colonnes à la une*.<br>Sortie du premier numéro de la revue *Pilote*.<br>L. Aragon, *Elsa*.<br>R. Queneau, *Zazie dans le métro*.<br>M. Blanchot, *Le Livre à venir*.<br>E. Morin, *Autocritique*. |
| **1960** | *janvier :* semaine des barricades à Alger et premières accessions à l'indépendance des pays d'Afrique francophone.<br>*février :* le 13, explosion d'une bombe atomique française à Reggane.<br>*avril :* création du PSU (Parti socialiste unifié).<br>J. Soustelle est exclu de l'UNR.<br>*septembre :* ouverture du procès du réseau Jeanson d'aide au FLN.<br>*novembre :* le 4, le général de Gaulle évoque « l'Algérie algérienne » et annonce un référendum sur l'autodétermination. | Mort d'Albert Camus dans un accident de voiture.<br>Saint-John Perse prix Nobel de littérature.<br>H. de Montherlant élu à l'Académie française.<br>Création de la revue *Tel Quel*.<br>« Manifeste des 121 » (déclaration d'intellectuels) sur le droit à l'insoumission.<br>Fondation de l'OuLiPo (Ouvroir de littérature potentielle).<br>Premier numéro de *Jeune Afrique*.<br>J.-P. Sartre, *Critique de la raison dialectique* et *Les Séquestrés d'Altona*. |

R. Gary, *La Promesse de l'aube*.
H. de Montherlant, *Aux fontaines du désir*.
S. de Beauvoir, *La Force de l'âge*.

**1961**

*janvier :* le 8, référendum sur l'autodétermination.
*avril :* du 22 au 25, putsch des généraux à Alger.
*mai :* voyage en France du président Kennedy.
*septembre :* attentat contre le général de Gaulle à Pont-sur-Seine.
*octobre :* manifestations de musulmans à Paris, violemment réprimées.

Mort de L.-F. Céline, M. Merleau-Ponty et B. Cendrars.
Sartre harangue la foule à la suite d'une manifestation contre la guerre d'Algérie.
F. Mauriac, *Bloc-Notes (1952-1957)*.
M. Foucault, *Histoire de la folie à l'âge classique*.
M. Duras, *Hiroshima mon amour*.

**1962**

*janvier :* nombreux attentats de l'OAS en métropole.
*février :* manifestations anti-OAS à Paris. Huit morts au métro Charonne.
*mars :* le 18, signature des accords d'Évian.
*avril :* le 8, approbation des accords d'Évian par référendum.
G. Pompidou remplace M. Debré comme Premier ministre.
*juillet :* le 1er, l'Algérie accède à l'indépendance.
*août :* le 22, attentat du Petit-Clamart contre de Gaulle.
*septembre :* de Gaulle annonce un référendum sur l'élection du président de la République au suffrage universel.
*octobre :* le 5, l'Assemblée nationale renverse le gouvernement Pompidou.
Le 10, dissolution de l'Assemblée nationale.

Mort de G. Bataille et de R. Nimier.
Mort du philosophe G. Bachelard.
J. Kessel et J. Guéhenno entrent à l'Académie française.
R. Aron, *Dix-Huit Leçons sur la société industrielle* et *Paix et Guerre entre les nations*.
C. Lévi-Strauss, *La Pensée sauvage*.
M. Butor, *Mobile*.

| | | |
|---|---|---|
| | Le 28, référendum approuvant l'élection du président au suffrage universel.<br>*novembre :* élections législatives favorables aux gaullistes. | |
| **1963** | *janvier :* création de la Cour de sûreté de l'État.<br>Le général de Gaulle repousse la candidature de la Grande-Bretagne au Marché commun.<br>Signature le 22 du traité de coopération franco-allemand.<br>*mars :* grève des mineurs.<br>*juin :* retrait de l'OTAN des forces navales françaises de la Manche et de l'Atlantique. | Mort de J. Cocteau et de T. Tzara, père du dadaïsme.<br>J. Paulhan est élu à l'Académie française.<br>J. Vilar quitte la direction du TNP.<br>Première diffusion des feuilletons *Janique aimée* et *Le Chevalier de Maison-Rouge*.<br>*L'Express* lance la campagne présidentielle avec l'opération « Monsieur X ».<br>S. de Beauvoir, *La Force des choses*.<br>E. Levinas, *Totalité et Infini* et *Difficile Liberté*.<br>A. Robbe-Grillet, *Pour un Nouveau Roman*.<br>J.-M. Le Clézio, *Le Procès-Verbal*. |
| **1964** | *janvier :* reconnaissance de la Chine communiste.<br>*mai :* J. Lecanuet devient président du MRP.<br>Waldeck-Rochet devient secrétaire général du PCF.<br>*juin :* création de la CIR (Convention des institutions républicaines) dirigée par F. Mitterrand.<br>*juillet :* mort de M. Thorez.<br>*novembre :* la CFTC devient la CFDT.<br>Grève générale du secteur public. | J.-P. Sartre refuse le prix Nobel de littérature qui lui a été décerné.<br>Élection de T. Maulnier à l'Académie française.<br>Adoption en Conseil des ministres du statut définitif de l'ORTF.<br>*France-Observateur* devient *Le Nouvel Observateur* sous la direction de J. Daniel.<br>J.-P. Sartre, *Les Mots*.<br>P. Bourdieu et J.-C. Passeron, *Les Héritiers*.<br>P. Ricœur, *Histoire et Vérité*.<br>M. Crozier, *Le Phénomène bureaucratique*. |

| | | |
|---|---|---|
| **1965** | *mai :* G. Defferre lance l'idée de « Grande Fédération ».<br>*juillet :* politique française de la « chaise vide » à Bruxelles.<br>*septembre :* F. Mitterrand se déclare candidat à la présidence de la République.<br>Création de la Fédération de la Gauche démocrate et socialiste.<br>*octobre :* enlèvement du leader marocain Ben Barka.<br>*novembre :* de Gaulle annonce sa candidature à la présidence de la République.<br>*décembre :* victoire du général de Gaulle à l'élection présidentielle. | F. Jacob, A. Lwoff et J. Monod prix Nobel de médecine.<br>R. Aron, *Essai sur les libertés*.<br>J.-P. Sartre, *Situations VII*.<br>L. Althusser, *Pour Marx*.<br>G. Deleuze, *Nietzsche*.<br>G. Perec, *Les Choses*.<br>J.-P. Vernant, *Mythe et Pensée chez les Grecs*.<br>A. Touraine, *Sociologie de l'action*.<br>J. Le Goff, *La Civilisation de l'Occident médiéval*. |
| **1966** | *février :* naissance du Centre démocrate.<br>*mars :* la France quitte le commandement intégré de l'OTAN.<br>Grève de l'enseignement supérieur contre le projet Fouchet.<br>*septembre :* discours de Phnom Penh de De Gaulle.<br>*décembre :* accords de désistement PC-FGDS en vue des législatives de 1967. | Mort d'A. Breton.<br>A. Kastler obtient le prix Nobel de physique.<br>Premier numéro de *La Quinzaine littéraire*.<br>M. Foucault, *Les Mots et les Choses*.<br>J. Lacan, *Écrits*. |
| **1967** | *janvier :* conférence de V. Giscard d'Estaing. Il marque sa distance vis-à-vis des gaullistes.<br>*mars :* élections législatives favorables à la droite.<br>*avril :* mise en route du plan Calcul.<br>*juin :* G. Séguy remplace B. Frachon à la tête de la CGT.<br>*juillet :* création de l'ANPE (Agence nationale pour l'emploi).<br>A Montréal, de Gaulle s'écrie : « Vive le Québec libre ! » | Mort de M. Aymé.<br>R. Debray est emprisonné en Bolivie pour son engagement aux côtés des révolutionnaires.<br>R. Barthes, *Système de la mode*.<br>M. Tournier, *Vendredi ou les Limbes du Pacifique*.<br>R. Debray, *Révolution dans la révolution*.<br>J.-J. Servan-Schreiber, *Le Défi américain*.<br>J.-M. Domenach, *Le Retour du tragique*. |

| | | |
|---|---|---|
| | *décembre :* vote de la loi Neuwirth autorisant la contraception. | A. Malraux, *Antimémoires* (t. I).<br>G. Debord, *La Société du spectacle*.<br>J. Derrida, *L'Écriture et la Différence*. |
| **1968** | *janvier :* agitation dans les lycées et incidents à la faculté de Nanterre.<br>*mai :* le 2, fermeture de Nanterre. Le 3, premières bagarres étudiantes au Quartier latin. Le 10 et 11, nuit des barricades.<br>Du 14 au 18, visite officielle du général de Gaulle en Roumanie.<br>Le 20, le nombre de grévistes atteindrait dix millions.<br>Le 27, signature des accords de Grenelle.<br>Le 27, meeting de gauche au stade Charléty.<br>Le 29, disparition du général de Gaulle.<br>Le 30, allocution du Général et défilé des gaullistes sur les Champs-Élysées.<br>*juin :* élections législatives.<br>*juillet :* M. Couve de Murville remplace G. Pompidou. | R. Cassin prix Nobel de la Paix.<br>Mort de J. Paulhan.<br>Naissance du journal *La Cause du Peuple*.<br>A. Glucksmann, *Le Discours de la guerre*.<br>M. Kundera, *La Plaisanterie*.<br>A. Cohen, *Belle du Seigneur*.<br>E. Morin, C. Lefort, C. Castoriadis, *Mai 68 : la brèche*. |
| **1969** | *janvier :* G. Pompidou fait savoir à Rome qu'en cas d'élection présidentielle il se porterait candidat.<br>*avril :* le 27, le Non l'emporte au référendum sur la réforme du Sénat et la régionalisation. Le 28, démission du général de Gaulle.<br>*juin :* G. Pompidou est élu président de la République. Il nomme J. Chaban-Delmas Premier ministre.<br>*juillet :* la SFIO devient le | P. Morand entre à l'Académie française.<br>Premier numéro de *L'Idiot international* dirigé par J.-E. Hallier.<br>R. Aron, *D'une sainte famille à l'autre. Essai sur les marxismes imaginaires*.<br>M. Foucault, *L'Archéologie du savoir*.<br>G. Perec, *La Disparition*.<br>M. Blanchot, *L'Entretien infini*. |

Parti socialiste au Congrès d'Issy-les-Moulineaux.
*août :* dévaluation du franc.

F. Braudel, *Écrits sur l'histoire*.

**1970** *janvier :* le SMIG devient le SMIC.
*février :* voyage officiel de G. Pompidou aux États-Unis.
*mars :* violents incidents à la faculté de Nanterre.
*mai :* R. Garaudy est exclu du PCF.
Mort du juriste et ancien ministre R. Capitant.
Le gouvernement décide la dissolution du mouvement gauchiste et maoïste la Gauche prolétarienne d'A. Geismar.
Interdiction de son organe *La Cause du Peuple*.
*juin :* adoption de la loi anticasseurs par le Parlement.
*juillet :* G. Pompidou, en visite officielle à Bonn, apporte le soutien de la France à « l'ostpolitik » de W. Brandt.
C. Tillon est exclu du PCF.
Le service militaire est ramené à un an.
*août :* le MLF, nouveau groupement féministe, organise une manifestation à Paris.
*octobre :* voyage officiel de G. Pompidou en URSS.
*novembre :* le 9, mort du général de Gaulle.
*décembre :* lancement à Kourou de la fusée française Diamant B.

Mort de F. Mauriac, de J. Giono et de l'historien monarchiste H. Massis.
L. Néel prix Nobel de physique.
En Bolivie, R. Debray sort de prison.
E. Ionesco entre à l'Académie française.
J.-P. Sartre devient directeur de *La Cause du Peuple*.
L'hebdomadaire satirique *Hara-Kiri* devient *Charlie hebdo*.
C. de Gaulle, *Mémoires d'espoir* (t. I).
R. Barthes, *L'Empire des signes*.
M. Crozier, *La Société bloquée*.
J. Cazeneuve, *Les Pouvoirs de la télévision*.
J. Monod, *Le Hasard et la Nécessité*.
J.-M. G. Le Clézio, *La Guerre*.
M. Lebesque, *Comment peut-on être Breton ?*

**1971** *janvier :* création d'un ministère de l'Environnement.
*février :* grève générale de l'ORTF.

F. Mauriac, *Le Dernier Bloc-Notes (1969-1970)*.
R. Caillois et G. Izard, cofondateur de la revue *Esprit*, sont élus à l'Académie française.

| | | |
|---|---|---|
| | *avril :* E. Maire est élu secrétaire général de la CFDT.<br>*juin :* le Congrès socialiste d'Épinay-sur-Seine aboutit au ralliement de la CIR au Parti socialiste d'A. Savary. Soutenu par les Clubs, les modérés et le CERES, F. Mitterrand est élu Premier secrétaire du nouveau parti.<br>*octobre :* J.-J. Servan-Schreiber devient président du Parti radical.<br>*novembre :* création du Mouvement réformateur par le Centre démocrate de J. Lecanuet et le Parti radical de J.-J. Servan-Schreiber. | 343 personnalités françaises publient dans *Le Nouvel Observateur* un manifeste en faveur de l'avortement et déclarent avoir elles-mêmes avorté.<br>J.-P. Sartre devient directeur de *Révolution*, créé par des dissidents de la Ligue communiste révolutionnaire.<br>A. Malraux, *Les chênes qu'on abat*.<br>R. Boudon, *La Crise de la sociologie*.<br>G. Duby, *Des sociétés médiévales*. |
| **1972** | *janvier :* le programme socialiste « Changer la vie » est publié.<br>*avril :* approbation par référendum de l'élargissement de la CEE.<br>*juillet :* le PS et le PC signent le Programme commun.<br>Le Premier ministre J. Chaban-Delmas démissionne.<br>P. Messmer le remplace.<br>*septembre :* A. Peyrefitte devient secrétaire général de l'UDR.<br>*octobre :* constitution du MRG (Mouvement des radicaux de gauche) sous la présidence de R. Fabre.<br>*décembre :* G. Marchais devient secrétaire général du PCF. | Mort de J. Romains, d'H. de Montherlant et de L. Rebatet.<br>A. Malraux présente l'émission « La Légende du siècle ».<br>Création de l'hebdomadaire *Le Point*.<br>J.-P. Sartre, *Situations VIII* et *IX*.<br>G. Deleuze et F. Guattari, *L'Anti-Œdipe*.<br>L. Althusser, *Lénine et la philosophie*.<br>R. Girard, *La Violence et le Sacré*.<br>J. Derrida, *Positions*.<br>S. de Beauvoir, *Tout compte fait*.<br>Robert O. Paxton, *La France de Vichy*. |
| **1973** | *février :* établissement de relations diplomatiques avec la RDA.<br>*mars :* victoire de la majorité de droite aux élections législatives. | Mort des philosophes J. Maritain, G. Marcel (le père de l'existentialisme chrétien) et de R. Dorgelès.<br>Élection de C. Lévi-Strauss |

| | | |
|---|---|---|
| | *juin :* dissolution du mouvement d'extrême droite Ordre nouveau et de la Ligue communiste révolutionnaire d'Alain Krivine.<br>*septembre :* visite officielle de G. Pompidou en Chine populaire.<br>*octobre :* A. Sanguinetti est élu secrétaire général de l'UDR.<br>Le président Pompidou renonce à l'adoption de son projet de réduction à 5 ans du mandat présidentiel. | et de J. d'Ormesson à l'Académie française.<br>Premier numéro du quotidien *Libération* sous la direction de J.-P. Sartre.<br>A. Soljenitsyne, *L'Archipel du Goulag* (édition russe).<br>C. Lévi-Strauss, *Anthropologie structurale* (t. II).<br>M. Kundera, *La vie est ailleurs*.<br>J. Lacan, *Les Quatre Concepts fondamentaux de la psychanalyse*.<br>F. Mitterrand, *La Rose au poing*.<br>G. Halimi, *La Cause des femmes*. |
| **1974** | *janvier :* institution pour six mois du franc flottant.<br>*avril :* le 2, mort de G. Pompidou. A. Poher assure l'intérim.<br>*mai :* élection de V. Giscard d'Estaing à la présidence de la République. J. Chirac est nommé Premier ministre.<br>*juin :* adoption du plan de « refroidissement » de l'économie par le Conseil des ministres.<br>*juillet :* création d'un secrétariat d'État à la Condition féminine.<br>*décembre :* vote de la loi sur l'avortement. | Mort de M. Pagnol et du philosophe J. Wahl.<br>Promulgation de la loi sur l'éclatement de l'ORTF instituant quatre sociétés de programme, TF1, A2, FR3 et Radio-France.<br>Dernier numéro du journal *Combat*.<br>Premier numéro du *Quotidien de Paris*.<br>A. Malraux, *Le Miroir des limbes*.<br>É. Ajar (R. Gary), *Gros Câlin*.<br>A. Peyrefitte, *Quand la Chine s'éveillera*.<br>J. Monnerot, *Inquisitions*. |
| **1975** | *avril :* visite officielle de V. Giscard d'Estaing en Algérie.<br>*octobre :* mort de G. Mollet.<br>*novembre :* réunion des Six Grands à Rambouillet pour définir un « nouvel ordre économique mondial », accord sur la stabilisation des changes. | Mort de Saint-John Perse et de l'éditeur G. Gallimard.<br>Première émission d'*Apostrophes*.<br>R. Hersant achète *Le Figaro*.<br>R. Gary, *Au-delà de cette limite votre ticket n'est plus valable,* et É. Ajar, *La Vie devant soi*. |

| | | |
|---|---|---|
| | Débuts du massacre génocidaire ordonné par Pol Pot au Cambodge. | M. Foucault, *Surveiller et Punir*.<br>A. Glucksmann, *La Cuisinière et le Mangeur d'hommes*.<br>F. Mitterrand, *La Paille et le Grain*.<br>D. Desanti, *Les Staliniens*. |
| **1976** | *février :* le PCF renonce à la dictature du prolétariat.<br>*mai :* fusion du Centre démocrate et du Centre démocratie et Progrès en un nouveau Centre des démocrates sociaux présidé par J. Lecanuet.<br>*août :* J. Chirac démissionne. R. Barre est nommé Premier ministre.<br>*septembre :* publication du plan Barre contre l'inflation.<br>*décembre :* création du RPR (Rassemblement pour la République). | Mort d'A. Malraux, P. Morand, E. Berl et R. Queneau.<br>Début des émissions en couleurs sur TF1.<br>M. Kundera, *La Valse aux adieux*.<br>E. Morin, *L'Homme et la Mort*.<br>E. Todd, *La Chute finale. Essai sur la décomposition de la sphère soviétique*.<br>J.-F. Revel, *La Tentation totalitaire*.<br>M. Legris, *« Le Monde » tel qu'il est*. |
| **1977** | *février :* occupation à Paris de l'église Saint-Nicolas-du-Chardonnet par des intégristes catholiques.<br>*mars :* élections municipales favorables à l'opposition de gauche.<br>J. Chirac est élu maire de Paris.<br>*juillet :* adoption de la Charte de l'environnement par le Conseil des ministres.<br>*septembre :* rupture de l'Union de la gauche.<br>*octobre :* adoption par l'Assemblée nationale de la loi sur l'informatique et les libertés.<br>*novembre :* premier vol régulier du Concorde sur la ligne Paris-New York. | Mort de J. Prévert.<br>Création du Centre national d'art et de culture Georges-Pompidou à Paris.<br>R. Aron, *Plaidoyer pour l'Europe décadente*.<br>P. Ariès, *L'Homme devant la mort*.<br>A. Glucksmann, *Les Maîtres penseurs*.<br>B.-H. Lévy, *La Barbarie à visage humain*.<br>E. Morin, *La Méthode, I*.<br>R. Barthes, *Fragments d'un discours amoureux*. |

| | | |
|---|---|---|
| **1978** | *janvier :* visite officielle en Chine de R. Barre.<br>*février :* constitution de l'UDF (Union pour la Démocratie française), réunissant le PR, le CDS et le Parti radical.<br>*mars :* victoire de la majorité sur la Gauche aux élections législatives.<br>*mai :* intervention des parachutistes français à Kolwezi, au Zaïre.<br>*août :* libération du prix du pain pour la première fois depuis 1793.<br>*décembre :* Appel de Cochin de J. Chirac condamnant la politique européenne de V. Giscard d'Estaing. | Mort de J. Guéhenno et de R. Caillois.<br>M. Proust, *L'Indifférent* (nouvelle inédite).<br>Lancement en mai de la revue *L'Histoire*.<br>G. Perec, *La Vie mode d'emploi*.<br>F. Mitterrand, *L'Abeille et l'Architecte*.<br>T. Zeldin, *Histoire des passions françaises* (t. I).<br>J. Le Goff, *La Nouvelle Histoire* et *Un autre Moyen Age*.<br>F. Furet, *Penser la Révolution française*.<br>Naissance de la revue *Commentaire* (R. Aron). |
| **1979** | *janvier :* entretiens de la Guadeloupe (V. Giscard d'Estaing, J. Carter, J. Callaghan et H. Schmidt). Reprise de la participation française à la Conférence du désarmement à Genève.<br>*mars :* conférence européenne des Neuf à Paris instituant le SME (Système monétaire européen) dont l'unité est l'ECU.<br>*septembre :* réunion à Paris des sept grandes puissances industrialisées débattant des moyens d'économiser l'énergie. | Mort de J. Kessel.<br>Libération du prix du livre.<br>R. Gary, *Les Clowns lyriques*, et É. Ajar, *L'Angoisse du roi Salomon*.<br>J. Fourastié, *Les Trente Glorieuses*.<br>P. Bourdieu, *La Distinction, critique sociale du jugement*.<br>J.-F. Lyotard, *La Condition post-moderne*.<br>R. Debray, *Le Pouvoir intellectuel en France*.<br>H. Carrère d'Encausse, *L'Empire éclaté*. |
| **1980** | *mai :* voyage en France du pape Jean-Paul II.<br>*septembre :* dénonciation par E. Maire, secrétaire général de la CFDT, de l'alignement de la CGT sur la politique d'isolement « sectaire » du PCF. | Mort de J.-P. Sartre, R. Gary, R. Barthes, M. Genevoix et L. Guilloux.<br>J. Dausset prix Nobel de médecine.<br>M. Yourcenar est la première femme à entrer à l'Académie française. |

| | | |
|---|---|---|
| | *octobre :* explosion d'une bombe devant la synagogue de la rue Copernic à Paris.<br>*novembre :* candidature de F. Mitterrand à la présidence de la République.<br>*décembre :* adoption de la loi « Sécurité et Liberté » par le Parlement. | J.-M. G. Le Clézio, *Désert*.<br>F. Mitterrand, *Ici et maintenant*.<br>Naissance de la revue *Le Débat* (P. Nora). |
| **1981** | *mai :* le 10, élection de F. Mitterrand à la présidence de la République.<br>Le 22, constitution du gouvernement de P. Mauroy.<br>*juin :* succès socialiste (« vague rose ») aux législatives.<br>*juillet :* suppression de la Cour de sûreté de l'État.<br>*août :* loi d'amnistie relative aux infractions commises avant le 10 mai 1981.<br>*septembre :* abolition de la peine de mort par le Parlement.<br>*octobre :* dévaluation du franc.<br>*novembre :* l'Assemblée nationale abroge la loi anticasseurs.<br>*décembre :* les députés votent les nationalisations et autorisent le gouvernement à légiférer par ordonnances en matière sociale. | Mort de J. Lacan et d'A. Cohen.<br>Ouverture du premier Salon du livre au Grand Palais à Paris.<br>Nouvelle formule de *Libération*.<br>L'hebdomadaire *Charlie hebdo* cesse de paraître.<br>B.-H. Lévy, *L'Idéologie française* (le livre déclenche une vive polémique).<br>R. Debray, *Critique de la raison politique*.<br>P. Rosanvallon, *La Crise de l'État-providence*.<br>P. Bourdieu, *Questions de sociologie*.<br>P. Sollers, *Paradis*.<br>P. Soupault, *Mémoires de l'oubli*. |
| **1982** | *février :* instauration de la cinquième semaine de congés payés.<br>*mars :* loi portant statut particulier de la Corse.<br>Le 3, promulgation de la loi « Droits et libertés des communes, départements et régions ».<br>*juin :* réunion à Versailles du huitième sommet des pays industrialisés. | Mort de G. Perec et de L. Aragon.<br>Mort du philosophe J. Beauffret, traducteur et spécialiste de Heidegger en France.<br>Mise en place de la Haute Autorité de l'audiovisuel, présidée par M. Cotta.<br>S. de Beauvoir, *La Cérémonie des adieux*.<br>P. Bourdieu, *Ce que parler veut dire*. |

| | | |
|---|---|---|
| | Dévaluation du franc.<br>*juillet :* abrogation de la loi « Sécurité et Liberté ».<br>Dissolution du SAC (Service d'action civique).<br>*août :* attentat antisémite rue des Rosiers.<br>Dissolution du mouvement Action directe.<br>Débarquement à Beyrouth du contingent français de la force d'interposition multinationale.<br>*novembre :* amnistie des généraux français de l'OAS.<br>*décembre :* fin du vote des lois Auroux sur les libertés des travailleurs dans l'entreprise. | M. Éliade, *Les Dix-Neuf Roses*.<br>H. Hamon et P. Rotman, *La Deuxième Gauche*.<br>Collectif, *Pour la Pologne*.<br>A. Memmi, *Le Racisme*.<br>E. Le Roy Ladurie, *Paris-Montpellier*. |
| **1983** | *mars :* dévaluation du franc.<br>Adoption d'un plan de rigueur.<br>*avril :* entrée en vigueur de la retraite à 60 ans.<br>*mai :* heurts entre les forces de l'ordre et les manifestants contre le projet de réforme de l'enseignement supérieur.<br>*août :* début de l'opération « Manta » au Tchad.<br>*septembre :* percée du Front national aux élections municipales de Dreux.<br>*octobre :* début de la « marche des jeunes contre le racisme » de Marseille à Paris.<br>*décembre :* vote définitif du projet de loi d'orientation de l'enseignement supérieur. | Mort de R. Aron.<br>Élections de L.-S. Senghor et de J. Soustelle à l'Académie française.<br>Le gouvernement annonce la création d'organismes chargés de promouvoir la francophonie.<br>Adoption en Conseil des ministres d'un projet de loi sur la presse, destiné notamment à limiter les concentrations et visant au premier chef le groupe Hersant.<br>R. Aron, *Mémoires*.<br>G. Lipovetsky, *L'Ère du vide*.<br>E. Morin, *De la nature de l'URSS*.<br>P. Sollers, *Femmes*. |
| **1984** | *janvier :* manifestations des partisans de l'école libre.<br>*avril :* défilé à Paris des partisans de l'enseignement laïc.<br>*juin :* victoire RPR-UDF et poussée du FN aux européennes. | Mort de M. Foucault, du poète H. Michaux et de l'historien P. Ariès.<br>Lancement de l'hebdomadaire *L'Événement du jeudi*.<br>M. Foucault, *Histoire de la sexualité* (t. II et III). |

Manifestation à Paris pour le soutien à l'école libre : un million et demi de participants.
Dissolution de l'Assemblée régionale de Corse.
*juillet :* F. Mitterrand annonce le retrait du projet de loi Savary sur l'enseignement.
Démission du ministre de l'Éducation nationale A. Savary.
Démission du Premier ministre P. Mauroy.
Il est remplacé par L. Fabius.
Le PCF refuse de participer au gouvernement.
*septembre :* rejet par le Sénat du projet de révision de l'article 11 de la Constitution.
Accord franco-libyen de désengagement du Tchad.
Troubles en Nouvelle-Calédonie entre indépendantistes et anti-indépendantistes.

M. Kundera, *L'Insoutenable Légèreté* de *l'être*.
J. Lacouture, *De Gaulle* (t. I).
J.-F. Lyotard, *Le Différend*.
P. Bourdieu, *Homo Academicus*.
P. Nora, *Les Lieux de mémoire*, I, *La République*.
P. Virilio, *L'Horizon négatif*.

**1985** *janvier :* J. Delors devient président de la Commission des Communautés européennes.
Déclaration de l'état d'urgence en Nouvelle-Calédonie.
*avril :* accord RPR-UDF pour gouverner ensemble en 1986.
*juillet :* sabotage dans le port d'Auckland du *Rainbow Warrior*, chalutier du mouvement antinucléaire Greenpeace.
Instauration du scrutin proportionnel.
*août :* promulgation de la nouvelle loi sur le statut de la Nouvelle-Calédonie.

C. Simon prix Nobel de littérature.
Mort du philosophe V. Jankélévitch.
A. Fontaine succède à A. Laurens à la direction du quotidien *Le Monde*.
L. Ferry et A. Renaut, *La Pensée 68*.
M. Gauchet, *Le Désenchantement du monde*.
S. Moscovici, *L'Age des foules*.
C. Rosset, *Le Philosophe et les Sortilèges*.
R. Debray, *Les Empires contre l'Europe*.

| | | |
|---|---|---|
| | *septembre :* démission du ministre de la Défense C. Hernu.<br>*octobre :* création par décret du Haut Conseil de la population et de la famille.<br>Face-à-face télévisé L. Fabius-J. Chirac.<br>*décembre :* vote définitif de la loi interdisant de cumuler plus de deux mandats électifs. | A. Badiou, *Peut-on penser la politique ?* |
| **1986** | *janvier :* accord franco-britannique sur la construction du tunnel sous la Manche.<br>*février :* début de l'opération « Épervier » au Tchad.<br>*mars :* victoire du RPR et de l'UDF aux élections législatives et régionales.<br>J. Chirac est nommé Premier ministre.<br>Attentat à la bombe aux Champs-Élysées à Paris.<br>*juillet :* loi portant suppression de l'autorisation administrative de licenciement.<br>F. Mitterrand refuse de signer l'ordonnance sur les privatisations.<br>*août :* publication au *Journal officiel* de la loi sur la privatisation de 65 entreprises votée le 31 *juillet*.<br>*novembre :* remplacement de la Haute Autorité par la Commission nationale de la communication et des libertés (CNCL).<br>Assassinat du P-DG de la Régie Renault, G. Besse, par Action directe.<br>Agitation lycéenne et étudiante contre le projet de loi de réforme universitaire d'A. Devaquet. | Mort de S. de Beauvoir, de J. Genet et de G. Dumézil.<br>Premier sommet de la Francophonie à Paris.<br>Inauguration du musée d'Orsay.<br>Publication au *Journal officiel* de la loi Léotard limitant les concentrations dans les médias.<br>G. Deleuze, *Foucault*.<br>M. Blanchot, *Michel Foucault tel que je l'imagine*.<br>F. Braudel, *L'Identité de la France* (t. I).<br>R. Girardet, *Mythes et mythologies politiques*.<br>E. M. Cioran, *Exercices d'admiration*.<br>E. Badinter, *L'Un et l'Autre*.<br>E. Morin, *La Méthode*.<br>C. Lefort, *Essais sur le politique*. |

| | | |
|---|---|---|
| | Approbation par le Conseil constitutionnel de la loi du 23 octobre sur le nouveau découpage électoral.<br>*décembre :* mort à Paris d'un manifestant étudiant, M. Oussekine.<br>Démission d'A. Devaquet, ministre délégué à la Recherche et à l'Enseignement supérieur. | G. Deleuze, *Foucault*. |
| **1987** | *janvier :* entrée en vigueur de l'Acte unique européen ratifié par les députés en *novembre* 1986 et de l'ordonnance instituant la liberté des prix et de la concurrence.<br>Installation de la Commission consultative des droits de l'homme.<br>Dissolution du FLNC.<br>*juin :* ouverture des États généraux de la Sécurité sociale.<br>Début des réunions de la commission des Sages sur le Code de la nationalité.<br>*juillet :* condamnation du SS K. Barbie.<br>Suppression totale du contrôle des changes.<br>Rupture des relations diplomatiques avec l'Iran.<br>*septembre :* référendum d'autodétermination favorable au maintien de la Nouvelle-Calédonie dans la République.<br>*novembre :* les députés adoptent le nouveau statut de la Nouvelle-Calédonie. | Mort de M. Yourcenar et du dramaturge J. Anouilh.<br>J.-M. Lehn prix Nobel de chimie.<br>B.-H. Lévy, *Éloge des intellectuels*.<br>P. Bourdieu, *Choses dites*.<br>A. Finkielkraut, *La Défaite de la pensée*.<br>H. Rousso, *Le Syndrome de Vichy*.<br>G. Lipovetsky, *L'Empire de l'éphémère*.<br>P. Vidal-Naquet, *Les Assassins de la mémoire*.<br>F. Jacob, *La Statue intérieure*.<br>A. Minc, *La Machine égalitaire*.<br>A. Besançon, *Une génération*. |
| **1988** | *février :* vote par le Parlement de deux lois sur le financement de la vie politique. | L'historien G. Duby entre à l'Académie française.<br>Mort du poète R. Char.<br>G. Steiner, *Le Sens du sens*. |

*avril :* « Lettre à tous les Français » de F. Mitterrand.
Assassinat de 4 gendarmes et prise en otage de 27 autres par un commando canaque à Ouvéa.
Percée du chef du FN J.-M. Le Pen au premier tour des élections présidentielles.
*mai :* libération à Beyrouth des trois derniers otages français du Liban.
Libération par la force des otages d'Ouvéa.
Le 8, réélection de F. Mitterrand à la présidence de la République.
Le 10, démission de J. Chirac. M. Rocard le remplace.
Le 14, dissolution de l'Assemblée nationale.
Le 17, création de l'URC (Union pour le rassemblement au Centre) par le RPF et l'UDF.
*juin :* majorité relative pour le PS et ses alliés aux législatives.
Accords Matignon sur l'avenir de la Nouvelle-Calédonie.
Élection de V. Giscard d'Estaing à la présidence de l'UDF.
*juillet :* vote de la loi d'amnistie.
Renonciation de F. Mitterrand à la politique d'ouverture.
*septembre :* première condamnation sans réserve par le RPR de toute alliance électorale avec le Front national.
*novembre :* création du RMI (revenu minimum d'insertion)

J.-F. Sirinelli, *Génération intellectuelle. Khâgneux et normaliens dans l'entre-deux-guerres.*
P. Birnbaum, *Un mythe politique : la « République juive ».*
M. Long, *Être Français aujourd'hui et demain.*
F. Furet, J. Julliard, P. Rosanvallon, *La République du Centre.*
H. Mendras, *La Seconde Révolution française.*
F. Furet, M. Ozouf (dir.), *Dictionnaire critique de la Révolution française.*
M. Vovelle, *L'État de la France pendant la Révolution française.*
R. Rémond (dir.), *Pour une histoire politique.*
G. Debord, *Commentaires sur la société du spectacle.*
J. Kristeva, *Étrangers à nous-mêmes.*
Etiemble, *Lignes d'une vie.*

| | | |
|---|---|---|
| **1989** | *janvier :* création du CSA (Conseil supérieur de l'audiovisuel) en remplacement de la CNCL. B. Tapie est élu député des Bouches-du-Rhône. *février :* M. Blondel devient secrétaire général de FO. *mars :* échec du projet d'une liste d'union des jeunes réformateurs de l'opposition (RPR-UDF-CDS) aux européennes. *mai :* assassinat des dirigeants du FLNKS J.-M. Djibaou et Yeiwéné Yeiwéné. Annulation de la dette de 35 pays africains au sommet des pays francophones à Dakar. *juin :* victoire de l'union RPR-UDF aux européennes. *août :* poursuites entamées contre J.-M. Le Pen pour propos antisémites. *décembre :* création du Haut Conseil de l'intégration. Arrêt du Conseil d'État renforçant la responsabilité des établissements scolaires en matière de discipline intérieure (affaire du « foulard » islamique). | Mort de G. Simenon, H. Beuve-Méry, S. Dali et S. Beckett. Création d'une présidence A2-FR3. L'océanographe J.-Y. Cousteau est élu à l'Académie française. Célébrations du bicentenaire de la Révolution française. J.-P. Sartre, *Vérité et Existence* (posthume). M. Gauchet, *La Révolution des droits de l'homme*. A. Finkielkraut, *La Mémoire vaine. Du crime contre l'humanité*. |
| **1990** | *avril :* autodissolution du PSU. *juin :* seizième sommet franco-africain à La Baule. Formation de la Confédération RPR-UDF : « Union pour la France ». *septembre :* engagement de l'opération « Daguet » en Arabie Saoudite à la suite de l'occupation du Koweït par l'Irak. Sommet franco-allemand de Munich. | Mort de L. Althusser, R. Antelme, M. Guy et M.-D. Chenu. J. Rouaud, *Les Champs d'honneur* (prix Goncourt). M. Serres, *Le Contrat naturel*. R. Chartier, *Les Origines culturelles de la Révolution française*. Etiemble, *Le Meurtre du Petit Père*. |

| | | |
|---|---|---|
| | *octobre :* émeute de la jeunesse immigrée de Vaulx-en-Velin dans la banlieue de Lyon. | |
| **1991** | *janvier :* vote du Parlement autorisant le recours à la force contre l'Irak. Premier raid français contre les Irakiens.<br>Démission du ministre de la Défense J.-P. Chevènement. P. Joxe le remplace.<br>*février :* violentes émeutes à la Réunion.<br>*mai :* démission de M. Rocard. É. Cresson est nommée Premier ministre.<br>*juin :* la France décide d'adhérer au traité de non-prolifération nucléaire (TNP).<br>*octobre :* début de l'affaire du sang contaminé.<br>*novembre :* délocalisation de l'ENA à Strasbourg.<br>*décembre :* le service national est réduit à 10 mois. | Mort de Vercors, A. Blondin, H. de Lubac, C. Gallimard, F. Bourricaud, C.-A. Julien, H. Lefebvre et Y. Montand.<br>H. Carrère d'Encausse entre à l'Académie française.<br>P.-G. de Gennes prix Nobel de physique.<br>L. Dumont, *Homo aequalis II, L'Idéologie allemande.*<br>P. Nemo, *Pourquoi ont-ils tué Jules Ferry ?* |
| **1992** | *janvier :* L. Viannet remplace H. Krasucki à la tête de la CGT.<br>*février :* signature le 7 du traité de Maastricht instituant l'Union européenne.<br>*mars :* victoire de l'union RPR-UDF aux élections régionales.<br>Fermeture de l'usine Renault de Boulogne-Billancourt.<br>*avril :* P. Bérégovoy est nommé Premier ministre. Moratoire suspendant les essais nucléaires.<br>*avril :* non-lieu de la cour d'appel de Paris en faveur de Paul Touvier.<br>*mai :* démission du ministre de la Ville B. Tapie. | G. Charpak prix Nobel de physique.<br>Première émission d'ARTE.<br>Mort de F. Guattari, H. Guillemin, A.-J. Greimas et J. Perret.<br>P. Bénichou, *L'École du désenchantement.*<br>R. Debray, *Vie et Mort de l'image.*<br>A. Touraine, *Critique de la modernité.*<br>L. Ferry, *Le Nouvel Ordre écologique.*<br>G. Duby et M. Perrot, *Histoire des femmes en Occident.*<br>P. Bourdieu, *Les Règles de l'art.*<br>M. Leiris, *Journal 1922-1989.* |

| | | |
|---|---|---|
| | *septembre :* référendum approuvant les accords de Maastricht. | C. Nicolet, *La République en France*. |
| **1993** | *mars :* entrée en vigueur du nouveau Code de procédure pénale.<br>Victoire de l'UPF (union RPR-UDF) aux élections législatives.<br>É. Balladur est nommé Premier ministre.<br>*mai :* suicide de P. Bérégovoy.<br>*juin :* les députés adoptent la réforme du Code de la nationalité.<br>*juillet :* loi sur les privatisations.<br>Congrès de Versailles concernant le Conseil supérieur de la magistrature et instaurant la Cour de justice de la République.<br>*août :* réforme du statut de la Banque de France.<br>*octobre :* signature de la convention sur la maîtrise des dépenses de santé.<br>*novembre :* réforme de la Constitution concernant le droit d'asile.<br>*décembre :* loi quinquennale sur l'emploi. | Mort de J. Cau, E. Borne, P. Naville, P. Hervé et du R.P. Riquet.<br>L'aile Richelieu du Louvre est achevée.<br>Naissance de la BNF (Bibliothèque nationale de France).<br>Sortie du film *Germinal* de Claude Berri.<br>P. Bourdieu, *La Misère du monde*.<br>R. Debray, *L'État séducteur*.<br>J. Attali, *Verbatim I*. |
| **1994** | *janvier :* manifestation à Paris contre l'abrogation de la loi Falloux.<br>Promulgation de la loi Bourg-Broc sur l'aide aux investissements de l'enseignement privé.<br>R. Hue devient secrétaire général du PCF.<br>*mars :* procès du milicien P. Touvier.<br>Retrait du contrat d'insertion professionnelle (CIP) à la suite d'importantes | Mort de G. Debord, E. Ionesco, R. Doisneau, R. Stéphane, J.-L. Barrault, J. Ellul, B. Dort et M. Renaud.<br>Édition du manuscrit inachevé d'Albert Camus, *Le Premier Homme*.<br>P. Péan, *Une jeunesse française. François Mitterrand, 1934-1947*.<br>D. Schnapper, *La Communauté des citoyens*. |

manifestations d'hostilité au projet.
*mai :* inauguration du tunnel sous la Manche par F. Mitterrand et Élisabeth II.
*juin :* échec de la liste PS aux élections européennes.
Adoption de trois lois sur la bioéthique.
Début de l'opération « Turquoise » à caractère humanitaire menée par l'armée française au Rwanda.
*juillet :* le 14, premier défilé de l'Eurocorps sur les Champs-Élysées.
*septembre :* l'armée française quitte Berlin.
*novembre :* privatisation partielle de la Régie Renault.
*décembre :* mise en liquidation judiciaire de B. Tapie.
Vote de cinq lois sur le financement public de la vie politique.

A. Peyrefitte, *C'était de Gaulle*.
R. Rieffel, *La Tribu des clercs*.

**1995**

*mai :* élection de J. Chirac à la présidence de la République.
A. Juppé est nommé Premier ministre.
*juin :* le Front national gagne trois villes aux élections municipales (Toulon, Orange et Marignane).
Annonce de la reprise des essais nucléaires français.
J. Tibéri est élu maire de Paris.
*juillet :* révision constitutionnelle élargissant le champ du référendum et instaurant une session parlementaire unique de neuf mois.
Attentat à la place de l'Étoile à Paris.

Mort de G. Deleuze, E. Levinas, E.M. Cioran, A. Kriegel, Y. Congar, A. Frossard, J. Tardieu, J. Berque, L. Malle.
M. Fumaroli et le cardinal J.-M. Lustiger sont élus à l'Académie française.
J. Bompard, maire Front national d'Orange, supprime les subventions municipales aux deux principales institutions culturelles de la ville.
M. Kundera, *La Lenteur*.
F. Furet, *Le Passé d'une illusion*.
J.-F. Kahn, *La Pensée unique*.
P. Rosanvallon, *La Nouvelle Question sociale*.

| | | |
|---|---|---|
| | *septembre :* nouveaux attentats à Paris et à Lyon.<br>*octobre :* réforme de la Sécurité sociale.<br>*novembre :* mouvements universitaires et sociaux.<br>*décembre :* grèves et manifestations contre le plan Juppé de réforme de la Sécurité sociale. | A. Glucksmann, *De Gaulle où es-tu ?* |
| **1996** | *janvier :* le 8, mort de F. Mitterrand.<br>*février :* réforme constitutionnelle donnant compétence au Parlement pour se prononcer chaque année sur les lois de financement de la Sécurité sociale.<br>Annonce de la réforme des Armées (professionnalisation et suppression de la conscription).<br>*mars :* F. Léotard devient président de l'UDF.<br>*avril : Le Monde* publie les 16 propositions de R. Fauroux, président de la Commission de réflexion sur l'école.<br>*août :* les sans-papiers de l'église Saint-Bernard sont évacués.<br>Mort de M. Debré.<br>*octobre :* proposition d'un projet de loi antiraciste par le garde des Sceaux J. Toubon. | Mort de G. Duby, M. Duras, J. Piel, C. Mauriac, C. Bourdet, M. Robert, A. Papandréou, E. Wreff, R. Hersant, M. Carné.<br>A. Malraux entre au Panthéon.<br>Création d'une Fondation du patrimoine.<br>Reprise en main par la mairie Front national, la Fête du Livre de Toulon est boycottée par les libraires et les auteurs qui protestent contre les propos du maire J.-M. Le Chevallier, qui juge l'hommage à M. Halter « inopportun ».<br>La commission présidée par R. Rémond remet son rapport sur le « fichier juif » à Alain Juppé.<br>Condamnation du groupe rap NTM.<br>F. Mitterrand, *Mémoires interrompus*.<br>L. Ferry, *L'Homme-Dieu ou le Sens de la vie*.<br>R. Debray, *Loués soient nos seigneurs*.<br>J. Le Goff, *Saint Louis*.<br>O. Todd, *Camus*.<br>R. Garaudy, *Les Mythes fondateurs de la politique israélienne* (l'abbé Pierre déclare dans *Libération* que la |

Shoah est « un sujet sur lequel le débat n'est pas clos »).
Publication du *Dictionnaire des intellectuels*, sous la direction de J. Julliard et M. Winock.

**1997**

*janvier :* mise en place par le président Chirac d'une Commission de réflexion sur la justice, chargée de proposer des mesures visant à accroître l'indépendance des magistrats.
*février :* victoire du Front national aux élections municipales de Vitrolles.
*avril :* dissolution de l'Assemblée nationale par le président de la République.
*mai :* victoire de la Gauche aux élections. L. Jospin devient Premier ministre.
*août :* déclaration de repentance des évêques sur l'attitude de l'Église sous le régime de Vichy.
*octobre :* début du procès de Maurice Papon.

Appel de 66 cinéastes à la désobéissance civile pour protester contre le projet de loi Debré sur l'immigation.
F. Furet élu à l'Académie française.
P. Bourdieu, *Sur la télévision. Méditations pascaliennes.*
R. Queneau, *Journal.*
J.-F. Revel, *Mémoires. Le voleur dans la maison vide.*
S. Courtois *et al., Le Livre noir du communisme.*
P. Ricœur, *L'Idéologie et l'Utopie.*
R. Debray, *Transmettre.*
O. Mongin, *La Violence des images ou comment s'en débarrasser.*
H. Mendras, *L'Europe des Européens.*
Mort de C. Castoriadis, J. Derogy, J.-M. Domenach, F. Furet, J.-E. Hallier, G. Mamy, G. Montaron, L. Pauwels, D. Rousset, C. Roy.

**1998**

*février :* le 2, fermeture annoncée du surgénérateur de Creys-Malville.
*février :* le 6, assassinat du préfet Érignac à Ajaccio.
L'Assemblée nationale adopte le projet de loi de Martine Aubry sur les 35 heures.
*mars :* le 15, élections régionales, plus de 42 % d'abstentions. Le Front national obtient plus de 15 % des suffrages.

50 891 titres de livres publiés en 1998.
P.-A. Taguieff, *La Couleur et le Sang. Doctrines racistes à la française.*
P. Bourdieu, *Contre-feux. Propos pour servir à la résistance contre l'invasion néo-libérale.*
R. Debray, *Pour l'amour de l'art. Une éducation intellectuelle.*

*avril :* manifestations en faveur des sans-papier.
Le 2, condamnation de Maurice Papon à dix ans de réclusion criminelle.
Jean-Marie Le Pen condamné à deux ans de privation de ses droits civiques.
*juillet :* le 12, l'équipe française de football remporte la finale de la Coupe du monde face au Brésil au Stade de France.

J. Daniel, *Avec le temps. Carnets 1970-1998.*
R. Rémond, *Une laïcité pour tous.*
*février : On connaît la chanson* d'A. Resnais, consacré meilleur film de l'année par la Nuit des Césars.
*avril :* prix Femina de l'essai au *Tombeau de Bossuet* de M. Crépu.
Numéro spécial de *Commentaire*, « XX$^{e}$ anniversaire. Situation de la France ».
*mai :* G. Vedel élu à l'Académie française.
*juin :* R. Rémond élu à l'Académie au fauteuil de F. Furet, mort en juillet 1997, sans avoir pu siéger.
*juillet :* le 30, mort de M. Bardèche à 90 ans.
*septembre :* le 19, plus de 130 000 personnes à Paris pour la Techno-Parade voulue par J. Lang.
*octobre :* le 7, inauguration par L. Jospin de la Bibliothèque nationale de France.
*novembre :* M. Houellebecq reçoit le prix Novembre pour ses *Particules élémentaires.*
*décembre :* ouverture du Musée d'art et d'histoire du judaïsme.

**1999**

*janvier :* le 1$^{er}$, entrée en vigueur de l'euro en France et dans dix autres États de l'Union européenne.
Scission au sein du Front national entre les partisans de B. Mégret et ceux de J.-M. Le Pen.

Dans le n° 103 du *Débat*, dossier sur « la gauche, l'extrême gauche, les intellectuels ».
E. Morin, *La Tête bien faite. Repenser la réforme. Réformer la pensée.*

*janvier :* le 31, 100 000 personnes défilent à Paris contre le PACS.
*février :* le 4, manifestation des pompiers à Villeurbanne contre les déprédations et les violences de banlieues. Bernard Thibault élu secrétaire national de la CGT.
*février :* le 9, ouverture du procès du sang contaminé.
*mars :* le 24, incendie d'un camion sous le tunnel du Mont-Blanc. Une quarantaine de morts.
*avril :* les 19-20, incendie en Corse d'une paillotte construite illégalement sur le domaine public. L. Jospin relève de ses fonctions le préfet Bonnet, successeur de C. Érignac.
*juin :* la France participe à la reconstruction du Kosovo. B. Kouchner sera nommé en juillet administrateur civil du Kosovo.
*juin :* le 10, l'Assemblée nationale unanime reconnaît que les opérations militaires en Algérie entre 1954 et 1962 étaient des faits de guerre. On pourra parler officiellement de « la guerre d'Algérie ».
*octobre :* le 19, le deuxième projet de loi sur les 35 heures est voté en première lecture par les députés.
*novembre :* le 2, Dominique Strauss-Kahn, ministre de l'Économie et des Finances, impliqué dans les affaires de la MNEF, donne sa démission.
Le 15, loi sur le PACS (Pacte civil de solidarité).

N. Baverez, *Les Orphelins de la liberté*.
J.-F. Revel, *Fin du siècle des ombres. Chroniques politiques et littéraires*.
Avec 181 longs métrages produits, la France se situe au cinquième rang de la production cinématographique (après l'Inde, les États-Unis, le Japon et les Philippines).

*janvier :* les intermittents du spectacle occupent les locaux du théâtre Gérard Philippe de Saint-Denis.
*juillet :* les 11-12, incendie de la principale bibliothèque universitaire de Lyon. 350 000 ouvrages détruits sur 500 000 répertoriés.
*septembre :* le 18, concert à Rennes pour la renaissance du Parlement de Bretagne, incendié lors des manifestations du 4 février 1994.
*octobre :* le 21, H. Carrère d'Encausse élue secrétaire perpétuel de l'Académie française en remplacement de M. Druon.
*novembre :* prix Goncourt à J. Echenoz, *Je m'en vais*.
Prix Médicis à Chr. Oster pour *Mon grand appartement*.
*Anchise* de M. Desbiolles obtient le prix Femina.
Prix Renaudot à D. Picouly, *L'Enfant léopard*.
*décembre :* grand prix de la Ville de Paris pour les Arts de la Scène à A. Mnouchkine.

**2000** *janvier :* violences scolaires. Un plan anti-violence du ministre Cl. Allègre prévoit l'embauche de 20 000 aides-éducateurs.
*février :* chiffres du chômage en baisse (2 500 000).
*mars :* le 16, journée d'action contre la réforme du ministre Cl. Allègre.
Le 27, sortie du gouvernement de Cl. Allègre, remplacé par J. Lang.
*mai :* les 3-4, loi sur la parité hommes-femmes aux élections.
*juillet :* démission de J.-P. Chevènement, en désaccord avec la réforme de l'assemblée territoriale corse, du ministère de l'Intérieur.
Le 25, un avion Concorde d'Air France s'écrase au décollage de Paris. 113 morts. Les vols de l'avion Concorde sont suspendus en France.
*septembre :* le 24, référendum sur le quinquennat ; 70 % d'abstention.

34 % des ménages sont équipés en micro-ordinateurs, 17 % sont branchés à Internet.
J.-M. Domenach, *Beaucoup de gueule et peu d'or. Journal d'un réfractaire (1944-1977).*
J. Daniel, *Soleils d'hiver. Carnets 1998-2000.*
T. Todorov, *Mémoire du mal, tentation du bien. Enquête sur le siècle.*
Ph. Sollers, *La Divine Comédie. Entretiens avec Benoît Chantre.*
J. Sévilla, *Le Terrorisme intellectuel de 1945 à nos jours.*
*février : Médecin-chef à la prison de la Santé* par V. Vasseur.
Alerte sur l'état pénitentiaire en France.
Dans le n° 110 du *Débat* (vingtième anniversaire), éditorial de P. Nora : « Adieu aux intellectuels ? ». Article de M. Gauchet, « Quand les droits de l'homme deviennent une politique ».
*Esprit*, n° 8-9, août-septembre : « Les historiens et le travail de mémoire ».
*novembre :* grand prix du roman de l'Académie française à P. Quignard, *Terrasse à Rome.*
Le 7, prix Nobel de littérature décerné à l'écrivain chinois naturalisé français G. Xingjian.

# Index

# *Index des noms de personnes*

# *Index des journaux et périodiques*

Table

TROISIÈME PARTIE
Les années Sartre

Crédits photographiques

*1er cahier : Barrès*

Archives Seuil : 1, 2 bas, 4 haut, 7 gauche. Bibliothèque nationale de France, Paris : 2 haut, 6 milieu, 8 gauche. Jean-Loup Charmet : 6 haut, 7 droite. Coll. part. : 8 droite. Édimedia : 3 bas, 5, 6 bas, 7 haut, 8 bas. Roger-Viollet : 4 bas. Harlingue-Viollet : 3 haut.

*2e cahier : Gide*

Archives Seuil : 1. Bibliothèque nationale de France, Paris : 7 haut. Jean-Loup Charmet : 7 bas. Coll. Marc Allégret : 4 droite. Coll. Sylvie Durbet-Giono : 4 gauche. D. R. : 3, 6 haut. Édimedia : 2 bas, 8 gauche. Magnum / D. Seymour : 6 milieu et bas. Roger-Viollet : 8 droite. Harlingue-Viollet : 4 haut, 5, 8 haut. Martinie-Viollet : 2 haut.

*3e cahier : Sartre*

Archives Seuil : 4 bas, 7 haut droite. Bernand : 3 haut. Coll. Marc Allégret : 2 bas. D. R. : 2 milieu. Édimedia : 5. Édimedia / *L'Express* : 7 bas. *L'Express :* 6 bas droite. Magnum / B. Barbey : 8 haut. Magnum / E. Lessing : 7 haut gauche. Rapho : 6 bas gauche. Rapho / D. Berrety : 1. Rapho / Doisneau : 2 haut, 4 haut. Roger-Viollet : 8 bas. Harlingue-Viollet : 4 milieu, 6 haut droite. Lipnitzki-Viollet : 6 haut gauche. R. Saint Paul : 3 bas. Succession Picasso, 1997 : 5.

# Du même auteur

Histoire politique de la revue « Esprit », 1930-1950
*Seuil, « L'univers historique », 1975*
Rééd. sous le titre :
« Esprit ». Des intellectuels dans la Cité, 1930-1950
*Seuil, « Points Histoire » n° 200, 1996*

La République se meurt
Chronique, 1956-1958
*Seuil, 1978 ; Gallimard, « Folio », 1985 ; 2008*

« La gauche depuis 1968 »
in *Jean Touchard*, La Gauche en France depuis 1900
*Seuil, « Points Histoire » n° 26, 1977*

Mémoires d'un communard. Jean Allemane
*(présentation, notes et postface)*
*Maspero, 1981*

Édouard Drumont et C^ie^
Antisémitisme et fascisme en France
*Seuil, « XX^e^ siècle », 1982*

La Fièvre hexagonale
Les grandes crises politiques, 1871-1968
*Calmann-Lévy, 1986*
*Seuil, « Points Histoire » n° 97, 1999 ; 2009*

Chronique des années soixante
*« Le Monde »/Seuil, « XX^e^ siècle », 1987 ;*
*« Points Histoire » n° 136, 1990*

1789, l'année sans pareille
*« Le Monde »/Orban, 1988 ; Perrin, « Tempus », 2004*

Nationalisme, Antisémitisme et Fascisme en France
*Seuil, « Points Histoire » n° 131, 1990 ; 2004*

L'Échec au roi, 1791-1792
*Orban, 1991*

Le Socialisme en France et en Europe
XIXe-XXe siècle
*Seuil, « Points Histoire » nº 162, 1992*

Les Frontières vives
Journal de la fin du siècle (1991)
*Seuil, 1992*

Parlez-moi de la France
*Plon, 1995*
*et Seuil, « Points » nº P336, 1997*
Rééd. sous le titre :
Parlez-moi de la France
Histoire, idées, passions
*Perrin, 2010*

1914-1918
raconté par Michel Winock
*Perrin, 1998*

La France politique
XIXe-XXe siècle
*Seuil, 1999 ; « Points Histoire » n° 256, 1999 ; 2003*

Les Voix de la liberté
Les écrivains engagés au XIXe siècle
*Seuil, 2001 ; « Points Histoire » n° 430, 2010*
*Prix R. de Jouvenel de l'Académie française*

La Belle Époque
La France de 1900 à 1914
*Perrin, 2002 ; « Tempus », 2003*

Jeanne et les siens
*Seuil, 2003 ; « Points », n° 1263, 2004*
*Prix Eugène-Colas de l'Académie française*

La France et les Juifs
De 1789 à nos jours
*Seuil, « L'univers historique », 2004*
*« Points Histoire » n° 350, 2005*

Victor Hugo dans l'arène politique
*Bayard, 2005*

Pierre Mendès France
*Bayard/BnF, 2005*

L'Agonie de la IV^e^ République
13 mai 1958
*Gallimard, 2006*

La Gauche en France
*Perrin, « Tempus », 2006*

La Gauche au pouvoir
L'héritage du Front populaire
*(en collaboration avec Séverine Nikel)*
*Bayard, 2006*

Clemenceau
*Perrin, 2007 ; « Tempus », 2011*
*Prix Aujourd'hui 2008*

1958, la naissance de la V^e^ République
*Gallimard, 2008*

L'Élection présidentielle en France
1958-2007
*Perrin, 2008*

La Droite
*Plon, 2008*

Le XX^e^ siècle idéologique et politique
*Perrin, « Tempus », 2009*

Madame de Staël
*Fayard, 2010*
*Prix Goncourt de la biographie 2010*

EN COLLABORATION
AVEC JEAN-PIERRE AZÉMA

Les Communards
*Seuil, 1964 ; éd. revue et complétée, 1971*

Naissance et mort de la IIIe République
*Calmann-Lévy, 1971 ;*
*éd. revue et complétée, 1976*
Rééd. sous le titre :
La Troisième République
*Hachette, « Pluriel », 1978 ; 1986*

OUVRAGES COLLECTIFS

Pour la Pologne
*Seuil, 1982*

Pour une histoire politique
(sous la direction de René Rémond)
*Seuil, « L'univers historique », 1988 ;*
*« Points Histoire » n° 199, 1996*

« Jeanne d'Arc »
*in* Les Lieux de mémoire
(sous la direction de Pierre Nora)
*tome VIII, Gallimard, 1992*

Histoire de l'extrême droite en France
(direction de l'ouvrage)
*Seuil, « XXe siècle », 1993 ;*
*« Points Histoire » n° 186, 1994*

La France de l'affaire Dreyfus
(sous la direction de Pierre Birnbaum)
*Gallimard, 1993*

Dictionnaire des intellectuels français
(codirection de l'ouvrage avec Jacques Julliard)
*Seuil, 1996 ; 2002*

Les Cultures politiques
(sous la direction de Serge Berstein)
*Seuil, « L'univers historique », 1999*

Pierre Mendès France
*Bayard/BnF, 2005*

L'Agonie de la IV^e^ République
13 mai 1958
*Gallimard, 2006*

La Gauche en France
*Perrin, « Tempus », 2006*

La Gauche au pouvoir
L'héritage du Front populaire
*(en collaboration avec Séverine Nikel)*
*Bayard, 2006*

Clemenceau
*Perrin, 2007 ; « Tempus », 2011*
*Prix Aujourd'hui 2008*

1958, la naissance de la V^e^ République
*Gallimard, 2008*

L'Élection présidentielle en France
1958-2007
*Perrin, 2008*

La Droite
*Plon, 2008*

Le XX^e^ siècle idéologique et politique
*Perrin, « Tempus », 2009*

Madame de Staël
*Fayard, 2010*
*Prix Goncourt de la biographie 2010*

EN COLLABORATION
AVEC JEAN-PIERRE AZÉMA

Les Communards
*Seuil, 1964 ; éd. revue et complétée, 1971*

Naissance et mort de la III$^{e}$ République
*Calmann-Lévy, 1971 ;*
*éd. revue et complétée, 1976*
Rééd. sous le titre :
La Troisième République
*Hachette, « Pluriel », 1978 ; 1986*

OUVRAGES COLLECTIFS

Pour la Pologne
*Seuil, 1982*

Pour une histoire politique
(sous la direction de René Rémond)
*Seuil, « L'univers historique », 1988 ;*
*« Points Histoire » n° 199, 1996*

« Jeanne d'Arc »
*in* Les Lieux de mémoire
(sous la direction de Pierre Nora)
*tome VIII, Gallimard, 1992*

Histoire de l'extrême droite en France
(direction de l'ouvrage)
*Seuil, « XX$^{e}$ siècle », 1993 ;*
*« Points Histoire » n° 186, 1994*

La France de l'affaire Dreyfus
(sous la direction de Pierre Birnbaum)
*Gallimard, 1993*

Dictionnaire des intellectuels français
(codirection de l'ouvrage avec Jacques Julliard)
*Seuil, 1996 ; 2002*

Les Cultures politiques
(sous la direction de Serge Berstein)
*Seuil, « L'univers historique », 1999*

HISTOIRE DE LA FRANCE POLITIQUE
(sous la direction de Serge Berstein,
Philippe Contamine, Michel Winock)
1. Le Moyen Âge
(sous la direction de Philippe Contamine)
*Seuil, « L'univers historique », 2002 ;*
*« Points Histoire » n° 367, 2008*

2. La Monarchie entre Renaissance et Révolution
(sous la direction de Joël Cornette)
*Seuil, « L'univers historique », 2000 ; « Points Histoire »*
*n° 368, 2008*

3. L'invention de la démocratie
(sous la direction de Serge Berstein et Michel Winock)
*Seuil, « L'univers historique », 2003 ;*
*« Points Histoire » n° 369, 2008*

4. La République recommencée
(sous la direction de Serge Berstein et Michel Winock)
*Seuil, « L'univers historique », 2004 ;*
*« Points Histoire » n° 370, 2008*

RÉALISATION : PAO ÉDITIONS DU SEUIL
IMPRESSION : NORMANDIE ROTO IMPRESSION S.A.S. À LONRAI (61250)
DÉPÔT LÉGAL : MAI 2006. N° 88180-5 (122375)
*Imprimé en France*